SCHRIFTENREIHE WISSENSCHAFTLICHER ABHANDLUNGEN
DES LEO BAECK INSTITUTS

33

Juden im Wilhelminischen Deutschland 1890-1914

Ein Sammelband
herausgegeben von
WERNER E. MOSSE
unter Mitwirkung von
Arnold Paucker

1 9 7 6

J. C. B. MOHR (PAUL SIEBECK) TÜBINGEN

CIP-Kurztitelaufnahme der Deutschen Bibliothek

Juden im Wilhelminischen Deutschland : 1890–1914 ; e. Sammelbd. / hrsg. von
Werner E. Mosse unter Mitw. von Arnold Paucker. – 1. Aufl. – Tübingen : Mohr, 1976.
   (Schriftenreihe wissenschaftlicher Abhandlungen des Leo-Baeck-Instituts ; 33)
   ISBN 3-16-838792-4
NE: Mosse, Werner E. [Hrsg.]

ISSN 0459-097X

©
Leo Baeck Institut
J. C. B. Mohr (Paul Siebeck) Tübingen 1976
Printed in Germany
Satz und Druck: Buchdruckerei Eugen Göbel, Tübingen
Einband: Großbuchbinderei Heinr. Koch, Tübingen

Der Antisemitismus ist ja damit nicht tot; aber wir wissen auch alle, daß er das vor seinem akuten Ausbruch ebenfalls nicht war. Wahrscheinlich werden wir, wenigstens wenn die liberale Opposition nicht gänzlich überwunden wird, wieder zu dem status quo ante gelangen, der nicht gut und nicht gefahrlos, aber doch erträglich und nicht hoffnungslos war. Eine wirkliche Besserung freilich kann erst eintreten, wenn einerseits die bürgerliche Gleichberechtigung nach allen Seiten hin, insbesondere auch in der Armee eine Wahrheit wird, andererseits die Juden mehr und mehr ihre innerliche Opposition gegen unsere Nationalität aufgeben.

Ich werde von beidem nichts sehen; Sie sind ein junger Mann und können vielleicht die Anfänge besserer Zeiten erleben.

(THEODOR MOMMSEN)

Ich kämpfe nicht für den jüdischen Reserveleutnant.
Ich bedaure auch nicht den Juden, der sich staatliche Verantwortung wünscht und sie nicht erhält... Wer Einlaß erbittend sich an Stellen begibt, wo man ihn nicht haben will, tut mir leid; ich kann ihm nicht helfen.
Ich kämpfe gegen das Unrecht, das in Deutschland geschieht, denn ich sehe Schatten aufsteigen, wohin ich mich wende. Ich sehe sie, wenn ich abends durch die gellenden Straßen von Berlin gehe; wenn ich die Insolenz unseres wahnsinnig gewordenen Reichtums erblicke; wenn ich die Nichtigkeit kraftstrotzender Worte vernehme oder von pseudogermanischer Exklusivität berichten höre, die vor Zeitungsartikeln und Hofdamenaperçus zusammenzuckt. Eine Zeit ist nicht deshalb sorgenlos, weil der Leutnant strahlt und der Attaché voll Hoffnung ist. Seit Jahrzehnten hat Deutschland keine ernstere Periode durchlebt als diese; das stärkste aber, was in solchen Zeiten geschehen kann, ist: das Unrecht abzutun.
Das Unrecht, das gegen das deutsche Judentum und teilweise gegen das deutsche Bürgertum geschieht, ist nicht das größte, aber es ist auch eines. Deshalb mußte es ausgesprochen werden. Das beste aber wird sein, wenn jeder von uns in sein menschliches, soziales und bürgerliches Gewissen hinabsteigt und Unrecht abtut, wo er es findet.

(WALTHER RATHENAU)

VORWORT

Mit dem Erscheinen des vorliegenden Bandes beschließt das Leo Baeck Institut seine der Geschichte der deutschen Juden im postemanzipatorischen Zeitalter gewidmete „Trilogie" (die späterhin noch durch eine Dokumentation ergänzt werden soll). Wie *Entscheidungsjahr 1932* und *Deutsches Judentum in Krieg und Revolution* behandelt auch dieser Band einen wichtigen Abschnitt der Entwicklung der jüdischen Position in Deutschland und der damit zusammenhängenden Problematik. Auf dem Hintergrund der Geschichte des deutschen Reiches bis zum Kriegsausbruch 1914 werden Einzelaspekte der Situation des nunmehr emanzipierten Judentums untersucht, speziell in seinen Beziehungen zur nichtjüdischen Umwelt in einer Zeit wirtschaftlichen Aufschwungs und relativer politischer Stabilität. Das Wilhelminische Zeitalter zeigt besonders klar die Möglichkeiten der deutsch-jüdischen Koexistenz, aber auch deren Problematik. Während einerseits die vor relativ kurzer Zeit emanzipierten Juden sich ihnen bietende Chancen in Wirtschaft, Kultur und freien Berufen ihren Fähigkeiten gemäß wahrnehmen, steigert sich gleichzeitig das Mißbehagen weiter nichtjüdischer, oft traditionell gebundener Kreise angesichts des unerwarteten Aufstiegs einer strebsamen, ins Auge fallenden, nicht selten beneideten und weitgehend unbeliebten Minderheit. Juden hinwieder sehen sich genötigt, sich mit Problemen wie dem verbreiteten Antisemitismus, dem Verhältnis von jüdischer Tradition und deutschem Kulturgut, der Bedeutung des „Judeseins" in einer zunehmend säkularisierten, generell nationalistisch artikulierten Umwelt, auseinanderzusetzen. Der vorliegende Band ist somit der Emanzipationsproblematik gewidmet, wie sie sich im Bewußtsein der Zeitgenossen darstellt.

Dabei ist zu bemerken, daß Herausgeber und Mitarbeiter weitgehend bemüht sind – bei aller Herausarbeitung notwendiger historischer Perspektiven –, die Dinge nicht so zu sehen, als führe von 1890 (bzw. 1869) zu 1933 eine unaufhaltsame Entwicklung zu einer unabänderlichen Katastrophe für die deutsche Judenheit. Tatsächlich lag für die Zeitgenossen in ihrem Denken und Handeln die Zukunft in Dunkel gehüllt. Für die Jetztzeit wiederum würde die Betrachtung der Vergangenheit unter dem Gesichtswinkel der Gegenwart jegliches ernsthafte Verständnis der damaligen deutsch-jüdischen Lage verhindern. Soweit nicht alles Geschehen vorherbestimmt ist, gab es jederzeit Alternativen.

Desgleichen sei mit Nachdruck darauf hingewiesen, daß das Leo Baeck Institut bei dem Bemühen um objektive Geschichtsforschung weder wünscht noch für notwendig erachtet, in irgendeiner Form Apologetik zu treiben. Wie in anderen Gesellschaftsgruppen gab es auch bei der jüdischen negative Erscheinungen. Objektive Geschichtsforschung verbietet es, diese bei der historischen Analyse zu verdecken. So schufen die Nachwirkungen jüdischer Vergangenheit, die gesellschaftlichen Spannungen, die anormale Berufsstruktur usw. bisweilen Verhältnisse, die, von einer einseitigen Berichterstattung aufgebauscht, zu verallgemeinernden und auch irrtümlichen Schlüssen führen konnten und führen können. Es ist nichtsdestoweniger Pflicht einer ernsthaften deutsch-jüdischen Historiographie, auch kontroverse Erscheinungen ohne Schönfärberei sachlich darzustellen. Sie hat – ganz besonders nach dem inzwischen Geschehenen – keinen Anlaß auf jederzeit mögliche tendenziöse Ausschlachtung von Tatbeständen durch heutige Judengegner Rücksicht zu nehmen oder die Analyse aus Furcht vor nachträglichen „Erklärungs- oder Rechtfertigungsversuchen" einzuschränken.

Auch bei dem jetzigen Band trifft zu, was bereits in den Vorworten der anderen Bände ausgeführt wurde und worauf hier wiederum verwiesen wird. Auch dieses Werk trägt unvermeidlich in gewisser Hinsicht fragmentarischen Charakter. Desgleichen war auch diesmal eine gelegentliche Überschneidung zwischen einzelnen Beiträgen nicht völlig zu vermeiden. Da eine solche von der Kritik bisweilen bemängelt worden ist, sei hier ausdrücklich betont, daß, während die Herausgeber bemüht waren, derartige Überschneidungen nach Möglichkeit auszuschalten, sie bewußt davon absahen, dort redaktionell einzuschreiten, wo ähnliche Sachverhalte von verschiedenartigen Standpunkten aus beleuchtet werden. So figurieren u. a. die Eigenart der jüdischen Berufsstruktur, die politische Orientierung der deutschen Judenheit oder die innerjüdischen Auseinandersetzungen in mehr als einem Beitrag. Stärkere Kürzungen hätten hier Zusammenhänge verwischt und die Beweisführung der einzelnen Autoren behindert.

Der vorliegende Band, in gewissen Partien, läuft bereits in stärkerem Maße als seine Vorgänger parallel mit anderen Arbeiten zur Geschichte der Juden in Deutschland. Das war bei der Intensivierung der deutsch-jüdischen Geschichtsforschung – nicht zuletzt auch dank des durch die früheren Sammelbände und die anderen Veröffentlichungen des Leo Baeck Instituts erregten Interesses – unvermeidlich. Kürzlich erschienene Teilstudien wurden von den Verfassern einzelner Beiträge häufig herangezogen. Gleichzeitig sind die Herausgeber überzeugt, daß dieser umfassende Band manche neuen Tatbestände erfaßt, bekannte in ein neues Licht rückt und auch bisher unbekanntes Material erschließt und somit einen wichtigen Beitrag zum Verständnis der Zeit liefert und auch die weitere Forschung fördern wird. Was die Schlußfolgerungen aus dem vorgelegten Material betrifft, so ist es wohl kaum notwendig darauf hinzuweisen, daß hier nicht einer einheitlichen Meinung Ausdruck gegeben werden soll. Auch diesmal bietet das Leo Baeck Institut ein Forum für Autoren, deren Einschätzungen der deutsch-jüdischen Situation bisweilen nicht unerheblich voneinander abweichen.

Zum Abschluß einer über fünfzehn Jahre währenden Beschäftigung mit der Herausgabe der „Trilogie" noch ein Wort über die Mitarbeiter. Ebenso wie seine Vorgänger verdankt auch dieser Band sein Entstehen der Zusammenarbeit von Juden – in der Diaspora und in Israel – und Nichtjuden, von Autoren in Großbritannien, Deutschland, Israel und den USA. In dieser Hinsicht blieb der traditionelle Charakter gewahrt. Andererseits macht sich aber zunehmend die Verschiebung der Generationen fühlbar. So entstammen die Beiträge zu dem vorliegenden Band vorwiegend der Feder von Angehörigen einer „zweiten", mit deutsch-jüdischer Geschichte befaßten Generation. Immer weniger werden die Menschen, die die in diesem Werk geschilderten Ereignisse selbst wenigstens teilweise miterlebt haben. Gereicht es einerseits zur Genugtuung, daß es gelungen ist – an der Möglichkeit ist manchmal gezweifelt worden – die Arbeit vom Gesichtspunkt einer neuen Generation aus fortzusetzen, so bietet andererseits das allmähliche Ausscheiden der Vorgänger auch Anlaß zu Bedauern. Ihnen sei an dieser Stelle für ihren einzigartigen Beitrag zur Schaffung der „Trilogie" gedankt. Erfreulicherweise fehlt es jetzt nicht an Jüngeren, die bereit sind, die deutsch-jüdische Geschichtsforschung – vielleicht unter neuen Aspekten – fortzuführen. Ihnen besonders mag der vorliegende Band bei ihrer wissenschaftlichen Beschäftigung an die Hand gehen.

Werner E. Mosse   Arnold Paucker

Herausgeber und Mitarbeiter möchten hier gemeinsam allen denjenigen ihren Dank aussprechen, die ihnen bei der Fertigstellung ihrer Beiträge behilflich waren und die Entstehung des Bandes in vielerlei Hinsicht gefördert haben.

An erster Stelle sei den Archiven, Bibliotheken und Institutionen, ihren Direktoren und Angestellten gedankt, die unsere Arbeit durch die Bereitstellung von Material oder durch Auskünfte und Hinweise unterstützt haben: dem Badischen Generallandesarchiv, Karlsruhe; dem Bayerischen Hauptstaatsarchiv, München, Abt. Allgemeines Staatsarchiv, Geheimes Staatsarchiv, Geheimes Hausarchiv; dem Bayerischen Landtagsarchiv, München; der Bayerischen Staatsbibliothek, München; der Bodleian Library, Oxford; der British Library, London; dem Bundesarchiv, Außenstelle, Frankfurt; dem Bundesarchiv, Koblenz; den Central Archives for the History of the Jewish People, Jerusalem; den Central Zionist Archives, Jerusalem; dem Deutschen Zentralarchiv, Merseburg und Potsdam; dem Diaspora House, Universität Tel Aviv; der Forschungsstelle für die Geschichte des Nationalsozialismus in Hamburg; dem Geheimen Staatsarchiv Preußischer Kulturbesitz, Berlin-Dahlem; der Bibliothek Germania Judaica, Köln; dem Center for European Studies und der Houghton Library, Harvard University, Cambridge, Mass.; dem Institut für Zeitgeschichte, München; dem Institute of Contemporary History, Jerusalem; der National- und Universitätsbibliothek, Jerusalem; dem Niedersächsischen Staatsarchiv, Hannover; dem Österreichischen Staatsarchiv, Wien; dem Politischen Archiv des Auswärtigen Amtes, Bonn; dem Public Record Office, London; der Rambam Bibliothek, Tel Aviv; den Royal Archives, Windsor; dem Staatsarchiv Hamburg; der Universität Tel Aviv; der Universitätsbibliothek Heidelberg; dem Württembergischen Hauptstaatsarchiv, Stuttgart; dem Württembergischen Staatsarchiv, Ludwigsburg; der Yale University Library, New Haven, Conn.; den YIVO Archives, New York. Auch bei diesem dritten Sammelband möchten Herausgeber und Verfasser es nicht unterlassen, der Wiener Library in London ein besonderes Wort des Dankes zukommen zu lassen. Ihre sachkundige Hilfe war vor allem für die Mitarbeiter in England eine unentbehrliche Voraussetzung ihrer Arbeit.

Unter Einzelpersonen, denen wir verpflichtet sind, sei vor allem in dankbarer Erinnerung des kürzlich verstorbenen früheren Direktors des Leo Baeck Instituts in Jerusalem, S. Adler-Rudel, gedacht, der mehreren Mitarbeitern mit Rat zur Seite stand. Auch Dr. Ball-Kaduri, Professor Hugo Bergman, Julius Braunthal, Dr. Eleonore Sterling und der an der ursprüng-

XII

lichen Planung des Bandes mitbeteiligte Professor Hans Kohn weilen nicht mehr unter den Lebenden. Mehrere von uns schulden ihnen Dank für ihren Beistand zu dieser Arbeit. Sodann sei den folgenden Herren und Damen, die den verschiedenen Autoren und dem Londoner Arbeitszentrum des Leo Baeck Instituts durch persönliche Auskünfte und Informationen und durch die Beschaffung von Materialien und Literatur geholfen haben oder sich der Durchsicht von Manuskripten annahmen, unser bester Dank gesagt: Professor Werner T. Angress, Stony Brook, New York; Henriette Hannah Bodenheimer, Jerusalem; Ursula Büttner, Hamburg; Dr. Werner J. Cahnman, New York; Dr. Daniel J. Cohen, Jerusalem; Dr. Kurt Cohn, Berlin, DDR; Heinz und Helga Eberhard, Hamburg; Helmut Eschwege, Dresden; Jochanan Ginat, Jerusalem; Dr. Fred Grubel, New York; Professor Ernest Hamburger, New York; Dr. Hans Dieter Hellige, Berlin; Dr. Michael Heymann, Jerusalem; Dr. Ursula Hüllbüsch, Heidelberg; Annemarie Jung, Berlin; Dr. Werner Johe, Hamburg; Professor K. Koszyk, Dortmund; Professor Walter Laqueur, London; Dr. Richard S. Levy, Chicago; Professor Hans Liebeschütz, Liverpool; Dr. Cécile Lowenthal-Hensel, Berlin; Dr. E. G. Lowenthal, Berlin; Dr. Eva G. Reichmann, London; Dr. Jehuda Reinharz, Ann Arbor, Mich./ Jerusalem; Dr. Monika Richarz, Berlin/New York; Dr. Pinchas Rosen (Felix Rosenblüth), Jerusalem; Dr. Eduard Rosenbaum, London; Professor Akiba Ernst Simon, Jerusalem; Professor Richard A. Soloway, Chapel Hill, North Carolina; Professor Jacob Toury, Tel Aviv; Dr. Hans Tramer, Tel Aviv; Professor Henry Turner, Yale; Professor Peter-Christian Witt, Bielefeld.

Die Übersetzung der englisch oder hebräisch geschriebenen Beiträge besorgten Dr. Marion Berghahn, Leamington; Wolfgang Rittmeister, Hamburg; Robert Ruwen Waks, Tel Aviv, und Reinhild D. Wells, Oxford. Für die Vorbereitung von Manuskripten, die Herstellung der Bibliographie und der Register, die Betreuung der Korrekturen und manche andere umsichtige Hilfe sind wir den folgenden Damen verbunden: Bertha Cohn, London; Susan Harrold, Oxford; Helga Hermsdorf, Hamburg; Helen Kehr, London; Annette Pringle, Boston/London; Irene Roch, Hamburg; Dora Segall, London; Corinna Schnabel, London; Ilse Shindel, London; Irene Weltsch, London; sowie Kathleen Holden und Lea Rosenbaum vom Leo Baeck Institut.

Das Londoner Leo Baeck Institut dankt der Fritz Thyssen Stiftung für ihre großzügige Finanzierung dieses Sammelbandes und der Memorial Foundation for Jewish Culture für die Bereitstellung weiterer Mittel im Rahmen ihrer Förderung unserer Gesamtdarstellung der deutsch-jüdischen Koexistenz im neunzehnten und zwanzigsten Jahrhundert.

INHALT

EMANZIPATION UND KRISE
ZUR GESCHICHTE DER „JUDENFRAGE" IN DEUTSCHLAND VOR 1890

von

Reinhard Rürup

Im Mittelpunkt dieses einleitenden Beitrags steht nicht die Geschichte der Juden in ihren vielfältigen wirtschaftlichen und sozialen, kulturellen und religiösen Aspekten, sondern die Entwicklung eines Problems – der „Judenfrage"[1]. Daß es in Deutschland eine „Judenfrage" gab, war den Zeitgenossen um 1815 oder 1850 ebenso wenig zweifelhaft wie um 1890. Dabei schien es im Kern jeweils um die gleiche Sache zu gehen: um die Frage nach der angemessenen Stellung und der tatsächlichen Bedeutung der Juden in der modernen Gesellschaft. Der daraus entstehende Eindruck einer Problemkontinuität täuscht jedoch: es gab während des neunzehnten Jahrhunderts nicht eine, sondern zwei „Judenfragen", die historisch und systematisch deutlich unterschieden werden müssen. Während die „Judenfrage" noch in der Mitte des Jahrhunderts durch die Forderung nach Gleichstellung und Integration der Juden bestimmt war, wurde sie im ausgehenden neunzehnten Jahrhundert durch die Forderung nach erneuter Diskriminierung und Ausgliederung des inzwischen emanzipierten Judentums geprägt. Es handelt sich um die Problematik von Emanzipation einerseits und Antisemitismus andererseits, deren höchst gegensätzliche Problemdefinitionen und Stoßrichtungen nicht zugunsten einer scheinbaren Kontinuität der „Judenfrage" verwischt werden dürfen. Das Ziel dieses Beitrag ist es daher, den Doppelcharakter der „Judenfrage" des neunzehnten Jahrhunderts herauszuarbeiten und vor allem den Umschlag von der emanzipatorischen in die antisemitische „Judenfrage"

---

[1] In die vorliegende Studie sind Überlegungen und Formulierungen des von mir auf dem Deutschen Historikertag in Braunschweig 1974 zum gleichen Thema gehaltenen Vortrags eingegangen; vgl. *Reinhard Rürup*, Emancipation and Crisis. The „Jewish Question" in Germany 1850–1890, in: Year Book XX of the Leo Baeck Institute, London 1975, 13–25.

genauer zu analysieren, um so einige allgemeine Voraussetzungen und Bedingungen jüdischer Existenz im Wilhelminischen Deutschland zu klären.

Die Grundlage unserer Interpretation bildet die Annahme, daß der Charakter und die Dynamik der „Judenfrage" entscheidend von den gesamtgesellschaftlichen Strukturen und Entwicklungstendenzen bestimmt worden sind, daß Emanzipation und Antisemitismus als die „Judenfragen" der modernen bürgerlichen Gesellschaft in unterschiedlichen Stadien ihres Entwicklungsprozesses verstanden werden müssen. Schon 1928 hat Salo W. Baron im Hinblick auf die Ausbildung des „modernen Staates" die These vertreten, daß die Emanzipation der Juden als ein – notwendiges – Resultat allgemeiner historischer Entwicklungen erkannt werden müsse: „Emancipation was a necessity even more for the modern State than for Jewry; the Jew's medieval status was anachronistic and had to go"[2]. Vor wenigen Jahren hat dann E. Rivkin in seiner „radikalen Neuinterpretation" der Weltgeschichte des Judentums die Emanzipation der Juden als einen Aspekt der Entwicklung des kapitalistischen Wirtschafts- und Gesellschaftssytems interpretiert: „Capitalism and capitalism alone emancipated the Jews."[3] Nicht der „moderne Staat", sondern das kapitalistische System erzwang die Emanzipation:

> „Where capitalism triumphed, Jews received emancipation with little or no prodding from themselves; but where capitalism made little headway, no amount of appeal to the ideal realm yielded results."[4]

Der sich entwickelnde Kapitalismus schuf die politisch-gesellschaftliche Ordnung, trug die Ideen und Institutionen, die die Emanzipation der Juden möglich und nötig machten, während andererseits ein stagnierender, krisenbestimmter Kapitalismus Entwicklungen förderte, die Freiheit und Gleichheit auch der Juden gefährdeten oder zerstörten.

Allerdings bedürfen so globale Theorien notwendig der Präzisierung und Differenzierung, wenn mit ihrer Hilfe die historische Wirklichkeit angemessen erfaßt werden soll. So richtig der fundamentale Zusammenhang zwischen Kapitalismus und „Judenfrage" gesehen sein mag, so wenig läßt sich doch die Geschichte von Emanzipation und Antisemitismus einfach aus der Entwicklung der kapitalistischen Wirtschaft ableiten. In der „Judenfrage" sind ebenso wie in anderen Problembereichen direkte Auswirkungen ökonomischer Veränderungen nur selten zu greifen, und auch die gesellschaftlich vermittelten Wirkungen entbehren oft der Eindeutigkeit. Auch wenn man von der Auffassung ausgeht, daß die gesamtgesellschaftliche Entwicklung im neunzehnten Jahrhundert in ihrem Kern als Aufstieg, Entfaltung, Krise und

---

[2] *Salo W. Baron*, Ghetto and Emancipation. Shall We Revise the Traditional View?, in: Menorah Journal 14 (1928), 524.
[3] *Ellis Rivkin*, The Shaping of Jewish History. A Radical New Interpretation, New York 1971, 159.
[4] AaO, 159 f.

Umformung des kapitalistischen Wirtschaftssystems begriffen werden muß, bleibt zu beachten, daß die Realität durch vielfältige Verformungen und Verschiebungen der grundlegenden gesellschaftlichen Beziehungen charakterisiert ist. Auch verliefen gesamtgesellschaftliche Entwicklung und Emanzipationsprozeß der Juden keineswegs synchron. Ungeachtet der grundsätzlichen Abhängigkeit des speziellen Emanzipationsvorganges von der Gesamtentwicklung lassen sich Verzögerungen oder auch Beschleunigungen beobachten, die durch bestimmte Theorien, politische Konstellationen oder allgemeine ideologische Faktoren bedingt sind. So unerläßlich theoretische Vorgriffe für den Historiker sind, so unverzichtbar ist daher die konkrete historische Analyse, wenn die allgemeine Theorie nicht mit der historischen Wirklichkeit verwechselt, sondern mit ihrer Hilfe Einsicht in Ursachen, Formen und Ergebnisse vergangenen Geschehens gewonnen werden soll[5].

I

Überblickt man die Geschichte der Judenemanzipation im ganzen, so zeichnet sich in Mitteleuropa deutlich ein „Zeitalter der Emanzipation" ab, das sich von 1780 bis rund 1870 erstreckt[6]. Dieser Zeitraum ist zugleich das Zeitalter der allgemeinen bürgerlichen Emanzipation, wenn man darunter die Durchsetzung und Ausformung der modernen bürgerlichen Gesellschaft, den Transformationsprozeß von der ständisch-feudalen zur bürgerlich-kapitalistischen Gesellschaft versteht. Tatsächlich wurde die „Judenfrage" als Emanzipationsfrage gerade in dem Augenblick gestellt, in dem in zahlreichen Staa-

---

[5] Zu dem hier skizzierten Interpretationsansatz siehe auch *Reinhard Rürup*, Emanzipation und Antisemitismus. Studien zur „Judenfrage" der bürgerlichen Gesellschaft, Göttingen 1975, mit einer umfangreichen Bibliographie zur Geschichte der „Judenfrage", der Emanzipation und des Antisemitismus (184–202).

[6] Einen knappen und informativen Überblick zur allgemeinen Geschichte der Judenemanzipation bietet Salo *W. Baron*, Jewish Emancipation, in: Encyclopaedia of the Social Sciences, Bd. 7, 1932, 394–399; die wichtigsten Dokumente dazu bei *Raphael Mahler*, Jewish Emancipation. A Selection of Documents, New York 1941. Zur Interpretation des Emanzipationsvorganges siehe *S. W. Baron*, Étapes de l'émancipation juive, in: Diogène, Bd. 29, 1960, 69–94; *Jacob Katz*, Emancipation and Assimilation. Studies in Modern Jewish History, Westmead 1972; *ders.*, Out of the Ghetto. The Social Background of Jewish Emancipation, 1770–1870, Cambridge, Mass. 1973; *Reinhard Rürup*, Judenemanzipation und bürgerliche Gesellschaft in Deutschland (1968), jetzt in: *ders.*, Emanzipation und Antisemitismus, 11–36; wichtig für die erste Phase *Raphael Mahler*, A History of Modern Jewry, 1780–1815, New York 1971; eine Auswahl von Dokumenten zur Sozialgeschichte der Emanzipation bei *Jacob Toury*, Der Eintritt der Juden ins deutsche Bürgertum. Eine Dokumentation, Tel Aviv 1972; eine Diskussion verschiedener Interpretationsansätze bietet *Stephen M. Poppel*, The Theory and Practice of German-Jewish Emancipation (Association of Jewish Studies. Annual Conference, 1975, maschinenschriftlich).

ten Mitteleuropas ernsthafte Anstrengungen unternommen wurden, durch
wirtschaftliche und gesellschaftliche Reformen die Fesseln der alten Ordnung
zu sprengen, um die Grundlagen einer kapitalistisch wirtschaftenden Bürgergesellschaft zu schaffen. Den politischen Gegebenheiten der mittleren und
größeren Staaten entsprechend, geschah dies zumeist unter den Vorzeichen
des „aufgeklärten Absolutismus", d. h. unter weitgehender Schonung der
gegebenen Macht- und Herrschaftsverhältnisse und unter grundsätzlicher Bevormundung der Bürger als bloßer Objekte wohlfahrtsstaatlicher und ent-
wicklungspolitischer Maßnahmen.

Die im Jahrzehnt vor der Französischen Revolution in einer Reihe von
deutschen Staaten einsetzende Politik der „bürgerlichen Verbesserung" der
Juden entsprang nicht einem plötzlichen, unerklärlichen Philosemitismus, und
sie war auch kein Produkt reiner Theorie. Die Theorie der Aufklärung war
gewiß eine notwendige Vorbedingung für die Emanzipationsdiskussion und
-politik, eine einfache Gleichsetzung von Aufklärung und Emanzipation der
Juden wäre jedoch, wie nicht zuletzt Arthur Hertzbergs Forschungen für
Frankreich gezeigt haben, sachlich nicht haltbar[7]. Die Anfänge der Judenemanzipation sind vielmehr ein – vergleichsweise untergeordneter, gleichwohl notwendiger – Bestandteil einer sehr viel umfassender angelegten Politik, die die Freisetzung der neuen Gesellschaft zum Ziel hatte. In einer kapitalistisch wirtschaftenden, auf die Freiheit des Individuums und des Eigentums gegründeten Bürgergesellschaft, in der die Religion nur noch Privatsache
sein sollte, gab es keinen Grund mehr, die Juden zu diskriminieren oder auszuschließen. Vielmehr konnte man sich bereits auf dem Wege zu dieser Gesellschaft die besonderen wirtschaftlichen Erfahrungen und Fähigkeiten der
Juden zunutze machen.

Der Grundgedanke der verschiedenen Emanzipationskonzepte war die
Einbeziehung und schließlich gleichberechtigte Aufnahme der in den einzelnen Staaten lebenden Juden in die jeweilige Staats- und Bürgergesellschaft.
Dabei dachte man nicht an die individuelle Naturalisation einzelner Juden –
wie etwa in England um die Mitte des achtzehnten Jahrhunderts[8] –, sondern
an eine alle Juden gleichermaßen erfassende Gesamtlösung. Im Zentrum der
Überlegungen standen deshalb die armen und ungebildeten Juden, die überwiegend vom Schacher- und Trödelhandel lebten, von der Bevölkerung verachtet und oft gehaßt wurden und aufgeklärten Intellektuellen in besonderer
Weise als beklagenswertes Überbleibsel einer finsteren Vergangenheit galten.
Die kleine Gruppe reicher Juden, die in verschiedenen Residenzstädten mit
besonderen Privilegien ihren Handels- und Finanzgeschäften nachging, er-

---

[7] *Arthur Hertzberg*, The French Enlightenment and the Jews. The Origins of
Modern Anti-Semitism, New York 1968.
   [8] Vgl. *T. W. Perry*, Public Opinion, Propaganda and Politics in 18th Century
England. A Study of the Jew Bill of 1753, Cambridge., Mass. 1962.

füllte ebenso wie die noch kleinere Zahl jüdischer Aufklärer um Mendelssohn in Berlin vor allem die Funktion, den Emanzipationstheoretikern ein anschauliches Bild möglicher Entwicklungen der Juden zu bieten. Jede emanzipatorische Initiative ging von der Feststellung aus, daß die Juden in ihrer Masse bürgerlichen Ansprüchen noch keineswegs genügen könnten und sich in einem Zustand äußerster Verelendung und Verderbnis befänden. Allerdings wurde dieser Zustand nun nicht mehr länger als unabänderlich angesehen, sondern als eine gesellschaftspolitische Herausforderung verstanden. Die gegebenen Verhältnisse der Juden wurden in schwärzesten Farben gemalt, aber sie konnten nun zugleich als ein Ergebnis jahrhundertelanger Unterdrückung, Verfolgung und Absonderung erklärt werden. Mit dieser Argumentation war auch die Lösungsmöglichkeit der neu entdeckten „Judenfrage" gefunden: eine Aufhebung der Unterdrückungs- und Absonderungsmechanismen mußte auch zu einer Überwindung ihrer Folgen und zu einer Erneuerung des Judentums in bürgerlicher wie auch in sittlich-religiöser Hinsicht führen.

Christian Wilhelm Dohm, der mit seinem 1781 erschienenen Buch die Emanzipationsdiskussion für Jahrzehnte entscheidend geprägt hat, faßte diese Überlegungen folgendermaßen zusammen:

> „Daß die Juden *Menschen*, wie alle übrigen, sind; daß sie also auch wie *diese* behandelt werden müssen; daß nur eine durch Barbarei und Religionsvorurteile veranlaßte Drückung sie herabgewürdigt habe; daß allein ein entgegengesetztes, der gesunden Vernunft und Menschlichkeit gemäßes Verfahren sie zu bessern Menschen und Bürgern machen könne; daß das Wohl der bürgerlichen Gesellschaften erfordere, keinen ihrer Glieder den Fleiß zu wehren und die Wege des Erwerbs zu verschließen; daß endlich verschiedene Grundsätze über die Glückseligkeit des künftigen Lebens nicht in diesem bürgerliche Vorzüge und Lasten zur Folge haben müssen: dies sind so natürliche und einfache Wahrheiten, daß sie richtig verstehen und ihnen beistimmen, beinahe eins ist."[9]

Vernunft, Menschlichkeit und Interesse bilden in der Argumentation Dohms eine Einheit: ihr Ziel ist gleichermaßen das Beste der Christen, der Juden und des Staates. Allerdings fügte auch Dohm hinzu, daß die gegebenen Verhältnisse einschließlich der Vorurteile bei Juden und Christen nicht außer acht gelassen werden dürften: jeder, der „die Welt nicht bloß aus Büchern" kenne, wisse sehr wohl, „daß in der Praxis besondere Umstände und Schwierigkeiten berücksichtigt werden müssen"[10]. Die rechtliche Gleichstellung und soziale Integration der Juden konnte nicht einfach auf der Grundlage aufgeklärt-bürgerlicher Prinzipien entschieden werden, sondern war eine Aufgabe praktischer Politik. Im Vordergrund stand daher für Dohm die „bürgerliche Verbesserung" der Juden, ihre Umformung aus einer vor- und außerbürgerlichen Existenz in „nützliche" Glieder der bürgerlichen Gesell-

---

[9] *Christian Wilhelm Dohm,* Über die bürgerliche Verbesserung der Juden, 2. Teil, Berlin 1783, 8 f.

[10] AaO, 10.

schaft. Die teilweise Aufhebung bestehender Sonderrechte und Rechtsbeschränkungen sollte diesen Prozeß einleiten und vorantreiben, die volle rechtliche Gleichstellung ihn abschließen.

Die Auffassung, daß die Emanzipation der Juden nicht eine Frage des Rechts, sondern der Politik sei, hat sich – wenn auch zum Teil in abgeschwächter Form – in Deutschland bis in die Mitte des neunzehnten Jahrhunderts und nicht selten auch darüber hinaus erhalten. „Die Verbesserung ihres Zustandes", erklärte das preußische General-Direktorium 1787, „muß also mit ihrer Nutzbarkeit für den Staat in genauem Verhältnis stehen."[11] „Das eigentliche Problem, worum es sich handelt", argumentierte man 1821 in der württembergischen Regierung, „ist nicht sowohl die Stellung, welche man den Juden in der bürgerlichen Gesellschaft geben will, als vielmehr die Auffindung der geeigneten Mittel, ihren Charakter umzubilden, als die Bedingung, ihren Zutritt zu dem Genuß der bürgerlichen Rechte mit dem Gemeinwohl vereinbar zu machen."[12] Im bayerischen Landtag sprach man 1846 von der nötigen „Umbildung eines Volkes und seines Nationalgeistes, seiner Denk- und Handelsweise" und definierte als Ziel der bayerischen Politik, „60 000 Einwohner des Landes zu utilisieren, sie zu brauchbaren, nützlichen Bürgern heranzubilden"[13]. Das eigentliche Ziel der Emanzipationspolitik war auch um die Mitte des neunzehnten Jahrhunderts noch immer die „bürgerliche Verbesserung", d. h. die Assimilierung der Juden an Normen und Strukturen der bürgerlichen Gesellschaft. Die Herstellung der Rechtsgleichheit war in der Regel dieser Zielsetzung untergeordnet: Die Aufhebung von Rechtsbeschränkungen galt in erster Linie als ein Instrument der „Veredelung und Amalgamierung"[14] der Juden. Selbst die wenigen Aufklärer und Liberalen, die sich für eine sofortige und uneingeschränkte Gleichstellung aussprachen, argumentierten grundsätzlich auf der gleichen Ebene, wenn sie die These vertraten, daß nur die Freiheit zur Freiheit erziehen könne und jede Reformpolitik, die nicht von der vollen Rechtsgleichheit ausgehe, sich selbst entgegenarbeite. Allzu leicht verschwand auch in dieser Argumentation das Postulat der Menschenrechte hinter dem liberalen Kalkül, daß die erwünschte Änderung der Juden auf der Grundlage der Rechtsgleichheit leichter als durch direkte staatliche Erziehungsmaßnahmen zu erreichen sei[15].

---

[11] Instruktion des Generaldirektoriums v. 10. Dezember 1787, Deutsches Zentralarchiv, Abteilung Merseburg (DZAM), Gen.-Dir., Gen.-Dep. LVIII, 13, Bd. 1.

[12] Min. d. Innern (Knapp), 18. August 1821, in einem Schreiben an das Min. d. auswärtigen Angelegenheiten über die preußische Emanzipationspolitik, Staatsarchiv Ludwigsburg (StALu), E 146, 1193.

[13] Freiherr W. E. v. Gumppenberg als Berichterstatter des III. Ausschusses der bayerischen II. Kammer, 17. April 1846: Verhandlungen der Zweiten Kammer der Ständeversammlung des Königreichs Bayern, VII. Beilagen-Band, 1846, 126 f.

[14] Gutachten (Türckheim), badisches Min. d. Inn., 27. November 1811, Badisches Generallandesarchiv Karlsruhe (GLA), 236/6050.

[15] Zur allgemeinen Problematik der liberalen Emanzipationspolitik in Deutsch

Der Gedanke der notwendigen Umformung, der „Erziehung" der Juden
zur bürgerlichen Gesellschaft wurde am konsequentesten in Württemberg entwickelt, dessen „Juden-Gesetz" von 1828 vielfach als Muster eines Erzie-
hungs-Gesetzes angesehen wurde. Die Grundlagen dieses Gesetzes wurden
deutlich in einem Gutachten des Geheimen Rates von 1824 herausgearbeitet,
in dem unterstrichen wurde, daß „keineswegs eine bloße Verbesserung des
Rechtszustandes der Juden oder eine plötzliche Gleichstellung derselben mit
den Christen" beabsichtigt sei, „sondern unverkennbar die moralisch bürgerliche Erziehung der Juden und ihre allmähliche Befähigung für den Genuß
der bürgerlichen Rechte". „Der vorliegende Entwurf geht", so heißt es daher
weiter,

> „im Allgemeinen von der Ansicht aus, daß die im Königreiche einheimischen
> Juden nicht bloß in religiöser, sondern auch in bürgerlicher Beziehung eine eigene
> Kaste im Staate bilden, daß sie der Gesellschaft in ihrem dermaligen Zustande
> nicht bloß wegen ihrer Absonderung und ihrer Eigenheiten widrig, sondern
> auch wegen ihrer Immoralität und ihrer verderblichen Nahrungswege schädlich
> seien, und daß nun die Gesetzgebung darauf hinwirken müsse, die Ursachen
> ihrer Schädlichkeit und überhaupt die ganze bürgerliche Scheidewand zwischen
> ihnen und den übrigen Staatsgenossen je länger je mehr zu verdrängen" [16].

Hier wurde nicht über allgemeine Rechtsgrundsätze – die vor allem ab 1830
dann von den Juden aller deutschen Staaten in ihren Petitionen in Anspruch
genommen wurden – diskutiert, sondern wurden Mißstände und Fehlentwicklungen konstatiert und Strategien der Abhilfe entwickelt. Allerdings
blieb das Ziel der Assimilation und Integration auch in dieser konservativen
Emanzipationskonzeption unangetastet: unter weitgehendem Verzicht auf
ideologische Positionen der liberalen Bewegung wurde auch hier eine Lösung
der „Judenfrage" im Sinne der Emanzipation angestrebt.

Seit dem späten achtzehnten Jahrhundert hatte Preußen in der Entwicklung der Emanzipationsdiskussion eine zentrale Stellung eingenommen, und
das in die allgemeine Reformpolitik eingebettete Edikt von 1812 stellte den
eindrucksvollen Versuch einer weitgehenden Verwirklichung der aufgeklärt-
liberalen Emanzipationskonzeption dar [17]. Nach 1815 geriet diese Politik

---

land siehe *Reinhard Rürup*, German Liberalism and the Emancipation of the Jews,
in: Year Book XX of the Leo Baeck Institute, London 1975, 59–68.

[16] Gutachten des Geh. Rats v. 14. Januar 1824, Hauptstaatsarchiv Stuttgart (HSt-
ASt), Geh. Rat III, G 195.

[17] Zur Entstehung des Edikts von 1812 siehe Darstellung und Dokumentation
von *Ismar Freund*, Die Emanzipation der Juden in Preußen unter besonderer Berücksichtigung des Gesetzes vom 11. März 1812, 2 Bde., Berlin 1912; für den preußischen Vormärz siehe *Herbert A. Strauss*, Pre-Emancipation Prussian Policies
towards the Jews 1815–1847, in: Year Book XI of the Leo Baeck Institute, London
1966, 107–136; *ders.*, Liberalism and Conservatism in Prussian Legislation for
Jewish Affairs, 1815–1847, in: *ders.* u. *H. G. Reissner* (Hrsg.), Jubilee Volume,
dedicated to Curt C. Silbermann, New York 1969, 114–132.

jedoch mehr und mehr in die Defensive: einzelne Bestimmungen des Edikts
wurden zurückgenommen, andere einschränkend ausgelegt; darüber hinaus
blieb seine Geltung auf das Staatsgebiet des Tilsiter Friedens beschränkt, so
daß bis 1847 in Preußen auch weiterhin in den einzelnen Landesteilen höchst
unterschiedliche Rechtsverhältnisse für die Juden bestanden. Wichtiger noch
war die Tatsache, daß auch der Grundgedanke der gleichberechtigten Integration der Juden im Zeitalter der Restauration und des Vormärz vielfach ins
Wanken geriet. Nicht nur einzelne Lösungsversuche, sondern die ganze Ziel-
vorstellung der Emanzipation wurden in Zweifel gezogen. Ein preußischer
Oberpräsident, für den die Juden noch immer „eine verwünschte Pest der
bürgerlichen Gesellschaft" waren, konnte 1827 dem Ministerium ernsthaft
vorschlagen: „den sämtlichen Juden in der preußischen Monarchie die Wahl
zu stellen, innerhalb einer zehnjährigen Frist entweder sich taufen zu lassen
oder das Reich unerläßlich zu räumen"[18]. Die Äußerungen der preußischen
Provinziallandstände zwischen 1824 und 1827 spiegelten durchweg eine kritische und in der Mehrheit sogar entschieden ablehnende Haltung gegenüber
der Emanzipation der Juden[19].

Mehr und mehr begann auch die Idee des „christlichen Staates" den Gedanken der Emanzipation zu blockieren. So sah der dem Vereinigten Landtag 1847 vorgelegte Gesetzentwurf, der eine einheitliche Regelung der Rechtsverhältnisse der Juden im preußischen Staat (außer Posen) schaffen sollte,
zwar eine volle Gleichstellung im wirtschaftlichen Leben, nicht aber die
Gleichheit der bürgerlichen und staatsbürgerlichen Rechte vor. Der Entwurf
folgte vielmehr im Gegensatz zu aller bisherigen Politik und Gesetzgebung
in der „Judenfrage" dem Gedanken, die Bindungen der Juden untereinander
erneut zu festigen und die Juden als eine ständige Minderheit in der christlich-
deutschen Gesellschaft zu behandeln. Die Emanzipationskonzeptionen aller
Schattierungen hatten stets in dem Punkt übereingestimmt, daß die korporativen Bindungen des Judentums aufgelöst, die Juden „individualisiert"[20]
werden müßten, um ihre Verschmelzung mit allen anderen Gliedern der

---

[18] Denkschrift des Oberpräsidenten von Westfalen, Ludwig v. Vincke, an das
preußische Min. d. Innern v. 4. Februar 1827: DZAM, Rep. 77, XXX, Bd. 1. Schon
am 28. November 1816 war im preußischen Min. d. Innern ein ausführliches „Votum
betreffend die bürgerlichen Verhältnisse der Preußischen Juden" unter die Leitsätze
gestellt worden: „1. Es wäre zu wünschen, wir hätten gar keine Juden im Lande.
2. Die wir einmal haben, müssen wir dulden, aber unablässig bemüht sein, sie möglichst unschädlich zu machen . . .", DZAM, Rep. 77, XXX, Bd. 1.
[19] Auszüge aus den Stellungnahmen der Provinziallandstände von 1824 bis 1827
(und auch von 1845) finden sich in der dem Vereinigten Landtag von 1847 von der
preußischen Regierung vorgelegten „Denkschrift zu dem Entwurf einer Verordnung
über die Verhältnisse der Juden", Beilagen I, Abt. D: DZAM, Rep. 169 B 1 a.
[20] Bericht des Generalkommissariats des Lechkreises an das bayer. Min. d. Inn.,
Augsburg, 10. Oktober 1809: „So lang das Staatssystem der Juden nicht zerstört
ist, und sie individualisiert werden, werden alle Versuche, sie zu nationalisieren, im
großen vergebens sein", Allgemeines Staatsarchiv München (AStAMü), M Inn 71578.

bürgerlichen Gesellschaft zu ermöglichen. Ausgehend von der Idee des „christlichen Staates" stellte sich die preußische Regierung nun doch auf den Standpunkt, daß die Juden noch immer als eine ethnisch-religiöse Gruppe anzusehen seien, die in den Staat gar nicht voll integriert werden könne.

> „Wenn der Begriff eines ‚Volks' oder einer ‚Nation' eine gemeinsame, durch äußere Begrenzung, Gesetzgebung, Sprache und Religion von andern Völkerschaften geschiedene Stammesgenossenschaft umfaßt, kann solcher auf die Juden keine Anwendung finden. Allein dennoch bleibt den Juden eine im gewissen Maße bewahrte Nationalität eigentümlich, welche auf ihre Stellung im Staate von Bedeutung ist. Zuvörderst besteht eine Religionsverschiedenheit, welche nicht bloß auf besondere Glaubens-Normen gegründet, sondern auch in mannigfachen äußeren in die bürgerliche Gemeinschaft eingreifenden Geboten ausgeprägt ist, außerdem aber eine Stammesverschiedenheit, welche in Verbindung mit ihrer Religion den Juden unter den mannigfachsten Schicksalen die Eigentümlichkeit erhalten hat, wodurch sie inmitten der verschiedenen Völker, unter denen sie sich niedergelassen haben, erkennbar sind." [21]

Der Gesetzentwurf sah daher die Bildung von „Judenschaften" mit Zwangsmitgliedschaft für alle in dem jeweiligen „Judenschafts-Bezirk" wohnenden Juden vor. Dieser korporative Zusammenschluß der Juden sollte ihnen Gelegenheit geben, „nach innen ihre eigentümlichen und insoweit auch stets abgesondert zu behandelnden Interessen zu ordnen" [22] — worunter keineswegs nur Kultusangelegenheiten verstanden wurden — und nach außen gegenüber Staat und Gemeinden die besonderen Interessen der „Judenschaft" zur Geltung zu bringen. Die Tendenz des Entwurfs wird am deutlichsten in der Bestimmung des § 15, daß die jüdischen Bürger einer Stadt sich künftig nicht mehr an den allgemeinen Wahlen zur Stadtverordnetenversammlung beteiligen, sondern eine ihrem Bevölkerungs- bzw. Wähleranteil entsprechende Zahl besonderer jüdischer Repräsentanten in die Versammlung wählen sollten. Damit wurde eine grundsätzliche Abkehr von dem Gedanken der Integration vollzogen: die preußischen Juden wurden zumindest teilweise aus der allgemeinen Gesellschaft ausgegliedert und in der Zwangskorporation neuen und auf Dauer angelegten Ausnahmeregelungen unterworfen. Am Vorabend der Revolution zeichneten sich so die Umrisse einer konservativen „Nationalitätenpolitik" ab, die in klarem Widerspruch zu den Grundgedanken der Emanzipationspolitik stand. Der Annahme der dauerhaften Existenz einer ethnisch-religiösen Minderheit entsprach der Grundsatz der unvermeidlichen Rechtsungleichheit für eine solche Minderheit im „christlich-deutschen Staat". Der Vereinigte Landtag erteilte freilich dieser Konzeption eine klare Absage: das Gesetz von 1847 — das den Grundsatz der Gleichheit in den bürgerlichen Rechten und Pflichten aussprach, gleichwohl aber zahlreiche

---

[21] Denkschrift zu dem Entwurf einer Verordnung, die Verhältnisse der Juden betreffend, aaO, 6f.
[22] AaO, 11.

Rechtsbeschränkungen für die Juden aufrechterhielt – enthielt keine der vorgelegten Bestimmungen über die Zwangskorporationen[23]. Dennoch bleibt der Entwurf denkwürdig, da mit ihm eine überraschende Alternative zur emanzipatorischen Lösung der „Judenfrage" zum Vorschein kam, die in offenem Widerspruch zu den allgemeinen Entwicklungstendenzen dieses Zeitalters stand.

Bis zum Beginn der Revolution von 1848 waren in fast allen Staaten des Deutschen Bundes Maßnahmen im Sinne der Emanzipation ergriffen worden, ohne daß es jedoch irgendwo zu einer vollen und uneingeschränkten Gleichstellung aller jüdischen Landesbewohner gekommen wäre. Die Verordnungen und Gesetze in den einzelnen Staaten reichten von der bloßen Freigabe des Zugangs zu den bürgerlichen Gewerben und Bildungsinstitutionen über die Aufhebung besonderer Steuern und Abgaben, die staatliche Neuorganisation des Kultuswesens, die Unterstützung handwerklicher und landwirtschaftlicher Erwerbstätigkeit und gleichzeitige Einschränkung und Diskriminierung des Schacher- und Nothandels bis hin zur partiellen Gleichstellung in den staatsbürgerlichen und bürgerlichen Rechten[24]. Dabei konnte von einer auch nur annähernden Übereinstimmung der Rechtsverhältnisse innerhalb Deutschlands zu keinem Zeitpunkt die Rede sein, ebenso wenig wie von einer gegenseitigen Abstimmung der Emanzipationspolitik oder gar einer Gleichförmigkeit in der Abfolge der einzelnen Emanzipationsschritte. Trotz der energischen Bemühungen Österreichs und Preußens war es auch auf dem Wiener Kongreß nicht gelungen, eine einheitliche Lösung im Sinne der Gleichstellung durchzusetzen, und auch nach 1815 scheiterten alle weiteren Versuche, auf der Grundlage des Artikels 16 der Bundesakte eine einheitliche Regelung für das Bundesgebiet zu schaffen, an der ablehnenden oder indifferenten Haltung der meisten Bundesstaaten[25].

Stellt man die grundlegenden Neuordnungen der Rechtsverhältnisse der Juden in den wichtigsten deutschen Staaten zusammen, so scheinen sie über den gesamten Zeitraum zwischen 1780 und 1848 verstreut: Österreich 1781 ff., Baden 1807/09, Preußen 1812 und 1847 (mit der Sonderregelung für Posen von 1833), Bayern 1813, Hessen-Kassel 1816 und 1833, Württemberg 1828, Sachsen 1838 und Hannover 1842[26]. Dennoch lassen sich in der Entwicklung

---

[23] Text des Gesetzes v. 23. Juli 1847 bei *Freund,* op. cit., Bd. 2, 501–520. Zu den Beratungen über das Gesetz siehe: Vollständige Verhandlungen des ersten Vereinigten Preußischen Landtages über die Emancipationsfrage der Juden, Berlin 1847.

[24] Vgl. hierzu die Dokumente bei *Toury,* Der Eintritt der Juden ins deutsche Bürgertum.

[25] Vgl. *Salo W. Baron,* Die Judenfrage auf dem Wiener Kongreß, Wien 1920. Die einschlägigen Akten des Bundestags befinden sich im Bundesarchiv, Außenstelle Frankfurt, B. T. I 181; wichtige Materialien dazu enthalten auch die einzelnen Staatsarchive.

[26] Eine umfangreiche tabellarische „Übersicht der bürgerlichen Verhältnisse der

der Emanzipation deutlich mehrere Phasen unterscheiden: eine erste Phase, die zunächst durch die aufgeklärt-etatistische Diskussion und die österreichischen Toleranzpatente, dann durch die Emanzipationsgesetzgebung der Französischen Revolution und Napoleons und schließlich durch die Reformpolitik Preußens einerseits und die staatliche Neuordnung in einigen Mittel- und Kleinstaaten andererseits geprägt wurde und ihren Abschluß mit der Gründung des Deutschen Bundes und dem Einsetzen der Restauration fand. Dem folgt eine zweite Phase zwischen 1815 und 1848, die durch das Zurücktreten Österreichs und Preußens, zunächst auch durch eine zumindest teilweise Rücknahme bereits gewährter Rechte, dann durch eine zögernde und widerspruchsvolle Entwicklung im Sinne der Emanzipation und schließlich durch eine seit 1830 wachsende emanzipationsfreundliche „öffentliche Meinung" charakterisiert wurde, so daß am Vorabend der Revolution eine allgemeine Tendenz zugunsten einer entschiedenen Fortsetzung der Emanzipationspolitik oder gar der vollen Gleichstellung beherrschend in den Vordergrund rückte.

II

Die Revolution von 1848 bildet einen tiefen Einschnitt in der Geschichte der „Judenfrage", auch wenn sie nicht den erhofften Abschluß der Emanzipationsgesetzgebung brachte[27]. An ihrem Beginn standen Bauernunruhen und Judenverfolgungen, die an Heftigkeit die sogenannte „Hepp!-Hepp!-Bewegung" von 1819 weit übertrafen und in schneidendem Gegensatz zu den Emanzipationsforderungen und -erwartungen der unmittelbar vorhergehenden Zeit standen. Die judenfeindlichen Bewegungen erfaßten nicht nur große Teile Südwestdeutschlands, Posens oder Böhmens, sondern auch dem Deutschen Bund benachbarte Gebiete wie das Elsaß oder Ungarn, überall im Zusammenhang allgemeiner wirtschaftlicher und sozialer Krisenerscheinungen. Damit wurde einmal mehr deutlich, daß revolutionäre Erschütterungen, auch wenn sie liberalen oder demokratischen Parolen folgten, für die Juden eine höchst zweifelhafte Angelegenheit waren, zumal die antijüdischen Ausschreitungen über die unmittelbaren Folgen hinaus auch gesetzgeberische Fortschritte zugunsten der Emanzipation zu blockieren drohten. So hatte schon die Revolution von 1789 Judenverfolgungen im östlichen Frankreich ausgelöst, die in der Nationalversammlung als gewichtiges Argument gegen eine sofortige Gleichstellung der Juden ins Feld geführt wurden[28]. Ähnliches läßt sich

---

Juden in den deutschen Bundesstaaten" unter Verwendung der einschlägigen Gesetze und Verordnungen findet sich in: Denkschrift, aaO, Beilagen I, Abt. E.

[27] Siehe hierzu vor allem *Salo W. Baron*, The Impact of the Revolution of 1848 on Jewish Emancipation, in: Jewish Social Studies, Bd. 11 (1949) 195–248.

[28] Vgl. *Hertzberg*, op. cit., 338–368, und allgemein *Zosa Szajkowski*, Jews and the French Revolutions of 1789, 1830 and 1848, New York 1970.

im Gefolge der Julirevolution von 1830 beobachten, wenn auch die judenfeindlichen Tendenzen nicht voll zum Durchbruch kamen; immerhin konnte
die badische Regierung den Ausschluß der Juden von den allgemeinen politischen und gesellschaftlichen Reformgesetzen damit begründen, daß sich erst
„die Gemüter hinsichtlich der Juden beruhigt haben" müßten[29]. Höchst aufschlußreich für die partiell negative Korrelation von Revolution und Judenemanzipation sind Warnungen, die nun in Wien zu Beginn der Revolution
ausgesprochen wurden. So schrieb ein jüdischer Autor am 1. April 1848 in
der *Deutsch-Oesterreichischen Zeitung*: „Wer jetzt, weil Österreich Constitu-
tion hätte, die Juden zum Geschrei von Emanzipation aufruft, ist entweder
ignorant in der Geschichte der Völkerentwicklung oder lechzt nach dem
Spektakel bereits erlebter Judenhetzen."[30] Die Furcht vor negativen Reaktionen der in Bewegung geratenen christlichen Bevölkerung war weit verbreitet — liberale und demokratische Ideen hatten, wie hier ganz deutlich
wird, vor allem in der Masse der Bevölkerung die überlieferten antijüdischen
Vorurteile zwar überlagern, aber noch immer nicht überwinden können.

Ungeachtet solcher Schwierigkeiten schien die Revolution allenthalben
schon im ersten Anlauf das Ende aller Rechtsbeschränkungen und besonderen
„Judengesetze" zu bringen. Die Glaubens- und Gewissensfreiheit und die
Trennung von Staat und Kirche gehörten zu den zentralen Forderungen
der Revolution. Die Sache der Juden wurde vielfach mit den Forderungen
christlicher Minderheiten wie der „Deutschkatholiken" oder der protestantischen „Lichtfreunde" verbunden. Die Emanzipation wurde zum Bestandteil
umfassender Reformprogramme, wie sie zum Beispiel in Hamburg am
10. März formuliert wurden: „Politische Gleichberechtigung für alle Steuerzahler. Gänzliche Trennung von Staat und Kirche, Unabhängigkeit der bürgerlichen und politischen Rechte von dem religiösen Bekenntnis."[31] Die entscheidenden Durchbrüche wurden schon in den ersten Wochen in Berlin und
Wien erzielt. Die preußische Regierung erklärte am 6. April in der „Verordnung über einige Grundlagen der künftigen preußischen Verfassung", daß
die Ausübung staatsbürgerlicher Rechte künftig vom Glaubensbekenntnis unabhängig sei; dem entsprach die Verfassungsurkunde vom 5. Dezember 1848
mit dem Grundsatz der Religions- und Gewissensfreiheit und der Unabhängigkeit staatsbürgerlicher und bürgerlicher Rechte vom religiösen Bekenntnis. Die österreichische Verfassung vom 25. April 1848 gestand ebenfalls
allen Staatsangehörigen die volle Glaubens- und Gewissensfreiheit zu, behielt dem Reichstag aber die Aufhebung der gesetzlichen Beschränkungen

---

[29] Vgl. *Rürup*, Emanzipation und Antisemitismus, 154.
[30] Zit. nach *Hans Tietze*, Die Juden Wiens. Geschichte, Wirtschaft, Kultur, Leipzig
1933, 186.
[31] Zit. nach *Helga Krohn*, Die Juden in Hamburg. Die politische, soziale und
kulturelle Entwicklung einer jüdischen Großstadtgemeinde nach der Emanzipation,
1848–1918, Hamburg 1974, 20.

einzelner Religionen oder Konfessionen vor; die oktroyierte Verfassung vom
4. März 1849 garantierte dann in § 1 den vollen Genuß der bürgerlichen
und politischen Rechte für die Angehörigen aller Religionsbekenntnisse.

In den übrigen Staaten des Deutschen Bundes verlief die Entwicklung
unterschiedlich: während einige Staaten Gesetze verabschiedeten, die alle
Rechtsunterschiede aufgrund von Religionsverschiedenheiten beseitigten, verhielten sich andere abwartend und verwiesen auf die Beratungen der deutschen Nationalversammlung in Frankfurt[32]. So brachten erst die „Grundrechte des deutschen Volkes" vom 27. Dezember 1848 in Artikel V, §§ 144
bis 151, die allgemeine Entscheidung zugunsten der vollen Gleichstellung der
Juden im Gebiet des Deutschen Reiches – nun freilich bereits unter veränderten politischen Bedingungen, die dazu führten, daß nur ein Teil der deutschen
Staaten die „Grundrechte" übernahm und als geltendes Recht akzeptierte.
Die Emanzipation der Juden teilte weitgehend das Schicksal der Revolution
und der Reichsverfassung: was eben noch als sichere „Errungenschaft" erschien, geriet nun wieder in den Strudel gegensätzlicher Interessen und Rechts-
auslegungen. Die Chance, alle Debatten und alle „Erziehungsprojekte" mit
einem Mal beiseite zu schieben, um auf der Grundlage bürgerlicher Prinzipien
zu entscheiden, war ohnehin nur zögernd wahrgenommen worden – mit dem
Scheitern der bürgerlichen Revolution schien sie auf absehbare Zeit vorbei.
Die Revolution, so zeigte sich nun, war nicht der Schlußpunkt der Emanzipa-
tionsgeschichte, sondern lediglich der Übergang zu ihrer letzten Phase.

Die Niederlage der Revolution bedeutete allerdings in der „Judenfrage"
ebensowenig wie in anderen Bereichen einfach eine Rückkehr zu vorrevolutionären Zuständen und Grundsätzen. Das Charakteristikum der fünfziger
Jahre war eine tiefgreifende Unsicherheit der Rechtsverhältnisse der Juden
bei weitgehend stagnierender Gesetzgebung und gleichzeitigem Fortschritt
der sozialen Integration. In Preußen wurde der Gleichheitsgrundsatz für die
verschiedenen Religionsbekenntnisse auch in die revidierte Verfassung vom
31. Januar 1850 übernommen. Doch stand dem Artikel 12 („Der Genuß der
bürgerlichen und staatsbürgerlichen Rechte ist unabhängig von dem religiösen
Bekenntnisse") der Artikel 14 zur Seite, in dem es hieß: „Die christliche Religion wird bei denjenigen Einrichtungen des Staats, welche mit der Religionsausübung im Zusammenhange stehen, unbeschadet der im Art. 12 gewährlei-
steten Religionsfreiheit zum Grunde gelegt."[33] Die zwischen diesen beiden
Verfassungsbestimmungen offensichtlich bestehenden Spannungen wurden in
den fünfziger Jahren und zum Teil darüber hinaus von der Regierung durchweg im Sinne des „christlichen Staates" entschieden. Direkte Vorstöße –

---

[32] Zur „Judenfrage" vor der Nationalversammlung siehe auch *R. Moldenhauer,*
Jewish Petitions to the German National Assembly in Frankfurt 1848–49, in: Year
Book XVI of the Leo Baeck Institute, London 1971, 185–223.

[33] Zit. nach *Ernst Rudolf Huber* (Hrsg.), Dokumente zur deutschen Verfassungsgeschichte, Bd.1, Stuttgart 1961, 102.

1852 im Herrenhaus, 1856 im Abgeordnetenhaus –, den Artikel 12 ganz zu
streichen, fanden zwar keine Unterstützung, aber die Regierung machte auch
im Landtag deutlich, daß sie stets für den „christlichen Staat" eintreten werde.
Die in Artikel 12 ausgesprochene Emanzipation wurde so in der Praxis
ständig ausgehöhlt. Die preußischen Juden wurden u. a. von der Wahrnehmung ständischer Rechte in den Kreis- und Provinziallandtagen ausgeschlossen; sie wurden zu Schulzenämtern nicht zugelassen (Ministerialreskript vom
17. Juli 1853); der Zugang zu öffentlichen Ämtern war ihnen erschwert
und hinsichtlich der juristischen Laufbahn zum Teil ausdrücklich versperrt
(Ministerialreskript vom 9. Oktober 1851 und 10. Juli 1857); selbst jüdische Feldmesser waren von der Anstellung im Baufach ausgeschlossen (Mi-
nisterialerlasse vom 6. Oktober 1852 und April 1853); schließlich waren sie
praktisch von fast allen Lehrämtern ausgeschlossen: 1860 gab es keine jüdischen Lehrkräfte an öffentlichen Volksschulen, Lehrerseminaren, Gymnasien
und Progymnasien, in der Schulaufsicht und an den Universitäten Königsberg, Bonn, Greifswald und Halle[34]. Das alles waren gewiß nur noch Rest-
bestände der früheren Rechtsbeschränkungen, neben denen die volle Gleichstellung in den allgemeinen politischen Rechten, in den Gewerbeverhältnissen,
der Freizügigkeit, den Stadt- und Gemeindebürgerrechten nicht übersehen
werden darf. Dennoch war für jedermann deutlich, daß die Juden noch immer nicht Bürger wie alle anderen waren und daß die Politik der preußischen
Regierung dem Prinzip der Emanzipation direkt entgegenarbeitete.

In Österreich wurde am 31. Dezember 1851 die Verfassung von 1849 außer
Kraft gesetzt. Obwohl im Aufhebungspatent die Grundsätze der Religionsfreiheit und der Rechtsgleichheit der verschiedenen Religionsbekenntnisse ausdrücklich bestätigt wurden, setzte auch hier eine erneute Rechtsunsicherheit
ein, so daß vielfach die Meinung vertreten wurde, daß die alten, durch die
Verfassung außer Kraft gesetzten „Juden-Ordnungen" wieder gültig seien[35].
Hinsichtlich des Rechts zum Erwerb von Grundbesitz wurde diese Auffassung
auch durch eine Verordnung vom 2. Oktober 1853 bestätigt. In den fünfziger
Jahren kam es zu zahlreichen Rechtsbeschränkungen und Sonderregelungen
wie der Wiedereinführung des „Judeneids", dem Verbot, christliche Dienst-
boten zu halten, dem Ausschluß vom Notariat, der Nichtzulassung zu Lehrerstellen an allen Schulen, der Beschränkung der Freizügigkeit. Die 1853 von
der Regierung angekündigte „Regulierung der staatsbürgerlichen Verhältnisse
der Israeliten" wurde nicht verwirklicht. Erst ab 1859/60 wurden einzelne
Rechtsbeschränkungen der Juden wieder aufgehoben; mit dem Gewerbegesetz
von 1860 wurden die noch bestehenden Ungleichheiten im wirtschaftlichen
Bereich beseitigt.

---

[34] Zusammenstellung nach den preußischen Ministerialakten; vgl. u. a. DZAM,
AA Sekt. III, Rep. 16, 67.
[35] Vgl. zum Folgenden *Tietze*, op. cit., 200 ff.

Besonders drastisch tritt die Differenz zwischen öffentlicher Meinung und tatsächlichen Rechtsverhältnissen der Juden in Württemberg hervor[36]. In der Ministerialverfügung vom 14. Januar 1849, mit der die „Grundrechte des deutschen Volkes" als Landesrecht eingeführt wurden, hieß es ausdrücklich, daß damit „sämtliche Benachteiligungen und Unterschiede des öffentlichen und Privatrechts" für Angehörige nichtchristlicher Religionen aufgehoben seien, wobei das Gesetz von 1828 besondere Erwähnung fand. Nach der Aufhebung der „Grundrechte" durch den Bundestag am 23. August 1851 wurde dieser Beschluß am 5. Oktober 1851 in Württemberg publiziert; in einer Verordnung vom gleichen Tag wurde jedoch hinsichtlich der Juden eine unverzügliche Regelung ihrer Rechtsverhältnisse angekündigt und bis dahin die Weitergeltung der seit dem 14. Januar 1849 bestehenden Rechte bestätigt. Während die Regierung zu diesem Zeitpunkt offensichtlich zögerte, einfach zu dem Gesetz von 1828 zurückzukehren, legte sie im März dem Landtag einen Gesetzentwurf vor, der in Artikel 1 die landesrechtliche Geltung der Grundrechte aufhob und in Artikel 2 die Verordnung vom 5. Oktober 1851 bezüglich der Juden für unwirksam erklärte und statt dessen feststellte: „die in dieser Hinsicht vor Verkündigung der Grundrechte bestandenen gesetzlichen Bestimmungen treten wieder in Kraft"[37]. Nun lehnte jedoch der Landtag, der schon 1845 in beiden Kammern für eine Revision des Gesetzes von 1828 gestimmt hatte, den Artikel 2 des Entwurfs ab, ohne sich allerdings gleichzeitig für die volle Gleichstellung der Juden auszusprechen. Der daraufhin von der Regierung vorgelegte Entwurf eines Zusatzgesetzes zum Gesetz von 1828 fand 1853 zwar die Zustimmung der II. Kammer, kam aber in der I. Kammer nicht mehr zur Beratung und erlangte somit keine Gesetzeskraft. Damit war der merkwürdige Zustand geschaffen, daß Mitte der fünfziger Jahre in Württemberg allein die Rechtsverhältnisse der Juden sich noch immer auf die „Grundrechte" gründeten, die für alle anderen Bürger längst

---

[36] Darstellung nach den württembergischen Akten, u. a. HStASt, Geh. Rat III, E 33/34, StALu E 146, 1195, und nach den Protokollen und Materialien des Landtags.

[37] In einem Gutachten des Geh. Rats v. 4. März 1852 (HStASt, Geh. Rat III, M 25) finden sich einige bemerkenswerte politische Überlegungen zu dem Gesetzentwurf. Zur Begründung des Artikels 2 heißt es einerseits: „Sehr eigentümlich müßte ein Zustand erscheinen, in welchem niemand mehr sich auf die Grundrechte *als solche* zur Begründung unmittelbar praktischer Rechte u. Verbindlichkeiten berufen dürfte als nur der Israelite, u. Vergleichungen besonders mit den altberechtigten Kirchen würden unfehlbar nicht dazu dienen, letztere für den Staat zu gewinnen." Andererseits wird offen ausgesprochen, daß man mit der Wiederaufnahme der älteren Rechtsbeschränkungen für die Juden zumindest einen Teil der Bürger der gleichzeitigen Aufhebung der Grundrechte gewogener machen könne: Die Wiederaufnahme des „Juden-Gesetzes" von 1828 „wäre die unmittelbare Folge der Beseitigung der Grundrechte als Landesgesetz, eine Folge, welche auf dem Lande wohl vielseitig mit Befriedigung vernommen werden würde, so daß die Parthie der für die Aufhebung der Grundrechte Gesinnten unleugbar verstärkt würde."

ihre Gültigkeit verloren hatten – ein Zustand, der weder dem Willen der Regierung noch dem des Landtags entsprach, sondern lediglich aus dem Scheitern mehrerer Gesetzgebungsinitiativen resultierte. Es kann daher kaum überraschen, daß im Lande die Meinung weit verbreitet war, daß praktisch die Bestimmungen des Gesetzes von 1828 wieder anzuwenden seien. Auch die Regierung betonte weiterhin die Notwendigkeit eines Erziehungsgesetzes, „das geeignet ist, die Israeliten nach und nach [!] zu Vollbürgern des Staates heranzubilden" [38]. Eine im öffentlichen Bewußtsein wichtige Diskriminierung hatten die Juden übrigens schon 1850 hinnehmen müssen, als ihnen – vor der Verordnung vom 5. Oktober 1851 – durch den Rückgriff auf das vorrevolutionäre Wahlrecht das aktive und passive Wahlrecht für den Landtag wieder entzogen wurde. Außerdem wurde der faktische Ausschluß vom Staatsdienst durch den Innenminister im Landtag offen als „Verwaltungsmaxime" bezeichnet. Hinzu kamen Beschränkungen und Sonderregelungen hinsichtlich der Armenversorgung, der Eidesleistung und der Einwanderung fremder Juden. Die grundsätzliche Gleichstellung bestand in Württemberg gewissermaßen „aus Versehen", als ein Provisorium, dessen relative Dauer von niemandem beabsichtigt war. Die notwendige Folge waren auch hier Rechtsunsicherheiten und verwirrte Fronten in der Debatte um die „Judenfrage", in der Übereinstimmung allein darin bestand, daß eine definitive Lösung noch immer ausstand.

Eine überraschende Wende nahm die Entwicklung unmittelbar nach der Revolution in Bayern, das sich seit dem Edikt von 1813 in der „Judenfrage" durch eine besondere Rückständigkeit ausgezeichnet hatte [39]. Ein Gesetz vom 4. Juni 1848 brachte den Juden in Bayern die Gleichheit der politischen Rechte, während ihnen weitere Verbesserungen ihrer Rechtsverhältnisse versagt blieben, da die „Grundrechte" in Bayern nicht als Landesrecht übernommen wurden. Im Mai 1849 legte die bayerische Regierung jedoch dem Landtag einen Gesetzentwurf vor, der lediglich aus zwei Artikeln bestand, in denen den Juden „gleiche staatsbürgerliche (politische) und bürgerliche Rechte mit den christlichen Staatseinwohnern" zugesprochen und diese Bestimmungen als „ein ergänzender Bestandteil der Verfassungsurkunde" bezeichnet wurden. Die Motive der Regierung sind nicht klar zu erkennen, doch scheinen taktische Erwägungen eine wichtige Rolle gespielt zu haben. Man glaubte, die Juden „beschwichtigen" zu sollen und zugleich der „Partei der Centren" entgegenkommen und wenigstens einigen ihrer Forderungen entsprechen zu müssen: „die Judenemanzipation ist ein solches Thema – und ein Widerstand

---

[38] Min. d. Innern Frhr. v. Linden, II. Kammer, 238. Sitzung, 1. Februar 1854, 150.

[39] Darstellung nach den Ministerialakten und vor allem den Protokollen und Materialien des bayerischen Landtags.

ist hier zwecklos, eine halbe Maßregel sinnlos" [40]. Was sich somit als eine Art „Flucht nach vorn" bei der Regierung darstellt, wurde von Staatsminister Dr. Ringelmann darüber hinaus mit dem Satz begründet: „Die *vollständige* Gleichstellung der jüdischen mit den christlichen Staats-Einwohnern in bürgerlicher und politischer Hinsicht ist ein Glaubensartikel der Gegenwart, hier lassen sich keine Ausnahmen mehr statuieren." [41] Die II. Kammer stimmte dem Entwurf zu, beschloß aber zugleich Übergangsbestimmungen, die ein Widerspruchsrecht der Gemeinden gegen die Ansässigmachung von Juden vorsahen und so den zu erwartenden Widerständen in der Bevölkerung Rechnung zu tragen suchten. Tatsächlich setzte nach dem Kammerbeschluß eine außerordentlich heftige und polemische Agitation ein, die ihren Niederschlag in einem Petitionssturm mit rund 80 000 Unterschriften an die Adresse der Kammer der Reichsräte fand. Diese lehnte 1850 den Entwurf mit großer Mehrheit ab – wobei auch die allgemeine Überlegung von Bedeutung war, daß hier einmal in einer populären Sache das volle Gewicht der I. gegenüber der II. Kammer und auch der Regierung zur Geltung gebracht werden konnte. Damit galten in Bayern, abgesehen vom Wahlrecht, auch weiterhin die vorrevolutionären Rechtsbestimmungen, die in einzelnen Punkten selbst bis ins sechzehnte Jahrhundert zurückreichten. Schon im folgenden Jahr wurde jedoch durch das Gesetz vom 29. Juni 1851 die Gleichstellung in den bürgerlichen Rechten sowie im Zivil- und Prozeßrecht ausgesprochen, wodurch für die Juden in der Pfalz, in der seit der Zugehörigkeit zu Frankreich weitgehende Rechtsgleichheit bestanden hatte, die letzten Rechtsbeschränkungen fielen. Schritt für Schritt wurden in den folgenden Jahren weitere Rechte gewährt: 1852 die Befähigung, Mitglieder der Kreis- und Distriktsvertretungen, 1854 das Recht, Mitglieder der Steuerausschüsse zu werden. Ein Gesetzentwurf der Regierung, der die Juden vom passiven Wahlrecht ausschließen wollte, wurde 1854 von der II. Kammer mit großer Mehrheit verworfen. Auch Ende der fünfziger Jahre aber galt noch immer das Edikt von 1813 mit der „Juden-Matrikel", durch die die Zahl der in den Gemeinden ansässigen jüdischen Familien ein für allemal festgeschrieben und einer immer größeren Anzahl von Juden die Grundvoraussetzung bürgerlicher Existenz entzogen war [42].

Es ist nicht möglich und auch nicht nötig, dem Gang der Rechtsentwicklung in weiteren deutschen Staaten zu folgen. Weder Preußen noch Österreich, weder Bayern noch Württemberg können als „typisch" für die allgemeine Entwicklung bezeichnet werden: alle vier zusammen aber lassen den

---

[40] Min. d. Innern Dr. Ringelmann in einem Bericht an den bayer. König v. 24. Mai 1849, Geh. Hausarchiv München 79/3 175.

[41] AaO.

[42] Vgl. allgemein S. *Schwarz*, Die Juden in Bayern im Wandel der Zeiten, München 1963.

Stand der „Judenfrage" in Deutschland während der fünfziger Jahre deutlich genug erkennen. Das gilt auch im Hinblick auf solche Staaten, die – wie Braunschweig, Hannover, Hessen-Darmstadt, Oldenburg oder Sachsen-Weimar-Eisenach – in den Jahren nach der Revolution nicht mehr grundsätzlich hinter die 1848/49 ausgesprochene Emanzipation zurückgingen, gleichwohl aber von einzelnen Einschränkungen und diskriminierenden Verwaltungspraktiken nicht frei blieben. In anderen Fällen – wie in Hamburg zum Beispiel – erfolgte die Gleichstellung nur mit den Nicht-Lutheranern, d. h. mit den Teilen der christlichen Bevölkerung, die ebenfalls noch um ihre eigene Emanzipation zu kämpfen hatten[43]. In Baden wiederum wurden den Juden 1848/49 zwar alle politischen Rechte zuerkannt, aber die im Hinblick auf Erwerbstätigkeit, Niederlassung, Armenunterstützung usw. wichtigeren gemeindebürgerlichen Rechte bewußt vorenthalten, um keine weitere Unruhe in der Bevölkerung aufkommen zu lassen[44]. Bis zum Ende der fünfziger Jahre war der Stand der Emanzipation im wesentlichen durch Stagnation, durch zögerndes und widerspruchsvolles Verhalten der Regierungen und durch allenfalls schrittweise Verbesserungen gekennzeichnet. Deutlich war allerdings auch, daß trotz gegenteiliger Bemühungen einzelner Regierungen und konservativ-klerikaler Gruppierungen die Gesamtentwicklung nicht mehr umkehrbar, die volle Emanzipation nur noch zu verzögern, aber nicht mehr zu verhindern war.

Ungeachtet der noch ausstehenden Rechtsgleichheit nahm auch der Prozeß der sozialen Emanzipation, der Eingliederung der Juden in das politische, gesellschaftliche und kulturelle Leben des deutschen Volkes seinen raschen Fortgang, und das Nebeneinander von stagnierender Emanzipationspolitik und -gesetzgebung einerseits und immer stärker werdender Dynamik des sozialen Emanzipationsvorganges andererseits erscheint als das wichtigste Charakteristikum des ersten Jahrzehnts nach der Revolution. Das spiegelte sich nicht nur in der wirtschaftlich-sozialen Umstrukturierung und gleichzeitigen Aufstiegsmobilität der Juden, auf die noch näher einzugehen sein wird, sondern auch auf der Ebene der bürgerlichen Geselligkeit und ganz allgemein im Leben der Städte und Dörfer, in denen Juden als Bürger aufgenommen waren. So berichtete ein jüdischer Bürger aus der westfälischen Stadt Werl 1850 im Hinblick auf die noch ungewisse Rechtslage:

> „Wenn die nun ca. vollendete Verfassung uns in unseren Freiheiten immer noch hindernd in den Weg treten wird, so haben wir doch einen großen, höchst wichtigen Fortschritt dadurch gemacht, daß wir vom Volke als gleichgestellt betrachtet werden, daß man den Juden nicht mehr aus der Gesellschaft ausstößt, sondern im Gegenteil ihn gern sieht, ihn bei Gemeindeangelegenheiten zu Rate zieht..."[45]

---

[43] *Krohn,* op. cit., 26.

[44] Vgl. hierzu *Rürup,* Emanzipation und Antisemitismus, 66 ff.

[45] Zit. nach *Arno Herzig,* Judentum und Emanzipation in Westfalen, Münster 1973, 81.

In den Städten wurden die inzwischen als Kaufleute, Bankiers, Ärzte oder
Anwälte in den gehobenen Mittelstand aufgerückten Juden immer häufiger
freiwillig in die Reihe der Ortsbürger aufgenommen, soweit es einer solchen
besonderen Aufnahme bedurfte. Für die Zeit von 1850-1858 hat man mindestens 200 jüdische Stadtverordnete in deutschen Städten feststellen können [46], und in Handelskammern, Industriekomitees und vielen anderen Gremien nahmen nicht wenige Juden wichtige Wahlämter und zum Teil führende
Positionen ein.

Dem neuen jüdischen Selbstbewußtsein und einem nicht mehr ausschließlich an den Rechtsnormen orientierten Emanzipationsverständnis gab Ludwig Philippson zu Beginn der Reaktionszeit in seiner *Allgemeinen Zeitung
des Judentums* beredten Ausdruck:

> „Was nennt ihr denn Emanzipation? Etwa jene paar Worte, die da besagen: von
> jetzt an seid ihr zum aktiven und passiven Wahlrecht berechtigt und zum Staats-
> dienst befähigt? Fürwahr, das ist nur die letzte Konsequenz der realen Emanzi-
> pation. Wisset ihr aber nicht, daß dieser längst die Emanzipation vorangegangen?
> Ihr emanzipiert die Juden nicht, sie selbst haben sich längst emanzipiert, ihr voll-
> endet nur die äußere Emanzipation. Von der Zeit an, wo die Juden aus dem
> Ghetto heraustreten, wo sie teilnehmen an allen industriellen und intellektuellen
> Bestrebungen der Menschheit, wo ihre Kinder Schulen, Gymnasien, Universitäten
> besuchen, wo ihre Männer an Wissenschaft, Kunst, Industrie und Gewerk sich
> beteiligen, wo ihre Frauen der allgemeinen Bildung sich befleißigen – von dem
> Augenblick an sind sie emanzipiert und brauchen nicht erst auf einige Worte der
> Verfassung zu warten." [47]

Gewiß war in diesen stolzen Worten das Gewicht von Verfassungsartikeln
und Gesetzesbestimmungen auf nicht unbedenkliche Weise unterschätzt – dafür wurde aber das Phänomen der sozialen „Selbstemanzipation" im Ent-
stehungsprozeß der bürgerlich-kapitalistischen Gesellschaft um so deutlicher
herausgearbeitet.

III

Mit dem Übergang zu den sechziger Jahren begann endlich das letzte Jahrzehnt in der Geschichte der Emanzipationsgesetzgebung. In rascher Folge
wurden nun in den einzelnen Staaten ebenso wie in der Habsburger Doppel-

---

[46] *Jacob Toury*, Die politischen Orientierungen der Juden in Deutschland. Von
Jena bis Weimar, Schriftenreihe wissenschaftlicher Abhandlungen des Leo Baeck
Instituts, Bd. 15, Tübingen 1966, 101; siehe außerdem die für die zweite Hälfte des
neunzehnten Jahrhunderts grundlegende Darstellung von *Ernest Hamburger*, Juden
im öffentlichen Leben Deutschlands. Regierungsmitglieder, Beamte und Parlamentarier in der monarchischen Zeit 1848–1918, Schriftenreihe wissenschaftlicher Abhandlungen des Leo Baeck Instituts, Bd. 19, Tübingen 1968.
[47] AZJ v. 14. Januar 1850, zit. nach *Herzig*, op. cit., 40 f.

monarchie und schließlich im Norddeutschen Bund die letzten Rechtsbeschränkungen weggeräumt. 1861 wurden in Bayern die Bestimmungen des
Edikts von 1813 über Ansässigmachung und Gewerbebetrieb der Juden
aufgehoben, was das Ende der inzwischen berüchtigten „Matrikel" bedeutete;
im Gewerbegesetz von 1868 wurden alle noch bestehenden Unterschiede in
Gewerbesachen, besonders im Hausierhandel, die auf Unterschieden des Religionsbekenntnisses beruhten, aufgehoben. In Württemberg brachte ein Gesetz von 1861 die volle Gleichheit der staatsbürgerlichen Rechte; 1864 wurde
mit dem Gesetz über die Gleichheit in den bürgerlichen Rechten schließlich
die volle Gleichstellung in allen Bereichen hergestellt. Auch in Baden kannten
bereits die Gewerbe- und Freizügigkeitsgesetze von 1861 keine Ausnahme-
bestimmungen für die Juden mehr, so daß das „Gesetz über die bürgerliche
Gleichstellung der Israeliten" von 1862 ebenfalls den Abschluß der Emanzipationsgesetzgebung bedeutete (mit Übergangsbestimmungen hinsichtlich der
Armenversorgung und der Teilnahme am Gemeindenutzen seitens der jüdischen Bürger). In Österreich wurden, wie bereits erwähnt, seit 1859/60 verschiedene Ausnahmeregelungen für die Juden aufgehoben, u. a. im Rahmen
des Gewerbegesetzes von 1860. Die definitive Gleichstellung wurde im Rahmen des Staatsgrundgesetzes vom 21. Dezember 1867 zum konstitutiven Bestandteil der staatlichen Neuordnung.

Für das gesamte übrige Deutschland wurde die Emanzipation der Juden –
soweit sie in den einzelnen Staaten nicht schon vorher ausgesprochen war –
durch das Gesetz des Norddeutschen Bundes vom 3. Juli 1869 verwirklicht,
dessen einziger Artikel lautete:

> „Alle noch bestehenden, aus der Verschiedenheit des religiösen Bekenntnisses her-
> geleiteten Beschränkungen der bürgerlichen und staatsbürgerlichen Rechte werden
> hierdurch aufgehoben. Insbesondere soll die Befähigung zur Teilnahme an der
> Gemeinde- und Landesvertretung und zur Bekleidung öffentlicher Ämter vom
> religiösen Bekenntnis unabhängig sein." [48]

Durch dieses Gesetz und seine Übernahme als Reichsgesetz im April 1871
wurde die Emanzipation der Juden unter den Schutz des Reiches gestellt
und damit von vornherein möglichen Revisionsbestrebungen in einzelnen
deutschen Staaten entzogen. Inhaltliche Bedeutung hatte die Übernahme als
Reichsgesetz lediglich für einige noch nicht aufgehobene Bestimmungen in
Bayern, wo schließlich erst in einem Gesetz vom 26. März 1881 sogenannte
Neujahrsgelder und andere Sonderabgaben der Juden an Pfarrer und andere
Berechtigte aufgehoben wurden [49].

Mochte die Emanzipationsgesetzgebung der sechziger Jahre den meisten

---

[48] Zit. nach *Freund*, op. cit., Bd. 2, 522.
[49] Die Frage dieser Sonderabgaben beschäftigte die II. Kammer am 16. Juli 1874,
25. Juli 1876, 24. Juli 1880 (Ausschußbericht) u. 29. Juli 1880 (der Gesetzentwurf
wird nur mit 76 : 65 Stimmen angenommen!).

Zeitgenossen und nicht zuletzt den jüdischen Bürgern, die seit Jahrzehnten in immer drängenderen Petitionen ihre Gleichstellung gefordert hatten, lediglich als längst überfälliger Abschluß einer notwendigen Entwicklung erscheinen, so muß den kritischen Beobachter doch die Tatsache überraschen, daß nach all den Widerständen und Verzögerungen dieser Abschluß nun plötzlich so rasch, einheitlich und ohne nennenswerte Opposition möglich war. Was zunächst einfach selbstverständlich scheint, bedarf daher einer näheren Erklärung. Dabei zeigt sich bald, daß die Logik dieser Gesetzgebung weniger in der Entwicklung der „Judenfrage" als in der gesamtgesellschaftlichen Entwicklung der sechziger Jahre zu suchen ist.

Es war im allgemeinen unbestritten, daß sich die Juden inzwischen in wirtschaftlicher, sozialer und kultureller Hinsicht der christlich-deutschen Bevölkerung auf vielfältige Weise angenähert hatten und daß ihre Integration in die bürgerliche Gesellschaft trotz aller Hemmnisse erhebliche und noch andauernde Fortschritte gemacht hatte. Ebenso unbestritten war es aber auch, daß der Prozeß der Verbürgerlichung und „Amalgamierung" noch nicht abgeschlossen war und daß die Juden noch immer eine von der Mehrheit deutlich unterscheidbare Sozialgruppe darstellten, die mehr und anderes war als eine Konfession. Das Ziel der aufgeklärten und liberalen, teilweise auch der konservativen Emanzipationspolitiker, die Juden so weit umzubilden, daß sie außerhalb des religiösen Bereichs praktisch ununterscheidbar würden, mochte nähergerückt scheinen, war aber keineswegs verwirklicht. Ging man von der jahrzehntelang in Deutschland in allen Lagern hartnäckig festgehaltenen Konzeption aus, daß die Juden sich die Emanzipation durch Assimilation zu verdienen hätten, daß die volle Gleichstellung erst am Ende des vollendeten Integrationsprozesses stehen solle, daß die „Erziehung" zur völligen Zufriedenheit der Mehrheit abgeschlossen sein müsse, ehe die letzten Beschränkungen fallen könnten – dann war der Zeitpunkt für die abschließende Gesetzgebung noch immer nicht gekommen. Soweit diese Entwicklungen auch immer fortgeschritten sein mochten: die abschließende Lösung der emanzipatorischen „Judenfrage" erfolgte nicht als Resultat der bisher verfolgten Emanzipationspolitik und ihrer „Erfolge", sondern aufgrund der geänderten Gesamtbedingungen in Mitteleuropa, die die „Judenfrage" immer belastender erscheinen ließen und zugleich die notwendigen Rahmenbedingungen für eine volle Gleichstellung boten.

„Jeder moderne Staat kann, ohne seiner ganzen historischen Entwicklung untreu zu werden, die politische und rechtliche Gleichstellung mit den Christen nicht versagen", erklärte Fürst Chlodwig von Hohenlohe-Schillingsfürst 1861 in der I. Kammer des bayerischen Landtags[50]. Im badischen Landtag legte der Innenminister Lamey dar, daß die oft gehörte Frage, wann die Juden endlich „reif" für die Emanzipation seien, falsch gestellt sei; es gehe

---

[50] III. Ausschuß der I. Kammer am 25. April 1861, I. Beilagen-Band, 448.

3 *

nicht um ihren Entwicklungsstand, sondern um die grundlegenden Prinzipien einer liberal verfaßten bürgerlichen Gesellschaft, deren Konsequenz man nicht länger ausweichen dürfe. Er verzichtete auch nicht auf den Hinweis, daß man schließlich – und mit gutem Grund – auch bei der christlichen Bevölkerung nicht „nach der Reife zur politischen Gleichstellung" frage[51]. Und angesichts der unbestreitbaren Tatsache, daß das Emanzipationsgesetz „im Lande nicht beliebt" war, faßte er die Position der Regierung wie auch der Landtagsmehrheit in der einfachen Feststellung zusammen: *„Man wolle einmal ein Ende machen mit dieser Frage."* [52] Das galt nicht nur für Baden, sondern auch für alle anderen deutschen Staaten, die nun endlich die volle Gleichstellung ihrer jüdischen Bürger aussprachen.

„Die Geschichte der Judenemanzipation", hieß es 1863 in der dritten Auflage des Staatslexikons von Rotteck-Welcker,

> „bildet ein interessantes und lehrreiches Blatt in der Geschichte des allgemeinen Fortschritts zur Humanität und des politischen Fortschritts, der die Staaten aus der Sphäre der Willkür und der Rechtsungleichheit allmählich zur Gestaltung des Rechtsstaats und der Rechtsgleichheit führte, der daher auch innerhalb des Staates kein politisch abgesondertes, für das Ganze totes Element mehr duldete, sondern alle Kräfte für das Ganze zu verwerten trachtete. Der Gang der Judenemanzipation ist daher für die einzelnen Staaten ein Prüfstein und ein Maßstab ihrer Gesamtentwicklung und ihres Verhaltens zu den humanen politischen Forderungen der Zeit, und es darf behauptet werden, daß die volle Entwicklung des Rechtsstaats sich nirgends vor der vollständigen Judenemanzipation, wenn auch nicht immer mit derselben, vollzogen haben wird." [53]

In dieser klassisch liberalen Interpretation des Emanzipationsprozesses ist nicht ohne Grund die Ausbildung des liberalen Rechtsstaates in den Vordergrund gerückt. Tatsächlich ging seit dem Vormärz von den Prinzipien der Rechtsgleichheit ebenso wie der Glaubens- und Gewissensfreiheit ein sich steigernder Druck auf Regierungen und Abgeordnete aus, auch den Juden nicht länger die Gleichheit aller Rechte zu verweigern. Für Ausnahmegesetze gab es keinen Platz in der liberalen Theorie, und immer stärker setzte sich auch die Einsicht durch, daß jedes Ausnahmegesetz durch seine bloße Existenz den Gedanken des Rechtsstaates auszuhöhlen drohte.

Glaubens- und Gewissensfreiheit bedeutete im Rahmen eines liberalen Verständnisses von Staat und Gesellschaft mehr als Toleranz, als das Recht der freien und ungehinderten Religionsausübung. „Gewissenszwang", hieß es nun treffend, „ist überall da, wo bürgerliche Rechte oder Vorteile an den Nachweis bestimmter Glaubensformen gebunden sind." [54] Den notwendigen Zu-

---

[51] II. Kammer, 25. April 1862, 51 f. (handschriftliches Protokoll, GLA 231/39).
[52] I. Kammer, 3. Juni 1862, 93; Hervorhebung von mir (R. R.).
[53] *S. Stern*, Artikel „Juden", in: *C. Rotteck* u. *C. Welcker* (Hrsg.), Staats-Lexikon, 3. Aufl., 8. Bd., Leipzig 1863, 667.
[54] Denkschrift des württemberg. Min. d. Kirchen- u. Schulwesens (Rümelin) an das

sammenhang zwischen den Ideen der Bekenntnisfreiheit und des Rechtsstaates und ihre Auswirkungen auf die „Judenfrage" arbeitete 1861 auch Fürst von Hohenlohe-Schillingsfürst in seiner Rede zur Judenemanzipation klar heraus:

> „Der Staat konnte nicht mehr konfessionell und unduldsam bleiben, er mußte in einem anderen Sinne christlich, d. h. gerecht und duldsam gegen alle Untertanenklassen, zum *Rechtsstaate* oder besser zum *Gerechtigkeitsstaate* werden." [55]

Mit dem Übergang zur „neuen Ära" nicht nur in Preußen, sondern auch in einer Reihe anderer deutscher Staaten war nun zu Beginn der sechziger Jahre ein Zustand erreicht, in dem die liberalen Ideen zur Herrschaft gelangten und entscheidenden Einfluß auf die Gestaltung der wirtschaftlichen und gesellschaftlichen, in nicht geringem Maße aber auch der politischen Verhältnisse auszuüben begannen. Unter diesen Umständen wurde die volle Emanzipation der Juden in der Tat zur politischen Notwendigkeit. Welche Gründe auch immer man gegen die Emanzipation noch ins Feld führen mochte, sie konnten nun – wie die württembergische Regierung erklärte – „gegenüber von den einfachen Konsequenzen der Gewissensfreiheit und Gerechtigkeit nicht entscheiden" [56].

Es fällt auf, daß die Emanzipationsgesetzgebung der sechziger Jahre allenthalben im Zusammenhang der Gewerbegesetzgebung – des Übergangs zur Gewerbefreiheit und Freizügigkeit – und der Gemeindereform – der beginnenden Umwandlung von der älteren Bürger- zur modernen Einwohnergemeinde – erfolgt ist. Die Judenemanzipation stellt sich damit als ein integrierendes Element jener wirtschaftlichen und sozialen Reformen dar, die die endgültige Durchsetzung des kapitalistischen Wirtschafts- und Gesellschaftssystems in Deutschland charakterisieren. Sie fügt sich ein in die Fülle wirtschafts-, finanz- und handelspolitischer Maßnahmen, die der vollen Entfaltung einer konsequenten liberalen Marktwirtschaft dienten. Unterstützt wurde diese Gesamtentwicklung durch die „industrielle Revolution", den seit Anfang der fünfziger Jahre immer rascher voranschreitenden Übergang zur Industriewirtschaft, der der kapitalistischen Entwicklung mehr und mehr seinen Stempel aufzudrücken begann. Dabei ist es zweifellos von entscheidender Bedeutung, daß der grundlegende strukturelle Wandel dieser Jahre sich im Schutze einer langanhaltenden, durch Kriseneinbrüche kaum gestörten Hochkonjunktur vollzog, die nicht nur den gewerblich-industriellen, sondern auch den Agrarbereich charakterisierte.

Der hier zutage tretende Zusammenhang zwischen Wirtschaftsstruktur

---

Min. d. Innern zur Frage konfessioneller „Mischehen" v. 25. Januar 1861, StALu, E 146, 1195.

[55] III. Ausschuß der bayer. I. Kammer, 25. April 1861, I. Beilagen-Band, 447.

[56] Motive zum Gesetzentwurf betr. die Unabhängigkeit der staatsbürgerlichen Rechte vom religiösen Bekenntnis v. 6. März 1861, württ. II. Kammer, 1. Beilagen-Band, 1858.

und -konjunktur einerseits und der Emanzipation der Juden andererseits
ist allerdings nicht erst in der Schlußphase von Bedeutung, sondern läßt sich
auch hinsichtlich des Gesamtverlaufs der Emanzipation beobachten. Wirtschaftspolitische Zielvorstellungen und Erwartungen waren von erheblichem
Einfluß auf die Emanzipationspolitik der einzelnen Staaten, wie andererseits
die wirtschaftliche Lage das jeweilige Verhalten der christlichen Bevölkerung
gegenüber den Juden und den Veränderungen ihrer Rechtsverhältnisse entscheidend prägte. Überbevölkerung bzw. Bevölkerungsdruck in bestimmten
Gebieten, landwirtschaftliche Krisen und Kreditprobleme, die strukturelle
Krise des Handwerks, die „Übersetzung" ländlicher Gewerbe und die Kon-
kurrenzbefürchtungen des städtischen Handels und Gewerbes, der verbreitete
Kapitalmangel bzw. fehlende Kapitalmarkt, einschränkende Bestimmungen
der älteren Gewerbeordnungen und existenzbedrohende Marktmechanismen
der sich ausbildenden kapitalistischen Wirtschaft – all das waren Probleme,
deren Gewicht für die Entwicklung der „Judenfrage" kaum überschätzt werden kann und die natürlich in hohem Maße von den jeweiligen Konjunktur-
verhältnissen abhängig waren.

Die Bedeutung wirtschaftspolitischer Konzepte und positiver gesamtwirt-
schaftlicher Erwartungen spielte eine erhebliche Rolle schon bei den Emanzi-
pationsbestrebungen des ausgehenden achtzehnten Jahrhunderts. „Von einer
den Christen etwa schädlichen *concurrenz*", so konnte man im Hinblick auf
die geplante Zulassung der Juden zu den Handwerken in Schlesien argumentieren, „ist nichts zu befürchten: in einem Staate, dessen Bevölkerung zunimmt, der einer Volksvermehrung noch fähig ist, und wo noch beständig
Gelegenheit vorhanden, mehrere Hände zu beschäftigen, ist von Vermeh-
rung der arbeitenden Classe nichts zu besorgen, und mit den Arbeitern vermehren sich auch die *consumenten*."[57] Mit dem Übergang zum neunzehnten
Jahrhundert änderten sich jedoch diese positiven Rahmenbedingungen: es begann eine Reihe von Agrarkrisen, hinzu kamen die Kriege, Handelskrisen
und ausländischer Konkurrenzdruck, bald auch die Furcht vor Überbevölkerung und Pauperisierung. In dem Augenblick, in dem die meisten deutschen
Staaten die im achtzehnten Jahrhundert entwickelten Emanzipationskonzepte
vorsichtig in die Praxis umzusetzen begannen, hatten sich die allgemeinen
wirtschaftlichen Grundlagen und die damit verbundenen Vorstellungen und
Erwartungen bereits entscheidend geändert. Als der preußische Staatsrat
1823 eine erste Bilanz hinsichtlich der Wirkungen des Emanzipationsedikts
von 1812 zog, arbeitete er die unvorhergesehenen Schwierigkeiten, denen der
Emanzipationsvorgang nun begegnete, sehr klar heraus:

> „Zu einer Zeit, wo überall der Boden des Besitztums schwankt, wo eine neue Ge-
> setzgebung in der Gewerbsamkeit eine unbeschränkte Konkurrenz eröffnet hat,

---

[57] Bericht des Grafen Hoym an das General-Direktorium, Breslau, 27. Januar
1791: DZAM, Gen.-Dir., Gen.-Dep., LVII, 13, Bd. 1.

während die Märkte, auf denen das Gewerbe seinen Absatz fand, sich unge-
wöhnlich vermindern, wo die Verschuldung der Staaten den verderblichen Pa-
pierhandel begünstigt, der alle Kapitalien verschlingt und den Privatkredit, den
die Kriegsverhältnisse erschüttert haben, noch mehr zerrüttet; in einer Zeit, in
welcher der Haß und die Vorurteile der christlichen Gewerbsleute und der Ihrigen
(wie nach dem Zeugnis der Geschichte bei jeder öffentlichen Calamität) sich bitter
und unversöhnlich gegen die Juden aussprachen, in einer solchen ungünstigen Zeit
war ein Übergang in das Bessere kaum möglich." [58]

Andererseits wiesen zum Beispiel die westfälischen Provinzialstände, die
sich nicht durch besondere Sympathie für die Juden auszeichneten, 1845 darauf hin, „daß mit dem Steigen des Preises der Bodenerzeugnisse und durch
die Wohltaten der Paderborner Tilgungs-Kasse" die Hauptursachen des „jüdischen Wuchers" in einigen westfälischen Kreisen, gegen den eine Kabinetts-
ordre von 1836 gerichtet war, inzwischen beseitigt seien [59].

In den sechziger Jahren ist dann der Zusammenhang zwischen konjunk-
tureller Entwicklung, Übergang zur kapitalistischen Marktwirtschaft und
Emanzipation der Juden im Bewußtsein vieler Zeitgenossen deutlich ausgeprägt. So faßte die Regierung des Neckarkreises 1861 die Meinung der Ober-
ämter dahin zusammen: die Gleichstellung der Juden liege

„auch im volkswirtschaftlichen Interesse, weil die Rührigkeit der Juden wesentlich
zur Förderung des Handels, insbesondere des zum großen Vorteil der Landwirtschaft so schwunghaften Viehhandels und des sogenannten Produktenhandels bei-
trage" [60].

Im gleichen Jahr erklärte das Oberamt Heilbronn zur Aufhebung der Ge-
werbeschranken für die Juden:

„es mag dieses um so unbedenklicher erscheinen, als die Gestaltung der gewerblichen
Verhältnisse in der neueren Zeit eine ganz andere geworden ist und sich die
Mehrzahl der Gewerbe von dem beschränkten lokalen Absatzgebiet nach und nach
frei macht und an einem ausgedehnteren Verkehrsleben teilnimmt, also erhebliche
Beeinträchtigung anderer Gewerbs-Genossen kaum zu befürchten sein wird" [61].

Die optimistischen Erwartungen, die sich auf die Dynamik einer expandierenden Marktwirtschaft richteten, ließen nunmehr die gerade im städtischen Gewerbe Württembergs jahrzehntelang dominierenden Konkurrenzängste gegen-

---

[58] Gutachten der Abteilungen des Königlichen Staatsrats ... über den Entwurf
einer Juden-Ordnung für das Großherzogtum Posen ..., Berlin, 23. Dezember 1823,
63, DZAM, Rep. 77, XXX, Bd. 2.
[59] Denkschrift der westfälischen Provinzialstände v. 5. April 1845, zit. nach Denkschrift (siehe oben Anm. 19), Beilagen I, Abt. D, 25 f.
[60] Bericht der Königl. Regierung des Neckarkreises an das württ. Min. d. Innern,
Ludwigsburg, 15. Februar 1861, StALu, E 146, 1195.
[61] Bericht des Oberamts Heilbronn an die Regierung des Neckarkreises, 3. Januar
1861, StALu, E 146, 1195.

über den Juden weitgehend verschwinden. Endlich wurde auch die wirtschaftliche Bedeutung des so oft als „unproduktiv" geschmähten Handels – und
sogar des Hausierhandels – weithin anerkannt. Die württembergische Regierung, die vielleicht am konsequentesten in Deutschland den Hausierhandel
der Juden bekämpft hatte, war angesichts der allgemeinen Entwicklung selbst
in diesem Punkt bereit, endlich auf alle Erziehungsmaßnahmen zu verzichten:

> „Allerdings wird zu erwarten sein, daß die mit der Neuen Gewerbe-Ordnung
> eintretende freie Bewegung im Gebiet des Handels, insbesondere des Hausier-
> handels, die Israeliten wieder mehr als bisher diesen Gewerben zuwenden wird;
> allein wenn einmal in diesem Gebiete der Grundsatz der Leitung und Erziehung
> für gewisse gewerbliche Berufszweige im Allgemeinen aufgegeben ist, so kann
> derselbe für einen Teil der Staatsbürger – die Israeliten – nicht wieder durch
> ein besonderes Gesetz eingeführt werden und man muß auch hier mit Vertrauen
> einer gesunden Entwicklung der Verhältnisse entgegensehen." [62]

Eine Zusammenfassung der politischen und wirtschaftlichen Grundlagen
der Emanzipationsgesetzgebung in den sechziger Jahren bot die badische
Regierung 1862 bei der Vorlage des Emanzipationsgesetzes im Landtag:

> „Die politische Gärung hat einer ruhigeren, geläuterteren Anschauung über die
> gegenseitigen Rechte der im Staat vorhandenen Stände und Einzelnen Platz ge-
> macht, die Überzeugung, daß nur die möglichst freie Entfaltung der Individual-
> kräfte zur größeren Vollkommenheit des Ganzen führe, ist mehr und mehr
> durchgedrungen; auf der anderen Seite ist, dank einer Reihe von Umständen,
> der durchschnittliche Wohlstand der Bevölkerung des Landes auf einem Punkt
> angelangt, wo auch etwaigen ökonomischen Bedenken kein entscheidendes Gewicht
> beigelegt zu werden braucht; dazu kommt, daß die Freizügigkeit im Handel und
> Gewerbe, welche wohl noch auf diesem Landtage zum gesetzlichen Grundsatze
> erhoben werden wird, und von welcher die Israeliten nicht ausgeschlossen werden
> können noch sollen, den letztern eine neue Bahn für die Entwicklung ihrer Kräfte
> und die Annäherung an christliche Sitte und Lebensart eröffnen und zur Beseiti-
> gung der etwa noch vorhandenen vereinzelten Vorurteile und Leidenschaften
> gewiß mächtig beitragen wird." [63]

Die Vollendung der Emanzipation war in der Tat das Resultat einer gesamtgesellschaftlichen Entwicklung, die durch den relativen Abschluß der bürgerlichen Emanzipation, die Etablierung und Durchbildung einer liberal-kapitalistischen Wirtschaft und Gesellschaft gekennzeichnet ist. Hochkonjunktur und
struktureller Wandel hatten ungeachtet der vor allem in Preußen ungeklärten
und dann zugunsten vorbürgerlicher Kräfte gelösten Machtfrage ein „liberales

---

[62] Bericht der Ministerien der Justiz, des Innern u. des Kirchen- u. Schulwesens
über die Revision des Gesetzes von 1828, Stuttgart, 8. Juni 1862, HStASt, Geh. Rat
III, G 195.
[63] Begründung des Gesetzentwurfes „die bürgerliche Gleichstellung der Israeliten
betr." v. 20. Januar 1862, II. Kammer, 4. Beilagenheft, 245.

Zeitalter" heraufgeführt, das nach fast einem Jahrhundert der Auseinandersetzungen auch die „Judenfrage" der entstehenden bürgerlichen Gesellschaft endlich zu einem positiven Abschluß brachte.

IV

Verdeutlicht man sich diese Bedingungen, unter denen die Emanzipationspolitik endlich abgeschlossen wurde, so dürfte klarwerden, daß nur dann noch einmal eine „Judenfrage" gestellt werden konnte, wenn in den gesamtgesellschaftlichen Verhältnissen grundlegende Änderungen eintraten. Genau das war jedoch der Fall, und zwar schon binnen weniger Jahre[64]. Dem Abschluß der Emanzipation folgte nicht eine Phase der Konsolidierung, der ruhigen und gesicherten Entwicklung unter liberalen Vorzeichen, sondern eine Zeit der Krise, die durch ungeahnte wirtschaftliche, gesellschaftliche und auch politische Erschütterungen gekennzeichnet war. Die 1873 einsetzende Weltwirtschaftskrise traf das Deutsche Reich angesichts der außerordentlichen Konjunkturüberhitzung der „Gründerjahre" wirtschaftlich härter als andere europäische Staaten, zumal die 1876 beginnende strukturelle Agrarkrise die gesamtwirtschaftliche Lage noch wesentlich verschärfte. Hinzu kam, daß nunmehr die mit dem Übergang zu einer liberal-kapitalistischen Wirtschafts- und Sozialordnung notwendigerweise verbundenen Anpassungskrisen, die durch die Hochkonjunktur gemildert oder überdeckt worden waren, in ihrer ganzen Schärfe zum Vorschein kamen. Die „sozialen Kosten" des vehementen wirtschaftlichen Wachstums im Zeichen der „industriellen Revolution" machten sich nun um so nachdrücklicher bemerkbar: mit dem Tempo des sozialen Wandels verschärften sich die Übergangsprobleme, vergrößerten sich vor allem auch die Spannungsmomente gegenüber den vorbürgerlichen und vorindustriellen Elementen des Herrschaftssystems.

Kennzeichnend für das Deutschland der siebziger Jahre war, daß das sich ausbreitende Krisenbewußtsein die aktuellen wirtschaftlichen und sozialen Nöte bei weitem übertraf und auch jene Kreise der Bevölkerung umfaßte, deren wirtschaftliche Existenz gar nicht unmittelbar betroffen war[65]. Dabei kann es kaum überraschen, daß dieses Krisenbewußtsein sich überwiegend in einer zwar vagen, aber heftigen antikapitalistischen Gesellschafts- und Kulturkritik äußerte. Wichtiger noch war, daß in dieser Krise die liberalen Normen und Institutionen ins Wanken gerieten, daß die politische Theorie des Liberalismus binnen weniger Jahre ihre dominierende Stellung

---

[64] Vgl. zum Folgenden *Rürup*, Emanzipation und Antisemitismus, 87 ff. (mit Literaturhinweisen); dazu allgemein *Hans-Ulrich Wehler*, Das Deutsche Kaiserreich 1871–1918, 2. Aufl., Göttingen 1975.

[65] Hierzu vor allem *Hans Rosenberg*, Große Depression und Bismarckzeit. Wirtschaftsablauf, Gesellschaft und Politik in Mitteleuropa, Berlin 1967, 58 117.

einbüßte, so daß Humanität, Rationalität oder Kosmopolitismus nun plötzlich in aller Öffentlichkeit und mit Zustimmung breiter, auch bürgerlicher
Schichten als liberale Phrasen denunziert werden konnten. Der Nationalismus verlor seine Bindungen an die Positionen der bürgerlich-liberalen Bewegung und begann ein innenpolitisches Aggressionspotential freizusetzen,
das zum Instrument konservativer Politik wurde und seine Spitze gegen
„Reichsfeinde" unterschiedlichster Provenienz richtete. Im politischen Leben
vollzog sich eine rasche Entmachtung der Liberalen und eine klare Wendung
zum konservativ-autoritären Obrigkeitsstaat. Alle diese Veränderungen aber
lassen sich im Kern als Symptome einer epochalen Übergangskrise der bürgerlichen Gesellschaft verstehen: Während die bürgerlich-liberale Bewegung,
getragen von der gesamtgesellschaftlichen Entwicklung zum liberal-kapitalistischen System, trotz aller Niederlagen und Inkonsequenzen bis dahin stets
in der Offensive gewesen war, vollzog sich nun ein Prozeß der Umformung
dieses Systems unter nicht-liberalen Vorzeichen, durch den nicht nur demokratische und sozialistische Tendenzen unterdrückt wurden, sondern der
Liberalismus insgesamt in die Defensive geriet. Das „Zeitalter des Liberalismus", so unvollkommen es auch immer gewesen sein mochte, war jedenfalls
am Ende der siebziger Jahre in Deutschland vorbei.

Vergegenwärtigt man sich diesen krisenhaften Umbruch der siebziger
Jahre, so ist klar, daß eine erneute „Judenfrage" der so veränderten bürgerlichen Gesellschaft nicht mehr eine Emanzipationsfrage sein würde. Statt des
Druckes bürgerlich-liberaler Postulate war nun ein Klima der sozialen Aggression gegeben, das sich in der Suche nach „Sündenböcken" und der Tendenz zu Ausnahmegesetzen äußerte und vor allem für traditionell vorurteils-
besetzte und noch nicht voll integrierte Minderheiten gefährlich werden
konnte. Es kann insofern auch nicht überraschen, daß in dieser Situation in
Deutschland der moderne Antisemitismus entstand, der die Krise der bürgerlichen Gesellschaft durch das Wirken der Juden zu erklären und durch die
Rücknahme ihrer Emanzipation zu beheben versuchte. Allerdings bedarf es
noch der Erklärung, warum die kollektiven Unlustgefühle zu einem erheblichen Teil gerade auf die Juden abgeleitet werden konnten, warum die kurz
zuvor scheinbar definitiv gelöste „Judenfrage" unter den veränderten Gegebenheiten wieder aufgeworfen werden konnte. Denn es genügt nicht,
nur die allgemeinen Voraussetzungen festzustellen und dann die Manipulierung und Instrumentalisierung des Antisemitismus in den politisch-geistigen
Auseinandersetzungen herauszuarbeiten, sondern es muß darüber hinaus
erklärt werden, warum die Juden zu diesem Zeitpunkt die ihnen von der
antisemitischen Bewegung zugedachte „Sündenbock"-Funktion übernehmen
konnten [66].

---

[66] Vgl. *Gordon W. Allport,* Die Natur des Vorurteils, Köln 1971, bes. 250 ff.

Damit muß zunächst einmal die Frage nach dem Erfolg des Emanzipationsprozesses gestellt werden. Wie fundiert und wie krisenfest war die soeben erreichte Emanzipation? Auf den ersten Blick sah die Bilanz nicht schlecht aus: die Juden hatten seit dem späten achtzehnten Jahrhundert einen tiefgreifenden Prozeß der Verbürgerlichung durchgemacht, sie hatten sich in hohem Maße der deutschen Kultur und Gesellschaft assimiliert und waren wirtschaftlich voll integriert. Die Auflösungstendenzen innerhalb des Judentums als religiös-sozialer Gruppe waren immerhin so stark, daß von jüdischen Kritikern der Assimilation die Gefahr eines baldigen „Untergangs" des Judentums beschworen wurde. In wirtschaftlich-sozialer Hinsicht sind die Jahre nach 1850 mit Recht als „Periode der Auflösung des zahlreichen Luftmenschentums, der Kleinkrämer und Hausierer, Makler und Faktota, der Leute ohne bestimmten Beruf und ohne Beruf überhaupt, der zu trauriger Berühmtheit gelangten ‚Schacher-Macher'" bezeichnet worden[67]. Dem Zurücktreten dieser wirtschaftlichen Marginalexistenzen entsprach zugleich die Herausbildung eines „fest fundierten und kapitalkräftigen jüdischen Mittelstands"[68]. Seit Beginn der fünfziger Jahre waren die Juden, wie bereits erwähnt, in erheblichem Umfang in bürgerlichen Vereinen, wirtschaftlichen Interessenvertretungen und auch kommunalen Repräsentationsorganen tätig. Es gab die ersten jüdischen Richter und ordentlichen Professoren, Abgeordnete in Landtagen und im Reichstag und seit 1868 sogar einen jüdischen Finanzminister[69]. Die deutschen Juden wurden, wie Gustav Freytag später schrieb, „allmählich Verbündete, Freunde, Mitarbeiter auf jedem Gebiete unseres realen und idealen Lebens"[70]. Als ein Indiz für den Abbau der Barrieren und die soziale Integration kann der Rückgang der Taufen unter den Berliner Juden seit dem Ende der vierziger Jahre angesehen werden: ließen sich 1842–46 noch 7 von je 1000 Juden taufen, waren es 1847–56 nur noch 2,2 und 1867–71 schließlich 0,8 pro 1000[71]. Abgesichert schien dieser Integrationsprozeß nicht nur durch die allgemeine gesellschaftliche und politische Entwicklung in Deutschland, sondern auch dadurch, daß – mit Ausnahme Rußlands – praktisch alle europäischen Staaten spätestens Anfang der siebziger Jahre die letzten Rechtsbeschränkungen für die im jeweiligen Lande lebenden Juden aufhoben. Damit war eine internationale Konstellation gegeben, die es völlig unmöglich erscheinen lassen mußte, daß etwa in Deutschland noch einmal Versuche unternommen werden könnten, die Emanzipation

---

[67] *Jakob Lestschinsky,* Das wirtschaftliche Schicksal des deutschen Judentums. Aufstieg, Wandlung, Krise, Ausblick, Berlin 1932, 118.

[68] AaO, 118.

[69] Moritz Ellstätter in Baden (1868–1893).

[70] *Gustav Freytag,* Über den Antisemitismus, Berlin 1893, 14.

[71] *Jakob Lestschinsky,* Artikel „Apostasie (Statistik)", in: Encyclopaedia Judaica, Bd. 2, Berlin 1928, Sp. 1225 (die Zahlen beziehen sich auf Berlin und die Provinz Brandenburg).

erneut in Frage zu stellen. Die Tatsache, daß der Berliner Kongreß von den neuen südosteuropäischen Staaten die rechtliche Gleichstellung ihrer jüdischen Bevölkerung erzwang, konnte nur als eine demonstrative Krönung dieser Entwicklung und als eine Art europäischer Garantie des Emanzipationsprinzips verstanden werden[72].

Das alles waren gewiß beachtliche und nicht zu unterschätzende Ergebnisse. Bei genauerer Untersuchung treten aber auch Aspekte des Emanzipationsprozesses hervor, die sich weniger leicht in eine „Erfolgsgeschichte" der Emanzipation einpassen lassen und zu größerer Skepsis in der Gesamtbeurteilung Anlaß bieten. Einige dieser Punkte sollen hier in aller Kürze herausgearbeitet werden.

Eine der wichtigsten Voraussetzungen für eine dauerhafte Lösung der „Judenfrage" im emanzipatorischen Sinne wäre der Abbau der überlieferten negativen Stereotypen bei der christlichen Bevölkerung gewesen. Religiöse und andere Vorurteile waren in Sitten und Gebräuchen tief verankert; sie beeinflußten auch um die Mitte des Jahrhunderts noch immer grundlegend die Haltung der Landbevölkerung gegenüber den Juden und machten sich in abgeschwächter, vielfältig vermittelter Form auch bei den Gebildeten und politisch Fortschrittlichen bemerkbar[73]. Immer wieder bekannten liberale und demokratische Sprecher in den Landtagen, daß es selbst ihnen schwerfiel, sich von überlieferten Vorstellungen freizumachen:

> „Mit der Muttermilch, möchte ich sagen, haben wir alle ein Vorurteil gegen sie eingesogen. Alles, was verwerflich, was verächtlich ist, alle diese Attribute eines Ganzen setzt man zusammen, und dieses Ganze ist eben der Jude."[74]

Selbst unter den entschiedensten Vorkämpfern der Emanzipation war in den sechziger Jahren noch ein „Widerwillen" gegen die Juden zu beobachten, der von ihnen bekämpft, aber nicht völlig überwunden wurde[75]. Der Verlauf der Emanzipation hatte wenig getan, um solche Vorurteile erfolgreich zu be-

---

[72] Vgl. *N. M. Gelber,* Jüdische Probleme beim Berliner Kongreß, in: *Robert Weltsch* (Hrsg.), Deutsches Judentum. Aufstieg und Krise. Gestalten, Ideen, Werke, Veröffentlichung des Leo Baeck Instituts, Stuttgart 1963, 216–252.

[73] Hierzu vor allem *Eleonore Sterling,* Judenhaß. Die Anfänge des politischen Antisemitismus in Deutschland (1815–1850), Frankfurt 1969. Vgl. auch die Untersuchungen literarischer Stereotypen bei *Ernest K. Bramsted,* Aristocracy and the Middle-Classes in Germany. Social Types in German Literature 1830–1900, 2. Aufl., Chicago 1964, bes. 132–149; *George L. Mosse,* The Crisis of German Ideology. Intellectual Origins of the Third Reich, New York 1964, 126–145; *ders.,* Germans and Jews. The Right, the Left, and the Search for a ‚Third Force' in Pre-Nazi Germany, New York 1970, 34–76; *Pierre Angel,* Le Personnage Juif dans le Roman Allemand (1855–1915). La Racine Littéraire de l'Antisémitisme Outre-Rhin, Paris 1973.

[74] Abg. Joh. Friedrich Bauer, 7. Mai 1846, bayer. II. Kammer, 9. Bd., 156.

[75] Beispiele hierzu bei *Rürup,* German Liberalism and the Emancipation of the Jews, aaO, 64.

kämpfen. Die Politik der „stufenweisen" Emanzipation führte in der Praxis dazu, daß jeder Emanzipationsfortschritt zugleich mit einer erneuten Bestätigung der Ungleichheit, der Andersartigkeit und der Minderwertigkeit in bürgerlicher Hinsicht gekoppelt war. Die Vorurteile wurden zumindest partiell von Fall zu Fall bestätigt. Hinzu kamen die außerordentliche Dauer des Prozesses und die ihn begleitenden heftigen parlamentarischen und publizistischen Auseinandersetzungen, die ebenso sehr wie zur Überwindung von Vorurteilen auch zu deren steter Wiederbelebung und Aktualisierung beitrugen – und das über fast ein Jahrhundert hin!

Die Politik der nur allmählichen rechtlichen Gleichstellung hatte schließlich auch dazu geführt, daß die Juden in ihrer Mehrzahl noch bis in die sechziger Jahre hinein tatsächlich diskriminiert waren – es gab eben noch immer „Juden-Gesetze" –, so daß sich auch im Zusammenhang der modernen bürgerlichen Gesellschaft das Bild des minderberechtigten und daher offenbar minderwertigen Juden verfestigte. Während des ganzen auf „Erziehung" hin angelegten Emanzipationsprozesses wurde notwendig ständig der bürgerliche Fundamentalsatz von der Rechtsgleichheit aller Menschen verleugnet. Die Emanzipation galt nicht als Recht oder Anspruch der Juden, sondern als eine Ermessensangelegenheit des Staates, die allgemeinen politischen Überlegungen unterworfen war. Damit aber wurde zwangsläufig die Vorstellung genährt, daß die Emanzipation grundsätzlich widerrufbar sei, falls die Umstände sich änderten oder die Juden sich nicht den Erwartungen entsprechend verhielten.

Wesentliche Belastungen des Emanzipationsvorganges ergaben sich auch dadurch, daß die Juden schon früh für die Benachteiligten und Kritiker des sich entwickelnden kapitalistischen Systems zur negativen Symbolfigur des Kapitalismus wurden. Sie waren ja in der Tat nicht nur überwiegend im Handel und Geldgeschäft tätig, sondern genossen auch im Vergleich zu anderen Sozialgruppen beträchtliche Startvorteile in der kapitalistischen Konkurrenzgesellschaft. Für die Landbevölkerung lag es nur zu nahe, im jüdischen Produkten- oder Viehhändler und selbst im kleinen Trödler Exponenten kapitalistischer Wirtschaftsformen zu sehen; der städtische Gewerbetreibende fürchtete den jüdischen Konkurrenten wegen seiner Marktorientierung und dem stärkeren Einsatz von mobilem Kapital; die jüdischen Bankiers galten ohnehin spätestens seit dem Aufstieg des Hauses Rothschild als die Herren der „Geldmacht". Entscheidend für die weitere Entwicklung war, daß die Juden damit von vornherein auf negative Weise mit dem die Gesellschaft mehr und mehr dominierenden kapitalistischen Prozeß in Verbindung gebracht wurden.

In diesem Zusammenhang ist es auch von Bedeutung, daß die Politik der „bürgerlichen Verbesserung" den Juden in der Regel zuerst den ökonomischen Bereich freigab, während staatsbürgerliche und bürgerliche Rechte weiterhin beschränkt blieben. Daraus ergab sich im Laufe der Jahre nicht selten eine auffällige Diskrepanz zwischen wirtschaftlicher Macht und rechtlicher Diskriminierung, die alle Emanzipationsforderungen in ein schiefes Licht bringen konnte. Man sprach von der „sogenannten ‚Emanzipation'" [76], die nicht den Unterdrückten, sondern den Privilegierten der bürgerlichen Gesellschaft gelte. Schon 1834 erklärte ein bayerischer Landtagsabgeordneter: es werde

> „von den israelitischen Glaubensgenossen nur noch die *formelle* Anerkennung eines Gutes verlangt, in dessen Besitz sie sich, wenigstens teilweise, schon längst *faktisch* befinden. Wenn nämlich die Geschichte der Gegenwart wie der nahen Vergangenheit lehrt, daß die *Geldmacht* unter den großen Mächten die *größte* sei, daß sie Kriege führe und Friedensschlüsse bedinge, so dürften die heutigen Söhne Israels sich schwerlich in dem Falle befinden, auf eine Erweiterung ihres Ansehens und Einflusses jetzt noch Ansprüche zu machen und an Vorzügen in Auszeichnung, Titel und Rang immer noch mehr zu begehren, als ihnen die kriechende Abgötterei, welche Hohe und Niedere unter den Christen ungescheut mit dem Glanze des Goldes treiben, bereits eingeräumt hat." [77]

Mochte die große Mehrzahl der deutschen Juden durchaus noch arm sein und eine Existenz unterhalb der „Mittelschichten" fristen, so war doch die Koppelung von Judentum und Kapitalismus nicht einfach von der Hand zu weisen. Vor allem in den Schichten, die die kapitalistische Entwicklung nicht als Chance, sondern als Bedrohung empfanden, wurde die Emanzipation der Juden als Gefahr betrachtet. „Das Volk macht sich zum Teil einen sonderbaren Begriff von dieser Emanzipation", erklärte Friedrich Bassermann 1842, „sie erscheint ihm wie ein furchtbares Gespenst, das alle Christen verschlingen werde. Törichte Angst!" [78]

Angesichts des bestehenden Mißverhältnisses zwischen wirtschaftlicher Entfaltung und rechtlicher Unterdrückung konnte die Gleichstellung allzu leicht als Aufhebung der „letzten Schranke" erscheinen. So hieß es z. B. 1849 in den Petitionen gegen die Judenemanzipation in Bayern:

> „Euer Majestät! Die Juden haben die Macht des Geldes in Deutschland, sie sind eine geschlossene Geldmacht. Und wird ihnen dazu auch noch das Tor zur politischen Macht völlig aufgetan, die sie mit Hilfe der ersteren um so leichter und sicherer an sich ziehen werden – welch traurige Aussicht in der Zukunft! Wer und was wird dieser Doppelmacht dann widerstehen können?" [79]

---

[76] So etwa der – allerdings entschieden judenfeindliche – Abg. Dr. Joseph Sepp, 12. Dezember 1849, bayer. II. Kammer, 2. Bd., 555.

[77] Abg. Dr. Schulz, 21. April 1834, als Berichterstatter des III. Ausschusses, bayer. II. Kammer, VI. Beilagen-Band, 125.

[78] 22. August 1842, bad. II. Kammer, 4. Heft, 119.

[79] So in den gleichlautenden Petitionen „gegen die vollständige Judenemanzipation resp. vollkommene politische Gleichberechtigung der Juden mit uns Christen", die im Dezember 1849 und Januar 1850 von den „Zweigvereinen für constitutionelle Monarchie und religiöse Freiheit" an den bayerischen König geschickt wurden, Geheimes Staatsarchiv München (GStAM), MA 99749.

Wien darf in diesem Zusammenhang als ein besonders eindrucksvolles Beispiel genannt werden, da es den ganzen Vormärz hindurch weniger als 200
„tolerierte" jüdische Familien, faktisch aber 10 000–12 000 Juden dort gab,
die „den wichtigsten Teil des Wirtschaftslebens, den Kommerz, in ihrer
Hand" hatten[80]. Von der Regierung wurden diese krassen Widersprüche zwischen Norm und Realität geduldet und zum Teil gefördert. Es ist daher kein
Wunder, daß gerade dort die Furcht vor der „Entfesselung" der Juden (und
des Kapitalismus) besonders deutlich artikuliert wurde:

> „Wenn es den Juden in dem Zustand der Abhängigkeit, der Gedrücktheit mög-
> lich gewesen, sich beinahe zu den Geldherrn der ganzen Welt emporzuschwingen,
> was wird dann geschehen, wenn auch die letzte Schranke fällt, die ihrem uner-
> schütterlichen Spekulationsgeiste noch ein Hindernis bietet?"[81]

Schon 1838 sprachen die *Historisch-politischen Blätter für das katholische
Deutschland* von einem „Plan", „nach welchem die Emanzipation der Juden
nur den vermittelnden Übergang bilden würde zur Unterjochung der Christen"[82].
Langfristig erwies es sich auch als gefährlich – ganz abgesehen von dem
Element der Intoleranz –, daß die gesellschaftliche Integration der Juden
während des gesamten Emanzipationsprozesses stets nur als Assimilation, als
Abbau von Gruppenmerkmalen bis hin zum völligen Verlust der Gruppenidentität gedacht war. Die Juden sollten nicht als eine bestimmte Sozialgruppe mit einem durch die Geschichte geprägten eigentümlichen Charakter
emanzipiert werden, sondern als eine Summe von Individuen, die sich lediglich durch eine als Privatsache verstandene Religion von ihren Mitbürgern
unterschieden. Im Erwartungshorizont der Aufklärer wie der Liberalen war
die Emanzipation der Juden gleichbedeutend mit der Auflösung des Judentums, dem gleichsam spurlosen Aufgehen des Judentums im Schmelztiegel der
bürgerlichen Gesellschaft. Die Juden sollten nicht unbedingt Christen werden, aber sie sollten „aufhören, Juden zu sein"[83]. Ganz unmißverständlich

---

[80] Vgl. *Sigmund Mayer,* Die Wiener Juden. Kommerz, Kultur, Politik 1700–1900,
2. Aufl., Wien 1918, 245.
[81] Die Geißel v. 6. März 1849, zit. nach *Peter G. J. Pulzer,* Die Entstehung des
politischen Antisemitismus in Deutschland und Österreich 1867–1914, Gütersloh 1966,
121.
[82] Die jüdische Frage, in: Historisch-politische Blätter für das katholische Deutschland, 2. Bd., 1838, 393.
[83] So z. B. die Formulierung im Gutachten Türckheim, bad. Min. d. Innern, v.
27. November 1811 (GLA 236/6150): die „Eigenheiten" des jüdischen Volkes, die
aufzuheben das Ziel der neueren Politik sei, würden nicht eher verschwinden, „als
bis die Juden aufhören, Juden zu sein, das heißt nicht, bis sie sich taufen lassen,
aber bis die Zeit und die Umgebungen, welche allein in 18 Jahrhunderten nichts bewirkten, verbunden mit der äußeren Verbesserung ihres Zustandes in der bürgerlichen Gesellschaft endlich etwa die Kraft ihrer Religion und ihres Volkscharakters
schwächen und ihre Vermischung mit anderen Völkern zu Weg bringen werden."

formulierte ein liberaler Politiker im Vormärz die Bedingungen der Emanzipation: die Juden müßten einsehen, daß eine

> „ehrlich und offen gemeinte Emanzipation zugleich eine vollkommene Vereinigung mit uns nach sich zieht und daß sie daher in der damit herbeigeführten vollständigen Einbürgerung der Juden in den christlichen Staaten und Völkern zugleich und notwendigerweise das Ende ihrer Geschichte, den Untergang ihres Volkstums und das Grab aller Nationalhoffnungen auf dieser Erde früher oder später, aber immer gewiß in sich enthält" [84].

Gerade die liberalen Fürsprecher der Emanzipation wurden nicht müde, den Zweiflern zu erklären, daß die einmal emanzipierten Juden alles „Jüdische" verlieren und „normale", d. h. im Prinzip ununterscheidbare Bürger werden würden [85]. Ging man von solchen Erwartungen aus und nährte sie in breiten Schichten, dann mußte freilich die bloße Tatsache, daß die Juden auch zum Zeitpunkt ihrer Emanzipation noch immer eine über das Religiöse hinausgehende Gruppenidentität besaßen, Zweifel an Richtigkeit und Erfolg des Emanzipationsprozesses auslösen.

Interessant ist, daß konservative Intellektuelle und Politiker diese Wünsche und Hoffnungen nicht teilten und in der Auflösung des Judentums eher eine Gefahr sahen. „Wird es nicht", fragte Ignaz Döllinger,

> „in der Umarmung des christlichen Staates sterben? Könnte nicht in Folge der bürgerlichen Verschmelzung von Juden und Christen ein Zustand eintreten, in welchem es in Teutschland zwar noch eine Masse von Juden – dem Fleische nach – gäbe, aber das Judentum, die Religion, das geistige, die Individuen zusammenhaltende Band, verschwunden wäre – und würde dann ein solcher Zustand auch nur für einen Teil irgend wünschenswert sein?" [86]

Er beklagte ausdrücklich, daß „die ganze Judenschaft in Teutschland überhaupt sich in einem in der israelitischen Geschichte beispiellosen Zustande der Gärung, ja der Zersetzung" befinde [87]. Im gleichen Jahr 1846 urteilte Joseph Maria von Radowitz ganz ähnlich und doch mit konservativem Optimismus:

> „Was das Christentum nicht vermocht hat, möchte die moderne Aufklärung erreichen: die Vernichtung des eigentlichen Judentums. Nach dem bisherigen Verlauf zu schließen, würde es allerdings in einem Menschenalter nur noch wenige,

---

[84] Abg. Sander, als Berichterstatter der Petitionskommission, 15. Juli 1837, bad. II. Kammer, 6. Heft, 316 f.

[85] So heißt es z. B. in einer Denkschrift der Regierung Königsberg v. 16. Februar 1843 (DZAM, Rep. 77, tit. 30, Gen. 117, Anlage Bd. 1): „Man vollende ihre politische Entfesselung, und von selbst wird der Rest derjenigen Eigentümlichkeiten verschwinden, der jetzt noch das Vorurteil gegen sie begründet." Ähnlich der Abg. Wolfgang Menzel am 7. März 1833 in der württ. II. Kammer (1. Beilagen-Heft, 141): „Die Emanzipation der Juden hat überall, wo sie erfolgt ist, die Übel beseitigt, um derentwillen man anderwärts den Juden keine Emanzipation gewähren wollte und will."

[86] 7. Mai 1846, bayer. II. Kammer, XI. Bd., 172.

[87] AaO, 173.

wahrhaft gläubige Juden geben, und die Vermischung und Verschmelzung der Masse mit den einzelnen christlichen Nationen wäre dann fast unausbleiblich. Aber die Zeiten sind noch nicht erfüllt und dieses wunderbare Volk wird ebenso die Verführung überdauern wie früher die Verfolgung." [88]

Bewunderung für das Judentum mischte sich in konservativen Positionen mit dem Bewußtsein, im orthodoxen Judentum einen Verbündeten gegen den liberalen „Zeitgeist" zu finden, während in der religiösen Indifferenz von Juden wie Christen der eigentliche Gegner gesehen wurde.

Im Mittelpunkt der Assimilationserwartungen, die mit der Emanzipation verbunden wurden, standen von Anfang an die Gewerbe- und Berufsverhältnisse der Juden. Hauptzweck aller „Erziehungsmaßnahmen" war die „Berufsumschichtung", die Abkehr der Juden vom Handel, insbesondere vom Handel im Umherziehen und vom Schacher, und die Zuwendung zu „produktiven" Gewerben, zum Handwerk und zur Landwirtschaft [89]. Bei Juden wie Christen herrschte die Vorstellung, daß die sogenannte „Produktivierung" der jüdischen Gewerbeverhältnisse die notwendige Voraussetzung einer erfolgreichen Integration in die bürgerliche Gesellschaft sei. Die Regierungen setzten besondere Prämien für jüdische Handwerker und Bauern aus oder machten den Genuß bürgerlicher Rechte von der dauerhaften Abkehr vom Schacher und anderem geringem Handel abhängig. Auch bei den Juden wurde die Vorrangigkeit der „Berufsumschichtung" in der Regel voll akzeptiert, so daß sich im Vormärz allenthalben besondere Vereine zur Beförderung des Handwerks und des Ackerbaus unter den Juden bildeten, die Lehrgelder zahlten und auch später bei der Errichtung einer Werkstatt oder dem Ankauf einer Landwirtschaft behilflich waren. Carl Weil, einer der Sprecher der württembergischen Juden, formulierte 1827, daß es darum gehe, „den konsumierenden Juden zum produzierenden Bürger" zu machen [90].

Immer wieder wurde der Erfolg der Emanzipationsmaßnahmen vor allem daran gemessen, wie viele Juden sich vom Handel abgewandt und dem Handwerk und der Landwirtschaft gewidmet hatten. Tatsächlich zeichneten sich nicht unerhebliche Veränderungen in der Gewerbe- und Berufsstruktur der Juden ab, aber es konnte auch in den sechziger Jahren in keiner Weise davon die Rede sein, daß die berufliche Gliederung der jüdischen Bevölkerung

---

[88] Zit. nach *Adolf Leschnitzer*, Saul und David. Die Problematik der deutschjüdischen Lebensgemeinschaft, Heidelberg 1954, 206.

[89] Siehe hierzu vor allem *Sucher B. Weinryb*, Der Kampf um die Berufsumschichtung. Ein Ausschnitt aus der Geschichte der Juden in Deutschland, Berlin 1936; für die allgemeine Problematik jetzt *Dagmar T. Bermann*, Produktivierungsmythen und Antisemitismus. Assimilatorische und zionistische Berufsumschichtungsbestrebungen unter den Juden Deutschlands und Österreichs bis 1938, Phil. Diss., München 1971; vgl. im weiteren Rahmen auch *Moses J. Isler*, Rückkehr der Juden zur Landwirtschaft. Beitrag zur Geschichte der landwirtschaftlichen Kolonisation der Juden in verschiedenen Ländern, Phil. Diss., Basel 1929.

[90] *Carl Weil*, Über die Zulässigkeit der Juden zum Bürgerrecht, Stuttgart 1827, 43.

irgendwo ihrem jeweiligen Bevölkerungsanteil entsprochen hätte[91]. Die
Emanzipationspolitik stand hier vor einem praktisch unlösbaren Dilemma,
da sich ihre Forderungen und Erwartungen im Widerspruch zu den allgemeinen wirtschaftlichen und gesellschaftlichen Entwicklungen befanden, die den
Handel und das nicht für den lokalen Bedarf produzierende Gewerbe begünstigten. Es ist erstaunlich, in wie starkem Maße unter diesen Verhältnissen dennoch von den Juden versucht wurde, der Forderung der „Produktivierung" gerecht zu werden, aber es ist ebenso verständlich, daß von vielen
Juden die Chancen der expandierenden kapitalistischen Wirtschaft genutzt
wurden, statt sich Gewerben zu widmen, denen in aller Regel eine eher
düstere Zukunft vorausgesagt wurde. Es gab gewiß gar keinen zwingenden
Grund für eine volle soziale und gewerbliche Homogenität von Mehrheits-
und Minderheitsbevölkerung, aber die jahrzehntelang immer wieder formulierten Forderungen und Erwartungen mußten doch die Vorstellung fördern,
daß die Entwicklung falsch gelaufen sei und daß die Juden ihren „Vertrag"
nicht eingelöst hätten. Ihre besondere Virulenz gewann diese Kritik dann
natürlich in der naheliegenden Verknüpfung mit den verbreiteten antikapitalistischen Ressentiments.

Eine Fülle von Belastungen des Emanzipationsprozesses ergab sich aus der
Einbettung in die gesamtgesellschaftliche Entwicklung und den besonderen
Bedingungen des Übergangs zur bürgerlich-kapitalistischen Gesellschaft in
Deutschland. So sehr die Freisetzung der kapitalistischen Wirtschaft eine notwendige Voraussetzung der Emanzipation war, so sehr wurde diese zugleich
belastet durch die Tatsache, daß die Eingliederung der Juden in eine entstehende Konkurrenzgesellschaft erfolgte, deren Schattenseiten gerade in den
Krisenjahren des Vormärz besonders deutlich wurden. Ähnliches gilt für den
nach 1800 rasch spürbar werdenden Überbevölkerungsdruck, der die Bereitschaft zur Eingliederung einer ungeliebten Minderheit auf ein Minimum
reduzieren mußte. Wenn dann noch statistisch nachgewiesen werden konnte,
daß die jährliche Bevölkerungszunahme in der ersten Jahrhunderthälfte bei
den Juden im Schnitt höher als bei den Christen lag, konnten sehr schnell
Angstvorstellungen von einer „Verdrängung" der Christen durch die Juden
mobilisiert werden[92].

---

[91] Zusammenfassende Daten zu den Änderungen in der Berufs- und Erwerbs-
struktur der jüdischen Bevölkerung in den wichtigsten deutschen Staaten während
der Emanzipationszeit bei *Rürup*, Emanzipation und Antisemitismus, 26 f.

[92] *Lestschinsky*, Das wirtschaftliche Schicksal des deutschen Judentums, 51, gibt
für 1820–70 ein Wachstum der jüdischen Bevölkerung um 74 %, der nichtjüdischen
um 63 % an. Für Österreich ist für 1830–50 eine jährliche Zunahme der jüdischen
Bevölkerung um 1,7 % , der christlichen um 0,62 % festgestellt worden, während
für 1850–69 mit 3,8 % bei den Juden und 0,81 % bei den Christen der Unterschied
noch wesentlich größer war; vgl. *Filip Friedmann*, Die galizischen Juden im Kampfe
um ihre Gleichberechtigung (1848–1868), Frankfurt 1929, 1. In Baden nahm die
jüdische Bevölkerung 1817–61 um 51,2 % zu, die christliche nur um 35,5 %; vgl.
Rürup, Emanzipation und Antisemitismus, 140.

Erschwert wurde eine reibungslose Integration der Juden auch durch das Neben- und Gegeneinander mehrerer christlicher Konfessionen: solange jeweils Katholiken oder Protestanten mindere Rechte genossen oder auf dem Verwaltungswege diskriminiert wurden, war eine Gleichstellung der Juden, die nicht zugleich eine Privilegierung gegenüber einem Teil der Christen bedeutet hätte, schwer vorstellbar. Solange beispielsweise Katholiken die Ansässigmachung in protestantischen Gemeinden nicht erzwingen konnten und umgekehrt[93], war nicht daran zu denken, daß in der protestantischen oder der katholischen Gemeinde Juden zugelassen würden, soweit sie nicht bereits über ältere Rechtstitel verfügten. Ähnliches gilt für das durchweg konfessionell organisierte Schulwesen – 1859 gab es in ganz Preußen nur zwei nicht konfessionell gebundene Gymnasien[94]. Und solange Katholiken als Professoren von einigen preußischen Universitäten ausgeschlossen waren, gab es keinen zwingenden Grund, an diesen Universitäten jüdische Dozenten zuzulassen. Allerdings mochte der Konflikt zwischen den christlichen Konfessionen gelegentlich auch dazu benutzt werden, die Emanzipationsprobleme der Juden in eine positive historische Perspektive zu stellen. So argumentierte der württembergische Demokrat Sigmund Schott 1861:

> „Wir sind mit den Juden ganz auf dem selben Standpunkt angelangt, auf welchem man sich bis vor 100 Jahren in Württemberg mit den Katholiken befunden hat. Auch damals hat man geglaubt: die Katholiken zum Staatsdienst zuzulassen, sei der nächste Weg nach Rom. Und noch heute ist dieses Mißtrauen zwischen beiden Konfessionen nicht ganz erloschen."[95]

Ganz schief konnte die Situation schließlich werden, wenn jüdische Feiertage respektiert, christliche aber gleichzeitig übergangen wurden, wie es besonders drastisch in Wien 1863 zu beobachten war, als sich das Parlament am jüdischen Neujahrstag wegen seiner beiden jüdischen Mitglieder vertagte, obwohl es zuvor am Fronleichnamstag eine Sitzung abgehalten hatte[96].

Ebenso notwendig wie die Emanzipation der Juden mit der kapitalistischen Entwicklung verbunden war, war sie mit dem allgemeinen Säkularisierungsvorgang und der beginnenden Trennung von Staat und Kirche gekoppelt. Ohne die generelle Zurückdrängung von Religion und Kirche aus dem öffentlichen Leben, ohne die Entwicklung einer säkularisierten Kultur wäre die Integration der Juden undenkbar gewesen. Zugleich aber wurden die Juden eben dadurch allzu leicht zu einer negativen Symbolfigur auch in diesem Bereich. Gerade im Hinblick auf die Gleichstellung der Juden wurde immer wieder die „Grundfrage" aufgeworfen:

---

[93] So z. B. in Baden bis zum Inkrafttreten der neuen Gemeindeordnung am 23. April 1832.

[94] Votum des preuß. Min. d. Innern, Graf v. Schwerin, vom 15. September 1859, DZAM, AA Sekt. III, Rep. 16, 67.

[95] 17. September 1861, württ. II. Kammer, 4301.

[96] Vgl. *Pulzer*, op. cit., 111.

4 *

„Soll der bayerische Staat in Zukunft noch, wie bisher, ein christlicher sein, soll
er auch in Zukunft auf dem Fundamente der christlichen Religion und des christlichen Sittengesetzes ruhen, oder sollen die religiösen Verhältnisse von den staatlichen gelöst werden und an die Stelle des christlichen Staates der indifferente
Rechtsstaat treten?" [97]

Die Judenemanzipation war auf der Basis solcher Argumentation für den
„christlichen Staat" nichts anderes als „eine beispiellose Inkonsequenz, eine
schwere Verletzung dieses Fundamentes, ja der Todesstoß für das ganze Prin-
zip" [98]. Erfolgte der Angriff auf den „christlichen Staat" auch nicht von den
Juden, sondern von der gesamten bürgerlich-liberalen Bewegung, so erschienen die Juden doch mit einer gewissen Logik oft als Vorkämpfer im Streit.
Das gilt in besonderer Weise auch für die sogenannten „Mischehen" von
Partnern unterschiedlicher Konfessionen. Es ist sehr aufschlußreich, daß in
Hamburg die jüdische Gemeinde Bedenken äußerte, als die Einführung der
Zivilehe von einem jüdischen Bürgerschaftsabgeordneten beantragt wurde. Es
sei, meinte der vorsichtig taktierende Gemeindevorstand, nicht gut, daß

„alle dergleichen auf Erschütterung des allgemeinen kirchlichen Zustands hin-
zielenden Versuche hier ausschließlich und immer von Juden ausgehen. Wir erlangen dadurch wenig Freunde und viele Feinde, die anderen kirchlichen Mino-
ritäten im Staat benehmen sich in dieser Beziehung viel politischer" [99].

Es waren durchaus nicht immer die Juden, die solche Fragen vorantrieben,
aber es ging dabei stets auch um ihre Angelegenheiten, und in den öffentlichen Auseinandersetzungen standen diese dann oft im Vordergrund, so daß
der Anschein entstehen konnte, daß der Abbau des „christlichen Staates" in
erster Linie im Interesse der Juden erfolge.

Eine letzte Problematik der Emanzipation, die hier noch kurz erörtert
werden soll, betrifft die während des gesamten Prozesses umstrittene Frage,
ob es sich bei den Juden lediglich um eine Religionsgemeinschaft oder aber
um ein „Volk", eine „Nation", eine „Kaste" oder schließlich eine „Rasse"
handele. Von den Liberalen ist die „Judenfrage" trotz aller Komplexität stets
als eine im Kern religiöse Frage definiert worden, und tatsächlich bedeutete
ja der Übertritt zum Christentum während des ganzen Zeitraums die sofortige Aufhebung aller Rechtsbeschränkungen. Allerdings gab es den Begriff
des „getauften Juden", der offenbar im Verlauf des Emanzipationsprozesses
an Popularität gewann und unübersehbar darauf hinwies, daß der Begriff
des „Juden" nicht im religiösen Bekenntnis aufging. Selbst ein Pfarrer (der
der Emanzipation ablehnend gegenüberstand) erklärte 1837:

[97] Graf v. Montgelas als Berichterstatter des III. Ausschusses der bayer. I. Kammer, 3. Februar 1850, III. Beilagen-Band, 340.
[98] AaO, 340.
[99] Generalbericht des Gemeindevorstandes 1863, zit. nach *Krohn*, op. cit., 58.

„Die Taufe macht den Juden bis zur 3ten Generation oft nicht zum Christen, noch viel weniger die Schule. Was die übernatürliche sakramentalische Kraft nicht erwirkt, werden wir mit unseren menschlichen Anstalten auch nicht bewirken."[100]

Das mochte für einen Geistlichen eine erstaunliche Aussage sein, es entsprach aber der verbreiteten Meinung, daß die Juden in erster Linie als Abstammungsgemeinschaft, als ethnische Gruppe zu betrachten seien.

Jahrzehnte hindurch hatte man vor allem vom „Volk" oder der „Nation" der Juden gesprochen, um neben der Religions- und Abstammungsgemeinschaft auch die gemeinsame Geschichte, Sprache und Kultur zu kennzeichnen. Mit dem Fortschreiten der Integration und der gleichzeitigen Durchbildung eines deutschen Nationalbewußtseins schienen diese Begriffe jedoch nicht mehr angemessen, und es wurde immer wieder darauf hingewiesen, daß die Juden inzwischen kein abgesondertes Volk mehr, sondern Teil der bürgerlichen Gesellschaft, keine eigene Nation, sondern Deutsche oder auch Bayern oder Preußen seien:

„Wie kann man hier von einer Nation reden? Die Israeliten unter uns sind Menschen, die deutsch sprechen, deutsch denken, deutsch fühlen."[101]

In dieser Situation bot sich nun offensichtlich der „Rasse"-Begriff an, der schon im Vormärz gelegentlich, aber unprogrammatisch gebraucht wurde und in den sechziger Jahren eine rasche Verbreitung erlangte. Dabei ist es auffällig, daß er keineswegs bevorzugt oder ausschließlich von den Gegnern der Emanzipation gebraucht wurde, sondern auch von den liberalen Fürsprechern, die damit die Besonderheit einer Sozialgruppe zu bezeichnen versuchten, die durch gemeinsame Abstammung verbunden, aber eben kein Volk und keine Nation mehr war. Dem „Rasse"-Begriff fehlte deshalb noch alles Naturalistische und Deterministische, alles „Rassentheoretische". So konnte der liberale Historiker und Parteiführer Ludwig Häusser zum Beispiel bei seiner Begründung des badischen Emanzipationsgesetzes feststellen:

„Gar mancher charakteristische Zug der Masse des heutigen Judentums, ihr Mißtrauen und ihre Verschmitztheit, ihre lauernde Neugier, ihr Wechsel zwischen Unterwürfigkeit und Übermut sind echte Züge einer *unterdrückten* Race, sind bezeichnende Erbstücke langer Demütigung und Verfolgung."[102]

Es war demnach die Geschichte, die bestimmte „Rasse"-Eigentümlichkeiten ausbildete, nicht die „Rasse", die die Geschichte determinierte. Der „Rasse"-

---

[100] Abg. Maurer (Dechant u. Pfarrer zu Mellrichstadt), 1837, bayer. II. Kammer, V. Bd., 178.

[101] Abg. Hopf, 17. September 1861, württ. II. Kammer, 4304.

[102] Als Kommissionsberichterstatter der bad. II. Kammer, 1862, 6. Beilagen-Heft, 136.

Begriff war gewissermaßen noch in einem experimentellen Stadium, er schien sich geradezu gegenüber konkurrierenden Begriffen durch größere Flexibilität auszuzeichnen.

Dennoch ist die Gefährlichkeit der Rassevorstellungen auch in diesem Stadium gelegentlich zu erkennen, da sich bei einzelnen Sprechern schon die Idee der Unabänderlichkeit damit verbindet [103]. Wichtiger noch ist das Gegeneinanderausspielen von „Religion" und „Rasse" in liberalen Argumentationen. So heißt es zum Beispiel bei Bluntschli 1860:

> „Wenn ein Jude das Christentum annimmt, wenngleich noch so äußerlich und noch so heuchlerisch, so wird er sofort den christlichen Gemeinde- und Staatsbürgern in allen Rechtsverhältnissen völlig gleichgestellt, obwohl er den orientalischen Stempel der jüdischen Rasse auch nachher noch auf seinem Gesichte trägt und selbst dann, wenn er alle jene gefährlichen Charaktereigenschaften, welche den Juden aufgebürdet werden, in eminentem Grade fortwährend besitzt und an den Tag legt." [104]

Weder für Bluntschli noch für Häusser, der vor dem badischen Landtag auf ähnliche Weise die Notwendigkeit der Emanzipation begründete, war es denkbar, daß man diese Argumentation auch umkehren konnte, um mit ihr auf „rassentheoretischer" Grundlage die Unzulässigkeit einer vollen Gleichstellung der getauften ebenso wie der ungetauften Juden zu rechtfertigen. Wie viele andere Liberale erklärte auch Bluntschli zwar, „daß die Racenverschiedenheit zum Teil die herrschende Abneigung begründe"; er setzte jedoch ausdrücklich hinzu: „das sei aber kein Rechtsgrund, darauf lassen sich politische Gegensätze nicht gründen ..." [105] Unter der Voraussetzung liberaler Theorie war das eine ganz unbestreitbare Aussage. In einem Augenblick, in dem diese Theorie jedoch ihre beherrschende Stellung einbüßte, mochte sich die Sache wesentlich anders darstellen. Es dürfte jedenfalls deut-

---

[103] So formulierte z. B. Sigmund Schott am 17. September 1861 in der württ. II. Kammer, 4300: „... selbst wenn die widerwärtigen Eigenschaften, die wir an dem oder jenem Juden beobachten, ein Racefehler, wenn sie unaustilgbar wären, könnten wir nicht umhin, endlich einmal zur vollen Judenemanzipation zu schreiten."

[104] *Johann Caspar Bluntschli*, Artikel „Juden", in: *J. C. Bluntschli* u. *K. L. T. Brater* (Hrsg.), Deutsches Staatswörterbuch, 5. Bd., Stuttgart 1860, 442.

[105] So in der badischen I. Kammer am 3. Juni 1862, zit. nach Karlsruher Zeitung Nr. 134 vom 8. Juni 1862. Vgl. auch Bluntschlis Formulierung im Staatswörterbuch: „Allerdings ist die semitische Rasse der Juden heute noch wie vor 1000 u. 2000 Jahren unverkennbar in ihrem Körper u. in ihrer Haltung ausgedrückt, u. noch immer wird dieser Rassegegensatz von den arischen Germanen u. Romanen im Verkehr mit den Juden als etwas Fremdartiges empfunden. Gegenwärtig noch wirkt derselbe sehr oft als ein Hindernis näherer Berührung u. Gemeinschaft, u. mancherlei Abstoßung u. Gehässigkeit findet in dieser Verschiedenheit des Bluts u. der Rasse ihre Erklärung. Dennoch ist dieselbe durchaus nicht geeignet, einen Unterschied in der Rechtsstellung aufrecht zu halten, der ohne sie nicht zu rechtfertigen ist" (aaO, 443).

lich sein, daß sich mit dem „Rasse"-Begriff und seiner liberalen Verwendung schon in der Schlußphase der Emanzipationsgesetzgebung unübersehbare Anknüpfungspunkte für eine antisemitisch gestellte „Judenfrage" ergaben.

Fassen wir die hier herausgearbeiteten besonderen Belastungen des Emanzipationsprozesses in Deutschland zusammen, so wird man bezweifeln müssen, ob die Stellung der Juden als gleichberechtigte Bürger bereits so gefestigt war, daß sie in einer allgemeinen Krise nicht wieder erneut zur Diskussion gestellt werden konnte. Es ist auch nicht zu übersehen, daß es seit den fünfziger Jahren zwar in den Organen der „öffentlichen Meinung", in Regierungen und Parlamenten eine weitgehende Einhelligkeit zugunsten der Emanzipation gab, daß aber in breiten Kreisen der Bevölkerung noch immer starke Widerstände vorhanden waren und auch nicht ohne Grund behauptet werden konnte, daß eine Volksabstimmung noch immer gegen die Juden ausgehen würde. Im bayerischen Landtag sprach 1861 der Präsident des protestantischen Oberkonsistoriums einige eindringliche Warnungen aus, die in ihrer polemischen Zuspitzung gewiß seine konservative Grundhaltung spiegeln, aber sich im Nachhinein als durchaus hellsichtig herausgestellt haben:

> „Ich verkenne nicht, daß eine Kluft nationaler Antipathie besteht, welche man am wenigsten mit jenem Humanitäts-Kleister ausfüllen wird, welchen man von so vielen Seiten als einzige Panacee anempfiehlt. Es ist eine nicht zu leugnende Tatsache, daß alle Phraseologie in den modernen Staatswörterbüchern und sonstigen Pamphleten in Entsetzen erregender Weise hie und da durchbrochen wird von dem Getöse wilder Judenverfolgungen. Und unter dem Firnis der sogenannten Zivilisation liegt ein Abgrund von Barbarei verborgen, deren Eruptionen ich fürchte, und die wir in unserer sogenannten gebildeten Ära nur gar zu leicht wieder erfahren werden." [106]

Die Befürworter der Emanzipation gingen mit Recht davon aus, daß nur die volle Gleichstellung und ein endgültiges Ende der fast ein Jahrhundert alten Diskussionen die noch vorhandenen Widerstände und Vorurteile überwinden könnten – allerdings, wie mehrfach klar festgestellt wurde, nicht sofort, sondern in einem längeren Zeitraum ungestörter Entwicklung. Mit dem Abschluß der Emanzipationsgesetzgebung hatte die „Judenfrage" ein Stadium erreicht, in dem sie selber ganz sicher nicht mehr genügend Konfliktpotential enthielt, um noch einmal eine grundsätzliche Auseinandersetzung um die Stellung der Juden in der deutschen Gesellschaft auszulösen. Diese Stellung war aber andererseits noch so wenig stabilisiert, so wenig selbstverständlich im allgemeinen Bewußtsein, daß sie in einer großen wirtschaftlichen und politischen Krise beinahe notwendig noch einmal in Mitleidenschaft gezogen werden mußte.

---

[106] Dr. Adolph v. Harleß, 7. Mai 1861, bayer. I. Kammer, I. Bd., 335 f.

V

Wenden wir uns nun der Entstehung des modernen Antisemitismus in den siebziger Jahren zu*, so ist zunächst klar festzustellen, daß es sich nicht nur zeitlich, sondern auch sachlich um ein postemanzipatorisches Phänomen handelt [107]. Die Bewegung richtete sich in ihrem Selbstverständnis nicht gegen unterprivilegierte Marginalgruppen der Gesellschaft, sondern gegen ein einflußreiches, mächtiges „Judentum" im Zentrum dieser Gesellschaft. Sie definierte sich in allen ihren Schattierungen als Abwehrbewegung gegen eine sogenannte „Judenherrschaft" und forderte nunmehr die „Emanzipation *von* den Juden" [108]. So beschrieb 1879 ein kritischer und distanzierter Beobachter wie Karl Hillebrand „die für Deutschland so wichtige Judenfrage" als

> „die Frage nach der Absorption dieser intelligenten und gewandten Nation, der wir so vieles verdanken, die aber auf dem Punkt ist, durch ein unverhältnismäßiges Übergewicht des Semitismus dem echten Deutschtum Eintrag zu tun" [109].

Gegen eine jüdische Vorherrschaft in Wirtschaft und Kultur wandte sich Constantin Frantz ebenso wie Stoecker oder Treitschke, und auch Wilhelm I. meinte 1880, daß die Juden „bescheidener" werden sollten [110]. Der Ber-

---

* Für eine detaillierte Darstellung des Verlaufs der antisemitischen Bewegung siehe den Beitrag von *Werner Jochmann*, Struktur und Funktion des deutschen Antisemitismus, im vorliegenden Bande, S. 389 ff. (Hrsg.).

[107] Zu den allgemeinen Ursachen der Entstehung des modernen Antisemitismus in den siebziger Jahren siehe oben S. 27 f. – Es geht in diesem Abschnitt nicht darum, die Geschichte antisemitischer Ideologien und Organisationen vor 1890 im einzelnen aufzuzeigen (die an anderer Stelle in diesem Band behandelt wird); vielmehr sollen vor allem die veränderten Voraussetzungen und Bedingungen jüdischer Existenz im Kaiserreich herausgearbeitet und angemessene Erklärungen für den Umschlag von der emanzipatorischen in die antisemitische „Judenfrage" gesucht werden. Zur Geschichte des Antisemitismus im Kaiserreich vgl. noch immer *Paul W. Massing*, Vorgeschichte des politischen Antisemitismus, Frankfurt 1959, u. *Pulzer*, op. cit; darüber hinaus jetzt vor allem *Uriel Tal*, Christians and Jews in Germany. Religion, Politics and Ideology in the Second Reich 1870–1914, Ithaca–London 1974, u. *Richard S. Levy*, The Downfall of the Anti-Semitic Political Parties in Imperial Germany, New Haven–London 1975; für die umfangreiche sonstige Literatur siehe die Bibliographie bei *Rürup*, Emanzipation und Antisemitismus.

[108] So z. B. *Otto Glagau*, Der Börsen- und Gründungsschwindel in Berlin, 4. Aufl., 1. Bd., Leipzig 1876, 344. – Als Beispiel für die verbreitete Vorstellung von Antisemitismus als einer Abwehrbewegung siehe selbst die scheinbar neutrale Definition in Meyers Konversations-Lexikon, 5. Aufl., 1. Bd., Leipzig 1893, 684: „Die antisemitische Bewegung ... ist durch den immer mehr wachsenden wirtschaftlichen und politischen Einfluß der von den früheren Schranken befreiten jüdischen Bevölkerung veranlaßt und strebt danach, diese Schranken wieder aufzurichten und die Juden aus den öffentlichen Ämtern zu verdrängen, ja sie ganz zu vertreiben."

[109] *Karl Hillebrand*, Halbbildung und Gymnasialreform (1879), in: *ders.*, Zeitgenossen und Zeitgenössisches, Berlin 1882, 381 f.

[110] Denkwürdigkeiten des Fürsten *Chlodwig zu Hohenlohe-Schillingsfürst*, hrsg.

liner Polizeipräsident Guido von Madai schrieb 1879 in einem Bericht an das Innenministerium:

> „Es kann unmöglich unbemerkt bleiben, daß die Juden die besten Wohnungen, die feinsten Equipagen besitzen, daß sie allein die Theater, die besseren Restaurants und andere Orte füllen, von denen das christliche Publikum durch die Ungunst der Zeitverhältnisse fernzubleiben gezwungen ist, und es muß dies den Glauben erwecken, als ob die Juden allein, und zwar auf Kosten ihrer christlichen Mitbürger, es verstanden haben, sich dem Einfluß der allgemeinen Geschäfts- und Erwerbsstille zu entziehen. Erwägt man hierzu, wie sie auf allen Gebieten des bürgerlichen und öffentlichen Lebens sich vordrängen, und mit welcher Souveränität sie in der Tagespresse, welche sie seit langer Zeit vollständig beherrschen, über Fragen der inneren Politik urteilen, wie sie alles, was mit ihren Anschauungen und Interessen nicht übereinstimmt, mit Hohn und Spott begeifern, wie sie sich sogar anmaßen, in inneren Angelegenheiten der christlichen Kirche mitzusprechen und zu entscheiden, in welch unpassender Weise sie insbesondere die Arbeiten der August-Konferenz und der General-Synode und deren Mitglieder kritisiert haben, so ist es nur zu natürlich, daß durch alle diese Dinge Unwillen erregt und zur Abwehr herausgefordert wird." [111]

Es lohnt sich, diesen Bericht so eingehend zur Kenntnis zu nehmen, da er aus der Sicht eines konservativen höheren Beamten in höchst anschaulicher Weise alle „Anklagepunkte" gegen die Juden zusammenfaßt, die die sogenannte „Berliner Bewegung" 1879/80 begründeten. Zugleich ist der Bericht auch ein Zeugnis dafür, wie virulent die „Judenfrage" im Spätjahr 1879 bereits war und in welchem Ausmaß zumindest Teile der Beamtenschaft infiziert waren.

Urteile über jüdische „Macht" und „Vorherrschaft", vor allem aus dem konservativ-protestantischen und dem katholischen Lager ließen sich häufen. So erklärte der Hofprediger Stoecker bündig über die Berliner Juden:

> „In ihrem Besitz sind die Geldadern, Bank und Handel; in ihren Händen ist die Presse, und unverhältnismäßig drängen sie sich zu den höheren Bildungsanstalten. ... Wir sind auf dem Wege, daß die öffentliche Meinung von den Juden völlig beherrscht, die Arbeit von ihnen völlig ausgebeutet wird." [112]

Es ist allerdings noch immer außerordentlich schwer, Aussagen über den Realitätsgehalt solcher in ihrer Mehrheit eindeutig polemisch-aggressiven Feststellungen zu machen. Die breitgefächerte Antisemitismusforschung hat sich

---

v. *F. Curtius*, 2. Bd., Stuttgart 1907, 307, über eine Unterredung mit dem Kaiser am 29. November 1880: „Wir kamen dann auf die Judenfrage. Der Kaiser billigt nicht das Treiben des Hofpredigers Stöcker, aber er meint, daß die Sache sich im Sande verlaufen werde, und hält den Spektakel für nützlich, um die Juden etwas bescheidener zu machen."

[111] Bericht v. 10. November 1879, DZAM, Rep. 76 III, Sekt. 1, Abt. XIII a, 56, Bd. 1.

[112] Unsere Forderungen an das moderne Judentum (19. September 1879), in: *Adolf Stoecker*, Christlich-Sozial. Reden und Aufsätze, 2. Aufl., Berlin. 1890, 367.

bislang fast vollständig damit begnügt, die polemische Absicht und die politische Funktion solcher Behauptungen herauszuarbeiten, verbunden mit einem in der Regel vagen Hinweis auf einen überproportionalen Anteil der Juden am Bank- und Börsenwesen und in der Presse. Genauere Daten fehlen im allgemeinen, denn die Sozialgeschichte der jüdischen Bevölkerung in Deutschland harrt für diesen Zeitraum noch ihrer Bearbeitung. Sie wird dadurch besonders erschwert, daß die älteren „Judenstatistiken" in den einzelnen Staaten spätestens seit der Mitte des Jahrhunderts nicht mehr weitergeführt wurden und daß amtliche Berufszählungen mit konfessionsspezifischen Angaben erst 1895 auf Reichsebene einsetzen. Auch die Arbeit des jüdischen Büros für Statistik, dem u. a. wichtige Regionaluntersuchungen zu danken sind, begann erst 1904, und für die Zeit vor 1895 sind die statistischen Angaben in der Regel sehr lückenhaft. Dennoch wird es nötig sein, nicht zuletzt auch im Hinblick auf eine genauere Analyse der „Judenfrage", eine solche Sozialgeschichte trotz aller Schwierigkeiten in Angriff zu nehmen.

Angesichts dieses Forschungsstandes können allerdings nur einige wenige illustrierende und nicht völlig abgesicherte Daten zum Sozialprofil der jüdischen Bevölkerung gegeben werden*. Dabei muß von vornherein betont werden, daß alle auf die Gesamtbevölkerung bezogenen Prozentangaben nur einen begrenzten Aussagewert haben, da in ihnen nicht die oft entscheidende räumliche oder soziale Konzentration zum Ausdruck kommt. So ist in unserem Zusammenhang zum Beispiel die Tatsache interessanter, daß die Juden 1875 in Berlin einen Bevölkerungsanteil von 4,7 % stellten und in Frankfurt am Main sogar 11,6 % als die pauschale Feststellung eines Anteils von 1,25 % im Reichsdurchschnitt [113] – ganz abgesehen von so dramatischen Entwicklungen wie sie etwa in Wien seit Beginn der Freizügigkeit zu beobachten sind, als die jüdische Bevölkerung der Stadt von 6200 bzw. 2,2 % im Jahre 1860 auf 72 600 bzw. 10,1 % im Jahre 1880 anwuchs [114]. Seit der Mitte des Jahrhunderts trat die größere räumliche Mobilität der jüdischen Bevölkerung in Deutschland immer deutlicher hervor, die sich nicht nur in einer relativ stärkeren Auswanderung (vor allem aus Preußen und Bayern) [115], sondern auch in einer starken und anhaltenden Binnenwanderung äußerte, die einen erheblichen Rückgang der jüdischen Bevölkerung in einzelnen Regionen wie

---

* Ausführlich zum Sozialprofil der jüdischen Bevölkerung in der Wilhelminischen Zeit, siehe den nachfolgenden Beitrag von *Werner E. Mosse*, Die Juden in Wirtschaft und Gesellschaft, S. 72 ff. (Hrsg.).

[113] Vgl. Zeitschrift für Demographie und Statistik der Juden, 1905, 12 (Frankfurt), 1913, 9 (Berlin); dabei ist außerdem die Konzentration in bestimmten Stadtteilen zu berücksichtigen.

[114] *Tietze*, op. cit., 203 f.; vgl. auch *Erika Weinzierl*, Die Stellung der Juden in Österreich seit dem Staatsgrundgesetz von 1867, in: Zeitschrift für die Geschichte der Juden, Bd. 5, 1968, 89.

[115] Vgl. *Lestschinsky*, Das wirtschaftliche Schicksal des deutschen Judentums, 41–49.

Posen und Schlesien oder auch Elsaß-Lothringen zur Folge hatte[116]. Das
auffälligste Ergebnis dieser Binnenwanderung war die zunehmende Verstädterung der jüdischen Bevölkerung aller deutschen Staaten, der Zug vor allem
auch in die Großstädte und Ballungsgebiete – so daß 1885 bereits ein Drittel
aller preußischen Juden in Großstädten mit über 100 000 Einwohnern wohnte
(1910 hatte sich der Anteil auf knapp 60 % erhöht)[117]. Gerade in den mittleren und größeren Städten konnte angesichts dieser Wanderungsbewegung
leicht der Eindruck eines wachsenden „jüdischen Einflusses" seit der Mitte des
Jahrhunderts aufkommen, und es ist kein Zufall, daß der entstehende Antisemitismus der siebziger Jahre vor allem als eine städtische Bewegung in
Erscheinung trat.

Die allgemeinen Disproportionalitäten in der Berufs- und Erwerbsstruk-
tur der christlichen und der jüdischen Bevölkerung sind bekannt und bedürfen in diesem Zusammenhang keiner weiteren Ausführungen*. Es genügt
daran zu erinnern, daß 1861 noch 58,3 % der preußischen Juden im Bereich
von Handel, Kredit und Verkehr tätig waren, während bei den Nichtjuden dieser Anteil nur 2 % betrug; in der Landwirtschaft standen auch 1895
den 36,19 % der Gesamtbevölkerung nur 1,4 % der Juden gegenüber[118].
Trotz aller Bemühungen um eine „Berufsumschichtung" oder „Produktivierung" blieb der Handel – seit der Jahrhundertmitte zunehmend ergänzt
durch die „freien Berufe" der Ärzte, Anwälte, Journalisten usw. – der für
die jüdische Bevölkerung charakteristische Erwerbsbereich. Innerhalb dieses
Bereiches hatten sich jedoch erhebliche soziale Veränderungen vollzogen: der
jüdische Handel war verbürgerlicht, aus herumziehenden Händlern waren
Kaufleute geworden, die vor- und unterbürgerliche Händlerkaste hatte sich
in ihrem Kern in einen kaufmännischen Mittelstand verwandelt. Während die
Sozialstruktur der jüdischen Bevölkerung zu Beginn des Emanzipationsprozesses geradezu durch die Abwesenheit bürgerlicher Existenzen, das völlige
Fehlen eines gewerblich-bäuerlichen Mittelstandes gekennzeichnet war, bildete sich mit der Durchsetzung der kapitalistischen Wirtschafts- und Sozialordnung ein differenziertes Sozialprofil der jüdischen Bevölkerung heraus,
in dessen Zentrum ein kaufmännischer städtischer Mittelstand rückte. Das
jüdische Hausierertum, das in der antisemitischen Agitation noch lange eine
bevorzugte Rolle spielte, ging rapide zurück: während 1861 unter den

---

[116] Zeitschrift für Demographie und Statistik der Juden, 1907, 188 f.; *Jakob Lestschinsky*, Die Umsiedlung und Umschichtung des jüdischen Volkes im Laufe des letzten Jahrhunderts, in: Weltwirtschaftliches Archiv, Bd. 30, 1929, 145 *.
[117] *Hans Martin Klinkenberg*, Zwischen Liberalismus und Nationalismus. Im
Zweiten Kaiserreich (1870–1918), in: Monumenta Judaica. 2000 Jahre Geschichte
und Kultur der Juden am Rhein, hrsg. von *Konrad Schilling*, Köln 1963, 368.
* Siehe hierzu ebenfalls – mit Zahlenangaben vornehmlich für die Wilhelminische
Zeit – den Beitrag von *Werner E. Mosse*, S. 81 ff. (Hrsg.).
[118] *Klinkenberg*, aaO, 371 f.; *Lestschinsky*, Das wirtschaftliche Schicksal des deutschen Judentums, 85.

preußischen Juden noch 11,26 % Hausierer gezählt wurden, waren es 1895 nur noch 2,27 %, und einem jüdischen Anteil an der Gesamtzahl der Hausierer in Preußen von 22,5 % im Jahre 1852 standen 1895 nur noch 8,76 % gegenüber [119]. Auf der anderen Seite ging mit der allgemeinen Durchsetzung kapitalistischer Wirtschaftsformen und vor allem der Entwicklung eines modernen Bankwesens auch die besondere Stellung des jüdischen Kapitals allmählich zurück, wobei es sich freilich um einen langsamen Prozeß handelte, dessen Umrisse und Tendenz vor der Jahrhundertwende kaum allgemein zu erkennen waren – zumal es sich ja auch keineswegs um Einbußen an Kapital, sondern um einen relativen Rückgang an Einfluß handelte [120]. Ungeachtet dieser Gesamtentwicklung wurden die Juden in der Krise der siebziger Jahre allerdings keineswegs als Mittelstand betrachtet. Sie schienen vielmehr als Exponenten der kapitalistischen Dynamik in besonderer Weise die Bedrohung des „alten" Mittelstandes der Handwerker, Kaufleute und Bauern wie auch des „neuen" Mittelstandes der Beamten, Angestellten und der „freien Berufe" zu verkörpern, und nicht ohne Grund ist kürzlich der Antisemitismus der „Großen Depression" als „der erste Versuch einer mittelständischen Integrationsideologie" bezeichnet worden [121].

Für eine Antwort auf die Frage nach dem Gewicht und der viel beschworenen „Herrschaft" der Juden in einzelnen Wirtschaftsbereichen sind zumindest einige Anhaltspunkte in ihrem jeweiligen Anteil an der Gesamtheit der Beschäftigten gegeben. So betrug der Anteil der Juden an den im Handel Beschäftigten in Preußen 1861 21 % – bei einer in der Folgezeit stark rückläufigen Tendenz (1882: 10,1 %; 1907: 6,4 %), die im wesentlichen auf einer Beschäftigtenzunahme bei den Nichtjuden beruhte [122]. Auch hier sind jedoch die regionalen und lokalen Konzentrationen zu beachten: so stellten die Juden in Westpreußen 1882 ca. 15 % der in Handel, Verkehr und Gaststättengewerbe Beschäftigten, erreichten aber in einzelnen Kreisen unter den „Selbständigen" im Waren- und Produktenhandel 50–70 % und auch im Geld- und Kredithandel über 50 % [123]. Im Bank- und Börsenwesen stellten die Juden 1882 in Preußen fast 22 % aller Beschäftigten und sogar 43,25 % aller Inhaber und Direktoren von Bank- und Kreditunternehmen; eine Sonderstellung nimmt hier Berlin ein, wo der jüdische Anteil bei den Inhabern und

---

[119] *Lestschinsky*, Das wirtschaftliche Schicksal des deutschen Judentums, 94; *Weinryb*, op. cit., 54 f.

[120] Vgl. jetzt *David S. Landes*, The Jewish Merchant. Typology and Stereotypology in Germany, in: Year Book XIX of the Leo Baeck Institute, London 1974, bes. 19 ff.

[121] *Heinrich August Winkler*, Mittelstand, Demokratie und Nationalsozialismus. Die politische Entwicklung von Handwerk und Kleinhandel in der Weimarer Republik, Köln 1972, 50.

[122] *Lestschinsky*, Das wirtschaftliche Schicksal des deutschen Judentums, 85.

[123] *Max Aschkewitz*, Zur Geschichte der Juden in Westpreußen, Marburg 1967, 96 f.

Direktoren für das gleiche Jahr auf 55,15 % berechnet worden ist[124]. Hinsichtlich der Bedeutung von Juden in der Presse – als Verleger, Herausgeber, Redakteure und Mitarbeiter – fehlen statistische Angaben. Ihr Anteil kann jedoch vor allem in Berlin als außerordentlich hoch angesetzt werden – wenn auch Jacob Burckhardts Behauptung, daß $9/10$ der deutschen Presse „von Juden produziert werden", ebenso in den Bereich der Fabelwelt gehört wie Nietzsches summarische Feststellung von 1882, daß „der" Jude „der tatsächliche Beherrscher der europäischen Presse" sei[125]. Was die von Stoecker und manchen anderen beklagte Überbevölkerung der Bildungsstätten betrifft, so waren in der Tat 1867 bereits 14,8 % aller Berliner Gymnasiasten Juden[126], und 1879/80 betrug der Anteil der Juden an allen höheren Schülern Preußens 10,1 %, was für Berlin einen noch wesentlich gesteigerten Anteil vermuten läßt[127]. Der Anteil der Juden an den Studenten preußischer Universitäten betrug 1886/87 9,6 %, wobei auch hier die Prozentsätze in einzelnen Fakultäten höher lagen, ohne jedoch etwa die Rekordhöhe von 41,4 % Juden unter den Medizinstudenten an österreichischen Universitäten des Jahres 1885 zu erreichen[128]. Hinsichtlich der sozialen Schichtung der Juden ist bereits einiges gesagt worden: noch 1895 waren über 57 % aller erwerbstätigen Juden selbständig, während der Anteil der Selbständigen bei der nichtjüdischen Erwerbsbevölkerung nur halb so groß war, wie auch der Anteil der Angestellten bei den Juden zu diesem Zeitpunkt bereits 11,29 % gegenüber 3,21 % bei den Nichtjuden betrug[129]. Angaben über die Vermögensverhältnisse der Juden im späten neunzehnten Jahrhundert sind selten, zusammenfassende Daten lassen sich kaum und nur unter erheblichen Vorbehalten gewinnen. Deutlich ist aber, daß die jüdische Bevölkerung in den Städten im Vergleich zur christlichen Einwohnerschaft über eindeutig höhere

[124] *Lestschinsky*, Das wirtschaftliche Schicksal des deutschen Judentums, 91, 93. Die Germania, Nr. 229 vom 4. Oktober 1879 referierte in einem Artikel über Die Übermacht der Juden im Berliner Leben sogar eine preußische Statistik, nach der 1855 385 von 513 und 1862 550 von 642 Bankiers Juden waren.

[125] *Jacob Burckhardts* Briefe an seinen Freund Preen 1864–1893, Stuttgart 1922, 188 (Brief vom 23. Dezember 1882); *Friedrich Nietzsche*, Die fröhliche Wissenschaft (1882), in: *ders.*, Werke, hrsg. v. *Karl Schlechta*, Bd. 2, München 1955, 235. Die antisemitisch orientierte Untersuchung von *G. Mahlbeck*, Der Einfluß des Judentums auf die Berliner Presse von 1800–1879, Phil. Diss., Leipzig 1935, bringt einiges Material, aber keine brauchbaren statistischen Angaben.

[126] *Lestschinsky*, Das wirtschaftliche Schicksal des deutschen Judentums, 101.

[127] *Arthur Ruppin*, Abhandlung über die sozialen Verhältnisse der Juden in Preußen und Deutschland, in: Conrad's Jahrbücher für Nationalökonomie und Statistik, Bd. 23, 1902, 778; nach *Jakob Thon*, Die Juden in Österreich, Berlin 1908, 96 f., betrug der Anteil der jüdischen Gymnasialschüler in Österreich 1881/82 14,4 %.

[128] Vgl. für Preußen *Monika Richarz*, Der Eintritt der Juden in die akademischen Berufe. Jüdische Studenten und Akademiker in Deutschland 1678–1848, Schriftenreihe wissenschaftlicher Abhandlungen des Leo Baeck Instituts, Bd. 28, Tübingen 1974, 93 f.; für Österreich *Thon*, op. cit., 98–104.

[129] *Ruppin*, Abhandlung über die sozialen Verhältnisse der Juden, aaO, 769.

Einkommen verfügte und auch höhere Steuern zahlte*: ein entsprechender
Vergleich zeigt für Hamburg 1871, daß z. B. in der niedrigsten Steuer-
gruppe zwar 43,6 % der Gesamtheit aller Steuerzahler, aber nur 3,6 % der
jüdischen Steuerzahler zu finden sind [130]. Für Frankfurt am Main ist für das
Jahr 1900 eine durchschnittliche Steuerleistung der evangelischen Steuerzahler von 121,– Mark, der katholischen von 59,40 Mark und der jüdischen
von 427,50 Mark festgestellt worden [131]. Schließlich ist auf die Berechnungen
Sombarts für 1905 hinzuweisen, die für Berlin bei einem jüdischen Bevölkerungsanteil von 5,06 % einen Steueranteil von 30,77 % ergaben, und auch
für eine Reihe anderer Städte ähnliche Ergebnisse erbrachten [132].

Die Juden waren gewiß nicht, wie Sombart behauptete, die „Begründer
des modernen Kapitalismus", aber sie waren in Deutschland zu Beginn des
Kaiserreiches die am stärksten durch den Kapitalismus geprägte Sozialgruppe,
die nicht zuletzt deshalb – in Verbindung mit den älteren antijüdischen
Ressentiments und Stereotypen – in einer Krise des kapitalistischen Systems
zum „Sündenbock" gemacht werden konnte. Dabei war von den Zeitgenossen
nur schwer zu erkennen, daß mit der Durchsetzung des kapitalistischen Wirtschaftssystems die besonderen wirtschaftlichen Funktionen der Juden im Geldgeschäft oder Hausierhandel an Bedeutung verloren und daß die moderne
Gesellschaft durch ihre eigene kapitalistische Entwicklung die Unterschiede in
den Sozialprofilen der christlichen und der jüdischen Bevölkerung allmählich
einebnete. Aber auch ungeachtet dieser allgemeinen Entwicklungstendenz
konnte von einer „Judenherrschaft" trotz der starken und in einzelnen Bereichen tatsächlich vorübergehend dominierenden Beteiligung jüdischer Bürger am wirtschaftlichen und auch öffentlichen Leben – es galt als bezeichnend, daß Ende der siebziger Jahre ein Jude der Berliner Stadtverordnetenversammlung vorstand – nicht die Rede sein. Juden, die zu den „Herrschenden" gerechnet wurden, handelten nicht als Juden, sondern als Liberale,
Unternehmer, Kapitalisten, kurz: als Repräsentanten der modernen liberal-kapitalistischen Gesellschaft. Die jüdischen Gruppenbindungen hatten sich
seit der Mitte des Jahrhunderts immer stärker gelockert, und es gab offensichtlich keine eindeutigen gemeinsamen Interessen mehr, die über den Kul-
tusbereich hinausgingen. Eine Art von Interessenidentität konnte allenfalls
hinsichtlich der Beschleunigung des kapitalistischen Prozesses und der Aus-

---

* Siehe hierzu ebenfalls die Angaben im Beitrag von *Werner E. Mosse*, S. 80–81,
und Tabelle 10 im Beitrag von *Peter Pulzer*, Die jüdische Beteiligung an der Politik, im vorliegenden Bande, S. 189 (Hrsg.).

[130] Vgl. die Tabelle bei *Krohn*, op. cit., 78.

[131] AaO, 80 f.

[132] *Werner Sombart*, Die Juden und das Wirtschaftsleben, Leipzig 1911, 218–221;
ähnlich *Arthur Ruppin*, Die soziale Struktur der Juden (= Soziologie der Juden,
Bd. 1), Berlin 1930, 376 f.; kritische Diskussion der Berechnungen Sombarts bei *Jakob
Segall*, Die beruflichen und sozialen Verhältnisse der Juden in Deutschland, Berlin
1912, 72 ff.

breitung einer säkularisierten, traditionskritischen Kultur bestehen – was freilich mehr für Berlin und einige andere Großstädte galt als für die Gesamtheit des deutschen Judentums.

Vorstellungen von einer jüdischen Verschwörung im nationalen und internationalen Rahmen, einer jüdischen „Geldherrschaft" als einer Art Geheimregierung waren seit dem Aufstieg des Hauses Rothschild immer wieder verbreitet worden und erlangten nun unter den Vorzeichen der Krise erneut eine gewisse Popularität, die vor allem die radikalen Antisemiten sich zu Nutze zu machen versuchten. Dennoch standen solche Vorstellungen nicht im Vordergrund der in den siebziger Jahren entstehenden antisemitischen Bewegung. Die „Judenherrschaft", zu deren Bekämpfung der preußische Konservatismus wie der politische Katholizismus, die antisemitischen Kulturkritiker wie die volkstümlichen Agitatoren aufriefen, war im Kern nichts anderes als die liberalkapitalistische Gesellschaft in der Krise. Das „Judentum" wurde als „das angewandte, bis zum Extrem durchgeführte Manchestertum" definiert [133], und es war nicht nur Taktik – wenn auch keineswegs die volle Wahrheit –, wenn ein Mann wie Stoecker zu seiner Verteidigung gegenüber Wilhelm I. erklärte: „daß ich nicht die Juden angreife, sondern dies frivole, gottlose, wucherische, betrügerische Judentum" [134]. Allerdings führte gerade der religiös geprägte Antisemitismus im protestantischen ebenso wie im katholischen Lager zu außerordentlich scharfen Angriffen nicht nur auf allgemeine Zeittendenzen, sondern sehr konkret auf die Juden, die in besonderer Weise für die „Entchristlichung" der modernen Gesellschaft verantwortlich gemacht wurden [135]. Schon 1873 hieß es in der Zeitschrift *Der Katholik*:

---

[133] *Otto Glagau,* Der Bankerott des Nationalliberalismus und die „Reaction", 2. Aufl., Berlin 1878, 71.

[134] Immediateingabe Stoeckers an Kaiser Wilhelm I., Berlin, 23. September 1880, DZAM, Rep. 89 H XXI, 53.

[135] Zum religiösen Antisemitismus siehe *Uriel Tal,* Religious and Anti-Religious Roots of Modern Anti-Semitism, New York 1971; *Stefan Lehr,* Antisemitismus – religiöse Motive im sozialen Vorurteil. Aus der Frühgeschichte des Antisemitismus in Deutschland 1870–1914, München 1974; für die erste Hälfte des neunzehnten Jahrhunderts *Sterling,* Judenhaß, bes. 48–76; zum katholischen Antisemitismus vor allem *Ernst Heinen,* Antisemitische Strömungen im politischen Katholizismus während des Kulturkampfes, in: *Ernst Heinen* u. *Hans Julius Schoeps* (Hrsg.), Geschichte in der Gegenwart. Festschrift für Kurt Kluxen, Paderborn 1972, 259–299; *Rudolf Lill,* Katholizismus nach 1848, in: *Karl Heinrich Rengstorf* u. *Siegfried von Kortzfleisch* (Hrsg.), Kirche und Synagoge. Handbuch zur Geschichte von Juden und Christen, Bd. 2, Stuttgart 1970, 358–420, bes. 370–394; zum Protestantismus *Uriel Tal,* Liberal Protestantism and the Jews in the Second Reich 1870–1914, in: Jewish Social Studies, Bd. 26, 1964, 23–41. Vgl. für Österreich *I. A. Hellwing,* Der konfessionelle Antisemitismus im 19. Jahrhundert in Österreich, Wien 1972. Siehe auch die anregende Studie von *Walter R. Heinz* u. *Steven R. Geiser,* Eine kognitive Theorie des Antisemitismus im Kontext der religiösen Ideologie, in: Kölner Zeitschrift für Soziologie und Sozialpsychologie, Bd. 23, 1971, 519–543.

> „Es kann keinem Zweifel unterliegen, daß es der Einfluß des Judentums ist,
> welchem wir die fortschreitende Entchristlichung und in der Folge davon die Ent-
> sittlichung unserer bürgerlichen Gesellschaft und des staatlichen und nationalen
> Lebens verdanken."[136]

1879 formulierte die *Germania,* die zum „Sturm auf den jüdischen Geist und
die jüdische Geldherrschaft" aufrief und sich die Verbreitung der Thesen
eines radikalen Rassisten wie Wilhelm Marr zur Aufgabe machte, als Haupt-
anklagepunkte gegen die Juden: die Bereicherung am nationalen Vermögen
ohne produktive Arbeit, die Einmischung in innere Angelegenheiten der
Christen, die Förderung der „sittlichen Corruption" durch Presse, Literatur
usw., schließlich die Unterstützung radikaler und revolutionärer Bewegungen[137]. Der protestantische Antisemitismus Stoeckers und anderer ist deutlich
durch das Interesse an der gegenseitigen Durchdringung von kirchlicher
und weltlicher Ordnung als Bollwerk gegen die moderne Gesellschaft geprägt:

> „Der Jude voran, alliiert mit dem Zeitgeiste, arbeitet daran, den Staat zum
> religionslosen zu machen und das ‚Gottesgnadentum‘ zum Falle zu bringen,
> damit ihm der Weg zu den höchsten Würden und damit zur höchsten Macht
> offenstehe. Die Schule in der Hand des Christentums ist eine Macht; der Jude
> voran arbeitet an deren Entchristlichung und Simultanisierung. Das christliche
> Haus ist eine Macht; der Jude voran arbeitet an seiner Entchristlichung, darum
> die Zivilehe. Noch durchdringen christliche Gedanken und christliche Sitte das
> Volksleben; der Jude voran arbeitet daran, durch Presse und Theater neue Ge-
> danken und andere Sitten in das Volksleben einzuführen."[138]

Der moderne Antisemitismus ist gewiß nicht in erster Linie religiös bestimmt;
es wäre aber falsch, die mobilisierende Kraft solcher Argumentationen zu unterschätzen. Es war nicht allein die „soziale Frage", sondern auch die „religiöse
Frage" der modernen Gesellschaft, durch die antisemitisches Potential in erheblichem Umfang freigesetzt wurde.

In welchem Ausmaß am Ende der siebziger Jahre einer antisemitischen
„Judenfrage" der Boden bereitet war, läßt sich sehr anschaulich an Hand
einer Rede ‚Zur Judenfrage‘ zeigen, die 1880 im liberalen „Freien deutschen
Hochstift" in Frankfurt am Main gehalten wurde. Es heißt dort, daß die

---

[136] Zit. nach *Lehr,* op. cit., 133.

[137] Germania, Nr. 201 vom 2. September 1879, Nr. 207 vom 9. September 1879;
vgl. auch Nr. 208 vom 10. September 1879: „der *wahre ‚Culturkampf‘,* nicht gegen
die Religion der Juden, nicht gegen die gesamte Judenschaft, aber gegen den Christentum und deutsches Wesen bedrohenden *jüdischen Geist* und gegen die unserem
nationalen Wohlstande tödliche *jüdische Geldherrschaft* ist dringend *notwendig* geworden und glücklicher Weise auch schon weithin – populär!"

[138] *H. Daab,* Der Thalmud in Vorträgen, Berlin 1883, zit. nach *Lehr,* op. cit., 137
(Daab war Erster Prediger an der Judenmission in Berlin); auch für den protestantischen Antisemitismus wäre eine Durchsicht der kirchlichen Presse lohnend, bemerkenswert massive Formulierungen z. B. im Sonntags-Blatt für innere Mission für
Rheinland und Westfalen, Nr. 33 vom 17. August 1879.

„Bewegung", die das deutsche Volk ergriffen habe, sich zwar gegen die „Juden" richte, aber damit nicht eigentlich die israelitischen Mitbürger meinen könne und schon gar nicht deren Emanzipation in Zweifel ziehen dürfe. Es handele sich vielmehr um eine Reaktion auf jene allgemeine Entwicklung, die durch den „wahnsinnigen Tanz um das goldene Kalb", durch „erdenselige Genußsucht" und „geldfreche Gemeinheit" bezeichnet sei. Allerdings seien auch die Juden an dieser Entwicklung nicht unbeteiligt gewesen.

> „Unverhohlen bleibt es ja auch, daß dieser Umstand längst Veranlassung geworden ist zu dem (freilich immer unbilligen) Sprachgebrauche, welcher alle *rücksichtslosen Gelderwerber* als ‚Juden' bezeichnet, auch wenn dieselben dem Stamme nach Deutsche, und gleichviel, ob sie von niedriger oder vornehmster Herkunft sind. Diesen sogenannten ‚Juden' und *ihrer Gesellschaft, nicht* aber den Israeliten gilt die Entrüstungsbewegung, welche in Deutschland täglich mehr um sich greift. Das deutsche Volk fängt an, sich bewußt zu werden, daß es in Gefahr ist, seine höchsten und heiligsten Güter, das Erbteil unserer Väter, zu verlieren, jene edle Geringschätzung der Welt, jene demutsvolle Ehrfurcht vor dem Heiligen, jenes erhebende Streben nach innerem Werte und nach Verklärung der Seele, worin alle Deutschen ohne Unterschied ihrer Glaubensbekenntnisse bislang übereinstimmten. Viel zu weit hat es sich fortreißen lassen zur erbärmlichen Anbetung irdischer Erfolge, zur würdelosen Verehrung des gemeinen Reichtums, zur Sucht nach vielen Genüssen, zu leerem Scheinwesen, zur Sinnenberauschung, zur Abwendung von frommer Ehrfurcht und zur Vernachlässigung des ewig Geheiligten."

Nun aber sei die „Schmach" erkannt, der Wille zur Umkehr da, wenn auch zum Teil belastet durch judenfeindliche Tendenzen: wie die „Anbetung des goldenen Kalbes" so müßten auch „die nicht minder beklagenswerten Verirrungen der schmachvollen Judenverfolgung" überwunden werden, um endlich zurückzukehren "zu bescheidener Mäßigkeit, zu würdiger Arbeit, zur Zufriedenheit des Gemüts" [139].

In diesem Dokument spiegelt sich die kulturkritische Grundstimmung, die die späten siebziger Jahre beherrschte und auch weite Teile des nationalliberalen Bürgertums erfaßte [140]. Obwohl in einer liberalen kulturpolitischen Institution wie dem „Hochstift" natürlich jeder Angriff auf liberale Grundwerte unterblieb, wurden doch in der Sache unübersehbar konservative Positionen bezogen und vorkapitalistische Wert- und Ordnungsvorstellungen beschworen. Im Zentrum der vorherrschenden Gesellschafts- und Kulturkritik standen antikapitalistische Reaktionen auf den gesamtgesellschaftlichen Wandel und die aktuelle Krise, und es ist bemerkenswert, mit welchem Nachdruck

---

[139] Zit. nach dem Abdruck im General-Anzeiger, Frankfurt am Main, Nr. 300 vom 22. Dezember 1880; der Verfasser ist nicht genannt. Ein Exemplar in: DZAM, Rep. 89 H XXI, 53.

[140] Vgl. *Fritz Stern*, Kulturpessimismus als politische Gefahr, Berlin 1963; *Winfried Schüler*, Der Bayreuther Kreis von seiner Entstehung bis zum Ausgang der wilhelminischen Ära. Wagnerkult und Kulturreform im Geiste völkischer Weltanschauung, Münster 1971.

in dieser Rede einerseits antisemitische Tendenzen verworfen, andererseits aber die den Antisemitismus tragende Bewegung einer antikapitalistischen Neuorientierung in Kultur, Wirtschaft und Politik begrüßt wurden. Die antikapitalistische Krisenstimmung dieser Jahre war, wie das Beispiel zeigt, nicht notwendigerweise mit antisemitischen Bestrebungen verbunden, aber die Verbindung lag offensichtlich nahe und wurde – wie in einer Vielzahl von Belegen höchst unterschiedlicher Autoren und Publikationsorgane gezeigt werden könnte – immer wieder hergestellt. Tatsächlich waren die Juden, wie wir gesehen haben, mit den in so beredter Weise beklagten Entwicklungen eng verbunden und konnten, zumal in Berlin, in besonderer Weise als Repräsentanten kapitalistischer Wirtschaft und Kultur gelten. Das „deutsche Reich jüdischer Nation", gegen das Constantin Frantz polemisierte [141], war nichts anderes als das in die Krise geratene liberal-kapitalistische System, und es war durchaus kein Zufall, daß die Juden, die seit Jahrzehnten als Symbol der negativen Seiten des Kapitalismus fungierten, nun ins Zentrum der Kritik gerieten. Sie waren in der Tat der „Sündenbock", dem „das ökonomische Unrecht der ganzen Klasse aufgebürdet wird" [142]. Der Durchsetzung des Kapitalismus in Deutschland war der so lange verzögerte Abschluß des Emanzipationsprozesses zu verdanken – mit dem Einbruch der ersten großen gesamtgesellschaftlichen Krise provozierte nun eben dieser Kapitalismus auch den modernen Antisemitismus.

Neben der antikapitalistisch-kulturkritischen Reaktion auf die Dynamik und Krise des industriekapitalistischen Systems kommt in Deutschland auch dem Nationalismus der siebziger Jahre eine besondere Bedeutung für die Entstehung des Antisemitismus zu. Das Fehlen eines Nationalstaates hatte in Deutschland jahrzehntelang die Entwicklung der Emanzipation belastet, da es das Neben-, Durch- und Gegeneinander der Emanzipationsmaßnahmen in den einzelnen Staaten begünstigte. Abgesehen von der „christlich-deutschen" Nationalbewegung der Romantik und einem Teil der burschenschaftlichen Bewegung hatten nationalistische Argumente gegen die Emanzipation der Juden stets nur eine geringe und im Laufe der Zeit eher abnehmende Rolle gespielt. Das änderte sich jedoch drastisch in den Jahren nach der Reichsgründung, als ein konservativ-protestantischer Nationalismus in den Vordergrund trat, der vor allem innenpolitische Forderungen artikulierte und die vielfältigen Bindungen von liberaler und nationaler Bewegung zu lösen unternahm. Die „Form" des endlich gewonnenen Nationalstaats sollte nun auch mit „Leben", d. h. mit deutsch-nationaler Kultur und Sitte, gefüllt werden [143]. Für die Ju-

---

[141] *Constantin Frantz*, Der Nationalliberalismus und die Judenherrschaft, München 1874, 64.

[142] *Max Horkheimer* u. *Theodor W. Adorno*, Dialektik der Aufklärung, Frankfurt 1969, 183.

[143] Vgl. *Karl Hillebrand*, Deutsche Stimmungen und Verstimmungen (1879), in: ders., Zeitgenossen und Zeitgenössisches, Berlin 1882, 342.

den bedeutete das, daß die Forderung der Assimilation sich nun nicht mehr auf die Normen der bürgerlichen Gesellschaft, sondern auf den nationalen Staat und eine nationale Kultur, die überwiegend aus kulturkritischer und antikapitalistischer Perspektive definiert wurde, bezog. Friedrich Nietzsche, der sich gegen den „künstlichen Nationalismus" seiner Tage wandte, hat diesen Zusammenhang 1878 klar formuliert:

> „Beiläufig: das ganze Problem der *Juden* ist nur innerhalb der nationalen Staaten vorhanden, insofern hier überall ihre Tatkräftigkeit und höhere Intelligenz, ihr in langer Leidensschule von Geschlecht zu Geschlecht angehäuftes Geist- und Willens-Kapital in einem neid- und haßerweckenden Maße zum Übergewicht kommen muß, so daß die literarische Unart fast in allen Nationen überhand nimmt – und zwar je mehr diese sich wieder national gebärden –, die Juden als Sündenböcke aller möglichen öffentlichen und inneren Übelstände zur Schlachtbank zu führen." [144]

Wenn in einem rein protestantisch interpretierten deutschen National-staat schon die Katholiken als störend empfunden wurden – Karl Hille-brand gab 1879 der Überzeugung Ausdruck, „daß unsere Nationalität auf dem Protestantismus beruht; die Sünden unserer Väter aber haben uns ein Stück Katholizismus vererbt" [145] –, dann konnten die in den antisemitischen Lagern fast aller Schattierungen wirksamen nationalistischen Impulse kaum mehr überraschen. Der Zusammenfall von Nationalstaatsgründung und all-gemeinen Krisenerscheinungen bewirkte nicht zuletzt eine nationale Identi-tätskrise, die ihre Spitze in besonderer Weise, wenn auch keineswegs aus-schließlich, gegen die Juden richtete. „Warum ist der deutsche Geist gegen-wärtig so unheimisch bei sich selbst?", fragte Eugen Dühring 1881 und ant-wortete: „Weil er sich nicht bloß in der Religion, sondern auch im Geistes-leben und namentlich in der Literatur vergessen und an das Judentum ver-äußert hat." [146] Paul de Lagarde schrieb im gleichen Jahr: „Ganz abgesehen von dem Inhalte des Judentums ist es unerwünscht, weil es fremd ist und durchaus als etwas Undeutsches und Widerdeutsches empfunden wird." [147] Der Zusammenhang von neuem Nationalismus, Kulturkritik und allgemeiner Krisenstimmung, der in solchen Formulierungen ans Licht tritt, dürfte in sei-ner Bedeutung für Entstehung und Prägung des modernen Antisemitismus nicht leicht zu überschätzen sein.

---

[144] *Friedrich Nietzsche*, Menschliches, Allzumenschliches (1878), in: ders., Werke, hrsg. v. *Karl Schlechta*, Bd. 1, München 1954, 685 f.

[145] *Karl Hillebrand*, Deutsche Stimmungen und Verstimmungen, aaO, 342.

[146] *Eugen Dühring*, Die Judenfrage als Racen-, Sitten- und Culturfrage. Mit einer weltgeschichtlichen Antwort, Karlsruhe 1881, 32.

[147] *Paul de Lagarde*, Deutsche Schriften, Bd. 2, Göttingen 1881, 291. Vgl. *Fritz Stern*, Kulturpessimismus als politische Gefahr, bes. 88 ff.; *Robert W. Lougee*, Paul de Lagarde 1827–1891. A Study of Radical Conservatism in Germany, Cambridge, Mass. 1962, bes. 210 ff.

Erst der Umschwung des gesamtgesellschaftlichen Klimas gegen Ende der
siebziger Jahre bot die hinreichenden Voraussetzungen für die Entwicklung
und relative Durchsetzung antisemitischer Ideen und Organisationen. Es war
bezeichnend, daß gerade 1879 immer wieder betont wurde, daß „endlich"
der Bann der liberalen öffentlichen Meinung gebrochen sei und ausgesprochen
werden könne, „was Tausende schon seit Jahren denken, jedoch aus Furcht
vor Inkonvenienzen nicht auszusprechen wagten"[148]. Die aktuelle Wirtschaftskrise verschärfte die ökonomischen Probleme und aktualisierte unter-
schwellige Ressentiments – sie allein aber vermochte noch keine neue „Judenfrage", noch keine antisemitische Bewegung ins Leben zu rufen. Daher blieben auch die 1875 unternommenen Versuche einer politischen Instrumentalisierung antijüdischer Ressentiments zugunsten der Konservativen und des
politischen Katholizismus zunächst ohne weiterreichende Wirkungen. Erst
die 1878 einsetzende Krise des politischen Systems und die Erschütterung des
herrschenden Normensystems gaben den antisemitischen Interpretationen der
Krise eine Chance. Erst zu diesem Zeitpunkt konnte sich die verbreitete Kritik an allgemeinen Parvenüerscheinungen der „Gründerzeit" eindeutig antisemitisch artikulieren, konnten liberale Ideen und Institutionen als „jüdisch"
gebrandmarkt werden. Erst jetzt konnte man unter Hinweis auf die Inkonsequenzen der „verjudeten Deutschen der nationalliberalen Partei" erklären:
„Mit demselben Recht, mit welchem man gegen die staatsumwälzende *rote*
Internationale Ausnahmegesetze machte, verlangen wir Ausnahmegesetze
gegen die *goldene* Internationale."[149] Erst jetzt konnte man offen gegen „die
weichliche Philanthropie unseres Zeitalters"[150], gegen „doktrinäre ‚Humanität' und empfindsam angekränkelten Kosmopolitismus" zu Felde ziehen[151].

Die Vorwürfe, die gegen die Juden erhoben wurden, entstanden nicht erst

---

[148] So der Berliner Polizeipräsident in seinem Bericht vom 10. November 1879
(siehe Anmerkung 111). Ähnliche Formulierungen, die den Umbruch der öffentlichen
Meinung im Jahre 1879 betonen, finden sich zahlreich in der zeitgenössischen Literatur, z. B. bei *Moritz Busch*, Beiträge zur Beurtheilung der Judenfrage, in: Die Grenzboten. Zeitschrift für Politik, Literatur und Kunst, 39. Jg., II (1880), 305: es handele
sich um eine „Frage, die viele schon seit geraumer Zeit im Stillen beschäftigt hat, im
letzten Jahr aber an die Öffentlichkeit getreten und allmählich in allen Schichten
des Volkes Gegenstand lebhafter Erörterung geworden ist". Den Durchbruch erzielte
die antisemitische Bewegung zweifellos in Berlin 1879 mit Stoecker, Treitschke und
der „Antisemitenliga"; vgl. dazu *Walter Boehlich* (Hrsg.), Der Berliner Antisemitismusstreit, Frankfurt 1965; siehe auch *Hans Joachim v. Borries*, Deutschtum und Judentum. Studien zum Selbstverständnis des deutschen Judentums 1879/80, Phil.
Diss., Zürich 1971, hier bes. 25–85.
[149] *Egon Waldegg*, Ein Manifest an die deutsche Nation. Die Judenfrage gegenüber dem deutschen Handel und Gewerbe, Dresden 1879, 23. *Busch*, aaO, II, 192,
stellte Erwägungen darüber an, ob die Juden ähnlich wie die Jesuiten ausgewiesen
werden könnten.
[150] *Heinrich v. Treitschke*, Unsere Aussichten (1879), zit. nach *Boehlich*, op. cit., 6.
[151] *Busch*, aaO, I, 557.

in diesem Augenblick, wie wir gesehen haben. Sie waren älter als die Krise, durch die sie plötzlich ins Zentrum öffentlichen Interesses und öffentlicher Auseinandersetzungen gerückt wurden. Manche Elemente stammten noch aus dem Traditionsbestand vorbürgerlicher Judenfeindschaft, andere und wichtigere waren im Verlauf des Emanzipationsprozesses – und d. h. auch: im Verlauf der Durchsetzung und Ausformung der bürgerlich-kapitalistischen Gesellschaft – hinzugetreten. Neu war so gut wie nichts, selbst die Rassenvorstellungen waren noch im Zeitalter der Emanzipation entwickelt worden. Geändert aber hatten sich die allgemeinen Umstände – in der gesamtgesellschaftlichen Entwicklung wie auch in der „Judenfrage". Daß die rechtliche Gleichstellung der Juden inzwischen abgeschlossen war, erwies sich im Vergleich zu früheren Jahrzehnten als ein fundamentales Faktum für den Charakter der neuen „Judenfrage". Während des Emanzipationszeitalters waren alle Angriffe gegen die Juden und ihre Stellung in der Gesellschaft in der Regel mit der Begründung zurückgewiesen worden, daß gerade die scheinbare Berechtigung mancher Vorwürfe die Notwendigkeit einer vollen Gleichstellung erweise, da nur durch sie die noch bestehenden Mißstände und Spannungen behoben werden könnten[152]. Mit dem Abschluß der Emanzipationsgesetzgebung war einer solchen Argumentation der Boden entzogen. Wer in den siebziger Jahren in der einen oder anderen Hinsicht die Existenz einer „Judenfrage" als eines gesellschaftlich-politischen Problems anerkannte, konnte nicht mehr auf die Emanzipation als eine Möglichkeit der Problemlösung verweisen – die antisemitischen Sprecher wurden umgekehrt nicht müde, darauf hinzuweisen, daß die Emanzipationspolitik sich mit ihrer Vollendung selbst widerlegt habe, da es ihr nicht gelungen sei, die Juden vollständig zu assimilieren und ohne Nachteile für die christlich-deutsche Bevölkerung zu integrieren[153]. So wenig überzeugend solche antisemitischen Argumentationen auch sein mögen – sie blieben in den späten siebziger Jahren nicht mehr ohne Wirkung, zumal die Befürworter der Emanzipation lange Zeit hindurch Erwartungen erweckt hatten, die unerfüllbar waren und sich nun gegen das Prinzip der Emanzipation kehrten.

Wir können den Umschlag von der emanzipatorischen zur antisemitischen „Judenfrage" hier nicht mehr weiter verfolgen, zumal es ohnehin im Rahmen dieser Skizze auch nur darum gehen konnte, einige allgemeine Zusammenhänge herauszuarbeiten. Entscheidend dafür, daß der Antisemitismus mehr wurde als nur eine vorübergehende Krisenerscheinung, ist die Tatsache, daß

---

[152] Siehe oben, Anm. 85.

[153] So z. B. *Adolf Stoecker*, Unsere Forderungen an das moderne Judentum, 367: „Früher hieß es, die Emanzipation werde die Juden mehr in die anderen Erwerbszweige treiben. Nun sind sie emanzipiert; es ist aber das Gegenteil eingetreten." Ähnlich *Waldegg*, op. cit., 32: „Alle Schwärmerei darüber, daß sich die Juden nach der Emanzipation den Deutschen assimilieren und mit ihnen verschmelzen würden, hat sich durch die Tatsachen gründlich widerlegt."

die Krise der späten siebziger Jahre einen allgemeinen Epochenwandel einleitete. Der Liberalismus verlor seine prägende Kraft, konservativ-klerikale
Interessen dominierten fortan das öffentliche Leben. Die handelspolitische
Wendung zum Protektionismus markierte zugleich die beginnende Transformation des liberal-kapitalistischen Wirtschaftssystems in eine durch zunehmende Interessenorganisation, Monopolisierung und Staatsintervention gekennzeichnete Phase des Kapitalismus. Die bürgerliche Gesellschaft begann
sich unter postliberalen, bald auch imperialistischen Vorzeichen neu einzurichten. Die Wende von 1878/79 ist mit guten Gründen als der eigentliche
Abschluß der Reichsgründung, als innenpolitische Grundlegung des Kaiserreichs bezeichnet worden. Daß der moderne Antisemitismus in diesen für die
weitere Entwicklung entscheidenden Jahren entstanden ist, dürfte nicht ohne
Bedeutung für seine weitere Geschichte sein: er gehörte damit zum Grün-
dungsbestand des Kaiserreichs.

Die deutsche Gesellschaft der nachliberalen Epoche wies dann kaum irgendwelche Tendenzen auf, von denen zu erwarten gewesen wäre, daß sie sozusagen hinter dem Rücken der Zeitgenossen das antisemitische Potential dieser
Gründungsphase wieder abbauen würden. Das Gegenteil war der Fall: vor
allem die Wendung zum Imperialismus förderte – auch wenn sie zeitweilig
die direkte Aufmerksamkeit von der „Judenfrage" ablenken mochte – rassistische und sozialdarwinistische Vorstellungen, die jederzeit auch gegen die
Juden gewendet werden konnten und wurden. Die Autorität des Staates
blieb allerdings zunächst stark genug, um den sogenannten „Radau-Antise-
mitismus" niederzuhalten und den Spielraum der radikalen antisemitischen
Sektierer einzuschränken, da solche Bestrebungen auch die konservativen
Grundlagen des Reiches in Frage stellten. Zugleich unterstützte der Staat
aber auch den offenen oder latenten Antisemitismus immer breiterer bürgerlicher und bäuerlicher Schichten, indem er die Juden in Militär, Bürokratie
und Justiz – den tragenden Säulen des politischen Systems – immer systematischer und seit den achtziger Jahren auch immer unverhüllter diskriminierte.
Hinsichtlich der weiteren Entwicklung meinte 1888 die *Kreuzzeitung*, das
anerkannte Organ der preußischen Konservativen, daß der Antisemitismus
bisher nur „Flegeljahre" gehabt habe, daß „nunmehr aber eine Aera der positiven Leistungen auf dem Gebiet der Befreiung von den schädlichen Einflüssen des Judentums beginnen" werde[154]. Mit Beginn der Wilhelminischen
Zeit waren antisemitische Tendenzen ein beinahe selbstverständlicher Bestandteil agrarischer oder mittelständischer Interessenvertretung und konser-
vativ-nationalistischer Politik, und in nicht wenigen Fällen lassen sich antisemitische Verhaltensweisen sogar bis weit ins bürgerlich-liberale Lager hinein beobachten.

---

[154] Kreuzzeitung vom 10. April 1888, zit. nach Deutsche Antisemiten-Chronik
1888–1894, Zürich 1894, 2.

DIE JUDEN IN WIRTSCHAFT UND GESELLSCHAFT

von

Werner E. Mosse

„Es ist wirklich höchst seltsam: soviel über das Juden-
volk geschrieben ist: über das wichtigste Problem: seine
Stellung im Wirtschaftsleben ist kaum etwas von grundlegender Bedeutung gesagt worden."

Werner Sombart [*]

„Ich glaube, den Antisemitismus, der eine vielfach komplizierte Bewegung ist, zu verstehen. Ich betrachte diese
Bewegung als Jude, aber ohne Haß und Furcht. Ich
glaube zu erkennen, was im Antisemitismus roher Scherz,
gemeiner Brotneid, angeerbtes Vorurteil, religiöse Un-
duldsamkeit — aber auch, was darin vermeintliche Notwehr ist."

Theodor Herzl [**]

I

Die bedeutsamste Erscheinung der europäischen Geschichte zwischen der
Mitte des neunzehnten Jahrhunderts und dem Kriegsausbruch 1914 ist die rapide Entwicklung kapitalistischer Wirtschaftsformen. Unterschiedlich in Tempo,
Intensität und chronologischem Ablauf zeigt der hereinbrechende Kapitalismus in den verschiedenen Ländern Europas (wie auch in Nordamerika) dennoch verwandte Züge. Schon das *Kommunistische Manifest* von 1848 hatte
die Aufmerksamkeit auf die durchschlagende Wirkungskraft der kapitalistischen Dynamik auf allen Gebieten gelenkt. Im Verhältnis zu traditionellen
Gesellschaftsformen, feudalaristokratischen wie bürgerlich-handwerklichen,
bewirkte er geradezu eine „Umwertung der Werte". Er brachte neue Normen, neue Eliten und neue Ideologien. Er war begleitet von einer fortschrei-

[*] Die Juden und das Wirtschaftsleben, Leipzig 1911, VI.
[**] Der Judenstaat, Wien 1896.

58 Werner E. Mosse

tenden Säkularisation des Weltbildes weiter Bevölkerungskreise, von Individualismus, Materialismus, Hedonismus, in den Frühstadien von Optimismus
und Fortschrittsglauben, verkörpert etwa in der Philosophie eines Herbert
Spencer.

Dialektisch bestimmt allerdings wurde die Physiognomie des kapitalistischen
Zeitalters weniger durch den Kapitalismus *per se* als vielmehr durch die durch
sein Vordringen geschaffenen Spannungen. Da waren einerseits die Widerstände „vorkapitalistischer" Stände und Gesellschaftsschichten: Adel, Klerus,
eine häufig stark adelsdurchsetzte Bürokratie, das Kleinbürgertum von Handwerkern, Kleinkaufleuten und Bauern (d. h. fast die gesamte Land- und
Kleinstadtbevölkerung), dazu hier und da traditionelle Militäreliten. Seit
Mitte des neunzehnten Jahrhunderts allerdings waren die Gegensätze zwischen Trägern kapitalistischer Wirtschaftsinteressen und „vorkapitalistischen"
Schichten zunächst, aus Gründen, die im weiteren zu erklären sind, im Ver-
blassen. Im kapitalistischen Musterstaat England verbanden schon seit mindestens anderthalb Jahrhunderten die wegweisenden Whigs erblichen Adel,
Landbesitz und kapitalistische Handels- und später Industrieinteressen. In
Frankreich hatte dann spätestens die Julirevolution von 1830 die gemischte
„Bankiersherrschaft" von Julimonarchie und zweitem Kaiserreich heraufgeführt. Selbst im vormärzlichen Deutschland hatte eine teilweise Verbürgerlichung der „vorkapitalistischen" Stände begonnen, um sich in den folgenden zwei Jahrzehnten in verstärktem Tempo fortzusetzen. Im letzten Viertel
des Jahrhunderts hatte sich dann überall der Assimilationsprozeß verstärkt,
den man je nach Standpunkt und Geschmack – er war tatsächlich beides – als
die „Verbürgerlichung" des Adels[1] oder die „Feudalisierung" des Bürgertums[2] bezeichnen kann. Gefördert durch die Sozialisierungsprozesse in *public
schools,* studentischen Verbindungen, Kadettenkorps und *Grandes Écoles,*
entwickelte sich das gemeinsame gesellschaftliche Ideal des wohlhabenden, im
öffentlichen Leben einflußreichen meist städtischen „Landedelmannes" (mit
zahlreichen Bediensteten, dem Reitsport ergeben, manchmal auch der Jagd,
als Symbolen eines neofeudal-kapitalistischen Lebensstils) mit der militärischen
Dimension von Kavallerie und feudal-kapitalistischen Garderegimentern. Als
Ergebnis dieses Prozesses der langsamen gegenseitigen Assimilation von wohl-

---

[1] Wie sie z. B. Max Webers Beschreibung des ostelbischen Junkertums in den Vorkriegsjahren erhellt.

[2] *Robert Michels* beschreibt den Prozeß typisch wie folgt: „Die Reichgewordenen
kennen keinen höheren Ehrgeiz, als sich möglichst schnell mit den Vornehmen zu
verschmelzen, zu besserer Sicherstellung der neuen Position, sowie um aus dieser
Verschmelzung eine Art von legitimem Anrecht auf ihre Zugehörigkeit zur alten
herrschenden Klasse herzuleiten, die nun nicht mehr als erworbene, sondern vielmehr als ererbte dargestellt werden kann ... Das Prinzip der (wenn auch nur fikti-
ven) Erbschaft trägt in hervorragendem Grade dazu bei, den Prozeß des sozialen
Trainings, der Eingewöhnung der jung emporkommenden Kräfte in die alte Umwelt
zu beschleunigen." (Zur Soziologie des Parteiwesens, 2. Aufl., Leipzig 1925, 20.)

habendem (häufig bereits kapitalistisch „infiziertem") Adel und „feudalisierender" Großbourgeoisie (begleitet und gekrönt von wachsendem Konnubium), entstand dann gewöhnlich eine neue, wenig konsolidierte gesellschaftliche Oberschicht, deren Gesellschaftsideal sich langsam, dank gesellschaftlicher Mimesis einerseits, auch dem mittleren Landadel, andererseits den „besseren" bürgerlichen Schichten, mitteilte.

Dennoch blieb die Verschmelzung unvollkommen. Adlige Elemente – besonders solche, die versäumten, sich dem zunehmend kapitalistischen Wirtschaftsgebaren anzupassen und so in der einen oder anderen Weise wirtschaftlich Schaden litten (vorwiegend durch unvorsichtige und unverstandene Börsen- und Gründungsspekulationen), wurden zu erbitterten Gegnern der „Plutokratie" und beklagten, nicht selten auf rabiate Weise, den Niedergang der reichlich idealisierten „vorkapitalistischen" Ordnung. In derartigen Kreisen wurden dann Standesabsonderung, gesteigertes aristokratisches Selbstbewußtsein, eine instinktive Abwehrreaktion deutlich. Ähnlich, wenn auch natürlich unter entgegengesetzten Vorzeichen, entwickelte sich die Gesellschaftskritik derjenigen „bürgerlich-kapitalistischen" Gruppen, denen aus dem einen oder anderen Grund, der Zutritt zu der neuen „gemischten" Oberschicht versperrt blieb. Hier führte enttäuschter gesellschaftlicher Ehrgeiz (zum Teil auch auf wirtschaftlicher Basis – den ganz Reichen standen gewöhnlich, wenn auch nicht uneingeschränkt, Tür und Tor offen) zu bitterer Kritik an dem vermeintlichen Standesdünkel besonders der adligen Elemente (als der sichtbareren und gesellschaftlich begehrenswerteren). Auch gab es hier und da Großbürger – allerdings eine Minderheit –, die aus prinzipiellen Gründen den Eintritt in die neue Oberschicht ablehnten, selbst wenn er ihnen (sogar durch Nobilitierung) durchaus offenstand. Allerdings konnten beide Fronten gegen die neue, „gemäßigt-kapitalistisch" artikulierte Oberschicht, deren Vorherrschaft nicht ernstlich erschüttern. Doch verstärkten sie manchmal, vor dem Hintergrund „innerkapitalistischer" Interessengegensätze (etwa von Agrariern, Bankiers und Industriellen), potentielle oder auch akute gesellschaftliche, wirtschaftliche und politische Spannungen.

Als eine ernstlichere Bedrohung empfand die neue Oberschicht hingegen den systemimmanenten Konflikt zwischen Arbeitgebern und Arbeitnehmern. Hier klaffte ein schwer überbrückbarer Gegensatz der Interessen (der sich allerdings durch verschiedenartige Palliativmaßnahmen erheblich mindern ließ). Effektiv hing hier die Entwicklung weitgehend von Konjunkturtendenzen ab, die sich, wie noch zu zeigen ist, in den Vorkriegsjahren im allgemeinen für den Kapitalismus günstig entwickelten. – Hingegen vermehrte eine andere Gesellschaftsschicht die Spannungen innerhalb der kapitalistischen Gesellschaftsordnung, die bürgerliche Intelligenz. Die Kritik der Intellektuellen am kapitalistischen System – wirksam durch deren Gesellschaftsfunktion als Schöpfer und Verbreiter von Ideologien – entsprang einer Vielheit von Motiven, konnte religiös, ethisch, sozial-utopisch oder auch schlankweg reaktionär

motiviert sein. Auch individuelles wie kollektives Geltungsbedürfnis und
„Wille zur Macht" spielten dabei eine Rolle. Man hat oft festgestellt, daß sozialistische Intellektuelle häufig begüterten bürgerlichen Familien entstammten (übrigens auch aristokratischen), daß es sich bei ihnen, mit Worten Robert
Michels, um „Überläufer" aus dem Bürgertum handelte.

Die zunehmende Zahl solcher „Überläufer" lenkt die Aufmerksamkeit auf
eine immanente Schwäche des kapitalistischen (wie wohl auch jedes anderen)
Systems, den sogenannten Generationenkonflikt. So kann man bei dem Bürgertum der hier behandelten Zeitspanne (ca. 1870–1914) typisch eine „Gründergeneration" und eine „Generation der Erben" (der Gegensatz manchmal
verwischt durch eine Zwischengeneration von „Bewahrern") unterscheiden.
Stehen „Gründer" (und, wenn auch mit Abstand, „Bewahrer") dem kapitalistischen System im großen und ganzen unkritisch gegenüber (eine Einstellung
charakterisiert etwa durch die aufschlußreichen Memoiren des Bankiers Carl
Fürstenberg), so findet man die Erben – etwa einen Walther Rathenau – „von
des Gedankens Blässe angekränkelt" [3]. In der Erbengeneration erfolgte dann
nicht selten die Absage an die bürgerliche Moral, die bürgerliche Familie, das
bürgerlich-kapitalistische Ethos. So bevorzugte man hier oft die sogenannten
„freien Berufe" vor dem väterlichen „Geschäft", setzte sich, mehr oder weniger, zur Intelligenz ab [4].

So rief das fulminante Vordringen des Kapitalismus seit Mitte des neunzehnten Jahrhunderts verschiedenartige Gegenkräfte auf den Plan, von Resten „vorkapitalistischer Gruppen", Fronden von Aristokraten und Bürgerlichen, Opfern der kapitalistischen Entwicklung im Kleinbürgertum, über
wirtschaftlich neutrale (und potentiell kapitalismus-feindliche) Gruppen wie
etwa Teile des Beamtenstandes, des Offizierskorps, des Bauerntums, auch des
„neuen Mittelstandes" der Privatangestellten, bis zu den kapitalfeindlich
(oder mindestens kapitalkritisch) eingestellten Gruppen eines Großteils der
Lohnarbeiterschaft und Intelligenz. Waren auch letztere tatsächlich weniger
einflußreich, als man manchmal anzunehmen geneigt ist, so waren sie allerdings effektiv, besonders seit der Pariser Kommune von 1871, einerseits als
echter „Bürgerschreck", andererseits auch als demagogisch ausbeutbares
Schreckgespenst.

Entscheidenden Einfluß auf die Entwicklung der sozialen Beziehungen wie
auch auf die Einstellung verschiedener Bevölkerungsschichten zum Kapitalismus hatte dann auch die wechselnde Konjunkturlage der langen Wirtschafts-
wellen. So war die Aufschwungperiode von 1850 bis zur Wirtschaftskrise
von 1873 – unter der Ägide des wirtschaftlichen Liberalismus – gekennzeich-

---

[3] Man mag auch an Thomas Manns Buddenbrook-Modell denken, wenn dies auch
eine frühere Zeitspanne und eine etwas andere Situation betrifft.

[4] Eine interessante Parallelentwicklung ist die Abkehr von proletarischen Lebensformen seitens Teilen der „jüngeren Generation" zumindest der qualifizierten Lohnarbeiterschaft (man denke etwa an D. H. Lawrence).

net gewesen durch den relativen Abbau sozialer Spannungen (verglichen etwa
mit den dreißiger und vierziger Jahren) und durch verhältnismäßig kapital-
freundliche und wirtschaftlich expansionistische Anschauungen. Das Bürgertum schien in unaufhaltbarem Vormarsch begriffen; gleichzeitig stieg, dank
der kapitalistischen Produktionsmethoden, das Lebensniveau eines Großteils
der Bevölkerung. In weiten Kreisen bestand die Erwartung eines von Technik und Kapital geführten, trotz temporärer Rückschläge tatsächlich unbegrenzten wirtschaftlichen Wachstums. Überall setzte die neue Entwicklung
(gestützt auf ständige Goldimporte aus U.S.A. und Australien) starke produktive Kräfte frei, die sich im Rahmen des Wirtschaftsliberalismus frei entfalten konnten.

Auf zwei Jahrzehnte rapiden Wachstums war dann die unter dem Namen der „Großen Depression" bekannte Periode verlangsamten Wirtschafts-
wachstums und partieller Stagnation gefolgt (1873–1895). Man hat, da technischer Fortschritt und Expansion in einzelnen Sektoren anhielten, auch gewisse Gesellschaftsschichten weniger von der rückläufigen Entwicklung betroffen waren, das Bestehen einer Depression überhaupt geleugnet. Zu Unrecht. Noch vor dem Ersten Weltkrieg, und bevor die Welt mit den Namen
Kondratjew, Kusnets und Rosenberg bekannt wurde, charakterisierte z. B.
der Bankier Jakob Riesser die Wirtschaftskonjunktur der einschlägigen Jahre
wie folgt:

„1873   Produktions- und Börsenkrisis
1874–78 Wirtschaftliche Depression
1879–82 Wirtschaftlicher Aufschwung
1883–87 Depression auf fast allen Gebieten
1895   Beginn der Aufwärtsbewegung
1896–97 Verstärkung der Aufwärtsbewegung"[5].

Fast zur gleichen Zeit spricht Sombart von einer langen „Periode der Ernüchterung", die „für alle Zweige des deutschen Wirtschaftslebens zu einer rechten
Prüfungszeit wird". Er beschreibt die beiden Jahrzehnte von der Mitte der
siebziger bis zur Mitte der neunziger Jahre, „die mit Ausnahme einiger Monate während der Jahre 1889 und 1890 ohne Enthusiasmus, ohne lyrischen
Schwung, ohne einen spekulativen Rausch verlaufen, in denen aber wiederum um so mehr gerechnet und gearbeitet wird und in denen die Technik die
größte Vervollkommnung erfährt"[6]. Fürstenberg schließlich schreibt rückblickend: „Mit dem Jahre 1895 aber setzte wieder eine deutliche Aufwärts-
entwicklung ein. Man wird vielleicht sagen können, daß die letzten Nachwirkungen des Gründerkrachs erst damals ganz überwunden wurden."[7] Nicht

---

[5] *Jakob Riesser*, Die deutschen Großbanken und ihre Konzentration, 4. Aufl.,
Jena 1912, 73 ff.

[6] *Werner Sombart*, Die deutsche Volkswirtschaft im neunzehnten Jahrhundert,
4. Aufl., Berlin 1919, 86.

[7] *Hans Fürstenberg* (Hrsg.), Carl Fürstenberg. Die Lebensgeschichte eines deutschen Bankiers, Berlin 1931, 359.

62 Werner E. Mosse

unähnlich derjenigen Deutschlands, wenn auch etwas weniger profiliert, war die Entwicklung auch in anderen Industrieländern.

Der steile Wirtschaftsumbruch von 1873 nun bedeutet einen Einschnitt nicht nur in der Wirtschaftsentwicklung der wichtigeren Industrieländer, sondern auch einen so heftigen Umschwung in der Psychologie des europäischen Bürgertums, daß Schumpeter z. B. von einer „Wasserscheide zwischen zwei Epochen in der Sozialgeschichte des Kapitalismus" spricht[8]. Die Situation dramatisierend sagt Egon Friedell, der „schwarze Freitag" (9. Mai 1873, der Tag der Kursstürze an den deutschen Börsen) sei der Finanzwelt in „ähnlich schreckhafter Erinnerung" geblieben wie „den Serben die Schlacht auf dem Amselfeld und den Römern Cannä"[9]. Unter dem Eindruck von fallenden Profiten, dem Schrumpfen der Absatzmärkte und dem Anwachsen sozialer Spannungen in den folgenden Jahren verlor das Bürgertum die alte Selbstsicherheit und begann, sich von bisher unbekannten Gefahren bedroht zu fühlen. Wie etwa John Galsworthy für die großbürgerlichen Forsytes zu Beginn seiner Familienchronik (1886) schreibt:

> „Danger – so indispensable in bringing out the fundamental quality of any society, group or individual – was what the Forsytes scented; the premonition of danger put a burnish on their armour. For the first time – as a family, they appeared to have an instinct of being in contact with some strange and unsafe thing."[10]

Und mit der alten Sicherheit sinkt der Glaube an die alten Götter. „Mit dem Ausbleiben der Segnungen der uneingeschränkten Handelsfreiheit, Privatinitiative und individuellen Selbsthilfe", schreibt Hans Rosenberg, „verlor der bisher meist gedankenlos nachgebetete Glaube an die naturgesetzliche Harmonie der wirtschaftlichen Interessen und die automatische Selbstregulierung des Marktmechanismus seine Hypnotisierungskraft. So sahen sich die Kräfte, die bisher den ökonomischen Liberalismus getragen und von ihm unmittelbar am meisten profitiert hatten, einerseits einem schweren Prestigeverlust, andererseits einer Erschütterung der Überzeugungen in den eigenen Reihen, gegenseitigen Mißtrauenskundgebungen und Einladungen zum Desertieren gegenüber"[11].

Gleichzeitig verschärfte die Depression wirtschaftliche und gesellschaftliche Spannungen. Die Zahl der Arbeitskonflikte mehrte sich. Soziale Probleme

---

[8] Zitiert nach *Hans-Ulrich Wehler*, Thesen für die Arbeitsgruppe „Organisierter Kapitalismus" des deutschen Historikertages in Regensburg, 1973.

[9] *Egon Friedell*, Kulturgeschichte der Neuzeit, London-Oxford 1947, III, 340.

[10] *John Galsworthy*, The Forsyte Saga, London 1950, 4. Vgl. *Heinrich Mann*, Im Schlaraffenland (erschienen 1900), wo einer der Charaktere sich folgendermaßen äußert: „Gnädige Frau müssen bedenken, daß unsere Generation ... allen Grund zur Vorsicht hat. Alles Bestehende ist heutzutage unsicher, und kein Mensch weiß, ob er nicht eines Tages wird arbeiten müssen." (Im Schlaraffenland, Hamburg 1966, 100.)

[11] *Hans Rosenberg*, Große Depression und Bismarckzeit. Wirtschaftsablauf, Gesellschaft und Politik in Mitteleuropa, Berlin 1967, 65.

traten in wachsendem Maße in den Vordergrund der Diskussion. „The mid-Victorian emphasis on self-help", schreibt Asa Briggs z. B. für England, „was giving way to an analysis of the wastes and weaknesses of capitalism"[12]. Für Deutschland analysiert Rosenberg die Wurzeln einer wachsenden Kapitalismuskritik:

„Höchst verschiedenartige Elemente lieferten bei der Anmeldung antiliberaler Sozialkritik, materieller und wirtschaftspolitischer Sonderwünsche, innenpolitischer Verdrossenheit und dem Ruf nach Umkehr ihr Scherflein: die im Industrierevolutions- und Reichsgründungszeitalter zu kurz Gekommenen und daher Unzufriedenen; die sich geschädigt, betrogen und unterdrückt Fühlenden und daher Erbitterten und Rachsüchtigen; die moralisch Entrüsteten und in ihren religiösen Empfindungen Gekränkten; die nach konstruktiven neuen Wegen der Wirtschaftssicherung Ausschau Haltenden; die nach sozialer Gerechtigkeit und Wiederbetonung ideeller Werte Strebenden, wie etwa der Gründerkreis des Vereins für Sozialpolitik. ‚Der Grundgedanke, der uns Kathedersozialisten beseelt', so erklärte Gustav Schmoller noch vor der großen Konjunkturwende, ‚ist kein anderer als der, das Unsittliche, Unreelle, Unlautere in unseren heutigen wirtschaftlichen Zuständen zu beseitigen, zu bekämpfen. Und während jeder Eingeweihte sah, daß maßloser Schmutz, maßlose Korruption sich überall einstellt und lawinenartig zunimmt, daß nichts so sehr als diese ungerechten Arten raschen Vermögenserwerbs der krassen Sozialdemokratie Boden verschafft, wollte die öffentliche Meinung bisher nichts von all dem zugestehen'."[13]

Die lange zyklische Depression gab, nach Rosenberg, „den Anstoß zu einem psychischen und ideologischen Klimaumschlag im öffentlichen Leben, zu einer Gesinnungs-, Glaubens- und Ideenverlagerung, die die Zurückdrängung und dauerhafte Abwertung des ‚manchesterlichen' Sozial- und Wirtschaftsdenkens, aber auch eine Bedrohung der politischen Wertwelt des liberalen Bürgertums, vielfach sogar einen Richtungswechsel in den vorherrschenden Zeitgeisttendenzen und Sozialnormen im Gefolge hatte. Dieser Umstellungsprozeß gehört ... zu den markantesten Epochemerkmalen und historisch folgenreichsten Sinn- und Wirkungszusammenhängen der Trendperiode von 1873 bis 1896."[14]

Die neue Aufschwungperiode begann, wie schon die von 1850, mit dem sprunghaften Anwachsen der Weltgoldproduktion[15]. Als kurz darauf eine

---

[12] Encyclopaedia Britannica, 1963, Bd. 8, Sp. 520.

[13] *Rosenberg*, op. cit., 65. Sprach Schmoller auch von den deutschen „Gründerjahren", so waren die von ihm beschriebenen Erscheinungen kaum andere als die etwa in *Anthony Trollopes*, The Way We Live Now (1875) oder die späteren im Frankreich Daniel Wilsons, Boulangers, des Panama Skandals und der Dreyfus-Affäre.

[14] *Rosenberg*, op. cit., 66 f.

[15] Diese war das Resultat der Erschließung neuer Goldfelder in Alaska, am Yukon, in Transvaal und in Westaustralien. Der Wert der Weltgoldproduktion stieg von 521 Mill. Mark im Jahre 1891 auf 720 Mill. im Jahre 1894, 817 Mill. im Jahre 1895 und 1225 Mill. im Jahre 1899. (*Sombart*, Die deutsche Volkswirtschaft, 87 f.)

gewaltige Entwicklung auf dem Gebiet der elektrotechnischen Industrie hin-
zukam (nach 1850 hatte der Eisenbahnbau dieselbe Rolle gespielt), waren die
Bedingungen für einen neuen beispiellosen Wirtschaftsaufschwung gegeben.
Seitdem, schreibt Sombart, „... hat die deutsche Volkswirtschaft wohl einige
Rückschläge erlebt ... ist aber im Grunde bis heute (1912) in einem Zustande
dauernder Erregtheit geblieben, wie ihn die kapitalistische Welt im letzten
Jahrzehnt ganz allgemein erlebt hat." [16] An neuen Formen hätte die Aufschwungperiode die Industriekartelle hinterlassen, „die freilich schon in der
voraufgehenden Epoche sich zu entwickeln begonnen hatten, wenn sie auch
in den letzten Jahren erst zu voller Entfaltung gekommen sind" [17].

Tatsächlich nimmt in der neuen Aufschwungperiode der Kapitalismus zunehmend die Formen des „organisierten Kapitalismus" (Monopolkapitalis-
mus) an. Er wird zum wirtschaftlich-politischen Machtkampf organisierter
Wirtschaftsinteressen. So erklärt 1909 der Straßburger Professor Laband: „Es
ist eine allgemein bekannte Wahrheit, daß in unserer Zeit der Kampf und
Streit der Parteien ein Streit um wirtschaftliche Interessen ist ... Der Kampf
der alten politischen Parteien betraf die *Formen* der staatlichen Organisation ... in der Gegenwart handelt es sich um die materiellen Interessen, um
Macht und Einfluß der Berufsstände und ihren Anteil am Ertrag der nationalen Gesamtwirtschaft und an den staatlichen Lasten ... der Preis des Sieges
besteht in der Einwirkung auf die gesamte Tätigkeit des Staates, auf die Bestimmung seiner Aufgaben und auf die Art, wie er sie erfüllt, also um politische Herrschaft; aber das Band, welches die Kampfgenossen vereinigt und zu-
sammenhält ist die Gemeinschaft ihrer wirtschaftlichen Interessen und das Bestreben dies zu fördern und vor Schädigung zu bewahren." [18] Sind diese Beobachtungen auch spezifisch auf Deutschland gemünzt, ein Land damals besonders augenfälliger wirtschaftlicher Interessenkonflikte (für England war
die Beschreibung schon für die dreißiger und vierziger Jahre gültig), noch dazu zu einem Zeitpunkt, als diese eben einen Höhepunkt erreichten, so beschreiben sie dennoch auch einen allgemeinen und bedeutsamen Zug der damaligen Wirtschaftsentwicklung.

In diesem Rahmen nun konnten sich auch Vertreter kapitalistischer Belange wieder mit gutem Gewissen der Verteidigung ihrer Interessen widmen.
Prägnanter als zuvor war jetzt auch wirtschaftliche Betätigung großen Stils
mit den Groß- und Weltmachtinteressen der Staaten identifiziert [19]. Gewann

---

[16] AaO, 89.

[17] AaO.

[18] Zitiert nach *Alexander Tille*, Die Berufsstandspolitik des Gewerbe- und Handelsstandes, Berlin 1910, Bd. 4, 79.

[19] So hatte schon 1891 Kanzler von Caprivi lapidarisch verkündet: „Wir müssen
exportieren; entweder wir exportieren Ware, oder wir exportieren Menschen. Mit
dieser steigenden Bevölkerung, ohne eine gleichmäßig zunehmende Industrie, sind
wir nicht in der Lage weiterzuleben." Zitiert nach Handbuch der Deutschen Geschichte, neu hrsg. von *Leo Just*, Band IV/1, Frankfurt a. Main 1973, 38.

so der Kapitalismus, bei teilweisem Abbau der inneren und einer Verschärfung der internationalen Spannungen, als Stütze der nationalen Wirtschaft besonders der Großen Mächte eine neue Legitimation, so erregte er jetzt aber auch
verstärkten Abscheu bei Teilen der europäischen Intelligenz und der bürgerlichen Jugend. Besonders in Deutschland, aber durchaus nicht nur hier, wurde
Sturm gelaufen gegen bürgerliche Konventionen, Moral und Hypokrisie, gegen Selbstgefälligkeit, Banausentum, die Ausbeutung der Schwachen. Es erhob sich ein regelrechter „Aufstand" gegen den Mammon und seine Werke,
gegen schnöde Jagd nach Gewinn, gegen die Häßlichkeit des Industrialismus,
gegen die Großstadt (jetzt symbolisiert durch Asphalt wie früher die Industrie durch die Kohle). Potentiell zumindest schwächten derartige Angriffe das
auf dem Kompromiß zwischen Kapital und Arbeiterschaft gegründete Wirtschaftssystem. Die praktische Bedeutung der gefühlsmäßigen wie der intellektuellen antikapitalistischen Kampagne darf allerdings nicht überschätzt
werden. Das kapitalistische System, die bürgerlich-aristokratische Herrschaft,
gestützt auf den sozialen Kompromiß, konnten die Rebellen nirgends erschüttern. Besaßen auch die national-monarchistisch-imperialistischen Ideologien, mit der die Regierungsschichten versuchten ihren, sei es kapital-, sei es
schutzzollkritischen Gegnern das Fahrwasser abzugraben, für manche Kreise
besonders der Intelligenz wenig Anziehungskraft, so waren sie jedoch
für erhebliche Teile des Mittelstandes, des alten wie des neuen (teilweise auch
aus egoistischen Gründen), durchaus akzeptabel. Vermittelten sie doch ihren
Gläubigen ein Hochgefühl kollektiver nationaler Leistung und universaler
Überlegenheit. Auch blieb das Kleinbürgertum, selbst wo es zeitweise für
sozialistische Kandidaten stimmte, in Lebensstil und Lebensgefühl auch weiterhin aggressiv bürgerlich (Marx' Vorhersagen von 1848 widerlegend). Soweit tatsächlich eine Bedrohung des kapitalistischen Systems bestand, kam sie
noch am ehesten aus den Kreisen des Beamtentums. Aber auch das war wohl,
trotz Sozialpolitik, staatlichen Interventionen, Einkommens- und Besitz-
steuern (zur Bestreitung von Sozialpolitik und Rüstungskosten) eher eine
Zukunftsbedrohung. Erst dem Weltkrieg war es bestimmt, das bürgerlich-
kapitalistische System ernsthaft zu erschüttern.

II

Entsprach auch die Entwicklung in Deutschland im allgemeinen der oben
skizzierten, so trug sie doch zusätzlich bestimmte spezifische Züge. Verglichen
mit England, Frankreich, Belgien trat Deutschland erst verspätet in das Zeitalter des entwickelten Kapitalismus ein, dafür aber dann mit beispielloser
Intensität. Das hatte die Folge, daß Spielhagens *Sturmflut*[20] über ein weit-

---

[20] Titel seines 1876 veröffentlichten Romans über die Gründerzeit. Charakteristisch für die „Sturmflut" ist die Tatsache, daß während in dem zwanzigjährigen

gehend unvorbereitetes Land hereinbrach. Es fehlte die kapitalistische Infrastruktur – unter den Finanzplätzen Europas nahm die neue Reichshauptstadt zunächst nur eine bescheidene Stelle ein. Es fehlte an Großbanken, vergleichbar etwa dem Crédit Mobilier oder dem Crédit Lyonnais, an Privatbanken von der Bedeutung der französischen Rothschilds. Es fehlte an erfahrenen
Finanztechnikern, und es ist gewiß mehr als ein bloßer Zufall, daß bei der
Finanzgesetzgebung des neuen Reiches der in Paris und London geschulte Bankier Ludwig Bamberger Pate stand. Vor allem aber war Deutschland psycho-
logisch nicht auf den stürmischen Einbruch des Kapitalismus vorbereitet.
Das traf gewiß auf die regierenden Schichten zu. Weder Wilhelm I., Bismarck und Moltke, noch das preußische Beamtentum besaßen Interesse oder
Verständnis für die Wirtschaftsproblematik eines modernen Großstaates.
Und wie die Führungsschichten, so der Rest der Bevölkerung. Allein in Han-
delsenklaven wie Hamburg oder Frankfurt fanden sich ein gewisses *savoir
faire* und eine dem Kapitalismus geneigte Mentalität. Hinzu kam noch, daß
der berüchtigte „Gründerschwindel" in den Frühjahren der rapiden kapitalistischen Entwicklung in weiten Kreisen eine unauslöschliche Abneigung gegen
alle Formen von „Spekulation" wachgerufen hatte. Strousberg und Genossen
wurden zu unglückseligen Symbolen des kaum verstandenen, die menschliche
Habgier ködernden Bank- und Emissionsgeschäfts. Die bescheidenen traditionellen Wirtschaftskräfte (man denke z. B. an Freytags *Soll und Haben*,
aber auch an Thomas Manns *Buddenbrooks*) mußte das neuartige Börsenge-
triebe notwendig abstoßen. Hinzu kam, daß Deutschland noch jahrzehntelang
überwiegend Agrarland blieb, somit antikapitalistisch artikuliert. Nicht ohne
guten Grund stand das Gros der ländlichen Bevölkerung kapitalistischen Manipulationen verständnislos oder feindselig gegenüber. Die „Große Depression" tat dann noch das Ihrige, die Feindschaft gegen die neuen Wirtschaftsformen in weitere Kreise zu tragen. Das Tempo der Wirtschaftsentwicklung
wiederum erschwerte den traditionellen Schichten die Anpassung an die neuen
Wirtschaftsformen. Weiten Kreisen des Bildungsbürgertums überdies, wie
auch Adels- und Hofkreisen, mißfielen die Parvenüs, die, Nutznießer der
Entwicklung, Eingang in die „gute Gesellschaft" fanden. Man denke an Theodor Fontanes Treibels (*Frau Jenny Treibel*) oder an die Türkheimers in Heinrich Manns *Im Schlaraffenland* (1900). Die aufschlußreichen Tagebücher der
Baronin Spitzemberg[21] spiegeln die Abneigung der alten Adelsschichten gegen
die „Neuen Männer" wieder. Tatsächlich blieb im Grunde bei den sich noch

---

Zeitraum von 1851–1870 (erste Hälfte) in Deutschland 295 Aktiengesellschaften mit
einem Kapital von 2404 Millionen Mark gegründet wurden, von 1870 (zweite
Hälfte) bis 1874 857 mit 3306 Millionen Mark Kapital das Licht der Welt erblickten. (*Sombart*, Die deutsche Volkswirtschaft, 86.)

[21] *Rudolf Vierhaus* (Hrsg.), Das Tagebuch der Baronin Spitzemberg, 3. Aufl., Göttingen 1963.

immer gern als „Volk der Dichter und Denker" verstehenden Deutschen die
kapitalistische Wirtschaft mehr als anderswo ein Fremdkörper im Lande,
auch wenn man ihre Notwendigkeit, ihren Beitrag zur nationalen Größe unwillig und zögernd anerkannte. Das sollte sich erst nach der Jahrhundertwende langsam ändern.

Doch nicht allein in der mangelnden Vorbereitung auf die „Sturmflut" des
Kapitalismus lag Deutschlands schicksalhafte Verspätung. Plessners Begriff
der „verspäteten Nation" wird gewöhnlich weniger auf die wirtschaftliche
als auf die politische Sphäre bezogen. Tatsächlich war, ebenso wie der deutsche
Kapitalismus, auch die deutsche Einheit einerseits „verspätet", andererseits
allzu sturmartig im Laufe weniger Jahre hereingebrochen. Als Ergebnis des
überstürzten Tempos – wie auch historischer Umstände – war dann nach der
„Einigung" das neue Reich naturgemäß unzureichend konsolidiert. Nicht nur,
daß für längere Zeit der Partikularismus der Einzelstaaten, Preußen, Bayern,
Württemberg, Sachsen, aber auch einzelner Städte wie Hamburg oder Frankfurt a. Main erhalten blieb. Hinzu kamen noch der prononcierte Gegensatz von Nord und Süd, die traditionelle Polarität von Protestanten und Katholiken. Selbst in Preußen bestanden die Gegensätze von östlichen und westlichen Provinzen. Bismarcks Kulturkampf, seine Polenverfolgungen, die Unzufriedenheit der Elsässer mit dem Reichsregiment verschärften zudem noch
die vorhandenen Spannungen zumindest in der Reichsgründungsgeneration.
Darüber hinaus verstärkte die relative wirtschaftliche Stagnation der Depres-
sionszeit wirtschaftliche Interessenkonflikte. Auch trug das Eindringen von
Klassenideologien in weite Kreise zur Schwächung der unentwickelten Einheit bei. Und als dann tatsächlich in der nächsten Generation die meisten
dieser Gegensätze verblaßten, da traten andere, meist wirtschaftlich fundierte,
mit erneuter Schärfe hervor. In dieser Situation, als Gegengewicht gegen
zentrifugale oder partikularistische Tendenzen, entwickelten Akademiker,
allen voran der einflußreiche Treitschke – bald gefolgt von Mitgliedern der
Oberschicht und Mittelklassen – eine monarchisch-nationalistische „Konsoli-
dierungsideologie", bestimmt, die Gegensätze innerhalb der Nation so gut es
ging zu überbrücken. Hierzu gehörte nun notwendig der Begriff der „Reichsfeinde", die sowohl im Innern als auch außerhalb der deutschen Grenzen zu
finden waren und auch gefunden wurden. Sie waren verschiedener Art, nach
Bedarf auswechselbar, sie erfüllten jederzeit, ob bei Bismarck oder seinen
Nachfolgern die gleiche Funktion der nationalen Konsolidierung. Tatsächlich
predigten dann Schule und Universität, Militärs, hohe Beamte, Politiker „gut-
gesinnter" Parteien und servile protestantische Pastoren, hemmungslos die
Pflege nationaler Gesinnung, sowie den Kampf gegen die jeweiligen „Reichsfeinde". Verstärkt wurde dies alles noch durch den das gesamte öffentliche
Leben durchdringenden Militarismus, durch das andere preußische Erbteil,
den „Schneid", später durch Weltmachts- und Marineambitionen („Und es soll
am deutschen Wesen einmal noch die Welt genesen"). Die Tatsache der „not-

wendigen" historischen Funktion der „deutsch-nationalen" Ideologie macht sie selbstverständlich nicht sympathischer.

Natürlich beherrscht die nationale Ideologie nicht ungeteilt das Feld. Es gab sozialistische Intellektuelle (von mäßigem Einfluß, denn die Unterschichten lasen wenig, die Bürger meist Unterhaltungsliteratur), unabhängige „Westler" und radikale Demokraten vom Schlage eines Maximilian Harden, Linksliberale wie Theodor Wolff. Doktrinäre Freisinnige stellten weiterhin beharrlich ihren Begriff der Freiheit neben und selbst über den der Nation. Im ganzen jedoch waren das einflußlose, unbedeutende Gruppen. Zudem sah man sich beim späteren Anschwellen der internationalen Spannungen mit wachsendem Bedauern und selbst Mißbehagen außerhalb des nationalen Konsens.

Tatsächlich gelang es effektiv den Nationalisten, besonders in den Jahren des wirtschaftlichen Aufschwungs, die inneren Gegensätze bis zu einem gewissen Grade vermittels der nationalen Ideologie (und der von ihr inspirierten Sozialisierungsprozesse) zu überbrücken. Die Losungen von Deutschlands Leistung, Größe, Stärke und nationaler Bestimmung, andererseits des „Schutzes der nationalen Arbeit", und der notwendigen Wirtschaftskämpfe auf den Weltmärkten ließen Raum für viele, sogar entgegengesetzte, wirtschaftliche Interessen. Selbst manche Arbeiter fanden den Weg zur nationalen Solidarität. Kaiser, Armee, Marine, dazu „deutsche Tüchtigkeit" boten die Garantie einer fast allgemein ersehnten glorreichen deutschen Zukunft. Sie würden schließlich die „verspätete Nation" für vergangene Entbehrung an Prestige und Weltgeltung entschädigen.

III

Diese historischen Entwicklungszüge nun bildeten den Rahmen für die Situation der Juden innerhalb der deutschen Wirtschaft und Gesellschaft*. Hier war von grundlegender Bedeutung die traditionelle Betätigung der Juden in Handel und Geldgeschäft. Im Gegensatz zu der Masse der vorkapitalistisch-ständischen christlichen Bevölkerung unterlagen die Juden weder dem christlich-mittelalterlichen Vorurteil gegen den Handel als solchen (als keine realen Werte schaffend), noch dem spezifischen religiös fundierten Verbot des Geldhandels. Wie etwa der Hohenstaufenkaiser Friedrich II. in seinen Konstitutionen von Melfi (1231) charakteristisch erklärt: „Von der Verbindlichkeit dieses unseres Wuchergesetzes nehmen wir allein die Juden aus, die des unerlaubten Zinsnehmens, durch Gottesgesetz verboten, nicht zu

---

* Für die vorwilhelminische Zeit siehe ebenfalls die Angaben im einführenden Beitrag von *Reinhard Rürup*, Emanzipation und Krise. Zur Geschichte der „Judenfrage" in Deutschland vor 1890, S. 44 ff. (Hrsg.).

zeihen sind, da sie – wie bekannt – nicht unter dem Gesetze der seligen Kirchenväter stehen." [22] So hatten sich Juden jahrhundertelang legal und mit gutem Gewissen – die jüdische Religion im Gegensatz zur christlichen hieß Erwerb, auch Reichtum gut – gewöhnlich auch mit interessierter Ermutigung seitens der Obrigkeit, verschiedenartigen Formen von Handelsgeschäften – und besonders dem Geldgeschäft – hingegeben. Handel, in der einen oder anderen Form, wurde zur Beschäftigung der überwältigenden Mehrzahl. Auch bei den in Deutschland ansässigen Juden war dies der Fall. So habe, schreibt Lestschinsky, Anfang des neunzehnten Jahrhunderts beinahe das gesamte deutsche Judentum aus kleinen Krämern und Hausierern bestanden [23]. In Bayern z. B. waren laut statistischer Erhebung im Jahre 1821 96 % aller jüdischen Familien im Handel tätig [24]. Mit fortschreitender Entwicklung von Handel und Gewerbe hatte dann in der ersten Jahrhunderthälfte ein bemerkenswerter wirtschaftlicher Aufstieg des jüdischen Bevölkerungsteils stattgefunden, begleitet von wachsender Differenzierung sowohl in der Form wirtschaftlicher Betätigung als auch in der Vermögenslage. So verteilt z. B. Lestschinsky für die Jahre 1843 und 1852 die in Preußen im Handel beschäftigten Juden auf vier Vermögenskategorien [25]. Die erste, großbürgerliche (Geld- und Wechselgeschäft, Großhandel und Großfabrikanten), betrug 3,8 % (4,9 %) [26], die „mittelbürgerliche" (offene Läden, Kommissäre und Pfandleiher) 24,2 % (25,7 %). Es folgten die „Kleinbürgerlichen" (Lebensmittelhändler, Trödler, stehende Kramhändler, Hausierer, Pferdehändler, Gast- und Schankwirte) 55,4 % (51,6 %) und schließlich die Lohnempfänger (Angestellte und Gehilfen, oft Familienmitglieder) 16,6 % (17,8 %) [27]. Die vergleichenden Zahlen vermitteln ein anschauliches Bild der Entwicklung des jüdischen Wirtschaftsstandes.

Von besonderer Bedeutung sowohl innerhalb der jüdischen Gesellschaft wie auch im Wirtschaftsleben der Umwelt war bekanntlich die Gruppe der jüdischen Kapitalisten. Anfang des Jahrhunderts, etwa 1–2 % der jüdischen Berufstätigen [28], hatten sie schon damals eine gewisse wirtschaftliche Bedeutung erlangt. Im Bank- und Börsengeschäft Berlins z. B. besaßen sie bereits das Übergewicht: „es werden 1807 30 jüdische neben 22 christlichen Bankhäusern angeführt; und schon 1773 gab es sieben vereidigte Judenmakler und nur fünf

---

[22] *Ernst Kantorowicz,* Kaiser Friedrich der Zweite, Berlin 1936, 245.

[23] *Jakob Lestschinsky,* Das wirtschaftliche Schicksal des deutschen Judentums. Aufstieg, Wandlung, Krise, Ausblick, Berlin 1932, 16.

[24] AaO, 22.

[25] Ziffern für 1852 in Klammern.

[26] Bekanntlich gab es schon seit langer Zeit eine dünne Oberschicht jüdischer Hoffaktoren. *Lestschinsky* schätzt sie für den Anfang des Jahrhunderts auf höchstens 1–2 % der jüdischen Gesamtbevölkerung (op. cit. 16). Seither hatte sich ihre Zahl beträchtlich vermehrt.

[27] AaO, 34.

[28] AaO, 16.

christliche."[29] Sicher mit Recht nimmt Lestschinsky an, zumindest in Frankfurt a. Main und Hamburg sei der jüdische Anteil kaum geringer gewesen[30]. Verfügte die kleine Gruppe der städtischen jüdischen Finanzleute damals auch nur über einen unbedeutenden Teil des Volksvermögens, so doch über einen beträchtlichen Teil des *städtischen* beweglichen Kapitals[31]. Dies ermöglichte ihnen in der Folgezeit, mit der fortschreitenden Entwicklung von Handel und Industrie „einen ansehnlichen Platz im Wirtschaftsleben des Landes" zu erobern[32]. Die oben zitierte Statistik der jüdischen Wirtschaftstätigen in Preußen ist beredt. Im Erwerbsleben Preußens waren Juden 1852 mit 26,2 %
aller im Geld- und Wechselgeschäft Tätigen (18,6 % im Handel, 22,5 % im Hausierertum, und 20,5 % in der Kategorie „offene Läden") vertreten[33]. Jüdische Kapitalisten, ganz abgesehen vom Potential ihrer Wirtschaftsgesinnung und Wirtschaftserfahrung, waren auch mit erheblichem materiellem Vorsprung vor entsprechenden christlichen Gruppen (sowie mit wesentlich engeren Beziehungen zu den großen ausländischen Geldmärkten – die Rothschilds waren bahnbrechend) in das kapitalistische Zeitalter eingetreten. Sie hatten bis zur Jahrhundertmitte diesen Vorsprung durchaus behauptet, wahrscheinlich sogar vergrößert. Sie sollten ihn zumindest bis ins erste Jahrzehnt des zwanzigsten Jahrhunderts behalten. Das neunzehnte darf man mit Fug als das „goldene Jahrhundert" eines jüdischen Kapitalismus bezeichnen[34].

So war es kein Zufall, daß z. B. Bismarck sich von den Frankfurter Rothschilds zu Beginn seiner großen Karriere auf eigenen Wunsch ausdrücklich einen jüdischen Bankier in Berlin empfehlen ließ, ihren Berliner Korrespondenten Gerson (von) Bleichröder[35]. Wilhelm I. wiederum erwählte sich zum Privatbankier Herrn Moritz Cohn (später Baron Moritz von Cohn) aus Dessau, der ihm schon zur Zeit der Revolution von 1848 wertvolle Dienste geleistet hatte. Auch ist es durchaus kein Zufall, daß die Wirtschaftsgesetzgebung, zunächst des Norddeutschen Bundes, dann des Deutschen Reiches (sowie die

---

[29] *Hugo Rachel*, Das Berliner Wirtschaftsleben im Zeitalter des Frühkapitalismus, Berlin 1931, 51, 92, zitiert nach *Lestschinsky*, op. cit., 16.

[30] AaO.   [31] AaO.

[32] AaO. So waren z. B. schon um die Jahrhundertwende etwa die Hälfte aller erfaßbaren Berliner Unternehmer Juden. Vgl. *Hartmut Kaelble*, Berliner Unternehmer während der frühen Industrialisierung, Berlin 1972, 79. Für einige weitere Daten über die wirtschaftliche Rolle der Juden besonders in den frühen sechziger Jahren vgl. auch *Reinhard Rürup*, Emancipation and Crisis. The „Jewish Question" in Germany 1850–1890, in: Year Book XX of the Leo Baeck Institute, London 1975, 21–22.

[33] *Lestschinsky*, op. cit., 36 f.

[34] Für die Verzweigung (und Bedeutung) der jüdischen Privatbanken vgl. *Frederick H. Brunner*, Juden als Bankiers – ihre völkerverbindende Tätigkeit, in: In Zwei Welten. Siegfried Moses zum fünfundsiebzigsten Geburtstag, hrsg. von *Hans Tramer*, Tel Aviv 1962, 509 ff.

[35] *David S. Landes*, Das Bankhaus Bleichröder. Ein Zwischenbericht, in: *Robert Weltsch* (Hrsg.), Deutsches Judentum. Aufstieg und Krise. Gestalten, Ideen, Werke, Veröffentlichung des Leo Baeck Instituts, Stuttgart 1963, 198.

Gründung der Deutschen Bank im Jahre 1870), unter der Ägide des jüdischen Bankiers Ludwig Bamberger standen, Neffen der Bischoffsheims in Paris, in Paris und London im Bankiergewerbe ausgebildet. Es wäre tatsächlich kaum übertrieben zu behaupten, daß, zumindest in finanzieller Hinsicht, das neue Reich unter der Patenschaft des jüdischen Großkapitals (auch am Transfer und an der Absorbierung des französischen Milliardensegens waren jüdische Banken maßgeblich beteiligt) entstand[36]. Die endgültige Wirtschaftsverfassung wiederum war das Werk der Nationalliberalen Partei, beherrscht in bezug auf Wirtschaftspolitik von Ludwig Bamberger und Eduard Lasker, wie andererseits im hektischen Getriebe der Gründerjahre der getaufte Finanzmann Bethel Henry Strousberg eine führende Rolle spielte.

Reichsgründung und Reichswirtschaftsordnung wiederum schufen die Grundlagen[37] für den glanzvollen Aufstieg der deutsch-jüdischen Gründergeneration[38] der großen individualistischen Entrepreneure und Wirtschaftspraktiker[39], Walther Rathenaus „Konquistadoren des Aufschwunges"[40]. Erst bahnbrechend, in der Zeit der „Großen Depression", dann mit beispiellosem Schwung in der Hochkonjunktur der späten neunziger Jahre, entstanden jetzt die großen jüdischen Wirtschaftsschöpfungen (selbstverständlich zusammen mit entsprechenden nichtjüdischen – etwa dem Siemens Konzern, Hucks Generalanzeiger, dem Zeitungsverlag August Scherls oder Wiegands Norddeutschem Lloyd – wenn auch diese wohl im ganzen weniger augenfällig waren), die elektrotechnischen Unternehmen der Rathenau und Loewe, die Warenhäuser und Zeitungsverlage, Ballins HAPAG, Fürstenbergs Berliner Handelsgesellschaft. Letztere nahm dann, während gleichzeitig das alte Netz

---

[36] Es entbehrt nicht einer gewissen Symbolik, daß Kaiser Wilhelm I. im Jahre 1872 Gerson Bleichröder in den Adelsstand erhob, „der erste Jude dem diese Ehre zuteil wurde, ohne daß man von ihm die Taufe verlangte". (*Landes*, Bankhaus Bleichröder, aaO, 207.) – Eine eingehende Studie des jüdischen Anteils an der Finanzierung des Deutschen Reiches steht noch aus.

[37] Tatsächlich begann die Karriere vieler jüdischer Wirtschaftsführer nach dem preußischen Sieg über Österreich und der Schöpfung des Norddeutschen Bundes einige Jahre vor der Reichsgründung – doch schuf erst die Reichsgesetzgebung die festen Grundlagen für ihren beispiellosen Aufstieg.

[38] Über die Juden als „Gründer" in den Jahren 1871 bis 1873 vgl. *Werner Sombart*, Die Juden und das Wirtschaftsleben, München-Leipzig 1918, 123–124. Von 25 großen privaten Gründungshäusern hätten nicht weniger als 16 jüdische Namen getragen. In verschiedenen wichtigen Wirtschaftszweigen (so den Berliner Terraingesellschaften, Berliner Brauereien, norddeutschen Maschinenfabriken, chemischen Fabriken, Textilfabriken) habe die Zahl der jüdischen „Gründer" bzw. Aufsichtsräte etwa ein Drittel oder auch etwas mehr betragen.

[39] „In der Zeit eines von außen nicht gestörten wirtschaftlichen Aufbaus waren wir Männer des neuen deutschen Kaiserreichs viel zu sehr mit praktischer Arbeit überlastet, als daß wir die Möglichkeit gehabt hätten, in die Tiefe der Theorie einzudringen, ohne ein gut Teil unserer Produktivität aufzugeben." (*Fürstenberg*, op. cit., 381.)

[40] *Walther Rathenau*, Zur Kritik der Zeit, Berlin 1912, 209.

der jüdischen Privatbanken weiter den Geschäften nachging, einen prominenten Anteil an der Finanzierung der industriellen Expansion, an Rationalisierung und Vertrustung (selbst in der im Grunde dem auswärtigen Finanzkapital wenig wohlwollenden rheinisch-westfälischen Schwerindustrie), kurz, förderte nach Kräften den Übergang der deutschen Wirtschaft in „organisierten
Kapitalismus" und Wirtschaftsimperialismus. Gleichzeitig erweiterte sich die
Basis der herkömmlichen jüdisch-kapitalistischen Interessen. So traten neben
traditionelle Gewerbe wie Geldhandel oder Textilindustrie jetzt neue Han-
delszweige (Kohlen- und Metallhandel, Warenhäuser, Verlagswesen) sowie
gewisse Industriebranchen (neben der Elektrotechnik etwa Munitions- und
Sprengstoffherstellung, Fertigwarenindustrie, Metallverarbeitung, Maschinenbau, Destillation).

Auch war die wachsende Differenzierung der jüdischen Geschäftswelt nicht
auf die augenfälligen Wirtschaftsspitzen beschränkt. Der Prozentsatz der industriell beschäftigten jüdischen Gewerbetätigen stieg von 20,8 % im Jahre
1882 auf 23,7 % im Jahre 1907[41]. Zwischen 1895 und 1907 erhöhte sich die
Zahl der jüdischen Erwerbstätigen in der Industrie um über 15 000 Köpfe[42].
Die große Mehrzahl der industriell tätigen Juden allerdings entfiel auf zwei
Branchen, typisch gekennzeichnet durch den großen Prozentsatz von kleinen
und mittleren Unternehmungen, die Bekleidungsindustrie (man hat die Vorherrschaft von Juden in diesem Industriezweig mit dem Einströmen jüdischer
Schneider aus der Provinz Posen erklärt, andererseits auch mit der traditionellen Beschäftigung von Juden im Altkleider- und Posamentierhandel,
schließlich auch mit der Verbindung von handeltreibenden Landjuden mit
ländlichen Heimarbeitern[43]) und die Lebens- und Genußmittelindustrie. Tatsächlich beschäftigten diese Industrien 1882 81,4 % aller in Preußen in der
Industrie tätigen Juden (die Vergleichsziffer für vier Gruppen der Schwerindustrie ist 6,66 %)[44]. Für ganz Deutschland belief sich 1895 die Zahl aller
Juden, die in der Industrie Beschäftigung fanden auf 19,3 %, im Jahre 1907 auf
21,87 %[45]. Von der Gesamtzahl der einschlägigen Unternehmer in Deutschland stellten Juden 1907 in der Wäschekonfektion 18,58 %, in der Brannt-
weinbrennerei 12,01 %, in der Sprengstoffabrikation 10,42 %. Sie waren
stark vertreten in Papierverfertigung, Gaserzeugung, der Herstellung von

[41] *Lestschinsky*, op. cit., 87.

[42] *Julius Hirsch*, Der moderne Handel, in: Grundriß der Sozialökonomie, Abt.
V 2, Tübingen 1925, 224.

[43] So z. B. *Monika Richarz* in Jewish Social Mobility in Germany during the Time
of Emancipation (1790–1871), in: Year Book XX of the Leo Baeck Institute, London 1975, 69–77. Der Artikel enthält interessante Einzelheiten über den Aufstieg von
jüdischen Unternehmern in der deutschen Textilindustrie (aaO, 73 f.).

[44] *Lestschinsky*, op. cit., 98.

[45] *Jakob Segall*, Die beruflichen und sozialen Verhältnisse der Juden in Deutschland, Berlin 1912, 30.

chemischen Präparaten, von Farbenmaterialien und Tabakprodukten[46]. Im allgemeinen wandten sich jüdische Unternehmer denjenigen Industriezweigen zu, in denen sie bereits handwerklich-kommerzielle Erfahrung oder Interessen besaßen[47]. „Aus den von ihnen hauptsächlich gepflegten Handelszweigen der landwirtschaftlichen Produkte, der Bekleidungs- und übrigen Modewaren kommen sie überall in die zugehörigen Industrien hinüber ..."[48], wo sie dann „ganz vorwiegend in leitenden und verwaltenden Stellungen"[49] zu finden waren. So stellt in Wirklichkeit die Zunahme von Juden in der Industrie vorwiegend eine Erweiterung ihrer kommerziell-händlerischen Interessen dar. Damit verliert für die Definition der jüdischen Wirtschaftsrolle im kaiserlichen Deutschland die zum Zweck jüdischer Apologetik von Segall und Lestschinsky stark hervorgehobene „Abwanderung" in industrielle Berufe viel von ihrer Bedeutung.

Die wirtschaftliche Struktur der jüdischen Bevölkerung im Wilhelminischen Deutschland bot so etwa das folgende Bild. Den Apex der jüdischen Wirt-

---

[46] AaO, 41.

[47] *David S. Landes*, The Jewish Merchant. Typology and Stereotypology in Germany, in: Year Book XIX of the Leo Baeck Institute, London 1974, 15.

[48] *Hirsch*, aaO, 224. In Deutschland, sagt Hirsch, ließe sich „das Hinüberströmen aus dem Handel zur Industrie hinüber" bei den Juden zahlenmäßig nachweisen (aaO, 223).

[49] AaO, 224. Sie taten das nicht bloß als Besitzer oder Großaktionäre, sondern auch als Direktoren und Aufsichtsräte. So gibt *Sombart*, rein quantitativ, d. h. ohne Betrachtung des Einflusses oder der wirtschaftlichen Bedeutung der Unternehmen approximative Ziffern für die Zeit von etwa 1910/11 für Zahl und Prozentsatz jüdischer Direktoren und Aufsichtsräte (denen gemäß Juden fast ein Siebentel der Direktorenposten und fast ein Viertel der Aufsichtsratsposten in den untersuchten Branchen innehatten) wie folgt:

I. Zahl der Direktoren

Branche	Überhaupt	Davon Juden	Prozentsatz der jüdischen Direktoren
I. Leder-, Kautschukindustrie	19	6	31,5
II. Metallindustrie	52	13	25,0
III. Elektrische Industrie	95	22	23,1
IV. Brauereien	71	11	15,7
V. Textilindustrie	59	8	13,5
VI. Chemische Industrie	46	6	13,0
VII. Montanindustrie	183	23	12,8
VIII. Maschinenindustrie	90	11	12,2
IX. Kaliwerke	36	4	11,1
X. Zement-, Holz-, Glas-, Porzellanindustrie	57	4	7,0
I X	808	108	13,3

schaftspyramide bzw. Hierarchie bildete eine relativ kleine[50] aber äußerst
wichtige Gruppe von jüdischen Großkapitalisten – und Unternehmern –,
deren Kern zunächst ein engverflochtenes Netz von jüdischen Privatbankiers
bildete, welche wiederum in engen geschäftlichen und persönlichen Beziehungen zu fast ausschließlich jüdischen Geschäftsfreunden an allen wichtigen
Geldplätzen der Welt standen[51]. Als dann in den neunziger Jahren der große
Aufschwung begann und sich, auch im Verfolg der Börsengesetzgebung von
1896, die alten Privatbanken als zu schwach erwiesen, den wachsenden Anforderungen eines maßlos erweiterten Kapitalmarktes zu genügen, begann
schrittweise die Absorbierung der Privatbanken durch die kapitalstärkeren
Aktiengroßbanken. Die stürmische industrielle und kommerzielle Entwicklung Deutschlands verlangte Großbanken, die fähig waren, ein gewaltiges
Kreditbedürfnis zu befriedigen. Nur Aktienbanken konnten einen Großteil
dieser Aufgaben lösen. So vermehrte sich in den Bezirken von 115 Handelskammern die Zahl von Banken und Filialen schon in der Periode 1891/96
um 65, während diejenige der Privatbanken und Filialen um 32 zurückging.
Zu Ende der Periode 1897–1902 gab es 207 Banken mehr, jedoch 125 Pri-

II. Zahl der Aufsichtsräte

Branche	Überhaupt	Davon Juden	Prozentsatz der jüdischen Aufsichtsräte
I. Brauereien	165	52	31,5
II. Metallindustrie	130	40	30,7
III. Zement-, Holz-, Glas-, Porzellan-industrie	137	41	29,9
IV. Kaliwerke	156	46	29,4
V. Leder- usw. Industrie	42	12	28,6
VI. Elektrische Industrie	339	91	26,8
VII. Montanindustrie	640	153	23,9
VIII. Chemische Industrie	127	29	22,8
IX. Maschinenindustrie	215	48	21,4
X. Textilindustrie	141	19	13,5
I–X	2092	511	24,4

Aus: Die Juden und das Wirtschaftsleben, 135.

[50] Statistisch ist die jüdische Wirtschaftsstruktur zwar in bezug auf Berufsvertei-
lung, aber nur beschränkt auf Besitz, gar nicht auf wirtschaftliche Bedeutung, d. h.
Einfluß zu erfassen.
[51] In mehr als einem Falle handelte es sich dabei um Familienbeziehungen. „Daß
in jener Zeit eine ganze Anzahl großer Bankierfamilien sich in dieser Weise international entwickelte, ist bekannt. Nach dem Vorbild der Rothschilds haben die Er-
langers und die Seligmanns, später die Speyers, die Sterns und manche andere einen
Weg eingeschlagen, der der internationalen Verzweigung des Geld- und Finanz-
wesens auch auf dem Gebiet der Familienpolitik Rechnung trug. Berlin und besonders New York traten neben Wien zu den alten internationalen Hauptplätzen
hinzu." (*Fürstenberg*, op. cit., 249.)

vatbankiers weniger als am Anfang[52]. Ihren Höhepunkt erreichte die Absorbierung der Privatbanken um das Jahr 1904. Es verschwand eine große Zahl jüdischer Privatbanken (wenn auch durchaus nicht alle). Demgemäß sank zwischen 1895 und 1907 die Zahl der selbständig im Geldhandel tätigen Juden in Deutschland von 1977 auf 1851. Gleichzeitig schwoll diejenige der jüdischen Direktoren und Betriebsleiter im Bankwesen von 2528 auf 3179 an, da viele bisherige Privatbankiers als Direktoren in den Dienst von Großbanken traten[53]. In Anbetracht dieser Tatsache ist wohl nur bedingt den mit apologetischer Absicht vorgebrachten Ansichten z. B. Segalls zuzustimmen, der jüdische Einfluß habe sich durch die Umwandlung im Bankwesen wesentlich vermindert. Immerhin waren auch noch 1925 fast 18 % aller Direktoren und Betriebsinhaber von Banken Juden[54]. Auch besetzten sie weiterhin Spitzenposten. „Männer wie Oskar Wassermann", bemerkt Carl Fürstenberg, „Henry Nathan, Oscar Schlitter, Georg Solmssen, Kurt Sobernheim sind durch die schweren Zeiten des Krieges und der Inflation hindurch den von ihnen übernommenen Aufgaben treu geblieben. In unverwüstlicher Jugendlichkeit gehört mein alter Freund Louis Hagen[55] dem neuen wie dem einstigen Abschnitt der Wirtschaftsgeschichte an. Dagegen zählt Jakob Goldschmidt... bereits zu einer späteren Generation."[56] Im übrigen blieben auch die „überlebenden" jüdischen Privatbanken alles andere als bedeutungslos[57].

Bildeten die jüdischen Finanzgewaltigen vielleicht den Kern der jüdischen Wirtschaftsaristokratie – Fürstenberg und Max Warburg zählten zur Spitzenkategorie der „Kaiserjuden" –, so gesellten sich zur jüdischen Wirtschaftsprominenz in zunehmendem Maße auch Vertreter anderer Wirtschaftszweige. Da waren augenfällig z. B. die jüdischen Pressebarone Leopold Sonnemann, Leopold Ullstein, Rudolf Mosse[58] (und ihre Nachfolger), deren Häuser – sicher nicht zufällig nicht Journalistik oder Verlagswesen entstammten, sondern einem von zwei Bankiers gegründeten Börsenblatt, dem Papiergeschäft und der Annoncenagentur. Eine andere sichtbare Zusammenballung jüdischer

---

[52] *Segall*, op. cit., 35 f.
[53] AaO, 36.
[54] *Lestschinsky*, op. cit., 91.
[55] Der sogenannte „König der Aufsichtsräte" (der übrigens ursprünglich Levy hieß). Siehe *Dirk Stegmann*, Die Erben Bismarcks, Köln-Berlin 1970, 181, Anm. 24.
[56] *Fürstenberg*, op. cit., 546.
[57] *Lestschinsky*, op. cit., 92.
[58] In zweifelloser Übertreibung geht *Heinrich Mann* soweit, Rudolf Mosse und das Berliner Tageblatt als einen „Staat im Staate" zu bezeichnen. „In Andreas' Kopfe vereinigten sich in einer jähen Vorstellung die hunderttausend Abbonenten des ,Nachtkourier' mit den Millionen seiner lesenden Unterthanen, mit den Ministern dieses Staates im Staate, denn das war der ,Nachtkourier'; mit dem Heer seiner kleinen Beamten, mit der Gewalt, Steuern einzutreiben, und der politischen Machtfülle, über die Jekuser [Rudolf Mosse] ein konstitutioneller Monarch, gebot..." (Schlaraffenland, 208). War dies auch eine Übertreibung, so zeigt das doch, wie sich die zweifellos vorhandene „jüdische Wirtschaftsmacht" Außenstehenden darstellen konnte.

Wirtschaftskraft trat in der neuen Branche der Großwarenhäuser hervor.
Leonhard Tietz, Oskar Tietz, Abraham Wertheim – alle drei merkwürdigerweise hervorgegangen aus dem Kleinhandel ein und derselben Stadt, Stral-
sund (Wertheim eröffnete hier 1875 sein Weißwarengeschäft, Leonhard Tietz
1879 eine Kurzwarenhandlung und sein Verwandter, Oskar Tietz, 1882,
einen Laden), wirkten revolutionierend auf den deutschen Detailhandel. „Die
Leipziger Straße ist zur Zeit kaum passierbar", schrieb Ende 1897 die Baronin Spitzemberg in ihr Tagebuch, „so stauen sich die Menschen vor dem neu
eröffneten Kaufhaus Wertheim, einer Sehenswürdigkeit ersten Ranges" [59].
1906 prangte das Firmenschild von Oskar Tietz über Warenhäusern in 27
deutschen Städten [60]. Tietz selbst schrieb diesen außerordentlichen Erfolg vorwiegend zwei einfachen Wirtschaftsentscheidungen zu: der Ausschaltung des [61]
Zwischenhandels (er bezog seine Ware direkt von den Produzenten) und der
Politik niedriger Profite bei hohem Umsatz [62]. Der jüdische Anteil in einem
anderen neuen Wirtschaftszweig, der aufstrebenden Elektrotechnik, wiederum
war repräsentiert durch Emil Rathenaus Allgemeine Elektrizitätsgesellschaft
und durch die Union Elektrizitätsgesellschaft von Ludwig und Isidor Loewe,
die 1904 in der AEG aufging. In enger Zusammenarbeit mit den Banken
beider Konzerne [63] entstand eine Gruppe, die, laut Riesser, „eine gewaltige
Macht darstellte" [64]. Zur Spitzengruppe der jüdischen Wirtschaftsführer zählten auch Vertreter anderer Wirtschaftszweige, etwa Albert Ballin, Generaldirektor der HAPAG, der Textilmäzen James Simon, Seniorchef des größten
deutschen Handelshauses in Baumwoll- und Leinengeweben, die Kohlengroß-
händler Fritz von Friedländer-Fuld und Eduard Arnhold, Eisengroßhändler
und Hüttenbesitzer Georg von Caro und andere mehr [65].

---

[59] *Vierhaus, Spitzemberg,* op. cit., 361.

[60] *Robert Gellately,* The Politics of Economic Despair, London & Beverly Hills
1974, 42 f.

[61] Wahrscheinlich auch vielfach jüdischen.

[62] AaO, 43. Landes schreibt Tietzs Erfolg seiner Politik fester und dabei niedriger
Preise bei garantierter Zufriedenheit der Kunden zu. (*Landes,* The Jewish Merchant,
aaO, 19.)

[63] „Jedes große Aktienunternehmen", schreibt Fürstenberg, „hatte seine Bank-
freundschaften, das heißt ein Bankenkonsortium unter einer bestimmten Führung."
(*Fürstenberg,* op.cit., 521 f.)

[64] *Riesser,* op. cit., 418. Der Siemenskonzern, eng liiert mit der Deutschen Bank,
bildete dann die – weniger jüdisch beeinflußte – Konkurrenz. Für eine andere derartige Gruppierung, die der Gelsenkirchner Bergwerks-AG und der Disconto Gesellschaft vgl. *Helmut Böhme,* Bankkonzentration und Schwerindustrie 1873–1896, in:
Sozialgeschichte Heute. Festschrift für Hans Rosenberg zum 70. Geburtstag, hrsg. von
Hans-Ulrich Wehler, Göttingen 1974, 433 ff. passim, insb. 443.

[65] Zur Kennzeichnung der Verteilung der jüdischen Unternehmer verlohnt es
diejenigen zu nennen, die besondere Bedeutung in der deutschen Industrie erlangten:
Hermann Aron (Elektro), Julius Berger (Bahnbau), Emil Berliner (Telefon), Nico-
dem Caro (Stickstoff), Leopold Cassella (Chemie), Cassirer (Kabel), Felix Deutsch
(Elektro), Martin Eichelgrün (Feldbahnen), Fränkel (Leinen), David Friedländer

Der Reichtum der jüdischen Spitzengruppe von Kapitalisten, vorwiegend Mitglieder der führenden Bankiersfamilien (Goldschmidt-Rothschild und Rothschild, Speyer, Mendelssohn-Bartholdy, Bleichröder, Oppenheim, Mendelssohn) aber auch anderer jüdischer Wirtschaftsführer (Friedländer-Fuld, Rudolf Mosse, Cäsar Wollheim bzw. Geh. Kommerzienrat Eduard Arnhold, James Simon und Gebrüder Weinberg) [66], war denn tatsächlich (obwohl vom Vermögen schlesischer Magnaten wie dem der Fürsten Henckel von Donnersmarck, Hohenlohe-Oehringen, Pless und Graf Schaffgotsch wie auch von dem der führenden Ruhrindustriellen, so der Krupp, Haniel und Thyssen, übertroffen [67]) doch kollektiv fast so imposant wie es die öffentliche Meinung sich ausmalte. So befanden sich unter den hundert Reichsten Preußens im Jahre 1910 zumindest neunundzwanzig Juden, angeführt vom Freiherrn Max von Goldschmidt-Rothschild in Frankfurt (Vermögen 107 Millionen – das viertgrößte Preußens), Freifrau Mathilde verw. von Rothschild [68] und Kommerzienrat Eduard Beit von Speyer, Teilhaber des Frankfurter Bankhauses Lazard Speyer-Ellissen (beide mit Vermögen von je 76 Millionen, die siebent- und achtgrößten Preußens) [69]. Für die Reichshauptstadt Berlin hinwieder waren die Besitzer der zehn größten Vermögen Anfang des zwanzigsten Jahrhunderts die folgenden (siehe Tabelle S. 78):
Um allerdings die wirkliche wirtschaftliche Bedeutung dieser „jüdischen" Ka-

(Hütten), Fritz von Friedländer-Fuld (Hütten), F. V. Grünfeld (Leinen), Aron Hirsch (Metall), Maximilian Kempner (Kali), Arthur Koppel (Maschinen), Ludwig Loewe (Maschinen), Sigismund Loewe (Radio), Simon Loewy (Hütten), Oskar Oliven (Maschinen und Elektro), Benno Orenstein (Maschinen), Emil u. Walther Rathenau (Elektro), Ottmar Strauss (Metall), dazu jüdischer Abstammung: Moritz v. d. Porten (Aluminium), Philipp Rosenthal (Porzellan), Paul Silverberg (Braunkohle), Bethel Henry Strousberg (Bahnbau), Arthur u. Karl von Weinberg (Chemie) (Philo-Lexikon, Berlin 1935, 292). Die große Mehrzahl dieser jüdischen Unternehmer gehört zur Wirtschaft des Wilhelminischen Deutschland.

[66] Es ist zu bemerken, daß unter den reichsten Juden Preußens Männer wie Rathenau oder Fürstenberg nicht zu finden waren. Tatsächlich bestand im Wilhelminischen Deutschland eine ziemlich klare Trennung von öffentlicher Tätigkeit und bloßem Reichtum, zwischen den Einflußreichen und den nur Reichen.

[67] Tatsächlich reflektierte der Charakter der Millionärsvermögen getreu den Unterschied in der Art der wirtschaftlichen Betätigung. Die jüdischen Vermögen entsprangen in erster Linie dem Geldgeschäft, in zweiter dem Großhandel, die nichtjüdischen dem Landbesitz und Bodenregal und der Industrie.

[68] Tochter des Chefs des Wiener Hauses, Witwe des Chefs des Frankfurter Hauses.

[69] Einzelheiten in *Kurt Pritzkoleit*, Wem gehört Deutschland. Eine Chronik von Besitz und Macht, Wien–München–Basel 1957, 61 ff. Auf Grund der amtlichen Steuerlisten von Frankfurt a. Main errechnete der Antisemit Otto Böckel 1886 die Zahl der Frankfurter Millionäre auf 101, davon 53 Juden. Während diese jüdischen Millionäre laut Böckel 235 Millionen besaßen, betrug das Vermögen der christlichen *nur* 88 Millionen. (Die Juden – die Könige unserer Zeit. Rede des Herrn Dr. *Otto Böckel* aus Marburg gehalten in der öffentlichen Versammlung des D.A.B. (Deutscher Antisemiten-Bund) auf der Bockbrauerei zu Berlin am 4. Oktober 1886, 6. Aufl., Berlin o. J., 10 11.)

Die zehn größten Berliner Vermögen*
(in Mill. Mark)

Jahr	1895	1899	1902	1905	1908
Ernst v. Mendelssohn-Bartholdy	(25,00)	(39,76)	(35,02)	40,00	43,00
Fritz v. Friedländer-Fuld	(25,00)	(32,02)	(32,02)	35,02	40,02
Rudolf Mosse	(25,00)	(28,02)	(32,02)	34,02	40,02
Kommerzienrat Arnhold	(24,00)	(27,52)	(27,32)	31,24	35,52
Hans v. Bleichröder	(21,92)	(23,94)	(24,72)	31,10	30,88
James Simon	(19,72)	(21,52)	(24,04)	24,72	30,28
Geh. Kommerzienrat Louis Ravené	(18,08)	(20,02)	(22,56)	24,26	25,44
Oskar Huldschinsky	(17,28)	(19,84)	(21,86)	(22,18)	25,00
Dr. James v. Bleichröder	(17,00)	(19,70)	(21,62)	21,12	23,06
Geh. Kommerzienrat Dr. Ed. Simon	(17,00)	(18,90)	(21,36)	21,10	23,02
Zusammen	210,00	251,24	262,54	284,76	316,24

* Ohne das Vermögen des Geh. Reg.-Rats Werner v. Siemens, das mit 26–27 Mill.
Mark im Jahre 1908 an siebenter Stelle stand. – Den nebenstehenden Vermögens-
trägern können nur die nicht in ( ) stehenden Vermögen zugeordnet werden[70].

pitalzusammenballung zu ermessen, müßte man sie vergleichen einerseits mit
dem Kapital der großen Aktiengesellschaften (besonders der Großbanken[71])
andererseits, worauf Pritzkoleit verweist, mit der kollektiven Finanzkraft
des vorwiegend adligen Grundbesitzertums[72]. Dennoch kann es keinem Zweifel unterliegen, daß die Existenz des „reichen Juden" in keiner Hinsicht Aberglaube oder böswillige Unterstellung war.

---

[70] *Pritzkoleit, op. cit., 78.*
[71] Während die 29 größten jüdischen Vermögen *in Preußen* 1910 zusammen ca.
980 Millionen Mark betrugen (Ziffern nach *Pritzkoleit, aaO*), belief sich im gleichen
Jahre der Gesamtbetrag der Depositen in allen Kreditbanken *Deutschlands* mit einem
Kapital von mindestens einer Million auf 3240.92 Millionen. (*Riesser, op. cit., 180.*)
Andererseits ist jedoch zu bemerken, daß während sich zwischen 1905 und 1908 die
zehn größten (überwiegend jüdischen) Vermögen Berlins von 284.76 auf 316.24 Millionen Mark erhöhten (*Pritzkoleit, op. cit., 78*) gleichzeitig die Gesamtsumme der
Depositen in den Kreditbanken von 1839.92 auf 2745.81 Millionen anstieg (*Riesser,
aaO, 180*).
[72] *Pritzkoleit, op. cit., 61.* Pritzkoleit nimmt an, die Grundbesitzer in ihrer Masse
hätten „gewiß nicht weniger als die Hälfte bis zwei Drittel der in Grundbesitz
und landwirtschaftlichen Betriebsmitteln sowie in rentetragenden Titeln angelegten
Vermögen, das aber heißt, grob geschätzt, etwa die Hälfte ,des Reichtums' im Wilhelminischen Preußen" besessen (*aaO*). Allerdings müßte man z. B. dem kollektiven
Grundbesitzervermögen Pritzkoleits das kollektive Vermögen der jüdischen groß-
und mittelbürgerlichen Schichten als ganzes gegenüberstellen, wahrscheinlich das eine
ein ebenso unsinniges Unterfangen wie das andere.

Verschiedene der jüdischen Wirtschaftsgrößen wiederum standen unter sich in oft loser, aber regelmäßiger geschäftlicher und gesellschaftlicher Verbindung. So spricht Fürstenberg von einem Kreis, der „in mehr oder weniger direkter Fühlungnahme, aus Albert Ballin, Walther Rathenau, Bernhard Dernburg, Max Warburg, einigen anderen und mir selbst" bestand[73]. Waren dies auch keinesfalls die „Weisen von Zion", geschweige denn die „goldene Internationale", so repräsentierten sie doch immerhin eine durchaus profilierte Spitzengruppe des deutsch-jüdischen Großkapitals. Diese Gruppe nun erlangte eine gewisse Bedeutung auch in wirtschaftspolitischer Hinsicht, aufgrund der Ministertätigkeit Dernburgs[74], durch die Beziehungen einzelner Mitglieder (deren Einfluß auf die Wirtschaftspolitik wohl manchmal überschätzt wurde[75]) zu Wilhelm II. und einflußreichen Persönlichkeiten, wie etwa dem Kanzler Bernhard von Bülow. Auch von Isidor Loewe wird berichtet, er habe Zugang gefunden zu dem exklusiven Kreis der „jüdischen Geheimräte" Wilhelms II. (Ballin, Fürstenberg, Emil Rathenau, Friedländer-Fuld und andere)[76]. Auch Außenstehende bemerkten wohl das Bestehen einer gewissen jüdisch-kapitalistischen Interessengruppe. So schreibt z. B. die Baronin Spitzemberg im Herbst 1908 in ihr Tagebuch, der Kaiser habe bekanntlich an Admiral Hollmann[77] „einen Affen gefressen". Deshalb täten ihm „Leute wie Ballin, Rathenau, Fürstenberg, Friedländer und ähnliche ‚neue Männer' nach allen Richtungen schön"[78]. Tatsächlich hat der Antisemit Diederich Hahn vom Bund der Landwirte wohl nicht völlig unrecht mit der Behauptung (1912), die Juden seien im deutschen Großkapital und besonders im mobilen Kapital der „innerste und am festesten organisierte konzentrische Kreis, um den die anderen sich gruppieren"[79].

[73] *Fürstenberg*, op. cit., 426. Merkwürdigerweise gehörte dieser losen Verbindung offenbar auch der radikale Journalist Maximilian Harden an (aaO).

[74] Seit 1901 Direktor der Bank für Handel und Industrie, 1906 Direktor der Kolonialabteilung des Auswärtigen Amtes, 1907–10 Staatssekretär des Reichskolonialamtes. Dernburg, obzwar getaufter Halbjude, wurde von vielen als „Jude" betrachtet.

[75] Es erscheint fraglich, ob der Einfluß der jüdischen Wirtschaftsführer demjenigen eines Stumm-Halberg oder Henckel von Donnersmarck – der allerdings wohl einer früheren Zeitspanne angehört – vergleichbar war.

[76] Privataufzeichnungen von Gerald Oliven, Sohn des ehem. Aufsichtsratsvorsitzenden der A.E.G., im Besitz des Leo Baeck Instituts in New York. Es wäre interessant zu ermitteln, um was für Namen es sich bei den „einigen andern" Fürstenbergs und dem „und andere" Olivens handelt. Offenbar ging der Kreis dieser inoffiziellen jüdisch-großkapitalistischen Interessenvertretung über die in diesem Zusammenhang regelmäßig zitierten Namen hinaus. Eine systematische Studie der jüdischen Großbourgeoisie im Wilhelminischen Zeitalter steht noch aus.

[77] Admiral Fritz von Hollmann, Staatssekretär im Reichsmarineamt.

[78] *Vierhaus, Spitzemberg*, op. cit., 488.

[79] Zitiert nach *Hans-Jürgen Puhle*, Agrarische Interessenpolitik und preußischer Konservatismus, Hannover 1966, 131, Anm. 110. Natürlich gab es auch innerhalb der jüdischen Wirtschaftsprominenz Interessengegensätze. Als z. B. Anfang 1913

Den Großkapitalisten folgte dann in der Skala der jüdischen Geschäftswelt[80] eine größere Gruppe von wohlhabenden Kaufleuten, Maklern und
Immobilienhändlern. Manchen unter ihnen war es gelungen, den heißbegehr-
ten Titel eines Kommerzienrates zu erwerben, sie waren Mitglieder (nicht
selten in gewählter Funktion) von Handelskammern und Berufsverbänden,
auch aktiv im jüdischen Gemeindeleben, im B'nai B'rith oder im Centralverein tätig. Diese Schicht von wohlhabenden Honoratioren (der auch die
Spitzen der „freien Berufe" zuzurechnen sind) bildet ein wichtiges Element im
deutschen Judentum dieser Zeit.

Unter den Honoratioren lag eine breitere Schicht von „kleinen Unabhängigen", Kleinhändlern und Ladenbesitzern sowie Handel und Handwerk
verbindenden Gewerbetreibenden. Diesen folgte die Kategorie der Angestellten, der jüdische Sektor des „neuen Mittelstandes", von Büropersonal, Ver-
käufern, Handelsgehilfen aller Art. Die Basis der Pyramide (trotz ständigem
Zustrom aus dem Osten zahlenmäßig im Abnehmen begriffen) bildeten dann
die Notexistenzen an der Peripherie des jüdischen Wirtschaftslebens (zwar
dem Proletariat entsprechend[81], aber tatsächlich proletaroid oder marginal-
kleinbürgerlich): Hausierer, Trödler, Altwarenhändler, Winkelmakler, Pfandleiher und dergleichen.

Waren so die wirtschaftlichen Positionen im „jüdischen" Sektor durchaus
differenziert, so läßt sich doch verallgemeinernd feststellen, daß die jüdische
Minderheit insgesamt vermögender war als die sie umgebende christliche Bevölkerung. So errechnete ein Assistent Sombarts aufgrund einerseits der Bevöl-
kerungsziffern der Volkszählung vom 1. Dezember 1905, andererseits des
Handbuch der jüdischen Gemeindeverwaltung für 1907 (dieses enthielt die
von den Kultusgemeinden erhobenen Steuerbeträge, welche ihrerseits einen
festen Prozentsatz des Einkommens oder der Staatseinkommensteuer darstellten) den Prozentsatz des jüdischen Gesamteinkommens verglichen mit
dem jüdischen Bevölkerungsanteil für verschiedene Orte[82]. Sind auch die Er-

---

August Scherl 8 Millionen Mark Stammanteile seiner Gesellschaft zum Verkauf
stellte, bestand „die Gefahr" von deren Erwerb durch den Mosse-Verlag. Zur Abwehr der „jüdischen Gefahr" („wie man in Regierungskreisen den eventuellen Ankauf Scherls durch Mosse nannte") wandte sich der Preußische Landwirtschaftsminister von Schorlemer-Lieser — erfolgreich — an zwei Kölner Bankiers jüdischer
Herkunft, den Baron Simon Alfred von Oppenheim und Louis Hagen. Für die
Episode vgl. *Richard Lewinsohn (Morus)*, Das Geld in der Politik, Berlin 1930,
165 f. Siehe auch: *Ludwig Bernhard*, Der Hugenberg-Konzern, Berlin 1928, 46 f.

[80] Für die Grundlage der folgenden Klassifizierung vgl. *Landes*, The Jewish Merchant, aaO, 17.

[81] Ein wirkliches jüdisches Proletariat von Lohnarbeitern hat es, bezeichnenderweise, in Deutschland kaum gegeben.

[82] Für eine kritische Diskussion von Sombarts Ergebnissen vgl. *Segall*, op. cit.,
72—75. „Gegen die Berechnungsweise als solche", meint Segall, „läßt sich nichts einwenden, sie ist korrekt..." (aaO, 72). Allerdings bedürften Sombarts Tabellen eines
Kommentars, damit sie richtig gelesen würden (aaO).

gebnisse natürlich örtlich verschieden, so liegt jedenfalls der jüdische Steueranteil so gut wie überall über dem jüdischen Bevölkerungsanteil. So zahlte etwa in Berlin eine jüdische Bevölkerung von 5,06 % 30,77 % der aufgebrachten Steuern. In Breslau zahlten 4,3 % der Bevölkerung 20,3 % der Steuern, in Frankfurt a. Main 7 % 20,8 %. In Mannheim erbrachten 3,21 % Juden 22,37 % der Einkommensteuer, in Posen 4,21 % 24,02 % [83]. Ist auch das von Sombart vermittelte Bild ein nur approximatives [84], so bleiben die Ziffern immerhin vielsagend.

Charakteristisch für den „jüdischen" Wirtschaftssektor im Wilhelminischen Deutschland (allerdings fast ebenso für die überstürzt „kapitalisierte" deutsche Volkswirtschaft überhaupt) ist das augenfällige Nebeneinander von „frühkapitalistischen" und „hochkapitalistischen" Wirtschaftsformen [85]. So standen auch im „jüdischen" Bereich die verschiedenen Formen schroff nebeneinander, nicht selten in erbittertem Wettbewerb: Großbanken mit jüdischen Direktoren neben einflußreichen jüdischen Privatbanken, Filialen der Großbanken neben kleineren jüdischen Geld- und Pfandleihern; moderne Großkaufhäuser (und Postversandhäuser) neben größeren jüdischen Geschäften, diese neben Kleinläden und Handwerksmeistern, flankiert wiederum von jüdischen Trödlern und Hausierern. Bezeichnend für die andauernde Bedeutung des „frühkapitalistischen" Sektors der „jüdischen" Wirtschaft ist der hohe Prozentsatz von Unabhängigen (d. h. vorwiegend Mittel- und Kleinbetrieben) im jüdischen Gewerbeleben. In den drei wichtigsten Berufsabteilungen (Land- und Forstwirtschaft – jüdischer Anteil minimal – Industrie, Handel und Verkehr) betrug bei jüdischen hauptberuflich Erwerbstätigen der Anteil der Selbständigen 1895 57,61 %, 1907 50,08 %, bei der Gesamtbevölkerung im letzteren Jahr hingegen nur 22,30 % [86]. Ein beredtes Zeugnis für das erfolgreiche Fortbestehen jüdischer Kleinunternehmen – ungeachtet der vorherrschenden Tendenz zur Begünstigung von Großunternehmen durch die allgemeine Wirtschaftsentwicklung – legt etwa die Berufsstatistik für 1912 der jüdischen Gemeinde von Landau (Bayr. Pfalz) ab. Diese bestand damals aus 41 Kaufleuten (darunter 1 Bankier), 47 Weinhändlern und Kommissären, 22 Händlern in anderen landwirtschaftlichen Produkten (Vieh, Häute, Leder,

---

[83] *Werner Sombart*, Die Juden und das Wirtschaftsleben, 219–221.

[84] Es bleibt natürlich immerhin ein zweischneidiges Unterfangen, die überwiegend bürgerliche jüdische Minorität mit der Gesamtbevölkerung der genannten Städte in bezug auf Vermögens- und Steuerverhältnisse zu vergleichen. Was Sombarts Statistik aufzeigt ist eben die Tatsache des weitgehenden Fehlens eines jüdischen Proletariats. Es ließe sich schwer sagen, mit welcher Bevölkerungsgruppe die Juden in dieser Hinsicht tatsächlich sinnvoll zu vergleichen wären.

[85] Auf diesen Tatbestand verweist auch *Landes*, The Jewish Merchant, aaO, 16 f.

[86] *Segall*, op. cit., 70. Für Angestellte (Verwaltungs-, Aufsichts- und Büropersonal) waren die entsprechenden Zahlen 11,28 % und 17,16 % bei der Gesamtbevölkerung 1907 hingegen 5,24 %. Die Zahlen für Hilfspersonal waren 31,11 %, 32,76 % und – 72,16 % (aaO).

82 Werner E. Mosse

Getreide, Obst, Tabak, Holz) sowie Grundstücken, 18 anderen Händlern (Konfektion, Schuhe, Eisenwaren), 10 Fabrikanten (Zigarren, Gebäck, Korbwaren, Streichhölzer), 4 Handwerkern, 6 Akademikern (Rechtsanwälte, Ärzte, Zahnärzte), sowie einigen Pensionären, Synagogenbeamten und anderen. Juden stellten fast 70 % aller Weinhändler, etwa 30 % der Unternehmer im Stoff- und Lebensmittelhandel[87]. Es war dies eine Wirtschaftsstruktur, die sich von derjenigen der nichtjüdischen Bevölkerung sehr wesentlich unterschied.

Auf die Eigenart der jüdischen Berufsstruktur verweist auch Sombart. Die meisten Juden, so meint er, seien in denjenigen Sphären wirtschaftlicher Tätigkeit zu finden, in denen „das reine, qualitätslose, abstrakte Geldverhältnis am ausschließlichsten herrscht"[88]. Dies seien der Geld- und nächst diesem der Warenhandel und hier wiederum der Zwischen- oder der Detailhandel. „Von 10 000 erwerbstätigen Juden in Deutschland entfallen (1907) nur 198 auf die Landwirtschaft (gegenüber 3166 Christen), 2150 auf die Industrie (davon aber fast die Hälfte auf Bekleidung und Reinigung, d. h. wesentlich auf die halb zum Handelsgeschäft gewordene Konfektionsindustrie) – gegenüber 3527 Christen –, dagegen 4972 (gegenüber 1068 Christen!) auf Handel und Verkehr!"[89] So waren die Juden prominent in den am meisten kapitalistisch organisierten Wirtschaftsbranchen. Die „noch vorhandenen gruppenspezifischen Merkmale der Juden", meint auch Rürup, weisen „eine unleugbare Nähe zu den in der Krise so heftig beklagten Zügen der kapitalistischen Gesellschaft auf ... Sie waren weit überproportional im Bankwesen, im Handel und der Presse vertreten, sie waren in weit höherem Maße als andere Bevölkerungsgruppen in den Städten, vor allem den großen Städten zu Hause, sie nutzten energisch die Aufstiegsmöglichkeiten der neuen Gesellschaft und repräsentierten in besonderem Maße die neue räumliche und soziale Mobilität ... sie waren, nimmt man alles in allem, als soziale Gruppe unbestreitbar Repräsentanten des liberal-kapitalistischen Wirtschaftssystems..."[90].

Als Erklärung für den jüdischen Zug zum Geldgeschäft verweist Sombart, neben anfechtbaren Thesen über einen angeblichen jüdischen „Nationalcharakter" zusätzlich auf Eigenheiten der jüdischen gesellschaftlichen Situation. Andere Umstände, so schreibt er, hätten die (eingeborene) Geldidolatrie noch gefördert:

---

[87] *Werner J. Cahnman*, Village and Small-Town Jews in Germany. A Typological Study, in: Year Book XIX of the Leo Baeck Institute, London 1974, 114 f.

[88] Im ganzen Umkreis der europäisch-amerikanischen Wirtschaft, schreibt ähnlich Julius Hirsch, seien Juden die Organisatoren des Handels *par excellence*. „Ihr prozentualer Anteil am Händlertum steigt, je mehr man sich der höchsten Steigerung von Massenumsatz, Handelsrisiko und Handelsaktivität nähert." (*Hirsch*, aaO, 192.)

[89] *Sombart*, Die deutsche Volkswirtschaft, 116.

[90] *Reinhard Rürup*, Kontinuität und Diskontinuität der ‚Judenfrage' im 19. Jahrhundert, in: *Wehler*, Sozialgeschichte Heute, 404.

„Vor allem ihre Zurücksetzung in rechtlicher Beziehung, ihre Ausschließung von Ämtern und Würden der christlichen Gesellschaft. Da lernten sie denn im Gelde ein Mittel kennen, das ihnen zum großen Teil ersetzte, was sie durch Machtspruch der Gesetzgebung entbehren mußten: Geltung und Ansehen. Und daraus ergab sich natürlich abermals eine gesteigerte Wertung dieses Stillers aller Schmerzen, dieses Heilers aller Wunden, dieses wundersamen Trösters in allen Leiden: des Geldes." [91]

Zweifellos war das Bedürfnis nach Anerkennung und gesellschaftlichem Prestige ein besonderes Produkt der jüdischen Situation, ein Bedürfnis, das tatsächlich durch Wirtschaftserfolge weitgehend zu befriedigen war. Unter diesem Gesichtspunkt war die jüdische Wirtschaftstätigkeit eine Konsequenz der Benachteiligung der Juden in der christlichen Gesellschaft [92].

IV

Die eigenartige wirtschaftliche Struktur nun der deutschen Judenheit hatte entscheidenden Einfluß auf ihr Verhältnis zur nichtjüdischen Umwelt. So bot besonders die vertikale Gliederung des jüdischen Wirtschaftssektors zahlreiche Berührungspunkte mit der restlichen Bevölkerung und somit auch vielfältige potentielle Reibungsflächen. Effektiv waren je nach Berufstätigkeit und sozialer Position (ganz abgesehen von individuellen Momenten) die gegenseitigen Beziehungen durchaus unterschiedlich und nuanciert. Im gegenwärtigen Rahmen können nur einige Aspekte dieser Beziehungen in Kürze gestreift werden.

Zunächst ist, im Hinblick auf Prominenz und wirtschaftliche Bedeutung der Gruppe, die soziale Stellung der jüdischen Großkapitalisten zu betrachten [93]. Die Reaktion der jüdischen Wirtschaftsführer der „Gründergeneration" auf die neu erworbenen wirtschaftlichen Machtpositionen, häufig auch Millionen, war uneinheitlich. Die landläufige Auffassung, Mitglieder der jüdischen Großbourgeoisie hätten geschlossen (und letzten Endes erfolglos) versucht, durch Reichtum und wirtschaftliche Positionen Zugang um jeden Preis zu der aristokratisch-bürgerlichen Führungsschicht zu gewinnen (wenn nicht schlankweg zu „erzwingen"), bedarf der Revision. Nicht wenige unter ihnen (zu-

---

[91] *Sombart*, Die deutsche Volkswirtschaft, 115.

[92] Tatsächlich hat schon *Montesquieu* diese allgemeinen Zusammenhänge erkannt. So schreibt er in Lettres Persanes: „On remarque que ceux qui vivent dans des religions tolérées se rendent ordinairement plus utiles à leur patrie que ceux qui vivent dans la religion dominante, parce que, éloignés des honneurs, ne pouvant se distinguer que par leur opulence et leurs richesses, ils sont portés à acquérir par leur travail et à embrasser des emplois de la Société les plus pénibles." *Charles Louis de Secondat, Baron de la Brède et de Montesquieu*, Lettres Persanes, Lettre LXXXV, Paris 1960, 179.

[93] Zum Folgenden vgl. jetzt auch *Lamar Cecil*, Jew and Junker in Imperial Berlin, in: Year Book XX of the Leo Baeck Institute, London 1975, 47–58.

mindest in der „Gründergeneration") kultivierten im Gegenteil bewußt bürgerliche, halb-oppositionelle Anschauungen [94] (bei großbürgerlichem Lebens-
zuschnitt), lehnten das erreichbare oder sogar angebotene „von" als unpassend oder stilwidrig ab und kümmerten sich wenig um höfische oder aristokratische Verbindungen (außer allenfalls zu Geschäftszwecken). Politisch blieben sie dem Liberalismus (zuweilen mit demokratischer Nuance im Geiste von
1848) treu, gewöhnlich auch fast demonstrativ dem angestammten Glauben
(bei liberaler Observanz) [95]. So verzichteten nicht allein die Gründer der
großen jüdischen Zeitungsverlage [96], sondern auch z. B. die Rathenaus und
Carl Fürstenberg, sowie die patriotischen Hamburger Ballin und Warburg,
auf die für sie sicher erreichbare (bzw. erschwingliche) Nobilitierung. (Der
eine oder andere mag auch die Kosten gescheut haben.) Auch zeigten manche
von ihnen – wie vielleicht z. B. Ballin oder Rudolf Mosse aufgrund relativ bescheidener Heiraten [97] – nur beschränkte gesellschaftliche Ambitionen. So gab
Ballin seinem Abscheu gegen gesellschaftliche Prätentionen Ausdruck, wie sie
etwa in den wöchentlichen soirées der Frauen Carl Fürstenbergs und Paul von
Schwabachs ihren Ausdruck fanden. Solche gemischten Gesellschaften von
adligen Offizieren, höheren Beamten und jüdischen Geschäftsleuten, so meinte
er, seien nur dazu angetan, den Antisemitismus zu fördern [98]. Natürlich waren
hier die gesellschaftlichen Bedürfnisse der besonders in der Gründergeneration

---

[94] So widerstand z. B. Rudolf Mosse einem Versuch Bismarcks, das Berliner Tage-
blatt zwecks Vertretung seiner politischen Ansichten zu „kaufen". *Werner E. Mosse,*
Rudolf Mosse and the House of Mosse 1867–1920, in: Year Book IV of the Leo
Baeck Institute, London 1959, 244.

[95] Wie andere jüdische Unternehmer seiner Generation lehnte z. B. Rudolf Mosse
extreme Assimilation und extremen jüdischen Separatismus gleichmäßig ab. Zumindest was Deutschland betraf gab es für ihn kein „jüdisches Problem", sondern nur
allgemeine Probleme der persönlichen Freiheit, Religionsfreiheit und Gleichheit bürgerlicher Rechte. Zwischen seiner Stellung als deutscher Staatsbürger und seinem
Judentum und jüdischen Interessen bestand für ihn kein Konflikt (aaO, 253).

[96] Rudolf Mosse z. B. lehnte die ihm von Wilhelm II. durch einen hohen Beamten
angebotene Nobilitierung ab. Die einzige Auszeichnung, die er bereit war von den
Hohenzollern anzunehmen, bestand in dem seiner Frau für soziale Dienste verliehe-
nen Wilhelmsorden (aaO, 249, Anm. 347).

[97] Theodor Herzl z. B. beschreibt Rudolf und Emilie Mosse als „possierliche
Mischung von Mühlendammern und *étrangers de distinction*". „Und dazu Herr und
Frau Mosse", schreibt er (1903), „Inseratenbüro aus Berlin, die ihn [Baron Oppen-
heim aus Köln] vornehm finden. Wie sich diese Juden anstrengen, um komische Rol-
len zu spielen." (*Theodor Herzl*, Gesammelte zionistische Werke, Tel Aviv 1934,
Bd. 4 [Tagebücher, Bd. 3], 3. Aufl., 400 f.)

[98] Ballin an Harden, 11. April 1911, Nachlaß Harden, zitiert nach: *Lamar Cecil,*
Albert Ballin. Wirtschaft und Politik im deutschen Kaiserreich 1888–1918, Hamburg
1969, 104. Interessanterweise beklagt sich die ausgesprochen snobistische Baronin
Spitzemberg einmal, bei den ihr befreundeten (christlichen) Helmholtzs einen Abend
„in einer recht wenig erbaulichen Gesellschaft von jungen steifen Gelehrten und
haute finance" verbracht zu haben. (*Vierhaus, Spitzemberg,* op. cit., 323.) Zu den
Berliner jüdischen Salons vgl. *Cecil,* Jew and Junker, aaO, 48–51, 57.

sehr verschiedenartigen Milieus entstammenden Ehefrauen bedeutsam[99]. Das bewußte Festhalten an bürgerlichen Werten in Teilen der jüdischen Geld- und Wirtschaftsaristokratie (wie auch in Teilen der nichtjüdischen)[100] – verdient ein eigenes Studium[101]. Neben solchen „verspätet" bürgerlichen Entrepreneurs (allerdings erwarben auch sie nicht selten Landbesitz – wenn auch vielleicht oft mehr aus persönlichem Geschmack denn aufgrund direkter sozialer Ambitionen) standen dann diejenigen – und sie bildeten wohl die Mehrzahl –, die sich mehr oder minder bemühten, Zugang zu den „höheren" gesellschaftlichen Sphären zu finden. Man erwarb Landgüter und lebte auf ihnen (gewöhnlich am Wochenende) auf ziemlich großem Fuß (in plutokratisch-pseudo-aristokratischem Stil). Extrem, aber darum nicht untypisch, ist der Fall Walther Rathenaus, der „das kaiserliche Schloß Freienwalde (auf der Fortführung dieses Titels hatte er bei dem Erwerb Wert gelegt) mit dem gesamten Inventar" gekauft hatte[102]. Gerson von Bleichröder wiederum erwarb die imposanten Besitzungen des Feldmarschalls von Roon[103]. Andere „Feudaljobber"[104] begnügten sich mit weniger anspruchsvollen Besitzungen. Auch bezog man Berliner Adelspalais – so die Schwabach dasjenige der Grafen Hatzfeldt –, so daß sich schließlich alle wirklich imposanten Privatbaulichkeiten der Innenstadt in den Händen von Juden befanden[105]. Derartigen Ansprüchen entsprechend versuchte man sich dann auch in der Nachahmung herrschaftlicher „Allüren". So beschreibt z. B. Theodor Herzl einen jüdischen Bankier[106] als „eine gute aber etwas zu bemühte preußische Junkerkopie"[107]. Heinrich Mann, in dem bösartig antisemitischen Roman *Im Schlaraffenland* sagt von dem der Erbengeneration zugehörigen, „Schnapsfeudalen" Pimbusch und seinen Bemühungen, er habe sich den Baron Hochstetten „seit er ihm bei Türkheimers begegnete, zum Vorbild genommen zwecks Einübung einer feudalen Physiognomie"[108]. Auch hegte er „den wahnwitzigen Ehrgeiz, durch Vermittlung von Türkheimers Schwiegersohn [eben Hochstetten] in

---

[99] Auch auf diesem Gebiet steht die Ermittlung bisher wohl völlig aus.

[100] So lehnten z. B. Ruhrindustrielle wie Thyssen, Stinnes, Kirdorf, auch Friedrich Alfred Krupp die Nobilitierung ab. (*Lewinsohn*, op. cit., 20.) Im Bildungsbürgertum wiederum gehörte z. B. Gustav Freytag zu denjenigen, die auf den angebotenen Adel verzichteten. (*Pierre Angel*, Le Personnage Juif dans le Roman Allemand (1855–1915). La Racine Littéraire de l'Antisémitisme Outre-Rhin, Paris 1973, 12.)

[101] So wäre es z. B. nicht uninteressant einmal zu untersuchen, was für sonstige Eigenschaften Mitglieder etwa der „jüdisch-bürgerlichen", der „normal-betitelten" und der „feudal-assimilatorischen" (Konvertiten) Gruppen verbanden. Sowohl Ehefrauen als auch das Generationenproblem wären in Betracht zu ziehen. Material für eine Typologisierung der jüdischen Großbourgeoisie wäre zweifellos vorhanden.

[102] *Fürstenberg*, op. cit., 477.

[103] Weitere Einzelheiten bei *Cecil*, Jew and Junker, aaO. 54–55.

[104] Der schöne Ausdruck stammt aus *Heinrich Manns* Im Schlaraffenland.

[105] *Cecil*, Jew and Junker, aaO, 55.

[106] Baron Oppenheim aus Köln. [107] *Herzl*, op. cit., 400.

[108] *H. Mann*, Schlaraffenland, 95.

den hocharistokratischen Jeuklub aufgenommen zu werden"[109]. Baron Moritz
von Cohn hingegen, Privatbankier Wilhelms I.[110], pflegte sich allen Ernstes
als „Edelmann aus Dessau" zu bezeichnen[111].

Tatsächlich war das so heiß begehrte Adelsprädikat in geeigneten Fällen
auch käuflich zu erwerben[112]. So berichtet z. B. die Baronin Spitzemberg (sie
erfuhr es von einer Frau von Wedel, die selbst es von ihrem Manne, dem
Chef des preußischen Ministeriums des Königlichen Hauses, hatte), daß anläßlich der Silberhochzeit Wilhelms II. (1906) Friedländer und Caro jeder
dem Kaiser eine Million zur freien Verfügung gestellt hätten, als „Kaufpreis"
für das „von". Zunächst habe Friedländer nur eine halbe Million geben wollen, sich aber dann steigern lassen. Paul Schwabach[113] hingegen habe den
„Kuhhandel" verweigert und sei deshalb ungeadelt geblieben[114]. Interessan-

---

[109] AaO, 97. Auch in der Wahl von Kur- und Badeorten zur Sommererholung
ahmten reiche Juden das preußische Junkertum nach. (*Cecil*, Jew and Junker,
aaO, 55.)
[110] Und Großaktionär der Berliner Handelsgesellschaft.
[111] *Fürstenberg*, op. cit., 273.
[112] Dasselbe galt für den von wohlhabenden Geschäftsleuten auf bescheidenerer
Ebene begehrten Titel des Kommerzienrats. „Daß man Kommerzienrat wurde, wenn
man wenigstens 60 000 Mark für Wohltätigkeitsorganisationen oder sonst einen,
dem Staat gefälligen Zweck gespendet hatte, war allgemein bekannt." (*Lewinsohn*,
op. cit., 29.) Zu diesen Zwecken gehörte auch der Kirchenbau, der der frommen
Kaiserin Auguste Viktoria besonders am Herzen lag. Ihr Oberhofmeister, Freiherr
von Mirbach, sammelte das Geld für die frommen Zwecke gegen kaiserliche Gnaden-
beweise. Es war bekannt, „daß Mirbach auch wohlhabenden Juden Kommerzien-
ratstitel verschaffte, wenn sie sich fleißig an den Kirchenbaufonds beteiligten".
(AaO, 31.)
[113] Mitinhaber des Bankhauses Bleichröder.
[114] *Vierhaus, Spitzemberg,* op. cit., 456 f. Schwabach ließ sich dennoch 1907 in den
Adelsstand erheben. Anläßlich der Episode von 1906 schreibt die Baronin, auch
unter Wilhelm I. sei nicht alles makellos gewesen. Doch wurde das Geld wenigstens
zu bestimmten wohltätigen Zwecken „erpreßt" und mit Titeln und Ehren bezahlt.
„Aber so als direktes Handgeld, ohne daß das Publikum erfährt, wo es hinkommt,
den abscheulichsten Unterstellungen also Tür und Tor geöffnet ist", das sei allerdings
„erschreckend modern" und treibe einem die Schamröte ins Gesicht (aaO). Tatsächlich
soll Wilhelm II. anläßlich seiner Silberhochzeit vier Juden in den Adelsstand erhoben haben (vgl. *Richard S. Levy*, The Downfall of the Anti-Semitic Political
Parties in Imperial Germany, New Haven – London 1975, 237, und *Wilhelm
Buchow,* 50 Jahre antisemitische Bewegung, Berlin 1937, 38, allerdings ohne Namens-
nennungen). Oswald Zimmermann, einem antisemitischen Reichstagsabgeordneten,
bot dies wohl Anlaß zu der Klage (in einer Rede auf dem Parteitag der Deutschen
Reformpartei in Kassel, 20.–22. Oktober 1906), „daß heute Juden im Kaiserschlosse
zu Berlin ein- und ausgehen. Zu dem Bank- und Großadel sei jetzt auch noch der
Aktienadel gekommen". (Im deutschen Reich, XII, Nr. 12 [Dezember 1906], 701.)
Sechs Monate vorher hatte der Reichstagsabgeordnete Wilhelm Bruhn (in einer Versammlung des Antisemitenbundes) behauptet, „die Adelsverleihungen an jüdische
Großkapitalisten hätten großes Aufsehen erregt. Die Zuführung jüdischen Bluts sei
für den Wert des deutschen Adels im höchsten Grade bedenklich. Wenn der alte Adel
nicht den Mut besitze, der Schaffung derartiger neuer Stammesgenossen entgegenzu-

terweise scheint die Nobilitierung jüdischer Wirtschaftsgrößen nicht unbedingt an die Bedingung des Religionswechsels geknüpft gewesen zu sein[115]. Nicht käuflich hingegen, dafür aber um so begehrter als Entreebillett in die „gute Gesellschaft", war bekanntlich das Patent des Reserveoffiziers[116]. Albert von Goldschmidt-Rothschild z. B., so berichtet die Baronin Spitzemberg (Frühjahr 1905), habe ein Vermögen von ca. 80 Millionen geerbt[117], müsse aber jüdischer Konfession bleiben, gehe im Hofkleide zu „Kaisers", würde aber nirgends Reserveoffizier, obwohl er ein „hervorragend netter, gebildeter Mensch" sei[118].

Tatsächlich war die Einstellung der Oberschichten, einschließlich mancher Hofkreise, zu den jüdischen Wirtschaftsgrößen meist von Grund auf ambivalent. Erkannte man die Notwendigkeit der kapitalistischen Entwicklung für Deutschland (und sei es nur um die Ernährung seiner wachsenden Bevölkerung zu gewährleisten), so waren die wirtschaftlichen Leistungen eines Rathenau oder Ballin, Dernburg oder Fürstenberg nur von Herzen zu begrüßen. Auch ließen sich auf dem Gebiet der Finanzpolitik Erfahrungen und Beziehungen von Männern wie Bamberger, Bleichröder, Fürstenberg, Warburg schwerlich entbehren. War doch effektiv die gesamte wirtschaftliche Entwicklung Deutschlands seit 1867 ohne den jüdischen Beitrag schwer vorstellbar. Desgleichen waren für Deutschlands Prestige in der Welt Männer wie Ballin oder Walther Rathenau unersetzlich[119]. Selbst die weitgehend unbeliebte „Judenpresse", auch das ließ sich nicht leugnen, trug zum internationalen Prestige

treten, so müßten sich Männer des Volkes finden, die den Mut haben, die Dinge beim rechten Namen zu nennen". (Mitteilungen aus dem Verein zur Abwehr des Antisemitismus, XVI, Nr. 14 [4. April 1906], 111.)

[115] Eine Studie über die jüdischen Konvertiten, im Durchschnitt 204 pro Jahr in den Vorkriegsjahren (*Angel*, op. cit.,, 76) steht noch aus. In vielen Fällen dürfte es sich um ehrgeizige Streber gehandelt haben (man denkt etwa an *Heinrich Manns* Assessor Jadassohn von der Staatsanwaltschaft in Der Untertan), die eine Beamtenkarriere anstrebten.

[116] Zum Problem des Ausschlusses vermögens- und bildungsmäßig qualifizierter Juden von der Stellung des Reserveoffiziers vgl. *Werner T. Angress*, Prussia's Army and the Jewish Reserve Officer Controversy before World War I, in: Year Book XVII of the Leo Baeck Institute, London 1972, 19–42.

[117] Entweder war die Baronin hier falsch informiert oder die Großzügigkeit Albert von Goldschmidt-Rothschilds überstieg alle Grenzen (oder aber das Vermögen war inzwischen geteilt worden) – jedenfalls gibt Pritzkoleit sein Vermögen im Jahre 1910 mit „nur" 38 Millionen an, (*Pritzkoleit*, op. cit., 65.)

[118] *Vierhaus, Spitzemberg*, op. cit., 46 f. Es ist allerdings nicht zu übersehen, daß auch ein erfolgreicher (nichtjüdischer) Rechtsanwalt und Politiker wie Ernst Bassermann aus Mannnheim nicht ohne erhebliche Bemühungen das erstrebte Rittmeisterpatent erhielt. (vgl. *Karola Bassermann*, Ernst Bassermann, Mannheim 1919, 130 f.) Goldschmidt-Rothschild wurde schließlich Attaché in London.

[119] „Die deutschen Juden", so schreibt z. B. Walther Rathenau 1911, „tragen einen erheblichen Teil unseres Wirtschaftslebens, einen unverhältnismäßigen Teil der Staatslasten und der freiwilligen Wohlfahrts- und Wohltätigkeitsaufwendungen auf ihren Schultern." (*Rathenau*, op. cit., 225.)

des Reiches bei. So war es nur natürlich, wenn (in den Fußstapfen Bismarcks folgend) „modern" eingestellte Männer wie etwa Wilhelm II. oder Bülow Beziehungen zu einzelnen jüdischen Wirtschaftsgrößen unterhielten, ja sie bis zu einem gewissen Grade hofierten. Hinzu kam, daß Mitglieder führender Kreise sich von dem plutokratisch intellektuell-künstlerischen Milieu einzelner jüdischer Häuser angezogen fühlten (nicht selten aber einfach von guter Küche, guten Weinen und guten Zigarren) und so einem gesellschaftlichen Verkehr (innerhalb gewisser Grenzen) [120] nicht abgeneigt waren. Es war bekannt, daß reiche Juden in der Regel nur zu willig auch für die bescheidenste Geste sozialer Anerkennung (besonders seitens Adliger) „zahlten", sei es durch Gastlichkeit, durch Empfehlungen, durch (häufig) nützliche wirtschaftliche Tips oder in bar. Brauchte z. B. die nicht gerade als Philosemitin zu bezeichnende Baronin Spitzemberg Mittel zur Erleichterung ihrer „Seelenangst wegen der vielen armen Kinder", so konnte sie getrost „in einem herzbeweglichen Brief" an die Großzügigkeit Albert Goldschmidt-Rothschilds appellieren [121]. Organisierte man einen Basar für die Bewohner überschwemmter Gebiete Schlesiens (1897), so bildete man ein Komitee von Damen „die aus Schlesien stammen oder dorthin gravitieren, neben der Herzogin von Ratibor und andern gros bonnets viele Frauen von Industriellen, Bankiers und ‚Schlesingern' aller Kategorien" [122].

Ein besonderer Dienst, den Juden manchen Adligen und führenden Beamten erwiesen, war die Verwaltung (und gewöhnlich Mehrung) ihres Privatvermögens. So hatte z. B. Bismarck anscheinend dem Geheimen Kommerzienrat Gerson von Bleichröder Generalvollmacht über sein gesamtes Privatvermögen erteilt [123]. Der Geh. Kommerzienrat Meyer-Cohn wiederum, Inhaber des gleichnamigen Bankhauses, war Vertrauens- und Finanzmann einer Reihe von Mitgliedern des Hochadels, so des Herzogs von Ujest, der Fürsten Putbus und Radziwill, der Grafen Lehndorff und Perponcher und anderer [124]. Unter seinen wichtigsten Kunden – die persönlichen Beziehungen nahm sein Schwager, der Bankier Emil Heymann wahr – befand sich die „Graue Eminenz" des Auswärtigen Amtes, Bismarcks ehemaliger Schützling, der Baron Friedrich von Holstein. Holstein, der einst bei Strousberg verkehrt hatte, war Zeit seines Lebens passionierter Börsenspekulant – und seinerseits in der Lage, seine jüdischen Geschäftsfreunde mit wertvollen Tips zu versehen [125]. Tatsächlich glich die Position der jüdischen Großkapitalisten – wenn auch mit Unterschieden – nichts so sehr als einem modernen „Schutzjudentum", d. h. einer

---

[120] Zu den engen Grenzen, die dem gesellschaftlichen Verkehr gezogen waren – Aristokraten verkehrten zwar in jüdischen, höchst selten aber Juden in aristokratischen Häusern – vgl. *Cecil*, Jew and Junker, aaO, 53.

[121] *Vierhaus, Spitzemberg*, op. cit., 446.

[122] AaO, 360 f.

[123] Über die Beziehungen von Bismarck und Bleichröder vgl. *Lewinsohn*, op. cit., 42 ff.

[124] AaO, 48.   [125] Vgl. aaO, 46 ff.

Gruppe wegen wirtschaftlicher Dienste Privilegierter[126]. Dem Byzantinismus Wilhelms II. und so mancher seiner Würdenträger* entsprach ein derartiges Verhältnis voll und ganz[127].

Das alles freilich änderte herzlich wenig an den allgemeinen sozialen Scheidewänden und am beiderseitigen Bewußtsein der Standes- und Stammesunterschiede. Als etwa die Tochter Gerson von Bleichröders (ausnahmsweise) bei Hofe präsentiert werden sollte, mußte speziell Sorge getragen werden, daß sie Tanzpartner fand – nicht weil sie häßlich, sondern weil sie jüdisch war[128]. Ein Dr. Kayser wiederum, ein Bismarckprotégé, der sich „aus Niedrigkeit emporarbeitete", „erst die Bismarcksöhne einpaukte", nach ihnen andere und dann ins Auswärtige Amt überging, wurde dort „schonungslos ausgenützt, meist glänzend, ab und zu aber auch schamlos als ,Jude' behandelt..."[129]. War der gute Dr. Kayser eine bescheidene Persönlichkeit, so scheint die Situation des Multimillionärs Albert von Goldschmidt-Rothschild kaum eine bessere gewesen zu sein. Er sei, so berichtet die Baronin (April 1905) „... diesen Winter hier ausgegangen ... umschichtig kolossal fetiert und ausgebeutet worden, und dann wieder schmählich behandelt..."[130].

Im allgemeinen scheinen sich spezifische Spannungen zwischen individuellen (oft in schlechten Verhältnissen befindlichen) Adligen und reichgewordenen (oder auch bereits arrivierten) Juden aus der oben erwähnten Neigung der letzteren zum Erwerb von Landgütern (oder auch Patrizierhäusern in den Städten) ergeben zu haben[131]. So fragt z. B. einer von Heinrich Manns Cha-

---

[126] Eine Neuerung allerdings bildete das, wohl ständig wachsende Konnubium, wie einer von *Heinrich Manns* Charakteren, nicht ohne Übertreibung erklärt. Herr Lauer wünschte zu wissen, was die herrschende Kaste vor anderen Leuten eigentlich noch voraus habe. „Nicht einmal die Rasse", behauptete er. „Denn sie sind ja alle verjudet, die Fürstenhäuser einbegriffen." Und er setzte hinzu „Womit ich meinen Freund Cohn nicht kränken will". (Der Untertan, [veröffentlicht 1914], 4. Aufl. Hamburg 1964, 151.)

* Für die Einstellung Wilhelms II. vgl. den Beitrag von *Lamar Cecil, Wilhelm II. und die Juden*, im vorliegenden Bande, insb. S. 341 ff. (Hrsg.).

[127] Für ein typisches „Schutzjudenverhältnis" auf weniger erlauchter gesellschaftlicher Ebene vgl. *Fontanes* gutmütig-sarkastische Darstellung der Beziehungen des Majors Dubslav von Stechlin zu dem Juden Baruch Hirschfeld aus Gransee (Der Stechlin). Zu den typischen „Schutzjuden" gehörten auch die jüdischen „Leibärzte" und wohl auch die jüdischen Rechtsberater.

[128] Aus den Memoiren Johann Heinrichs, Grafen Bernstorff zitiert nach: *Lamar Cecil, Albert Ballin. Business and Politics in Imperial Germany, 1888–1918*, Princeton 1967, 99, Anm. 1 (in der deutschen Ausgabe, 97, entfällt diese Anmerkung). Nichtsdestoweniger wurde Else von Bleichröder schließlich die Frau eines einwandfrei aristokratischen schlesischen Grenadiers (*Cecil, Jew and Junker*, aaO, 49).

[129] *Vierhaus, Spitzemberg,* op. cit., 365. Dies, mutmaßt die Baronin, habe wohl die Bitterkeit erzeugt, „infolge derer er einer war, die als die ersten das sinkende Schiff verließen". (AaO.)

[130] AaO, 446.

[131] Darüber klagt z. B. der antisemitische Reichstagsabgeordnete *Hans Leuß* in

rakteren (ein Herr von Barnim in *Der Untertan*): „Haben wir darum den
ruhmreichen Krieg [von 1870] geführt, daß mein väterliches Gut an einen
Herrn Frankfurter verkauft wird?"[132] Und Fontane hatte (dem Vorbild
Gustav Freytags folgend[133]) in *Der Stechlin* schon Jahre zuvor eine ähnliche
Situation beschrieben, auf die es sich vielleicht verlohnt, etwas näher einzu-
gehen. Es handelt sich um einen Besuch, den der Geldverleiher Baruch Hirsch-
feld aus Gransee dem erkrankten adligen Gutsherrn abstattet, um ihn zur
Übernahme einer größeren Hypothek zu überreden. Er tut dies in der fälsch-
lichen Annahme, die Familie befände sich in unentrinnbaren finanziellen
Schwierigkeiten – tatsächlich steht der junge Stechlin, wie Baruch zu seiner
Enttäuschung erfährt, vor dem Abschluß einer vorteilhaften Ehe.

> „Eine Viertelstunde später fuhr Baruch auf seinem Wägelchen wieder in den Stech-
> liner Wald hinein und dachte wenig befriedigt über alles nach, was er da drinnen
> gehört hatte. Die geträumten Schloß-Stechlin-Tage schienen mit einemmale für im-
> mer vorüber... Ja, Baruch fühlte was wie Verstimmung. Aber Dubslav auch. Es
> war ihm zu Sinn, als hätt er seinen alten Granseer Geld- und Geschäftsfreund
> (trotzdem er dessen letzte Pläne nicht einmal ahnte) zum erstenmal auf etwas
> Heimlichem und Verstecktem ertappt, und als Engelke [Stechlins alter Diener]
> kam ... sagte er: ,Engelke, mit Baruch is es auch nichts. Ich dachte wunder, was das
> für ein Heiliger wär[134], und nun is der Pferdefuß doch schließlich rausgekommen.
> Wollte mir da Geld auf Hypothek beinah aufzwingen, als ob ich nicht schon genug
> davon hätte...'"[135]

Das waren natürlich Einzelfälle (wenn auch wohl typische). Das Verhältnis
von Adel und Juden generell zusammenfassend spricht Walther Rathenau
(1912) von „einer Stammeskritik, die bei Einzelnen aufgrund singulärer Erlebnisse und begrenzter Erfahrung echt sein mag, die aber im Angesicht von
tausend persönlichen Freundschaften und Ehebündnissen"[136] zerflattere. Denn,
trotz mancher Schwächen, die „Grandseigneurs" und „Parvenus" sich wechsel-
weise vorzuwerfen hätten, vertrügen Adel und Judenschaft sich „gar nicht
so schlecht". Die Ägide der Stammesfeindschaft werde vorwiegend nur dann
geschüttelt, wenn Interessen aufeinanderplatzten[137].

Tatsächlich waren die ambivalenten kollektiven Beziehungen des jüdischen
Wirtschaftssektors zu den organisierten landwirtschaftlichen Interessen einerseits, andererseits aber auch zu den Industriellen von vorwiegend wirtschaftlichen Momenten bestimmt. So war die Schwerindustrie sowohl im Zeitalter

einem Artikel in Maximilian Hardens Die Zukunft, Die antisemitische Bewegung,
7. Bd., Nr. 33 (19. Mai 1894).
[132] *H. Mann*, Untertan, 57.
[133] In der Geschichte des Baron von Rothsattel in Soll und Haben (1855).
[134] Baruch ist orthodoxer Jude.
[135] *Fontane*, op. cit., 369 f.
[136] Einige Einzelheiten über jüdisch-aristokratische Ehen bei *Cecil,* Jew and
Junker, aaO, 49.
[137] *Rathenau,* op. cit., 233.

der „Großen Depression" als auch vorzüglich in demjenigen des Konjunktur-
aufschwunges in bedeutendem Maße auf die Unterstützung des Bankkapitals
angewiesen [138]. Waren dergestalt die gegenseitigen Wirtschaftsinteressen einerseits komplementär – der kapitalkräftige Zweig erwies dem schwächeren
äußerst wertvolle (natürlich auch ihm selbst vorteilhafte) Dienste, so ergaben
sich andererseits aus diesem Verhältnis unvermeidliche Spannungen. So beschreibt etwa Fürstenberg, der der Kapitalisierung von Zweigen der Großindustrie seine besondere Aufmerksamkeit widmete, den Charakter der Interessengegensätze. Werner von Siemens, so erfährt man, „erklärte, daß zum erfolgreichen industriellen Aufbau Geld, Geld und wiederum Geld gehöre und beklagte die Kurzsichtigkeit der Bankiers (innerlich meinte er wohl deren
Krämerseele), die immer nur an Kalkulation und Rentabilität denke, ohne
sich der Notwendigkeit weitsichtiger Industriepolitik fügen zu wollen" [139].
Gleichzeitig bemühte sich das Gros der Industriellen energisch – trotz notwendiger Inanspruchnahme der Dienste von Großbanken – deren Einfluß auf
die Betriebsführung nach Möglichkeit hintan zu halten [140]. Es besteht übrigens mancher Grund zu der Annahme, daß im „jüdischen" Wirtschaftssektor
die Beziehungen von Bank und Industrie reibungsloser verliefen als bei nichtjüdischen Partnern [141]. In der Landwirtschaft wiederum, bei bescheidenerem
Maßstab der Beträge und niedererem wirtschaftlichen Niveau – es handelte
sich vorwiegend um Hypotheken und Produktenhandel – waren die auch hier
unvermeidlichen Spannungen von etwas anderer Natur. So erklärt etwa
Thomas Buddenbrook seiner Schwester Tony in bezug auf Landwirte, mit
denen seine Firma Verbindungen unterhält: „Du weißt unter ihnen ist dieser

---

[138] Vgl. besonders *Böhme*, aaO, und *Fürstenberg*, op. cit., *passim*. Die weniger
organisierte Landwirtschaft bezog ihre Hypotheken von bescheideneren, oft jüdischen
Finanzinteressen, was auch hier unvermeidlich Spannungen hervorrief.

[139] AaO, 393. „Das Gefühl der Industriellen", schreibt Fürstenberg an anderer
Stelle, „wandelt ganz andere Wege als das Gefühl des Bankiers. Sind beide aufeinander eingestellt, so kreuzen sich ihre Wege in dem richtigen Schnittpunkt, und es
ergeben sich Möglichkeiten der Zusammenarbeit." (AaO, 196.)

[140] Für die Evolution der Beziehungen von Bankkapital und Industrie im Zeitalter der „Großen Depression" vgl. *Böhme*, aaO, 436 ff.

[141] So scheint der jüdische Sektor der Elektrotechnik (wie allerdings auch die
Siemens mit der Deutschen Bank) harmonisch mit seinen Bankverbindungen zusammengearbeitet zu haben. *Fürstenberg* spricht von den Möglichkeiten der Zusammenarbeit „wie sie zum Beispiel zwischen Emil Rathenau und mir in niemals getrübter
Harmonie bestanden". (Op. cit., 196.) Seine Zusammenarbeit mit Unternehmen der
Schwerindustrie, besonders der Hibernia, führte zu keinem ähnlich warmen und persönlichen Verhältnis. Die Loewes wiederum scheinen eng und harmonisch u. a. mit
Fürstenberg selbst wie auch mit Eugen Gutmann, dem einflußreichen Geschäftsinhaber der Dresdner Bank, zusammengearbeitet zu haben (*Oliven*, aaO, 3). Ballin
wiederum war „unzertrennlich" von seinem engsten Freund Max Warburg, mit dem
er in fast täglicher Verbindung stand (*Cecil*, Albert Ballin [dt. Ausgabe], 124).
Vgl. auch *Eduard Rosenbaum*, Miscellany III. A Postscript to the Essay on Albert
Ballin, in: Year Book IV of the Leo Baeck Institute, London 1959, 267 ff.

und jener, der den Kaufleuten, obgleich sie ihm doch so nötig sind wie er ihnen, nicht allzuviel Hochachtung entgegenbringt, die – bis zu einem gewissen Grade anzuerkennende – Überlegenheit des Produzenten über den Zwischenhändler im geschäftlichen Verkehr allzusehr betont und, kurz, den Kaufmann mit nicht sehr anderen Augen ansieht als den hausierenden Juden, dem man mit dem Bewußtsein, übervorteilt zu werden, getragene Kleider überläßt." [142].

Auf dem Hintergrund dieser psychologischen Spannungen nun verschärften sich mit Einbruch der „Großen Depression" die kollektiven Interessengegensätze innerhalb der deutschen Wirtschaft. Geld wie Warenhandel waren notwendig freihändlerisch – „Daß man eine gesunde liberale Wirtschaftspolitik vertritt, versteht sich von selbst", sagt der Chefredakteur des Heinrich Mannschen, dem *Berliner Tageblatt* nachgebildeten „Nachtkourier", „wir wären verrückt, wenn wir es nicht thäten" [143] – und international, Landwirtschaft und Schwerindustrie hingegen, besonders in Krisenzeiten, schutzzöllnerisch und „national". Unter dem Slogan des „Schutzes der nationalen Wirtschaft" entstanden die großen Interessenverbände des Bundes der Landwirte und des Zentralvereins der Industriellen, ideologisch unterbaut von der aufsteigenden „deutsch-nationalen" Ideologie. Ein Fürstenberg hingegen, ein Mann der großen internationalen Finanzgeschäfte, ein Ballin als Vertreter der weltweiten Interessen der HAPAG, mußten notwendigerweise international und freihändlerisch denken. So hatte z. B. die HAPAG ein hervorragendes Interesse an der lukrativen Einfuhr von amerikanischem Getreide und Fleisch, der Grundlage ihres wichtigen Übersee-Frachtgeschäftes. Hohe agrarische Importzölle, das Lieblingskind der agrarischen Interessenpolitik, drohten die Einfuhr amerikanischer landwirtschaftlicher Produkte weitgehend abzudrosseln – mit katastrophalen Folgen für den Frachtverkehr der HAPAG. So propagierte die Schiffahrtsgesellschaft denn den Abbau selbst bereits bestehender Zölle, bewirtete Parlamentarier, Akademiker und andere, von denen sie Unterstützung im Kampf mit den Agrariern erhoffte [144]. Die Agrarier ihrerseits richteten wütende Angriffe auf Interessengruppen, die sie als besonders feindlich gesinnt empfanden, auf Großbanken, Zwischenhandel und verarbeitende Industrie, „insbesondere dort, wo sie mit den landwirtschaftlichen Nebenbetrieben und den ländlichen und kleinstädtischen Handwerkern" konkurrierten [145], also genau auf die Zweige der stärksten jüdischen Betätigung. Der Kampf der Interessen erreichte einen Höhepunkt, als in den Jahren 1908/09 wachsende Staatsausgaben eine Steuerreform unumgänglich machten. Die Regierungsvorlage sah unter anderem eine Besitzsteuer vor, in Form einer Erbschaftssteuer mit Ausdehnung auf die Deszendenten. Konservative und Agrarier,

[142] *T. Mann*, Buddenbrooks, Frankfurt u. Hamburg 1960, 311 f.
[143] *H. Mann*, Schlaraffenland, 29.
[144] *Cecil*, Albert Ballin (dt. Ausgabe), 106 f.
[145] *Puhle*, op. cit., 155.

die eine derartige Steuer kategorisch ablehnten, plädierten dagegen für eine Erhöhung der Börsenumsatzsteuer, die Einführung einer Dividendensteuer und andere Maßnahmen, bestimmt, die neuen Steuern auf das sogenannte „mobile Kapital", d. h. Banken und Börsen, abzuwälzen[146]. Dem widersetzten sich nun wiederum die Bank-, Handels- und z. T. Industrieinteressen. 1909 wurde auf Initiative Jakob Riessers[147], Vorsitzender des Zentralverbandes des deutschen Bank- und Bankiersgewerbes, der Hansabund für Gewerbe, Handel und Industrie, gegründet* zum Schutz von deren berufsständischen Interessen und als Gegengewicht gegen den Bund der Landwirte. Den Gründungsaufruf zeichneten, neben Riesser selbst, unter vielen anderen, jüdische Kapitalisten wie Carl Fürstenberg, Franz von Mendelssohn[148], Arthur Salomonsohn (Disconto-Gesellschaft), Paul von Schwabach (S. Bleichröder), Max Warburg, Albert Ballin und Emil Rathenau[149]. Unter den sieben Rednern bei der Gründungsversammlung in Berlin befanden sich, neben Riesser, Franz von Mendelssohn und Emil Rathenau[150]. Unter stürmischem Beifall appellierte Riesser an alle diejenigen, „deren Lebensinteresse die freie Bewegung und der freie Verkehr, deren Lebensbedingung der nicht gebundene, nicht abgeschlossene, mit allen Staaten der Welt in freiem Wettbewerb stehende Rechts- und Verfassungsstaat" ist[151]. Als Gegengewicht gegen die „Tyrannei" des Bundes der Landwirte sah das Programm des Hansabundes eine umfassende Finanzreform, neue Handelsverträge sowie „gerechte Verteilung der Staatslasten unter sämtliche Erwerbsstände" vor[152]. Die Führer bezweckten die Schaffung einer großen anti-agrarischen Interessengemeinschaft unter dem Banner des wirtschaftlichen Liberalismus. Begreiflicherweise stieß diese Absicht auf den erbitterten Widerstand des Bundes der Landwirte. „Da sehen wir denn seit langen Jahren", erklärte sein Sprecher Diederich Hahn, „wie das Großkapital, im besonderen das mobile Kapital, in Deutschland mit der äußersten Kraftanstrengung danach ringt, die Herrschaft an sich zu reißen. Nicht das Judentum allein, sondern auch viele Christen mit den Juden; aber die Juden sind der innerste und am festesten organisierte konzentrische Kreis, um den die anderen sich gruppieren."[153] Der

---

[146] *Stegmann*, op. cit., 176 f.

[147] Neffe Gabriel Riessers, Mitglied der Frankfurter Nationalversammlung, bis 1905 Direktor der Darmstädter Bank, dann Professor des Handelsrechts in Berlin, Ältester der dortigen Kaufmannschaft und Vizepräsident der Handelskammer.

* Siehe hierzu ebenfalls den Beitrag von *Peter Pulzer*, Die jüdische Beteiligung an der Politik, im vorliegenden Bande, S. 229 ff. (Hrsg.).

[148] Die Tatsache der Taufe bei einzelnen der jüdischen Wirtschaftsführer ist im gegenwärtigen Zusammenhang (wie übrigens auch im Verständnis der Zeitgenossen) bedeutungslos.

[149] *Stegmann*, op. cit., 179.

[150] AaO, 178.

[151] *Tille*, op. cit., 253 f.

[152] *Puhle*, op. cit., 161.

[153] AaO, 131, Anm. 110.

Hansabund, so klagten die Landwirte, wolle „den Schutz der nationalen Arbeit abschaffen und den Freihandel zum alleinigen Vorteil des internationalen Börsenkapitals und Großhändlertums" einführen[154]. Nieder, so stand zu lesen, mit den „Abbaumeistern der deutschen Agrarschutzzölle ... mit den undeutschen, nicht bodenständischen Elementen der roten wie der goldenen Internationale"[155]. Jakob Riesser aber galt als der Exponent *par excellence* des „jüdischen Liberalismus"[156], und so polemisierte man denn gegen das „neue (jüdische) Riesser-Recht" und die „Riesser-Reaktion"[157] (gegen die Schutzzollpolitik).

Besonders herausfordernd für den Bund der Landwirte war die Absicht des Hansabundes, den Konservativen (und Agrariern) den alten wie den neuen Mittelstand unter dem Banner der Verteidigung von Mittelstandsinteressen abspenstig zu machen. „Würde der Hansabund sich aber als das geben, was er in der Tat ist", so schrieb das Organ des Bundes der Landwirte, „eine auf manchesterlich-liberaler Grundlage beruhende Interessenvertretung der Großbanken und des Großhandels, so würde man dagegen nichts einwenden können; denn jeder wehrt sich seiner Haut so gut er kann, auch der Großkapitalismus, wenn er merkt, daß von ihm infolge der besseren Einsicht des Reichstags endlich einmal die Steuern herangeholt werden, die er leicht tragen kann, bisher aber nicht getragen hat". Nun wolle aber der Hansabund alle Gewerbetreibenden einschließlich der Angestellten vertreten, also die Großindustrie neben dem Handwerk[158], Warenhäuser und Konsumvereine neben dem Heer der von ihnen besoldeten Privatbeamten, Handlungsgehilfen und Arbeiter, die reichen Geldleute neben dem Mittelstand...[159]. Die Sammlung andererseits wie die Agrarier selbst sie bezweckten, richtete sich zwar auch „gegen die Sozialdemokratie, in erster Linie aber gegen den 'jüdischen Liberalismus' "[160].

V

Im Kampf um den Mittelstand standen die Aussichten des Hansabundes, nach einigen anfänglichen Erfolgen, wenig günstig. Man hat von einer „Panik im Mittelstand" (spezifisch im alten Mittelstand von Handwerkern, Bauern und Kleinkaufleuten) gesprochen infolge der wirtschaftlichen Depression und

---

[154] Zitiert nach aaO, 162, Anm. 115.

[155] AaO, 131. Der Ausdruck „goldene Internationale" wurde wohl erstmalig 1876 von C. Wilmanns geprägt (aaO, 117).

[156] AaO, 131, Anm. 110.

[157] AaO, 131.

[158] Von „Krupp herunter bis zum kleinsten Handwerker und Detaillisten" wie es verächtlich hieß. (*Stegmann*, op. cit., 178.)

[159] *Puhle*, op. cit., 161 f., Anm. 112.

[160] AaO, 160.

des verschärften Wettbewerbs durch die Entwicklung von Warenhäusern, Versandgeschäften und Konsumvereinen. Die Depression in der Landwirtschaft wiederum verstärkte in vielen Fällen die bäuerliche Verschuldung. Damit waren weite Kreise des Mittelstandes zumindest anfällig für antikapitalistische und demgemäß auch besonders für antisemitische Propaganda. So warnte etwa die Mittelstandsvereinigung des Königreichs Sachsen in einem Rundschreiben ihre Mitglieder, das konstituierende Präsidium des Hansabundes setze sich hauptsächlich aus ausgesprochenen Vertretern des Großkapitals zusammen, weshalb die Mittelklasse im Hansabund nur eine gegnerische Organisation erblicken könne, die vielleicht nur geschaffen würde, um der Mittelstandsbewegung zugunsten des Großkapitals Abbruch zu tun[161]. Der 31. Westfälische Handwerkertag wiederum lehnte unter Warnung vor den im Hansabund vereinigten „Totengräbern des Handwerkes", den vereinigten „Warenhausbesitzern und Börsenjobbern", jede Gemeinschaft mit diesem ab[162]. Die Zentralvereinigung deutscher Vereine für Handwerk und Gewerbe in Berlin schließlich erklärte in einem Rundschreiben, die besonders im Hansabund vertretenen Gruppen hätten sich stets als „die grimmigsten Feinde des kaufmännischen und gewerblichen Mittelstandes" erwiesen, als „Förderer und Beschützer der Warenhäuser, der Konsumvereine usw., als Gegner des Unlauterkeitsgesetzes, der gleichberechtigten Vertretung des Kleinhandels"[163]. So sei es von den Interessenten des gewerblichen Mittelstandes ein Irrtum zu glauben, daß sie jemals von dieser Seite etwas für sie Ersprießliches zu erwarten hätten[164].

Die verbreiteten antikapitalistischen Ressentiments weiter Mittelstandsschichten[165] erhielten dann leicht, wenn auch nicht durchgehend[166], antisemitische Färbung. Sie waren tatsächlich fast unvermeidlich antisemitisch artikuliert und nahmen früher oder später die entsprechenden Formen an[167]. So schrieb der antisemitische Reichstagsabgeordnete Leuß den Beschwerden des Mittelstandes einen wesentlichen Anteil an den politischen Erfolgen der anti-

---

[161] *Tille*, op. cit., 284 f.

[162] AaO, 294.

[163] In den Handelskammern.

[164] *Tille*, op. cit., 294.

[165] Durchaus nicht alle Zweige des Handwerks wurden gleichmäßig durch die kapitalistische Wirtschaftsentwicklung geschädigt. Einzelheiten bei *Segall*, op. cit., 43.

[166] Für die stufenweise Entwicklung wesentlicher Kreise von Handwerksmeistern vom Liberalismus über politischen Konservatismus (bzw. Unterstützung des katholischen Zentrums) zum politischen Antisemitismus vgl. *Shulamit Angel-Volkov*, The Social and Political Function of Late 19th Century Anti-Semitism. The Case of the Small Handicraft Masters, in: *Wehler*, Sozialgeschichte Heute, 416 ff.

[167] In den Kreisen des sinkenden Handwerks (aber nicht aller Handwerkszweige gleichmäßig) entwickelte sich, nach Sombart „ein durchaus naturwüchsiger Antisemitismus", der sich, wie es „solchen blinden Volksbewegungen eigen zu sein pflegt... an die greifbare Form (das Judentum) statt an den inneren Kern (den Kapitalismus)" hielt. (*Sombart*, Die deutsche Volkswirtschaft, 117.)

semitischen Parteien in den frühen neunziger Jahren zu. „Anderen Kreisen",
so schrieb er, „gab der jüdische Einfluß in der Gesetzgebung (Lasker und Bamberger) Veranlassung zum Unbehagen; die wirtschaftlichen Mißerfolge des
Mittelstandes wurden dieser Gesetzgebung zugeschrieben, und man wollte
entdecken, daß die Entfesselung des ‚freien Spiels der Kräfte‘, die Zerstörung
(anstatt der Reformation) der alten Organisation des städtischen Gewerbes
wesentlich durch jüdischen Einfluß und zugunsten des jüdischen Gewerbes
(Handels) zu Wege gebracht sei[168]. Daß man im Strafgesetzbuch gänzlich vergessen hatte, den Wucher zu berücksichtigen, fand man nicht minder charakteristisch für den Geist und für die Inspiratoren der Gesetzgebung, der selben
Gesetzgebung, die dem Aktien- und Gründungs-Schwindel Thür und Thor
offen ließ."[169] Zehn Jahre später formulierte ein anderer Antisemit, Otto
Böckler von der Deutschen Reformpartei, im Reichstag in mehr völkisch ver-
brämter Form ähnliche mittelständische Klagen:

> „Es ist dahin gekommen, daß unsere höchsten Stellen verballinisiert sind, daß bis
> an die höchsten Stufen des Thrones die Fremdlinge aus Palästina und Amerika Zu-
> tritt haben ... aber das schlichte, treuarbeitende deutsche Volk, unsere Handwerker,
> Kleingewerbetreibende, unser Bauernstand, diese Stände, die in schlichter ehrlicher
> Treue unser Volk aufgebaut haben, – für sie ist der Weg sehr erschwert."[170]

Und zweifellos entsprachen derartige verallgemeinernde Klagen bei vielen
„Mittelständlern" auch praktischen Erfahrungen des täglichen Lebens. Da sie
kaum Memoiren hinterließen, ist man hier weitgehend auf literarische Belege
angewiesen. So sagt etwa ein Barbier in Heinrich Manns *Der Untertan* mit
Bezug auf den jüdischen Konkurrenten empört zu einem Kunden: „Schon wieder ein alter Kunde, Herr Assessor, der zu Liebling hinübergeht, bloß weil
Liebling jetzt Marmor hat"[171]. Oder man betrachte etwa die Schilderung des
Geschäftserfolgs von „David Silberstein & Co., Tuche en gros und en detail"
in einer mittleren Provinzstadt, wie sie Ernst Glaeser (weitgehend autobiogra-

---

[168] *Sombart* schreibt (geflissentlich übersehend, daß auch jüdische Kleinunternehmer
ruiniert wurden), daß „beispielsweise Schneiderei, Schuhmacherei, Tischlerei, Bau-
handwerk zum großen Teile der rastlosen Tätigkeit jüdischer Geschäftsmänner ihren
Untergang verdanken" (aaO).

[169] *Leuß*, aaO, 327 f. Tatsächlich hatten bei der Aktiennovelle von 1870, die die
Gründung von Aktiengesellschaften mit beschränkter Haftung wesentlich erleichterte,
Lasker und Bamberger eine bedeutsame Rolle gespielt (vgl. *Levy*, op. cit., 13).

[170] Reichstag XI. Legislaturperiode, I. Session, erster Sessionsabschnitt (1903/4),
Bd. 1, 11. Sitzung, Donnerstag den 14. Januar 1904, 277. Manche Handwerkerkreise
allerdings hielten an den alten liberalen Traditionen ihres Standes fest. So klagt
Böckler über diejenigen Handwerker, die sich einer zwangsweisen Sozialversicherung
widersetzten: „... Welche Handwerker sind es denn, die sich dagegen aussprechen?
Es sind gewöhnlich diejenigen, die von der manchesterlichen Judenpresse ihre Geistes-
nahrung beziehen, diejenigen, die sich noch nicht haben losmachen können von dem
alten Vorurteil, als dürfe man keinen Menschen etwas einzwängen ... [sic]". (AaO,
276.)

[171] *H. Mann*, Untertan, 58.

phisch) in *Jahrgang 1902* schildert. Aus der längeren Beschreibung verlohnt
es sich zumindest, einen charakteristischen Auszug herauszugreifen:

> „Mit fünf Wachsfiguren, einem Luftventilator und drei zu dem Zerstäuber ge-
> schriebenen Gutachten durchbrach Herr Silberstein die feindliche Stimmung der
> Stadt, die gegen ihn gezüchtet wurde, wenigstens soweit sie ihm geschäftlich schaden
> konnte. Bald war man auch von der Qualität seiner Waren überzeugt, besonders
> seiner englischen Stoffe, die er von irgendeinem Vetter aus London in Kommission
> bezog und wegen geringer Spesen für Miete und Personal bedeutend billiger
> liefern konnte als die altrenommierten Firmen in der benachbarten Großstadt.
> Zwar war es den Beamtenfrauen von ihren Männern untersagt, bei Herrn Silber-
> stein mehr als das Nötige zu kaufen, aber die Beamtenfrauen waren klug und
> vorurteilslos genug, die Stoffe für ihre Gatten bei Herrn Silberstein zu erstehen
> und, indem sie die Differenz zur Stärkung ihres ohnehin knappen Haushaltungs-
> gelds verwendeten, diesen Gatten das Tuch als das Produkt einer altrenommierten
> und seriösen Firma vorzulegen, was diese auch nach kurzer Prüfung sofort
> schmunzelnd zu erkennen glaubten. Silbersteins ärgste Feinde gingen schließlich in
> seinem Tuch. Er war ein heimlicher Helfer der Frauen. Sein Geschäft florierte von
> Tag zu Tag mehr." [172]

Es unterliegt keinem Zweifel, daß, dank Anpassungsfähigkeit, Geschäfts-
tüchtigkeit, niedrigen Preisen und guten Verbindungen, der jüdische Kaufmann oft äußerst wettbewerbsfähig war. Bei nichtjüdischen Konkurrenten in
finanziellen Schwierigkeiten wird es ihn nicht beliebter gemacht haben.

Ein spezielles Gebiet jüdisch-mittelständischer Wirtschaftsbeziehungen war
der ländliche Produktenhandel, häufig verbunden mit Geldverleih- und Wu-
chergeschäft. Die hier offensichtlichen Mißbräuche lenkten, besonders in den
achtziger und neunziger Jahren, die öffentliche Aufmerksamkeit auf sich.
So organisierte 1887 der Verein für Sozialpolitik eine sogenannte „Wucher-
enquête". Man fand den ländlichen Wucher (wesentlich aufgrund ökonomischer und psychischer Eigenschaften der betroffenen Bauern) „in ausgeprägter
aber noch nicht notwendig ruinös wirkender Weise" in Württemberg, Bayern,
im Saargebiet, in der Rheinprovinz, in den Regierungsbezirken Wiesbaden
und Kassel, in Westfalen, im Großherzogtum Oldenburg, sowie in den Provinzen Sachsen, Brandenburg, Schlesien und Pommern. Hingegen konstatierte
man „wirklich bedrohliche Ausmaße des ländlichen Wuchers" in Baden, Hessen, der Gegend um Trier und in der Provinz Posen. Fast alle Berichterstatter
berichteten zudem, daß es zu den „grundlegenden und vitalen persönlichen
Erfahrungen" der meist durch eigene Schuld von Juden „ausgewucherten"
Bauern gehöre, „um sich herum im kleinen Erfahrungshorizont der Gemeinde
und des Kreises ein ‚gut organisiertes Netz der Auskundschafter des Wucherers' zu sehen, der sein Geschäft noch dazu mit anderen Berufsgenossen koor-
diniere" [173]. War dann auch in der Periode des wirtschaftlichen Aufschwungs,

---

[172] *Ernst Glaeser*, Jahrgang 1902, Potsdam 1928, 57.
[173] *Puhle*, op. cit., 126 f.

nicht zuletzt dank der Entwicklung von ländlichen Verkaufs- und Kreditgenossenschaften, der Wucher im Abnehmen begriffen, so wurde er dennoch besonders in Gegenden wie Hessen und Posen agitatorisch ausgeschlachtet und zu einem integralen Bestandteil des jüdischen Stereotyps.

Tatsächlich waren die Motive der antijüdischen Propaganda zur Zeit der antisemitischen Wahlerfolge gegen Ende der Großen Depression hauptsächlich wirtschaftlicher Natur. Es waren vorwiegend wirtschaftliche Argumente, vermittels derer man die mittelständischen Massen anzusprechen versuchte. So stellt Leuß Erscheinungen des Wirtschaftslebens zusammen, die nach seiner Ansicht der antisemitischen Bewegung Vorschub leisteten:

„Der Wucher in Hessen hat in der dortigen bäuerlichen Bevölkerung eine heftige Mißstimmung gegen die Juden hervorgerufen. Der Siegeszug des jüdischen Handels durch die Städte hat die deutsche Kaufmannschaft, besonders den Kleinhandel einiger Branchen, mit Erbitterung erfüllt. Der jüdische Einfluß auf dem Kapitalmarkt, bei Gründungen &c haben ähnliches Mißbehagen in weitere Kreise getragen... Der Umstand, daß die selben [jüdischen] Blätter sich jeder Einschränkung des freien Spieles der Kräfte, jedem Schutz der nationalen Produktion widersetzen, hat wieder andere, besonders landwirtschaftliche Kreise, zu den Antisemiten geführt."[174]

Inwieweit der in der Enquête belegte Wucher dem wirtschaftlich begründeten Antisemitismus bei nicht direkt Betroffenen Vorschub leistete, ist schwer zu bestimmen. Mag auch in vielen Fällen der wirtschaftlich begründete Antisemitismus nicht das Resultat eigener persönlicher Erfahrungen gewesen sein, so muß man sich doch andererseits fragen, ob nicht auch des öfteren persönliche Erlebnisse die entscheidende Wirkung auslösten. Sieht man z. B. von dem übertriebenen Pathos der „Bekehrungs"-beschreibung und ihrem demagogischen Zweck ab, so mag die bekannte Schilderung des Antisemiten Otto Böckel doch immerhin einen Kern von Wahrheit enthalten. „Es war im Herbst 1883", so erklärte Böckel vor einer Versammlung von Antisemiten in Berlin, „wo ich an einem recht drastischen Falle das Elend kennen lernte, das die Juden über unser Volk bringen. Ein früher wohlhabender Bauer war durch einen Juden vollständig verarmt; wenige Tage nach der Subhastation des Bauerngutes fand man den Juden ermordet. Der Bauer wurde vor die Geschworenen in Marburg gestellt, aber freigesprochen. Die Verhandlungen enthüllten ein schauerliches Bild jüdischen Wuchers. Ich verfolgte den Proceß mit großer Spannung; am Tage, an dem das Urtheil gesprochen wurde, befand auch ich mich unter der harrenden Menge. Ich vergesse nie den Augenblick, wo das freigesprochene Opfer des Juden aus der Thüre des Gerichtsgebäudes trat. Hundertstimmiges Bravo erschütterte die Luft, die Volksmasse war außer sich vor Freude. Da, in dieser packenden Stunde, habe ich mir gelobt: ‚Es darf nicht mehr lange gehen, du mußt gegen das Treiben der Juden eintreten mit deiner ganzen Person. Das Volk lechzt nach einem Befreier!' Von dieser Stunde an bin ich antisemitischer Agitator, das Bild des armen, vom Juden ausgeraubten Bauern treibt mich vorwärts; ob der Feinde noch soviel, ob der Schmutz und der Haß noch so groß, ich muß kämpfen und werde kämpfen bis zum letzten Blutstropfen, bis zum letzten Hauche." (*Böckel*, op. cit., 6–7.)

[174] *Leuß*, aaO, 329 f. Auch fragt Leuß, ob es eines Volkes würdig sei, ruhig zuzusehen, „wie die alten Patrizierhäuser der Städte in jüdischen Besitz übergehen... wie Grund und Boden mit jedem Jahr an das mobile Kapital vergantet wird, dessen Führung und Regierung in jüdischen Händen liegt." (AaO, 330.)

Es ist festzustellen, daß Leuß in seiner Analyse weder religiöse noch ausgesprochen rassische Motive betont, dagegen die wirtschaftlichen Elemente – neben ideologischen, von denen noch zu sprechen ist – in den Vordergrund stellt[175]. Mit dem wirtschaftlichen Aufschwung seit Mitte der neunziger Jahre verloren viele dieser Beschwerden an Aktualität (und die Antisemiten an Wählern). So schrieb Walther Rathenau 1911, die Abneigung auf christlich-deutscher Seite gegen die Juden sei bis vor etwa zwei Jahrzehnten stark angewachsen „und zwar in gleichem Maße wie die Zahl, der Reichtum, der Einfluß, die Konkurrenz, das Selbstbewußtsein und die Schaustellung der Juden fühlbar wurde". Seit der letzten Antisemitenperiode [der frühen neunziger Jahre] dagegen scheine „der deutsche Antagonismus stabil geblieben, vielleicht um eine Kleinigkeit rückgebildet zu sein"[176]. Führte zwar die rapide Entwicklung des „Organisierten Kapitalismus", innerhalb dessen weitere nichtjüdische Schichten sich kapitalistischen Wirtschaftsformen anzupassen und sie für ihre Zwecke zu benutzen begannen, zu einer gewissen Reduzierung der jüdischen Wirtschaftsrolle[177], wie auch der wirtschaftlichen Spannungen, so blieb dennoch auch weiterhin ein weites Feld für vielerlei Formen der wirtschaftlichen Konkurrenz.

VI

Was vielen als fragwürdig erschien, waren jedoch nicht allein Aspekte des jüdischen Wirtschaftsgebarens. Eine weitere Kritik – wenn auch vielleicht weniger vehement – richtete sich gegen die jüdische Intelligenz und ihre Rolle im öffentlichen Leben Deutschlands. Diese Rolle kann hier nur kurz gestreift werden. (Dabei wird die Kulturkampfproblematik ausgeklammert, teils weil ihre Wurzeln in das frühkapitalistische Zeitalter zurückreichen, teils auch weil im Wilhelminischen Reich nur noch Nachklänge vergangener Kämpfe übrigblieben.)* Auch in ideologischer Hinsicht war die beklagte jüdische Haltung entscheidend von der Einstellung zu den Werten des Kapitalismus mitbestimmt. Hier ist zunächst zu bemerken, daß, mit geringfügigen Ausnah-

---

[175] Tatsächlich weist Antisemitismus wie der von Leuß gewisse defensive Züge auf. Sicher zu Recht meint Rürup, die gemeinsame Basis für die Antisemiten aller Schattierungen sei die Behauptung, daß das emanzipierte Judentum eine Macht darstelle, gegen die man sich in einem Abwehrkampf befinde. „In seinem Selbstverständnis ist der moderne Antisemitismus zunächst eine Abwehrbewegung gegen jüdischen Einfluß und Herrschaftsanspruch." (*Rürup,* Kontinuität und Diskontinuität, aaO, 404.)

[176] *Rathenau,* op. cit., 220.

[177] Inwieweit allerdings diese Tatsache besonders nichtjüdischen Zeitgenossen zum Bewußtsein kam, muß dahingestellt bleiben.

* Siehe hierzu die Beiträge von *Hermann Greive,* Die gesellschaftliche Bedeutung der christlich-jüdischen Differenz. Zur Situation im deutschen Katholizismus, S. 354 ff., und *Werner Jochmann,* Struktur und Funktion des deutschen Antisemitismus, S. 398 ff., im vorliegenden Bande (Hrsg.).

men, alle innerjüdischen Richtungen eine positive Einstellung zu Erwerb und Besitz, d. h. zum Kapitalismus, an den Tag legten. So hat man sogar die „kapitalistische Mentalität" der Juden direkt mit dem Charakter der jüdischen Religion (wie diese wiederum mit kapitalistischen Anschauungen besonders im Calvinismus) in Verbindung zu setzen gesucht. Max Weber z. B. ist der Ansicht, daß für die Entfaltung des spezifisch modernen kapitalistischen Ethos „vielleicht die erheblichste Rolle, die das jüdische ‚Gesetz' spielte, die [war], daß seine Legalitätsethik in die puritanische Ethik rezipiert und hier in den Zusammenhang der modern-bürgerlichen Wirtschaftsmoral gestellt wurde"[178]. Andererseits aber war die Einstellung zum Kapitalismus, spezifisch der jüdischen Intelligenz, wie bekannt, eine äußerst differenzierte. Während einerseits jüdische Publizisten, etwa Jakob Riesser oder die Wirtschaftsjournalisten der führenden „jüdischen" Blätter, orthodox manchesterliche Positionen bezogen[179] (trotzdem die allgemeine Einstellung dieser Blätter eher demokratisch-reformkapitalistisch, selbst sozialreformatorisch artikuliert war) wandten sich zunehmend Teile der jüngeren jüdischen Intelligenz vom Manchestertum der Väter ab und der antikapitalistischen Ideologie des Sozialismus zu.

Für die Prominenz der jüdischen Intelligenz in der deutschen Sozialdemokratie hat man verschiedene Gründe ins Feld geführt. So betont z. B. Robert Michels zunächst die jüdische (? erbliche) Veranlagung zum charismatischen Führertum überhaupt. „Spezifische Eigenschaften des Judentums, insbesondere ein unter seinen Stammesangehörigen besonders häufig anzutreffender einseitiger, auch die Massen mitreißender Fanatismus, der felsenfeste, suggestiv wirkende Glaube an sich selbst – das Prophetentum in ihm – dazu starke rednerische und dialektische Gewandtheit und ein noch stärkerer Ehrgeiz und Drang zur Schaustellung eigener Leistungen sowie, in allererster Linie, seine schier unbegrenzte Adaptabilität machen den Juden zum geborenen Massenführer, Organisator und Agitator."[180] „Es gibt nichts", schließt Michels nach Aufzählung jüdischer Führer der verschiedenartigsten Bewegungen, „was die Juden nicht zu organisieren fähig und imstande wären. Selbst unter den Führern des Antisemitismus befinden sich Männer, die ihrer Abstammung nach Israel nahe stehen."[181]

Diese angeblichen Talente zum Führertum nun, so wird weiter argumentiert, bewiesen die Juden in hohem Grade außer in der liberalen, hervorragend auch in der sozialdemokratischen Bewegung. Es lohnt sich, Michels' Liste der jüdisch-sozialistischen Intellektuellen zu betrachten:

[178] *Max Weber*, Wirtschaft und Gesellschaft, in: Grundriß der Sozialökonomie, Abt. III, 2. Halbband, Tübingen 1925, 812.

[179] Die „Herr-im-eigenen-Haus"-Ideologie, besonders im Sinne der westdeutschen Schwerindustrieunternehmer allerdings dürfte auch bei „manchesterlichen" jüdischen Intellektuellen auf wenig Liebe gestoßen sein.

[180] *Michels*, op. cit., 331 f.

[181] AaO, 332.

„Juden waren die beiden großen Stammväter der deutschen Arbeiterbewegung, Ferdinand Lassalle und Karl Marx, wie deren älterer Zeitgenosse Moses Hess. Ein Jude war der erste bedeutende liberale Politiker alten Schlages, der sich der Sozialdemokratie anschloß, Johann Jacoby. Ein Jude hat die erste sozialdemokratische Zeitschrift in deutscher Sprache gegründet, der Idealist Karl Höchberg, Sohn eines begüterten Lotteriekollekteurs in Frankfurt a. M. (1885). Ein Jude hat die Probleme des Revisionismus, welche die Partei hart an den Rand der Spaltung bringen sollten, aufgerollt. Ein Jude war der gewohnheitsmäßige Präsident der sozialdemokratischen Kongresse, Paul Singer, der Parteimäzen. Unter den 81 in der Reichstagswahl von 1903 gewählten sozialdemokratischen Abgeordneten befanden sich … 9 Juden, darunter 4 noch mosaischen Glaubensbekenntnisses (Stadthagen, Singer, Wurm, Haase). Als Theoretiker (Ed. Bernstein, Adolf Braun, Jakob Stein, Simon Katzenstein, Bruno Schönlank), als Journalisten (Gradnauer, Eisner, Josef Bloch, der Redakteur der Sozialist. Monatshefte), als Führer und Anreger auf allen Gebieten der sozialdemokratischen Tätigkeit (der Kommunalpolitiker Hugo Heimann, der Wahlrechtsspezialist Leo Arons, der Jugendorganisator Ludwig Frank) haben Juden der Partei bedeutsame Dienste geleistet. In fast allen lokalen Sektionen befinden sich Juden mit an der Spitze…" [182]

Von jüdischen Intellektuellen, meint Michels, dürften der Sozialdemokratie schätzungsweise 20–30 Prozent angehören [183].

Woher nun, fragte Michels, diese „Massenhaftigkeit des Auftretens"? Zur Erklärung verweist er auf die „Sonderstellung des Judentums von gestern und heute", die Unvollständigkeit der jüdischen Emanzipation. Der gesetzlichen Emanzipation sei, wenigstens in Deutschland und den östlichen Ländern, die gewohnheitsrechtliche und soziale noch nicht gefolgt [184]:

„In der Karriere sieht sich der Jude benachteiligt, vom Richter- und Offiziersstand, von der Regierungslaufbahn so gut wie ausgeschlossen. Dagegen gärt im Judentum überall noch ein altes und berechtigtes Gefühl sittlicher Empörung über das seinem Volksstamm zugefügte Unrecht das sich, bei dem idealistischen Fonds, der diese von Extremen beherrschte Rasse beseelt, leichter als beim Germanentum in die reine Empfindung des Abscheus vor allem Unrecht umsetzt und sich zur Höhe eines revolutionären Dranges nach großangelegter Weltverbesserung erhebt" [in der zweiten, judenkritischeren Ausgabe von 1925 fügt Michels dann hinzu, „anderer-

---

[182] AaO, 333. „Noch weit hervorragender ist der Anteil der Juden an der sozialistischen Bewegung Österreichs" – es folgt eine weitere Aufzählung von Namen. – Der unter den Theoretikern genannte Jakob Stein ist in der von *Werner Conze* besorgten Neuauflage des Michelsschen Buches, Stuttgart 1957, als Jakob Stern angegeben (aaO, 252).

[183] AaO, 336. Die erste Ausgabe (1911) gibt – sicher irrtümlich – die Ziffer als 2–3 %.

[184] Es wäre interessant festzustellen, wieweit besonders jüdische Jurastudenten, ungleich ihren christlichen Kommilitonen von der begehrten Karriere im Staatsdienst weitgehendst ausgeschlossen, einen Ersatz dafür im sozialdemokratischen „Alternativstaat" suchten und fanden.

8 *

seits allerdings auch als persönliche Verärgerung, maßloser gekränkter Ehrgeiz unangenehm, ja bisweilen selbst mephistophelisch in die Erscheinung tritt."] [185]

Selbst begütert gehörten die Juden Kreisen an, „die sich auch sozial – im geselligen Verkehr, in der öffentlichen Meinung usw – nicht des Vollgenusses der Vorteile erfreuen, welche das bestehende politisch-ökonomisch-mentale System dem auf der gleichen ökonomischen Stufe stehenden Teile der Christen zu bieten vermag [186]. Hierin liegt unzweifelhaft eine Prädisposition der Juden zum Anschluß an die revolutionären Parteien". [187]

Sombart hingegen sieht – eine problematische Erklärung, obwohl nicht ohne einen Kern von Wahrheit – den jüdischen (sozialistischen) Prophetismus als die Kehrseite der jüdischen Veranlagung zum Eigennutz oder, wie Marx es nennt, zum „praktischen Bedürfnis".

> „Wenn wir so viele Juden mit gerade entgegengesetzter Denkweise finden, mit einem, fast kann man sagen, überspannt altruistischen Sinne, einer rigorosen Selbstlosigkeit und einem zelotischen Eifer gegen alles eigensüchtige Wesen, so dürfen wir gerade aus diesen Reaktionserscheinungen auf die Existenz des gekennzeichneten Nationalcharakterzuges schließen. Man hat oft und mit Recht hervorgehoben, wie gerade das wahrhaft heroische Prophetentum, das einzelne Angehörige der jüdischen Rasse auszeichnet, eine volkliche Veranlagung voraussetzt, die in ganz besonders hohem Grade das Bußepredigen herausfordern mußte." [188]

Tatsächlich war, im Rahmen der gesellschaftlich-geistigen Situation des Wilhelminischen Deutschland, besonders im Zeitalter des wirtschaftlichen Aufschwungs, der Antikapitalismus der jüdischen Intellektuellen (wie auch vieler christlicher) ein gut Teil weniger bedeutsam als ein anderes Charakteristikum der von Juden bevorzugten Ideologien – ihr Zug zum Internationalis-

---

[185] AaO, 335 f.

[186] Den relativ hohen Prozentsatz, den gerade das reichere Element der Rentiers unter den Juden bei den Arbeiterparteien stellte, erklärt Michels – den zweifellos bedeutsamen Generationenkonflikt übersehend – einerseits mit den „bereits erwähnten allgemeinen ethnischen Charakteristiken des Judentums", zum andern mit einer, wenig überzeugenden „Psychologie der Übersättigten". (AaO, 339.)

[187] AaO, 335 f.

[188] *Sombart*, Die deutsche Volkswirtschaft, 114. Sombarts psychologische Erklärung findet eine Ergänzung (Bestätigung?) in dem in der deutschen Literatur so beliebten „guten Juden" der, voller Idealismus, die „Habgier" der Stammesgenossen verabscheut, sowie ihre zweifelhaften Geschäftspraktiken verabscheut, sich von ihnen erbittert abwendet, *Freytags* Bernhard Ehrental (Soll und Haben), *Dahns* Miriam und Isaac (Ein Kampf um Rom) (vgl. *George L. Mosse*, Germans and Jews. The Right, the Left, and the Search for a ‚Third Force' in Pre-Nazi Germany, New York 1970, 64 f., 69, 72; und *ders.*, The Image of the Jew in German Popular Culture. Felix Dahn and Gustav Freytag, in: Year Book II of the Leo Baeck Institute, London 1957, 218–227). Leonhard Sirach (*Max Kretzer*, Die Verkommenen) usw. (vgl. *Angel*, op. cit., *passim*, insb. 187). Sollte hier nicht auch eine der Wurzeln des ziemlich verbreiteten sogenannten jüdischen „Selbsthasses" liegen?

mus. Das übrige, schreibt z. B. Michels, tut der „den logischen oder ihrem spontanen Empfinden folgenden Köpfen unter den Juden ganz natürliche immanente internationale Zug, der sie die Barrieren des gegen die Sozialdemokratie erhobenen Vorwurfs der ‚Vaterlandslosigkeit' ohne Herzklopfen mit Leichtigkeit nehmen läßt" [189]. In dieser Hinsicht bestand – zumindest vom Standpunkt der nationalen Chauvinisten – gar kein so großer Unterschied zwischen dem manchesterlichen Liberalismus eines Jakob Riesser, dem demokratischen eines Theodor Wolff oder dem Sozialismus etwa eines Paul Singer. All diese Ideologien trugen internationale Züge, keine betonte besonders „nationale", vaterländische oder auch monarchische Momente. Den „deutsch-Nationalen" galt überdies der „jüdische Liberalismus" – von dem manche unter ihnen sich stärker bedroht fühlten als selbst vom Sozialismus – jedenfalls nur als „die Vorfrucht der Sozialdemokratie". Der Hansabund, der „den Schutz der nationalen Arbeit abschaffen und den Freihandel zum alleinigen Vorteil des internationalen Börsenkapitals und Großhändlertums" einführen wollte, war zumindest den agrarischen Interessen verhaßter als selbst die „vaterlandslosen Gesellen" (die natürlich eher industrielle Interessen bedrohten). Im Rahmen der nationalen Sammlung ließen sich dann natürlich die beiden feindlichen Interessen und damit deren Ideologien verbinden. „Nieder", so hieß es, „mit den undeutschen, nicht bodenständigen Elementen der roten wie der goldenen Internationale". Ob rot, golden (gelegentlich auch schwarz), was man haßte (oder wie Heinrich Manns Diederich Hessling in eigenem und „nationalem" Interesse auszubeuten versuchte), war eben die mangelnde „nationale" Gesinnung der Gegner. Und die jüdische Intelligenz bot den „deutsch-Nationalen" tatsächlich manchen Grund (bzw. Vorwand) zur Klage. Sicher nicht mit Unrecht schrieb Leuß schon 1894: „Taktlose Äußerungen der Presse über die deutsche Geschichte, ähnliche Auslassungen in jüdisch-geschichtlichen Werken (Professor Grätz), wurden als Schläge in das Gesicht des deutschen Volkes empfunden und riefen geradezu hellen Zorn wach." [190]

In Wirklichkeit bemühten sich Juden, mit Ausnahme eines Teils der relativ kleinen Intellektuellenschicht, ihre „nationale" Gesinnung unter Beweis zu stellen. Das war nicht immer leicht. Hing z. B. Herr Leo Silberstein seine imposante schwarz-weiß-rote Fahne bei nationalen Anlässen heraus, so hieß es „der geschäftsschlaue Jude". Hing er sie nicht heraus, „konnte er nachts vor Gejohl, Katzenmusik und Zurufen wie ‚Soz' und ‚vaterlandsloser Geselle' nicht schlafen". Schließlich entschied er sich für das Hinaushängen. „Er wollte lieber als gerissener Geschäftsmann, denn als Sozialdemokrat gelten." [191] Dem Warenhausbesitzer Cohn in Netzig, wiederum, begegnete Peinliches. „Nun, national bin ich auch", beteuerte er am Stammtisch. „Aber bezahlen wir

[189] *Michels,* op. cit., 336.
[190] *Leuß,* aaO, 330.
[191] *Glaeser,* op. cit., 55.

unsere Armee für solche Witze?" Diederich maß ihn. „Ihre Armee sagen Sie?
Herr Warenhausbesitzer Cohn hat eine Armee! Haben die Herren gehört?"
Er lachte erhaben. „Ich kannte bisher nur die Armee seiner Majestät des Kaisers."[192] Trotz Anfechtungen dieser Art gewannen aber auch unter den Juden mit dem Anwachsen internationaler Spannungen patriotische Strömungen allmählich die Oberhand. Die ideologischen Gegensätze verblaßten. Der
Liberalismus insbesondere mischte sich zusehends stärker mit nationalen Motiven. So wandte sich etwa Riesser in der Gründungsversammlung des Hansabundes an diejenigen, „deren Lebenskampf dem Ringen um die wirtschaftliche Weltmachtstellung und um die von außen und innen bedrohte, finanzielle und wirtschaftliche Friedens- und Kriegsbereitschaft des Vaterlandes
sowie dem Kampf gegen eine oft übermäßige Konkurrenz auf dem Welt-
markte gewidmet ist... zu deren Lebensbedürfnis die internationale Arbeit
mit nationalen Zielen gehört"[193]. Und Heinrich Mann hinwieder beschreibt
den wachsenden nationalen Konsens: „Die Flotte, diese Schiffe, verblüffende
Maschinen bürgerlicher Erfindung die, in Betrieb gesetzt, Weltmacht produ-
zierten... sie lag Diederich mehr als alles am Herzen, und Cohn wie Heu-
teufel [der Linksliberale] wurden dem nationalen Gedanken vor allem
durch die Flotte gewonnen*. Eine Landung in England war der Traum, der
unter den gotischen Gewölben des Ratskellers nebelte."[194] Der „Burgfriede"
von 1914 warf seine Schatten.

Schwerer zu versöhnen waren Gegensätze von Kultur und Geschmack.
Platzmangel verbietet eine eingehendere Behandlung. Der Kontrast wird
aufgezeigt durch zwei Ereignisse, über die die Baronin Spitzemberg in ihrem
Tagebuch berichtet. Das erste war die Erstaufführung in Berlin, im Dezember 1896, von Gerhart Hauptmanns *Versunkener Glocke*.

> „Das Haus war bis auf den letzten Platz gefüllt mit Juden und Judengenossen
> und den Vertretern der Presse und Literatur, Harden, Sudermann, Erich Schmidt,
> Fontane[195], Pietsch, welch letztere aber bedenklich die Köpfe schüttelten und nicht
> in den frenetischen Beifall der Anhänger des Dichters einstimmten."[196]

Wenige Monate später – anläßlich des hundertsten Geburtstages Wilhelms I.,
geriet das Stück *Willehalm* des „Hofpoeten" Ernst von Wildenbruch zur
Aufführung. „Das Festspiel ‚Willehalm'", notierte die Baronin, „muß entsetzlich sein, eine breitgetretene Allegorie, fade, ermüdend, zum Teil gerade-

---

[192] *H. Mann*, Untertan, 149 f.
[193] *Tille*, op. cit., 253 f.
* Zur Rolle der Juden in der deutschen Flottenpolitik vgl. die Darstellung von
Peter Pulzer, S. 225 ff. (Hrsg.).
[194] *H. Mann*, Untertan, 467.
[195] Das jüdische Interesse an Hauptmann erinnert unwillkürlich an Fontanes berühmte Verse (1894) über die jüdischen Gratulanten anläßlich seines 75. Geburtstages.
[196] *Vierhaus, Spitzemberg*, op. cit., 348 f.

zu komisch wirkend. Man sagt außer Wildenbruch hätten noch der Kaiser und Kuno Moltke daran gearbeitet was den Mißerfolg erklären würde...[197]. Die Rezensionen des Stücks in der „jüdischen Presse" kann man sich vorstellen [198]. Die Juden, schreibt Rürup, „waren ihrer Situation entsprechend Wortführer der Traditionskritik und einer säkularisierten Kultur und Gesellschaft... sie waren... als soziale Gruppe unbestreitbar Repräsentanten... der bürgerlichen Moderne" [199]. Die sich hieraus ergebenden kulturellen Gegensätze dürften schwer überbrückbar gewesen sein.

Hinzu kam dann noch die intellektuelle (und berufliche) Wettbewerbsfähigkeit von Mitgliedern der jüdischen Intelligenz. So findet sich bei Heinrich Mann der folgende bezeichnende Dialog:

„,Dieser Klempner ist ja ein unausstehlicher Mensch!'
,Was willst Du? Die Leute aus Schlesien und Posen stehen einem überall im Wege. Sie machen heutzutage das Ganze.'
Er zuckte die Achseln.
,Die neudeutsche Kultur hat nun mal was Östliches.'" [200]

Ähnliche Gefühle dokumentieren sich etwa in einem „humoristischen Gedicht", das Ernst Bassermann von seinen Berliner Korpsbrüdern gewidmet wurde, als er in einer juristischen Prüfung an zweiter Stelle hinter dem Juden Sinauer rangierte:

„Herzlichen Glückwunsch, Herr Referendär,
Zum wohlbestand'nen Examen!
Wie herrlich glänzt zu Ruhm und Ehr
Gleich obenan Dein Namen!
Nur eines schmerzt uns all mit Fug –
Wohl schuf auch Dir es Trauer –
Daß Dich um Nasenlänge schlug –
Ei Waih! – Moses Sinauer." [201]

VII

Das Judenstereotyp der Jünglinge war, wie vielleicht zu erwarten, altmodisch und primitiv. Es würde seine Ergänzung finden durch das des jüdi-

---

[197] AaO, 355. Marschall von Bieberstein „war entsetzt wie alle, die das Stück gelesen und noch mehr die, die es gesehen haben" (aaO). Ein Augenzeuge war der nationalliberale Politiker Ernst Bassermann. „...von da direkt ins Opernhaus, wo bis 12 Uhr ein schlechtes Festspiel von Wildenbruch uns festhielt. Was mögen die vielen Ausländer bei diesem Spektakel ohne Inhalt von unserer Literatur sich wohl gedacht haben. Dann ruhten wir uns an der gewohnten Stätte bei einem Glas Bier aus." (*Bassermann*, op. cit., 86.)

[198] Es wäre sicher interessant, die Rezensionen dieser (und anderer) Stücke vergleichsweise zu studieren.

[199] *Rürup*, Kontinuität und Diskontinuität, aaO, 404.

[200] *H. Mann*, Schlaraffenland, 189.   [201] *Bassermann*, op. cit., 48 f.

schen Großkapitalisten, der sich zumindest weitgehend die Sprache, wenn auch weder die Erscheinung noch die Manieren der deutschen Umwelt angeeignet hatte. Tatsächlich entwickelte sich im Wilhelminischen Deutschland, aufgrund der verschiedenartigen Formen jüdischer Wirtschaftstätigkeit ein doppeltes bzw. nuanciertes Judenbild. Zunächst bestand unentwegt das „östliche" Stereotyp etwa von Treitschkes „hosenverkaufenden Jünglingen" fort oder von Thomas Manns „hausierendem Juden, dem man, mit dem Bewußtsein, übervorteilt zu werden", getragene Kleider überließ [202]. In der Literatur, seit Freytag wesentlich durch Schriftsteller aus dem deutschen Osten eingebürgert, wurde es repräsentiert zumeist durch relativ kürzlich aus dem Osten zugewanderte Charaktere. Deren Sprache trug nicht selten noch die Züge des Jargon. Das Milieu der Judendarstellung von Freytags *Soll und Haben* (1855) bis zu von Polenz' *Der Büttnerbauer* (1895) war überwiegend provinziell, ländlich oder kleinstädtisch (wobei allerdings der Jude nicht selten als der – wurzellose – „Städter" erscheint). Erst Kretzers *Die Verkommenen* (1883) schildert Juden in proletarisch-kleinbürgerlichem Milieu auch in der Reichshauptstadt. Mit der verstärkten Bedeutung des Kapitalismus, vorgezeichnet in Spielhagens *Die Sturmflut* (1876), beginnt das Stereotyp des Börsenjobbers, das dann in Heinrich Manns *Im Schlaraffenland* (1900) seinen fast exklusiv jüdischen Höhepunkt erreicht [203]. Tatsächlich bemüht sich Mann besonders, die Vergangenheit seiner Neureichen ins Gedächtnis zu rufen. „Wer ist denn schließlich der Jekuser?" fragt einer der Charaktere. „Ist doch auch nur 'n ganz gewöhnlicher Hausierer", antwortet ein zweiter. „Er sammelt Annoncen, wie andere Lumpen sammeln", fügt ein dritter hinzu [204]. „Jeder seßhafte Bauer bei ihnen zu Hause", heißt es an anderer Stelle, „ist ein Aristokrat gegen die Landstreicher aus dem wilden Osten, die hier in Palästen wohnen" [205]. Wieder ein anderer reflektiert: „Türkheimers sind natürlich auch aus Posen oder Galizien eingewandert. Was die Leute unter ihrer allgemeinen Wurstigkeit verbergen, das sind bloß ihre Dummheit und ihre schlechten Manieren." [206] Und in der extremsten Form läßt Heinrich Mann seinen antisemitischen Gefühlen freien Lauf in den verbitterten Reflexionen eines adligen alten Mädchens über die jüdische „Herrlichkeit":

> „Ich finde, daß in euren Salons ein unauslöschlicher Duft von alten Kleidern, Trödelläden und Hinterhäusern liegt. Was hieran erinnert, die falschen Töne und die Niedrigkeiten, die ihr euch entschlüpfen laßt, seid nur gewiß, daß mir nichts davon

---

[202] *Th. Mann*, Buddenbrooks, 312.

[203] „Das Bild des jüdischen ‚Wucherers' der ständischen Gesellschaft", in Rürups treffender Formulierung, „verwandelte sich in das des Kapitalisten der bürgerlichen Gesellschaft, antijüdische und antikapitalistische Ressentiments potenzierten sich gegenseitig." (*Rürup*, Kontinuität und Diskontinuität, aaO, 397.)

[204] *H. Mann*, Schlaraffenland, 60

[205] AaO, 88 f.

[206] AaO.

entgeht. Eure Männer mögen nach Geschäftsschluß sich vor mir spreizen und radschlagen, so entdecke ich doch mühelos die Spuren, die ihre unfeinen Beschäftigungen, das Feilschen und Geldzählen, in ihrer Figur, ihrem Gang und ihrer Miene hinterlassen haben. Eure Frauen mögen sich abmühen, große Damen oder Koketten zu äffen, so bleiben sie für mich doch gerade das, was sie beileibe nicht sein möchten: kleine Puten aus dem Bürgerstande. Ihr hängt eure Zimmer voll echter Gobelins und verrosteter Waffen, ihr speist von altem Meißener Porzellan, kleidet euch in moiré antique und prahlt mit diesen und anderen historischen Erinnerungen, als ob ihr Erinnerungen haben könntet, und als ob in den Zeiten, als jene Herrlichkeiten erfunden wurden, euresgleichen existiert hätte." [207]

Tatsächlich entspricht Manns Schilderung der jüdisch-kapitalistischen Gesellschaft vollständig und mit vielen Details dem verbreiteten Stereotyp der „Gründer" auf der Höhe ihres Glanzes. Und sind die Alten großgewordene, vulgäre, rechnende Plebejer, so die Jungen degenerierte playboys. Verkörpert wird dieser Typ durch Manns jungen Pimbusch, „Sohn und Nachfolger jenes großen Pimbusch, der dem durch ihn eingeführten Spezialkartoffelfusel seinen, vom Berliner Volk verehrten Namen gegeben hatte". Arbeiten tat der junge Pimbusch nicht, denn sein Kapital arbeitete für ihn. „Heute ging das Geschäft von selber, der Sohn hatte sich nicht um den Betrieb zu bemühen. Doch arbeitete er auch dann noch, wenn er seine Nägel betrachtete oder den neuesten Börsenwitz wiederholte." Es war der zehrende Ehrgeiz dieses „Schnapsfeudalen", „als letzter Ausdruck einer an Überfeinerung zugrunde gehenden Gesellschaft zu gelten", deswegen sein Versuch, den Freiherrn von Hochstetten nachzuahmen. „Und obwohl er von der Herkunft seines Großvaters durchaus nichts wußte, kam dieser Sproß des kräftigen Bürgertums dem Ideale des vollkommenen Kretinismus mindestens ebenso nahe wie der Freiherr von Hochstetten, dessen Vorfahr mit dem Burggrafen von Nürnberg in Brandenburg eingezogen war." [208]

Was altes und neues Judenbild verbindet, von *Soll und Haben* bis tief ins *Schlaraffenland* – und was einen grundlegenden Zug des jüdischen Stereotyps darstellt – das sind die unlauteren Geschäftspraktiken, sei es eines armen Teufels wie Schmeie Tinkeles oder Veitel Itzig, oder von Multimillionären wie dem großen Türkheimer [209]. Es ist der Erwerb verschuldeten Landbesitzes mit zweifelhaften Methoden (*Soll und Haben, Der Stechlin, Der Büttnerbauer*), unreinliche Börsenmanipulationen und Betrügereien (vorzüglich *Im Schlaraffenland*) [210], die Ausbeutung wirtschaftlich Schwächerer, von Angestellten und

---

[207] AaO, 105 f.
[208] AaO, 94 f.
[209] Interessanterweise weiß *Heinrich Mann* von Rudolf Mosse (alias Jekuser) nur zu sagen, er habe gern und viel getrunken und gegessen und seine Angestellten schlecht bezahlt. „Der Alte hat nu mal'n Vorurteil gegen Geldausgaben. Sonst ist er'n Engel – aber eher der Engel Bezechiel als der Engel Bezahleel." (AaO, 208.)
[210] So z. B. die gelungene Börsenmanipulation der Aktien der *Texas Bloody Gold*

Arbeitern (*Die Enterbten, Im Schlaraffenland*). Das Stereotyp trägt somit
stark ökonomische Züge[211] –, die anderen sind allzu bekannt, als daß es sich
verlohnte, sie hier zu wiederholen. Fast durchgehend wird auf das, was Fräulein von Hochstetten anachronistisch als „das Feilschen und Geldzählen" bezeichnet, hingewiesen. Unzertrennbar vom Judenbild des Wilhelminischen
Zeitalters ist die berufliche Tätigkeit des Handelns vorzüglich die Geldmani-
pulation, das „Geschäft" in jedem Sinne des Wortes.

Verstärkt wird das stereotype Bild des jüdischen Erwerbsgeistes noch durch
die damalige Soziologie, deren quasiwissenschaftliche Erklärungen zumindest
auf Halbgebildete überzeugend wirken mußten. Neben anderen war hier der
weit gelesene und viel diskutierte Sombart von besonderer Bedeutung. Unter
Berufung auf Marx' brutalen Katechismus („Welches ist der weltliche Zug des
Judentums? Das praktische Bedürfnis, der Eigennutz. Welches ist der weltliche Kultus des Juden? Der Schacher. Welches ist sein weltlicher Gott? Das
Geld") unterstreicht Sombart drei Charakterzüge als besonders bedeutsam für
die Rolle der Juden im modernen Wirtschaftsleben, „das Vorwalten des Willens, den Eigennutz und die Abstraktheit ihrer Geistesbeschaffenheit". „Die
Zähigkeit", so heißt es,

> „mit der der Jude einen Vorsatz ausführt befähigt ihn ... in eminentem Maße
> dazu, im Wirtschaftsleben eine große dynamische Wirkung auszuüben: Schritt für
> Schritt zieht er unentwegt seine Straße aus meist kleinsten Anfängen ... durch alle
> Stufen der wirtschaftlichen Tätigkeit hindurch, sie alle einzeln durchmessend,
> vom Nächstliegenden zum Naheliegenden schreitend, ohne sich durch noch so viele
> Widerwärtigkeiten irremachen oder abschrecken zu lassen, die kleinsten Vorteile
> wahrnehmend, klettert er in die Höhe."[212]

Des weiteren sieht Sombart die Juden als „eine Rasse... die in besonders
hohem Grade eigennütziger Gesinnung fähig ist".

> „Hiermit hängt wohl auch das zusammen, was man als Skrupellosigkeit im
> jüdischen Wesen bezeichnet[213]. Der Jude pflegt weniger peinlich in der Wahl der

---

Mounts durch den großen James L. Türkheimer mittels fälschlicher Pressenach-
richten.

[211] Wie man sich z. B. den Einfluß der („jüdischen") Börse vorstellen konnte, zeigte
Heinrich Mann in der folgenden Betrachtung: „...Wo befindet sich denn jetzt die
Macht? Wo wird über die höchsten Interessen der Nation entschieden, wo regen sich
die echten Leidenschaften, wo schwingt man sich auf den sozialen Gipfel oder sinkt
in den Abgrund? Es ist doch klar: in einer halben Stunde, die ich auf dem Pflaster
der Burgstraße vor der Börse zubringe, habe ich mehr wirkliche Macht zu fühlen
bekommen als während einer ganzen großen Haupt- und Staatsaktion." (Schlaraffenland, 253.)

[212] Daß diese Beschreibung ebenso wie auf die Juden auch auf alle anderen Han-
delsminoritäten zutrifft ist, zumindest im augenblicklichen Zusammenhang, bedeutungslos.

[213] Der Prototyp hier ist Shylock. Der Kaufmann von Venedig, in der populären
Schlegel-Tieckschen Shakespeareübersetzung gehörte zum eisernen Kulturinventar
des deutschen Bürgertums.

Mittel zu sein, die ihn zum Ziele führen [214]. Daher ist er auch ein Virtuose der Reklame. Auf deren richtiger und ausgiebiger Anwendung beruht nun aber wiederum heutigentags ein großer Teil des wirtschaftlichen Erfolges, weil eine Hauptkunst darin besteht, die Kundschaft zu sich heranzuziehen."

Die dritte von Sombart identifizierte vorgeblich jüdische Kardinaleigenschaft von wirtschaftlicher Bedeutung, die „abstrakte Veranlagung" mußte laut ihm „in ihrer Anwendung auf die Welt der materiellen Kultur wie von selbst ihr Symbol in dem Gelde finden". Es sei daher mehr als historischer Zufall (der selbstverständlich auch stark mitgespielt habe) [215], „wenn wir in jüdischen

---

[214] Das ist ein durchgehender Zug des Judenbildes von Freytag bis Polenz. Anklänge finden sich auch bei Thomas Mann. Als man z. B. Thomas Buddenbrook ein von ihm als unehrenhaft empfundenes (aber profitables) Geschäft anträgt, lehnt er zunächst empört ab. Bei ruhiger Betrachtung überlegt er sich dann: „Er hatte sehr gut und eindringlich gesagt, wie er sich erinnerte ,Unreinliche Manipulation... Im Trüben fischen... Brutale Ausbeutung... einen Wehrlosen übers Ohr hauen... Wucherprofit...' ausgezeichnet! Allein es fragte sich, ob dies die Gelegenheit war, so laute Worte ins Gefecht zu führen. Konsul Hermann Hagenström [der erfolgreiche Konkurrent der absteigenden Buddenbrookschen Firma und, sicher nicht zufällig, Halbjude] würde sie nicht gesucht und würde sie nicht gefunden haben. War Thomas Buddenbrook ein Geschäftsmann, ein Mann der unbefangenen Tat – oder ein skrupulöser Nachdenker?" (*Mann*, op. cit., 309.) So geht denn Thomas Buddenbrook auf das fragwürdige Geschäft ein. Seine Versuchung erinnert an die Klage von Leuß: „... ferner ist die alles durchseuchende Profitwuth wesentlich auf jüdischen Ursprung zurückzuführen. Von allen verderblichen Eigenschaften ist keine so ansteckend wie die Profitwuth. Sie zwingt selbst den Widerstrebenden, mitzuthun. Ein Emporsteigen aus den Sümpfen dieser Profitwuth glauben die Antisemiten nur dann erwarten zu können, wenn das jüdische Beispiel beseitigt worden ist." (*Leuß*, aaO, 332.) Ein eklatantes Beispiel für die verbreitete Verwechslung von Judentum und Kapitalismus. Ähnliche Gedankengänge mögen Nietzsches Vers „Jeder Christ treibt Judenschacher" zugrunde gelegen haben.

[215] An der Frage, inwieweit der jüdische Wirtschaftsgeist (sowie andere, den Juden zugeschriebene Eigenschaften) erblich sei, scheiden sich die Geister. Sombart z. B. spricht von „Rasse" und betont erbliche Veranlagung, obwohl er Umstände zusätzlich in Betracht zieht. Im Literaturbild überwiegt (mit dem jüdischen physischen Typ) das erbliche Element. Bei Heinrich Mann andererseits (obwohl er sympathische jüdische Charaktere nicht zu zeigen vermag) liegt die Betonung dennoch mehr auf dem Einfluß der beruflichen Tätigkeit. Noch klarer liegt der Fall bei dem nicht zufällig der französischen Kolonie entstammenden Humanisten Fontane. Das kommt zum Ausdruck u. a. in dem berühmten Dialog des Herrn von Stechlin mit dem Superintendenten Koseleger, in dem beide Teile den Begriff der jüdischen „Erbsünde" kategorisch verwerfen. „,... Und dann heißt es ja auch, der Major von Stechlin habe mehr oder weniger einen philosemitischen Zug.' ,Den hat der Major von Stechlin auch wirklich, weil er Unchristlichkeiten nicht leiden kann und Prinzipienreitereien erst recht nicht. Ich gehöre zu denen, die sich immer den Einzelfall ansehn. Aber freilich mancher Einzelfall gefällt mir nicht... Und auch mein alter Baruch Hirschfeld... mit einemmal ist der Pferdefuß rausgekommen.' ,Ja', lachte Koseleger, ,der kommt immer mal raus. Und nicht bloß bei Baruch. Ich muß aber sagen, das alles hat mit der Rasse viel, viel weniger zu schaffen als mit dem jeweiligen Beruf...'" (*Fontane*, op. cit., 377.)

Kreisen noch heute eine starke Überbewertung gerade des Geldes und seines Besitzes finden"[216].

Schließlich gehört zum Judenbild der Zeit auch noch ein Bündel verwandter Eigenschaften, Wurzellosigkeit, Unordnung, Unruhe. So waren „nur keine jüdische Hast" und „Judenschule" längst als stehende Redewendungen in den deutschen Sprachgebrauch eingegangen[217]. „Die rastlose Energie der jüdischen Rasse", heißt es bei Sombart, „Immer betriebsam! Immer treibend! Ein rechter Sauerteig!"[218] Hier verweist man auf ihre „nie ruhende Betriebsamkeit"[219], dort auf ihre „schier unbegrenzte Adaptabilität"[220]. Dann wiederum sind sie „das Prinzip der Unordnung und Auflösung, des Durcheinanderwerfens, der Respektlosigkeit"[221]. Tatsächlich erscheint das Bild des Juden gleichzeitig als Faust – wenn auch zumeist äußerst materiell gesehen, und als Mephistopheles – intellektueller Versucher, Störer der „gottgewollten" Ordnung, der Geist, „der stets verneint". Die jüdische Wirtschaftstätigkeit, die das Judenbild der Zeit bestimmend prägt, stellt sich dar als ein rastloses Vordringen, ein nie endendes Streben, eine fast schon kosmische Unruhe.

VIII

So war die Stellung der Juden im Wilhelminischen Deutschland maßgeblich beeinflußt durch ihre wirtschaftliche Funktion, ihre Rolle im Wirtschaftsleben generell und in der Ausbreitung des Kapitalismus im besonderen. Wurde ihr Beitrag auch in weiten Kreisen vorwiegend negativ bewertet, so war er doch tatsächlich nicht nur von grundlegender Wichtigkeit, sondern hielt auch einer durchaus positiven Bewertung stand. Fürstenberg beschreibt die notwendige Rolle des Kapitals im Wirtschaftswachstum:

> „Ein Land wird modernen Wirtschaftsformen erschlossen, ein Eisenbahnnetz wird errichtet –, eine umwälzende Erfindung der praktischen Verwertung zugeführt, eine Industrie aufgebaut. Wie wenige machen sich wohl klar, daß zu alledem nicht nur technischer Erfindungsgeist, Organisationstalent, menschliche Arbeit und politische Unterstützung gehören, sondern auch ein schaffender und ordnender finanzieller Geist ‚Nervus rerum' – ein abgegriffenes Wort, und doch noch heute die beste Definition für die Rolle des Kapitals in allen Fragen der Wirtschaft."[222]

Spezifisch das Bankiersgewerbe, meint Fürstenberg, habe zu dem beispiellosen wirtschaftlichen Aufstieg des Wilhelminischen Deutschland einen ein-

---

[216] *Sombart,* Die deutsche Volkswirtschaft, 113 f.

[217] *Stefi Jersch-Wenzel,* Die Lage der Minderheiten als Indiz für den Stand einer Emanzipation der Gesellschaft, in: *Wehler,* Sozialgeschichte Heute, 367.

[218] *Sombart,* Die deutsche Volkswirtschaft, 114.

[219] AaO, 115.

[220] *Michels,* op. cit., 332.

[221] *H. Mann,* Untertan, 57.

[222] *Fürstenberg,* op. cit., 180.

zigartigen Beitrag geliefert. Es seien die deutschen Banken, die „durch ein wohlverstandenes Unternehmertum den grandiosen Aufbau der deutschen Industrie in finanzieller Hinsicht" überhaupt ermöglicht hätten. Länder wie Frankreich und England lieferten Beispiele dafür, „wie langsam sich industrielle Betriebe ohne die aktive Unterstützung von Banken weiter bilden" [223].

Der moderne Historiker bestätigt Fürstenbergs Anspruch:

„Nur mit Hilfe des Finanziers war in Deutschland Neues zu schaffen. Während z. B. in England der Unternehmer durch die hohen Profite seiner frühindustriellen Erfolge so gut mit Kapital versorgt war, daß er auch seine langfristigen Investitionen selber durchführen konnte und sich also von den Banken nur mehr oder weniger kurzfristige Umlaufs-Kapitalbedürfnisse decken ließ, war eine solche ‚Insider-Finanzierung' in Deutschland nie möglich gewesen. Das Signum der deutschen Wirtschaftsentwicklung war die chronische, oft katastrophale Kapitalnot. Deutschland – und voran Preußen – war ein ‚pays de petite fortune'. Die deutsche Industrie war und blieb ständig auf ein leistungsfähiges System von Industriebanken angewiesen, die die notwendige Fremdfinanzierung durchführen konnten, und die die Möglichkeit hatten, nicht nur solche Ersparnisse der Industrie zuzuführen, für die sie auf lange Sicht keine andere Verwendung hatten, sondern die auch fähig waren, kurzfristige Mittel des Geldmarktes zur Verwendung in langfristigen Investitionen als industrielles Unternehmenskapital mobilisieren zu können." [224]

Was nun speziell die Juden betrifft, so entstammt vielleicht die prägnanteste Würdigung der jüdischen Rolle bei der wirtschaftlichen Entwicklung Deutschlands vor dem Ersten Weltkriege der Feder Sombarts. „Wenn man auch in der Abschätzung dieses Einflusses", so schreibt Sombart, nicht so weit zu gehen braucht, wie einer der größten Juden, die das neunzehnte Jahrhundert hervorgebracht hat, Karl Marx ... so wird man doch zugeben müssen, daß unser Wirtschaftsleben, wie es sich im neunzehnten Jahrhundert gestaltet hat, ganz undenkbar wäre ohne die Mitwirkung der Juden." [225]

„Stellt man sich auf den Standpunkt der neuzeitlichen Entwicklung des Wirtschaftslebens, betrachtete man die Entfaltung kapitalistischen Wesens und damit die Freisetzung starker produktiver Kräfte als einen Fortschritt, legt man Wert auf den Rang, den ein Land heute auf dem Weltmarkt einnimmt, so kann man gar nicht umhin, die Existenz jüdischer Wirtschaftssubjekte als einen der größten Vorzüge anzuerkennen, über die dieses Land in ethnischer Hinsicht verfügt: *si le juif n'existait pas, il faudrait l'inventer...*" [226]

---

[223] AaO, 195.

[224] *Böhme*, aaO, 442 f.

[225] „Sie aber werden nicht leugnen können", schreibt auch Walther Rathenau (1911) im Rahmen einer Polemik, „daß Handel und Industrie, die entscheidenden Faktoren unserer Wirtschaft, auf dem Bürgertum beruhen." (*Rathenau*, op. cit., 234.)

[226] *Sombart*, Die deutsche Volkswirtschaft, 112.

Tatsächlich kann man wohl sagen, daß obgleich die jüdische Wirtschaftstätigkeit im Wilhelminischen Deutschland vom Gesichtspunkt der deutschen
Volkswirtschaft aus unbedingt positiv zu bewerten ist, sie doch durchaus nicht
problemlos war. Glaubte man z. B. an die Existenz eines gesonderten „jüdischen“ Wirtschaftsinteresses, – und, zumindest bis zu einem gewissen Grade
bestand wohl ein solches, auf der Basis stammverwandter Zusammengehörigkeit, gemeinsamer großkapitalistischer Interessen, relativ enger interterritorialer Geschäftsverbindungen und gemeinsamer Gegner – und betrachtete man
dieses „jüdische“ Interesse als ein vom nationalen verschiedenes, eine Anschauung, die durchaus der objektiven Berechtigung entbehrt (subjektiv allerdings
etwa von Agrariern oder „Mittelständlern“ zweifellos geteilt werden konnte),
so konnte man in gutem Glauben das Bestehen eines übermäßigen „jüdischen“
Einflusses auf wirtschaftlicher Ebene als Tatsache konstatieren. Nicht unähnlich lagen die Dinge auch bei der jüdischen Intelligenz im Hinblick auf die
deutsche Kultur. Daß der jüdische Einfluß tatsächlich wohl im Begriff stand,
seinen Höhepunkt zu überschreiten, wurde auch 1914 wahrscheinlich nur von
den wenigsten wahrgenommen. Überdies ließen sich auch, bei aller Würdigung der jüdischen Wirtschaftsleistung, gewisse soziale Schattenseiten nicht
verkennen. So war es begreiflich, daß Sozialkritik an verschiedenen mißbräuchlichen Erscheinungen des Kapitalismus an sich, sich auch auf seinen besonders augenfälligen „jüdischen“ Sektor konzentrierte. Von vielen (auch
von solchen, die selbst keineswegs reine Engel waren) wurde dieser als besonders abstoßend empfunden, einmal, weil im jüdischen Bereich infolge
der besonderen Berufsstruktur und historischen Entwicklung das Gegengewicht anderer Wirtschaftszweige fehlte, und auch weil die Juden noch immer
weitgehend als eigenständige Minorität und damit als Außenseiter des Volkskörpers galten.

　　So blieb der eklatante jüdische Wirtschaftserfolg trotz aller positiven Leistungen in den Augen der kritischen und nicht immer vorurteilsfreien Beschauer problematisch oder gar verdächtig. Daß er zusammen mit der anormalen Berufsstruktur der jüdischen Minderheit tatsächlich in weiten Kreisen
als ein echtes Problem erschien, geht deutlich auch aus der zeitgenössischen
deutschen Literatur hervor, die in dem vorliegenden Aufsatz bisweilen zitiert
wurde. Diese Darstellung jüdischer Wirtschaftstypen, die Charakterisierung
ihrer Tätigkeit und Mentalität und die Karikatur ihres oft prä-assimilierten
kulturellen Niveaus in den belletristischen Werken vielgelesener Schriftsteller[227] gibt vielleicht ein kaum weniger deutliches Bild der wirklichen Lage,

---

[227] Neben dem noch immer viel gelesenen Gustav Freytag, neben den Brüdern
Heinrich und Thomas Mann sowie Theodor Fontane, der, obwohl keineswegs Antisemit, in seinen Werken ein Judenbild bietet, das kaum als „positiv“ zu bewerten ist, sei
hier auch an den zu dieser Zeit eher philosemitischen Gerhart Hauptmann erinnert.
Man betrachte etwa die sicher nicht auf antisemitisches Vorurteil gegründete, aber
zumindest für Gedankenlose doch etwas zweideutige und jedenfalls im Rahmen des

der tatsächlichen Spannungen und psychologischen Atmosphäre, als es lange Berufs- oder Wirtschafts-Statistiken zu tun vermögen. Die mit der Perplexität über das scheinbar unaufhaltsame Vordringen dieser Neukömmlinge (der zugleich mit den radikalen Veränderungen der Wirtschaftsstruktur in der Zeit des fortschreitenden Kapitalismus aufsteigenden Juden) zusammenhängende instinktive Antipathie, die hier zu Zeiten zum Ausdruck kommt, ist ein wesentliches Element in dem Verhältnis der Juden und Nichtjuden in der hier behandelten Zeit. Sie zeigt, daß trotz des weit verbreiteten Glaubens an Fortschritt, Pragmatismus und Toleranz, Vorurteile unterirdisch schwelten, die geeignet waren, einen verhängnisvollen Beitrag zu späteren Entwicklungen zu liefern.

Stückes reichlich überflüssige Figur des „alten Juden" Jöslein (Florian Geyer 1895). „Was mauschelt das Jöslein? Wieviel verarmte Edelleut hast wieder gebraten an deinem Spieß jüngst verwichene Zeit?" – worauf der Ritter Stephan von Menzingen dann allerdings eine ziemlich überzeugende Antwort erhält: der Adel verarmt weitgehend durch eigene Schuld. „Ich hab eines Edelmanns Wittib gekannt, die hat mir ein Dorf verkauft, um ein blau Sammetkleid, daß sie hat müssen anziehen zum Turnier." (*Gerhart Hauptmann*, Gesammelte Werke, Berlin 1912, II, 138.) Das Motiv ähnelt demjenigen des gleichzeitigen Der Büttnerbauer von *Wilhelm von Polenz*. Die christlichen „Opfer" der Juden leiden durch eigenes Verschulden – was allerdings die jüdische Rolle wohl weder in den Augen des Autors noch in denjenigen der Leser „entschuldigt".

DIE RATHENAUS

ZWEI GENERATIONEN JÜDISCHEN ANTEILS AN DER INDUSTRIELLEN ENTWICKLUNG DEUTSCHLANDS

von

Ernst Schulin

Über Emil und Walther Rathenau und über ihr Verhältnis zueinander ist viel geredet und geschrieben worden, zu ihren Lebzeiten und besonders in den zwanziger Jahren. Der Schöpfer der Allgemeinen Elektrizitätsgesellschaft und sein vielseitiger, vor allem als Schriftsteller, als Organisator der Kriegswirtschaft und als Außenminister bekannt gewordener Sohn ragten durch ihre besonderen Leistungen hervor und schienen gleichzeitig zwei Generationen deutscher Entwicklung im Kaiserreich beispielhaft zu verkörpern. In seiner Tatkraft, seiner Realitätsbezogenheit, der Vorsicht und doch Offenheit seines Vorgehens erschien der Vater vielen als der Bismarck eines Industriereiches, als einer derjenigen, die das Werk des politischen Reichsgründers auf dem für die deutsche Entwicklung nun imponierendsten Gebiet, eben dem der Großindustrie, fortsetzten[1]. Der Sohn erinnerte manche in seiner Vielseitigkeit an den forschen kaiserlichen „Universal-Dilettanten" Wilhelm II., für dessen schwierige Rolle er ja auch viel Einfühlungsvermögen zeigte[2]; andere fanden ihn typisch für das Epigonenschicksal der in das gegründete Reich und die gegründeten industriellen Unternehmungen hineingeborenen Generation, die es so schwer hatte, zwischen Flucht und Anpassung lebensfüllende, der Zukunft von Staat und Volk dienende Aufgaben zu finden. Daß dieser Mann, der sich bemühte, das Werk des Vaters pflichtgemäß fortzuführen und gleichzeitig über den Sinn der modernen „mechanisierten" Welt ins klare zu kommen, schließlich dem geschlagenen Reich politisch zu helfen versuchte und da-

---

[1] *Maximilian Harden*, Emil Rathenau, in: Die Zukunft, 91 (1915), 397; *Felix Pinner*, Emil Rathenau und das elektrische Zeitalter, Leipzig 1918, 48 ff.

[2] *Walther Rathenau*, Zur Psychologie der Dynasten (nach 1908), in: Nachgelassene Schriften, I, Berlin 1928; *ders.*, Der Kaiser (1919), in: Gesammelte Schriften, VI, Berlin 1929.

bei einen gewaltsamen Tod erlitt, gab der ganzen problematischen Generation eine tragische Weihe[3].

Nun handelte es sich bei diesem interessantesten Vater-Sohn-Verhältnis innerhalb der damaligen deutschen Großindustrie auch noch um Juden. Nach den Anschauungen sowohl jüdischer wie antisemitischer Zeitgenossen und keineswegs zuletzt auch denen des Sohnes war das von entscheidender, damit aber auch die tatsächlichen Verhältnisse verzerrender Bedeutung. Emil Rathenau wurde vom Techniker und Industriegründer zum Kaufmann umstilisiert, zu dem geschickten Geschäftsmann, der nicht erfand, sondern die Erfindungen anderer ausnutzte, und deshalb dem schöpferischen, aber geschäftlich schwerfälligeren Werner von Siemens so viel Wasser abgraben konnte[4]. Sombart nannte 1911 in seinem Buch *Die Juden und das Wirtschaftsleben* – betont werturteilsfrei, aber sehr wirkungsvoll, wie es flott geschriebene erste, unfertige wissenschaftliche Entwürfe über aktuelle Themen oft sind – die Elektrizitätsindustrie das lehrreichste Beispiel für die Kommerzialisierung der Industrie. Die Banken würden immer mehr zu Beherrschern des Wirtschaftslebens, im gleichen Zusammenhang seien die größten Industrien nun schon ebenso Finanzgesellschaften wie Industrieunternehmungen, und mit dieser Kommerzialisierung sei die Stunde erfüllt, „da die Juden in das weite Gebiet der Güterproduktion (und des Gütertransports) ebenso eindringen, wie sie in das Gebiet des (börsenmäßigen) Handels und des Geld- und Kreditwesens schon früher eingedrungen sind". Der neue Unternehmertyp sei damit viel farbloser als der frühere.

> „Wir können uns nicht vorstellen, daß Alfred Krupp anderes als Gußstahl, Borsig anderes als Maschinen, Werner von Siemens anderes als Elektrizitätsgüter herstellten oder daß H. H. Meier etwas anderem als dem Norddeutschen Lloyd vorstand. Wenn Rathenau, Deutsch, Berliner, Arnhold, Friedlaender, Ballin morgen ihre Stellungen unter einander vertauschten, würde vermutlich ihre Leistungsfähigkeit nicht sehr beträchtlich verringert werden. Weil sie alle Händler sind, ist ihr zufälliges Tätigkeitsgebiet gleichgültig."[5]

Sombart differenzierte seine Ausführungen verschiedentlich, betonte etwa, daß nicht erst mit dieser Entwicklung die Geschichte der Juden als Industriellen anfange, aber die Verzerrungen lassen sich leicht hiervon ableiten. Man fand kennzeichnend, daß sich Walther Rathenau für das Bankfach entschied und daß seine Haupttätigkeit für die AEG im Aufkaufen anderer Gesellschaften bestand[6]. Er galt als der große Finanztiger mit den typisch jüdischen

---

[3] So die Grundauffassung von *Harry Graf Kessler*, Walther Rathenau, Wiesbaden o. J. [1962]. Über das Problem dieser „Epigonen" der Generationsgenosse Max Weber in seiner Freiburger Antrittsrede Der Nationalstaat und die Volkswirtschaftspolitik (1895), in: *Max Weber*, Gesammelte politische Schriften, München 1921.

[4] Besonders *Walter Lambach*, Diktator Rathenau, Hamburg–Leipzig 1918, 8.

[5] *Werner Sombart*, Die Juden und das Wirtschaftsleben, München 1928, 133.

[6] *Lambach*, op. cit., 7.

internationalen Verbindungen, zumal er selber gesagt hatte, daß „dreihundert
Männer, von denen jeder jeden kennt, ... die wirtschaftlichen Geschicke des
Kontinents" leiteten[7]. Als er 1921/22 die deutschen Außenbeziehungen durch
wirtschaftspolitische Verhandlungen verbessern wollte, wurde das entsprechende nationalistisch-antisemitische Mißtrauen eine der Haupttriebkräfte für
seine Beseitigung.

Diese Anschauungen haben eine eminente zeitgeschichtliche Bedeutung gehabt. Es ist aus verschiedenen Gründen nicht ganz leicht, ihnen gegenüber ein
zutreffenderes Bild der Verhältnisse zu zeichnen und gleichzeitig belangvolle
Aussagen über das deutsch-jüdische Problem im Kaiserreich zu machen. In
einem Sammelwerk über dieses Problem hat ein Versuch über die Rathenaus
einen etwas prekären, aber doch nicht abseitigen Platz, – zumindest schon
als Platzhalter für das heute noch so schwer zu schreibende Kapitel über die
Position der deutschen Juden in der industriellen Entwicklung seit der Mitte
des neunzehnten Jahrhunderts. Ihre Leistung in dieser Entwicklung, d. h. der
außergewöhnlich hohe Anteil von Juden am Aufbau von Privatbanken,
Großbanken und verschiedensten Industriezweigen, ist unbestritten und
könnte durch Aufzählung und Beschreibung vieler anderer Unternehmer und
Geschäftsleute neben den Rathenaus gewürdigt werden, wie es etwa Daniel
Bernstein in dem entsprechenden Kapitel von Kaznelsons Sammelwerk getan
hat[8]. Über die aufzählende Leistungsschau hinaus ist jedoch in der gegenwärtigen Forschungslage, in der die deutsche Wirtschafts- und Sozialgeschichte
mit veränderten Gesichtspunkten und methodisch neuer Quellenbefragung
untersucht wird, wenig Substantielles zu sagen. Art und Bedeutung des jüdischen Anteils sind kaum in den Phasen der Emanzipierung und der Frühindustrialisierung soweit erforscht worden, daß Entwicklungslinien in die
noch weniger behandelte große spätere Zeit gezogen werden könnten, zumal
die typisierende, vergleichende sozialgeschichtliche Untersuchung mit der
Phase der herausragenden Einzelunternehmer ihre spezifischen Schwierigkeiten hat. Emil Rathenaus Lebensweg schildern, heißt, wie man bei seinem
besten Biographen Felix Pinner sehen kann, die Entwicklung der deutschen
Elektrizitätsindustrie von einem ihrer beiden Brennpunkte aus verfolgen –
der andere wäre Siemens – und darüber hinaus die Verknüpfung dieser entscheidenden Industrie mit den gesamten ökonomischen und sozialen Verhältnissen erkennen, aber der Lebensweg könnte nahezu vollständig geschildert

---

[7] Ein kritisch gemeintes Wort, das sofort weite Verbreitung fand und vom Antisemitismus ausgeschlachtet wurde. Es stand 1909 in dem Zeitungsartikel Unser Nachwuchs, abgedruckt in *Zur Kritik der Zeit*, Berlin 1912, 207 und in den Nachgelassenen Schriften, II, 350.

[8] *Daniel Bernstein*, Wirtschaft, in: *Siegmund Kaznelson* (Hrsg.), Juden im deutschen Kulturbereich, Berlin 1959, 720–797. Kurzer Überblick auch: *Margarete von
Eynern*, Gesellschaft und Wirtschaft, in: *Annedore Leber* (Hrsg.), Doch das Zeugnis
lebt fort. Der jüdische Beitrag zu unserem Leben, Berlin – Frankfurt a. Main 1965,
81–110.

werden, ohne bei diesem Selfmademan jüdische Probleme zu erwähnen. Bei
seinem Sohn, der unter dem Antisemitismus seiner Umwelt persönlich stärker
litt, als es manche seiner Glaubensgenossen für angemessen hielten, wäre das
natürlich nicht möglich. In beiden Fällen hängt es, wie noch zu zeigen sein wird,
mit Fragen der Assimilation zusammen, worin die Rathenaus für viele deutsche
Juden allerdings typisch und vorbildlich waren. Wir müssen nach alledem
versuchen, die besonders große und auch sehr wichtige Singularität bei beiden
zu berücksichtigen und gleichzeitig auf das generationsmäßig Typische hinzuweisen, das nicht immer auf das typisch Jüdische begrenzbar ist, selbst wenn
es den Zeitgenossen so erschien[9].

I

Emil Rathenau begann 1865 als Maschinenfabrikant und damit keineswegs
so, wie man sich den jüdischen Anteil an der aufstrebenden deutschen Wirtschaft in der zweiten Hälfte des neunzehnten Jahrhunderts vorstellt. Typisch
für diesen Anteil sind Privatbankiers und kapitalkräftige Kaufleute, die mit
ihrem Geld die neuen Industrien, besonders den Eisenbahnbau, in Bewegung
setzten. Unerreichbares Vorbild war in Preußen Gerson Bleichröder, ehemals Rothschilds Agent in Berlin, dessen Bankhaus wie ein Mittelglied zwischen dem früheren Hofbankierstum und den späteren Großbanken die In-
dustrieförderung mit bedeutenden politischen Finanzhilfen verband, etwa
mit der „Geldmobilmachung"[10] für den Krieg mit Österreich 1865/66, später mit Verhandlungen und praktischer Ausführung der französischen Kriegs-
entschädigung oder mit der Verstaatlichung der Eisenbahnen.

Daneben könnte man als vorbildhafte Verkörperung des Typs des städ-
tisch-kulturell engagierten Berliner jüdischen Kaufmanns Wilhelm Herz nennen, in dessen geselligem Leben die Namen der Altansässigen, der Liebermanns, Reichenheims, Rathenaus, Bleichröders auftauchen: er ging vom Ge-

[9] Dieser Beitrag stützt sich teilweise auf Vorarbeiten zu der historisch-kritischen
Gesamtausgabe der Werke und Briefe Walther Rathenaus, die von *Hans Dieter
Hellige* und mir vorbereitet wird (Gemeinschaftsverlag Gotthold Müller, München –
Lambert Schneider, Heidelberg). Besonders der Kommentar und fertiggestellte Teil
der Einleitung meines Mitherausgebers zum Rathenau-Harden-Briefwechsel, der 1976
erscheinen soll, sowie seine ungedruckte Untersuchung über Die „sozialistischen Ideen"
Walther Rathenaus konnten dankbar benutzt werden. Leider ist das AEG-Archiv
1943 vernichtet worden und der Walther-Rathenau-Nachlaß verschollen. Vgl.
W. Rathenau, Tagebuch, hrsg. von *Hartmut Pogge-v. Strandmann,* Düsseldorf 1967,
10 f.

[10] *David S. Landes,* Das Bankhaus Bleichröder, in: *Robert Weltsch* (Hrsg.), Deutsches Judentum. Aufstieg und Krise. Gestalten, Ideen, Werke, Veröffentlichung des
Leo Baeck Instituts, Stuttgart 1963, 206; *Kurt Zielenziger,* Juden in der deutschen
Wirtschaft, Berlin 1930, 64 ff.; *Hugo Rachel* u. *Paul Wallich,* Berliner Großkaufleute
und Kapitalisten, III, Berlin 1967, 126 ff.

treidehandel und Ölmühlbetrieb aus, errichtete 1869 eine Gummiwaren-
fabrik, beteiligte sich an Brauereien und Banken und wurde 1902 als fast
Achtzigjähriger der erste Präsident der neuen Berliner Handelskammer [11].

Inbegriff eines ganz anderen Typs, des großen jüdischen Selfmademan und
Spekulanten, war Bethel Henry Strousberg (eigentlich Baruch Hirsch Strauß-
berg), der, aus Ostpreußen kommend, in England seine Lehrjahre verbracht
hatte und als Agent eines englischen Finanzkomitees die deutsche Eisenbahn-
krise 1857 überwand, über 1700 Kilometer bauen ließ und sich 1868 durch
seine Pläne für ein Streckensystem von Rumänien bis zum Atlantik vom
deutschen zum europäischen Eisenbahnkönig zu erheben schien. Strousberg
griff mit seinen phantastischen Projekten weit stärker in den Industrieaufbau
selber ein als die üblichen Kapitalisten seiner Zeit. Er wurde für die deutschen Unternehmer, besonders für den späteren Emil Rathenau, trotz seines
Scheiterns nicht nur zu einem warnenden, abschreckenden Beispiel. Ab-
schreckend mochte neben der üppigen, durch bezahlte Pressekampagnen unterstützten Zurschaustellung seiner neureichen Macht die unabgesicherte, unkritisch schnelle Realisierung seiner Einfälle sein, aber nachahmenswert war
sein Versuch, sich vom (englischen) Bankenkapital unabhängig zu machen und
in einem eigenen Vertikalkonzern alle für die Fabrikation notwendigen Maschinenfabriken und Stahlwerke zusammenzuschließen. Obwohl Strousberg
eigentlich schon durch den Krieg 1870/71 stark geschädigt wurde, galt er
als sichtbarstes Symbol der korrupten Gründerzeit und wurde 1873 Opfer
der Gründerkrise. Bleichröder und die Disconto-Gesellschaft, also eine der
neuen Großbanken, retteten nicht ihn, aber die Eisenbahn [12].

Diese Großbanken sind in ihrer Entwicklung weit weniger von jüdischer
Initiative geprägt worden als die Privatbanken. Trotzdem läßt sich auch
hier von einem bestimmten, verbreiteten Typ sprechen, einem zurückhalten-
deren, den etwa Adolph Salomonsohn, der Geschäftsinhaber der Disconto-
Gesellschaft (neben Hansemann) verkörperte: Rabbinersohn aus Posen, Jurist,
neben der Eisenbahnverstaatlichung an der Förderung von Kolonialunterneh-
men interessiert, politisch so konservativ, daß er sich nach dem Regierungsantritt Wilhelms II. 57jährig zurückzog und mit philosophischen Fragen beschäftigte. Auch sein Neffe und sein Sohn waren später in dieser Großbank
tätig, ohne daß man von einer familiären Färbung nach Art der Privatbanken sprechen könnte [13].

---

[11] *Zielenziger*, op. cit., 88 ff., gestützt auf ein Tagebuch von Herz. *Hartmut Kaelble*,
Berliner Unternehmer während der frühen Industrialisierung, Berlin 1972, 49 f.

[12] *Pinner*, op. cit., 51 ff.; *Zielenziger*, op. cit., 75 ff.; *B. Strousberg*, Dr. Strousberg
und sein Wirken, von ihm selbst geschildert, Berlin 1877.

[13] *Zielenziger*, op. cit., 112 ff.; *Georg Solmssen*, Gedenkblatt zum 100. Geburtstag
von A. Salomonsohn, in: *ders.*, Beiträge zur Deutschen Politik und Wirtschaft, I, München u. Leipzig 1934, XLVI–LII; *E. W. Schmidt*, Männer der Deutschen Bank und der
Disconto Gesellschaft, Düsseldorf 1957, 38 u. 62. Zu den Privatbanken: *P. Penzkofer*,
Wirtschaftliche und gesellschaftliche Einflusse auf die Entstehung und Entwicklung der

Neben Banken und Handelsunternehmungen läßt sich als typisches Ressort vorwiegend jüdischer wirtschaftlicher Betätigung die Textilindustrie nennen: die Kleiderkonfektion Mannheimers und Gersons seit den dreißiger, die Wäschefabriken (etwa Sternbergs) seit den sechziger Jahren. Man kann hier einerseits die Ankurbelung der schlesischen Leinenindustrie anschließen – wobei hinzuzusetzen ist, daß in Oberschlesien sogar die Entwicklung der Schwerindustrie auf entscheidender jüdischer Beteiligung beruhte –, andererseits den Aufbau der Warenhäuser seit den achtziger Jahren. Die charakteristischen wirtschaftlichen Tätigkeitsgebiete wären damit ungefähr genannt[14].

Emil Rathenaus Unternehmen gehörte also nicht zu ihnen, gehörte aber als Teil der Maschinenindustrie zu dem Sektor der deutschen Industrialisierung, der in der Konjunktur der sechziger Jahre neben Kohlebergbau und Eisenindustrie führend war. Rathenau war in erster Linie von seiner technischen Ausbildung her zur Erwerbung einer bereits bestehenden Maschinenfabrik gekommen. Er war weniger von seinem Vater, dem Kaufmann Moritz Rathenau geprägt, der sich früh ziemlich vollständig von Geschäften zurückgezogen hatte und als Rentier in Berlin im gesellschaftlichen Leben aufging, als von seiner Lehre bei der großväterlichen Liebermannschen Maschinenbauanstalt in Schlesien, die mit dem dortigen Eisenwerk (Wilhelmshütte bei Sprottau) verbunden war; später lernte er theoretisch in Hannover und Zürich, praktisch in englischen Fabriken und bei Borsig[15]. Er war also ein produktiver Abkömmling der selteneren technisch-industriell interessierten jüdischen Familien. Es ist bezeichnend, daß er (mit Julius Valentin) einen Sozius für die kaufmännischen Fragen seiner Fabrik aufnahm. Als Berliner jüdischer Unternehmer der Zeit der Frühindustrialisierung, also der Jahre 1830–1870, war er freilich keine Seltenheit. Kaelbles Forschungen haben ergeben, daß ungefähr die Hälfte aller von ihm ermittelten frühindustriellen Berliner Unternehmer zur jüdischen Minorität gehörten, während deren Anteil an der Gesamtbevölkerung Berlins zwischen 2 % und 3 % lag[16].

privaten Geschäftsbanken Ende des 19. und im 20. Jahrhundert, in: *A. Grosser* u. a., Wirtschaft, Gesellschaft, Geschichte, Stuttgart 1974.

[14] *Zielenziger,* op. cit., 22–25.

[15] Nach *Alois Riedler,* Emil Rathenau und das Werden der Großwirtschaft, Berlin 1916, und *Pinner,* op. cit., die autobiographische und andere Aufzeichnungen Emil Rathenaus zugrundelegen und z. T. in extenso zitieren. Weitere Literatur über ihn: *Arthur Fürst,* Emil Rathenau, der Mann und sein Werk, Berlin 1915; *Bernhard Dernburg,* Emil Rathenau, in: Allgemeine Zeitung, München, 5. Dezember 1908; *Ladon* in: Die Zukunft 65 (1908), 431–436; *Rudolf Martin,* Deutsche Machthaber, Berlin u. Leipzig 1910; *H. Brinckmeyer,* Die Rathenaus, München 1922; *R. Haas,* Emil Rathenau, in: Spannung, Die AEG-Umschau, 2, 1928; *J. Landau,* An der Wiege der AEG, in: Spannung, 3, 1929. Über die Familie: *Ursula von Mangoldt,* Auf der Schwelle zwischen Gestern und Morgen, Weilheim 1963. Auch unveröffentlichte Aufzeichnungen von Walther Rathenaus Vetter *Fritz Rathenau,* Als Jude im Dienste von Reich und Staat 1895–1935, Manuskript im Archiv des Leo Baeck Instituts, London.

[16] *Kaelble,* op. cit., 79. Vgl. auch: *Rachel/Wallich,* op. cit., III, 179 ff.; *K. Doogs,*

Das hängt mit der starken Stadtwanderung besonders der Juden zusammen, obwohl es, wie das Beispiel Rathenaus zeigt, auch genügend einheimische Unternehmer gab. Wieviel Maschinenfabriken von jüdischen Unternehmern geleitet wurden, ist noch nicht berechnet worden und angesichts der nicht leicht zu definierenden, sehr verschieden großen und oft kurzlebigen Betriebe auch schwer zu schätzen. Sicherlich waren sie nicht selten, und die erfolgreichste war ohne Zweifel Ludwig Loewes Maschinenbauanstalt nach amerikanischem Muster für Werkzeugmaschinen, Nähmaschinen und seit dem Kriege 1870/71 für Gewehre. Loewes Unternehmen hat sich in der bruchlosen Weise entwickelt und ausgedehnt, wie es dem fast gleichaltrigen Rathenau wohl vorschwebte. Es wurde in den achtziger und neunziger Jahren durch Aufträge aus aller Welt zur zeitweise größten Gewehrfabrik überhaupt. Isidor Loewe, der 1886 nach dem Tod des Bruders den Konzern übernahm, folgte dann mit größerem Kapital den gerade von Emil Rathenau gebahnten Wegen in die Elektrizitätsindustrie, gründete 1892 die Union Elektrizitätsgesellschaft, baute Straßenbahnen in Hamburg, Bremen, München und Brüssel, überstand aber nicht die Krise von 1900/03, die vielmehr zur Fusion mit der AEG führte [17].

Um Militäraufträge hatte sich 1870/71 mit Erfolg auch Rathenau bemüht. Nach dem Krieg war er einer der vielen Favoriten der Gründerzeit und der Opfer ihrer Krise. Die Fabrik wurde vergrößert und mit Hilfe der Preußischen Boden-Kredit-Aktienbank zur Aktiengesellschaft umgewandelt, 1873 war die Bank zahlungsunfähig und Rathenau löste sich innerhalb der nächsten beiden Jahre schnell resignierend, aber dadurch rechtzeitig und unter ziemlich günstigen Bedingungen von seinem Fabrikunternehmen, das später vom Loewe-Konzern erworben wurde. Mit 37 Jahren war er also ein recht wohlhabender, eigentlich beschäftigungsloser Rentier, „Kapitalist im Wartestand" [18], und blieb es acht Jahre lang, mißtrauisch gegen alle Angebote von Banken und Börsen nach seinen bisherigen eigenen Erfahrungen und nach dem Schicksal seines Schwiegervaters, des Bankiers Nachmann, der sich nach schweren Börsenverlusten das Leben genommen hatte. Später machte er auch die „sich auftürmenden Wogen der sozialdemokratischen Bewegung" [19], d. h. seine

Die Berliner Maschinenindustrie, Berlin 1928; *P. Hirschfeld*, Berlins Großindustrie, 2 Bde., 1897/1901; *Lothar Baar*, Die Berliner Industrie in der industriellen Revolution, Berlin (Ost), 1966; *Eberhard Schmieder*, Wirtschaft und Bevölkerung, in: *Hans Herzfeld* (Hrsg.), Berlin und die Provinz Brandenburg im 19. und 20. Jahrhundert, Berlin 1968; *E. Schmieder*, Zum sozialen Wandel wirtschaftlich führender Kreise Berlins im 19. und beginnenden 20. Jahrhundert, in: Sociologia Internationalis, 8, 1970, 191–218.

[17] Ludwig Loewe & Co. AG Berlin 1869–1929, Berlin 1930; *Zielenziger*, op. cit., 99 ff.

[18] *Hellige* in der zit. Rathenau-Harden-Einleitung.

[19] So Emil Rathenau in einer Rede von 1908, *Pinner*, op. cit., 40. Die Bemerkung war 1908 wohl als Begründung für sein unpatriarchalisches Verhältnis zu den Arbeitern der AEG-Fabriken gemeint.

Enttäuschung über die undankbare Haltung der Arbeiterschaft gegenüber patriarchalischen Unternehmern, dafür verantwortlich, daß er das Ende der Krise hätte abwarten wollen. Er setzte in dieser Zeit nun nicht das intensive gesellschaftliche Leben seines eigenen, inzwischen verstorbenen Vaters fort und kümmerte sich offenbar auch kaum – anders als etwa Ludwig Loewe, Adolph Salomonsohn und eine Vielzahl geschäftlich tätiger Juden – um Presse und Politik: jedenfalls scheint er, dessen großes Jugenderlebnis die Revolution von 1848 gewesen war, bei der sein demokratisch eingestellter Vater im Straßenkampf verwundet worden war, weder vom Rückgang des Liberalismus noch vom Antisemitismus berührt worden zu sein[20]. Rathenau reiste vielmehr, besuchte die Weltausstellungen in Philadelphia und Paris, plante und projektierte im Zuge der neuesten Erfindungen, kaum anders, wenn auch in viel kleinerem Maßstab, als Strousberg in den gleichen Jahren. Es kam ihm nicht darauf an, sein Geld in irgendwelche neuen Unternehmen zu stecken, es kam ihm nicht auf die Produktion bestimmter Maschinen oder Geräte aufgrund der neuen Erfindungen an, sondern auf umfassende Umorganisierungen ganzer Lebens- und Tätigkeitsbereiche mit Hilfe der technischen Neuerungen. Seine Pläne griffen also, ohne daß er eigentlichen Weltverbesserungsutopien anhing und die Sache anders als eben nüchtern technisch und organisatorisch durchdachte, tiefer und vielfältiger in die Infrastruktur der Gesellschaft ein und brachten ihn auch stärker in Kontakte und Konflikte mit der Verwaltungstätigkeit des Staates als die meisten bisherigen Erscheinungsformen der Industrialisierung.

Erstmals zeigte sich das, als er nach seinen Eindrücken von der Ausstellung in Philadelphia das Berliner Telephonnetz aufbauen wollte. Er bot dem Generalpostmeister Stephan an, die Sache im staatlichen Auftrag durchzuführen, nach einigem Mißtrauen wurde ihm wenigstens die Einführung des Telephons im Postdienst übertragen. Rathenau führte den Auftrag ehrenamtlich aus. „Nachdem er die grundlegende Organisation geschaffen hatte, verließ er das Arbeitszimmer im Reichspostamt, das ihm Stephan für die Zeit seiner Tätigkeit im Telephondienste der Post eingeräumt hatte."[21] In ganz ähnlicher Weise wird Walther Rathenau 1914/15 den selbstangebotenen Auftrag des Kriegsministeriums zur Kriegsrohstofforganisation durchführen.

1881 präsentierte Edison in Paris erstmals das neue elektrische Glühlicht, seine Kohlenfadenlampe. Emil Rathenau erwarb noch auf der Ausstellung die europäischen Patente hierfür, gründete 1883 die Deutsche Edison-Gesellschaft und war damit am Anfang dessen, was, speziell und doch umfassend ausgerichtet, sein Lebenswerk werden sollte.

Hier kann keine noch so kurz gefaßte Geschichte der Elektrizitätsindustrie

---

[20] *Pinner*, op. cit., 15. Auch die demokratische Tradition in England hatte Emil Rathenau kennengelernt.

[21] *Pinner*, op. cit., 46.

oder auch nur der AEG gegeben werden[22]. Es sind nur Hinweise auf kenn-
zeichnende Eigenheiten dieses „Industriereiches" beabsichtigt.

„Die Naturkraft des 19. Jahrhunderts, welche im Telegraphen und im Tele-
phon sich bereits überall das Bürgerrecht erworben hat, soll in Zukunft der
gesamten Bevölkerung zugängig gemacht werden, dem wohlhabenden in der
Form strahlenden Lichts, dem Handwerker als Werkzeug des täglichen Ge-
brauches", erklärte Emil Rathenau 1888 bei der Einführung der elektrischen
Straßenbeleuchtung „Unter den Linden"[23]. Die große Vermittlungs- und
Verbreitungsaufgabe seiner Organisation kommt damit deutlich zum Ausdruck. Hier wurde keine erste neue Industriegründung vorgenommen, wie
es eine Generation früher bei Krupp, Borsig oder auf dem Gebiet der Elektrizität bei Werner von Siemens geschah. Mit all seiner Originalität ist Emil
Rathenau in dieser Hinsicht deutlich zweite Generation. Er lehnte sich in den
ersten zehn Jahren an den gewaltigen Siemens an, der ihm die Dynamo-
maschinen baute, und überholte ihn gleichzeitig in einer Phase und auf Gebieten, auf deren Innovationserfordernisse sich der Ältere nicht mehr (oder
jedenfalls nicht schnell genug) einstellen konnte. Siemens, der große Erfinder,
hatte die Starkstromtechnik experimentell und wissenschaftlich entwickelt
und vorgestellt, Rathenau setzte sie industriell und kommerziell-organisato-
risch durch. Sicherlich war Siemens auch ein großer Geschäftsmann, aber im
Alter zog er sich auf den Fabrikanten zurück und wollte sich nicht mit be-
dürfniserweckenden Beleuchtungsgesellschaften abgeben. Sein Sohn Wilhelm,
der ihm 1890 folgte, pflegte sogar antikapitalistische Ressentiments, andere
verspotteten die amerikanischen Methoden der „Allgemeinen Judengesell-
schaft", wie die AEG wegen der am Aufbau beteiligten jüdischen Privatbanken und der bedeutenden jüdischen Mitarbeiter Rathenaus – Felix Deutsch,
Paul Mamroth – genannt wurde[24]. Aber diese Konkurrenzgesellschaft, deren
Aufstieg anfangs bis 1886/87, als sie am Rande des Bankrotts stand, durchaus
noch „aufhaltsam" gewesen war, löste sich 1894 aus dem vertraglichen Verhältnis mit Siemens, baute selber ihre Maschinenindustrie auf und war nicht
mehr zu schlagen[25]. Man kann nicht einfach sagen, daß damit der erfindende

---

[22] Hierzu außer Pinner: *Hermann Hasse,* Die AEG und ihre wirtschaftliche Bedeutung, Heidelberg 1902; *F. Fasolt,* Die sieben größten deutschen Elektrizitätsgesellschaften, Dresden 1904; Die Allgemeine Elektrizitäts-Gesellschaft 1883–1908, Berlin
1908; *Conrad Matschoß,* Die geschichtliche Entwicklung der Allgemeinen Elektrizitäts-
Gesellschaft in den ersten 25 Jahren ihres Bestehens, in: Jahrbuch des Vereins Deutscher
Ingenieure, 1, 1909; *M. Levy,* Die Organisation und Bedeutung der deutschen Elektrizitätsindustrie, Berlin 1914; AEG 1883–1923, Berlin 1924. 50 Jahre AEG, Berlin
1956 (verfaßt 1933); *Jürgen Kocka,* Unternehmensverwaltung und Angestelltenschaft
am Beispiel Siemens 1847–1914, Stuttgart 1969.
[23] *Pinner,* op. cit., 142.
[24] *Hasse,* op. cit., 65.
[25] *Jürgen Kocka,* Siemens und der aufhaltsame Aufstieg der AEG, in: Tradition,
17, 1972; *ders.,* Family and Bureaucracy in German Industrial Management 1880 to
1914, in: Business History Review, 45, 1971.

Ingenieur und Unternehmer vom Erfindungen verwertenden Kaufmann
überholt worden wäre (zumal die Siemenswerke die AEG allmählich – bis
1914 – wieder einholten). Rathenau war kein technischer Erfinder, aber er
war auch kein Industriebankier, wie viele damalige amerikanische Unternehmer. Er war ein organisatorischer Erfinder und Unternehmer großen und viel-
seitigen Stils[26]. Das bezog sich auf Auswahl und alleinige Förderung der
rationellsten technischen Verfahren und Einrichtungen, etwa der „Zentralstationen" für Stadtteilbeleuchtungen; auf die effizientesten, oft gemischt
staats- und privatwirtschaftlichen rechtlichen Formen bei der Errichtung solcher Beleuchtungen, elektrischer Straßenbahnen oder Kraftübertragungs-
werke; auf Ausbreitung und funktionstüchtigste, nicht zu enge und nicht
zu lockere Verschachtelung der AEG und ihrer verschiedenartigen Tochter-
gesellschaften; auf möglichste Unabhängigkeit von den Banken und die gün-
stigsten Mittel der Konkurrenz- und Krisenabwehr. Rathenau rationalisierte
damit sein Unternehmen weit intensiver als es ein reiner Techniker oder reiner
Kaufmann getan hätte. Technisch und kaufmännisch war alles bestimmt, aber
es verdient doch Beachtung, daß nicht er selber, sondern sein bedeutendster
Mitarbeiter Felix Deutsch mit seiner Verkaufsorganisation das Kaufmännische im engeren Sinn am „System Rathenau" verwirklicht hat: das Prinzip
nämlich, daß es hier bei der Elektrizität der Produzent sei, der die Anwen-
dungsgebiete erschließen und dem Konsumenten „das Bedürfnis erst nahelegen, in vielen Fällen gewissermaßen aufzwingen" müsse[27].

Emil Rathenau ist der Unternehmer im beginnenden Spätkapitalismus,
beim Übergang von der offenen Konkurrenzwirtschaft zur vertrusteten Wirtschaft[28]. Er erkennt, daß industrielle Neuerungen der jetzt gebotenen Größenordnung nicht mehr unter Konkurrenzdruck und ohne Mitwirkung des
Staates durchzuführen sind, aber er hält den freien, allerdings durch besondere Konzessionen geschützten Unternehmer für die geeignete Person, den
jeweiligen Modernisierungsprozeß in Gang zu setzen, um ihn dann der
staatlichen Bürokratie oder anderen Körperschaften zur weiteren Verwaltung zu überlassen. Nicht nur Zentralisation (bei der Produktion), sondern
auch Dezentralisation (bei der darauffolgenden Betriebsführung und -über-
wachung) wird also angestrebt. Schon im Geschäftsbericht von 1883 heißt es:

---

[26] Schon bei *A. Lansburgh*, System Rathenau, in: Die Bank, Berlin 1908: „Rathenau ist nicht nur Techniker und Kaufmann in einer Person, sondern vor allem Organisator."

[27] Die Allgemeine Elektrizitäts-Gesellschaft 1883–1908, 8. Über Deutsch: *Pinner*,
op. cit., 370 ff. Auch: *ders.*, Deutsche Wirtschaftsführer, Berlin 1924; *F. Kaufmann*,
Erfolgreiche deutsche Wirtschaftsführer, 1931.

[28] Zu Unternehmertypen: *Edgar Salin*, Der Gestaltwandel des europäischen Unter-
nehmers, in: Offener Horizont, Festschrift für Karl Jaspers, hrsg. von *Klaus Piper*,
München 1953, 328 ff.; *Fritz Redlich*, Unternehmer, in: Handbuch der Sozialwissenschaften, Bd. 10, 486 ff.; *Jürgen Kocka*, Unternehmer in der deutschen Industrialisierung, Göttingen 1975.

„Im übrigen liegt es nicht in unserer Absicht, den liquiden Vermögensstand dauernd durch eigene Übernahme großer Zentralstationen zu alterieren. Vielmehr verfolgen wir das System, solche Stationen mit Hilfe unserer Geldmittel zwar einzurichten, dieselben aber spätestens nach erfolgter Inbetriebsetzung selbständigen Gesellschaften zu überlassen, um so unser Kapital immer wieder für neue Unternehmungen flüssig zu machen." [29] Die Vorteile einer weitgehend konkurrenzlosen Elektrifizierung durch die AEG hat besonders die Hauptstadt Berlin im Vergleich zu New York, Paris und anderen Großstädten erfahren. Emil Rathenau konnte schon in seiner Rede von 1888 feststellen, daß selbst in Amerika die Elektrifizierung noch nicht so weit gediehen sei, geschweige denn im übrigen Europa: „In England erschwert der Wille des Parlaments die Errichtung elektrischer Zentralstationen, und Frankreich konnte, trotz des hohen Fluges, den es in der Ausstellung des Jahres 1881 zu nehmen schien, weder in der Städtebeleuchtung noch in der elektrotechnischen Industrie mit uns Schritt halten. So können wir mit Stolz behaupten, daß wir an der Spitze aller Kulturvölker marschieren, die in erster Linie berufen waren, das Prinzip der elektrischen Beleuchtung zu fördern und sich nutzbar zu machen." [30] Der besonders frühe Zeitpunkt der Elektrifizierung in Deutschland ist zweifellos sein Verdienst, und damit zusammenhängend die starke internationale Ausdehnung der deutschen Elektroindustrie. 1913 bestritt sie etwa die Hälfte der Weltausfuhr: 46,4 %, während Großbritannien nur auf 22,0 %, die USA nur auf 15,7 % kamen [31]. Die AEG baute Kraftstationen in den meisten europäischen Ländern, besonders in Italien, Spanien, Österreich

---

[29] 50 Jahre AEG, op. cit., 53. An einem späteren, bereits von Walther Rathenau betreuten Einzelfall aufgezeigt von *Hugo Ott*, Privatwirtschaftliche und kommunal (staats)wirtschaftliche Aspekte beim Aufbau der Elektrizitätswirtschaft, dargestellt am Beispiel des Straßburger Elektrizitätswerkes, in: Aus Stadt- und Wirtschaftsgeschichte Südwestdeutschlands, Festschrift für Erik Maschke zum 75. Geburtstag, Stuttgart 1975, 255–280.

[30] *Pinner*, op. cit., 143. Über die architektonische Gestaltung der AEG-Fabriken, ihren entsprechenden versachlichten Stil, den „Versuch der Formulierung einer städtischen Industrie-Architektur, zur Integration auch riesiger Produktionsstätten in die Stadt und die Straße" jetzt: *Tilmann Buddensieg*, Peter Behrens und die AEG, in: Schloß Charlottenburg, Berlin, Preußen, Festschrift für Margarete Kühn, München 1975.

[31] *Peter Czada*, Die Berliner Elektroindustrie in der Weimarer Zeit, Berlin 1969, 143. *Felix Pinner* bereits in einem Artikel Emil Rathenau in: Der Kaufmann und das Leben (Beiblatt zur Zeitschrift für Handelswissenschaft und Handelspraxis) Nr. 11 (Februar 1913), 174: „Was er geschaffen hat? – Nicht die deutsche Elektrizitätsindustrie, nicht den deutschen Elektrizitätskonsum. Dies wäre auch ohne ihn gekommen, denn es war an sich so stark, daß es früher oder später kommen mußte. Daß es früher kam, war Rathenaus Verdienst, und daß die deutsche Elektroindustrie nicht nur den deutschen Konsum deckt, sondern einen großen Teil des Weltkonsums, daß heute in Petersburg und Genua, in Südamerika und Transvaal gewaltige Elektrizitätszentralen deutscher Herkunft arbeiten, daß deutsche Elektromaschinen über alle Meere gehen, das ist die Leistung Emil Rathenaus."

und Rußland, außerdem in Japan, Südamerika und Südafrika. 1903 verhandelte Emil Rathenau mit der General Electric Company hinsichtlich der Absatzgebiete auf dem Weltmarkt, – gleichsam um fast die ganze Welt unter sich und ihr aufzuteilen [32].

Man wird sagen können, daß Rathenaus spezifische neue Unternehmerauffassung seinen Führungsstil geprägt hat: er regierte sein großes, gegenüber früheren Unternehmen unpersönlicheres, bedarfsweise immer veränderbares Reich nüchtern, nach Grundsätzen der Produktionsverbilligung und Rationalisierung, als Aktiengesellschaft, nicht als traditionelles Familienunternehmen, unpatriarchalisch gegenüber der Belegschaft, aber doch streng autokratisch und – wie wir noch sehen werden – jedenfalls mit dem Versuch, bei der Nachfolgeregelung dann doch patriarchalisch vorzugehen und einen Familienbetrieb daraus zu machen. Ob man darüber hinaus sagen kann, daß die Art seiner Leistung von spezifischen Fähigkeiten der deutschen jüdischen Minorität geprägt sei? Er ist weder der typische jüdische Geschäftsmann noch die auffallende Ausnahme. Man kann die kaufmännische Phantasie, die immer situationsgerechte, traditionsfreie, lockere Anpassung an die sich verändernden Verhältnisse ins Feld führen, die sich in der AEG durch die vielen jüdischen Mitarbeiter Rathenaus vielleicht noch potenziert hat. Oder auf persönliche Schwächen hinweisen wie seine geradezu groteske Sparsamkeit, seinen überängstlichen Geiz im Privatleben, der sich möglicherweise in seinem Großunternehmen zu kluger Vorsicht transformiert hat [33]. Allgemein wird man bei dem Abkömmling einer verhältnismäßig reichen alteingesessenen Familie, der einerseits keinen traditionellen Beruf der Minorität, sondern einen modernen ergriff und andererseits von provozierenden gesellschaftlichen oder öffentlichen Repräsentationsansprüchen frei war, keine starke Ausprägung minoritätstypischer Züge erwarten können. Bleichröder, Strousberg und in seinem eigenen Umkreis der Leiter der Berliner Handelsgesellschaft Carl Fürstenberg, der „letzte große Privatbankier vom alten Schlage" [34], waren aus verschiedenen Gründen ausgeprägter. Geht man allerdings von Rathenaus und auch Fürstenbergs eigentlicher, weit über das Finanzielle hinausreichender organisatorischer Leistung bei der Realisierung der modernen industriellen Welt aus, so fällt auf, daß eine unverhältnismäßig hohe Zahl deutscher Juden fähig war, ähnliche neue organisatorische Wege zu finden. Auf dem Gebiet der oberschlesischen und rheinisch-westfälischen Kohleproduktion und ihrer Verfügbarmachung für den räumlich entfernten Konsum

---

[32] *Matschoß*, op. cit., 64. Instruktive Tabellen über die Expansion bis 1902, in: *Hasse*, op. cit., 26 ff.

[33] Vor allem von *Pinner* als jüdisch betont, op. cit., 362.

[34] *Zielenziger*, op. cit., 148; *Carl Fürstenberg*, Die Lebensgeschichte eines deutschen Bankiers, niedergeschrieben von *Hans Fürstenberg*, Düsseldorf 1968. Die Berliner Handelsgesellschaft in einem Jahrhundert deutscher Wirtschaft 1856–1956, Berlin o. J. [1956].

gelang es Fritz Friedländer und besonders Eduard Arnhold, der sogar eine
der AEG vergleichbare Bedarfserweckung erreichte. Auf dem Gebiet des mari-
timen Passagier- und Gütertransports und dem damit verbundenen Schiffsbau
gelang es Albert Ballin und Wilhelm Kunstmann; auf dem des Industrie- und
Feldbahnbaus Benno Orenstein, auf dem der Warenhäuser Tietz und Wertheim [35]. Das sind sehr verschiedenartige Organisationen, die meisten an Größe
und Kompliziertheit mit Emil Rathenaus Konzern nicht vergleichbar, aber
alle beweisen die schnelle konstruktive Anpassungsfähigkeit der Minorität in
den achtziger, neunziger Jahren an neue, nie vorher dagewesene Probleme
und Möglichkeiten. Daraus resultierte die besonders seit Beginn des neuen
Jahrhunderts zu findende gestiegene gesellschaftliche und politische Rolle der
sogenannten „Kaiserjuden", zu denen viele der hier genannten zählten.
Ohne antisemitische Tendenz bemerkte ein gut informierter Journalist 1910:

> „In der Provinz hört man leicht einen Landrat oder Obersten, oder adeligen
> Rittergutsbesitzer erzählen, daß die großen Berliner Juden sich überall in die Ge-
> sellschaft und sogar in die Häuser der Minister drängten. Die Provinzialen glauben
> vielfach in ihrer Naivität, die großen Juden liefen den Ministern nach. Wenn sie
> einmal auf irgend einer Soiree Herrn Fritz Friedlaender oder Arnhold, oder
> J. Loewe, oder Rathenau allein im Kreise von vier oder sechs Ministern sehen
> würden, dürften sich die Ansichten ändern." [36]

David Landes hat mit Recht darauf hingewiesen, daß diese jüdischen Großindustriellen, Großkaufleute und Großbankiers, denen der Antisemitismus
vorwarf, sie brächten das ganze mittlere und kleine Gewerbe und Unternehmertum an den Bettelstab, in erster Linie die traditionellen Berufe der eigenen
Glaubensgenossen schädigten: jedenfalls zeigt sich das deutlich an der Verdrängung der Privatbankiers durch die Großbanken und der des Kleider- und

---

[35] Vgl. die Einleitung und die entsprechenden Kapitel bei *Zielenziger*, op. cit.;
J. Arnhold (Hrsg.), Eduard Arnhold. Ein Gedenkbuch, Berlin 1928; *E. Achterberg*,
Berliner Hochfinanz, Frankfurt a. Main 1965; *H. Leip*, Des Kaisers Reeder, eine
Albert-Ballin-Biographie, München 1956; *Eduard Rosenbaum*, Albert Ballin. A Note
on the Style of his Economic and Political Activities, in: Year Book III of the Leo
Baeck Institute, London 1958, 257–299; *Lamar Cecil*, Albert Ballin. Business and
Politics in Imperial Germany 1888–1918, Princeton 1967 (Dt. Ausgabe: Albert
Ballin. Wirtschaft und Politik im deutschen Kaiserreich 1888–1918, Hamburg 1969);
Georg Tietz, Hermann Tietz. Geschichte einer Familie und ihrer Warenhäuser, Ver-
öffentlichung des Leo Baeck Instituts, Stuttgart 1965.
[36] *Rudolf Martin*, Deutsche Machthaber, Berlin u. Leipzig 1910, 247. Über die
„Kaiserjuden": *Hans Tramer*, Die Hamburger Kaiserjuden, in: Bulletin des Leo Baeck
Instituts, III, Nr. 11 (1960), 177–189; *Jacob Toury*, Die politischen Orientierungen der
Juden in Deutschland. Von Jena bis Weimar, Schriftenreihe wissenschaftlicher Abhandlungen des Leo Baeck Instituts, Bd. 15, Tübingen 1966, 239 ff. Die Rathenaus
sind übrigens wohl der einzige Fall, bei dem zwei Generationen, also Vater und Sohn,
zu den einflußreichen „Kaiserjuden" zu rechnen sind.

Kurzwarenhandels durch die Warenhäuser[37]. Wir können dieses untersu-
chungswerte Problem hier nur signalisieren und müssen auf eine andere Richtung hinlenken: sie belasteten mit ihren individuell aufgebauten und nur ver-
sachlicht weiterzuführenden, weiterzuverwaltenden Großorganisationen auch
ihre eigene nachfolgende Generation. Rathenaus Sohn ist dafür das sprechendste Beispiel.

II

Walther Rathenaus Biograph, der Graf Kessler, hat den Zwiespalt seiner
Jugendeindrücke zwischen der Arbeitswelt des Vaters in der Fabrikgegend des
Berliner Nordens und der geselligen, gebildeten Atmosphäre der großmütter-
lichen Wohnung im Westen der Stadt geschildert, einen Zwiespalt, der durch
die ähnlichen, unbefriedigten höheren Ansprüche seiner einflußstarken Mutter gefährlich verschärft wurde[38]. Diesen anschaulichen Gegensatz hat der
Sohn aber höchstens bis zu seinem achten Lebensjahr sehen können. Viel prä-
gender waren für ihn die Zustände der Folgezeit. Bis zum sechzehnten Lebensjahr erlebte er einen in schwerverständlicher, beunruhigender Weise taten-
losen, pläneschmiedenden Vater und dann den das ganze Familienleben in
Mitleidenschaft ziehenden Streß der Gestaltung der Elektrizitätsgesellschaft,
die sich jahrelang zwischen Hoffnung und Verzweiflung vollzog und schließlich zu einem unfaßbaren Riesenerfolg aufwuchs. In der gleichen Zeit also,
in welcher der vielseitig begabte, anlagemäßig ausgeglichene, introvertierte
Sohn seinen eigenen, zunächst durch keinen väterlichen Beruf vorgezeich-
neten Lebensweg, wie man heute sagt: seine Identität finden mußte, suchte
und fand das erst sein unruhiger, extrovertierter Vater, drängte sich sozusagen mit den eigenen Entwicklungsschwierigkeiten vor die des Sohnes und
erleichterte dessen psychische Probleme auch nicht gerade durch seine gewaltige Leistung. Walther schwankte sehr lange, man kann sagen, in abnehmen-
dem Grade über zwei Jahrzehnte zwischen Flucht- und Bewährungsversuchen
gegenüber diesem Vater, dessen Autorität – im damaligen Bürgertum und
speziell im jüdischen ohnehin sehr groß – durch sein unternehmerisches Schöp-
fertum unabsehbar gesteigert war. Fluchtversuche bestanden in Gedanken an
physischen oder an „sozialen" Selbstmord, wie er seine Pläne bezeichnete,
nach Amerika auszuwandern oder irgendwie ins einfache Leben zu finden[39].

---

[37] *David S. Landes*, The Jewish Merchant. Typology and Stereotypology in Germany, in: Year Book XIX of the Leo Baeck Institute, London 1974, 19 f.

[38] *Kessler*, op. cit., 9 ff. Biographisch zu Walther Rathenau außerdem: *Etta Federn-
Kohlhaas*, Walther Rathenau, Dresden 1927; *P. J. Loewenberg*, Walther Rathenau
and German Society, Ph. D. Diss., University of California Berkeley 1966 (geht
psychoanalytisch auf den Vater-Sohn-Konflikt ein); *Peter Berglar*, Walther Rathenau,
Bremen 1970. Weitere Literatur dort in der Bibliographie 390 ff. Autobiographisch:
Walther Rathenau, Apologie (1919), in: Gesammelte Schriften, VI, 411 ff.

[39] Von Auswanderung als „sozialem Selbstmord" spricht Berthier in Rathenau

Der immer wieder erwogene Wunsch, Maler oder Schriftsteller zu werden, war zugleich Flucht und der Drang, sich auf vaterfremdem Bereich zu bewähren. Ebenso der Versuch, den Idealberuf der preußischen Gesellschaft zu erreichen und aktiver Offizier zu werden; er scheiterte im vornehmen Gardekürassierregiment an seiner Zugehörigkeit zum jüdischen Glauben.

Alle diese Pläne entsprangen tiefer Aversion gegen die von Gewinn und Nutzen, nicht von höheren Werten regierte Welt des Vaters und damit gegen Kapitalismus und Liberalismus des bürgerlichen Unternehmertums, gegen die moderne Technik und Industrie, durch die Natur und Kultur verändert wurden [40]. Da er hörte und sah, wie stark das Judentum an dieser Veränderung beteiligt war, verband sich mit dieser Aversion ein antisemitischer Affekt. Er äußerte sich deutlich [41] gegen die aus dem Osten nach Berlin einströmenden handeltreibenden Schichten, gegen die Protzerei der neureichen „Tiergartenjuden" und gegen zionistische Selbständigkeitsbestrebungen, aber eigentlich nicht gegen das alteingesessene jüdische Patriziat, das sich in vorbildlicher Weise den hohen Werten des Gastlandes angepaßt hatte – und zu dem seine eigene Familie gehörte. Diese Anschauungen deuten darauf hin, wie sich Walther Rathenau in seinen Fluchtplänen hinderte und Bewährungs-

---

Jugenddrama Blanche Trocard (1887, hrsg. von *Edwin Redslob,* Berlin 1947), eine Figur, in der er sich selber darstellt. Dazu *Hellige,* in seiner zit. Rathenau-Harden-Einleitung.

[40] In Unser Nachwuchs (1909) schildert er die „heutige Generation" in dieser Weise: „Das Gesetz des Kontrastes, das die Generationen sondert, zwingt zur stillen und zähen Opposition der Söhne gegen die Väter. Haben diese den Geisteswert der Nation verachtet, eine werdende Kunst verschmäht und den Blick auf allzu nahe Höhen gerichtet, so rächen sich die Jungen durch Talente und Sensibilitäten. Es gibt heute im Berliner Tiergartenviertel kein Stockwerk, wo nicht junge Begabungen für Neuromantik, Innenkunst, latinisierendes Deutsch und kontrapunktische Tierstimmenimitation ihr Wesen treiben... Ein menschlich rührender Zug ist diesen Großstadtkindern eigen, sobald sie ihren Seelenzustand erkennen: eine Sehnsucht erwacht nach Natur, Innerlichkeit und Einheit." Er setzt davon das weniger schwere Erbe seiner eigenen Generation ab: „Noch um 1880 wagte der werdende Bürger nicht, sich menschlich frei und geistig bewußt zu fühlen. Der Krieg hatte alle Kränze dem Heere zugesprochen; Bismarck hatte den bürgerlichen Liberalismus besiegt und den Besiegten verächtlich gemacht; eine junge Generation verließ die Schule entweder konservativ, mit militärischen und gouvernementalen Aspirationen, oder von Phraseologien verärgert und sozial rebellisch." Für ihn selber gelten aber beide Kennzeichnungen. Bemerkenswert ist auch der im gleichen Aufsatz vorgebrachte Vorwurf gegen die „Männer des industriellen Aufschwunges", die „Konquistadoren:" „In unserer Zeit der erstarkenden Organisationen suchen sie selbst sich Nachfolger zu sichern, die mit den geschaffenen Methoden der Führung, der zur Praxis gewordenen Stabskunst vertraut sind. Sie, die Ergebnisse eines gefährlichen wirtschaftlichen Experiments, einer selbstbetätigten Selektion, wollen das Experiment mit anderen nicht wiederholen; sie richten den Blick nicht auf den Nachwuchs schlechthin, sondern auf den Nachwuchs ihrer Nähe, ihres Kreises, ihrer Nachkommenschaft." Nachgelassene Schriften, II, 350–353.

[41] In „Höre, Israel" (1897), in: *Walther Rathenau,* Impressionen, Leipzig 1902, nicht in die Gesammelten oder Nachgelassenen Schriften aufgenommen.

versuche im väterlichen Bereich unternahm. Er bewunderte sehr wohl die
mehr preußische als jüdische Sachlichkeit und einfache Lebensführung des
Vaters und hatte genügend Stolz und Ehrgeiz, um die Chance, die ihm dessen geschäftlicher und damit auch gesellschaftlicher Aufstieg bot, zu nutzen
oder wenigstens für höhere Zwecke wahrzunehmen. So fügte er sich also dem
väterlichen Wunsch, studierte Naturwissenschaften und Maschinenbau, lernte
in der Aluminiumindustrie in Neuhausen (Schweiz) und leitete 1893–99 den
Aufbau der Elektrochemischen Werke in Bitterfeld, – als Chef einer Tochter-
gesellschaft der AEG, möglichst unabhängig von der Berliner Zentrale und
auf dem Gebiet eigener Erfindungen. Der Bewährungsversuch gelang nicht vollständig, die Bitterfelder Werke litten unter Anlaufschwierigkeiten und scharfer Konkurrenz, und Walther Rathenau, der 1897 Maximilian Harden kennengelernt hatte und seither für dessen *Zukunft* schrieb, erwog wieder einmal,
sich auf „theoretische Studien" zurückzuziehen [42]. Im Laufe seines Lebens hat
sich dieser Zwiespalt zur durchgehenden Doppelbetätigung entwickelt. Praktisch trug er zur Fortführung des väterlichen Großunternehmens bei, theoretisch versuchte er, die Welt des Kapitalismus, der „Mechanisierung" durch
Rückgriff auf frühere Werte und Vertretung einer neuen idealen Gesinnung
zu überwinden.

Es erhebt sich die Frage, wie weit dieses konfliktreiche Vater-Sohn-Verhältnis der Rathenaus typisch ist. Hans Dieter Hellige hat nach Untersuchung
der aus dem jüdischen Bürgertum stammenden literarischen Intelligenz Berlins, Wiens und Prags festgestellt, „daß der Zusammenhang von pathologi-
schem Vater-Sohn-Konflikt, innerjüdischem Antisemitismus und Identifikation mit der konservativen feudalen Elite in dieser Epoche nicht zufällig
ist" [43]. Er zeigt es an den Kaufmannssöhnen Maximilian Harden, Otto Brahm,
Ernst Lissauer, an den Fabrikantensöhnen Georg Hirschfeld, Egon Friedell,
Fritz Mauthner, an den Bankierssöhnen Carl Sternheim, Hugo von Hofmannsthal und vielen anderen. Stefan Zweig deutete sein eigenes Schicksal
und das seiner meisten Wiener Kollegen:

> „Unbewußt sucht etwas in dem jüdischen Menschen dem moralisch Dubiosen, dem
> Widrigen, Kleinlichen und Ungeistigen, das allem Handel, allem bloß Geschäft-
> lichen anhaftet, zu entrinnen und sich in die reinere, die geldlose Sphäre des
> Geistigen zu erheben, als wollte er – wagnerisch gesprochen – sich und seine ganze
> Rasse vom Fluch des Geldes erlösen... Gerade die mächtigsten Dynastien finden

[42] *Rathenau*, Apologie, Gesammelte Schriften, VI, 424; *Alfred Kerr*, Walther
Rathenau, Erinnerungen eines Freundes, Amsterdam 1935, 157 f.: „Walther hat mir
zuweilen erzählt, daß er, der Sohn, in dem trostlosen Nest Bitterfeld schlaflose Nächte
verbracht hat, weil das ihm anvertraute Fabrikunternehmen dort auf der Kippe stand.
Daß es die schlimmste Zeit seiner frühen Jahre gewesen ist. Und daß die Schlaf-
losigkeit vorwiegend vom Gedanken an seinen Vater kam. Walther hat einen Teil
seines Lebens dem schwer erreichbaren Ziel gewidmet, die Achtung dieses Mannes zu
erobern – vielmehr seine Mißachtung zu verringern."
[43] *Hellige* in der zit. Rathenau-Harden-Einleitung.

ihre Söhne unwillig, die Banken, die Fabriken, die ausgebauten und warmen Geschäfte ihrer Väter zu übernehmen ... Vielleicht drückt sich darin sogar die geheime Sehnsucht aus, durch Flucht ins Geistige sich aus dem bloß Jüdischen ins allgemein Menschliche aufzulösen." [44]

Selbstverständlich bleibt zu untersuchen, wie weit der Generationenkonflikt auch bei nichtjüdischen Unternehmerkindern – etwa R. A. Schröder, Georg Trakl oder den Manns – auftaucht, aber schon nach dem bisherigen Stand der Kenntnisse kann Hellige folgende weitreichende Feststellung machen:

> „Daß zwischen Generationskonflikt und Aufbegehren gegen kapitalistische Zweckrationalität sowie dem Drang zu einem künstlerischen, zweckfreien Beruf zwar kein Automatismus, aber doch ein struktureller Zusammenhang besteht, zeigt der Umstand, daß unter den deutschen Schriftstellern der Wende vom 19. zum 20. Jahrhundert die Söhne von Kaufleuten, Bankiers und Unternehmern und unter diesen eindeutig die jüdischen überrepräsentiert sind und daß bei ihnen häufig antikapitalistische Positionen und zwar überwiegend irrationaler, selten rationaler Art anzutreffen sind." [45]

Es ist kennzeichnend, daß viele der genannten Schriftsteller zum Freundeskreis Walther Rathenaus gehörten. Zum Teil war er einer der ihren, zum größeren Teil war er aber eben doch nicht so „degeneriert", wie man es damals gern ausdrückte, sondern betätigte sich als Großindustrieller und übernahm die Verantwortung für das väterliche Unternehmen, das freilich schon durch seine Art und Ausdehnung über dem „bloß Geschäftlichen" anderer Erbschaften stand. Das macht seine besondere, auf beiden Gebieten angreifbare, aber auch überlegene Stellung aus, in der er konkurrenzlos dastand. Man müßte für diese Feststellung nun auch die „folgsamen" jüdischen Unternehmer- und Bankierssöhne heranziehen. Vergleiche sind, jedenfalls in der kleinen führenden Schicht, schwer anzustellen. Dem neun Jahre älteren Fritz Friedländer hatte sein Vater Emanuel, ein reicher oberschlesischer Kohlenhändler, der sich schließlich verspekulierte, noch genügend Raum für einen Neuaufbau, für die Verbindung von Kohlenproduktion und -großhandel gelassen. Er assimilierte sich völlig, trat zum Katholizismus über und wurde 1906 vom Kaiser als von Friedländer-Fuld geadelt [46]. Der mit Rathenau etwa gleichaltrige Georg Salomonsohn schrieb juristische Fachbücher, ehe er in der von seinem Vater Adolph mitbegründeten Berliner Disconto-Gesellschaft führend tätig wurde, später auch allgemeine Aufsätze zu Politik und Wirtschaft. Er war konservativ und zog aus den Erfahrungen des deutschen und amerikanischen Antisemitismus den Schluß, „es gäbe für den Juden nur die Wahl zwischen Zionismus und völligem Aufgehen in seinem Vaterlande

---

[44] *Stefan Zweig,* Die Welt von gestern, Frankfurt 1962, 22. Vgl. auch *Hannah Arendt,* Walter Benjamin. Bertolt Brecht, München 1971, 35 ff.

[45] *Hellige,* in der zit. Rathenau–Harden Einleitung.

[46] *Zielenziger,* op. cit., 156; *R. Martin,* op. cit., 240 ff.

mit allen Konsequenzen der Glaubens- und Namensänderung"[47]. Getauft nannte er sich nach 1900 Solmssen. Im Falle des über zwanzig Jahre jüngeren Hans Fürstenberg hatte bereits der Vater den Glaubenswechsel vollzogen; trotz starker künstlerischer und philosophischer Neigungen folgte er dem Wunsch des alten Herrn und blieb der Berliner Handelsgesellschaft treu[48]. Künstlerische Neigungen, assimilationsbestimmten Drang nach patriotischer politischer Betätigung und eher melancholische Beschäftigung mit Weltanschauungsfragen werden wir auch bei anderen „folgsamen" Unternehmersöhnen finden. Walther Rathenau ist unter ihnen nicht nur der einzige „Großschriftsteller", wie ihn Robert Musil wegen seiner Vielseitigkeit und seines Erfolges bezeichnet hat[49], sondern auch derjenige, der in der Öffentlichkeit die provozierendste kritische Position zu der von seinesgleichen betriebenen „Mechanisierung" der Welt einnahm, übrigens auch die zwiespältigste Assimilationspolitik vertrat.

Gehen wir nach diesen vergleichenden Betrachtungen auf die Haupttätigkeit Walther Rathenaus, diejenige für den AEG-Konzern ein[50], so hatte er sich also dem väterlichen Willen gebeugt wie ehemals der musisch-philosophische Kronprinz Friedrich dem Soldatenkönig –: die preußisch-dynastische Parallele dürfte ihm nahegelegen haben, möglicherweise nicht ohne die angenehme Perspektive, daß Leistung und Ruhm des Sohnes den Vater durchaus übertreffen können. Im Falle der AEG ist es aber zu einer deutlichen Sohnesnachfolge nicht gekommen, aus verschiedenen, keineswegs nur in Rathenau liegenden Gründen. Neben der Machtstellung und den Leistungen der engsten Mitarbeiter Emil Rathenaus hatte der Jüngere einen schweren Stand. In der Tat wird man noch heute sagen können, daß sich neben einer für den gesamten Konzern entscheidenden Schöpfung wie der Verkaufsorganisation von Felix Deutsch die technischen und unternehmerischen Neuerungen Walther Rathenaus oder seine spätere fusionistische Tätigkeit rangmäßig

---

[47] *Georg Solmssen*, Beiträge zur Deutschen Politik und Wirtschaft, München 1934, I, LII; *Zielenziger*, op. cit., 123. Das Werk „Der gesetzliche Schutz der Baugläubiger in den Vereinigten Staaten", Berlin 1900, schrieb er noch unter dem Namen Salomonsohn.

[48] *Hans Fürstenberg*, Erinnerung an Walther Rathenau, in: *Kessler*, Walther Rathenau, 408. Auch: *Hans Fürstenberg*, Erinnerungen. Mein Weg als Bankier, Düsseldorf 1968.

[49] Genaugenommen hat *Robert Musil* in seinem Roman Der Mann ohne Eigenschaften, Hamburg 1965, 428 ff., Paul Arnheim so geschildert, für den aber kaum verschlüsselt Rathenau als Vorbild gedient hat. Vgl. den Anhang bei: *Hans Lamm*, Walther Rathenau, Hannover 1968, 109 ff.

[50] Von unserem Thema aus haben wir hierauf das Augenmerk zu richten und sein schriftstellerisches und politisches Werk zurücktreten zu lassen. Die meisten bisherigen Arbeiten über Rathenau vernachlässigen diese seine berufliche Haupttätigkeit, selbst wenn sie sich mit seinem Sozial- und Wirtschaftsdenken beschäftigen, wie *Gaston Raphaël*, Walther Rathenau, Berlin o. J. [1921]; *Imre Révész*, Walther Rathenau und sein wirtschaftliches Werk, Dresden 1927 u. a.

nicht behaupten können. In der aktiengesellschaftlichen Struktur lag ähnlich wie in anderen modernen Industrie- und Finanzunternehmen und im Gegensatz zu den Siemens-Werken nicht nahe, eine Generaldirektorendynastie zu bilden. Die Rathenaus bekamen die Widerstände im Vorstand und in der Generalversammlung sofort zu spüren, als der Vater 1899 Walther und 1900 Erich in den Vorstand holte, um „seine Nachfolge vorzubereiten"[51]. Weitere Widerstände für Walther lagen aber im Vater selber: in der Bevorzugung des einfacheren, ihm ähnlicheren jüngeren Sohnes Erich und dann in seiner eigenen Lebensfähigkeit – er behielt die Leitung noch bis zu seinem Tode 1915.

An einem krisenreichen Zeitpunkt im Leben der Rathenaus – 1902/03 – lassen sich die vielschichtigen Schwierigkeiten des Sohnes besonders deutlich erkennen. Um die Jahrhundertwende wurde die gesamte Elektroindustrie nach ihrem schnellen Aufstieg, der allzu viele Unternehmer gelockt hatte, Gesellschaften nach Art der AEG zu gründen, durch eine schwere Rezession erschüttert. Nur Siemens & Halske und die AEG mit ihren vorsichtigerweise angehäuften stillen Reserven kamen relativ glimpflich davon. Walther Rathenau, eben in den Vorstand eingetreten, erkannte nach seinen Bitterfelder Erfahrungen den geeigneten Moment für eine Konzentration der Elektroindustrie, für Konkurrenzausschaltung durch Syndikate und Fusionen[52]. Im Februar 1900 hatte er, stärker als der Vater auf politische Wirkung und damit auch kaiserliche Gunst bedacht, mit Erfolg das Interesse Wilhelms II. an der AEG erweckt, indem er mit ihrem staatsähnlichen Aufbau renommierte: „Majestät, von unseren deutschen Fabriken können die Engländer was lernen. Die stoppeln immer eine Anlage auf die andere. Bei uns wird die ganze Sache einheitlich durchdacht und projektiert. Und dann: der deutsche Beamte mit seiner Gewissenhaftigkeit und Bescheidenheit, der immer hinter seiner Aufgabe zurücktritt... Und zuletzt die Organisation. Da sehen wir uns den preußischen Staat an und suchen das im Kleinen zu kopieren."[53] Als er

---

[51] *Pinner*, op. cit., 260, nach einer Rede Emil Rathenaus in der Generalversammlung vom 5. Dezember 1901, in welcher der Vorwurf einer geplanten „Dynastie Rathenau" vorgebracht wurde.

[52] Zu Elektrokrise und Konzentrationsbewegung neben *Kocka*, Unternehmensverwaltung, und den schon genannten Werken über die AEG: *J. Loewe*, Elektrotechnische Industrie, in: Die Störungen im deutschen Wirtschaftsleben während der Jahre 1900 ff., Schriften des Vereins für Socialpolitik, 107, 1903. *W. Koch*, Die Konzentrationsbewegung in der deutschen Elektroindustrie, München u. Berlin 1907; *E. Noether*, Vertrustung und Monopolfrage in der deutschen Elektrizitäts-Industrie, Mannheim u. Leipzig 1913; *G. Eißfeldt*, Die Kartellierung der deutschen Elektroindustrie, Berlin 1928; *H. Nußbaum*, Unternehmer gegen Monopole, Berlin (Ost) 1966. Kurz auch: *P. Czada*, Die Berliner Elektroindustrie in der Weimarer Zeit, 38–52. Zum Anfang der Fusionspolitik instruktiv: *A. Strobel*, Die Gründung des Zürcher Elektrotrusts, in: Geschichte, Wirtschaft, Gesellschaft, Festschrift für Clemens Bauer, hrsg. von *Erich Hassinger* u. a., Berlin u. München 1974.

[53] Zitiert bei *Hans Dieter Hellige*, Wilhelm II. und Walther Rathenau, in: Ge-

mit großem Verhandlungsgeschick Kartellabsprachen mit Siemens erreichte,
bedeutete das nicht nur den Abbau eines jahrelangen Mißtrauens zwischen
den beiden großen Kontrahenten, sondern auch die Überwindung des anfangs entschiedenen Widerstandes des Vaters und Deutschs[54]. 1902 setzte er
sich energisch für eine Fusion mit der Schuckert-Gesellschaft ein. Aber bei den
vorsichtigen älteren Herren im Vorstand der AEG erlitt er eine Niederlage,
zumal sich sein Vater neutral verhielt. Im Mai 1902 schied er aus dem Vorstand aus – ohne Zweifel aus diesem Grunde, wenn auch seine Unfähigkeit
hinzukam, sich in der „journalieren Arbeit" dem Vater unterzuordnen und
sich bei den anderen mit seiner überheblich wirkenden Art beliebt zu
machen[55]. Das Gerede von der „Dynastie Rathenau" wurde vorgewendet.
Geradezu um die Antipathien gegen sich zu verstärken, veröffentlichte er in
diesem Jahr sein erstes Buch *Impressionen;* es waren die pseudonymen Aufsätze aus der *Zukunft,* nun unter eigenem Namen, also ‚Höre, Israel' oder die
‚Physiologie der Geschäfte', in der es u. a. hieß: „Geschäfte müssen monar-
chisch verwaltet werden. Kollegien arbeiten selten schlecht, aber im besten
Falle mittelmäßig."[56]

Tatsächlich verschleierte er nur seine weitere Tätigkeit für die AEG. Ver-
handlungsvorbereitend und beratend machte er seinen Einfluß geltend, während er seit Juli 1902 bei Carl Fürstenberg in der Berliner Handelsgesellschaft arbeitete. Im Dezember brachte er das Interessengemeinschaftsabkom-
men mit Loewes Union-Elektrizitätsgesellschaft zustande und kam damit entsprechenden Verhandlungen von Siemens zuvor, provozierte allerdings auch
den Gegenzug der Verbindung von Siemens mit dem der AEG entgangenen
Schuckert[57]. Kurz darauf wurde sein persönlicher Einfluß auf Emil Rathenau

---

schichte in Wissenschaft und Unterricht, 19, 1968, 543. Der Kaiser besichtigte im glei-
chen Jahr die Werke der AEG. 1901 begleitete ihn Emil Rathenau auf der Nordland-
fahrt. Janos Plesch bezeichnet aus guter persönlicher Kenntnis der Rathenaus den
Vater als „Frondeur" im offiziellen Deutschland bezüglich seiner Haltung gegen
Kolonialpolitik und Flottenprogramm: er habe Rußland als die natürliche Kolonie
Deutschlands bezeichnet und deren friedliche Durchdringung gewünscht. *Janos Plesch,*
Janos. Ein Arzt erzählt sein Leben, München-Leipzig-Freiburg 1949, 109.

[54] Das geht aus einer Aufzeichnung von A. Berliner vom 5. September 1900 hervor,
die in den Gesprächen mit Rathenau (Gesamtausgabe, Bd. II) veröffentlicht werden
wird.

[55] *W. Rathenau* selber in der Apologie, Gesammelte Schriften, VI, 424, und *Pinner,*
op. cit., 401, geben dies als Hauptgrund an. Anders: 50 Jahre AEG, op. cit., 168, und
Federn-Kohlhaas, op. cit., 51. Ein Artikel, der bereits über die kurz bevorstehende
Fusion AEG-Schuckert kursierte, abgedruckt bei *Hasse,* op. cit., 14–17. Über die
Schwierigkeiten mit dem Vater: *Paul Mamroth,* Beiträge zur Geschichte Walther
Rathenaus, in: Zum Gedächtnis an Walther Rathenau, hrsg. von der AEG, Berlin
1922, 9; *Mangoldt,* op. cit., 37 f.

[56] *Rathenau,* Impressionen, 189. Oder 190: „Unfähige Menschen erkennst Du
daran, daß sie ihre Nachfolger zu unterdrücken suchen."

[57] Harden gratulierte Walther Rathenau in einem Brief Weihnachten 1902 zur

durch ein schweres familiäres Unglück entscheidend vertieft, durch den Tod
seines Bruders Erich im Januar 1903, der den Vater in der Verzweiflung zeitweise geschäftsunfähig machte. „Da sprang Walther Rathenau für ihn ein,
begleitete ihn, führte für ihn die nötigen Verhandlungen, stattete die Berichte
in den Versammlungen in seinem Namen ab, wurde sein zweites Ich." [58] Diese
Anpassung führte zu einem zwölf Jahre, bis zum Tode des Vaters dauernden
Vertrauensverhältnis, in dem sich beide auf halbe Sätze verstanden und ver-
ständigten [59]. Die direkte Leitung des Großkonzerns, nach der der Sohn
strebte, bekam er damit aber nicht in die Hand. In geradezu dramatischer
Verdichtung zeigte sich seine Isolierung, als sich 1912 bei einer schweren Er-
krankung des Vaters die Nachfolgefrage stellte. Die ihm nächststehenden
Personen ließen ihn unter Vertrauensbrüchen im Stich, nicht nur sein väter-
licher Freund Carl Fürstenberg, sondern auch sein Mentor auf dem Gebiet der

„Loewenbändigung". (Demnächst im Rathenau-Harden-Briefwechsel.) *Kocka*, Unternehmensverwaltung, 324.

[58] *Kessler*, op. cit., 65, nach Erinnerung von Rathenaus Schwester. (Vgl. *Harry
Graf Kessler*, Tagebücher 1918–1937, Frankfurt a. Main 1961, 556 f., wo betont wird,
daß der Tod Erichs die Brücke zwischen dem Vater und Walther gebildet habe.)
Walther Rathenaus Ende 1903 in der Zukunft veröffentlichter „Traktat vom bösen
Gewissen" kann gedeutet werden als merkwürdig verklausuliertes Dokument über sein
Trauma, den Tod des Bruders vielleicht herbeigewünscht zu haben.

[59] *Riedler*, op. cit., 188: „Ich wollte, ich wäre imstande, die sachlichen Besprechungen beider anschaulich wiederzugeben, die halben und Viertelsätze, in denen Subjekt,
Objekt oder Zeitwort oder auch mehreres fehlte. Vieler Worte brauchte es aber nicht;
sie verstanden sich beide vollständig, auch durch bloße Andeutungen, und dabei
handelte es sich immer, soweit ich Zeuge solcher Besprechungen war, um wichtige Angelegenheiten." Ähnlich *Federn-Kohlhaas*, op. cit., 52, die, wie auch *Pinner*, op. cit.,
364, berichtet, daß Emil Rathenau den Sohn bewundert habe. Bekannter sind die von
anderen überlieferten abwertenden Äußerungen des Vaters, etwa, „dieser sei ein
Baum, der mehr Blüten als Früchte trage" (bei *Bernhard Fürst von Bülow*, Denkwürdigkeiten, III, Berlin 1931, 40). Sie könnten – müssen aber freilich nicht – aus der
Zeit des Impressionen-Skandals oder vorher stammen. Geschäftlich scheint das Verhältnis jedenfalls alle Vorteile einer guten Zusammenarbeit gezeitigt zu haben. Aus
Protokollen ist zu ersehen, wie der Sohn Entscheidungen mit Hinweis auf die ihm
noch unbekannte Ansicht des abwesenden Vaters hinauszögert oder die zu scharfe,
verhandlungsstörende des anwesenden interpretiert: „Ich höre noch sein wiederholt
einleitendes: ,Mein Vater meint...'" (G. Reicke, In memoriam Walther Rathenau, in:
Die Neue Rundschau, 33, 1922, 833.) Walther Rathenau äußerte nun auch, übrigens
mit bemerkenswerter Parallele zur monarchischen Regierungsform, die Ansicht, der
Sohn des Schöpfers eines großen Werkes setze sich mehr dafür ein als ein anderer.
„Ich fühle das selbst in bezug auf die ungeheure Schöpfung meines Vaters. Mir ist, als
ob ich alles für sie tun würde, als ob ich im Notfall mein ganzes Vermögen aufopfern
würde, um sie zu retten. Ich habe die Empfindung einer Art rätselhafter Verantwortlichkeit, die all meine materiellen Interessen beherrscht. Bei monarchischer Vererbung
muß dieser Trieb in noch weit stärkerem Grade entwickelt sein, und das provisorische
Oberhaupt einer Republik wird ihn gewiß nicht kennen." (*Jules Huret*, In Deutschland, 2. Teil, Leipzig 1908, 368 f., ohne den – leicht erratbaren – Namen seines Ge-
sprächspartners zu nennen.)

Politik und Schriftstellerei Maximilian Harden und Lili Deutsch, die Frau, die er nach dem damals noch beliebten Muster Goethe–Charlotte von Stein anbetete, die allerdings auch die Gemahlin seines Rivalen war[60]. Felix Deutsch wurde 1915 nach dem Tode Emil Rathenaus dessen Nachfolger als Vorsitzender des Vorstands. Walther Rathenau erreichte aber nun doch noch – spät und in beengender Kriegszeit – die äußere Überordnung, indem er sich seine Stellung als Aufsichtsratsvorsitzender der AEG mit besonderen Vollmachten gegenüber dem Vorstand ausstatten und mit dem in der deutschen Industrie ungewöhnlichen Titel „Präsident der AEG" garnieren ließ[61].

In individueller, aber doch beispielhafter Weise zeichnet sich hier der Weg zum entwickelten Spätkapitalismus ab, folgerichtiger, nämlich versachlichter und ferner vom Familienbetrieb und vom führenden freien Unternehmer, als es Emil Rathenau mit seiner Organisation der AEG gemeint hatte. Sein Sohn stand zu diesem Unternehmen immer bis zu einem gewissen Grade distanziert, anfangs aus dem Grunde, weil er sich von der Welt des Materiellen und vom väterlichen Erbe unabhängig halten wollte, später, weil sich das Unternehmen ungern von ihm regieren ließ. Seine Distanzierung und die der AEG gaben also einander nichts nach. Er reagierte darauf durch zurückhaltende Führungsformen und durch Verstärkung seiner Aktivitäten hinsichtlich einer Zusammenschließung der gesamten Elektroindustrie, einer Verbindung von Politik und Wirtschaft und einer geistig-seelischen Veränderung zur besseren Zukunft der modernen „mechanisierten" Welt.

Der Präsidententitel der AEG war ein schwaches, spätes Surrogat für das, was ihm seit Beginn seiner Fusionspolitik als Überhöhung des väterlichen Werkes im Zeichen des organisierten Kapitalismus vorgeschwebt hatte. Ebenso wie er die Krise von 1901 für die Fusion mit Loewes Union-Elektrizitätsgesellschaft und mit Körtings elektrotechnischer Abteilung ausgenutzt hatte, nahm er diejenige von 1907/08 zum Anlaß für die Verbindung mit dem Felten & Guillaume-Lahmeyer-Konzern (1910). Als Siemens 1912 die Bergmann-Elektrizitätswerke unter seine Kontrolle gebracht hatte, um zu vermeiden, „daß Bergmann der AEG in den Rachen fällt, denn dieses wäre für uns sicher geschäftlich schädlich gewesen"[62], beherrschten Siemens und AEG als Duopol praktisch die gesamte deutsche Elektrizitätsindustrie und begannen sich mit der Gründung eines sogenannten „Elektrobundes" zu beschäftigen. Wie H. D. Hellige feststellt, kann Walther Rathenau „als einer der führenden Köpfe der Konzentrationsphase der deutschen Industrie nach der

---

[60] Diese Krise wird aus dem vor der Veröffentlichung stehenden Briefwechsel Rathenau–Harden deutlich. Teilweise auch schon aus *Rathenau*, Tagebuch, op. cit., 162 f., 174 ff., 179.

[61] In eigenmächtiger, vorgreifender Weise, wie sich schon sein Vater den Generaldirektorentitel angeeignet haben soll: *Martin*, op. cit., 66.

[62] Carl F. Siemens brieflich April 1912, zitiert bei *Kocka*, Unternehmensverwaltung, op. cit., 333 f.

Jahrhundertwende angesehen werden. Er hatte einen großen Anteil daran, daß die Elektrowirtschaft neben der chemischen Industrie zum am stärksten konzentrierten Wirtschaftszweig in Deutschland wurde" [63].

Neben dieser innerdeutschen Konzentrationspolitik stand die weitere außerdeutsche Expansion, für die er besonders als Administrateur der Elektrobank in Zürich, also des zentralen europäischen Finanzierungsinstituts der AEG tätig war. Die Verbindung mit den Fragen der großen Politik war hier selbstverständlich. Daher kümmerte sich Rathenau um die deutsche Kolonialpolitik in Afrika, versuchte vor der zweiten Marokkokrise von einer staatlich-industriellen Zwischenposition aus in Paris zu vermitteln und entwarf im Sinne eines gemäßigten Imperialismus auf wirtschaftlicher Ebene 1912 Pläne zu einer mitteleuropäischen Wirtschaftsgemeinschaft, teilweise im Gegensatz zu Ambitionen der deutschen Schwerindustrie, zur Aufrüstung und zu alldeutschen Parolen [64]. Hier wie auf innerdeutschem Gebiet verließ er sich weniger auf politische und militärische Macht als auf wirtschaftliche Potenz und auf die Verhandlungskunst, die bei ihm selber außergewöhnlich entwickelt war und der er vor allem in der Fusionspolitik seine großen Erfolge verdankte. Seine oft so praxisfern wirkenden Zukunftsphantasien gehörten zu den wichtigsten Überredungsmitteln, wie er Robert Musil 1914 verriet:

„Mit der Berechnung erreichen Sie im Geschäftsleben gar nichts. Wenn Sie klüger sind als der andere, so sind Sie es einmal; denn das nächste Mal nimmt er sich ganz zusammen und überlistet Sie. Wenn Sie mehr Macht haben als er, so tun sich das nächste Mal mehrere zusammen und haben mehr Macht als Sie. Nur wenn Sie die Intuition haben, erreichen Sie im Geschäftsleben etwas über die Menschen; wenn Sie visionär sind und nicht an den Zweck denken." [65]

Die Verschleuderung von Volksvermögen zu vermeiden, indem durch die Konzentration, durch betriebliche und volkswirtschaftliche Rationalisierung sinnlose Konkurrenz ausgeschaltet wird, gehörte im innerdeutschen Bereich zu diesen Visionen. Ebenso die stärkere Durchdringung von Wirtschaft und Staat durch eine nicht nur kommunale gemischt-wirtschaftliche Organisation, wie es die AEG schon praktizierte, sondern eine staatliche. Rathenau schrieb Anfang 1911 zwei Denkschriften über ein „Reichselektrizitätsmonopol" zur bestmöglichen Rationalisierung der Elektrizitätserzeugung und -verteilung; er dachte an private Pachtgesellschaften mit kapitalmäßiger Beteiligung des Reiches unter Kontrolle eines „Reichsindustrialamtes", das später auch andere „Monopolobjekte" wie Brennstoffe und Bodenprodukte beaufsichtigen

---

[63] *Hellige*, Sozialistische Ideen, 27.
[64] *Rathenau*, Tagebuch, besonders 169. H. *Pogge-v. Strandmann*, Rathenau, die Gebrüder Mannesmann und die Vorgeschichte der zweiten Marokkokrise, in: *I. Geiss* u. a. (Hrsg.), Deutschland in der Weltpolitik des 19. und 20. Jahrhunderts, Festschrift für Fritz Fischer, Düsseldorf 1973.
[65] *Robert Musil*, Tagebücher, Aphorismen, Essays und Reden, Hamburg 1955, 166.

könnte[66]. Es liegt nahe anzunehmen, daß sich Rathenau für geeignet hielt, in diesem politischen Amt die Präsidentenrolle zu spielen, als Fachmann, der genügend interessenunabhängig wäre. Der Entwurf ist nicht verwirklicht worden, aber wieder in einer Krise, diesmal war es der Kriegsausbruch 1914, organisierte Rathenau die Rohstoffversorgung nach ganz ähnlichen gemischtwirtschaftlichen Prinzipien. Seine Teilsozialisierungspläne, sein Programm, die privatkapitalistische Profitwirtschaft in planmäßige, staatlich kontrollierte Bedarfswirtschaft umzuwandeln, erwuchsen also bereits aus der Vorkriegssituation der Elektrowirtschaft. Nach den Erfahrungen mit kriegsbedingten zwangswirtschaftlichen Methoden suchte er diese Pläne, nicht ohne Hinweis auf seine eigenen Verdienste, öffentlich in mehreren Schriften zu propagieren, wobei ihm besonders Georg Bernhard von der *Vossischen Zeitung* sekundierte, und löste damit heftige, oft antisemitisch gefärbte, gegen alle „jüdischen" Kriegsgesellschaften gerichtete Angriffe der Industrie und Nationalökonomie aus[67]. Nach den russischen Revolutionen von 1917 ging er noch weiter und sagte von den kriegführenden Nationen:

> „Sie glauben, um Herrschaft und Dasein zu ringen, und kämpfen einen Kampf, dessen Entstehung niemand begreift, dessen Ziele nachträglich mit monatlichen Richtigstellungen gesucht werden müssen. In Wahrheit aber brennt die alte Wirtschaftsordnung nieder, und es naht die Zeit, wo der alte Unterbau der Gesellschaftsordnung sich entzündet." [68]

Der Erfolg war, daß nach 1918 bei allem Publikumserfolg seiner Broschüren weder revolutionäre noch restaurative Kräfte etwas von diesem propheten-

---

[66] *Rathenau,* Über ein Reichselektrizitätsmonopol, in: Nachgelassene Schriften, I, 165 ff. Interpretation von *Hellige,* Sozialistische Ideen. *Helga Nussbaum,* Versuche zur reichsgesetzlichen Regelung der deutschen Elektrizitätswirtschaft und zu ihrer Überführung in Reichseigentum 1908–1914, in: Jahrbuch für Wirtschaftsgeschichte, 1968, Teil II, 117–203. Über Rathenau, auch über die vorsichtigere Haltung seines Vaters, 166–191, eine weitere, bisher ungedruckte Denkschrift vom 13. November 1913, 192–203.

[67] Deutschlands Rohstoffversorgung (1916). Von kommenden Dingen (1917). Probleme der Friedenswirtschaft (1917). Die neue Wirtschaft (1918). Zu Georg Bernhard: *Rudolf Schay,* Juden in der deutschen Politik, Berlin 1929, 267 ff.; *Werner Becker,* Die Rolle der liberalen Presse, in: Deutsches Judentum in Krieg und Revolution. Ein Sammelband hrsg. von *Werner E. Mosse* unter Mitwirkung von *Arnold Paucker,* Schriftenreihe wissenschaftlicher Abhandlungen des Leo Baeck Instituts, Bd. 25, Tübingen 1971, 94–101. Schriften im Meinungsstreit sind verzeichnet bei *Berglar,* op. cit., 401–403. Zur Kriegsrohstoffversorgung: *L. Burchardt,* Walther Rathenau und die Anfänge der deutschen Rohstoffbewirtschaftung im ersten Weltkrieg, in: Tradition, 15, 1970; *Hugo Ott,* Kriegswirtschaft und Wirtschaftskrieg 1914–1918, in: Geschichte, Wirtschaft, Gesellschaft (Festschrift Cl. Bauer), Berlin u. München 1974. Zu den Angriffen auf die Kriegsgesellschaften: *Saul Friedländer,* Die politischen Veränderungen der Kriegszeit und ihre Auswirkungen auf die Judenfrage, in: Deutsches Judentum in Krieg und Revolution, aaO, 36.

[68] Die neue Wirtschaft, in: Gesammelte Schriften, V (1925), 258.

artigen AEG-Präsidenten, diesem antikapitalistisch redenden Kapitalisten wissen wollten. Von kurzfristigen Tätigkeiten abgesehen, erhielt er erst 1921 als Wiederaufbauminister eine große politische Aufgabe und konnte fern von seinen Prophetien, aber mit den ihm geläufigen Mitteln und Gesichtspunkten versuchen, die weltpolitischen Gegensätze durch internationale Syndikatspläne und andere, auf die Notwendigkeit einer zusammenarbeitenden Weltwirtschaft ausgerichtete Organisationen abzubauen. Auch seine Vorstellungen einer europäischen Wirtschaftsgemeinschaft aus der Zeit vor und zu Beginn des Weltkrieges, die damals in Bethmann Hollwegs Formulierung der deutschen Kriegsziele eine große Rolle gespielt hatten, konnte er nun zeitgemäß modifiziert, also ohne hegemoniale Ansprüche, aktivieren.

Hier kann auf diese bedeutende, schon für die Weimarer Republik, vor allem aber für die Entwicklung Europas nach 1945 wirklich zukunftweisende wirtschaftspolitische und außenpolitische Tätigkeit Walther Rathenaus nicht eingegangen werden[69]. Es war nur deutlich zu machen, in welcher Weise sein praktisches und theoretisches Wirken eine Weiterentwicklung der väterlichen wirtschaftsorganisatorischen Intentionen in Zeiten spätkapitalistischer Krisen, des Krieges und der Revolution darstellte. In ihrem unruhigen, von starken Stimmungsumschwüngen begleiteten Tätigkeitsdrang und ihrer Neigung zu Zukunftsphantasien hatten die Rathenaus viel Gemeinsames. Nur war der Vater in der Gesamtausrichtung optimistisch und litt unter Depressionen bei der Realisierung in der praktischen Kleinarbeit[70], während der Sohn geradezu umgekehrt zu produktivem, verantwortungsbewußtem Einsatz in der wechselnden Forderung des Tages fähig war trotz einer manchmal fast sicheren Hoffnungslosigkeit hinsichtlich der eigenen Zukunft, derjenigen Deutschlands und der ganzen Welt[71]. Das hing mit Stauungen des persönlichen Liebes- und Anerkennungsbedürfnisses zusammen, gesellschaftlichen Zurücksetzungen, Verweigerungen einer seinen Verdiensten und seiner Bereitschaft angemessenen politischen Betätigung, die er als Angehöriger des Bürgertums, als Industrieller und als Jude erfuhr und, weitgehend mit Recht, für symptomatisch hielt. Emil Rathenau war in seiner politisch-gesellschaftlichen Anspruchslosigkeit von diesen Problemen frei geblieben[72], aber sein Sohn träumte davon, ein Bleichröder oder vielmehr ein Staatsmann bzw. politischer Berater von weniger typisch jüdischen Machtvoraussetzungen aus zu werden, also ein Disraeli, wie es ja in bescheidenerem Maßstab Bernhard Dernburg geschafft hatte[73]. Er war darum gegen den Antisemitismus äußerst

---

[69] Ausführlicher in meinen Aufsätzen: Walther Rathenau, in: Der Monat, 237 (1968), und: Rathenau et la France, in: Revue d'Allemagne, 4 (1972).

[70] Beschrieben bei *Riedler*, op. cit., 220 ff., und *Pinner*, op. cit., 354 ff.

[71] Besonders genau von *Max Scheler* beschrieben, in: Zum Gedächtnis an Walther Rathenau, hrsg. von der AEG, Berlin 1922.

[72] Vgl. *Mangoldt*, op. cit., 16 ff.

[73] Mit der Begleitung Dernburgs, des damaligen Staatssekretärs des Reichskolonialamtes, 1907 nach Deutsch-Ostafrika und 1908 nach Deutsch-Südwestafrika verband

empfindlich und verteidigte sich wortreich mit seinen üblichen entgegenkommenden Verhandlungsmethoden: Trennung alteingesessener und assimilationsunwilliger Juden; Konstruktion zweischneidiger Rassevorstellungen über die blonde adlige höhere Schicht und die finstere, aber produktiv tätige niedere; Bewunderung Preußen-Deutschlands und aller seiner, auch veralteten, Ideale; Verachtung des Intellekts zugunsten der Seele; Ablehnung der niederen Form der Anpassung durch das Entreebillett der Taufe; Plädoyer für die Anerkennung des Deutschlands der vielen Stämme, darunter auch des jüdischen[74]. Vor allem suchte er sich selber, seine ganze Erscheinung, Gesinnung und Tätigkeit, so zu formen, daß er, möglichst fern von jedem sogenannten „typisch jüdischen" Zug, in seiner Bedeutung als Deutscher und für Deutschland anerkennbar war, – in der Hoffnung, damit den Antisemitismus zu entwaffnen. Nicht in seinem Assimilationsbemühen überhaupt, auch nicht in den damit verbundenen Selbstquälereien, aber in dieser spezifischen Kompliziertheit seines Bemühens ist er schwer vergleichbar. Die meisten neigten entweder dazu, in ihrer jüdischen Abstammung einfach kein Problem zu sehen, auch wenn sie ungetauft blieben, wie etwa Hugo Preuß, oder bei aller Anpassung einen natürlichen Stolz auf ihr Judentum zu entwickeln wie etwa Georg Bernhard[75]. Rathenau suchte die Spannung zu ertragen. „In ihm", schrieb mißbilligend der jüdische Österreicher Hugo von Hofmannsthal, „trat mir als unerfreulichste Mischung ein doppelt Unspontanes entgegen: das Jüdische, kombiniert mit dem Preußischen"[76].

So sehr er damit die Achtung vieler, auch antisemitisch eingestellter Zeitgenossen erlangt hat[77], so stark hat er mit seiner exponierten Haltung doch auch den besonderen Haß der anderen auf sich gezogen, derjenigen, die es als eine „Schande" bezeichneten, wenn es wirklich wahr wäre, daß ein „Semit" durch seine Rohstofforganisation Deutschland gerettet habe[78], und

Rathenau die Hoffnung auf eigenen politischen Aufstieg. Wenn er bescheidener gestimmt war, wünschte er sich ein politisches Amt, wie er es etwa dem Vater gegenüber hatte: „Eine Stellung wie Lothar Bucher beim Fürsten Bismarck einnahm, das wäre mein Ideal. Als stiller Ratgeber hinter der Szene zu wirken, ohne mit der Persönlichkeit hervorzutreten..." (Berichtet von *Gabriele Reuter,* Erinnerungen an Walther Rathenau, in: Neue Freie Presse, 11. Juli 1922.)

[74] Vor allem die Schriften: Höre, Israel (1897). Staat und Judentum (1911). Eine Streitschrift vom Glauben (1917).

[75] *Rudolf Schay,* op. cit., 260 u. 272. Zu Rathenaus Position sehr wertvoll *Alfred Kerr,* op. cit., 40 ff. u. 128 ff.

[76] Brief vom 14. Dezember 1928 in: Hugo von Hofmannsthal – Harry Graf Kessler Briefwechsel 1898–1929, Frankfurt 1968, 319.

[77] Das gilt etwa für den deutschvölkischen Wilhelm Schwaner. Dazu *Berglar,* op. cit., 321–326, und *Alfred Ehrentreich,* Die Freundschaft zwischen Rathenau und Schwaner, in: Neue Deutsche Hefte, 138 (1973), 95–115.

[78] Zitiert bei *Werner Jochmann,* Die Ausbreitung des Antisemitismus, in: Deutsches Judentum in Krieg und Revolution, aaO, 435 f. Vgl. auch *Uwe Lohalm,* Völkischer Radikalismus. Die Geschichte des Deutschvölkischen Schutz- und Trutz-Bundes 1919–1923, Hamburg 1970, 206–210, 231–234.

derjenigen, die sich entschlossen, den Außenminister zu ermorden. Hellmut von Gerlach erzählt in seinen Erinnerungen, daß er Rathenau bereits im Februar 1922 von solchen Morddrohungen berichtet habe.

„Er erwiderte: ‚Der Plan überrascht mich gar nicht… aber was wollen Sie, dagegen kann man sich nicht schützen, wenn man nicht selbst ein Gefangener werden, sich einschließen oder sich ständig von Polizei bewachen lassen will. Als ich mein Amt übernahm, wußte ich, was ich riskiere. Jetzt heißt es abwarten, wie lange die Sache läuft.‘ Wir besprachen dann, was in diesem besonderen Falle geschehen könne. Zum Schluß unserer rein sachlichen Unterredung lehnte sich Rathenau weit zurück und sagte mit veränderter Stimme, indem seine sonst so harten Augen einen weichen Schimmer bekamen: ‚Sagen Sie, warum hassen mich diese Menschen eigentlich so furchtbar?‘ Ich konnte nur erwidern: ‚Ausschließlich, weil Sie Jude sind und mit Erfolg für Deutschland Außenpolitik treiben. Sie sind die lebendige Widerlegung der antisemitischen Theorie von der Schädlichkeit des Judentums für Deutschland. Darum sollen Sie getötet werden.‘“ [79]

Der Antwort Gerlachs ist kaum etwas hinzuzufügen. Nur der Hinweis, daß Rathenaus Tätigkeit als deutscher Minister nicht bloß von deutschen Nationalisten, sondern auch von jüdischen als untragbar empfunden wurde. Der Zionist Kurt Blumenfeld erzählt, er habe ihn Anfang April 1922 zusammen mit Albert Einstein aufgesucht, um ihm klarzumachen, daß er nicht das Recht habe, die deutsche Politik als Außenminister zu vertreten. Rathenau verteidigte sich selbstbewußt und möglichst unpathetisch:

„Ich bin der geeignete Mann für mein Amt. Ich erfülle meine Pflicht gegenüber dem deutschen Volk indem ich ihm meine Fähigkeiten und meine Kraft zur Verfügung stelle.“

Dann führte er, von seinen Industrieverhandlungen her gewohnt, nicht nur für die AEG, sondern auch für Mannesmann oder zwischen den Bankhäusern Delbrück und Schickler zu vermitteln, das Argument der technischen Eignung weiter, indem er sagte: „Natürlich säße ich lieber in der Downing Street als in der Wilhelmstraße.“ Für Blumenfeld war das der Beweis einer proteushaften Unverbindlichkeit, aber angesichts seines bald darauf erfüllten Schicksals gestand er ihm doch immerhin zu:

„Jeder Mensch darf selbst entscheiden, wofür er sterben will, und man tut Rathenaus Andenken nichts Gutes, wenn man ihn wider Willen zum Märtyrer des *jüdischen* Volkes macht.“ [80]

---

[79] *Hellmut von Gerlach*, Von rechts nach links, Zürich 1937, 259 f.

[80] *Kurt Blumenfeld*, Erlebte Judenfrage. Ein Vierteljahrhundert deutscher Zionismus, Veröffentlichung des Leo Baeck Instituts, Stuttgart 1962, 143 f. Über Distanz und Verbundenheit des Juden zu Deutschland äußerte sich Rathenau sehr aufschlußreich in zwei Gesprächen, wohl beide von Anfang 1919: Ernst Troeltsch berichtet: „Wir hatten einmal eine lange und erschütternde Unterhaltung über den deutschen Nationalcharakter, seinen Eindruck auf das Ausland und seine inneren Schwierig-

Am Ende stehen zwei pompöse Trauerfeiern, im Juni 1915 die für Emil
Rathenau in der Schlosserhalle des Kabelwerkes der AEG, bei welcher der
Sohn vor den Spitzen von Staat und Wirtschaft seinen Vaterkult offenbarte
und nachher die Maschinen als das weiterlebende Werk losdröhnten, – im
Juni 1922 die noch gewaltigere für den ermordeten Sohn im Reichstagsge-
bäude[81]. An eindrucksvoller Symbolik haben es die Rathenaus im letzten
Moment, gewollt und ungewollt, am wenigsten fehlen lassen. Das, was
deutsche Juden für den Aufbau der deutschen Wirtschaft seit der Industrialisierung, für das damit verbundene ökonomische und gesellschaftliche Umden-
ken und unter Anfeindung für den deutschen Staat geleistet haben, konnte
nicht tiefer in das Gedächtnis der Mitwelt eingegraben werden und sollte so
auch für die Nachwelt bewahrt bleiben. Diese wird sich aber nicht mit solcher
Bewahrung begnügen können, sondern aus ihrer Perspektive zu genauerer
Untersuchung des gesamten jüdischen Anteils an der Industrialisierung
Deutschlands fortschreiten müssen.

---

keiten. Solche Dinge sehe er, meinte er, als Jude besser als ich. Bei glühendster Liebe
zum Deutschtum habe er doch naturgemäß auch etwas mehr Distanz. Der Vorteil des
Juden sei, daß er die Dinge zugleich von innen und außen sehen könne, worin ihn
seine Weltverbindungen unterstützten." (In: Die Neue Rundschau, 33 [1922], 791.)
Graf Kessler, 20. Februar 1919: „Rathenau empfängt, wie er sagt, seit einiger Zeit
den Besuch von Dutzenden von Amerikanern und Engländern, die ihn sehen wollen,
deren Haltung aber übereinstimmend die des Mitleids gegen ihn sei, daß er einem
solchen Volke angehöre, einem Volke, das sie mit einer noch nie in der Weltgeschichte
dagewesenen Mischung von Abscheu und Verachtung betrachteten. Ihre Haltung sei
dieselbe wie die der Christen gegen einzelne hervorragende Juden, die geduldet, aber
wegen ihrer üblen jüdischen Verwandtschaft bemitleidet würden. Er kenne als Jude
diese Blicke und höflich verächtlichen Wendungen ganz genau. Allerdings sei es hart,
nachdem man sie sein ganzes Leben als Jude ertragen habe, jetzt zum zweiten Male
als Deutscher darunter zu leiden. Man dürfe aber sein Volk nicht als Sprungbrett
benutzen, um sich darüber zu erheben; sondern müsse sich dazu halten, auch wenn
einem Bequemeres offenstünde." (Kessler, Tagebücher, 130 f.)
[81] Gedenkblatt zum 20. Juni 1915, hrsg. von der AEG, Berlin 1915. Walther Rathenau, Gedächtnisrede für Emil Rathenau, Gesammelte Schriften, V. Zum Gedächtnis
an Walther Rathenau, Gedächtnisschrift hrsg. von der AEG, Berlin 1922.

DIE JÜDISCHE BETEILIGUNG AN DER POLITIK

von

Peter Pulzer

I

Ralf Dahrendorf hat einmal gesagt, daß die deutsche Frage drei Aspekte biete: eine Frage der Deutschen an die anderen, eine Frage der anderen an die Deutschen und eine Frage an sich selbst zu richten[1]. Die Frage der Juden in Deutschland läßt sich ebenso betrachten. Zu Anfang des Ersten Weltkrieges beteuerte Gustav von Schmoller vor seinen Landsleuten:

> „Wir haben... keine Ursache, die Existenz von 615 021 Israeliten unter 60 Millionen Einwohnern in Deutschland für bedenklich oder gar schädlich zu halten." [2]

Auch Juden hatten sich vielfach innerlich bemüht, sich von einer solchen Auffassung zu überzeugen und versucht, sie anderen zu predigen. Wären sie auf allgemeine Zustimmung gestoßen, so gäbe es keinen Gegenstand für dieses Buch. Doch die Regierung Wilhelms II. begann mit einer Kontroverse gänzlich anderer Art. Am 8. Dezember 1892 verkündete die Deutschkonservative Partei, bei der Vorstellung ihres neuen Programms in der Tivoli-Halle in Berlin: „Wir bekämpfen den vielfach sich vordrängenden und zersetzenden jüdischen Einfluß auf unser Volksleben." [3] Einige Monate später entstand dann eine jüdische Entgegnung in Gestalt des Centralvereins deutscher Staatsbürger jüdischen Glaubens. Die Angreifer erblickten in den Juden eine einheitliche Gruppe mit gemeinsamen Interessen und Zielen, in der deutschen christlichen Nation anomal und ihr schadend, die Erwiderung sah sie als Bürger, die — trotz ihres besonderen religiösen und kulturellen Erbes — in jeder anderen Hinsicht den nichtjüdischen deutschen Zeitgenossen in der Vielfalt

---

[1] *Ralf Dahrendorf*, Gesellschaft und Demokratie in Deutschland, München 1965, 15.

[2] *Gustav Schmoller*, Die heutige deutsche Judenfrage, in: Zwanzig Jahre deutscher Politik, 1897–1917, München–Leipzig 1920, 179.

[3] *Wolfgang Treue* (Hrsg.), Deutsche Parteiprogramme seit 1861, 4. Aufl., Göttingen 1968, 88.

ihrer Tätigkeit und Bindungen ähnelten. So blieb die jüdische Frage im wesentlichen 1914 die gleiche wie 1812: wie weit konnten und sollten sich Juden in der deutschen Gesellschaft assimilieren – oder im Vokabular des Vormärz – mit ihr amalgamieren. Die Antworten hierauf lauteten verschieden, jüdische wie nichtjüdische Meinungen waren gespalten. Leidenschaften erwachten, die wenige, welche die Jahrzehnte der Einigung miterlebt hatten, vorausgesagt hätten.

II

Die Errichtung eines Rechts- und Nationalstaates war für die meisten deutschen Juden, noch mehr als für ihre nichtjüdischen Mitbürger, politisches Ideal geworden; die Ereignisse der sechziger und siebziger Jahre wie auch der späteren Jahrzehnte zeigen, wie sehr das Schicksal dieser besonderen Minderheit mit demjenigen des deutschen Liberalismus verknüpft war, wie zuinnerst der Grad ihrer Zuversicht je nach Durchbruch und Enttäuschungen der Liberalen schwankte.

Bezeichnenderweise läßt sich diese Beziehung bis zu den Anfängen der Restauration zurückverfolgen. Nach der Besiegung Napoleons lebten Juden, ebenso wie auch andere Deutsche, in Unfreiheit verschiedenen Grades. Jüdische Gleichberechtigung*, ein Produkt der Franzosenherrschaft, verschwand mit dieser (außer in der Bayerischen Pfalz). Der Wiener Kongreß begnügte sich damit, die „von den einzelnen Bundesstaaten bereits eingeräumten Rechte" zu bestätigen, weder jedoch stand der Umfang solcher Rechte in Verhältnis zu dem Ausmaß konstitutioneller Entwicklung, noch gab es einen wirklichen Schutz gegen weitere Einengung dieser Rechte. Allgemein waren Juden in den süddeutschen Staaten sowie den Freien Reichsstädten schlechter gestellt als diejenigen Preußens. Im rechtsrheinischen Bayern bestanden, gegründet auf die Verordnung von 1813 der Montgelas-Regierung, die meisten Beschränkungen. Die Badener Verfassung von 1818, die die christliche Religion zur Vorbedingung für jegliche Anstellung in Verwaltung oder Gerichtswesen erhob, bedeutete damit sogar eine noch weitere Einschränkung gegenüber der Verfassung von 1807. Meist herrschte in den Parlamenten ein noch stärkeres antijüdisches Vorurteil als in den Regierungen, so etwa in Bayern und Württemberg[4]; in Baden hingegen, wo es bis in die Mitte der vierziger Jahre ähnlich ausgesehen hatte, war es der Landesfürst, der 1846 eine

---

* Zum Verlauf der Judenemanzipation im neunzehnten Jahrhundert siehe ausführlicher den einführenden Beitrag von *Reinhard Rürup*, Emanzipation und Krise. Zur Geschichte der „Judenfrage" in Deutschland vor 1890, im vorliegenden Bande, S. 1–41 (Hrsg.).

[4] *Adolf Eckstein*, Der Kampf der Juden um ihre Emanzipation in Bayern, Fürth 1905, 35–39; *Aron Tänzer*, Die Geschichte der Juden in Württemberg. Auf Grund handschriftlichen Quellenmaterials, Frankfurt a. Main 1937, 30.

Resolution der II. Kammer zugunsten der jüdischen Emanzipation ablehnte. Auch in Württemberg war der Landtag nach 1830 liberaler als die Regierung[5].

In Preußen andererseits blieben die beschränkten Rechte des Hardenberg-Edikts von 1812 zum großen Teil intakt. Dieses, obwohl es den Juden weitreichende Rechte in Handel und Wirtschaft gewährte, schloß sie vom Offizierskorps, der Verwaltung sowie vom Justizwesen aus. Juden konnten – dank der Steinschen Städteordnung von 1808 – einen Platz in der Kommunalverwaltung einnehmen und sich für Privatdozenturen habilitieren (effektiv beschränkte sich das jedoch auf die medizinischen Fakultäten). 1822 allerdings wurde dann das Hardenberg-Edikt abgeändert zu dem Zweck, die Berufung des Juristen Eduard Gans auf einen Lehrstuhl in Berlin zu verhindern.

Die Hauptschwäche des Edikts lag darin, daß seine Gültigkeit auf Preußen innerhalb der Grenzen von 1812 beschränkt war. Die 1815 gewonnenen Gebiete blieben ausgeklammert und so blieben die in dem früheren Großherzogtum Posen lebenden 42 % der Juden im Königreich von den Vergünstigungen des Edikts ausgeschlossen. Insgesamt galten in den alten und neuen preußischen Provinzen einundzwanzig verschiedene Gesetzesordnungen.

Die nahezu unumschränkte Autokratie, die Verweigerung nationaler Selbstbestimmung, die willkürlichen Unterschiede im Rechtsstatus von einer Stadt oder Provinz zur nächsten, diese Umstände galten allgemein für Deutsche in der Zeit des Vormärz. Hinzu kamen für die Juden noch Einschränkungen der Bürgerrechte, welche diejenigen von Nichtjuden sogar wesentlich übertrafen. So konnte es nicht überraschen, daß ähnlicher Verdruß bei Juden und Nichtjuden ähnliche Reaktionen hervorrief; daß bei politisch engagierten Juden und Nichtjuden der Liberalismus der gebotene Ausweg schien. Der Liberalismus verhieß nationale Selbstbestimmung und eine repräsentative Regierungsform. Die potentiellen Widersprüche der beiden Bestrebungen waren derzeit noch nicht sichtbar. Zwar gab es Anhänger der konstitutionellen Regierungsform, die sich für die nationale Sache nicht eben begeisterten, sowie andererseits Nationalisten, welche die bürgerlichen Freiheiten ziemlich niedrig einstuften, aber bei den meisten Reformern, bei der Öffentlichkeit im allgemeinen sowie in Regierungskreisen galten die beiden Ideale als gleichbedeutend. Dieser doppelte Aspekt nun des Liberalismus sprach unzufriedene Juden besonders stark an. Sie betrachteten Diskriminierung als einen Wesenszug der autokratischen Staatsform und daher Emanzipation als nur in Verbindung mit dem Ende der Autokratie erreichbar.

„Von den Fürsten haben wir nichts zu erwarten", schrieb Johann Jacoby:

---

[5] *Adolf Lewin*, Geschichte der badischen Juden seit der Regierung Karl Friedrichs (1738–1909), Karlsruhe 1909, 236–255; *Berthold Rosenthal*, Heimatgeschichte der badischen Juden seit ihrem geschichtlichen Auftreten bis zur Gegenwart, Bühl 1927, 257–284; *Reinhard Rürup*, Die Judenemanzipation in Baden, Zeitschrift für die Geschichte des Oberrheins, 114 (1966), 272 287; *Tänzer*, op. cit., 90.

„Ganz anders verhält es sich mit der Volkspartei. ‚Vernichtung jedem Vorurteil, Krieg jeder unnützen Freiheitsbeschränkung' heißt hier die Losung. Unter dieses Banner müssen wir uns reihen, um zugleich Vorurteile und Beschränkungen, die uns drücken, zu vertilgen." [6]

Weiter glaubten sie, der Jude werde erst mit dem Beginn des Rechtsstaats aufhören, ein Bürger besonderer und niederer Klasse zu sein. Mit den Worten des jüdischen Gelehrten Leopold Zunz:

„Die Sache der Juden siegt im gleichen Maße und also auch in gleicher Epoche, als die der allgemeinen Freiheit." [7]

Ebenso wie der Rechtsstaat, der aufgrund individuellen Bürgerrechts jedermann gleich behandeln und dem Juden einen neuen Rahmen für seine Existenz verleihen würde, würde dies auch der Nationalstaat tun, nur in verstärktem Maße. War nicht Kleinstaaterei die Grundlage für die Autokratie und Diskriminierung? Ein neues politisches Gebilde, beruhend auf kultureller Affinität, würde die Unterscheidung von Juden und Nichtjuden beseitigen. „Nicht Preußen, Hannover, Hamburg, sondern Deutschland heißt unser Vaterland" [8], so meinte der Hamburger Erzieher und späteres Mitglied des Reichstags, Anton Rée. Gabriel Riesser, der geistige Vater der Emanzipationsbewegung, wählte noch leidenschaftlichere Worte:

„Bietet man mir mit der einen Hand die Emanzipation, auf die alle meine innigsten Wünsche gerichtet sind, mit der anderen die Verwirklichung des schönen Traumes von der politischen Einheit Deutschlands mit seiner politischen Freiheit verknüpft, ich würde ohne Bedenken letztere wählen: denn ich habe die feste, tiefste Überzeugung, daß in ihr auch jene enthalten ist." [9]

Diese Publizisten umspannten ein weites Feld politischer Meinungen: wobei Rée und Jacoby zu demokratischem Radikalismus tendierten, Zunz und Riesser zu bürgerlichem Liberalismus. Was sie vereinte, war der Glaube, daß die jüdische Emanzipation von der der Deutschen, ja von derjenigen der ganzen Menschheit im allgemeinen abhing, wenn auch zu diesem Zeitpunkt erst wenige Juden so weit gingen, die endgültige Emanzipation von Juden und Nichtjuden vom Sozialismus zu erwarten.

---

[6] Brief an Dr. E. J. Waldeck, 10. März 1832, *Gustav Meyer*, Liberales Judentum im Vormärz, Der Jude, I, Nr. 10 (Januar 1917), 675.

[7] An Philipp Ehrenberg, Mai 1833, *Nahum N. Glatzer* (Hrsg.), Leopold and Adelheid Zunz. An Account in Letters 1815–1885, Publications of the Leo Baeck Institute, London 1958, 68.

[8] *Anton Rée,* Die Sprachverhältnisse der heutigen Juden, Hamburg 1844, 58. Zitiert in: *Jacob Toury,* Die politischen Orientierungen der Juden in Deutschland. Von Jena bis Weimar, Schriftenreihe wissenschaftlicher Abhandlungen des Leo Baeck Instituts, Bd. 15, Tübingen 1966, 34.

[9] *Gabriel Riesser,* Bemerkungen zu den Verhandlungen der Badischen Ständeversammlung über die Emanzipation der Juden im Jahr 1833 (1835), Gesammelte Schriften, Frankfurt a. Main 1867–68, II, 672.

Das für die jüdische politische Tätigkeit dieser Zeit bezeichnende Bild bestimmte in großen Zügen die Reaktion von Nichtjuden auf die jüdische politische Betätigung im Wilhelminischen Reich. So standen fast alle auf dem Gebiet des Journalismus, Verlagswesens oder der Literatur tätigen Juden auf der Seite des Wandels, und zwar in solchem Maße, daß die Sache von Fortschritt und Reform von ihren Gegnern als von Juden beherrscht dargestellt werden konnte. Schon im Jahre 1821 sah Ludolf Holst einen jüdischen „Versuch . . . eine völlige Herrschaft über die Ideenwelt zu erringen"[10]. Für Wolfgang Menzel, den führenden literarischen Gegner des „Jungen Deutschland" war diese ganze Bewegung „Junges Palästina"[11], ein Ausdruck, der Treitschkes Wort von den „Orientalischen Chorführern" des Umsturzes vorwegnahm[12]. So war bereits in den dreißiger Jahren die problematische Beziehung von Juden und Radikalismus zum Faktor in der Politik geworden. Problematisch, da nicht alle Radikalen Juden und nicht alle politisch aktiven Juden Radikale oder Liberale waren, während allerdings die „Partei der Bewegung" ohne ihre jüdische Komponente kaum die gleiche gewesen wäre. Man stelle sich etwa die *Neue Rheinische Zeitung*, das wichtigste Organ des Radikalismus in den vierziger Jahren, vor, ohne Marx, Heine, Moses Hess, Dagobert Oppenheim und Andreas Gottschalk. Demnach stand also der Verruf der Juden als Wortführer des Radikalismus fest.

Andererseits gab es jedoch innerhalb der jüdischen Gemeinschaft eine deutliche Dissonanz zwischen den Aktivisten, von denen viele noch nicht einmal den Anspruch erhoben, für die Judenheit zu sprechen oder die formalen Bindungen zu ihr abgebrochen hatten, und dem Gros der jüdischen Bevölkerung – meist orthodox im Glauben und passiv und loyal in politischer Hinsicht. Das ging so weit, daß Gabriel Riesser sich verpflichtet fühlte, die Juden gegen den Vorwurf eines „schmählichen Servilismus" zu verteidigen[13]. Religiöser Instinkt lehrte sie, staatliche Autorität zu achten, der Instinkt zum Überleben, jene Autorität, gleichviel wie repressiv, dem Pöbel vorzuziehen. Nicht zuletzt bestand die Furcht, eine zu verweltlichte Gesellschaft, eine zu starke Betonung des Deutschtums der Juden würde die Preisgabe gemeinschaftlicher, traditioneller Werte bedeuten. Der ultraorthodoxe *Treue Zions-Wächter* meinte, „vor allem emanzipiert die Emanzipation die Juden vom Judentum"[14]. Diese Perspektive wird bestätigt durch diejenigen Juden, die im Vormärz tatsächlich ein politisches Amt innehatten. Aufgrund der Preu-

---

[10] Zit. in: *Jacob Toury*, Die politischen Orientierungen, 6.

[11] AaO, 10.

[12] „Börne und Heine, Eduard Gans und die Rahel . . . dazu als Fünfter etwa noch Dr. Zacharias Löwenthal, der betriebsame Verleger [später Karl Friedrich Loening]", *Heinrich von Treitschke*, Deutsche Geschichte im 19. Jahrhundert, IV. Band, Leipzig 1889, 434.

[13] *Riesser*, aaO, 665.

[14] Zit. in: *Jacob Toury*, „Deutsche Juden" im Vormärz, in: Bulletin des Leo Baeck Instituts, VIII, Nr. 29 (1965), 69.

ßischen Städteordnung von 1808 waren Juden zu Gemeindeämtern zugelassen, ab 1831 vom Bürgermeisteramt jedoch ausgeschlossen. In den größeren Städten waren die frühesten jüdischen Stadtverordneten Männer von Vermögen und liberaler Gesinnung – so die Bankiers Salomon Veit in Berlin und Salomon Wulff Friedländer in Königsberg, und der Geldmakler Moses Pappenheim in Breslau[15]. Das Gros der etwa dreihundert jüdischen Politiker[16] jedoch fand sich in der Provinz Posen. Hier konnten Juden vor 1833 nicht „naturalisiert" werden, und auch später nur, wenn sie strengen Bedingungen hinsichtlich von Wohnsitz und Vermögen genügten[17]. Doch war es charakteristisch für die allgemeine politische Teilnahmslosigkeit, daß sie diese Privilegien nur allmählich nutzten[18]. In vielen Städten, mit einer großen Anzahl von Juden, war deren Repräsentation auf ein Drittel oder Viertel beschränkt, „in Rücksicht auf die eigentümlichen Verhältnisse in der Provinz und den... Bildungszustand und die Individualität der jüdischen Bevölkerung"[19]. Das Verhältnis änderte sich nicht einmal, als die jüdische Bevölkerung der Ostprovinzen nach 1871 drastisch abnahm. Mehr als irgendwo sonst in Deutschland betätigten sich Juden als Juden in der Politik in der Provinz Posen, etwas weniger in Oberschlesien. Dies blieb bis 1918 unverändert. Ihre Mittlerrolle in einem gemischtsprachigen Gebiet stärkte sie innerlich, bedeutet aber auch, daß die meisten Würdenträger, die die große Mehrheit jüdischer Amtsträger ausmachten, ideologielose Männer waren, deren Interesse nicht über die Grenzen ihrer Gemeinde hinausging.

Die Revolution von 1848 trieb dann die Juden in Deutschland voran zu dauernder politischer Bewußtheit und Bindung. Dies beruhte nicht in erster Linie auf der Art, wie sich viele Juden in bewaffneten Aufständen, radikalem Journalismus und der Organisierung von Vereinen und Wahlen in den Vordergrund stellten[20]. Wie ihre Vorgänger im Vormärz waren diese Männer nicht typisch, und keineswegs alle Juden waren erfreut über diese weitere öffentliche Verbindung von Judentum und Radikalismus: bei den extrem Orthodoxen zeigte sich Ärger über diejenigen, „welche sich stets ... uns als Wortführer aufdrängen wollen und unaufgefordert stets mit ihrem Rate da sind"[21], und allgemeine Vorsicht herrschte bei denjenigen, die in antijüdischen Tumulten Anfang 1848 ein Warnzeichen erblickten.

Entscheidender war die allgemeine Assoziierung von Liberalismus, Parla-

---

[15] *Stefi Wenzel*, Jüdische Bürger und kommunale Selbstverwaltung in preußischen Städten, 1808–1848, Berlin 1967, 35, 88.

[16] Berechnung von *Toury*, Die politischen Orientierungen, 6.

[17] Ausführung der Bedingungen bei *Aron Heppner* u. *Isaak Herzberg*, Aus Vergangenheit und Gegenwart der Juden und der jüdischen Gemeinden in den Posener Landen, Koschmin–Bromberg–Breslau 1904–29, 224.

[18] *Wenzel*, op. cit., 164, 187–188.   [19] *Heppner* u. *Herzberg*, op. cit., 230–231.

[20] *Toury* zählt ihrer etwa 640 auf, Die politischen Orientierungen, 66, Anm. 81.

[21] Der Treue Zions-Wächter, 1849, 1, zit. in: *Toury*, Die politischen Orientierungen, 90.

mentarismus und nationaler Einigung mit der Sache der jüdischen Emanzipation. Die von der Nationalversammlung verkündeten Grundrechte bezeugten in Paragraph dreizehn:

> „Durch das religiöse Bekenntnis wird der Genuß der bürgerlichen und staatsbürgerlichen Rechte weder bedingt noch beschränkt."

Auch vorher schon hatten Juden das Recht auf politische Gleichheit erhalten und an den Wahlen für die Nationalversammlung und die Parlamente der verschiedenen Staaten teilnehmen dürfen. Fünf Juden und sechs Getaufte waren Mitglieder des Vorparlaments geworden, sieben Juden und sieben Getaufte wurden als Abgeordnete oder Ersatzmänner in die Nationalversammlung gewählt. Unter den letzteren befanden sich berühmte Namen wie Gabriel Riesser, Moritz Veit, Ludwig Bamberger und Johann Jacoby. Riesser wurde zweiter Vizepräsident, der getaufte Eduard Simson erster Vizepräsident und später Präsident.

Die politische Zugehörigkeit der führenden Politiker umspannte ein weites Spektrum, zeigte aber im wesentlichen bereits zukünftige Strukturen an. Eine kleine Zahl gehörte zur Rechten, in Frankfurt, Berlin sowie in kleineren Parlamenten. Sie waren meist getauft, so ihr hervorragendster Vertreter, Friedrich Julius Stahl, Mitglied der preußischen Ersten Kammer. Tatsächlich fanden sich die bedeutendsten jüdischen Loyalisten, wie etwa der Bankier Moritz Cohn aus Dessau, der die Flucht des preußischen Thronfolgers nach England finanzierte, außerhalb der gesetzgebenden Körperschaften. Eine etwas größere Anzahl gehörte zur Linken, so Johann Jacoby, Ludwig Bamberger und Heinrich Simon. Auch hier verblieben einige der bedeutendsten, wie etwa Karl Marx und Stephan Born, außerhalb des Parlaments. Die Mehrheit, darunter Riesser und Simson, Moritz Veit und Raphael Kosch, waren Konstitutionalisten und Männer der liberalen Mitte, eine Kategorie, welche Monarchisten wie Republikaner, Kleindeutsche wie Großdeutsche umfaßte[22].

Bezeichnender als dieser Ausbruch von Aktivität und die letzten Endes unergiebigen „Reden und Majoritätsbeschlüsse" war, daß die meisten Einzelstaaten sich entschlossen, völlige Gleichheit zu gewähren. Bayern bildete die große Ausnahme. Die neuen Rechte wurden im allgemeinen während der Zeit der Reaktion nicht zurückgenommen, jedoch vielfach auf dem Verwaltungswege umgangen. Doch machten die Umstände, unter denen sie zuerst gesetzlich verfügt worden waren, einen tiefen Eindruck auf das jüdische Bewußtsein und trugen mehr als alles andere zum bleibenden Bündnis von Juden und Liberalen bei. In diesem Sinne mag das Frankfurter Parlament den

---

[22] Eine gründliche Übersicht über die jüdischen Politiker der Revolutionsjahre bieten *Ernest Hamburger*, Juden im öffentlichen Leben Deutschlands. Regierungsmitglieder, Beamte und Parlamentarier in der monarchischen Zeit 1848–1918, Schriftenreihe wissenschaftlicher Abhandlungen des Leo Baeck Instituts, Bd. 19, Tübingen 1968, 170–209; *Toury*, Die politischen Orientierungen, 47–99.

Juden eine andere Erbschaft hinterlassen haben als der Mehrzahl der Deutschen. Bei der deutschen Öffentlichkeit erzeugte Frankfurt das, was man „das Trauma von der Hilflosigkeit des Parlaments"[23] genannt hat, ein Trauma, von dem sie sich nach der Meinung mancher nie völlig erholt hat. Bei den Juden andererseits brachte Frankfurt Parteien, Politiker und Parlamentarismus nicht gleichermaßen in Verruf.

Ebenso bewirkte Frankfurt, daß nationale Einheit und staatsbürgerliche Rechte noch stärker als bisher als unbedingt zusammengehörig angesehen wurden. Mochten auch die Einzelstaaten die Emanzipation gewährt haben, so hatten sie diese keineswegs durchgeführt. Die deutsche nationale Einheit hingegen würde nicht nur eine sittliche, sondern auch eine rechtliche Grundlage bieten für eine neue würdige Existenz. Diese Anschauungen nun erklärten die Art jüdischer politischer Aktivität in den Jahrzehnten nach 1849. Als gegen Ende der fünfziger Jahre der Liberalismus neu auflebte, fand wieder eine größere Anzahl Juden Eingang in die Länderparlamente. Es waren ausnahmslos Liberale, und einige von ihnen, so Fischel Arnheim aus Bayern und Rudolf Kusel aus Baden, trugen direkt dazu bei, daß Benachteiligungen für Juden abgeschafft wurden. Dies war jedoch nicht mehr die große Frage. Daher hielten sie sich in immer stärkerem Maße nicht nur an die Sache der Einheit, sondern an deren kleindeutsche Variante unter preußischer Führung, welche ihnen immer mehr der einzig gangbare Weg erschien. Von den Gründungsmitgliedern der wichtigsten kleindeutschen Organisation, des Deutschen Nationalvereins, waren mindestens 13 (7%) jüdisch, und zwei Juden, Riesser und Veit, wurden in ihr Präsidium gewählt. In seinem Gegenspieler, dem föderalistischen Deutschen Reformverein, lag die jüdische Beteiligung mit 2 1/2 % verhältnismäßig viel niedriger[24]. Es überrascht nicht, daß zu diesem Zeitpunkt in der antiliberalen Polemik erneut antisemitische Argumente auftauchten[25]. Für viele Zweifler war Königgrätz entscheidend. Die *Allgemeine Zeitung des Judentums* erinnerte daran, daß „der gewaltige Kampf ... abermals auch die deutschen Bürger jüdischen Glaubens zu völlig gleicher Betheiligung, Hingebung und Opferwilligkeit berufen und ... bewährt hat", und folgerte, daß die neue „Einheit in und vor dem Gesetze" dazu „die völlige Gleichstellung der Juden" mit sich bringen müßte[26]. Von den in den verschiedenen Parlamenten tätigen jüdischen Politikern hielt nur Johann Jacoby an seiner Opposition gegen die Einrichtung des Norddeutschen Bundes fest; alle Juden

---

[23] *Gerhard A. Ritter*, Entwicklungsprobleme des deutschen Parlamentarismus, in: *Gerhard A. Ritter* (Hrsg.), Gesellschaft, Parlament und Regierung. Zur Geschichte des Parlamentarismus in Deutschland, Düsseldorf 1974, 18.

[24] *Toury*, Die politischen Orientierungen, 111.

[25] *J. E. Jörg*, Die neue Ära in Preußen, Regensburg 1860, 91, 95; *Anon.* [d. h. *H. Nordmann*], Die Juden und der Deutsche Staat, Berlin 1860; „Bisher dachten wir, sie (d. h. Riesser und Veit) gehörten zu einer anderen Nation", Kreuzzeitung, 21. September 1859; auch aaO, 27. März, 25. Mai, 1. Oktober 1859.

[26] Allgemeine Zeitung des Judentums, 18. September 1866, 595.

in den süddeutschen Parlamenten billigten die Bündnis-Verträge ausdrücklich [27].

Es wäre falsch anzunehmen, daß ausschließlich engstirniges Interesse für gesetzmäßige Rechte die jüdische Unterstützung für die liberale Sache bewirkte, obwohl spezifisch jüdische Zeitschriften diesen Aspekt natürlich betonen mußten. Die Bestrebungen der jüdischen Gemeinschaft deckten sich zu dieser Zeit mit denjenigen des Bürgertums im allgemeinen, und die gesetzgeberischen Errungenschaften des Jahrzehnts 1867–1877 schienen die Weisheit der taktischen Allianz zu bestätigen. Es war der Reichstag des Norddeutschen Bundes, der das Gesetz zur Gleichberechtigung der Konfessionen verabschiedete [28]; dieser und seine Nachfolger verabschiedeten auch die Gesetze, die Unternehmensfreiheit, Freizügigkeit und für ganz Deutschland der Vereinheitlichung des Handels- und Strafprozeßrechts und der Münzsysteme den Weg ebneten. Aber so sehr diese Reformen auch den Einzelnen zugute kamen, so lag ihre Bedeutung doch darin, daß sie einen Wandel in der politischen Atmosphäre mit sich brachten. Als Levin Goldschmidt auf seine politische Karriere mit den folgenden Worten zurückblickte:

„Lange bevor Parteiprogramme der Art bestanden, habe ich ... für die Unabhängigkeit des Richterstandes und die Freiheit der Advokatur, die Beseitigung der Zunftsschranken und der wirtschaftlich verderblichen Zinstaxe, ... gegen die ... Konzessionierung der Aktiengesellschaften, für die einheitliche Goldwährung, für die Schwurgerichte und für die kaufmännisch besetzten Handelsgerichte, für einen obersten deutschen Gerichtshof, für die Einführung des deutschen Handelsgesetzbuches und für ein deutsches bürgerliches Gesetzbuch gewirkt", [29]

faßte er die Garantien einer offenen Gesellschaft zusammen, die auch für diejenigen wichtig waren, die nicht selbst den Ehrgeiz besaßen, Abgeordnete oder Richter, Aufsichtsratsmitglieder oder Professoren zu werden. Eben dieser Stimmungsumschwung veranlaßte später den jüdischen Historiker Simon Dubnow zu der Aussage in dem „festlich gestimmten Deutschland" sei „das Gespenst der Judenfrage gleichsam gänzlich verschwunden" [30] und den liberalen Veteranen Raphael Kosch zu der Behauptung, die Juden seien „endlich nach langem vergeblichen Harren in den sicheren Hafen eingelaufen" [31].

Das Gefühl, daß man sich mit der neuen politischen Ordnung identifizieren könne, spiegelte sich darin wider, daß Juden sich wieder stärker in der Politik betätigten. So saßen zwischen 1867 und 1878 zweiundzwanzig Juden (darunter sechs Getaufte) im Reichstag, fast alles Liberale.

[27] *Hamburger*, Juden im öffentlichen Leben, 248–250.

[28] *E. Huber*, Dokumente zur deutschen Verfassungsgeschichte, Stuttgart 1964, II, 248.

[29] *Levin Goldschmidt*, Zur Reichstagswahl vom 21. 2. und 2. 3. 1887, Berlin 1887, 9.

[30] *Simon Dubnow*, Die neueste Geschichte des jüdischen Volkes, Berlin 1920, II, 333.

[31] Israelitische Wochenschrift, 1872, 115. Zit. in: *Toury*, Die politischen Orientierungen, 139.

Der Reichstag von 1874 enthielt elf Juden, eine Zahl, die bis 1912 nicht überschritten wurde.

Tabelle 1

Jüdische Mitglieder im Reichstag, 1867–1878 [32]

	ungetauft	getauft	insgesamt
Sozialdemokratisch	2	–	2
Linksliberal	6	1	7
Nationalliberal	7	3	10
Reichspartei	1	1	2
Konservativ	–	1	1
	16	6	22

Die neununddreißig Abgeordneten in den Parlamenten der Einzelstaaten wiesen eine ähnliche parteipolitische Verteilung auf.

Tabelle 2

Jüdische Mitglieder der Parlamente der Einzelstaaten, 1867–1878 [33]

	ungetauft	getauft	insgesamt
Linksliberal	11	1	12
„Liberal"	2	–	2
Nationalliberal	15	5	20
Freikonservativ	–	1	1
Konservativ	–	1	1
nicht feststellbar	2	1	3
	30	9	39

Diese Zahlen verdeutlichen ein – wie sich herausstellen sollte, vorübergehendes – Zusammentreffen des typisch jüdischen politischen Standpunktes und des status quo. Die Zahlen allein weisen auf einen Grad politischer Integration hin, der sich qualitativ selbst von dem der Revolutionsjahre und des Wiederauflebens des Liberalismus in den frühen sechziger Jahren unterscheidet, ganz zu schweigen vom Vormärz und dem Jahrzehnt der Reaktion. Die Parteizugehörigkeit bezeugt überwältigende Unterstützung für den kleindeutschen Nationalstaat, bei einer starken Minderheit, die weitere konstitutionelle Entwicklung verlangte. Innerhalb der Reichs- und sogar der Deutsch-Konservativen Partei wurden Juden geduldet, soweit sie getauft waren; getaufte Juden standen vorwiegend weiter rechts als ungetaufte. Die Sozial-

---

[32] Nach *Hamburger*, Juden im öffentlichen Leben, 252–253, 406. Bei den Sozialdemokraten wird auch Johann Jacoby gezählt, der 1874 gewählt wurde, aber sein Mandat nicht annahm.

[33] Nach *Toury*, Die politischen Orientierungen, 351–354.

demokraten fanden zu diesem Zeitpunkt noch wenig Unterstützung. Soweit ersichtlich, vertraten jüdische Politiker in dieser Zeit die Ansichten des Gros der jüdischen Bevölkerung, im Gegensatz zu früheren und späteren Zeiten, wo Wähler und Gewählte sich in den Anschauungen unterschieden.

Ein weiteres Charakteristikum jüdischer Politiker, zumindest auf Reichs-ebene, waren ihre verhältnismäßig schwachen Bindungen an die jüdische Ge-meinschaft. Lasker, Bamberger und H. B. Oppenheim, die parlamentarischen Führer der Nationalliberalen, Max Hirsch, Mitbegründer der liberalen Ge-werkschaften, Leopold Sonnemann, der Herausgeber der *Frankfurter Zei-tung* und alleiniger anti-Bismarckscher Demokrat im Hause, sie alle sahen sich als völlig emanzipierte Individuen, Juden bestenfalls im Privatleben, oder überhaupt nicht. Die weniger eminenten Abgeordneten und Politiker auf Landes- und Kommunalebene andererseits hatten stärkere Bindungen in orga-nisatorischer Hinsicht.

Wichtiger noch, als Symptom der Integration, war die Tatsache, daß öffent-liche Ämter in bescheidenem Maße auch für Juden freigegeben wurden. Mo-ritz Ellstätter, Finanzminister in Baden von 1868 bis 1893 und badischer Be-vollmächtigter im Bundesrat, war der erste und, wie sich zeigen sollte, auch der einzige ungetaufte Jude, der vor 1918 einen Ministerposten in der Regie-rung erhielt. Zwei getaufte Juden wurden in dieser Zeit preußische Minister: Karl Rudolf Friedenthal, Landwirtschaftsminister von 1874 bis 1879, und Heinrich von Friedberg, Justizminister von 1879 bis 1889. Kein ungetaufter Jude konnte Offizier werden, weder in der preußischen Armee noch in den-jenigen der anderen Staaten des Reiches, die unter preußischem Militärkom-mando standen; in Bayern, das in diesen Dingen seine Autonomie behielt, erreichten sie es jedoch in kleinem Ausmaß [34]. Aber bis zur Mitte der achtziger Jahre konnte ein Jude preußischer Reserveoffizier werden. Glaubensjuden wurden auch nicht zur allgemeinen Staatsverwaltung Preußens und des Rei-ches oder – bis auf eine bemerkenswerte Ausnahme – zum Auswärtigen Dienst zugelassen. Sie konnten nun jedoch in Preußen zum Richter avancie-ren, obwohl sie den Rang eines Landesgerichtsrates nicht überschritten und weiterhin von der Staatsanwaltschaft ausgeschlossen blieben. Von den an-deren Staaten waren einige sogar noch schärfer in ihren Einschränkungen. Sachsen, Braunschweig und das Großherzogtum Hessen z. B. schlossen die Juden auch weiterhin von allen öffentlichen Ämtern aus. Baden zeigte sich in jeder Hinsicht am liberalsten, gefolgt von Hamburg und Bayern. Im Reichs-gericht gab es zwei distinguierte Juden: Levin Goldschmidt war 1869 zum Rat des Bundeshandelsobergerichts in Leipzig, Jakob Friedrich Behrend 1887 zum Reichsgerichtsrat ernannt worden [35]. Außerdem wurde der ge-taufte Eduard Simson 1879 Präsident des Reichsgerichts, nachdem er Prä-

---

[34] *H. Rumschöttel*, Das bayerische Offizierskorps, 1866–1914, Berlin 1973, 245.

[35] *Ernest Hamburger*, Jews in Public Service under the German Monarchy, in: Year Book IX of the Leo Baeck Institute, London 1964, 225.

sident nicht nur der Nationalversammlung im Jahre 1849 gewesen war, sondern auch des preußischen Abgeordnetenhauses, des Norddeutschen Reichstags und des Reichstags.

So klein dieser Durchbruch auch war, so war er doch aus zwei Gründen bedeutsam. Die Ernennung von Glaubensjuden zu dergleichen Ämtern war ein Novum und bedeutete einen Wandel im öffentlichen Leben. Getaufte Juden hatten zwar schon seit Anfang des Jahrhunderts Zugang zu öffentlichen Ämtern gehabt, da die Gründe für die Diskriminierung religiöser, nicht rassischer Art gewesen waren; doch ihre zahlenmäßige Zunahme deutete darauf hin, daß das soziale Stigma jüdischer Abstammung jetzt weniger Bedeutung besaß. Besonders Gelehrte und Wissenschaftler an den Universitäten hatten es als schmerzlich empfunden, sich vorschriftshalber der Taufe unterziehen zu müssen. Habilitierungen zum Privatdozenten wurden von den späten sechziger Jahren an üblicher, ebenso Ernennungen zum außerordentlichen Professor. Bis zum Ende der siebziger Jahre gab es etwa zwanzig Ordinarien [36]. Die meisten dieser Ernennungen fanden in ideologisch neutralen Fächern wie Naturwissenschaften und Medizin statt, nicht in solchen, die, wie etwa Klassische Philologie, Germanistik, Geschichte oder Staatsrecht, in kultureller oder politischer Hinsicht leicht zu Reibungen führen konnten. Bemerkenswerte Ausnahmen waren zwei der wichtigsten Ernennungen durch den liberalen preußischen Kultusminister Adalbert Falk, diejenige Levin Goldschmidts auf den Lehrstuhl für Handelsrecht in Berlin und die des führenden Neukantianers Hermann Cohen auf den Lehrstuhl der Philosophie in Marburg, letztere gegen beträchtliche Opposition seitens der Fakultät [37].

Diese Veränderungen in der jüdischen Situation erklären, warum jüdischer Enthusiasmus für das neue Reich nicht bloße Machtanbetung war – obwohl in Einzelfällen gewiß auch dieses. Aber in der unkritischen Übernahme der vor 1848 herrschenden Orthodoxie steckt doch auch etwas von dem Wunschtraum, daß deutsche nationale Einigung den Juden die Rettung bringen würde; man war nicht gewillt, die Schattenseiten eines jeden – nicht nur des deutschen – Nationalismus zur Kenntnis zu nehmen, das intolerante, autoritäre, zu Xenophobie neigende und latent aggressive Element in der Mentalität des Nationalisten. Börne und Heine zwar hatten gefürchtet, daß der Triumph des deutschen Nationalismus nichts Gutes bringen würde, und selbst Riesser, der im allgemeinen orthodox dachte, bemerkte die Existenz derjenigen, die „die deutsche Nationalität ... wie auf den Franzosenhaß im großen, so auf den Judenhaß im kleinen begründen wollen" [38]. Im Jahr von Sedan jedoch

---

[36] *Hamburger,* Juden im öffentlichen Leben, 55.

[37] *Hans Liebeschütz,* Hermann Cohen and his Historical Background, in: Year Book XIII of the Leo Baeck Institute, London 1968, 14.

[38] *Gabriel Riesser,* Betrachtungen über die Verhandlungen der zweiten Kammer des Großherzogtums Baden über die Emanzipation der Juden, Gesammelte Schriften, II, 361.

erkannten nur verhältnismäßig wenige so klar wie Sonnemanns Mitarbeiter Guido Weiss, den Samen, welchen das neue Reich in sich trug.

> „Meinen Sie nicht", so schrieb er an Jacoby, „daß nach vollbrachten Schlachten ein bißchen Judenhatz das ganze würdig krönen würde, und gönnten wir's den Oppenheim', Bamberger usw. nicht ganz im Stillen?" [39]

Und nicht wenige applaudierten der unliberalen Politik Bismarcks während der liberalen Ära. Eine ganz beträchtliche Anzahl von Juden begrüßte den Kulturkampf [40], ebenso einige der oft als „Judenpresse" bezeichneten liberalen Zeitungen, so besonders die *National-Zeitung* [41]. Von den jüdischen Reichstagsmitgliedern jedoch stimmten Lasker und Bamberger gegen das Jesuitengesetz, während Wolffson sich der Stimme enthielt; der getaufte Friedenthal zählte ebenfalls zu den Gegnern. Dies waren im übrigen die einzigen nationalliberalen und freikonservativen Gegner des Gesetzes. Andererseits stimmte Bamberger für den Kanzelparagraphen welcher „staatsfeindliche" Verkündigungen oder Erörterungen anläßlich religiöser Versammlungen strafbar machte, und sowohl er als auch Lasker blieben in der Frage des Sozialistengesetzes der Parteilinie treu. Sonnemann und die *Frankfurter Zeitung* hingegen lehnten konsequent jegliche Ausnahmegesetzgebung ab.

III

Die Gleichsetzung jüdischer Bestrebungen mit der Errichtung des deutschen Nationalstaates währte nicht lange. Sie wurde durch zwei miteinander verknüpfte Entwicklungen in Frage gestellt, das Wiederaufleben des Antisemitismus * und Bismarcks Bruch mit den Nationalliberalen. Für einen scharfsichtigen Juden verstärkten sich das Wiederaufleben des Antisemitismus und die Wendung der Regierung nach rechts gegenseitig. Deren Bedeutung lag weniger in den unmittelbaren legislativen Folgen, die immerhin widerrufbar waren, als in ihrem symbolischen Gehalt. Für die jüdische öffentliche Meinung gab es hier zwei mögliche Formen der Reaktion. Entweder folgte man dem Beispiel der Katholiken und schuf Organisationen zur ausdrücklichen Verteidigung der eigenen Rechte, oder man verstärkte die liberalen Kräfte, die es den Juden ermöglichen würden, weiterhin als freie und gleiche Mitglieder der deutschen Nation zu leben. Sie wählten überwältigend den zwei-

---

[39] 29. August 1870, zit. in: *Toury*, Die politischen Orientierungen, 157.

[40] In den ersten Jahren besonders die Israelitische Wochenschrift und Allgemeine Zeitung des Judentums.

[41] Siehe *Werner E. Mosse*, The Conflict of Liberalism and Nationalism and its Effect on German Jewry, in: Year Book XV of the Leo Baeck Institute, London 1970, 136–138; *Uriel Tal*, Christians and Jews in Germany. Religion, Politics and Ideology in the Second Reich, 1870–1914, Ithaca-London 1975, 97–120.

* Siehe hierzu den Beitrag von *Werner Jochmann*, Struktur und Funktion des deutschen Antisemitismus, im vorliegenden Bande, S. 389 ff. (Hrsg.).

ten Weg. Die Jüdische Gemeinde von Berlin appellierte an den preußischen Innenminister gegen die Stoeckersche Agitation, entrang ihm jedoch erst nach der vierten Demarche eine ausweichende Antwort. Ein Vorschlag des Herausgebers der *Allgemeinen Zeitung des Judentums*, Ludwig Philippson, eine öffentliche Versammlung zu veranstalten, stieß auf taube Ohren[42]. Der 1869 gegründete Deutsch-Israelitische Gemeindebund wuchs zwar langsam, repräsentierte aber trotzdem nur einen Bruchteil der Judenheit[43]. Ein Ausschuß von angesehenen Persönlichkeiten, an der Spitze Professor Moritz Lazarus, berief Ende 1880 zwei öffentliche Versammlungen ein, wonach man nichts weiter von ihm vernahm[44].

Taktisch gesehen war es im jüdischen Interesse vielleicht vernünftig, von öffentlichem Auftreten Abstand zu nehmen: angesichts der politischen Struktur des Kaiserreiches durfte man sich mehr Erfolg von privaten Schritten versprechen, wie dem des Bankiers Gerson Bleichröder, der eine, wenn auch zögernde, Zurechtweisung des Hofpredigers seitens des Kaisers zur Folge hatte[45]. Aber es gab auch einen noch triftigeren Grund für dieses strategische Im-Hintergrund-Bleiben. Was diejenigen am meisten erboste, die so stolz auf ihre Assimilation und vermeintliche Integration gewesen waren, war die unverdiente Mahnung daran, daß ihren Bemühungen keine Würdigung zuteil wurde.

> „Wir Jüngeren hatten wol hoffen dürfen, daß es uns allmählich gelingen würde, in die ‚Nation Kants‘ uns einzuleben“, schrieb Hermann Cohen, „daß die vorhandenen Differenzen unter der grundsätzlichen Hilfe einer sittlichen Politik und der dem Einzelnen so nahe gelegten historischen Besinnung sich auszugleichen fortfahren würden... Dieses Vertrauen ist uns gebrochen: die alte Beklommenheit wird wieder geweckt.“[46]

Moritz Lazarus gab dem gleichen Gefühl Ausdruck:

> „Das schlimmste für uns deutsche Juden, vollends für die, die mitarbeiten an der deutschen Kultur ist eines: unser Stolz ist gebrochen, ...daß wir vielmehr als Deutsche denn als Juden im Innersten getroffen sind.“[47]

Und Bamberger, in einem Brief an den gerade im Ausland weilenden Lasker, urteilte, daß Stoeckers Agitation Deutschland mehr zum Schaden ge-

---

[42] Allgemeine Zeitung des Judentums, 1879, 721–723.
[43] *Bernhard Jacobsohn*, Der deutsch-israelitische Gemeindebund nach Ablauf des ersten Decenniums seit seiner Begründung, Leipzig 1879, 10, 31, 69–70.
[44] *Michael A. Meyer*, Great Debate on Antisemitism. Jewish Reaction to New Hostility in Germany, 1879–1881, in: Year Book XI of the Leo Baeck Institute, London 1966, 169.
[45] *Walter Frank*, Hofprediger Adolf Stoecker und die christlichsoziale Bewegung, 2. Aufl., Hamburg 1935, 86.
[46] *Hermann Cohen*, Ein Bekenntniß in der Judenfrage, in: *Walter Boehlich* (Hrsg.), Der Berliner Antisemitismusstreit, Frankfurt a. Main 1965, 124–125.
[47] *Moritz Lazarus*, Unser Standpunkt. Zwei Reden an seine Religionsgenossen am 1. und 16. Dezember 1880, Berlin 1881, 7.

reiche als den Juden und meinte, man begreife, „warum die Deutschen bei allen Nationen verhaßt sind"[48]. Im Grunde der Logik ihrer Haltung und ihrer Bestrebungen hatte der Gedanke gelegen: Jude sein ist Privatsache. Nichts traf sie schwerer als die Unterstellung, sie verträten als Juden besondere, jüdische Kollektivinteressen. „Allen gemeinsamen Interessen gegenüber stehen wir Juden als lauter Individuen", behauptete Moritz Lazarus; nur das Wiederaufleben des Antisemitismus habe den Juden wieder eine gemeinsame Sache gegeben[49]. Hierzu kam, daß Juden, die sich zu assimilieren bemüht waren, auf Rassenpropaganda – zu dieser Zeit erst eine Randerscheinung – zwar nicht defensiv reagieren würden, jedoch durch eine Beschuldigung wie die Treitschkes, daß es den Juden nicht gelungen sei, sich der deutschen Kultur einzugliedern, empfindlich getroffen wurden. Viele Juden erkannten an, daß sie Deutschland schuldeten, was Emil Lehmann, einer der Gründer des Deutsch-Israelitischen Gemeindebunds, als die „Gegenleistung" für die Emanzipation bezeichnete[50]; sie beklagten die Ungerechtigkeit von Treitschkes Vorwurf, nicht aber den Kern seiner Forderung. Harry Breßlau, einer von Treitschkes Hauptgegnern, pflichtete ihm bei: „Die Forderung selbst, die Sie in jenem Satze stellen, unterschreibe ich im übrigen ganz und völlig". Allerdings fügte er hinzu:

„Würden Sie uns dann ferner die Mittel angegeben haben, vermöge deren dieser Proceß der Umwandlung des Juden zum Germanen beschleunigt werden könnte, so würden Sie jeden unbefangenen und vorurtheilsfreien Juden Sich zu Dank verpflichtet haben."[51]

Hermann Cohen andererseits versicherte in Worten, die er später bedauern sollte:

„Wir wünschen Alle, wir hätten schlechtweg das deutsche, das germanische Aussehen, von dem wir jetzt nur die klimatischen Nebenwirkungen an uns tragen."

Was das zeitweilige Fortbestehen von „Absonderlichkeiten" anbeträfe, so „müssen [wir] fortfahren, das Bestreben zu zeigen, daß wir sie loswerden wollen"[52].

Unter derartigen Prämissen waren jetzt die Juden in den Worten der *Allgemeinen Zeitung* „erst recht an den Liberalismus gefesselt"[53], womit von nun an hiermit allerdings meist nicht mehr die Nationalliberale Partei ge-

---

[48] 15. November 1880, *Julius Heyderhoff* u. *Paul Wentzke* (Hrsg.), Deutscher Liberalismus im Zeitalter Bismarcks. Eine politische Briefsammlung, Bonn 1925–26, II, 371.
[49] *Lazarus*, Unser Standpunkt, 5.
[50] *Emil Lehmann*, Höre, Israel. Aufruf an die deutschen Glaubensgenossen (1869), Gesammelte Schriften, Berlin 1899, 316.
[51] *Harry Breßlau*, Zur Judenfrage, in: *Boehlich*, op. cit., 62.
[52] *Cohen*, aaO, 138.
[53] Allgemeine Zeitung des Judentums, 16. Juli 1878, 455.

meint war. War es auch nicht die jüdische Frage, die 1880 den Riß in der Nationalliberalen Partei herbeigeführt hatte, so bedeutete der zunehmende Konservativismus der Regierung – symptomatisch hierfür die Duldung des Antisemitismus –, daß die meisten nationalliberalen jüdischen Parlamentarier zur „Sezession" stießen, welche 1884 gemeinsam mit der alten Fortschrittspartei in der neuen Freisinnigen Partei aufging. Lasker für sein Teil sah nur allzu klar, daß die Sezession jüdische Gönnerschaft brauchte. „Bei mehreren Juden", so schrieb er an Hermann Baerwald, „ist nun gleichzeitig der Gedanke entstanden, daß die Juden dieses Mal zu einer besonderen Beihilfe berufen seien." Erklärend fügte er hinzu:

> „Die liberale Sache sollte geschädigt werden, indem man sie als eine ‚jüdische'
> bezeichnete. Eine sachgemäße ... Gegenwirkung wäre es, wenn ... die lebhafte
> Unterstützung seitens der Juden die liberale Sache stärkte." [54]

Unter denjenigen, die sich zusammenfanden, um für jüdische Beihilfe zu plädieren, befanden sich der Bankier Julius Bleichröder und der Industrielle und Fortschrittliche Abgeordnete Ludwig Loewe, der bereits in Lazarus' Komitee im Vorjahr eine Rolle gespielt hatte. Bamberger war vorsichtiger: er hatte Lasker entgegengehalten, eine Liste von freihändlerischen Rednern anläßlich einer Fraktionsversammlung sähe zu „semitisch" aus [55]. Jedenfalls reduzierten die neuen politischen Entwicklungen drastisch die Zahl der jüdischen Gesetzgeber. Die großstädtischen Wahlkreise, in welchen Juden am ehesten als Kandidaten aufgestellt wurden, wurden allmählich von der Sozialdemokratie erobert. Die Rechtsschwenkung von 1879 fegte nicht weniger als neun von dreizehn jüdischen Abgeordneten aus dem preußischen Landtag. Der Rest waren Linksliberale, mit Ausnahme des getauften Konservativen Oscar Hahn. Lasker wurde nicht wiedergewählt. Friedenthal, der sich unter den Freikonservativen zunehmend fehl am Platze fühlte, zog sich aus der Politik zurück. Die Reichstagswahlen von 1881 hatten eine ähnliche Wirkung. Die Zahl der jüdischen Mitglieder sank von neun auf sechs, sämtlich ungetauft und sämtlich Linksliberale. In den siebziger Jahren hatten vier Juden, Lasker, Bamberger, Wolffson und der getaufte Friedrich Dernburg dem Fraktionsvorstand der Nationalliberalen Partei angehört. Nach 1881 verblieb dort kein einziger Jude. Nur in Süddeutschland saßen nationalliberale Juden auch weiterhin in den Landtagen [56]. Nicht einmal bei den Linksliberalen ersetzten Juden Verstorbene oder Zurückgetretene, außer im Falle von Josef Stern, einem Mitglied der eigentümlichen Frankfurter radikal-demokratischen Oligarchie. So war der preußische Landtag von 1886 bis 1898

---

[54] 12. September 1881. *Heyderhoff* u. *Wentzke*, op. cit., III, 383.

[55] *Stanley Zucker*, Ludwig Bamberger and the Rise of Anti-Semitism in Germany 1848–1893, in: Central European History, III/4 (Dezember 1970), 345.

[56] Otto Wolfskehl im Großherzogtum Hessen, Sigmund von Henle in Bayern und Karl Ladenburg in Baden.

„judenrein", zumindest im konfessionellen Sinn. Im Reichstag gab es nach dem Ausscheiden Bambergers 1893 – ungetaufte Juden nur bei den Sozialdemokraten [57].

Tabelle 3
Jüdische Mitglieder im Reichstag, 1881–1893

	ungetauft	getauft	insgesamt
Sozialdemokratisch	5	–	5
Linksliberal	5	2	7
Nationalliberal	–	–	–
Reichspartei	–	–	–
Konservativ	–	1	1
	10	3	13

Tabelle 4
Jüdische Mitglieder der Parlamente der Einzelstaaten, 1879–1893

	ungetauft	getauft	insgesamt
Sozialdemokratisch	1	–	1
Linksliberal	7	2	9
Nationalliberal	3	2	5
Reichspartei	–	1	1
Konservativ	–	1	1
nicht feststellbar	1	–	1
	12	6	18

Bei dieser eindeutigen Entwicklung muß man sich fragen, warum die Juden so zögernd und schwächlich reagierten. Es gibt hierfür eine Reihe von möglichen Erklärungen. Zunächst war keineswegs offensichtlich, daß der Kurswechsel von 1879 ein unabänderlicher sein würde. Ein durch seine Niederlage verbitterter Bamberger mochte verzweifeln über

> „deutsche Mittelklassen, über welche, nach Ende des Kulturkampfes, die angestammten Herrscher, Junker und Pfaffen, wieder Herren werden. Der deutsche Parlamentarismus war eine Episode und ich in dieser Episode ein Mitspieler. Never mind." [58]

---

[57] Die beiden folgenden Tabellen sind entnommen aus *Hamburger*, Juden im öffentlichen Leben, 252–253; *Toury*, Die politischen Orientierungen, 406 (Reichstag), 351–354 (Landtage).

[58] *Ernst Feder* (Hrsg.), Bismarcks großes Spiel. Die geheimen Tagebücher Ludwig Bambergers, Frankfurt a. Main 1933, 339 (6. Juni 1887).

Andere jedoch mögen sich überlegt haben, daß auch Bismarck und Wilhelm I. sterblich waren und daß auf längere Sicht manche Faktoren das Bürgertum und liberale Reformen begünstigten. Die Devise „Innerhalb des Systems arbeiten" behielt daher weiterhin ihre Anziehungskraft. Auch darf die Loyalität zum Reich und zu seiner äußeren Sicherheit nicht unterschätzt werden. Die letzteren Erwägungen waren besonders in den Kartellwahlen von 1887 wirksam, die von Bismarck über die Frage der Erneuerung des Militäretats ausgeschrieben worden waren; da bedeutete eine Stimme für die Regierungspolitik, sei es im ersten, sei es im zweiten Wahlgang, eine Stimmabgabe für Konservative oder für andere Kandidaten mit ausgesprochen antisemitischen Ansichten. Für Levin Goldschmidt z. B. handelte es sich hier um eine Frage von Prioritäten:

> „Wie Herr Wolff [der konservative Kandidat in seinem Wahlkreis] im übrigen hinsichtlich der fälschlich sogenannten ‚Judenfrage' denkt, weiß ich nicht und kümmert mich nicht... Zumal wenn ein Kampf um ganz andere Dinge, nämlich um die wichtigsten Interessen des Staates und Reichs in Frage steht." [59]

Moritz Lazarus hinwieder erklärte:

> „Es mußte notwendig etwas geschehen, um die von Freund und Feind einmütig gehegte Behauptung, daß Jude und deutschfreisinnig notwendig eines ist, daß jeder Jude als Jude zur Opposition gehören muß, durch eine Tat niederzuschlagen." [60]

Doch wenn die erste Woge des Antisemitismus sich schnell legte und wenige erschreckte, so hatte die zweite, die 1887 mit der Wahl Otto Böckels in den Reichstag begann und mit derjenigen von sechzehn Antisemiten 1893 ihren Höhepunkt fand, eine völlig andere Wirkung, denn hier handelte es sich um eine eigenständige Bewegung, die in einer echten Stimmung in der Bevölkerung wurzelte. Dazu hatten sich die Aussichten auf eine Änderung der Regierungspolitik verringert. Der Tod Friedrichs III., ob er nun den Antisemitismus „die Schmach des Jahrhunderts" genannt hatte oder nicht, war der erste Schlag. Wilhelm II., nach wiederholtem Zögern, ließ schließlich keinen Zweifel darüber, daß er nicht gesinnt war, einen liberaleren Kurs einzuschlagen. In der Amtsniederlegung des Reichskanzlers von Caprivi 1894 fand dann diese Entscheidung ihren Niederschlag. Zu diesem Zeitpunkt hatte bereits die Konservative Partei ihr antisemitisches Programm angenommen, und man hatte zwei Organisationen gegründet, um dieser Stimmung entgegenzuarbeiten: den Verein zur Abwehr des Antisemitismus und den Centralverein deutscher Staatsbürger jüdischen Glaubens.

Ein Vierteljahrhundert lang hatten die meisten Juden sowie die Mehrheit der Liberalen das Bestehen einer jüdischen Frage geleugnet. Sie hatten

---

[59] *Levin Goldschmidt,* op. cit., 27. Ursprünglich in der National-Zeitung, 27. Februar 1887.
[60] *Moritz Lazarus,* An die deutschen Juden, Berlin 1887, 7.

bestritten, daß Juden als Juden irgendwelche anderen Ansprüche oder Interessen in der Gesellschaft verträten als die der Garantie gleicher Rechte. Um 1893 begannen Hoffnungen, die auf der liberalen Staatsbürger-Theorie gründeten, als illusorisch zu erscheinen. Die neunziger Jahre erlebten das langsame Wiederaufleben eines Phänomens, von dem man seit den fünfziger Jahren kaum etwas gehört hatte: offene Diskussion jüdischerseits über die Rolle der Juden in der deutschen Politik. Mit den Worten eines Historikers der jüngsten Vergangenheit „wurde da auf jüdischer Seite begonnen, die Bedingungen für die Emanzipation zu revidieren" [61].

IV

Um 1893 sahen Wortführer des deutschen Judentums und ihre nichtjüdischen Freunde klar, daß sie sich gegen zwei getrennte, wenn auch miteinander zusammenhängende Hindernisse für staatsbürgerliche Gleichberechtigung zur Wehr zu setzen hatten: den Antisemitismus der öffentlichen Meinung und politischen Parteien und die diskriminierende Politik von Reich und Staatsregierungen; und daß beide Hindernisse sich als feststehende Merkmale des Kaiserreiches eingenistet hatten. Nach dem Erfolg antisemitischer Kandidaten in den Reichstagswahlen von 1890 und der Annahme des Tivoli-Programms erschien es wichtig, öffentlicher antisemitischer Propaganda entgegenzuarbeiten; dies wurde nach weiteren Wahlerfolgen der Antisemiten im Jahre 1893 noch deutlicher. Die Führung übernahm eine Gruppe von Intellektuellen und Politikern, viele davon Unterzeichner der Notabeln-Erklärung von 1881, die sich um Theodor Barths Zeitschrift *Die Nation* gruppierten – Max von Forckenbeck, Theodor Mommsen, Albrecht Weber, Gustav Freytag. In der Gründungsversammlung des Vereins zur Abwehr des Antisemitismus (Abwehrverein abgekürzt) wurde der Historiker Rudolf von Gneist, ein Nationalliberaler, zum Präsidenten gewählt, obwohl Alter und Krankheit ihn daran hinderten, sich aktiv zu betätigen. Nach seinem Tod 1895 wurde Heinrich Rickert sein Nachfolger, auf den wiederum 1902 Theodor Barth folgte. Beide waren prominente Vertreter der Freisinnigen Vereinigung, der gemäßigteren der zwei linksliberalen Gruppen.

Der Verein war bestimmt, schlicht Geist und Buchstaben der Verfassung zu verwirklichen. Das Überwiegen von Nichtjuden unter den Vorstandsmitgliedern und zu Anfang auch unter den Beitragszahlenden unterstrich, daß der Antisemitismus als ein deutsches Problem angesehen wurde. So war der Verein keine Organisation zur Verteidigung jüdischer Interessen. Seine Anhänger vertraten die liberal-staatsbürgerliche Anschauung von Rechten und Pflichten des Juden, mit Assimilation als Ideal. Zwar achteten sie echtes, frommes

---

[61] *Ismar Schorsch*, Jewish Reactions to German Anti-Semitism, 1870–1914, New York–London–Philadelphia 1972, 12.

Judentum, erblickten aber mehr Hoffnung in Bekehrung und Mischehen[62]. Vor allem widersetzten sie sich der Gründung von spezifisch jüdischen Vereinen oder Organisationen als „Abschließungsspielerei"[63] und „Nachwirkung der Schutzjudenheit"[64].

Viele Juden schätzten den politischen Kampf des Vereins, sei es nur, weil sie Moses Mendelssohns Ansicht teilten, die jüdische Sache würde am besten von Nichtjuden vertreten[65]. Auch war der Verein in steigendem Maße von jüdischer finanzieller Unterstützung abhängig[66]. Eines allerdings konnte er nicht erreichen, nämlich die spezifisch jüdische Teilnahme am öffentlichen Leben zu erleichtern.

Dies konnten nur bewußt jüdische Organisationen. Die Stoecker-Treitschke-Kampagne hatte diesen nur einen verhältnismäßig schwachen Stoß versetzt. Der Deutsch-Israelitische Gemeindebund wuchs weiterhin langsam. Bis 1893 hatten sich ihm etwa fünfhundert Gemeinden angeschlossen, ein Viertel der Gesamtzahl mit etwa zwei Dritteln der jüdischen Gemeindemitglieder[67]. In der politischen Atmosphäre von 1893 nun empfanden einige Juden weder dies noch die Gründung des Abwehrvereins als zureichend. Das Ergebnis verschiedener Bemühungen war dann die Gründung des Centralvereins deutscher Staatsbürger jüdischen Glaubens (C. V.)*. Wie im Abwehrverein gab man auch hier dem Kampf gegen den Antisemitismus den Vorrang; wie der Abwehrverein, und anders als die im Entstehen begriffene jüdische Studentenbewegung, die sich 1896 zum Kartell-Convent jüdischer Studenten zusammenschloß, schwor der Centralverein dem Separatismus ab. Man betonte nicht nur die politische Treuepflicht des Juden zum „teuren Vaterland"[68], sondern auch seine kulturelle Bindung, durch „den Anteil an der nationalen Bildung eines großen Volkes"[69]. Nichtsdestoweniger bedeutete schon die bloße Existenz des Vereins, daß angesichts der deutschen politischen Lage, der Jude als Jude die Verpflichtung hatte, sich am politischen Leben zu beteiligen und jüdische Ansprüche auf staatsbürgerliche Gleichberechtigung weiterzutreiben, wenn die Obrigkeiten dies zu tun versäumten.

---

[62] *Theodor Mommsen,* Auch ein Wort über unser Judenthum, in: *Boehlich,* op. cit., 228; *Albrecht Weber,* Mitteilungen des Vereins zur Abwehr des Antisemitismus (Mitteilungen), III, Nr. 53 (31. Dezember 1893), 471–473.
[63] Mitteilungen, X, Nr. 51 (19. Dezember 1900), 401–403; XIII, Nr. 36 (9. September 1903), 281–282.
[64] *Mommsen,* aaO, 226.
[65] *Moses Mendelssohn,* An den Baron Hirschen in Dessau, 18. Oktober 1785, Gesammelte Schriften, hrsg. von *G. B. Mendelssohn,* Leipzig 1843–45, V, 639–640.
[66] *Schorsch,* op. cit., 93–95.   [67] *Jacobsohn,* op. cit., 32–33.
* Siehe hierzu ausführlich den Beitrag von *Arnold Paucker,* Zur Problematik einer jüdischen Abwehrstrategie in der deutschen Gesellschaft, im vorliegenden Band, S. 484 ff. (Hrsg.).
[68] [Raphael Loewenfeld], Schutzjuden oder Staatsbürger? Von einem jüdischen Staatsbürger, Berlin 1893, 3.
[69] Unsere Stellung, Im deutschen Reich, I, Nr. 1 (Juli 1895), 6.

Schon der anfängliche Wirkungskreis des C.V. war größer als derjenige des Abwehrvereins. Ersterer befaßte sich nicht nur mit Gegenpropaganda, sondern bekämpfte jegliche Form von Diskriminierung, so den Ausschluß qualifizierter Juden vom öffentlichen Dienst, das Widerstreben der Behörden, Antisemiten strafrechtlich zu verfolgen und die ständige Abnahme jüdischer Wahlkandidaturen.

Hoffnungen, daß die zunehmende Zulassung von Juden zu öffentlichen Stellen und Ämtern in den sechziger und siebziger Jahren letztlich zu Chancengleichheit führen würde, wurden bald enttäuscht. In Wirklichkeit war von den achtziger Jahren an eine zahlenmäßige Abnahme zu verzeichnen, die erst kurz vor dem Ersten Weltkrieg zum Stillstand kam, eine direkt mit dem Kurswechsel der Regierung von Liberalismus zu Konservativismus verknüpfte Tendenz. Dies war nicht nur, weil man die Juden mit dem Liberalismus gedanklich gleichstellte, sondern weil der Umschwung im politischen Gleichgewicht bestehende Institutionen darin bestärkte, an überkommenen Anschauungen festzuhalten und Vorrechte wahrzunehmen. Das führte zu Diskriminierungen verschiedenen Ausmaßes: da der Staat eine christliche Monarchie war, waren Glaubensjuden rigoroser ausgeschlossen als getaufte. Aber auch Katholiken erlitten Diskriminierung; kein Sozialdemokrat konnte auf Anstellung im öffentlichen Dienst hoffen, und selbst ein nonkonformistischer Bürgerlicher war gelegentlich im Nachteil. Im allgemeinen war die Situation die, je mehr eine bestimmte Berufslaufbahn dem Bürgertum offenstand, desto größere Chancen bot sie auch den Juden.

Universitätsunterricht und Justizdienst, die beide strengste berufliche Qualifikationen verlangten, stellten sich daher in dieser Hinsicht als relativ günstig heraus, jedenfalls aber als die wenigst ungünstigen Berufszweige; der Grad, in welchem Juden in diese Bereiche eindrangen, zeigt das Maximum der ihnen im Reich offenstehenden Möglichkeiten. Nächst den freien Berufen, Anwaltschaft, Medizin und Journalismus, zog besonders das Hochschulwesen gebildete Juden an, obwohl der Beamtenstatus des Lehrberufs ursprünglich bedeutete, daß Eintritt für den Ungetauften schwierig und Beförderung so gut wie ausgeschlossen waren. Vor 1848 war es siebzehn Glaubensjuden gelungen, Privatdozenten zu werden, so gut wie ausschließlich in den Mittel- und süddeutschen Staaten [70]. Keine Ernennung von Juden erfolgte in Bayern, und nach der „Lex Gans" von 1822 [71] keine in Preußen. Die drei, die es vor 1848 zum Ordinariat brachten, unterzogen sich alle der Taufe. Zwei Juden wurden ohne Taufe Extraordinarien [72].

---

[70] Sechs in Heidelberg, je drei in Marburg und Göttingen, einer in Tübingen. *Monika Richarz*, Der Eintritt der Juden in die akademischen Berufe. Jüdische Studenten und Akademiker in Deutschland 1678–1848, Schriftenreihe wissenschaftlicher Abhandlungen des Leo Baeck Instituts, Bd. 28, Tübingen 1974, 208.

[71] Siehe oben, S. 145.

[72] Der Orientalist Gustav Weil in Heidelberg, der 1845 den Titel ohne Besoldung

So hing tatsächlich der Zugang von Juden zu Universitätsposten nicht allein vom Rechtszustand ab, sondern auch von der Haltung der Fakultäten, der jeweiligen Regierung und mehr noch vom Fachgebiet des Bewerbers. Denn die Erziehung war ein in politischer Hinsicht empfindliches Feld, ob nun für den christlichen oder für den germanischen Staat. Das Weiterreichen kultureller Güter sollte nicht leichtfertig gehandhabt werden. Dieses Motiv erklingt ohne Unterbrechung an, von den Einwänden des engeren Akademischen Senats in Heidelberg im Jahre 1815:

> „Der Stand eines akademischen Lehrers muß als zu ehrwürdig geachtet werden, als daß er durch Intrigengeist, Eigennutz und Zudringlichkeit eines jüdischen Mitgliedes entweihet werden dürfte" [73]

bis zu den im Jahre 1902 veröffentlichten Ansichten des Pädagogen Friedrich Paulsen – selbst nicht Antisemit – über jüdisches Drängen in die Gelehrtenwelt:

> „Daß kein europäischer Staat einen solchen Zustand ertragen, daß es ihn als Fremdherrschaft empfinden und mit Gewalt abwerfen würde, daran wird nicht zu zweifeln sein." [74]

Daher war der Zugang am leichtesten in verhältnismäßig wertfreien Disziplinen wie etwa Mathematik, Medizin und Naturwissenschaften, am schwersten in denjenigen, die die nationale Ideologie am engsten berührten – Germanistik, klassische Philologie und Staatsrecht. Für Germanistik und Philologie erhielt kein Jude ein Ordinariat vor dem Ende des Kaiserreichs, für Staatsrecht gelang es nur wenigen, den beiden bedeutendsten außerhalb Preußens [Heinrich Rosin, Ordinarius (1886) und Rektor (1904–05) in Freiburg i. Br. und Eduard Rosenthal, Ordinarius (1896) in Jena] [75]. Daß die Taufe einen Schlüssel zur Beförderung bedeutete, zeigten die hohen Stellungen, welche getaufte Rechtsgelehrte erlangten, so Paul Laband, Ordinarius in Königsberg (1866) und Straßburg (1879), Georg Jellinek, Ordinarius in Heidelberg (1891), Heinrich Dernburg, Ordinarius in Halle (1862) und Berlin (1873) und Edgar Loening, Ordinarius in Rostock (1883) und Halle (1886) [76]; es zeigte sich auch bei den Nobelpreisträgern. Bis 1918 wurden sieben Deutsche jüdischer Abstammung Preisträger. Der halbjüdische Dichter Paul Heyse und der Journalist Alfred Fried, der den Friedenspreis erhielt, standen außerhalb des Universitätslebens. Die übrigen waren Naturwissenschaftler.

---

erhielt und 1861 Ordinarius wurde; 1831 der Jurist Samuel Marum Meyer in Tübingen, 1834 getauft, 1837 Ordinarius und 1849–50 Rektor. *Richarz*, op. cit., 128, 213.

[73] Zit. aaO, 171.

[74] *Friedrich Paulsen*, Die deutschen Universitäten und das Universitätsstudium, Berlin 1902, zit. in: *Hamburger*, Juden im öffentlichen Leben, 58.

[75] AaO, 56, 387.

[76] *S. Wininger*, Große Jüdische Nationalbiographie, V, 246–247, 256–257.

Adolf von Baeyer (Chemie, 1905) war nur mütterlicherseits jüdisch und hatte seit 1872 Lehrstühle inne, zuerst in Straßburg, dann in München. Otto Wallach (Chemie, 1910), ein Glaubensjude, hatte sei 1889 ein Ordinariat innegehabt. Richard Willstätter (Chemie, 1915), bereits ein Direktor am Kaiser-Wilhelm-Institut in Berlin, wurde im gleichen Jahr Baeyers Nachfolger in München, wenn auch nicht ohne Schwierigkeiten: „Das ist aber das letzte Mal, daß ich ihnen einen Juden unterschreibe", schrieb Ludwig II. seinem Kultusminister [77]. Zehn Jahre später war Willstätter bei wiederholter Diskriminierung bei der Besetzung von Lehrposten wehrlos – „Wir müssen doch auf die Zeit und auf die Straße Rücksicht nehmen", sagte ihm der Zoologe Richard von Herting [78] – und er trat ostentativ zurück. Fritz Haber (Chemie, 1918), seit 1906 Ordinarius an der Technischen Hochschule Berlin und ebenfalls ein Direktor am Kaiser-Wilhelm-Institut, war einer der verhältnismäßig kleinen Gruppe von deutsch-jüdischen Akademikern, die sich der Taufe in der echten Überzeugung unterzogen, daß dies für einen nichtgläubigen Patrioten der rechte Schritt sei, eine Überzeugung, in der ihn Theodor Mommsen bestärkte [79]. Aber selbst der getaufte Haber stieß 1920 auf politischen Widerstand, durch den ihm das ersehnte Ordinariat an der Berliner Universität versagt blieb. In dieser Reihe der Nobelpreisträger fehlt jedoch der Name Paul Ehrlichs (Medizin, 1908), dessen weltweiter Ruhm als Entwickler von Salvarsan nicht ausreichte, ihm ein Ordinariat in Preußen zu verschaffen. Obwohl er Ehrenprofessor in Göttingen und, in vorgeschrittenem Alter, auch Ordinarius an der privat gegründeten Universität in Frankfurt a. Main wurde, war der höchste Staatsposten, den er je bekleidete, der des Direktors des Instituts für experimentelle Therapie in Frankfurt.

Nachdem die liberale Ära zu Ende gegangen war, verringerten sich auch die Ernennungen von Juden. 1917 gab es an deutschen Universitäten insgesamt dreizehn Ordinarien im Vergleich zu einem Durchschnitt von mehr als zwanzig in den letzten Jahrzehnten des neunzehnten Jahrhunderts [80]. Trotzdem, für Juden gab es andere Chancen. Eine der wichtigsten unter diesen waren die Handelshochschulen, private oder städtische Anstalten, die oft bestrebt waren, jüdische Talente an sich zu ziehen: der Verfassungsrechtler Hugo Preuß lehrte in Berlin und wurde dort 1906 Rektor, der Wirtschaftswissenschaftler Julius Hirsch in Köln, der Wirtschaftswissenschaftler Julius Moritz Bonn war Direktor der Münchner Handelshochschule, der Jurist Berthold Freudenthal in Frankfurt, wo er auch Rektor wurde. Noch bezeichnender ist die Geschichte der Universität Frankfurt, die die Beziehungen von Judenschaft, Erziehungswesen und Staat sehr deutlich hervortreten läßt.

[77] *Richard Willstätter*, Aus meinem Leben. Von Arbeit, Muße und Freunden, 2. Aufl., Weinheim/Bergstraße 1958, 235.

[78] AaO, 341.

[79] *Rudolf A. Stern*, Fritz Haber. Personal Recollections, in: Year Book VIII of the Leo Baeck Institute, London 1963, 88.

[80] *Hamburger*, Juden im öffentlichen Leben, 58.

Die Universität Frankfurt, im Jahre 1914 eröffnet, stand im Kaiserreich Deutschland einzig da. Sie basierte auf dem Versuch, den lokalpatriotischen Stolz einer wohlhabenden Großstadt anzuzapfen, ihre beträchtliche philanthropische Tradition (stark, aber keineswegs ausschließlich jüdisch) und ihre bereits bestehenden akademischen Institute, hauptsächlich in der Medizin, – und zwar für eine Universität, die eher lokaler als preußischer Kontrolle unterstehen würde[81]. Dies bedeutete einen Prinzipienkonflikt – wie ließ sich eine solche Anomalie rechtfertigen? – und gleichzeitig einen Konflikt der Interessen – was für eine Institution würde sich entwickeln und konnte sie in Preußen geduldet werden?

Die beiden Stiftungen, die die finanziellen Stützen des Projekts bilden sollten, waren das 1891 von Wilhelm Merton gegründete Institut für Gemeinwohl und die Georg und Franziska Speyersche Studienstiftung. Merton war gebürtiger Frankfurter, jedoch in England erzogen: er kehrte 1900 von britischer zu deutscher Staatsangehörigkeit zurück und ließ sich gleichzeitig taufen. Einen Teil des Vermögens, das er seiner Metallgesellschaft AG. verdankte, investierte er in dem Institut, das er 1896 als G.m.b.H. mit einem Anfangskapital von über ½ M RM begründete. Ein von diesem finanziertes Projekt war die Akademie für Handels- und Sozialwissenschaften, die 1901 unter städtischer Leitung eingerichtet wurde[82]. Nach dem Tode zuerst des Bankiers Georg Speyer und danach seiner Witwe verfügte die Speyersche Stiftung über ein Kapital von 3 M RM. Hiermit wurden u. a. drei Lehrstühle an der Akademie sowie das Georg-Speyer-Haus gegründet, das die diversen medizinischen Institute neu beherbergte, die wiederum in die Akademie für praktische Medizin eingegliedert wurden, welche ihrerseits wie die Handelshochschule einen Teil der Universität bildete.

Die politische Führung im Prozeß der Universitätsgründung hatte der Oberbürgermeister Franz Adickes, der als Verwalter der Speyer-Stiftung bereits stark in die akademischen Bestrebungen der Stadt hineingezogen war und zu diesem Zweck einen Fünfer-Ausschuß gründete. Adickes mußte an drei Fronten kämpfen. Innerhalb des Stadtrats bekämpfte die Linke, einschließlich der Sozialdemokraten und einer Gruppe in der Fortschrittlichen Volkspartei, einen Plan, der hauptsächlich die wohlhabenderen Schichten begünstigen würde. In Berlin verhielt sich die Mehrheit im Abgeordnetenhaus – Konservative, Zentrum und Nationalliberale – feindselig, und zwar aus verschiedenartigen Gründen: Eifersucht seitens der benachbarten Universität Marburg, sentimentale Anhänglichkeit an die traditionelle Universität (was besonders bei den Nationalliberalen ins Gewicht fiel) und ideologischer Argwohn. So fragte etwa die *Kreuzzeitung:*

---

[81] Die Vorgeschichte und Geschichte jetzt dargestellt von *Paul Kluke,* Die Stiftungsuniversität Frankfurt am Main, 1914–1932, Frankfurt a. Main 1972.
[82] AaO, 33, 91.

„Kann nun der Staat darauf verzichten, die Besetzung der Lehrstühle zu über-
wachen? Nach Frankfurt, wo der Geist Leopold Sonnemanns so starken Einfluß
hat, würde alsdann kein Nationalökonom berufen werden, der nicht von der
Brentanoschen Schule oder Anhänger der ‚Frankfurter Zeitung‘ wäre." [83]

Adickes fühlte sich genötigt, Eugen Schiffer, selbst getaufter Jude und Wortführer der nationalliberalen Gegner seines Projekts, zu bitten, nicht „lokalen, antisemitischen und antiliberalen Beweggründen" Vorschub zu leisten [84].

Ebenso stark war der Druck von seiten der jüdischen Befürworter des
Universitätsentwurfs. Nicht, daß die Frankfurter Juden nun unter sich einig
gewesen wären: eine ganze Anzahl von ihnen gehörte zum oppositionellen
Flügel der Fortschrittlichen Fraktion [85]. Aber die Stimmen derer, die entschlossen waren, in der neuen Universität ein offenes Berufungssystem zu
garantieren, waren so stark, daß Widerstand sich geschlagen geben mußte.
Schon der erste Jahresbericht des Instituts für Gemeinwohl hatte die Notwendigkeit betont, „frei von irgendeinem Partei- und Konfessionsstand-
punkt zu wirken" [86]. Das Vermächtnis der Speyer-Stiftung an die Akademie
war an die Bedingung geknüpft, daß „kein Unterschied in Bezug auf Religion
oder Konfession gemacht wird" [87]. Überdies saßen zwei Juden in Adickes
Ausschuß, Freudenthal, der Rektor der Akademie, und Ludwig Darmstädter,
ein Bunsen-Schüler, der als Forschungsleiter bei den Vereinigten Chemischen
Werken AG arbeitete. Auch Ludwig Heilbrunn, der Berichterstatter der Kommission der Stadtverordnetenversammlung, war Jude: er hatte in dem Entwurf eines Vertrages über die Gründung einer Universität für den Einschluß
des folgenden Passus gesorgt:

„4. Eine Bindung in bezug auf das religiöse Bekenntnis des zu berufenden Pro-
fessors wird bei keinem Lehrstuhl stattfinden, und demgemäß der Besetzung der
Lehrstühle und der Stellen an den Forschungs-Instituten die religiöse oder konfessionelle Stellung in keinem Falle einen Ausschlußgrund bilden." [88]

Zahlreiche Zuwendungen, so diejenigen der Familie Rothschild und des Bankiers Jakob Schiff (Heilbrunns Schwager) waren an die Erfüllung dieses
Paragraphen gebunden [89]. Mehr als einmal drängte das Organ des Centralvereins seine Leser, „die allzeit hilfsbereite jüdische Hand schließen [zu] lernen, wenn nicht eine wahrhaft paritätisch gestaltete Universität" garantiert
würde [90].

---

[83] *Kreuzzeitung*, 14. Januar 1910.
[84] 8. März 1912. *Kluke*, op. cit., 97, 109, Anm. 104.
[85] AaO, 66, 72, 83, 101.
[86] AaO, 34.
[87] *Ludwig Heilbrunn*, Die Gründung der Universität Frankfurt am Main, Frankfurt a. Main 1915, 53.
[88] AaO, 137.
[89] *Kluke*, op. cit., 130, 139.
[90] *Henriette Fürth*, Ein offener Brief, Im deutschen Reich, XVII, Nr. 7/8 (Juni–
Juli 1911), 404; aaO, Nr. 9 (September 1911), 485.

Daß diese Bedingung im wesentlichen erfüllt wurde, zeigte sich in der Berufung Berthold Freudenthals auf den Lehrstuhl für öffentliches Recht, Ludwig Edingers (dessen Institut die Universität in sich aufnahm) auf den Lehrstuhl für Neurologie, Josef Horowitz' auf den der orientalischen Sprachwissenschaft und Paul Ehrlichs, im Jahr seines Todes, auf den für experimentelle Therapie. Es war – an schmaler Front und unter einzig günstigen Umständen – ein Sieg für Geist und Buchstaben der Verfassung.

Die Hindernisse, denen Juden sich an Universitäten gegenübersahen, waren unbedeutend im Vergleich mit denen in den Schulen. Mit Ausnahme von Baden, wo das Grundschulwesen interkonfessionell war, fügten sich die Regierungen schweigend den Forderungen der Antisemiten, daß es „christliche Lehrer für christliche Schüler" geben müsse[91]. Jüdische Lehrer waren selten außerhalb von jüdischen Schulen zu finden; die Bemühungen liberal-beherrschter Gemeinderäte etwa in Berlin, Ernennungen nach Verdienst durchzuführen, waren wenig erfolgreich[92].

Wie das Erziehungswesen, so war auch die Rechtsprechung mit Ausnahme des Reichsgerichts Sache der Einzelstaaten. Beförderungen im Justizdienst waren daher von dem Kurs der Staatsregierungen abhängig. In Preußen wurden diese ganz offen diskriminierend durchgeführt. Vom Anfang der achtziger Jahre an stabilisierte sich der Anteil der Juden unter den Richtern bei etwa 3 % und 4 %[93], obwohl ihr Anteil bei Jurastudenten, die das Staatsexamen abgelegt hatten, mehr als doppelt so hoch lag[94]. Jüdische Rechtsanwälte, die in Berlin praktizierten, mußten im Durchschnitt achtzehn Jahre warten, bevor sie zum Notar ernannt wurden, nichtjüdische hingegen brauchten nur acht Jahre: ein Zustand, den der Justizminister Schönstedt im Jahre 1901 mit der Begründung verteidigte,

> „daß in weiten Kreisen der Bevölkerung eine Auffassung besteht, der auch eine innere Berechtigung nicht abzusprechen ist ... zu verlangen, daß sie ... mit christlichen Beamten zu tun hat."[95]

Von den Juden, die zum Richteramt berufen wurden, gelangten nur wenige höher als zur niedrigsten Stufe des Amtsrichters. Bis zur Landtagsdebatte von 1901 waren nur zwei Juden Oberlandesgerichtsräte geworden, in beiden Fällen durch besondere Gönnerschaft: Albert Mosse, mit Unterstützung Theodor von Hollebens, des deutschen Gesandten in Tokio, wo Mosse als Rat-

---

[91] Revidiertes Programm der Deutsch-Konservativen Partei (Tivoli-Programm), in: *Treue*, op. cit., 86.
[92] *Hamburger*, Juden im öffentlichen Leben, 61–62.
[93] AaO, 44.
[94] 9,17 % in den Jahren 1891 bis 1896. *Arthur Ruppin*, Die Juden der Gegenwart. Eine sozialwissenschaftliche Studie, 2. Aufl., Köln–Leipzig, 1911, 125.
[95] Preußisches Abgeordneten-Haus, 31. Januar 1901, XIX. Legislaturperiode, 3. Session, Bd. 441, 929–930.

geber in Verfassungsfragen fungiert hatte, und Siegfried Sommer, mit Unterstützung des Kaisers selbst. Schönstedts Nachfolger Max von Beseler war
eher bereit, dem Druck von jüdischer und liberaler Seite nachzugeben. Vier
jüdische Oberlandesgerichtsräte wurden während seiner Amtszeit ernannt.
Die Wartezeit für die Ernennung zum Notar wurde verkürzt[96].

Einige der Bundesstaaten waren sogar noch weniger liberal. So lehnte
Sachsen Ernennungen von Juden prinzipiell ab, Hessen-Darmstadt und Württemberg machten nur minimale Ausnahmen. In anderen süddeutschen Staaten
ebenso wie in Hamburg wurde der Buchstabe der Verfassung besser beobachtet. Baden hatte die größte Anzahl jüdischer Richter. In Bayern widerstand die Regierung der Kritik des Landtags an der „unverhältnismäßigen"
Ernennung von Juden. Mit Ausnahme von Behrend waren vor 1914 keine Juden ans Reichsgericht berufen, jedoch hielt es die Reichsregierung für angebracht, in Elsaß-Lothringen verhältnismäßig großzügig mit Ernennungen zu
verfahren, bis hinauf zum Rang des Senatspräsidenten[97].

Innerhalb der allgemeinen Staatsverwaltung, sei es des Reiches oder der
Einzelstaaten, fanden sich Juden so selten, selbst in der liberalen Ära, daß
man sie fast einzeln aufzählen könnte. Die beiden einzigen, die zu Stellungen
von irgendwelcher Bedeutung aufstiegen, waren Leo Lippmann, Regierungsrat in Hamburg (und Staatsrat während der Weimarer Republik) und
David Hugo Mayer, der 1879 in das badische Innenministerium eintrat und
zum Geheimen Oberregierungsrat aufstieg. Im Diplomatischen Dienst wurde
der Ausschluß sogar noch schärfer gehandhabt. Herbert von Bismarcks Entschlossenheit, (1887) keine weiteren „Judenbengel" in das Auswärtige Amt
hineinzulassen[98], war kaum mehr als eine Bestätigung des *status quo*.

Militär und Marine schlossen Juden in gleichem Maße aus. Daß dies in
der Armee mit ihrer engen Verbindung zur preußischen Krone und dem Adel
der Fall war, überraschte nicht weiter. Zwar verblieb 1914 das Übergewicht
der Aristokratie nur noch in den Regimentern der Leibgarde und Kavallerie
und im Generalstab[99]. Jedoch waren die übrigen Einheiten eifrig bemüht,
Werte und Haltung der vornehmsten Regimenter nachzuahmen; der bürgerliche
Anwärter, der das Offizierspatent errungen hatte, fühlte sich wenig solidarisch mit jenen, denen dies nicht gelungen war, und gebrauchte das Privileg
der Einstimmigkeit, um sein Regiment von jüdischen Bewerbern freizuhal-
ten. Daß Juden während der Freiheits- und Einigungskriege mit Auszeichnung gefochten hatten und zum Offizier befördert worden waren (und es im
Weltkrieg auch wieder werden sollten), war uninteressant, da die Armee in

---

[96] *Hamburger,* Juden im öffentlichen Leben, 44–45, 47–48.

[97] AaO, 49–53.

[98] An Rottenburg, 25. September 1887, zit. in: *Hans-Ulrich Wehler,* Bismarck und
der Imperialismus, Köln 1969, 471.

[99] *K. Demeter,* Das deutsche Offizierskorps in Gesellschaft und Staat, 4. Ausg.,
Frankfurt a. Main 1965, 26 29.

Friedenszeiten eher politische als militärische Funktionen besaß. Dies traf besonders für den Status des Reserveoffiziers zu, der in weiten Kreisen als ein Beweis dafür betrachtet wurde, daß der Träger gesellschaftlich akzeptabel und politisch zuverlässig war, was ihm bessere Chancen für Beförderung in vielen zivilen Berufen bot[100]. Während der liberalen Jahrzehnte erhielten Juden auch weiterhin Reserveoffizierspatente, jedoch mit dem Kurswechsel und der preußischen Reform von 1883, die Personalfragen vom Kriegsminister auf den Chef des Militärkabinetts übertrug[101], wurden solche Ernennungen seltener und hörten von 1885 an überhaupt auf.

Gerade weil die preußische Armee von so vielen als der Kern des Machtgefüges des Kaiserreiches gesehen wurde, wurden die diskriminierenden Vorgänge in ihr innerhalb und außerhalb des Parlaments kritisiert, nicht nur von jüdischen und liberalen Politikern, sondern auch von den Anhängern des Zentrums und der Sozialdemokratie[102] und zwar so häufig wie sonst nur die Frage der mangelnden Ernennungen im Justizdienst. Die Reaktion der Reichsregierung war ambivalent. Ihre Sprecher konnten mit einigem Recht darauf hinweisen, daß die Auswahl von Offizieren der Autonomie der einzelnen Regimenter unterstand. Selbst dem Reichskanzler v. Bülow gelang es nicht, ein Offizierspatent für seinen Protegé Albert v. Goldschmidt-Rothschild zu erlangen, der alles andere als ein frecher Parvenu war („Der junge Mann war sicher, in Paris und erst recht in London in allen Salons und Klubs gut aufgenommen zu werden"[103]). Vor der Öffentlichkeit wurde jegliches Vorurteil bedauert – „unstatthaft" (so Kriegsminister von Einem)[104] und „durchaus nicht gerechtfertigt" (sein Nachfolger von Heeringen)[105] – und der höchst konservative ehemalige Kultusminister Robert von Zedlitz-Trützschler konnte „sich der Erwägung nicht verschließen, daß wir diese Angelegenheit heute nicht nur in einseitiger und ungerechter Art behandeln ..., sondern daß wir uns selbst schädigen"[106]. Aber der *status quo* hatte auch seine Verteidiger

---

[100] Hier sind nach wie vor die bahnbrechenden Studien von *Eckart Kehr* zu lesen, Zur Genesis des Königlich Preußischen Reserveoffiziers und Das soziale System der Reaktion in Preußen, beide in *Hans-Ulrich Wehler* (Hrsg.), Der Primat der Innenpolitik. Gesammelte Aufsätze zur preußisch-deutschen Sozialgeschichte im 19. und 20. Jahrhundert, Berlin 1965. Ferner *Gerhard A. Ritter*, Staatskunst und Kriegshandwerk, Das Problem des Militarismus in Deutschland, II, München 1960, 117–131.

[101] AaO, II, 153.

[102] *Werner T. Angress*, Prussia's Army and the Jewish Reserve Officer Controversy before World War I, in: Year Book XVII of the Leo Baeck Institute, London 1972, 38–39.

[103] *Bernhard Fürst von Bülow*, Denkwürdigkeiten, Berlin 1930, I, 405. Siehe auch *Rudolf Vierhaus* (Hrsg.), Das Tagebuch der Baronin Spitzemberg, Göttingen 1961, 446–447 (2. April 1905).

[104] Reichstag, Stenographische Berichte, 19. März 1909, Bd. 235, 7622.

[105] Reichstag, Stenographische Berichte, 10. Februar 1910, Bd. 259, 1105.

[106] *Graf Robert von Zedlitz-Trützschler*, Zwölf Jahre am deutschen Kaiserhof, Berlin 1924, 187–188.

höheren Ortes, so etwa den Armeeinspektor von der Goltz, der fragte, „ob des Vaterlandes Heil davon abhänge, daß wir ein paar Dutzend unbrauchbare Isidore, Manasse und Abrahams als Konzessions-Semiten ins Offizierskorps aufnehmen" [107].

Bayern hatte im Gegensatz dazu den nicht völlig verdienten Ruf, liberaler zu verfahren. Hier erhielten Juden auch weiterhin Reserveoffizierspatente, wenn auch nur in einer Minderheit von Regimentern und in bescheidenem Ausmaß – gegen drei pro Jahr zwischen 1907 und 1913, etwa 2 1/2 % der Gesamtzahl [108]. Im Berufsoffizierskorps sah es weniger günstig aus.

Im ganzen neunzehnten Jahrhundert wurden nur sechs Glaubensjuden Offiziere, von denen drei in der Folge konvertierten [109]. Keiner stieg höher als zum Major auf; dem Fähigsten von ihnen, Hauptmann 1. Klasse Maximilian Hollerbaum, von seinem Regimentskommandeur stark empfohlen, wurde die Beförderung von seinem Divisionskommandeur mit der Begründung abgeschlagen, er sei „vermögens seiner Konfession nicht geeignet ... zum Bataillons-Kommandeur – somit zur ersten Instanz der erzieherischen Leitung eines Offizierskorps" [110] aufzusteigen. Der Bayerische Militärbevollmächtigte in Berlin nach 1905, General Ludwig von Gebsattel, stimmte völlig mit dem preußischen Kurs überein und wiederholte von Einems Ansicht, die Abneigung gegen jüdische Offiziere sei – was auch immer er im Reichstag vorgegeben haben möge,

„vollkommen berechtigt ... so sei doch der ganze jüdische Charakter, die ganze Denk- und Handlungsweise des Einzelnen, sowie der Sippe, von der im deutschen Offizierskorps glücklicherweise noch durchgängig vorhandenen Sinnesart so grundverschieden, daß das Eindringen jüdischer Elemente nicht nur für schädlich, sondern direkt verderblich zu erachten sei." [111]

Daß die Lage in der Marine ähnlich war, überrascht wesentlich mehr. Ihr fehlte die Bindung an Adel und Hof. Sie war bestimmt, das Bürgertum und eher nationalistisches als preußisches Sentiment anzusprechen, was auch einigermaßen gelang; Seestreitkräfte waren schließlich seit 1848 ein Wunschtraum der Liberalen. Gewiß, es wurden mehr Bürgerliche rekrutiert [112], aber

---

[107] Brief an seinen Sohn, 5. März 1911. Generalfeldmarschall *Colmar Freiherr von der Goltz,* Denkwürdigkeiten, Berlin 1929, 334–335.

[108] *Rumschöttel,* Das bayerische Offizierskorps, 250–251.

[109] AaO, 245.

[110] Generalleutnant Eugen von Malaisé, zit. aaO, 248.

[111] Geheim-Bericht des bayer. Militärbevollmächtigten in Berlin, Oberst Ludwig Frhr. v. Gebsattel, an den General der Infanterie und bayer. Kriegsminister, Frhr. von Horn, betr. Juden als Mitglieder des Offizierskorps (14. Januar 1907). *Hermann Rumschöttel,* Bildung und Herkunft der bayrischen Offiziere, 1866 bis 1914. Zur Geschichte und Mentalität des bayrischen Offizierskorps (Eine Dokumentation), Militärgeschichtliche Mitteilungen, 1970/II, 127–128.

[112] *Holger H. Herwig,* The German Naval Officer Corps. A Social and Political History, 1890 1918, Oxford 1973, 10.

das machte sie nicht liberaler. Vor 1918 kannte die Marine nicht einen einzigen aktiven Offizier jüdischen Glaubens. Noch 1915 wurde die Bewerbung eines jüdischen Kandidaten an Tirpitz weitergereicht, um seinen (leider nicht aufgezeichneten) Rat einzuholen. Auch hier muß die Diskriminierung im Rahmen der allgemeinen großen Suche nach Verläßlichkeit und Konformismus gesehen werden: auch Katholizismus, selbst der der Ehefrau, war gleichermaßen suspekt. Der Gedanke, jüdische politische Tätigkeit sei zumindest unpatriotisch, wenn nicht sogar subversiv, war in Kreisen der Marineführung weitverbreitet: so wurde im April 1917 z. B. dem ersten Marine-Bataillon verboten, Zeitungen „sozialdemokratischer und jüdischer Richtung" zu lesen[113].

Die Diskriminierung gegen Juden in allen Zweigen des öffentlichen Dienstes muß als Teil des allgemeinen Dranges gesehen werden, für Konformität im Wilhelminischen Reich zu sorgen. Gewiß spielte der persönliche Antisemitismus einiger hochgestellter Zivilbeamter oder Militärs, hierbei eine Rolle. Ebenso stark jedoch wirkte die Überzeugung, daß die Verwirklichung des Geistes der Verfassung den Charakter des Staates und, *a fortiori,* der Einzelstaaten, ändern würde. So standen die meisten Möglichkeiten, die Glaubensjuden verschlossen blieben, den getauften offen, wenn auch in sehr ungleichem Maße. Das war ganz logisch: die Taufe akzeptieren hieß die Staatsbürgerschaft zu des Staates Bedingungen annehmen; auf einem Sonderstatus zu bestehen bedeutete die Bereitwilligkeit, die hiermit verknüpften Nachteile in Kauf zu nehmen. So ging es in dem schwärenden Streit wegen der Reserveoffiziere nicht vordringlich um die Frustrationen einer Handvoll ehrgeiziger Snobs, sondern um die Rechtsstaatlichkeit. Dies sahen die betroffenen Juden selbst ein – wer gar so versessen auf das Patent war, konnte sich taufen lassen – und auch die katholischen, liberalen und sozialdemokratischen Abgeordneten, welche alljährlich ein Sperrfeuer von Anfragen abgaben, und nicht zuletzt Walther Rathenau, der sich danach sehnte, akzeptiert zu werden, aber auch seinen Stolz hatte:

> „Ich kämpfe nicht für den jüdischen Reserveleutnant... Ich kämpfe gegen das Unrecht, das in Deutschland ... gegen das deutsche Judentum und teilweise gegen das deutsche Bürgertum geschieht."[114]

Das Zögern der Behörden, gegen antisemitische Agitation einzuschreiten, war ein weiterer wichtiger Beschwerdepunkt für die jüdischen Abwehrorganisationen. Obwohl mehrere Paragraphen des Reichsjustizgesetzes von 1879 Handlungen behandelten[115], über die Juden sich zu beklagen hatten, war es in

---

[113] Zit. in: *Herwig,* op. cit., 97, wo auch die Äußerungen der Admiräle Paul Behnke, Gustav Bachmann und Wilhelm Suchon wiedergegeben werden.
[114] *Walther Rathenau,* Staat und Judentum. Eine Polemik, Gesammelte Schriften, Berlin 1918, I, 206–207.
[115] Par. 130, 166, 185–200, 311, 316.

den achtziger und neunziger Jahren schwierig, die Staatsanwaltschaft zur
Anklage zu bewegen, und so gut wie unmöglich, Verurteilungen zu erzielen, die über nominelle Strafen hinausgingen. Obwohl das Gesetz einheitlich war, wechselte, wie zu erwarten, seine Handhabung von Staat zu Staat.
In Sachsen schloß die Regierung nicht allein alle Juden vom öffentlichen Dienst
aus und setzte öffentliche Bekanntmachungen in antisemitische Zeitungen[116],
sie war auch die einzige in Deutschland, die das Schächten verbot, und Sachsen
war der Staat, in dem der jüdische Kläger am wenigsten erreichen konnte. Ein
Versuch des Gemeindebundes, den örtlichen Antisemiten-Führer, Alexander
Pinkert, aufgrund einer Flugschrift[117] gerichtlich zu belangen, führte einen
Beschluß des Landgerichts Dresden herbei, in dem es unter Berufung auf
August Rohling und Treitschke hieß, daß jüdische Lehren „nicht herb genug
kritisiert" werden könnten „und, aus Gründen der Erhaltung und der guten
Sitte, mit der größten Entschiedenheit von jedermann bekämpft werden"
müßten[118].

Im Gegensatz dazu führte der persönliche Liberalismus des badischen Großherzogs Friedrich I. dazu, daß Antisemiten den Beamtendienst quittieren
mußten[119]. In den meisten Staaten gab es jedoch keine so klaren Fronten.
Die meisten Regierungen wollten jeglichen Ausdruck öffentlicher Meinung
vereiteln und jegliche Agitation unterdrücken, weil sie hierdurch ihre Autorität als in Frage gestellt empfanden. Die preußische Regierung behandelte die
Antisemiten-Petition von 1880 mit der gleichen Verachtung wie die jüdischen
und liberalen Entgegnungen. Doch sowie die öffentliche Ruhe gefährdet war,
legte sie sich energisch ins Mittel. Im Anschluß an die Krawalle nach dem
Synagogenbrand in Neustettin im Jahre 1881 verbot das Innenministerium
antisemitische Agitation in Pommern und Westpreußen, die Aufwiegler wurden festgenommen und verurteilt, und einige Stadtverwaltungen angewiesen, Juden, die Besitz verloren hatten, zu entschädigen[120]. Als die Agitation
einige Jahre später Hessen-Nassau erreichte, hielt der *Kasseler Reichsanzeiger*
es für angebracht, Lehrer vor diskriminierendem Vorgehen jeglicher Art zu
warnen[121].

Im benachbarten Großherzogtum Hessen, wo die Personalpolitik kaum
aufgeklärter war als in Sachsen, rügte Großherzog Ernst Ludwig öffentlich

---

[116] Z. B. Dresdner Journal, Leipziger Zeitung. *Richard S. Levy*, The Downfall of
the Anti-Semitic Political Parties in Imperial Germany, New Haven–London 1975,
95–96.

[117] *Egon Waldegg* [d. h. *Pinkert*], Die Judenfrage gegenüber dem deutschen Handel
und Gewerbe. Ein Manifest an die deutsche Nation, Dresden 1879.

[118] *Adolf Diamant*, Chronik der Juden in Dresden, Darmstadt 1973, 38.

[119] *Lewin*, op. cit., 354.

[120] *Martin Philippson,* Neueste Geschichte des jüdischen Volkes, Leipzig 1910,
II, 29.

[121] *Peter G. J. Pulzer*, Die Entstehung des politischen Antisemitismus in Deutschland und Österreich, 1867–1914, Gütersloh 1966, 205–206.

die „verwerfliche Hetze" der Antisemiten[122]. Ein Dekret von 1892 verbot Beamten die Teilnahme an antisemitischen Veranstaltungen und dem öffentlichen *Gießener Anzeiger* wurde befohlen, keine Ankündigungen von
antisemitischen Versammlungen zu veröffentlichen[123]. Doch die gleiche Regierung verklagte die *Frankfurter Zeitung*, als sie die Aufmerksamkeit auf des
Großherzogtums eigene diskriminierende Personalpolitik[124] lenkte. Dies war
vielleicht das sprechendste Beispiel dafür, daß die meisten Staaten sich mehr
um Ruhe in der Öffentlichkeit als um Gerechtigkeit bemühten. Dieses ver-
steckte Diskriminieren bei gleichzeitiger öffentlicher Verurteilung derjenigen,
die Diskriminierung befürworteten, mag scheinheilig scheinen; es war in
Wirklichkeit völlig folgerichtig. So ist es schwer, in Fällen, wo Staaten Forderungen nach verbesserter Repräsentation jüdischer Interessen abwiesen, Vorurteil von bürokratischem Beharrungsvermögen zu unterscheiden. So verwahrte
sich 1901 der Chef der Berliner Polizei, Ludwig von Windheim, gegen den
Centralverein mit der Begründung, daß dieser „jüdischen Einfluß verstärken"
würde[125]. Die Petition von 1900, die der jüdischen Religionsgemeinschaft die
gleiche einheitliche Organisation und den gleichen offiziellen Status sichern
sollte, die das Gesetz der protestantischen und katholischen Kirche einräumte,
wurde vom Innenministerium mit der Begründung zurückgewiesen, daß dies
„der wirklich vorhandenen Macht, zu welcher jüdische Bürger in unverhältnismäßig hohem Maße durch Geld und Besitz gelangt sind, das Gewicht einer
politischen jüdischen Organisation hinzufügen" und dadurch die Assimilation
hemmen würde[126]. Scheinheiligkeit, oder Staatsräson, tritt deutlicher hervor
in der Reaktion des Reichskanzlers Bethmann Hollweg und des Kaisers auf
das Memorandum, das Konstantin von Gebsattel vom Alldeutschen Verband 1913[127] dem Kronprinzen vorgelegt hatte und das für Schmälerung
des Wahlrechts und der Befugnisse des Reichstags plädierte, sowie für Aus-
bürgerung der Juden und ihren Ausschluß von Grundeigentum und Zeitungsverlag. „Geradezu kindlich", notierte der Kaiser*; meinte aber nichtsdestoweniger:

---

[122] Mitteilungen, II, Nr. 14 (3. April 1892), 124.
[123] *Levy*, op. cit., 139–140.
[124] *Hamburger*, Juden im öffentlichen Leben, 51–52.
[125] *Marjorie Lamberti*, The Prussian Government and the Jews. Official Behaviour
and Policy-Making in the Wilhelminian Era, in: Year Book XVII of the Leo Baeck
Institute, London 1972, 15.
[126] Kultusminister Konrad Studt an Innenminister Hans Freiherr von Hammerstein, 8. August 1901, zit. in: *Lamberti*, aaO, 11.
[127] Gedanken über einen notwendigen Fortschritt in der inneren Entwicklung
Deutschlands. Dargestellt von *H. Pogge-v. Strandmann* u. *Immanuel Geiss*, Die Erforderlichkeit des Unmöglichen. Deutschland am Vorabend des ersten Weltkriegs,
Frankfurt a. Main 1965.
* Ausführlich zur Einstellung des Kaisers zu den Juden siehe den Beitrag von
Lamar Cecil, Wilhelm II. und die Juden, in diesem Bande, S. 313–347 (Hrsg.).

„Der jüdische Einfluß in der Presse ... nimmt stetig zu ... In ihr hat das Judentum seinen gefährlichsten Tummelplatz gefunden ... Wohl muß unser Bestreben dahin gehen, den jüdischen Einfluß von der Armee mit aller Entschiedenheit auszuschließen und in allen Betätigungen der Kunst und Literatur nach Möglichkeit einzuschränken."[128]

Bethmann Hollweg fand ebenfalls, „daß das jüdische Wesen besonders zur Ausartung der Pressefreiheit beigetragen hat"[129].

Gegenüber dieser weitverbreiteten Weigerung, den Juden als Mitbürger zu begrüßen – und nicht nur ihn zu dulden –, schienen die Versuche des Centralvereins, gegen Antisemiten vom Strafgesetzbuch Gebrauch zu machen, zur Erfolglosigkeit verdammt*. Doch bis 1902 bearbeitete der C. V. jährlich etwa hundert Fälle und erreichte es allmählich, daß die Staatsanwaltschaften größere Bereitwilligkeit zeigten, die Paragraphen 130 und 166 auf antisemitische Propaganda anzuwenden[130]. Zwischen 1893 und 1915 hatten sich mindestens 537 Mitglieder antisemitischer Organisationen vor Gericht zu verantworten und erhielten Gefängnisstrafen von insgesamt 135 Jahren[131]. Wenn man bedenkt, daß im Alltagsleben des deutschen Durchschnittsjuden die Haltung und Entscheidungen der Regierung wichtiger waren als die Ergüsse zweitrangiger Demagogen, war dies eine beträchtliche Leistung. Antisemitische Propaganda in offener Debatte zu widerlegen war ein hoffnungsloses Unterfangen; den Staatsapparat zu bewegen, sie öffentlich zu tadeln, verschaffte moralische Genugtuung sowie physische Sicherheit. Auf seine bescheidene Art war dies ein bedeutsames Stück kollektiver jüdischer politischer Tätigkeit. Allerdings war es notwendigerweise unauffällig im Vergleich zur Tätigkeit jüdischer Organisationen und noch mehr zu derjenigen jüdischer Einzelpersonen in Parlamenten, politischen Parteien, bei Wahlen und in der Presse.

V

Bismarcks Bruch mit den Liberalen, das Wiederaufleben des organisierten Antisemitismus, das passive Verhalten der staatlichen Behörden und ihre fortdauernde Diskriminierung bei Ernennungen im öffentlichen Dienst, all dies hatte bewirkt, daß die Juden nur sehr kurze Zeit mit den allgemeinen politischen Orientierungen der Nation übereinstimmen konnten. Kennzeichnend für jüdische politische Aktivität während der sechziger und siebziger Jahre waren Loyalität zur kleindeutschen Lösung der deutschen Frage gewesen, weiterhin aktive Teilnahme an der Schöpfung des neuen Staates, ein Minimum an Radikalismus, wenig Verquickung mit jüdischen Kommunal-

---

[128] AaO, 38.   [129] AaO, 34.

* Zur Rechtsschutzarbeit des Centralvereins siehe den Beitrag von *Arnold Paucker*, S. 509–511 (Hrsg.).

[130] Regelmäßige Berichterstattung in den Mitteilungen und Im deutschen Reich.

[131] *Levy*, op. cit., 159.

angelegenheiten und ein eifriges Bemühtsein, nicht als Sprecher jüdischer Sonderinteressen zu erscheinen. Der Niedergang der liberalen Parteien während der achtziger Jahre und ihr Zögern, jüdische Kandidaten aufzustellen, war ein doppelter Schlag für Juden, nicht allein, weil dies auf eine langfristige, ungünstige Verschiebung im Machtverhältnis hindeutete, sondern auch weil es die Notwendigkeit einer anderen Form der Repräsentation zeigte. In dieser Hinsicht machte der Riß in der Freisinnigen Partei wegen des Militäretats von 1893, obwohl nicht an sich verhängnisvoll, die exponierte Stellung derjenigen deutlich, die für ihren politischen Schutz vom Liberalismus abhingen. Es war der unmittelbare Anlaß dafür, daß Bamberger sich von der Politik zurückzog. „Dieser letzte scheußliche Vorgang in der Fraktion schlug dem Faß den Boden aus...", schrieb er. „Und gerade der Antisemitismus treibt mich fort... [der] Ekel und Abscheu, nicht vor den Böckel und Liebermann, sondern vor den drei Vierteln der sämmtlichen Kollegen, die das garnicht stört..."[132]

Mit Bamberger verließ der letzte der großen jüdischen Politiker der Reichsgründungszeit die Bühne. Nun begann die Struktur der politischen Tätigkeit in ihren Hauptzügen, wenn auch nicht in den Einzelheiten, derjenigen des Vormärz zu ähneln. Ein zunehmender Prozentsatz jüdischer Politiker und Journalisten orientierte sich zur Linken hin, innerhalb sowohl als auch außerhalb der Sozialdemokratischen Partei. (Siehe Tabellen 5 und 6.) Ein zunehmender Prozentsatz der übrigen stand in enger Verbindung zu jüdischen Organisationen, religiösen oder weltlichen und war bereit, jüdische Belange zur Sprache zu bringen. Man konzentrierte sich in zunehmendem Maße auf Lokalpolitik, wo die Interessenvertretung leichter durchzuführen war.

Diese Strömungen waren der Anlaß zu Spannungen innerhalb der jüdischen Bevölkerung. Wie im Vormärz war die deutliche Identifizierung der profiliertesten jüdischen Politiker mit Revolution und Radikalismus den mei-

Tabelle 5
Jüdische Mitglieder im Reichstag, 1893–1918[133]

	ungetauft	getauft	insgesamt
Sozialdemokraten	15	2	17
Linksliberale	2	2	4
Nationalliberale	–	4	4
Reichspartei	–	1	1
	17	9	26

[132] Brief an Otto Hartwig, 9. April 1893. *Hartwig,* Ludwig Bamberger, Eine biographische Skizze, Marburg 1900, 75.
[133] *Hamburger,* Juden im öffentlichen Leben, 252–253, 406.

Tabelle 6
Jüdische Mitglieder der Parlamente der Einzelstaaten, 1893–1918 [134]

	ungetauft	getauft	insgesamt
Sozialdemokraten	13	–	13
Linksliberale	19	4	23
„Liberale"	1	–	1
Nationalliberale	9	5	14
Freikonservative	–	1	1
Unbestimmt	1	–	1
	43	10	53

sten peinlich und beunruhigte diejenigen, die trotz Unzufriedenheit die Revolution ablehnten. Es gab auch kaum Übereinstimmung darüber, ob der Jude, sei es als Wähler oder gewählter Vertreter, „jüdisch denken" solle. Insbesondere das Zögern der liberalen Parteien, jüdische Kandidaten zu nominieren und gelegentlich jüdischen Beschwerden nachzugehen, belastete ein Verhältnis zusätzlich, das in der vorigen Generation gut und selbstverständlich gewesen war.

VI

Bambergers gekränktes Ausscheiden aus der Politik im Jahre 1893, wie schon sein Bruch mit den Nationalliberalen dreizehn Jahre zuvor, symbolisierte die sich verengende politische Basis, die der vorwiegend bürgerlichen jüdischen Bevölkerung Deutschlands zur Verfügung stand. Der letzte Glaubensjude war 1886 aus dem preußischen Landtag verschwunden; nur in Süddeutschland gab es weiterhin jüdische Landtagsabgeordnete, zwei davon bezeichnenderweise Nationalliberale: in Baden der Bankier Karl Ladenburg, ein Veteran des Nationalvereins und Schwiegervater Ernst Bassermanns; im Großherzogtum Hessen der Bankier Otto Wolfskehl, der Vater des Dichters Karl Wolfskehl; sowie der fortschrittlerische Kaufmann Carl Maison in Bayern.

Das totale Fehlen von Juden im preußischen Landtag war eine Angelegenheit, die jüdischen Gremien in einer Zeit des zunehmenden Antisemitismus besondere Sorgen bereitete. Sowohl 1893 wie auch 1898 – die Wahlen fanden alle fünf Jahre statt – wurde der Mangel an aussichtsreichen Kandidaten beklagt [135], nicht nur, weil ein solcher Zustand einen schweigenden Tribut an die Macht des Antisemitismus darstellte, sondern auch, weil es, wie Eugen Fuchs vom Centralverein sich ausdrückte, im allgemeinen Interesse lag, „wenn

---

[134] *Toury*, Die politischen Orientierungen, 351–354; *Hamburger*, Juden im öffentlichen Leben, 380–398.
[135] Allgemeine Zeitung des Judentums, 25. Oktober 1893, 505; 1. Juli 1898, 302; Im deutschen Reich, IV, Nr. 9 (September 1898), 124.

die Abwehr antisemitischer Angriffe von den Angegriffenen selbst erfolgt"[136].

Auf die Fragen nun, welche Parteien jüdische Kandidaten aufstellen sollten, und ob der jüdische Wähler persönliche Parteitreue oder konfessionelle
Pflichten höher zu stellen habe, gaben jüdische Organe zweideutige Antworten. Der C. V. erhob den Anspruch, überparteilich zu sein und allein den
Antisemitismus zu bekämpfen – „die Parteifarbe und das Fraktionswesen
kümmern uns nicht"[137]. Aber wenn Antisemitismus der Feind war, so war
es für Juden ausgeschlossen, ihre Stimme Konservativen oder Freikonservativen bzw. Reichsparteilern zu geben, wobei die letzteren zwar selbst kein antisemitisches Programm hatten, doch häufig die Wahlverbündeten von Antisemiten waren. Es war jedenfalls unwahrscheinlich, daß eine der beiden Parteien einen Glaubensjuden aufnehmen würde – obwohl der Getaufte Otto
Arendt während dieser ganzen Zeitspanne die Freikonservativen im Abgeordnetenhaus und von 1898 an im Reichstag repräsentierte[138]. Ebensowenig würden die preußischen Nationalliberalen, vorwiegend rechts orientiert,
Sympathie zeigen. Im Gegensatz zum süddeutschen Nationalliberalismus hatte
es in ihren Reihen seit 1881 keinen Abgeordneten jüdischen Glaubens gegeben,
obwohl es 1913 wieder zwei geben sollte[139]. Die Nationalliberale Fraktion
begrüßte jedoch angesehene getaufte Juden, so etwa Robert Friedberg, ab
1913 Vorsitzender der Landtagsfraktion, Vorsitzender des Zentralvorstands
der Partei und im November 1917 Vizepräsident des Staatsministeriums;
Eugen Schiffer, Mitglied der Partei- wie des Fraktionsvorstandes, später
Unterstaatssekretär im Reichsschatzamt; und Felix Schwabach, ebenfalls dem
Fraktionsvorstand angehörig.

Andererseits entschlossen sich jüdische Gremien nur zögernd zur Anerkennung der Möglichkeit engerer Beziehungen zur Sozialdemokratie[140]. Was sie
im Augenblick erstrebten, war eher die Repräsentation „innerhalb der staatserhaltenden Parteien"[141], was unter den gegebenen Umständen so viel wie den
Linksliberalismus bedeutete. Von 1893 bis 1910 waren die Linksliberalen
gespalten in die Freisinnige Vereinigung, die bereit war, den Militäretat zu
unterstützen und im allgemeinen dem Imperialismus freundlicher gegenüberstand, und die kompromißlosere Freisinnige Volkspartei unter Führung des
oppositionellen Veteranen Eugen Richter. In ihren Führungsschichten war die
FVg deutlich die kapitalistischere der beiden Gruppen – von dreizehn Reichs-

---

[136] *Eugen Fuchs*, Konfessionelle Kandidaturen, Im deutschen Reich, IV, Nr. 12
(Dezember 1898), 612.

[137] AaO, III, Nr. 10 (Oktober 1897), 500.

[138] Ausführliche Lebensbeschreibung in: *Hamburger*, Juden im öffentlichen Leben,
347–350.

[139] Leopold Levy, Inowraclaw [Hohensalza], gewählt 1911; Paul Liepmann,
Charlottenburg, gewählt 1913.

[140] Siehe unten, 200–201.

[141] Allgemeine Zeitung des Judentums, 3. Juni 1898, 254.

tagsmitgliedern im Jahre 1893 gehörten fünf (Karl Schrader, Hermann Frese, Heinrich Rickert, Theodor Barth und Georg von Siemens) entweder zur Deutschen Bank oder standen ihr jedenfalls nahe[142]. Dies und die Tatsache, daß die Klienten der FVp vorwiegend dem unteren Mittelstand angehörten, führte manche Kommentatoren zu der Annahme, die FVg müsse die jüdische Partei par excellence sein. So taufte sie Maximilian Harden sogar analog zur katholischen Partei in „das jüdische Zentrum" um[143], während der Historiker Georg Hallgarten einen ähnlichen Schluß aus der engen Verbindung zwischen den Führern der FVg (Barth, Rickert, Gothein) und dem Abwehrverein zog[144].

Es gibt wenig unumstößliches Beweismaterial, das für eine solche schematische Zuordnung spräche. Denn diese setzte eine Geschlossenheit in Programm und Organisation voraus, wie es sie in den bürgerlichen Parteien einfach nicht gab: ihr Anhang war dafür zu abhängig von einzelnen Persönlichkeiten und lokalen Gegebenheiten. In vielen der Haupthandelszentren mit großer jüdischer Bevölkerung – Berlin, Hamburg, Frankfurt, Breslau –, existierte die Freisinnige Vereinigung kaum. Sie war eine Partei vorwiegend der Nordküste, aber ihre Wählerschaft in Westpreußen, Pommern, Mecklenburg, Schleswig-Holstein und an der Ems- und Wesermündung war mindestens ebensosehr ländlich wie kaufmännisch-städtisch. Zudem, was immer die Parteizugehörigkeit der Abwehrverein-Führer nun sein mochte, diejenigen des C.V., so besonders Eugen Fuchs und Maximilian Horwitz, standen vorwiegend bei der Freisinnigen Volkspartei. Auch gibt es beträchtliches Beweismaterial, daß jüdische Wähler im ganzen die entschieden liberale der beiden Parteien bevorzugten, selbst wo man ihnen jüdische Kandidaten mit anderem Etikett anbot. So unterstützten 1893 jüdische Wähler im Tiergartenviertel von Berlin nicht den von der FVg aufgestellten jüdischen Honoratioren[145]; ebenso zogen 1898 die meisten Juden in Posen den nichtjüdischen Kandidaten der Freisinnigen Volkspartei dem Nationalliberalen Lewinski vor, dem Kandidaten des Kartells, dem auch Konservative und die Freisinnige Vereinigung angehörten[146].

Mit den Wahlen von 1898 wurde dann das vom Centralverein erstrebte Ziel, „mindestens einen Abgeordneten im preußischen Landtag zu haben"[147], befriedigt mit der Wahl des früheren Reichstagsabgeordneten Max Hirsch

---

[142] *Hans Jaeger*, Unternehmer in der deutschen Politik (1890–1918), Bonn 1967, 122.

[143] Ein jüdisches Centrum, Die Zukunft, 28. Januar 1893, insbes. 148–149.

[144] *George W. F. Hallgarten*, Imperialismus vor 1914. Die soziologischen Grundlagen der Außenpolitik europäischer Großmächte vor dem ersten Weltkrieg, München 1963, I, 273, 339, II, 39.

[145] Laut Die Zukunft, 4. November 1893, 240.

[146] Im deutschen Reich, IV, Nr. 12 (Dezember 1898), 612; Allgemeine Zeitung des Judentums, 11. November 1898, 530.

[147] AaO, 25. Oktober 1893, 505.

(dem Gründer der Hirsch-Dunckerschen Gewerkvereine) in Berlin I, einem Bezirk, den der C. V. schon immer im Auge hatte, und von Martin Peltasohn in der Provinz Posen mit ihren komplizierten und besonderen Zuständen. 1903 wurden zwei weitere Abgeordnete für Berlin gewählt, Oskar Cassel und Leopold Rosenow, während Hugo Gerschel 1905 den verstorbenen Max Hirsch ersetzte. Überdies wurden Louis Aronsohn und Eduard Wolff, letzterer bereits in einer Nachwahl gewählt, dritter und vierter jüdischer Repräsentant für Posen, sowie Otto Münsterberg aus Danzig, der erste, der weder Berlin noch die Ostmark vertrat. Von nun an schwankte die Zahl der Juden im preußischen Landtag zwischen neun und zehn. Der prozentuale Anteil hielt sich mit Hilfe der SPD nach ihren Erfolgen 1908. 1913 gab es auch zwei jüdische Nationalliberale, von denen einer, Liepmann, schon 1908 nur knapp unterlegen war. In den letzten Jahren des Reiches wiesen die linksliberalen Fraktionen ständig eine beträchtliche Anzahl jüdischer Mitglieder auf: sieben von 33 im Jahre 1903, sieben von 36 im Jahre 1908; schließlich sechs von 37 im Jahre 1913. Außerdem befanden sich dort auch vier getaufte Juden: Julius Lippmann (erstmals 1903 gewählt), Otto Mugdan (1912), Oscar Meyer (1915) und Max Lewin (1916). Von den neun vor der Wiedervereinigung der Linksliberalen im Jahre 1910 gewählten Glaubensjuden, gehörten drei (Münsterberg, Wolff und Peltasohn) der FVg, der Rest, so alle Berliner Vertreter, der FVp an.

In Anbetracht der Sachlage, daß man von den Konservativen als antisemitischer, und dem Zentrum als konfessioneller Partei nicht erwarten durfte, daß sie jüdische Kandidaten nominieren würden, hatten Juden in den letzten zehn Jahren des Kaiserreichs kaum Grund zur Klage über ihre Vertretung im preußischen Abgeordnetenhaus. In dem Maße, wie unverhüllt aggressiver Antisemitismus abnahm, stieg die Zahl der jüdischen Abgeordneten vom Nullpunkt der Jahre 1893–1898 zu einem Stand, der dem von 1867 bis 1878 annähernd gleichkam. (Siehe Tabelle 7.)

Tatsächlich lag es so, daß zu Ende des Kaiserreichs die Zahl jüdischer Mitglieder in legislativen Gremien und deren Verteilung auf die einzelnen Parteien das jeweils vorherrschende Stimmrecht deutlich widerspiegelten. So war das Reichstagswahlrecht am wenigsten darauf berechnet, die Zivilcourage der liberalen Parteien ans Licht zu bringen. Mittlere und große Städte, ihre Hochburgen in den siebziger Jahren, wurden langsam von der Sozialdemokratie erobert; in kleinstädtischen oder ländlichen Wahlkreisen waren sie gezwungen – oder hielten es jedenfalls für notwendig – antisemitische Anfälligkeit bei ihrer potentiellen Wählerschaft zu berücksichtigen. Überdies stand hinter ihnen weder eine organisierte Masse, noch verfügten sie über eine regional bestimmte Basis. Deshalb waren sie mehr als andere Parteien auf Stichwahlen angewiesen. 1903 und 1912 wurden überhaupt keine Fortschrittler und nur fünf bzw. vier Nationalliberale im ersten Wahlgang gewählt. Die Folge war, daß die Reichstagswahlen von 1893 und 1898 noch ungünstiger für jüdische Kandidaten ausfielen als diejenigen für den preußischen Landtag.

Tabelle 7

Fraktionszugehörigkeit jüdischer Abgeordneter im preußischen Landtag

	1903				1908			
	unge-tauft	getauft	insge-samt	Fraktions-stärke	unge-tauft	getauft	insge-samt	Fraktions-stärke
Freikonservativ	–	1	1	64	–	1	1	60
Nationalliberal	–	1	1	76	–	3	3	65
Freisinnige Vg	3	–	3	9	2	1	3	10
Freisinnige Vp	4	–	4	24	5	–	5	28
Sozialdemokraten	–	–	–	–	2	–	2	7
Summe	7	2	9		9	5	14	

	1913				1917			
	unge-tauft	getauft	insge-samt	Fraktions-stärke	unge-tauft	getauft	insge-samt	Fraktions-stärke
Freikonservativ	–	1	1	53	–	1	1	53
Nationalliberal	2	2	4	73	2	2	4	73
Fortschrittliche Vp	6	2	8	37	6	4	10	37
Sozialdemokraten	1	–	1	10	1	–	1	10
Summe	9	5	14		9	7	16	

Bis zum Jahr 1903 hatte sich die Lage für die Juden etwas gebessert. Jüdische Kandidaten wurden von der FVp in Frankfurt am Main (Bruck) und Breslau-West (Heilberg) nominiert, beides Bezirke in sozialdemokratischem Besitz, die jedoch in den „Blockwahlen" von 1907 von nichtjüdischen Fortschrittlern gewonnen wurden; und in Zittau (Sachsen), das bis 1898 liberal, ebenfalls 1907 von der FVp zurückerobert wurde. Die FVg nominierte Lewitt in Zabern (Elsaß), der mit nur 440 Stimmen unterlag. Die Wahlen von 1907, in denen die liberalen und konservativen Parteien sich gegen die Sozialdemokraten verbündet hatten, verbesserten zwar die Aussichten der liberalen Parteien in den Großstädten, verringerten aber paradoxerweise die Chancen jüdischer Kandidaten, da es notwendig war, die rechts stehenden Parteien zu beschwichtigen. Druck von konservativer Seite scheint insbesondere das Ausbooten von Adolf Heilberg veranlaßt zu haben, der im Jahr 1912 bei veränderter Konstellation wieder als Kandidat auftauchte, jedoch abermals erfolglos. In Baden dagegen, wo die Konservativen nur wenig galten, wäre Friedrich Weill um ein weniges für Karlsruhe gewählt worden. Erst 1912 erschienen ungetaufte Juden wieder im Reichstag als Vertreter bürgerlicher Parteien, Ludwig Haas für Karlsruhe, und womit man wesentlich weniger ge-

rechnet hatte, Felix Waldstein für Schleswig-Eckernförde, beide als Fortschrittler. Fast wäre es auch Hugo Preuß gelungen, sich für die Stichwahl in
Dessau zu qualifizieren; dem Landtagsabgeordneten Wolff war in Fraustadt-
Lissa (Posen) konservative Unterstützung zugesagt worden, doch die Intervention eines unabhängigen Agrariers verhalf dem Zentrum zum Siege[148].

Auch die Nationalliberalen begannen, nach 1907 Juden als Kandidaten in
Erwägung zu ziehen. So wurde Bernhard Falk 1910 für eine Nachwahl in
Mühlheim und 1912 für Köln aufgestellt; und für die Wahl von 1912 wandte
man sich auch an zwei prominente Juden: den Zionisten Alfred Klee[149] und
Walther Rathenau*. Beide lehnten ab, Rathenau nach monatelangem Zögern
und trotz persönlicher Appelle von Bassermann, Ballin und Theodor Wolff.
Der ihm angebotene Wahlkreis, Frankfurt/Oder, war nationalliberal (bei
einer Nachwahl vorübergehend an die SPD gefallen), also war die Anfrage
deutlich ernst gemeint. Laut Harry Kessler hatte Rathenau das Gefühl, sein
Name würde „wie ein rotes Tuch" wirken, zum Teil weil er Jude war; doch
waren auch andere Faktoren im Spiel, nicht zuletzt sein Wunsch, sich einmal
als überparteilicher Kandidat zu stellen[150].

Auch in der Reichstagsfraktion der Nationalliberalen gab es prominente
getaufte Juden: Friedberg (1893–1898), Schiffer (1912–1917) und Schwabach (1907–1918), zu denen sich 1916 bei einer Nachwahl Jakob Riesser, der
Präsident des Hansabundes[151] und ein Mitglied des Zentralvorstands der Partei, gesellte. Jüdische Abstammung war offensichtlich kein Hindernis für ein
hohes Amt in der Nationalliberalen Partei. Sowohl der Parteivorsitzende
Ernst Bassermann als auch sein Nachfolger Gustav Stresemann waren mit
Jüdinnen verheiratet. Die führenden Positionen von Friedberg und Schiffer
wurden bereits erwähnt. Jedoch den wenigen Glaubensjuden unter den Wahl-
kandidaten entsprach eine ebenso schwache Vertretung in dem 217köpfigen
Zentralvorstand: die Landtagsabgeordneten Liepmann und Levy, dazu Justizrat Bernhard Falk und die Bankiers Ludwig Max Goldberger und Paul
von Schwabach[152]. Doch obwohl Juden häufiger als linksliberale Abgeordnete
erschienen, drangen sie hier eigentümlicherweise nicht in führende Positionen
vor. Nur der getaufte Jude Julius Lippmann stieg zum stellvertretenden

---

[148] *Jürgen Bertram,* Die Wahlen zum Deutschen Reichstag vom Jahre 1912, Düsseldorf 1912, 90–91.

[149] *Toury,* Die politischen Orientierungen, 244, Anm. 81.

* Zu Rathenau siehe den Beitrag von *Ernst Schulin,* Die Rathenaus. Zwei Generationen jüdischen Anteils an der industriellen Entwicklung Deutschlands, im vorliegenden Bande, S. 115–142 (Hrsg.).

[150] *Harry Graf Kessler,* Walther Rathenau. Sein Leben und sein Werk, Berlin 1928,
152; *Walther Rathenau,* Tagebuch 1907–1922 (hrsg. von *Hartmut Pogge – v. Strandmann*), Düsseldorf 1967, 127 (6. Februar 1911), 145 (22., 26. Juni 1911).

[151] Siehe unten, 229 ff.

[152] *Hans-Peter Reiss* (Hrsg.), Von Bassermann zu Stresemann. Die Sitzungen des
nationalliberalen Zentralvorstandes 1912–1917, Düsseldorf 1967, 66–80.

Fraktionsvorsitzenden im preußischen Landtag auf, und Oskar Cassel gehörte zum geschäftsführenden Ausschuß der wiedervereinten Partei.

Im Gegensatz zum Reichstagswahlrecht begünstigte das Drei-Klassen-System in Preußen Wohlhabende und Mittelstand gegenüber Handwerkern, Bauern und Arbeitern und ermöglichte den liberalen Parteien, weiterhin die städtischen und industriellen Gebiete zu repräsentieren. Es bedeutete auch, daß sie sich hier vorwiegend an Bessergestellte und Gebildetere wenden konnten, da die Stimmen des unteren Mittelstandes, der am ehesten zum Antisemitismus hinneigte, am wenigsten zählten. So war es weit weniger notwendig, „dem Moloch des Antisemitismus ein Opfer des Intellekts [zu] bringen" – so beschrieb nämlich der C. V. das Zögern der Liberalen, in den neunziger Jahren Juden zu nominieren[153]. Andere Formen eines ungleichen Stimmrechts begünstigten die Wahl von Juden in Braunschweig, Anhalt, Sachsen-Weimar und Sachsen-Meiningen.

In den süddeutschen Staaten, wo nach 1900 das allgemeine Wahlrecht für Landtagswahlen eingeführt worden war, lagen die Dinge unterschiedlich. In Baden und Württemberg, wo die liberalen Parteien auf einer festen Gefolgschaft im Volke fußten, wo Industrialisierung mäßig und politischer Katholizismus in der Minderheit waren, schwächte das veränderte Wahlsystem sie nicht ernstlich. So wurden jüdische Kandidaten weiterhin in die Landtage gewählt – für die Nationalliberalen in Baden (Robert Goldschmit und Emil Mayer), für die Volkspartei in Württemberg (Albert Mayer, Hugo Elsaß). In Bayern, bei einer weit schmaleren Basis des Liberalismus bewirkte die Einführung des allgemeinen Wahlrechts eine absolute Mehrheit für das Zentrum bei gleichzeitiger Stärkung der Sozialdemokratie. Unter diesen Umständen gelangte nur ein getaufter Jude als Nationalliberaler in den Landtag, für den Fortschritt kein einziger.

Die Juden, unter diesen so verschiedenartigen Bedingungen gewählt, zeigten eine Reihe allgemeiner Merkmale, welche sie in kennzeichnender Weise, wenn auch nicht völlig, von der früheren Generation jüdischer Parlamentarier unterschieden. Gewiß repräsentierten auch die meisten jüdischen Abgeordneten der siebziger und achtziger Jahre Großstadtbezirke, doch gab es nicht unbedeutende Ausnahmen: So repräsentierte Lasker Sachsen-Meiningen, Bamberger Bingen-Alzey, Oppenheim Reuß ä. L., Max Hirsch vertrat verschiedene Bezirke, darunter Plauen und Delitzsch-Bitterfeld, Leonor Reichenheim Waldenburg (Schlesien). Nach 1893 vertraten nicht getaufte Juden fast ausschließlich größere – und Großstädte: Berlin, Hamburg-Altona, Frankfurt, Danzig, Darmstadt, Mannheim, Karlsruhe. Der Grund hierfür lag nicht so sehr darin, daß sich auch die jüdische Wählerschaft an diesen Orten konzentrierte, denn auch wo sie konzentriert war, blieb sie gewöhnlich in der Minderheit; möglich jedoch, daß sich an diesen Orten Juden am wahrschein-

---

[153] Im deutschen Reich, IV, Nr. 11 (November 1898), 424.

lichsten beruflich und somit politisch betätigten; wahrscheinlicher, daß trotz des Lärms, den die Stoecker-Bewegung in Berlin verursacht hatte, die größeren Städte dem Antisemitismus am ehesten widerstanden.

Ein zweiter Unterschied, charakteristisch für Politiker auf allen Ebenen, war ihre viel stärkere Verwicklung in jüdische Angelegenheiten. Wieder war der Unterschied zur liberalen Ära nicht absolut. Schon in jener Zeit hatte mancher Abgeordnete entweder eine Funktion innerhalb der jüdischen Gemeinde ausgeübt – Isaac Wolffsohn und Marcus Wolf Hinrichsen in Hamburg, Ludwig Loewe in Berlin, Wolf Frankenburger in Nürnberg, Emil Lehmann in Dresden, Otto Wolfskehl in Darmstadt – oder sich in der jüdischen Wohltätigkeit betätigt, Anton Rée, Levin Goldschmidt und Emanuel Mendel. Einige unter den Prominentesten andererseits, Lasker, Bamberger, Oppenheim, Sonnemann oder der Badener Minister Ellstätter, waren ohne jegliche Bindung an jüdische Organisationen gewesen, was sie nicht daran hinderte, den Antisemitismus zu bekämpfen oder, wie Lasker oder Moritz Warburg, sich mit Gesetzgebung in jüdischen Angelegenheiten zu beschäftigen.

In der Wilhelminischen Zeit hat sich das geändert. Es schien weniger wahrscheinlich, daß sich der Traum einer völligen Absorbierung seitens der deutschen Gesellschaft verwirklichen würde, manchem erschien das auch weniger wünschenswert; als Reaktion auf diesen dahinschwindenden Traum wurden jüdische Politiker in wachsendem Maße Mitglieder jüdischer Körperschaften mit direkter oder indirekter politischer Zielsetzung – des Centralvereins, des Verbandes der Deutschen Juden, des Kartell-Convents der Verbindungen deutscher Studenten jüdischen Glaubens. Nur diejenigen, die noch einer früheren Zeit entstammten, wie etwa Max Hirsch, verbanden bedeutende öffentliche Tätigkeit mit Gleichgültigkeit gegenüber jüdischen Belangen. Die große Mehrheit derer, die nach 1893 in die Politik eintraten, wirkte in der einen oder anderen jüdischen Organisation, einige waren sogar in führender Position.

Dies traf besonders zu auf Ludwig Haas, einen der Begründer der jüdischen Studenten-Verbindungen, aktiv in der Vereinigung badischer Israeliten (dem Gegenstück zum C. V.) und nach 1918 im Gesamtvorstand des Centralvereins; auf Hermann Cohn, ein zweites Mitglied des Gesamtvorstandes aktiv im Linksliberalismus von Anhalt, Stadtverordnetenvorsteher in der Hauptstadt Dessau sowie führendes Mitglied des Landtags; auf Felix Waldstein, Oskar Cassel, Martin Peltasohn und Wilhelm Langenbach (Hessischer Landtag)[154]. Betreffs Mitgliedschaft überschnitten sich C. V. und Verband der Deutschen Juden beträchtlich; letzterer war 1904 zu dem spezielleren Zweck gegründet worden, jüdische Interessen bei Verhandlungen mit staatlichen Obrigkeiten wahrzunehmen. Unter den aktiven Mitgliedern befanden sich die

---

[154] *Judith Schrag-Haas*, Ludwig Haas. Erinnerungen an meinen Vater, in: Bulletin des Leo Baeck Instituts, IV, Nr. 13 (1961), 73–93; *Hamburger,* Juden im öffentlichen Leben, 112–113; *Toury,* Die politischen Orientierungen, 244.

preußischen Landtagsabgeordneten Leopold Levy, Eduard Wolff und Oskar Cassel, der seit 1917 den Vorsitz führte[155]. Das auffallendste Beispiel einer jüdischen Interessenvertretung durch gewählte Politiker bieten die jüdischen Abgeordneten der Provinz Posen, seit 1898 eine ständige Einrichtung des preußischen Landtags. Diese erwuchs weniger aus einer plötzlichen Anerkennung der Berechtigung jüdischer Ansprüche, als aus der Verschärfung des deutsch-polnischen Nationalitätenkampfes, wo es galt, die jüdischen Wähler als staatserhaltende Verbündete für sich zu gewinnen. Obwohl die jüdische Bevölkerung hier im Vergleich mit der ersten Hälfte des Jahrhunderts stark

Tabelle 8
Jüdische Bevölkerung der Provinz Posen

		Anteil der Gesamtbevölkerung
1816	51 971	6,3 %
1849	76 757	5,7 %
1871	61 982	3,9 %
1910	26 512	1,3 %

zurückgegangen war, und jetzt einen bloßen Bruchteil derjenigen von Groß-berlin (144 007) ausmachte, war dies der einzige Teil des Reiches, in welchem Juden derart geballt und als Gemeinschaft verwurzelt lebten, daß sie als Gruppe handeln konnten. Wahlbezirke mit jüdischen Repräsentanten entsandten sämtlich zwei oder drei Abgeordnete, Kartelle aus konservativen und liberalen Parteien sahen sich polnischen Kandidaten gegenüber, die teilweise mit dem Zentrum liiert waren[156]. Alle fünf jüdischen Abgeordneten, die in diesem Rahmen unter beträchtlichen Prinzipienopfern sowohl von Juden wie von Antisemiten ins Parlament gewählt wurden, waren Männer mit imponierender Honoratiorenlaufbahn: alle waren entweder Mitglieder ihres Gemeindevorstands oder saßen im Vorstand der Repräsentanten-Versammlung; zwei (Wolff und Levy) waren Stadtverordnetenvorsteher; drei (Baerwald, Aronsohn und Levy) Stadträte; zwei (Aronsohn und Levy) waren Mitglied eines Provinziallandtags; Baerwald hatte eine hohe Stellung in der Anwaltskammer in Posen, Aronsohn war Präsident der Handelskammer in Bromberg[157].

[155] *Hamburger,* Juden im öffentlichen Leben, 374; *Walter Breslauer,* Der Verband der deutschen Juden (1904–1922), in: Bulletin des Leo Baeck Instituts, VII, Nr. 28 (1964), 355, 358.

[156] Einzelheiten der Wahlabkommen bei *A. Plate,* Handbuch für das preußische Abgeordnetenhaus, Berlin 1908, 281–285; 1913, 276–281.

[157] *Heppner* u. *Herzberg,* op. cit., 348–350, 488, 611, 997; *Hamburger,* Juden im öffentlichen Leben, 372–375; *Jäger,* op. cit., 84.

Die enge Verkettung von kommunalen, städtischen und parlamentarischen Ämtern durch die Amtsträger selbst, die allen jüdischen Politikern in der Ostmark gemein war, bezeichnet den neuen Stil politischer Beteiligung, jedenfalls außerhalb der Reihen der SPD, deren Bedeutung fortlaufend zunahm. Lediglich eine Handvoll Getaufter figurierten prominent auf der politischen Bühne: 1914 waren von Politikern jüdischer Abstammung nur Friedberg, Riesser und Dernburg allgemein vertraute Namen. (Desgleichen bekannt war eine kleine Anzahl von Geschäftsleuten und Journalisten. Sie wurde weitgehend für einflußreich gehalten – nicht immer zu Recht.) Die Masse der jüdischen Amtsträger in der Wilhelminischen Zeit andererseits – sie wurde von einem Historiker auf über 1500 geschätzt, etwa doppelt so viele wie in der liberalen Zeit –[158] waren Lokalgrößen, deren Mehrzahl gleichzeitig im jüdischen Leben eine Rolle spielte. Dies läßt sich am leichtesten für die Provinz Posen belegen, wo es seit dem Naturalisierungsdekret von 1833 kontinuierliche jüdische Beteiligung in den Gemeindeparlamenten gab und wo dank der Bildung einer jüdischen Kurie[159] diese Beteiligung offensichtlich kommunal war, und nicht einfach die Summe aus Beiträgen einzelner Personen.

In zahlreichen posenschen Städten war den Juden ein Drittel der Stadtverordneten zugewiesen[160], was ursprünglich ihren Einfluß hatte eindämmen sollen, jedoch bei der beschleunigten Abwanderung gen Westen das Gegenteil bewirkte. In Grätz sank die jüdische Bevölkerung von 1620 (45 %) im Jahre 1840 auf 366 (9 %) im Jahre 1895; in Birnbaum von 790 (28 %) auf 218 (7 %) im gleichen Zeitraum. Der jüdische Anteil im Gemeinderat blieb dennoch derselbe. Im ersten Jahrzehnt des zwanzigsten Jahrhunderts wirkten Mitglieder jüdischer Gemeindevorstände als Stadtverordnete in mindestens zwölf kleineren Städten[161] und als Stadträte in mindestens sechs[162]; Mitglieder des Vorstands der Repräsentanten-Versammlung wirkten in mindestens vier Städten[163]. Während der gleichen Zeit amtierten Juden als Gemeinderatsvorsteher in Bojanowo, Jarotschin, Kobylin, Koschmin, Mogilno (zweimal), Nakel und Ostrowo. Für die größeren Städte lassen sich die Wechselbeziehungen sogar noch ausführlicher verfolgen. So waren im Jahre 1905 die drei Vorsitzenden des Bromberger Gemeindevorstands: Stadtrat, später Landtagsabgeordneter Louis Aronsohn, Stadtrat und Landtagsabgeordneter Moritz Baerwald und Stadtverordneter Albin Cohnfeld; die drei Vorsitzenden

---

[158] *Toury,* Die politischen Orientierungen, 324.

[159] Siehe oben, 148.

[160] Es gab einzelne Abweichungen, z. B. 12 von 30 in Inowraclaw, 5 von 12 in Samter. *Heppner* u. *Herzberg,* op. cit., 487–488, 908.

[161] Adelnau, Bomst, Crone, Czarnikau, Czempin, Gembitz, Gostyn, Koschmin, Kruschwitz, Kurnitz, Nakel, Pleschen.

[162] Jarotschin, Jutroschin, Kempen, Koschmin, Schwersenz, Usch.

[163] Czarnikau, Gnesen, Koschmin, Tirschtiegel.

der Repräsentanten-Versammlung: Landtagsabgeordneter Martin Peltasohn und Stadtverordnete Wolfen und Friedländer. Im gleichen Jahr saßen in Hohensalza im siebenköpfigen Gemeindevorstand: Stadtverordnetenvorsteher und späterer Landtagsabgeordneter Dr. Leopold Levy, der Bankier Stadtrat S. Salomonsohn sowie zwei Stadtverordnete; unter den fünfzehn Mitgliedern der Repräsentanten-Versammlung gab es einen Stadtrat und vier Stadtverordnete[164].

Besoldete Ämter waren um einiges seltener als ehrenamtliche Posten, in die man gewählt wurde, doch fanden sich Beigeordnete in Krone a. d. Brahe, Kolmar, Pleschen und Zirke, ein Stadtkämmerer in Schwersenz und ein Bürgermeister in Jarotschin, letztere mit besonders langen Amtsperioden. Der höchste der städtischen Amtsträger jüdischer Abstammung in der Provinz war der getaufte Richard Witting, Bruder von Maximilian Harden, von 1891 bis 1902 Oberbürgermeister von Posen und in dieser Eigenschaft auch Mitglied des preußischen Herrenhauses[165].

Die gleiche Struktur fand sich in geringerem Maße auch in Westpreußen und Schlesien, wo eine festgesetzte jüdische Repräsentation nicht die Regel war. In Schlesien trug überdies die Industrialisierung zur Stabilisierung der jüdischen Bevölkerung bei (1871: 46 619; 1910: 44 985); Wachstum in den größeren Städten – neben Breslau, auch Kattowitz, Beuthen und Gleiwitz – wog die Abwanderung aus ländlichen Bezirken auf. In Kattowitz, wo es keine jüdische Kurie gab, dominierten Juden von Mitte der siebziger bis Mitte der neunziger Jahre unter den Stadtverordneten und unbesoldeten Stadträten[166]. In Breslau war der Stadtverordnetenvorsteher sieben Jahrzehnte lang fast ständig ein Jude: von 1868 bis 1872 Max Simon (getauft); von 1887–1915 Wilhelm Salomon Freund, der kurz dem Landtag und dem Reichstag angehört hatte und daneben auch Vorsteher der schlesischen Anwaltskammer und Vorsitzender der Israelitischen Repräsentanten-Versammlung war; sein Nachfolger wurde Justizrat Adolf Heilberg, wiederholt Reichstagskandidat, auf den in der Weimarer Republik der Sozialdemokrat Eugen Bandmann folgte[167]. In Danzig wiederum wirkten zwei lang amtierende Würdenträger des Israelitischen Gemeindevorstands, Gustav Davidsohn (1883–1903) und Martin Kadisch (1883–1916) als Stadtverordnete; unter den Vorstehern der Repräsentanten-Versammlung befanden sich Justizrat Behrendt (1898–1904) (auch Stadtverordneter) und Stadtrat Samter (1892 bis 1898)[168].

Die Liste ließe sich noch um ein Vielfaches verlängern: aber mit Groß-

---

[164] *Heppner* u. *Herzberg*, op. cit., 348–350, 487–488.
[165] *Wininger*, op. cit., VI, 298.
[166] *Wenzel*, op. cit., 128–129.
[167] *Hamburger*, Juden im öffentlichen Leben, 296. Zusätzliche briefliche Information von Dr. Hamburger.
[168] *Samuel Echt*, Die Geschichte der Juden in Danzig, Leer 1972, 66–72.

städten wie Danzig und Breslau verläßt man die wesentlich ideologiefreie Kleinstadt-Atmosphäre und betritt eine Arena, deren Debatten nationale Probleme widerspiegeln. Die Kommunalverwaltung im Kaiserreich war das letzte verbleibende Bollwerk des Liberalismus, da hier das Stimmrecht recht häufig die Wohlhabenden noch extremer begünstigte als dies selbst für die Landtage der Fall war. In Preußen gab es trotz einer verwirrenden Vielfalt örtlicher Bestimmungen, im Vergleich zu den Landtagswahlen, stets weniger Stimmberechtigte für die Kommunalwahlen und häufig auch mehr Wähler in der dritten Wählerklasse. So zeigen Beispiele aus dem Rheinland und Westfalen für das Jahr 1898 augenfällige Unterschiede (siehe Tabelle 9)[169].

Tabelle 9

	Wahlberechtigte bei		Anteil (%) der III. Wählerklasse bei	
	Landtagswahlen	Gemeindewahlen	Landtagswahlen	Gemeindewahlen
Köln	76,933	39,108	91,5	92,9
Düsseldorf	41,486	16,681	92,2	91,8
Elberfeld	28,862	11,991	91,1	92,1
Krefeld	20,389	8,403	90,0	88,9
Mülheim/Ruhr	7,150	3,783	85,8	90,1
Essen	24,814	13,214	83,1	96,7
Recklinghausen	4,414	4,282	87,4	95,3
Bielefeld	9,917	5,911	85,4	92,8

Da überdies das Einkommen von Juden, und daher ihre steuerlichen Belastungen ein gut Teil über dem Durchschnitt lagen, waren jüdische Wähler noch weiterhin im Vorteil, wo sie zahlreich vertreten waren. Das Mißverhältnis war am größten in Orten, wo traditionelle Formen jüdischer Wirtschaftsbetätigung am längsten anhielten – Schlesien, die Ostmark, der Südwesten – und war am geringsten im Rheinland (siehe Tabelle 10)[170]. Der Nettoeffekt hiervon war, daß Anfang des zwanzigsten, wie zu Beginn des neunzehnten Jahrhunderts die Stadtverwaltung den Schauplatz bot, wo Juden als Gruppe spürbaren politischen Einfluß auszuüben hoffen durften, vorwiegend durch Parteibildungen, die unter der Kollektivbezeichnung „Kommunalfreisinn" bekannt waren.

[169] *Helmuth Croon*, Die gesellschaftlichen Auswirkungen des Gemeindewahlrechts in den Gemeinden und Kreisen des Rheinlands und Westfalens im 19. Jahrhundert, Köln–Opladen 1960, 49–56. Durch das Gesetz vom 30. Juni 1900 wurde die Zahl der Wahlberechtigten erhöht. Vollständige Vergleichszahlen für die späteren Jahrgänge sind leider nicht zugänglich.

[170] Berechnungen in: *Werner Sombart*, Die Juden und das Wirtschaftsleben, Leipzig 1911, 219–221. Die wiedergegebenen Berechnungen für Baden beziehen sich lediglich auf die Vermögenssteuer.

Tabelle 10
Jüdische Steuerleistung in ausgewählten Städten (1905)

	Jüdische Bevölkerung	v. H. der Gesamt- bevölkerung	Jüdischer Anteil (v. H.) am Gesamt- steuerertrag	Bevölkerungs- anteil: Steuerleistung
Beuthen	2,425	4,0	26,9	1:6,7
Bromberg	1,513	2,8	13,7	1:5,1
Gleiwitz	1,962	3,2	23,9	1:7,5
Posen	5,761	4,2	21,0	1:5,0
Bruchsal (Amtsbezirk)	1,088	1,6	17,6	1:11,0
Karlsruhe	2,891	1,9	11,7	1:6,3
Mannheim	6,273	3,2	28,7	1:9,0
Berlin (mit Vororten)	125,723	5,1	30,7	1:6,1
Breslau	20,356	4,3	20,3	1:4,7
Frankfurt a. M.	23,476	7,0	20,8	1:3,0
Krefeld	1,834	1,7	6,6	1:3,9
Düsseldorf	2,877	1,2	3,6	1:3,0
Koblenz	0,638	1,2	0,4	1:0,3
Wiesbaden	2,651	2,6	8,2	1:3,1

In Berlin, wo Wolf Strassmann schon im liberalen Zeitalter Stadtverordnetenvorsteher gewesen war (1875–1885), stieg die Zahl der jüdischen Stadtverordneten unter der Regierung Wilhelms II. bis zu dreistelligen Ziffern an[171],
beide großen liberalen Fraktionen hatten jüdische Vorsitzende, die „Fraktion
der Linken" Justizrat Oskar Cassel, die „Fraktion der Neuen Linken" Leopold Rosenow. Unter anderen berühmten Namen waren da auch Hugo
Preuß, der 1910 unbesoldeter Stadtrat wurde, und Paul Nathan, Gründer
des Hilfsvereins der deutschen Juden. Da die Vorsitzenden der Sozialdemokratischen Fraktion ebenfalls jüdisch waren (Paul Singer, 1887–1911, danach
Hugo Heimann), versteht man, was sogar einen gemäßigten Beobachter wie
Gustav Schmoller zu der Bemerkung veranlaßte, daß „es den Anschein gewinnt, eine Stadt wie Berlin sei wesentlich in ihrer Verwaltung durch Juden
bestimmt"[172].

In der Berliner Vorstadt Charlottenburg waren etwa 20 der 72 Stadtver-
ordneten jüdisch[173], vom Nationalliberalen Paul Liepmann[174] bis hin zum
Sozialdemokraten Paul Hirsch. In Deutschlands zweitgrößter Stadt, dem
Stadtstaat Hamburg, spielten Juden eine ebenso wichtige Rolle, obwohl wie

---

[171] *Hamburger* behauptet „weit über 100", Juden im öffentlichen Leben, 549;
Toury genau 146, Die politischen Orientierungen, 324.
[172] *Gustav Schmoller*, Die heutige deutsche Judenfrage, aaO, 180.
[173] Im deutschen Reich, XVIII, Nr. 6 (Juni 1912), 293.
[174] Siehe oben, 180, 182.

auch in Berlin die Größe der Stadt die Verbindungen zum jüdischen Gemeindewesen auf ein Mindestmaß reduzierte. Marcus Wolf Hinrichsen, im Gemeindevorstand und in der Alliance Israélite Universelle tätig, vorübergehend auch Reichstagsmitglied, war dreißig Jahre Mitglied der Bürgerschaft; sein Bruder Siegmund, gleich ihm von der liberalen Fraktion Linkes Zentrum, amtierte von 1892 bis 1902 als Präsident der Bürgerschaft. Jakob Alexander, Vorsteher der Repräsentanten-Versammlung, gehörte ebenfalls dem Linken Zentrum an, trat aber in Bürgerschafts-Angelegenheiten nicht stark hervor. Bedeutender, doch mit weniger starken Bindungen an die Israelitische Gemeinde waren Isaac Wolffsohns Sohn Albert, Vorsitzender der Fraktion der Rechten (etwa nationalliberal), dreimal in den Bürgerausschuß gewählt; und Max Warburg, das de facto Oberhaupt des Familien-Bankhauses, der in der gleichen Fraktion von 1903 an fungierte. Weder Wolffsohn noch Warburg qualifizierten sich für die größte Ehre des Stadtstaates, die Mitgliedschaft im Senat, wobei Warburg erst 1917 abgelehnt wurde; daß die Taufe manche Hindernisse beseitigt hätte, zeigt der Präzedenzfall von Gustav Ferdinand Hertz, Senator seit 1887, nachdem er zuvor das Amt des 1. Vizepräsidenten der Bürgerschaft bekleidet hatte. Im benachbarten Altona, mit seinem weniger patrizischen Regierungssystem, war Otto Loewenthal Stadtverordnetenvorsteher.

Die enge Verbindung so vieler Juden, von denen sich viele auch in weltlichen oder religiösen jüdischen Organisationen betätigten, mit den verschiedenen Schattierungen des „Kommunalfreisinn" wirft die Frage auf, inwieweit derartige Aktivisten jüdische politische Haltungen im allgemeinen wirklich repräsentierten. Eine Reihe von aprioristischen Vermutungen deutet darauf hin, daß sie es tatsächlich taten. Zunächst stehen Wähler und Gewählte in der Kommunalpolitik in engerer Verbindung miteinander als in der Staatspolitik. Demnächst ließen die politischen Entwicklungen seit 1880 alle andern bürgerlichen Parteien – die Sozialdemokraten für den Augenblick beiseite gelassen – immer weniger attraktiv erscheinen. Die meisten Juden identifizierten sich mit dem Freisinn, nicht weil sich dieser jüdischer Ansprüche besonders angenommen hätte – das tat er nicht, und es hätte seiner Auffassung von staatsbürgerlichen Pflichten widersprochen es zu tun –, und auch nicht, weil er besonders energisch den Antisemitismus bekämpfte, – was er bisweilen gewissenhaft, bisweilen nachlässig tat –, sondern einfach, weil er für das Prinzip der Rechtsstaatlichkeit eintrat, für das Fähigkeitsprinzip in der Berufslaufbahn, für den wirtschaftlichen Wettbewerb, was der Gesellschaftsform entsprach, in die die Juden billigerweise das größte Vertrauen setzten.

Die weiteren ideologischen Folgen dieser Einstellungen, und die Art jüdischer Reaktion auf die jeweiligen Kursrichtungen der Reichspolitik, werden weiter unten behandelt. Die unmittelbarere Frage ist, inwieweit die Gleichsetzung von Juden mit Freisinn, sowohl von damaligen wie späteren Historikern vorausgesetzt, tatsächlich jüdischem Wahlverhalten entsprach.

Was den Reichstag anbetrifft, so ist zunächst zu bemerken, wie zahlenmäßig unbedeutend die jüdischen Stimmen waren. 1910 betrug der jüdische Anteil der deutschen Gesamtbevölkerung 0,95 %, obwohl er aufgrund der jüdischen Altersstruktur 1,04 % aller Wahlberechtigten umfaßte [175]. Natürlich war die jüdische Bevölkerung nicht gleichmäßig verteilt. 23 % aller deutschen Juden lebten in Großberlin, 38 % in sechs der größten Ballungsräume (Berlin, Hamburg-Altona, Frankfurt, Breslau, Köln und München). In den ersten vier dieser Zentren kandidierten Linksliberale regelmäßig. Das gleiche galt für andere große Zentren, so Nürnberg (jüdische Bevölkerung 1910: 7815, 2,3 % der Gesamtbevölkerung), Posen (5611, 3,6 %), Königsberg (4565, 1,9 %), Karlsruhe (3058, 2,3 %), Wiesbaden (2744, 2,5 %), Fürth (2826, 4,2 %). Doch gab es andererseits auch Großstädte mit beträchtlicher jüdischer Bevölkerung, wo nur Nationalliberale kandidierten. Unter letzteren befanden sich Köln (12393, 2,1 %), Mannheim (7402, 3,8 %), Hannover (5386, 1,4 %), Düsseldorf (3985, 1,1 %), Stuttgart (4921, 1,7 %) und Mainz (2926, 2,7 %).

Nicht einmal diese Ballungszentren gaben dem jüdischen Wähler unbedingt großen Einfluß, selbst bei der Annahme, daß er Wert darauf legte ihn auszuüben. Die meisten der aufgezählten Großstädte befanden sich von etwa 1890 an fest in den Händen der Sozialdemokraten. Die Mehrzahl der maßgebenden Wahlbezirke in Posen oder Oberschlesien dagegen ergab große Mehrheiten für das Zentrum oder die polnische Partei. Wahlbezirke, von denen man annehmen kann, daß jüdische Wähler dort das Zünglein an der Waage bildeten, waren etwa Berlin I, von Fortschritt und Sozialdemokraten hart umstritten; Frankfurt a. M. und Breslau-West, Sitze die die Fortschrittler in den Blockwahlen von 1907 zeitweilig von den Sozialdemokraten zurückgewannen; sowie Köln und Düsseldorf, wo nationalliberale Wähler in harten Kämpfen zwischen Zentrum und Sozialdemokraten den Ausschlag gaben. Dies mag erklären, wieso gerade in den großen Städten an Rhein und Ruhr nationalliberale Kandidaten die Tendenz zeigten, ganz speziell den Antisemitismus zu desavouieren [176].

Es ist klar, daß ein jüdischer Wähler, der primär zum Linksliberalismus tendierte, nur selten für diesen eine wirksame Stimme abgeben konnte, und bei einer Stichwahl leicht die Wahl zwischen Parteien haben mochte, die ihm gleichermaßen zuwider waren. Das oft wiederholte Prinzip des C. V. „daß wir überall, wo ein Antisemit aufgestellt wird, den Gegenkandidaten ... und zwar denjenigen, der die meisten Aussichten hat ... unterstützen" [177], erwies

---

[175] *Arthur Blaustein* u. *Hermann Hillger* (Hrsg.), Hillgers Wegweiser für die Reichstagswahl 1912, Berlin–Leipzig 1911, 74.

[176] Z. B. Moldenhauer in Köln (Allgemeine Zeitung des Judentums, 12. Juni 1903, 278) und Hilbck in Dortmund (Im deutschen Reich, X, Nr. 6/7 [Juni/Juli 1903], 420). Siehe auch Allgemeine Zeitung des Judentums, 5. Januar 1912, 3.

[177] *Hugo Sonnenfeld*, Der Centralverein und die politischen Wahlen, Im deutschen Reich, X, Nr. 11 (November 1903), 620.

sich in vielen Fällen als einfach undurchführbar. Es setzte voraus, daß für jeden jüdischen Wähler die Niederlage eines Antisemiten über allen anderen Erwägungen stand. Diese Voraussetzung jedoch war unrealistisch.

Das vom C. V. proklamierte Prinzip mochte bedeuten, daß man nicht selten seine Stimme für einen sozialdemokratischen Kandidaten abzugeben hatte, wozu die Mehrzahl der Juden noch nicht bereit war. Wo sie es tatsächlich taten, etwa im Rahmen des Stichwahlabkommens von Fortschrittlicher Volkspartei und SPD in den Wahlen von 1912, da geschah es aus Gründen, die primär nichts mit Antisemitismus zu tun hatten. Tatsächlich enthielt die jüdische Presse wiederholt Klagen, jüdische Wähler hätten einem antisemitischen Kandidaten den Vorzug vor einem Sozialisten gegeben oder sich bei einer derartigen Konstellation der Stimme enthalten [178].

In anderen Fällen, besonders in den Ostprovinzen, mochte die „C.V.-Direktive" bedeuten, daß man einen Zentrumsmann oder Polen zu unterstützen habe. Das Verhältnis zwischen den deutschen Juden und dem Zentrum war von jeher unklar, selbst schizophren. Einerseits bestand die offizielle Politik des Zentrums, wie von seinem ersten Vorsitzenden Ludwig Windthorst und seinem Nachfolger, Ernst Lieber, wiederholt betont wurde, in der strikten Aufrechterhaltung staatsbürgerlicher Gleichheit, eine wertvolle Garantie bei der zahlenmäßigen und stabilen Stärke des Zentrums im Reichstag. Andererseits hatten einzelne Zentrumsredner und Journalisten keinerlei Skrupel, sich antijüdischer Redewendungen zu bedienen, und auch der allgemeine Ruf der katholischen Kirche machte diese bei den meisten Juden nicht beliebter. Überdies beschäftigte sich das Zentum vorwiegend mit der Aufrechterhaltung konfessioneller Schulen, setzte sich in zunehmendem Maße für hohe Agrarzölle ein und zeigte gelegentlich eine spießbürgerliche oder zensurfreudige Haltung in kulturellen Angelegenheiten, so z. B. als es 1895 die Lex Heinze, eine „Schmutz- und Schund"-Vorlage der Regierung unterstützte – was alles es einer vorwiegend großstädtischen jüdischen Öffentlichkeit keineswegs sympathischer machte.

Es gab eine kleine Gruppe innerhalb der jüdischen Bevölkerung, vorwiegend ländlich und orthodox, die das Zentrum von jeher dem Säkularismus der liberalen Parteien vorgezogen hatte [179]. Zu dieser gesellten sich nun andere Stimmen, derer, die beabsichtigten die oft unerwiderte Neigung von Juden zum Freisinn abzubauen und die insbesondere das Bündnis zwischen Liberalen und Konservativen bei den „Hottentottenwahlen" von 1907 beunruhigte. Wenig spricht jedoch dafür, daß viele Juden dem Rat folgten, das Zentrum zu wählen, der überdies von seinen Befürwortern manchmal in

---

[178] Z. B. in Kassel, Allgemeine Zeitung des Judentums, 10. Juli 1903, 326. Auch Im deutschen Reich, X, Nr. 11 (November 1903), 459.
[179] *Toury*, Die politischen Orientierungen, 246–254.

etwas herablassender Form erteilt wurde und indem sie das Zentrum als „das kleinere Übel" hinstellten [180].

Ebenso unklar waren die Beziehungen zwischen Juden und der polnischen Volksgruppe (mit der das Zentrum in Posen allgemein zusammenarbeitete, nicht jedoch in Schlesien oder Westpreußen). Obwohl auf lokaler Ebene die Beziehungen zwischen Juden und Polen sich häufig günstig anließen, standen die Juden in Fragen der Nationalitätenpolitik wie 1848 auf deutscher Seite. Dies traf zu, besonders auf der Ebene von Land- und Reichstagswahlen, welche untrennbar waren, da die komplizierten Abmachungen zwischen Konservativen, Fortschrittlern und, später, den Nationalliberalen, für beide galten [181]. Als Preis dieser Kompromisse wurde eine jüdische Stimmabgabe für konservative Kandidaten verlangt, wobei es vielen Protestanten zweifellos ebenso zuwider war, deutsches Volkstum durch Stimmabgabe für einen jüdischen Liberalen zu schützen. Die Wahlziffern zeigen deutlich, daß zumindest bei Landtagswahlen beide Seiten sich strikt an ihren Pakt hielten. Diese Prüfung jüdischen Gewissens erreichte 1908 in der Reichstags-Nachwahl für den knapp gewonnenen Reichstagssitz für Meseritz-Bomst ihren Höhepunkt. Es gab dort ein Duell zwischen dem Konservativen, Graf Kuno von Westarp, und einem von polnischer Seite unterstützten Zentrumsmann. Westarp versicherte die jüdische Gemeinde persönlich „vollkommener Anerkennung" ihrer Gleichheit [182], eine Erklärung, die im Widerspruch zum Tivoli-Programm seiner Partei stand und die auch seine spätere Tätigkeit als Führer der DNVP widerlegen sollte [183]. Er gewann mit 1265 Stimmen, wie man weitgehend annahm dank jüdischer Unterstützung, und seine spätere mala fides wurde als lehrreiches Beispiel hingestellt. Die zweite These war stichhaltiger als die erste. Man müßte wissen, wie einstimmig die 6700 jüdischen Wähler ihre Stimmen abgaben, wie sie ohne Westarps Erklärung gewählt hätten, und wie sie im Falle eines anderen Kandidaten gestimmt haben würden. Eines jedoch läßt sich sagen, nämlich daß der Enthusiasmus für jüdisch-polnische Zusammenarbeit im C.V.-Hauptquartier größer gewesen sein muß als an der Front [184]. Gab es auch einige nachweisbare Beispiele dafür, daß Juden für polnische Kandidaten stimmten, so wurde dies hinwieder dadurch aufgewogen, daß gelegentlich Juden selbst einem deutschen Antisemiten den Vorzug vor einem Polen gaben [185].

---

[180] Allgemeine Zeitung des Judentums, 4. Januar 1907, 1.

[181] Einzelheiten bei *Bertram*, op. cit., 84–94.

[182] Allgemeine Zeitung des Judentums, 11. Dezember 1908, 593–594; *Graf Kuno von Westarp* Konservative Politik im letzten Jahrzehnt des Kaiserreichs, Berlin 1935, I, 29.

[183] *Lewis Hertzman*, DNVP. Right-Wing Opposition in the Weimar Republic 1918–1924, Lincoln 1963, 88, 129.

[184] Im deutschen Reich, XII, Nr. 2 (Februar 1907), 105–106.

[185] Allgemeine Zeitung des Judentums, 10. Juli 1903, 326. Nachklänge der Reichstagswahlen, Im deutschen Reich, IX, Nr. 8 (August 1903), 462.

Obwohl vereinzelte Juden aktive Zentrumsanhänger wurden, so z. B. der bayrische Dr. Ludwig Wassermann [186], und die Partei getaufte Juden in ihren Reihen zählte – unter ihnen der schlesische Magnat Fritz von Friedländer-Fuld, Mitglied des preußischen Herrenhauses, der Kölner Bankier und Industrielle Louis Hagen schloß sich der Partei erst 1919 an –, war diese Erscheinung doch mehr interessant als statistisch bedeutsam.

Die Zahl der jüdischen Parteigänger der Deutschkonservativen Partei muß sich nach Einführung des Tivoli-Programms noch verringert haben, obwohl sich zweifellos unter Orthodoxen oder Intellektuellen einige fanden, die eine politische Heimat für ihren Konservatismus begrüßt hätten. Die Reichspartei, die den Antisemitismus weder predigte noch ihn verdammte, obwohl sie durch einzelne Mitglieder nicht selten zu stark antisemitisch artikulierten Propagandaorganisationen in Verbindung stand (Alldeutscher Verband, Verein deutscher Studenten, Reichsverband gegen die Sozialdemokratie) [187], und die bereit war, Mitglieder der Deutschen Reformpartei in ihrer Reichstagsfraktion zu begrüßen, zählte einen getauften Juden, Otto Arendt, zu ihren Abgeordneten. Auch hat sie vielleicht mehr jüdische Stimmen auf sich gezogen als die Deutschkonservativen, wenn auch weniger als zu der Zeit, als noch Heinrich von Friedberg zu ihr zählte. Ob beide Parteien außerhalb der Ostmark mit ihren besonderen Gegebenheiten eine nennenswerte jüdische Gefolgschaft besaßen, ist fraglich.

So verbleiben die beiden liberalen Parteien. Meist werden Schätzungen akzeptiert, daß von der gesamten jüdischen Wählerschaft während der Wilhelminischen Zeit etwa 60–70 % den Linksliberalismus und etwa 10–15 % die Nationalliberalen [188] unterstützten, es ist aber gut möglich, daß das die Stärke der nationalliberalen Anhängerschaft zu niedrig ansetzt, sei es nur, weil das Fehlen linksliberaler Organisationen in weiten Teilen des Landes unberücksichtigt bleibt. Oft änderte sich die Parteienkonstellation, je nachdem es sich um Wahlen für Reichstag, Landtag oder Gemeinderat handelt. In einer Reihe von Wahlkreisen oder Staaten gab es Organisationen oder Fraktionen, die alle Schattierungen des Liberalismus in sich vereinten, jedoch effektiv von einer dieser Richtungen beherrscht waren [189].

Zwei kurzlebige Organisationen sind hier der Erwähnung wert. Als erstes gab es da die National-Soziale Partei, 1896 von Friedrich Naumann gegründet, einem ehemaligen Anhänger Pastor Stoeckers. Zwar hatte er zu

[186] *Toury,* Die politischen Orientierungen, 259.
[187] Siehe unten, 223, 228.
[188] *Hamburger,* Juden im öffentlichen Leben, 112–113; *Toury,* Die politischen Orientierungen, 275.
[189] Z. B. in Bayern zwischen 1899 und 1910. Siehe auch *Thomas Nipperdey,* Die Organisation der deutschen Parteien vor 1918, Düsseldorf 1961, 24–36, besonders 33, Anm. 2.

jener Zeit dem Antisemitismus abgeschworen[190] und trat für eine Kombination von kolonialer Expansion, Demokratisierung und Sozialreform ein, die bei kritischen Gruppen im Bürgertum hätte Anklang finden können, doch bestand die Partei auf der Devise „im Mittelpunkt des geistigen und sittlichen Lebens unseres Volkes steht uns das Christentum"[191], was sie für Juden weniger attraktiv machte. Zweitens gab es die Demokratische Vereinigung, 1908 von ehemaligen Mitgliedern der Freisinnigen Vereinigung gegründet, mit Theodor Barth an der Spitze und einigen ehemaligen Naumann-Anhängern, unter ihnen Hellmut von Gerlach und der spätere Sozialdemokrat Rudolf Breitscheid. Ihr unzweideutiges Eintreten für Demokratie, Säkularismus, Freihandel und Internationalismus, am Wirtschaftskollektivismus jedoch haltmachend[192], bewegte sich vielmehr in Bahnen ähnlich denen mancher jüdischen Gruppen. Ihre prominentesten jüdischen Mitglieder waren Paul Nathan, Hugo Sinzheimer und der Gewerkschaftler Siegfried Aufhäuser, doch war Barths Zeitschrift, *Die Nation*, deren Redakteur Paul Nathan eine Zeitlang gewesen war, Berührungspunkt für viele jüdisch-intellektuelle Mitarbeiter und Leser. Nach ihrer Wahlniederlage 1912 löste sich die Vereinigung auf; sie war zu kurzlebig, als daß ein wohlerwogenes Urteil über ihre Gefolgschaft möglich wäre.

Obwohl die öffentliche Debatte über Antisemitismus andauerte und jüdische Organisationen eine eindrucksvolle Zunahme in der Zahl ihrer Mitglieder zu verzeichnen hatten, ist der Schluß unvermeidlich, daß weder für die bürgerlichen politischen Parteien noch für den jüdischen Durchschnittswähler jüdische Belange tatsächlich an der Spitze ihrer dringenden Anliegen standen. Wo Zahl oder Wohlstand der jüdischen Bevölkerung am Orte dies nahelegten, waren Linksliberale und in erheblich geringerem Maße die anderen Parteien bereit, Juden für Gemeinderats- oder Landtagssitze zu nominieren, besonders nachdem sich die Böckel-Welle gelegt hatte. Hätten jüdische Wähler in diesen Fragen auf jüdischen Rat gehört, so hätten sie jedenfalls einander widersprechende Ratschläge erhalten. Meinung ging gegen Meinung: hier sollten Juden als Juden ein Recht auf Repräsentation haben[193], dort wurde der Gedanke von proportionalen „Ghettokandidaturen" abgelehnt[194], so daß es nie völlig feststand, auf welcher Grundlage Juden für ein Amt vorgeschlagen werden sollten.

Bei Reichstagswahlen erschien ein jüdischer Kandidat mehr als Belastung denn als Gewinn, obwohl z. B. die Wahl eines Felix Waldstein in Schleswig-

---

[190] *Theodor Heuss,* Friedrich Naumann. Der Mann, das Werk, die Zeit, 2. Ausg., Stuttgart 1949, 312.

[191] *Treue,* op. cit., 94–95.

[192] Programm, beschlossen auf dem Parteitage in Köln, 1910. *Hillger,* op. cit., 172–174.

[193] Dies war vor allem während der neunziger Jahre der Standpunkt des Centralvereins.

[194] Israelitisches Familienblatt zit. in· *Toury,* Die politischen Orientierungen, 243.

Holstein darauf hindeutet, daß die Befürchtungen von Parteistrategen übertrieben gewesen sein mögen. Trotzdem, die Befürchtung bestand. Der nationalliberale Wahlkreisvorsitzende in Wetzlar-Altenkirchen drückte 1912 sein Erstaunen aus, als man ihm vorschlug, als gemeinsamen liberalen Kandidaten einen Fortschrittler zu unterstützen, „der noch dazu ein Jude ist" [195]. Alle Parteien brauchten nichtjüdische Stimmen dringender als jüdische, und es gab nur wenige Plätze, wo es sich lohnte, um jüdische Stimmen zu kämpfen. Nimmt man an, daß zwischen 60–65 % der Juden regelmäßig für linksliberale Kandidaten stimmten, so macht das 7–10 % von deren Gesamtstimmen aus, aber die jüdischen Wähler waren nicht unbedingt dort konzentriert, wo man sie am besten gebrauchen konnte.

Die liberalen Parteien waren um so weniger genötigt die jüdischen Wählerstimmen systematisch zu umwerben, als die Anweisung des Centralvereins den Antisemitismus auf Kosten aller anderen Überlegungen zu bekämpfen, häufig ignoriert wurde. Unter den wenigen Erfolgen, die der C.V. unbestreitbar für sich zu verbuchen vermochte, war die Niederlage des Antisemiten Ludwig Werner, der 1908 in den Wahlen für den preußischen Landtag im Wahlbezirk Hersfeld mit 13 Stimmen unterlag [196]. Im allgemeinen erwiesen sich Drohungen wie diejenige, Unterstützung der FVp für „waschechte Antisemiten ... würde sich an der Partei schwer rächen" als leer. Und auch das Gebot des C.V., daß der jüdische Wähler ceteris paribus „unbedingt für seinen Glaubensgenossen eintreten" [197] solle, bedeutete wenig. Dem C.V. machte besonders die Kandidatur des Konvertiten Dr. Otto Mugdan zu schaffen, zunächst für den Stadtrat von Berlin, dann für den vielbegehrten Landtagssitz für Berlin I. Die FVp hatte Mugdans christliche Konfession hervorgehoben, als er zunächst als Reichstagskandidat in Görlitz kandidierte [198]. Nachdem die Führung der Berliner Fortschrittlichen Volkspartei die Forderung des C.V. nach einem weniger peinlichen Kandidaten abgelehnt hatte, empfanden die jüdischen Wähler des Wahlkreises wenig Gewissensbisse, ihre Stimmen für Mugdan abzugeben *.

Intervention bei Wahlen war weder die einzige, noch mit fortschreitender Zeit die Haupttätigkeit des C. V., und es gab auf anderen Gebieten Entschädigungen für die vergeblichen Mühen in der Wahlpolitik. Kontroversen über stillschweigende Duldung von Antisemitismus auf liberaler Seite regten außer Berufspolitikern kaum jemand auf. Die meisten Juden hatten andere Sorgen und betrachteten die liberalen Parteien als unvollkommene Werkzeuge in einer unvollkommenen Welt. Trotzdem wuchs die Ernüchterung

---

[195] Zit. in: *Bertram*, op. cit., 76.
[196] Im deutschen Reich, XV, Nr. 7/8 (Juli/August 1908), 453–455.
[197] AaO, IV, Nr. 5 (Mai 1898), 239–240.
[198] Allgemeine Zeitung des Judentums, 26. Juni 1903, 301.
  * Zur Mugdan Affäre siehe ebenfalls die Darstellung von *Arnold Paucker*, S. 515 bis 516 (Hrsg.).

in der jüdischen Gemeinschaft: Ernüchterung nicht so sehr über die Parteien
als solche als über die liberale Ideologie, die versprochen hatte, daß mit verwirklichter freier und gleicher Staatsbürgerschaft auch die Frage der Beziehung des Juden zu seinem Mitmenschen gelöst werden würde. Es boten sich
mehrere Alternativen. Eine Handvoll neigte zum Zionismus, andere zu dem
Gedanken einer kulturellen Sonderstellung innerhalb Deutschlands. Immer
mehr aber fühlten sich zu einem Ideal hingezogen, das einige deutsche Juden
schon von den ersten Anfängen an magnetisch angezogen hatte und bei dessen Geburt tatsächlich nicht wenige Juden Pate gestanden hatten, nämlich
dem Sozialismus.

VII

Während der Jahrzehnte des Konsensus waren nur wenige Juden in radikaler Politik aktiv. Der kleindeutsche Nationalstaat verhieß Versprechungen
von bürgerlichen Freiheiten und bürgerlichen politischen Strukturen – die
sich zwar letzten Endes nicht erfüllten –, bekehrte viele ehemalige Revolutionäre, jüdische (Bamberger) wie nichtjüdische (Johannes Miquel). Lassalle,
der Vater der frühen Arbeiterbewegung, war 1864 in Byronschen Umständen
gestorben: man kann nur Spekulationen darüber anstellen, welchen Weg er
angesichts des Triumphes eines Bismarck eingeschlagen hätte, in dem er stets
einen potentiellen Verbündeten gesehen hatte. Marx zog es vor, in London,
Moses Hess, in Paris zu leben. Unter ihren Nachfolgern, die die zersplitterte
Bewegung neu aufbauten, bis zur Einigung von 1875 in Gotha – Wilhelm
Liebknecht, August Bebel, Johann Baptist von Schweitzer – gab es keine
Juden. Einige Juden, die dem linken Flügel der liberalen Bewegung angehörten, entdeckten prophetisch in der Hysterie des Nationalismus und den
beginnenden Repressionen der siebziger Jahre die verhängnisvollen Mängel
des späteren Kaiserreichs. Johann Jacoby, wegen seiner Protestkundgebung
gegen die Annexion Elsaß-Lothringens ins Gefängnis geworfen, entsetzt über
den Hochverratsprozeß gegen jene anderen Annexions-Gegner, Bebel und
Liebknecht, schloß sich 1872 den Sozialdemokraten an. 1874 wurde er für den
Bezirk Leipzig-Land gewählt, weigerte sich aber, einen Reichstag zu betreten, für den er nur Verachtung empfand. Auch Eduard Bernstein fand „die
üblen Nebenerscheinungen des Krieges... besonders widerwärtig... [er]
hatte... das wüste Schimpfen auf [die Franzosen] als Nation... ganz und
gar nicht vertragen können"[199], und schloß sich der Partei im gleichen Jahr
wie Jacoby an. Paul Singer, später neben Bebel Mitvorsitzender der Partei,
wurde durch das Sozialistengesetz zu aktiver Beteiligung und vor allem zu
großzügiger finanzieller Unterstützung für die Partei getrieben.

---

[199] *Eduard Bernstein*, Von 1850 bis 1872. Kindheit und Jugendjahre, Berlin 1926,
216.

14 *

Von den frühesten jüdischen Reichstagsabgeordneten gelangten weder
Adolf Sabor (Frankfurt, 1884–90) noch Max Kayser (Freiberg, 1878–84,
Reichenberg, 1884–88) zu großer Bedeutung; Singer, der sich 1884 zu ihnen
gesellte, war von anderem Schrot. Juden waren hingegen von Anbeginn führend in einer Parteitätigkeit, die sie besonders zu ihrer eigenen machten, dem
Journalismus. So gab Samuel Kokosky in den siebziger Jahren den *Braunschweiger Volksfreund* heraus, Gabriel Löwenstein die *Fränkische Tagespost*,
an deren Gründung er beteiligt war, und Eduard Bernstein edierte vom
Exil aus, zunächst in der Schweiz, dann in London, das Wochenblatt *Sozialdemokrat*, das einzige Journal, das die Partei in den Jahren des Sozialistengesetzes zusammenhielt. Ein finanzieller Gönner des *Sozialdemokrat* war
Karl Höchberg, ein höchst eigenartiger Idealist, der das Mißtrauen Marx'
und Engels' nie überwinden konnte[200].

Von den neunziger Jahren an, als die SPD die volle Legalität wieder-
erlangt hatte und sich in der Folgezeit rapide vergrößerte, wurde die Verbindung von Juden mit der Partei ein bedeutsamer Faktor sowohl im öffentlichen Leben des Kaiserreiches wie auch innerhalb der Arbeiterbewegung
selbst. Es bestand jedoch ein Mißverhältnis zwischen der großen Anzahl
von Juden, die in der Parteiführung und in Debatten hervortraten, und der
langsameren Zunahme ihrer jüdischen Wähler, eine Situation, die das Verhältnis von Juden und Radikalismus im Vormärz widerspiegelt.

Was Juden zur Partei der Revolution hinzog, sei es als Aktivisten, sei es
als passive Wähler, ist eine vielschichtige Frage. Was die Stimmabgabe für
die Sozialdemokraten anbetrifft, so gibt die Veränderung der Sozialstruktur
zumindest Anhaltspunkte. Die jüdische Bevölkerung unterschied sich von der
Gesamtbevölkerung darin, daß so gut wie kein Jude in der Landwirtschaft
tätig war, jedoch in anderer Beziehung war sie nicht gefeit gegen den Zug der
Zeit. In Preußen sank der prozentuale Anteil der wirtschaftlich Selbständigen
im Handel von 74,5 % im Jahre 1861 auf 58,6 % im Jahre 1907, und in Industrie und Gewerbe von 72,3 % auf 44,7 %. Zudem, während 1861 dreimal
so viele Juden im Handel wie in der Industrie beschäftigt gewesen waren
(58,2 %, 19,5 %), waren es 1907 nur doppelt so viele (48,6 %, 25,1 %) –
mit anderen Worten, es lag hier eine Verschiebung zu denjenigen Wirtschaftszweigen vor, die sich am schnellsten in Richtung auf ein abhängiges Angestell-
tenverhältnis bewegten *. Unter diesen Arbeitnehmern befand sich nur eine
kleine Minderheit von Proletariern. Doch hatten viele, besonders Groß-
städter oder in Großunternehmen Beschäftigte, gute Gründe für eine von
ihrem Judentum unabhängige Linkswendung.

---

[200] *Peter Gay*, The Dilemma of Democratic Socialism. Eduard Bernstein's Chal-
lenge to Marx, Neuaufl., New York 1962, 42, 45; *Vernon L. Lidtke*, The Outlawed
Party. Social Democracy in Germany, 1878–1890, Princeton 1966, 89–92.
   * Siehe hierzu den Beitrag von *Werner E. Mosse*, Die Juden in Wirtschaft und
Gesellschaft, im vorliegenden Bande, S. 72 ff. (Hrsg.).

Dabei ist es klar, daß in dieser Analyse die Haltung der Sozialdemokratischen Partei gegenüber Antisemitismus und Judentum nicht unbeachtet bleiben darf. Kein Geringerer als Marx hatte an einer auch heute gerne zitierten Stelle Juden mit Geld und Kapitalismus gleichgesetzt, und so würde es überraschen, wäre die allgemeine Opposition der SPD gegen den Antisemitismus einmütig oder unzweideutig gewesen. Fast das ganze neunzehnte Jahrhundert hindurch bestanden in der europäischen Revolutionsbewegung starke antisemitische Strömungen; ein Katalog geschmackloser oder gehässiger Bemerkungen über Juden seitens Proudhon, Bakunin, Marx und Lassalle, von deren Epigonen ganz zu schweigen, wäre lang und reichhaltig. Nichts trug mehr dazu bei, die Sozialdemokratie von antisemitischen Restbeständen zu säubern, als das Anwachsen einer rechtsgerichteten mit dem Staat verbündeten oder zumindest nicht unwillkommenen antisemitischen Bewegung. Selbst Eduard Bernstein bekannte zurückblickend: „Erst als der Antisemitismus aus anklagender Bewegung verfolgende wurde, änderte ich meine Stellung." [201]

Allerdings bewegte sich das Verhältnis zwischen Juden und Sozialismus im Kreise. Obwohl einige der neuen jüdischen Mitglieder ihren nichtjüdischen Genossen auf die Nerven fielen, wurde ihr zahlreiches Erscheinen meist als Beweis jüdischen Altruismus' und politischer Einsicht angesehen. Wilhelm Liebknecht fand bei den Juden „eine weit größere Summe von Idealismus als unter den Nichtjuden" [202], und Bebel schrieb an Engels:

> „Merkwürdigerweise oder auch nicht . . . sind's alle Juden, die sich uns so nahen. Ich habe schon oft gesagt, will man in anständiger Gesellschaft hier sein, kann man nur unter die Juden gehen."

Engels, der hierin auch Negatives sah, war der Ansicht, daß dies so sei, „weil sie mehr Verstand haben als die übrigen Bourgeois" [203].

Was den Antisemitismus anbetrifft, so war man geneigt, ihn entweder als Überbleibsel mittelalterlicher Vorurteile [204] oder als Reaktion auf eine bestimmte Phase in der Entwicklung des Kapitalismus zu erklären [205], in beiden Fällen als eine vorübergehende Erscheinung. Es lag auch die Versuchung nahe, ihn so zu sehen, als erfülle er bislang unpolitische Schichten mit antikapitalistischem Bewußtsein und beschleunige hierdurch den Zusammenbruch des Kapitalismus und das Nahen des Sozialismus, wenn auch unabsichtlich.

---

[201] *Eduard Bernstein,* Wie ich als Jude in der Diaspora aufwuchs, Der Jude, II, Nr. 3 (Juni 1917), 194.

[202] *Wilhelm Liebknecht,* Rede über den Kölner Parteitag mit besonderer Berücksichtigung der Gewerkschaftsbewegung, Bielefeld 1893, 33.

[203] *W. Blumenberg,* August Bebels Briefwechsel mit Friedrich Engels, Den Haag 1965, 478 (15. November 1891); 487 (1. Dezember 1891).

[204] Z. B. *Karl Kautsky,* Das Massaker von Kischineff und die Judenfrage, Die Neue Zeit, XXI. Jg., II. Bd., Nr. 36 (3. Juni 1903).

[205] Z. B. *August Bebel,* Sozialdemokratie und Antisemitismus, Berlin 1906, bes. 27–28.

Die Schlußfolgerung des *Vorwärts*, die „Unzufriedenen, die Unterdrückten, die antisemitische Masse wird uns folgen müssen, weil die Verhältnisse sie zu unserer Fahne führen", war typisch für viele[206].

Doch so wichtig und interessant diese Auslegungen auch sein mochten, so gelangten sie doch nicht zu weiter Verbreitung. Weit wichtiger war der allgemeine Eindruck, daß die Stellung der Sozialdemokraten als Feinde der Rechten sie automatisch zu Verbündeten der Opfer der Rechten, daß ihr Eintreten für die Gleichheit der Menschen sie automatisch zu Gegnern jeglicher Diskriminierung machen müsse. Diese Erwägungen wogen allmählich das ursprünglich negative Bild auf, das man sich innerhalb der jüdischen Gemeinschaft von der Sozialdemokratie als Gegnerin von Eigentum und Religion gemacht hatte. Derartige Vorstellungen hatten besonders in den siebziger und achtziger Jahren vorgeherrscht, als die Juden eifriger denn je bemüht gewesen waren, ihre Loyalität gegenüber der neuen Ordnung unter Beweis zu stellen[207]. Die *Allgemeine Zeitung des Judentums* hatte damals kategorisch erklärt „Das Judentum steht... dem Sozialismus in allen Punkten gegenüber" und sogar kurze Zeit das Sozialistengesetz befürwortet[208]; der Abwehrverein wiederum hatte in den ersten Jahren seines Bestehens argumentiert, jüdische Sympathie für den Sozialismus würde nur durch den Antisemitismus verursacht[209]. Von der Jahrhundertwende an, als Reaktion auf den vermeintlichen Opportunismus des Freisinn, begannen die Abwehrorganisationen, die Möglichkeit einer Zusammenarbeit mit der SPD ernstlich ins Auge zu fassen. So verurteilte der Abwehrverein unter der aggressiven Führung Theodor Barths z. B. Vorstandsmitglieder, die sich bei Stichwahlen aus opportunistischen Gründen öffentlich für antisemitische Kandidaten erklärt hatten und postulierte das bedingungslose Eintreten für Sozialdemokraten im zweiten Wahlgang[210]. Auch der Centralverein erkannte die SPD als zuverlässigen Verbündeten in der Aufrechterhaltung der Rechtsgleichheit an* und zählte 1907 die Sozialdemokraten unter die Parteien, die bei Stichwahlen gegen Antisemiten zu unterstützen seien[211]. Diese Anweisungen allerdings stießen nur begrenzt auf Widerhall und stellen mehr ein Symptom für das

---

[206] Vorwärts, 5. Juni 1891; auch aaO, 8. Dezember 1892, 21. Juni 1893, 29. August 1893. Zu diesem Fragenkomplex siehe jetzt auch die bisher unveröffentlichte Dissertation von *Robert S. Wistrich*, Socialism and the Jewish Problem in Germany and Austria 1880–1914, University of London 1974.

[207] *Toury*, Die politischen Orientierungen, 166–169.

[208] Allgemeine Zeitung des Judentums, 25. Juni 1878, 403; 16. Juli 1878, 455.

[209] Mitteilungen, III, Nr. 46 (12. November 1893), 418.

[210] AaO, XIV, Nr. 16 (19. April 1904), 122; XVII, Nr. 10 (6. März 1907), 74–75. Allerdings stieß diese Haltung des Vereins auch auf Opposition.

* Zu Centralverein und SPD siehe ausführlicher den Beitrag von *Arnold Paucker*, S. 501–504 (Hrsg.).

[211] *Sonnenfeld*, aaO, 632; Allgemeine Zeitung des Judentums, 8. Februar 1907, 62.

zunehmende Ansehen der SPD als einen Beweis für wachsende revolutionäre Begeisterung unter Juden oder Gegnern des Antisemitismus dar.

Der imponierendste Beweis für die Widerstandskraft der SPD gegen den Druck der Mode war ihre Bereitschaft, Juden als Parlamentskandidaten aufzustellen. Die Zahl jüdischer Reichstagsabgeordneter stieg ständig an in dem Maße, wie die Partei insgesamt an Stärke zunahm, bis zu acht im Jahre 1898 und zwölf im Jahre 1912. Sie erreichte nach einer Nachwahl die Rekordhöhe von dreizehn. Von den achtziger Jahren an bestanden mindestens zehn Prozent der Fraktion aus Juden. Obwohl die meisten von ihnen großstädtische Wahlbezirke vertraten – die schließlich die Stützpunkte der Partei bildeten –, repräsentierten sie auch Gebiete mit mittleren oder Kleinstädten, z. B. Reichenberg in Sachsen (Kayser, 1884–88), Grünberg in Schlesien (Davidsohn, 1912–18) und die beiden Fürstentümer Reuß (Emanuel Wurm, 1890 bis 1907, 1912–18; Max Cohen, 1912–18). Sie wurden häufig für umstrittene Kreise aufgestellt, ohne Rücksicht darauf, ob das nun taktisch ratsam war. Der Grund hierfür war, daß der Partei mehr an Gesamtstimmen als Reichstagssitzen gelegen war, daß sie der jeweiligen Persönlichkeit des Kandidaten relativ geringes Gewicht beilegte und daß sie Wahlkampagnen eine erzieherische Funktion zuschrieb. Aber ein ebenso schwerwiegender Grund war ihre Entschlossenheit, sich nicht von ihren Prinzipien durch Zugeständnisse an allgemein verbreitetes Vorurteil abbringen zu lassen.

Doch die Bedingungen, unter denen Juden in der SPD aufsteigen konnten, zeigten auch, wo für sie die Grenzen der Attraktivität der Partei lagen. Man konnte jüdischer Sozialist sein, nicht aber sozialistischer Jude. Ein SPD-Mandat ließ sich nicht mit der Vertretung von Sonderinteressen vereinbaren, wie etwa denjenigen des C. V. Der Kampf gegen den Antisemitismus war Aufgabe der gesamten Partei, nicht ihrer jüdischen Mitglieder, von denen einige, wie Paul Singer, keineswegs erpicht darauf waren, ihn besonders herauszustreichen[212]. Als z. B. Bernstein in einer Debatte über Reserveoffiziere intervenierte, tanzte er aus der Reihe und beging einen Verstoß gegen die Parteidisziplin[213].

Die überwiegende Mehrheit jüdischer Sozialdemokraten, einschließlich der weitaus meisten Revisionisten, glaubte in Einklang mit der Parteilinie, daß mit der Ankunft des Sozialismus die jüdische Frage ihre Lösung finden würde, indem sie „das völlige Aufgehen des Judentums" ermöglichte[214]. Vor

---

[212] Vor allem auf dem Kongreß der Sozialistischen Internationale in Brüssel, 1891. *Edmund Silberner*, Sozialisten zur Judenfrage, Berlin 1962, 180, 182.

[213] Reichstag, Stenographische Berichte, 19. Juni 1913: 5638; *Angress*, Jewish Reserve Officer Controversy, aaO; *Erich Matthias* und *Eberhard Pikart* (Bearb.), Die Reichstagsfraktion der deutschen Sozialdemokratie, Düsseldorf 1966, I, 298. Bernstein war als Fraktionsredner zur Debatte über den Militäretat bestimmt worden, allerdings für ein anderes Thema.

[214] *Karl Kautsky*, Rasse und Judentum, 2. Aufl., Stuttgart 1921, 73, welches hier das maßgebende Werk war.

allem akzeptierten sie die Doktrin, in Österreich-Ungarn und Rußland strittiger als in Deutschland, daß die Juden keine eigene Nation bildeten. Erst der Ausbruch des Krieges, der verstärkte Kontakt mit dem östlichen Judentum und dem Zionismus, sowie das Wiederaufleben des Antisemitismus nach 1918 bewirkten, daß eine Reihe von Sozialisten begann, sich erneut mit jüdischer Nationalität zu identifizieren: so Eduard Bernstein und Georg Davidsohn. Oskar Cohn war einer der wenigen, die in dieser Beziehung schon vor 1914 aktiv waren. Tatsächlich konnte der C. V. ganz richtig konstatieren, daß die SPD über ihre unerschütterliche Haltung in Fragen des Antisemitismus in jüdischer Hinsicht nicht weiter hinausgehe:

> „Sehen Sie einmal nach, in welcher Weise sich die offizielle Sozialdemokratie für das Judentum erwärmt, dann werden Sie finden, daß die Wärme unter Null steht." [215]

Wenige Sozialdemokraten hätten dieses Urteil nicht bestätigt. Manche gingen noch weiter, indem sie den Kampf gegen den Antisemitismus, welcher nicht das einzige oder das größte Übel im Kaiserlichen Deutschland sei, als einseitig mißbilligten. Franz Mehring z. B. hielt die Kampagne gegen den Antisemitismus für eine verkappte Verteidigung des Kapitalismus und gab seiner unparteiischen Verachtung für Antisemitismus wie „Philo-Semitismus" Ausdruck [216]; eine Haltung, die viel häufiger in der österreichischen Partei anzutreffen war. Sozialdemokraten beschwerten sich auch über selektive Kritik in der von Juden herausgegebenen bürgerlichen Presse, die der Dreyfus-Affäre große Anteilnahme widme, doch nichts über die häufigen Fälle von „Klassenjustiz" berichte, unter der deutsche Arbeiter und deren Funktionäre litten [217].

Selbst bei Ausklammerung des Klassenmoments war somit die Anziehungskraft, welche der Sozialismus auf Juden ausüben konnte, eine begrenzte. Von denjenigen, die ein erhöhtes jüdisches Gemeinschaftsgefühl zu empfinden begannen, ließ es sich am wenigsten erwarten, daß sie das sozialdemokratische Rezept anziehend finden würden, und selbst diejenigen, deren Zionismus die sozialistische Komponente betonte, fühlten, daß sie wenig mit der SPD gemein hatten. Jene hingegen, die in einer neuen sozialen Ordnung, weltlicher Art und auf menschliche Gleichheit gegründet, das Heilmittel für Konflikte zwischen Juden und Nichtjuden erblickten, welches Liberalismus und Nationalismus nicht hatten bieten können, sahen in der SPD auch gleichzeitig das Werkzeug für ihre eigene Erlösung. Sie traten der Partei nicht bei, weil diese im politischen Tageskampf Vorurteil und Diskriminierung bekämpfte, sondern weil sie die Vision einer Zukunft bot, in der die Gründe für Vorurteile und

---

[215] *Sonnenfeld*, aaO, 629.

[216] *Anon.* [*Franz Mehring*], Anti- und Philosemitisches, Die Neue Zeit, IX. Jg., II. Bd., Nr. 45 (27. Juli 1891), 586–587.

[217] Das Dresdner Urteil, Die Neue Zeit, XVII. Jg., I. Bd., Nr. 21 (8. Februar 1899), 643; Nochmals das Dresdner Urteil, aaO, Nr. 23 (22. Februar 1899), 705.

Diskriminierung nicht mehr bestehen würden. Was Viktor Adler klarsichtig über die Arbeiter bemerkt, die meisten von ihnen sehnten sich danach, „einmal leben zu können wie die Anderen"[218], hätte sich ebensogut auf viele Juden beziehen können.

Nichtsdestoweniger verleugnete eine überraschend große Anzahl von sozialistischen Juden nicht ihr Judentum, selbst wenn sich die rein religiösen Bande schon lange gelöst haben mußten. Einige erklärten öffentlich, daß sie jüdischen Sittenlehren ihre Zugehörigkeit zum Sozialismus verdankten, andere betonten, oft im Widerspruch zu rechtsgerichteten Juden, daß die ersten Antisemiten gleichzeitig auch die ersten Antisozialisten gewesen seien. Ein typischer Vertreter der letzteren Gruppe war Samuel Kokosky vom *Braunschweiger Volksfreund*, der Adolph Aronheim – den Vorsteher der Israelitischen Gemeinde und durch die Vereinigten Braunschweiger Arbeitgeber einer der Hauptbefürworter eines Boykotts gegen Anstellung von Sozialdemokraten im Jahre 1878 – daran erinnerte:

> „Der Hepp-Hepp Ruf gegen die Juden ist noch nicht so lange verhallt, als daß sie die ersten sein sollten, welche das Hepp-Hepp gegen die Sozialdemokratie erheben."[219]

Von den achtzehn Sozialdemokraten jüdischer Abstammung, die zwischen 1874 und 1914 in den Reichstag gewählt wurden, blieben acht Mitglieder der jüdischen Religionsgemeinschaft, prozentual viel mehr als bei Protestanten und Katholiken. Kurt Eisner, selbst kein Abgeordneter, sprach für viele, als er erklärte, eine verfolgte und verachtete Gemeinschaft verlasse er nicht[220]; ja, eine von der *Allgemeinen Zeitung* vorgenommene Anfrage an sozialdemokratische Abgeordnete entlockte Oskar Cohn, Georg Davidsohn und Emanuel Wurm ganz ähnliche Antworten[221].

Genaugenommen war die Suche nach einer Gesellschaft ohne Juden oder Nichtjuden eher ein Argument für den Sozialismus als Idee denn eines für die SPD als Organisation. In der Weimarer Republik sollte es tatsächlich eine große Gruppe von parteiunabhängigen linksstehenden Publizisten, häufig Juden, geben, – Kurt Tucholsky, Siegfried Jacobsohn, Stefan Grossmann, Kurt Hiller[222]. Im Wilhelminischen Deutschland jedoch deckten sich Ideologie

---

[218] An Bebel, 8. September 1903. *Viktor Adler*, Briefwechsel mit Friedrich Engels und Karl Kautsky. Gesammelt und eingeleitet von *Friedrich Adler*, Wien 1954, 421–422.

[219] *Georg Eckert*, Die Braunschweiger Arbeiterbewegung unter dem Sozialistengesetz, Braunschweig 1961, I, 24, 28.

[220] *Franz Schade*, Kurt Eisner und die bayerische Sozialdemokratie, Hannover 1961, 105, Anm. 209.

[221] Allgemeine Zeitung des Judentums, 5. April, 26. Juli 1912, 160, 353.

[222] *George L. Mosse*, Germans and Jews. The Right, the Left, and the Search for a ‚Third Force' in Pre-Nazi Germany, New York 1970, 171–225; *Istvan Deak*, Weimar Germany's Left-Wing Intellectuals. A Political History of the ‚Weltbühne'

und Organisation fast völlig. Außerhalb der Partei war von Bedeutung nur Gustav Landauer, der sich selbst als Anarchist verstand, und dessen Wirkungsfeld hauptsächlich im Bereich der Literatur lag [223]. Seine direkte politische Bindung datiert von den Revolutionsjahren, als er an der Ausrufung der ersten Bayrischen Räterepublik im April 1919 mitbeteiligt war. Erich Mühsam, sein Hauptkollege in dieser Sache, versuchte später, im Rückblick, für sich eine Laufbahn subversiver Leistungen zu konstruieren, war aber zu dieser Zeit völlig unbekannt [224]. Schließlich war da noch Julian Borchardt, der nach einer kurzen Periode als preußischer Landtagsabgeordneter 1914 die kriegsgegnerische Vereinigung Internationaler Sozialisten Deutschlands bildete, welche nie Bedeutung erlangte; er mag als Beispiel dienen für das Sektierertum, das so oft zu der Pilgerfahrt vom Ghetto zur Utopie gehört.

Der Jude in der SPD war in verschiedener Hinsicht bedeutsam. Zunächst, im Jahre 1914, rein der Zahl nach: im Verhältnis zur jüdischen Bevölkerung und in Anbetracht der Unterstützung, welche die Partei bei Wahlen im Lande von Juden erhielt, war sie unverhältnismäßig groß. Des weiteren im Typ der meisten Mitglieder. In der einen oder anderen Weise ließen sich die meisten aktiven Juden in der SPD als Intellektuelle bezeichnen. Das bedeutet nicht unbedingt, daß sie ihrer Herkunft nach Bürgerliche gewesen wären: eine Reihe von ihnen entstammte armen (obwohl meist nicht proletarischen) Familien. Noch bedeutet es, daß sie alle eine akademische Ausbildung genossen hatten: befinden wir uns doch schließlich im goldenen Zeitalter des Autodidakten. Jedoch bedeutete es, daß Juden innerhalb der Partei über beträchtlichen Einfluß in Debatte und Kommunikation verfügten, im Gegensatz zu organisatorischer Kontrolle oder Entfaltung langfristiger Strategie; und weit mehr als irgendwelche identifizierbare ideologische Position kennzeichnet dies, was sie für die Partei leisteten.

Im Parteijournalismus entsprachen Juden reichlich Adlers früher Bemerkung „Wir Juden sind ja zur Colportage geradezu prädestiniert" [225]. Die wichtigste Persönlichkeit in dieser Hinsicht war nach dem Wegfallen des Sozialistengesetzes Bruno Schönlank. Nach einer vielversprechenden Karriere an der *Süddeutschen Post* und der *Fränkischen Tagespost*, deren Chefredakteur er im Alter von 25 Jahren wurde, wurde er 1894 zum Chefredakteur der *Leipziger Volkszeitung* ernannt. Bei seiner Ernennung erhielt er den spezifischen

---

and its Circle, Berkeley–Los Angeles, 1968; *Harold L. Poor*, Kurt Tucholsky and the Ordeal of Germany, 1914–1935, New York 1968.

[223] Über Landauer siehe *Eugene Lunn*, Prophet of Community. The Romantic Socialism of Gustav Landauer, Berkeley–Los Angeles, 1973; *Charles B. Maurer*, Call to Revolution. The Mystical Anarchism of Gustav Landauer, Detroit 1971.

[224] *Werner T. Angress*, Juden im politischen Leben der Revolutionszeit, in: Deutsches Judentum in Krieg und Revolution 1916–1923. Ein Sammelband hrsg. von *Werner E. Mosse* unter Mitwirkung von *Arnold Paucker*, Schriftenreihe wissenschaftlicher Abhandlungen des Leo Baeck Instituts, Bd. 25, Tübingen 1971, 267.

[225] Brief an Kautsky, 21. August 1886. *Adler*, Briefwechsel, 15.

Auftrag, das Blatt in eine populäre Zeitung zu verwandeln, die mit der kommerziellen Presse konkurrieren und Propaganda über den engen Kreis der Parteifunktionäre hinaus verbreiten würde; denn diese bildeten bis dahin das Gros der Leserschaft von Parteizeitungen. Schönlank akzeptierte diese Instruktion mit der Bedingung der freien Hand in der Wahl seiner Mitarbeiter. Auf dieser Basis vergrößerte er die Auflage des Blattes auf 90 000, so daß es nur noch hinter dem Berliner *Vorwärts* zurückstand[226].

Damit erwies er der Partei nicht nur einen Dienst, sondern vermachte ihr auch ein Problem: denn mit verbesserter Qualität war die Presse zu einer unabhängigen Macht innerhalb der Arbeiterbewegung geworden, wobei ihr Verhältnis zur Parteiführung und örtlichen Parteivorgesetzten sich nie befriedigend klären ließ[227]. Gerade auf den Seiten dieser kaum kontrollierbaren Zeitungen und Journale erblühte so mancher Ideologiestreit, den die Parteiführung gerne gedämpft hätte. Der jüdischen Vorliebe für Kontroverse boten sie manche Möglichkeiten.

Für viele, die später zu Berühmtheit gelangten, bot sich eine frühe Chance in Schönlanks *Leipziger Volkszeitung*. Seine politischen Mitredakteure waren in den sieben Jahren zwischen Ernennung und Tod Simon Katzenstein, Albert Südekum, Gustav Morgenstern und Friedrich Stampfer, von denen nur Südekum Nichtjude war. Schönlank unter anderen sorgte auch dafür, daß zwei der führenden revolutionären Ideologen zur Mitarbeit herangezogen wurden, nämlich Alexander Israel Helphand („Parvus") und Rosa Luxemburg, die in den Jahren 1898 und 1899 28 Artikel beisteuerte: hier, eher als in ihrem anderen Sprachrohr, der offiziösen *Neuen Zeit*, veröffentlichte sie die Artikelserie, in der sie Eduard Bernsteins *Voraussetzungen des Sozialismus* zu widerlegen suchte.

Schönlanks ideologischer Eklektizismus und seine Unbeständigkeit – er wechselte vom Revisionismus, welchen Namen er selbst geprägt hatte, über zu kurzlebiger Bewunderung von Rosa Luxemburgs Standpunkt –, brachte dem Blatt manche Schwierigkeit. So hatte Parvus sich schnell mit Schönlank zerstritten und trat 1896 die Nachfolge des gemäßigten Georg Gradnauer als Chefredakteur der *Sächsischen Arbeiterzeitung* an; dabei gewann er einen weiteren bekannten jüdischen Radikalen, Julian Marchlewsky („Karski") zum Mitredakteur. Der gebürtige Brünner Friedrich Stampfer, der während Schönlanks Krankheit stellvertretender Herausgeber gewesen war und dem gemäßigten Flügel der Partei angehörte, war mit Rosa Luxemburgs laufenden Beiträgen nicht einverstanden und schied von der Mitarbeit an der Zei-

---

[226] *Paul Mayer*, Bruno Schoenlank (1859–1901). Reformer der sozialdemokratischen Tagespresse, Hannover 1972, 69.

[227] *Carl E. Schorske*, German Social Democracy 1905–1917. The Development of the Great Schism, New York 1965, 182, 201–204; *Gerhard A. Ritter*, Die Arbeiterbewegung im Wilhelminischen Reich, 2. Aufl., Berlin 1963, 65–66.

tung aus, als Franz Mehring, der sich mehr in ihrer Richtung bewegte, Chefredakteur wurde.

Stampfer selbst zog nach Berlin und wurde Mitarbeiter des Zentralorgans *Vorwärts*. Hier traf er auf Gradnauer, der zu dem Blatt gestoßen war, nachdem er die *Sächsische Arbeiterzeitung* verlassen hatte, und auf Kurt Eisner. Zusammen verliehen diese drei dem Blatt einen deutlich revisionistischen Ton, im Gegensatz zu der immer radikaler klingenden sozialdemokratischen Presse Sachsens. Obwohl Eisner als Revolutionär durch die Bayrische Republik von 1918–19 berühmt wurde, die er proklamierte und an deren Spitze er stand, war er zu dieser Zeit ein Gemäßigter und kaum Marxist zu nennen. Seine erste Stelle als Journalist hatte er an der *Frankfurter Zeitung*, die er verließ, um an die sozialdemokratische *Hessische Landespost* zu gehen, wo er politischer Redakteur wurde. In diesem Zeitabschnitt seines Lebens (1893–98) war er mit dem Neukantianer Hermann Cohen aus Marburg befreundet, der einen starken Einfluß auf seine ethische Denkweise ausübte und ihn zur Aufnahme einer Universitätslaufbahn zu überreden suchte[228]. Eine Gefängnisstrafe versperrte ihm diese Möglichkeit und infolge von Philipp Scheidemanns Einfluß ging er zum *Vorwärts*. Nachdem er unter Wilhelm Liebknecht politischer Redakteur und de facto geschäftsführender Herausgeber gewesen war, verblieb er nach dessen Tod im Jahre 1900 weiter in dieser Stellung.

Obwohl viele in der Partei Einwendungen gegen den revisionistischen Ton des *Vorwärts* während dieser Jahre erhoben, ging es in dem großen Streit, der zur Entlassung eines Teils der Mitglieder des Redaktionsvorstands führte, mehr um seine Unabhängigkeit und Auflehnung als um seine ideologische Haltung.

Jedenfalls, das Ausscheiden von Eisner, Gradnauer und Julius Kaliski ließ den jüdischen Anteil nicht kleiner werden. Sie wurden unter anderen ersetzt durch Georg Davidsohn und Arthur Stadthagen vom linken Flügel der Partei[229]. Gradnauer kehrte zu seiner alten Zeitung zurück, die jetzt unter neuem Namen als *Dresdner Volkszeitung* erschien, während Eisner an die *Fränkische Tagespost* ging, und somit seine Verbindung zu Bayern begann. 1910 wechselte er zur *Münchner Post* über, wo sein Hauptbeitrag ein Arbeiterfeuilleton war, das viele andere sozialdemokratische Zeitungen benutzten[230].

In seinem Interesse für die kulturelle Seite des Journalismus und seinem Bestreben, die sozialdemokratische Presse allgemein den Massen näher zu bringen, befand sich Eisner in der Tradition Schönlanks und war typisch für jüdische Arbeit in der Publizistik der Partei. Der größte Beitrag war der Friedrich Stampfers, der die *Parteikorrespondenz* gründete und ihr Herausgeber wurde: er wollte damit eine sozialdemokratische Nachrichtenagentur

---

[228] *Schade*, op. cit., 27, 105.
[229] Vorwärts, 24. Oktober 1905, 7. November 1905.
[230] *Schade*, op. cit., 29.

bieten. Bei Kriegsausbruch wies sie 40 000 Abonnenten auf. Im Stoff gab sie natürlich Stampfers eigene rechts-orientierte Position innerhalb der Partei wieder und wurde deshalb von Rosa Luxemburg als die „Groß-Lichterfelder Meinungsfabrik zur Verkleisterung der Proletariergehirne" gebrandmarkt [231]. Um dieser Verkleisterung entgegenzutreten, gründete sie selbst, mit Hilfe Marchlewskis und Mehrings, die *Sozialdemokratische Korrespondenz*. Eisner, Stampfer und der ketzerische Joseph Bloch gehörten ebenfalls dem Künstlerischen Ausschuß der Freien Volksbühne an, aber Nichtjuden waren hier auch stark vertreten, so durch den Vorsitzenden Conrad Schmidt (den Bruder von Käthe Kollwitz) und seinen Stellvertreter im Amt, Kurt Baake [232].

Das in theoretischer Hinsicht erste Blatt der Partei, *Neue Zeit,* wurde um diese Zeit von dem Nichtjuden Karl Kautsky herausgegeben, unter dessen Hauptmitarbeitern sich aber Juden befanden, so Eduard Bernstein bis 1901, als Auseinandersetzungen über politische Grundsätze dies nicht länger erlaubten, und von 1902 an Emanuel Wurm. Juden waren an der Gründung einer Reihe von weniger offiziellen theoretischen Blättern beteiligt. Heinrich Braun, der Schwager Viktor Adlers, gründete die *Neue Gesellschaft* und das *Jahrbuch für Politik und Arbeiterbewegung,* die Volkswirtschaft und Soziologie bei der Erörterung von Problemen der Arbeiterbewegung heranzuziehen suchten, – im Gegensatz zu dem mehr philosophischen Ansatz der *Neuen Zeit.* Die *Sozialistischen Monatshefte* Joseph Blochs widmeten sich der spezielleren Aufgabe, die Ansichten des revisionistischen Flügels der Partei zu verbreiten. Ihre besondere Rolle muß im allgemeinen Zusammenhang des Verhältnisses von Juden zu den theoretischen Kontroversen innerhalb der Partei behandelt werden.

Wie im Journalismus, so lag das Hauptkennzeichen jüdischer Beteiligung an der Entwicklung der Partei-Theorie eher in der Quantität als im Inhalt. Ungeachtet weitverbreiteter Stereotypen konnte man Juden vor Kriegsausbruch nicht stärker mit dem linken als mit dem rechten Flügel der Partei identifizieren. Man kann höchstens sagen, daß wenige von der jüdischen Parteiprominenz mit dem Attentismus der Parteimitte und der meisten Parteifunktionäre und Reichstagsabgeordneten zufrieden waren. Unverhältnismäßig viele von ihnen entstammten bürgerlichen Kreisen, und tendierten dazu, ihre Ansichten eher von Grundsätzen als von empirischer Erfahrung abzuleiten: dies brachte ihnen eine dominierende Position in parteiinternen Debatten. Die Partei wäre ohne Eduard Bernstein und Rosa Luxemburg nicht die gleiche gewesen, und noch heute hallt die sozialistische Weltbewegung von den Fragen wider, die sie als erste stellten.

---

[231] *Friedrich Stampfer,* Erfahrungen und Erkenntnisse. Aufzeichnungen aus meinem Leben, Köln 1957, 92–94; *Kurt Koszyk,* Anfänge und frühe Entwicklung der sozialdemokratischen Presse im Ruhrgebiet, 1875–1908, Dortmund 1953, 141.
[232] *Stampfer,* op. cit., 96 97.

Die Revisionisten forderten die Orthodoxie der Parteidoktrin stärker heraus als die Radikalen. Während die Radikalen in die Partei drangen, sich jeglichem Kolonialismus und Imperialismus entgegenzusetzen und immer wieder betonten, daß der Klassenkampf bei aller politischer Betätigung an erster Stelle stehen müsse, stellten die Revisionisten die Grundvoraussetzungen des dialektischen Materialismus in Frage. Bernstein lehnte die Ansicht ab, daß sich der Kapitalismus auf eine Krise und Katastrophe zubewege, daß der Klassenkonflikt sich fortlaufend verschärfe, daß die Verelendung ohne Aufschub fortschreiten würde. Gegen den Kapitalismus hatte er einzuwenden, daß dieser den Wert des Lebens beeinträchtige. Am Marxismus der Partei hinwieder kritisierte er dessen Unfruchtbarkeit und „cant", „die unwahre, entweder gedankenlos nachgeplapperte oder mit dem Bewußtsein ihrer Unwahrheit für irgendeinen Zweck ausgenutzte Redensart" [233], in welche Kategorie für ihn auch die Idee der Diktatur des Proletariats fiel. Seiner Ansicht nach gehörte dies „einer tieferen Kultur an"; sich ihrer zu bedienen wäre „ein Rückfall" und „politischer Atavismus" [234].

Doch das schrittweise Programm, das er für die dereinst zu erreichenden Ziele der Arbeiterbewegung vorschlug, stand eigentlich der Denkweise und täglichen Praxis der meisten Parteimitglieder und Funktionäre näher als die Aufrufe zu Gewalt und Generalstreik, die von Rosa Luxemburg herrührten, wenn sie diese auch noch so logisch von den erklärten Prinzipien der Partei ableitete. Dies mag ein Grund dafür sein, daß Bernstein, obwohl er bei Parteikonferenzen vernichtend unterlag, niemals denselben persönlichen Haß erregte wie die Radikalen ihn auf sich zogen. Der andere Grund ist, – und er mag mit seinen gedanklichen Positionen und denjenigen seiner Rivalen zusammenhängen –, daß er, menschlich gesehen, ein schlichter und sympathischer Mann war: sogar die Haupttheoretiker und Patriarchen der Partei reagierten auf seine „Ketzerei" mehr mit Kummer als mit Ärger. Viktor Adler schrieb ihm „in camera caritatis": „daß ich schmerzlich überrascht bin ... in dem gänzlichen Mangel jeden politischen Instinktes, der dich gelehrt hätte, *jetzt* dürfe man nicht so reden, selbst wenn man *ganz* recht hätte" [235]. Und als Kautsky Adler bat, Bernsteins *Die Voraussetzungen des Sozialismus* für den *Vorwärts* zu rezensieren, unterstrich er seine Bitte: „Um Edes [Eduard Bernstein] willen hätte ich gewünscht, Du wärest vorangegangen, und nicht irgendein Parvus oder eine Luxemburg." [236]

Diese letzte Wendung verriet, welche Spannung die Radikalen durch die Überlegenheit und Intoleranz ihres Intellekts in die Partei hineintrugen. Es wurden häufig Anspielungen, freilich mehr privat als vor der Öffentlichkeit,

---

[233] *Eduard Bernstein*, Die Voraussetzungen des Sozialismus und die Aufgaben der Sozialdemokratie, Berlin 1902, 169.
[234] AaO, 127.
[235] *Adler*, Briefwechsel, 297 (17. März 1899).
[236] AaO, 294 (7. März 1899).

auf die jüdische Abstammung der Radikalen gemacht, nie aber auf die der Revisionisten. Jene waren offenbar „typisch jüdisch", diese hingegen nicht. Viele Memoiren, die jüdischer Parteiveteranen eingeschlossen, stimmen darin überein, Rosa Luxemburg sei für ihre Genossen eine Nervensäge gewesen. Friedrich Stampfer vermerkt, „ihre überhebliche Art, mit Menschen umzugehen, mißfiel mir" [237]; und Viktor Adler schalt sie „der hysterische Materialismus" [238]. Gustav Noske berichtet in seinen nach dem Zweiten Weltkrieg veröffentlichten Memoiren,

> „daß die ostjüdischen ‚Marxisten' eine besondere Veranlagung dafür besaßen, den Sozialismus zu einem Dogma auszubilden ... Sie brüteten eine Geheimwissenschaft aus, die den deutschen Arbeitern stets unverständlich geblieben ist." [239]

Eine Reihe von Parteimitgliedern des rechten Flügels, darunter Richard Fischer und Karl Grillenberger, urteilten in privatem Kreise oft geringschätzig über die Linke. Grillenberger empfand keinerlei Verlegenheit, wenn er sich in seinen Briefen an Schönlank auf Parvus als „der russische Büffelochsenjude" und auf die Berliner Abteilung der Partei als auf das „Bezirks-Amt Judäa" [240] bezog; Richard Fischer hingegen, der in dem *Vorwärts*-Skandal stark mit den Revisionisten sympathisierte [241] und auch den *Sozialistischen Monatsheften* Beiträge lieferte, störte es in keiner Hinsicht, daß die meisten dieser Gesinnungsgenossen gleichzeitig jüdisch waren. Wie auch anderswo war es in der SPD jedermann überlassen zu bestimmen, wer ein Jude sei.

Zwei andere Männer, die in der Partei eine Rolle spielten, können als maßgeblich für den jüdischen Beitrag zum reformistischen oder respektive zum radikalen Flügel gelten, nämlich Ludwig Frank und Hugo Haase. Im Gegensatz zu den Kreisen Bernsteins und der Luxemburg waren sie hauptsächlich im Reichstag selbst tätig. Frank war, anders als Bernstein, kein Theoretiker des Revisionismus. Er kannte keine Eschatologie. Es ging ihm einfach darum, der Arbeiterklasse materielle und kulturelle Verbesserungen zu verschaffen; er hielt es für möglich und auch wünschenswert, daß man dies unter der Benutzung bestehender Institutionen erreichte. Hierin war er typisch für die Parteirichtung in Süddeutschland und ein Produkt besonders des toleranten politischen Klimas von Baden, wo die Sozialdemokraten mit beiden liberalen Parteien verbündet waren und das Ärgernis der Berliner Parteileitung dadurch erregten, daß sie den Staatshaushalt genehmigten. Frank war Fraktionsführer der Sozialdemokraten im Badener Landtag und

---

[237] *Stampfer*, op. cit., 75, 175.
[238] Mündliche Mitteilung von Julius Braunthal.
[239] *Gustav Noske*, Aufstieg und Niedergang der deutschen Sozialdemokratie. Erlebtes aus Aufstieg und Untergang einer Demokratie, Zürich–Offenbach 1947, 27.
[240] *Mayer*, op. cit., 123, 119 (April 1897).
[241] *August Bebels* Briefwechsel mit Karl Kautsky, hrsg. von *Benedikt Kautsky*, Assen 1971, 379 (15. Dezember 1905); *Noske*, op. cit., 147–148.

verteidigte in dieser Eigenschaft auf dem Magdeburger Parteitag von 1910 die abweichende Linie seiner Anhänger; nicht, indem er das geschriebene Wort anfocht, sondern dadurch, daß er auf die soliden Leistungen seiner Fraktion in Finanz- und Sozialpolitik hinwies[242].

Dieser pragmatische Reformgeist war nicht typisch jüdisch. Seine wichtigsten Vertreter waren Nichtjuden: Georg von Vollmar und Ignaz Auer aus Bayern, Eduard David aus Hessen, ganz zu schweigen von den hauptsächlichen Gewerkschaftsführern. Was Frank jedoch aus ihrer Reihe heraushob, waren sein Interesse für Außenpolitik, sein humanitärer Internationalismus; hierin glich er seinem Hauptgegner auf der Magdeburger Konferenz, Hugo Haase. Haases Hingabe an den revolutionären Impuls der Partei beruhte nicht wie die Rosa Luxemburgs auf einem speziellen Interesse für den Marxismus, oder dessen besonderem Verständnis. Wie es sich für einen gebürtigen Königsberger ziemte, kam seine Inspiration von Kant, dessen Erstausgaben er sammelte[243], und in dieser Beziehung stand er Bernstein und Eisner näher als den Führern des radikalen Parteiflügels. Dieser Idealismus brachte ihn als Juristen dazu, die Verteidigung, und zwar unentgeltlich, von Arbeitern und Parteimitgliedern zu übernehmen, die er als Opfer der Klassenjustiz sah. Er machte ihn auch in der Partei zur Fachgröße auf dem Gebiet der Rechtsreform, die er bezeichnenderweise mit der Bemerkung rechtfertigte, „ein modernes Strafrecht muß vom Geiste der Humanität erfüllt werden"[244]. Doch mehr als dies machte ihn seine hingebungsvolle Arbeit für die Einigkeit der Partei und die Grundsätze des Parteiprogramms zum Kandidaten der Radikalen für den Posten des Parteivorsitzenden beim Tode Singers im Jahre 1911, und sein Sieg öffnete den Weg zu seiner Wahl als Mitvorsitzendem der Partei (mit Friedrich Ebert) beim Tode Bebels im Jahre 1913.

Ebenfalls in dieser Zeit trat sein Interesse für außenpolitische Angelegenheiten stärker hervor. Haase war derjenige gewesen, der beim Treffen der Internationale von 1907 die Erklärung der deutschen Delegation formuliert hatte, welche den Militarismus verurteilte, aber vom Massenstreik als illusorisch abgerückt war. Auch war er Mitvorsitzender des französisch-deutschen interparlamentarischen Komitees, das erstmalig 1913 in Bern zusammentrat, um die Gefahr eines Krieges zwischen den beiden Staaten abzuwenden, ein Ereignis, das auch wegen einer leidenschaftlichen Rede von Ludwig Frank und der Teilnahme Bernsteins bemerkenswert ist[245].

[242] Protokoll über die Verhandlungen des Parteitages der Sozialdemokratischen Partei Deutschlands, abgehalten in Magdeburg (1910), Berlin 1910, 259–276, bes. 264–267.

[243] *Schorske,* op. cit., 209.

[244] Protokoll über die Verhandlungen des Parteitages der Sozialdemokratischen Partei Deutschlands, abgehalten zu Mannheim (1906), Berlin 1906, 141.

[245] *Hamburger,* Juden im öffentlichen Leben, 430–431, 452; *Matthias* und *Pikart,* op. cit., I, 307. Mit Georges Weill waren vier der sieben Teilnehmer Juden.

Als der Krieg ausbrach, wurden die Ideale aller Sozialdemokraten, gleich ob sie nun von Marx oder Kant inspiriert waren, auf die härteste Probe gestellt: durch den Zwang der politischen Lage, durch den Mangel an geistiger Vorbereitung, durch die zweideutigen Gebote des Prinzips der Landesverteidigung. Die Krise verwirrte Juden und Nichtjuden gleichermaßen: obwohl die Uneinigkeit in der Partei Ähnlichkeiten mit früheren und späteren Spaltungen erkennen ließ, ist in den Juli- und Augusttagen keine spezifisch jüdische Rolle zu entdecken. Die unmittelbare Antwort auf das österreichische Ultimatum vom 23. Juli, welche die österreichische „Kriegshetzerei" rügte, brachte die ganze Variationsbreite der Meinungen in der Partei zum Ausdruck, obwohl der Wortlaut selbst hauptsächlich der Feder von Haase entstammte, der früher als die meisten seiner Kollegen den Ernst der herannahenden Kriegsgefahr begriff[246]. Männer, die in der Partei weit rechts standen, nahmen begeistert an Antikriegsdemonstrationen teil[247]. Uneinigkeit entstand, als es klarwurde, daß ein Krieg wahrscheinlich war, so daß man sich der Notwendigkeit einer Entscheidung gegenübergestellt sah, nicht allein über das Prinzip der Landesverteidigung selbst (welche sich mit der Parteipolitik ohne weiteres vertrug), sondern auch über die praktische Frage der Zustimmung zu den Kriegskrediten im Reichstag. Einige jüdische Aktivisten auf der Rechten der Partei reagierten mit der instinktiven Gefühlsseligkeit Friedrich Stampfers, dessen *Parteikorrespondenz* am 31. Juli einen Leitartikel verbreitete, in dem verkündet wurde: „Wir wollen nicht, daß unsere Frauen und Kinder Opfer kosakischer Bestialitäten werden ... die ‚vaterlandslosen Gesellen' werden ihre Pflicht erfüllen." Der Artikel wurde vielerorts abgedruckt, obwohl Stampfer selbst ihn auf Haases Verlangen zurückzog[248]. Ludwig Frank hingegen hatte früh erkannt, daß der Krieg Bejahung seitens der Sozialdemokraten erfordere: alles andere würde der Position, die die Partei im Kaiserreich erlangt hatte, widerstreiten und die Möglichkeiten weiterer Entwicklung zunichte machen. Zu diesem Zweck hatte er dafür gesorgt, daß etwa ein Viertel der Fraktion sich schriftlich damit einverstanden erklärt hatte, den Krediten zuzustimmen, selbst wenn das einen Verstoß gegen die Parteidisziplin bedeuten würde[249]. Frank, so sehr er den Frieden geliebt hatte, verfuhr konsequenter als irgendein anderes Mitglied der Fraktion. Obwohl bereits vierzig, meldete er sich freiwillig und fiel einen Monat später.

---

[246] *Hamburger*, Juden im öffentlichen Leben, 286; *Susanne Miller*, Burgfrieden und Klassenkampf. Die deutsche Sozialdemokratie im ersten Weltkrieg, Düsseldorf 1974, 39.

[247] Das Kriegstagebuch des Reichstagsabgeordneten Eduard David, 1914 bis 1918, bearbeitet von *Susanne Miller*, Düsseldorf 1966, 3 (30. Juli 1914); *Carl Severing*, Mein Lebensweg, Band I, Vom Schlosser zum Minister, Köln 1950, 196.

[248] *Miller*, Burgfrieden, 54.

[249] *David*, op. cit., 13 (5. August 1914).

Am Ende blieben Kreditverweigerer dann eine kleine Minderheit. Von den jüdischen Mitgliedern stimmten nur zwei, Haase und Herzfeld, dagegen. Der Geist des Burgfriedens war in die Arbeiterbewegung eingedrungen, und Unterschiede zwischen Orthodoxen und Revisionisten, Intellektuellen und Gewerkschaftlern, jüdischen und nichtjüdischen Mitgliedern waren für den Augenblick überbrückt. Nur eine Minderheit von Radikalen stand isoliert da. Aber der Burgfrieden konnte nur so lange währen, wie weitgehende Einigkeit darüber bestand, daß Deutschlands Krieg ein defensiver sei, und solange die Aussicht auf einen schnellen militärischen Erfolg bestand, ohne Belastung der sozialen und politischen Struktur des Reiches. Als dann offenbar wurde, daß diese Aussicht nicht bestand, begann sich der Burgfrieden aufzulösen, innerhalb der Sozialdemokratischen Partei wie auch im ganzen Lande. Die Minderheit, die sich weiteren Kriegskrediten entgegensetzte, wurde mit jeder Fraktionssitzung größer. Im Juni 1915 taten sich die Führer der einst feindlichen Richtungen, Bernstein, Haase und Kautsky, zusammen in dem „Gebot der Stunde"[250]: in dem Schriftstück, das zum großen Teil von Bernstein aufgesetzt war, wurde die Partei dringend dazu aufgefordert, sich um einen Verständigungsfrieden zu bemühen, im Gegensatz zu der offensichtlichen Tendenz der Regierungspolitik.

Im Dezember 1915 konnte die Partei dann bei einer Abstimmung im Reichstagsplenum über Kriegskredite ihre Uneinigkeit nicht länger verbergen. Unter den zwanzig Abgeordneten, die dagegen stimmten, waren sechs der elf Juden der Fraktion[251] (siehe Tabelle 11); unter den zweiundzwanzig, die sich von der Abstimmung fernhielten, war noch ein weiterer Jude, Gustav Hoch. Im März 1916 formierten sich die zwanzig Abtrünnigen vom Dezember zu einer getrennten Fraktion, der „Sozialdemokratischen Arbeitsgemeinschaft" unter dem Vorsitz von Hugo Haase; sie waren der Kern der späteren USPD. Schon vor der verhängnisvollen Reichstagsabstimmung waren Haase und Hoch vom Fraktionsvorstand zurückgetreten. Aber von denen, die sie ersetzten, war einer ebenfalls jüdisch: Georg Gradnauer, „der letzte der Juden", notiert Eduard David, „auf den ich noch Vertrauen setze"[252].

Gradnauers Position zeigte, wie sehr stereotype Auffassungen über politische Juden, innerhalb wie auch außerhalb – und zwar weit häufiger dort – der SPD die Dinge vereinfachten. Es gab andere Parteigetreue, wie Otto Landsberg, dessen patriotische Beredsamkeit allbekannt war[253]; dann gab es jene Gruppe bei den Revisionisten, darunter den Herausgeber der *Sozialistischen Monatshefte*, Joseph Bloch, die vor dem Krieg englandfeindlich ge-

---

[250] Leipziger Volkszeitung, 19. Juni 1916.
[251] *Matthias* und *Pikart*, op. cit., I, CLXXXVIII-CLXXXIX. Von den ursprünglich dreizehn jüdischen Fraktionsangehörigen war Ludwig Frank gefallen und Georges Weill (Mülhausen i. Elsaß) bei Kriegsausbruch in Frankreich geblieben.
[252] *David*, op. cit., 165 (14. März 1916).
[253] *Miller*, Burgfrieden, 122, 185.

sinnt war und eine aktive Kolonialpolitik befürwortet hatte und nun keine Schwierigkeit fand, die Regierungspolitik zu unterstützen. Max Cohen-Reuss, der Bloch nahestand, trat sogar für den uneingeschränkten U-Boot-Krieg ein[254]. Die Juden wurden jedoch um so leichter mit der Opposition gleichgesetzt als bei ihnen die Kantianer unter den Revisionisten sich zu der alten Linken (von Haase bis Luxemburg) gesellten. Kurt Eisner, der 1914 noch fest an die Aggressivität des Zaren geglaubt hatte, verhielt sich nur konsequent, als er 1915 schrieb, für jeden, der die deutsche Außenpolitik seit dem Krüger-Telegramm und den Marokkokrisen studiert hätte, gäbe „es keine Diskussion mehr, daß es sich um einen *deutschen* Weltkrieg handelt"[255]. Schon 1905 hatte er seine prophetische Schrift über die erste Marokkokrise

Tabelle 11

Entwicklung einer oppositionellen Einstellung bei jüdischen SPD-Abgeordneten,
1914–17

	Gegen Kriegskredite Fraktionssitzung 3. 8. 1914	Gegen Kriegskredite Fraktionssitzung 18. 3. 1915	Gegen Kriegskredite, oder Fernhaltung, Reichstagsplenum 21. 12. 1915	Mitglied der SAG/USPD
Bernstein		×	×	×
Cohen-Reuss				
Cohn			×	×
Davidsohn				
Frank				
Gradnauer				
Haase	×	×	×	×
Herzfeld	×	×	×	×
Hoch		×	×	
Landsberg				
Stadthagen		×	×	×
Wurm			×	×

beigesteuert[256], die, wie die Ironie es wollte, wegen seiner Rolle im *Vorwärts*-Streit nicht verbreitet wurde[257].

In ähnlicher Weise teilte Bernstein nicht die Abneigung gegen England. Er bekannte sich nicht nur zu britischen politischen Institutionen – sicherlich

---

[254] *Matthias* und *Pikart,* op. cit., II, 244 (22. Februar 1917).
[255] An Wolfgang Heine, 11. Februar 1915, zit. in *Miller,* Burgfrieden, 184.
[256] *Kurt Eisner,* Der Sultan des Weltkriegs, Gesammelte Schriften, Berlin 1919, I, 326–341.
[257] *Schorske,* op. cit., 72.

eine Folge seines langen und glücklichen Aufenthalts in London –, sondern
er war schon vor dem Kriege überzeugt davon gewesen, daß die gegen die
Engländer gerichtete Propaganda der deutschen Rechten eine Manipulation
der öffentlichen Meinung darstellte[258]. So hatte er sich auch mit allen Kräften
einer deutschen Intervention in China im Jahre 1900 widersetzt und,
was vielleicht mehr überraschte, gegen die Annahme des Militäretats von
1913 gestimmt, im Gegensatz zu der Mehrheit der Fraktion, welche die sich
daran anschließenden Vermögenssteuern zu akzeptieren gewillt war. Wie
Eisner empfand er 1914, daß Deutschland das Opfer russischer Aggression
war; rückblickend hielt er die Stimmabgabe der Partei am vierten August
für eine „Katastrophe"[259]. Ein weiterer Faktor war, daß Bernsteins Gedanken in die Richtung einer spezifisch jüdischen Mission gingen, die internationale Verständigung herbeiführen sollte[260], eine Auffassung, die er sogar
Friedrich Stampfers dafür völlig tauben Ohren nahezulegen versuchte[261].
Doch wie schon vor dem Kriege fiel in der Partei ein Jude auf der linken
Seite mehr ins Auge als einer auf der rechten. David mochte klagen, „Alle
meine Kritiker sind österreichische Juden"[262], doch er arbeitete ohne größere
Reibungen mit Joseph Bloch und Max Cohen-Reuss zusammen[263].

Reaktionen wie die Davids und Engelbert Pernerstorfers in der österreichischen Partei sind symptomatisch für die gereizten Beziehungen, welche die
Folge bitterer Kontroversen über die politischen Richtlinien waren, und für
die Empfindlichkeit, welche alle Parteien der Linken zeigen, angesichts der
Prätentionen intellektueller und moralischer Überlegenheit. Sie stehen für
einen kleinen Teil der Vorurteile in der SPD da. Der Jude als Linkspolitiker
rief außerhalb der Partei weit stärkere Reaktionen hervor als innerhalb derselben.

Will man die Bedeutung der Juden für die Partei resümieren, muß man
als erstes ihre Zahl beachten, als zweites ihre Aufteilung nach Berufsgruppen
und erst als drittes die Frage nach einer besonderen ideologischen Haltung stellen. Ihre hervorragende Rolle im Parteijournalismus ist bereits erwähnt
worden. In parlamentarischen Ausschüssen spielten sie eine ebenso spezifische
Rolle: was sie von ihren Kollegen unterschied, war ein weit höherer Bildungs-
grad. 1898 waren sieben von den acht jüdischen SPD-Abgeordneten Akademiker, im Vergleich zu acht von den 48 Nichtjuden; 1912 waren es elf von

[258] *Eduard Bernstein*, Die englische Gefahr und das deutsche Volk, Berlin 1911.
[259] *Gay*, op. cit., 277, 296; *Eduard Bernstein*, Der Krieg, sein Urheber und sein
erstes Opfer, Sozialistische Monatshefte, 20, II. Teil (13. August 1914).
[260] Von den Aufgaben der Juden im Weltkriege, Berlin 1917.
[261] *David*, op. cit., 112 (18. März 1915).
[262] AaO, 136–137 (4., 12. Juli 1915). Darunter wird ehrenhalber auch Karl
Kautsky gezählt.
[263] AaO, 92 (5. Januar 1915); 155 (25. Januar 1916); 164 (9. März 1916).
[264] *Hamburger*, Juden im öffentlichen Leben, 409.

zwölf Juden und acht von 98 Nichtjuden [264]. Im preußischen Landtag stand an der Spitze der Partei der Nationalökonom Paul Hirsch, im Landtag von Baden der Jurist Ludwig Frank. Da vieles in der parlamentarischen Arbeit technischer Art war, konnte man ohne das fachmännische Können dieser Idealisten aus dem Bürgertum schwer auskommen. Das bedeutet andererseits, daß in vielen Bereichen der Parteiarbeit Juden nur spärlich vertreten waren. Obwohl Emanuel Wurm einer der Gründer der Arbeiterkonsumvereinsbewegung war, waren sonst hier wenige Juden tätig. Gustav Hochs Gewerkschaftstätigkeit, die eher journalistischer als organisatorischer Art war, wurde bereits erwähnt. Daneben müßte die Arbeit Adolf Cohens im Metallarbeiterverband und Siegfried Aufhäusers im Bund der technischen Angestellten und Beamten genannt werden. Alles in allem, obwohl es die anomale Stellung der Juden in der deutschen Gesellschaft war, die eine zunehmende Anzahl von ihnen der sozialistischen Bewegung zuführte, reduzierte dies in keiner Weise die Anomalie, weder in der Partei selbst noch im gesellschaftlichen Ganzen.

VIII

So wichtig, ja historisch der Beitrag der Juden zur Arbeiterbewegung gewesen sein mag, war er doch nur von geringem direkten Einfluß auf die Regierung des Kaiserreichs. Bernstein und Frank konnten ebensowenig die Struktur der Partei verändern und die Rechte des Reichstags vermehren, als Haase den Ausbruch des Krieges verhindern konnte; es läßt sich nicht einmal sagen, daß Deutschlands Zusammenbruch von 1918 Rosa Luxemburg und Kurt Eisner zur Last zu legen war, obgleich dies lange von vielen geglaubt wurde. Die jüdischen Mitglieder der liberalen Parteien in den diversen Parlamenten nach 1890 erreichten einige wenige begrenzte Ziele, so z. B. in der Sache der Ernennung von Juden zum Richteramt in Preußen. Aber in Angelegenheiten von allgemeiner und grundsätzlicher Bedeutung waren sie als Kollektiv einflußlos wie auch ohne gemeinsame Richtung. Wer also besaß dann Einfluß? Gegen wen richtete sich der 1912 gegründete „Verband gegen die Überhebung des Judentums"? Zweifellos gegen Schreckgespenster. Daß man jedoch an diese Popanzen glaubte, gibt manchen Aufschluß über das Wesen der öffentlichen Meinung im deutschen Kaiserreich, über die Mittel zu ihrer Manipulierung, sowie darüber, wer die Lenkung der öffentlichen Meinung unternahm, und was er dabei beabsichtigte.

In einem Staat mit allgemeinem Wahlrecht und einiger Pressefreiheit, aber einem Verfassungssystem, das der Exekutive beträchtliche Vorrechte einräumte, waren die Mittel zur Beeinflussung der zentralen, die Politik bestimmenden Persönlichkeiten begrenzt. Eine Möglichkeit bot sich in der Benutzung der Presse, eine andere in den persönlichen Beziehungen zwischen einer Privatperson und einem der Machthaber des Kaiserreiches – dem Kai-

ser, dem Kanzler oder dem Chef des Zivilkabinetts. Von nichtjüdischen Industriellen genossen Krupp und Stumm diesen Status; in der Reihe der Juden
werden die Namen Albert Ballin, Max Warburg und Walther Rathenau,
die sogenannten „Kaiserjuden", am häufigsten genannt, womit nicht gesagt
ist, daß diese tatsächlich auf diese Art auf den Lauf großer Geschehnisse einwirkten [265]. Eine dritte Möglichkeit, und diejenige, welche sich am leichtesten
durch die Forschung nachprüfen läßt, ist die Bildung von Verbänden, die die
Interessen verschiedener Wirtschaftszweige wahren und fördern, sowie Propaganda für ihre ideologisch oder wirtschaftlich motivierte Politik organisieren sollten. Dies war eine Form politischer Organisation, die im Wilhelminischen Deutschland mit seinem Nebeneinander von allgemeinen Freiheiten
und parlamentarischer Schwäche besonders entwickelt war [266]. Die erste und
die dritte Möglichkeit sollen an dieser Stelle hauptsächlich untersucht werden.

Es wurde als selbstverständlich angenommen, und zwar nicht nur von
allen Antisemiten, sondern wahrscheinlich auch von vielen Juden, daß es so
etwas wie eine „jüdische Presse" [267] oder „Judenpresse" gab – eine Reihe von
Zeitungskonzernen, die Juden gehörten, von ihnen herausgegeben und zum
großen Teil auch geschrieben wurden, zu dem Hauptzweck, mit riesigen Mitteln liberale und selbst demokratische Propaganda zu verbreiten. Diese Vorstellung bedarf jedoch einer bedeutenden Modifikation:

Es läßt sich nicht leugnen, daß der Journalismus als Beruf und das Zei-
tungsverlegen als eine Form von Unternehmen für Juden besonders attraktiv
waren. Das hatte man schon lange vor 1848 beobachtet und im allgemeinen
ungünstig beurteilt [268]. Ebensowenig läßt sich leugnen, daß in den ersten zwei
Dritteln des neunzehnten Jahrhunderts der Teil der Presse, der für den
Fortschritt – gleich, welcher Art – eintrat, reger und zahlreicher war als seine
Rivalen. Nichtsdestoweniger gab es einen großen, und mit dem Fortschreiten
des Jahrhunderts zunehmenden Sektor, der weder als liberal noch als jüdisch
zu bezeichnen war.

Die meisten Deutschen lasen entweder einen General-Anzeiger oder einen
Lokal-Anzeiger oder auf dem flachen Lande im allgemeinen ein Kreisblatt,
letzteres oft ein Lokalunternehmen, auf Depeschen der Nachrichtenagen-
turen angewiesen und wenn nicht in ideologischer Hinsicht konservativ, so
doch zumindest regierungsfreundlich. Da viele Einkünfte dieser Blätter von

[265] Siehe *Hans Tramer*, Die Hamburger Kaiserjuden, in: Bulletin des Leo Baeck
Instituts, III, Nr. 11 (1960), 177–189. Der Ausdruck „Kaiserjuden" stammt von
Chaim Weizmann ,vgl. Trial and Error, London 1949, 183.

[266] *Thomas Nipperdey*, Interessenverbände und Parteien in Deutschland vor dem
Ersten Weltkrieg, Politische Vierteljahresschrift, II (1961); *Hans-Jürgen Puhle*, Parla-
ment, Parteien und Interessenverbände 1890–1914, in: *Michael Stürmer* (Hrsg.), Das
Kaiserliche Deutschland. Politik und Gesellschaft 1870–1918, 340–377.

[267] *Heinrich von Treitschke*, Eine Erwiderung (19. November 1880), in: Deutsche
Kämpfe, Leipzig 1896, 125.

[268] Siehe oben, S. 147.

öffentlichen Bekanntmachungen herrührten, waren sie auch in der Gewalt der politischen Beamten am Orte, die sie daher in umstrittenen Fragen beeinflussen konnten, besonders zur Zeit von Wahlen. Unter den großstädtischen Blättern gab es solche, die den konservativen Parteien (*Kreuzzeitung, Norddeutsche Allgemeine Zeitung*) und dem Zentrum (*Germania* und *Kölnische Volkszeitung*), um nur die wichtigsten zu nennen, nahe standen, und von den neunziger Jahren an eine zunehmende Zahl jener, die von Verbänden der Rechten, hauptsächlich der Industrie (*Berliner Neueste Nachrichten, Die Post*), und dem Bund der Landwirte (*Deutsche Tageszeitung, Berliner Blatt*) finanziert wurden. Mit Ausnahme der Zentrumsblätter erschienen diese in relativ kleiner Auflage[269]. Selbst wenn sie nicht offen antisemitisch waren, so stellten sie doch gewöhnlich keine Juden ein. Die große Ausnahme von dieser Regel war Victor Schweinburg, ein getaufter Jude aus Mähren und Schützling Krupps, der nach einem unglücklichen Start als Propagandist des Flottenvereins im Jahre 1898[270] Chefredakteur von Krupps *Berliner Neuesten Nachrichten* sowie der *Neuen Reichskorrespondenz* wurde; letztere war ein Agentur-Dienst, subventioniert vom Central-Verband deutscher Industrieller, obligatorische Lektüre für alle preußischen Landräte und Oberpräsidenten und wurde regelmäßig an 800 Kreisblätter verteilt[271]. 1907 erhielt Schweinburg den Auftrag, das gesamte Agitationsmaterial des CVDI zu koordinieren[272]. Schweinburgs mannigfache Tätigkeiten zählten jedoch nicht als Teil des „Presse-Juda", es sei denn eine solche Bezeichnung kam propagandistisch gerade gelegen.

Ebenfalls setzte die liberale Presse selbst sich nicht überwiegend aus Juden zusammen. Die *Kölnische Zeitung* und die *Münchener Neuesten Nachrichten*, die sich im Fahrwasser der Nationalliberalen bewegten, wiesen so gut wie keine jüdischen Mitarbeiter auf, was allerdings in den siebziger Jahren anders gewesen war (z. B. die Brüder Gumbinner von der *Kölnischen Zeitung*). Bismarcks Bemerkung über die *National-Zeitung*, „das war immer ein Judenblatt"[273], in der er sich vielleicht auf deren Gründung durch Bernhard Wolff und die Redaktion Friedrich Dernburgs bezog, traf im Wilhelminischen Zeitalter nicht mehr zu.

Im wesentlichen waren mit der „Judenpresse" die Zeitungen gemeint, die sich im Besitz von Mosse, Ullstein und Sonnemann befanden, mit Berlin

---

[269] Um 1914 zwischen 8 500 (Kreuzzeitung) und 60 000 (Tägliche Rundschau), verglichen mit Berliner Tageblatt: 235 000 und Berliner Morgenpost: 405 000. *Klaus Wernecke,* Der Wille zur Weltgeltung. Außenpolitik und Öffentlichkeit im Kaiserreich am Vorabend des Ersten Weltkrieges, Düsseldorf 1970, 318–324.

[270] Siehe unten, S. 226.

[271] *Willi Boelcke,* Krupp und die Hohenzollern, Berlin 1956, 67, 90; *Hartmut Kaelble,* Industrielle Interessenpolitik in der Wilhelminischen Gesellschaft (CVDI 1895–1914), Berlin 1967, 17.

[272] *Kaelble,* op. cit., 19.

[273] *Moritz Busch,* Tagebuchblätter, Leipzig 1888 89, III, 44.

und Frankfurt als Zentren. Von diesen genoß die *Frankfurter Zeitung* das meiste Ansehen. Ihr einzigartiger Status datiert vom Jahre 1866, als ihr Mitbegründer, der Bankier Leopold Sonnemann alleiniger Eigentümer und Herausgeber bis zu seinem Tode im Jahre 1909 wurde. Das Blatt besaß in der Wilhelminischen Zeit eine Reihe von hervorragenden jüdischen Mitarbeitern, darunter Bernhard Guttmann, seinen Londoner Korrespondenten Gustav Stolper, seinen Wiener Korrespondenten Arthur Feiler, der 1910 politischer Redakteur des Blattes wurde, und seinen amerikanischen Korrespondenten Wilhelm Cohnstaedt, Sohn Ludwig Cohnstaedts, des ersten Leiters des Handelsteils und späteren Geschäftsführers des Blattes. Doch obwohl als „semitisch" bekannt, gelang es der *Frankfurter Zeitung* immer, Nichtjuden für führende Herausgeber- und Geschäftsposten zu gewinnen [274].

Das *Berliner Tageblatt*, das die Verlagerung politischer Macht nach der Einigung widerspiegelte, war 1872 von Rudolf Mosse gegründet worden, damals bereits im Besitz einer erfolgreichen Werbeagentur. Dem fügte er in den achtziger Jahren die intellektuell weniger anspruchsvollen *Berliner Volkszeitung* und *Berliner Morgenzeitung* hinzu; er übernahm außerdem die Veröffentlichung der *Allgemeinen Zeitung des Judentums* ohne jemals ihren politischen Inhalt zu beeinflussen. Wie die *Frankfurter Zeitung* bediente sich auch das *Berliner Tageblatt* der Dienste hervorragender Nichtjuden; diese waren jedoch von Mosses Neffen Theodor Wolff überschattet, der 1906 sein Chefredakteur wurde und Journalismus mit unmittelbarer politischer Tätigkeit in einer Weise vereinte, wie es seit Sonnemann auf dem Höhepunkt seiner Laufbahn nicht geschehen war [275]. Aber sein direkter Einfluß auf die Politik des Reiches sollte sich erst in den Kriegsjahren einstellen.

Das Haus Ullstein, das von Leopold Ullstein gegründet worden war und nach dessen Tode im Jahre 1899 von seinen Söhnen geleitet wurde, kaufte eher Blätter als daß es neue gründete; es begann 1877 mit der *Berliner Zeitung,* der ältesten Berlins, und kulminierte in dem Erwerb der *Vossischen Zeitung* in Jahre 1914. Das Unternehmen lancierte auch die *Berliner Morgenpost*, die die höchste Auflage in der Hauptstadt aufwies, sowie die *B. Z. am Mittag* und die äußerst populäre *Berliner Illustrirte Zeitung*. Jedoch erst seit Übernahme der *Vossischen* konnte Ullstein es mit dem *Berliner Tageblatt* und der *Frankfurter Zeitung* aufnehmen, wollte man sich an eine politisch seriöse Leserschaft wenden. Dies geschah dann, nicht so sehr durch seinen nominellen Herausgeber Hermann Bachmann, als durch einen Mann, der unter den liberalen jüdischen Journalisten allein hinter Theodor Wolff zurück-

---

[274] *Werner Becker,* Die Rolle der liberalen Presse, in: Deutsches Judentum in Krieg und Revolution, aaO, 76–78; *Ernst Kahn,* The Frankfurter Zeitung, in: Year Book II of the Leo Baeck Institute, London 1957, 228–235.

[275] *Becker,* aaO, 83–86; *Werner E. Mosse,* Rudolf Mosse and the House of Mosse 1867–1920, in: Year Book IV of the Leo Baeck Institute, London 1959, 237–259; *Theodor Wolff,* Vollendete Tatsachen, Berlin 1918.

stand, und zwar Georg Bernhard. Bernhard war bereits Handelsredakteur der *Berliner Morgenpost* gewesen, als er Ullstein im Jahre 1903 verließ, dann aber in die Geschäftsleitung des Verlagshauses zurückgekehrt, nachdem er in der Zwischenzeit seine eigenen Publikationen gegründet hatte und unter anderem auch an Hardens *Zukunft* als freier Mitarbeiter mitgewirkt hatte. Ursprünglich dem rechten Flügel der SPD zugehörig, sah er sich aber zu der Zeit, als er die Redaktion der *Vossischen Zeitung* übernahm als Liberaler. Er näherte sich auch jüdischem Organisationsleben in einer Weise, wie Wolff das niemals tat, und wurde Mitglied des C.V.-Vorstandes[276].

All diese Zeitungen besaßen Merkmale, die sie für ihre Feinde kennzeichneten, wenn auch nicht immer für ihre eigenen Leser. Sie waren liberal im weitesten Sinne des Wortes: wandten sich an das großstädtische Bürgertum und sprachen für dieses; gaben Handel und Industrie den Vorzug vor der Landwirtschaft und befürworteten eine Erweiterung der Macht des Parlaments gegenüber der Exekutive. *Berliner Tageblatt* sowie *Frankfurter Zeitung* enthielten einen, den Grundsätzen der freien Marktwirtschaft verpflichteten Wirtschaftsteil, was sie im Kaiserreich zum Hauptforum für die Interessen von Handel und Finanz machte. In einer Reihe wichtiger Fragen jedoch gingen *Berliner Tageblatt* und *Frankfurter Zeitung* auseinander: in der Frage der Kolonialpolitik, des Flottenbaus, der Sozialreform und der Beziehungen zur SPD tendierte das *Berliner Tageblatt* stärker nach rechts als sein Westdeutscher Rivale. Erst unter Wolff begann eine Entwicklung in Richtung auf eine demokratische Staatsauffassung. Die gegenseitige Annäherung der Blätter in ihren Ansichten über Kriegsziele und innenpolitische Entwicklung erreichte ihren Höhepunkt im November 1918, als beide sich gemeinsam für die Gründung der Deutschen Demokratischen Partei einsetzten, deren Initiator Wolff war.

Neben diesen Männern, deren Tätigkeit im Zentrum der Tagespolitik stand, gab es andere, deren journalistische Unternehmungen eher aufgrund ihres symptomatischen Charakters interessieren. Der bedeutendste unter ihnen war zweifellos der getaufte Maximilian Harden, über dessen *Die Zukunft* sich leichter sagen läßt, wogegen sie sich wandte, als wofür sie eintrat. Obwohl sie des Kaisers „persönliches Regiment" zunehmend kritisch beurteilte und zu ihrer ruhmreichsten Stunde kam, als sie im Jahre 1907 die Dekadenz der „Hofkamarilla" enthüllte, kann sie nicht als liberal eingestuft werden; auch stand sie dem jüdischen Anteil beim Finanzkapital zutiefst mißbilligend gegenüber und bediente sich hierbei oft einer Sprache, die derjenigen der antisemitischen Rechten wenig nachstand[277].

Noch weiter rechts stand der katholisch getaufte Paul Nikolaus Cossmann, dessen *Süddeutsche Monatshefte*, 1903 gegründet, während des Krieges und

---

[276] *Becker*, aaO, 93–94; *Hermann Ullstein*, The Rise and Fall of the House of Ullstein, New York o. J. [1943?].
[277] *B. Uwe Weller*, Maximilian Harden und die „Zukunft", Bremen 1970.

danach berüchtigt wurden wegen ihrer Befürwortung alldeutscher und völkischer Belange. An dem entgegengesetzten Ende des ideologischen Spek-
trums stand Siegfried Jacobsohns *Schaubühne,* in welcher im Jahre 1913 Kurt
Tucholskys Beiträge zu erscheinen begannen; sie war jedoch ebenfalls vor
1914 eine Randerscheinung und gelangte erst nach ihrer Umwandlung in die
Weltbühne im Jahre 1918 zu Ruhm[278].

Will man bezeichnenden jüdischen Einfluß auf die Politik des Kaiserreichs
aufspüren, so muß man selbstgefällige Zweige der Publizistik verlassen und
zurückkehren zur Welt Sonnemanns und Wolffs. Dabei sollte man sich ver-
gegenwärtigen, zu welchem Schluß Wilhelm Treue gelangt ist, nämlich demjenigen

> „daß der weitaus überwiegende Teil der deutschen ... Juden dem privatwirtschaft-
> lichen Kapitalismus, wie er in Deutschland existierte, anhing...
> Man kann, mit geringer Einschränkung in bezug auf die sozialdemokratisch aktiven
> Juden, als gesichert annehmen, daß die große Masse der Juden in Deutschland bis
> 1918 ... wirtschafts- und gesellschaftspolitisch staatsbejahend und insofern „konser-
> vativ" war." [279]

Bedenkt man jedoch die strukturelle Besonderheit des Kapitalismus, „wie
er in Deutschland existierte", und seine unvollständige politische und soziale
Untermauerung, kann es weder überraschen, daß diese Staatsbejahung in den
Reihen derer, die sich für die wahren Pfeiler von Staat und Gesellschaft hielten, auf Ablehnung oder Skepsis stieß, noch daß diese Ablehnung Männer
in den Wirtschaftsbereichen, in denen Juden vorherrschten, auf politische
Pfade führte, die im Rahmen des Wilhelminischen Reiches nicht konservativ
zu nennen waren.

Seit 1878 ließen sich die Hauptkräfte im deutschen Wirtschaftsleben in drei
Gruppen aufteilen. Die erste war durch den Ostelbischen Grundbesitz geprägt, schutzzöllnerisch, monarchistisch und politisch autokratisch. Sie war
seit 1893 im Bund der Landwirte (BdL) organisiert und stand der Deutsch-
konservativen Partei nahe. Die zweite war von der Schwerindustrie beherrscht, ebenfalls schutzzöllnerisch, bevormundend in ihrer Stellungnahme
zu Betriebsfragen, im Central-Verband deutscher Industrieller (CVDI) organisiert und politisch mit der Reichspartei sowie dem rechten Flügel der
Nationalliberalen verbunden. Die dritte war von der verarbeitenden, besonders der chemischen und Elektroindustrie beherrscht, sowie von Handel und
Finanz, sie war Export-bewußt und freihändlerisch. Sie wurde vorwiegend

---

[278] *Wolfram Selig,* Paul Nikolaus Cossmann und die Süddeutschen Monatshefte
von 1914–1918. Ein Beitrag zur Geschichte der nationalen Publizistik im Ersten Weltkrieg, Osnabrück 1967; *Alf Enseling,* Die Weltbühne. Organ der intellektuellen
Linken, Münster 1962.
[279] *Wilhelm Treue,* Zur Frage der wirtschaftlichen Motive im deutschen Antisemitismus, in: Deutsches Judentum in Krieg und Revolution, aaO, 388–389.

durch den Bund der Industriellen (BdI) vertreten; politisch stand sie dem linken Flügel der Nationalliberalen und den diversen Parteien von Fortschritt und Freisinn nahe. Kennzeichnend für das gegenseitige Verhältnis dieser drei Interessengruppen waren sich verschiebende Bündnisse. Die ersten beiden trafen sich in ihrem Interesse an Schutzzöllen und an der Stärkung der Autorität des Staates, die beiden letzten in dem an einem Ausbau von Deutschlands Industrie und seines Exportpotentials. Mehr als einmal – in den Jahren 1897, 1907 und 1913 – gab es Versuche, alle drei in einer „Sammlung" von Arbeitgebern und Produzenten zusammenzufassen.

„Verbandspolitik" war im kaiserlichen Deutschland durch eine Mischung von rationalen politischen Erwägungen und Ideologie geprägt. Daher war für Juden ihr Platz in jeder Organisation nicht nur durch deren politische Forderungen bedingt, sondern auch durch ihre Weltanschauung. Typisch für die Mißverständnisse, die sich aus diesen doppelten Kriterien ergeben konnten, war Bismarcks Klage gegenüber Franz von Mendelssohn, dem Ältesten der Berliner Kaufmannschaft, „daß die Börsenleute gegen ihn seien und den Liberalen Geld gäben". Mendelssohn erwiderte, „die Finanzwelt könne doch nicht für Stoecker stimmen", was Bismarck als eine Anspielung auf Stoeckers Antisemitismus verstand[280]. Nicht jeder Berliner Börsenmakler war Jude, und auch für den nichtjüdischen gab es höchst triftige Gründe, gegen Stoecker zu stimmen, der unter anderem eine Börsensteuer befürwortet hatte. Doch in der politischen Atmosphäre der damaligen Zeit hieß eine Börsensteuer befürworten so viel wie ein Antisemit sein – oder zumindest zu diesen gezählt zu werden.

Daher gab es sowohl politische als auch berufliche Gründe dafür, daß es praktisch keine Juden im Bund der Landwirte gab. Ideologie, nicht wirtschaftliches Interesse erforderte, die Mitgliedschaft auf den, „der ... einem der christlichen Bekenntnisse angehört"[281], zu beschränken. Einer der wenigen Männer jüdischer Abstammung, die in der Hierarchie des Bundes aufstiegen, Graf Limburg-Stirum, durfte seine jüdischen Vorfahren mütterlicherseits nicht vergessen. Als Führer der preußischen Konservativen hatte er die Kanalvorlage der Regierung bekämpft und fand sich dafür vom Kaiser als „Judenabkömmling" und „Judenjunge" gebrandmarkt[282].

Andererseits war es eher wirtschaftliches Interesse als Weltanschauung, was die Juden dem CVDI fernhielt. Es gab wenige Juden in der Schwerindustrie, und die CVDI-Führer gingen häufig mit dem antisemitischen BdL, und über die Reichspartei auch mit den antisemitischen Deutschkonservativen zusammen. Andererseits waren die größten Firmen von Rhein, Ruhr und Schlesien

---

[280] *Feder/Bamberger*, op. cit., 337–338 (19. Juni 1884).

[281] § 4. Satzungen des Bundes der Landwirte, zit. in: *Hans-Jürgen Puhle*, Agrarische Interessenpolitik und preußischer Konservatismus im wilhelminischen Reich (1893–1914), Hannover 1966, 35.

[282] *Bülow*, op. cit., I, 296.

auf Bankkapital angewiesen, und Vertreter der Banken, manchmal jüdisch, saßen in den Aufsichtsräten: Louis Hagen (früher Levy) aus Köln, „der König der Aufsichtsräte", gehörte fast jedem rheinisch-westfälischen Aufsichtsrat an, in neunzehn Fällen als Vorsitzender oder stellvertretender Vorsitzender[283]; Eugen Gutmann (wie Hagen getauft), der Gründer der Dresdner Bank, war gleichzeitig ein Direktor von Kirdorfs Gelsenkirchener Bergwerks AG[284]; Eduard Arnhold, aus dem Familien-Bankhaus der Gebrüder Arnhold, der Direktor der Dresdner Bank und Mitglied des Preußischen Herrenhauses wurde, hatte insgesamt 119 Direktorenposten inne, hauptsächlich in der Brauerei- und Elektro-Industrie und war auch schlesischer Kohlenmagnat[285]. Überdies war es charakteristisch für das politische Klima des Kaiserreichs, daß fast jeder Industrielle, und mochte er noch so *bienpensant* sein, in dem Verdacht stand, Juden nahe zu stehen. Selbst Wilhelm von Kardorff, ein Mitbegründer des CVDI, wurde als „ein Werkzeug Bleichröders"[286] verdächtigt, und während des Ersten Weltkrieges sah die Marineleitung „die sämtliche jüdische Finanz" hinter Vizekanzler Karl Helfferichs Opposition gegen die geplante U-Boot-Offensive[287]. (Helfferich war sonst in jeder Hinsicht ein eindeutiger „Falke".) Obwohl die führenden Industriellen, wie weit rechts sie auch immer in Fragen der Innenpolitik stehen mochten, vorsichtig bemüht waren nicht persönlich verwickelt zu werden, stießen ihre engen und autoritären Ansichten die meisten jüdischen Finanzleute und Industriellen ab. Die wichtigste Ausnahme bildete Louis Hagen mit seinen außergewöhnlich engen Verbindungen zur Welt von Kohle und Eisen, der einer der Direktoren des Deutschen Verlagsvereins wurde; dieser war 1914 gegründet worden, großenteils, um den Scherl'schen Verlag mit seiner Massen-Auflage davor zu erretten, dem „abstoßenden und widerwärtigen ... Mosseschen Verlag"[288] zuzufallen, und schuf die Grundlage für Hugenbergs spätere Herrschaft über eine populäre Rechtspresse.

Die gleichen Instinkte hielten Juden davon ab, andere Organisationen nennenswert zu unterstützen, von denen man annehmen konnte, daß sie die Interessen von Finanz und Industrie förderten, die jedoch in unterschiedlichem Maße von rechtsorientierter Ideologie durchdrungen waren, nämlich den Alldeutschen Verband, die Kolonialgesellschaft und den Flottenverein. Diese

[283] Neue Deutsche Biographie, VII, 479–480.
[284] AaO, VII, 347.
[285] Universal Jewish Encyclopaedia, New York 1939, I, 484.
[286] *Siegfried von Kardorff*, Wilhelm von Kardorff, Berlin 1936, 88.
[287] *Herwig*, op. cit., 97. Ähnliche Beschuldigung bei *Westarp*, op. cit., II, 36. Siehe auch *Fritz Fischer*, Griff nach der Weltmacht. Die Kriegszielpolitik des Kaiserlichen Deutschland 1914–1918, 3. Aufl., Düsseldorf 1964, 377, Anm. 49; *John G. Williamson*, Karl Helfferich. Economist, Financier, Politician, Princeton 1971, 155–162.
[288] Paul Reusch an Franz Haniel, Juli 1913, zit. in: *Dirk Stegmann*, Die Erben Bismarcks. Parteien und Verbände in der Spätphase des wilhelminischen Deutschlands, Köln–Berlin 1970, 174.

und andere Organe können gewiß imperialistisch genannt werden, insofern sie die Ausdehnung deutscher diplomatischer und wirtschaftlicher Macht befürworteten, ein Kurs, den auch die öffentliche Meinung fast einstimmig vertrat, einschließlich ansehnlicher Gruppen in der Sozialdemokratie. In diesem Konsensus war auch die Mehrheit der jüdischen Bevölkerung mit einbegriffen, besonders, wenn auch nicht ausschließlich, diejenigen, die an Finanz und Industrie beteiligt waren. Innerhalb dieses breiten und unbestimmten Konsensus gab es jedoch häufige, manchmal bittere, Auseinandersetzungen zwischen solchen, die deutsche Expansion als territorial verstanden und es dabei notfalls auf eine militärische Konfrontation ankommen lassen würden, und denjenigen, die ein friedliches Eindringen in Interessensphären bevorzugten: diese gegensätzlichen Meinungen lassen sich von den achtziger Jahren an bis hin zu den Debatten über die Kriegsziele verfolgen. Da diese verschiedenen möglichen Zielsetzungen innenpolitische Folgen hatten, – indem die erste ein stärker autoritäres Regime voraussetzte als die zweite – überrascht es um so weniger, daß die Mehrzahl der politisch denkenden Juden auf der Seite eines freihändlerischen Imperialismus stand; mit Marx' Worten, die Ersetzung „der feudalen Methode der Kriegsführung durch die kaufmännische ... Kanonen durch Kapital"[289] befürwortete.

Daher besaß der Alldeutsche Verband keine Attraktion für Juden. Obwohl vor 1920 Antisemitismus und Rassismus nicht formell in seinem Programm festgelegt waren[290], wurde er dem Antisemitismus gegenüber zunehmend freundlich, nachdem 1908 Justizrat Heinrich Claß den Vorsitz übernommen hatte. Claß selbst war der Verfasser des imperialistisch-diktatorischen Manifests *Wenn ich der Kaiser wär'*, in dem er für den Ausschluß aller Juden – rassisch definiert – von der deutschen Staatsangehörigkeit eintrat[291], und die meisten führenden antisemitischen Parlamentarier gehörten dem Verband an. Glaubensjuden fand man nicht in seinen Reihen, doch waren prominente getaufte Abgeordnete unter den Mitgliedern anzutreffen, wie etwa Otto Arendt und Robert Friedberg, sowie die jüdisch vermählten Führer der Nationalliberalen, Bassermann und Stresemann[292]. In den Augen der meisten sonst konformistischen Juden glich er durch sein Eintreten für Übersee-Expansion seine Assoziierung mit extremen Rechten nicht aus.

Kolonialgesellschaft und Flottenverein, die sich ja mehr speziell an den Handel wandten und in ihren öffentlichen Erklärungen den Antisemitismus

---

[289] Zit. in: *Eckart Kehr*, Schlachtflottenbau und Parteipolitik 1894–1901, Berlin 1930, 339.

[290] *Alfred Kruck*, Geschichte des Alldeutschen Verbandes, 1890–1939, Wiesbaden 1954, 130.

[291] *Daniel Frymann* (d. h. *Heinrich Claß*), Wenn ich der Kaiser wär'. Politische Wahrheiten und Notwendigkeiten, Leipzig 1912, bes. 74–78.

[292] *Kruck*, op. cit., 19; *Hamburger*, Juden im öffentlichen Leben, 352; *Toury*, Die politischen Orientierungen, 230.

vermieden, hätten für eventuelle jüdische Mitglieder als attraktiv gelten können. Dies war zunächst tatsächlich auch der Fall. In dem pessimistischen Wirt-
schaftsklima der frühen achtziger Jahre erschienen Besitzungen in Übersee fast
jedermann als die Antwort auf die scheinbare Krisis der Überproduktion. Die
Liste der Mitglieder des provisorischen Komitees für „die Erschließung des
Mittleren Ostafrika für wirtschaftliche Zwecke" (1882) liest sich wie eine Liste
der nationalliberalen Sezession – sie enthielt neben dem Namen des Oberbür-
germeisters von Berlin, Max von Forckenbeck, die Namen prominenter Juden
wie Rudolf Mosse, Isidor Loewe und des Bankiers Landau[293]. Die größere
und die weit bedeutendere Kolonialgesellschaft, die im gleichen Jahr gegründet wurde, war Ausdruck dessen, was der Historiker Hans-Ulrich Wehler
den „umfassenden bürgerlichen Konsensus" genannt hat, und zählte nahezu
jeden Namen von Bedeutung in Industrie und Schiffahrt; nahezu jede angesehene Persönlichkeit unter Intellektuellen und Politikern von der Mitte
bis hin zur äußersten Rechten, von den Nationalliberalen Rudolf von Ben-
nigsen und Heinrich von Sybel bis hin zu den Antisemiten Adolph Wagner
und Adolf Stoecker; und eine ansehnliche Anzahl jüdischer Bankiers, darunter Franz von Mendelssohn, D. Oppenheim aus Köln und Stern aus Frankfurt[294]. Aber es war bezeichnend, daß der Hauptwortführer des dogmatischen
Freihandels, „trade and not dominion"[295], Ludwig Bamberger war, von den
Preußischen Jahrbüchern gebrandmarkt als

> „der Standpunkt des Schacherjuden, der es für das höchste hält, sich überall einzu-
> drängen, sich zu jeder Tür hinauswerfen zu lassen ... der sich an die Produktion
> und an den Einzelhandel zuweil als nützlicher Vermittler, oft als Parasit eigen-
> nützig und unselbständig anbiedert."[296]

So groß die Begeisterung für die Kolonien anfangs war, legte sie sich doch,
als die Kolonialbewegung immer stärker Teil des Programms der Weltpolitik wurde; eine Entwicklung, die 1896, im Jahr des Krüger-Telegramms, zu
einer Spaltung führte. Als der wahrscheinliche Preis für territoriale Expansion, nämlich die Feindschaft Großbritanniens, deutlicher wurde, wurde ihre
Anhängerschaft der des Alldeutschen Verbands ähnlich (dem es sich als Sam-
melmitglied anschloß). Wem die Briten als politische Gegner oder wirtschaftliche Vergeltungsmaßnahmen unerwünscht waren, der hatte sich von der Kolonialgesellschaft distanziert. Selbst ein Bankier wie Carl Fürstenberg von der
Berliner Handelsgesellschaft, der den Exporthandel von Deutschsüdwestafrika
so gut wie in der Hand hatte, und zwar durch die von ihm gegründete Dia-
manten-Regie, stand dem Kolonialprogramm aus allgemeinen diplomatischen

---

[293] *H.-U. Wehler*, Bismarck..., op. cit., 368.
[294] AaO, 165–166, 176.
[295] Reichstag, Stenographische Berichte, 26. Juni 1884: 1066.
[296] Preußische Jahrbücher, LIV, Heft 1 (Juli 1884), 97.

Erwägungen feindlich gegenüber[297]. Arnhold jedoch, mit seinen engeren Bindungen an die Schwerindustrie, blieb Vorstandsmitglied[298].

Die gleiche Entwicklung, von Begeisterung zu Zweifel, kennzeichnete die Haltung jüdischer Bankiers und Geschäftsleute gegenüber einer deutschen Marine. Die Marine war, wie angedeutet, als Pendant zu der aristokratischen Armee gedacht, und sie rief ursprünglich auch starke Feindschaft bei den Agrariern hervor. Kaum jemand begeisterte sich anfänglich mehr für die Marine als der Generaldirektor der HAPAG, Albert Ballin, der dem Kaiser seine Freude über die Annahme der Flottenvorlage im Reichstag telegraphisch mitteilte und der sogar eine Denkschrift vorgelegt hatte, in der er sich für den Ausbau der Seestreitkräfte aussprach[299]. Zusammen mit einer großen Anzahl von Hamburger Persönlichkeiten, unter ihnen viele Juden (S. Hinrichsen, R. L. Oppenheimer, Hermann Robinow), unterzeichnete er die Einladung zur Gründungsversammlung des Flottenvereins in Hamburg[300]. Er blieb ein Beisitzer des Flottenvereins; 1907 unterzeichnete er einen Appell für Gelder, der 60 000 RM erbrachte, und selbst im Jahre 1912 war er noch im Vorstand des Hamburger Landesverbands des Vereins zu finden[301]. Aber der Enthusiasmus seiner Mitarbeiter hatte stark abgenommen, und seine eigenen öffentlichen politischen Unternehmungen ließen tiefste Abneigung gegen und Furcht vor dem wahrscheinlichen Ergebnis der Marinepolitik des Kaiserreichs durchblicken: nämlich den Bruch mit der angelsächsischen Welt. Er zeigte dies in seinem Dialog mit Sir Ernest Cassel, der zur Haldane-Mission von 1908, mit dem Ziel eines Abbaus der Seerüstungen, führte, ferner in seiner Bemühung 1912, um ein Treffen Churchills mit Tirpitz, und in seinem Besuch in London im Juli 1914, der auf Ersuchen von Staatssekretär von Jagow vom Auswärtigen Amt hin erfolgte[302]. Als der Krieg heranrückte, waren dann unter den Stützen und Amtsinhabern des Vereins alldeutsche Industrielle – Ernst von Borsig, Alfred Hugenberg, Adolf und Emil Kirdorf – den Finanzleuten, jüdisch oder nicht, zahlenmäßig überlegen[303]. Es wäre sowieso irreführend, wollte man meinen, daß die Marine von An-

---

[297] *Carl Fürstenberg*, Die Lebensgeschichte eines deutschen Bankiers, hrsg. von *Hans Fürstenberg*, Neuaufl., Wiesbaden 1961, 339.

[298] *Jaeger*, op. cit., 142.

[299] Eine Abhandlung über die Notwendigkeit der schnelleren Verstärkung unserer Kriegsmarine (September 1899). *Volker Berghahn*, Der Tirpitz-Plan. Genesis und Verfall einer innenpolitischen Krisenstrategie unter Wilhelm II., Düsseldorf 1971, 141.

[300] *Kehr*, Schlachtflottenbau, 240, Anm. 50; *Ekkehard Böhm*, Überseehandel und Flottenbau. Hanseatische Kaufmannschaft und deutsche Seerüstung, Düsseldorf 1972, 92, 100, 102, 174–175, 177, 182–183, 223.

[301] *Jaeger*, aaO, 145, 210; *Lamar Cecil*, Albert Ballin, Business and Politics in Imperial Germany, 1888–1918, Princeton 1967, 152–159.

[302] *Bernhard Huldermann*, Albert Ballin, 2. Aufl., Oldenburg–Berlin 1922, 247 bis 248, 275; *Cecil*, op. cit., 204–209

[303] *Jaeger*, op. cit., 144–145.

fang an überwiegend jüdisch-liberale Unterstützung genoß. Im Gegensatz zu dem *Berliner Tageblatt* verhielt sich die *Frankfurter Zeitung* der Sache gegenüber ablehnend[304].

Zwei Männer jüdischer Abstammung leisteten allerdings einen entscheidenden Beitrag zu Großadmiral Tirpitz' Propaganda-Feldzug. Der erste war Victor Schweinburg, der bereits erwähnt wurde. Seine Karriere als der erste Generalsekretär des Flottenvereins, die er Krupp verdankte, dauerte nur ein Jahr. Tirpitz selbst gefiel die Atmosphäre „geschäftlichen Interesses" nicht, die er der Bewegung verlieh, und sein allgemein schlechter Ruf machte es Agrarpolitikern und antisemitischen Gegnern der Marine leicht, über „jüdische Marine-Begeisterung" zu spötteln[305]. Doch Schweinburgs fortdauernde Herrschaft über die Presse Krupps und des CVDI ermöglichte es ihm seine Rolle in der Propaganda weiterzuspielen.

Tirpitz' eigener Propaganda-Chef, „die Krone der flottenfreundlichen Juden"[306], war Ernst Levy von Halle, Sohn eines Hamburger Rechtsanwalts Dr. Hermann Levy (der Mitglied der Bürgerschaft und einer der wenigen Juden in dem anti-preußischen Reformverein und ein enger Mitarbeiter Isaac Wolffsons gewesen war). Er änderte seinen Namen 1894 in Levy von Halle um und war zu diesem Datum schon zum Protestantismus übergetreten. Im Jahre 1897 trat er auf Empfehlung Gustav von Schmollers in das Reichsmarineamt ein. Er wurde auch außerordentlicher Professor an der Universität Berlin und Honorarprofessor an der Berliner Technischen Hochschule. Er verfaßte umfangreiche Schriften über Marine-Angelegenheiten[307]; seine Hauptleistungen als offizieller Propagandist waren die Herausgabe, unter dem Pseudonym „Nauticus", des *Jahrbuch für Deutschlands Seeinteressen*, das vom Reichsmarineamt gefördert wurde, und die Organisation der Petition von Akademikern für die Flottenvorlage[308].

Von Halle ist am besten als ein reformgesinnter Konservativer zu bezeichnen, dem es hauptsächlich darum ging, Deutschland als Weltmacht sicher zu etablieren und hierfür eine innenpolitische Basis zu schaffen, sowohl gegen die parlamentarische Opposition der Linken wie gegen die wirtschaftspolitische Opposition der Rechten. Hierdurch war er für eine entscheidende Rolle in einer der kritischsten Episoden des späteren Wilhelminischen Reiches prädestiniert,

---

[304] Berliner Tageblatt, 11. Januar 1898; Frankfurter Zeitung, 25. März 1898; Geschichte der Frankfurter Zeitung 1856–1906, hrsg. vom Verlag der Frankfurter Zeitung, Frankfurt a. Main 1906, 677–682.

[305] Deutsche Reform, 22. Oktober 1899; *Kehr*, op. cit., 175, 184–187. Siehe auch die nationalliberalen Münchener Neuesten Nachrichten, 7. November 1899.

[306] *Kehr*, Schlachtflottenbau, 185.

[307] Die Seeinteressen Deutschlands, Berlin 1897; Die Schiffbauindustrie in Deutschland, Berlin 1902.

[308] Biographische Angaben über Ernst Levy von Halle hat der Verfasser Herrn Prof. Peter-Christian Witt, Bielefeld, zu verdanken. Siehe auch *Kehr*, op. cit., 101–103.

und zwar die Vorbereitung der Reichsfinanzreform. Diese Vorlage hatte einen finanziellen Zweck: die Gelder herbeizuschaffen, die die Weltpolitik verlangte, besonders das Flottenprogramm; und einen politischen: das Bürgertum und die liberalen Parteien zu versöhnen, indem man die Hauptlast vermittels der Erbschaftssteuer den Grundbesitzern aufbürdete. Tirpitz gab der Vorlage starke Unterstützung, wie auch fast die gesamte bürgerliche Meinung, und dies in ihrer ganzen Variationsbreite, vom Alldeutschen Verband bis hin zu den großen Bankiers und Reedern – Ballin, Friedrich Hallgarten, den Mendelssohns und dem (nichtjüdischen) Oberhaupt der größten aller Banken, Arthur von Gwinner von der Deutschen Bank – sowie fast allen anerkannten Volkswirtschaftlern [309]. Tirpitz gab von Halle frei, so daß er in das Reichsschatzamt eintreten konnte, wo er „Leiter des volkswirtschaftlichen Büros" wurde und die Zusammenstellung der zweibändigen *Denkschrift zur Reichsfinanzreform* beaufsichtigte, einer eindrucksvoll bearbeiteten Dokumentation zugunsten der Regierungsvorlage [310]. Die Vorlage wurde im Reichstag niedergestimmt durch die vereinten Kräfte der Rechten und des Zentrums. Einer der Einwände gegen die Vorlage, und nicht der geringste, war oft in der *Deutschen Tageszeitung* des BdL und in der *Kreuzzeitung* zu lesen: sie sei jüdisch inspiriert. „Der spiritus rector ist der Herr Levy von Halle", schrieb Gustav Roesicke, der Herausgeber der *Deutschen Tageszeitung* an Conrad von Wangenheim, den Vorsitzenden des Bundes. „An diesem Ursprung können Sie die Art der Leistung erkennen." [311]

Die Niederlage der Reichsfinanzreform bedeutete den Rücktritt Reichskanzlers v. Bülow und das Ende des „Bülow-Blocks", eines Versuches, auf der Basis eines Kompromisses zwischen den liberalen und den konservativen Parteien zu regieren und die linksliberalen Abgeordneten in die regierende Mehrheit einzuschließen.

Will man die Bedeutung des Endes dieses Experiments recht begreifen, so muß man zehn Jahre zurückgehen und die schwankenden Beziehungen zwischen den drei wichtigsten Interessen-Gruppierungen in der deutschen Wirtschaft verfolgen. Zwischen 1897, als Johannes von Miquel zuerst eine „Sammlung" der „produzierenden Klassen" für wünschenswert erklärte [312], und 1907 bildete die Frage der Schutzzölle die Haupttrennungslinie. Der Anlaß zu Miquels Initiative war das Erlöschen der Handelsverträge aus Caprivis Kanzlerschaft, die, indem sie den Handel liberalisierten und somit Deutschlands Exportindustriezweigen einen vorher nicht dagewesenen Aufschwung

---

[309] *Peter-Christian Witt,* Die Finanzpolitik des Deutschen Reiches von 1903 bis 1911, Lübeck–Hamburg 1970, 224–225, 276.

[310] AaO, 217, 219.

[311] 1. April 1909. Deutsches Zentralarchiv Potsdam, Nachlaß Wangenheim 4. Information von Herrn Prof. Witt.

[312] Zit. in: *John C. G. Röhl,* Deutschland ohne Bismarck. Die Regierungskrise des Zweiten Kaiserreichs, 1890–1900, Tübingen 1969, 225.

gaben, auch die Opposition der Agrarier einbrachten. Der Miquel-Plan schlug fehl, und das „wirtschaftliche Wahlprogramm" für die Reichstagswahlen von 1898, das von Arbeitgebern aller Schattierungen Unterstützung für höhere Schutzzölle verschaffen sollte, wurde zuletzt nur vom BdL, dem CVDI, beiden konservativen Parteien und einigen Nationalliberalen unterschrieben. Wer nach jüdischen Namen suchen wollte, hätte sich das Gegenmanifest derjenigen ansehen müssen, die eine Erneuerung der Handelsverträge anstrebten. Auf der Liste befanden sich, unter vielen Namen der größeren Banken und aus den Seehäfen, der Gründer der Berliner Handelskammer Ludwig Max Goldberger, der Präsident des Ältestenkollegiums der Berliner Kaufmannschaft, Geheimer Kommerzienrat Wilhelm Herz, Emil Rathenau von der AEG, sowie führende Berliner Industrielle, darunter Ernst Simon und Isidor Loewe[313].

Auf Ballins Initiative hin nahm diese gegen die Schutzzölle gerichtete Interessengruppe festere Formen an, und im Jahre 1900 wurde der Handelsvertragsverein gegründet. Seine Gründungsversammlung konnte eine Reihe bedeutender Persönlichkeiten vorweisen: unter den Anwesenden befanden sich Carl Fürstenberg, Jakob Riesser, A. Warburg, L. M. Goldberger und E. Arnhold (Bankiers); Franz Oppenheim, Emil Rathenau und Julius Loewe (Fabrikanten); Ballin und Hinrichsen (Schiffahrt). Von diesen wurden Arnhold, Goldberger und Rathenau in den Weiteren Ausschuß gewählt[314]. Die Kluft zwischen den zwei Zweigen der Industrie ging über die Frage von Schutzzoll-Interessen hinaus. Der freihändlerische Flügel war auch weniger an den dauernden Plänen interessiert, die Macht des Reichstags durch eine Art berufsständische Repräsentation zu untergraben, und man war dort auch weniger gewerkschaftsfeindlich. So hatte z. B. der Reichsverband gegen die Sozialdemokratie, der unter dem Eindruck der gewaltigen Gewinne der SPD in den Reichstagswahlen von 1903 entstanden war, großenteils die gleichen Ziele wie der CVDI, der Alldeutsche Verband und die Reichspartei (sein Vorsitzender, Generalleutnant a. D. Georg von Liebert, gehörte den beiden letzten Verbänden an und war Vorstandsmitglied der Kolonialgesellschaft)[315].

Trotzdem war, wie die Episode des Bülow-Blocks zeigte, die Kluft nicht unüberbrückbar. Jene Teile des deutschen Bürgertums, die sich von Macht oder Gunst ausgeschlossen fühlten, reagierten im allgemeinen nicht mit Groll, sondern mit verdoppelten Anstrengungen, die Integration zu erreichen, und die sogenannten „Hottentottenwahlen" von 1907 boten hierzu Gelegenheit. Der unmittelbare Anlaß der vorzeitigen Wahlen war die Ablehnung des Nachtragsetats der Kolonialverwaltung durch den Reichstag nach der Er-

---

[313] *Stegmann*, op. cit., 74–76.

[314] AaO, 79, 81.

[315] *Dieter Fricke*, Der Reichsverband gegen die Sozialdemokratie von seiner Gründung bis zu den Reichstagswahlen von 1907, Zeitschrift für Geschichtswissenschaft, VII (1959), 246–247, 250.

hebung in Deutschsüdwestafrika. Die Opposition des Zentrums gegen die Regierung bot den Linksliberalen die Chance, dessen Stelle in der Gunst der Regierung einzunehmen: die negative Einstellung gegenüber dem Gedanken der deutschen Nationalehre, die Sozialdemokratie und Klerikalismus teilten, festigte das Bündnis. Der neue Kolonialdirektor, der bald Staatssekretär im Reichskolonialamt werden sollte, Bernhard Dernburg, war Direktor der Darmstädter Bank und kam aus einer liberalen Familie. Im übrigen war er auch jüdischer Abstammung, wenn auch sein Vater, der Nationalliberale Friedrich Dernburg, schon getauft war. Die gewagte Neuerung, die in der Friedenszeit des Wilhelminischen Deutschland einzig dasteht, rief einen der seltenen öffentlichen antisemitischen Ausbrüche des Zentrums hervor, als sein Sprecher, Hermann Roeren, sich über den „Börsenjobber- und Kontorton" der Verwaltung im Kolonialamt beklagte[316].

Schon vor der Episode der Kolonialpolitik hatte die Regierung Schritte unternommen, um Gelder für eine aufs Ganze gehende Wahlkampagne sicherzustellen. Es war ein „Komitee Patria" gegründet worden, unter der Ägide des Chefs der Reichskanzlei, Freiherrn von Loebell, und des Industriellen und Führers der Freikonservativen, Freiherrn von Zedlitz-Neukirch, mit Unterstützung des unumgänglichen Victor Schweinburg[317], was Bülow alles andere als gern sah[318]. Die Umgruppierung der Parteien machte es wesentlich leichter, die nötigen Gelder einzubringen. Unter denen, die den Appell unterzeichneten, befanden sich Albert Ballin, Paul von Schwabach, der Eigentümer des Bleichröder-Bankhauses und Robert von Mendelssohn. Von der Gesamtsumme von fast 600 000 RM spendeten Schwabach und Mendelssohn jeder 30 000 RM, Franz von Mendelssohn 25 000 RM, die HAPAG 15 000 RM[319]. Der Kaiser drückte Robert von Mendelssohn gegenüber „seine hohe Anerkennung für die Opferwilligkeit der Spender" aus[320].

Das Fehlschlagen der Reichsfinanzreform machte die Hindernisse deutlich, die für das Bürgertum im Kaiserreich der völligen Gleichheit im Wege standen. Aber das Auseinanderbrechen des kurzlebigen Bülow-Blocks führte nicht dazu, daß man sogleich zu der früheren Konstellation zurückkehrte. Dazu hatte die Schwerindustrie zu viel zu verlieren und war über die Unnachgiebigkeit der Agrarier zu verärgert. Obwohl die Reichstagsmehrheit der Regierung wiederum „schwarz-blau" war, waren der CVDI, der BdI, Finanzkapital und Mittelstand in dem bisher größten Versuch zusammengekommen, eine vereinte Front der Industrie zu schaffen — in dem Hansabund für Gewerbe, Handel und Industrie.

---

[316] *Bülow*, op. cit., II, 267.

[317] *Dieter Fricke*, Der deutsche Imperialismus und die Reichstagswahlen von 1907, Zeitschrift für Geschichtswissenschaft, IX (1961), 554–555.

[318] „Unverläßlich ... ein übler Stänkerer" (*Bülow*, op. cit., I, 295, 390).

[319] *Fricke*, Der deutsche Imperialismus, 557–558, 560–561.

[320] *Ludwig Elm*, Zwischen Fortschritt und Reaktion. Geschichte der Parteien der liberalen Bourgeoisie in Deutschland 1893–1918, Berlin 1968, 192.

Die Tatsache, daß unter den Unterzeichnern des Gründungsaufrufs und im Direktorium und Gesamtausschuß der neuen Organisation eine Reihe von bekannten jüdischen Namen zu finden waren, bedeutete wenig. Denn neben Warburg, Emil Rathenau, Fürstenberg und Schwabach waren da auch Kirdorf, Röchling, Hugo Stinnes und Haniel (Gutehoffnungshütte) [321]. Allerdings hielten sich konservative und liberale Kräfte nicht völlig das Gleichgewicht. Vorsitzender war Jakob Riesser von der Darmstädter Bank, der Neffe Gabriel Riessers, und das Bankwesen sowie die verarbeitende Industrie hatten in seinen Gremien das Übergewicht. Im Gegensatz zu den erklärten Grundsätzen des BdL stand der Hansabund allen Bewerbern offen, „wie mit besonderer Schärfe zu betonen ist, ohne Unterschied der religiösen und konfessionellen Überzeugung" [322] (Riesser selbst war getauft). Also überraschte es nicht, daß seine agrarischen Gegner ihn als Werkzeug eines „jüdischen Kapitalismus" ansahen [323], oder daß sein liberaler Flügel, der eine aufgeschlossenere Sozialpolitik befürwortete, von Schwerindustriellen als der „Mob der Börse" gebrandmarkt wurde [324].

Tatsächlich war das Bündnis nicht von langer Dauer. Zu den ohnehin divergierenden Interessen traten während der zweiten Marokkokrise von 1911 außerordentlicher Druck und die drohende Kriegsgefahr hinzu, sowie eine schrittweise Entwicklung in den Richtungen der Parteipolitik. Die Wiedervereinigung der Linksliberalen im Jahre 1910 und die vorsichtige Linksschwenkung bei der nationalliberalen Reichstagsfraktion unter Bassermanns Führung deuteten einen Trend an, welcher den Wünschen der Mehrheit des Hansabundes entsprach. Was für den CVDI-Flügel jedoch schließlich unerträglich wurde, war, daß Riesser es ablehnte, eine bedingungslos gegen die SPD gerichtete Stichwahlparole für die Wahlen von 1912 auszugeben. Im Juni 1911 verließen die Vertreter der Schwerindustrie den Hansabund; Riesser verblieb im Vorsitz, mit Arthur Salomonsohn, Franz von Mendelssohn, Schwabach, Warburg und, was vielleicht weniger zu erwarten war, Louis Hagen, neben ihm im Direktorium [325].

Es wäre immer noch eine Verzerrung gewesen, hätte man den Hansabund als jüdisch beschreiben wollen; wie dem auch sei, er vertrat nun eine einheitliche Linie in Politik und Wirtschaft, die im Rahmen der Stereotypen deutscher Politik als solche erkannt werden konnte. Männer wie Ballin mögen ihre Zweifel über Riessers Liebäugeln mit der Linken gehabt haben; andererseits wurden nur wenige jüdische Geschäftsleute offen mit der Rechten

---

[321] *Stegmann,* op. cit., 178–181.

[322] *Jakob Riesser,* Der Hansabund, Staatsbürgerliche Flugschriften 6, Jena 1912, 22; Die Richtlinien des Hansabundes, *Felix Salomon,* Die deutschen Parteiprogramme, Heft 2, 2. Aufl., Leipzig 1912, 161.

[323] Deutscher Generalanzeiger, 11. Juni 1909, zit. in: *Stegmann,* op. cit., 182.

[324] Rheinisch-westfälische Zeitung, zit. in: *Jaeger,* op. cit., 156.

[325] *Stegmann,* op. cit., 242.

in der deutschen Industrie gleichgesetzt: Baron Simon Alfred Oppenheim saß mit Hagen zusammen im Deutschen Verlagsverein[326], und Leopold Levy (Hohensalza) war einer der elf Nationalliberalen im Preußischen Abgeordnetenhaus, die sich vom Bassermann-Kurs lossagten und sich dem Altnationalliberalen Verein anschlossen[327].

Die Haupttätigkeit des Hansabunds zeigte sich in seiner Intervention in den Wahlen von 1912, welche in auffallendem Gegensatz zum „Komitee Patria" stand, dem so viele seiner Mitglieder angehört hatten. Er bemühte sich in erster Linie darum, daß Fortschrittliche und Nationalliberale in der Hauptwahl nicht einander gegenüberstanden, und lehnte dort einen Zuschuß ab (der sich auf bis zu 10 000 RM belaufen konnte), wo es keinen gemeinsamen liberalen Kandidaten gab[328]. Indem er seine Propaganda gegen „Agrardemagogie" lenkte, billigte er indirekt das Stichwahlabkommen zwischen Fortschritt und Sozialdemokraten und trug mit zu dem beispiellosen Sieg der Linken an der Wahlurne bei, der zeigte, wie unbeliebt die Schutzzölle und Steuern des „schwarz-blauen" Blocks waren. „Einstweilen betrachten sich seit den Reichstagswahlen die Juden als unsere Führer", schrieb die *Kreuzzeitung*[329], die sich bereits vorher zur Macht der „Bank- und Börsenwelt" geäußert hatte, „die sich so gern euphemistisch als ‚deutsches Bürgertum' bezeichnet"[330].

Die Reaktion war übertrieben. Der Reichstag mag wohl eine Hansabund-Mehrheit enthalten haben, aber Reichstags-Mehrheiten regieren nicht das Reich. Außer einer bescheidenen Vermögenszuwachssteuer geschah nichts, das Riessers Behauptung hätte entkräften können, daß „wir noch ungemein weit von der praktischen Durchführung der Gleichberechtigung *aller* Stände und Berufe und aller Staatsangehörigen sind"[331]. Die hierfür nötigen Reformen – eine Änderung des preußischen Wahlrechts und Verantwortlichkeit der Minister vor dem Reichstag – waren so fern wie je. Die Kluft zwischen den beiden Flügeln der besitzenden Klasse dauerte an, sowie die Tendenz, daß das Schwergewicht jüdischer Teilnahme auf einem dieser Flügel zu finden war. Ob dieses Phänomen tiefere Gründe hatte oder nur oberflächlich war, das würde der Krieg erweisen. Es wurde bereits bemerkt, daß der Imperialismus, der fast die gesamten gehobenen und mittleren Schichten erfaßt hatte, mehr als eine Gestalt annehmen konnte: eine vorwiegend militärische, territoriale und im Laufe der Jahre rassistische und eine, der es hauptsächlich um wirt-

---

[326] *Wernecke,* op. cit., 17. Siehe auch oben, S. 222.
[327] *Reiss,* op. cit., 166–167.
[328] *Elm,* op. cit., 213; *Bertram,* op. cit., 79, 106, 155; *Nipperdey,* Organisation der deutschen Parteien, 157.
[329] Kreuzzeitung, 4. Februar 1912.
[330] AaO, 14. Januar 1912.
[331] *Jakob Riesser,* Der deutsche Handel im letzten Vierteljahrhundert, Nord und Süd, 37. Jahrg., Bd. 145, Heft 465 (Juni 1913), zit. in: *Stegmann,* op. cit., 351.

schaftliche Durchdringung zu tun war, bedingten äußerst unterschiedliche Folgen für Innenpolitik, sowie für Krieg und Frieden. Wie die Rechte diesen Unterschied beurteilte, zeigt sich in der Anklage des alldeutschen Historikers Otto Bonhard, daß die drei Hauptquellen für den „Strom der Flaumacherei" der Kanzler, Bethmann Hollweg, die Sozialdemokratie und „gewisse zwischenvölkisch verfilzte Großhandelskreise" seien [332]. Nicht alle deutschen Bankiers und Finanziers waren Juden: oder waren je Juden gewesen. Was das Kapital anbetrifft, über das sie verfügten, so standen sie 1914 schwächer da als 1870, da die Entwicklung der Großbanken zu dem relativen und absoluten Niedergang der Privatbanken führte, der Hauptform jüdischer wirtschaftlicher Tätigkeit. Die größte Bank, die Deutsche Bank, deren Kapital von 1870 bis 1914 von 15 auf 200 Millionen stieg, wies eine verhältnismäßig niedrige jüdische Beteiligung auf. Ihr Erster Direktor, Georg von Siemens, war einer der Anreger des Handelsvertragvereins gewesen; sein Nachfolger Arthur von Gwinner (mit einer Speyer verheiratet) stand im Sommer 1914 an der Spitze derer, die davor warnten, „blindlings eine Politik der Annexionen zu beginnen" [333]. Heinrich Claß bezeichnet ihn deutlicher als Bonhard als den Hauptschuldigen unter der „sogenannten deutschen hohen Finanz" [334]. Man brauchte nur Bankier zu sein, um sogleich ehrenhalber Jude zu werden. Doch gibt es auch eine Kontinuität in Walther Rathenaus Mission von 1910, als er sich darum bemühte, für einen Ausgleich zwischen den rivalisierenden Ansprüchen von Krupp und Mannesmann auf marokkanisches Erz zu sorgen, in einer Weise, die französische Empfindlichkeiten respektierte [335]; in Ballins Mission nach London im Juli 1914; und in Paul von Schwabachs Brief an Alfred Lord Rothschild vom ersten August:

> „Nur ein Wunder könnte noch den Ausbruch des Krieges vermeiden. Was mich dabei am meisten betrübt, ist die sichere Erwartung, daß auch England gegen uns das Schwert ziehen wird... Sie und ich haben das Bewußtsein, nach Kräften versucht zu haben, die Beziehungen zwischen unseren Ländern zu verbessern." [336]

Wie die deutschen Juden im August 1914 von Begeisterung für das Vaterland geradezu elektrisiert wurden, ist oft beschrieben worden. Es ist, als hätte die Verkündung des Burgfriedens eine besondere Bedeutung für sie: daß die Hoffnungen, die 1869 erweckt waren, nun Wirklichkeit werden würden, daß ein „inneres Sedan" auch die Juden umfassen würde. Ja, Juden rückten in po-

---

[332] *Otto Bonhard*, Geschichte des Alldeutschen Verbandes, Leipzig–Berlin, 1920, 35.
[333] *Fischer*, op. cit., 115.
[334] *Heinrich Claß*, Wider den Strom. Vom Werden und Wachsen der nationalen Opposition im alten Reich, Leipzig 1932, 321, 343.
[335] *Hartmut Pogge von Strandmann*, Rathenau, die Gebrüder Mannesmann und die zweite Marokkokrise, in: *Immanuel Geiss* u. *Bernd-Jürgen Wendt* (Hrsg.), Deutschland und die Weltpolitik im 19. und 20. Jahrhundert, Düsseldorf 1973, 257–267.
[336] *Paul von Schwabach*, Aus meinen Akten, Berlin 1927, 268.

litische Führungsstellen vor, die ihnen vor dem Kriege unmöglich hätten offenstehen können: Rathenau stand an der Spitze der Rohstoffabteilung, Wilhelm Merton an der der Nahrungsmittelbewirtschaftung, Max Warburg und Carl Melchior waren in der Zentral-Einkaufs-Gesellschaft, die den Import wesentlicher Nahrungsmittel organisierte. Die „Erklärung der Dreiundneunzig", die die Gerechtigkeit der deutschen Sache darzustellen trachtete, wies die Namen zahlreicher jüdischer Akademiker und Künstler auf, darunter Paul Ehrlich, Fritz Haber, Paul Laband, Max Liebermann und Max Reinhardt[337]. Je weniger über den „Haßgesang gegen England" Ernst Lissauers gesagt wird, desto besser. Es wäre auch nicht richtig, wenn man sagte, daß alle in der Wirtschaft führenden jüdischen Persönlichkeiten unbedingt anglophil waren; das traf nicht zu auf Riesser und noch weniger auf Georg Solmssen:

> „So läßt sich an der Tatsache nichts drehen und deuten, daß dieser Krieg das größte Geschäftsunternehmen ist, das je inszeniert wurde, und daß der Unternehmer dieses Geschäfts England ist." [338]

Festgestellt werden kann jedoch, daß Juden, waren sie von der Kriegseuphorie von 1914 auch nicht ausgeschlossen, sich doch schneller von ihr erholten. Als Ballin im Dezember 1917 an Rathenau schrieb, daß sie beide stets gegen den uneingeschränkten U-Boot-Krieg gewesen seien, war das eine Selbsttäuschung. Aber sie konnten für sich beanspruchen, daß sie spätestens 1916, im Gegensatz zu Kirdorf, Hugenberg und Stinnes, die Schlagworte durchschaut hatten und der Wirklichkeit rationell gegenüberstanden: so wie Dernburg und Warburg sahen sie nicht nur, daß Großbritannien durch das U-Boot nicht zu besiegen war, sondern auch, daß man sich die USA unnötig zum Feind machen würde[339].

Ebenso uneins war man sich in der Frage der Kriegsziele im allgemeinen. Die *Denkschrift der sechs Verbände* vom Frühjahr 1915 – die unter anderem den BdL, den CVDI und den BdI in extrem annexionistischen Forderungen vereinte – stieß auf die Freie Vaterländische Vereinigung (später Deutscher Nationalausschuß) und ihre bekannten jüdischen Mitglieder: Schiffer, Schwa-

---

[337] *Saul Friedländer*, Die politischen Veränderungen der Kriegszeit und ihre Auswirkungen auf die Judenfrage, in: Deutsches Judentum in Krieg und Revolution, aaO, 30, Anm. 7.

[338] *Georg Solmssen*, England und Wir! (13. November 1916), Beiträge zur deutschen Politik und Wirtschaft, 1900–1933, München–Leipzig 1934, 16; *Jakob Riesser*, England und wir, Berlin 1915; über Ballins Schwankungen, *Eduard Rosenbaum*, Albert Ballin. A Note on the Style of his Economic and Political Activities, in: Year Book III of the Leo Baeck Institute, London 1958, 295–296.

[339] Rathenau an Ludendorff, 19. Oktober 1916, *Margarete von Eynern* (Hrsg.), Walther Rathenau. Ein preußischer Europäer. Briefe mit bibliographischen Hinweisen, Berlin 1955, 160; Ballin: *Huldermann,* op. cit., 344, 359; Dernburg: *Fischer,* op. cit., 393; *Max M. Warburg*, Aus meinen Aufzeichnungen, New York 1952, 43.

bach, die Mendelssohns, Franz Oppenheim, Wilhelm Merton und Riesser, aber
auch Gwinner, Duisberg von der chemischen Industrie und den Erzberger-
Flügel des Zentrums [340]. Schwabach nahm sich als erster der Möglichkeit einer
Gegeneingabe an, doch es war der keineswegs „fremdvölkisch verfilzte"
Lujo Brentano, der die Denkschrift Delbrück gegenüber zusammenfassend
beschrieb: „Es bedeutet die Rechtfertigung aller Anwürfe, welche unsere
Feinde im Ausland bislang gegen uns gerichtet haben." [341] In dem Entwurf
der Gegeneingabe erschien Theodor Wolff, der sich mit Delbrück die Aufgabe teilte, erstmalig als ein Hauptteilnehmer an der Debatte über die Kriegsziele.

Es liegt die Versuchung nahe, mit Delbrück zu argumentieren, daß die
Juden (und Arbeiter), gerade weil sie in der Wilhelminischen Gesellschaft
Außenseiter waren, „im Kriege einen richtigen politischen Instinkt gezeigt
haben" [342]. Wie sonst hätte Ballin die „törichte, alles antizipierende Sieges-
stimmung" rügen können [343], hätte Schwabach richtig feststellen können: „Die
Forderungen der ... Verbände setzen mehr voraus als einen Sieg über unsere
Feinde – deren völlige Vernichtung" [344], hätte Rathenau Bethmann Hollweg
davor warnen können, „die Landkarte lieber als den Globus [zu] betrachten" [345]. Gewiß war mancher gute christliche Patriot ebenso entsetzt über die
alldeutschen Wunschträume und Selbsttäuschungen – Harnack und Troeltsch,
Brentano und Max Weber; doch immer wieder finden sich jüdische Namen in
Organisationen, die bestrebt waren, nicht bloß die Regierungspolitik zu
mäßigen, sondern auch den Frieden herbeizuführen: Hermann Tietz und
Eugen Landau in einem Kreis; Richard Witting in einem anderen [346]. Warburg und Dernburg wiederum schlugen vor, daß der Handelsvertragsverein
einen Entwurf für ein internationales schiedsrichterliches Verfahren für die
Nachkriegszeit einleiten solle [347].

Es war leicht, obschon ungerecht, den Patriotismus dieser Männer anzu-
zweifeln; ohnehin waren noch einige, wenn auch wenige Juden zu finden, die
die Trommel rührten. Arthur Salomonssohn war in Tirpitz' Sachverständigen-
kommission über U-Boot-Kriegsführung, Leopold Levy in dem annexionistischen „Unabhängigen Ausschuß für einen deutschen Frieden" [348]. Und das

---

[340] *Stegmann*, op. cit., 464, 472.

[341] 28. Juni 1915. *Anneliese Thimme*, Hans Delbrück als Kritiker der wilhelminischen Epoche, Düsseldorf 1955, 121.

[342] *Hans Delbrück*, Proleten und Juden, in: Vor und nach dem Weltkrieg, Politische und Historische Aufsätze, 1902–1925, Berlin 1926, 437, zit. in: *Friedländer*, Die
politischen Veränderungen der Kriegszeit, aaO, 47.

[343] Zit. in: *Stegmann*, op. cit., 455.

[344] Zur Eingabe der fünf Verbände in: *Schwabach*, op. cit., 274.

[345] An Reichskanzler von Bethmann Hollweg, 7. September 1914, *Rathenau*, Politische Briefe, Dresden 1929, 10.

[346] *Jaeger*, op. cit., 236.

[347] Dernburg an Gothein, 25. Juli 1917, zit. in: *Jaeger*, op. cit., 238.

[348] *Stegmann*, op. cit., 471, 465.

eigennützige Element, das in den politischen Alternativen lag, sollte auch nicht übersehen werden. Der Gedanke einer Europäischen Zollunion, welchen die Männer der „Mittwochabendgesellschaft" – mit Rathenau und den Direktoren der Deutschen Bank an der Spitze – am Anfang des Krieges vorbrachten, war alles andere als Selbstenthaltung. Aber der Gegensatz zwischen ihnen und den Zielen der Annexions- und Siegfriedenspartei zeigt, mit welch verschiedenen Voraussetzungen sie an die Landkarte von Europa und an die Frage der inneren Ordnung Deutschlands herantraten.

Bis zur militärischen Wende des achten August 1918 hatten die Ansichten dieser Männer keinen größeren Einfluß auf die Reichspolitik als in Friedenszeiten der Handelsvertragsverein und der Hansabund. Als es sich erwies, daß die Kritiker die Dinge richtig gesehen hatten, als es sich zeigte, daß die Feindschaft der Alliierten unverantwortlich hervorgerufen worden war, und daß ihre parlamentarischen Institutionen dem Druck besser standgehalten hatten als jene des kaiserlichen Deutschlands, da wurde ihnen die Schuld für das Mißlingen zugeschoben. Wie wir den Selbstmord Ballins am neunten November 1918 auch deuten mögen [349], so ist er doch kaum eine Bestätigung der alldeutschen Behauptung: „Jeder Jude war ein freiwilliger Agent der Entente." [350]

IX

Bis zum Jahre 1914 hatte sich zu keinem der drei Aspekte der jüdischen Frage eine befriedigende Antwort gefunden. Die formale Antwort der Deutschen an die Juden hatte gelautet: assimiliert Euch! Doch das Verhalten von Reich und Einzelstaaten sowie die Einschränkung der Berufschancen machten es unmöglich, diese Bedingung zu erfüllen, auch ganz abgesehen vom Antisemitismus der rechtsstehenden Parteien und Presse. Doch waren offizielles Vorgehen und inoffizielle Propaganda miteinander verflochten, logisch wie auch politisch. Wie Rathenau bemerkte:

„Auf ein Erlöschen dieser Abneigung ist kaum zu hoffen, solange der Staat sie durch gegensätzliche Behandlung billigt, anpreist und rechtfertigt."

Und er zog die Konsequenz:

„In den Jugendjahren eines jeden deutschen Juden gibt es einen schmerzlichen Augenblick, an den er sich zeitlebens erinnert: wenn er zum ersten Mal voll bewußt wird, daß er als Bürger zweiter Klasse in die Welt getreten ist, und daß keine Tüchtigkeit und kein Verdienst ihn aus dieser Lage befreien kann." [351]

---

[349] *Cecil*, op. cit., 345.
[350] Georg Heidner, zit. in: *Friedländer*, Die politischen Veränderungen der Kriegszeit, aaO, 53.
[351] *Rathenau*, Staat und Judentum, aaO, I, 186, 189.

Aber die jüdische Antwort an die Deutschen war ebenfalls zwiespältig. Sich zu bemühen, ein „deutscher Staatsbürger jüdischen Glaubens" zu sein, war eine Formel, keine Lösung. Bereits im Jahre 1835 hatte Abraham Geiger, der voll Eifer die Emanzipation verfochten hatte, ganz deutlich gesagt, daß er nicht zu jenen gehörte, die „gern Alles aufgeben" wollten, „um nur einen Gewinn zu haben" [352]. Die „religiöse Selbständigkeit", die Geiger erhalten wollte, mußte soziale und daher indirekt auch politische Konsequenzen haben.

Auch die Antworten, welche Juden sich selbst gaben, lauteten unbestimmt. Die liberal-aufgeklärte Ansicht, staatsbürgerliche Gleichheit solle durch die guten Werke von Christen zustande kommen, war noch weit verbreitet.

„Bei solchen Anträgen", so erklärte Lasker im Norddeutschen Reichstag, „die so nahe mich und meine Glaubensgenossen angehen, nehme ich grundsätzlich nicht das Wort" [353]. Hierin folgte er dem Beispiel Moses Mendelssohns, daß nichts der Sache mehr diene als „Uneigennützigkeit":

> „Juden müssen sich also gar nicht einmischen ... Sobald dies geschieht, sobald muß [die Einmischung] auch gemißdeutet und übel ausgelegt werden." [354]

Schon die Existenz des Centralvereins, des Verbands der Deutschen Juden und anderer Institutionen zur Vertretung speziell jüdischer Belange mit ihren steigenden Mitgliedszahlen, zeigt deutlich, daß diese Ansicht im Abnehmen begriffen war; doch sie war durchaus noch vorhanden, da viele Juden auch weiterhin auf die Werbung dieser Organisationen mit Gleichgültigkeit, Verlegenheit oder Feindseligkeit reagierten. Wie dem auch sei, das Überschneiden von öffentlichem Amt und jüdischem Aktivismus – im Jahre 1914 nichts mehr Ungewöhnliches – zeigt, wie weit die Vorstellung wieder gängig geworden war, daß in bestimmten Fragen Juden als Juden ein Sonderinteresse zu vertreten hätten.

Ob jedoch Juden als Gemeinschaft gewisse erkennbare politische Anschauungen vertraten, die sie von ihren Mitbürgern unterschieden, ist eine andere Frage, und alle Schlüsse müssen hier impressionistisch sein. Die Art von Zeitung, die Juden, wie man wußte, gewöhnlich lasen; ihre Ballung in Großstädten und ihre Berufsstruktur; das Abnehmen der Land- und Trödeljuden: dies alles erlaubt Mutmaßungen. Jedoch, ob im Jahre 1912 10 % oder 20 % der Juden sozialdemokratisch, ob 20 % oder 30 % nationalliberal wählten – das sind Dinge, die sich nicht mit Bestimmtheit feststellen lassen.

Hinsichtlich der Juden, die im öffentlichen Leben aktiv wurden, kann man

---

[352] Das Judentum unserer Zeit und die Bestrebungen in ihm (1835), *Abraham Geigers* Nachgelassene Schriften, hrsg. von *Ludwig Geiger,* Berlin 1875–1878, I, 453 bis 454.

[353] Zit. in: *Dubnow,* op. cit., 330.

[354] An den Baron Hirschen in Dessau, 18. Oktober 1785, *Mendelssohn,* op. cit., V, 640.

eher Verallgemeinerungen anstellen. Es gibt nur sehr wenige politische Ansichten, die nicht irgendwann einen prominenten jüdischen Fürsprecher aufweisen konnten, besonders, bei Einschluß getaufter Juden. Otto Arendt, dem führenden nichtagrarischen Verfechter der Doppelwährung kann man Ludwig Bamberger, als denjenigen der Goldwährung gegenüberstellen; Leopold Levy, dem unkritischen Anhänger einer polenfeindlichen Ostmarkenpolitik, seinen Kollegen Moritz Baerwald, der für Aussöhnung plädierte; den Nationalliberalen Friedberg und Schiffer, Gegnern jeglicher Verfassungsreform in Preußen (zumindest vor 1914), deren Befürworter Schwabach und Riesser; den journalistischen Protagonisten von Freihandel und internationalem Frieden, wie August Stein und Theodor Wolff, Victor Schweinburg und Georg Bernhard; in der Sozialdemokratie Patrioten wie etwa Landsberg oder Stampfer, ethisch inspirierte Internationalisten wie Bernstein und Eisner, Imperialisten wie Bloch oder Cohen-Reuss, revolutionäre Kritiker des Imperialismus wie Luxemburg und Hilferding; doch eine solche Aufzählung, die sich von Alldeutschen bis zu Pazifisten, von Bankiers bis hin zu Anarchisten erstrecken würde, wäre irreführend.

Mehr Juden waren links der Mitte politisch aktiv als rechts davon, eine Tatsache die sehr wohl bemerkt wurde. Innerhalb der Partei ihrer Wahl, sei es die nationalliberale, linksliberale oder sozialdemokratische, waren mehr Juden aktiv auf dem linken Flügel als auf dem rechten.

Besonders unter den nicht-parlamentarischen Honoratioren der Nationalliberalen Partei, vorwiegend Bankiers (Fürstenberg, Riesser, Dernburg, Witting, Warburg, Speyer) tendierte man eher zu Hansabund und Bündnis mit der Fortschrittlichen Volkspartei[355] als zu Sammlungspolitik. Unter den wenigen Parlamentariern und Kandidaten standen Felix Schwabach und Bernhard Falk ein gut Stück links von ihren Parteikollegen, Paul Liepmann zumindest nicht rechts. Bezeichnend ist auch, daß nach 1918 ein hoher Anteil jüdischer Nationalliberaler sich der Deutschen Demokratischen Partei anschlossen, so Dernburg, Carl Melchior (von Warburg & Co.), Falk, Schiffer, der Jenaer Jurist Eduard Rosenthal und selbst Friedberg.

Bei den Linksliberalen hinwieder gab es viele Juden, die versuchten, ihre Partei für Arbeiter- und Sozialfragen zu interessieren: Max Hirsch war hier prominent, aber auch Leopold Rosenow, Siegfried Heckscher, Otto Mugdan und Otto Münsterberg teilten diese Interessen. Soziale Forschungsunternehmen profitierten unverhältnismäßig stark von jüdischen Zuwendungen. Heckscher, ein Direktor der HAPAG, saß im Ausschuß des Vereins für Sozialpolitik, den der linksliberale Bankier Charles Hallgarten subventionierte[356]. Mertons Institut für Gemeinwohl wurde bereits erwähnt[357].

---

[355] *Jaeger*, op. cit., 120.

[356] *Hamburger*, Juden im öffentlichen Leben, 367; Neue Deutsche Biographie, VII, 562–563.

[357] Siehe oben, S. 166.

Aus erklärlichen Gründen waren jüdische Politiker eher als andere bereit, sich Eingriffen in die Rechtsstaatlichkeit zu widersetzen und die Justizreform zu unterstützen. Friedenthal von der Reichspartei war der einzige jüdische Abgeordnete, der 1876 nicht gegen die Todesstrafe stimmte: selbst er, und zwar als einziger in seiner Partei, bekämpfte das Jesuitengesetz, das keine jüdische Stimme erhielt[358]. Zwei andere Fragen waren vielen liberalen Juden wichtig, die Frauenemanzipation und der Weltfrieden[359]. Zu den Gründern der Deutschen Friedensgesellschaft zählten Alfred Fried (Friedensnobelpreis 1911) und Max Hirsch, zu ihren prominenten Anhängern Professor Moritz Lazarus, Theodor Lessing und Alfred Nossig. Der sonst recht konservative Bankier Eduard Arnhold konnte seine Interessen an der Deutschen Waffen- und Munitionsgesellschaft mit Begeisterung für die Weltfriedenskonferenz von 1906 versöhnen.

Die Arbeit für den Frieden war das Feld, auf welchem sich viele sozialistische und bürgerliche Juden trafen. Dies, mehr als revolutionäre Begeisterung, führte so viele jüdische Journalisten und Fraktionsmitglieder (von denen manche vor 1914 Revisionisten gewesen waren) dazu, sich mit der Kredit verweigernden Minderheit und schließlich der USPD zu identifizieren.

Jegliche Verallgemeinerungen sind riskant; sie alle können nur mit Vorsicht angenommen werden. Nicht alle Radikalen, Pazifisten und liberalen Sozialreformer waren Juden; keineswegs alle Juden teilten diese Überzeugungen. Es läßt sich jedoch feststellen, daß, untersucht man den Schwerpunkt der politischen Bindung einzelner Juden, man diesen auf seiten der Rechtsstaatlichkeit findet, auf derjenigen der Förderung des Erziehungswesens, der Gesellschaftsreform und internationaler Verständigung. Weiterhin läßt sich sagen, daß Juden in diesen Bewegungen verhältnismäßig mehr auffielen als Nichtjuden, und daß bei der Gründung und Förderung einiger Institutionen der jüdische Beitrag entscheidend war.

Das bedeutet aber nicht, daß die jüdische Bevölkerung als Ganzes oder ihre Wortführer eindeutig zu Demokratie, Radikalismus, geschweige denn Revolution tendierten. Sie hielten sich für patriotische Staatsbürger, wie das Jahr 1914 zeigte; wenige unter ihnen trugen ein subversives Herz zur Schau wie etwa Kurt Tucholsky. Sie waren kritisch-loyal; ausgeschlossen vom vollen Genuß der Herrlichkeit des Reiches wie sie waren, konnten sie dessen Schattenseiten leichter erkennen. Sie wollten diese beseitigen, nicht das Reich; daher erblickten viele von ihnen im Bülow-Block eine Hoffnung, keine Falle. Aber damit wird nicht gesagt, daß die „haute bourgeoisie", weil sie zu Reichtum emporstieg, mit Nobilitierung und allerhöchsten Tee-Visiten umschmeichelt wurde, „national-konservativ" geworden sei[360]. Solange Schwabach sich vom Flottenverein fernhielt „weil ich sein bloßes Dasein für verderblich

---

[358] *Hamburger*, Juden im öffentlichen Leben, 553.
[359] *Toury*, Die politischen Orientierungen, 238, Anm. 39; 239, Anm. 40.
[360] *Böhme*, op. cit., 352–353.

halte"[361] und Fürstenberg von den Kolonialerwerbungen wegen ihrer „aggressiven Spitze"[362] Abstand nahm, solange Ballin vom „dümmsten aller Kriege" sprechen konnte und ihm, sowie Schwabach die schärfsten Worte gegen den Alldeutschen Verband nicht ausreichten[363], blieb die Distanz vom gedankenlosen Konsensus des Hofes erhalten.

„Das Judentum", schrieb der protestantische Theologe Martin Rade 1912, „soll man weder verachten, noch durch leidenschaftliches Für und Wider sein Selbstbewußtsein ins Ungesunde steigern"[364]. Es war vielleicht nicht durchaus unmöglich, im Wilhelminischen Deutschland diesem Rat zu folgen, aber es erwies sich als zu schwierig. Es gab infolgedessen wenig jüdischen Separatismus, keine spürbare jüdische Lobby, andererseits aber eine Art, öffentliche Angelegenheiten zu sehen, in der viele Juden sich von Nichtjuden der gleichen Gesellschaftsschichten unterschieden. Mehr ist nicht zu sagen, doch sollte man auch nicht der Versuchung erliegen, weniger sagen zu wollen.

---

[361] Schwabach an Sir Eyre Crowe, 4. September 1912, *Schwabach*, op. cit., 249.
[362] *Fürstenberg*, op. cit., 339.
[363] *Huldermann*, op. cit., 201, 333; Schwabach an Sir Eyre Crowe, 16. August 1911, *Schwabach*, op. cit., 28.
[364] Zit. in: *Kluke*, op. cit., 117.

BEGEGNUNG MIT DER MODERNE
DEUTSCHE JUDEN IN DER DEUTSCHEN KULTUR

von

Peter Gay

In dem Vierteljahrhundert zwischen der Thronbesteigung Wilhelms II. und dem Ausbruch des Ersten Weltkrieges leisteten deutsche Juden einen hervorragenden Beitrag zur deutschen Kultur, weit mehr als Deutsche denn als Juden. In vieler Hinsicht allerdings blieben Deutschlands Juden Außenseiter. Es gab immer noch Vereine, die ihnen den Beitritt verweigerten, private Unternehmen, die sie nicht einstellten, Behörden, die sie nicht beschäftigten. Es gab Fanatiker, die sie nicht in Ruhe ließen. Sozialtheoretiker der verschiedensten Richtungen, Pseudowissenschaftler, die während der Zeit, als sich die alarmierenden Auswirkungen des Darwinismus bemerkbar machten, zu Namen und Ansehen kamen, waren gern bereit – oder empfanden es als nützlich –, die Juden für tatsächliche oder eingebildete Übel der modernen Zeit verantwortlich zu machen: für Materialismus, Säkularisierung und gesellschaftliche Mobilität. Die deutschen Juden, die nichts weiter wünschten, als in Frieden zu leben und zu arbeiten und zwar als Deutsche, empfanden das Fortbestehen exklusiver Organisationen, Ausbrüche von Feindseligkeiten und antisemitische Publizisten als deprimierende Überreste vergangener Zeiten. Die noch über die soziale Landschaft verstreuten dunklen Flecken und Animositäten erschienen ihnen gerade deswegen so unerfreulich, weil anderswo soviel in bezug auf Liberalisierung und Aufklärung geschehen war.

Aber worauf es hier besonders ankommt, ist, daß tatsächlich vieles geschehen *war*. Wenn Deutschlands Juden in diesen Jahrzehnten die feindselige Propaganda lasen oder sich persönlichen Beleidigungen ausgesetzt sahen, erlebten sie dies alles folglich als Deutsche. Moritz Lazarus, der prominente Sozialpsychologe, sprach für eine ganze Generation, als er einige Jahre vor der Thronbesteigung Wilhelms II. die „jüdische Frage" als eine *„deutsche Frage"* bezeichnete, als ein Überbleibsel der Inhumanität, das alle Deutschen, Juden und Christen gemeinsam auszurotten hätten:

„Überall und immer ist die Frage der Humanität und der Gerechtigkeit wichtiger
für den, der sie zu gewähren, als für den, der sie zu empfangen hat. Aber wir sind
Deutsche, als Deutsche muß man reden."[1]

Was für die Zeit vor 1888 galt, traf noch mehr auf die Jahre danach zu;
mit dem Regierungsantritt Wilhelms II. kam ein unternehmungslustiger
Monarch auf den deutschen Thron, zu dessen Freunden, wie deutsche Juden
mit einiger Erleichterung feststellten, auch Juden zählten*. Noch 1880 hatte
Berthold Auerbach, ein weitgehend assimilierter jüdischer Schriftsteller, unter
dem Eindruck des „intellektuellen" Antisemitismus, geweckt durch den demagogischen Hofprediger Adolf Stoecker und den einflußreichen Historiker
Heinrich von Treitschke, voller Verzweiflung ausgerufen: „Vergebens gelebt
und gearbeitet!" Aber im allgemeinen konnten deutsche Juden meinen, daß
die Zeichen für sie günstig stünden. Zwar war der im Volke verbreitete Antisemitismus, der die Machenschaften der Geschäftsleute und Bankiers sowie
die „Zersetzung" traditioneller Werte mit der Anwesenheit von Juden in
Verbindung zu bringen trachtete, noch nicht abgeklungen. Aber dieser Antisemitismus trat jetzt weniger in Erscheinung als früher. Politische Parteien,
die von den wirtschaftlichen Erschütterungen der 1870er und 1880er Jahre
profitiert und Stimmen mit antisemitischen Parolen gesammelt hatten, standen in den neunziger Jahren diskreditiert da. Zwar trugen die Rassisten,
die die Mischehe verabscheuten und schon die bloße Möglichkeit jüdischer
Assimilierung verneinten, einen neuen, noch giftigeren Zug in den Antisemitismus hinein; aber sie erschienen als Exzentriker. Viele Konservative, ganz
zu schweigen von Liberalen, hielten sie für nicht salonfähig, wenn nicht für
leicht verrückt.

Die Assimilierung der Juden an die deutsche Gesellschaft war nicht nur

---

[1] Aus *Lazarus*, Treu und Frei (1887), zit. in: *Moritz Lazarus* und *Heymann
Steinthal*, Die Begründer der Völkerpsychologie in ihren Briefen. Mit einer Einleitung hrsg. von *Ingrid Belke*, Schriftenreihe wissenschaftlicher Abhandlungen des
Leo Baeck Instituts, Bd. 21, Tübingen 1971, LXXII n. Es sollte zu Beginn darauf
hingewiesen werden, daß der in diesem Aufsatz verwendete Begriff „Deutsch" auf
diejenigen beschränkt wird, die im Deutschen Reich geboren wurden oder dort
hauptsächlich gearbeitet haben. Die umfassendere Definition, die deutschsprachige
Juden mit in das einbezieht, was als „deutscher Kulturbereich" bekannt geworden
ist, würde die hier vertretenen Argumente verwässern. Offensichtlich waren österreichische und tschechische Juden wie Franz Werfel und Arthur Schnitzler, Karl Kraus
und Sigmund Freud außerordentlich wichtig und das nicht allein für Österreich-
Ungarn. Aber sie lebten und arbeiteten unter radikal anderen Bedingungen als denjenigen, die für ihre deutschen Glaubensgenossen galten. Darüber hinaus vollzog sich
erst gegen Ende der Wilhelminischen Epoche die „Invasion" Deutschlands durch sie,
die während der Weimarer Republik sogar noch stärker wurde. Aus diesem Grunde
sind sie hier, wenn auch mit Bedauern, ausgelassen.

* Siehe den Beitrag von *Lamar Cecil*, Wilhelm II. und die Juden, im vorliegenden Bande, S. 341 f. (Hrsg.).

eine theoretische Frage[2]; sie fand auch praktisch statt. Mehr und mehr dachten und handelten deutsche Juden als Deutsche: sei es in Berufen, in denen sie willkommen waren, sei es in Wissenschaften, in die sie einige einsame Wegbereiter entsandten, sei es sogar bei solchen speziellen Beschäftigungen wie denen des Selbstschutzes oder des sektiererischen Gelehrtentums, in denen sie fast gänzlich von der Frage absorbiert wurden, wie die Stellung des Judentums verbessert werden könnte. Die im Jahre 1893 gegründete Abwehrorganisation, der *Centralverein deutscher Staatsbürger jüdischen Glaubens*, gibt durch ihren bloßen Namen ein festes Vertrauen in die Zukunftsaussichten für die Assimilation kund: der Verein war von *deutschen Bürgern jüdischen Glaubens* organisiert worden, die sich aufgrund des Drucks von außen zusammengefunden hatten, denen sich aber auch Juden anschlossen, die, stolz auf ihre Staatsangehörigkeit, sich nicht länger fürchteten, sich öffentlich zu ihrer religiösen Zugehörigkeit zu bekennen[*]. Von einigen seltenen Ausnahmen abgesehen, lag die zögernd vollzogene Rückkehr zum Judentum mit der halbängstlichen, halb-trotzigen Bestätigung seiner wesentlichen Andersartigkeit – die Welt Bubers und Rosenzweigs – noch in weiter Zukunft. Hätten Berufsantisemiten nicht auf die Rolle der Juden in den Künsten, in der Literatur und im Journalismus hingewiesen, so gäbe es keine Möglichkeit, aus der Qualität oder dem Charakter ihrer Werke auf ihre religiöse Zugehörigkeit zu schließen.

Das Deutsche der jüdischen Kultur jener Jahrzehnte ist nicht als ein Versuch der Verstellung zu verstehen. Es handelte sich nicht um Selbstverleugnung, sondern um das Gefühl, an einer Kultur Anteil zu haben, die aufrechte Kosmopoliten wie Schiller und Kant oder Zierden des modernen Humanismus wie Goethe hervorgebracht hatte. Um 1888 konnten deutsche Juden auf ein Jahrhundert der Emanzipation zurückblicken; sie hatten großenteils die enge Beschränkung auf „jüdische" Berufe wie Hausierertum und Geldverleih aufgegeben. Sie waren in die großen, schnell wachsenden Städte gewandert und in neue Sozial- und Berufsschichten vorgestoßen. Immer augenfälliger schieden sich die deutschen Juden genauso wie andere Deutsche in reiche, wohlhabende und arme; immer mehr zeigten sie die gleichen Züge von Kultiviertheit oder Philistertum. Das Gesetz von 1869, das den Juden des Norddeutschen Bundes offiziell die bürgerliche Gleichberechtigung gewährte, wurde zwei Jahre später auf alle Juden des eben geeinten Deutschland ausgedehnt.

---

[2] Hier und im folgenden wird bewußt der schwierige Begriff „Assimilation" in einem weiteren Sinne gebraucht. Deutsche Juden selbst verwendeten ihn recht unterschiedslos im Sinne von Akkulturation – der problemlosen Integration in das größere gesellschaftliche Ganze, wobei die eigene Identität beibehalten wird – oder Amalgamation – der Übernahme aller Sitten und Gebräuche der umgebenden Gesellschaft durch Mischehe, Taufe und Namenswechsel.

[*] Zum Centralverein siehe den Beitrag von *Arnold Paucker*, Zur Problematik einer jüdischen Abwehrstrategie in der deutschen Gesellschaft, im vorliegenden Bande S. 479–548 (Hrsg.).

Zwar gab es immer noch große Hindernisse für deutsche Juden in Politik, Verwaltung und Armee; der Antisemitismus kennzeichnete weiterhin studentische Verbindungen. Aber die freien Berufe waren verhältnismäßig aufgeschlossen; wo es 1850 noch keine Juden gegeben hatte, fand man – so klagten Antisemiten – ein halbes Jahrhundert später schon zu viele Juden. Die in Deutschland sogenannten „freien" Berufe, vor allem Medizin und Jura, rechtfertigten, was Juden betraf, völlig ihren Namen. Um 1907 waren 6 % der deutschen Ärzte und 14 % der deutschen Anwälte jüdischer Abstammung[3]. Diese Entwicklung vollzog sich deshalb so ungestüm, weil sie offensichtlich Teil eines umfassenderen historischen Phänomens war, nämlich der scheinbaren Emanzipation der Mittelschichten der Gesellschaft[4]. Die jüdische Emanzipation erschien folgerichtig und versprach von Dauer zu sein, weil sie im Gewande der allgemeinen menschlichen Befreiung auftrat.

Einer tiefen Verbundenheit mit Deutschland Ausdruck zu geben und sie auch tatsächlich zu empfinden, bedeutete für einen deutschen Juden nicht unbedingt, sein Judentum abzulehnen, d. h. nicht notwendigerweise, wenn dies auch oft der Fall war. Im Deutschland des neunzehnten Jahrhunderts gab es viele Juden, die den gefährlichen Weg des Übertritts zum Christentum wählten, einige aus echter religiöser Überzeugung, andere aus politischen Gründen, viele, um sich von den Stigmata zu befreien, die ihre Berufschancen gefährdeten. Der Exodus war nicht beträchtlich; zwar sind zuverlässige Zahlen schwer erhältlich, doch hat ein Experte geschätzt, daß rund 22 000 Juden im Laufe des neunzehnten Jahrhunderts zum Christentum übertraten. Die meisten „jüdischen" Journalisten und Verleger und ungefähr die Hälfte der „jüdischen" Akademiker in Deutschland waren Konvertiten[5]. Eines ist sicher: Auf Wellen des Antisemitismus folgten kleine Wellen der Konversionen; Zeiten der Ruhe drängten das Verlangen, Sicherheit hinter den Mauern der vorherrschenden Konfessionen zu suchen, zurück. Doch gab es solche, die sich mehr aus echten als aus bloß guten Gründen vom Judentum abwandten: sie verliebten sich in eine Christin oder einen Christen, und die Kinder aus solchen Mischehen waren normalerweise für das Judentum ver-

---

[3] Siehe dazu *Ernest Hamburger*, One Hundred Years of Emancipation, in: Year Book XIV of the Leo Baeck Institute, London 1969, 22; siehe auch Juden im deutschen Kulturbereich, Ein Sammelband, hrsg. von *Siegmund Kaznelson*, 3. Aufl., Berlin 1962, 720–797.

[4] Siehe *Reinhard Rürup*, Judenemanzipation und bürgerliche Gesellschaft, in: Gedenkschrift Martin Göhring. Studien zur europäischen Geschichte, hrsg. von *Ernst Schulin*, Wiesbaden 1968, 174–199 (englische Version: Jewish Emancipation and Bourgeois Society, in: Year Book XIV of the Leo Baeck Institute, London 1969, 67–91); und *Jacob Katz*, Out of the Ghetto. The Social Background of Jewish Emancipation, 1770–1870, Cambridge/Mass. 1973.

[5] Siehe *Werner Becker*, Die Rolle der liberalen Presse, in: Deutsches Judentum in Krieg und Revolution 1916–1923. Ein Sammelband, hrsg. von *Werner E. Mosse*, unter Mitwirkung von *Arnold Paucker*, Schriftenreihe wissenschaftlicher Abhandlungen des Leo Baeck Instituts, Bd. 25, Tübingen 1971, 127–128. Siehe auch unten S. 293 f.

loren. Oder sie wurden Christen, weil sie die christliche Religion für die
wahrhaftige hielten: Der Soziologe und Kulturphilosoph Max Scheler, Sohn
eines protestantischen Vaters und einer jüdischen Mutter, wurde von einem
Lehrer bewogen, sich 1888 im Alter von vierzehn Jahren taufen zu lassen;
später trat er, wiederum aus Überzeugung, zum römisch-katholischen Glauben über [6]. Bis in die Mitte der 1870er Jahre bestand die Taufe als die
einzige und keineswegs sichere Möglichkeit, sich durch Selbstverleugnung
und Übertritt zum christlichen Glauben von der Bürde des Judentums zu
befreien. Um 1876 wurde es den Juden gesetzlich gestattet – zumindest in
Preußen –, ihre religiösen Gemeinden zu verlassen, ohne sich einer anderen
Glaubensgemeinschaft anzuschließen. Dieses liberale Gesetz, zu Recht von
Rabbinern aller Richtungen gefürchtet und bekämpft, verstärkte die Flucht
aus dem Judentum [7]. Es waren vor allem Marxisten, die diesen Weg wählten,
um dem Opium ihrer Väter zu entfliehen: Eduard Bernstein war nur einer
von vielen jüdischen Sozialisten, die sich vom Judentum formal und offiziell
lossagten [8]. Und doch war auch dieser von Juden vollzogene Akt nicht eine
spezifisch jüdische Reaktion; in der gleichen Weise und aus denselben Gründen, aus denen Bernstein sich von seiner Religion lossagte, kehrten sich auch
seine protestantischen und katholischen sozialistischen Genossen von ihrer
Religion ab. Allerdings bedurfte es zweier Teile, um das Deutschsein glaub-
würdig erscheinen zu lassen: den seine braven Zeilen aufsagenden Schauspieler
und das seiner öffentlichen Vorstellung applaudierende Publikum. Und das
deutsche Publikum war sogar in den Tagen Wilhelms II. nur allzu geneigt,
sich von derartigen juristischen Darbietungen nicht überzeugen zu lassen.
Bezeichnend in dieser Hinsicht ist die Familiengeschichte des Soziologen
Georg Simmel: Simmels Vater, ein Kaufmann, war vom Judentum zum Katholizismus konvertiert und heiratete ein Mädchen jüdischer Herkunft, das
lutherisch getauft worden war. Simmel selbst, gemäß dem Glauben seiner
Mutter getauft, heiratete 1890 ein Mädchen aus gemischt katholisch-protestan-
tischem Elternhaus [9]. Doch werden wir an Simmels beruflichem Aufstieg ablesen können, daß ihm dieser elterliche Hintergrund keinen guten Dienst erweisen sollte. Gewöhnlich bedurfte es mehrerer Generationen, mehrerer Mischehen, bevor sich die Vergangenheit des neuen Christen ins Nichts auflöste [10].

---

[6] Zur Frage des Glaubenswechsels und zu Scheler siehe *Carl Cohen*, The Road to
Conversion, in: Year Book VI of the Leo Baeck Institute, London 1961, 259–279.

[7] *Ismar Schorsch*, Jewish Reactions to German Anti-Semitism, 1870–1914, London – New York – Philadelphia 1972, 19–20.

[8] *Peter Gay*, The Dilemma of Democratic Socialism. Eduard Bernstein's Challenge
to Marx, New York 1952, 25 n.

[9] *Michael Landmann*, Bausteine zur Biographie, in: Buch des Dankes an Georg
Simmel. Briefe, Erinnerungen, Bibliographie, hrsg. von *Kurt Gassen* und *Michael
Landmann*, Berlin 1958, 11–12.

[10] Während dieser Zeit war es weithin üblich, jüdisch klingende Namen in neutrale
oder täuschend-echt christlich klingende umzuändern. So – um nur einige der in

Juden verachteten im allgemeinen ihre getauften Brüder, weil sie in ihnen Abtrünnige, Christen, weil sie in ihnen Opportunisten sahen. Durch den Wechsel von einem Lager ins andere meinten die Konvertiten zu gewinnen, doch sie verloren in beiden.

Eine beträchtliche Zahl von jüdischen Intellektuellen und Künstlern empfand auf das Lebhafteste die Geschmacklosigkeit sowie die begrenzte Wirksamkeit der Konversion; sie weigerten sich, ihren jüdischen Ursprung zu verleugnen, mochten sie selbst noch so unreligiös sein. Dies hinderte sie allerdings nicht daran, sich durch und durch als echte Deutsche zu betrachten. Sie mochten wohl an den Hohen Feiertagen zur Synagoge gehen oder sich durch den Eintrag „jüdisch" auf dem Zensusformular zu ihrem traditionellen Glauben bekennen. Aber wenn sie Monographien schrieben, Porträts malten oder Orchester dirigierten, geschah dies, um es zu wiederholen, auf eine Art, die nicht von der anderer deutscher Künstler zu unterscheiden war. Selbst jüdische Historiker, die sich auf die jüdische Geschichte konzentrierten, und sich der noch bestehenden Enge ihres Blickwinkels überaus bewußt waren, taten ihr möglichstes, um die Besessenheit Mommsens in bezug auf Primärquellen und die olympische Ferne Rankes zu imitieren[11].

War auch das jüdische kulturelle Leben nach Form und Inhalt überwiegend deutsch, so lebte doch die Vorstellung weiter, daß es irgendwie unterschiedlich, leicht zu erkennen sei. Antisemiten hielten es natürlich für erwiesen, daß Juden auf ewig Fremde in der germanischen Welt seien; obwohl viele Juden den Vorwurf, ein „negatives" oder „zersetzendes" Element zu bilden, mit aller Kraft zurückwiesen, akzeptierten sie doch die allgemein verbreitete Behauptung, der jüdische Charakter besäße eine gewisse „rassische" Eigenart, die in den kulturellen Erzeugnissen am deutlichsten zu Tage träte: durch Klugheit, rastlose Intelligenz, durch eine gewisse, unverkennbare Innerlichkeit. In einer weitverbreiteten Broschüre aus dem Jahre 1927, die der deutsch-jüdischen Jugend den Maler Max Liebermann nahebringen sollte, behauptete Arthur Galliner, in Liebermann vereinigten sich der „schlagende Witz" und die „treffsichere Kürze" des Berliners mit der „Gedankenschärfe, feinen Dia-

---

diesem Aufsatz erscheinenden Namen zu erwähnen – hieß der große Theaterregisseur Otto Brahm ursprünglich Abrahamsohn, sein noch größerer Schüler Max Reinhardt Goldmann, der expressionistische Dichter Jakob van Hoddis entlehnte seinen Namen dem Anagramm von Davidsohn, der bekannte Herausgeber Julius Rodenberg war eigentlich Julius Levy aus der hessischen Stadt Rodenberg. Mitunter suchten sich Juden neue Namen aus anderen Gründen als denen der Verschleierung: der Romanautor des jüdischen Berlins, Georg Hermann, benutzte einfach seinen ersten und zweiten Vornamen und gab seinen Familiennamen, Borchardt, auf, der kaum als jüdisch zu bezeichnen war. Diese Praxis verdient gewiß noch weitere Untersuchungen.

[11] Soweit es Ranke betrifft, besteht heute guter Grund zu der Annahme, daß sich hinter seiner ungeheuren Gelehrsamkeit starke Voreingenommenheit verbarg, aber entscheidend ist, daß seine Zeitgenossen nicht diesen Eindruck von seinem Werk gewannen. Siehe *Peter Gay*, Ranke: The Respectful Critic, in: Style in History, London 1974, 57–94.

lektik" des intelligenten Juden. Solche Selbstbewertung war in der Literatur der Wilhelminischen Ära genau so häufig anzutreffen wie in der der Weimarer Zeit[12]. Es ist höchste Zeit, einmal eine historische und soziologische Studie des dummen Juden durchzuführen. Material dafür wäre reichlich vorhanden, und die Ergebnisse würden die weitverbreitete und unhaltbare Vorstellung berichtigen, Juden seien „von Natur aus" intelligenter als andere Leute.

Es erscheint unlogisch zu behaupten, deutsche Juden ähnelten völlig den Deutschen, unterschieden sich aber wiederum von ihnen in einem beträchtlichen Maße. Doch die meisten deutschen Juden des Kaiserreiches sahen keinerlei Widerspruch zwischen dem Fortbestehen vermeintlicher besonderer Eigenart und ihrem echt deutschen Wesen. In ihren Augen konnte man ein „typischer" Jude und gleichzeitig echter Deutscher genau so leicht sein wie etwa ein „typischer" Rheinländer und ein echter Deutscher. In der Tat zeigt nichts eindringlicher die Zugehörigkeit der Juden zur westlichen Kultur, als ihre Übernahme des zweifelhaften Begriffs der „rassischen" Merkmale, eines Begriffs, den sie dem allgemeinen Vokabular der westlichen Pseudowissenschaften entlehnt hatten. Sie bekräftigten ihre Einzigartigkeit wie jeder andere auch.

Die Frage nach einer erkennbaren jüdischen Art des Denkens und Fühlens stellte sich in den Jahren Wilhelms II. mit besonderer Dringlichkeit. Es war eine Zeit kultureller Erschütterungen mit häufigen radikalen Veränderungen des Stils. Es waren die Jahre der modernen Bewegung, der Rebellion und der geschmacklichen und technischen Erneuerung. In der Architektur und im Wohnstil, in der Malerei, Bildhauerkunst und Dichtung, im Roman und im Drama – überall machte sich der frische Wind der Modernisierung bemerkbar. Ausländische Maler wie Edvard Munch und ausländische Dramatiker wie Henrik Ibsen ließen sich in Deutschland nieder und wurden dort einflußreich und berühmt; kulturelle Hauptstädte wie München waren für neue Theaterstücke und Bilder aus dem Ausland aufgeschlossen. Die frische Brise des Wandels blies nicht nur in den Künsten: Philosophie, Psychologie, Ökonomie und Soziologie unterschieden sich im Jahre 1914 erheblich von dem, was sie 1888 gewesen waren. Wie sich im Laufe dieses Beitrages noch deutlicher zeigen wird, waren Deutsche häufig hinter der Entwicklung in anderen Ländern, die sie dankbar und neidisch studierten, zurück. Eine derartige Verlagerung der geistigen und künstlerischen Sensibilität konnte sich kaum unbemerkt vollziehen; die freudige Erregung unter den Befürwortern der Bewegung war so groß wie der Widerstand unter ihren Gegnern. Kaiser Wilhelm II., ein rechthaberischer und aufdringlicher Kunstmäzen mit Meinungen zu jedem vorstellbaren Thema, hatte ziemlich radikale, wenn auch nicht immer logische Vorstellungen über Wissenschaft und Erziehung. Auf dem Ge-

---

[12] *Arthur Galliner*, Max Liebermann. Der Künstler und Führer, Frankfurt a. Main 1927, 57.

biet der Kunst und Literatur jedoch unterstützte er unerschütterlich, laut und vernehmlich die Akademie. Er gab monströse konventionelle Schlachtenszenen und noch größere und monströsere Skulpturen in Auftrag. Er beteiligte sich an der erhitzten Debatte über die Moderne, indem er die französische Kunst als „schmutzig" bezeichnete und seiner Verachtung für die französische Kultur in der Weise Ausdruck gab, daß er Kanzler Caprivi gegenüber Paris als „das große Hurenhaus der Welt" bezeichnete. Die moderne Kunst war für ihn die Kunst des „Rinnsteins" [13]. Es überrascht nicht, daß der junge Gerhart Hauptmann in den frühen neunziger Jahren mit seinen naturalistischen Stücken einen öffentlichen Skandal verursachen konnte.

In diesen belebenden und bedrohlichen intellektuellen und künstlerischen Strömungen meinten nun gewisse Beobachter ein spezifisch jüdisches Element zu entdecken. Sie beschrieben es als entweder eindrucks- oder unheilvoll, je nach Einstellung zur Moderne – und zu den Juden. Und die Historiker sind ihnen im großen und ganzen gefolgt. Hier jedoch soll die gegenteilige Ansicht vertreten werden, daß nämlich die Vorstellungen von jüdischer Wurzellosigkeit und Klugheit, die Beschuldigung – oder Prahlerei –, Juden hungerten nach künstlerischen Experimenten und dürsteten nach literarischen Neuerungen, großenteils von Juden selbst genährte Mythen sind. Es gab deutsche Juden in der kulturellen Avant-Garde, aber man fand sie auch in der Nachhut wie im mittleren Glied. Unter den Kulturrevolutionären waren weitaus weniger und unter den Kulturreaktionären weitaus mehr Juden, als von Historikern bisher erkannt worden ist. Es stellt eine schwerwiegende Vereinfachung eines sehr komplizierten Sachverhaltes dar, wenn die magischen Namen Marx, Freud und Einstein in ritueller Weise immer wieder beschworen werden. Deutsche Juden näherten sich soweit dem „mainstream" der deutschen Kultur, als ihnen erlaubt war. Nichts in ihrem jüdischen Kulturerbe und wenig in ihrer besonderen gesellschaftlichen Situation zwang sie, zu kulturellen Rebellen oder überzeugten Vertretern der Moderne zu werden.

I

Es war Deutschlands berühmtester Maler im Zeitalter Wilhelms II., Max Liebermann, der diese Feststellung gegen Ende seines langen Lebens, kurz vor dem Zusammenbruch der Weimarer Republik, besonders deutlich und überzeugend zum Ausdruck brachte. Liebermann, dem von einer nationalsozialistischen Zeitung der Vorwurf gemacht worden war, er sei für die Porträtierung Präsident Hindenburgs ungeeignet, zog es vor, die Schmähung

---

[13] Siehe unten, S. 298. Zum Brief an Caprivi vom 20. Juli 1892 siehe *Hans Herzfeld*, Ausgewählte Aufsätze, Berlin 1962, 310–312; zum Ausdruck „Kunst des Rinnsteins" siehe die Rede Wilhelms II. zur Eröffnung der Siegesallee am 18. Dezember 1901.

leicht zu nehmen. Er erklärte seine Zuversicht, daß Hindenburg den Artikel ebenso absurd finden würde, wie er selbst es tat: „Ich bin doch nur ein Maler", meinte er, „und was hat die Malerei mit dem Judentum zu tun"?[14] Damit hatte Liebermann den Nagel auf den Kopf getroffen und das Problem, zumindest für die deutschen Juden seiner Generation, sicherlich auch gelöst. Liebermann malte jüdische Themen: sein bekanntes Bild *Der zwölf- jährige Jesus im Tempel* (1879) stellt Christus als einen jüdischen Jüngling dar, und er kehrte oft nach Amsterdam zurück, um Motive im dortigen Juden- viertel zu suchen. Aber er versteifte sich nicht auf die Verarbeitung religiöser Themen; so bot die Judengasse in Amsterdam visuelle Anregungen ebenso wie jede andere Szene auch – Polospieler, holländische Bauern bei der Ernte, mit dem Flicken von Netzen beschäftigte Fischersfrauen, Jäger unterwegs mit ihren Hunden. Was jedoch die Lage der Juden in ihrem geliebten und für sie unsicheren Heimatland betraf, so war Liebermann etwas befangen und ein wenig scheu und zwar in einer Weise, die deutsche Juden vor der Hitlerzeit als altmodisch bezeichnet hätten. Er machte sich Sorgen darum, daß die Verfehlungen eines Juden oder das übermäßige Hervortreten eines anderen zu antisemitischen Reaktionen führen könnte. Und es kam vor, wie sein Freund, der Kunstkritiker Max Osborn berichtet, daß er einen solchen Juden in sein Studio bestellte, um ihn zu rügen. Aber das war Politik[15]. Die Malerei hatte mit dem Judentum nichts zu tun.

Liebermann war der einzige Jude unter den bekannten deutschen Malern seiner Zeit, abgesehen möglicherweise von Lesser Ury, einem begabten, aber wenig beachteten Impressionisten. Ury malte und machte Radierungen von leuchtenden, flüchtig skizzierten Landschaften und Stadtszenen: ganz ähnlich wie Liebermann wandte er sich gelegentlich ausgesprochen jüdischen Themen zu und brachte mit viel Ehrgeiz melodramatische hebräische Propheten oder armselige russische Flüchtlinge auf die Leinwand. Ury, der 1861 in der Pro- vinz Posen geboren wurde, lebte hauptsächlich in Berlin, wo er arm und ziemlich unbekannt 1931 starb. Seinem Zeitgenossen Emil Orlik, der von Prag nach Berlin übersiedelte und ein Jahr nach Ury starb, war eine erfolg- reichere Karriere beschieden: er wurde Porträtist berühmter Leute und fer- tigte gefällige Zeichnungen und Radierungen von Schauspielern und Schrift- stellern an. Er war ein angenehmes, zweitrangiges Talent. Nur Liebermann ragte hervor.

Seine jüdischen Vorläufer waren für ihn wenig richtungweisend, weder in Fragen des Verhaltens noch in denen des Stils. Sie waren durchweg konven- tionell und unoriginell und gehörten zu den Künstlern, deren Namen zwar in jüdischen Enzyklopädien zu finden sind, jedoch kaum, wenn überhaupt,

---

[14] *Wolfgang Koeppen*, Max Liebermann – Juden in der deutschen Kunst, in: Por- träts deutsch-jüdischer Geistesgeschichte, hrsg. von *Thilo Koch*, Köln 1961, 94.

[15] Siehe *Max Osborn*, Der Bunte Spiegel. Erinnerungen aus dem Kunst-, Kultur- und Geistesleben der Jahre 1890 bis 1933, New York 1945, 70–77.

in Kunstgeschichten. Der wahrscheinlich bekannteste unter diesen deutsch-jüdischen Berufsmalern des neunzehnten Jahrhunderts, Moritz Oppenheim, übernahm nacheinander Stile seiner deutschen und französischen Zeitgenossen und endete schließlich als biederer Realist. Als er 1882 im hohen Alter starb, hatte er ein langes Leben vollendet, das die ganze Epoche der jüdischen Emanzipation in seinem Geburtsland umspannte. Er wählte jüdische Themen wie *König David mit der Harfe* oder das noch jüdischere *Sabbathsegen*; aber er lehnte weder säkulare Motive ab noch Auftragsporträts von Christen. Die Laufbahn des 1799 in Berlin geborenen Eduard Magnus beschrieb eine ähnliche Kurve: er wurde zunächst von jener eigenartigen Schule religiöser Maler, den deutschen Nazarenern, darauf vom Neo-Klassizismus Ingres' und schließlich vom akademischen Realismus beeinflußt, der in den französischen Salons wie unter deutschen Käufern den meisten Anklang fand. Wie Oppenheim porträtierte er Juden wie Felix Mendelssohn; und wie Oppenheim malte er auch Christen wie z. B. Jenny Lind.

Magnus war als Kind getauft worden; Maler jüdischen Ursprungs wurden im neunzehnten Jahrhundert allgemein entweder als Christen erzogen oder sorgten selbst dafür, Christen zu werden. Der als Nazarener zu einiger Berühmtheit gelangte Philipp Veit wurde wie sein Bruder, ebenfalls ein Nazarener, getauft. Eduard Bendemann, der bei dem berühmten deutschen Künstler Schadow studiert hatte, heiratete 1835 Schadows Schwester und nahm gleichzeitig den christlichen Glauben an. Zusammen mit seiner neuerworbenen Religion verhalf ihm seine neue Familienzugehörigkeit zu gesellschaftlicher Anerkennung und schadete ihm keineswegs bei der Beschaffung lukrativer Aufträge für Porträts und Wandmalereien. Daß die Namen solcher Künstler in allen Zusammenstellungen „des jüdischen Beitrages" zur deutschen Kunst des neunzehnten Jahrhunderts auftauchen, wirft ein bezeichnendes Licht auf die geringe Bedeutung dieses Beitrages, nicht auf die Größe ihrer Werke.

In dieser Unbedeutendheit spiegelt sich die alte jüdische Abneigung gegen die bildliche Darstellung. So empfänglich auch immer Juden sich gegenüber der sie umgebenden Kultur gezeigt und soviel immer sie auch von ihren Verfolgern gelernt haben, einige ihrer kulturellen Merkmale sind als eine Reaktion auf innere Impulse zu verstehen. Die lakonische Forderung des Zweiten Gebotes besaß keine absolute Gültigkeit. Im dritten Jahrhundert bemalten die Erbauer der Dura-Europos-Synagoge deren Wände mit Fresken, auf denen biblische Szenen dargestellt waren; im achtzehnten Jahrhundert sahen es wohlhabende Juden in Westeuropa, orthodoxe Rabbiner nicht ausgeschlossen, recht gern, wenn ihre Porträts auf Leinwand für die Nachwelt festgehalten wurden. Dennoch wirkte zweifellos das gewichtige Verbot, Abbilder herzustellen, auf künstlerisch interessierte junge Juden und ließ sie auf Gebiete ausweichen, auf denen weniger Gefahr der Gottlosigkeit bestand. Wenn es deutschen Juden indessen nicht gelang, große Maler hervorzubringen, dann nicht so sehr, weil sie Juden, sondern eher, weil sie Deutsche waren. Im Gegensatz zur jüdischen Tradition war die deutsche Tradition natürlich der Entwicklung von Kunst äußerst förderlich, wie das so bekannte Namen wie Grünewald, Dürer oder Holbein hinreichend bezeugen. Aber in den Jahrhunderten deutscher Zersplitterung trieb es ehrgeizige junge Deutsche vorwiegend zu Musik, Dichtung oder ins Geschäftsleben – Beschäftigungen, für die Deutsche im allgemeinen für besonders befähigt gehalten wurden.

Während mehrere Jahrhunderte lang deutsche Maler wenig mehr als Fußnoten zur Kunstgeschichte lieferten, änderte sich dies um 1900 mit der Entstehung des deutschen Expressionismus. Jüdische Künstler allerdings spielten bei diesem Wandel eine nur unbedeutende Rolle. Wie in anderen Ländern so waren auch in Deutschland die Maler der Moderne nur selten jüdischer Abstammung. Stellte man die stattliche Liste von Impressionisten, Spätimpressionisten, Expressionisten und abstrakten Malern zwischen 1870 und 1914 zusammen, so würden nur zwei jüdische Namen, Camille Pissarro und Amedeo Modigliani, auftauchen. Und es muß hinzugefügt werden, daß beide von ihrer Abstammung sehr wenig Aufhebens machten.

Die Launen des Ruhms zwingen dazu, zwischen Berühmtheit zu Lebzeiten und posthumem Ruf zu unterscheiden: Im Jahre 1900 war der aufgrund seiner Gemälde und Radierungen bekannteste deutsche Künstler Max Liebermann, dessen eindrucksvolle Landschaften, realistische Genrebilder und eindringliche Porträts sehr beliebt waren. Doch konnte im Jahre 1957 das Museum of Modern Art in New York eine umfassende Retrospektive über „Deutsche Kunst im zwanzigsten Jahrhundert" bringen – eine Ausstellung, die gerade die von Liebermann so vorzüglich beherrschte Form der Radierung einschloß –, ohne ein einziges Beispiel von Liebermanns Werk zu zeigen. Der Ausstellungskatalog nimmt gelegentlich auf Liebermann als den Gründer der Berliner Sezession Bezug, als einen „späten realistischen" Impressionisten, gegen den Nolde und Pechstein glaubten, rebellieren zu müssen, und als einen Künstler, dem es in seinen Radierungen gelang, „die von ihm angestrebten Effekte des Flüchtigen" einzufangen – das ist alles [16].

Dieser indirekte Spruch der Nachwelt – Verurteilung durch Vergessen – läßt deutlich genug erkennen, daß Liebermanns mutige Rebellion der achtziger und neunziger Jahre zwar ehrenwert und bewunderungswürdig, aber doch auf engen Raum begrenzt und ziemlich kurzlebig war. Das Historische seiner Rebellion liegt darin, daß sie es anderen Künstlern erlaubte, über sie hinauszugehen. Liebermann begann als ein Neuerer und endete als Präsident der Akademie der Künste [17]. Dies bedeutet nicht, daß er nach altbekanntem

---

[16] Siehe *Werner Haftmann*, Painting, in: German Art of the Twentieth Century, hrsg. von *Andrew Carnduff Ritchie*, New York 1957, 34, 42, und *William S. Lieberman*, Prints, aaO, 188. Bezeichnenderweise irrt sich Haftmann bei der Angabe des Gründungsdatums der Liebermannschen Sezession um sechs Jahre (Painting, aaO, 22).

[17] Die ausführlichste Schilderung seines Lebens, einschließlich seiner späteren Jahre,

fadsch

Muster mit zunehmendem Alter konservativ wurde. Er fand relativ früh zu seinem ausgereiften Stil und hielt dann unerschütterlich an ihm fest; seine Bilder aus den 1920er Jahren ähneln weitgehend denen der 1880er Jahre. Er bewegte sich nicht nach rechts; er bewegte sich überhaupt nicht. Es war die Kunst, die ihn links überholte. Liebermanns umfangreiches Werk bietet keinen Anhalt für die These, Ruhelosigkeit und Wurzellosigkeit seien typisch jüdische Merkmale. Kaum ein Künstler war unbeweglicher und biederer als er. „Ich bin in meinen Lebensgewohnheiten der vollkommenste Bourgeois", sagte er über sich selbst,

> „ich esse, trinke, schlafe, gehe spazieren und arbeite mit der Regelmäßigkeit einer Turmuhr. Ich wohne in dem Hause meiner Eltern, wo ich meine Kindheit verlebt habe, und es würde mir schwer werden, wenn ich wo anders wohnen sollte." [18]

Glücklicherweise war es ihm vergönnt, noch dort zu sterben, wo er geboren war, nämlich 1935 in Berlin im Alter von 88 Jahren, bevor die Nazis ihn zwingen konnten, seine lebenslange Liebesbeziehung zu seiner Vaterstadt abzubrechen [19].

Liebermann war zu gleicher Zeit Deutscher, Preuße, Jude und Berliner und das ohne offensichtliche innere Spannungen. Seine Biographen wechselten mühelos von einer dieser Definitionen zur anderen über; wenige empfanden es als notwendig, auf seine Religionszugehörigkeit auch nur hinzuweisen. Wenn vielleicht eine Bezeichnung am ehesten auf ihn zutrifft, dann ist es die des Berliners. Liebermann sprach den unverkennbaren Berliner Dialekt, hatte Spaß an dem schnodderigen und unsentimentalen Witz, auf den sich Berliner ganz sentimental viel zugute hielten, und trug mit seinen Bonmots zum Schatz des trockenen Berliner Humors bei. Seine recht sympathische Treue zu Berlin war keineswegs provinziell; sie entsprang der Liebe zu einer Stadt, so kosmopolitisch in ihrer Kultur wie individuell in ihrem Stil. Liebermann selbst verstand sich als Kosmopolit: „Mein ganzes Leben lang", meinte er, „habe ich immer zuerst gefragt: Was bist du für ein Mensch? Niemals aber: Bist du Jude, Christ oder Heide?" Wobei er sofort hinzufügte, ohne sich des Widerspruchs bewußt zu sein: „Ich bin als Jude geboren und werde als Jude sterben." [20] Dieses Nebeneinander von Überzeugungen ist für die deutschen Juden der Wilhelminischen Generation charakteristisch.

---

bietet *Erich Hancke*, Max Liebermann. Sein Leben und seine Werke, 2. Aufl., Berlin 1923 (1. Aufl. 1914); siehe dazu auch *Max J. Friedländer*, Max Liebermann, Leipzig 1924, und *Karl Scheffler*, Max Liebermann, Wiesbaden 1953.

[18] Das Liebermann-Buch, hrsg. von *Hans Ostwald*, Berlin 1930, 34–36.

[19] Seine Witwe hatte weniger Glück: sie beging 1943 Selbstmord, um zu verhindern, daß sie in ein Todeslager abtransportiert würde.

[20] *Ostwald*, Das Liebermann-Buch, 19–20. Bei dem Versuch, die unwilligen holländischen Juden zum Modellstehen zu bewegen, schrieb er am 27. August 1905 an den Graphiker Hermann Struck über „uns're lieben Glaubensgenossen". *Anna Wagner*, Max Liebermann in Holland, Bonn 1972, 27.

Nur wenige unter ihnen empfanden die Notwendigkeit, eine Wahl zu treffen; sie waren – wie es ihre Abwehrorganisation der Welt in Erinnerung rief – deutsche Staatsbürger jüdischen Glaubens.

Max Liebermann war unleugbar als Jude geboren worden und zwar in eine wohlhabende, hochangesehene Familie, die in den 1820er Jahren nach Berlin gekommen war. Jene von Max Weber in engem Zusammenhang mit der protestantischen Ethik gesehene Sitte der Selbstdisziplin und des harten Arbeitens, hatte er sich aufgrund seines autoritären und anspruchsvollen Vaters zu Fleisch und Blut gemacht, wenn er auch nicht die von seinen Eltern für ihn ausersehene bürgerliche Laufbahn einschlug. Aber auch ein Maler kann ebenso von der Arbeit getrieben werden wie ein Kaufmann oder Anwalt. Als im Jahre 1930 ein ihn besuchender Kritiker bewundernd ausrief, die ständige Produktivität des alternden Künstlers mute ihn wie ein Wunder an, fühlte sich Liebermann dazu verpflichtet, diesen hehren Glauben zu erschüttern. „Nee, nee", protestierte er, „das ist kein Wunder. Das ist so eingeübt. Immer wieder die innere Mahnung: Arbeit!"[21] Liebermann selbst hielt diese eiserne Disziplin, die daher rührte, daß sein Vater auf seiner finanziellen Unabhängigkeit bestanden hatte, für einen typisch preußischen Zug. Er war ein preußischer Jude und stolz darauf, zugleich Preuße und Jude zu sein.

Er hatte einigen Anspruch auf seine hohe Selbsteinschätzung. Sein Werk ist etwas Besseres als das mühselige Produkt einer fleißigen Hand. Liebermann besaß ein gutes Auge für Charakter, eine künstlerische fruchtbare Liebe zur Natur und – trotz seiner Bewunderung für Millet – eine gesunde Abneigung gegen Pathos. Als junger, noch nicht ausgebildeter Maler reiste er viel herum, lernte und verwarf bald die Tricks der glatten Salonmalerei, besuchte malerische holländische Dörfer und unterlag in Frankreich dem Einfluß der Schule Barbizons. Als er 1884 nach Berlin zurückkehrte, um sich für immer dort niederzulassen, zu heiraten und weiter zu malen, hatte er seinen Stil gefunden: einen von der Helligkeit des Impressionismus erfüllten Realismus, Empfänglichkeit für strenge Genreszenen, Aufgeschlossenheit gegenüber den Porträtaufträgen, mit denen er überschwemmt wurde. Er war ein vorzüglicher und demokratisch gesinnter Berichterstatter der sozialen Wirklichkeit geworden. Sein erstes aufsehenerregendes Bild, die *Gänserupferinnen*, geht auf das Jahr 1872 zurück; was zwischen dieser ziemlich gezwungenen Szene mit Gänse rupfenden Bauersfrauen und den natürlicheren, leuchtenderen Gemälden der späteren Zeit lag, waren das Erlebnis der holländischen Meister und seine Rezeption der Impressionisten: Millet – korrigiert von Manet und Hals.

Obwohl Liebermann in seinen jüngeren Jahren von vielen wegen seiner Mißachtung von Konventionen und Liebe zum Häßlichen gescholten wurde,

---

[21] *Ostwald*, Das Liebermann-Buch, 15 16.

war er weit weniger ein ästhetischer Revolutionär als ein unbestechlicher
Beobachter und ein unermüdlicher Künstler, dem seine Arbeit mehr bedeutete
als der Erfolg, obwohl er sich auch nach Erfolg sehnte. Sogar sein mutigster
„politischer" Akt, die Gründung der Berliner Sezession im Jahre 1898, erscheint nur vor dem Hintergrund der spießigen kulturellen Atmosphäre der
Wilhelminischen Zeit als radikal. In den frühen 1890er Jahren vergrößerte
sich Berlin rapide; der Zustrom an Schriftstellern, Verlegern und Künstlern
verschaffte Deutschlands offizieller Hauptstadt zum erstenmal die Gelegenheit, den kulturellen Wettbewerb mit München aufzunehmen. 1895 wurde
der aufgeschlossene und fortschrittliche Hugo von Tschudi zum Direktor der
Nationalgalerie ernannt – Wilhelms Herrschaftsstil war alles andere als konsequent. Und während dieses ganzen Jahrzehnts begrüßte und förderte Liebermann die Rebellion. So hieß er das graphische Werk Edvard Munchs
willkommen, der seine neurotischen Lithographien zum erstenmal gegen Ende
des Jahres 1891 ausstellte und einen allgemeinen Skandal auslöste, und
schloß sich im selben Jahr einer Gruppe von Malern an, die als „Die Elf"
bekannt wurden. 1898 – bezeichnenderweise gerade in dem Jahr, in dem
er Mitglied der Berliner Akademie wurde – gründete Liebermann dann die
Berliner Sezession, die unter Mißachtung der herrschenden Gepflogenheiten
unabhängige Ausstellungen für junge Maler organisierte. Der Impressionismus hielt in seinen original französischen und modifizierten deutschen Formen seinen Einzug in Berlin, und Liebermann hatte sein Teil zu dieser
Erweiterung des künstlerischen Geschmacks beigetragen.

Nach dieser Annäherung an Manet und Degas allerdings bewegte er sich
keinen Schritt weiter. In einigen seiner Schriften zur Kunst – und er schrieb
flüssig und häufig – stellte er Überlegungen über das mühselige Vorankom-
men des Neuen im Lande des Alten an: jeder Neuerer ging einen Schritt über
das Gewohnte hinaus, mußte Verhöhnung und Isolierung auf sich nehmen,
bis er akzeptiert und berühmt und damit seinerseits wiederum zum Angriffsziel der jüngeren Generation wurde. „Niemand kann über seinen Schatten springen."[22] Nachdem er die Impressionisten zu verstehen und bewundern
gelernt und seine eigene kleine Revolution in der deutschen Kunst ausgelöst
hatte, gab sich Liebermann mit seiner speziellen Sicht der Natur zufrieden.
Für die Stilformen des zwanzigsten Jahrhunderts – Expressionismus, Fauvis-
mus, Kubismus, abstrakte Malerei – brachte er auch nicht die leiseste
Sympathie auf. Er weigerte sich, Lehren aus seiner Vergangenheit auf seine
gegenwärtige Situation anzuwenden; er wollte nicht über seinen Schatten
springen. In einem späten Vortrag, den er im Jahre 1927 vor der ehrwürdigen
Akademie der Künste hielt und in dem er seine künstlerische Position in bezeichnender Weise zusammenfaßte, hielt Liebermann Rückschau auf die
Kunststile des letzten Vierteljahrhunderts und verwarf sie summarisch wegen

---

[22] *Liebermann,* Degas, in: Pan, III, Heft 4, Berlin 1899.

ihrer Feindseligkeit gegenüber der Natur. Er meinte, daß der seit Beginn
des zwanzigsten Jahrhunderts von Frankreich herübertönende Ruf: „Los von
der Natur!" einen verderblichen Einfluß auf die Kunst ausgeübt habe. Glücklicherweise, so bemerkte er ebenso gelassen wie kurzsichtig, klinge die Bedrohung ab. Etwas schadenfroh fügte er hinzu, daß Museumsdirektoren, die
durch den Ankauf ganzer Wagenladungen von Expressionisten einem Boom
zuvorkommen wollten, sich nun verzweifelt bemühten, ihre peinlich-lästigen
Erwerbungen loszuwerden[23]. Liest man diese Gefühlsäußerungen und vergegenwärtigt sich den älteren und angesehenen Maler – in aufrechter Haltung, noch hart arbeitend und voller Vertrauen in seinen Stil – so erkennt
man den Anteil deutscher Juden am deutschen Konservatismus. Zugleich wird
man daran erinnert, daß keiner von Deutschlands echten künstlerischen Rebellen – Kirchner, Marc, Klee – Jude und daß der größte von ihnen allen,
nämlich Nolde, ein Nazi war.

II

Wurden Juden traditionell nicht mit den Künsten assoziiert, so war ihnen
viele Jahrhunderte lang die fromme Beschäftigung mit Wörtern auferlegt gewesen. Zweifellos hat dies Interesse an der Sprache entscheidende psychologische Auswirkungen. Es ist nichts Neues, zu behaupten, die Sprache mache das
Menschliche der Menschheit aus oder Besitz und Handhabung von Wörtern
seien genauso wesentlich für die Selbstfindung wie für die Beherrschung der
Welt. Über Jahrhunderte hinweg behaupteten die Juden ihre Identität durch
die Beibehaltung bestimmter Sprachen: des Hebräischen im religiösen Bereich;
des Jiddischen – oder des Ladino – in der Alltagswelt. Bedingt durch die
Natur ihrer Arbeit, beherrschten Juden oft – ob als reisende Händler oder
seßhafte Intellektuelle – ebenfalls andere Sprachen: die der sie umgebenden
dominanten Kultur oder die des klassischen Erbes, das sie durch ihre Kommentare und Übersetzungen lebendig erhielten. Es bedeutete für einen Juden
keine Einbuße an jüdischem Bewußtsein, wenn er Arabisch, Spanisch – oder
Deutsch sprach.

Als mit Moses Mendelssohn im achtzehnten Jahrhundert und mit der
Emanzipation im neunzehnten Jahrhundert Deutsch sich zur ersten Sprache
der deutschen Juden entwickelte, führte die Verschiebung in der Rangord-
nung zu einer in diesem Ausmaß noch nicht dagewesenen psychologischen
Wandlung, zu einer Neubewertung der Identität. Die entscheidende Bedeutung dieser Wandlung ist noch nicht genügend erkannt worden. Was den
modernen Juden außerhalb Israels und großenteils sogar auch dort radikal
und für immer von seinen Vorfahren unterscheidet, ist eben die Tatsache,

---

[23] *Ostwald*, Das Liebermann-Buch, 488.

daß seine erste Sprache modernes Hebräisch, Französisch, Englisch oder
Deutsch ist. Was das Besondere des Judentums in diesem unserem eisernen
Zeitalter bewahrt, sind weit weniger die alte Religion oder eine spezifisch
jüdische Kultur als die schrecklichen Erinnerungen; es ist Hitler, der den
modernen Juden definiert hat und selbst noch von seinem Grab heraus
definiert.

Die Beherrschung des Deutschen bedeutete für den teilweise emanzipierten
Juden einen mühseligen Prozeß. Der jüdische Philologe und Philosoph Heymann Steinthal, zurückblickend auf seine Kindheit in Anhalt in den frühen
1830er Jahren, erinnerte sich:

> „Wir Kinder kannten ein vierfaches Deutsch: Unsere Eltern sprachen das eigent-
> liche Jüdisch-Deutsch, mit eingestreuten hebräischen Wörtern, die in der lebendigen
> Rede oft anders gesprochen wurden als im hebräischen Gebet. Die christlichen
> Knaben sprachen den mitteldeutschen Volksdialekt. Wir jüdische Knaben sprachen
> weder wie unsere Väter und Mütter, noch auch wie die christlichen Kinder, die
> natürlich genau so wie ihre Eltern sprachen. Es war ein gemäßigtes Judendeutsch.
> Ich muß hinzufügen, daß manche der älteren Juden und Jüdinnen, die eine gewisse
> Bildung hatten, z. B. auch mein Vater, der sogar französisch gelernt hatte und ein
> ziemlich korrektes Deutsch schrieb, im Umgang mit den Christen genau so sprachen
> wie diese: den Dialekt mit den Bürgern; reines oder dem reinen sich näherndes
> Deutsch mit den Honoratioren." [24]

Aber das war schließlich lange vor 1848. Deutschlands Juden der Wilhelminischen Ära empfanden die deutsche Sprache nicht länger als einen kostbaren
neuerworbenen Besitz; sie betrachteten sie als eine kulturelle Mitgift, die sie
mit anderen Deutschen teilten. Hebräisch blieb die Sprache des religiösen
Rituals. Natürlich bedeutete es den Konvertiten genauso wenig wie den
Sozialdemokraten, aber auch für diejenigen, die es während ihrer religiösen
Unterweisung studierten, verlor es an emotionaler Bedeutung. Jiddisch wurde
für die Mehrzahl der deutschen Juden zur Zielscheibe überheblichen Gespötts;
ganz bestimmt war das der Fall für die in Städten lebenden und nach „Kultur" strebenden Juden. Die meisten Juden kannten einige Worte Jiddisch wie
etwa *nebbich* oder *mies*, die sie wie deutsche Wörter aussprachen. Aber auch
die meisten Christen erzählten sich die Witze, zu denen solche Wörter verführten – Witze, verbunden mit einem gewissen distanzierten Spott, denn
Jiddisch war natürlich die Sprache der in wachsender Zahl nach Deutschland einwandernden Ostjuden. Sprachliche Gewandtheit entwickelte sich
für viele deutsche Juden zum Statussymbol und zu einem Stützpfeiler ihres
Identitätsbewußtseins: für einen deutschen Juden, der ein guter Deutscher
sein wollte, gehörte es sich, *nicht* Jiddisch zu sprechen. Es gab Zeiten, in denen
dieser Stolz auf das Deutsche monumentale Ausmaße annahm. In den frühen
1940er Jahren wurde der betagten, nach Palästina geflüchteten expressionisti-

---

[24] Aus den Jugenderinnerungen Steinthals, in: *Lazarus* und *Steinthal*, op. cit., 375.

schen Dichterin Else Lasker-Schüler angetragen, ihre deutschen Gedichte –
ihre Gedichte waren alle in Deutsch – ins Hebräische übersetzen zu lassen.
Sie verweigerte ihre Einwilligung mit der Begründung: „Aber sie sind doch
hebräisch geschrieben" – eine erstaunliche, beinahe mystische Antwort[25].

In der Tat entwickelten sich Deutschlands Juden zu Hütern der deutschen
kulturellen Tradition – oder, um es etwas vorsichtiger und genauer auszudrücken, sie verbanden sich mit deren christlichen Hütern, zu Hochhaltung
dieser Tradition und um gegebenenfalls Alarm zu schlagen. Ihr Eifer stiftete
einige Verwirrung, wenn auch nicht notwendigerweise Feindseligkeit. Als
z. B. Theodor Fontane im Dezember 1894 seinen 75. Geburtstag feierte,
mußte er mit Betrübnis erleben, daß preußische Aristokraten, die alten Ge-
fährten seiner Wahl, die Helden seiner Geschichten und Romane, seinen Geburtstag vergessen zu haben schienen. Er hatte „hundert Briefe" bekommen
und nahm Namen und Adressen der Absender voll Überraschung zur Kenntnis:

> „Aber die zum Jubeltag kamen,
> Das waren doch sehr, sehr andre Namen,
> Auch ‚sans peur et reproche‘, ohne Furcht und Tadel,
> Aber fast schon von prähistorischem Adel:
> Die auf ‚berg‘ und auf ‚heim‘ sind gar nicht zu fassen,
> Sie stürmen ein in ganzen Massen,
> Meyers kommen in Bataillonen,
> Auch Pollacks und die noch östlicher wohnen;
> Abram, Isack, Israel,
> Alle Patriarchen sind zur Stell,
> Stellen mich freundlich an ihre Spitze."

Doch hieß Überraschung nicht Enttäuschung; schließlich waren auch diese
Gratulanten von altem Adel, wenn auch aus entfernten Gegenden und mit
exotischen Titeln. Das Wesentliche war, sie kannten ihn und hatten ihn
gelesen:

> „Was sollen mir da noch die Itzenplitze!
> Jedem bin ich was gewesen,
> Alle haben sie mich gelesen,
> Alle kannten mich lange schon,
> Und das ist die Hauptsache . . . ‚kommen Sie, Cohn.‘"

Es ist bemerkenswert – und es entging damals auch nicht der Aufmerksamkeit –, daß zu dem esoterischen Kreis, den Stefan George in den Jahren
vor dem Ersten Weltkrieg um sich versammelt hatte, zahlreiche Juden gehörten. Zu den Bekanntesten dieser Gruppe, die sich selbst dazu ausersehen
hatte, Kultur, Reinheit der Sprache und die geistige Elite vor dem drohenden

---

[25] Erinnerung von *Rachel Katinka*, in: *Else Lasker-Schüler*, Dichtungen und Dokumente. Gedichte, Prosa, Schauspiele, Briefe, hrsg. von *Ernst Ginsberg*, München 1951,
597–598.

demokratischen Zeitalter zu retten, zählen – ob als Schüler oder als dem Kreis freundschaftlich Verbundene – der vielseitig begabte Karl Wolfskehl, der Literarhistoriker Friedrich Gundolf, der Soziologe Georg Simmel, der Karikaturist und Graphiker Thomas Theodor Heine und viele andere. George brach sogar mit seinen früheren guten Freunden Alfred Schuler und Ludwig Klages und zwar gerade wegen seiner Weigerung, Juden aus seinem Kreis auszuschließen[26].

Ebenso bemerkenswert wie die Neigung der Juden für George war ihre Leidenschaft für Goethe. Wie sie sich als gebildete deutsche Juden an Fontanes Geburtstag erinnerten und Georges intellektuelle Führerschaft anerkannten, so feierten sie auch Goethes Werk. Und auch Kant, der damals dem kulturellen Monumenten so häufig beschiedenen Vergessen anheimzufallen drohte, erhielt durch jüdische Hände seine frühere Gestalt zurück. So war es ein junger Jude, Otto Liebmann, der 1865 eine temperamentvolle Polemik zur Verteidigung Kants vortrug, welche mit der berühmten Aufforderung schloß: „Es muß auf Kant zurückgegangen werden."[27] Und es war ein Jude, Hermann Cohen, der jener Rückkehr mit seinen verständnisvollen, dabei keineswegs völlig unkritischen Untersuchungen der Kantschen Philosophie die Wege ebnete.

Cohen war bekanntlich Professor, und es scheint daher lohnenswert, bei der Betrachtung seiner Laufbahn zu verweilen, stellen doch die Beziehungen von Juden zur deutschen Universität ein lehrreiches Kapitel in der Geschichte der jüdischen Liebesaffäre mit der deutschen Kultur dar. Es war Treitschke, berühmter Professor an einer großen Universität – Berlin –, der um 1880 dem Antisemitismus sein akademisches Prestige verlieh. Es waren Universitätsstudenten, die intelligenten und ehrgeizigen jungen Akademikern unter den deutschen Juden, welche einen freien Beruf oder (was noch schwieriger war) eine Universitätslaufbahn anstrebten, das Leben so verbitterten.

Für Deutschlands Juden, die ungefähr 1 % der Gesamtbevölkerung ausmachten, war es leichter, zur akademischen Laufbahn zugelassen zu werden, als in ihr aufzusteigen. Während 1909/10 ungefähr ein Privatdozent unter acht bekennender Jude war, betrug das Verhältnis bei ordentlichen Professoren nur noch eins zu fünfunddreißig[28]. Zahlreiche Professoren, von offiziellen Stellen zur Wahrung der „Kultur" aufgerufen, idealisierten „ihre" Universität weiterhin als eine christliche Institution oder als eine Art „ger-

---

[26] Es war Wolfskehl, über den der deutsche Humanist *Ludwig Curtius* viele Jahre später mit einer bezeichnenden Vignette sagen sollte, daß das, was ihn kennzeichnete, das „Jüdische" in ihm war, das die „eine Heimstätte seines religiös-dichterischen Seins" ausmachte. „Die andere war sein leidenschaftliches Deutschtum", und er machte beide ohne inneren Konflikt geltend. Karl Wolfskehl, in: Torso: Verstreute und nachgelassene Schriften, hrsg. von *Joachim Moras*, Stuttgart 1957, 235–236.

[27] Kant und die Epigonen, 1865, 215.

[28] *Fritz K. Ringer*, The Decline of the German Mandarins. The German Academic Community, 1890–1933, Cambridge/Mass. 1969, 136.

manisches" Bollwerk, in dem Juden so gut wie keine konstruktive Rolle zu spielen erlaubt war. Verfolgt man die Laufbahn deutsch-jüdischer Wissenschaftler, die sich auf die Suche nach einer sicheren akademischen Heimstätte und nach der ihnen aufgrund ihres Schaffens zustehenden Anerkennung begeben hatten, so trifft man auf Verbitterung, Beleidigungen, Enttäuschung und offene Ungerechtigkeit. Der führende Völkerpsychologe Moritz Lazarus* kam schnell voran – allerdings in der Schweiz. Er wurde 1859 zum Honorarprofessor in Bern ernannt und erhielt drei Jahre später seine ordentliche Professur in Psychologie und Völkerpsychologie. Er lehrte mit großem Erfolg in Bern und erhielt Ehrungen, die häufig älteren Akademikern vorbehalten waren: von 1862 bis 1866 war er Dekan der Philosophischen Fakultät und 1864 Rektor der Universität. Und doch riß er sich 1866 von Bern los, um in sein geliebtes „Vaterland" zurückzukehren; er fühlte, daß es für ihn „als deutscher Staatsbürger" Pflicht war, in der Heimat zu wirken[29]. Als Dank erhielt er einige ehrende Lehraufträge, darunter einen an der Kriegsakademie zu Berlin, und 1873 schließlich eine Anstellung an der Universität von Berlin. Jedoch reichte sein Titel entschieden nicht an die von ihm ersehnte und verdiente Professur heran: bei aller Berühmtheit und Popularität wurde er nur zum „ordentlichen Honorarprofessor" berufen. Es soll nicht heißen, daß Lazarus verachtet und gemieden wurde: er genoß in der akademischen Welt großes Ansehen, hatte Gelegenheit, vor einer großen Hörerschaft zu sprechen und kam sogar in den Genuß öffentlicher Ehren: an seinem siebzigsten Geburtstag ernannte ihn Kaiser Wilhelm I. zum Geheimen Regierungsrat[30]. Der entscheidende Punkt ist, daß, wäre Lazarus christlicher Abstammung gewesen, die Verleihung seiner Titel früher erfolgt wäre und diese höher gewesen wären; sein geliebtes Vaterland zeigte ihm gegenüber weniger Dankbarkeit als die Schweiz, in der er sich nur als willkommener Besucher gefühlt hatte. Sein Freund, Kollege und späterer Schwager, der Psychologe Heymann Steinthal, ließ keinen Zweifel daran, daß auch er ganz einfach aus Mangel an Gelegenheiten auf seinem Spezialgebiet weniger geleistet hatte, als er hätte leisten können. Trotz all seiner Fähigkeiten blieb er sein Leben lang „außerordentlicher Professor" an der Universität von Berlin; und 1890, auf seine lange Laufbahn zurückblickend, bemerkte er in einem Brief traurig:

> „Was mich betrifft, so weiß ich bestimmt, ich hätte, wäre man mir entgegengekommen, andere Bücher geschrieben, z. B. wenn mich die Akademie zu ihrem Mitgliede ernannt hätte, oder wenn die Münchener Kommission mich mit der Geschichte der Sprachwissenschaft in Deutschland beauftragt hätte. Und dann hätte ich geglaubt, so recht mich ausgelebt zu haben."[31]

---

* Über Lazarus siehe ausführlicher den Beitrag von *Pinchas E. Rosenblüth*, Die geistigen und religiösen Strömungen in der deutschen Judenheit, im vorliegenden Bande S. 567–574 (Hrsg.).

[29] Siehe *Ingrid Belke*, Einleitung, *Lazarus* und *Steinthal*, op. cit., XXII–XXX.

[30] AaO, XL.   [31] AaO, CIII.

Was Lord Melbourne über den Hosenbandorden gesagt haben soll, gilt in gewissem Maße auch für die Aufstiegsmöglichkeit an deutschen Universitäten: mit solchem Unsinn wie Verdienst hatte das nichts zu tun.

Die unter Wilhelm I. vor jüdischen Akademikern aufgerichteten Hürden blieben auch unter Wilhelm II. bestehen. Ein so glänzender, schaffensfreudiger und vielseitiger Philosoph wie Ernst Cassirer – ein fruchtbarer Schriftsteller, völlig durchdrungen von deutscher Kultur, erhielt seinen Ruf nur, weil man das Jahr 1919 schrieb, und weil es sich bei der Universität um die neue, schüchtern-liberale Universität von Hamburg handelte. Es bestand allerdings eine Möglichkeit, den Aufstieg auf der akademischen Leiter zu erleichtern: der Übertritt zum Christentum. Wenn man die Zahl der konvertierten Juden der der bekennenden Juden an deutschen Universitäten hinzufügt, so steigt der Anteil von Privatdozenten von 12 % auf 19 % und der von Professoren von 3 % auf 7 %[32]. Als sich der Privatdozent Harry Breßlau, von Beruf Mediävist und von Geburt Jude, eines Tages bei Ranke beklagte, daß ihn seine religiöse Zugehörigkeit in seiner Laufbahn behindere, riet Ranke ihm schlicht und herzlich, sich taufen zu lassen[33].

Allerdings gab es auch Ausnahmen, und Hermann Cohen* war eine von ihnen. Er wuchs in einem frommen Elternhaus auf und war für die Rabbiner-Laufbahn bestimmt. Gegen Ende 1857 trat er in das von dem gemäßigten Reformrabbiner Zacharias Frankel drei Jahre zuvor gegründete Breslauer Seminar ein. Es war eine ausgezeichnete Schule, die Männer wie den Historiker Heinrich Graetz und den Philologen Jacob Bernays zu ihren Lehrern zählte. Aber Cohen entschloß sich, nach mehr als dreijähriger Seminarausbildung von der Theologie zur Philosophie überzuwechseln; 1861 wurde er an der Universität von Breslau als Student immatrikuliert. Das bedeutete einen Schritt, keinen Sprung; Cohen glaubte ohnehin, die richtige Art der Theologie sei durchaus mit der richtigen Art der Philosophie vereinbar. Trotz beharrlicher Weigerung, sich um der Beförderung willen taufen zu lassen, verlief Cohens akademischer Aufstieg problemlos, sein Leben ausgeglichen. Dank dem Neu-Kantianer Friedrich Albert Lange wurde Cohen 1873 als Privatdozent nach Marburg berufen; drei Jahre später – nach Langes Tod – erhielt er eine Professur und wurde das geistige Haupt der Neu-Kantianer der Marburger Schule. Und in Marburg blieb er bis zu seiner Emeritierung im Jahre 1912.

Kant war Cohens Spezialität, fast eine Obsession. Cohen schrieb seine Dissertation über die Beziehung der vorkritischen Schriften Kants zu seiner Kritik; er veröffentlichte bemerkenswerte Studien zu fast allen Aspekten der Kantschen Lehre: *Kants Theorie der Erfahrung* erschien 1871; *Kants Begrün-*

---

[32] *Ringer*, op. cit.

[33] Siehe *Friedrich Meinecke*, Straßburg, Freiburg, Berlin, 1901–1919. Erinnerungen, Stuttgart 1949, 27.

* Zu Cohen siehe ebenfalls den Beitrag von *Pinchas E. Rosenblüth*, S. 558 ff. (Hrsg.).

dung der Ethik 1877 und *Kants Begründung der Ästhetik* 1889. Cohen wollte ein größeres Publikum mit dem Denken Kants vertraut machen: im Jahre 1883 hielt er anläßlich der alljährlichen Feier des Kaisergeburtstages einen später als kleine Schrift veröffentlichten Vortrag über Kants Einfluß auf die deutsche Kultur. Cohens grundlegende Schriften, besonders die über Ethik und über Kants rationalistische Religionslehre, haben seinen kategorischen Imperativ und seine kritische Methode in ihr eigentliches Bezugsfeld hineinverwoben.

Kants ungeheure Beliebtheit bei deutschen Juden ist leicht verständlich. Wie Schiller lieferte Kant hochklingende, hervorragend zum Zitieren geeignete Aussagen zur menschlichen Freiheit, eine Plattform für die Brüderlichkeit; und Kants kritische Philosophie bot das Denkgebäude für eine Religion der Vernunft, das emanzipierten Juden erlaubte, ihre eigenen religiösen Überzeugungen in ein universales und – wie sie hofften, universal akzeptiertes – System einzuordnen. Und so ließen jüdische Wissenschaftler wie Otto Liebmann und Cohen, Jonas Cohn und Emil Lask sowie später Hermann Cohens hervorragendster Schüler, Ernst Cassirer, Kants Schriften mit ihrer willkommenen Mischung aus Humanismus und Kritik wieder neu aufleben und verwandelten sie in eine neu-kantianische, ihrer eigenen Zeit mit ihrem neuen Wissen, ihrer neuen Soziologie und Anthropologie angemessene Kulturphilosophie[34].

Bewunderern und Verleumdern zum Trotz allerdings wurde Kant nicht ausschließlich von deutschen Juden in Besitz genommen. Von jeher haben Antisemiten mit Vorliebe Juden, die sich nicht assimilieren wollten, wegen ihrer Unassimilierbarkeit kritisiert, andererseits aber Juden vorgeworfen, sich in fremde Kulturen einzuschleichen und würdigten sie herab, wenn sie versuchten, sich zu assimilieren. Tatsächlich waren Juden führend an der kantianischen Renaissance beteiligt, aber sie nicht allein. Ein Historiker der Marburger Schule sprach in bezug auf die neu-kantianische Renaissance der 1860er Jahre von der „dritten Welle": der Ruf „Zurück zu Kant", so ging sein Argument, sei seit Jahrzehnten ununterbrochen, wenn auch ziemlich leise erschollen. Zweifellos war Liebmanns Ausspruch vorweggenommen von Lange, dem früheren väterlichen Beschützer und späteren aufmerksamen Leser Cohens, und von Eduard Zeller, dem Philosophiehistoriker, der seine wichtigsten Entwicklungsjahre in Marburg verbracht hatte[35]. Und dies war natürlich genau der Grund, warum sich seine jüdischen Vertreter so für den Neu-Kantianismus begeisterten: sie entdeckten einen Giganten der deutschen Kultur in Gemeinschaft mit anderen Deutschen.

Obwohl mit Kant und mit seinen anderen Interessen, Plato und Völkerpsychologie, vollauf beschäftigt, reflektierte Cohen weiterhin über das Juden-

---

[34] Siehe *Jürgen Habermas*, Der deutsche Idealismus der jüdischen Philosophen, in: *Koch*, Porträts deutsch-jüdischer Geistesgeschichte, op. cit., 99–126.
[35] Dussort, L'École de Marbourg, Paris 1963.

tum. Er hatte, wie er sich später erinnerte, das Seminar aus Abscheu über die
Engstirnigkeit einer wiederauflebenden, am Buchstaben klebenden Neo-Orthodoxie verlassen. In einem jugendlichen, 1869 geschriebenen, jedoch erst
1881 veröffentlichten Vortrag zum Sabbath, hatte er außerdem viele seiner
Religionsbrüder vor den Kopf gestoßen, indem er Juden riet, den Sabbath
von seinem traditionellen Platz im Kalender auf den Sonntag zu verlegen.
Juden, so schrieb er, sollten der Vorschrift des Talmuds gemäß sich zu Herren
des Sabbath machen anstatt zu seinen Sklaven. Seien sie einmal Herren,
so würden sie sich von der traditionellen Einhaltung der sonnabendlichen
Feiertagsruhe befreien, die „uns von unserem Volk trennt". Den Sabbath
mit dem nationalen Ruhetag zu identifizieren, hieße „einen mächtigen
Schritt... in der nationalen Verschmelzung" voranzukommen, vielleicht
einen noch größeren als durch die Mischehe[36]. Was immer man über diese
Vorstellungen auch denken mag, sie sind kein Zeichen von Gleichgültigkeit.
Hier sprach die Stimme eines am Judentum interessierten deutschen Juden,
eines Juden allerdings, der noch mehr daran interessiert war, seinen Teil zur
kulturellen Verschmelzung von deutschen Juden und deutschen Christen beizutragen. Im Laufe der Jahre stellte Cohen fest, daß sich seine Beziehungen zum
Judentum vertieften. Als er 1914 nach seiner Emeritierung auf sein Leben zurückblickte, setzte er für seine bewußte Rückkehr zum Judentum das Jahr
1880 an, in dem er das Wagnis eingegangen war, auf Treitschkes Angriff
auf die Juden zu antworten[37]. Cohen sprach damals als überzeugter Anhänger der Assimilation, hielt aber Treitschke das Argument entgegen, Juden – als Deutsche – hätten jedes Recht und sogar die Pflicht, sich zu den
Grundsätzen ihres Glaubens zu bekennen. Die fortdauernden und sporadi-
schen Ausbrüche des Antisemitismus blieben nicht ohne Auswirkung auf
Cohen; mit den Jahren wuchs sein ausgesprochen jüdisches Schrifttum, wie
auch die Ernsthaftigkeit seines jüdischen Engagements.

Dennoch gab er nie das Ideal einer letztlichen Verschmelzung auf, und der
Ausbruch des Krieges 1914 erfüllte ihn mit mehr Hoffnung als je zuvor:
er stand ihm als ein alternder patriotischer Deutscher gegenüber, der sowohl
christliche als auch jüdische Deutsche drängte, ihre gegenwärtigen Unterschiede sowie die Unausweichlichkeit ihrer letztlichen Vereinigung zur Kenntnis zu nehmen. Denn Cohens Judentum war nicht bloß oder hauptsächlich

---

[36] *Hermann Cohens* Jüdische Schriften, II, Zur jüdischen Zeitgeschichte, hrsg. von
Bruno Strauss, Berlin 1924, 71–72.

[37] Siehe *Cohens* Polemik, Ein Bekenntniß in der Judenfrage, in: Jüdische Schrif-
ten, II, 73–94. Und siehe *Hans Liebeschütz*, Das Judentum im deutschen Geschichts-
bild von Hegel bis Max Weber, Schriftenreihe wissenschaftlicher Abhandlungen des
Leo Baeck Instituts, Bd. 17, Tübingen 1967, 214–219; und *Hans Liebeschütz*, Von
Georg Simmel zu Franz Rosenzweig. Studien zum jüdischen Denken im deutschen
Kulturbereich. Mit einem Nachwort von *Robert Weltsch*, Schriftenreihe wissenschaft-
licher Abhandlungen des Leo Baeck Instituts, Bd. 23, Tübingen 1970, Kap. I – zwei
Bücher, denen der Autor des vorliegenden Artikels viel verdankt.

apologetisch. Er war stolz darauf, sowohl Jude als auch Deutscher zu sein
und sah – durch die Kantische Vision verklärt – die Quellen von beiden in
einer gemeinsamen Wurzel: dem griechischen Erbe. So wie in ferner Vergangenheit würden auch in ferner Zukunft „Deutschtum" und „Judentum"
„innerlichst verbunden" sein. Aufgrund ihres ethischen Rigorismus und ihres
kulturellen Ideals, denen sich Cohen selbst auf das stärkste verpflichtet
fühlte, waren Deutschtum und Judentum mehr als vereinbar, verträglich
oder harmonisch: sie waren schlechterdings ein- und dasselbe [38]. Es ist geradezu schmerzhaft, heutzutage diese Schrift zu lesen; mit der in ihr zum Ausdruck kommenden ungeheuren Selbsttäuschung mutet sie beinahe kindisch
an [39]. Aber im Jahre 1914 empfanden viele gebildete deutsche Juden Cohens
Ansichten als vernünftig – nicht aber, so sollte man hinzufügen, viele deutsche
Christen, ob gebildet oder nicht. Cohen blieb der Bankrott seines lebenslan-
gen, heiß geliebten Traumes einer kulturellen Ökumene erspart: er starb
1918. Aber er bleibt repräsentativ als der Typ des Juden, der im Deutschland
vor dem Ersten Weltkrieg seine große Blütezeit erlebte. Er war nur einer
unter vielen deutschen Juden, der in reiferen Jahren den Juden in sich entdeckte, ohne deshalb weniger Deutscher zu sein.

Georg Simmels Leben ist ebenso aufschlußreich wie Hermann Cohens, nur
beträchtlich deprimierender. Während Cohen nicht deswegen geplagt wurde,
weil er war, was er war, wurde Simmel zugesetzt, weil er nicht war, was er
sein sollte. Er wurde zurückgestoßen, weil er Jude war, obwohl seinem
religiösen Bewußtsein jede Art des Doktrinären, des Sektenwesens, des jüdischen eingeschlossen, fern lag; man mißtraute ihm als einem kritischen Geist,
wenn er in Wahrheit danach strebte, sein soziologisches und philosophisches
Werk ehrgeizigen, umfassenden Verallgemeinerungen einzugliedern. Zweifellos war ein Teil seines Mißgeschicks auf seine Persönlichkeit zurückzuführen –
sie war sein „kismet", wie er Max und Marianne Weber 1908 mit einiger
Resignation sagte [40]. Simmel war nicht bloß brillant, er erschien auch brillant. So unterschiedliche Beobachter wie Heinrich Rickert und Georg Lukács
stimmten in ihrem Urteil überein, daß er „geistreich" war. Immerhin war
seine geistreiche Art so auffallend, daß in privaten und öffentlichen Kreisen
darüber geredet wurde; es war eine Eigenschaft, deren Simmel selbst sich
durchaus bewußt war und die er mannhaft zu kontrollieren suchte. Und – was
noch schwerer wog – es handelte sich hier um eine Eigenschaft, die in den
Augen vieler als typisch für den modernen Juden galt: Simmel war klug,
abstrakt, beweglich. Es ist nicht uninteressant, daß seine Zuhörer zwar darin
übereinstimmten, er hätte als Redner eine magnetische Anziehungskraft beses-

---

[38] *Hermann Cohen*, Deutschtum und Judentum, Gießen 1915, passim.
[39] Siehe die Kritik von *Emil L. Fackenheim*, Hermann Cohen – After Fifty Years,
The Leo Baeck Memorial Lecture, 12, New York 1969.
[40] 18. März 1908 in: *Gassen* und *Landmann* (Hrsg.), Buch des Dankes an Georg
Simmel, 128.

sen und unmittelbar vor ihren Augen die atemberaubendsten Konstruktionen erfunden, daß sich aber bei ihrer Beschreibung seines Äußeren Widersprüche ergeben: er wird als klein, mittelgroß und groß, als häßlich und attraktiv beschrieben; einige erinnern sich seiner Stimme als hoch und durchdringend, andere als melodisch und angenehm[41]. Es ist sicher, daß Simmels Geist verblüffend vielseitig und äußerst geschliffen war; seine Philosophie, wie Ernst Robert Curtius später feststellte,

> „war das letzte Wort intellektueller Subtilität. Sie galt als ‚zersetzend‘, aber ihre Verführung war um so stärker, als sie Stoffe ergriff, die bis dahin in der Philosophie nicht vorkamen: das Geldwesen, die chinesische Kunst. Georg Simmel sammelte Spitzen, weil sie ‚die höchste Vergeistigung des Stoffes‘ darstellten.“[42]

Es war bezeichnend für ihn, sich der „Tragödie der Kultur“ durch das Bindeglied zu nähern, das von den ökonomischen Verhältnissen in der modernen Gesellschaft geschaffen und ihr aufgezwungen wurde: seine zuerst 1900 veröffentlichte *Philosophie des Geldes* spürte der Bedeutung des Geldes bis in die verborgenen Tiefen der sozialen Bindungen und der menschlichen Natur nach. Ein so auserlesener Geist, der sich nur unter einigen anderen auserwählten Geistern zu Hause fühlte, konnte schwerlich auf die Gunst der Elite hoffen, die über Berufungen auf Lehrstühle entschied.

Es genügt nicht, die Schattenseiten von Simmels Leben hervorzuheben. Es war ihm immerhin vergönnt, eine ergebene Gefolgschaft unter seinen Zuhörern zu haben, einen weiten Bekanntenkreis unter denen, die er schätzte, und genügend finanzielle Mittel, um zu reisen und sich als Sammler zu betätigen. Die höchste Anerkennung jedoch blieb ihm versagt. 1858 in Berlin geboren, besuchte er die dortige Universität, wo er ein breitgefächertes Studium absolvierte, Geschichte bei Mommsen und Völkerpsychologie bei Lazarus und Steinthal hörte. Wie Cohen verfaßte er eine Dissertation über Kant. 1885 begann er, als Privatdozent Vorlesungen in Berlin zu halten, die sich bald schon ungeheurer Popularität erfreuten. Er brauchte fünfzehn Jahre, um eine außerordentliche Professur in Berlin zu erlangen; mit dieser halbwertigen Anerkennung lebte er bis 1914, als er im Alter von 56 Jahren schließlich eine volle Professur erhielt – aber nicht in seinem geliebten Berlin oder in Heidelberg, wohin es ihn zog, sondern in Straßburg, was einer milden Form des Exils gleichkam. Er begegnete dem Krieg wie Cohen als ein überzeugter, sogar enthusiastischer deutscher Patriot; wie Cohen starb er 1918.

Damit endet auch im großen und ganzen die Ähnlichkeit zwischen Simmel und Cohen. Die Beziehungen der zwei Wissenschaftler zu ihrer akademi-

---

[41] Siehe *Emil Ludwig, Paul Fechter, N. J. Spykman, Werner Weisbach*, in: *Gassen* und *Landmann* (Hrsg.), Buch des Dankes an Georg Simmel, 155–156, 159, 186, 202.
[42] Charles du Bos, in: *Ernst Robert Curtius*, Kritische Essays zur europäischen Literatur, Bern 1963, 223.

schen Umgebung, ihrer religiösen Tradition und zum geistigen Leben lassen eine frappierende Gegensätzlichkeit erkennen. Cohens Polemiken erregten die Bewunderung selbst solcher Gegner wie Treitschke; Simmels Gewandtheit bei Unterhaltungen, seine aristokratische Art und seine beneidenswerte Popularität veranlaßten seine Verleumder zu übelster und verletzendster Nachrede. Nachdem Max Weber und Eberhard Gothein Simmel für eine Stelle in Heidelberg empfahlen, verfaßte Dietrich Schäfer, ein Schüler Treitschkes, im Februar 1908 für den Kultusminister von Baden ein wüstes Gutachten über Simmel als Menschen und Intellektuellen. Er wisse nicht, begann Schäfer, ob Simmel getauft sei. Das spiele jedoch keine Rolle: „Er ist ... Israelit durch und durch, in seiner äußeren Erscheinung, in seinem Auftreten und seiner Geistesart." Seine langsamen, ziemlich inhaltlosen Vorlesungen seien gut besucht; sein gepflegtes und sicheres Auftreten „wird von gewissen Hörerkreisen, die hier in Berlin zahlreich vertreten sind, geschätzt". Damen und die „orientalische Welt", die von Osten her nach Deutschland in zunehmender Stärke einfällt und sich in Berlin niederläßt, sind bei Simmels Veranstaltungen zahlreich vertreten. Seine Vorlesungen seien wenig „positiv"; sie enthielten vielmehr quälende Überlegungen, die lediglich „vorübergehenden geistigen Genuß" verschafften. Aber gerade das wollten seine Zuhörer: „Der ganzoder halb- oder philosemitische Dozent", der an einer solchen Universität lehrt, muß ein passendes Publikum finden. Allerdings unterschieden sich seine Lehren in grundlegendster Weise von „unserer deutschen christlich-klassischen Bildung". In Schäfers Augen war Simmels schlimmster Fehler sein Interesse für Soziologie und (damit implizit) sein jüdischster Zug: es sei ein „verhängnisvoller Irrtum", die Gesellschaft „als maßgebendes Organ für menschliches Zusammenleben an die Stelle von Staat und Kirche setzen zu wollen". Schäfer kannte wahrscheinlich nicht Durkheims stolzes Selbstlob, „die Soziologie sei im wesentlichen französisch". Hätte er es gekannt, würde er es möglicherweise abgewandelt haben zu der Behauptung, die Soziologie sei im wesentlichen jüdisch [43].

Solche Schmähungen lassen sich leicht als Ausbrüche eines bösartigen Antisemiten, eines Ideologen der Rechten, eines zweitrangigen und neiderfüllten Epigonen abtun, der die schlimmsten Ansichten Treitschkes teilte, jedoch nicht dessen bedeutendere Gaben besaß. Schäfers Brief ist aber durchaus symptomatisch. Er kleidet nur in äußerst unhöfliche Worte, was als Vorstellungen über „das Jüdische" weithin akzeptiert wurde. Das Jüdische erscheint aus dieser Sicht in der Form eines oberflächlichen Glitzerns, eines mitunter im

---

[43] Zit. in *Michael Landmann*, Bausteine zur Biographie, in: *Gassen* und *Landmann* (Hrsg.), Buch des Dankes an Georg Simmel, 26–27. Dieser Brief ist von Lewis A. Coser analysiert und in der englischen Übersetzung von Herbert Menzel abgedruckt worden in: Georg Simmel, hrsg. von *Lewis A. Coser*, New Jersey 1965, 37–39.

Gewande unechter Tiefgründigkeit auftretenden intellektuellen Flitters; es ist allen Juden eingegeben, ob sie sich nun zu ihrer Religion bekennen oder nicht. Simmel, wie weiter oben erwähnt, war von Geburt Protestant und besaß keinerlei religiöse Bindungen. Seine Loyalitätsgefühle galten der deutschen Kultur und den Gesellschaftswissenschaften; sein Patriotismus, wie sich im Kriege zeigen sollte, war so ausgeprägt, daß er an Chauvinismus grenzte. Aber in den Augen von Leuten wie Schäfer war dies nichts weiter als eine bewußte oder unbewußte Verstellung; der Charakter der Simmelschen Arbeiten verriet seine unausrottbare Abstammung. Nichtjüdische Soziologen wie Gustav Schmoller und Max Weber hätten Schäfers Doktrin abgelehnt, aber viele, wenn auch vielleicht weniger bösartig, teilten seine Auffassung vom jüdischen Charakter.

In einer Hinsicht allerdings hatte Schäfer recht: trotz aller anderen Interessen nahm die Soziologie den wichtigsten Platz in Simmels Denken ein. „Simmel", so hatte es in Schäfers Gutachten geheißen, „verdankt seinen Ruf wesentlich seiner ‚soziologischen' Betätigung." Simmel lehrte und veröffentlichte Schriften mit Themen von atemberaubender Vielfältigkeit: er schrieb über Geschichtsphilosophie, über das Wesen der Kultur, die Struktur der ethischen Theorie; über Künstler wie Michelangelo, Rembrandt und Rodin; über deutsche Philosophen wie Schopenhauer und Nietzsche; und natürlich über Kant und Goethe. Sein langer, 1913 veröffentlichter Aufsatz über Goethe ist eine scharf argumentierte Meditation über die Haupteigenschaft, die Goethe Simmel zufolge unsterblich macht: seine Humanität. Das Buch ist der Tribut eines deutschen Humanisten an einen anderen. Jedoch Simmels bedeutendstes Werk bleibt seine Soziologie; insbesondere seine Bemühungen zur Herausarbeitung der formalen Struktur von soziologischen Beziehungen und zur Erkenntnis des innersten Kerns des sozialen Konflikts. Ist sein Werk in irgendeiner Weise als jüdisch zu bezeichnen? Simmel war zutiefst am Phänomen der Entfremdung interessiert. Es gibt einen berühmten kleinen Aufsatz, ‚Der Fremde', der zuerst 1908 als kurzer Exkurs in seinem größten und umfassendsten Werk, *Soziologie*, erschien. Der Fremde ist für Simmel ein zwiespältiges Wesen; er gehört einer Gruppe an, jedoch in einer eigenartig unstetigen Weise. Er ist nicht der Wanderer, der heute kommt und morgen geht, sondern eher einer, „der heute kommt und morgen bleibt" – der „potentielle Wanderer". Der Fremde ist der Mensch am Rande, zugleich nah und entfernt, einer der sich in „seiner" Heimat sowohl heimisch wie auch unbehaglich fühlt; hierdurch verfügt er über jene seltene Qualität, nämlich die Objektivität, die von jenen, die wirklich einer Gruppe angehören, nicht entwickelt wird, weil sie zu tief in dieser verwurzelt sind. Dies verleiht dem Fremden Freiheit, aber macht ihn auch verletzbar: er erwirkt sich die Klarheit des Blicks auf Kosten der Gefahr, erstes Angriffsziel zu sein, sollten in der Gesellschaft irgendwelche Probleme entstehen. Im Lichte späterer Entwicklungen mutet Simmels Vorahnung unheimlich an. Im Hinblick auf seine

Wahl des europäischen Juden als das klassische Beispiel für den Fremden muß man sie prophetisch nennen.

Doch versteht man Simmels soziologische Interessen als irgendwie jüdisch, so sagt dies weniger über ihn aus als über uns, weniger über seine Zeit als über die unsrige. Wenn seinem Werk eine zu Simmels Lebzeiten nicht beabsichtigte und nicht zum Ausdruck gebrachte Intention posthum unterstellt worden ist, dann, weil Juden in den Jahrzehnten nach Simmels Tod zu Sündenböcken gestempelt, in eine Position der Entfremdung getrieben und gezwungen wurden, sich selbst ihrer Rolle als Fremde bewußt zu werden. Es ist sicherlich richtig, daß Simmel infolge seiner ungewöhnlichen Stellung als nichtjüdischer Jude in doppeltem Sinne eine Randexistenz führte; er war der Gemeinschaft seiner Vorfahren entfremdet wie auch der Gesellschaft, der er sich zugehörig fühlte; er war in der deutschen akademischen Welt nur teilweise zu Hause. Ebenso spricht manches dafür, daß seine existentielle Situation ihn mit einer besonderen Sensibilität ausgestattet hat für den potentiellen Wanderer, für den aufmerksam beobachtenden Neuankömmling, der heute kommt und – bei rückwärts gewandtem Blick – morgen bleibt[44]. Aber das Thema des Fremden, das Dilemma der Objektivität bildete nur eins von vielen Interessen, an denen Simmel sein soziologisches Vorstellungsvermögen erprobte. Die wenigen Seiten über den Fremden in Simmels *Soziologie* nehmen keine hervorragende Stellung ein; sie finden sich unter Dutzenden von kurzen und brillanten Streifzügen in bislang verachtete Gebiete wie Schönheitspflege, Konversation, Geheimgesellschaften oder Dankbarkeit. Erst unsere Generation hat den Exkurs über den Fremden aus seinem weiteren Zusammenhang gerissen und ihm eine künstlich zentrale Bedeutung aufgezwungen.

Simmels geistige Väter waren unanfechtbar, geradezu aggressiv deutsch. Er war als Gelehrter Kosmopolit genug, um von Comte, zeitweilig auch von Spencer zu lernen, aber er schuf sich seine philosophische Denkrichtung mittels nicht endender Auseinandersetzungen mit den Klassikern des modernen deutschen Denkens. Das letzte Kapitel seines letzten, 1918 abgeschlossenen Buches *Lebensanschauung* schließt den Kreis seiner Beschäftigung mit der deutschen Wissenschaft unter dem Titel ‚Auseinandersetzung mit Kant‘, d. h. gerade mit dem Denker, dem er seine Dissertation gewidmet hatte. Es war Kant, dem Simmel die erkenntnistheoretische Überzeugung verdankte, daß der Mensch den Strom seiner Erfahrungen nach vorgegebenen Begriffen ordnet. Von Hegel bezog Simmel seine Vorstellung vom Leben als einem ständigen Kampf um die Schaffung und Neuschaffung jener Strukturen, innerhalb derer und durch welche Menschen leben. Von Marx bezog Simmel das alles durchdringende Konzept der Entfremdung, kennzeichnend für das Verhältnis von Individuen zu Institutionen, die der Kontrolle ihrer Erschaffer

---

[44] Zu Simmel, den „marginal man", siehe *Coser*, aaO, 1–2.

entglitten sind. Von Dilthey wieder entlehnte Simmel den Begriff einer speziellen Logik, die sich von der kausalen Analytik der Naturwissenschaften unterscheidet und den Gesellschaftswissenschaften angemessen ist. Auf Lotze schließlich geht Simmels zentrale Bewertung der Zahl 3 zurück, als einer dritten Kraft, die der Dualität und den Widersprüchen von Leben und Tod, Geist und Materie zugrunde liegt und sie versöhnt.

Der hier aufgestellte Katalog kann nicht mehr sein als eine ungefähre schematische Bestimmung der Einflüsse, denen Simmel intellektuell verpflichtet war. Es wäre absurd, ausgerechnet im Falle Simmels reduktionistisch vorzugehen und die Totalität seines Denkgebäudes in seine einzelnen Komponenten zerlegen zu wollen. Simmel war viel zu ruhelos, auch zu ehrgeizig, um einfach irgendwelche fertigen Ideen zu übernehmen, nicht einmal diejenigen Kants. Die Rolle des Epigonen hätte ihn niemals befriedigt. Simmel liebte es, seine Wertschätzung dadurch zu zeigen, daß er mit Denkern, von denen er etwas gelernt hatte, debattierte. Man kann sagen, Simmel formte die vielfältigen Elemente seiner geistigen Welt zu einem weitgespannten, heute noch umstrittenen Gesamtkonzept. Er suchte nach einer Soziologie, die trotz des Unvermögens, Kausalgesetze aufzustellen, dennoch autonom sein würde. Er suchte nach den Regeln der „Vergesellschaftung", nach dem, was er die „Geometrie" der menschlichen Beziehungen nannte, wobei er sowohl die Vorstellung verwarf, als sei die Gesellschaft ein Organismus, als auch die entgegengesetzte Ansicht, die sie als reine Schöpfung des Geistes betrachtete[45]. Sicherlich ist die Gesellschaft etwas recht Konkretes, aber sie besteht im wesentlichen aus Interaktionen und Beziehungen. Da diese sich in zahllosen Handlungsweisen, in fast allen menschlichen Aktivitäten wie Parfümieren, Ausgeben von Geld, Debattieren, der Bildung von Gruppen verkörpern, bietet sich die Gesellschaft als Objekt wissenschaftlicher Untersuchung dar. Von mehreren Seiten ist zu Recht bemerkt worden, daß Simmels Beschreibung seiner Soziologie als „formal" sie als abstrakter erscheinen läßt, als sie tatsächlich ist: bei aller Abstraktheit seines ordnenden Vorgehens bemüht sich Simmel so nachdrücklich um Konkretheit, daß viele seiner Paragraphen unübertreffliche Glanzleistungen empirischer Beobachtung sind. Jeder Versuch, ein derartiges, in seiner Abstraktheit und seiner Besonderheit gleichermaßen extremes Denkgebäude auf irgendwelche ethnischen, rassischen oder religiösen Ursprünge zurückführen zu wollen, muß unweigerlich fehlschlagen. Georg Simmels Soziologie war um nichts jüdischer oder weniger deutsch als diejenige Max Webers.

Simmel starb wie er gelebt hatte – jenseits der herkömmlichen Kategorien. Gegen Lebensende verließ er die lutherische Kirche, in der er getauft worden war, jedoch nicht, um zum Judentum zurückzukehren, sondern um seinen

---

[45] AaO, 5.

inneren Freiheitsraum zu erweitern [46]. Als er sich seiner unheilbaren Leber-krebserkrankung bewußt wurde, bat er seinen Arzt um die volle Wahrheit. Er setzte seine Arbeiten fort und sah seinem eigenen Tod mit einer philo-sophischen Ruhe entgegen, die spätere Kommentatoren zu metaphorischen Anleihen bei der Antike veranlaßte.

Hermann Cohen und Georg Simmel durchliefen exemplarisch zwei Arten von akademischer Laufbahn, die deutschen Juden im Wilhelminischen Reich offenstand: die erste, und seltenere, führte zum krönenden Erfolg, die übli-chere zweite endete mehr oder weniger in Enttäuschung. Es gab jedoch noch einen dritten, den Reichen vorbehaltenen Weg, nämlich den, wissenschaft-lichen Studien als Privatgelehrter nachzugehen. Zu den bemerkenswertesten Vertretern der letzteren Richtung gehörte vielleicht Aby Warburg, der mit-unter mit einem Universitätsposten liebäugelte, sich aber nie überwinden konnte, einen anzunehmen. Warburg wurde ein fruchtbarer Kunsthistoriker und Begründer einer einzigartigen Bibliothek, die hauptsächlich nach seinem Tode im Jahre 1929 zunehmend über Deutschland hinaus in Großbritannien und den Vereinigten Staaten an Einfluß gewann [47].

Obwohl Aby Warburgs Hinwendung zur deutschen Kultur großenteils durch seine Familie vorbestimmt war, verdankte er den Zutritt zur Wissen-schaft allein sich selbst. Als Sohn eines frommen jüdischen Bankiers in Ham-burg gehörte er, worauf Felix Gilbert hingewiesen hat, zur einzigen Familie von Privatbankiers, die ihre Bindung zum Judentum bewahrte. „Die Bleich-röders, die Mendelssohns und die Oppenheims – um nur die wenigen Ban-kiersfamilien von gleichem Rang zu nennen – waren Christen geworden und wurden geadelt." [48] Als Aby Warburg Mary Hertz, die Tochter einer örtlichen Patrizierfamilie, heiraten wollte, waren es nicht allein ihre Eltern, die sich der Verbindung widersetzten; auch die seinigen betrachteten sie als völlig unpassend – die Ehe wurde erst 1897 geschlossen, als sich das Paar be-reits zehn Jahre kannte. Und doch wurde Aby Warburg wie sein Freund Albert Ballin, der jüdische Direktor der Hamburg-Amerika-Linie und Freund Wilhelms II., zu einem patriotischen Deutschen erzogen [49]. Man kann über den Einfluß von Warburgs kultureller Situation auf seine kunsthistorischen

---

[46] *Landmann*, Bausteine zur Biographie, in: *Gassen* und *Landmann* (Hrsg.), Buch des Dankes an Georg Simmel, 12.

[47] *Fritz Saxl*, The History of Warburg's Library, 1886–1944. A Memoir. Ab-gedruckt in: *E. H. Gombrich*, Aby Warburg. An Intellectual Biography, London 1970, 325–338. Zu Aby Warburg siehe ebenfalls *Hans Liebeschütz*, Aby Warburg (1866–1929) as Interpreter of Civilisation, in: Year Book XVI of the Leo Baeck Institute, London 1971, 225–236.

[48] *Felix Gilbert*, From Art History to the History of Civilization. Gombrich's Biography of Aby Warburg, in: Journal of Modern History, XCIV, 3 (September 1972), 390.

[49] Siehe *Lamar Cecil*, Albert Ballin. Wirtschaft und Politik im deutschen Kaiser-reich, 1888–1918, Hamburg 1969.

Interessen spekulieren, wie es Felix Gilbert mit Vorsicht getan hat: „Die Entfremdung von der jüdischen Welt seiner Familie", schreibt Gilbert, „und die
Identifizierung mit der gesellschaftlichen Welt des Reiches sensibilisierte sein
Gespür für erhaltene Reste früherer Zeiten. Es schärfte seine Wahrnehmungs-
fähigkeit für das Fortleben von Glaubenswerten einer älteren Kultur in einer
späteren." Und, so fügt Gilbert noch vorsichtiger hinzu:

> „Sein Familienhintergrund könnte auch seine Interessen für die kulturelle Funk-
> tion der Kaufmannsschicht geweckt haben; die Rolle, die die Handelsbankiers in
> der Florentiner Kultur des Quattrocento spielten, trug zur Festigung seiner
> Überzeugung bei, daß er ein Recht hatte, zur herrschenden Elite des Reiches zu
> gehören... Bewußt oder unbewußt muß ihm die Überzeugung, er hätte etwas
> Wertvolles für etwas noch Besseres eingetauscht, geholfen haben, die Abkehr von
> einer Familientradition zugunsten der Identifizierung mit dem herrschenden poli-
> tischen System zu rationalisieren. Folglich hatte er kein Interesse daran, die
> Schwächen und Fehler der deutschen Sozialstruktur eingehender zu untersuchen." [50]

Gilberts subtile Hypothesen kommen dem Kern jener Frage nahe, der auch
dieser Aufsatz nachgeht. Es ist durchaus möglich, daß Warburgs gespanntes,
zunehmend reserviertes Verhältnis zum Judentum ihn in gewisser Weise dazu
bewog, der Kunstgeschichte gegenüber dem Bankwesen den Vorzug zu geben,
und die Form bestimmte, in der er Kunstgeschichte betrieb, nachdem er sie
sich erwählt – oder besser, sie sich ihn erwählt hatte. Aber das Jüdische in
seinem Leben bildete keineswegs das einzige nichtrationale oder unbewußte
Element in Aby Warburgs Suche nach einer Berufung. Er war Jude, Deutscher, ein wohlhabender Bourgeois, Bewohner einer freien deutschen Stadt;
er lebte gleichzeitig in den Welten des Geistes, der Gesellschaft und des Geldes. Und er war zutiefst neurotisch. Es waren nicht einfach äußere Umstände,
die auf ihm lasteten. Seine Art, die Welt zu erfassen, war intensiv und
höchst persönlich; sie unterschied sich in bezeichnender Weise von der von
Menschen, die seine Auffassung wesentlich teilten. Im Alter von dreizehn
Jahren war er bereits ein so leidenschaftlicher Bücherwurm, daß er sein Erst-
geburtsrecht an seinen jüngeren Bruder Max für alle Bücher, die Max ihm
besorgen sollte, verkaufte – ein Tauschgeschäft, das beweist, daß sich die
Jungen im Alten Testament auskannten [51]. Der Vorfall ist bizarr und rührend
zugleich, macht auch deutlich, daß Max gerne annahm, worauf Aby willig
verzichtete. Als die Zeit gekommen war, trat der jüngere Bruder ohne Zögern
in das elterliche Bankgeschäft ein.

Welches Element auch immer bei Warburgs Entscheidung den Ausschlag
gegeben haben mag, sein Werk war brillant und innerhalb seiner wissenschaftlichen Grenzen epochemachend. Das offensichtlichste private Moment
bei Warburgs kunsthistorischen Untersuchungen ist sein Interesse für die

---

[50] *Gilbert*, aaO, 390.
[51] *Gombrich*, op. cit., 22.

Rolle der Psychologie in der künstlerischen Betätigung und für die irrationalen Kräfte in der allgemeinen, die Kunst bedingenden Kultur. Nahezu mit Beginn seiner privaten Studien betont Warburg die Eigenschaft der Kunstgeschichte als ein integraler Bestandteil der Kulturgeschichte. Jacob Burckhardt, in vielem Warburgs Vorbild und in manchem Ziel seiner Kritik, hatte drei Jahrzehnte zuvor den Sprung von der Kunst- zur Kulturgeschichte getan, jedoch mehr indirekt in seinem Denken als direkt in seinen Schriften. Aus verschiedenen Gründen fehlen die Künste in Burckhardts berühmtestem Werke, dem 1860 erschienenen *Die Kultur der Renaissance in Italien*; statt dessen schrieb Burckhardt einige unabhängige Aufsätze über Malerei. Und er bezog die Kunst auch nicht in seine umfassende Definition der „Renaissance" mit ein, die zu entdecken – oder, wie einige murrende Mediävisten in den 1880er Jahren zu klagen begannen, zu erfinden – sein einzigartiges Verdienst darstellt. In den Jahren, als Aby Warburg in Bonn, München und Straßburg studierte, begegnete man Burckhardts Begriff der Renaissance, seinem Bedeutungsbereich, seinem Wesen, überhaupt seinem Vorhandensein mit wachsender Kritik. Warburgs Bonner Studienfreund Henry Thode hatte sich gerade mit der These einen Namen gemacht, daß die „Entdeckung der Natur und des Menschen", von Burckhardt mit dem Wiederaufleben der heidnischen Antike im vierzehnten und fünfzehnten Jahrhundert in Verbindung gebracht, tatsächlich weder heidnisch noch antik gewesen sei. Thode dagegen betrachtete das Wiederaufleben als Erbe des Heiligen Franziskus und der Franziskaner, die sich ehrfürchtig der Natur als Offenbarung göttlichen Wirkens näherten. Die von Thode und seinen Anhängern soeben entfachte Debatte bestimmte die Thematik von Warburgs Lebenswerk: das Studium der Überreste der Antike und deren Wandlungen in der Renaissance. Die nach Warburg benannte weltberühmte Bibliothek und das gleichnamige Institut haben in diesem frühen Interesse ihre Wurzeln.

Während Thode so den Bereich für Warburgs Berufung abgrenzte, halfen ihm andere Gelehrte, so vor allem der berühmte Mythenpsychologe Hermann Usener und der umstrittene „wissenschaftliche" Kulturhistoriker Karl Lamprecht, seine Methode zu finden. Er übte sich in ihr zuerst in seiner 1891 abgeschlossenen Dissertation über Botticellis *Primavera* und *Geburt der Venus*. Er vervollkommnete sie später in gewichtigen Studien zur Kunst und Kultur im Europa der frühen Neuzeit – in Aufsätzen wie ‚Francesco Sassettis letztwillige Verfügung' von 1907 und Vorträgen wie ‚Dürer und die italienische Antike' (1906). Warburg kehrte sich von Stiluntersuchungen, dem Hauptinteresse der meisten Kunsthistoriker, ab und verfolgte statt dessen die Vermittlung ganzer Denkformen; doch bemühte er sich, kulturelle Züge nicht durch leichtfertiges Herumraten oder eigene Intuitionen sondern durch sorgfältige wissenschaftliche Arbeit und geduldiges Fragen zu erfassen. Wesentliches Ziel seiner Methodik war es, den allgemeinsten Überblick von den winzigsten Besonderheiten her zuverlässig zu ermöglichen. Ihn beschäftigten die Beziehungen der Maler zu ihren Mäzenen, aber nicht weniger die Art des Künstlers, Stoffe darzustellen. Warburgs Lieblingsausspruch, *„Le bon Dieu est dans le détail"*, faßt treffend sein Streben zusammen, in das Innere individuellen Erlebens vorzudringen, ohne jedoch dabei den Sinn für das Ganze zu verlieren.

So bezeichnend der Ausspruch auch ist, so sagt er doch nichts über die andere wesentliche Qualität von Aby Warburgs Werk aus: sein Interesse für das Irrationale. Er, der selbst unter Hemmungen, Depressionen und der Furcht vor Geistesgestörtheit litt, besaß ein besonderes Gespür für die Macht der dunklen, irrationalen, oft unbewußten Kräfte in der Kultur; er war nur zu gut ausgerüstet, das Vorherrschen von astrologischem Aberglauben, von magischen Hoffnungen und apokalyptischem Schrecken im Zeitalter von Renaissance und Reformation zu erkennen. Sein tiefes Eindringen in die Materie erlaubte es ihm, die Richtigkeit von Burckhardts komplexer, ambivalenter Interpretation der Renaissance zu bestätigen und sie zu verfeinern. Besser als andere Historiker der von ihm gewählten Epoche konnte Warburg erkennen, daß wenn immer aufklärerisches Gedankengut und die Vernunft zu triumphieren schienen, der Sieg nur unsicher und vorübergehend war. In Warburgs subtiler Deutung erscheint die Renaissance als ein wenig dauerhafter Kompromiß, als eine „Ausgleichsformel", die es den Menschen erlaubte, mehr oder weniger bequem gleichzeitig mit dem Glauben an den Menschen und an Gott, mit einem kraftvollen Säkularismus und einer tiefen Religiosität zu leben. Selbst die für die Renaissance so bezeichnende Wiederentdeckung der Antike vollzog sich keineswegs problemlos, denn zu eben dieser Antike gehörten der Aberglauben und die magischen Praktiken, die das alte Hellas entwickelt und über eine des Denkens und der Rationalität müden Welt verbreitet hatte. Athen – wie es Warburg in einer seiner berühmten Formeln ausdrückte – mußte von Alexandrien zurückgewonnen werden [52].

Wenn die Geschichte der Warburg-Bibliothek auch weit über den in diesem Aufsatz gesetzten zeitlichen Rahmen hinausreicht, so fällt doch ihr Beginn in die Zeit des Wilhelminischen Reiches. Daher soll sie hier kurz erwähnt werden. Seit seiner frühesten Jugend war Aby Warburg ein leidenschaftlicher Sammler. Als junger Mann bat er die Familie ständig um finanzielle Zuwendungen; in Briefen, die er aus Italien nach Hause schrieb, pflegte er unschätzbare und teure Nachschlagewerke zu beschreiben und um weiteres Geld zu bitten. Um 1914, als Warburg 48 Jahre alt war, hatte er einen beachtlichen Grundstock zu seiner Bibliothek gelegt. In diesem Jahre, kurz vor Kriegsausbruch, entwickelte Warburg unter Mitwirkung von Fritz Saxl genauere Pläne, seine Bibliothek in ein Forschungsinstitut umzuwandeln. Ihre Verwirklichung allerdings verzögerte sich zunächst durch den Krieg, dann

---

[52] Heidnisch-antike Weissagung in Wort und Bild zu Luthers Zeiten (1920), in: *Aby Moritz Warburg*, Gesammelte Schriften, 2 Bde., Leipzig–Berlin 1932, II, 491 bis 492, 534.

durch Warburgs psychischen Zusammenbruch gegen Ende 1918. Als Fritz Saxl Warburgs Bibliothek 1911 zum ersten Mal sah, umfaßte sie bereits mehr als 15 000 Bände, hauptsächlich in deutscher und italienischer Sprache, und beherbergte Material von verblüffender Vielfältigkeit, von nüchternen Handbüchern bis zu esoterischen Bänden über Astrologie. Es wurde Saxls Aufgabe, diesen chaotischen Reichtum zu ordnen, um ihn der Wissenschaft zugänglich zu machen. Und für seine Art, die Bücher zu ordnen – sie zu gruppieren, zu katalogisieren und aufzustellen – gab es nur eine Möglichkeit: diejenige, die durch Warburgs Vorstellung vom menschlichen Geiste, wie er in der Kultur seinen Ausdruck findet, diktiert war.

Hat die Bezeichnung der Juden als Volk des Buches irgendeine Berechtigung, so ist die Warburg-Bibliothek fast per definitionem eine der jüdischsten Schöpfungen, ein Irrgarten von Büchern, in dem ein Titel zum anderen hinführt und das Ganze zu einer umfassenden Vision des Menschen, der sich in Worten, Bildern, Überzeugungen zu begreifen versucht. War dies zwar ein Irrgarten, so war es doch kein planloser. Doch das von Warburg mit wahrer Besessenheit verfolgte Thema, das seiner persönlichen Selbstbestimmung dienen sollte, war nicht ausgesprochen, ja nicht einmal vorwiegend jüdisch. Es war überhaupt nicht jüdisch. Wohl war das Institut reich mit Schriften der jüdischen Mystiker ausgestattet (wie auch mit denjenigen aller anderen Mystiker), aber sein Schwerpunkt lag doch auf dem Gebiet des Weiterlebens der Antike in der modernen westlichen Welt. Juden spielten ihre Rolle in jener Welt, allerdings nicht die Alexandriens, welches Athen bekämpft. Die Geisteshaltung Aby Warburgs, eines deutschen Patrioten und deutschen Gelehrten, ist Beweis genug, daß sich deutsche Juden als Vertreter der athenischen Kräfte begriffen – der Kräfte der Vernunft, der Aufklärung, der Bildung. Es waren ihre Todfeinde und letzlichen Mörder, die für Alexandrien in seiner schlimmsten Ausformung sprachen. Aber das sollte Warburg nicht mehr erleben.

III

Verläßt man die Welt des Studiums und wendet sich der Welt der Phantasie zu – von Philosophen, Soziologen und Historikern zu Dichtern, Prosaschriftstellern und Dramatikern –, so tritt man in eine dichtere Atmosphäre ein, angereichert durch gelegentliches, wenn auch intensives Forschen nach der jüdischen Identität. Die Gegenwart und Bedeutung von Juden in der Zeit des entscheidenden Wandels der künstlerischen Sensibilität von der des neunzehnten Jahrhunderts zu der des zwanzigsten scheint in keinem Verhältnis zur Anzahl der Juden in Deutschland zu stehen. Sie waren in der Tat unverhältnismäßig stark vertreten, denn welchen Kurvenverlauf der skeptische Historiker auch immer entdeckt und berechnet, der jüdische Anteil an der deutschen Moderne bleibt bemerkenswert. Allerdings läßt sich das weitver-

breitete Bild der Juden als Beherrscher der deutschen literarischen Szene weitgehend als Hirngespinst bezeichnen, entstanden aus der falschen Perspektive
stolzer, ängstlicher oder feindseliger Zeitgenossen, die das „jüdische Element"
unter Vernachlässigung anderer Einflüsse betonten. Nähere Betrachtung zeigt,
daß dem jüdischen Beitrag ein weit geringerer – ein zwar ausgezeichneter,
aber zugleich doch bescheidener – Stellenwert in der größeren literarischen
Welt zukommt.

Nicht einmal diejenigen Schriftsteller, die jüdische Themen behandelten,
empfanden sich in der deutschen Welt in irgendeiner Weise als Fremde. Der
interessante, wenn auch heute weitgehend vergessene Romanschriftsteller
Georg Hermann zum Beispiel wurde 1871 in Berlin geboren und wuchs, laut
eigenem Bekenntnis, als Deutscher auf – mit vagen Erinnerungen an das
Judentum und einer fast krankhaften Verachtung für die Ostjuden. Er veröffentlichte u. a. Studien über Rembrandt und Liebermann und eine Darstellung Deutschlands zur Zeit des Biedermeier. Aber seinen Ruf im späten
Wilhelminischen Reich verdankte er seinen Romanen, die die Juden Berlins
zum Thema hatten. Seine breitangelegte, zweibändige Chronik, *Jettchen
Geberts Geschichte* (1906–1909)[53], war das liebevoll gezeichnete Porträt einer
jüdischen Familie aus den fernen Zeiten vor 1848; der völlig anders geartete
Kurzroman *Die Nacht des Dr. Herzfeld* (1912) handelt von einem entwurzelten und unglücklichen jüdischen Intellektuellen, der nach einer Nacht des
Grübelns über den Sinn oder vielmehr die Sinnlosigkeit des Lebens erwägt
sich selbst zu töten. Hermann verfügt über eine gewisse Tiefgründigkeit wie
auch über ein gediegenes Maß an Breite der Stoffauswahl; er zeigt sich dem
gemächlichen Epos wie der psychologischen Studie gleichermaßen gewachsen.
Rezensenten aus allen Teilen Deutschlands begrüßten Hermann als scharfen
Beobachter mit der Fähigkeit zur Distanz, zu humorvoller und eindringlicher
Schilderung und zur lebendigen Wiedergabe verschiedenartiger Milieus. Am
häufigsten fielen in diesem Zusammenhang die Namen Thomas Mann (*Jettchen Geberts Geschichte* wurde die „jüdischen *Buddenbrooks*" genannt) und
natürlich Theodor Fontane. Kurz, Hermanns Publikum sah ihn, wie auch er
sich selbst sah: als einen deutschen Schriftsteller, der mit wohlwollenden,
allerdings auch satirisch gefärbten Einsichten eine Seite deutschen Lebens
beschreibt. Hier wird jüdisches Leben zum Genre; Hermann war das Wilhelminische Gegenstück zu Terborch. So überrascht es nicht, daß sich Hermann,
ein unproblematisches, mittleres deutsches Talent, mit seinen Lesern im Einklang befand[54]. Im Unterschied zu Hermann sollte der junge Arnold Zweig

---

[53] Besser bekannt unter getrennten Titeln: Jettchen Gebert und Henriette Jacoby.
[54] Dieser Friede wurde vom Ersten Weltkrieg zerstört, der Hermann, wie so viele
andere deutsche Juden, davon überzeugte, daß die Kluft zwischen ihm und den anderen Deutschen unüberbrückbar war. Nach Hitlers Machtergreifung emigrierte er nach
Holland, wo er 1943 von den Nazis gefaßt und in eines der Todeslager abtransportiert wurde. Siehe *Hans Scholz'* Aufsatz, erschienen als Anhang zu einer gekürzten

nach dem Krieg einen größeren Ruf erringen, der wie Hermann über Juden aus der Zeit vor dem Kriege schrieb. Seine jüdischen und zionistischen Sympathien waren schon zu Beginn seiner schriftstellerischen Laufbahn erwacht. 1914 prangerte er in *Ritualmord in Ungarn* eine der hartnäckigsten Lügen an, der Juden jahrhundertelang ausgesetzt waren, nämlich die Anschuldigung des Ritualmordes, indem er einen tatsächlichen Fall dieser Art dramatisch verarbeitete. Vorher, in seinem ersten Roman, *Aufzeichnungen über eine Familie Klopfer* (1911), hatte er den Verfall einer deutsch-jüdischen Familie geschildert; dieser Roman ist den *Buddenbrooks*, die Zweig nach eigenem Geständnis mehrere Male gelesen hatte, verwandter als Hermanns Jettchen-Gebert-Romane. Zweigs persönliche Form des sozialistischen Zionismus war ein Produkt des Krieges und der beunruhigenden Jahre der Weimarer Republik: Zweig bewunderte Nietzsche und Mann, ehe er den Weg zu Buber und Marx fand.

Der jüdische Beitrag zur „kulturellen Revolution" der Wilhelminischen Ära ist keineswegs überraschend, wie immer man auch seine Qualität letzthin bewerten mag. Der Ausdruck „freie Berufe", gewöhnlich auf Jura und Medizin angewendet, bezeichnet zutreffend auch jene Gruppe von beruflichen Tätigkeiten, die kurz unter dem Namen „Literatur" zusammengefaßt werden. In der Literatur war einem Autor die rege öffentliche Aufmerksamkeit sicher und vom Werk selbst abhängig; es war eine Welt, in der nichts so sehr wie die Ausübung eines Talents oder die Gabe der Eigenwerbung zählte und in der zumeist persönliches Eigenerlebnis das schriftstellerische Material vermittelte. Natürlicherweise erstreckte sich der Erfahrungsbereich der deutsch-jüdischen Dichter und Dramatiker in erster Linie auf andere Juden oder aber auf mitunter positive, häufig traumatische Begegnungen mit deutschen Christen. Indes unterschieden sich derartige jüdische Erlebnisse merklich von Gegend zu Gegend, von Klasse zu Klasse, ja sogar von Person zu Person, so daß der jüdische literarische Ausdruck sich ziemlich eng an das allgemeine Muster der deutschen Kultur anlehnte. Ganz wie jüdische Professoren waren auch jüdische Autoren an den verschiedensten Stellen in der sozialen, politischen und künstlerischen Welt zu finden. Viele waren konservativ bis in die Knochen und lehnten in ihren künstlerischen wie in ihren kritischen Schriften den seit ca. 1900 sich durchsetzenden experimentellen Expressionismus aller Richtungen ab. Es gab wahrscheinlich mehr Juden in Stefan Georges Kreis, der sich selbstbewußt als „Vorhut" der Retter der sterbenden westlichen Kul-

Fassung von *Hermanns* Roman Rosenemil. Ein Roman aus dem Alten Berlin, München 1962, 345–368; zu Hermanns Ausbruch in der Öffentlichkeit im Jahre 1919 siehe *Eva G. Reichmann*, Der Bewußtseinswandel der deutschen Juden, in: Deutsches Judentum in Krieg und Revolution, aaO, 523–524; von *Hans Kohn* stammt eine interessante Untersuchung von *Hermanns* Roman: Die Nacht des Dr. Herzfeld. Der Roman des Entwurzelten (Georg Hermann), in: *Gustav Krojanker* (Hrsg.), Juden in der deutschen Literatur. Essays über zeitgenössische Schriftsteller, Berlin 1922, 27–40.

tur verstand, als unter den expressionistischen Dichtern, die in den gleichen
Jahren die Zerstörung des Alten zugunsten des Neuen für notwendig erklärten. Und die jüdischen Dichter in der expressionistischen Avantgarde entdeckten, daß die überwiegend nichtjüdischen Dichter ihres Lagers im großen
und ganzen weit besser schrieben als sie.

Besondere Aufmerksamkeit unter diesen kleineren, jedoch sehr aktiven jüdischen Expressionisten verdienen die jungen Rebellen, die Hans Tramer die
„Dichter der Großstadt" genannt hat[55]. Als Besucher literarischer Cafés und
Begründer kleiner Kabaretts hörten sie einander zu und bekräftigten gegenseitig ihre düstere Sicht der modernen Welt; in kurzen, häufig anspruchslosen
Versen hielten sie Ruhm und Elend Berlins, die Ruhelosigkeit der Weltstadt
und das Unbehagen an der Industriegesellschaft für die Nachwelt fest. Was
von vielen dumpf gefühlt wurde, das zeigten sie in aller Schärfe auf und machten es sogar genießbar. Einige dieser literarischen Kassandras sicherten sich vorübergehende Berühmtheit dank eines einzigen treffenden Gedichts – der rechte
Vers zur rechten Zeit. Das von dem exzentrischen Jakob van Hoddis 1911
geschriebene ‚Weltende‘ erscheint heute unbeschwert und amüsant, aber für
die ersten Zuhörer fing es das Gefühl drohenden Unheils ein, das so viele
Menschen der florierenden und dabei doch so hohl erscheinenden späten Wilhelminischen Zeit heimsuchte:

> „Dem Bürger fliegt vom spitzen Kopf der Hut,
> In allen Lüften hallt es wie Geschrei,
> Dachdecker stürzen ab und gehn entzwei
> Und an den Küsten – liest man – steigt die Flut.
>
> Der Sturm ist da, die wilden Meere hupfen
> An Land, um dicke Dämme zu zerdrücken.
> Die meisten Menschen haben einen Schnupfen.
> Die Eisenbahnen fallen von den Brücken."

Van Hoddis wurde 1887 in Berlin als Hans Davidsohn geboren und geriet
schon in jungen Jahren in die ungestüme Welt experimentierfreudiger literarischer Kreise; er war ständig an den Treffpunkten der Literaten zu finden und
gründete 1910 seinen eigenen, das „Neopathetische Kabarett", in dem sich
Studenten und Literaten, Bohemiens und Schauspieler zusammendrängten, um
bei Dichtervorlesungen das Neueste vom Neuen zu hören. Hoddis' eigene Neu-
erfindung bestand darin, wie sein erfolgreichstes Gedicht ‚Weltende‘ hinreichend zeigt, seine Vision der Apokalypse mit einem Element makabren
Witzes zu verflechten. Dinge nehmen ein Eigenleben an und bewegen sich
auf drohende, aber komische Weise in der Welt; die sorgfältig geordneten

---

[55] *Hans Tramer*, Der Beitrag der Juden zu Geist und Kultur, in: Deutsches Judentum in Krieg und Revolution, aaO, 334: es läßt sich nicht vermeiden, daß sein Aufsatz, der lange vor 1914 einsetzt, und mein eigener, der dort endet, sich überschneiden.
Ich verdanke viel seinen einsichtsvollen Beobachtungen.

geistigen Assoziationen des Dichters spiegeln die Unordnung, die unheilvolle
Unsicherheit des städtischen Lebens wider. Mit Recht sollte André Breton
viele Jahre später van Hoddis als einen der ersten und besten Vertreter des
schwarzen Humors feiern [56].

Die Darstellung des modernen Lebens als ungesund, unsicher und nerven-
aufreibend war nicht neu. Bereits in den frühen 1860er Jahren hatten Gesell-
schaftskritiker wie Jacob Burckhardt aber auch weit weniger pessimistische
Analytiker der Gesellschaft wie Walter Bagehot in der ganzen Welt eine
schwindelerregende Bereitschaft zum Wandel bemerkt. Seit 1880 ungefähr
diskutierten Ärzte, Psychologen und Philosophen über Ursachen und Heil-
methoden der modernen „Nervosität", und in den 1890er Jahren wählten sich
dekadente und symbolistische Dichter zu ihrem Thema oft die Angst: 1897
analysierte Arthur Symons in *Nerves* das, was er „die moderne Krankheit
der Liebe" nannte. In Symons' Augen bestand diese Krankheit im wesentlichen in einem überzivilisierten Bewußtsein seiner selbst, einem Bewußtsein,
das nichts mehr mit irgendeinem tiefen und spontanen Gefühl zu tun hatte.
Die deutschen expressionistischen Dichter nun fügten dieser weitverbreiteten
Vorstellung eine Weltuntergangsstimmung sowie ein surrealistisches Drama
mit realistischem Hintergrund hinzu. Im Jahre 1912, ein Jahr nach van Hoddis' ,Weltende', veröffentlichte ein anderer jüdischer expressionistischer Dichter, Ernst Blass, seinen ersten Gedichtband unter dem bezeichnenden Titel *Die
Straßen komme ich entlang geweht*. Wie das Werk van Hoddis', dem es in
vielem ähnelt, ist Blass' Gedicht Ausdruck eines Unbehagens angesichts der in
Bewegung geratenen modernen Welt, ringt dabei gleichzeitig der überwältigenden Angst ein gewisses Quantum des Komischen ab. Ein weiterer Vertreter des „neuen Pathos" und Bewunderer von van Hoddis' poetischer
Vision, Alfred Lichtenstein, wandte sich in Versen an seine Vaterstadt Berlin,
in denen er respektlose Zitate aus deutschen Klassikern mit obligatorisch
gewordenen ausgefallenen Metaphern der Expressionisten und barschen Beleidigungen seiner geliebten Stadt verband:

> „In fremden Städten treib ich ohne Ruder.
> Hohl sind die fremden Tage und wie Kreide.
> Du, mein Berlin, du Opiumrausch, du Luder.
> Nur wer die Sehnsucht kennt, weiß, was ich leide."

Zur selben Zeit, kurz vor dem Kriege, begann Alfred Wolfenstein, ein weiterer
jüdischer Expressionist, seine ekstatisch-verzweiflungsvollen Verse. Ein fruchtbarer und emotionaler Dichter, litt er an der Anonymität der großen Stadt;
die Straße mit ihrem Lärm, ihrer Gleichgültigkeit, dem endlosen Vorbei-

---

[56] Siehe *André Bretons* Anthologie des Schwarzen Humors, München 1971; *Victor
Lange*, Jakob van Hoddis, in: Expressionismus als Literatur. Gesammelte Studien,
hrsg. von *Wolfgang Rothe*, Bern 1969, 344–353.

fließen von Menschen und Verkehr, beherrscht als eine Art Schlüsselmetapher viele seiner Gedichte.

Diese jüdischen experimentellen Autoren waren – wie ihre nichtjüdischen Kollegen – alles andere als systematische Denker. Sie gaben Gefühle wieder, nachdem ihre Sinne sich am modernen Leben wund gerieben hatten. Ihre Lösungsvorschläge waren ebenso phantastisch wie ihre Schilderungen. Die allen Menschen innewohnenden Widersprüche offenbarten sich ihnen mit noch größerer Deutlichkeit. Von Wolfenstein wurde gesagt, er sei „ein Großstadtdichter, der die Großstadt haßte. Er war ein Aktivist, dem der Aktivismus bald gefährlich erschien. Man hat ihn immer wieder als Nihilisten bezeichnet: doch suchte er durchweg nach Gemeinschaft, Freundschaft, nach einer utopischen Weltordnung. Die Zeitgenossen sahen in ihm einen kühnen Erneuerer der lyrischen Sprache; doch übernahm er viele Klischees und Oberflächlichkeiten sowohl der eigenen wie der früheren, vermeintlich schon überwundenen Dichtergeneration." [57]

Wie alle derartigen Aufzählungen wirkt wahrscheinlich auch diese Liste jüdischer Dichter irreführend durch Überbetonung der Bedeutung der aufgeführten auf Kosten der ausgelassenen. Es soll deshalb noch einmal betont werden, daß Juden keineswegs allein oder dominierend auf dem modernistischen Flügel der deutschen literarischen Szene standen. In dem gedrängten und experimentierfreudigen künstlerischen Milieu Berlins empfanden sie sich oft als wesensverwandt: so gründete van Hoddis sein „Neopathetisches Kabarett" gemeinsam mit anderen Dichtern, die wie er alle Juden waren: Ernst Blass, Erwin Wassermann, W. S. Ghuttmann, Erwin Loewenson, Erich Unger, David Baumgardt [58]. Doch lag ihrer Zusammenarbeit nicht die sie verbindende religiöse Herkunft zugrunde, sondern vielmehr ihre gemeinsame dichterisch-aufrührerische Gesinnung. Und mit Ausnahme von Else Lasker-Schüler, von der noch zu reden sein wird, waren sie Figuren zweiten Ranges, überschattet von drei talentierten Dichtern, von denen keiner Jude war: Georg Heym, Georg Trakl und Gottfried Benn. Alle drei litten unter persönlichen Ängsten, die sie in ihren Gedichten in eindrucksvolle Bilder der modernen Welt übersetzten. Der Visionär Heym war so empfänglich für die mystische Bedeutung der Farbe wie van Gogh, so gebannt von Zerstörung, Krieg und Leichen wie Benn, so entnervt von der Dämonie der Stadt wie andere Dichter seiner Zeit. Der durch unerträgliche Alpträume von Verfall

---

[57] *Russell E. Brown,* Alfred Wolfenstein, in: *Rothe,* Expressionismus als Literatur, 262. – All diese aus Prinzip wirren Dichter waren Jugendliche – jung genug, um (wie Alfred Lichtenstein) an der Westfront zu fallen oder bis in die Nazizeit hinein zu leben und im Zuge der „Endlösung" umzukommen; van Hoddis, der kurz nach seinem einzigen und einzigartigen Triumph geisteskrank wurde, wurde im April 1942 aus der Irrenanstalt abgeholt. Alfred Wolfenstein gehörte zu Hitlers späten Opfern: er überlebte den Krieg und die Gestapo, beging aber nach der Befreiung in Paris im Januar 1945 Selbstmord.

[58] Siehe *Lange,* Jakob van Hoddis, aaO, 344.

und Korruption, Alkohol und Drogen zerrüttete Trakl vermittelte wechsel-
weise Visionen des Paradieses und der Hölle von solch plastischer Aussage-
kraft, die zu erreichen allenfalls ein van Hoddis hoffen konnte. Und dem
Mediziner Benn wurden die fürchterlichen Anblicke des Leichenschauhauses
zu schrecklichen und unvergeßlichen Metaphern für die Existenz schlechthin.
Die Namen dieser drei sind in jeder Geschichte der modernen Literatur zu
finden; im Gegensatz zu ihnen überlebt die Mehrzahl ihrer jüdischen Zeitgenossen (ebenso wie die meisten jüdischen Maler jener Zeit) hauptsächlich in
hochspezialisierten Abhandlungen über die expressionistische Bewegung in
Deutschland.

Jedoch verdienen einige jüdische Schriftsteller, daß man sich intensiver mit
ihnen auseinandersetzt, einzelne, weil sie unzweifelhaft zu den bedeutenderen
Autoren gehören; andere, weil sie entweder nach Jahren der Vergessenheit die
Beachtung finden, die sie schon längst verdienten, oder aber, weil sie Zeitgenossen bedeutend erschienen, obwohl das nüchterne, posthume Urteil ihren
aufgeblähten Ruf auf das angemessene, kleinere Maß reduziert hat. Für die
erste Gruppe bietet die lyrische Dichterin Else Lasker-Schüler ein Beispiel, für
die zweite der Dramatiker Carl Sternheim und für die letzte der Romanschriftsteller Jakob Wassermann. Derartige Neuwertungen sind nicht auf
Juden beschränkt: nur eine Handvoll – eine kleine Handvoll – einstmals
berühmter nichtjüdischer Schriftsteller hat der emotionslosen Überprüfung
durch spätere Generationen standgehalten. Ein Romanschriftsteller und Dramatiker wie Hermann Sudermann, seinerzeit als großartiger und kühner
Künstler gefeiert, ist in der Wertschätzung der Kritiker vielleicht noch tiefer
gesunken als selbst Wassermann.

Die Dichtung Else Lasker-Schülers bietet einen besonders lohnenden Gegenstand der Forschung, denn ihr langer literarischer Werdegang brachte sie
sowohl mit der deutschen Avantgarde in Berührung als auch mit den Problemen des deutschen Judentums. In einem bekannten Buch hat Helmuth
Plessner Deutschland „die verspätete Nation" genannt. Sieht man einmal von
der These des unter diesem Titel 1959 veröffentlichten Aufsatzes ab, so läßt
sich mit dieser Bezeichnung gewiß auch der deutsche Beitrag zur Sensibilität der Moderne umreißen. Das naturalistische Theater von Arno Holz
und Gerhart Hauptmann, das zu Beginn der Regierung Wilhelms II. die
Theaterbesucher aufrüttelte und die Zensoren alarmierte, brach in das
deutsche Kulturleben ein, als der französische Naturalismus seinen Höhepunkt bereits überschritten hatte; einige von Hauptmanns frühen Stücken
sowie Holz' programmatischen Erklärungen lesen sich wie Ausführungen von
Ideen, die Zola eine Generation zuvor entwickelt hatte. Der disziplinierte
und hieratische Symbolist Stefan George, dessen erste bedeutende Gedichtsammlung, *Hymnen,* 1890 erschien, ist ohne seine Begegnung mit Mallarmé
undenkbar. Auf dem Gebiet der Malerei waren die deutschen Expressionisten
für ihre Experimente mit verschiedenen Techniken, für ihre Freiheit der

Linienführung und für ihren Gebrauch ausgefallener Farben Munch, Cézanne und Degas, van Gogh und Gauguin zu unschätzbarem Dank verpflichtet. Nolde, Kirchner, die *Brücke* und der *Blaue Reiter* fanden zu ihrem typischen Stil vor Kriegsausbruch 1914, aber während sie eine Wesensverwandtschaft mit theoretischen Formulierungen in den Schriften deutscher Akademiker wie Theodor Lipps entdeckten und einander ermutigten, bezogen sie einen großen Teil ihrer Inspirationen von Paris her, sowie von Ausstellungen moderner ausländischer Malerei in München und Berlin. Gauguins *Gelber Christus* ist ein Vorfahr von Franz Marcs *Blauen Pferden*. Einer der Größten der deutschen und der Weltliteratur, Thomas Mann, der mit *Buddenbrooks* (1901) und *Tonio Kröger* (1903) in den Mitteljahren der Wilhelminischen Ära zu nationalem Ruhm aufstieg, war dagegen fremden Einflüssen weniger verpflichtet; er entnahm seine Stoffe seinem persönlichen Leben, seiner intensiven und bewundernden Beschäftigung mit der deutschen literarischen Tradition und seiner Lektüre Nietzsches und Schopenhauers. Aber trotz Manns unzweifelhafter Bedeutung als Schriftsteller ist er in bezug auf Material, Stil oder sogar Sichtweise kaum als radikal zu bezeichnen. Rigoros unterwarf er den Drang zum Experimentieren der Ironie im traditionellen Sinne; in seinem Werk wie in seinen politischen Ansichten wich das neunzehnte dem zwanzigsten Jahrhundert nur mit merklichem Widerwillen. Er war schließlich fast fünfzig Jahre alt, als er bekannte, nach dem Ersten Weltkrieg zur Demokratie bekehrt worden zu sein; und in seinem berühmtesten Roman, *Der Zauberberg* (1924), in dem Mann endgültig von seiner langen, teutonischen Faszination für den Tod Abschied nimmt, veranlaßt er den Leser nicht nur, seine Virtuosität zu bewundern, sondern auch, sich zu fragen, warum er erst so spät dort hingefunden hat. In einem wichtigen Sinn war Thomas Manns Entwicklung bezeichnend für die „verspätete Nation".

Die expressionistische Dichtung in Deutschland entwickelte sich bedenkenlos nach dem gleichen Muster. Ebenso wie die Maler folgten die Autoren willig den Vorbildern der französischen Kabaretts und französischen kleinen Magazine oder auch skandinavischen Dramatikern wie Strindberg oder russischen Romanschriftstellern wie Dostojewski. Im Gegensatz zu dem Maler Nolde, der früh seine nordische „Philosophie" entwickelte, waren die Dichter großenteils unpolitisch oder verschwommen utopisch; einige, wie der junge Werfel, waren von dem Glauben an die menschliche Brüderlichkeit beseelt und wünschten nichts sehnlicher, als mit einem Höchstmaß an Energie und einem Mindestmaß an Zurückhaltung sich in die Welt zu stürzen. Sie konnten von überallher und von jedem etwas lernen, und taten es auch. Wie jeder Historiker weiß, entzieht sich der Ausdruck „Expressionismus" jeglicher Definition; viele der später mit diesem Etikett ausgestatteten Künstler und Schriftsteller verband nichts miteinander, und oft verachteten sie sich gegenseitig von Herzen. Jedoch lassen sich einige richtungweisende Antriebe ermitteln, die Hasenclever und Kirchner, Lasker-Schüler und Barlach verbinden, wie locker auch immer diese Verbindung sein mag. Eine sinnvolle Möglichkeit, sie näher zu bestimmen, bietet die von John Willett vorgeschlagene Methode, ausgehend von der europäischen Situation den Blick auf die deutschen Formen des Expressionismus zu werfen. Denn hatten diese Bewegungen ihren Ursprung nicht in Deutschland, so fanden sie hier doch ihre ausgefallendsten Ausdrucksformen. Der Expressionismus war zugleich irrationalistisch und humanitär; er war ein Ausbruch der Unzufriedenheit – in den stürmischen Versen und Stücken der Deutschen oft auch ein Aufschrei der Verzweiflung – über fette Philister, flache Positivisten, autoritäre Väter und ausbeuterische Kapitalisten. Die formalen Bestrebungen der ersten modernen Avantgarde, der Impressionisten, erschienen den Expressionisten oberflächlich und zahm; das wissenschaftliche Ideal der Neo-Impressionisten wurde von ihnen fast als ein Bündnis des Künstlers mit dem Teufel betrachtet. Wichtig waren allein scharfe Kritik und freimütiges Bekenntnis, war die Befreiung von den Fesseln der Wahrscheinlichkeit und der Wohlerzogenheit. Die Veröffentlichung erotischer Wunschvorstellungen (je bizarrer, desto besser), Konfrontationen mit der Familie (je empörender, desto besser), schreckenerregende Phantasien (je abstoßender, desto besser) – kurz: das private Leben in poetisches Material umzusetzen, war in den Augen der deutschen Expressionisten die erste Pflicht sich selbst und ihrer Kunst gegenüber. Es erstaunt, daß in dieser chaotischen Situation, in der die ästhetische Kontrolle sehr lax gehandhabt wurde und die Verlockung zum Dilettantismus groß war, oft ein hohes künstlerisches Niveau herrschte. Der Grund dafür ist einfach in der Tatsache zu sehen, daß einige Jahre lang Deutschlands talentierteste Dichter und Maler, jeder auf seine Weise, sich expressionistischer Stilmittel bedienten. Die einstigen gelehrigen Schüler Europas wurden für kurze Zeit Europas einflußreichste Lehrer [59]. Und Else Lasker-Schüler gehörte zu den Begabtesten in dieser Ansammlung von Talenten.

Ein Kritiker nach dem anderen hat ihre Dichtung gepriesen, ohne die Fähigkeit, ihre Größe zu definieren; jetzt, nach Jahren politisch motivierten Schweigens [60], hat sich eine umfangreiche kritische Literatur zu ihrem Werk entwickelt, die nicht selten in der Ekstatik ihres Tones an den Expressionismus der gepriesenen Dichtung heranreicht. Nur wenige Dichter haben sich vielleicht klarer über die eigene Undurchdringlichkeit, erklärter über die geheimen Quellen ihrer Inspiration, intelligenter über ihre „Einfältigkeit" geäußert als Else Lasker-Schüler. Ihre zumindest im Rückblick reiche und

---

[59] Siehe *Claude David*, Von Richard Wagner zu Bertolt Brecht. Eine Geschichte der neueren deutschen Literatur, übersetzt von Hermann Stiehl, Frankfurt a. Main 1964, 205.

[60] Beim Lesen dieser Lobgesänge deutscher Literaturkritiker und Historiker kann man sich kaum des unangenehmen Gefühls erwehren, man beobachte einen opportunistischen Sühneakt, so als bewirke die Preisung eines jüdischen Dichters eine Befreiung von der Last des schlechten Gewissens, verursacht durch die Komplizenschaft in jenen Jahren, 1933 bis 1945.

glückliche Jugend verlebte sie in aller Geborgenheit in ihrem geliebten Rheinland. Als Erwachsene hingegen führte sie ein abenteuerliches Leben, das sie von einem Mann zum anderen und von einem möblierten Zimmer zum anderen trieb. Ihre Heimat war das Berliner literarische Café. Doch ihre Dichtung ist die Innerlichkeit selbst; sie ist reich an üppigen und ausgefeilten Bildern, Beschreibungen nicht der erlebten äußeren Welt, sondern der einzigen Landschaft, die für sie Bedeutung besaß, ihres inneren Ichs. So wie Gottfried Benn seine Erfahrungen als Arzt zum Ausdruck seines schmerzvollen persönlichen Zustandes umdeutete, schrieb Else Lasker-Schüler über ihre Schwester, ihre Mutter, ihre Liebhaber, ihr als Heimat adoptiertes Berlin (das sie liebte und auch haßte) nicht in der Absicht, ewige Wahrheiten aufzudecken, sondern sich selbst. Sie war in dieser Hinsicht ein deutscher Baudelaire. Im Jahre 1876 wurde sie in Elberfeld als Tochter einer frommen jüdischen Familie geboren – ihr Urgroßvater war Oberrabbiner von Rheinland und Westfalen. Im Jahre 1894 ging sie eine frühe Ehe mit einem Arzt ein; sodann zog sie 1900, kurz nach ihrer Scheidung, nach Berlin. Dort lernte sie ihren späteren zweiten Mann, Georg Levin, kennen, der sich als Verleger einen Namen machte, aber auch als Schriftsteller und Komponist bekannt wurde. Da sie alle Personen ihrer Bekanntschaft zu märchenhaften Päpsten und Potentaten umformte, gab sie ihrem zweiten Ehemann den Namen, unter dem er in der deutschen Kulturgeschichte noch heute weiterlebt, Herwarth Walden. Auch diese Ehe war nicht von Dauer, erwies sich aber als segensreich für ihre Dichtung; im Jahre 1910, kurz vor der Scheidung, gründete Walden die später wichtigste avantgardistische Zeitschrift *Der Sturm,* in der Else Lasker-Schüler einige ihrer bekanntesten Gedichte veröffentlichte. Durch ihre Verbindung mit Walden geriet sie in alle Strömungen des deutschen Expressionismus. Sie begründete enge und fruchtbare Freundschaften mit Peter Hille, Karl Kraus, Franz Marc und anderen. Gottfried Benn, den sie kurze Zeit liebte, und Georg Trakl, den sie stark beeinflußte, stießen kurz vor dem Krieg zu ihrem Kreis; sie kannte diejenigen, die etwas galten und deren Namen, zusammen mit dem ihrigen überleben sollten. Sie machte sich, was immer sie sah und jeden, den sie liebte, zunutze; während viele schreiben, um zu leben, lebte Else Lasker-Schüler, um zu schreiben. *Styx,* ihre erste Gedichtsammlung, erschien 1902; andere Bände mit Dichtung, Dramen und experimenteller Prosa erschienen in schneller Folge. Die Mehrzahl ihrer Lyrik war gering im Umfang, bildhaft in der Sprache und erotisch in der Gefühlslage. Ihr berühmtestes Gedicht, das sie 1910 im *Sturm* veröffentlichte, ist zweifellos ‚Ein alter Tibetteppich‘; der von seiner bedeutungsschweren Kürze überwältigte Karl Kraus druckte es noch einmal in seiner *Fackel* und pries besonders die drei letzten Zeilen:

> „Süßer Lamasohn auf Moschuspflanzenthron
> Wie lange küßt dein Mund den meinen wohl
> Und Wang die Wange buntgeknüpfte Zeiten schon?"

Das Gedicht – Kraus versäumte nicht, seine Leser darauf hinzuweisen – enthält nur neun Zeilen; und doch entwickelt sich in ihm ein selbst Donne würdiges metaphysisches Konzetto. So wie Fäden zu einem tibetanischen Teppich geknüpft werden, sieht die Dichterin ihre Seele mit der ihres Liebhabers verwebt.

Im Jahre 1913 veröffentlichte sie sodann die *Hebräischen Balladen,* einen typisch schmalen Band kurzer Gedichte, in denen sie ihr Liebesleben in Themen kleidete, die sie alttestamentarischen Geschichten von Kain und Abel und Joseph und dem Pharao entlieh. Es war ein bewußt jüdisches Buch, aber sie hatte bereits seit einigen Jahren kein Hehl aus ihrem Judentum gemacht; ihr Freund Peter Hille, ein römisch-katholischer Dichter, hatte sie schon 1902 „die jüdische Dichterin" genannt, „den schwarzen Schwan Israels, eine Sappho, der die Welt entzwei gegangen ist"[61]. Aber was heißt hier genau genommen: jüdisch? Es gibt drei miteinander verwobene und sich überschneidende Möglichkeiten für einen Dichter, jüdisch oder auch irgend etwas anderes zu sein: die Wahl der Leserschaft, der Sprache oder die Stoffauswahl[62]. Die erste trifft keinesfalls auf Else Lasker-Schüler zu. Zu ihrem Kreis gehörten Atheisten, Protestanten, Katholiken genauso wie Juden; sie schrieb für eine Elite, die von der von ihr gemeinsam mit ihren expressionistischen Zeitgenossen gefürchteten und verachteten „Massenkultur" unangetastet geblieben war – eine Elite, die allen, die über Sensibilität und guten Geschmack verfügten, Zutritt gewährte. Ihre Sprache stellt den Leser vor ein größeres Problem. Sie selbst sagte einmal in ihrer mythologisierend expressionistischen Art, daß sie eigentlich ihre Verse aus dem zur Zeit König Sauls gesprochenen Hebräischen in modernes Deutsch übersetzt habe. Jüdische und christliche Kritiker gleichermaßen nahmen diese Mystifizierung ernst. So meinte Kasimir Edschmid, der unermüdliche Verfechter des expressionistischen Geistes, ihr Werk schaffe eine

> „Gleichung ... zwischen Vers und Blut. Sie ist eine der größten Dichterinnen, weil sie zeitloser ist als alle, sie tritt dicht neben das Hohe Lied. Man glaubt, ganz Asien sei in der seltsamen Schau ihres Gedichts Lyrik geworden."[63]

Mitte der 1920er Jahre argumentierte der jüdische Kritiker Meir Wiener, es sei ihr ausgefallener Gebrauch von Tropen, Bildern und Metaphern, der Lasker-Schüler als typisch jüdische Dichterin erscheinen ließ und den Leser als „,orientalisch' anmutet" – und das nicht zu Unrecht, so fügte er hinzu, denn es sei bezeichnend für orientalische Literatur wie das Lied der Lieder und die persische Lyrik, ekstatische Seelenzustände in dieser Weise auszu-

---

[61] In *Else Lasker-Schüler,* Dichtungen und Dokumente, 565.
[62] Siehe zu diesem Punkt, in etwas anderer Formulierung, *Hans Tramer,* Der Beitrag der Juden zu Geist und Kultur, in: Deutsches Judentum in Krieg und Revolution, aaO, 324.
[63] Zit. aaO, 342.

drücken[64]. Kürzlich hat Fritz Martini den „orientalisch-hebräischen Sprachgeist" gefeiert, mit dem Else Lasker-Schüler „ihre lyrischen Formen durchdringt"[65]. Auf diesen Punkt soll hier näher eingegangen werden, denn er berührt die Wurzeln jüdischer Ethnizität. Es ist nicht zu leugnen, daß Else Lasker-Schüler für einige ihrer Bilder und Sprachrhythmen auf die Bibel zurückgriff: sie selbst hat dies bestätigt. Aber sie kannte nichts von persischer Dichtung, als sie ihre eigene schrieb; zu ihrer „orientalischen" Ausdrucksweise könnte sie nur durch das kollektive Unbewußte gefunden haben – dies ein so vager und unhaltbarer Begriff wie jeder andere, der je eine Untersuchung über nationalen oder ethnischen Charakter behindert hat. Über die bruchstückhaften Gebete hinaus, derer sie sich von den als junges Mädchen besuchten Gottesdiensten her erinnerte, kannte sie nicht einmal viel Hebräisch. Im Vergleich mit den starken Einflüssen all der jungen expressionistischen Dichter, mit denen sie in so enger Beziehung lebte und an deren Experimenten sie teilnahm, konnte es kaum literarische Inspirationen bieten. Sie las die Bibel – und in ihr die Geschichte von Joseph und seinen Brüdern, die sie ihr Leben lang besonders liebte – wie alle Deutschen – in Martin Luthers kraftvoller Übersetzung. Im übrigen war die Bibel um nichts orientalischer als die mittelalterliche jüdische Dichtung, die ihr zwar hätte bekannt sein können, von der sie aber wahrscheinlich nichts wußte: biblische Erzählungen, Bilder und Sprachrhythmen hatten jahrhundertelang westliche Kunst und Literatur beherrscht, und es kommt der Bibel tatsächlich bei jeder näheren Bestimmung der westlichen Kultur eine zentrale Bedeutung zu. Die Gedichte Miltons, die Polemiken Voltaires, die Reden Macaulays und die Satiren des jungen Brecht sind in bezug auf Aussage und Stil ohne die Bibel undenkbar, so wie gleichzeitig ihre Wirksamkeit auf dem intuitiven Erfassen der biblischen Geschichten durch den Leser beruht, für den diese zum selbstverständlich gewordenen geistigen Besitz gehören. In der Tat fordert gerade die allen Deutungen von Else Lasker-Schüler zugrunde liegende Trennung von „westlich" und „orientalisch" zu der Frage heraus, die damit angeblich beantwortet werden soll. Sie zaubert dunkeläugige, sinnliche Jüdinnen und farbenfroh gekleidete, geheimnisvolle Juden frisch aus weit entfernten Ländern vor das innere Auge. Ein Antisemit mag diese Aufspaltung akzeptieren, weil sie bequem ist; ein Jude, der sie übernimmt, identifiziert sich mit dem Aggressor und leugnet seine lange europäische Geschichte. Die jüdische wie die deutsche Kultur bildet ein sich über lange Zeiträume hinweg vollziehendes, komplexes Gemisch verschiedener Mischungen, in dem sich griechische, nahöstliche, römische, westlich-mittelalterliche und moderne Einflüsse in nicht zu ermessenden Teilen miteinander vermengten. Und jedes dieser Elemente stellte wiederum einen ganzen Komplex dar; Aby Warburg hatte dies richtig erkannt, als er

---

[64] Else Lasker-Schüler, in: *Krojanker*, op. cit., 179–192.

[65] Else Lasker-Schüler, Dichtung und Glaube, in: Der deutsche Expressionismus. Formen und Gestalten, hrsg. von *Hans Steffen*, Göttingen 1965, 17.

schrieb, daß sogar nicht einmal die Antike, die die Gelehrten der Renaissance von dem Vergessen durch die Mönche des Mittelalters retteten, die reine
klassische Antike Platons und Ciceros war, sondern ein Gemenge bildete, in
dem sich Alexandrien und Athen fast unauflösbar miteinander vermischt
hatten. Was Else Lasker-Schüler tat, wenn sie in ihrem Alten Testament
blätterte, war genau das, was Gottfried Benn tat, wenn er seine Eindrücke
im Leichenhaus niederschrieb: zusammen mit anderen avantgardistischen
Dichtern erweckten sie eine deutsche dichterische Sprache zu neuem Leben,
die durch Sentimentalität abgewertet und durch falsches Pathos verwässert
worden war. „Spielen ist alles", schrieb sie 1911 an ihren Freund Karl Kraus.
Wenn sie dichtete, spielte sie ein ernstes deutsches Spiel.

Ihre Freude am Spiel erstreckte sich auf die Entdeckung der deutschen Dichter der Romantik, die freimütige Selbstenthüllung mit Ausdrucksreichtum in
einer Weise verbanden, die unter den literarischen Rebellen der Wilhelminischen Ära ein erfreutes Echo fand. Der Schweizer Literaturwissenschaftler
Walter Muschg kommt dem Kern von Else Lasker-Schülers dichterischen Ab-
sichten nahe, wenn er feststellt, ihre Phantasie sei kein „Geschenk des Morgen-
landes an die deutsche Sprache", wie man gesagt hat, sondern ein Erbe der
Romantik. Die jüdische Überlieferung sei nur der besondere Einschlag, der sie
vor epigonischer Sentimentalität bewahrte, und erinnere „mehr an William
Blake als an Jesaia". Worauf er mit gutem Gespür die Namen Jean Pauls,
Bettina Brentanos sowie ihres Bruders Clemens hinzufügt[66]. Zusammenfassend läßt sich sagen, daß es nur möglich ist, Else Lasker-Schülers dichterische
Eingebung als „orientalisch" zu bezeichnen, wenn man nichts von jüdischen
literarischen Traditionen weiß, und sie rein jüdisch zu nennen, wenn man
nichts über deutsche literarische Traditionen weiß. Im Falle Else Lasker-
Schülers sind wie so oft ethnische Klassifizierungen nicht das Ergebnis präzisen
Studiums, sondern schlichter Unwissenheit. Charakterzüge, die man nicht
kennt, kann man nicht vergleichen.

Dennoch wurde Else Lasker-Schüler auf Grund ihrer Themenauswahl und
ihrer Sympathien sogar schon vor dem Ersten Weltkrieg als jüdische Dichterin abgestempelt (und auch lange vor dem Alptraum der Hitlerzeit, die sie
zunächst in der Schweiz und dann in Palästina durchlebte, wo sie zu Beginn
des Jahres 1945 starb). Indessen ist auch dieses Kriterium zur Bestimmung
ihrer Identität nicht unproblematisch. So überzeugt und beredt-jüdisch sie
auch war, so war ihr Judentum doch durchtränkt von Lyrik; es war rein
persönlich, zutiefst unorthodox. In krassem Widerspruch zu allen jüdischen
Lehren betrachtete sie Jesus als den Messias, der einmal erschienen sei und
wiederkommen würde; auf ihre poetische Art, jedoch in aller Ernsthaftigkeit,
spielte sie mit der Vorstellung Jesus' als Gottes Sohn. Dieses eigenwillige

---

[66] Else Lasker-Schüler, in: Von Trakl zu Brecht. Dichter des Expressionismus,
von *Walter Muschg*, München 1961, 125.

Jüdische – das war Else Lasker-Schüler, die willkürliche Dichterin. Aber es gab noch eine andere Seite: das Deutsche an ihr. Ihre letzte und nach Meinung vieler schönste Gedichtsammlung, *Mein blaues Klavier*, erschien 1943 in Jerusalem mit einer nicht unbemerkt gebliebenen ökumenischen Widmung: „Meinen unvergeßlichen Freunden und Freundinnen in den Städten Deutschlands – und denen, die wie ich vertrieben und nun zerstreut in der Welt, In Treue!"[67] Im Vergleich zu anderen Juden ihrer Generation stellt Else Lasker-Schülers frühes und emphatisches religiöses Bekenntnis eine bemerkenswerte Ausnahme dar; ihre verzeihende, sogar liebevolle Widmung, in der sie als Deutsche zu anderen Deutschen spricht, klingt wesentlich vertrauter.

Im Gegensatz zu Else Lasker-Schüler, deren Stil sie dem expressionistischen Lager zuordnet, ist es nahezu unmöglich, Carl Sternheim unter irgendeine Rubrik zu bringen. Was er war, verdankte er kaum irgend jemandem oder irgend etwas anderem als seinen Talenten und seinen Launen – außer vielleicht dem temperamentvollen und ungehemmten Dramatiker Frank Wedekind, der wohl der geeignetste unter den zur Wahl stehenden Vorläufern war: ein Außenseiter lernte von einem andern Außenseiter. In einer Hinsicht war Sternheim repräsentativ: halbjüdischer Abstammung, mit jüdischem Vater und evangelischer Mutter, fühlte er sich völlig unjüdisch: „In seinem ganzen Werke", so stellte Arnold Zweig fest, „zittert und schwingt nicht ein Atom der Frömmigkeit"[68]. In der Tat, wenn er Juden überhaupt erwähnt, dann nur mit dem Ausdruck eisiger Ablehnung; der Grund für diese Feindseligkeit ist höchst aufschlußreich: Als er im Jahre 1920 auf das gerade zwei Jahre zuvor zusammengebrochene Reich zurückblickte, beschuldigte Sternheim Deutschlands Juden, auf allzu engem Fuß mit der modernen „mechanisierten Geistigkeit" gestanden zu haben. In der vulgären und profitsüchtigen Welt des *„juste milieu ...* stand der Jude ... zum erstenmal in neuerer Zeit ... nicht im Gegensatz zum Leben des Volkes", sondern lebte in Harmonie mit seinen Mitbürgern[69]. Kurz, das Ärgerliche an den Juden war, nach Sternheims Sicht, daß sie Deutsche waren. Dieser relativ selten ausgesprochene, jedoch aufrichtig empfundene Antagonismus war weniger antisemitisch als ein besonderer Fall seiner Gesellschaftsphilosphie – oder genauer, seiner sozialen Haltungen. Sternheim kannte, was er verachtete; er hatte eine fast grenzenlose Abscheu für das *juste milieu,* in welchem der sich fein gebende, unerschütterliche, „kultivierte" Heuchler gedieh, der über Goethe dahinschwätzte.

---

[67] *Else Lasker-Schüler,* Dichtungen und Dokumente, 153. *Claude David* findet in seinem kurzen Überblick über die deutsche Literatur noch den Platz, um es zu erwähnen, op. cit., 212.

[68] Versuch über Sternheim, in: *Krojanker,* op. cit., 312.

[69] Berlin oder Juste Milieu, in: *Carl Sternheim,* Gesamtwerk, hrsg. von *Wilhelm Emrich,* 9 Bde., VI, Neuwied 1966, 132, 134. Zu anderen antijüdischen Passagen in seinem Werk siehe *Hans Tramer,* Der Beitrag der Juden zu Geist und Kultur, in: Deutsches Judentum in Krieg und Revolution, aaO, 368. Aus dem folgenden wird hervorgehen, daß ich diese Ansicht nicht teile.

Sternheims Feindseligkeit war keinesfalls einzigartig oder auch nur unge-
wöhnlich; die Jugendbewegung, Georges Kulturwächter, expressionistische
Dichter und Maler teilten ganz allgemein diese Nietzsche-Verachtung für
den dummen Junker, den materialistischen Bürger und den gierigen Prole-
tarier. Jedoch ist sein Stil völlig unverwechselbar; er ist schlicht und einfach
Sternheim.

So leicht es auch ist, seine Signatur zu erkennen, so bleiben seine Absich-
ten doch meist im Dunkeln. Sternheim wurde 1878 in Leipzig geboren und
verbrachte seine frühe Kindheit in Hannover. Sein Vater war Bankier und
Kaufmann (beides bekanntlich mit Juden assoziierte Berufe), darüber hinaus
Eigentümer der lokalen Tageszeitung, *Hannoversches Tageblatt*. Viele Jahre
später erinnerte sich Carl Sternheim, wie er seinen Vater ins Theater begleitete, zum Besuch des neuesten Stücks, das der ältere Sternheim selbst in seiner
Zeitung regelmäßig rezensierte. Der kleine Einblick in das Leben der beiden
Sternheims ist zugleich amüsant und aufschlußreich: der erwachsene Mann und
der kleine Junge, die Aufführungen der deutschen Klassiker und neuer Dramen von reservierten Plätzen im Orchester aus beiwohnen, der Vater, der sich
Notizen für seine Kritik macht, und der Sohn, der die später seinen Lebens-
inhalt bildende Atmosphäre in sich aufnimmt – zwei deutsche Juden, die sich
völlig in der deutschen Kultur heimisch fühlen. Als die Sternheims 1884 nach
Berlin übersiedelten, verlegte der zukünftige Dramatiker sein Forschungs-
gebiet in das seinem Onkel gehörende Belle-Alliance Theater; dort sah er
gewagte Komödien und musikalische Phantasiestücke[70]. Um die Jahrhundertwende versuchte sich Sternheim an Gedichten und Stücken. Aber zu seinem berühmten Stil fand er erst ungefähr 1910 in *Die Hose*, einer 1911 zum
ersten Mal aufgeführten „bürgerlichen Komödie". Kennzeichnend für diesen
Stil sind kühne Inversionen, die Auslassung des bestimmten Artikels, enthül-
lende Sätze von beißender Schärfe, verblüffende Bonmots; es ist ein „Tele-
grammstil", in dem Sternheim unter Mißachtung realistischer Konventionen
bei nur minimaler Berücksichtigung der Individualität seine Charaktere zeichnet. Sternheim hielt nicht viel von den Expressionisten; daher werden ihm
diejenigen Regisseure nicht gerecht, die „seine Sätze als fortgesetztes Ma-
schinengewehr-Geknatter ins Parkett jagen"[71]. Gleichzeitig vermitteln Sternheims Charaktere in seinen besten Stücken einen einzigartigen Eindruck: den
eines atemberaubenden Tempos und einer merklichen Abneigung gegen Sentimentalität. Eine so disziplinierte Sprache muß eine instrumentale Funktion
haben; ihr Schöpfer hat sie geschaffen, um etwas damit auszusagen.

Aber was? Sternheim selbst bietet wenig Hilfe mit seinen programmati-

---

[70] Siehe *Carl Sternheim*, Vorkriegseuropa im Gleichnis meines Lebens (1936),
in: Vermischte Schriften, hrsg. von *Fritz Hofmann*, Berlin-Ost und Weimar (Lizenz
Luchterhand, Neuwied) 1965, 476, 486. Siehe auch *Hellmuth Karasek*, Carl Sternheim, Velber 1965, 7–8.
[71] *Karasek*, op. cit., 17.

schen Verkündigungen, die er wie die Zeilen seiner Figuren in seiner unnach-
ahmlichen Weise formte. Sie können – was auch geschehen ist – in wider-
sprüchlicher Weise ausgelegt werden. In einem seiner Aufsätze besteht Sternheim auf der Feststellung, daß Kunst nicht versuchen solle, die Welt besser
erscheinen zu lassen als sie ist. Es ist nicht Aufgabe der Kunst, ein Paradies
vorzustellen, sondern die Dinge so zu schildern wie sie sind, sie eindeutig, aufrichtig, ungeschminkt darzustellen, „daß nichts Wesentliches fehlt". Doch an
anderer Stelle drückt Sternheim seine größte Bewunderung für Molière aus,
der „Arzt am Leibe seiner Zeit" gewesen sei[72].

Die Lösung des Rätsels muß in Sternheims Einstellung zum Bürgertum
gesucht werden, denn diese war alles andere als eindeutig. Sternheim bezeichnete die mit *Die Hose* begonnene Folge von lose zusammenhängenden Komödien als Stücke „aus dem bürgerlichen Heldenleben"[73]. Aber ob er Bewunderung oder Verachtung für den von ihm erfundenen modernen Helden oder
eine undurchdringliche Vermischung von beiden zum Ausdruck zu bringen
bezweckte, ist völlig ungeklärt. Gewiß wählte Sternheim den Namen Maske
für die Familie, deren Aufstieg er vom Kleinbürgertum zu geadelten Industriellen verfolgt, mit leicht zu erratender Absicht: er demaskiert „die Familie
Maske" und durch sie die Gesellschaft und ihre Konventionen. Die inhalts-
leeren, kurzangebundenen Gespräche seiner Personen enthüllen die Lüsternheit
hinter dem Gefühl, den kleinlichen Geiz hinter hochtrabenden Zielen, den
erbarmungslosen und stetig wachsenden Kampf um Profite und Macht, der
Familienbeziehungen und gesellschaftlichen Verkehr durchdringt. Es ist weder
notwendig, die zwei voneinander abweichenden Deutungen von Sternheims
Intentionen miteinander in Einklang zu bringen, noch ist dies überhaupt
möglich. Sie repräsentieren die äußeren Grenzen seines Nietzscheschen politischen Universums: Verachtung des sicheren Mittelwegs, Verehrung der
Vitalität und ein Drang, sich den Realitäten des Lebens zu stellen. Aus dem
Jahre 1913, also kurz vor dem Krieg, stammt eine berühmte Rede, die einen
Triumph für Sternheims düstere Vorausahnung und einen deprimierenden
Beweis für seine Überzeugung darstellt, die Bourgeoisie sei unfähig, die von
ihr freigesetzten Kräfte zu kontrollieren: „Nach uns Zusammenbruch! Wir
sind reif[74]." Nachdem dieser Zusammenbruch Realität geworden war, ver-

---

[72] Zur ersteren Haltung siehe: Kampf der Metapher! (1917); zur zweiten, Molière
(1917), beide in: *Sternheim*, Gesamtwerk, VI, 1966, 28–38; siehe auch *Karasek*,
op. cit., 22–27.
[73] Kenner des Sternheimschen Werkes sind sich immer noch nicht einig darüber,
welche seiner ca. ein Dutzend umfassenden Komödien zu diesem „Zyklus" gehören.
Eindeutig die vier Stücke, die von den vier Generationen der Maske-Familie handeln
– Die Hose, Der Snob (1914), 1913 (1913) und Das Fossil (1923); zu diesen vier
müssen noch Die Kassette (1912), Bürger Schippel (1913), Der Kandidat (1914) und
Tabula Rasa (1916) hinzugezählt werden, ein Satz von acht Stücken. Andere sind
problematisch.
[74] Akt III, Szene 2; Gesamtwerk, I, 285.

blaßte Sternheims Inspiration; er starb 1942, elend und unbeachtet. (Aber die
Stücke dieses aristokratischen Anarchisten, der liebte, was er haßte, werden
wieder und immer häufiger aufgeführt. Sie knistern von Energie.) Im Unterschied zu den pionierhaft brillanten, wenn auch mitunter unbeabsichtigtes
Gelächter hervorrufenden Stücken seines Vorbildes Wedekind, sind Sternheims Komödien auch heute noch erheiternd und das mit Absicht.

Das voluminöse Werk Jakob Wassermanns – ungeheure Romanzyklen,
ein Strom von Novellen, Polemiken und Bekenntnisschriften – ist weit weniger erheiternd. Es ist ein kulturelles Symptom, keineswegs avant-gardistisch
aber ernstgemeinte Literatur. Wassermann besaß Züge eines religiösen Mora-
listen, bemüht, Mythen zu schaffen, wie Sternheim andererseits versuchte,
deren Glaubwürdigkeit zu erschüttern. Seine Prosa erforscht die Schicksale
der vom Irdischen zum Heiligen Bekehrten, der Reichen, die ihren Besitz
aufgeben, um den Armen zu dienen, der Unschuldigen, die Opfer einer Gesellschaft werden, zu gleichgültig, sich großzügig zu erweisen. Schon vor 1914,
wie seine dichterische Behandlung des berühmten, geheimnisvollen Findlings
Caspar Hauser aus dem Jahre 1908 zeigt, ging es Wassermann darum, die
– wie er es nannte – „Trägheit des Herzens" zu porträtieren. Indes war er
auch ein sprachgewandter, recht barocker Geschichtenerzähler; mit feinem Gespür äußerte sich sein Freund Thomas Mann anerkennend über „diese großartige Mischung aus Virtuosität und heiligem Ernst"[75]. Temperamentmäßig
neigte Wassermann zum Ausgleich. Einige Jahre hindurch führte er einen
Kampf gegen die gefühllose Forderung seiner Familie, die kaufmännische
Laufbahn einzuschlagen, die er haßte und zu der er sich nicht berufen fühlte,
gab aber dennoch den Versuch nicht auf, ihre Billigung zu erhalten. Der
gleiche ökumenische Impuls diktierte seine unermüdlichen Anstrengungen ein
guter Deutscher zu sein, ohne sein Judentum zu verleugnen.

Wassermann hielt nicht auf jüdische Traditionen, aber er bekannte sich dazu
und litt unter seinem ethnischen Erbe. Sein erster großangelegter Roman,
Die Juden von Zirndorf (1897), beginnt mit einer einleitenden Erzählung von
Sabbatai Zewi, dem falschen Messias des siebzehnten Jahrhunderts, und
schreitet dann weiter zum neunzehnten Jahrhundert, zur Schilderung der Juden der Stadt Zirndorf und ihrer Versuche, sich mit ihrer Vergangenheit auseinanderzusetzen und ihren Platz in der gegenwärtigen Welt zu finden. Nach
Wassermanns Empfinden war das ein verzweifeltes Unternehmen: die jüdische
Kultur hatte sich zu sehr abgeschwächt, um ihren späten Abkömmlingen
Stärke zu verleihen, aber sie zurückzuweisen hieß, ein Erbe zu verraten,
dem man nicht entrinnen konnte. Der Ausweg, falls es überhaupt einen gab,
konnte nur durch Wassermanns Protagonisten gefunden werden, einen Juden,
der sich über das Sektiererische zu wahrer Menschlichkeit erhebt, zu einer

---

[75] *Thomas Mann,* Tischrede auf Wassermann (1929), Reden und Aufsätze, 2 Bde.,
Frankfurt a. Main 1965, I, 232.

Weltlichkeit im besten Sinne des Wortes. Agathon Geyer läßt sich als eine
Art idealisiertes Selbstporträt lesen: er ist ein Heilsbringer und Versöhner,
wie es Wassermann sein Leben lang vergeblich zu sein hoffte; ein weltlicher
Heiliger, ein christlicher Jude, und ein jüdischer Christ. Drei Jahre später,
im Jahre 1900, führte Wassermann sein Thema der Reinigung durch weltliche Religion weiter aus; seine *Geschichte der jungen Renate Fuchs* ist die
Geschichte eines jungen jüdischen Mädchens, das – wie sein Name impliziert –
„wiedergeboren" wird. Sie wird wie Geyer „agathos" – gut. Wassermanns
Symbolismus war nie sehr subtil. Und später, in Erzählungen wie *Der Moloch*
(1902) und in *Das Gänsemännchen,* seinem erfolgreichsten, vor dem Kriege
geschriebenen und 1915 veröffentlichten Roman, durchlebt er seine persönliche fortdauernde Konfrontation: die von Juden und Christen, Juden und
Deutschen, die sich in ewigem Konflikt und auf ewiger Suche nach Harmonie
befinden. Lange bevor er in seiner berühmten kurzen Autobiographie *Mein
Weg als Deutscher und Jude* (1921) das Fazit zog, fühlte er den und – man ist
versucht hinzuzufügen – schwelgte er im Pathos seiner Situation. Das uner-
sprießliche Anschwellen des Antisemitismus während des Weltkrieges hob nur
stärker hervor, was bereits vorher deprimierende Wirklichkeit war. „Opfer",
schrieb Wassermann in *Mein Weg,*

> „sind nicht zureichend. Werbung wird mißdeutet. Vermittlung stößt auf Kälte,
> wenn nicht auf Hohn. Überläufertum verbietet sich dem, der sich achtet, von selbst.
> Anpassung in Heimlichkeit führt zu einem Ergebnis nur für die, die zur Anpassung
> geeignet sind, also für die schwächsten Individuen. Beharrung in alter Form bedingt
> Erstarrung. Was bleibt? Selbstvernichtung? Ein Leben in Dämmerung, Beklommen-
> heit und Unfreude...? Es ist besser, nicht daran zu denken."

Doch während Wassermann mit nahezu inbrünstiger Hoffnungslosigkeit eine
unerwiderte Liebe und alle gleichermaßen blockierten Fluchtwege sondiert,
kann er nicht von seiner Leidenschaft ablassen:

> „Ich bin Deutscher, und ich bin Jude, eines so sehr und so völlig wie das andere,
> keines ist vom anderen zu lösen." [76]

„Es ist besser, nicht daran zu denken", so schrieb Wassermann 1921.
Aber offenbar hatte er in jungen Jahren darüber nachgedacht und fuhr bis
zu seinem Tode im Jahre 1934 fort, darüber nachzudenken. In mehreren
seiner Romane läßt er christliche Personen sich in giftigen Ausfällen gegen
Juden ergehen: Judenhaß bedeutete eine ständige Bedrohung in Wassermanns
Leben und Werk. Dennoch hielt er jener Bedrohung fortgesetzt vom Standpunkt eines Deutschen aus stand und identifizierte sich mit deutschem Wesen
so vollständig, daß er auch kulturelle Klischees nachplapperte, die er bei
einem geringeren Grad an Angst abgelehnt haben würde. In einem Aufsatz
aus dem Jahre 1919 gestand Wassermann, „nicht ohne tiefen Grund findet

---

[76] Mein Weg als Deutscher und Jude, Berlin 1921, 125–126.

sich eine so große Zahl von Literaten unter den Juden". Das Leben des Juden, so meinte er, zeige die größtmöglichen Kontraste: er „ist entweder der gottloseste oder der gotterfüllteste aller Menschen". Er hätte die größten Hindernisse überwunden, in den schwersten Kämpfen gekämpft, die schwierigsten kulturellen Anpassungen vollzogen, und

> „all das hat die Juden als ganzes Volk zu einer Art von Literaturrolle vorbestimmt... Der Jude als Europäer, als Kosmopolit ist ein Literat; der Jude als Orientale, nicht im ethnographischen, sondern im mythischen Sinne, mit der *verwandelnden Kraft* zur Gegenwart, die er besitzen muß, kann Schöpfer sein." [77]

Auf die Aufforderung von Martin Buber in den frühen 1920er Jahren, diese Zwiespältigkeit zu erhellen, hielt Wassermann am Gesagten fest, bezeichnete den „europäischen" Juden als steril, formalistisch und einzelgängerisch und den „orientalischen" Juden als sich „seiner selbst sicher".

> „[Er] ist der Welt und der Menschheit sicher... Er ist niemals Sektierer, niemals Partikularist, er hat nichts von einem Fanatiker, von einem Prätendent, von einem Zurückgesetzten, er hat alles innen, was die andern außen suchen... Er ist frei, und jene sind Knechte. Er ist wahr, und jene lügen."

Sind diese Bemerkungen schon vage und voller Rhetorik, so mindert Wassermann ihren Aussagewert noch weiter, indem er betont, der „orientalische" Jude sei „natürlich eine symbolische Figur; ich könnte ihn ebensowohl den Erfüllten nennen oder den legitimen Erben" [78]. Die Bezeichnung des Juden als eines Orientalen, so oft in beleidigender Absicht gebraucht, wird hier zur Quelle des Stolzes und des Selbstvertrauens. Freilich: „Des orientalischen Bluterbes rühmt er sich nicht", wie sich einer seiner bewundernden Biographen 1933 ausdrückte[79]. Wassermann empfand es im Gegenteil als notwendig, sich seiner tiefen deutschen Wurzeln zu brüsten; mehr als einmal ließ er seine Leser wissen, seine Vorfahren hätten „nachweisbar" seit mehr als fünf Jahrhunderten in Franken gelebt[80]. Wie auch bei vielen anderen deutschen Juden

---

[77] Der Literat, Oder Mythos und Persönlichkeit, in: *Jakob Wassermann*, Lebensdienst: Gesammelte Studien, Erfahrungen und Reden aus drei Jahrzehnten, Leipzig 1928, 546–547.

[78] Siehe: Der Jude als Orientale: Brief an Martin Buber..., in: *Wassermann*, Lebensdienst, 176–177.

[79] *Siegmund Bing*, Jakob Wassermann. Weg und Werk des Dichters, 2. Aufl., Nürnberg 1933, 81. Diese Biographie, die für Wassermann stark Partei ergreift, bietet gerade deswegen ein weiteres Beispiel dafür wie schädlich der Begriff des „orientalischen Bluterbes" ist: „Der allererste Ursprung seines leidenschaftlichen Fabeltriebes", führt Bing aus, „kann eine Mitgift des Orients sein. Es paßt zum Bild seines oft glühenden Werkes und übrigens seines Äußeren." Seine „südliche" und „dunkle Erscheinung" ließe vermuten, daß seine „Vorfahren mütterlicherseits sich in Spanien niedergelassen hatten, bevor die Verfolgungen sie zum Rhein und Main trieben".

[80] Siehe den Brief an einen „Deutschen Philosophen" vom Februar 1923, in: *Wassermann*, Lebensdienst, 161; und anderswo.

war diese Identifizierung mit Deutschland zugleich Ursache und Wirkung des bereits erwähnten selektiven Antisemitismus: einer fast pathologischen Verachtung für Juden aus Osteuropa. Die psychische Funktion dieses (überwiegend unbewußten) Mechanismus ist einfach und völlig eindeutig: sie bestand darin, alle jüdischen Einwanderer aus dem Osten – Universitätsstudenten, Pferdehändler und Hausierer; Russen und Ukrainer, Letten und Galizier – in eine einheitliche Form zu pressen und damit eine bequeme Stereotype zu schaffen. Dies gestattete es den deutschen Juden, im Verein mit anderen Deutschen, jüngere jüdische Einwanderer zu verachten; nichts verbindet schließlich so sehr wie ein gemeinsamer Feind. Darüber hinaus spielt der jüdische Antisemitismus eine besondere Rolle im deutsch-jüdischen Seelenhaushalt: durch den Haß auf Außenseiter wurde der Selbsthaß auf andere Ziele abgelenkt[81]. Zuletzt noch der wichtigste Punkt: viele deutsche Juden wiegten sich in dem Glauben, der auf dieses Ziel gerichtete Judenhaß würde den deutschen Antisemitismus gründlich entschärfen. War doch der deutsche Antisemitismus schließlich eher ethnischen als rassischen Charakters, und befürworteten doch lautstarke Gegner der Juden deren völlige Integration als die beste Lösung des „Judenproblems". Hatte nicht Treitschke 1879 und 1880 den Einzug der „ehrgeizigen, hosenverkaufenden Jünglinge" über die polnischen Grenzen hinweg beklagt? Hatte er nicht seine „israelitischen Mitbürger" ersucht, sich vollständig zu assimilieren, „um Deutsche zu werden, um schlicht und einfach als Deutsche zu empfinden"[82]? Es überrascht nicht, wenn viele deutsche Juden derartigen Appellen nicht widerstanden. Einwanderer aus dem Osten unterschieden sich häufig in der Tat fühlbar von alteingesessenen deutsch-jüdischen Bürgern in Sprache, Gesten, Gewohnheiten und wahrscheinlich sogar in ihrem kulturellen Wertsystem. Selektiver Antisemitismus erschien somit als gesellschaftlich richtig und politisch klug: eine unheilvolle Verbindung. Im Laufe der Geschichte hat sich diese Haltung als ebenso nichtig wie unmoralisch erwiesen. Sie war schlimmer als ein Verbrechen, sie war ein grober Fehler, denn ihr lag die irrtümliche Annahme zugrunde, der Antisemitismus sei eine verzerrte Reaktion auf eine echte Ursache und nicht eine reine Projektion, die – falls überhaupt – nur sehr wenig mit jüdischer Eigenart oder jüdischem Benehmen allgemein zu tun hatte. Zwar rügte Wassermann ernsthaft diejenigen, die die gesamte Judenheit für das anstößige Benehmen einzelner Juden verantwortlich machten oder diesen ihr schlechtes Benehmen *als* Juden anlasteten. Aber er war doch gleichzeitig bereit, sich von jenen „polnischen und russischen Juden" zu distanzieren, die „infolge des Krieges unglücklicherweise auf Deutschland als das Land der Mitte losgelassen" worden waren. Er beabsichtigte keineswegs, so schrieb er unter

---

[81] Zum jüdischen Selbsthaß siehe unten S. 305–308.

[82] Zu Treitschkes Artikeln, anderen Hetztiraden und einigen Antworten siehe die handliche Sammlung von *Walter Boehlich*, (Hrsg.), Der Berliner Antisemitismusstreit, Sammlung Insel 6, Frankfurt a. Main 1965.

Verwendung gerade der von ihm in demselben Absatz kritisierten Klischees, die „Sünden" zu leugnen, mit denen jüdische Ausbeuter und Wucherer, „zersetzende" jüdische Intellektuelle und negative Geister jeder Art „am allgemeinen Volksleben gesündigt haben". Er gab zu, sich selbst vom „jüdischen Händler-, Schieber- und Spekulantentum" abgestoßen zu fühlen und fügte pathetisch hinzu: „Was hätte ich mit ihnen zu schaffen, ich, dessen Vorfahren väterlicher- wie mütterlicherseits seit sechshundert Jahren im Herzen von Deutschland lebten und arbeiteten[83]?" Nicht bloß vom Inhalt seines Patriotismus her, sondern in der ganzen Art und Weise, ihn zu bekräftigen, strebte Wassermann danach, ein guter Deutscher zu sein.

Wie die Erfahrungen deutscher Juden an deutschen Universitäten, so umfassen auch die in der deutschen Literatur einen weiten Bereich von der tatsächlichen Konfliktsituation bis zur möglichen Symbiose: Wassermann war ein guter Jude, aber kein moderner; Sternheim war ein moderner, aber kein guter Jude; und Else Lasker-Schüler, die sowohl Vertreterin der Moderne als auch Jüdin war, schuf sich zusammen mit Katholiken, Protestanten und deutschen Atheisten im Expressionismus einen Namen. Deutsche Juden des Wilhelminischen Reiches – ob sie Abhandlungen oder Gedichte schrieben – hatten weder die Möglichkeit noch den Wunsch, der sie umgebenden Kultur zu entfliehen.

IV

Trotz alledem kann sich der Historiker der Wilhelminischen Epoche nicht dem Eindruck verschließen, als seien die Juden äußerst betriebsam und pausenlos aktiv gewesen. Der Eindruck trügt nicht; jüdische Apologeten und Antisemiten bemerken zu Recht, daß auffallend viele Juden in diesen Jahren die kulturelle Bühne betraten. Es gab eine Flut jüdischer Talente; Juden wurden Schauspiel- und Kunstkritiker, Buch- und Kunsthändler, Verleger und Herausgeber, Intendanten und Produzenten. Sie taten sich in den Berufen hervor, die die allgemeine Aufmerksamkeit auf sich ziehen. Fast war es, als hätten Juden, bisher geschult, die Tarnfarbe der Unauffälligkeit anzunehmen, sich jetzt in die exponiertesten Stellungen geflüchtet. Der Strom jüdischer Talente bewegte sich, wie erwähnt, weiterhin durch von anderen für ihn gegrabene Kanäle, aber als Folge der gesetzlichen Emanzipation und der wachsenden gesellschaftlichen Integration fielen die von den Juden entwickelten Begabungen mehr oder weniger glücklich mit den ihnen zugänglichen Berufen zusammen. Es ist ein Gemeinplatz zu behaupten, Juden legten besonderen Wert auf verbale Tradition, jedoch dieser Gemeinplatz erwies sich während des Wilhelminischen Reiches als durchaus zutreffend. Jahr-

---

[83] Offener Brief, An den Herausgeber einer Monatsschrift für kulturelle Erneuerung, Richard Drews (1925), in: *Wassermann,* Lebensdienst, 158.

hundertelang waren Juden auf die Schriftkundigkeit angewiesen, bei Gebeten
stärker noch als im geschäftlichen Bereich, und der Weg zu Ansehen in
Familie wie in Gemeinde führte über die Wissenschaft oder zumindest die verbale Ausdrucksfähigkeit. Im Wilhelminischen Reich wurde dieses Wertsystem
durch die aufrichtige, selbst leidenschaftliche Zuneigung zur deutschen Kultur
ergänzt. Literaturkritiker oder Herausgeber einer anspruchsvollen Zeitschrift
zu werden, bedeutete für einen deutschen Juden, gleichzeitig sowohl sein
traditionelles Streben nach Auszeichnung in der Welt des Wortes als auch
seine jüngere, aber deshalb nicht weniger heftige Liebe zum Lande Goethes
und Schillers zu befriedigen.

Die Hinweise auf starke jüdische Präsenz in der Kulturindustrie sind
allzu vertraut. Zu den größten und vielseitigsten Verlagshäusern gehörten
zwei jüdische Familienunternehmen, Mosse und Ullstein. Beide hatten ziemlich bescheiden begonnen, und beide dehnten ihren Wirkungsbereich von
Tagesblättern auf Wochen-, Monats- und anspruchsvolle Vierteljahreszeit-
schriften und auf die Publizierung von Büchern aus, die von Bestsellern bis zu
Klassikern zu vernünftigen Preisen und von luxuriösen Kunstbänden zu
gehobener Literatur reichten. Unter Mosses und Ullsteins einflußreichsten
Herausgebern, Literaturkritikern und vielgelesenen Autoren fanden sich viele
Juden oder zumindest Menschen jüdischen Ursprungs. Auf Fritz Stahl geht
die Wiedererweckung des Interesses für Schinkels Architektur zurück, die
fast ein Jahrhundert alt war und die in dem für die Regierungszeit Wilhelms II. typischen wilden Eklektizismus in Vergessenheit zu geraten drohte.
Paul Bekkers und Alfred Einsteins wissenschaftliche Arbeiten erlangten auf
dem Gebiet der alten und neuen Musik gleichermaßen Geltung. Alfred
Kerr, Arthur Eloesser, Monty Jacobs und Julius Bab unterstützten nach
Kräften die von Shaw und Ibsen ausgehenden Neuerungen und schwangen
sich zu Wächtern des Geschmacks und – in gewissen Grenzen – zu Verteidi-
gern des Experiments in der wirren, aber lebendigen Atmosphäre des deutschen Dramas auf. Menschen dieser Art gab es buchstäblich Dutzende, Juden
von Geburt, wenn auch oft nicht dem Glauben nach, die für größere Tageszeitungen in Berlin und in den kleineren Städten schrieben: für Mosses
Berliner Tageblatt, für Ullsteins *Vossische Zeitung,* für Sonnemanns *Frankfurter Zeitung;* letztere gehörte zu den angesehensten deutschen Zeitungen.
„Jüdisch" wurde sie nur von den blindesten Antisemiten genannt, denn
jüdische Probleme und jüdische Interessen spielten bei ihr eine bewußt untergeordnete Rolle [84]. Obwohl Zeitungen in jüdischem Besitz oder mit zahl-

---

[84] „Bei allen Redakteuren – Juden wie Nichtjuden – stand, soweit sich das an ihren
veröffentlichten Arbeiten ablesen läßt, die Judenfrage nicht im Mittelpunkt des
Interesses. Sie war subsumiert unter das größere, allgemeinere Problem der Durch-
setzung einer demokratischen, freiheitlichen, fortschrittlichen, toleranten Politik."
Werner Becker, Die Rolle der liberalen Presse, in: Deutsches Judentum in Krieg und
Revolution, aaO, 78.

reichen jüdischen Mitarbeitern in ihren politischen Ansichten keineswegs übereinstimmten, tendierten sie im großen und ganzen zu einer liberalen Herausgeberpolitik, solider Aufmachung und gemäßigtem Ton. Man kann fast verstehen, warum beunruhigte und besorgte Völkische sich von Juden zu Haus so umzingelt fühlten wie von der Entente im Ausland: diese und andere „jüdische" Zeitungen mit ihren eindrucksvollen Auflageziffern, ihrem nicht abzuschätzenden Einfluß und ihrem Liberalismus schienen Teile eines größeren Chores, wahrscheinlich sogar einer Verschwörung zu sein.

Während jüdische Publizisten hauptsächlich im liberalen Lager zu Hause waren, so spiegelte sich darin nicht notwendigerweise ihr ethnisches Erbe. Es gab auch christliche Liberale, während sich andererseits viele Juden zu anderen politischen Richtungen bekannten. Zwei der prominentesten, sowohl für die Marxisten als auch Revisionisten sprechenden Herausgeber der sozialdemokratischen Presse waren Juden – oder besser: überzeugte Atheisten jüdischer Herkunft – Eduard Bernstein, der in den Jahren des Exils bis 1890 den *Sozialdemokrat* herausgab, und Joseph Bloch, Herausgeber der revisionistischen *Sozialistischen Monatshefte*. Sogar die Völkischen waren nicht ohne ihre jüdischen Sprecher. Ihr augenfälligster Repräsentant war Paul Nikolaus Cossmann, der 1905 in seinen Dreißigern zum Katholizismus konvertierte; er hatte ein Jahr zuvor in München eine literarisch-politische Zeitschrift, die *Süddeutschen Monatshefte*, gegründet. Stramm konservativ, scharf nationalistisch, verhalfen Cossmann und seine ausgewählten Autoren den gängigen Verleumdungen der als „zersetzend", „materialistisch", „traditionsfeindlich" bezeichneten Juden zu weiter Verbreitung; die *Süddeutschen Monatshefte* erinnern in lebhafter, wenn auch deprimierender Weise daran, wie weit einzelne deutsche Juden bei der Flucht vor ihrer Vergangenheit gehen konnten[85].

Cossmann, so muß man der Gerechtigkeit halber anmerken, stellt unter deutschen Juden ein Extrem dar, aber Tatsache bleibt, daß das jüdische Meinungsspektrum einen weiten Bereich umfaßte, auf den Gebieten der literarischen Kontroverse und des künstlerischen Schaffens ebenso wie auf dem der Politik. Wenn es ein Gebiet gab, wo sich Juden innerhalb der deutschen Avantgarde und für sie hervortaten, so war es das des literarischen Journalismus. Fritz Schlawe, der die Literaturzeitschriften des Wilhelminischen Reiches sorgfältig analysierte, hat auf den „schöpferischen Beitrag der jüdischen Geistigkeit" hingewiesen[86]. Er sprach insbesondere von der *Freien*

---

[85] Die tragische Ironie von Cossmanns Ende – er mußte während seines letzten Lebensjahres in einem Ghetto leben und wurde 1942 nach Theresienstadt abtransportiert, wo er umkam – ist nicht unbemerkt geblieben: siehe *Werner Jochmann*, Die Ausbreitung des Antisemitismus, in: Deutsches Judentum in Krieg und Revolution, aaO, 482–483; *Wolfram Selig*, Paul Nikolaus Cossmann und die Süddeutschen Monatshefte von 1914–1918, Osnabrück 1967.
[86] *Fritz Schlawe*, Literarische Zeitschriften, Teil I, 1885–1910, 2. Aufl., Stuttgart 1965, 28.

Bühne für modernes Leben, besser bekannt unter ihrem späteren Titel *Die Neue Rundschau*, aber er hätte ebensogut andere Zeitschriften nennen können, etwa Siegfried Jacobsohns *Schaubühne* oder Herwarth Waldens *Sturm*. Der bekannte Musikkritiker Oskar Bie gehörte zu den jüdischen Herausgebern der 1890 von dem jüdischen Direktor Otto Brahm gegründeten und von der jüdischen Firma S. Fischer verlegten *Neuen Rundschau*. Diese zeigte sich gegenüber neuen Tendenzen in der deutschen und europäischen Literatur aufgeschlossen; natürlich setzte sie sich unter der Leitung Brahms, eines führenden Naturalisten [87], für den Naturalismus ein; später wagte sie sich an radikalere Bewegungen. Die Liste ihrer Autoren ist reich an berühmten Namen, von denen viele zur Entstehung einer neuen Sensibilität beitrugen: Wedekind, Shaw, d'Annunzio, Hesse, Rilke, Strindberg, Thomas Mann. Die vielleicht heftigste Konkurrenz wurde der *Neuen Rundschau* von der gleichzeitig erscheinenden *Deutschen Rundschau* gemacht, einer hochangesehenen kulturellen und literarischen Zeitschrift, die 1874 gegründet und in der Folgezeit von dem Juden Julius Rodenberg geleitet wurde. Während Rodenberg anspruchsvolle kritische Maßstäbe anlegte, ging seine literarisch-politische Neigung in Richtung auf einen maßvollen Widerwillen gegen neue Wege in Drama und Roman; Theodor Fontane zu drucken, bedeutete für ihn das Äußerste an Unkonventionellem.

Eine ähnliche Vielfalt kennzeichnete die Juden in der Theaterwelt. Der beweglichste und wirksamste Befürworter des neuen Naturalismus war Otto Brahm, der Theaterkritiken für die *Frankfurter Zeitung* und die *Vossische Zeitung* schrieb und die Zeitschrift *Freie Bühne* gründete, um eine größere Leserschaft für die Bewegung zu schaffen. 1889 eröffnete er ein neues Theater in Berlin, die Freie Bühne, mit Ibsens *Geistern*, gefolgt von Hauptmanns *Vor Sonnenaufgang*. Beide Dramatiker kamen bei dem seriösen Theaterpublikum noch nicht an, aber beide gehörten dank Brahm bald zum Repertoire der deutschen Bühne, besonders nach 1894, als er Direktor des ebenfalls in Berlin beheimateten Deutschen Theaters wurde. Brahms Naturalismus war umfassend und konsequent. Er begnügte sich nicht mit dem Wagnis, auf die Bühne zu bringen, was die Salondramen und historischen Schauspiele seiner Zeit höflich verbargen; er dehnte seinen Naturalismus auf Bühnenbilder und Regie aus, um mit beidem die von seinen bevorzugten Dramatikern geforderte rücksichtslose Wahrheitsliebe zum Ausdruck zu bringen: „Eine freie Bühne für das moderne Leben schlagen wir auf. Im Mittelpunkt unserer Bestrebungen soll die Kunst stehen; die neue Kunst, die die Wirklichkeit anschaut und das gegenwärtige Dasein [88]." Was er wollte, wie er es schlicht ausdrückte, war nichts als die Wahrheit.

Da es der berühmte Otto Brahm war, der den später noch berühmteren Max Reinhardt nach Berlin holte, erscheint eine Gegenüberstellung der beiden

---

[87] Siehe unten S. 297.
[88] *Schlawe*, op. cit., 27.

aufschlußreich. Reinhardt gehörte zu den ersten österreichischen Juden, die
Berlin eroberten; es sollte noch ein halbes Dutzend von ihnen vor dem Kriege
hinzukommen und weit mehr während der Weimarer Zeit. Reinhardt hatte
seine Laufbahn als Schauspieler begonnen, zeigte jedoch bald ein bemerkens-
wertes Talent, andere Schauspieler anzuleiten und sowohl das Potential
neuer Stücke wie auch unentdeckte Aspekte der Klassiker zu erkennen. Nachdem Brahm zum Lessing Theater übergewechselt war, wurde Reinhardt 1905
sein Nachfolger am Deutschen Theater, wo er trotz aller fieberhaften Tätigkeit an anderen Theatern nahezu dreißig Jahre lang bleiben sollte. Das
Neue an Brahm war gewesen, daß er das Publikum zwang, sich mit einer
ihm bis dahin noch nicht auf der Bühne präsentierten Wirklichkeit konfron-
tieren zu lassen; das Neue an Reinhardt war, daß er so Phantastisches anbot,
wie es dem Zuschauer bisher noch nicht begegnet war. Es ist bezeichnend für
Reinhardt, daß sein Lieblingsstück Shakespeares *Sommernachtstraum* sein
sollte: zwischen 1904 und 1934 brachte er es in dreizehn Fassungen und in
mehreren Sprachen auf die Bühne. Reinhardt hatte etwas Dämonisches:
Bühne um Bühne vergrößerte er sein Reich und experimentierte rastlos mit
den Klassikern; da er sich selbst als einen „Gesamtkünstler" bezeichnete,
baute er Theater um, beaufsichtigte Inszenierungen, probte mit seinen Schauspielern und entwickelte umstrittene Repertoires. Sein intensives Interesse
an seinen Schauspielern war berühmt. Jedes Mittel, das der Dramatisierung
von Dingen dienen konnte, war ihm willkommen: ein *Hamlet* in moderner
Kleidung; eine Drehbühne für Massenszenen. Einige seiner Zaubereien wurden als opportunistisch verschrien; Alfred Kerr etwa fand Reinhardt zu
gierig auf kommerziellen Erfolg. Schließlich hatten schon Ibsen und Hauptmann selbst dem von Brahm so eindringlich inszenierten naturalistischen
Drama den Rücken gekehrt, so daß Reinhardt mit seiner Abkehr nur einem
allgemeinen Trend folgte. Und Reinhardts Geschmack für das Extravagante
läßt auf einen Hang zum Theatralischen im herabsetzenden Sinne des Wortes
schließen. Es trifft jedoch nicht zu, daß Reinhardt sich lediglich auf Erfolg
versprechende Unternehmungen einließ; er inszenierte experimentelle Stücke,
die kommerziellen Gewinn nicht garantierten: es war seine Inszenierung,
die aus Wagnissen Erfolge machte. Aber das Theatralische im weitesten Sinne
war für ihn von zentraler Bedeutung; er war genausowenig aus Prinzip
avantgardistisch wie aus Prinzip traditionell. Sein Prinzip war das Theater-
schauspiel.

Eine Möglichkeit, übertriebene Vorstellungen vom jüdischen Anteil an der
Bewegung der Moderne in Deutschland zurechtzurücken, ist daher, sich
darüber klarzuwerden, daß viele Juden in Wirklichkeit alles andere als
avantgardistisch waren. Eine andere wäre, den nichtjüdischen Verfechtern
der Moderne ihr angemessenes Gewicht zu geben [89]. Zwar trifft es zu, daß

[80] „Es heißt mitunter", kommentiert *John Willett* nur allzu zutreffend, daß die

Max Liebermann sich für die französischen Impressionisten zu einer Zeit
einsetzte, als Monet, Degas und Cézanne den meisten deutschen Kunstlieb-
habern noch als ungenießbare Schmierfinken erschienen. Und es war einer von
Liebermanns begeisterten Anhängern, der jüdische Kunsthändler Paul Cassirer, der diese Maler um die Jahrhundertwende einem erstaunten Berliner
Publikum vorstellte. Als Cassirer den damals in Deutschland so gut wie unbekannten Cézanne 1901 zum ersten Mal ausstellte, führte Wilhelm II. persönlich die gegen solchen Verrat an den ehrwürdigen Wahrheiten der Kunst
wütende Meute an, indem er Paul Cassirer als einen, „der die Dreckkunst aus
Paris zu uns bringen möchte", bezeichnete [90]. Cassirer zeigte sich über solch
lautstarke Opposition keineswegs entsetzt, sondern genoß seine Berühmtheit
und lancierte die graphischen Arbeiten der zornigeren unter den Expressionisten – Kokoschka, Barlach, Pechstein.

Mit Max Liebermann und Paul Cassirer waren noch andere Juden auf den
kulturellen Barrikaden, aber sie standen dort keineswegs allein. Der jüdische
Industrielle Emil Rathenau hatte den christlichen Planer und Architekten
Peter Behrens zum künstlerischen Beirat in seiner Firma, der AEG, ernannt;
der christliche Verleger Albert Langen beschäftigte den jüdischen Karikatu-
risten Th. Th. Heine für seine satirische Wochenzeitschrift *Simplicissimus*.
Wenn es jüdische avantgardistische Verleger wie Samuel Fischer und Kurt
Wolff gab, die positiv auf den Geschmack des deutschen Leserpublikums mit
ihren jugendlichen Autoren, schönen graphischen Gestaltungen und Mut für
das Neue einwirkten, so fanden sie sich in frisch-fröhlicher Konkurrenz mit
christlichen avantgardistischen Verlegern wie Reinhard Piper und Ernst
Rowohlt. Die Wegbereiter der deutschen Moderne waren eine gemischt-
gläubige Truppe. Harry Graf Kessler, von einwandfrei deutsch-britisch
aristokratischer Herkunft, hatte seine Hand bei der neuen Malerei, der neuen
Musik, der neuen Literatur und der neuen Architektur mit im Spiele. Er
vergab lukrative Auftragsarbeiten an Henry van de Velde und Aristide
Maillol, saß selbst Edvard Munch Modell, beteiligte sich an dem eleganten,
teuren und modernen Journal *Pan*, verkehrte in Kreisen experimentierender
Künstler, unter ihnen Richard Strauss und Hugo von Hofmannsthal, und
trug nach seiner Übersiedlung nach Weimar dazu bei, diese Stadt den von
ihm selbst bevorzugten radikalen künstlerischen Strömungen zu erschließen.
Mit geringeren finanziellen Mitteln versehen als Kessler, dafür aber von einer
günstigeren Ausgangsposition her, versuchte Hugo von Tschudi, die Berliner

Aufgeschlossenheit der Deutschen für radikale kulturelle Einflüsse aus dem Ausland
„dem jüdischen Element in den deutschen Großstädten zu verdanken gewesen sei,
aber schließlich gab es auch in anderen Ländern einflußreiche Juden, und unter den
Verantwortlichen von ihnen gab es viele, die nicht jüdischer als [Roger] Fry waren."
Expressionism, London 1970, 36.

[90] Siehe *Tilla Durieux*, die sich speziell auf Cézanne bezieht, dessen „kühne, auf-
regende Farben", wie sie sich erinnert, das Publikum zu „Wutausbrüchen" reizten.
Eine Tür steht offen. Erinnerungen, Berlin 1954, 53.

Nationalgalerie dem zwanzigsten Jahrhundert anzupassen. Er war der erste
deutsche Museumsdirektor, der einen Cézanne kaufte. Das war im Jahr
1899; neun Jahre später führte sein unermüdlicher Einsatz für die Moderne
zu seiner vom Kaiser erwirkten Entlassung. Julius Meier-Graefe, der die
künstlerische Abteilung des *Pan* in seinem ersten Erscheinungsjahr (1895)
leitete, machte die deutschen Leser mit den französischen Impressionisten in
einer Serie einflußreicher Bücher bekannt, darunter 1902 eine Untersuchung
über Manet und 1904 eine weitgespannte dreibändige *Entwicklungsgeschichte
der modernen Kunst*. Und die Charta der modernen Kunst, Wilhelm Worringers *Abstraktion und Einfühlung*, erschien 1908; es war eine kurze, aber
methodische Abhandlung über Ästhetik, die ungewöhnlichen Anklang fand.
(Es mutet im nachhinein ironisch, aber kaum erstaunlich an, daß der erste
wahrhaft begeisterte Leser von Worringers kühnem Werk Georg Simmel
war.) Worringer faßte die Geschichte der gesamten Kunst unter zwei gegensätzlichen Haltungen gegenüber der Welt zusammen: die eine ist selbst-
sicher, gelassen, klassisch und ahmt die Natur durch Einfühlung nach; die
andere ist verunsichert, vereinsamt, furchtsam und trotzt der Natur durch
die Verkündung der Autonomie der Kunst. Obwohl Worringer sich selbst als
neutral bezeichnete, zog er eindeutig das Abstrakte dem Konkreten, die Verfasser von unlesbaren Werken den vollkommenen Kopisten vor. Diese sich
schon in anderen, hauptsächlich von Deutschen verfaßten Abhandlungen
ankündigende Sichtweise schuf eine theoretische Grundlage für die sich auf
die afrikanische und asiatische Kunst verlagernden ästhetischen Interessen, auf
die bereits Gauguin und Picasso aufmerksam gemacht hatten. Worringer
erwähnt wenige zeitgenössische Künstler, jedoch in einer Fußnote verweist
er den Leser auf den „magischen Realisten" Hodler, vor dessen Bildern, so
schreibt er, sogar ein gut geschultes Publikum ratlos dasteht, gerade weil sein
Ideal nicht das der Mimesis ist[91]. Worringers Untersuchung gab der expressionistischen und abstrakten Kunst den ungetrübtesten akademischen Segen;
sie stellte eine entschiedene Absage an die Art von Kunst dar, wie sie von
Wilhelm II. als gesund für die Deutschen betrachtet wurde. Wäre Worringer
Jude gewesen, hätte man ihm vorgeworfen, einen „zersetzenden" Einfluß auf
westlich-christliche Kunsttraditionen auszuüben. Aber Worringer war kein
Jude.

Die weitverbreitete, von deutschen Juden und anderen Deutschen gleichermaßen geteilte Überzeugung, Juden seien eng mit der Schaffung der
neuen Kultur verbunden gewesen, hatte ein Maß Wahrheit an sich. Es war
doch nur die halbe Wahrheit oder vielleicht sogar weniger als das. Im Jahre
1893 veröffentlichte der Historiker Hans Delbrück eine Blütenlese philister-
hafter Einwände gegen die trotz der empörten Proteste der Allgemeinheit

---

[91] *Wilhelm Worringer*, Abstraktion und Einfühlung. Ein Beitrag zur Stilpsychologie, München 1908; 5. unveränd. Aufl. 1918, 13 n.

vordringende Kunst und Literatur. Eine einem Professor Dondorff zugeschriebene Bemerkung drückt aus, was viele fühlten:

> „Noch vor dreißig Jahren würde man sich geschämt haben, sich offen zum Atheismus
> zu bekennen, heute tut man es mit Emphase. Liberalismus – Judentum – Mammo-
> nismus – Socialismus – Pessimismus – Anarchismus – Nihilismus, – das ist die
> Leiter, auf der wir reißend schnell und unfehlbar zum Abgrunde hinabsteigen. Der
> Kunst wird das Monopol der Gemeinheit zugestanden; die Schaubühne ist eine
> Sudelküche geworden; die Schule gibt Wissen ohne Gewissen, die Heiligkeit der
> Ehe ist gelockert; Zucht und Tugend sind verlachte, weil veraltete Begriffe. Die
> Justiz öffnet den Verbrechern neue Türen zur Entschlüpfung. Der vertierte Mensch
> mit prononciert semitischem Typus ist das Signum der Zeit." [92]

Der diese Sicht der Dinge beherrschende Geist tritt mehr und mehr zutage,
je weiter wir den Tönen von Dondorffs Klagelied nachgehen: Zu Beginn wird
das Judentum nur als eine zersetzende Kraft unter vielen dargestellt; am
Schluß erscheint es als wesentliche Ursache.

Die Beurteilung der Verhältnisse bleibt irreführend und bösartig, auch
wenn man Dondorffs Anklage gegen die Juden ausklammert. Deutsche Juden
hatten teil am Sozialismus, Pessimismus, Liberalismus und den Neuerungen
im Theater und in der Literatur, die so viele als Symptome des Verfalls
fürchteten. Aber es handelte sich um einen deutschen „Verfall", den viele
Nichtjuden förderten und dem mehr deutsche Juden widerstanden als ihn
begrüßten. Deutschlands Juden waren völlig mit der deutschen Kultur ver-
woben, und Deutschland färbte seine Juden durch und durch. Sie trugen
seine Farben – schwarz, weiß, rot – ohne Entschuldigung, sogar mit Stolz.
Es war keine Tarnfärbung, sondern ihre eigene. Jedenfalls glaubten sie das.

V

Wir enden, wo wir begannen: bei dem deutsch-jüdischen Selbstverständnis
zur Zeit des Wilhelminischen Reiches. Leider kann eine Bewertung nicht
völlig unberührt vom niederdrückenden Wissen des später Geschehenden
bleiben. Die ungeheure und irrationale Tragödie in den dreißiger und vierziger Jahren unseres Jahrhunderts läßt in aller Schärfe jene unerfreulichen Ereignisse der 1880er und 1890er Jahre hervortreten, die ihre Opfer gar nicht
ernst nehmen oder aus denen sie zumindest keine ernsten Schlüsse ziehen wollten. Waren nicht die Herabsetzungen Lazarus', Steinthals und Simmels genügend Warnzeichen, daß die Liebe der Juden für Deutschland rührend einseitig
war? Schließlich handelte es sich nicht um Ausnahmen: der bösartige Antisemitismus der studentischen Korporationen löste unter jüdischen Studenten be-

---

[92] Zit. in: Das Wilhelminische Deutschland. Stimmen der Zeitgenossen, hrsg. von
Georg Kotowski, Werner Pöls, Gerhard A. Ritter, Frankfurt a. Main 1965, 125.

trächtliche Ängste aus und führte zu Abwehrmaßnahmen; die von ausgesprochenen völkischen Professoren zum Ausdruck gebrachte Verachtung für jüdische Wissenschaftler konnte nicht unbemerkt bleiben; und das halbbilligende und halb-eingeschüchterte Schweigen anderer, sogenannter liberaler Professoren, trieb einige jüdische Intellektuelle zur Verzweiflung. Und populäre Autoren wie Gustav Freytag, dessen bekanntestes Buch einen widerwärtigen jüdischen „Helden" hat, fanden weiterhin eine große Leserschaft und wurden hoch geschätzt. Sogar jene sich von der Menge abhebenden Deutschen, die mit Juden verkehrten, generalisierten freizügig über „*den* Juden" und erlaubten sich eine gelegentliche antisemitische Bemerkung. Dies traf sogar für Theodor Fontane zu. Und obwohl Stefan George seine jüdischen Adepten schätzte und sich weigerte, sie zudringlichen Antisemiten zu opfern, hielt er Juden dennoch irgendwie für „eine andere Art von Leuten". Er „erlaubte ihnen niemals", so erzählte er Ernst Robert Curtius 1911, „in der Mehrheit zu sein", weder in seiner Gesellschaft noch im *Jahrbuch*[93]. War die Selbstdefinition des deutschen Juden als ein Deutscher somit nichts weiter als eine erniedrigende Verblendung, nichts Besseres als Selbsthaß?

Historikern wird immer wieder eingeschärft, die Leidenschaften von heute zu vergessen, um die Ereignisse von gestern zu verstehen. Wir wissen, wie schwer es ist, dieser Forderung immer nachzukommen; für den Historiker des modernen deutschen Judentums ist es fast unmöglich, sie zu erfüllen. Er muß sich mit seinen verborgensten Gefühlen auseinandersetzen, bevor er sie beherrschen kann. Die bisher erhobenen drängenden Fragen stellen sich mit noch größerer Dringlichkeit, wenn wir das Schicksal der deutsch-jüdischen Schriftsteller, der Dichter, Dramatiker und Romanautoren betrachten. Denn die von den Nazis unter ihnen angerichtete Verheerung war weit schlimmer als die unter anderen deutschen Juden. Hier ist nicht die Rede von den Opfern von Theresienstadt oder Bergen-Belsen oder Auschwitz, denn dort und in anderen Todesfabriken wurde mit schrecklicher Unparteilichkeit gemordet; die Liste der dort Umgekommenen wurde von der Hand des Zufalls, vom bloßen Pech ausgestellt. Die Nazis fegten die zusammen, die sich nicht in Sicherheit bringen konnten: Arno Nadel, der metaphysische Dichter, und Arthur Silbergleit, der lyrische Dichter, die beide 1943 in Auschwitz starben, und andere – die weiter oben Erwähnten und auch jene, an die sich der Leser erinnern mag. Mit diesem Todesweg hatte es nichts Ungewöhnliches auf sich; Ärzte, Anwälte, Hausfrauen und Schuljungen nahmen alle den gleichen Weg. Als die Nazis den radikalen Dichter und Journalisten Erich Mühsam 1934 im Konzentrationslager Oranienburg er-

---

[93] *Ernst Robert Curtius,* Stefan George im Gespräch. Kritische Essays zur europäischen Literatur, Bern 1950, 124. Zum Fortleben antijüdischer Klischees in der deutschen Literatur siehe besonders *George L. Mosse,* Germans and Jews. The Right, The Left, and The Search for a ‚Third Force' in Pre-Nazi Germany, New York 1970, Kap. I–III.

mordeten, brachten sie damit nicht einen Dichter, sondern einen Politiker
zum Schweigen. Und als der unglückliche Jakob van Hoddis aus der Irrenanstalt geholt wurde, schlug sich das einfach in der Statistik der „Endlösung"
nieder. Aber deutsch-jüdische Schriftsteller wie auch ihre Freunde aus Wien
und Prag wurden dezimiert, weil sie die Arbeit des Schlächters selbst übernommen hatten. Die Liste der Selbstmorde ist lang und sticht ins Auge:
Kurt Tucholsky, 1935 in Schweden; Ernst Toller 1939 in einem New Yorker
Hotelzimmer; Ernst Weiss im Juni 1940 in Paris; Walter Hasenclever im
Juni 1940, in einem französischen Internierungslager, obwohl die Rettung
schon nahe; Walter Benjamin im September 1940 an der spanischen Grenze;
Carl Einstein im Juli 1941 in Paris; Stefan Zweig 1942 in Brasilien; Alfred
Wolfenstein nach der Befreiung Anfang 1945 in Paris. Lagen die Wurzeln
der mörderischen Krankheit, die sie tötete, nicht schon ein halbes Jahrhundert
vorher bloß?

Die Überlebenden sollten die Anständigkeit besitzen, sich der leichtfertigen
Antwort zu enthalten, mit der sie so oft die durch ihr Überleben ausgelösten
Schuldgefühle besänftigen. Vieles ist nach 1945 klargeworden, was 1935
keineswegs klar war und 1895 unvorstellbar erschien. Zwischen 1888 und
1938, von der Thronbesteigung Wilhelms II. bis zur Inszenierung der
Kristallnacht, lag eine große Distanz; der Abstieg zur Hölle war lang und
hatte viele und unvorhersehbare Stufen. Der Erste Weltkrieg war ein entscheidender Einschnitt. An der Front führte der enge Kontakt zu Mißtrauen
und Distanzierung, nicht zur Verbrüderung; zu Hause wurden Niederlagen
in Schlachten oder Betrügereien unter den Zulieferern häufig jüdischen Sabo-
teuren und Kriegsgewinnlern angekreidet. In den schlimmen Jahren zwischen
1914 und 1918 verloren viele deutsche Juden ihre gelassene Selbstsicherheit
als deutsche Bürger jüdischen Glaubens und bekehrten sich zu einem trotzigen
Zionismus, zu selbstauferlegter gesellschaftlicher Isolation und endeten nicht
selten bei schierer Verwirrtheit und entmutigter Ziellosigkeit. Albert Einstein
war nur der berühmteste der Juden Deutschlands, der das Jüdische nach 1918
in sich entdeckte. Jakob Wassermanns weiter oben zitierte Autobiographie
von 1921, *Mein Weg als Deutscher und Jude,* ist beredter und bewegender
als andere Selbstdarstellungen dieser Jahre, aber sie spiegelt eine weitverbreitete Stimmung, besonders unter denen, die im Wilhelminischen Reich groß
geworden waren. Einige jüngere Leser fanden Wassermanns Bekenntnisse
weniger tragisch als deprimierend; sie lasen sie als das verzweifelte Testament „einer älteren Generation", die ob der Tatsache, nicht vollständig
akzeptiert zu werden, tief ins Herz getroffen war [94]. Die Reaktion ist bezeichnend: Wassermann wurde kritisiert, weil er zu leidenschaftlich ersehnte,
Deutscher zu sein. Aber es muß auch noch auf einen anderen Punkt im Zusammenhang mit *Mein Weg als Deutscher und Jude* hingewiesen werden:

---

[94] Siehe *Gustav Krojanker,* Vorwort des Herausgebers, in: *Krojanker,* op. cit.,
12–13.

wenn einige durch die Wiederentdeckung des Judentums inspirierte junge
Juden Deutschlands dieses Buch nicht geschrieben haben könnten, weil sie es
für unwürdig gehalten hätten, hätte Wassermann selbst diesen Aufschrei
der Enttäuschung, der Verzweiflung und des Schmerzes nur sieben Jahre
früher nicht schreiben können, weil er ihn für unnötig erachtet hätte[95].
Schließlich eilten im August 1914 deutsche Juden begeistert zu den Fahnen,
um als Freiwillige zusammen mit ihren christlichen Brüdern für die Verteidigung der deutschen Kultur gegen englischen Materialismus, französische
Dekadenz und allgemeine Einkreisung zu kämpfen und zu sterben. Zu den
Unterzeichnern des berüchtigten, die Invasion Belgiens rechtfertigenden Manifests von 93 Intellektuellen gehörte auch Max Liebermann. Im November
1918 beging Albert Ballin, der Freund des abgedankten Kaisers, Selbstmord;
Aby Warburg erlebte einen Monat zuvor seinen seelischen Zusammenbruch,
und wenn es auch naiv wäre, diese Geschehnisse auf eine einzige und gleichzeitige Ursache zurückzuführen, so trugen Deutschlands Erniedrigung und
Niederlage doch ihren Teil zum Zusammenbruch dieser zwei guten Deutschen
bei.

Abgesehen von Zionisten und echt kosmopolitischen Sozialisten wandelte
sich in der Tat nicht das Gefühl der deutschen Juden, deutsche Staatsbürger
zu sein, nicht einmal während der 1940er Jahre. Else Lasker-Schüler war
keineswegs exzentrisch, wenn sie sich mitten im Zweiten Weltkrieg liebevoll
ihrer deutschen Freunde erinnerte[96]. Wo immer auch deutsche Juden ihr Exil
wählten, wieviel sie auch durchgemacht hatten, so war für die meisten unter
ihnen die deutsch-jüdische Symbiose keine Selbsttäuschung, sondern eine mut-
willig zerstörte Realität. Sie gingen von der Existenz zweier Deutschlands
aus, einem zivilisierten und einem barbarischen; Hitlers Machtübernahme
hatte das letztere die Oberhand gewinnen lassen, ohne damit das erstere
völlig zum Verschwinden zu bringen. Als Ende 1947 der betagte deutsch-
jüdische Historiker der Arbeiterbewegung Gustav Mayer in London mit dem
Niederschreiben seiner Autobiographie begann, bekannte er, daß er niemals
in das Land seiner Väter zurückkehren könnte; er würde sich nie wieder
völlig heimisch fühlen in einem Land, das sechs Millionen Glaubensbrüder
hingeschlachtet hatte. Aber er fügte hinzu, er brächte es nicht fertig, sich als
einen reinen Juden zu empfinden oder Palästina als seine Heimat zu betrachten. Dafür, so schrieb er, trüge er „zuviel geistiges Gepäck". So entfremdet

---

[95] Mein Weg (siehe besonders S. 45–55) bietet einen Hinweis dafür, daß Wassermann sich sogar vor dem Krieg über seine problematische Situation als Deutscher
und Jude Gedanken machte, aber es waren die Ereignisse jenes Krieges, sowohl in
Deutschland als auch anderswo, die ihn dermaßen verstörten, daß er sich zu einem
öffentlichen Geständnis getrieben fühlte. Zur Wandlung des jüdischen Bewußtseins
während dieser Jahre siehe *Eva G. Reichmanns* brillanten Aufsatz, Der Bewußtseinswandel der deutschen Juden, in: Deutsches Judentum in Krieg und Revolution, aaO,
511–612, dem von mir nur sehr wenig hinzugefügt werden kann.

[96] Siehe oben S. 283.

er sich von Deutschland, so dankbar er sich England gegenüber fühlte, „seiner Gefühlswelt bleibt trotzdem die Heimat unersetzlich. An den Begriffen Heimat, Vaterland hängt unablösbar die Erinnerung an das Elternhaus, die Stätten der Jugend und die Muttersprache" [97]. Sogar nach der „Endlösung" konnten die meisten deutschen Juden Görings wohlbekannte Bemerkung über General Milch abgewandelt auf ihre eigene Situation übertragen: „Wer Deutscher ist, bestimme ich."

Diese Gefühle, die nicht einmal das Trauma der 1940er Jahre gänzlich auszulöschen vermochte, hatten deutsche Juden in den Jahrzehnten vor dem Ersten Weltkrieg in weit stärkerem Maße bewegt. Es ist leicht heutzutage, ihren Glauben, wenn sie sich wie Deutsche aufführten, sie auch wie Deutsche behandelt würden, ins Lächerliche zu ziehen – nichts leichter als das, aber extrem unhistorisch. Mag es jetzt auch noch so illusorisch erscheinen, in den 1890er Jahren war diese Deutung ihrer Situation durchaus naheliegend. Es wurde bereits erwähnt, daß die Zeichen in jenen Jahren günstig standen; politischer Antisemitismus war im Abflauen begriffen. Wenn sich deutsche Juden in der Wilhelminischen Epoche über bösartigen Antisemitismus Sorgen machten, dann mit Blick auf die Dreyfus-Affäre in Frankreich und die Pogrome in Osteuropa [98]. Man könnte auch leicht argumentieren, daß der spürbare Verfall des deutschen Liberalismus eine Warnung für Deutschlands Juden hätte sein müssen, denn wo der Liberalismus stark ist, sind Juden sicher. Tatsächlich aber fiel der Verfall des deutschen Liberalismus mit dem wirtschaftlichen Aufschwung der Wilhelminischen Ära und den wachsenden Möglichkeiten für Juden zusammen. Noch war die Mehrzahl der deutschen Juden notwendigerweise liberal; während viele von ihnen gefühlvoll den Kosmopolitismus Kants feierten und sich mit Frieden und Brüderlichkeit verkündenden Philosophien identifizierten, gab es andere, die den Nationalismus, sogar Chauvinismus ihrer nichtjüdischen Nachbarn übernahmen. Nationaler Liberalismus, jenes Gemisch aus Ideologie und Politik, das Deutschland in wachsendem Maße für seine Nachbarn symbolisierte – ein aktiver Staat, eine machtvolle Armee, eine militante Außenpolitik – wirkte nicht allein auf deutsche Christen anziehend. Auf jeden jüdischen Sozialisten kam ein jüdischer Konservativer; die wenigen Juden, die sich wichtige Posten im neuen Reich gesichert hatten, waren im großen und ganzen begeisterte – nicht bloß opportunistische – Bewunderer Bismarcks. Einige von ihnen fanden sich sogar noch rechts von Bismarck [99]. Wenn deutsche Juden in verantwortlichen

---

[97] *Gustav Mayer*, Erinnerungen. Vom Journalisten zum Historiker der deutschen Arbeiterbewegung, Zürich – Wien 1949, 372, 374.

[98] Ich möchte an dieser Stelle Henry Turner meinen Dank aussprechen, mit dem ich ausführlich diesen und andere Punkte dieses Artikels diskutiert habe.

[99] Siehe *Jacob Tourys* ausgezeichnete Monographie Die politischen Orientierungen der Juden in Deutschland. Von Jena bis Weimar, Schriftenreihe wissenschaftlicher Abhandlungen des Leo Baeck Instituts, Bd. 15, Tübingen 1966, bes. Abschnitte C bis G.

Stellungen, als geachtete Publizisten oder einflußreiche Industrielle, über Deutschlands Platz unter den Nationen sprachen, sagten sie „wir", nicht „sie". Wie sollten sie sonst von ihrem Vaterland sprechen?

Sogar die gewohnte und häufig beleidigende Behandlung der Juden fand in einer Atmosphäre statt, die sie als einen von Deutschland noch zu überwindenden Rest aus vergangenen Zeiten erscheinen ließ, nicht als ein Omen, das Juden Böses befürchten lassen mußte. Die Korrespondenz von Moritz Lazarus ist gespickt mit vielen herzlichen Briefen von protestantischen und katholischen Bekannten; inmitten der Mühen um seine akademische Laufbahn und seiner Auseinandersetzungen mit antisemitischen Intellektuellen fand er Ermutigung durch seinen freundschaftlichen Briefwechsel mit dem Theologen Ignaz von Döllinger, dem Maler Adolf von Menzel und zahlreichen anderen weniger berühmten Christen. In ihren Erinnerungen an ihr frühes Leben mit Ernst Cassirer stellte seine Witwe Toni Cassirer fest, daß um die Jahrhundertwende, als ihr Mann zum ersten Mal daran dachte, sich um eine Stelle an einer Universität zu bewerben, der Antisemitismus bekannterweise eine Barriere darstellte. Aber er und andere Juden wie er schrieben dieser Tatsache nur eine begrenzte Bedeutung zu – es betraf nicht, so fügt Frau Cassirer hinzu, die Künste – und sie hielten sie für einen bloßen Atavismus, von dem sich eine so großartige Kultur wie die deutsche aller Wahrscheinlichkeit nach lösen würde [100]. Der Antisemitismus war eine Krankheit, für die einige Deutsche anfällig waren, andere nicht – eine Krankheit überdies, für die Deutsche weniger anfällig als Russen oder sogar Franzosen zu sein schienen.

Diese vorherrschende Einschätzung der Lage war zweifellos von einem gewissen Maß an deutsch-jüdischem Selbsthaß gefärbt, von dem Drang, seiner ethnischen Bürde nicht bloß durch eine Absage, sondern durch eine Verdammung des Judentums zu entfliehen. Wie andere abstrakte Begriffe faßt „Selbsthaß" einen ganzen Komplex von Gefühlen unter eine simple Rubrik zusammen; dieser Begriff hat die Diagnose mehr verdunkelt als erhellt. Der Ausdruck fand seit 1930 allgemeine Verbreitung und zwar durch die Arbeit des Philosophen Theodor Lessing: *Der jüdische Selbsthaß*, die teils eine Diagnose, teils ein Symptom für einen unangenehmen Masochismus darstellt, der – so scheint es – unter Juden verbreiteter war als unter anderen verachteten oder verfolgten Gruppen – obwohl nicht so weit verbreitet, wie Lessing behauptete. Aber war die Popularität des Ausdrucks neueren Datums, so waren die darunter bezeichneten Gefühle wesentlich älter: aufmerksame Beobachter notierten das Vorhandensein eines gewissen anti-jüdischen Gefühls unter Juden bereits in den 1870er Jahren und sogar noch früher. Richard Wagner, dessen Antisemitismus mit den Jahren bösartiger und dessen Rufen nach Reinigungsaktionen gegen die Juden immer schriller wurde, hatte

---

[100] Siehe *Toni Cassirer*, Aus meinem Leben mit Ernst Cassirer, New York 1949/50, 27–28.

einige jämmerliche jüdische Bewunderer, die – vor die Wahl gestellt, ihre Selbstachtung zu wahren oder Wagner zu verehren – ohne Zögern Wagner wählten. Und vor dem Ersten Weltkrieg schrieb Theodor Lessing – Jude von Geburt, Lutheraner dem Glauben nach und Antisemit aus Überzeugung – einen „häßlichen" Brief an Sigmund Freud, in dem er die Psychoanalyse als eine typische „Ausgeburt" des jüdischen Geistes verhöhnte. Als Freud im Jahre 1936 auf den sich daran anschließenden Briefaustausch zurückkam, erinnerte er sich, wie schockiert er war, als er erfuhr, daß dieser Lessing kein Nachfahre des großen deutschen Philosemiten Gotthold Ephraim Lessing, sondern selbst ein Jude sei: „Ich wendete mich angewidert von dem Manne ab", schrieb er. Aber dann gewann der Analytiker in ihm die Oberhand: „Meinen Sie nicht", fragte er, „daß der Selbsthaß wie bei Th. L. ein exquisit jüdisches Phänomen ist" [101]?

Zu Beginn des Jahrhunderts hatte Freud selbst Material zum Verständnis dieses Phänomens durch seine Entdeckung des Ödipus-Komplexes und des Mechanismus der unbewußten Selbststrafung geliefert. Während des gleichen Zeitraumes erbrachte ein anderer Österreicher, Otto Weininger, sensationelle Beweise für die erschreckende Macht des Selbsthasses. Weiningers kurze, traurige Lebensgeschichte ist wohl bekannt. Er wurde 1880 in eine jüdische Familie hineingeboren; 1902, am Tage seines Abschlußexamens an der Universität, nahm er den protestantischen Glauben an; im Mai 1903 veröffentlichte er das Buch *Geschlecht und Charakter,* auf dem sein problematischer unsterblicher Ruhm beruht; vier Monate später beging er im Sterbehaus Beethovens Selbstmord – ein melodramatisches Ende eines (zumindest im Innern) melodramatischen Lebens. In seinem Buch, das einem seltsamen Gemisch von Frauenfeinden und Antisemiten gelegen kam und ihnen als eine Fundgrube für Zitate diente, ging Weininger von einem krassen Gegensatz von männlich und weiblich, „arisch" und jüdisch aus. Es war ein verführerisch einfaches System, mit einer trügerischen Klarheit, das Intellektuellen, besonders den deutschen Intellektuellen, lange Zeit zusagte: die Frau repräsentiert die Sinnlichkeit und ist dem Mann moralisch unterlegen; der Jude verkörpert Skeptizismus und Nachahmungsgeist und ist ebenfalls von geringerem Wert als der „Arier". Sicherlich hatte Weininger erwartet, sich durch seine Bekehrung zum Protestantismus in einen Arier zu verwandeln, denn seine Definition des Judentums war keine rassische. Aber da er offensichtlich die bösen Einflüsse des Weibes in sich fürchtete und das unauslöschbar Jüdische in sich erkannte, löste er ein für allemal die beiden ihn quälenden Probleme, indem er sich erschoß.

So weit konnte echter Selbsthaß gehen. Andere Juden entflohen ihrem Judentum in weniger aufsehenerregender Weise. Einige beschränkten ihre

---

[101] Freud an Kurt Hiller, 9. Februar 1936, in: *Kurt Hiller,* Köpfe und Tröpfe. Profile aus einem Vierteljahrhundert, Hamburg 1950, 268.

anti-jüdischen Gesten darauf, für antisemitische Kandidaten zu stimmen mit der Begründung, ihr Kandidat sei patriotischer als seine linken Gegner. Andere paradierten ihr Deutschtum, indem sie die ethnischen, später selbst die rassistischen Schmähungen nachäfften, die zum festen Bestandteil der antisemitischen Literatur gehörten. Der jüdische Schriftsteller und Publizist Moritz de Jonge beispielsweise schrieb für die reaktionäre *Kreuzzeitung* und wirkte in den 1890er Jahren bei der Herausgabe einer antisemitischen Zeitung mit. Die ihn zerreißende Überkompensation ist in seinem Bekenntnis zu spüren: „Deutsch wollte ich sein, deutsch denken, fühlen, arbeiten. Mein Herz ging in Sprüngen, wenn ich deutsches Militär sah, deutsche Militärmusik vernahm." [102] Solche Abtrünnigen waren oft seelisch gestört und politisch wankelmütig [103]. Wie Freud in einem kurzen analytischen Kommentar äußerte, spiegelt die das Opfer des Selbsthasses quälende innere Zerrissenheit seine Unfähigkeit wider, entweder Haßgefühle gegen seinen Vater oder eine Identifizierung mit diesem Vater aufzugeben [104].

Die Liste der jüdischen Selbsthasser ist deprimierend, ihr Schicksal voll bitterer Ironien. Jedem ist das Schicksal Walther Rathenaus bekannt, des brillanten und gepeinigten Sohnes des Industriellen Emil Rathenau *. Walther Rathenau — selbst Industrieller, Bankier, Weltmann, Kunstsammler, Publizist, Prophet gesellschaftlicher Entwicklungen — bekannte sich zu seinem Judentum und fühlte sich durch es verdammt. Sein berühmter — besser gesagt, berüchtigter — anonymer Aufsatz von 1897, „Höre, Israel", beginnt mit dem Eingeständnis, der Autor sei Jude, ehe er dazu übergeht, die Richtigkeit vieler Züge der antisemitischen Karikatur des Juden zu bestätigen. Die Lösung des „Judenproblems" sah Rathenau darin, daß Juden ihre negativen Eigenschaften ablegten und authentische Deutsche wurden. Rathenau bewunderte das Deutsche nicht allein aus politischen oder sozialen, sondern auch aus physischen Gründen; „romantische Bewunderung für die nordische Rasse", für den blonden „Siegfried-Typus", stellte ein geheimes, aber immer gegenwärtiges Leitmotiv seines Lebens dar [105]. Doch sobald er in den frühen Tagen der Weimarer Republik in das Rampenlicht der Öffentlichkeit trat, beschimpften ihn diese selben Siegfried-Typen als „Judensau"; seine Laufbahn als Deutschlands Außenminister nahm 1922 ein abruptes Ende, als er unter dem

[102] Zit. in *Toury*, op. cit., 268.

[103] Eine ganze Anzahl von ihnen, de Jonge eingeschlossen, taten den Sprung vom Antisemitismus zum Zionismus, der mit seinem militanten Auftreten und seinem Nationalismus zum Judaismus des jüdischen Antisemiten wurde, obwohl der Zionismus natürlich viel mehr war als nur das.

[104] In dem oben zit. Brief an Hiller, Anm. 101.

* Siehe hierzu den Beitrag von *Ernst Schulin*, Die Rathenaus. Zwei Generationen jüdischen Anteils an der industriellen Entwicklung Deutschlands, im vorliegenden Band S. 115–142 (Hrsg.).

[105] Siehe *Harry Graf Kessler*, Walther Rathenau. Sein Leben und sein Werk, Berlin 1928, 72.

Beifall jener völkischen Kreise, deren Geschmacksrichtung er teilweise anhing, erschossen wurde. Theodor Lessings Leben fand ein nicht weniger gewaltsames Ende. Der Weltkrieg hatte Lessing vom überzeugten Antisemiten in einen leidenschaftlichen Zionisten verwandelt, obwohl sein Verständnis von Juden nie völlig die Tendenz zur groben Verallgemeinerung verleugnete; er haßte sich selbst, seine unscheinbare Gestalt und dunkle Erscheinung zu sehr, um jemals unvoreingenommen zu sein. Indessen konnte er jetzt zumindest bekräftigen, daß, was auch immer Juden an Wurzellosigkeit und Dekadenz zutage legen mochten, von ihren Unterdrückern verschuldete Makel seien. Als lautstarker Pazifist und wenn auch noch so verschrobener öffentlicher Anwalt der Juden wurde Lessing ein Störenfried, den die Nazis unbedingt zum Schweigen zu bringen wünschten; er floh in die Tschechoslowakei, wurde aber im August 1933, wie Rathenau vor ihm, von gedungenen Mördern erschossen.

Die schmerzvollen Verschlingungen in Theodor Lessings Stellung zum Judentum unterstreichen die Komplexität eines Begriffes, dem er selbst mit zu seiner Popularität verholfen hatte. Für den deutsch-jüdischen Dichter und Übersetzer Rudolf Borchardt war es nicht allein Selbsthaß, der ihn sein Leben der selbstauferlegten Mission widmen ließ, die gräko-germanische Kultur gegen die, wie er meinte, orientalischen Kräfte der Verderbnis und des Verfalls zu verteidigen [106]. Es war vielleicht nicht in erster Linie, gewiß nicht allein Selbsthaß, der deutsch-jüdische Schriftsteller von Heinrich Heine bis Kurt Tucholsky dazu trieb, jene komischen, leicht abstoßenden Figuren zu schaffen, die einen „bestimmten Typ des Juden" repräsentierten. Die Tatsache, daß der Typ existierte, rechtfertigt weder seine Porträtierung, noch läßt sich damit das Problem erklären. Das eigenartige Vergnügen, mit dem jüdische Autoren diese wirkungsvollen und letztlich schädlichen Charakterskizzen zeichneten, läßt vermuten, daß ihnen noch andere Gefühle als die des Reformeifers die Hand führten. Wie andere Gefühle, ist auch der Haß nicht einseitig bedingt; er wird aus mehr Quellen gespeist, als dem Hassenden selbst bewußt sind. Ein Sozialist jüdischer Abstammung könnte jüdische Kapitalisten eher aus Gründen des Klassen- als des Selbsthasses angreifen — weil sie Kapitalisten, nicht weil sie Juden sind. Oder er mochte gerade mit jenen hart ins Gericht gehen, die er mit Unbehagen vielleicht unbewußt als seinesgleichen empfand.

So interessant solche dramatischen Figuren wie Rathenau oder Tucholsky auch sein mögen, so bleiben sie doch Einzelfälle, die das Ergebnis individueller

[106] Zur Debatte über Borchardt, der ein rechter Konservativer, aber kein rassistischer Schriftsteller war und jetzt eine gewisse Renaissance erlebt, siehe *Willy Haas'* bösartige (weder völlig zutreffende noch völlig unverdiente) Attacke, Der Fall Rudolf Borchardt, bezeichnenderweise mit dem Untertitel versehen: Zur Morphologie des dichterischen Selbsthasses, in: *Krojanker,* op. cit., 231–240, und die Verteidigung von *Werner Kraft,* Rudolf Borchardt. Welt aus Poesie und Geschichte, Hamburg 1961, 34–73.

Entscheidungen mit zutiefst privaten, psychologischen Wurzeln repräsentieren. Auf längere Sicht kommt den diffusen, unauffälligen Gefühlen der
gewöhnlichen deutschen Juden für die vom Historiker zu erbringende
Bewertung der Stellung des deutschen Juden innerhalb seiner Kultur eine
viel größere Bedeutung zu; sie mögen nicht antisemitische Handlungen oder
Flucht in den Selbstmord involvieren, sondern bewegen sich in den Grenzen
des Gefühls eines peinlichen Berührtseins, der Scham und der Ablehnung.
Dieses Gefühl bemächtigte sich ihrer, etwa wenn sie zu Zeugen einer von
ihnen als „jüdisch" betrachteten Verhaltensweise in der Öffentlichkeit,
bei der Abwicklung von Geschäften, bei politischen Auseinandersetzungen
und in der Asphaltpresse wurden. Ein typisches Beispiel für ein derartiges
Zurückschrecken ist Ludwig Jacobowskis Roman von 1891, *Werther, der
Jude,* dessen Held, ein entwurzelter jüdischer Student der Berliner Universität, die Assimilierung ersehnt. Er schämt sich seines osteuropäischen Familien-
hintergrundes wie auch seines Vaters, eines Bankiers, dessen harte Geschäfts-
methoden in seinen Augen die Richtigkeit der antisemitischen Vorwürfe
bestätigen[107]. Ein bezeichnendes späteres Beispiel aus dem wirklichen Leben
ist die 1922 unter Leitung des Anwaltes Adolph Asch in Berlin gegründete
Selbstzuchtorganisation; die erklärte Aufgabe dieses rührend-jämmerlichen
Schutzbundes bestand darin, Juden davor zu bewahren, in der Öffentlichkeit
unliebsames Aufsehen zu erregen. Zu diesem Zweck erließ Aschs Verein
das Ersuchen an seine „Glaubensgenossen, den hohen Feiertagen die gewohnte
Würde auch vor und nach dem Gottesdienst auf der Straße zu wahren, und
die jüdischen Frauen insbesondere zu bitten, allen auffälligen Luxus in Kleidung und Schmuck zu vermeiden"[108]. Und sechs Monate vor Hitlers Macht-
antritt notierte der jüdische Dichter Ernst Lissauer, der den Krieg von 1914
mit einem einstmals berühmten ‚Haßgesang gegen England' begrüßt hatte,
in seinem Tagebuch, daß er keine führende Rolle bei der Verteidigung des
bedrohten deutschen Judentums übernehmen könne, weil er „vieles, was
jüdisch ist", mißbillige. Er meinte, daß die „charakteristischen Mängel des
Judentums" in „vielen Juden", so in Regisseuren wie Jessner und Reinhardt,
in polemischen Schriftstellern wie Tucholsky und Kraus, in Erscheinung
getreten wären[109].

---

[107] Siehe *Schorsch,* op. cit., 47.
[108] *Adolph Asch,* Die Inflationsjahre 1919–1923, in: Posener und Berliner Erinnerungen 1881–1931, 5–8; maschinengeschr. Memoiren, vom Autor in London ca. 1957
vorbereitet, im Archiv des Leo Baeck Instituts, New York. Siehe *Peter Gay,* The
Berlin-Jewish Spirit. A Dogma in Search of Some Doubts, The Leo Baeck Memorial Lecture, 15, New York 1972, 13–14.
[109] Zit. ausführlich in der gedankenreichen Schlußbetrachtung von *Robert Weltsch,*
Entscheidungsjahr 1932, in: Entscheidungsjahr 1932. Zur Judenfrage in der Endphase
der Weimarer Republik. Ein Sammelband hrsg. von *Werner E. Mosse* unter Mitwirkung von *Arnold Paucker,* Schriftenreihe wissenschaftlicher Abhandlungen des
Leo Baeck Instituts, Bd. 13, 2. Aufl., Tübingen 1966, 551.

21 *

Welche moralische Reaktion auch immer auf solche Ansichten die passende sein mag, so schöpft die Bezeichnung „Selbsthaß" ihre Bedeutung in keiner Weise aus. In derartigen Verleugnungen und Verallgemeinerungen steckt gesellschaftlicher Snobismus; ein Maß an deutschem Chauvinismus; sogar, wenn auch verhüllt, etwas wie didaktische Absicht: Das Anprangern der lautstarken, vulgären und abgebrühten Händler könne vielleicht das Benehmen anderer Juden korrigieren und damit dem Antisemitismus den Boden entziehen. Aber es war erneute Furcht, die zum herrschenden Element dieses jüdischen Verlegenheitsgefühls beim Anblick anderer Juden wurde. Wie weiter oben erwähnt, hatten Juden während vieler Jahrhunderte gelernt, nicht aufzufallen. Ihre Synagogen waren aus Gründen der Sicherheit im Stadtzentrum in der Nähe von öffentlichen Gebäuden gebaut worden, mit Fassaden so schlicht, wie architektonischer Erfindungsgeist sie irgend gestalten konnte. Und ihre Gemeinden überall hatten Bestimmungen gegen auffälligen Prunk erlassen. Die den Juden erlaubten Ringe, Seidenstoffe, öffentlichen Banketts, nachts in den Straßen zu singenden Lieder – all dies und vieles mehr spielt sich unter den wachsamen Augen jener ab, die für die Verwaltung der jüdischen Gemeinden verantwortlich waren. Und die Gründe hierfür waren verständlicherweise, daß Bescheidenheit im Auftreten gottgefällig und es außerdem wesentlich sei, „in Gegenwart von Christen nicht durch Prunk aufzufallen"[110]. Juden wußten aus Erfahrung und aus den Heiligen Schriften, daß Prunk nicht bloß gottlos war; er war auch gefährlich. Und dann war die Welt für Christen wie für Juden offener geworden. Das liberale neunzehnte Jahrhundert hatte vielen Juden vielerorts erlaubt, sich durchzusetzen, wie es anderen erlaubte, sich durchzusetzen, die Grenzen von Klassen und Ländern leichter als je zuvor zu überqueren. Das, was Juden und Christen gleichermaßen als typisch jüdische „chutzpe"[111] bezeichneten, war im wesentlichen eine Aufforderung, sich frei zu fühlen und die Furcht zu vergessen. Aber das war nicht von langer Dauer gewesen. Durch den Niedergang des deutschen Liberalismus und, schlimmer noch, durch die Erfahrungen des Krieges und seiner stürmischen Nachwirkungen wurden die Beziehungen der Juden zu der umgebenden Kultur fast auf den Anfangspunkt zurückgeworfen. Die alte Furcht kehrte zurück, unter neuen Bedingungen und so in schwer zu durchschauendem Gewande. Zwei der hier gewählten Beispiele stammen aus der Zeit der Weimarer Republik – mit voller Absicht. Da es keine Möglichkeit gibt, bei derartigen Fragen zuverlässig zu quantifizieren, darf angenommen werden, daß das jüdische Verlegenheitsgefühl angesichts peinlichen jüdischen Benehmens in den 1920er Jahren merklich anwuchs und zwar weit über das vor dem Krieg gekannte Maß hinaus. Und so ent-

---

[110] Aus einem bei einer Zusammenkunft italienischer Juden in Forli im Jahre 1418 vereinbarten Beschluß. Zit. in: The Jew in the Medieval World. A Source Book: 315–1791, hrsg. von *Jacob R. Marcus*, Cincinnati 1965, 194.
[111] Siehe dazu *Weltsch,* aaO (Anm. 109), 549.

wickelte sich bei Freund und Feind gleichermaßen die Neigung, den jüdischen Anteil an der modernen Bewegung im kulturellen Bereich zu übertreiben; er war nur eins unter anderen Beispielen für das auffallende Benehmen der Juden. Adolph Asch erinnerte sich in seinen Memoiren, daß Ludwig Holländer, der geschäftsführende Direktor des Centralvereins, einmal zu ihm sagte: „Stiefkinder müssen doppelt artig sein." [112] Asch gibt kein Datum für diese Äußerung, aber wahrscheinlich hat sie Holländer ihm gegenüber nach 1918 getan. Der lange Aufstieg der jüdischen Integration in die deutsche Kultur war, wenn auch noch nicht beendet, so doch zumindest gefährdet.

Das Phänomen des Selbsthasses ist also wichtig; es gehört mit in jede Diskussion über deutsche Juden in der deutschen Kultur. Aber wie bei anderen stark ins Auge fallenden Dingen, so gilt auch hier, daß Häufigkeit und Bedeutung dieses Selbsthasses beträchtlich übertrieben wurden. Es war dies die pathologische Kehrseite des Selbstvertrauens, mit dem die deutschen Juden ihre deutsche Identität geltend machten. Den von vielen erlebten antisemitischen Beleidigungen wurde weniger Gewicht beigemessen als der deutschen Kultur, in der die meisten von ihnen sich wie in ihrem eigenen Element bewegten. Ernst Cassirer repräsentiert diese zugleich selbstverständliche und leidenschaftliche deutsche Art in der Vollendung. Mozart, wie sich seine Witwe später erinnerte, war „sein wahres Element"; er kannte seine Kammermusik, Symphonien und Opern auswendig. Sie „gehörten", mit ihren Worten, „zu der Luft, in der er atmete". Genau wie Max Liebermann „hatte [Cassirer] unter seinen Freunden ebensoviele Nichtjuden als Juden, und es kam ihm niemals in den Sinn, nach der Abstammung eines Menschen zu forschen". Als kleiner Junge hatte er in der Bibliothek seines Großvaters umhergestöbert und gern zugehört, wenn sein Vater, wie es seine Art war, geflügelte Worte aus den deutschen Klassikern zitierte. Und im Jahre 1906 hatte er ein denkwürdiges Erlebnis. Zusammen mit seiner Frau pilgerte er zum Goethehaus in Weimar und bemerkte, daß einer der Wächter ihn anstarrte. Auf die Frage, warum, gestand der Wächter, er habe beim Anblick des gutaussehenden, hochgewachsenen, blonden Besuchers einen Moment lang gedacht, Goethe selbst sei auf die Erde zurückgekehrt. Nichts hat jemals Ernst Cassirer eine größere Freude bereitet als diese Bemerkung [113]. Und als Kaiser Wilhelm II. bei Ausbruch des Krieges sagte: „Ich kenne keine Parteien mehr und auch keine Konfessionen mehr; wir sind heute alle deutsche Brüder und nur noch deutsche Brüder", bezogen deutsche Juden natürlicherweise diese Proklamation auch auf sich. Sie irrten sich. Aber sie hatten allen Grund anzunehmen, daß sie recht hatten.

---

[112] Siehe *Gay*, Berlin-Jewish Spirit, 13.
[113] *Toni Cassirer*, op. cit., 21, 27–28, 68–69.

WILHELM II. UND DIE JUDEN

von

Lamar Cecil

I

Das Leben Wilhelms II. war, wie auch die Geschichte des von ihm so wenig glücklich regierten Reiches, in seinen Anfängen voll reicher Verheißungen. Er war in seiner Jugend keineswegs der intolerante, unbequeme und großsprecherische Mann, der er später leider geworden ist. Seine Auslandsfeindlichkeit, die sich gegen einen recht großen Teil der Welt richtete, entwickelte sich mit all ihren abträglichen Nebenerscheinungen und Auswirkungen erst, als er das Mannesalter erreicht hatte. Ähnlich sah es mit anderen beklagenswerten Charakterzügen des letzten deutschen Kaisers aus. Von einmal vorgefaßten Meinungen war Wilhelm II. nie wieder abzubringen. Mit jedem Verlust an Ansehen, den seine Person und Deutschlands Weltgeltung erlitten – und den er niemals lernte, seinem eigenen Verhalten zuzuschreiben – wuchsen seine Haßgefühle. Als er im Alter von zweiundachtzig Jahren starb, zog er immer noch mit erstaunlicher Heftigkeit über die Gegner her, die in seinen Augen das Reich zerstört, seine Krone geraubt und ihn in ein einsames Exilleben getrieben hatten. In der weit gespannten Dämonologie des Kaisers nahmen die Juden einen prominenten Platz ein.

In der mütterlichen Familie Wilhelms II. sind kaum Einflüsse festzustellen, durch die sich der ungeheuer starke und dabei doch ganz ambivalente Antisemitismus erklären ließe, der den reifen Mann kennzeichnete. Obgleich fast ausschließlich deutscher Abstammung, war ein großer Teil der mütterlichen Vorfahren in England und in der liberalen Atmosphäre thüringischer Kleinstaaterei verwurzelt. Gewiß gab es zu Anfang des neunzehnten Jahrhunderts institutionelle und gesellschaftliche Vorurteile gegen Juden in Mitteldeutschland und England, aber das großherzogliche Haus von Sachsen-Coburg und Gotha war von solchen Tendenzen unberührt geblieben. Weder Wilhelms Großvater, Prinz Albert, noch seine Urgroßmutter mütterlicherseits,

Der Verfasser ist seinem Kollegen, Professor Richard Allen, für seine kritische Durchsicht des Textes zu Dank verpflichtet.

eine aus derselben Dynastie stammende Prinzessin, hegten Juden gegenüber
irgendwelche Voreingenommenheit, und trotz vielerlei Abneigungen, die sie
leidenschaftlich zu rechtfertigen pflegte, zählte Königin Viktoria Juden nicht
zu ihren Feinden. Viktoria und Albert gaben ihr tolerantes Kosmopolitentum
an ihre Kinder weiter, und ihre älteste Tochter, die unglückliche Kaiserin
Friedrich, besaß Juden gegenüber nicht nur keine Vorurteile, sondern machte
auch kein Hehl aus ihrer Verstimmung über die Manifestationen des Antisemitismus, die sie in Deutschland erleben mußte. Das Judenproblem, so
schrieb sie im Jahre 1891 ihrer Tochter Sophie, der griechischen Kronprinzessin, sei „an important and dangerous question which is treated (especially
in Germany) in a most prejudiced way". So kanzelte sie z. B. Richard Wag-
ners *Das Judenthum in der Musik* als Gewäsch ab, oder brandmarkte die russischen Pogrome unter denen die jüdischen Untertanen von Zar Alexander III. zu leiden hatten als „barbarous tyranny"[1]. Es war im übrigen ganz
offensichtlich, daß die Kronprinzessin Viktoria die Geistigkeit und den
Charme der wenigen adligen Salons in Berlin genoß, zu denen Juden
zugelassen wurden, und ihr eigener Zirkel fiel durch seine gebildeten Männer
und Frauen auf[2].

---

[1] Royal Archives, Windsor (RA), Z 23/26, Kronprinzessin Viktoria an Königin
Viktoria, 10. April 1869; RA 251/14, Kaiserin Friedrich an Königin Viktoria,
22. August 1891.

The author wishes to make grateful acknowledgement to Her Majesty The
Queen, for gracious permission to consult papers in the Royal Archives, Windsor.

Das vorhergehende Zitat aus dem Brief an die griechische Kronprinzessin ist entnommen aus: *Arthur Guy Lee* (Hrsg.), The Empress writes to Sophie, her daughter,
Crown Princess and later Queen of the Hellenes. Letters, 1889–1901, London o. J.
[1955], 101. Zum Obigen allgemein siehe auch *Count Johann Wilczek,* Gentleman
of Vienna, übersetzt von A. J. Ashton, New York 1934, 61–62.

[2] Über die Kaiserin und den künstlerischen Salon der Gräfin Marie von Schleinitz
(später Gräfin von Wolkenstein-Trostburg) siehe *Marie von Bunsen,* Zeitgenossen die
ich erlebte,1900–1930, Leipzig 1932, 63; *Graf Bogdan von Hutten-Csapski,* Sechzig
Jahre Politik und Gesellschaft (2 Bde.), Berlin 1936, I, 42; *Jules Huret,* En Allemagne.
Berlin, Paris 1909, 97–98; *Helene von Nostiz,* Aus dem alten Europa. Menschen und
Städte, Leipzig 1926, 45–49; *Fedor von Zobeltitz,* Chronik der Gesellschaft unter
dem letzten Kaiserreich (2 Bde.), Hamburg 1922, II, 77–78; *Sidney Whitman,*
Imperial Germany. A Critical Study of Fact and Character, Boston 1889, 206;
Wilhelm von Schweinitz (Hrsg.), Denkwürdigkeiten des Botschafters General von
Schweinitz (2 Bde.), Berlin 1927, II, 83; *Hajo Holborn* (Hrsg.), Aufzeichnungen und
Erinnerungen aus dem Leben des Botschafters Joseph Maria von Radowitz (2 Bde.),
Berlin und Leipzig 1925, I, 269; *Princess Catherine Radziwill,* Memories of Forty
Years, New York und London 1915, 134–135. Es ist nicht klar erkennbar, ob jüdische
Intellektuelle an den Geselligkeiten der Kronprinzessin teilnahmen, aber man darf
annehmen, daß es der Fall war. Siehe *Sir James Rennell Rodd,* Social and Diplomatic
Memories, 1884–1919 (3 Bde.), London 1922–25, I, 60; *Radziwill,* Memories, 147;
Princess Marie Louise, My Memories of Six Reigns, London 1956, 92; *Zobeltitz,*
Chronik, I, 136.

Beim väterlichen Erbgut Wilhelms II. sah es hinsichtlich der Judenfrage schon trüber aus. Seine Großmutter, Augusta von Sachsen-Weimar, war für die Großzügigkeit ihrer Ansichten bekannt, und es gibt keine Hinweise, daß sie die in der Berliner Gesellschaft vorherrschende Abneigung gegen Juden teilte. Ähnlich wie die Kaiserin Friedrich fühlte sie sich vielmehr in der preußischen Hauptstadt als Fremde, und beide Frauen zogen es vor, einen großen Teil ihrer Zeit auf ihren Schlössern am Rhein zu verbringen. Wilhelms I. Sohn, Friedrich III., fand als junger Mann manche Juden zu vertraulich im Umgang und er billigte nur widerstrebend ihre zunehmende Bedeutung im preußischen Justizwesen. Allmählich aber – vermutlich unter dem mäßigenden Einfluß seiner Frau – überwand er diese Voreingenommenheit und wurde, als er den Thron bestieg, vom deutschen Judentum als sein Freund und Gönner angesehen. Sein vorzeitiger Tod im Jahre 1888, nur wenige Monate nach dem Ableben seines Vaters, wurde daher auch in allen jüdischen Kreisen schmerzlich bedauert. Zum Gedächtnis an den verstorbenen Kaiser gaben viele Juden ihren Söhnen den Rufnamen Friedrich[3].

Die aufgeschlossenen Geister unter Wilhelms Vorfahren väterlicherseits gehörten unglücklicherweise nicht zu denen, die den größten Einfluß auf ihn ausübten. Von Kindheit an fühlte sich der junge Prinz weit mehr zu seinem Großvater, Wilhelm I., hingezogen als zu seinen beiden Eltern. In seinen Gewohnheiten und Ansichten war Wilhelm I. ein herkömmlicher preußischer Grenadier: Furchtlos, pflichtgetreu, überaus vaterlandsliebend und voller Mißtrauen gegen alles, was jenseits der Grenzen seines Königreiches lag. Er teilte nicht die Unvoreingenommenheit seiner Frau, seines Sohnes und seiner Schwiegertochter den Juden gegenüber. Wohl nahm der Monarch gern die Dienste eines jüdischen Bankiers, des Barons Moritz Cohn, in Anspruch, wehrte sich aber gleichzeitig gegen jedes Eindringen von Juden in die preußische Verwaltung oder die Berliner Gesellschaft. Friedrich von Holstein, die Graue Eminenz des Auswärtigen Amtes, war überzeugt, daß

---

[3] Über Friedrichs III. Vorurteile in seiner Jugend siehe *Heinrich O. Meissner* (Hrsg.), *Kaiser Friedrich III.*, Tagebücher von 1848–1866, Leipzig 1929, 67, 126, 129, 403. Über seine späteren Beziehungen zu Juden siehe *Friedrich Curtius* (Hrsg.), Denkwürdigkeiten des Fürsten Chlodwig zu Hohenlohe-Schillingsfürst (2 Bde.), Stuttgart 1907, II, 440; *Heinrich O. Meissner* (Hrsg.), Denkwürdigkeiten des General-Feldmarschalls Alfred Grafen von Waldersee (3 Bde.), Stuttgart–Berlin 1923–1925, I, 343–347; Graf Philipp zu Eulenburg an seinen Sohn Graf Philipp zu Eulenburg-Hertefeld, 17. Juni 1888, Bundesarchiv Koblenz (BA Koblenz), Nachlaß Eulenburg, Bd. IV, 121–122. Über die jüdische Reaktion auf den Tod Friedrichs III. siehe Allgemeine Zeitung des Judentums, LII, Nr. 26 (28. Juni 1888); Die jüdische Presse, XIX, Nr. 25 (21. Juni 1888); Der Israelit, Ein Central-Organ für das orthodoxe Judenthum, XXIX, Nr. 49 (18. Juni 1888); die Israelitische Wochenschrift, XXI, Nr. 25 (21. Juni 1888) und die Populär-wissenschaftlichen Monatsblätter zur Belehrung über das Judentum, VII, Nr. 8 (1. August 1888); Beispiele für diese Namensgebung bei jüdischen Söhnen siehe in: Israelit und Jeschurun, XXX, Nr. 10 (4. Februar 1889).

der Herrscher ein „starker Antisemit" sei[4]. Die ständigen Aufmerksamkeiten, mit denen der heranwachsende Prinz Wilhelm seinen Großvater bedachte und die durch eine liebevolle Nachsicht erwidert wurden, die der Kaiser niemals dem Kronprinzen und der Kronprinzessin zeigte, isolierten ihn von seinen Eltern. Wilhelms Bindung an seinen Großvater trennte ihn, wenn auch in einem geringeren Maße, auch von der Kaiserin Augusta, deren Beziehung zu ihrem Gatten mehr einem Ritual als einer Ehe glich. Am glücklichsten fühlte sich der Knabe, wenn er bei seinem Großvater und dessen Soldaten weilte. 1869 versetzte Wilhelm I. den Enkel zum 1. Garderegiment zu Fuß, und von da an nahm der junge Prinz an den Paraden und Übungen des Regiments teil. Er kam auf diese Weise in häufige Berührung mit militärischen Persönlichkeiten in Berlin und Potsdam.

Der Kronprinz und die Kronprinzessin hofften jedoch, daß Wilhelm sich trotzdem zu einem aufgeschlossenen Prinzen entwickeln würde, wenn man ihm nur eine sorgfältige Erziehung angedeihen ließe. Bis zum Alter von sieben Jahren wurde Wilhelm von einer Reihe sich ablösender Erzieherinnen, meist englischen oder französischen Damen, betreut und von verschiedenen Offizieren und Zivillehrern unterrichtet. Im Jahre 1866, kurz nach seinem siebenten Geburtstag, fiel die Wahl von Wilhelms Eltern auf Georg Hinzpeter, der in mehreren aristokratischen Familien als Hauslehrer tätig gewesen war und den sie (irrtümlicherweise) für einen gegen Bismarck eingestellten Liberalen hielten. Ihm wurde die Erziehung des Prinzen anvertraut. Hinzpeter war kalt und intolerant und bestand pedantisch auf Pünktlichkeit, Korrektheit und Genauigkeit. Er war, in den Worten eines anderen Prinzenlehrers „ein preußischer Unteroffizier". Hinzpeter verachtete zwar Demokratie, doch identifizierte er Liberalismus oder irgendwelche anderen unseligen modernen Erscheinungen keineswegs mit Juden. Die Kronprinzessin schätzte den Lehrer ihres Sohnes nicht und hatte viel an ihm auszusetzen. Aber Antisemitismus warf sie Hinzpeter nicht vor. Einen solchen Charakterfehler hätte sie entschieden verurteilt und bestimmt zur Sprache gebracht.

So entwickelte sich die Erziehung des Prinzen Wilhelm zu einem Kampf zwischen seinen Eltern, die sich für ihren Sohn eine im wesentlichen liberale und zivile Schulung wünschten, und seinem Großvater, der eine durch und durch militärisch ausgerichtete Lebensweise für ausreichend hielt. Die Unzufriedenheit des Kronprinzen und der Kronprinzessin mit dem wachsenden militärischen Einfluß, dem sie ihren Sohn in Berlin und Potsdam ausgesetzt sahen, führte sie zu dem Entschluß, ihn auf das Gymnasium nach Kassel zu schicken. Dort würden die meisten Mitschüler Wilhelms Bürgersöhne aus der Stadt sein,

---

[4] Holstein Tagebuch, 7. Februar 1884, aus Nachlaß Holstein, Mikrofilmkopie, National Archives, Washington, D. C., reel 3860, frames H 195784–88. Über Wilhelms I. Haltung den Juden in der Verwaltung gegenüber siehe *Friedrich III.*, Tagebücher, 129; in der Gesellschaft: *Count Axel von Schwering* (Pseud.), The Berlin Court under William II, London etc. 1915, 216.

und Hinzpeter könnte weiterhin die Erziehung leiten[5]. Als sie Wilhelm I. von dieser Absicht unterrichteten, weigerte sich der Kaiser zunächst, seinem Enkel die Erlaubnis zum Verlassen Berlins zu erteilen. Erst nach einem hartnäckigen Ringen gab er schließlich nach, und Wilhelm und Hinzpeter zogen 1874 nach Kassel.

Die Wirkung, die Hinzpeters Gängelei auf Wilhelm ausübte, war verheerend, wie der Schüler später selbst in einer freimütigen Aussprache mit seinem Intimus, dem Grafen Philipp zu Eulenburg-Hertefeld, bekannte[6]. Hinzpeters manische Arbeitswut, sein allzu kritisches Wesen und seine Animosität gegen jede Art Vergnügen hatten, wie sein königlicher Schützling einmal in einem seltenen Anflug von Selbstanalyse für sich in Anspruch nahm, nicht nur äußersten Überdruß an den endlosen Rezitationen und kulturellen Ausflügen, auf die der Lehrer bestand, zur Folge, sondern förderten auch Hartherzigkeit und Abscheu vor jeder Kritik. Wilhelm hatte keine Freude an seinen drei Jahren in Kassel, obgleich er dort mehrere Freunde fand, darunter Siegfried Sommer, einen Juden, der später ein hervorragender Jurist werden sollte[7]. Sobald er Hinzpeters freudlosen Händen entronnen war, entwickelte der Prinz eine Neigung, mehr das Vergnügen als die Pflicht zu suchen und das Leben im Kreise seiner jugendlichen Altersgenossen zu genießen anstatt an der Seite eines vorzeitig verknöcherten Pedanten zu bleiben. So befand sich sein Geist in der empfänglichen Aufnahmebereitschaft eines endlich freigelassenen Gefangenen, als Wilhelm sich 1877 auf immer von Hinzpeter verabschiedete und das Gymnasium in Kassel verließ.

Nach sechs Monaten Dienst beim 1. Garderegiment zu Fuß in Potsdam ging Wilhelm auf die Universität nach Bonn, eine für das Studium ihrer Söhne von vielen deutschen Königshäusern und preußischen Adelsfamilien bevorzugte Institution. Anstatt von einem Erzieher begleitet zu werden, wurde Wilhelms Haushalt jetzt von seinem militärischen Adjutanten, dem Major Wilhelm von Liebenau, betreut, einem tüchtigen, aber ehrgeizigen und ziemlich derben Typ. Die Leistungen des Prinzen in Bonn waren recht mittelmäßig. Karl von Justi, ein hervorragender Kunsthistoriker, dessen Vorlesungen Wilhelm gern besuchte, schrieb über den jungen Mann:

> „Er ist von großer Lebhaftigkeit, auch in der Auffassung, aber von keineswegs hervorragender Begabung... Übrigens scheint er in seinen Neigungen und Abneigungen ebenso dezidiert wie rasch zu sein, und dann sich jedem Eingehen auf entgegenstehende Erwägungen zu verschließen."

Justi führte Wilhelms indifferente Einstellung zu seinem Studium auf die Tatsache zurück, daß er seinen eigentlichen Platz in Bonn nicht in den Hör-

---

[5] *Graf Egon Corti*, Wenn...: Sendung und Schicksal einer Kaiserin, Graz etc. 1954, 272, 275, 300–301.

[6] Eulenburg, Tagebuch, 26. Juli 1897, BA Koblenz, Nachlaß Eulenburg, XLVII, 423–426.

[7] *Wilhelm II.*, Aus meinem Leben, 1859–1888, Berlin–Leipzig 1927, 125.

sälen fand, sondern in dem konservativen Korps Borussia. Er trat dieser
Verbindung kurz nach seinem Eintreffen in Bonn bei, und das Korpsleben
verschaffte ihm alle Lebensfreuden, die Hinzpeter ihm so viele Jahre vorenthalten hatte [8]. Von allen deutschen Studentenverbindungen galt Borussia
als das aristokratische Korps schlechthin, und war, wie alle anderen auch,
bekannt für seine Voreingenommenheit Juden gegenüber, die unnachsichtig
ausgeschlossen wurden [9]. Der Prinz war ein begeisterter Konkneipant; im
Verlauf seines späteren Lebens dachte er mit großer Anhänglichkeit an seine
Korpsverbindung zurück und trug gern sein farbenprächtiges Borussenjackett.
Er schätzte die von den Studentenverbindungen geförderte patriotische Gesinnung und betrachtete sie als nützliche Erfahrung für zukünftige Staats-
männer [10]. Zwischen den Borussen und dem in Bonn stationierten Königs-
Husarenregiment bestand ein enger Kontakt, und viele Korpsbrüder Wilhelms dienten ihr Jahr Militärzeit bei diesem Regiment ab. Einer von Wilhelms guten Freunden bei den Husaren war ein Jude namens Walter Mossner, den er später adelte und zu seinem Adjutanten ernannte [11]. Der Regimentskommandeur sah den Prinzen häufig als Gast bei sich, und Wilhelm
ging mit den Husaren und dem ansässigen Adel auf Jagd. Außerdem besuchte
er häufig seine Großmutter, die Kaiserin Augusta, in ihrem monumentalen
Palast in Koblenz am Rhein und verkehrte dort auf ihren Wunsch mit den
Offizieren des in Koblenz stationierten Garde-Grenadierregiments No. 4 [12].

Nach Abschluß des vierten Semesters in Bonn befahl Wilhelm I. seinem
Enkel im Oktober 1879, den Dienst beim 1. Garderegiment zu Fuß in Pots-

---

[8] *Rupprecht Leppla* (Hrsg.), *Carl Justi / Otto Hartwig:* Briefwechsel, 1858–1903,
Bonn 1968, 272–273; ferner *Prinz Alexander von Hohenlohe,* Aus meinem Leben,
Frankfurt a. Main 1925, 367. Auch von Liebenaus intellektuellen Fähigkeiten war
Justi nicht beeindruckt.

[9] Über die Borussen siehe *Lamar Cecil,* The German Diplomatic Service, 1871–
1914, Princeton 1976, Kap. III; für Beispiele von Antisemitismus in anderen studentischen Verbindungen siehe *Emil Herz,* Before the Fury. Jews and Germans before
Hitler, New York 1966, 175–176; *Franz Oppenheimer,* Erlebtes, Erstrebtes, Erreichtes. Erinnerungen, Berlin 1931, 71–75.

[10] *Ludwig Raschdau,* Unter Bismarck und Caprivi. Erinnerungen eines deutschen
Diplomaten aus den Jahren 1885–1894, Berlin 1939, 215; *Raschdau,* In Weimar als
Preußischer Gesandter. Ein Buch der Erinnerungen an deutsche Fürstenhöfe, 1894 bis
1897, Berlin 1939, 48; *Wilhelm II.,* Aus meinem Leben, 163–164; Notiz des *Prinzen
Max von Ratibor und Corvey,* 4. Mai 1901, Haus-Archiv, Geheimes Staatsarchiv
Preußischer Kulturbesitz (G.St.Pr.K.), Berlin-Dahlem, Repertorium 53 a, Nr. 44.

[11] Die gesellschaftliche Stellung der Mossner-Familie war außergewöhnlich, denn
Mossners Vater hatte dem Prinzen Wilhelm von Preußen, dem späteren Wilhelm I.,
geholfen, während der Revolution 1848 aus Berlin zu flüchten. Siehe *Hutten-Czapski,*
Sechzig Jahre, I, 108; ferner *Bernhard von Bülow,* Denkwürdigkeiten (4 Bde.), Berlin
1930–31, IV, 233–234; *Princess Friedrich Leopold of Prussia,* Behind the Scenes
at the Prussian Court, London 1939, 85; *Siegmund Kaznelson,* Juden im deutschen
Kulturbereich. Ein Sammelwerk, Berlin 1962, 817–818.

[12] *Wilhelm II.,* Aus meinem Leben, 167.

dam wiederaufzunehmen. Der Prinz wohnte im Neuen Palais Friedrichs des
Großen, verbrachte seine Freizeit aber überwiegend im Regimentskasino.
Anfang 1888 heiratete Wilhelm die Prinzessin Auguste Viktoria von Schleswig-Holstein, die weder Geld besaß noch sich durch Schönheit oder gesellschaftliches Ansehen auszeichnete. Es war eine Verbindung, die weitgehend
durch den Umstand begünstigt wurde, daß Braut und Bräutigam schon in
früher Jugend ein fester protestantischer Glaube verband, der bei der Braut
schon an Puritanismus zu grenzen drohte[13]. Selbst nach seiner Heirat fuhr
Wilhelm fort, häufig das Kasino zu besuchen und an dem Umgang, den er
dort hatte, viel Freude zu finden. Seine konservative Einstellung und seine
soldatischen Allüren verfestigten sich zum Kummer des Vaters, der 1883
erklärte: „So geht es mir nun mit meinem Sohn: Er ist der richtige Garde-
lieutenant[14]." Die zunehmende Identifizierung des Prinzen Wilhelm mit der
preußischen Armee in den Jahren nach 1877, und besonders mit ihren in
Potsdam stehenden höchst aristokratischen Regimentern, setzte ihn den Einflüssen einer der Bastionen des Antisemitismus im kaiserlichen Deutschland
aus. Der Adelskodex der preußischen Armee bestimmte, daß Juden sich nicht
für Kommandostellen eigneten. Obgleich es einigen Wenigen wie Mossner
gelang, sich ihren Weg in das Offizierskorps zu bahnen, beschränkte man die
Juden doch fast immer auf die unteren Chargen und übertrug ihnen nur
untergeordnete Aufgabengebiete. Genauso starke Vorurteile herrschten im
Reserve-Offizierskorps[15].

Die Voreingenommenheit gegen Juden in der Armee war eine Rückwirkung der beim Adel herrschenden Vorurteile, die sich zu der Zeit, als Wilhelm in die Armee eintrat, noch entschiedener auszuprägen begannen. Die
Feindseligkeit des preußischen Adels gegen das Judentum gründete sich auf
viele Umstände. Der wichtigste Grund war vielleicht der Unwille des Adels
über den wirtschaftlichen Aufstieg, dessen sich die Juden in Deutschland
erfreuten*. Der Adel glaubte, dieser jüdische Aufstieg sei auf Kosten seines
eigenen Ruins erfolgt[16]. Die Neigung, die Juden mit der schwächer werden-

[13] Über die religiöse Grundlage der Ehe siehe *Richard Kühn* (Hrsg.), Kaiserin
Augusta von Preußen. Bekenntnisse an eine Freundin. Aufzeichnungen aus ihrer
Freundschaft mit Jenny von Gustedt, Dresden 1935, 284–289.
[14] *Norman Rich* und *M. H. Fisher* (Hrsg.), Die geheimen Papiere Friedrich von
Holsteins (4 Bde.), Göttingen 1956–1963, II, 50.
[15] *Kuno Graf von Westarp*, Konservative Politik im letzten Jahrzehnt des Kaiser-
reiches (2 Bde.), Berlin 1935, I, 298–299; *General Hermann von Stein*, Erlebnisse und
Betrachtungen aus der Zeit des Weltkrieges, Leipzig 1919, 165–167; *Hutten-Czapski*,
Sechzig Jahre, I, 63–64; *Huret*, En Allemagne, 343, 370; *Werner T. Angress*, Prussia's
Army and the Jewish Reserve Officer Controversy before World War I, in: Year
Book XVII of the Leo Baeck Institute, London 1972, 19–42.
* Zum Nachfolgenden siehe ebenfalls den Beitrag von *Werner E. Mosse*, Die Juden
in Wirtschaft und Gesellschaft, im vorliegenden Band S. 87 f. (Hrsg.).
[16] Über die symbiotischen Zusammenhänge zwischen Wirtschaftsdepression und
Antisemitismus im kaiserlichen Deutschland siehe *Hans Rosenberg*, Große Depression

den Lage der Aristokratie in Zusammenhang zu bringen, war zweifellos auch
auf die Tatsache zurückzuführen, daß ein großer Teil des preußischen Adels
seine finanziellen Angelegenheiten in die Hände jüdischer Bankiers gelegt
hatte, die unglücklicherweise nicht imstande waren, den sich seit etwa 1875
trostlos entwickelnden Markt für landwirtschaftliche Erzeugnisse zu bessern
oder die daraus folgende Verschuldung der Gutsbesitzer herabzumindern[17].

Eine andere Ursache, die dem Vorurteil der Aristokratie gegen die Juden
Nahrung gab, waren die gesellschaftlichen Ambitionen wohlhabender Juden
in der Hauptstadt, die Wilhelm als junger Gardeoffizier, der sich in der obersten Berliner Gesellschaftsschicht bewegte, täglich Gelegenheit hatte zu beobachten[18]. Jüdische Gastgeberinnen liefen der Gesellschaft mit Zähigkeit nach,
und ihre Salons zeichneten sich durch Geschmack und Luxus aus. Einer der
Anziehungspunkte dieser Veranstaltungen war, daß sie Adligen eine Gelegenheit boten, Jüdinnen mit reicher Mitgift kennen zu lernen, mit deren Vätern
sich vielleicht Heiratskontrakte abschließen ließen. Die Bereitschaft für Anträge, die zu solchen Heiraten führten, gründete sich vermutlich mehr auf
finanzielle Überlegungen als daß sie von unwiderstehlichen körperlichen Reizen ausgelöst wurde, denn die Bräute, soweit sie nicht dem Christentum
angehörten, waren stets reiche Mädchen. Einen anderen Weg, den die Juden
beschritten, um in die Berliner Gesellschaft einzudringen, boten die vom
Adel frequentierten Klubs. Verschiedene prominente Juden, deren Vermögen
groß genug war, wurden als Mitglieder zugelassen, sie fanden dann dort
Verkehr mit solchen Adligen, die noch kreditwürdig waren. Andere Juden
ließen sich taufen und auf ihren Festen ostentativ Schweinebraten servieren,
oder sie stifteten den von der Krone besonders geförderten Wohltätigkeits-

---

und Bismarckzeit. Wirtschaftsablauf, Gesellschaft und Politik in Mitteleuropa, Berlin
1967, 88–117, und *Hans-Jürgen Puhle*, Agrarische Interessenpolitik und preußischer
Konservatismus im wilhelminischen Reich (1893–1914)..., Hannover 1966, 116–117.

[17] Über Verluste der Aristokratie durch jüdische Bankiers siehe *Hutten-Czapski*,
Sechzig Jahre, I, 238, 555; ferner General *Baron Paul von Schoenaich*, Mein Damaskus. Erlebnisse und Bekenntnisse, Berlin 1926, 14. Über Juden als Bankiers des Adels
siehe u. a. die 313 Briefe von Gerson von Bleichröder an Otto und Herbert von
Bismarck im Kanzler-Nachlaß, Mikrofilmkopie, Bundesarchiv Koblenz, reel FC
2955; *Fritz Stern*, Gold and Iron. The Collaboration and Friendship of Gerson
Bleichröder and Otto von Bismarck, American Historical Review, LXXV, Nr. 1
(Oktober 1969), 37–46; *Elisabeth von Heyking*, Tagebücher aus vier Weltteilen,
1886–1904, Leipzig 1926, 132; *Hans Fürstenberg* (Hrsg.), *Carl Fürstenberg*, Die
Lebensgeschichte eines deutschen Bankiers, Wiesbaden 1961, 35–36, 58; *Count Paul
Vasili* (Pseud.), La Société de Berlin, Paris 1884, 21–22. Den besten Bericht über die
Auswirkung des landwirtschaftlichen Niedergangs auf die ostelbischen Gutsbesitzer
gibt *Karl W. Hardach*, Die Bedeutung wirtschaftlicher Faktoren bei der Wieder-
einführung der Eisen- und Getreidezölle in Deutschland, Berlin 1967. Über die jüdischen Bankiers der Hohenzollern siehe *Rich* und *Fisher* (Hrsg.), Die geheimen Papiere
Friedrich von Holsteins, II, 79; *Fürstenberg*, Lebensgeschichte, 272.

[18] Das Folgende basiert auf *Lamar Cecil*, Jew and Junker in Imperial Berlin, in:
Year Book XX of the Leo Baeck Institute, London 1975.

unternehmen riesige Summen. Einige wenige von ihnen wurden zur Belohnung geadelt oder auf andere Weise ausgezeichnet. Diese Entwicklung nahm unter Wilhelm I. ihren Anfang, gewann aber nach der Thronbesteigung seines Enkels im Jahre 1888 ständig an Bedeutung. Boshafte Berichterstatter aus Kreisen der Aristokratie waren schnell bei der Hand, gehässige Vergleiche zu ziehen zwischen der am Hofe Wilhelms I. herrschenden Eleganz und Exklusivität und der Berliner Gesellschaft zur Zeit seines Enkels mit ihrem Theater- und Flitterglanz und der bedauerlichen Demokratisierung der Gesellschaft.

Trotz dieses Eindringens der Juden in die Gesellschaft – was übrigens nur einer Handvoll der reichsten Finanz- und Industriemagnaten gelang – blieben Juden von vielen Bereichen ausgeschlossen. Aristokraten besuchten wohl gelegentlich jüdische Häuser, aber nur wenige Juden erhielten Einladungen in adlige Salons, und es gab eine Reihe exklusiver Zivil- und Militärklubs, zu denen sie überhaupt nicht zugelassen wurden. Aristokraten, die Juden bei sich empfingen, waren gewöhnlich Persönlichkeiten aus der Politik, ihre Einladungen schlossen aber nur selten auch die jüdischen Ehefrauen ein. Solche Gelegenheiten dienten daher nicht weniger geschäftlichen Zielen als gesellschaftlichen Zwecken.

Der Grund für dieses Vorurteil gegen Juden in aristokratischen Gesellschaftskreisen lag in dem Neid, den der Adel angesichts seiner eigenen verfallenden Wirtschaftskraft empfand, während gleichzeitig der in Berlin so nachdrücklich zur Schau getragene jüdische Reichtum von Jahrzehnt zu Jahrzehnt wuchs. Juden erwarben die großen Paläste in Berlin und drängten sich in die eleganten Kurorte, die der Aristokratie einstmals ungestörte Zufluchtsstätten bedeuteten. Extravaganzen, die sich der Adel nun nicht mehr leisten konnte, wandelten sich zu einem „jüdischen" Laster, Strebsamkeit zu einem „jüdischen" Charakterzug, Intelligenz und guter Geschmack, durch die sich die jüdische Elite in Berlin auszeichnete, erregten Argwohn. Auch auf dem Lande traten Juden in Erscheinung. Wer von ihnen Geld besaß und gesellschaftliche Ambitionen verfolgte, kaufte sich Güter, die der Adel nicht länger imstande war zu halten, während ihre weniger kultivierten Glaubensbrüder vom ländlichen Adel als schmutzige Hausierer, erpresserische Getreide- und Viehhändler oder als Wucherer angeprangert wurden [19]. Im Glauben, beschwindelt worden zu sein, brandmarkte Herbert von Bismarck seinen Pferdehändler als „Pferdejuden" [20].

---

[19] *Hellmut von Gerlach*, Von Rechts nach Links, Zürich 1937, 108–109; *Huret*, En Allemagne, 345; *Ulrich von Wilamowitz-Moellendorff*, Erinnerungen, 1848–1914, 2. rev. Ausg., Leipzig 1928, 38–41.
[20] Über Pferdehändler siehe *Wilamowitz-Moellendorff*, Erinnerungen, 38; Herbert Bismarck an Kuno Graf von Rantzau, 25. Sept. 1886, Nachlaß Bismarck, reel FC 3014, frame 873. *Hellmut von Gerlach*, Erinnerungen eines Junkers, Berlin 192[?], 59–62; über Getreidehändler, *Fürstenberg*, Lebensgeschichte, 113. Siehe auch *Karl A. von Müller* (Hrsg.), Fürst Chlodwig zu Hohenlohe-Schillingsfürst: Denkwürdig-

Wohl gab es einige Aristokraten, die Juden hochschätzten oder zum mindesten mit ihnen sympathisierten und die die antisemitische Hetze rechtsstehender Parteien widerwärtig fanden, aber die Mehrzahl von ihnen war ausgesprochen geneigt, die Gefahr von links auf jüdische Einflüsse zurückzuführen; sie waren daher eifrig bemüht, die Stellung der konservativen Parteien gegen die steigende Flut des Liberalismus zu stärken[21]. Eine Zielscheibe besonderer Verunglimpfung bildeten die Sozialdemokraten und die so häufig mit ihnen verbündete Fortschrittspartei, „die Judenpartei par excellence", wie der antisemitische General Graf Alfred von Waldersee sich ausdrückte[22]. Die durch die Juden verkörperte politische Gefahr wurde in den Augen der Aristokratie durch die Tatsache unterstrichen, daß sich viele der tonangebenden Zeitungen und Zeitschriften in Deutschland und im Ausland, die sich übereinstimmend kritisch über die konservative politische Struktur in Berlin äußerten, im Besitz von Juden befanden[23]. Am meisten entrüsteten sich viele Adlige über die beißende Kritik an der monarchischen Ordnung in Maximilian Hardens schockierender *Zukunft,* die in ihren respektlosen Attacken schonungslos war[24].

Während es dem Adel nicht gelang, die steigende Flut des Liberalismus in der Presse und im Parlament einzudämmen, blockierte er jedoch wirksam jedes Eindringen deutscher Juden in die preußische oder kaiserliche Bürokratie. Ebenso wie die Armee sollte der Staat frei von jüdischem Einfluß bleiben. Der einzige Zugang, den die Juden erreichten, führte in das Justizwesen. Zwar beklagte der Adel diese Entwicklung, war aber bereit, sich damit abzufinden, da es sich hier um einen Zweig des Regierungsdienstes handelte,

---

keiten der Reichskanzlerzeit, Stuttgart – Berlin 1931, III, 37; *Herz,* Before the Fury, 188–189, über jüdische Betätigung in der Landwirtschaft außerhalb Preußens.

[21] Über Sympathie in der Aristokratie für Juden siehe *Gerlach,* Von Rechts nach Links, 109–118; *Gerlach,* Erinnerungen, 107–118; *Wilamowitz-Moellendorff,* Erinnerungen, 40–41.

[22] Über Angriffe der Aristokratie auf den Sozialismus siehe *Westarp,* Konservative Politik, I, 338; *Anon.* (wahrscheinlich eine *Madame Morel,* Frau eines türkischen Diplomaten), From an Eastern Embassy. Memories of London, Berlin and the East..., Philadelphia 1920, 158; *Otto Graf zu Stolberg-Wernigerode,* Die unentschiedene Generation. Deutschlands konservative Führungsschichten am Abend des Ersten Weltkrieges, München 1968, 188–189. Über die Feindseligkeit des Adels gegen die Fortschrittspartei und den Liberalismus und ihre Gleichsetzung mit Juden siehe *Waldersee,* Denkwürdigkeiten, I, 394, II, 12–13, 405; Bernhard von Bülow an Eulenburg, 13. März 1893, BA Koblenz, Nachlaß Eulenburg, XXIII, 133–134; Otto von Bismarck an Prinz Heinrich VII. Reuss, kein Datum (ca. 1888), Nachlaß Bismarck, FC 2977/692.

[23] *Gerlach,* Erinnerungen, 23–24; Eulenburgs Notizen 27. Dezember 1887, Nachlaß Eulenburg, II, 106–108; über eine lebhafte Diskussion der Frage, warum sich Juden von der Pressearbeit angezogen fühlen, siehe *Oppenheimer,* Erlebtes, 62. Über jüdische Tätigkeit im Verlagswesen siehe *Kaznelson,* Kulturbereich, 134–146.

[24] Eulenburg an Baron Axel von Varnbüler, 6. März 1894, Nachlaß Eulenburg, XXVIII, 216–216 b; *Raschdau,* In Weimar, 113, 124.

zu dem man selbst wenig Neigung empfand[25]. Das vom Adel bevorzugte
Reservat des Staatsdienstes war das Auswärtige Amt, in dem Bürgerliche
auf untergeordnete Stellungen verwiesen und Juden praktisch ausgeschlossen
wurden. Holstein galt als Wortführer des Antisemitismus in der Wilhelmstraße 76. So erklärte er Eulenburg eines Tages, ein jüdischer Anwärter für
den Diplomatendienst müsse zurückgewiesen werden, weil

> „es sich hier nicht bloß um *einen* Semiten handelt, sondern daß durch die von ihm
> gemachte Bresche alsbald mehrere von seinesgleichen nachdrängen werden ... Ist
> aber Einer reingekommen, so wird ein Zetergeschrei entstehen, wenn man andere
> ablehnt."[26]

II

Die Umgebung, in der sich Wilhelm II. bewegte, sobald er auf die Universität gegangen war und sich anschließend dem Militärdienst und gesellschaftlichen Leben in Potsdam und Berlin widmete, war demnach eine von
Vorurteilen und Ressentiments gegen Juden durchtränkte Welt. In der Mitte
der achtziger Jahre, kurz nach seiner Rückkehr von Bonn nach Potsdam,
geriet Wilhelm nun unter den Einfluß von drei Männern – den Grafen Herbert von Bismarck, Alfred von Waldersee und Philipp zu Eulenburg –, die
alle den Juden ausgesprochen feindlich gegenüberstanden.

Nähere Bekanntschaft mit Herbert Bismarck schloß Wilhelm zuerst im
Jahre 1884 und zwar auf einer Reise nach St. Petersburg, wo Herbert als
Erster Sekretär der Deutschen Botschaft fungierte. Ein Jahr später kehrte
der Sohn des Kanzlers nach Berlin zurück und wurde Unterstaatssekretär im
Auswärtigen Amt. Herbert war ein beeindruckender Mensch, dessen Witz
und Geselligkeit Wilhelm hoch schätzte. Noch während der Prinz in Rußland
weilte, entspann sich zwischen beiden eine lebhafte Korrespondenz, bis diese
erste Verbindung zu einer Freundschaft reifte[27]. Ähnlich wie sein Vater

---

[25] Über die Rolle der Juden im Gerichtswesen siehe *Hohenlohe*, Reichskanzlerzeit,
481; *Huret*, Allemagne, 344–345; Friedrich III., Tagebücher, 126, 129; *A. Hohenlohe*,
Aus meinem Leben, 328; *Eugen Schiffer*, Ein Leben für den Liberalismus, Berlin
1951, 154–155; *Herbert von Hindenburg*, Am Rande zweier Jahrhunderte. Momentbilder aus einem Diplomatenleben, Berlin 1938, 46–47. Siehe auch *Jacob Toury*, Die
politischen Orientierungen der Juden in Deutschland. Von Jena bis Weimar, Schriftenreihe wissenschaftlicher Abhandlungen des Leo Baeck Instituts, Bd. 15, Tübingen
1966, 239; *Jacob Segall*, Der Anteil der Juden in Deutschland an dem Beamtenstand,
Zeitschrift für Demographie und Statistik der Juden, Berlin 1912, 54–55; *Lysbeth W.
Muncy*, The Junker in the Prussian Administration under William II, 1888–1914,
Providence 1944, 70–73; *Kaznelson*, Kulturbereich, 662–667.

[26] Brief vom 21. Juli 1898, BA Koblenz, Nachlaß Eulenburg, LI, 168–170. Siehe
Cecil, Diplomatic Service, Kap. III, über den alles durchdringenden Antisemitismus
in der Wilhelmstraße.

[27] Die Korrespondenz befindet sich im Nachlaß Bismarck, FC 2986/480–553. Siehe
auch Herbert von Bismarck an Wilhelm von Bismarck, 13. Mai 1884, aaO, FC 3011/

empfand Herbert für seine Mitmenschen nichts als Verachtung. Sein guter
Freund Bernhard von Bülow, der sich gern in Herberts Gesellschaft aufhielt und seine intellektuellen Fähigkeiten bewunderte, sprach einmal sein
Bedauern darüber aus, daß Herbert a priori alle Menschen für Kanaillen
hielt[28]. Insbesondere verabscheute Herbert die Juden; er nannte sie Streber
und Betrüger, was ihn aber nie davon abhielt, sich bei ihnen Informationen
zu holen oder ihre Gastfreundschaft in Anspruch zu nehmen[29]. Das Vorurteil gegen die Juden, das Wilhelm von Herbert übernommen haben mag,
wurde durch die häufigen Kontakte, die er mit dem Kanzler während der
ganzen achtziger Jahre hatte, nur noch verstärkt. Otto von Bismarck war
weniger lautstark in seinem Antisemitismus als sein Sohn, aber er neigte
dazu, jede Eigenschaft, die er bedauerte, mit jüdisch gleichzusetzen oder sich
Juden als Opfer seiner einzigartigen Begabung für Schimpfkanonaden aus-
zuwählen[30]. Die bärbeißige Frau des Kanzlers teilte das Vorurteil von Vater
und Sohn[31]. Otto und Herbert waren beide Diplomaten, und auf Herberts
Vorschlag wurde Wilhelm 1886 in die Arbeit des Auswärtigen Amtes eingeführt. Die Verbindung mit den Bismarcks setzte Wilhelm den antisemitischen Einflüssen aus, die in den höchsten aristokratischen Kreisen der Bürokratie vorherrschten.

Etwa 1883 begannen Wilhelms Besuche bei dem Grafen Waldersee, einem
ehrgeizigen scheinheiligen Intriganten, der mit einer Amerikanerin von kaum
erträglicher Frömmigkeit verheiratet war[32]. Bald stattete der Prinz Walder-

---

389; und an Holstein, 18. Mai 1884, Nachlaß Holstein, 3853/H 190699; Holstein
an Karl von Eisendecher, 5. Juli 1889, aaO, 3847/E 359788–92; *Waldersee*, Denkwürdigkeiten, I, 238–239, 281–282, 299.

[28] Bülow an Eulenburg, 2. März 1890, BA Koblenz, Nachlaß Bülow, Nr. 75; auch
Holstein Tagebuch 10. Januar 1884 und 15. Oktober 1885, Nachlaß Holstein, 3860/
H 195745, 3861/H 196110–11.

[29] Herbert von Bismarck an Bülow, 22. November 1884, BA Koblenz, Nachlaß
Bülow, Nr. 65; und an Otto von Bismarck, 24. Februar 1877, Nachlaß Bismarck,
FC 3003/192–193; an Holstein, 9. August 1882, Nachlaß Holstein, 3824/E 34486; an
Franz von Rottenburg, 25. September 1887, BA Koblenz, Nachlaß Rottenburg,
Nr. II/2. Siehe auch Herberts Briefe an Holstein vom 22. Februar, 3. März und
7. Oktober 1884, Nachlaß Holstein, 3853/ H 190673, 190678, 190743.

[30] *Karl W. Nowak* und *Friedrich Thimme* (Hrsg.), Erinnerungen und Gedanken
des Botschafters Anton Graf Monts, Berlin 1932, 40; *Moritz Busch*, Bismarck. Some
Secret Pages of his History, 3 Bde., London 1898, III, 383; *Arthur von Brauer*, Im
Dienste Bismarcks. Persönliche Erinnerungen, Berlin 1936, 187, 196; *Herman von
Petersdorff* u. a. (Hrsg.), Bismarck. Die gesammelten Werke, 15 Bde., Berlin 1923–33,
IX, 87.

[31] *Bunsen*, Zeitgenossen, 51–52.

[32] Über Waldersee siehe seine Denkwürdigkeiten und auch *Heinrich O. Meissner*
(Hrsg.), Aus dem Briefwechsel des Generalfeldmarschalls Alfred Graf von Waldersee,
Berlin–Leipzig 1928. Die Briefe von Gräfin Waldersees amerikanischen Verwandten,
mit denen sie korrespondierte, hinterlegt in der Waldersee Collection in der Houghton
Library, Harvard University, Cambridge/Mass., sind sehr wenig aufschlußreich,

see tägliche Besuche ab, während sich die Gräfin Waldersee bei der Prinzessin Auguste Viktoria beliebt gemacht hatte, da beide ein inbrünstiger protestantischer Glaube und eine mittelmäßige Intelligenz miteinander verband. Es war auf den Einfluß der Waldersees zurückzuführen, daß sich Wilhelm und seine Frau in der Christlich-sozialen Bewegung Adolf Stoeckers engagierten, den Wilhelm I. 1874 zum Hofprediger ernannt hatte[33].

Stoecker* war alarmiert durch die steigende Tendenz in der deutschen Arbeiterklasse, sich von der Protestantischen Kirche zu lösen, und besorgt wegen der sich daraus ergebenden Schwächung des monarchischen Gedankens im Volk. Er führte diese Entwicklung auf die egoistische, laissez-faire-Einstellung der besitzenden Schichten zurück, die aus ihrer Gleichgültigkeit gegenüber der Not der städtischen Armen aufgeweckt werden müßten. Sonst würde sich die Abwanderung der Massen zur Sozialdemokratie unablässig fortsetzen. 1877 hatte Stoecker die Arbeit der Berliner Stadtmission übernommen, die Kirche, Versammlungssaal und ein soziales Fürsorgezentrum in sich vereinigte. Er hoffte, sie würde sich zu einem Instrument entwickeln, durch das sich seine Botschaft verbreiten ließe. Im darauffolgenden Jahr gründete der Hofprediger die Christlich-soziale Arbeiterpartei, die alle Schichten umfassen sollte, sich aber als wenig erfolgreich erwies. Erst als er 1879 begann, die Juden anzugreifen, gewann Stoecker eine breite Gefolgschaft im Mittelstand und eine Anzahl von Konvertiten aus den Kreisen der Aristokratie. Stoeckers Antisemitismus gründete sich auf seine Überzeugung, daß der durch Börsenspekulationen erworbene Reichtum der Juden die unausbleibliche Folge des Liberalismus manchesterlicher Prägung sei, wie er von den bürgerlichen Liberalen gepredigt wurde. Das Ergebnis der jüdisch-liberalen Allianz sei die Verarmung der deutschen Arbeiterklasse und ihre Abwanderung zum gottlosen Sozialismus.

Stoecker, der mit einer wohlhabenden Frau verheiratet war, ein Landhaus sein eigen nannte und gern auf großem Fuß lebte, hatte eine Schwäche für aristokratischen Umgang und empfand die Unterstützung seiner Sache durch

---

ebensowenig wie der auf ihnen basierende Amateur-Bericht von *Alson J. Smith*, A View of the Spree, New York 1962. Die kaum erträgliche Frömmigkeit der Gräfin wird geschildert in *Elisabeth Gräfin von Waldersee*, Von Klarheit zu Klarheit. Gräfin Marie Esther von Waldersee, Stuttgart 1915.

[33] Über Stoecker siehe die ausführliche Biographie von *Walter Frank*, Hofprediger Adolf Stoecker und die christlich-soziale Bewegung, 2. redigierte Aufl., Hamburg 1935; ferner *Puhle*, Agrarische Interessenpolitik, 116–121, wodurch die Literatur auf den heutigen Stand gebracht wird, und *Klaus Erich Pollmann*, Landesherrliches Kirchenregiment und soziale Frage. Der evangelische Oberkirchenrat der altpreußischen Landeskirche und die sozialpolitische Bewegung der Geistlichen nach 1890, Berlin 1973. *Max Braun*, Adolf Stoecker, redigierte Auflage, Berlin 1929, enthält wenig zusätzliche Informationen.

* Zu Stoecker siehe ebenfalls den Beitrag von *Werner Jochmann*, Struktur und Funktion des deutschen Antisemitismus, im vorliegenden Band S. 412 ff. (Hrsg.).

den Adel als höchstlich befriedigend[34]. 1881 wurde der Name der Partei in Christlich-soziale Partei abgeändert, um ihre achtbaren Mitglieder nicht zu verletzen. Die Unterstützung, der sich Stoecker in der Gesellschaft erfreute, fand keinen Niederschlag am Hofe. Die Kaiserin Auguste mißbilligte seinen Antisemitismus, und nicht anders dachten ihr Sohn und ihre Schwiegertochter, der Kronprinz und die Kronprinzessin[35]. Wilhelm I. nahm zwar an Stoeckers Ideen keinen Anstoß, war aber keineswegs damit einverstanden, einen Hofprediger eine so demagogische Rolle in der Hauptstadt spielen zu sehen[36]. 1885 erwog der Kaiser Stoeckers Entlassung von seinem Amt, aber es gelang Prinz Wilhelm, diesen Schritt zu vereiteln, indem er seinen Großvater davon überzeugte, daß die Angriffe auf Stoecker das Werk jüdischer Agitation seien[37].

Prinz Wilhelm und seine Frau fühlten sich mit vielen anderen von Stoeckers magnetischer Persönlichkeit und den ihm innewohnenden Kräften angezogen. „Der Stoecker hat doch etwas von Luther", verlautete er gegenüber Herbert Bismarck[38]. Im November 1887 erklärte Wilhelm sich bereit, den Vorsitz einer Versammlung zu übernehmen, die in Waldersees Wohnung stattfand und an der eine Anzahl Würdenträger aus Regierungs- und Kirchenkreisen teilnahmen[39]. In seinen Ausführungen vor der Versammlung rühmte Wilhelm die Bewegung des Hofpredigers und forderte ihre Ausdehnung über ganz Deutschland. Nie bereit, Kritik zu dulden, war der Prinz erbost über die in der liberalen, seiner Meinung nach von Juden kontrollierten Presse erscheinenden Artikel, die seine Anwesenheit in der Versammlung und seine Unterstützung Stoeckers rügten. Es war das erste Mal, daß er von der deutschen Presse in dieser Weise behandelt worden war, und er schätzte es gar nicht[40].

Ferner verdroß es Wilhelm, daß Bismarck seine Verbindung mit Stoecker mißbilligte[41]. Der Kanzler hatte nichts gegen den Antisemitismus des Hof-

---

[34] Über Stoeckers Schwäche für den Adel siehe *Gerlach,* Von Rechts nach Links, 106; *Johannes Kessler,* Ich schwöre mir ewige Jugend, München 1935, 89.

[35] *Frank,* op. cit., 84–85, 177; *Sir Frederick Ponsonby* (Hrsg.), Letters of the Empress Frederick, London 1928, 270–271; RA Z 38/103, Kronprinzessin Viktoria an Königin Viktoria, 28. Dezember 1887.

[36] *Frank,* op. cit., 98–100, 118–120, 143; ferner *Waldersee,* Denkwürdigkeiten, I, 352–353.

[37] *Frank,* op. cit., 145–146.

[38] *Otto von Bismarck,* Gedanken und Erinnerungen (3 Bde.), Stuttgart–Berlin 1919–1921, III, 5.

[39] Wilhelms Bericht über die Versammlung findet sich in seinem Aus meinem Leben, 340–341. Siehe auch *Herman v. Petersdorff,* Kleist-Retzow. Ein Lebensbild, Stuttgart–Berlin 1907, 516–517; *Albert von Puttkamer,* Staatsminister von Puttkamer. Ein Stück preußischer Vergangenheit, 1828–1900, Leipzig o. J., 176–180.

[40] Siehe S. 335–339 unten.

[41] *Rich* und *Fisher* (Hrsg.), Die geheimen Papiere Friedrich von Holsteins, II, 408–410; *Puttkamer,* Staatsminister von Puttkamer, 176–180. In seinen Gedanken

predigers; nur fand er, dieser sollte sich gegen die liberal-sozialistische jüdische Presse richten und nicht gegen reiche Juden wie seinen Bankier Gerson von Bleichröder, den Stoecker angegriffen hatte. Im übrigen teilte Bismarck die Abneigung Wilhelms I. gegen Stoeckers Demagogie und betrachtete seine Vorstellungen von Sozialfürsorge für die Arbeiterklasse als gefährlich kommunistisch. Außerdem rivalisierten sie mit seinen eigenen gemäßigteren sozialpolitischen Ideen. Auch beanstandete der Kanzler Stoeckers Anhänglichkeit an Waldersee und andere Persönlichkeiten, die den extremen rechten Flügel der Konservativen Partei vertraten und gegen die Kartellpolitik des Kanzlers opponierten [42]. Bismarck drängte daher den Prinzen Wilhelm, sich von Stoecker zurückzuziehen, der nach seinem Dafürhalten als Hofprediger nichts in der Politik zu suchen hätte. Das Ansehen der Krone könne nur leiden unter einer Verbindung mit Stoecker und seinen Anhängern, die Bismarck in ihrer Mehrzahl als prinzipienlose Egoisten verurteilte und die sich nur um den Hofprediger scharten, um sich bei dem späteren Thronfolger beliebt zu machen [43]. Angesichts dieses Widerstandes seitens Bismarcks und seiner eigenen Familie mußte Wilhelm seine Haltung überdenken. Wohl billigte er Stoeckers Ideen, war aber gezwungen zuzugeben, daß die Tätigkeit des Hofpredigers in der Stadtmission und der Christlich-sozialen Partei unvereinbar mit seinem Amt sei [44]. Das Problem löste sich, als Stoecker sich bereit erklärte, seine politische Agitation einzustellen. Als es sich aber im Laufe der Zeit erwies, daß er sich nicht an die Abmachung hielt, entließ ihn der neue Kaiser 1890 aus seinem Hofpredigeramt [45].

Die Stoecker-Episode lieferte den Anlaß für die erste Meinungsverschiedenheit zwischen Wilhelm und Bismarck. Zwar blieben die Beziehungen zwischen den beiden Männern korrekt, nachdem Wilhelm im Jahre 1888 den Thron bestiegen hatte, aber als sich schon bald eine Zusammenarbeit als nicht einfach erwies, gewährte der Kaiser dem Kanzler Anfang 1890 den Rücktritt. Es gab viele Gründe für die Verschlechterung ihrer Beziehungen, aber das Hauptproblem war Wilhelms Entschlossenheit, der wirkliche Herrscher in

---

und Erinnerungen, II, 7, verneinte *Bismarck,* Verfasser eines Artikels in der Norddeutschen Allgemeinen Zeitung gewesen zu sein, in dem die Verbindung des Prinzen Wilhelm mit Stoecker kritisiert wurde. Randbemerkungen Wilhelms II. in einem Exemplar des Buches im Geheimen Staatsarchiv beweisen, daß er den Kanzler für verantwortlich hielt. Haus-Archiv, G.St.Pr.K., Rep. 53 a, Nr. 42, 1.

[42] *Frank,* op. cit., 149–150; auch *Kessler,* Ich schwöre, 89; *Bismarck,* Gesammelte Werke, VI c, 382–385; *Waldersee,* Denkwürdigkeiten, I, 343, 351–352; *Puttkamer,* Staatsminister von Puttkamer, 178.

[43] Bismarcks Briefwechsel mit Wilhelm findet sich in *Bismarck,* Gedanken und Erinnerungen, III, 7–24.

[44] *Waldersee,* Denkwürdigkeiten, II, 46; ferner *Kessler,* Ich schwöre, 160.

[45] *Erhard Graf von Wedel* (Hrsg.), Zwischen Kaiser und Kanzler. Aufzeichnungen des General-Adjutanten Grafen Carl von Wedel aus den Jahren 1890–1894..., Leipzig 1943, 123–134.

Deutschland zu werden. Dieses Ziel ließ sich nur auf Kosten der weitgehenden Privilegien erreichen, die sich Bismarck im Laufe der achtundzwanzig Jahre an der Spitze der preußischen und kaiserlichen Regierungen angeeignet hatte. In seinen Bemühungen sich durchzusetzen, fand Wilhelm die Unterstützung Philipp Eulenburgs, der zwischen 1890 und 1900 der engste Freund und vertrauteste Berater des Kaisers wurde.

Nach einer zehnjährigen Dienstzeit in der preußischen Armee war Eulenburg 1879 in den Diplomatischen Dienst eingetreten. Zum ersten Mal begegnete er Wilhelm 1885, und der Prinz, der bereits mit Eulenburgs Musik vertraut war, entwickelte eine große Zuneigung zu diesem Mann [46]. Beide teilten die Begeisterung für die Schönen Künste und waren sich einig in ihrem Abscheu gegen üppige Jüdinnen, denen man im Tiergarten oder in den Kurorten, wie sie erklärten, unmöglich aus dem Wege gehen konnte. Am Ende eines Besuches bei seinem amerikanischen Zahnarzt beklagte sich der Kaiser: „Nun, Davis, Sie haben mich hier so lange mit Ihnen plaudern lassen, daß es mich fast meine Morgenpromenade gekostet hat. Trotzdem werde ich Sie jetzt auf einen Spaziergang durch den Tiergarten mitnehmen...", worauf er mit Widerwillen hinzugefügt haben soll: „Ich nehme an, ich muß dann auch alle die fetten Jüdinnen im Park begrüßen!" [47] Eulenburg gab sich keine Mühe, seinen Antisemitismus vor dem Kaiser zu verbergen. „Ich bin kein Judenfreund", bekannte er Wilhelm ganz unverblümt [48]. Er war voller Groll gegen großen jüdischen Reichtum, den Einfluß der Juden auf die Presse und ihr Eindringen in die eleganten Erholungsorte [49]. Bald wurde

---

[46] *Prinz Philipp zu Eulenburg-Hertefeld*, Aus 50 Jahren Erinnerungen, Tagebücher und Briefe, Berlin 1923, 134–135; *Johannes Haller*, Aus dem Leben des Fürsten Philipp zu Eulenburg-Hertefeld, Berlin 1924, 24.

[47] *Arthur W. Davis*, The Kaiser as I know him, New York–London 1918, 167.

[48] Eulenburg an Wilhelm II., 17. Dezember 1892, BA Koblenz, Nachlaß Eulenburg, XXII, 795. Für andere Beispiele von Eulenburgs Antisemitismus siehe aaO, XVIII, 201 a–d; XXII, 791–792; *Eulenburg*, Mit dem Kaiser als Staatsmann und Freund auf Nordlandreisen, 2 Bde., Dresden 1931, I, 162; *Eulenburg*, 50 Jahre, 113. Nach Eulenburgs Ansicht waren Juden gesellschaftlich ungeeignet für den Diplomatischen Dienst. Siehe seinen Brief an Holstein vom 9. Februar 1892 im Nachlaß Eulenburg, XVII, 65–67, und an Wilhelm II. vom 7. März 1894, aaO, XXVIII, 217.

[49] Über Eulenburgs Neid auf jüdischen Reichtum siehe Eulenburg an Wilhelm II., 1. März 1895 („Nathaniel Rothschild ... hat ein herrliches Haus und Kunstschätze, die sich ein Christ natürlich nicht anschaffen kann."), BA Koblenz, Nachlaß Eulenburg, XXXIV, 66–67; *Eulenburg*, Mit dem Kaiser, I, 162. Über seinen Verdruß mit Juden in Kurorten siehe seine 50 Jahre, 113, und seinen Brief aus Bad Gastein an Wilhelm II. vom 31. August 1890, Nachlaß Eulenburg, XII, 558–559, und einen anderen vom 1. September 1895, aaO, XXXVII, 591 d–l, ebenso wie eine undatierte Notiz von Eulenburg aus derselben Zeit, aaO, 591 b–d. Über Eulenburgs Abscheu vor der jüdischen Presse siehe seinen Brief an Baron Axel von Varnbüler vom 6. März 1894 und seine Bemerkungen über seinen Brief an Holstein vom 19. März 1894, beide in Nachlaß Eulenburg, XXVIII, 216–216 b, 247–248.

Eulenburg des Kaisers Busenfreund. 1897 bot Wilhelm ihm das Du an und verlieh ihm drei Jahre später die Prinzenwürde[50].

Wie die meisten Angehörigen seiner Familie, ein vollendeter Hofmann, stellte Eulenburg eine vertrauensvolle Beziehung zu der Kaiserin Auguste Viktoria her. Er schrieb ihr häufig, wenn sie und Wilhelm ihre Zeit auf sommerlichen Kreuzfahrten verbrachten. In seinen Briefen kamen antisemitische Bemerkungen vor, die vermutlich darauf abzielten, den ihm bekannten Vorurteilen der Kaiserin und ihrer Hofdamen, den unerschütterlich frommen „Halleluja-Tanten" nach dem Munde zu reden. Ein englisches Kinderfräulein hatte einmal die Kühnheit, Auguste Viktoria und ihrem Gefolge vorzuschlagen, in das Kaufhaus Wertheim zu gehen, um nach neuen Möbeln für den Palast Ausschau zu halten. „Sie waren von der Idee schockiert", berichtete das Fräulein. „Die Kaiserin putzte Wertheim herunter. War der Besitzer nicht ein Jude, und noch dazu ein sehr kunstverständiger, was alles um so schlimmer machte?"[51]

Als Eulenburg ein Kind war, lag sein Elternhaus in Berlin in der Straße gegenüber der Residenz Hans von Bülows, des gefeierten Dirigenten, und seiner Frau Cosima. Eulenburg hielt seine Beziehungen zu Cosima aufrecht, auch nachdem sie Bülow verlassen hatte und später Richard Wagner heiratete. Er kam häufig nach Bayreuth und erneuerte dort seine Bekanntschaft mit Graf Arthur de Gobineau, dessen *Essai sur l'inégalité des races humaines* (1853–55), wenn auch nicht spezifisch antisemitisch, die Überlegenheit der arischen Rasse geltend machte[52]. Durch Eulenburg wurde Wilhelm II. zum ersten Mal mit der Wagner-Familie zusammengebracht, und 1889 stattete der junge Kaiser Bayreuth seinen ersten Besuch ab. In seiner Jugend hatte Wilhelm die Musik des Meisters bewundert; er teilte diesen Geschmack mit einem großen Teil des preußischen Adels[53]. Wilhelms Begeisterung ging

[50] *Haller*, Leben Eulenburgs, 46; Eulenburgs Tagebuch am 8. Juli 1892, BA Koblenz, Nachlaß Eulenburg, XX, 503–504. Über die Adelsverleihung siehe *Lamar Cecil*, The Creation of Nobles in Prussia, 1871–1918, American Historical Review, LXXV, Nr. 3 (Februar 1970), 775–776.

[51] *Anne Topham*, Chronicles of the Prussian Court, London 1926, 188. Über einen Witz auf Kosten einer Wertheim-Tochter, die angeblich einen adligen Ehemann suchte, siehe *Wilhelm Widenmann*, Marine-Attaché an der kaiserlich-deutschen Botschaft in London, 1907–1912, Göttingen 1952, 38. Graf Max von Berchem, der den Witz erzählte, hatte eine jüdische Mutter. Auguste Viktorias Korrespondenz mit Eulenburg ist in *Eulenburg*, Mit dem Kaiser, wiedergegeben.

[52] Undatierte Notiz von Eulenburg, BA Koblenz, Nachlaß Eulenburg, IV, 156 bis 158; *Eulenburg*, 50 Jahre, 49. Eulenburg verfaßte eine Denkschrift über Gobineau unter dem Titel: Meine Erinnerungen an Graf Arthur Gobineau, Stuttgart 1906. Die Schrift erschien zuerst in mehreren Folgen in den Bayreuther Blättern 1886.

[53] Über Beispiele von der Begeisterung des Adels für Wagner und seine Musik siehe *Hutten-Czapski*, Sechzig Jahre, I, 42, 108, 396; *Vasili*, Société, 163–170; *Lord Frederic Hamilton*, The Vanished Pomps of Yesterday, Garden City 1921, 21–22; *Brauer*, Im Dienste Bismarcks, 147; Count Johann-Heinrich von Bernstorff, Memoirs, übersetzt von Eric Sutton, New York 1936, 28–29; *Marie von Bunsen*, Die Welt in

jedoch nicht allzu tief. Bülow meinte sogar, sie reiche nicht tiefer als die Tatsache, daß die Kronprinzessin, mit der ihr Sohn ständig im Streit lag, Wagner ablehnte [54]. Obgleich die Hupe seines Automobils das Donner-Motiv aus Rheingold erklingen ließ, zog Wilhelm die Opern von Lortzing, Auber oder Meyerbeer den Wagnerschen Schaustücken vor [55]. Zu der temperamentvollen Cosima fühlte er sich niemals hingezogen, während diese Eulenburg sehr nahe stand. Cosima ihrerseits hatte keine hohe Meinung von Wilhelms Intellekt. „Der Kaiser ist menschlich sehr sympatisch, aber um ihm auch nur die Anfangsgründe der Kunst klarzumachen, müßte ich drei Jahre mit ihm allein auf einer einsamen Insel sein." [56]

Der einzige Angehörige der Wagner-Familie, der einen wirklichen Einfluß auf Wilhelm II. ausübte, war Cosimas Schwiegersohn Houston Stewart Chamberlain, mit dem ihn Eulenburg 1901 bekannt machte. Chamberlains populäres Werk *Die Grundlagen des neunzehnten Jahrhunderts* (1899), welches die Juden als die Todfeinde des indo-arischen Germanentums anprangerte, erregte bald die Aufmerksamkeit des Kaisers. Wilhelm, der sich nie lange konzentrieren konnte, hatte Schwierigkeiten, irgend etwas zu Ende zu lesen, schon gar nicht ein aufgeblähtes Werk von mehr als tausend Seiten. Er nötigte daher völlig ungeeignete Personen wie zum Beispiel den General Anton von Mackensen zum Vorlesen. Den Inhalt des Buches verarbeitete er so gründlich, daß er ganze Seiten des Chamberlainschen Werkes auswendig zitieren konnte [57]. Wilhelm II. fand viele Argumente Chamberlains unwiderstehlich und es dauerte nicht lange, daß er über Auguste Viktoria und ihr Hofgefolge nächtliche Vorlesestunden aus dem Meisterwerk verhängte. Einem so langen und weitschweifigen Traktat ausgesetzt zu sein, rief bei vielen Zuhörern, die sich nicht gerade durch intellektuellen Eifer auszeichneten, eine gähnende Langeweile hervor, aber bei der Begeisterung des Kaisers gab es kein Entrinnen [58]. Später ordnete er an, daß die *Grundlagen* an allen preu-

---

der ich lebte. Erinnerungen aus glücklichen Jahren, 1860–1912, Leipzig 1929, 48; *Fritz Friedmann*, L'Empereur Guillaume II et la révolution par en haut. L'Affaire Kotze, Paris 1896, 39–40; *Radziwill*, Memoiries, 134–135; *Radowitz*, Aufzeichnungen, I, 269–271, 336–337, 357–359.

[54] *Bülow*, Denkwürdigkeiten, I, 148–149; cf. *Hutten-Czapski*, Sechzig Jahre, I, 396.

[55] *Walter Panofsky*, L'apothéose du Festival in Richard Wagner. Collections génies et réalités, Paris 1962, 260; *Anne Topham*, Memories of the Fatherland, New York 1916, 80; *Graf Robert Zedlitz-Trützschler*, Zwölf Jahre am deutschen Kaiserhof. Aufzeichnungen, Berlin – Leipzig 1924, 47.

[56] *Bülow*, Denkwürdigkeiten, I, 550.

[57] *Wolfgang Foerster* (Hrsg.), Mackensen. Briefe und Aufzeichnungen des General-Feldmarschalls aus Krieg und Frieden, Leipzig 1938, 27; *Kessler*, Ich schwöre, 156.

[58] *Gräfin Mathilde von Keller*, Vierzig Jahre im Dienst der Kaiserin. Ein Kulturbild aus den Jahren 1881–1921, Leipzig 1935, 226; *Prinz Heinrich von Schönburg-Waldenburg*, Erinnerungen aus kaiserlicher Zeit, Leipzig 1929, 166–167; *Bülow*, Denkwürdigkeiten, I, 172; *Eulenburg*, Mit dem Kaiser, II, 278.

ßischen, für die Ausbildung von Oberschullehrern verantwortlichen Lehrerseminaren zur Pflichtlektüre erklärt wurden. Im Januar 1901, am zwei-
hundertsten Jahrestag der Gründung der preußischen Monarchie, sandte Wilhelm ein mit eigenhändiger Unterschrift versehenes Gedenkblatt an Chamberlain. Die überschwengliche Danksagung Chamberlains war die erste schrift-
liche Äußerung zwischen den beiden Männern[59].

Eulenburg, der Wilhelms Gefallen an Chamberlain spürte und im übrigen
bestrebt war, den kargen intellektuellen Appetit des Kaisers anzuregen,
arrangierte ein Treffen der beiden. Er hoffte, wie er sich ausdrückte, daß
sich das Interesse des Kaisers bei näherer Bekanntschaft zu einer „brennenden
Flamme" entwickeln würde[60]. Die Begegnung fand am 28. Oktober 1891
auf Schloß Liebenburg statt, dem Gut Eulenburgs in der Nähe von Berlin,
wohin sich der Kaiser und sein Gefolge zu einer Jagd begeben hatten. Nach
dem Abendessen fand sich eine Gruppe zu einem Meinungsaustausch zusammen, der schließlich in einen Monolog Chamberlains ausartete. Die anwesenden Armeeoffiziere waren entrüstet, eine solche verkappt-anthropologische
Literaturkost zu sich nehmen zu müssen, um so mehr als das Geschwafel von
einem Engländer herrührte, aber Wilhelm war völlig in Bann geschlagen. Als
er Liebenburg verließ, versicherte er seinem Gastgeber, die Begegnung mit
Chamberlain habe die hohe Meinung bestätigt, die er sich bereits von ihm
gebildet hätte[61]. Der Kaiser lud Chamberlain ein, ihn zwei Tage später in
Berlin zu treffen, zu dem ersten vieler Besuche, die der Autor dem Palast
noch abstatten sollte. Nach dieser Begegnung begannen die beiden Männer,
lange Briefe miteinander zu wechseln. Wilhelm versicherte Chamberlain in
seinem ersten Schreiben: „Ihr Buch dem deutschen Volk und Sie persönlich
mir, sandte Gott, das ist bei mir ein unumstößlich fester Glaube."[62]

In seinen salbungsvollen Briefen an den Kaiser pries Chamberlain die Institution der Monarchie, legte Zeugnis ab für die Einmaligkeit und Überlegenheit der deutschen Rasse und ihres protestantischen Glaubens und bekundete
die Minderwertigkeit der Schwarzen, Juden und Engländer. Er zog her über
Ultramontanismus, Materialismus und Slawentum, aber die besondere Zielscheibe seiner Ausfälle bildete das Judentum. Er prangerte es als ein „zer-
fressendes Gift" an, das die deutschen Intellektuellen infiziert habe, die arische
Rasse durch Mischehen verdürbe und die deutsche Nation auf den bösen
Weg des Sozialismus führen würde[63]. Wilhelm bezeichnete Chamberlains

[59] Die Korrespondenz ist enthalten in *Chamberlain*, Briefe, 1882–1924 und Briefwechsel mit Kaiser Wilhelm II., 2 Bde., München 1928, 131–275. Über Wilhelms
beharrlichen Wunsch, daß zukünftige Lehrer mit den Grundlagen vertraut sein
sollten, siehe *Geoffrey G. Field*, Antisemitism and Weltpolitik, in: Year Book
XVIII of the Leo Baeck Institute, London 1973, 83, Anm. 60.

[60] *Eulenburg*, Erlebnisse an deutschen und fremden Höfen, Leipzig 1934, 321–323.

[61] AaO, 330–331.

[62] *Chamberlain*, Briefe, II, 143.

[63] Siehe im besonderen aaO, 132–141, 144–147, 150–151, 168–188. Über Wil

Briefe als „packend und ergreifend", aber obgleich er sie anfänglich ausführlich beantwortete, pflichtete er doch nicht ausdrücklich den antisemitischen
Tendenzen bei, die hier so unverhüllt zum Ausdruck kamen. Zwar stimmte
der Kaiser Chamberlains Glorifizierung des Germanentums freudig zu, aber
er betrachtete den römischen Katholizismus – „Die Totenmacht von ‚Ubi-
quitous' Rom" – eher als das Judentum als seinen schädlichsten Feind[64].
Chamberlains Theorien interessierten den Herrscher nicht so sehr wegen
ihrer Verdammung der Juden als des Ruins der deutschen Kultur, sondern
vielmehr weil sie seinem Bestreben dienten, zu beweisen, daß die wesentlichen Elemente der christlichen Religion nicht im Judaismus wurzelten. Für
den Kaiser waren alttestamentarische Gestalten wie Abraham in Wirklichkeit
weder Juden noch Hebräer sondern „monotheistische Semiten"[65].

III

Die Vielfalt antisemitischer Einflüsse, denen Wilhelm II. am Hof, in
Potsdam, in der Gesellschaft und Regierung sowie durch die Verbindung mit
Stoecker und Chamberlain ausgesetzt war, blieb nicht ohne Rückwirkung
auf seine für Eindrücke höchst empfängliche Persönlichkeit. Das Vorurteil
gegen die Juden, das sich bei dem Kaiser nach und nach entwickelte, war
zum Teil einem fremdenfeindlichen Zug in seiner Geisteshaltung zuzuschreiben, zum anderen Teil als Reaktion auf die Gefahren zu verstehen, die sein
autokratisches Regime bedrohten und für die er beharrlich die Juden verantwortlich machte.

In seiner Einstellung zum Weltgeschehen war der letzte deutsche Kaiser
überaus egozentrisch. Sein Glaube an das Deutschtum war unbeirrbar, sein
Haß auf viele andere Völker bösartig. Die Juden spielten in den Jeremiaden
des Kaisers eine prominente Rolle, aber sie standen in der Liste seiner Feinde
nicht an erster Stelle. Die Schwarzen bildeten ein besonderes Objekt für
die Schmähungen des Kaisers. 1902 prophezeite er Chamberlain mit kaum
einer Spur des Bedauerns, daß die Neger für die Vereinigten Staaten ein
unlösbares Problem bedeuteten und daß die Republik eines Tages durch die
Vermischung der weißen und schwarzen Rasse zusammenbrechen würde[66]. Es
gäbe auch so etwas wie eine „slawische" oder „panslawische Gefahr", warnte
der Herrscher den Österreich-Ungarischen Thronfolger[67]. Aber die schlimmste

helms II. kritische Bemerkungen über die Abkömmlinge christlich-jüdischer Ehen siehe
Schiffer, Leben, 100; *Bülow*, Denkwürdigkeit, I, 296.
[64] *Chamberlain*, Briefe, II, 143, Wilhelm II. an Chamberlain, 31. Dezember 1901:
„Römischer Katholizismus folgte den Juden als die größte Bedrohung des Germanentums"; *Zedlitz-Trützschler*, Zwölf Jahre, 85–86; *Bülow*, Denkwürdigkeiten, II. 11.
[65] *Chamberlain*, Briefe, 189; siehe auch aaO, 167, 181–182, 188–192.
[66] AaO, 151; *Davis*, Kaiser, 224.
[67] Wilhelm II. an Erzherzog Franz Ferdinand, 12. Februar 1909, Franz Ferdinand
Nachlaß, Österreichisches Staatsarchiv, Wien, Nr. X/11.

Gefahr war in Wilhelms II. Augen die gelbe Rasse, und ganz besonders die Japaner, die er sich als Geißel der westlichen Zivilisation ausmalte.

Der Kaiser nahm für sich in Anspruch, nicht nur der erste Europäer gewesen zu sein, der die asiatische Drohung vorausgesehen, sondern auch das Wort von der „Gelben Gefahr" selbst geprägt zu haben[68]. Von der Mitte der neunziger Jahre an war er besessen von der Vorstellung einer östlichen Expansion und von der Notwendigkeit eines vereinten Vorgehens der Großmächte, vor allem Deutschlands, Rußlands und Amerikas, um das christliche Europa vor dieser Gefahr zu beschützen[69]. Das Gespenst eines japanischen Vordringens, das zum ersten Mal im Chinesisch-Japanischen Krieg von 1894 Gestalt annahm und weiteres Gewicht durch das acht Jahre später abgeschlossene Anglo-Japanische Bündnis erhielt, nahm mit dem Ausbruch des Russisch-Japanischen Krieges 1904 noch bedenklichere Formen an. Wilhelm prophezeite seinem Kanzler Bülow, daß die Japaner in zwanzig Jahren durch die Straßen von Moskau und Posen paradieren würden, wenn es Rußland nicht gelänge, seinen Gegner zu besiegen[70]. Die militärische Unfähigkeit, die Rußland in dem Konflikt mit Japan bewies, und die entscheidungsschwache Persönlichkeit des Zaren Nikolaus II. überzeugten den Kaiser jedoch, daß Rußland dieser historischen Mission nicht gewachsen war. Die Amerikaner, obwohl stärker, schienen leider blind zu sein für die heroische Rolle, die Wilhelm II. ihnen zugedacht hatte[71].

In der Absicht, Europa die Augen für die Gefahr zu öffnen, die es bedrohte, entwarf Wilhelm im Sommer 1895 die Skizze zu einem phantasiereichen Gemälde, das er betitelte: „Völker Europas, wahrt eure heiligsten Güter!" Er beauftragte dann Professor Hermann Knackfuß, einen für seine Riesenmalereien religiösen Inhalts wohl bekannten Künstler, nach der Skizze ein Bild auszuführen. Das Ergebnis war ein monumentales Ölgemälde, das den Erzengel Michael, den Schutzheiligen der Deutschen, darstellte, wie er die Völker Europas – Germania vorausmarschierend und Britannia sich unterwürfig im Hintergrund verkriechend – anspornte, gemeinsam den Kampf

---

[68] Über Wilhelms prophetische Gabe siehe *Serge Sazonow*, Fateful Years, 1909 bis 1916. Reminiscences, New York 1928, 46–47; *Schiffer*, Leben, 60–61; über seinen Anspruch, das Wort geprägt zu haben, siehe *Davis*, Kaiser, 102. Für eine wohlinformierte Diskussion des Themas siehe *Heinz Gollwitzer*, Die Gelbe Gefahr. Geschichte eines Schlagworts. Studium zum imperialistischen Denken, Göttingen 1962, bes. 42, wo darauf aufmerksam gemacht wird, daß die Redensart in Westeuropa im letzten Viertel des neunzehnten Jahrhunderts geläufig war.

[69] *Raschdau*, In Weimar, 24–26; *Arthur Brabant* (Hrsg.), Generaloberst Max Freiherr von Hausen. Ein deutscher Soldat, Dresden 1926, 141–142; *Ludwig Bittner* u. a. (Hrsg.), Österreich-Ungarns Außenpolitik, 8 Bde., Wien–Leipzig 1930, II, 724–728.

[70] *Gollwitzer*, Gelbe Gefahr, 215–216; *Bülow*, Denkwürdigkeiten, II, 63–64.

[71] Österreich-Ungarns Außenpolitik, II, 724–728; *Bülow*, Denkwürdigkeiten, II, 98–99; *Lt. Col. the Hon. A. V. F. V. Russel*, Reminiscences of the German Court, The Fighting Forces, I, No. 1 (März 1924), 60.

gegen die asiatische Gefahr aufzunehmen, die ein Buddha verkörperte, der
Horden gelber Gnomen in die Welt setzte[72]. Der Kaiser war entzückt von
dem Knackfuß-Bild, von dem er Kopien an eine Reihe europäischer Würdenträger einschließlich des französischen Präsidenten und des Kardinal-
Erzbischofs von Neapel verschenkte. Gleichzeitig veranlaßte er hohe Beamte
in Berlin, das Bild bei sich auszustellen. Eine Reihe von Kopien sandte er
auch an den Norddeutschen Lloyd und die Hamburg-Amerika Linie, denen
nichts anderes übrigblieb als ihre Kapitäne mit der Anweisung in Verlegenheit zu bringen, die Bilder in ihren Offiziersmessen aufzuhängen[73].

Nirgendwo beschwor Wilhelm II. die östliche Gefahr in düstereren Farben als in seinen ermüdend zu lesenden Episteln an seine königlichen Kollegen
Nikolaus II. und Erzherzog Franz Ferdinand. Die „Japsen", wie der Kaiser
sie nannte, „sind auf ganz Asien aus", warnte er den Zaren 1907. „Sie bereiten ihre Schläge sorgfältig vor, und diese werden gegen die gesamte weiße
Rasse gerichtet sein! Denken Sie an mein Bild, eines Tages wird es so kommen." Drei Jahre später belehrte er Franz Ferdinand, daß, wenn die Japaner
Wladiwostok eroberten – was seiner Ansicht nach unmittelbar bevorstand –,
dies dasselbe wäre wie „der erste Faustschlag des asiatischen Volkes an dem
europäischen Tor, dann setzt die ‚Gelbe Gefahr' wirklich ein!"[74] Bei jeder
Gelegenheit verlieh der Kaiser seiner Abscheu gegen die Japaner offenen Ausdruck. Alle Orientalen, deren er auf seinen Fahrten durch Berlin ansichtig
wurde, diffamierte er als „Japsen" und Träger der „Gelben Gefahr" und er
behandelte die an seinem Hof akkreditierten japanischen Diplomaten mit
einer geradezu peinlichen Grobheit[75].

Schwarze und „Japsen" bedeuteten Gefahren, die noch in der Ferne lagen,
obwohl eines Tages mit Gewißheit ein Krieg gegen sie geführt werden müßte.
Die Juden dagegen stellten eine aktuelle Bedrohung dar, die im Gegensatz
zu anderen Gefahren schon jetzt innerhalb der eigenen Mauern wirksam
war, denn eine halbe Million Angehörige dieser ehrgeizigen Rasse wohnte
in Deutschland und übte einen Einfluß, der in keinem Verhältnis zu ihrer Anzahl stand aus. Wilhelm II. hatte zwei Einwände gegen seine jüdischen Untertanen: Ihre Macht in der Presse und ihren Radikalismus in der Politik.

[72] Graf Cuno von Moltke an Wilhelm II., ohne Dat. (ca. 30. September 1895),
BA Koblenz, Nachlaß Eulenburg, XXXVIII, 676–681; ferner *Raschdau*, In Weimar,
35–36. Das Bild wird besprochen in *Gollwitzer*, Gelbe Gefahr, der die Eingebung
des Kaisers seinen Unterhaltungen mit Max von Brandt zuschreibt, einem Diplomaten, der in beiden Ländern, China und Japan, als Gesandter tätig gewesen war.
Wilhelm II. zeichnete noch ein anderes Bild zu dem gleichen Thema, das er ungeachtet
Holsteins Protesten an Nikolaus II. sandte. Siehe *Rich* und *Fisher* (Hrsg.), Die Geheimen Papiere Holsteins, IV, 54; ferner *Walter Goetz* (Hrsg.), Briefe Wilhelms II.
an den Zaren, 1894–1914, Berlin o. J., 306.
[73] *Bülow*, Denkwürdigkeiten, I, 48–49.
[74] *Goetz* (Hrsg.), Briefe an den Zaren, 393–394; Wilhelm II. an Franz Ferdinand,
9. Februar 1910, Franz Ferdinand Nachlaß.
[75] *Widenmann*, Marine-Attaché, 168; *Bülow*, Denkwürdigkeiten, I, 48–49.

Der Zusammenstoß Wilhelms II. mit der „jüdischen Presse" in der Stoecker-Affäre war der Beginn eines zunehmend feindlichen Verhältnisses, denn je reaktionärer das Regime des Herrschers wurde, je unvernünftiger sein eigenes Gebaren und das seiner Umgebung, um so mehr wuchs der Unmut der liberalen Presse. Die Beziehungen des Kaisers zur Presse verschlechterten sich durch seine abnorme Empfindlichkeit gegenüber jeder Kritik und durch das Gefühl der Unzulänglichkeit, wenn seine eigenen geringfügigen Verdienste an dem militärischen Heldentum seines Großvaters und Vaters gemessen wurden. Die „jüdische Presse", die auf Friedrich III. mit Wohlwollen geblickt hatte, zeigte zu Wilhelms Ärger die Neigung, wenig schmeichelhafte Vergleiche zwischen ihm und seinem Vater anzustellen[76]. Wilhelm behauptete, die Presse sei ein zu machtvolles Instrument, um nicht einer Kontrolle unterworfen werden zu müssen. Ärzte und Anwälte mußten Examina bestehen, um sich für ihren Beruf als geeignet zu erweisen, aber für eine Zeitung durfte jeder schreiben. Das Ergebnis war fehlende Verantwortlichkeit. Als Beispiel führte der Kaiser den Fall eines Schriftstellers an, der durch die feindselige Haltung eines noch nicht zwanzigjährigen jüdischen Literaturkritikers zum Selbstmord getrieben worden sei[77]. Wilhelms Reaktion auf die Kritik in der Presse 1887 an seiner Verbindung mit Stoecker war die Ankündigung, daß er nach seiner Thronbesteigung Gesetze, soweit es erforderlich war, außer Kraft setzen würde, um zu verhindern, daß Juden eine Rolle in der Presse spielten[78]. Sobald er Kaiser geworden war, mußte Wilhelm II. zu seinem Leidwesen erkennen, daß er nicht immer durfte, was er wollte. Es erwies sich als unmöglich, die „jüdische Presse" zu verbieten, und er fand den entsprechenden Artikel in der deutschen Verfassung höchst bedauerlich[79].

In den Jahren nach der Jahrhundertwende zankte sich der Herrscher wiederholt mit Zeitungen und Zeitschriften, die Juden gehörten oder von ihnen kontrolliert wurden. 1905 sandte er zwei seiner Adjutanten mit Pistolen bewaffnet in die Redaktion des *Berliner Tageblatts* von Rudolf Mosse, um Genugtuung für eine seiner Auffassung nach niederträchtige Kritik an seiner verstorbenen Mutter zu verlangen. Eine Entschuldigung verhinderte Blutvergießen, aber Wilhelm war nicht beschwichtigt. Er schrieb Bülow, er überlasse es dem Kanzler, „in geeigneter Weise das Schweinepack von Zeitungs-

---

[76] Über Wilhelms übermäßige Empfindlichkeit gegen die Presse siehe *Zedlitz-Trützschler*, Zwölf Jahre, 97, 204; *Maurice V. Brett* (Hrsg.), Journals and Letters of Reginald Viscount Esher, 4 Bde., London 1934–38, II, 136–138. Über Empfindlichkeit bei Vergleichen mit Friedrich III. siehe *Waldersee*, Denkwürdigkeiten, II, 12–13.
[77] *Nicholas Murry Butler*, Across the Busy Years. Recollections and Reflections, 2 Bde., New York–London 1939–1940, II, 67.
[78] *Baron Robert Lucius von Ballhausen*, Bismarck-Erinnerungen, Stuttgart–Berlin 1921, 409–411.
[79] *Hohenlohe*, Reichskanzlerzeit, 92–94.

piraten durch die Presse gebührend zu brandmarken"[80]. Ferner war der Kaiser aufgebracht durch die Pressekampagne gegen zwei seiner Freunde, Friedrich Alfred Krupp und Philipp Eulenburg, die beide angeblich in homosexuelle Handlungen verwickelt waren. Nach Krupps Selbstmord 1902 behauptete der Kaiser in seiner feierlichen Ansprache am Grab des Industriemagnaten, daß die unflätigen Angriffe in der Presse – er dachte an den *Vorwärts* – Krupps Tod verschuldet hätten[81]. Der vier Jahre später ausbrechende Eulenburg-Skandal wurde von dem Kaiser in einem Brief an Chamberlain als das Produkt „jüdischer Frechheit, Verleumdung und Lüge" bezeichnet. „Monatelang den Namen [Eulenburgs] durch alle Länder Europas durch den Schmutz schleifen sehen zu müssen und nicht helfen können und dürfen, das ist entsetzlich."[82] Der Schurke in dem Stück war Harden, dessen *Zukunft* das Regime seit Jahren kritisiert hatte und gegen den Wilhelm seit langem eine intensive Abneigung hegte. Harden, erklärte er, sei ein „Giftmolch aus dem Pfuhl der Hölle, [ein] Schandfleck an unserem Volk"[83]. Er war außer sich, als ein Gericht Harden 1893 von der Anklage der Majestätsbeleidigung freisprach, aber seine Enttäuschung in diesem Fall fand fünfzehn Jahre später einen befriedigenden Ausgleich, als Harden trotz aller Manöver seines gewiegten jüdischen Anwalts im Eulenburg-Prozeß wegen Verleumdung verurteilt wurde[84].

Dem Eulenburg-Skandal folgte schon bald im Oktober 1908 die Veröffentlichung des unglückseligen Interviews von Colonel Edward Stuart-Wortley mit dem Kaiser im Londoner *Daily Telegraph*, der Baron Burnham, ehemals Edward Levy-Lawson gehörte[85]. In der Mitte des Entrüstungssturms, den

---

[80] Bülows Notizen über eine Unterhaltung mit dem Kaiser am 14. Dezember 1908, BA Koblenz, Nachlaß Bülow, Nr. 153, 146.

[81] *Willi Boelcke* (Hrsg.), Krupp und die Hohenzollern. Aus der Korrespondenz der Familie Krupp, 1850–1916, Berlin 1956, 98–102. Des Kaisers Beschuldigung in seiner Ansprache war deutlich gegen den Vorwärts gerichtet, der Krupp in einem Artikel vom 15. November 1902, acht Tage vor dem Tod des Industriellen, der Knabenliebe bezichtigt hatte.

[82] *Chamberlain*, Briefe, II, 226–227.

[83] Notiz Bülows von 1908, mit der er eine Randbemerkung des Kaisers vom 29. Dezember 1908 festhält, BA Koblenz, Nachlaß Bülow, Nr. 153, 19.

[84] Ladislaus von Szögyényi-Marich, Österreich-Ungarischer Gesandter in Berlin, an Außenminister Graf Gustav Kálnoky-Kőrős-Patak am 16. April 1893, Nr. 12 E, in Österreichisches Staatsarchiv, Wien, Akte Preußen III, Bd. 143 (Berichte); *Hohenlohe*, Reichskanzlerzeit, 24; *Helmuth Rogge* (Hrsg.), Holstein und Harden. Politischpublizistisches Zusammenspiel zweier Außenseiter des Wilhelminischen Reichs, München 1959, 233–234; *Zedlitz-Trützschler*, Zwölf Jahre, 183.

[85] Drei Jahre zuvor hatte er sich beim Britischen Botschafter, Sir Frank Lascelles, über Angriffe auf Deutschland beschwert, die in der Londoner Times erschienen waren. Der Kaiser schrieb diese Moberley Bell zu. „I know all about him", versicherte Wilhelm II. dem Diplomaten, „he is a Jew." Sir Frank Lascelles in einem Brief vom 7. Juni 1905 an den Britischen Außenminister Lord Lansdowne, in F. O. 800/130, Public Record Office, London (Lansdowne Papers). Über Wilhelms II. Rolle

der Artikel in England wie auch in Deutschland hervorrief, schrieb Wilhelm
an Franz Ferdinand und erklärte in seinem Brief, die ganze gegen die Krone
gerichtete Publizität sei nur auf die „verlogene Presse des europ. Panjuden-
thums" und den „jüdischen Presse-Carneval und -Lärm zurückzuführen".
Aber er habe, so fügte der Kaiser hinzu, seine Hunde auf die Spur der
„Saubengels von der Presse" gesetzt und bereits „ganz nette Resultate"
erzielt. Er warnte Bülow: „Wenn die Presseangriffe nicht aufhören, greife
ich zur Selbsthilfe."[86] Diese Bemerkungen waren nur leere rhetorische Flos-
keln, denn der Kaiser war machtlos gegenüber der ganz berechtigten Kritik,
die sich gegen sein eigenes mangelndes Urteilsvermögen und die schlampige
Behandlung des Interviews durch den Kanzler richtete. Wenige Jahre später
beklagte sich Wilhelm II. von neuem, daß der jüdische Einfluß in der Presse
der gefährlichste Tummelplatz des Judentums sei und daß es eine äußerst
wichtige Aufgabe wäre, seiner „schmutzigen Skandal- und Verleumdungs-
sucht Halt zu gebieten"[87].

Nächst den Presseattacken auf seine Person haßte der Kaiser die liberale
und oftmals sogar radikale Tendenz der Zeitungen, die sein Regime bekämpf-
ten. Die „jüdische Presse" sei lediglich das Spiegelbild der politischen Aktivität der Juden. Für den Kaiser verkörperten die Juden eine politische Verschwörung, die in ihrer Ausbreitung international und in ihrem Wirken an
keinen Ort gebunden war. 1905 warnte er Nicholas Murray Butler, den Präsidenten der Columbia Universität in New York, vor sich zusammenbrauen-
den Gefahren. Butler war Wilhelm II. im Zusammenhang mit seinen privat
unternommenen Bemühungen um eine Verbesserung der anglo-deutschen
Beziehungen begegnet. „Butler, wissen Sie, woher der nächste Konflikt in
Europa kommen wird?" fragte er ihn. „Er wird aus Paris kommen. Wenn
Sie einen russischen Juden nehmen und ihn in Berlin die Theorie der Anarchie
studieren lassen, und schicken ihn dann nach Paris, um das Laster in der
Praxis kennenzulernen, dann erhalten Sie einen Teig, aus dem keine Nation
mehr ein verdauliches Brot backen kann. Im letzten Jahr waren es neun-
zehntausend solche Personen, die von Deutschland nach Paris gegangen
sind."[88] Die russische Revolution von 1905 war die Folge jüdischer Hetze,
versicherte der Kaiser Nikolaus II., und die Juden in Rußland arbeiteten

---

in der Affäre siehe *Cecil*, Diplomatic Service, Kap. IX, und *Wilhelm Schüssler*, Die
Daily Telegraph Affaire. Fürst Bülow, Kaiser Wilhelm und die Krise des zweiten
Reiches, 1908, Göttingen 1952. Es ist nicht erkennbar, ob der Kaiser wußte, daß der
Daily Telegraph einem Juden gehörte.

[86] Brief vom 16. Dezember 1908, Franz Ferdinand Nachlaß; Bülows Notizen über
eine Unterhaltung mit Wilhelm II. am 14. Dezember 1908, BA Koblenz, Nachlaß
Bülow, Nr. 153, 146.

[87] *Egmont Zechlin*, Die deutsche Politik und die Juden im Ersten Weltkrieg, Göttingen 1969, 48.

[88] *Butler*, Across the Years, II, 63.

Hand in Hand mit ihren Brüdern in Frankreich, „die die gesamte Presse unter ihrem schändlichen Einfluß haben" [89].

In erster Linie machte sich Wilhelm II. jedoch Sorgen um die sozialistische Gefahr im eigenen Land. Die wachsende Radikalisierung des Parlaments und der öffentlichen Meinung war seiner Ansicht nach auf die politische Aktivität jüdischer Agitatoren in der Sozialdemokratischen Partei zurückzuführen [90]. Im Anfang seiner Regierung hatte er durch eine versöhnliche Haltung alles, was in seinen Kräften stand, getan, um die Abwanderung der Arbeiterschaft in das sozialistische Lager zu verhindern, aber seine großherzigen Bemühungen waren verschmäht worden [91]. Für den Kaiser war der Sozialismus gottlos und entsprach nicht dem deutschen Nationalcharakter. Aber sein Haupteinwand gegen die Partei war, daß ihre Bereitschaft zur Revolution Deutschlands Fähigkeit lähmte, sich als Weltmacht zu behaupten. Solange die preußische Armee, die zu Wilhelms Verdruß häufig vom *Vorwärts* angegriffen wurde, dadurch gebunden war, ein wachsames Auge auf die Sozialisten zu halten, konnte sie nicht ihre ganze Kraft der Aufgabe widmen, sich mit den auswärtigen Feinden Deutschlands auseinanderzusetzen. In der Mitte der ersten Marokkokrise schrieb Wilhelm II. an Bülow, daß es daher im Falle eines Krieges mit Frankreich und England nötig wäre, „... erst die Sozialisten abschießen, köpfen und unschädlich machen, wenn nötig per Blutbad, und dann Krieg nach außen. Aber nicht vorher und nicht à tempo" [92].

Um der sozialistischen Drohung zu begegnen brachte Wilhelm 1895 die Wiederinkraftsetzung des Sozialistengesetzes in Vorschlag, dessen Verlängerung er bei Ablauf 1890 in einer versöhnlichen Stimmung abgelehnt hatte. Als er merkte, daß eine solche Maßnahme keine Chance hatte, im Reichstag durchzudringen, versuchte er erfolglos, das Gesetz nur in Preußen einzuführen [93]. Da den Sozialisten mit parlamentarischen Mitteln nicht bei-

---

[89] *Goetz* (Hrsg.), Briefe an den Zaren, 387. Wilhelms II. Freund, der amerikanische Journalist Poultney Bigelow, wies darauf hin, daß die Londoner, glücklicherweise aber nicht die amerikanische Presse, in ähnlicher Weise angesteckt sei. Bigelow an Wilhelm II., 28. Februar 1898, BA Koblenz, Nachlaß Bülow, Nr. 112.

[90] *Goetz* (Hrsg.), Briefe an den Zaren, 290. Über das jüdische Element in der Sozialdemokratischen Partei siehe *Ernest Hamburger*, Juden im öffentlichen Leben Deutschlands. Regierungsmitglieder, Beamte und Parlamentarier in der monarchischen Zeit 1848–1918, Schriftenreihe wissenschaftlicher Abhandlungen des Leo Baeck Instituts, Bd. 19, Tübingen 1968, 399–540.

[91] *Baron Hans Hermann von Berlepsch*, Sozialpolitische Erfahrungen und Erinnerungen, München-Gladbach 1925, 27–29; zwei Briefe von Eulenburg an Bülow, 19. Juli 1899, BA Koblenz, Nachlaß Eulenburg, LIV, 168–169; *Kessler*, Ich schwöre, 161–162.

[92] *Bülow*, Denkwürdigkeiten, II, 197–198. Über die Reaktion des Kaisers auf sozialistische, gegen die preußische Armee gerichtete Angriffe siehe *General Karl von Einem*, Erinnerungen eines Soldaten, 1853–1913, Leipzig 1933, 156–157.

[93] *Hohenlohe*, Reichskanzlerzeit, 92–95; Eulenburg an Hohenlohe, 21. September 1895, BA Koblenz, Nachlaß Eulenburg, XXXVII, 613–617; Szögyényi an Außen-

zukommen war, erwog der Kaiser, Zuflucht zu einem coup d'état zu nehmen. Die Gelegenheit boten die Arbeiterunruhen im Sommer 1899, die von den Sozialisten provoziert worden waren. Mit Hinblick auf die Revolutionsgefahr, die der Sozialismus in seinen Augen darstellte, erwog der Kaiser den Ausnahmezustand über ganz Deutschland zu verhängen, und dies sollte nach seinen Plänen nur der Anfang umfassenderer Maßnahmen gegen die Linke sein. „Ehe nicht die sozialdemokratischen Führer durch Soldaten aus dem Reichstag herausgeholt und füsiliert sind, ist keine Besserung zu erhoffen." Bloße Mitgliedschaft in der Partei sollte Grund genug sein, die Betreffenden auf die Karolinen-Inseln zu verbannen[94]. Keine preußische oder kaiserliche Regierung wollte sich bereit finden, die Kampagne des Kaisers gegen das sozialistisch-jüdische Bündnis zu unterstützen. Es war ein Mißerfolg, der nur dazu beitrug, den Pessimismus Wilhelms II. über den endgültigen Ausgang des Kampfes gegen die umstürzlerischen Kräfte zu vertiefen. Der Frau eines britischen Diplomaten gestand Wilhelm seine Enttäuschung über das Fehlschlagen seiner Bemühungen, nachhaltig mit den Juden fertig zu werden. „Die Juden sind die Parasiten meines Reiches. Die jüdische Presse ist eines der ganz großen Probleme, die ich zu lösen habe, und doch läßt sich nichts gegen sie unternehmen!" Der Kaiser mußte sich damit zufrieden geben, die Gefahr mit Worten zu geißeln, wie in der Bemerkung, die er 1907 gegenüber dem britischen Außenminister Sir Edward Grey machte: „In meinem Lande gibt es viel zu viele von ihnen [Juden]. Sie sollten ausgemerzt werden." Bescheiden fügte er hinzu: „Wenn ich nicht mein Volk im Zaum hielte, gäbe es eine Judenverfolgung"[95].

Eine andere Lösung des jüdischen Problems, die das Interesse Wilhelms II. aber nur vorübergehend gefangen nahm, bot die Zionistische Bewegung Theodor Herzls. Der Kaiser lernte den Zionismus 1896 durch die Vermittlung seines Onkels, des Großherzogs von Baden kennen, der für Herzl die Erlaubnis erwirkte, dem Kaiser zu schreiben. In seinem Appell an Wilhelm machte Herzl darauf aufmerksam, daß eine Wiederansiedlung der Juden in Palästina ihre Beteiligung an radikalen politischen Machenschaften in Europa verringern und ihre Betätigung im Geldverleihgeschäft eindämmen würde[96]. Dies

ministerium, 5. September 1895, Nr. 107, in: Österreichisches Staatsarchiv, Wien, Akte Preußen III, Bd. 146 (Berichte). Siehe *J. C. G. Röhl*, Germany without Bismarck. The Crisis of Government in the Second Reich, 1890–1900, Berkeley 1967, 112–117, über einen ähnlichen ebenfalls erfolglosen Plan von 1894.

[94] Eulenburg an Bülow, 21. Juli 1899, BA Koblenz, Nachlaß Eulenburg, LIV, 173–174. Eulenburg nahm Wilhelm ernst, was Bülow nicht tat. Siehe *Bülow*, Denkwürdigkeiten, I, 349–350.

[95] *Lady Susan Townley*, Indiscretions, New York 1922, 45; *Esher*, Journals and Letters, II, 255.

[96] Herzls Appell findet sich in *Hermann* und *Bessie Ellern*, Herzl, Hechler, the Grand Duke of Baden and the German Emperor, 1896–1904, Tel Aviv 1961, 29–30, worin Herzls kurze Verbindung mit dem Kaiser behandelt wird. Für eine kürzere Darstellung siehe *Zechlin*, op. cit., 289–295.

war ein Argument, das bei dem Kaiser großen Anklang fand, ebenso wie die
Überlegung, daß der Zustrom von Juden nach Palästina die Wirtschaftskraft
des Ottomanischen Reiches stärken würde, wenngleich er zugab, daß sich
daraus andere Probleme ergeben würden. Eulenburg, der Herzls äußere Erscheinung bewunderte – „der Typus des streitbaren, führenden Juden aus der
Zeit der jüdischen Könige, ohne ein Atom von dem, was wir Handelsjuden
nennen" – überredete den Kaiser, Herzl eine Audienz zu gewähren. Diese
fand 1898 in Konstantinopel statt, als Wilhelm II. – mit der Kaiserin,
Bülow und Professor Knackfuß, dem Hofmaler, im Gefolge – eine Pilgerfahrt nach Jerusalem unternahm. Nach Herzls Bericht verlief die Begegnung
in freundlicher Atmosphäre und der Gedankenaustausch war für ihn ermu-
tigend. Der Kaiser fand in Herzl einen „hochintelligenten Kopf... entschieden ein begeisterter Idealist, von vornehmer Denkungsart", und Bülow zufolge war der Kaiser bald „Feuer und Flamme" für den Zionismus als das
langgesuchte Mittel, Deutschland von politisch unerwünschten Elementen zu
befreien[97].

Als sich aber Herzl und Wilhelm einige Wochen später in Jerusalem wie-
dertrafen, hatte sich die Einstellung des Kaisers gewandelt und er beschränkte
sich auf eine vage Versicherung seines Wohlwollens. Nach Berlin zurückgekehrt, hatte er zwar viel über seine Reise zu berichten, erwähnte aber
weder Herzl noch den Zionismus. Bestimmt war Wilhelms Lauheit Herzl
gegenüber nicht persönlicher Natur. Die Kaiserin freilich nahm Anstoß daran,
sich auf der langen Reise nach Palästina mit so vielen Juden einlassen zu
müssen, während sich Wilhelms Beschwerden auf den Mangel an Wasser für
seine Toilette und die unerfreulichen Rivalitäten zwischen den christlichen
Sekten um den Besitz der Heiligen Stätten beschränkten[98]. Der Kaiser
befürchtete eine überwältigend negative Reaktion in Deutschland, wenn er
den Zionismus unterstützte, und mag dadurch abgeschreckt worden sein. Der
wahre Grund aber, warum er Herzl im Stich ließ, war die Aversion des Sul-
tans Abdul-Hamid II. gegen die Errichtung eines unabhängigen Judenstaates
innerhalb seines Reiches[99].

---

[97] Ungezeichnete Notiz mit Datum 24. Februar, Doorn, von Wilhelm II., Haus-
Archiv, G.St.Pr.K., Rep. 53 a Nr. 33; *Bülow*, Denkwürdigkeiten, I, 254. Über Eulenburg und Herzl siehe seine undatierte Notiz vom September 1898 und seinen Brief
an Herzl vom 27. September 1898, BA Koblenz, Nachlaß Eulenburg, LII, 298 a–b, e–g.
[98] Herzl wird in *Wilhelms* Aus meinem Leben nicht erwähnt. Für die Berichte des
Kaisers über seine Reise siehe *Prinzessin Marie Radziwill*, Lettres de la Princesse
Radziwill au Général de Robilant, 1889–1914. Une grande dame d'avant guerre,
4 Bde., Bologna 1933–1934, II, 160; *Goetz* (Hrsg.), Briefe an den Zaren, 312,
315–318.
[99] *Zechlin*, op. cit., 293–295; *Bülow*, Denkwürdigkeiten, I, 254.

IV

Es gibt demnach bei Wilhelm II. deutliche Merkmale eines Antisemitismus, wie er in den Kreisen der Gesellschaft herrschte, die den Thron umgab und aus der sich die führenden Schichten der Armee und der Verwaltung rekrutierten. Alle diese Antisemiten aus der Aristokratie hatten, mit Ausnahme der größten Judenhasser, keine Hemmungen, sich die Dienste nutzbar zu machen, die die Juden als Bankiers, Anwälte oder Ärzte anzubieten hatten, während sie gleichzeitig über ihre gesellschaftlichen Ambitionen die Nase rümpften[100]. In dieser Beziehung war das Verhältnis zwischen dem letzten Kaiser und seinen prominenteren jüdischen Untertanen enger und weniger nützlichkeitsorientiert, denn es gab eine Anzahl von Juden, die er aufrichtig schätzte und stets mit peinlich korrekter Höflichkeit und Herzlichkeit behandelte. Das ist vielleicht auch der Grund, warum einige Beobachter aus dem Adel, die Zeugen seines Umgangs mit diesen Männern waren, behaupteten, daß Wilhelm II. keine Vorurteile gegen die Juden hegte[101]. Aber die jüdischen Freunde des Kaisers waren weder königliche Vertraute noch ständige Mitglieder der Hofgesellschaft wie ihre Glaubensbrüder in dem Kreis um seinen Onkel, den Prinzen von Wales, im Marlborough House. Diese Rolle blieb in Deutschland Aristokraten wie Eulenburg, Prinz Max Egon von Fürstenberg oder Graf Friedrich Wilhelm Görtz zu Schlitz vorbehalten.

Zu den deutschen Juden, die Wilhelm II. am nächsten standen, gehörte Albert Ballin, der Generaldirektor der Hamburg–Amerika Linie[102]. Er erfreute sich freien Zutritts zum Kaiser in Berlin, und Wilhelms Gegenbesuche in Ballins Villa in Hamburg waren so häufig, daß die Presse das Haus manchmals als „Klein-Potsdam" bezeichnete. Durch Ballin lernte Wilhelm auch Carl Fürstenberg kennen, den geistreichen Leiter der Berliner Handelsgesellschaft, und Max Warburg, der in dem Bankhaus seiner Familie in Hamburg regierte[103]. Diese Männer wurden gelegentlich zusammen mit ihren Kollegen

---

[100] Wilhelm II. beschuldigte einen Arzt, den er für einen Juden hielt, Dr. Krause, die Bösartigkeit der schließlich tödlichen Krankheit Friedrichs III. nicht richtig erkannt zu haben. Siehe Wilhelm an Eulenburg, 19. Februar 1888, BA Koblenz, Nachlaß Eulenburg, III, 15–16; Wilhelm an Prinz Albrecht von Preußen, 29. Februar 1888, Haus-Archiv, G.St.Pr.K., Rep. 53 a, Nr. 74.

[101] *Bülow,* Denkwürdigkeiten, I, 405–406; *Schwering,* Berlin Court, 224–225.

[102] Siehe *Lamar Cecil,* Albert Ballin. Business and Politics in Imperial Germany, 1888–1918, Princeton 1967, 98–112 (dt. Ausgabe: Albert Ballin. Wirtschaft und Politik im deutschen Kaiserreich 1888–1918, übersetzt von Wolfgang Rittmeister, Hamburg 1969); Zitate hier nach der englischen Originalausgabe.

[103] *Fürstenberg,* Lebensgeschichte, 439; *Warburg,* Aus meinen Aufzeichnungen, New York 1952, 30. Wilhelm II. hatte jedoch keine Sympathie für Gerson von Bleichröder, weil dieser Bismarck nahestand. Siehe *Waldersee,* Denkwürdigkeiten, II, 55–56, 96–97.

aus Finanz- und Industriekreisen zum Abendessen ins Palais befohlen, aber niemals wurden ihre Frauen aufgefordert, mitzukommen. Vermutlich ging diese Einschränkung auf das Vorurteil der Kaiserin und ihrer Hofdamen zurück[104]. Der Umstand, daß diese und andere von ihm geschätzte Männer Juden waren, scheint Wilhelm wenig bekümmert zu haben. Man darf annehmen, daß er, wie im Falle Ballin, wohl imstande war, selbst zu glauben, daß sie in Wirklichkeit überhaupt keine *echten* Juden waren[105].

Die Anziehungskraft, die diese Juden auf Wilhelm ausübten, erklärt sich zum Teil durch ihren Reichtum, denn sein ganzes Leben wurde er in den Bann von Männern gezogen, die über große Vermögen verfügten, besonders wenn es sich um Amerikaner mit eigenen Segeljachten handelte[106]. So bewunderte er eine Reihe begüterter Juden wie die Baroneß Mathilde Rothschild und den Industriellen James Simon, die beide als Kunstmäzene galten und für ihre Wohltätigkeit bekannt waren[107]. Auch schätzte der Kaiser wohlhabende Juden aus mehr persönlichen Gründen, nämlich als Berater in seinen Finanzangelegenheiten[108]. Die jüdische Elite war eine reiche Informationsquelle in Wirtschaftsfragen, von denen die Höflinge des Kaisers nichts verstanden, und ihre anregende, geistreiche Gesellschaft bot ihm eine willkommene Erholung von der erstickenden Langeweile und Frömmelei der Kaiserin und ihres Gefolges[109]. Wilhelm II. war realistisch genug die Gefahr zu erkennen, sich den sehr beträchtlichen Reichtum und die unternehmerische Begabung

---

[104] Über die Feindseligkeit der Kaiserin gegen Ballin siehe *Cecil*, Ballin, 108, Anm. 18, und *Herzogin Viktoria Luise von Braunschweig-Lüneburg*, Ein Leben als Tochter des Kaisers, Göttingen–Hannover 1965, 27.

[105] *Walter Görlitz* (Hrsg.), Der Kaiser... Aufzeichnungen des Chefs des Marinekabinetts Admiral Georg Alexander v. Müller über die Ära Wilhelms II., Berlin etc. 1965, 151; *Schiffer*, Leben, 136.

[106] Eulenburg an Bülow, 20. Juli 1899, BA Koblenz, Nachlaß Eulenburg, LIV, 170–171; *Alexander Hohenlohe*, Aus meinem Leben, 348–349; *Davis*, Kaiser, 68; *Helmuth von Moltke*, Erinnerungen, Briefe, Dokumente, 1877–1916, Stuttgart 1922, 296–297; ferner *Raschdau*, In Weimar, 40; *Graf Karl von Pückler*, Aus meinem Diplomatenleben, Schweidnitz 1934, 121; vgl. *Davis*, Kaiser, 44, 46.

[107] *Zobeltitz*, Chronik, II, 97; *Bülow*, Denkwürdigkeiten, I, 405–406, IV, 28–29. Über Simons Verhältnis zu Wilhelm II. siehe den zum Andenken an Ernst Feder vom Leo Baeck Institut veröffentlichten Aufsatz: James Simon. Industrialist, Art Collector, Philanthropist, in: Year Book X of the Leo Baeck Institute, London 1965, 6–7. Zahlreiche Anekdoten über James Simon und Wilhelm II., niedergelegt von Ernst Feder nach Gesprächen mit Simon, finden sich in *Arnold Paucker*, Searchlight on the Decline of the Weimar Republic. The Diaries of Ernst Feder, in: Year Book XIII of the Leo Baeck Institute, London 1968; und in *Cécile Lowenthal-Hensel* und *Arnold Paucker* (Hrsg.), *Ernst Feder*, Heute sprach ich mit... Tagebücher eines Berliner Publizisten 1926–1932, Veröffentlichung des Leo Baeck Instituts, Stuttgart 1971.

[108] *Radziwill*, Lettres, IV, 22; vgl. *Viktoria Luise*, Tochter des Kaisers, 33.

[109] Wilhelms Verlangen nach Unterhaltung ebenso wie nach Information veranlaßte Ballin, Fürstenberg dem Kaiser vorzustellen. *Fürstenberg*, Lebensgeschichte, 439.

seiner führenden jüdischen Untertanen zu entfremden. Der exklusive Charakter der preußischen Aristokratie und ihr Vorurteil gegen die Anwesenheit von Juden im diplomatischen Dienst, in der Armee, den Korps und in der Berliner Gesellschaft hatten bereits einige wohlhabende Juden veranlaßt, sich in Paris oder London niederzulassen, wo sie mit mehr Gleichberechtigung behandelt wurden[110]. 1912 sandte der Kronprinz seinem Vater ein Exemplar des Buches *Wenn ich der Kaiser wär'* von Heinrich Claß, dem Vorsitzenden des Alldeutschen Verbandes*. Dieses antisemitische Traktat forderte den Ausschluß der Juden aus der Verwaltung, dem Militärdienst und den Lehrerstellen, eine Beschränkung des Stimmrechts auf Christen und strafähnliche Steuersätze für Juden. Wohl bedauerte der Kaiser die weite Verbreitung jüdischer Einflüsse, wies aber Claß' Hetzschrift als „geradezu kindlich" zurück. „Sie würden ihre enormen Reichtümer entnehmen, und wir würden unserem Nationalwohlstand und Erwerbsleben einen Schlag versetzen, der uns auf den Zustand vor 100 Jahren zurückwerfen und zugleich aus der Reihe der Kulturnationen ausscheiden würde." [111]

Die angenehme Erinnerung, die Wilhelm an die jüdischen Freunde seiner Jugend hatte, an Sommer und Mossner, bewahrte er bis zum Ende seines langen Lebens, ebenso wie er gegenüber seinen reichen und gesellschaftlich einwandfreien jüdischen Untertanen eine weitläufige Toleranz beibehielt. Nicht anders als er es vor dem Krieg getan hatte, erklärte er auch späterhin, Ballin und andere nicht für Juden gehalten zu haben; mehr noch, er behauptete sogar erstaunlicherweise, er hätte nie gewußt, daß der HAPAG-Chef Jude gewesen sei[112]. Aber die Abneigung, die Wilhelm gegen das übrige deutsche Judentum empfand, verkehrte sich nach dem Zusammenbruch des Kaiserreichs und seiner eigenen schmachvollen Flucht nach Holland im November 1918 in einen grimmigen und unverständlichen Haß. Adressat der antisemitischen Ausfälle des entthronten Kaisers war in erster Linie George Sylvester Viereck, ein deutsch-amerikanischer Dichter und Schriftsteller, dessen leidenschaftliches aber kindisches Beharren auf der Schuldlosigkeit des Kaisers am Kriegsausbruch Wilhelm sehr willkommen war. 1921 entspann sich eine Korrespondenz zwischen den beiden Männern, und bald darauf begannen die Besuche, die Viereck dem Hof des Kaisers in seinem Doorner Exil eine zeitlang jährlich abstattete[113].

---

[110] *Zobeltitz*, Chronik, I, 165–166; *Zedlitz-Trützschler*, Zwölf Jahre, 187–188.
* Siehe auch die Darstellung von *Werner Jochmann*, S. 464–467 (Hrsg.).
[111] *Zechlin*, op. cit., 48; ferner *Baron Napoléon Beyens*, Germany before the War, übersetzt von Paul V. Cohn, London etc. 1916, 18–19.
[112] *Friedrich Schmidt-Ott*, Erlebtes und Erstrebtes, 1860–1950, Wiesbaden 1952, 195; *Harry Graf Kessler*, Tagebücher, 1918–1937, Frankfurt a. Main 1961, 368.
[113] Die beiden Memoirenbände des Kaisers, und auch die Arbeiten Alfred Niemanns, die er anregte, alle 1920 veröffentlicht, enthalten keine antisemitischen Bemerkungen, eine Schweigsamkeit, die im Licht der heftigen, in seiner Korrespondenz mit Viereck zum Ausdruck kommenden Vorurteile gegen die Juden seltsam erscheinen

In seinen Briefen an Viereck wetterte der Kaiser mit zunehmender Heftigkeit gegen alle diejenigen Juden, die er seit jeher gehaßt hatte und fügte
seiner Liste von Feinden neue hinzu. Harden war ein „ekliger, schmutziger
Judenteufel" („loathsome, dirty, Jewish fiend"), während Walther Rathenau,
der bisher dem Groll des Kaisers entgangen war, als ein „gemeiner, hinter-
listiger, niederträchtiger Verräter" („mean, deceiving, rascally traitor") bezeichnet wurde [114]. Der Krieg, erklärte der Kaiser in verschiedenen Äußerungen, sei von jüdischen Freimaurerlogen in den Ländern des Dreibundes mit
Unterstützung durch das internationale Kapital und seine Presse angezettelt
worden [115]. Vorbehaltlos machte sich Wilhelm die Behauptung zu eigen, die
in der berüchtigten Fälschung, *Die Protokolle der Weisen von Zion* aufgestellt worden war, daß eine internationale jüdische Verschwörung nach nicht
weniger als der einer Weltherrschaft trachtete. Sofort nach Erscheinen der

muß. Die Autobiographie der zweiten Gemahlin des Kaisers, der *Prinzessin Hermine
von Schoenaich-Carolath* (An Empress in Exile. My Days in Doorn [New York
1928]), ghostwritten von Viereck, hat viel über Wilhelms II. Meinungen auszusagen,
enthält aber keine herabsetzende oder andere Bemerkungen über die Juden. *Vierecks*
The Kaiser on Trial, o. O. 1937, behandelt die Judenfrage mit großer Vorsicht,
406–409. Obgleich Viereck hier zugibt, daß Wilhelm keine jüdischen Zeitungen
schätzte, die ihn angriffen, und daß er die Juden für ein rassisches ebenso wie ein
religiöses Problem hielt, behauptet er, daß der Kaiser keine Vorurteile gegen Juden
besäße.
    Wilhelms Zurückhaltung in der Judenfrage ist vielleicht auf seine Besorgnis zurück-
zuführen, daß die Presse, wenn er sich öffentlich gegen die Juden äußerte, ihre
Forderung auf seine Auslieferung und Verurteilung als Kriegsverbrecher verstärken
würde. Oder seine Schweigsamkeit mag auch seinem Wunsch entsprochen haben, der
Holländischen Regierung keine Ungelegenheiten zu bereiten, die ihm 1918 widerstrebend Asyl gewährt hatte. Selbst die Briefe des Kaisers an Viereck waren, mit
wenigen Ausnahmen, nicht dazu bestimmt, wörtlich abgedruckt zu werden, sondern
sollten vielmehr „bearbeitet" werden, was möglicherweise bedeutete, daß Wilhelm
die antisemitischen Bemerkungen herausgenommen wünschte. Diese „bearbeiteten"
Briefe erschienen von 1923 bis etwa 1927 in der American Monthly, im New York
American und im New York Evening Graphic. Leider bin ich nicht in der Lage
gewesen, diese Briefe zu lesen, um mit Bestimmtheit sagen zu können, ob sie irgendwelche Vorwürfe gegen Juden enthalten.
    Über Vierecks Beziehungen zu Wilhelm II. siehe seine Confessions of a Barbarian,
New York 1910, 37–50; Glimpses of the Great, New York 1930, 39–50, ebenso wie
sein lächerliches Gedicht Wilhelm II, Prince of Peace, in The Fatherland I, Nr. 1
(10. August 1914). Eine sonst brauchbare Biographie von *Niels M. Johnson*, George
Sylvester Viereck. German-American Propagandist, Urbana etc. 1972, vermeidet un-
erklärlicherweise die Erörterung der antisemitischen Tendenz in Wilhelms Korrespondenz mit Viereck.
    [114] Wilhelm II. an Viereck, 29. Januar 1926, Nachlaß Viereck (wenn nicht anders
vermerkt, stammen alle weiteren Briefe zwischen dem Kaiser und Viereck aus dieser
Quelle); Kessler, Tagebücher, 368.
    [115] Schmidt-Ott, Erlebtes, 195; Wilhelm II. an Viereck, 18. Januar 1926, ab-
gedruckt im New York Evening Graphic (11. März 1926); RA GV 02578, Wilhelm II. an Major Wallscourt H.-H. Waters, 12. Juli 1930 und 27. August 1933.

deutschen Übersetzung dieses Traktats (1920) waren er und seine Umgebung eifrig bemüht, sich seinen unflätigen Inhalt zu eigen zu machen[116]. Der Sturz der deutschen Monarchie, versicherte er Viereck, war das Werk der Juden, nicht weniger als die an ihrer Stelle gegründete Republik[117]. Antisemitische Kundgebungen in der Weimarer Republik fanden den Beifall Wilhelms II., vielleicht weil er wirklich davon überzeugt war, daß vor allem die Juden mitverantwortlich waren für die Verhinderung seiner Rückkehr auf den Thron. Dies war ein wehmütiges Thema, bei dem er oft verweilte[118]. Mit Chamberlain nahm er seine Korrespondenz wieder auf, die mit Ausnahme kurzer Briefwechsel 1903 ein Ende gefunden hatte, und die beiden nun alt gewordenen Männer belebten von neuem ihr gemeinsames Interesse, den arischen Ursprung des Christentums nachzuweisen. Wieder predigten sie ihren beiderseits aufnahmewilligen Ohren, daß sich das Christentum so weit wie möglich von seiner jüdischen Herkunft lösen müsse. „Also los vom Judentum mit seinem Jawe!", wie Wilhelm sich ausdrückte[119]. Der frühere Kaiser hatte offensichtlich, jedenfalls zu seiner eigenen Genugtuung, seine Freude an der Beweisführung, daß Jesus in Wirklichkeit ein hochgewachsener, blonder und schlankfingriger Galiläer gewesen sei. Er war daher – wie der untersetzte dunkelhaarige Ballin! – überhaupt kein Jude und gehörte nicht zu einem Volk, das, wie Wilhelm gleichzeitig entdeckte, aller Wahrscheinlichkeit nach afrikanisch-negrider Abstammung war und daher unvermeidlich zu den Feinden der weißen Rasse zählte[120].

Die Judenfrage war nach Wilhelms Ansicht ein Problem, das auch weiterhin nicht nur Deutschland, sondern auch den Rest von Europa vergiften würde. Die rote Woge des Bolschewismus sei der ausgestreckte Arm des russischen Judentums und dazu ausersehen, jede Regierung in der Welt zu stürzen. Der Kaiser war daher hocherfreut, 1926 verzeichnen zu können, daß „Stalin einen vollständigen Sieg über die früheren jüdisch-bolschewistischen Machthaber davongetragen hat. Die nationale antijüdische Sowjet Republik der russischen Arbeiter nimmt langsam Gestalt an"[121]. Die gegen Stalin gerichtete jüdisch-bolschewistische Liga – so verkündete der Kaiser mit Besorgnis, aber auch mit der grimmigen Genugtuung eines einstmals verkannten Propheten, dessen Warnungen sich jetzt als berechtigt erwiesen – arbeiteten mit den Chinesen zusammen und formten mit diesen einen Bund, der die

---

[116] *Lady Norah Bentinck,* Der Kaiser im Exil, Berlin 1921, 43–44. *Norman Cohn,* Warrant for Genocide. The Myth of the Jewish World-Conspiracy and the Protocols of the Elders of Zion, London 1967, 134, besagt, daß „it seems certain ... that members of the deposed Hohenzollern family" zu den Kosten beisteuerten, die deutsche Ausgabe der Fälschung herauszubringen.
[117] Brief vom 9. Februar 1925.
[118] AaO und Brief vom 18. April 1927.
[119] *Chamberlain,* Briefe, II, 269.
[120] AaO, 274; Brief an Viereck, 21. April 1926.
[121] Briefe an Viereck vom 27. April 1925 und 26. Oktober 1926.

„Gelbe Gefahr" zur Wirklichkeit machte. „Es ist offensichtlich", schrieb er
1925 aus Doorn an Viereck, „daß die *angelsächsischen und europäischen
weißen Rassen* mit einer schweren Gefahr bedroht werden, und zwar durch
die Moskauer Juden, die über die gelben und schwarzen Rassen gebieten,
denen von einem Verräter des eigenen Kontinents Unterstützung gewährt
wird, der *negrid-afrikanischen Nation der Franzosen!*" [122] Die Besetzung des
Rheinlandes durch französische Truppen, zu denen auch senegalische Einheiten
gehörten, versetzte den Kaiser in rasende Wut. Die Franzosen wären nicht
keltischer sondern negrid-afrikanischer Abstammung, behauptete er, und hierdurch erklärte sich auch die enge Bindung zwischen Paris und seinen Kolo-
nialvölkern. Die Briten waren fast ebenso verabscheuenswert. „Sie haben
bereits dem französischen Beispiel folgend begonnen, den Niggerboys zu er-
lauben, Seite an Seite mit den Söhnen der Lords und Landedelleute in den
Boyscout-Kompanien zu marschieren. Der Beginn eines Verrats an ihrer
Rasse, der früher nur von den französischen Negroiden begangen wurde!" [123]
Die „französischen Kolonialbestien" bahnten sich mit Vergewaltigungen ihren
Weg durch das Rheinland, aber die dreiundzwanzig Parteien im deutschen
Reichstag hatten nichts wichtigeres zu tun als miteinander zu zanken [124].

Es kann nicht überraschen, daß Wilhelm den Aufstieg Hitlers und des
Nationalsozialismus mit Beifall verfolgte. Sobald aber die Nazis die Macht
ergriffen hatten, wurde er bald durch die Erkenntnis ernüchtert, daß Hitler
keineswegs die Absicht hatte, weder ihn noch irgendein anderes Mitglied
seines Hauses wieder auf den Thron zu setzen. Die von den Nazis veranlaßte Auflösung der promonarchischen Demonstrationen in Berlin zur Feier
des fünfundsiebzigsten Geburtstags des Kaisers am 27. Januar 1934, und die
Hitlerrede drei Tage später, die ausdrücklich die Möglichkeit einer Rückkehr der Hohenzollern auf den Thron verneinte, beendigten Wilhelms II.
Beziehungen zu dem Führer [125]. Die zwei letzten Lebensjahre des Kaisers

[122] Briefe an Viereck vom 20. Februar und 18. Juni 1925; ferner Brief an denselben vom 27. April 1925. Wilhelm II. verwendete während der 1920er Jahre für
seine Korrespondenz Postenkartenwiedergaben von Knackfuss' „Völker Europas".
Siehe Wilhelm an Gräfin Therese von Brockdorff, 29. Januar 1921, Haus-Archiv,
G.St.Pr.K., Rep. 192, Nr. 20.

[123] Briefe an Viereck vom 20. Dezember 1923 und 18. Juni 1925. (Im unzuver-
lässigen und ordinären Englisch des Kaisers hieß es: „They have allready [sic] begun
to follow the French example and allow the Niggerboys to march shoulder to shoulder
with the Lords son and the squiresboy in the Boy-Scout companies. The beginning
of treason to their Race formerly only executed by the French Negroids!")

[124] Brief an Viereck, 27. April 1924.

[125] Siehe die interessante Diskussion über die Wiederherstellung der Monarchie in
Fritz Günther von Tschirschky, Erinnerungen eines Hochverräters, Stuttgart 1927,
121–131. Die zunehmende Enttäuschung in Doorn mit den Nazis und Hitler läßt
sich verfolgen in *Sigurd von Ilsemann*, Der Kaiser in Holland. Aufzeichnungen,
2 Bde., München 1967–1968. Wertvolles Material über die Beziehungen des königlichen Hauses zu der Hitler-Regierung findet sich im Haus-Archiv, G.St.Pr.K., Rep.
192, Nr. 13, 15–17.

wurden jedoch durch die militärischen Eroberungen des Dritten Reiches freudig belebt, und der Fall Frankreichs im Juni 1940 veranlaßte ihn sogar, Hitler seine Glückwünsche zu telegraphieren. Dieser fatale Erguß vermied geflissentlich jeden Hinweis auf die Tüchtigkeit der Nazi-Bewegung, sondern verweilte statt dessen bei der glorreichen militärischen Erbschaft des Hauses Hohenzollern, aus der Deutschland jetzt endlich Nutzen ziehen konnte. „In allen deutschen Herzen erklingt der Choral von Leuthen", schrieb er, „den die Sieger von Leuthen anstimmten: Nun danket alle Gott" [126]. In einem Brief, den der Kaiser am Weihnachtsabend 1940 an seinen Freund Alfred Niemann schrieb, vermerkte er mit Befriedigung, daß England nun wohl bald von der anmaßenden Machtposition heruntergestürzt würde, die es so lange innegehabt hätte. Die Briten hätten ihr Imperium nur mit Hilfe der Liberalen und des „internationalen Freimaurer-Judenthums" aufbauen können, aber jetzt schüfen Deutschlands vorwärtsstürmende Streitkräfte die „Vereinigten Staaten von Europa" und merzten die anglo-jüdische Verschwörung auf dem Kontinent aus. England würde eines Tages keine andere Wahl bleiben als der armselige Juniorpartner der Amerikaner zu werden [127].

Fünf Monate später, auf seinem Totenbett, erhob sich der greise Monarch noch einmal aus seiner Erstarrung, um seinen Stolz über die deutsche Eroberung Kretas und die Versenkung der „Hood" durch die „Bismarck" zum Ausdruck zu bringen. „Das ist ja fabelhaft", frohlockte Wilhelm am 3. Juni 1941 in Gegenwart seines treuen Adjutanten, Sigurd von Ilsemann. „Unsere herrlichen Truppen. Bringen Sie nur weiter so gute Nachrichten; dann wird es mit mir schon wieder bergauf gehen!" [128] Am nächsten Morgen aber gab Wilhelm II. den Kampf in der Erkenntnis seines herannahenden Todes auf, unerschüttert in seinem festen Glauben an den höchsten Trost der christlichen Religion, daß ihm seine Sünden vergeben und die Toten eines Tages aus ihren Gräbern auferstehen und vor den Thron Christi treten würden [129]. Ironischerweise hatte er vor vielen Jahren Houston Stewart Chamberlain gegenüber geklagt, wie unglückselig es doch wäre, daß sich die Menschen darüber stritten, ob Christus „Arier oder Jude" gewesen sei, während er jetzt lieber vergaß, selbst eine aktive Rolle in dem Disput gespielt und einen Urteilsspruch zugunsten der ersten Behauptung gefällt zu haben. „Er ist Gottes Sohn gewesen und damit ist die ganze Frage gelöst!" [130]

---

[126] Telegrammkopie vom 17. Juni 1940, Haus-Archiv, G.St.Pr.K., Rep. 192, Nr. 17.
[127] Haus-Archiv, G.St.Pr.K., Rep. 192, Nr. 16.
[128] Memorandum des Kronprinzen, 17. Juni 1941, Haus-Archiv, G.St.Pr.K., Rep. 192, Nr. 18; Notizen des Generals Wilhelm von Dommes, datiert 18. Juni 1941, aaO.; *Ilsemann*, Kaiser in Holland, II. 347.
[129] *Chamberlain*, Briefe, II, 273.
[130] *Ilsemann*, Kaiser in Holland, II, 54.

DIE GESELLSCHAFTLICHE BEDEUTUNG DER CHRISTLICH-JÜDISCHEN DIFFERENZ

ZUR SITUATION IM DEUTSCHEN KATHOLIZISMUS

von

Hermann Greive

Die Geschichte des Verhältnisses von Judentum und Christentum ist – gerade in jüngerer Zeit – vornehmlich als jüdische Verfolgten- oder Leidensgeschichte und christliche Verfolgergeschichte, d. h. als Teil der Geschichte des Antisemitismus geschrieben worden. Dies geschah auch dort, wo das Anliegen nicht Anklage oder Bekenntnis der Schuld oder Mitschuld, sondern eher Verteidigung oder Selbstrechtfertigung war. Hier freilich mit umgekehrtem Vorzeichen, derart, daß von Kirche und Christentum der Vorwurf, Verfolger (gewesen) zu sein, soweit immer möglich genommen oder ferngehalten werden sollte[1]. Die Basis der Diskussion blieb – wie gesagt – auch hier ganz die gleiche.

Diesem Umstand, der ja bedeutet, daß für den detaillierten Entwurf einer anderen Sicht der Dinge die Vorarbeiten weitgehend fehlen, bleibt auch die gegenwärtige Diskussion der Thematik zwangsläufig noch verpflichtet; insbesondere wenn das Ziel nicht die Herausarbeitung und Darstellung eines zeitlich und räumlich ausgegrenzten Problems, sondern die Rekonstruktion eines größeren Zusammenhangs ist. Es ist lediglich möglich, auf der Basis des im Zeichen der angedeuteten Zielsetzung(en) gesammelten Materials Ansätze

---

[1] Diese Tendenz findet sich nicht nur in christlich-jüdischer Trivialliteratur, sondern auch in Arbeiten, die mit dem Anspruch der Wissenschaftlichkeit auftreten. Vgl. u. a. *Rudolf Lill*, Katholizismus nach 1848: A. Der Heilige Stuhl und die Juden, B. Die deutschen Katholiken und die Juden in der Zeit von 1850 bis zur Machtübernahme Hitlers, in: Kirche und Synagoge. Handbuch zur Geschichte von Christen und Juden, hrsg. v. *Karl Heinrich Rengstorf* u. *Siegfried von Kortzfleisch* (nachstehend zitiert als KuS), Bd. II, Stuttgart 1970, 358–420, sowie *Erika Weinzierl*, Katholizismus in Österreich, in: KuS, II, 483–531.

zu einer umfassenderen Neuinterpretation zu entwickeln oder – bescheidener ausgedrückt – ausgehend von dem Erarbeiteten neue Akzente zu setzen.

Immerhin wird sich gegen Ende der Ausführungen zeigen, daß sich das nachweislich belastete Verhältnis von Kirche und Judentum auch und trotzdem noch unter einem sehr anderen Gesichtswinkel sehen läßt als unter dem der Beziehung des Opfers oder Schützlings zum Opfernden oder Schützer, nämlich unter dem Gesichtspunkt möglicher und verwirklichter Partnerschaft vor allem (pragmatisch-)politischer Art, einer Partnerschaft trotz vielfach wahrscheinlich tiefer, lange nicht überwundener Antipathie. Wie die letzte Bemerkung schon zu erkennen gibt, ist hier nicht an eine Proklamation der Brüderlichkeit gedacht. Gerade dies – eine emotional-spontane Zuwendung oder gar Zuneigung zum „Andern", die mit dieser ursprünglich dem familiären Bereich zugeordneten Kategorie bezeichnet zu werden pflegt, dürfte so gut wie ganz gefehlt haben. Es war wohl eher der Situationsdruck: der Gedanke des kleineren Übels, was zur Gemeinsamkeit zwang. Gelegentlich trat eben doch der „falsche" Gegensatz zwischen den religiösen Gruppen, der so viel Unheil mit sich gebracht hat, gegenüber solchen, die in einer engeren Beziehung zu den im Blick auf die Zukunft entscheidenderen Antinomien der Zeit standen, in den Hintergrund.

Doch blieb diese Gemeinsamkeit eine beschwerliche – gezeichnet durch das, was das antisemitische Vorurteil heißt, dessen Präsenz und Wirksamkeit für das christlich-jüdische Verhältnis auch in den folgenden Überlegungen noch eine wichtige Rolle spielen wird. Wo das Vorurteil letztlich herrührt, was seine Ursachen sind, ist zutiefst kontrovers, zwangsläufig, möchte man sagen, entsprechend der Sicht von Natur und Gesellschaft, der Welt und des Menschen, der der Einzelne folgt (was freilich nicht besagt, daß jedes Befinden hierüber letztlich gleich-gültig ist), und somit schon gar nicht einleitend zu entscheiden. Es soll auch in der Darstellung selbst nur mitlaufend, nicht aber thematisch behandelt werden[2].

Eher läßt sich schon eine formale Eingrenzung des Phänomens versuchen; und diese ist zugleich vonnöten, um wenigstens den gröbsten Mißverständnissen zuvorzukommen. Scharf und unumstritten in der Grenzziehung kann freilich auch diese formale Bestimmung des antisemitischen Phänomens nicht sein, da das Urteil darüber, was hinzugehört und was nicht, davon abhängig ist, was von der jüdischen Gruppe zu Recht gesagt werden kann und was nicht. Denn daß die jüdische Gruppe durchaus und in jeder Hinsicht – mit Ausnahme des abstrakt verstandenen religiösen Momentes – der nichtjüdischen Bevölkerung geglichen habe, ist ja völlig indiskutabel; derart daß der in der ersten Zeit nach dem Kriege gelegentlich vertretene Standpunkt, dem-

---

[2] Vgl. zum Problem des Ursachenkomplexes und seiner Strukturierung: *Hermann Greive*, Zu den Ursachen des Antisemitismus im deutschen Kaiserreich von 1870/71, in: Judaica, XXVII (1971), 184–192.

gemäß jede Behauptung einer Differenz zwischen Juden und Christen und zwischen jüdischen Deutschen und nichtjüdischen Deutschen (mit Ausnahme, wie gesagt, des – abstrakt verstandenen – Momentes der religiösen Zugehörigkeit) schon Antisemitismus sei, als abrogiert gelten kann.

Bei aller Vorsicht, die angesichts der Schwierigkeit des Problems am Platze ist, läßt sich sagen, daß immer dann zu Recht von Antisemitismus oder antisemitischen Vorurteilen gesprochen werden kann, wenn schlechtweg *die*, d. h. grundsätzlich alle und nur die Juden, oder wenn *gerade*, obgleich nicht alle Juden für wirkliche oder vermeintliche Übel oder Mißstände haftbar gemacht und angegriffen werden, ohne daß die ihnen zugeschriebene Rolle empirisch nachweisbar ist. Die Schwierigkeit bildet weniger das erste Glied der Aussage als vielmehr das zweite. Denn daß die und nur die Juden für bestimmte Mißstände verantwortlich, zumindest (was immer dies heißt) *letztlich* verantwortlich sein sollen, wird schon dadurch allein fraglich, daß einerseits nicht alle Juden und andererseits auch Nichtjuden als maßgeblich Beteiligte gelten müssen. Die Ausflucht, daß es nichtsdestoweniger *letztlich* doch um die und nur die Juden gehe, ist dann zwar immer noch widerspruchslos möglich, aber beliebig und als beliebige vorurteilig. Demgegenüber genügt hinsichtlich der Position, daß *gerade* Juden für bestimmte Mißstände oder als Fehlentwicklungen angesehene Prozesse verantwortlich zu machen sind, der Ausweis der schwerpunktmäßigen Beteiligung der Juden (wobei freilich noch auszumachen ist, was dies genau besagt).

Von der obigen Formel zumindest unmittelbar nicht erfaßt wird die ganze Skala der Vorwürfe, die dahin gehen, daß (die) Juden einen zu großen Anteil an bestimmten – prinzipiell durchaus positiv bewerteten – (beruflichen) Betätigungen haben, derart daß schon dieser angeblich unangemessene Anteil an sich als ein Mißstand gilt. Doch läßt sich diese Gruppe von zweifelsfrei vorurteiligen Vorstellungen insofern auf das erste Glied der obigen Formel zurückführen, als darin vorausgesetzt wird, daß *die* Juden überhaupt ein wie auch immer geartetes, sei es religiöses, sei es nationales Problem darstellen, ja geradezu eine Gefährdung der Nichtjuden, sei es als Christen, sei es als Deutsche, sind, ohne daß reflektiert wird, ob und wiefern zu Recht von einer Gefährdung die Rede sein kann. Der Mißstand, zu dem es nicht kommen soll, besteht hier schlicht darin, daß die nackten Machtverhältnisse sich zu Ungunsten der eigenen Gruppe ändern. Was nur bedenklich ist, wenn das Verhältnis der betreffenden Gruppen zueinander unter dem beherrschenden Gesichtspunkt eines freund-feindlichen Machtkampfes gesehen wird, die Feindseligkeit der Juden also schon im vorhinein feststeht. Ist dies nicht so, wird nicht die Stärke der eigenen Gruppe gegenüber der als fremd deklarierten und ihre relative Schwächung durch Stärkung der anderen für sich allein schon als problematisch betrachtet, sondern das Gewicht jüdischer Aktivitäten im wirtschaftlichen, gesellschaftlichen und politischen Leben in erster Linie deshalb der Kritik unterworfen, weil von ihm nicht so sehr in

machtpolitischer als vielmehr in moralischer Hinsicht negative – d. h. unerwünschte – Auswirkungen zu erwarten sind, so bewegen sich die Vorstellungen hinwiederum in dem durch das zweite Glied der obigen Formulierung
abgesteckten Bereich, wonach bestimmte Übelstände *gerade* durch Juden
herbeigeführt werden.

Für die historiographische Rekonstruktion des antisemitischen Vorurteils
(insbesondere nach der Seite seiner latenten Präsens hin) entscheidend ist die
angemessene Erfassung und Wiedergabe des – zeitgenössisch – Selbstverständ-
lichen. Der Einwurf, dies oder das – etwa ein bestimmtes Maß vorurteiliger
Vorstellungen im Zusammenhang mit den entsprechenden emotionalen Gegebenheiten – müsse im zeitgeschichtlichen Kontext gesehen werden, habe
zu der betreffenden Zeit nichts Besonderes an sich gehabt, sei, kurz gesagt,
damals nun mal so gewesen, beruht auf einem fundamentalen Mißverständnis
und ist dahingehend zu beantworten, daß darin ja gerade das eigentliche
Anliegen historischer Forschung besteht: herauszufinden, was damals nun mal
so war, und daß die Gesamtheit dessen, was damals nun mal so war, exakt
das Grundmuster des zeitgeschichtlichen Kontexts ausmacht; daß es demgemäß gerade auch hinsichtlich des Antisemitismus eben darum zuvörderst
geht: um das damals Selbstverständliche, die ganz selbstverständliche und
somit mehr oder weniger kritiklos hingenommene judenfeindliche Theorie
und Praxis der Zeit. Daß der Umstand der Selbstverständlichkeit bezüglich
moralischer Haftbarmachung ein mildernder ist, wird damit nicht bestritten.
Doch darum ist es gar nicht zu tun. Es soll nicht eine Reihe (vielleicht bislang
unbescholtener) Männer und Frauen der Vergangenheit gemaßregelt oder gar
diskreditiert, sondern eine vergangene Zeit oder Situation rekonstruiert werden. Und so gesehen kann der moralische Held, theologisch gesprochen der
Heilige, einbezogen, vielleicht mehr oder weniger unentrinnbar einbezogen
gewesen sein in Entwicklungen, die aus späterer Sicht als unheilbringend gelten müssen.

Das Selbstverständliche ist das wichtigste Besondere einer Zeit im Verhältnis zu anderen Zeiten, in denen anderes selbstverständlich erschien, es ist das,
was eine Zeit am allermeisten zu dem macht, was sie ist. Danach erst interessiert, was sie in dem Sinne als Besonderes gezeitigt hat, daß es auch und schon
in ihr als Besonderes galt, was also schon zeitgenössisch nicht selbstverständlich war. Besonderes dieser Art ist aber für eine Zeit nur dann und in dem
Maße charakteristisch, wie es auf ihr Selbstverständliches bezogen ist und
bleibt. Wo dies vergessen wird, läuft die historische Forschung Gefahr, ihr
Anliegen aus dem Auge zu verlieren.

Das Verhältnis von Christentum und Judentum, speziell auch jenes negative oder diskriminierende Verhältnis des Christentums zum Judentum, das
mit dem Namen der Judenfeindschaft oder des Antisemitismus bezeichnet
zu werden pflegt, hat zwei Aspekte oder Seiten, die zusammen das Gesamt-
phänomen konstituieren und in diesem Sinne strukturierende Elemente des-

selben sind. Die Verschiedenheit oder Differenz dieser konstitutiven Elemente ist somit eine die Struktur des Phänomens betreffende oder strukturelle. (Mancherlei Mißverständnisse in der wissenschaftlichen Literatur sind darauf zurückzuführen, daß die gemeinte Differenz zwar einerseits – und geradezu zwangsläufig – in den Darstellungen immer wieder eine bedeutende Rolle spielt, aber andererseits nicht hinreichend deutlich als solche herausgestellt wird.) Im Verhältnis von Christentum und Judentum sowie speziell auch im Antisemitismus sind wohl zu unterscheiden: (a) die Seite der *psychischen Dispositionen* (individual- wie sozialpsychologischer Relevanz) und (b) die Seite der (im Falle des Antisemitismus vorurteilsbestimmten antijüdischen) *Aktionen oder Aktivitäten*. Während die Dispositionen, ihrerseits in Affinität wie Antagonismus der christlichen und jüdischen Geschichte begründet, als lang- oder doch längerfristig invariabel anzusehen sind, ist im Bereich der Aktionen mit kürzerfristigen Schwankungen, mit einem durch mehr oder weniger einschneidende politische, wirtschaftliche oder gesellschaftliche Ereignisse oder gar Krisen bedingten Auf und Ab zu rechnen. Geradezu beispielhaft demonstriert diese Seite der Sache das Auftreten der österreichischen Bischöfe *gegen* den Antisemitismus in der Zeit nach 1891, das ganz offenkundig und auch anerkanntermaßen erfolgte, als weil antisemitische Parolen in den Dienst antimonarchischer demokratischer Interessen gestellt worden waren, und welches so wenig auf den Schutz der berechtigten Interessen der österreichischen Juden abzielte, daß es aussetzte, als diese – in der Sicht der Hierarchie ominöse – Verbindung antisemitischer und demokratischer Tendenzen keine nennenswerte Rolle mehr spielte[3].

Die skizzierte Differenz fällt nicht zusammen mit der Differenz zwischen Theorie und Praxis des christlich-jüdischen Verhältnisses (bzw. speziell des Antisemitismus), die ebenfalls von nicht geringem Belang ist. Der Begriff der Aktion oder Aktivität, der ja Praxis indiziert, könnte zur Identifikation der beiden (nichtsdestoweniger differierenden) Unterscheidungen verleiten. In Wahrheit verhält es sich so, daß die offen in Erscheinung tretende Seite der Praxis der Aktivität nicht einer – ebenso offenkundigen – Theorie zugeordnet ist, sondern in der – latenten – Disposition ein Gegenüber hat, das streng genommen weder theoretisch noch praktisch ist, andererseits aber sowohl von Theorie *und* Praxis herkommt wie auch auf Theorie *und* Praxis ausgerichtet ist.

Ihrem Gewicht entsprechend, wird die gekennzeichnete Unterscheidung in der folgenden Darstellung zum übergeordneten Gliederungsprinzip gemacht, zunächst die Seite der (psychischen) Dispositionen sodann die der (realen) Aktionen und Interaktionen behandelt.

Seiner Natur nach latent, läßt sich das Element der psychischen Disposition in unserem Falle am ehesten aus der theologischen, nicht zuletzt aus der vul-

---

[3] *Weinzierl*, in: KuS, II, 515 f.

gärtheologischen Literatur erheben. Was speziell den kirchlichen oder
christlichen Antisemitismus betrifft, so kann eine dahingehende Disposition
als um so verbreiteter angesehen werden, je häufiger und je deutlicher sich
Anzeichen derselben auch in der wissenschaftlichen theologischen Literatur
– ihrer Trivialität entkleidet – wiederfinden. Daß in diesem Zusammenhang
der Zwischenbereich: für ein breiteres Publikum gedachte theologische Stellungnahmen oder – anders ausgedrückt – Äußerungen des gehobenen theologischen Journalismus in verbreiteten Zeitschriften oder Zeitungen von
größtem Belang sind, bedarf nur der beiläufigen Erwähnung.

Wiewohl die theologische Äußerung zum Verhältnis von Christentum und
Judentum streng genommen bereits eine erste Stufe christlich-jüdischer Interaktion darstellt, wird sie aus dem genannten Grunde und mit dem angedeuteten Ziele im ersten Teile gesondert behandelt – die latente Disposition ist als
solche nicht greifbar.

Demgegenüber wird im zweiten Teile von Aktionen im engeren Sinne,
d. h. nicht nur verbaler Natur, die Rede sein. Hier ist etwa – im vorpoli-
tischen Bereich – an Frontbildungen, wie sie sich 1891 in Xanten und 1900
in Konitz anläßlich von Mordfällen mehr oder weniger spontan gegen die
dort ansässigen Juden hergestellt haben, daneben nicht zuletzt (wenngleich
nicht ausschließlich) an den weiten Kreis politischer Aktivitäten zu denken.

I

Die Zeit des Kaiserreichs stellt hinsichtlich des Verhältnisses der katholischen Kirche in Deutschland bzw. der deutschen Katholiken zum Judentum
eine im wesentlichen einheitliche Phase dar; dies gilt besonders bezüglich der
latenten Basis dieses Verhältnisses auf christlicher (wie übrigens wohl auch auf
jüdischer) Seite. Freilich lassen sich nichtsdestoweniger gewisse Verschiebungen
in der Artikulation der katholischen Haltung gegenüber Juden und Judentum, wie auch umgekehrt der deutschen Juden gegenüber den Katholiken
feststellen. Doch ist die Kontinuität belangreich genug, um vor der Behandlung der späteren Phase wenigstens kurz auf einige wichtige Daten der
Bismarckzeit hinzuweisen.

Das Verhältnis von Katholizismus und Judentum im deutschen Kaiserreich
stand von Anfang an, ja gerade zu Anfang, im Zeichen des Kulturkampfes,
genauer im Zeichen der Auseinandersetzung mit jenen Kräften und Tendenzen, die den Kulturkampf heraufgeführt hatten. In der Sicht der politischen
Akteure der preußischen Majorität, die nicht einfach Christen, sondern mehr
oder weniger liberale Protestanten waren, denen die Wahrung der Einheit
von Thron und Altar als eine staatspolitische Notwendigkeit und in diesem
Sinne eine schlichte Selbstverständlichkeit galt, erschien diese Einheit nur
dann gesichert, wenn die Bezugsgruppe(n) nicht eine heterogene Mehrheit und

damit der eigentliche Bezugspunkt so etwas wie Religion im allgemeinen, und zugleich – und besonders – eine von den staatlichen Grenzen umfaßte, nicht aber eine so betont überstaatliche Größe wie der Katholizismus und das Judentum sei. In dieser Situation, aus der heraus es zu heftigen Angriffen auf Katholizismus und Judentum kam, für die hier – exemplarisch – nur die Broschüre von Ottomar Beta *Darwin, Deutschland und die Juden oder der Juda-Jesuitismus* (Berlin 1875, 2. u. 3. Auflage 1876) angeführt sei[4], entfaltete sich eine katholisch-antijüdische und in engeren Grenzen auch eine jüdisch-antikatholische Polemik, die tagespolitisch dem Zwecke der Solidarisierung mit der protestantischen Majorität dienen und die Identifikation mit dem neuen Nationalstaate unter Beweis stellen sollte, aber zumindest auf katholischer Seite nach Anlage und Heftigkeit der Argumentation eine tiefliegende emotionale Feindseligkeit zum Vorschein brachte.

Wenn dabei das jüdische Sittengesetz, wie es im Talmud und Schulchan Aruch niedergelegt ist, im Mittelpunkt der Anfeindungen stand, so lag das u. a. wohl daran, daß der Katholizismus selbst ebenfalls mit seiner Sittenlehre, besonders die „jesuitische Kasuistik", zur Zielscheibe der Kritik geworden war[5], doch zugleich dokumentiert sich darin, daß das Judentum, und zwar exakt als Religion, in seinem Entscheidenden getroffen werden sollte. Die katholischen Angriffe – und es ist zu betonen, daß es nicht nur auch, sondern gerade katholische waren – auf den Talmud und am Talmud orientierte religionsgesetzliche Schriften des Judentums waren so massiv, daß es im Zusammenhang mit ihnen zu gerichtlichen Prozessen kam; sie wurden zugleich mit solchem Aufwand (nicht nur an Haß, sondern auch an finanziellen Mitteln) und mit derartigem Erfolg geführt, daß sie nicht nur bis zum Ersten Weltkrieg, sondern bis in die Weimarer Zeit und die Zeit der nationalsozialistischen Herrschaft nachgewirkt haben. Man kann den katholischen Anti-Talmudismus der siebziger und achtziger Jahre des neunzehnten Jahrhunderts als den – ideologiegeschichtlich – folgenreichsten Beitrag des deutschen Katholizismus zum Phänomen des modernen Antisemitismus betrachten. Die Namen der Personen, an denen diese Agitation vornehmlich hing, sind bekannt genug; sie brauchen hier nur erwähnt zu werden. Vorweg August Rohling mit seinem Bestseller *Der Talmudjude*, der allein von 1871 bis 1877 sechs Auflagen erreichte und dessen Autor auch sonst (zumindest bis 1885) eine aufsehenerregende Tätigkeit entfaltete, ferner Aron Briman, der unter dem Pseudonym Dr. Justus den berüchtigten *Judenspiegel* (1. Auflage Paderborn 1883) verfaßte, und Jakob Ecker, der in dem Rechtsstreit um einen Artikel über den *Judenspiegel* im *Westfälischen Merkur* vom 16. Januar 1883 ein Gutachten abgegeben hat[6], das nach glaubwürdiger

---

[4] Vgl. *Hermann Greive*, Theologie und Ideologie. Katholizismus und Judentum in Deutschland und Österreich 1918–1935, Heidelberg 1969, 20.

[5] *Greive*, Theologie und Ideologie, 19 f.

[6] Vgl. *David Hoffmann*, Der Schulchan-Aruch, Berlin ²1894, IV f. Was Lill zu

(ausgewiesener) Auskunft des *Antisemiten-Spiegels*[7] in Wahrheit vom Autor des *Judenspiegels* verfaßt war, und unter dessen Namen dann auch die ebenfalls auf Briman zurückgehende Schrift *Der „Judenspiegel" im Lichte der Wahrheit* (1. Auflage Paderborn 1884) erschien; Jakob Ecker hat sich in der Folgezeit besonders als Herausgeber biblischer Schulbücher einen Namen gemacht. Daneben ist vor allem noch Joseph Rebbert[8] zu nennen, und zwar nicht zuletzt seines Gewährsmannes wegen, des Bischofs Konrad Martin von Paderborn, der bereits im Jahre 1848 mit heftigen Angriffen auf den Talmud hervorgetreten war[9].

Mit den Angriffen auf den Talmud steht in engstem Zusammenhang die Ritualmordbeschuldigung, einmal deswegen, weil sie ebenfalls betont den religiösen Bereich betrifft, und diesmal mit der Sittenlehre zugleich den kultischen Raum, der in allen Religionen als besonders sakrosankt gilt, sodann aber auch insofern als sie mit talmudischen oder in der talmudischen Tradition wurzelnden Texten begründet zu werden pflegte. Sie erscheint in heutiger Sicht als ein spezifisch mittelalterlicher Vorwurf. Die Heftigkeit, mit der sie im letzten Viertel des neunzehnten Jahrhunderts erhoben wurde und umstritten war, läßt es indessen geraten erscheinen, dies zu vergessen. Immerhin haben mit Vorstellungen dieser Art verknüpfte Animositäten in der Wilhelminischen Zeit zu massiven Handgreiflichkeiten, ja Ausschreitungen geführt, wie im zweiten Teil dieser Ausführungen noch darzutun sein wird. Gerade diese Entwicklung macht es notwendig, hier bereits kurz darauf einzugehen.

Was den Zusammenhang von Antitalmudismus und Ritualmordbeschuldigung angeht, so sei hier nur an die Schriften von August Rohling erinnert *Die Polemik und das Menschenopfer des Rabbinismus* (Paderborn 1883) und *Meine Antworten an die Rabbiner. Oder Fünf Briefe über den Talmudismus und das Blutritual der Juden* (Prag 1883). Rohling hat sich überdies wiederholt dazu angeboten, gerichtlich zu beeiden, daß der Ritualmord im talmudischen Recht verankert sei.

Angesichts der antijüdischen Praxis, zu der es auf Grund von judenfeindlichen Emotionen, die sich im Verdacht des Ritualmordes auslegten (und selbstverständlich zu machen versuchten), stellt sich die Frage, ob Rohling wirklich

---

Ecker und seiner Gutachtertätigkeit sowie im Zusammenhang damit zur Weitergeltung oder (faktischen) Abrogation des talmudischen Religionsgesetzes sagt, ist mehr als irreführend (vgl. KuS, II, 391 f.). Auf diese Weise läßt sich dem Phänomen des Antisemitismus, hier speziell des antitalmudisch argumentierenden Antisemitismus, nicht beikommen.

[7] 1. Aufl., Danzig 1892, 234.

[8] Vgl. *Joseph Rebbert*, Blicke in's Talmudische Judenthum. Nach den Forschungen von *Dr. Konrad Martin* dem christlichen Volke enthüllt, Paderborn 1876.

[9] Vgl. Blicke in's Talmud'sche Judenthum, in: Katholische Vierteljahresschrift für Wissenschaft und Kunst, Neue Folge, II (1848), Heft 1, 47–64, Heft 2, 36–52, Heft 3, 125–138, Heft 4, 106–132.

in dem Sinne und Ausmaße ein Außenseiter war, wie dies in der katholischen Literatur gelegentlich insinuiert wird. Die Wahrheit dieser Tendenz scheint zu sein, daß Rohling, obwohl Hochschullehrer, dennoch mit den „kultivierten" Bräuchen der Zunft nicht völlig konform ging und keine Scheu trug, geradezu vulgärtheologisch eine christkatholische – und nicht nur katholische – psychische Wirklichkeit zu artikulieren, die in „höherer" fachtheologischer Denk- und Aussageweise zwar auch ihre Rolle spielte, aber eben nicht in dieser Form. So ist es wohl zu verstehen, wenn Lill im Hinblick auf den Umzug Rohlings von Münster nach Prag schreibt, man habe ihn „anscheinend" (?) nicht ungern weggehen sehen [10].

Wie sehr Rohling zumindest hinsichtlich der Vorstellung von der Verwendung christlichen Blutes im jüdischen Ritual weit verbreitete, ja mancherorts, wenn nicht vielerorts überhaupt nicht als problematisch empfundene Verdächtigungen rationalisierte, d. h. jüdisch-theologisch abzusichern suchte, zeigt die Legendensammlung *Katholischer Kindergarten* des Jesuiten Franz Ser. Hattler, die bis zur 4. Auflage (Freiburg i. Br. 1889) Ritualmordgeschichten in teilweise übelster Fassung mitgeschleppt hat. Um ein sachgerechtes Bild zu vermitteln, ist es, selbst auf die Gefahr hin, langatmig zu werden, notwendig, einige Stellen wiederzugeben. In Form eines Zitates, dessen Inhalt jedoch der Herausgeber ganz offenkundig zustimmt, wird in der Legende über den sogenannten heiligen Simon von Trient (24. März) u. a. ausgeführt:

> „Unterdessen hatte [der Jude] Samuel schon wie ein Tiger nach Blut gelechzt. Er nahm daher das Kind sogleich und brachte es auf sein Zimmer. Ich übergehe hier, welche Freude diese Drachen [Samuel und seine Komplizen] nun hatten; sie jubelten schon über das Christenblut, ehe sie es verkostet hatten . . .
> Nun ergriff Moses eine Scheere und schnitt aus der rechten Wange neben dem Kinn ein Stück Fleisch heraus und legte es auf ein dazu hergerichtetes Gefäß. Die Umstehenden fingen das frische Blut auf und nahmen die Scheere, Einer nach dem Andern, und Jeder schnitt ein Stück Fleisch heraus . . .
> Am Charsamstage kamen die Juden wieder in die Synagoge zusammen und legten vor Aller Augen den Leichnam auf den Alomon [11], d. h. auf den Tisch oder Altar, an dem sie die Psalmen und Lieder singen." [12]

Hier, gerade hier, ist zu wiederholen, worauf bereits in der Einleitung mit Nachdruck hingewiesen worden ist, daß auf den (möglichen) Einwurf, derartige Aussagen oder Schilderungen seien in ihrem geschichtlichen Kontext zu sehen, hätten – anders gesagt – damals nicht das gleiche Gewicht gehabt wie

---

[10] KuS, II, 391.

[11] Richtig Almemar oder Almemor, vulgär auch Melemmer (vgl. Jüdisches Lexikon, I, Berlin 1927, 232).

[12] Katholischer Kindergarten oder Legende für Kinder, Freiburg i. Br. [3]1884, 182, 183, 184. Das Scherenmotiv kehrt wieder, und zwar in der Legende über den Knaben Werner (vgl. aaO, 227). Dagegen heißt es in der Legende über den seligen Andreas von Rinn lediglich: „sie öffneten ihm die Adern und fingen das Blut auf" (396).

24 *

heute (nach der Katastrophe), zu antworten ist, daß es nicht darum geht, den Jesuiten Franz Hattler zu diskreditieren, sondern die Situation in der katholischen Bevölkerung zu rekonstruieren, daß somit dem Anliegen, den Herausgeber des Buches moralisch zu entlasten (wenn dies das Anliegen ist) gern stattgegeben werden kann, daß aber trotzdem die Selbstverständlichkeit, mit der er derartige Geschichten in seine Legendensammlung für Kinder aufnahm, ein Symptom ist, geradezu ein Schlaglicht auf die zeitgeschichtliche Situation im deutschen Katholizismus wirft; um so mehr als sein Buch, und zwar auch und schon vor der Eliminierung der fraglichen Geschichten auf Druck von außen hin[13], mit der kirchlichen Approbation des Erzbischofs von Freiburg und einer Reihe oberhirtlicher Empfehlungsschreiben aufwarten konnte, und zwar von V. A. Dechamps, Kardinal, Erzbischof von Mecheln (der französischen Übersetzung des *Kindergarten* entnommen), Johannes, Fürstbischof von Seckau, Fürstbischof Gurker, Ordinariat zu Klagenfurt, und vom fürstbischöflichen Ordinariat zu Salzburg.

Wenn demgegenüber zum Erweis dessen, daß es innerhalb des deutschen Katholizismus auch eine sachlichere Beurteilung des Judentums und jüdischer Dinge gegeben habe, etwa auf die Schrift *Gattin und Mutter im Heidentum, Judentum und Christentum* (1. Auflage Bonn 1885, 2. Auflage Einsiedeln 1905), in der der Autor Hermann Joseph Schmitz, ab 1893 Weihbischof von Köln, „den sittlichen Hochstand des alten Judentums" verteidigte, verwiesen wird[14], so ist das bestenfalls ein grobes Mißverständnis. Verteidigung des alten Judentums hat nicht nur nicht notwendig, sondern – zu der behandelten Zeit – geradezu in der Regel nichts oder wenig mit dem Verhältnis zum nachbiblischen Judentum zu schaffen. Von einer extremen Position aus ist diese für die Geschichte des Antisemitismus so wichtige Differenz gelegentlich mit den Worten (der Kapitelüberschrift eines antisemitischen Pamphlets) *Das „Alte Testament" kein Bindeglied zwischen Christen und Juden* – nicht einmal ein Bindeglied! – zum Ausdruck gebracht und innerhalb des betreffenden Kapitels folgendermaßen expliziert worden:

> „Viele Christen, vielleicht auch einige Mitglieder des Priesterstandes, scheinen geneigt zu glauben, daß auf Grund des ‚Alten Testamentes' eine Art Continuität, also Zusammenhang zwischen der christlichen und jüdischen Religion bestehe. Dem ist jedoch nicht so – es liegt im Gegentheil ein Antagonismus hier vor, wie er schärfer und greller gar nicht gedacht werden kann und es ist gerade jene Unkenntnis des Judenglaubens von Seiten vieler Christen die Wurzel der gröbsten und folgenschwersten Irrthümer bei Beurtheilung der Judenfrage."

Wie die Christen das Alte Testament in der Brechung des Neuen Testaments sähen, so sähen die Juden die (hebr.) Bibel in der Brechung von Mischna und Gemara, d. h. des Talmud[15].

---

[13] U. a. von seiten der Kölnischen Zeitung (vgl. Antisemitenspiegel, [1]1892, 213).

[14] *Lill,* in: KuS, II, 379.

[15] *Fr. v. Saldenhofen,* Ausgewähltes über das „Auserwählte Volk", Würzburg 1892, 18 u. 20.

Nicht vielleicht in der hier gegebenen Zuspitzung, wohl aber ihrem Grundinhalt nach, war diese Unterscheidung zwischen „altem" und „neuem" Judentum durchaus gängig. Julius Langbehn, der zu diesem Zeitpunkt freilich noch nicht zum katholischen Deutschland gehörte, äußerte sich hierzu kurz und plastisch wie folgt:

„Es ist ein weiter Weg von Abraham Hiob Jesaias dem Psalmisten bis zu den heutigen Talmudisten Börsenjobbern Reportern; soweit wie der vom Edlen bis zum Gemeinen; man darf diesen Unterschied nicht vergessen." [16]

Wenn an älteren und zugleich weiterwirkenden antijüdischen Motiven nur die Komplexe Talmud und Ritualmord einleitend behandelt worden sind, so ist dies mit vollem Wissen um die damit gegebene Einseitigkeit geschehen. Es sollten lediglich Schwerpunkte markiert sein, Schwerpunkte die – beide im religiösen Bereich gelegen und somit dem religiös argumentierenden Antisemitismus zugehörig – in Gegenüberstellung mit den folgenden Ausführungen deutlich machen werden, daß es, ungeachtet dessen, daß zahllose Motive nach wie vor 1890 nachweisbar sind, gegen Ende des Jahrhunderts doch zu einer gewissen Umstrukturierung der Argumentationsmuster gekommen ist.

Die Kontinuität des antijüdischen Vorurteils, wie es sich literarisch äußert, und damit zugleich die latente Präsenz antijüdischer Dispositionen in der katholischen Bevölkerung Deutschlands zur Wilhelminischen Zeit bezeugen nicht nur Publizisten wie H. K. Lenz (Pseudonym für Heinrich Klenz) mit den Schriften *Alban Stolz und die Juden: Ein zeitgemäßer Beitrag zur Judenfrage für das deutsche Volk* (Münster 1893), *Judenliteratur und Literaturjuden. Aus Sebastian Brunners Werken dargestellt* (Münster 1893), *Der Kirchenväter Ansichten und Lehren über die Juden. Den Christen in Erinnerung gebracht* (Münster 1894), *Der Jude in Handel und Wandel. In der Beleuchtung eines vielgenannten katholischen Publizisten vorgeführt* (Münster 1894), sowie Bernardin Freimut (wohl ebenfalls Pseudonym) mit den Publikationen *Altjüdische Religionsgeheimnisse und neujüdische Praktiken im Lichte christlicher Wahrheit. Eine Kritik des Talmud* (Münster 1893) und *Die jüdischen Blutmorde von ihrem ersten Erscheinen in der Geschichte bis auf unsere Zeit* (Münster 1895), ferner in einer späteren Phase Carl Mommert (Ritter des Heiligen Grabes und Pfarrer zu Schweinitz) mit den Pamphleten *Der Ritualmord bei den Talmud-Juden* (Leipzig 1905) und *Widerlegung der Widersprüche frommer Juden und Christen gegen die Blutbeschuldigung der Juden* (Leipzig 1906), dies alles Autoren, die man allenfalls als Außenseiter abtun kann, sondern vor allem so bekannte und anerkannte katholische Theologen wie Franz Hettinger und Albert Maria Weiß O. P. sowie der kaum minder renommierte katholische Sozialtheoretiker Georg Ratzinger. Von Hettinger ist insbesondere die Arbeit *Aus Welt und Kirche. Bilder und Skiz-*

---

[16] *Rembrandt als Erzieher*, Leipzig [33]1891, 42.

zen (Freiburg i. Br. 1885, 3. Auflage 1893, 5. Auflage 1902), von Weiß die verbreitete *Apologie des Christentums* (Freiburg i. Br. 1878–1889, 4. Auflage 1904–1908) und von Ratzinger einmal *Die Volkswirtschaft in ihren sittlichen Grundlagen* (Freiburg i. Br. 1881, 2. Auflage 1895) und daneben das unter dem Pseudonym Gottfried Wolf erschienene Pamphlet *Das Judentum in Bayern: Skizzen aus der Vergangenheit und Vorschläge für die Zukunft* (München 1897) zu nennen[17].

Die Flucht ins Pseudonym, hier wie auch bei dem zuvor genannten Heinrich Klenz, ist auffällig und aufschlußreich. Vermittels der Pseudonymität bleibt die antijüdische Disposition noch als publizierte – in gewisser Beziehung – latent, sofern nämlich, als sie die Disposition eines bestimmten Subjektes ist. Dies läßt vermuten, daß in der Regel das emotionale antijüdische Potential von erheblich größerem Gewicht war als seine offene – d. h. mit Namensnennung – publizierte Artikulation.

Dies gilt besonders für den wissenschaftlichen Bereich, in welchem wir uns mit den zuletzt genannten Autoren bewegen, und zwar in sehr viel eindeutigerer Weise bewegen als im Falle Rohlings und Eckers, die zwar formal Hochschullehrer, nichtsdestoweniger aber als Wissenschaftler im engeren Sinne wohl nur in Grenzen anerkannt waren; es ist kaum ein Zufall, daß Ecker schließlich ins Schulbuchgeschäft abgewandert ist. Trotz gewisser populärwissenschaftlicher Tendenzen trifft somit auf Hettinger, Weiß und Ratzinger in höherem Grade zu, was eingangs über die (hinsichtlich ihres Aufschlußwerts) größere Tragweite von antijüdischen Äußerungen im Rahmen wissenschaftlicher Abhandlungen gesagt worden ist: Das antijüdische Vorurteil muß als um so verbreiterter und als ein um so selbstverständlicher hingenommener Sachverhalt angesehen werden, je unverstellter es sich nicht nur in der (in unserem Falle vor allem theologischen) Trivialliteratur, sondern auch in der gehobenen wissenschaftlichen Literatur wiederfindet.

Die Position Hettingers, Weiß' und Ratzingers gegenüber Juden und Judentum ist häufig genug dargestellt worden[18], so daß an dieser Stelle vergleichsweise wenige Hinweise genügen. Franz Hettinger, der schon im Jahre 1890 verstorben ist, dessen Stellungnahmen jedoch – insbesondere durch spätere Auflagen seiner Schriften – weiterhin wirksam blieben, ist insofern von besonderem Belang, als er bereits in den achtziger Jahren Vorstellungen artikuliert hat, die innerhalb des Katholizismus eigentlich erst in den neunziger Jahren wirklich zum Zuge kommen sollten. Schmidt-Clausing, dem es freilich in der schon mehrfach genannten Arbeit um den Antisemitismus selbst und nicht seine Bloßstellung zu tun ist, sieht durchaus richtig, wenn er schreibt,

---

[17] Vgl. *Fritz Schmidt-Clausing*, Judengegnerische Strömungen im deutschen Katholizismus des 19. Jahrhunderts. Eine religionspolitische Untersuchung, Jena 1942 (Diss., maschinenschriftlich), 170 bis Schluß: Quellen und Literatur.

[18] Vgl. bes. die – in der NS-Zeit entstandene – wohlwollende Darstellung von *Schmidt-Clausing*, op. cit., 124–128 u. 138–142.

Hettinger habe im Judentum den ganz, d. h. „wesensmäßig", anderen gesehen und zumindest in der Rede vom „ekelhaften Ungeziefer" und an anderer Stelle von „jüdischen Parasiten"[19] dem Rassengedanken, d. h. dem Gedanken einer naturgegebenen oder naturhaften und somit unaufhebbaren Inferiorität des jüdischen Menschen nahegestanden[20]. Es ist diese Seite seines Bildes vom Judentum, dem im übrigen die gängigen, schon in den siebziger Jahren und früher gängigen Züge nicht fehlen, derzufolge er bereits einer fortgeschritteneren Entwicklungsphase, in der der Gedanke der naturhaften Verschiedenheit des Juden vom Nichtjuden zu einem entscheidenden wird, zugehört.

Daß der jüngere Albert Maria Weiß von grundsätzlich vergleichbaren Vorstellungen ausgeht, ist unschwer erkennbar. Neben eher unscharfen Charakterisierungen, in denen das jüdische Volk als „Schlange am Weg" erscheint, „lauernd und allen nachstellend", „unstät irrend und mit dem Fluche gezeichnet wie Kain", als „ein aus dem Feuer gerissener rauchender Brand, der jeden Augenblick Brand zu stiften droht", kurz als „Feind des Himmels, Herr der Erde", bringt dies besonders das lapidare Urteil zum Vorschein: Die Juden „sind ihrer eigenen Natur nach nicht das Volk Gottes, sondern das Volk des Goldes. Das Buch, das ihr natürliches Wesen zum Ausdruck bringt, ist nicht die Bibel, sondern der Talmud"[21]. Zumindest hier – wenn man nicht schon die Bilder vom rauchenden Brand und der Schlange am Wege dahin auslegen will – geht es nicht mehr nur um moralische und als solche behebbare Bosheit, nicht mehr nur um Religion (Talmud) oder Gefährdung der Religion und um Wirtschaft (Gold) oder wirtschaftliche Macht und ihre skrupellose Ausnutzung, sondern um das, was dahinter steht, was die in den Augen des Autors zweifelhafte jüdische Religion und die Anhäufung und Ausnutzung wirtschaftlicher Macht durch die Juden hervorbringt und trägt. Der Verfasser nennt es selbst „Natur" und zwar geht es dabei – ebenso ausdrücklich – nicht um die Natur dieses oder jenes einzelnen, sondern um die Natur des Volkes oder die völkische Natur. Im Vergleich zu dieser Vorgegebenheit der völkischen Natur sind das aktuelle Streben nach Gold und die talmudische Religion nur Derivate. Von letzterem wird dies ausdrücklich gesagt: der Talmud ist nichts als Ausdruck, Ausdruck des innerlichen natürlichen Wesens der Juden, Volk des Goldes zu sein.

Es ist nicht ohne Belang, daß die zitierten Stellen der *Apologie* in der ersten und zweiten Auflage noch nicht enthalten, sondern erst der in den neunziger Jahren erschienenen dritten Auflage des Werkes eingefügt worden sind. Hier ist also eine ganz offenkundige Zuspitzung der Argumentation, und zwar eine Zuspitzung sehr bestimmter Art, registrierbar.

Zu einer Verschärfung der antijüdischen Polemik kommt es um und nach 1890 auffälligerweise auch bei Ratzinger, wie ein Vergleich zwischen den

---

[19] Aus Welt und Kirche, Freiburg i. Br. ²1888, 40 f. u. 118.
[20] Vgl. *Schmidt-Clausing*, op. cit., 124.
[21] Apologie, Bd. III, Freiburg i. Br. ³1897, 221 u. 218; ⁴1907, 233 u. 229.

Ausführungen seiner Schrift zur *Volkswirtschaft* einerseits und der unter dem Pseudonym Gottfried Wolf publizierten Broschüre *Das Judentum in Bayern* andererseits zeigt. Dies ist um so überraschender, als Ratzinger nicht nur Theoretiker, sondern als Politiker auch Praktiker war und gerade politisch (-pragmatisch)e Erwägungen eher eine gewisse Zurückhaltung hätten nahelegen können. (Im zweiten Teil der Ausführungen wird hierauf näher einzugehen sein.)

Trotz der ausdrücklichen Ablehnung des Rassenantisemitismus in der Arbeit zur *Volkswirtschaft*[22] und auch noch in der Broschüre *Jüdisches Erwerbsleben: Skizzen aus dem sozialen Leben der Gegenwart* (Passau [4]1892), die unter dem Pseudonym Robert Waldhausen erschien, berichtet er in eben dieser – letztgenannten – Publikation nicht ohne Genugtuung über das Phänomen des Antisemitismus als Rassenhaß und kommt er sowohl in diesem Pamphlet wie auch und besonders in dem des Jahres 1897 zu Stellungnahmen, die ihrem Inhalte nach von denen Franz Hettingers und Albert Maria Weiß' nicht weit entfernt – in ihrer Aggressivität eher noch schärfer – sind und den Gedanken einer natürlichen Verschiedenheit von Juden und Nichtjuden zumindest nahelegen[23].

Die Verbindung, die – am deutlichsten bei Weiß – ältere Argumente, neben dem wirtschaftlichen nicht zuletzt das antitalmudische, mit neueren, von der natürlichen oder naturhaften Verschiedenheit oder Andersartigkeit des jüdischen Volkes ausgehenden Gedankengängen eingehen, ist charakteristisch für diese Phase der Ideologiebildung. Trivialer als bei den genannten Autoren, aber damit zugleich auch unverstellter, wird sie in der bereits zitierten Schrift *Ausgewähltes über das „Auserwählte Volk"* des Fr. v. Saldenhofen reproduziert, welcher schreibt: „Antisemitismus ist nichts anderes als die Abwehr, das Fernhalten des die erbgesessene arisch-nationale, christliche Bevölkerung materiell und geistig schädigenden jüdischen und jüdisch-liberalen Einflusses" und somit Notwehr[24], und dementsprechend an einer anderen Stelle derselben Schrift fordern kann: „Deshalb darf aber auch der Staat den Inhalt einer fremden ‚Moral' sowie besondere Stammesgesetze nicht ignorieren und also noch weniger die *fremde Race* selbst[25], wenn diese sich als die Verkörperung christenfeindlicher Tendenzen darstellt."[26] Hier sind Rasse und Religion (d. h. die inferiore, christenfeindliche talmudische

[22] Freiburg i. Br. [1]1881, 383; [2]1895, 439.
[23] Vgl. Jüdisches Erwerbsleben, 84, und bes. Das Judentum in Bayern, 8, wo von den Juden als „Element der *inneren Zersetzung* der christlichen Gesellschaft" (siehe auch aaO, 62) die Rede ist, sowie aaO, 19, wo es kurz und bündig heißt: „Die christliche Gesellschaft ist ein Organismus, welcher, um gesund zu sein, das Fremdartige assimilieren oder ausscheiden muß."
[24] Ausgewähltes, 9.
[25] Hervorhebung bereits im Original.
[26] Ausgewähltes, 30.

‚Moral') des Juden engstens aufeinander bezogen, und zwar so, daß sie die beiden entscheidenden Züge des jüdischen Feindes darstellen.

Solche Zusammenschau oder Inbeziehungsetzung von Rasse und Religion ist charakteristisch für die Geistigkeit oder die herrschende Ideologie der Wilhelminischen Zeit (selbst großenteils noch der Weimarer Zeit), und zwar nicht allein im deutschen Katholizismus, hier nicht einmal an erster Stelle. Sie kennzeichnet nicht nur das jüdische Feindbild, sondern auch die Vorstellungen von der (im Sinne der Zeit:) eigenen christlich-deutschen Wirklichkeit und Aufgabe, kurz das Selbstverständnis zumindest weitester Kreise der wirtschaftlich und bildungsmäßig gehobenen Schicht. Das Judentum konnte demgemäß selbst als Feind noch zum Vorbild und als Vorbild zum – eben deswegen – nur noch verhaßteren Feinde werden [27].

Die Vermittlung von Rasse und Religion, eine konsequentere Vermittlung freilich als die obige, die mehr auf eine Nebeneinanderstellung hinausläuft, ist zugleich ein entscheidender Zug der völkischen Ideologie; wobei freilich in Rechnung zu stellen ist, daß hier auch das Christentum: christliche Religion und Religiosität, in diesen Zusammenhang eingebracht wird. Lagarde und Langbehn sowohl wie auch Chamberlain stehen hierfür ein [28]. Vielleicht läßt sich die Ideologie dieser Periode auf folgende – möglicherweise etwas zu einfache – Formel bringen: An die Stelle des Glaubens an den (absoluten) Geist trat die Überzeugung von der bestimmenden Macht des materiell oder physisch (Vor-)Gegebenen, aber so, daß auf der einen Seite das Entscheidende im Biologischen gesehen wurde, dem jedoch – da man dies aufzugeben weder willens noch auch (emotional) fähig war – das Religiöse, und zwar Religion und Religiosität der eigenen Tradition (im völkischen Lager als wertigster geistiger Ausdruck des Völkisch-Rassischen), verbunden blieb, während man auf der anderen Seite die – schon human vermittelten, also trotz aller (möglichen und wirklichen) Unmenschlichkeit letztlich menschlicheren – Produktionsverhältnisse als das Bestimmende betrachtete.

Daß traditionelle Christlichkeit – welcher Schattierung auch immer – gerade mit Konzeptionen der ersteren Art in einem letztlich unüberbrückbaren Spannungsverhältnis steht, hat nicht verhindern können, daß Annäherungen immer wieder versucht worden sind und großen Einfluß ausgeübt haben [29].

---

[27] Vgl. hierzu *Hermann Greive*, Der „Umgekehrte Talmud" des völkischen Nationalismus, in: Judaica, XXIII (1967), 1–27.

[28] Vgl. *Hermann Greive*, Verspätete Aufklärung und sakraler Nationalismus. Zu den christlichen Voraussetzungen der deutschen Ideologie, in: Werkhefte, Zeitschrift für Probleme der Gesellschaft und des Katholizismus, XXIV (1970), 38–47 u. 67–75.

[29] In seiner Analyse Die Stellungnahme der „Historisch-Politischen Blätter" zur Judenfrage (1870–1900) macht Klemens Felden eine aufschlußreiche Beobachtung. Er schreibt: „Nach 1884 verstummte in den ‚Gelben Blättern' die Erörterung der Judenfrage bis zum Beginn der 90er Jahre. Das Schweigen wurde nur 1887 von

Wie weit man mit fortschreitender Zeit gerade auch auf katholischer Seite
in der Aufnahme rassischer Kategorien zur Bestimmung des Verhältnisses
zum Judentum gehen konnte, zeigen die einer späteren Phase (als der bislang behandelten) angehörigen *Gedanken und Wahrheiten zur Judenfrage*
(Trier 1907) von Hans Rost. Obwohl in vieler Hinsicht von ähnlichen Vorstellungen geleitet wie Albert Maria Weiß, geht Rost doch über diesen
gerade in der angezeigten Richtung hinaus. Wenn er unbedenklich von der
„jüdischen Rasse" (S. 3) spricht, die seiner Meinung nach dem Juden eigene
Fähigkeit zum Handel „als Eigenschaft der Rasse" auffaßt (S. 29), „das Aufgehen der Juden in der Nation ihrer Wirtsvölker aus anthropologischen und
rassenbiologischen Gründen [für] ausgeschlossen" hält (S. 67) und vom
„Kampfe zwischen germanischem und semitischem Blute" redet (S. 17), so
steht er bis zu einem gewissen Grade noch auf dem Boden einer älteren
Tradition[30]. Doch haben seine Formulierungen bereits einen anderen Klang.
Dies wird vollends deutlich, wenn es heißt:

> „Das jüdische Wesen ist eben dem deutschen völlig entgegengesetzt … deutsche
> Innigkeit, deutsches Gemütsleben, deutscher Glaube, deutscher Idealismus können
> mit jüdischem Sarkasmus, jüdischem Spotte, jüdischem Skeptizismus, jüdischem
> Materialismus keinen Bund eingehen. Christentum und Judentum sind in gleichem
> Maße Gegenpole, wie Deutschtum und Judentum. Die moderne jüdische Welt-
> anschauung verlegt den Schwerpunkt des Daseins ins Diesseits, das Christentum ins
> Jenseits." (S. 66)

Das ist völkische Ideologie, weiß man den Autor als gläubigen Katholiken,
so läßt sich hinzufügen: in katholischer Brechung. Die typische – und für
das Verhältnis zum Judentum so entscheidende – Verbindung von Deutschtum als völkischer Gegebenheit und Christentum (man halte sich nur den
Begriff „deutscher Glaube" vor Augen) ist rezipiert.

Hans Rost hat sich zugegebenermaßen innerhalb des deutschen Katholizismus der Vorkriegszeit vergleichsweise extrem artikuliert. Trotzdem kann er
nicht als schlichter Außenseiter gelten. Er hat in zahllosen katholischen Blättern, zumeist nicht nur vereinzelt, publizieren können, selbst in der in
Sachen Juden eher gemäßigten *Kölnischen Volkszeitung*[31] und war lange

einem Artikel über den österreichischen Antisemitismus durchbrochen [Der österreichische Antisemitismus. Hist.-Pol. Blätter 100 (1887), S. 358–379], der *zum
ersten und einzigen Mal auf die Unvereinbarkeit von Rassenlehre und christlicher
Anthropologie hinweist* und dem Antisemitismus eine entschiedene Absage erteilte";
also gerade und nur in der Zeit einer Flaute der antijüdischen Agitation! (Vgl. Die
Übernahme des antisemitischen Stereotyps als soziale Norm durch die bürgerliche
Gesellschaft [1875 bis 1900], Heidelberg 1963 [Diss.], 105; Hervorhebung H. G.)

[30] Vgl. *Rebbert*, op. cit., 81.
[31] Vgl. Antisemiten-Spiegel, 3. Aufl. Berlin u. Frankfurt a. Main 1911, 81, wo es
von Rost lapidar heißt: „kath. Nationalökonom, der die gesamte Zeitungspresse
bedient".

Jahre, von 1906 bis 1933, Schriftleiter der ‚Wissenschaftlichen Beilage' der renommierten *Augsburger Postzeitung*[32]. Rost ist gerade hinsichtlich der Wendung, die seine Broschüre zur Judenfrage indiziert, um so weniger als Außenseiter anzusehen, als er damit nicht alleinstand, sich vielmehr in der Gesellschaft eines noch heute in katholischen Kreisen so hochgeachteten Publizisten wie Carl Muth befand, eines Mannes also, dem Extremismus kaum vorgeworfen werden dürfte. In der Tat geht dann auch Muth viel „behutsamer" an die Frage heran als Rost. Nichtsdestoweniger heißt es bereits in der Einleitung zu dem gemeinten Aufsatz, seinem *Hochland*-Beitrag ‚Vom Ursprung des kapitalistischen Geistes'[33], sehr aufschlußreich:

> „An Stelle des natürlichen Triebes zu Ruhe und Genuß und der Beschränkung auf den Erwerb der Gebrauchsgüter selbst im weitesten Sinne, setzt der Kapitalismus die Jagd nach dem Erwerb als Selbstzweck, die in Rast- und Grenzlosigkeit den Menschen kaum noch zur Besinnung kommen läßt, die alle feinere Genußfähigkeit in ihm ertötet, die ihn zum Sklaven der Arbeit um ihrer selbst willen herabdrückt, das ganze Leben in kahle ‚Rechenhaftigkeit' verwandelt, und es einem gänzlich abstrakten, mechanischen, direkt lebensfeindlich wirkenden Prinzip unterstellt." (S. 119)

Ist hier auch von Juden noch nicht die Rede, so doch schon an sie gedacht. Denn schließlich geht es um die Einleitung in eine Auseinandersetzung mit dem Sombartschen Werke *Die Juden und das Wirtschaftsleben* und sind die zitierten Worte der Vorbemerkung im Hinblick auf die folgenden Ausführungen zu lesen, in denen es unverstellt heißt:

> „... so sind wir tatsächlich in das Zentrum aller kapitalistischen Wirtschaft und – alles jüdischen Wesens eingedrungen. Im Gelde kommt beider innerste Eigenart zum vollendeten Ausdruck." (S. 125)

Die formale Ähnlichkeit der Stellungnahme mit der des Albert Maria Weiß darf nicht darüber hinwegtäuschen, daß der Kontext, in dem sie steht, sich gewandelt hat. Gerade hierauf sollte das Zitat aus der Einleitung des Muth-Beitrages verweisen. Sofern darin als der entscheidende Gegensatz, aus dem die Ablehnung des Kapitalismus wie zugleich auch des Judentums folgt, wohl von Sombart ausgehend, der Gegensatz von natürlich Gewachsenem und künstlich Gemachtem, von Besinnung (Rost spricht von Innigkeit und Gemüt) und Rechenhaftigkeit, kurz von lebendig Organischem und abstrakt Mechanischem beschrieben wird, geht Carl Muth in etwa derselben Richtung über Albert Maria Weiß hinaus wie Hans Rost, der sich übrigens auch mit (freilich älteren) Arbeiten Sombarts vertraut zeigt und daneben – aufschlußreich genug – auf Langbehn bezieht[34].

---

[32] Vgl. *Wilhelm Kosch*, Das Katholische Deutschland, Augsburg 1933–1938, 4064.
[33] Hochland, IX, Bd. I (1911/12), 119 ff.
[34] Daß dieser Wandel im Bereiche der Ideologiebildung kein abstrakter geistesgeschichtlicher Vorgang war, sondern mit den sozialen und politischen Veränderun-

Carl Muths in den Mantel distanzierter Wissenschaftlichkeit gehüllte, aber nichtsdestoweniger eindeutige Auslassungen über das „Wesen des Judentums" wären allein schon Anlaß genug, die These zu revidieren, das *Hochland* habe jeder Verhetzung des Judentums ferngestanden[35]. Stellt man zudem in Rechnung, daß 1913/14 auch noch Hans Rost in diesem Blatte mit dem Beitrag ‚Der Zerfall des deutschen Judentums' zu Worte kam[36], so erscheint sie vollends als das, was sie ist, ein Märchen[37].

Der Nachweis verbreiteten Vorhandenseins das Verhältnis des deutschen Katholizismus zum Judentum belastender judenfeindlicher Dispositionen kann nicht darin bestehen, in möglichster Vollständigkeit alles verfügbare Material auszubreiten; wohl aus jeder mit einer derartigen Thematik befaßten, d. h. religiös, kulturell, wirtschaftlich, politisch orientierten katholischen Zeitschrift – um eine in diesem Zusammenhang besonders belangreiche Schriftengruppe zu nennen – ließen sich einschlägige Stellungnahmen beibringen.

---

gen der Zeit in Zusammenhang stand, versteht sich von selbst. Der ideologische Wandel indiziert einen Funktionswandel des Antisemitismus, der freilich nicht als ein radikaler Bruch aufzufassen ist. In der ersten Phase war für den Katholizismus die Selbstbehauptung gegenüber einem (National-)Liberalismus, der entweder für religiöse Sonderinteressen überhaupt kein Verständnis aufbrachte oder aber nur solche der eigenen (protestantischen) Tradition als liberalen Prinzipien konform akzeptierte, das vordringliche Anliegen, während in der zweiten Phase – und zwar im gesamten konservativen Lager – mehr und mehr die Stärkung der konservativen Front gegen den Sozialismus, allgemeiner gesprochen die Verdeckung der Klassengegensätze in den Mittelpunkt des Interesses rückte. – Vgl. zum Funktionswandel des kaiserzeitlichen Antisemitismus auch die Studie von *Shulamit Angel-Volkov*, The Social and Political Function of Late 19th Century Anti-Semitism. The Case of the Small Handicraft Masters, in: Sozialgeschichte Heute. Festschrift für Hans Rosenberg zum 70. Geburtstag, hrsg. von *Hans-Ulrich Wehler*, Göttingen 1974, 416–431, bes. die zusammenfassende Stellungnahme 428 f.

[35] Vgl. *Jolán Gitschner*, Die geistige Haltung der Monatsschrift „Hochland" in den politischen und sozialen Fragen ihrer Zeit 1903–1933, München 1952 (Diss., vervielfältigt), bes. 123: „Das gesamte jüdische Problem wird von ‚Hochland' in einer christlich verständnisvollen Art behandelt, wenn sich auch das Judentum bei ihm keiner eigentlichen Sympathie erfreut."

[36] Hochland, XI, Bd. II (1913/14), 545–558. Inhaltlich ähneln die Hochland-Invektiven Rosts den älteren seiner Broschüre von 1907, mit der Ausnahme, daß nunmehr die traditionelle jüdische Religiosität einschließlich ihrer wichtigsten literarischen Berufungsinstanz, des Talmud, konsequent geschont wird; wahrscheinlich aufgrund der – bereits gelegentlich angedeuteten – parteipolitischen Interessen des Zentrums, das verschiedenenorts bemüht war und blieb, gerade mit traditionell-religiösen jüdischen Kreisen ein (politisches) Auskommen zu finden. Anders ist die Sinnesänderung Rosts schwer verständlich zu machen. Nichtsdestoweniger ist dieser Vorgang ein interessantes Phänomen; er zeigt, daß und wie rasch unter Umständen praktische, hier politische Notwendigkeiten zu Verschiebungen zumindest in der Artikulation fremdgruppenfeindlicher Dispositionen führen und eine – in diesem Falle freilich nur sehr partielle – Verständigung erzwingen können.

[37] Vgl. zu dem ganzen Abschnitt über Weiß, Rost und Muth: *Greive*, Theologie und Ideologie, 22–30.

Nichtsdestoweniger sei hier – bevor aus der Analyse von Texten eines Gegners dessen, was damals Antisemitismus hieß, nämlich des bayerischen Pfarrers und Landtagsabgeordneten Friedrich Frank, ein mehr oder weniger abschließendes Urteil über die latente Judenfeindlichkeit im katholischen Bevölkerungsteile zu gewinnen versucht wird – auf wenigstens ein vergleichsweise repräsentatives Organ noch ausdrücklich hingewiesen, das in dieser Darstellung erst einmal herangezogen worden ist, die *Historisch-Politischen Blätter*. Der Hinweis erfolgt, weil diese Zeitschrift die Diskussion der Judenfrage mehr oder weniger durchgehend begleitet hat und zugleich von der in den Stellungnahmen der siebziger bis neunziger Jahre zum Ausdruck kommenden Haltung eine aufschlußreiche Untersuchung vorliegt [38]. Die Ergebnisse dieser Untersuchung entsprechen den obigen Ausführungen. Bis zu welchem Grade und Umfange zumindest in den neunziger Jahren in der katholischen Bevölkerung judenfeindliche Tendenzen nicht nur latent vorhanden waren, sondern auch offen zutage traten, erhellt aus der von Felden zitierten Notiz:

> „Die Mehrzahl der Zentrumsblätter sieht sich durch die Stimmung in den Leserkreisen genötigt, mehr oder minder Stellung gegen das Vordringen des Judentums, zumal in obrigkeitlichen Ämtern, zu nehmen." [39]

Psychische Haltungen (einschließlich ihrer Rationalisierungen) und schon gar latente Dispositionen größerer Bevölkerungsgruppen selbst der jüngeren oder jüngsten Vergangenheit lassen sich nur schwer verbindlich nachweisen. Die schweigende Mehrheit ist eben eine schweigende und somit nur durch Subsumtion, die immer einen Rest von Unsicherheit übrigläßt, einzubeziehen, und von den Sprechern und Exponenten (oder was dafür gilt) der betreffenden Gruppen läßt sich durchweg nicht leicht mit Sicherheit ausmachen, ob sie als sich artikulierende Einzelne nicht zumindest in bestimmten Äußerungen Einzelgänger oder Außenseiter waren. Angesichts dessen ist es verwunderlich, daß gerade auf dem Felde der Judenfeindschaft oder des Antisemitismus nicht aus methodischen Gründen in viel größerem Umfange statt des erklärten Gegners der Juden, der erklärte Gegner der Judenfeindschaft oder des Antisemitismus zum Gegenstand der Untersuchung gemacht worden ist, und zwar nicht, wie gelegentlich geschehen, um eine relative Ausgeglichenheit der Anschauungen und Haltungen innerhalb einer bestimmten Gruppe darzutun, sondern mit dem Ziele herauszufinden, wo die Grenze der in Anspruch genommenen Vorurteilsfreiheit lag. Man hat guten Grund anzunehmen, daß

---

[38] Vgl. *Klemens Felden,* Die Übernahme des antisemitischen Stereotyps, 103–108.
[39] Historisch-Politische Blätter, CX (1892), 880; zitiert nach *Felden,* op. cit., 107. Das Zitat macht zugleich deutlich, daß nicht nur mit publizierenden antisemitischen Außenseitern zu rechnen ist, sondern umgekehrt auch damit, daß von seiten der Publizisten – aus welchen, wohl zumeist politischen, Gründen auch immer – die wirklich vorhandenen und in anderem Zusammenhang auch wirksamen Emotionen bewußt nicht zur Kenntnis genommen oder gar herabgespielt werden.

diese Grenze der Vorurteilsfreiheit oder umgekehrt der Vorurteilsbefangen-
heit des Gegners des Vorurteils, läßt sie sich näher bestimmen, eine aufschlußreiche Markierung für so etwas wie ein „Minimalprogramm" nicht nur des
betreffenden Vorurteilsgegners, sondern auch der Gruppe, der er integriert
ist, im Verhältnis zu dem Gegenstand der vorurteiligen Vorstellungen, in
unserem Falle zu Juden und Judentum darstellt.

Zu leicht ist in der Vergangenheit, und zwar besonders von solchen, die
der Gruppe, über welche sie schrieben, allzu distanzlos zugehörten, der
erklärte Gegner des Antisemitismus als *wahrer* Gegner des Antisemitismus
genommen worden, und dies bis zu einem Ausmaß von Kritiklosigkeit, die
die Qualifizierung der betreffenden Darstellungen als Geschichtsklitterung
geradezu provoziert. Das gilt ganz besonders auch hinsichtlich der Behandlung oder Einordnung Friedrich Franks [40]. Doch sei wiederholt, was ähnlich
bereits mehrfach betont worden ist, daß auch hier nicht – und hier schon
gar nicht – darauf abgezielt ist, die Person des Verfassers der zu analysie-
renden Äußerungen, in diesem Falle Friedrich Frank, der zweifellos als
Vorkämpfer eines unbefangeneren Verhältnisses zum Judentum zu gelten hat,
herabzusetzen, daß nicht die moralische Qualität dieses Mannes in Zweifel
gezogen werden soll. Worum es geht, ist lediglich dies: ans Licht zu bringen,
welches Minimum an Befangenheit gegenüber dem Judentum selbst ein erklärter Gegner der Judengegner (zumindest des „Antisemitismus") nicht zu
unterschreiten vermochte und/oder im Hinblick auf seine Zielgruppe glaubte
nicht unterschreiten zu sollen.

Friedrich Frank teilt – die theologische Seite seiner Anschauungen betreffend, und diese Seite ist für den gläubigen Christen von größtem Belang,
sie nimmt gleichsam eine Schlüsselstellung ein – die Konzeption von der Verwerfung des jüdischen Volkes als Volk.

> „Nachdem ... in unseliger Verblendung, in der Gier nach irdischen Gütern, Ehren
> und Freuden das Judenvolk den Sohn Gottes verworfen und den Heiland der Welt
> an den Schandpfahl des Kreuzes geschlagen hatte, da war es auch das Volk Gottes
> nicht mehr, ja es wurde aus den Reihen der selbständigen Völker gestrichen, und
> seine Kinder wurden in alle Welt zerstreut. Die Kinder Israels, wie man auch die
> Juden nennt, waren Schlingpflanzen gleich geworden, die sich um die einzelnen
> Völker wanden, wie die Schlingpflanzen um die Bäume, und von deren Saft zeh-
> rend, sich an ihnen aufrankten." [41]

Angesichts dieser Einstufung des jüdischen Volkes als „Nicht-mehr-Volk-
Gottes" verwundert es kaum, daß die Judenheit in freilich etwas verstellter
Form als Feind der Kirche erscheint:

---

[40] Vgl. *Lill*, in: KuS, II, 387, u. *Weinzierl*, in: KuS, II, 516.
[41] Die Kirche und die Juden (nachstehend zitiert als KuJ), Regensburg 1892
(3. Aufl. 1893), 1 f.

„Von dem Kaiser Julian dem Abtrünnigen angefangen waren alle christlichen Fürsten, welche sich zu Feinden der Kirche aufwarfen, stets Freunde und Gönner des Judentums." [42]

Diesen christlich-theologischen oder quasi-theologischen Auffassungen vom Judentum und seiner Geschichte ordnen sich die folgenden Vorstellungen seines sozial-ökonomischen Verhältnisses zum Christentum zwanglos zu (die radikale Abtrennung des einen vom andern ist besonders dort, wo es um religiöse, d. h. durch religiöse Vorstellungen maßgeblich bestimmte Personen und Personengruppen geht, mehr als fragwürdig); die folgenden Zitate machen dies unmittelbar deutlich.

Die Juden sind nach Auffassung Franks häufig genug eine „Landplage" gewesen [43], speziell „eine Plage der Christen" [44]. Was sie zuerst und zumeist zu dieser Plage gemacht hat und macht (es ist durchweg – bemerkbar – auch an die Gegenwart gedacht), sind ihre blutsaugerischen Geschäftspraktiken. „Nachdem", heißt es gelegentlich, „der Jude wie ein Schwamm vom Schweiß und Blut der christlichen Unterthanen sich vollgesogen hatte, preßte ihn der König hohnlachend aus..." [45] Sie gelten kurzweg als „des Königs Kammerknechte und der Fürsten Blutegel" [46].

Der christliche König spielt lediglich die Rolle des überlegenen Schwämmeauspressers: Eine Vorstellung, die zugleich die Genugtuung gewährt, den blutsaugerischen Juden wenigstens vom König – wenn auch andererseits leider nur von ihm – gepreßt zu sehen. Obwohl Frank als Vorkämpfer der Toleranz antritt, geht selbst bei ihm die Schonung des „Edelmanns" gelegentlich so weit, daß dieser zusammen mit dem Bauern als Opfer jüdischer Machenschaften erscheint.

„Hier [in Österreich]", schreibt er, „wo sie den Edelmann und den Bauern gleich sehr durch ihre Verführungs- und Wucherkünste verderbten, den ersteren zur Liederlichkeit und Verschwendung, den zweiten zum viehischen Branntweingenuß verlockten, und dann beiden die Güter abpfändeten und sie aussogen, sah sich Josef [II.] genötigt, durch strenge Gesetze die christliche Bevölkerung zu retten, damit sie wenigstens nicht von Juden wie ein Leichnam von Würmern vollends gefressen würde." [47]

Wie in diesem Zitat zugleich deutlich wird, erfolgt die jüdische Aussaugung der christlichen Bevölkerung nicht zuletzt durch Wucher(-Geschäfte). So heißt es, daß den Juden erlaubt worden sei, „sich in Kiew einzunisten und Wuchergeschäfte und Prellerei zu treiben", und wird – mit ausdrücklichem Bezug auf die Gegenwart – ausgeführt:

---

[42] KuJ, 11.
[43] KuJ, 19.
[44] KuJ, 5.
[45] KuJ, 19. Dieses Bild wiederholt sich, vgl. auch aaO, 43 u. 56.
[46] KuJ, 3 f.
[47] KuJ, 21.

„namentlich in Paris durften sie sich … einnisten, und machten gute Geschäftchen durch wucherische Vorschüsse, Lieferungskontrakte, wohlfeilen Ankauf des Gestohlenen oder Geplünderten, gerade wie in den Tagen jüngeren Datums"[48].

So wird ferner kritiklos, ja als Gewährsmann, Wolfgang Menzel zitiert:

„Dieses politisch tote Volk hatte sich wie ein Ungeziefer bei allen lebenden Völkern eingenistet und, seitdem es den Gottessohn gemordet[49], vom Dämon des Judas Ischariot besessen, den Geldbeutel des letzteren zum Panier erhoben, trieb mit einer merkwürdigen Scheu vor jeder Handarbeit nur Geldgeschäfte, Geldwechsel, Geldverfälschung, Geldbeschneidung, Geldausleihung auf Wucherzinsen usw., und war dadurch bald sehr reich geworden. Das christliche und heidnische Volk, welches arbeiten mußte, wollte sich nun nicht gern um den Lohn seiner Arbeit von den pfiffigen Juden betrügen lassen und haßte sie mit gutem Grunde."[50]

Habsucht und Geldgier scheinen das „auszeichnendste" Merkmal der Juden zu sein. Nicht nur in Spanien „waren es die Juden, die sich in ihrer unersättlichen Habsucht zu Pächtern hergaben…"[51] Denn letztendlich heißt es ganz allgemein und nunmehr nicht lediglich einschlußweise, sondern ausdrücklich undifferenziert:

„Woher diese Blindheit des Judenvolkes, daß es immer wieder aufs neue die Messer geschliffen hat, mit denen es abgeschlachtet wurde, und daß es immer wieder aufs neue das Holz zu den Scheiterhaufen zusammengetragen hat, auf denen es verbrannt wurde? *Woher diese unersättliche Gier der meisten, wenn nicht aller Juden nach den Gütern der Erde?* Woher diese unselige Verblendung?"[52]

Hier kommt zugleich – was sich zuvor schon andeutete – mit Nachdruck zum Vorschein, daß in der Sicht Friedrich Franks letztlich die Juden selbst die Verfolgungen, denen sie ausgesetzt waren, zu verantworten haben.

„Fragen wir nach den Gründen", führt er aus, „warum die Kreuzfahrer gegen die Juden in dieser Weise vorgingen, so mag es wohl bei manchen Kreuzfahrern der Religionshaß gewesen sein, der sie antrieb, die Juden niederzumetzeln, aber im allgemeinen lag … der Hauptgrund der Judenverfolgung in dem Wucher, womit die Juden das christliche Volk ausbeuteten."[53]

Ferner heißt es in einer etwas vorsichtigeren Formulierung, dafür aber um so allgemeiner – nicht mehr nur im Hinblick auf die Zeit der Kreuzzüge:

---

[48] KuJ, 9 ff.

[49] Hier wird besonders deutlich, wie wenig sinnvoll und methodisch gerechtfertigt es ist, im Zusammenhang antijüdischer Polemik, Religion und Wirtschaft, religiöse und wirtschaftliche Argumentation voneinander zu trennen.

[50] KuJ, 4.

[51] KuJ, 9.

[52] KuJ, 43; Hervorhebung H. G.

[53] KuJ, 9.

„Auch dürfen die Juden nicht übersehen, daß sie zu den meisten Verfolgungen, die seit der christlichen Zeitrechnung über sie hereingebrochen sind, selbst die Veranlassung gegeben haben, und zwar durch ihren Wucher." [54]

Wie auch sonst – etwa bei Weiß – begegnet selbst bei Frank die Vorstellung eines naturgegebenen Zusammenhangs zwischen Jude(n) oder Judentum und Geld oder Geldgeschäft. Dies tritt etwa in der Bemerkung zutage:

„Dieser Jude [ein Beamter Kafurs von Ägypten] besaß, *wie überhaupt alle seine Stammesgenossen,* eine ausnehmende Geschicklichkeit, Geld zu machen" [55],

und kommt lapidar in dem Satze zum Ausdruck:

„Den Juden scheint die Neigung und auch die Geschicklichkeit, Geld zu machen, *angeboren* zu sein." [56]

Ungeachtet dessen war Friedrich Frank kein gängiger Antisemit, sondern vielmehr ein Gegner des Antisemitismus. Auf die Frage: „Kann ein katholischer Priester, kann überhaupt ein gläubiger Katholik Antisemit sein?", antwortet er – gegen Joseph Deckert – klar und bestimmt mit „Nein!" [57] Und zwar ging es ihm mit seinem Anti-Antisemitismus nicht nur wie vielen andern um die Verteidigung des Christentums, sofern dieses auf jüdischen Traditionen beruht, sondern auch um die Juden selbst. Die Hauptstoßrichtung seines Einsatzes war dabei schon in der bislang herangezogenen Schrift des Jahres 1892 die Ritualmordbeschuldigung; später (1901/02) hat er diesem Gegenstand eine eigene Arbeit gewidmet. (Daß er daneben beiläufig auch „den albernen Wahn der Brunnenvergiftung" zu treffen versucht, sei nur am Rande vermerkt.)

Frank ist ersichtlich um eine sachgerechte Beurteilung der sogenannten Blutmordanklagen bemüht und bezieht sich in diesem Zusammenhang auf päpstliche Stellungnahmen, von denen er ausführt:

„Die Erzählung von dem Ermorden und Opfern christlicher Knaben wird [von diesen Päpsten] als eine ... Erfindung erklärt." [58]

Doch gelingt es ihm zumindest in der frühen Schrift nicht, sich mit dieser Einschätzung der Lage der Dinge vorbehaltlos zu identifizieren. Jedenfalls bemerkt er zum Fall des Simon von Trient – sehr zurückhaltend:

„... nachdem der Prozeß nach reiflicher Prüfung untadelhaft befunden, und die Schuld der Juden mit zweifelloser Gewißheit festgestellt war, hat der Apostolische Stuhl die Verehrung des ermordeten Knaben als eines Märtyrers wohl geduldet."

---

[54] KuJ, 42.
[55] KuJ, 7; Hervorhebung H. G.
[56] KuJ, 3; Hervorhebung H. G.
[57] KuJ, 70 u. 77.
[58] KuJ, 32.

Immerhin fügt er hinzu, daß der Apostolische Stuhl untersagt habe, „den Mord in Predigten zu erwähnen, um das Volk gegen die Juden überhaupt aufzuhetzen, weil die, welche keine Schuld hätten, auch von der Strafe nicht getroffen werden könnten"[59].

Ferner berichtet er über die Damaskus-Affäre in der folgenden verfänglichen Form:

> „Von den Verhafteten gestanden sieben jüdische Kaufleute das Verbrechen und sagten aus, daß der Großrabbiner einige Tage zuvor erklärt habe, man solle für die nahen Ostern sich Christenblut verschaffen. Dabei ist wichtig, zu bemerken, daß die Verklagten in Einzelhaft gehalten, getrennt verhört wurden und in den kleinsten Umständen miteinander übereinstimmten. Der ganze Orient war von der Schuld der Juden überzeugt, aber die Juden in Europa setzten es durch, daß die Angeklagten nicht hingerichtet, sondern durch einen Machtspruch der türkischen Regierung freigelassen wurden."[60]

Diese Beispiele mögen genügen. Sie lassen bereits erkennen, wohin der Verfasser tendiert. Nach kritischen Bemerkungen zur Korfu-Affäre kommt er – mit einer rhetorischen Frage beginnend – zu folgenden zusammenfassenden Formulierungen:

> „Aber die angeklagten Juden haben doch selbst eingestanden, daß sie Christenkinder ermordet haben, um deren Blut aufzufangen und aufzubewahren? ... das ist wahr; der Oberrabbiner Joppinus zu Lincoln, die Juden zu Trient, welche der Ermordung des Knaben Simon angeklagt waren, haben umfassende Geständnisse abgelegt. Doch nirgends findet sich unter diesen Geständnissen die Aussage, daß die Juden überhaupt Christenblut genießen müssen oder zu anderen religiösen Zwecken nötig haben. Alle Geständnisse gehen bloß dahin, daß Christenkinder zum Osterfeste als Opfer geschlachtet worden sind. Nur die Thatsache des Mordes, nicht aber das Vorhandensein einer bezüglichen religiösen Vorschrift wurde festgestellt."[61]

Dies ist – in der Schrift von 1892 – sein abschließendes Urteil.

Es liegt auf der Linie der zuletzt getroffenen Unterscheidung und der Bedeutung, die dieser beigemessen wird, daß der Talmud von seiten Franks eine eher gemäßigte, ja fast verständnisvolle Beurteilung erfährt (dies bedeutete in einer Zeit, da andererseits die 5. Auflage des *Judenspiegels* erschien, doch recht viel).

> Sein Urteil gehe dahin, wird ausgeführt, „daß der Talmud in seiner gegenwärtigen Gestalt und wie er jetzt allgemein erklärt wird, für die Christen keinerlei Gefahr bildet, und für die Juden kein Hindernis ist, um mit den Christen in Frieden und Einigkeit zu leben. Ja, wenn ein Jude nach den Lehren des Talmud, wie sie gegenwärtig in den Schulen vorgetragen werden, sein Leben einrichtet, so wird er ein Ehrenmann im vollsten Sinne dieses Wortes sein, dem auch ein Christ seine Hochachtung nicht wird versagen können"[62].

---

[59] KuJ, 34.   [60] KuJ, 26.   [61] KuJ, 54.   [62] KuJ, 70.

Einschränkende Bemerkungen wie die, es solle keineswegs geleugnet werden, „daß im Talmud sich gar manches Alberne und Läppische findet, das besser beseitigt würde", besagen demgegenüber wenig. Wohl aber verwundert es angesichts dessen, daß ein so extremer (und in der christlichen Sekundärliteratur gern als Außenseiter figurierender) Talmudhasser und Talmudfälscher wie August Rohling in eben demselben Buche zweimal als Gewährsmann angeführt wird. An zwei weiteren Stellen bezieht sich Frank zwar kritisch auf ihn, aber einigermaßen milde und ohne daß die an ganz bestimmten Rohlingschen Positionen geübte Kritik zu einer Verwerfung des Buches als solchem, zumindest seiner Tendenz führte[63]. Von den beiden positiven Bezugnahmen auf August Rohling ist zumindest eine, der erste der insgesamt vier Hinweise, recht überraschend. Im Widerspruch oder doch in einem schwer auszugleichenden Spannungsverhältnis mit der zitierten zusammenfassenden Beurteilung führt Frank hier aus:

> „Vor etwa zwanzig Jahren hat ein Büchlein großes Aufsehen erregt, das über den Talmud, das Lehrbuch zur Erklärung der jüdischen Glaubens- und Sittenlehre, näheren Aufschluß gab. Dieses Büchlein, von Professor Dr. Rohling geschrieben, erlebte in kurzer Zeit mehrere Auflagen und wurde in andere Sprachen übersetzt. Durch Belegstellen aus dem Talmud hat Dr. Rohling nachgewiesen, daß nicht bloß der Wucher, sondern noch ganz andere Dinge den Juden gegenüber den Christen und den übrigen Nichtjuden gestattet seien."[64]

Diese Empfehlung der Schrift ist nicht nur für die Position Franks und den zu vermutenden Minimalumfang judenfeindlicher Dispositionen im deutschen Katholizismus, sondern auch mit Rücksicht auf Rohling und dessen Wirkungsgeschichte belangreich. Wenn selbst Autoren wie Frank ihn weiterhin in dieser Weise nennen, ist kaum aufrechtzuerhalten, er sei ab 1885 so gut wie erledigt gewesen.

Franks Haltung ist derart zwiespältig, einerseits durch massive Vorurteile bestimmt und andererseits durch das ernste Bemühen gekennzeichnet, zu einer sachgerechten, ja wohlwollenden Einschätzung des jüdischen Schrifttums, der gesamten jüdischen Geschichte, auch der jüdischen Gegenwart zu kommen, daß die Frage sich geradezu aufdrängt, wie oder woher sich dieser zumindest scheinbare Widerspruch erklärt. Dabei ist weniger die Vorurteilsbestimmtheit – sie entspricht den herrschenden Klischees, nur daß sie minderen Umfangs oder Ausmaßes ist – als das, was man die Gegenwehr gegen diese nennen könnte, das eigentlich Überraschende. Frank macht zumindest eine Andeutung darüber, woher diese Gegenwehr ihre Kraft bezieht, wenn er ausführt:

> „Wenn ich darum aufgefordert werde, mitzukämpfen gegen die verderbliche Presse, gleichviel ob sie von beschnittenen oder unbeschnittenen Preßbengeln bedient wird; wenn ich mithelfen soll, daß die unglücklichen Gesetze wieder abgeschafft werden,

---

[63] Vgl. KuJ, 63 f. u. 74.   [64] KuJ, 12.

die das Großkapital, den Wucher gezüchtet und großgezogen, den Handelsstand
geschädigt, dem Handwerk und Gewerbe den goldenen Boden entzogen haben;
wenn es sich darum handelt, Rechtsschutzvereine, ländliche Darlehenskassen und
andere Vereine ins Leben zu rufen, die insbesondere den kleinen Mann aus den
Klauen der beschnittenen und unbeschnittenen Blutsauger befreien sollen, dann
bin ich mit Herz und Mund dabei und scheue vor keinem Opfer zurück, um diese
schönen, volksfreundlichen Zwecke zu erreichen. *Und auch der echte Talmudjude
ist dabei;* denn nach der Talmudlehre ist der Marktpreis dermaßen zu normieren,
daß dem Verkäufer nur ein Sechstel des Produktionspreises als Nutzen gestattet
wird, und damit die Lebensmittelpreise nicht verteuert werden, soll der Produzent
seine Erträgnisse selber zu Markte bringen, Aufkäufe durch Zwischenhändler sind
verboten. Aber nur Ausnahmegesetze gegen die Juden zu machen, bei denen sich
ihre unbeschnittenen Konkurrenten ins Fäustchen lachen, dazu kann ich mich ebensowenig herbeilassen wie zum Schmieden von Ausnahmegesetzen gegen katholische
Ordensleute oder auch nur gegen die Socialdemokraten." [65]

Was Frank zum Einlenken drängt, ist hiernach die politische Raison – der
Text ist deutlich genug, schon gar als Äußerung eines Landtagsabgeordneten.

Damit soll indessen der Impetus seines Einsatzes in keiner Weise diskreditiert werden. Gerade das Gegenteil liegt am Herzen: nämlich deutlich zu
machen, daß am ehesten noch politische Notwendigkeiten dazu angetan
waren, so etwas wie eine Verständigung herbeizuführen. Daneben zeigt sich
indessen auch und ist gleichermaßen festzuhalten, daß die heilsame Notwendigkeit politischer Übereinkunft tiefsitzende psychische Dispositionen und
ihre gängigen Rationalisierungen keineswegs schlagartig beseitigt. Die ana-
lysierten Äußerungen des antisemitischen Anti-Antisemiten Friedrich Frank
sind diesbezüglich von nicht geringem Aufschlußwert und eben deswegen so
ausführlich wiedergegeben und besprochen worden [66].

Soweit ersichtlich, ist von einigermaßen relevanten katholischen Autoren lediglich Ignaz von Döllinger dahin gelangt, zum Judentum, genauer
zur jüdischen Geschichte, mehr oder weniger unbefangen Stellung zu nehmen,
und zwar in seinem anläßlich der Festsitzung der Münchner Akademie am
25. Juli 1881 gehaltenen Vortrage ,Die Juden in Europa'. Hier stellt sich
die Frage, ob nicht vielleicht die Distanz, in die Döllinger im Zusammenhang
mit den Auseinandersetzungen um die Definition der päpstlichen Unfehlbar-
keit zur Kirche als Institution geraten ist, ihm dies erleichtert hat. Jedenfalls
ist auffällig, daß Döllinger sich *vor* den konziliaren Kontroversen durchaus
anders, befangener oder feindseliger (wenn man will) zu jüdischen Dingen
geäußert hat, derart daß Schmidt-Clausing in Anlehnung an den Döllinger-

---

[65] KuJ, 72; Hervorhebung H. G.

[66] Abschließend sei hervorgehoben, daß Frank sich in der Folgezeit zumindest
in der Ritualmordfrage von den herrschenden Vorurteilen weiter freizumachen vermochte. Vgl. die beiden Bändchen zu dem genannten Fragenkomplex: Der Ritualmord vor den Gerichtshöfen der Wahrheit und der Gerechtigkeit, Regensburg 1901,
und: Nachträge zu „Der Ritualmord vor den Gerichtshöfen der Wahrheit und der
Gerechtigkeit", Regensburg 1902.

Biographen Emil Michael SJ von einem „Stellungswandel Döllingers in der Judenfrage" sprechen kann[67]. In keinem Falle kann der nachvatikanische Döllinger als repräsentativ für den deutschen Katholizismus, nicht einmal für einen nennenswerten Teil desselben gelten. Michael, Professor für Kirchengeschichte in Innsbruck, dessen Biographie dazu gedacht war, dem Ansehen Döllingers (insbesondere in wissenschaftlichen Kreisen) einen entscheidenden Schlag zu versetzen, unterzieht gerade den Döllinger des Vortrags ‚Die Juden in Europa' der schärfsten Kritik[68].

Die Haltung des Kirchenvolkes, wie sie vor allem aus theologischen oder religions- bzw. konfessionspolitischen Veröffentlichungen zu erheben ist, spiegelt nicht, zumindest nicht die artikulierte Haltung der kirchlichen Hierarchie. Eigentlich nicht einmal nachhaltiger, wohl aber weniger mittelbar übergreifenden politischen, insbesondere nationalen wie übernationalen kirchenpolitischen Interessen verpflichtet als die Theologen, d. h. mit anderen Worten: auf Grund ihrer exponierten Stellung eher zu einer gewissen Zurückhaltung geneigt, haben sich die Bischöfe ganz weitgehend entweder klaren Stellungnahmen enthalten oder aber in gemessener, inhaltlich wenig aufschlußreicher Form geäußert. Doch war dies nicht allenthalben und jederzeit so. Daß und wie nachdrücklich politische Sachzwänge oder was in hierarchischer Sicht als politischer Sachzwang erschien, zu sehr eindeutigen Stellungnahmen führen *konnten*, ist einleitend an einem österreichischen Beispiel aufgezeigt worden (dort ging es um das dem monarchischen vermeintlich auf Gedeih und Verderb verbundene hierarchische Prinzip). In Deutschland war die Lage der Dinge indes eine andere. Hier tat in erster Linie ein Auskommen mit den nichtkatholischen religiösen Gruppierungen not. Dieser Notwendigkeit, die zugleich nicht nur und erst die unmittelbare Gegenwart, sondern auch schon die Vergangenheit und somit den zur Gegenwart führenden geschichtlichen Entwicklungsprozeß entscheidend mitbestimmt hatte, wurde von seiten der Hierarchie weitgehend Rechnung getragen. In diese Richtung weisen etwa die 1893 anläßlich des Empfangs einer Abordnung jüdischer Gemeinden vom Erzbischof von Köln Philipp Krementz (1819–1899) ausgesprochenen Begrüßungsworte (auf die sich dann später der Zentrumsführer Ernst Lieber berief):

---

[67] *Schmidt-Clausing*, op. cit., 128. Die vorkonziliare Stellungnahme Döllingers, um die es hier vor allem geht, ist dessen Rede über die Anträge, die Verbesserung der Verhältnisse der israelitischen Glaubensgenossen betreffend. Gehalten am 7. Mai [1846], abgedruckt in: Drei Reden, gehalten auf dem Bayerischen Landtage 1846, Regensburg 1846, 57–84, siehe bes. 83 f.

[68] Vgl. *Emil Michael*, Ignaz von Döllinger. Eine Charakteristik, Innsbruck ²1892, 374–420; dazu *Schmidt-Clausing*, op. cit., 128 ff. Wenn Lill gelegentlich integralen Katholizismus und (katholische) Judenfeindschaft nahe aneinanderrückt (vgl. u. a. KuS, II, 386), so scheint dies in dieselbe Richtung zu weisen, wie die obige Bemerkung zur Haltung Döllingers. Möglicherweise gilt die Formel: Je integraler (in catholicis), desto intransigenter (in judaicis).

„Mögen wir in unsern religiösen Überzeugungen auseinander gehen, das mag jeder Mensch mit seinem Gott ausmachen; aber die Menschen sollen in Werken der Nächstenliebe und Tugend wetteifern und in Ruhe und Frieden trotz verschiedener religiöser Anschauungen miteinander leben."[69]

Läßt sich indessen hier noch einwenden, daß ein katholischer Erzbischof einer jüdischen Abordnung — wenn er sie überhaupt empfing — kaum etwas anderes sagen konnte, so ist von seiten des Krementz-Nachfolgers Antonius Fischer (1840–1912) ein doch recht unzweideutiges Zeichen gesetzt worden, und zwar durch „einen namhaften Beitrag für die Opfer der russischen Pogrome"[70]. Speziell die Auseinandersetzungen um Antisemitismus und Judenfeindschaft betreffend, hat ferner im Jahre 1882 der spätere Fürstbischof von Breslau Georg Kopp (1837–1914) zumindest gegen die Ritualmordbeschuldigung eindeutig Stellung bezogen; die Äußerung ist im Jahre 1900 – offenbar mit dem Einverständnis Kopps — erneut zum Abdruck gelangt[71]. Freilich steht der Stellungnahme Kopps die (indes nicht die Ritualmordfrage betreffende) bekannte Auslassung Paul Wilhelm von Kepplers (1852–1926) gegenüber, der von 1898 an Bischof von Rottenburg war[72]. Es mag nicht ganz belanglos sein, daß die Äußerung Kepplers im Unterschied zu der Aktion Fischers und auch zu der Stellungnahme Kopps ihrer Natur (als Notiz einer Reisebeschreibung) nach, also auch in den ab 1898 erschienenen Auflagen, nicht offiziellen oder auch nur offiziösen Charakters war, der Autor sich also schlicht als publizierender Privatmann betrachten konnte.

Wieweit in der skizzierten unterschiedlichen Haltung der Bischöfe Fischer, Kopp und Keppler regionale Verschiedenheiten im deutschen Katholizismus zum Ausdruck kommen, muß dahingestellt bleiben; die Hinweise sind zu spärlich, um weiterreichende Schlußfolgerungen zu ziehen. Immerhin korreliert die Stufung, die sich in dem finanziellen Eintreten für verfolgte Juden durch Fischer, dem Auftreten gegen die Ritualmordbeschuldigung durch Kopp und dem offenen (wenn auch inoffiziellen) Antisemitismus Kepplers ausspricht, zumindest grob gesprochen mit der vorherrschenden Haltung so maßgeblicher katholischer Presseorgane wie der ernsthaft um Sachlichkeit bemühten *Kölnischen Volkszeitung* im (Nord-)Westen, der wenigstens vergleichsweise gemäßigten *Schlesischen Volkszeitung* im Osten und etwa der *Augsburger Postzeitung* und dem *Bayerischen Kurier*, vom zentrumfeindlichen

---

[69] Stenographische Berichte über die Verhandlungen des deutschen Reichstags 1898 bis 1900, Bd. III, 1700; zitiert nach *Lill*, in: KuS, II, 379.

[70] Antisemiten-Spiegel, ³1911, 84; siehe auch *Lill*, in: KuS, II, 397.

[71] Christliche Zeugnisse gegen die Blutbeschuldigung der Juden, Berlin 1882, 9, und: Die Blutbeschuldigung gegen die Juden. Documente zur Aufklärung. Nr. 1. Wien [um 1900], 23; siehe auch *Lill*, in: KuS, II, 378.

[72] Siehe dessen Reisebeschreibung: Wanderfahrten und Wallfahrten im Orient, Freiburg i. Br. ²1895, 302; vgl. auch *Greive*, Theologie und Ideologie, 248, sowie *Lill*, in: KuS, II, 379.

Bayerischen Vaterland ganz zu schweigen, im Süden[73]. Doch mögen diese Entsprechungen zufällig sein. Die regionale Differenzierung als solche, auf die im folgenden noch zurückzukommen sein wird, ist nichtsdestoweniger belangreich, wie unvollkommen sie auch gegenwärtig noch greifbar sein mag.

II

Mit den zuletzt angestellten Überlegungen zur Haltung des Episkopats gegenüber Juden und Judentum ist der für den ersten Teil der Untersuchungen gesteckte Rahmen der Analyse publizistischer Äußerungen katholischer (insbesondere theologischer) Autoren durchbrochen worden. Trifft schon ganz allgemein zu, daß angesichts der exponierten öffentlichen Stellung, die den Bischöfen zukommt, verbale Äußerung und reale Aktion so eng aufeinander bezogen zu sein pflegen, daß die auch nur methodische Abtrennung der beiden Bereiche voneinander mehr oder weniger problematisch und nur unter Vorbehalten möglich ist (im Falle des Erzbischofs Krementz z. B. wurde auf ein Datum verwiesen, in welchem verbale Artikulation und reale Aktion im Vorgang des mit den zitierten Begrüßungsworten eingeleiteten Empfangs von Vertretern jüdischer Gemeinden eine unverkennbare Einheit bildete), so ist im Falle des Erzbischofs Fischer auf die Ermittlung und Mitteilung von Verbalisierungen seines Verhältnisses zum Judentum überhaupt verzichtet und nur auf das reale Datum der zu karitativen Zwecken bestimmten Spende verwiesen worden.

Von derartigen realen Aktivitäten, die einerseits zwar ebenso wie verbale Äußerungen häufig genug mit so oder anders beschaffenen psychischen Dispositionen bestimmter Einzelner oder Gruppen in Zusammenhang stehen, von denen andererseits aber gilt, daß sie nicht selten auch unabhängig von oder gar gegen die emotionalen Dispositionen der Agierenden erfolgen (dies trifft von den publizistischen Äußerungen etwa der Theologen nicht in demselben Sinne und Umfange zu)[74], soll im folgenden thematisch die Rede sein.

Die gegenwärtig meistdiskutierte These zur aktualen Seite des Antisemitismus (die in der Sicht zahlreicher Historiker dessen einzig reale, zumindest relevante Seite zu sein scheint) konstruiert einen Zusammenhang zwischen dem Auf und Ab der Wirtschaftsentwicklung, also den Konjunkturschwan-

---

[73] Vgl. *Lill*, in: KuS, II, 380 f. u. 385, sowie auch *Ernst Heinen*, Antisemitische Strömungen im politischen Katholizismus während des Kulturkampfes, in: Geschichte in der Gegenwart. Festschrift für Kurt Kluxen, zu seinem 60. Geburtstag herausgegeben v. *Ernst Heinen* und *Hans Julius Schoeps*, Paderborn 1972, 259–299, bes. 283 (zur „Kölnischen Volkszeitung") und 271 f. (zur „Schlesischen Volkszeitung").

[74] Natürlich können derartige Aktivitäten, durch welche Verhältnisse oder Prozesse auch immer herbeigeführt oder aufgedrängt, wenn nicht gar aufgezwungen, ihrerseits zur Hervorbringung neuer oder veränderter psychischer Voraussetzungen beitragen.

kungen, und den quantitativen und qualitativen Schwankungen im Bereiche
antisemitischer Äußerungen (wobei natürlich im Kontext dieser These sowohl an verbale wie an reale Äußerungen zu denken ist)[75]. Schon in Anwendung auf die allgemeine Entwicklung problematisch genug – ihre Verteidiger müssen beispielsweise in Kauf nehmen, daß die Wirtschaftskrisen
und die antisemitischen Aktivitäten nicht immer und unbedingt gleichzeitig
oder doch in unverzögerter Abfolge eintreten – ist diese These beim gegenwärtigen Stand der Diskussion noch weniger geeignet, als Ausgangspunkt
einer kritischen Analyse des Verhaltens speziell des katholischen Bevölkerungsteils zu dienen. Dazu bedürfte es detaillierterer – sowohl nach Regionen wie nach sozialen Gruppen und Schichten differenzierter – Kenntnisse
von der wirtschaftlichen Entwicklung im deutschen Katholizismus. In den
folgenden Ausführungen, die wenig mehr denn eine Bestandsaufnahme sind,
steht dieser Ansatz nicht zur Diskussion. Allenfalls können sie als Vorarbeit
zu einer eingehenderen Erörterung desselben betrachtet werden.

Die im Rahmen der angezeigten Konzeption entworfenen Analysen, die
letztlich weniger sozial- als wirtschaftsgeschichtlich verankert sind (und infolge dieses allzu eindeutigen Zuordnungsverhältnisses nicht zufällig undia-
lektisch), sind von allem Anfang an darauf angelegt, den Antisemitismus als
ein nichtreligiöses, zumindest aber nicht wesentlich durch Religion bestimmtes
Phänomen zu interpretieren – sie stehen also in der Tradition eines auf-
klärerischen Engagements, das der Aufklärung am besten dadurch zu dienen
glaubt, daß es sie als schon vollzogen erklärt (in Wahrheit indes eben dadurch
aufhält). Dementsprechend kommt dort das antisemitische Problem als Problem des Zusammenlebens von Christen und Juden kaum in den Blick.

Wo umgekehrt das Augenmerk von vornherein auf die religiöse Differenz
gerichtet und das christlich-jüdische Verhältnis zum Ausgangspunkt der
Überlegungen gemacht wird, geschieht dies zumeist im Sinne eines entschieden geistesgeschichtlichen Vorverständnisses. Derart, daß ganz weitgehend der
Eindruck vermittelt wird, als sei dieses Verhältnis auch in der Wirklichkeit

---

[75] Vgl. *Hans Rosenberg*, Große Depression und Bismarckzeit. Wirtschaftsablauf,
Gesellschaft und Politik in Mitteleuropa, Berlin 1967, 88–117, und die fast distanz-
lose Rekapitulation der Gedankengänge bei *Hans-Ulrich Wehler*, Bismarck und der
Imperialismus, Köln–Berlin 1969, 470–474, und Das Deutsche Kaiserreich 1871–1918,
Göttingen 1973, 110–114, sowie *Reinhard Rürup*, Kontinuität und Diskontinuität
der „Judenfrage" im 19. Jahrhundert. Zur Entstehung des modernen Antisemitismus,
in: *Wehler*, Sozialgeschichte Heute, 388–415 (bes. Anm. 3). Daß – wie es an der
letztgenannten Stelle heißt – bei Rosenberg „die Entwicklung des Antisemitismus
voll in die Gesamtanalyse von Wirtschaft, Gesellschaft und Politik Mitteleuropas
einbezogen" sei, ist eine angesichts des Ranges der Rosenbergschen Arbeit ganz unnötige Übertreibung. In Wahrheit geschieht dort wenig mehr als das, worauf Rürup
anschließend mit der Qualifikation „insbesondere" hinweist, wird „der Zusammenhang von konjunkturellen Trendperioden, zyklischen Krisen und Antisemitismus
herausgearbeitet". (Siehe indes auch S. 387–388 dieser Untersuchung.)

der geschehenen Geschichte seinem ganzen Wesen nach ein geistiges Phänomen und so eine Sache von „Stellungnahmen zu" (sei es dem eigenen Selbstverständnis, sei es der jeweils anderen Seite) gewesen. In Wahrheit gab es – ganz zwangsläufig – ein beträchtliches Maß den verbalen Bereich überschreitender, zum Teil belangreicher Aktivitäten (natürlich nicht nur feindseliger Natur) von relativer Eigendynamik.

Vorweg ist hier – wenngleich gerade mit Rücksicht auf den deutschen Katholizismus der geringeren Bedeutung wegen nur beiläufig – auf einen Komplex christlicher Aktivitäten hinzuweisen, der in der jüngeren wissenschaftlichen Literatur gern ausgeklammert zu werden pflegt: die Judenmission. Zumindest hinsichtlich des Protestantismus ist dies eine eigentlich ungerechtfertigte, wenngleich wenig überraschende historiographische Leerstelle; wenig überraschend, weil dies nicht der einzige Fall ist, in dem das zeitgenössisch Inopportune mit dem wissenschaftlich Vernachlässigten zusammenfällt. Zwar war auch auf protestantischer Seite die Judenmission nicht gerade ein populäres, von weiten Kreisen getragenes Anliegen. Doch entfaltete hier immerhin ein kleiner Kreis von Aktiven, dem in der Wilhelminischen Zeit so bekannte Namen wie Hermann L. Strack und Gustaf Dalman zugehörten, eine rege Tätigkeit. Es gab eine Reihe von evangelischen Missionsgesellschaften, von denen die bedeutendsten sich in Berlin, Dresden und Köln befanden[76]. Daneben sei an das diesen Bestrebungen zugeordnete Organ *Nathanael: Zeitschrift für die Arbeit der evangelischen Kirche an Israel*, das von Strack und Dalman herausgegeben wurde, und an die beiden wissenschaftlichen Institute missionarischer Zielsetzung, das Institutum Judaicum in Berlin (gegründet von Hermann Strack im Jahre 1883) und in Leipzig (gegründet von Franz Delitzsch im Jahre 1886; nach dem Tode des Gründers Delitzschianum genannt) erinnert[77]. Organisierte Bemühungen dieser oder vergleichbarer Art hat es zumindest in Deutschland katholischerseits nicht gegeben. (Für das benachbarte Frankreich wäre etwa auf die beiden Brüder jüdischer Herkunft Théodore und Alphonse Ratisbonne zu verweisen, von denen der ältere, Théodore, den judenmissionarisch orientierten Nonnenorden ‚Unsere liebe Frau von Zion‘ gegründet hat.) Ob und wieweit dies mehr auf ein minderes Interesse der deutschen Katholiken an jüdischen Konvertiten oder aber mehr darauf zurückzuführen ist, daß auf katholischer Seite die Chance, solche zu gewinnen, ganz offenkundig geringer war als auf protestantischer Seite, mag dahingestellt bleiben.

Der Natur der Sache nach weitaus belangreicher für das Zusammenleben

---

[76] *Gustaf Dalman*, Kurzgefaßtes Handbuch der Mission unter Israel, Berlin 1893, 16 f.; siehe auch Protokolle der in Köln a. Rh. vom 6. bis zum 9. Oktober 1900 abgehaltenen Allgemeinen Missionskonferenz für die Arbeit der evang. Kirche an Israel, Leipzig 1901.

[77] Vgl. Jüdisches Lexikon, III, Berlin 1929, 25 f.

von Christen und Juden, genauer gesagt für die Qualität dieses Zusammenlebens, ist das weite Feld der ökonomischen Interaktionen gewesen. Gerade hieran hat sich denn auch ein zentraler Komplex vorurteiliger Vorstellungen festgemacht. (Für die ländlichen Bezirke Westfalens und Bayerns z. B. wäre hier auf die Rolle des jüdischen Viehhändlers, sowohl im Wirtschaftsprozeß selbst wie auch im Prozeß der Vorurteilsbildung, hinzuweisen.) Daß derlei Beziehungen auch das christlich-jüdische Verhältnis als solches, d. h. als Verhältnis religiöser Gruppen zueinander, mitbestimmt, zumindest tangiert haben, steht auf Grund längst aufbereiteter Materialien außer Zweifel (es braucht hier nur an die Ausführungen des ersten Teils dieser Darstellung erinnert zu werden). Nichtsdestoweniger muß es hinsichtlich dieses Aspekts, nicht zuletzt des unzureichenden Standes der Vorarbeiten zufolge, einstweilen bei diesem allgemeinen Hinweise bleiben. Zumal nicht schlicht die ökonomische Interaktion von Personen, von denen mehr oder weniger zufällig die einen jüdischer und die anderen christlicher Religionszugehörigkeit waren, interessiert, sondern solche Interaktion speziell als Interaktion zwischen Juden und Christen als Angehörigen verschiedener religiöser Gruppen und sofern sie das Verhältnis dieser religiösen Gruppen zueinander in einer mehr umfassenden, nicht ausschließlich den wirtschaftlichen Bereich selbst betreffenden Weise kennzeichnete. Das wenige, das speziell zu diesem Zusammenhang zwischen den christlich-jüdischen Wirtschaftsbeziehungen (wenn man einmal so sagen darf) und dem christlich-jüdischen Verhältnis in einem allgemeineren Verstande erarbeitet ist, reicht zu Verallgemeinerungen nicht aus.

Wirtschaftliche Beziehungen und mehr noch missionarische Interessen pflegen dahin zu wirken, daß Vorurteile, selbst tiefsitzende, zurückgestellt werden. Ein gewisses Maß an Bereitschaft zur Sachlichkeit ist im Falle ökonomischer Interaktionen und noch etwas mehr: ein gewisses Entgegenkommen, ja einige Freundlichkeit, im Falle missionarischer Aktivitäten, wenn sie mit Hoffnung auf Erfolg durchgeführt werden sollen, unabdingbar vonnöten. Ähnliches gilt für den politischen Bereich, mußte somit immer dann ins Spiel kommen, wenn die politische Situation: die Stimmenverhältnisse, oder anders gesagt ihre (nüchterne) Einschätzung, d. h. die politische Vernunft zur Gemeinsamkeit mit (den) Juden drängte. Doch ist in der Regel das Gleichgewicht wirtschaftlicher und politischer Beziehungen, gerade wenn diese aufgedrungen sind, wie übrigens auch das Lächeln des Missionars (gefährdet durch das Erlebnis der Vergeblichkeit) von großer Labilität. Derart daß schwer zu entscheiden ist, wann oder unter welchen Bedingungen derlei Gemeinsamkeit zum Abbau von Vorurteilen beiträgt und wann sie solche hervorruft oder vertieft.

Jedenfalls war in den neunziger Jahren die Situation in der katholischen Bevölkerung derart (die Ausführungen werden zeigen, daß hierin zwischen Katholizismus und Protestantismus oder der katholischen und der protestantischen Bevölkerung kaum ein Unterschied bestand), daß in bestimmten

Fällen ein äußerer Anlaß genügte, um judenfeindliche Ausschreitungen handfester Natur auszulösen.

Die bekanntesten und zugleich markantesten Vorgänge dieser Art in der Wilhelminischen Zeit dürften die Ereignisse um die Ritualmordbeschuldigungen in Xanten und in Konitz gewesen sein.

In Xanten, das damals zu ca. 93 % katholisch war [78], führte das Auffinden der Leiche eines fünfeinhalbjährigen Knaben am 29. Juni 1891 nahezu unvermittelt zur Ritualmordverdächtigung; die Hinweise und Beobachtungen, die dafür sprechen sollten, waren in Wahrheit bereits hochgradige Interpretationen [79]. Der Tatverdacht fiel auf den jüdischen Schlächtermeister Buschhoff (der nichtsdestoweniger später auch von Belastungszeugen als gutmütiger und ehrlicher Mensch geschildert wurde [80]). Offenkundig wurde der Schnitt durch den Hals des Knaben als ein Schächtschnitt und das am Ort der Auffindung des Leichnams vermeintlich fehlende Blut (später stellte sich gegen die ursprünglichen Annahmen die Identität von Fundort und Tatort heraus) als zu rituellen Zwecken gesammelt und beiseite geschafft angesehen. Über die Unruhe, in die die Bevölkerung Xantens im Zusammenhang mit diesen Unterstellungen geriet, und über die Exzesse, zu denen es daraufhin kam, berichtet der *Antisemiten-Spiegel* wie folgt:

„In Folge der vagen Gerüchte, die in Xanten über Buschhoff umliefen, wuchs die Erregung der Einwohnerschaft derart, daß sie sich in Excessen Luft machte. Es kam so weit, daß Buschhoff einige Tage nach dem Morde zum Bürgermeister Schleß mit dem Ersuchen herantrat, ihn zu verhaften, um vor Verfolgungen sicher zu sein. Das Besitzthum Buschhoffs wurde demolirt, andern Juden die Schaufenster eingeworfen und verschiedene Excesse gegen Juden verübt, so daß am 4. September 1891 9 Personen wegen groben Unfugs, Beschimpfung etc. vom Schöffengericht zu Geldstrafen verurteilt werden mußten." [81]

---

[78] Meyers Konversationslexikon enthält für 1895 folgende Angaben: 3435 Einwohner, davon 206 Evangelische und 46 Juden (Bd. 17, Leipzig u. Wien 1897, 917).

[79] Im Antisemiten-Spiegel, ¹1892, an welchem sich auch *Friedrich Frank* in der Darstellung, die er in seiner Arbeit Der Ritualmord, 258–261, davon gibt, orientiert, wird der Tatbestand wie folgt wiedergegeben: „Am 29. Juni 1891, Abends zwischen 6–1/27 Uhr, wurde in Xanten am Rhein der fünfjährige Knabe Johann Hegmann ermordet vorgefunden. Eine Dienstmagd entdeckte den Leichnam des Kindes in der Scheune des Kaufmanns Küppers in Xanten. Die von der Magd herbeigeholten Leute stellten fest, daß der Hals des Knaben bis zum Rückenwirbel durchgeschnitten war. Als der Xantener Arzt, Dr. Steiner, hinzukam, schien es ihm, als ob das wenige Blut, das er sah, einer ‚Nachblutung‘ zuzuschreiben sei und schloß daraus, daß der Fundort und Thatort nicht zusammenfielen. Die medicinischen Sachverständigen stellten fest, daß der Mord ungefähr sechs Stunden vor der Auffindung der Leiche stattgefunden haben mußte." (AaO, 335.)

[80] Vgl. Antisemiten-Spiegel, ¹1892, 340 f.

[81] AaO, 336. Vgl. auch Jüdisches Lexikon V, Berlin 1930, 1519, u. die dort angegebene Literatur.

Knapp zehn Jahre später, also zu einer Zeit, da die antisemitische Parteibildung bereits in einer rückläufigen Entwicklung begriffen war, kam es in
Konitz, damals deutsche Grenzstadt an der Eisenbahnlinie Berlin–Königsberg, heute polnische Kreisstadt (Chojnice), zu ganz ähnlichen Unruhen. „Seit
dem 11. März 1900 war der 18jährige Obertertianer *Ernst Winter* ... verschwunden. Man glaubte, er sei im Mönchsee ertrunken. Nach einigen Tagen
wurden Teile seines Leichnams gefunden. Der Umstand, daß die Synagoge in
der Nähe des Sees liegt, genügte den Antisemiten, einen Ritualmord zu vermuten" (so die 3. Auflage des *Antisemiten-Spiegels* [82]). Von den Übergriffen,
die diese Verdächtigung nach sich zog, heißt es an derselben Stelle:

> „Die Bevölkerung war aufs höchste aufgeregt und die Antisemiten ... steigerten
> die Aufregung ins ungeheuerliche. Es kam in Konitz und zahlreichen Nachbar-
> orten, wie Tuchel, Bütow, Stolp, Baldenburg zu offener Empörung, die Strafen
> von 4 Monaten Gefängnis bis zu 3 Jahren Zuchthaus zur Folge hatte. Ein Mit-
> glied des Herrenhauses, *v. Hertzberg-Lottin*, kündigte eine Interpellation an, in
> welcher von der Regierung der Nachweis verlangt wurde, daß ‚die in den letzten
> Jahren vorgekommenen unaufgeklärten Morde an christlichen Jünglingen und
> Jungfrauen nicht von den Juden begangene sogenannte „Ritualmorde" sind'. Der
> edle Herr fand nicht die erforderlichen 20 Unterschriften. – Der Verdacht der
> Täterschaft richtete sich gegen den Juden *Israelski*, einen notorischen Trunkenbold,
> und gegen den christlichen Schlächtermeister Hoffmann ... Die Verhaftung Hoff-
> manns hatte, da die Bevölkerung durchaus an Ritualmörder glaubte, Ausschrei-
> tungen zur Folge. Die Synagoge wurde demoliert, und Militär mußte einrücken." [83]

Der Fall Konitz macht besonders gut deutlich, daß die antijüdische
Aggressivität jener Zeit, eine Aggressivität, die sich, wie dargetan, bei ent-
sprechendem Anlaß aktiv äußerte, nicht eine Sache dieser oder jener bestimmten Konfession war. Konitz hatte laut *Brockhaus' Konversationslexikon*
im Jahre 1900 10 697 Einwohner, von denen 4974 Katholiken (und 365
Juden) waren [84]. Angesichts dieser geringfügigen protestantischen Mehrheit
ist es mehr als wahrscheinlich, daß an den Unruhen beide christlichen Konfessionen in nennenswerter Weise beteiligt waren. Überdies meldeten sich auch
von auswärts keineswegs nur protestantische, sondern auch katholische Stimmen. In der *Germania* wurde – sie stand damit nicht allein – gegenüber den
Behörden, speziell dem Untersuchungsrichter, der Vorwurf der Befangenheit
oder Parteilichkeit zugunsten der Juden erhoben (was dem verantwortlichen
Redakteur zwei Monate Gefängnis eingebracht hat) [85].

---

[82] ³1911, 343.

[83] Vgl. neben diesem Bericht des Antisemiten-Spiegels (³1911) auch *Friedrich Frank*, Der Ritualmord, 298 f., sowie Jüdisches Lexikon III, Berlin 1929, 841–844, u. die dort angegebene Literatur.

[84] Bd. 10, Leipzig 1908, 556.

[85] Vgl. Antisemiten-Spiegel, ³1911, 82. Der Berichterstatter fügt hinzu: „Seit der Zeit registriert das Berliner Hauptorgan des Zentrums gewissenhaft jeden giftigen Angriff der gewerbsmäßigen antisemitischen Presse gegen die Juden." Die mehr

Die Unruhen in Xanten und Konitz, die übrigens nicht die einzigen ihrer Art waren, zu vergleichbaren, wenn auch weniger weittragenden und weniger Aufsehen erregenden Zwischenfällen ist es auch andernorts gekommen[86], waren in ihrem Aufkommen spontan – erst nach ihrem Ausbruch scheint so etwas wie eine organisierte Stimmungsmache besonders durch die antisemitische Presse hinzugekommen zu sein. Sie unterscheiden sich somit grundlegend von den Aktivitäten etwa Stoeckers und Böckels, die sich die parteipolitische Organisation des Antisemitismus zum Ziele gesetzt hatten. Der zur politischen Partei organisierte Antisemitismus war mehr ein protestantisches als ein katholisches Phänomen. Der Katholizismus hatte seine Partei, wenn diese auch nicht von allen Katholiken gewählt wurde, und diese Partei, das Zentrum, hatte Raum für die verschiedensten Gruppierungen; auch offen und agitatorisch antisemitische Verbände oder Teilverbände fanden in dieser Dachorganisation des politischen Katholizismus ihren Platz. Es sei hier nur an die christlichen Bauernvereine und zwei ihrer prominentesten Führer, die Freiherrn Burghard von Schorlemer-Alst und Felix von Loë erinnert[87].

Doch gab es gerade innerhalb des Zentrums auch andere – eher gegenläufige – Tendenzen; Tendenzen, die, wie bereits mehrfach beiläufig angemerkt, auf ein wenigstens partielles und lokales politisches Zusammengehen mit den Juden hinzielten. Von der Zentrumsleitung her ist dies wohl schon früh als möglich und erstrebenswert betrachtet worden. Jedenfalls war dort sowohl eine ausreichende Einsicht in das Prekäre der Minoritätssituation, die der Katholizismus (freilich in einer sehr viel günstigeren Größenordnung) mit dem Judentum teilte, wie auch eine entsprechende Unbefangenheit vorhanden, um eine solche politische Zielsetzung in angemessener Weise verfolgen zu können. Dies gilt indes ohne größere Vorbehalte wohl nur für die Führungs*spitze*, insbesondere Windthorst und (später) Lieber. Über die Haltung des Zentrums in der Juden- oder Antisemitendebatte des Jahres 1880 im Preußischen Landtag schreibt Felden:

---

oder weniger ausgesprochene oder unausgesprochene Voraussetzung mancher Darstellungen von der weitgehenden Vorurteilsfreiheit oder doch vorurteilsfreien politischen Aktivität des Zentrums nach den Entgleisungen der Germania im Jahre 1875 (vgl. Nr. 174, 185, 189, 190, 201, 203, 228; dazu *P. W. Massing*, Vorgeschichte des politischen Antisemitismus, Frankfurt a. M. 1959, 13 f.) ist schwerlich aufrechtzuerhalten.

[86] So bereits 1873 in Enniger bei Ahlen (Westf.); vgl. *Frank*, Der Ritualmord, 243, bis 302 weitere Hinweise.

[87] Vgl. *Lill*, in: KuS, II, 386. Wenn Lill indes schreibt, die Bauernvereine hätten „die Judenfrage auch günstig beeinflussen können: Indem sie ihre Mitglieder von jüdischen Händlern unabhängig machten, schufen sie die Voraussetzung dafür, daß der Antisemitismus bei der Landbevölkerung an Boden verlor" (KuS, II, 386), so stellt er sich damit auf die Seite derjenigen, nach denen zuerst und zunächst einmal die Juden selber schuld sind und demgemäß das Ratsamste ist, sich von Ihnen zu trennen. Jedenfalls ist das eine seltsame Art von Vorurteilsfreiheit, die sich nur dann bewährt, wenn man sich die Betroffenen fernhält.

„Von einer Distanzierung gegenüber dem Antisemitismus konnte ... in der Debatte des preußischen Landtages kaum die Rede sein. Bachem griff vielmehr in
antisemitischer Manier das ,jüdische' Kapital und die ,jüdische' Presse an und ern-
tete für seinen Schlußsatz, die Maßlosigkeit der Judengegner würden durch die
,maßlosen Herausforderungen' vollauf gerechtfertigt, ,lebhaftes, anhaltendes, wie-
derholtes Bravo rechts und im Zentrum' (Berichte über die Verhandlungen beider
Häuser des Landtages, 1881, S. 260). Reichensperger schob die Volksmeinung vor,
die überzeugt sei, der Einfluß des Judentums sei auf allen Gebieten vom Übel,
und rief den Juden zu, die Emanzipation müsse erst noch verdient werden (aaO,
S. 232 ff.). Nur Windthorst, der bekundete, *allein seiner persönlichen Ansicht Ausdruck zu geben,* wehrte sich mit scharfen Wendungen gegen die Versuche, die
Judenschaft als Sündenbock abzustempeln (aaO, S. 248 ff.)."[88]

Wie hier Windthorst, so hat sich später auch Lieber in eindeutiger Weise
gegen die einseitige Haftbarmachung von Juden für wirkliche oder vermeintliche Übelstände ausgesprochen[89].

Ungeachtet der Mehrheitsstimmung in den Reihen der Zentrumsmitglieder
und -anhänger und in Übereinstimmung mit der Orientierung der Führung
ist die angedeutete Tendenz zu politischer Gemeinsamkeit in der Tat in Grenzen zum Zuge gekommen, und zwar vor allem von der politischen Wende der
Jahre 1878/79, also gerade der Zeit der Judendebatte des Preußischen Landtags, an. Jacob Toury, der sich eingehend mit dem einschlägigen Material
befaßt hat, schreibt:

„Die Tatsache, daß die jüdische Presse gerade im Jahre 1879 wiederum von jüdisch-
katholischer Harmonie in den Stadtverwaltungen berichtet, ist symptomatisch. Es
mußte ein Ersatz für die in Auflösung begriffene Bundesgenossenschaft mit den
Nationalliberalen gefunden werden."[90]

Mit der letzten Bemerkung ist zugleich angedeutet, daß es auch ein entsprechendes jüdisches Interesse gab. Dem damit angezeigten Trend entsprechen die von Toury beigebrachten Zahlen. Während in der Zeit von 1867 bis
1878 lediglich 1 bis 2 % der jüdischen Bevölkerung dem Zentrum und anderen katholischen Gruppen nahestand, waren es in der Zeit von 1879 bis 1892
2 bis 4 % (bei steigender Tendenz) und in der Folgezeit bis zum Ersten
Weltkrieg ca. 5 bis 7 %. Dies ist, selbst wenn die letzte Zahl zu hoch gegriffen
sein sollte, eine – besonders angesichts der emotionalen Belastungen des
jüdisch-katholischen Verhältnisses – beachtliche Bilanz[91]. Das Eintreten führender Zionisten für das Zentrum, so Arnold Wieners (in Oberschlesien) im
Jahre 1904 sowie Dr. Carl Kassels, der 1906 in der *Welt* eine „parteipolitische

---

[88] Op. cit., 168 f.; Hervorhebung H. G.
[89] *Lill*, in: KuS, II, 383 ff.
[90] Die politischen Orientierungen der Juden in Deutschland, Von Jena bis Weimar,
Schriftenreihe wissenschaftlicher Abhandlungen des Leo Baeck Instituts, Bd. 15, Tübingen 1966, 252.
[91] AaO, 138, 192 u. 275.

Einigung auf dem Boden der Judenrechte" mit dem Zentrum befürwortete
und darauf hinwies, daß die Juden „noch stets bis vor wenigen Jahren mit
der Zentrumsfraktion" überall zu einem Konsens gekommen wären, „wo
ihre Stimmen für den Sieg der letzteren von Entscheidung waren" [92], liegt
ganz auf der Linie dieser Entwicklung.

Die mehr atmosphärische Seite dieser wachsenden Annäherung läßt sich
recht gut an den unterschiedlichen – auch unterschiedlich ausführlichen – Stellungnahmen zur Zentrumspartei, einerseits in der 1. Auflage (von 1892) und
andererseits in der 3. Auflage (von 1911) des *Antisemiten-Spiegels* ablesen [93].
Obwohl es an beiden Stellen an Kritik nicht fehlt und zugleich weder hier
noch dort die „lichtere" Seite des Verhältnisses der katholischen Partei zum
Judentum übersehen wird, ist das entworfene Gesamtbild doch einigermaßen
verschieden. Während der Abschnitt über das Zentrum in der Schrift des
Jahres 1892 mit dem Satze beginnt: „Die Centrumspartei ist in der Judenfrage nicht einig", und nach einer sechszeiligen Bemerkung zu Windthorst,
seiner Vorurteilsfreiheit und seinen „freundschaftliche[n] Beziehungen" zu
Lasker, mit den Worten: „In neuerer Zeit haben sich indes sehr bemerkens-
werthe antisemitische Strömungen innerhalb der Centrumspartei gezeigt",
eine längere, die Partei belastende Passage eingeleitet wird, beginnt in der
Schrift von 1911 der betreffende Abschnitt mit den schon im Tonfall eher
freundlichen Worten: „Das Zentrum ist, wie es selbst oft und gern betont
und durch die Geschichte seiner Gründung auch bestätigt wird, eine ausgesprochene Rechtspartei [94]. ‚Für Wahrheit, Freiheit und Recht' lautet die
stolze Devise, unter der die Partei einst von den Brüdern Reichensperger,
Mallinckrodt u. a. begründet wurde." Auch der kritische Abschnitt wird nunmehr vorsichtiger eingeleitet, und zwar mit folgendem Satze, dem gleich als
Nebensatz eine die Kritik abmildernde Bemerkung hinzugefügt ist: „Leider
hat der strenge Rechtssinn der Begründer sich nicht auf ihre Nachfolger übertragen, wenn auch formell bei politischen Anträgen, die sich gegen die Gleichberechtigung der Juden richten, das Zentrum auch heute noch jede Benachteiligung der Juden ablehnt." Die Differenz, die hier zutage tritt, ist um so
erstaunlicher, als sich in der publizistischen Tätigkeit von Zentrumsanhängern
nach der Jahrhundertwende eher (wieder) eine Verschärfung der antijüdischen Polemik abzeichnet. Hans Rost, von dem im ersten Teile dieser Überlegungen die Rede war, indiziert diese Entwicklung überdeutlich. Es gab hier
also ganz offenkundig widersprüchliche Tendenzen: den Trend zu wachsender Diskriminierung im publizistischen Bereich und den gegenläufigen Trend
zur politischen Annäherung, wo es um mehr als nur Worte ging, im Bereich

---

[92] Welt, 1906, Nr. 46, 6 f.; zitiert nach *Toury*, op. cit., 255, wo ebenfalls die an-
gezeigte Aktivität Arnold Wieners mitgeteilt wird.
[93] Vgl. Antisemiten-Spiegel, [1]1892, 275 f., und Antisemiten-Spiegel, [3]1911, 80–84.
[94] Dies besagt, wie im folgenden deutlich wird, nicht: Partei der Rechten, sondern Partei des Rechts.

der politischen Aktion (im engeren Sinne). Natürlich hat dann auch *dieser* Trend seinen publizistischen Niederschlag gefunden[95].

Beide Stellungnahmen, die frühere sowohl wie die spätere, lassen zugleich erkennen, daß – wie schon früher erwähnt – im Verhältnis des (politischen) Katholizismus zum Judentum erhebliche regionale Differenzierungen statthatten. Die *Kölnische Volkszeitung*, die auf Grund des Gewichts des rheinischen Zentrums im Rahmen der Gesamtpartei eines der einflußreichsten Blätter des politischen Katholizismus war, nimmt in der älteren wie in der jüngeren Darstellung eine Sonderstellung ein; sie spielt geradezu die Rolle einer Berufungsinstanz. Ganz offenbar war die Lage im Rheinland von der in Bayern und auch in Schlesien erheblich verschieden, insbesondere was die publizistische Artikulation des christlich-jüdischen Verhältnisses angeht. Doch läßt sich aus diesem Umstand nicht schon ohne weiteres ein zuverlässiger Schluß auf Intensität und Umfang der tatsächlichen politischen Zusammenarbeit einerseits im Rheinland und andererseits in Bayern und Schlesien ableiten. Soweit die jüdischen Gemeinden der beiden letztgenannten Gebiete majoritär ein mehr traditionelles Gepräge hatten als in anderen Landesteilen (also gerade auch am Rhein), waren die Voraussetzungen für ein christlich-jüdisches Zusammengehen auf politischem Gebiete hier sogar besonders günstig. Hans Rost schont in seinem Hochlandaufsatz des Jahres 1913/14 kaum zufällig nur und gerade den an Bibel und Talmud orientierten orthodoxen Juden[96]. Für Schlesien sei an die bereits angemerkte Aktivität Arnold Wieners erinnert; auch der Artikel Carl Kassels in der *Welt* zielte wohl vor allem auf Schlesien ab. Jedenfalls fügte die Redaktion diesem Beitrag die Aufforderung hinzu, „gerade aus Oberschlesien ein Urteil über die jüdisch-katholischen Verhältnisse einzuholen"[97]. Hinsichtlich Bayerns ist nicht zuletzt auf die publizistische Tätigkeit des Abgeordneten Friedrich Frank hinzuweisen, der in seiner Schrift *Die Kirche und die Juden* selbst vergleichsweise deutlich

---

[95] In psychologisierender Betrachtungsweise läßt sich hier fragen, ob diese gegenläufigen Tendenzen nicht vielleicht einander bedingt haben. Setzt man voraus, was im ersten Teil dieser Untersuchung aufzuweisen versucht wurde, daß nämlich eine als latente Judenfeindlichkeit zu bezeichnende psychische Disposition in der katholischen Bevölkerung weit verbreitet war, eine Disposition, die in längerfristigen historischen Prozessen der Kulturtradition zur Ausbildung gekommen, auch nur längerfristig gesehen abbaubar ist, so können die verschärften Verbalisierungen antijüdischer Vorbehalte als eine Art Ausgleichsphänomen (zur Aufrechterhaltung des Gleichgewichts des psychischen Haushalts) für die zunehmende faktische, d. h. politisch-reale Annäherung von (politischem) Katholizismus und Judentum aufgefaßt werden. Auffälligerweise stammen die schärfsten antijüdischen Stellungnahmen der späteren Phase nicht von seiten der akademischen (Fach-)Theologie, sondern von dem Nationalökonomen Hans Rost, der zugleich Redakteur an der Augsburger Postzeitung war.
[96] Der Zerfall des deutschen Judentums, aaO, 547; siehe auch *Greive*, Theologie und Ideologie, 26.
[97] *Toury*, op. cit., 255.

darauf anspielt, daß es ihm – zumindest auch – um ein politisches Anliegen zu tun ist. Wenn es ferner in der 3. Auflage des *Antisemiten-Spiegels* heißt: „Der Führer des bayerischen Zentrums, dem man in seiner Gesamtheit wahrlich keine philosemitischen Neigungen nachsagen kann, Domprobst Dr. *Schädler*, ist dagegen bisher noch immer den antisemitischen Ausschreitungen seiner Parteigenossen, insbesondere des Herrn Dr. *Heim*, entgegengetreten" [98], so weist dies – fast noch nachdrücklicher – in dieselbe Richtung. Die Interpretation dieses Satzes im Sinne der zuvor genannten gegenläufigen Trends – hier als Verständigungsbereitschaft der politischen Führung und antisemitische An- und Ausfälligkeit der Presse präsent – ist naheliegend und wohl auch zutreffend.

Zusammenfassend lassen sich Haltung und Verhalten der katholischen Bevölkerung Deutschlands gegenüber Juden und Judentum in der Wilhelminischen Zeit einigermaßen angemessen mit den – freilich wohl in erster Linie im Blick auf den Protestantismus konzipierten – Worten des evangelischen Judenmissionars Johann de le Roi, eines Zeitgenossen der Hettinger und Weiß, Windthorst und Lieber, charakterisieren:

> „Von der antisemitischen *Partei* hält sich ... die große Mehrzahl der christlichen Bevölkerung fern; aber die antisemitische *Gesinnung* ist, wie dies die Juden selbst aussprechen, nicht im Abnehmen, sondern im Zunehmen begriffen." [99]

Auf dem Hintergrund dieser Entwicklung gesehen, sind jene Phasen des Hochgangs (und Rückgangs) besonders augenfälliger antisemitischer Feindseligkeit, die sich mehr oder weniger glücklich mit den wirtschaftlichen Trends in Beziehung setzen lassen, vielleicht doch nicht von so ausschlaggebendem Gewicht, wie vielfach vorausgesetzt wird, sondern in erster Linie als Symptome von Interesse, die freilich die Situation auch nach der Seite des antijüdischen Potentials hin besonders deutlich hervortreten lassen. Damit soll indes wohlgemerkt nicht die Bedeutung des Ökonomischen an sich herabgespielt werden, das ja nicht darin aufgeht, ein abstraktes Auf und Ab von Krisen und Aufschwüngen zu sein (diese sind eher Effekte), sondern grundlegend ein komplexes System sich bedingender und sich verdrängender Materialien, Mittel und Verhältnisse ist, das so oder so (auch unabhängig von der konjunkturellen Lage) alle Bereiche der gesellschaftlichen Wirklichkeit und natürlich auch die jüdisch-nichtjüdische Differenz mitbestimmt. Gedacht ist vielmehr speziell an die konjunkturelle Bewegung. Daß Krisenhaftigkeit in dem funktionalen Zusammenhang, in welchem Judenfeindlichkeit aktual und greifbar (und so für die jüdische [Sub-] Gruppe gefährlich) wird, eine

---

[98] S. 82.

[99] Nathanael, XIII, Nr. 1 (1897), 14. Daß dies mit den zuletzt geschilderten Tendenzen im Umkreis des politischen Katholizismus nicht im Widerspruch steht, braucht nicht erneut dargetan zu werden.

Schlüsselstellung einnehmen kann und eingenommen hat, mag zutreffen, indessen bleibt offen, ob diese Funktion, sei es unter ähnlichen, sei es unter abweichenden Bedingungen, nicht auch von andern Momenten ausgeübt werden kann, etwa durch den „Willen zur Macht" sozialer Gruppen, die alles andere als in der Krise, vielleicht im Aufstieg begriffen sind und ihre Stellung zu sichern haben. Wie anders sollten Phänomene wie die Orientierung des Alldeutchen Verbandes – spätestens ab 1903 – und damit Hand in Hand gehende durchaus breitenwirksame Tendenzen, wie sie künstlerisch und literarisch Wagner und Chamberlain repräsentieren, zu erklären sein. Daß damit auf Entwicklungen verwiesen ist, in denen zugleich das christliche Element (sehr nachdrücklich, aber keineswegs lediglich als Sache des Bewußtseins oder der Ideologie), ja selbst das (konfessionell-)katholische (ob als solches oder nicht, wäre aufzuarbeiten) seine nicht unbedeutende Rolle gespielt hat [100], sei im Rahmen dieser Abhandlung nur mehr erwähnt.

Nimmt man Johann de le Rois im Jahre 1897 veröffentlichte Stellungnahme ernst, so bestand zu dieser Zeit hinsichtlich des Verhältnisses der katholischen und der evangelischen Bevölkerung zum Judentum – trotz zweifellos mancher Unterschiede des Details – im Grundsätzlichen Übereinstimmung [101].

---

[100] Es sei vor allem an den General der Kav. a. D. Konstantin Frh. von Gebsattel erinnert, der Stellvertreter von Heinrich Claß im Vorstand des Alldeutschen Verbandes war. Zur Aktivität v. Gebsattels in der Endphase des Kaiserreichs (ab etwa 1912) vgl. *Werner Jochmann*, Die Ausbreitung des Antisemitismus, in: Deutsches Judentum in Krieg und Revolution 1916–1923. Ein Sammelband hrsg. von *Werner E. Mosse* unter Mitwirkung von *Arnold Paucker*, Schriftenreihe wissenschaftlicher Abhandlungen des Leo Baeck Instituts, Bd. 25, Tübingen 1971, 409–510, bes. ab 430.

[101] Das Verhältnis des Judentums zum Christentum, von dem in diesen Ausführungen nur gelegentlich und mehr oder weniger beiläufig, nicht aber zusammenhängend die Rede war, ist – gerade was die behandelte Zeit betrifft – bislang allzuwenig zum Gegenstand systematischer Untersuchung gemacht worden. Von der einen weiteren Zeitraum behandelnden Arbeit (zur Geistes- oder Ideologiegeschichte dieses Aspekts) von *Jacob/Eugène Fleischmann*, Beʿājat han-naṣrût bam-maḥašābāh haj-jᵉhûdît mim-Mendelssohn ʿad Rosenzweig, Jerusalem 1964 (franz. Übers. Le christianisme ‚mis à nu', Paris 1970) abgesehen, ist hier besonders auf die Untersuchungen von *Uriel Tal*, Jahᵃdût wᵉnaṣrût bā-'Reich haš-šenîʿ (1870–1914). Tahᵃlîkîm historijjîm bad-däräk laṭ-tôṭā'lîṭārijjût, Jerusalem 1969 (engl. Übers. Christians and Jews in Germany. Religion, Politics, and Ideology in the Second Reich, 1870–1914, New York 1974, und *Ismar Schorsch*, Jewish Reactions to German Anti-Semitism, 1870–1914, New York–London–Philadelphia 1972) hinzuweisen.

STRUKTUR UND FUNKTION
DES DEUTSCHEN ANTISEMITISMUS

von

Werner Jochmann

Nach einer Epoche relativer Beständigkeit wurde die deutsche Gesellschaft im neunzehnten Jahrhundert von einer Dynamik erfaßt, die permanente und tiefgreifende Veränderungen in der politischen und sozialen Ordnung erzwang. Dieser Wandlungsprozeß, eine Folge des wissenschaftlichen und technischen Fortschritts, der Industrialisierung sowie des raschen Bevölkerungswachstums, erfaßte alle Menschen, führte zur Lockerung jahrhundertealter sozialer Bindungen, zur Aushöhlung religiöser Traditionen und zur Entwertung ethischer Systeme. Die Reaktion der verschiedenen Bevölkerungsschichten auf diesen Umbruch war zwiespältig.

Die Mehrheit des städtischen Bürgertums, wirtschaftlich erstarkt und selbstbewußt geworden, bejahte diese Entwicklung, sah in ihr einen Fortschritt. Für sie war die Modernisierung des wirtschaftlichen und gesellschaftlichen Lebens nur ein Schritt auf dem Weg zur verfassungsmäßigen Umgestaltung des Staates und zur Teilhabe an der politischen Macht. Um schneller an das Ziel der Wünsche zu gelangen, verband sich das liberale Bürgertum auch mit den Repräsentanten unterprivilegierter Minderheiten, die bei Veränderungen kaum etwas zu verlieren, wohl aber viel zu gewinnen hatten. Dabei waren die Juden, die um ihre Emanzipation rangen, die entschiedensten und zuverlässigsten Bundesgenossen.

Der Teil des Volkes dagegen, dem der Fortschrittsoptimismus der Liberalen Unbehagen bereitete, fühlte sich durch das politische Engagement der Juden herausgefordert. Eine Minderheit des Adels, einflußreiche Kräfte des Offizierskorps, der Beamtenschaft und der Geistlichkeit sowie einige bereits aktive Gruppen des alten Mittelstandes wollten weder ihren Einfluß schmälern noch ihre soziale oder ökonomische Position einschränken lassen. Sie waren folglich nicht bereit, die rechtliche Emanzipation der Juden gesellschaftlich zu realisieren [1], weil sie darin wie im Abbau anderer staatlicher Reglementierungen nur

---

[1] *Eva G. Reichmann,* Flucht in den Haß. Die Ursachen der deutschen Juden-

Symptome des „Zerfalls" der göttlichen Schöpfungsordnung sowie durch ihr Alter bewährter ständischer Lebensformen sehen konnten[2].

Diese Gegensätze traten bereits im Jahrzehnt vor der Reichsgründung in verschiedenen Gebieten Deutschlands unterschiedlich stark in Erscheinung. Daß sich in einigen Städten und Provinzen der Groll konservativer und fortschrittsfeindlicher Kräfte erneut gegen die Juden entlud, läßt sich nur aus dem ganz unterschiedlichen ökonomischen und geistigen Entwicklungsstand der Regionen erklären. Entweder hatte der soziale Wandel überhaupt noch nicht begonnen oder er hatte sich zu schnell vollzogen. In den von der Entwicklung unberührten Zonen und Provinzen war der kirchliche Judenhaß noch ungebrochen lebendig, er brauchte nicht neu entfacht zu werden[3]. Da der Bildungsstand des überwiegenden Teils der Landbevölkerung zu schlecht war, um sich gewandelten Bedingungen anpassen zu können, brach das Unbehagen gegen die Juden ganz elementar durch, als diese schneller als andere neue ökonomische Möglichkeiten nutzten, Marktlücken erspähten und sich damit Vorteile verschafften. In den östlichen Provinzen Preußens wurden die Emotionen noch dadurch verstärkt, daß die Juden kaum assimiliert waren und ein ausgeprägtes Eigenleben führten, wodurch ein Gefühl der Distanz und Fremdheit bewahrt blieb[4]. Hinzu kamen vielerorts vorhandene soziale Gegensätze.

Während in den Provinzen, in denen noch vorindustrielle Arbeitsverhältnisse herrschten, die Bevölkerung bewußtseinsmäßig in der altständischen Welt lebte und auf Neuerungen im wesentlichen unpolitisch reagierte, begann in den Zentren moderner Wirtschaftsentwicklung bereits vor der Reichsgründung eine bewußte Politisierung der durch den ökonomischen Prozeß benachteiligten Gruppen. In Berlin und einigen anderen Städten artikulierten die weniger anpassungsfähigen Mittelstandskreise ihre politischen Vorbehalte gegen die Freiheit des Handels und Gewerbes, und es fanden sich auch sofort Interessen-

---

katastrophe, Frankfurt a. M. [1956], 17; *Joseph Kolkmann*, Die gesellschaftliche Stellung der Juden, Löbau i. Westpr. 1876, 22; *Alfred Dove* in seinem programmatischen Einleitungsartikel zur Zeitschrift Im neuen Reich, I, 1 (1871), 3; *Karl-Georg Faber*, Strukturprobleme des deutschen Liberalismus im 19. Jahrhundert, Vortrag anl. des Historikertages in Braunschweig, Oktober 1974, Manuskript, 17 f.

[2] Constantin Frantz an Richard Wagner, 18. Februar 1866. *Constantin Frantz, Briefe*, hrsg. von *Udo Sautter* und *Hans Elmar Onnau*, Wiesbaden 1974, 43 f. Die Liberalen waren so einseitig auf ihre politischen und besonders die ökonomischen Ziele fixiert, daß sie die Kraft der Tradition und der religiösen Bindungen des Volkes verkannten. Die Gegner fühlten sich dagegen durch das „ganze Zeitalter mit seinem breiten materialistischen Treiben" herausgefordert. Frantz an R. Wagner, 27. März 1866, 50.

[3] Wilhelm Berens, Liegnitz, an Marr, 22. Mai 1880, Staatsarchiv Hamburg, Nachlaß Wilhelm Marr (StA Hbg., NL Marr), A 11; Eugen Friese, Dresden, an Marr, 19. Juli 1879, A 66.

[4] *Kolkmann*, op. cit., 2 f.; *Walter Pohlmann*, Das Judentum und sein Recht, Neuwied–Leipzig 1893, 5.

ten, die das Aufbegehren der Beunruhigten gegen den Liberalismus und die Juden als dessen vermeintliche Vorhut lenkten [5].

Die zum Gehorsam gegenüber der Obrigkeit erzogenen protestantischen Bürger wurden aufgerufen, für die „Erhaltung der christlichen und deutschen Grundlagen" des Staates zu streiten, worunter sie sich freilich nichts anderes vorstellen konnten, als daß jeder einzelne den ihm in der Schöpfungsordnung zugewiesenen Platz zu behalten habe. Sie ließen sich immer wieder davon überzeugen, daß das System menschlicher Abhängigkeit einem höheren Willen entspreche und nur durch fremde, vornehmlich jüdische Einflüsse bedroht sei. Die Vorkämpfer für demokratisches Wahl- und politisches Mitspracherecht wurden bezichtigt, nur Begehrlichkeiten wecken zu wollen, um selbst Macht zu gewinnen und andere herabzudrücken. Die Handwerker müßten deshalb entschlossen sein, „sich nicht von Juden beherrschen" zu lassen [6].

I

Noch vor der Reichsgründung wurden also Unlust- und Angstgefühle genutzt, um liberale Politik generell zu diskriminieren und die Juden als Feinde des angeblich so intakten alten Systems und als Wegbereiter der Zerstörung zu denunzieren. Die Juden seien, so behaupteten ihre konservativen Gegner, stets zur Stelle, wenn Völker in einer „Übergangsepoche" mit Schwierigkeiten zu ringen hätten, bestehende Herrschaftsformen „erschüttert" seien und um-

---

[5] Besondere Beachtung verdient hier der aus einem Bündnis konservativer Gruppen mit dem „Handwerker-Zentral-Wahlkomitee" in Berlin hervorgegangene „Preußische Volks-Verein" (1861–1872). Die Konservativen, die ihren Rückhalt in der Bevölkerung verloren hatten, versuchten durch diese Allianz mit den zünftlerisch eingestellten, kirchlich gebundenen Handwerkern neue Mitstreiter zu gewinnen. Der PVV wollte die „historisch bewährten Elemente der Verfassung" gegen den Ansturm der Liberalen verteidigen und zudem den Einfluß der Kirchen auf die Gestaltung des staatlichen Lebens bewahren. Hermann Wagener, der rührigste Propagandist des Volksvereins, trug der Stimmung in den großstädtischen Mittelstandsschichten Rechnung, wenn er forderte, den Staat nicht an „eine Clique von Leuten, die sich zufälligerweise Volksvertreter zu nennen belieben", auszuliefern (Rede vom 21. September 1863, Berliner Revue, 35 [1863], 5 ff.). Nach Wageners Auffassung war der preuß. Verfassungskonflikt Ausdruck einer „Auflehnung des Kapitalismus und der Bürokratie ... gegen das Königtum", die mit allen Mitteln niedergerungen werden müsse. Nachhaltig müsse die „christliche Schule, christliche Ehe und christliche Obrigkeit" gegen den Liberalismus verteidigt und so der dem Volke der Demokratie drohende Schaden abgewehrt werden (Berliner Revue, 29 [1862], 255 ff.). Der PVV trug durch seine Agitation zweifellos zur Tendenzwende zugunsten der Konservativen bei den Wahlen zum Preuß. Abgeordnetenhaus 1866 bei. Die Langzeitwirkung der antisemitischen Propaganda des Vereins ist offensichtlich. Stoeckers Einfluß in Berlin in den siebziger Jahren wäre ohne diese „Vorarbeit" nicht so groß gewesen.

[6] Das Handwerk und seine jüdischen Widersacher, Berliner Revue, 22 (1860), 509 ff.

gestaltet werden müßten [7]. Sie sähen dann die Chance, im Bündnis mit ihren liberalen Parteigängern die Gesellschaft zu nivellieren. Dies sei durchaus konsequent, da sie sich nur in einer Gesellschaft Gleicher entfalten könnten. Von solchen Unterstellungen aus ließ sich leicht folgern, die Demokratie sei jüdischen Ursprungs [8]. Da deren Verfechter, so hieß es, gleicherweise „gegen Krone, gegen Adel oder Volk" stritten, wurden diese aufgerufen, sich zur gemeinsamen Abwehr zusammenzuschließen. Damit war die Absicht eingestanden: Die Judenfeindschaft sollte „das Volk" mit den konservativen Führungsschichten zusammenkitten zur Erhaltung der Monarchie und der alten Ordnung [9]. Mochte die Interessenlage des Adels und des alten Mittelstandes auch noch so verschieden sein, in der Aversion gegen den modernen Kapitalismus fanden sie sich zusammen, ebenso in dem simplen Versuch, alle Übel dieser Welt mit dem „Anteil der Juden an der Gründung und drückenden Herrschaft der jetzigen Geldmacht" zu erklären [10].

Diese ersten Versuche zur Formierung einer antiliberalen Mittelstandsfronde wurden lediglich in einigen großen Städten unternommen und zeitigten auch nur geringe Erfolge. Aber die Agitation blieb doch nicht ohne Wirkung. Sie hatte den Boden bereitet, auf dem in den Jahren nach der Reichsgründung die Saat des Antisemitismus aufging. Dabei war von Belang, daß Hermann Wagener, der sich so intensiv um das Bündnis der Konservativen mit den Mittelstandsschichten bemüht hatte, in seinem *Staats- und Gesellschaftslexikon* alte und neue Argumente und Vorurteile gegen die von ihm behauptete „jüdische Reformierung Deutschlands" zusammenstellte und so allen Gesinnungsfreunden das Rüstzeug lieferte, mit dem sie „die Urelemente des deutschen Lebens" gegen vermeintliche fremde Einflüsse verteidigen sollten [11].

Wo auch immer vor der Reichsgründung antijüdische Affekte durchbrachen oder planmäßig ausgenutzt wurden, politische Bedeutung hatten sie nicht. Zu gering war noch die Kommunikation zwischen den verschiedenen Teilen Deutschlands. Die einzelnen Staaten und Provinzen führten weithin noch ein Eigendasein, eine gesamtdeutsche Meinungsbildung war allenfalls beim

---

[7] Der Talmud und die jüdische Reform, aaO, 22 (1860), 10; Das Verhältnis der Juden zu den neueren Völkern, aaO, 25 (1861), 12.

[8] In diesem Sinn werden die von Walesrode herausgegebenen Demokratischen Studien verächtlich gemacht. Die politische Judenschule, aaO, 22 (1860), 215 ff. und Noch einmal die politische Judenschule, aaO, 23 (1860), 64.

[9] Die Judenfrage, aaO, 20 (1860), 473. Sehr bewußt wurde immer dem Beharrungswillen größerer Volkskreise Rechnung getragen und der Wert der Tradition gepriesen. Juden und Liberale verspritzten, so hieß es, „das ätzende Gift der Gleichmacherei", weil sie nur so alles, an dem das Volk hänge, zerstören könnten.

[10] Judenverfolgung und Emanzipation der Juden, aaO, 26 (1861), 416.

[11] *Hermann Wagener*, Staats- und Gesellschaftslexikon, 23 Bde., Berlin 1858 ff.; Besprechungen einzelner Bände in Berliner Revue, 22 (1860), 468 f. und 27 (1861), 366 ff.

Besitz- und Bildungsbürgertum vorhanden. Konservativen und antiliberalen Theorien haftete noch immer die Herkunft aus der partikularistischen Enge an. Hier hat Bismarck für die Judenfeinde – wie für die Sozialisten – ungewollt ein gutes Stück ihrer Arbeit getan[12]. Erst nach der politischen Einigung Deutschlands wuchsen die kleinen und oft recht isolierten konservativen Gruppen und Zirkel allmählich zusammen. Die Demokratisierung des Lebens[13], namentlich die Einführung des allgemeinen Wahlrechts für den Reichstag, beschleunigte den Prozeß der Parteienbildung im gesamtdeutschen Bereich. Die Gruppen, die durch das Engagement der Liberalen für die Staatswerdung weit ins Hintertreffen geraten waren, mußten starke Anstrengungen machen, um den Rückstand aufzuholen und eine ernstzunehmende Kraft neben den liberalen Parteien zu werden. Dabei versuchten sowohl Konservative als auch Partikularisten, Katholiken und einflußreiche Kreise der lutherischen Orthodoxie durch die Ausbeutung unterschiedlichster Ressentiments aus der Position der politischen Außenseiter herauszukommen[14].

Zur raschen Ausformung einer national-konservativen und deutschnationalen Ideologie im neuen Kaiserreich hatte ein Faktor entscheidend beigetragen. Das Bewußtsein von der Einheit der Nation war geweckt worden, indem die historischen Überlieferungen in Erinnerung gerufen und aktualisiert worden waren. Die Geschichte des deutschen Reiches, zu Beginn des neunzehnten Jahrhunderts nur einer kleinen Gruppe von Spezialisten bekannt, war neu geschrieben und unter dem Aspekt der politischen Relevanz interpretiert worden. Dabei hatte es nicht ausbleiben können, daß die Vergangenheit verklärt, idealisiert und nicht selten in ein Licht gerückt worden war, das der Mythenbildung Vorschub leistete. So ergab sich nur zu oft eine tiefe Diskrepanz zwischen dem Bild der Vergangenheit, das den Menschen Kraft und Ansporn im Ringen um staatliche Einheit geben sollte, und den gegenwärtigen Realitäten. Historiker, Publizisten und Journalisten, die alle Anstrengungen gemacht hatten, das Wesen des Deutschtums zu bestimmen, das Ideal eines vergangenen Reichs in seiner Geschlossenheit und Größe zu beschreiben, waren enttäuscht,

---

[12] Friedrich Engels an Karl Marx, 15. August 1870. „Erstens tut Bismarck jetzt, wie 1866, immer ein Stück von unserer Arbeit, in seiner Weise und ohne es zu wollen, aber er tut's doch." (Der Briefwechsel zwischen Friedrich Engels und Karl Marx 1844 bis 1883, hrsg. von *A. Bebel* und *Ed. Bernstein*, 4. Band, Stuttgart 1913, 319 f.)
[13] *Iring Fetscher* (Hrsg.), Marxisten gegen Antisemitismus, Hamburg 1974, 29.
[14] Constantin Frantz, der im Kaiserreich nichts anderes als „einen von Zündnadels Gnaden durch bismarcksche Mache in die Welt getretenen und von der berliner Judenschaft aus der Taufe gehobenen Wechselbalg erblicken konnte" (Brief an Hans von Wolzogen, 5. Januar 1878), war darum bemüht, jene Kräfte zu sammeln, „die an den heutigen Zuständen einen herzlichen Ekel empfinden". Er bemühte sich besonders darum, die partikularistischen Gruppen „zu gemeinsamem Wirken" zu bewegen. „Wird das heutige salva venia Schweinereich zugleich von ökonomischer und philosophischer Seite angegriffen, so muß es endlich wieder fallen." (Constantin Frantz an Hans von Wolzogen, 18. April 1878, *Frantz*, Briefe, 91, 95.)

als sie wahrnahmen, wie viel nüchterner die Tagespolitik war, wie wenig Glanz das Reich besaß, das vor ihren Augen entstand[15].

Es war von besonderer Tragweite, daß gerade das liberale Bildungsbürgertum diese Illusionen genährt und dem Geist und der Kultur eine weit größere Bedeutung im Leben des Volkes zugemessen hatte als der Macht und dem Interesse. Diese Intellektuellen verstanden sich lange Zeit als Träger und Wahrer des deutschen Idealismus, wähnten die Nation auf dem Weg des Fortschritts zu einer höheren Bildung und Geistigkeit und damit auch zu einem harmonischen, vernunftgemäßen Zusammenleben, wobei sie das Gewicht der ökonomischen Interessen und politischen Realitäten zu gering veranschlagten. Die Folge war, daß sie ihren Anspruch, „den Staat tragen und mit ihrem Geiste erfüllen" zu können[16], nicht durchzusetzen vermochten. So breitete sich Enttäuschung aus angesichts der Tatsache, daß historische Leitbilder und politische Theorien beim Kampf um wirtschaftlichen Einfluß, Eisenbahnkonzessionen und Produktionsaufträge wenig galten[17]. Noch bitterer war die Einsicht in das Beharrungsvermögen der Bürokratie und der kirchlich gebundenen Bevölkerungsschichten, die massiv und emotional reagierten, sobald ihr sozialer Besitzstand oder eine kirchliche Position angetastet wurde.

Diese Erkenntnisse lähmten den Liberalismus und nahmen ihm die Kraft zur Integration. Die wirtschaftlichen Kräfte verselbständigten sich mehr und mehr; reine Interessenpolitik setzte sich durch. Die Wissenschaftler, Akademiker oder Publizisten, die im liberalen Lager verharrten, wandten sich von der realen Politik ab, flüchteten in eine Welt der Ideen, Theorien, ja sogar gewagter Spekulationen[18] oder rieben sich im fruchtlosen Ringen mit politischen Gegnern und den Mächten der Beharrung auf. Ein kleiner Teil ging

---

[15] *Pohlmann*, op. cit., 5; *Alfred Dove*, Im neuen Reich, I, 1 (1871), 2 ff., und: Zum Jahreswechsel im neuen Reich, aaO, II, 1 (1872), 7 f.

[16] *Friedrich Meinecke*, Alfred Dove und der klassische Liberalismus im neuen Reiche. Einleitung zu *Alfred Dove*, Ausgewählte Aufsätze und Briefe, Bd. I, 1925, VII ff. Wiederabdruck: *Meinecke*, Werke, Bd. VII, Zur Geschichte der Geschichtsschreibung, hrsg. von *Eberhard Kessel*, München 1968, 395.

[17] *Alfred Dove*, Im neuen Reich, I, 1 (1871), 3. „Wohl ist die Fortbildung unserer Verfassung in betrübender Weise erschwert; die Summe der Reibung, die zu überwinden sein wird, hat man so sehr erhöht, daß fast ein dauernder Stillstand zu befürchten steht." Ein Neujahrswort an die deutsche Geistesarbeit, aaO, III, 1 (1873), 1, wo Dove vor allen Dingen die „Bekehrung zur Ehrlichkeit in Handel und Wandel" fordert.

[18] *Dove*, Ein Neujahrswort, aaO, 3: „Aber neben dieser besonnenen Neigung zu ernster philosophischer Neugestaltung macht sich leider auch ein leichtsinniger Hang zu gewagter Spekulation breit, den man durch den Doppelsinn dieses Namens geleitet gar wohl als theoretischen Gründersinn, als Spielwut auf geistigem Felde bezeichnen dürfte." Ähnlich war auch die Diagnose J. Burckhardts zu Beginn der Gründerjahre. Dazu neuerdings *Wolfgang Hardtwig*, Geschichtsschreibung zwischen Alteuropa und moderner Welt. Jacob Burckhardt in seiner Zeit, Göttingen 1974, 275 f.

aus Opportunismus in das Lager der Gegner über, das nach der Reichsgründung manchen Zulauf erhalten hatte.

Auch die konservativen Frondeure beriefen sich bei ihrer Kritik am Reich Bismarcks besonders auf die Geschichte, in der sie aber vornehmlich das Gewordene und nicht das Werdende, mehr die Faktoren der Beharrung als die der Veränderung sahen. Ihr Bild von der deutschen Nation stand so im Widerspruch zur Wirklichkeit, daß ihnen das Bismarckreich nur als ein Monstrum erschien, das den Keim seines Verfalls schon in sich trüge. In dem Bestreben, „die Nation zu sich selbst zurückzuführen", fühlten sie sich bestärkt angesichts der vielen Schwierigkeiten, mit denen Bismarck im Innern des Reichs zu ringen hatte. Sie räumten zwar ein, daß niemand so recht wisse, „was eigentlich deutsch ist", gleichwohl konstruierten sie einen „Beruf" der deutschen Nation, den diese aber nur ausüben könne, wenn sie sich von aller „Ausländerei" und Überfremdung freimache und insbesondere den „jüdischen Einfluß" abschüttele. Die Aufforderung, künftig nicht „fremden Göttern" nachzulaufen, sondern mit „eigenstem Wesen" dem „eigensten Beruf" gerecht zu werden [19], half zwar kaum bei der Bewältigung konkreter Tagesaufgaben, sprach aber alle diejenigen an, denen der Wandel im politischen, ökonomischen, kirchlichen und geistigen Bereich wegen der damit verbundenen ideellen Verluste und des Schwunds an gesellschaftlichem Ansehen Unbehagen verursacht hatte.

So standen, als die deutsche Einheit endlich hergestellt war, zahlreiche Intellektuelle abseits. Manche der konservativen unter ihnen haben die Staatswerdung zwar begrüßt, die Methoden Bismarcks aber und namentlich sein Bündnis mit den Nationalliberalen verachtet. Das Reich bismarckscher Prägung war nicht das, was sie erstrebt hatten. Sie begannen deshalb, die unzufriedenen, benachteiligten Volksschichten zu sammeln. Sie waren die Führer des ersten antisemitisch-antiliberalen Bürgeraufgebots.

---

[19] Constantin Frantz an Richard Wagner, 26. Januar 1866, *Frantz*, Briefe, 41. Die christlich-konservative Argumentation wird in einer anderen Passage des Briefes noch einmal besonders klar. „Ja es ist wohl eine unendliche Aufgabe, deren Lösung sich durch zukünftige Jahrhunderte und Jahrtausende hindurchziehen wird, so gewiß als die deutsche Nation den Kern des ganzen neuen Völkersystems bildet, und den Träger der Entwicklung, gewissermaßen als das auserwählte Volk der christlichen Zeit, wie es in der vorchristlichen das jüdische Volk war, – das einst so hochbegnadigte und dann so tief verworfene Volk, weil es den Messias verwarf, der aus ihm geboren werden sollte für alle Welt. Der hat dann sein Reich im deutschen Gemüte begründet, wovon das heilige römische Reich deutscher Nation die erste Erscheinungsform war, als das Reich des Sohnes, dem nun das Reich des Heiligen Geistes folgen soll. Wer also das deutsche Wesen nicht als etwas ganz Eigentümliches auffaßt, so Eigentümliches wie einst das Judentum, der versteht es nicht, und darum verstehen es auch so wenige. Und so lange wird die deutsche Nation darniederliegen, bis sie selbst wieder zur Erkenntnis ihrer eigentümlichen Würde gelangt, wovon man im Mittelalter, wenn auch nicht die Erkenntnis doch allerdings ein sehr lebendiges Gefühl hatte, welches uns in unserer Zeit je mehr und mehr abhanden kam."

II

Die „Judenfrage" ist zweifellos im Zusammenhang mit der deutschen Frage zu einem Politikum geworden. Da die preußische Militärmacht und „der politische Idealismus, der vorzugsweise nur in dem gebildeten Bürgerstande, unter Gelehrten und Beamten herrschte, das deutsche Reich geschaffen"[20] hatten, blieb die Entscheidung offen, welche der beiden Kräfte dem neuen Staat das Gepräge geben würde. Für die maßgebenden Führungsschichten Preußens gab es überhaupt keinen Zweifel, daß die „Vormacht" des Reiches auch dessen Politik zu bestimmen habe. Noch mehr aber fühlten sie sich für dessen gesellschaftliches und geistiges Profil verantwortlich. Ihrer Auffassung nach konnte eine deutsche Politik nur in den Bahnen der preußischen Überlieferung geführt werden. Diese aber war konservativ und prononciert christlich. Der Staat – nicht ein Instrument der Menschen, sondern ein Werk des Schöpfers – durfte nicht umgestaltet werden. Demokratische Ideen galten als Frevel, weil sie die Substanz des „christlichen Staates" mit seiner patriarchalischen Gesellschaftsordnung gefährdeten. Wer ihnen huldigte, vertrat den Grundsatz von der Gleichheit aller Menschen und wollte ihnen – insbesondere auch den Nichtchristen – gleiche Rechte geben. Das aber sollte um jeden Preis verhindert werden[21].

Da die Kirche nun aber ihren Einfluß auf das geistige Leben der Nation teilweise verloren hatte, namentlich das Denken des protestantischen Besitz- und Bildungsbürgertums in keiner Weise mehr bestimmte, dort vielmehr der Liberalismus „die eigentliche Religion" geworden war[22], waren die Chancen für einen Sieg der Parteigänger des „politischen Idealismus" recht gut. Sie überschätzten freilich die Macht des Intellekts und verkannten, wie stark weite Kreise der protestantischen und der katholischen Bevölkerung noch in religiösen Traditionen und Bindungen verhaftet waren, über die sie selbst

---

[20] *A. Springer*, Die Politik der nationalliberalen Partei, Im neuen Reich VIII, 2 (1878), 454.

[21] *Gottlieb August Schüler*, Die Wurzeln der Judenfrage, Berlin 1881, 34 f. Seit „die Emanzipation von 1848" Nichtchristen „das Recht und den Segen zuerkannt hat, die Ämter Gottes zu führen, welche nach christlicher Überzeugung nur im Glauben an diesen Gott treulich geführt werden können, (das Volk zu regieren, zu richten, zu lehren, zu beraten in Schule, in Parlament, in Armee, in Presse, in Recht, in Gesetz, in Verwaltung und Regierung): – seit der Zeit ist der christliche Glaube als Grundkraft jeder Amtserfüllung im christlichen Volk, ja jede Religiosität, als Quelle treuer Berufserfüllung, feierlich und gesetzlich vernichtet". Ähnlich bereits früher Constantin Frantz an Richard Wagner, 26. Januar, 18. Februar und 16. Oktober 1866, *Frantz*, Briefe, 41, 43 f., 56.

[22] *Siegfried Kaehler*, Stoeckers Versuch, eine christlich-soziale Arbeiterpartei in Berlin zu gründen (1878), Deutscher Staat und deutsche Parteien, München–Berlin 1922, 260.

sich oft ohne Bedenken und gelegentlich sogar sehr leichtfertig hinwegsetzten[23]. Damit begann eine Auseinandersetzung, die im Kulturkampf ihren sichtbaren Ausdruck fand und die seitens der Liberalen mit mehr Leidenschaft als politischem Augenmaß geführt wurde. Ihrer Meinung nach widerstrebten die kirchlichen Mächte genau wie die preußischen Konservativen grundsätzlich der freiheitlichen Ausgestaltung des Staates[24]. Das traf aber nicht zu. Die Kirchen wollten primär ihren geistigen Besitzstand sichern und ihre Position in der Gesellschaft um keinen Preis mindern lassen. Sie waren nicht bereit, den Verfechtern einer neuen Ideologie kampflos das Feld zu räumen.

Besonders prekär war die Situation der katholischen Kirche[*]. Sie sah sich nach der Niederlage Österreichs 1866 und besonders nach dem Krieg von 1870/71, der vor allem im evangelischen Deutschland als Triumph des „germanischen" über den „romanischen Geist" gefeiert wurde[25], in die Rolle des Besiegten hineingedrängt. Als Minderheit im protestantischen Kaiserreich auf sich selbst gestellt, von der Legislative und Exekutive bedrängt und benachteiligt und von starken anti-ultramontanen Kräften im Liberalismus geistig in Frage gestellt, setzten sich die Katholiken mit allen Mitteln zur Wehr.

Um im Reichstag des allgemeinen Wahlrechts eine starke, repräsentative Interessenvertretung aufzubauen, mobilisierten sie die Gläubigen bis in den letzten Winkel des Landes. Sie verbanden sich mit ständisch-konservativen Kreisen[26], suchten Kontakt zu Anhängern des Partikularismus und Repräsentanten der nationalen Minderheiten, insbesondere der Elsässer und Polen[27]. Aber es waren nur kleine Gruppen aus der höheren Beamtenschaft, den Landständen und den freien Berufen, bei denen man so Rückhalt fand. Die große, weithin noch unpolitische und bildungsmäßig rückständige Mehrheit katholischer Provinzbewohner ließ sich, das war eine weitverbreitete Einsicht, nur durch Weckung von Emotionen aufbieten. Dabei stellte ein Teil der katholischen Kleriker und Laien bewußt den überall verbreiteten und tief im Be-

[23] Mit welchem Unverständnis selbst feinsinnige und hochgebildete Intellektuelle dem kirchlichen Leben gegenüberstanden, zeigen einige Artikel *Alfred Doves*. Im neuen Reich, I, 1 (1871), 4, 377 f.; II, 1 (1872), 4 und 318. Hier findet sich (S. 4) folgendes bezeichnende Eingeständnis: „In der Tat sind wir modernen Politiker, die wir nur allzu rasch geneigt waren, die kirchlichen Mächte mit so kühler Neugier zu betrachten, wie man etwa erstorbene Fabelwesen wissenschaftlich anschaut, durch das Jahr 1871 empfindlich daran gemahnt worden, daß noch immer eine lebendige Kirchengeschichte vorhanden ist."

[24] *Adolf M. Birke*, Zur Entwicklung und politischen Funktion des bürgerlichen Kulturkampfverständnisses in Preußen-Deutschland, in: Aus Theorie und Praxis der Geschichtswissenschaft. Festschrift für Hans Herzfeld zum 80. Geburtstag, Berlin 1972, 260 f., 273.

[*] Zum Nachfolgenden siehe ebenfalls den vorhergehenden Beitrag von *Hermann Greive*, Die gesellschaftliche Bedeutung der christlich-jüdischen Differenz. Zur Situation im deutschen Katholizismus, in diesem Bande, S. 354 ff. (Hrsg.).

[25] *Birke*, aaO, 271.

[26] Constantin Frantz an Richard Wagner, 24. Juli 1879, *Frantz*, Briefe, 101.

[27] *Birke*, aaO, 269.

wußtsein der Menschen verwurzelten kirchlichen Judenhaß [28] in den Dienst ihrer politischen Pläne [29].

Nachdem Papst Pius IX., der den Juden mit tiefem Mißtrauen begegnete, erstmals 1872 gegen sie Position bezogen und sie der Hinneigung zu Anarchismus, Kirchenfeindschaft und Freimaurerei bezichtigt hatte, bald darauf auch in vatikanischen Zeitschriften antijüdische Polemiken veröffentlicht worden waren [30], gingen einflußreiche katholische Kreise Deutschlands ebenfalls auf diesen Kurs. Das Zeichen gaben der Paderborner Bischof Martin und angesehene Geistliche aus seiner Umgebung mit ihren Ausfällen gegen die Lehren des Talmud sowie die Professoren Rebbert und Rohling mit verschiedenen pseudowissenschaftlichen Veröffentlichungen. Ihnen folgte eine große Zahl katholischer Geistlicher und Publizisten, die das im Volk schwelende Unbehagen gegen die Juden wirksam artikulierten. In der *Germania*, der *Kölnischen Volkszeitung* und namentlich in zahlreichen Regional- und Lokalblättern wurde der Kulturkampf stereotyp als ein „Krieg des Judentums gegen das Christentum" diffamiert [31].

Diese Organe und viel beachtete Periodika, allen voran die *Historisch-Politischen Blätter* und die *Christlich-sozialen Blätter* haben entscheidend den Boden für den politischen Antisemitismus vorbereitet und an seiner Ausformung und Ausbreitung mitgewirkt. In katholischen Gebieten vermochte namentlich der Klerus sein Unbehagen über die kulturpolitischen Folgen der Emanzipation nicht zu unterdrücken. Der Gedanke, ein Jude könne etwa jemals christliche Kinder unterrichten, war ihnen schlechterdings unfaßbar [32].

---

[28] *Jakob Wassermann*, Mein Weg als Deutscher und Jude, Berlin 1921, 39.

[29] *Hans-Josef Klauck* OFM, Die Haltung des deutschen Katholizismus zum Judentum im 19. Jahrhundert. Unveröffentl. Manuskript, 76. Ich möchte dem Verfasser an dieser Stelle aufrichtig für die bereitwillige Überlassung seines Manuskripts danken. Vikar Arnold Bongartz, Redakteur der Christlich-sozialen Blätter an Marr, 4. Februar 1880: „Wer hat denn den Kampf gegen die Verjudung am ersten und energischsten aufgenommen? Es war die katholische Presse und gerade der Teil, welcher von katholischen Geistlichen bedient wurde. Diese lernen durch ihren steten Connex mit dem Volke die Juden aus nächster Nähe kennen", StA Hbg, NL Marr A 27. In vielen anderen Briefen wird darauf hingewiesen, daß katholische Geistliche in der Provinz besonders eifrige antisemitische Agitatoren waren und darüber hinaus antisemitische Zeitungen und Schriften vertrieben, A 8, A 11.

[30] *Hans-Josef Klauck* OFM, Die Geschichte von Kirche und Synagoge, in: Wissenschaft und Weisheit, 34. Jg. (1971), 63; *B. J. Fuß-Maastricht*, Wie stellt sich die römische Curie seit jeher zur Judenfrage? Vortrag, gehalten in der Antisemitischen Vereinigung in Aachen, 4. April 1895. Katholische Flugschriften zur Judenfrage, I, Aachen 1895, 3. Bundesarchiv Koblenz (BA Koblenz), ZSg. 113, Nr. 14. Vgl. auch *Hans Köhler*, Die Wirkung des Judentums auf das abendländische Geistesleben, Berlin 1952, 124.

[31] *Israel Cohen*, Der Antisemitismus in Deutschland, London 1918, 3; *Hans-Josef Klauck*, Die Geschichte von Kirche und Synagoge, 64; *Hans Leuß*, Die antisemitische Bewegung, Die Zukunft, 7. Bd., Nr. 33 (19. Mai 1894), 327.

[32] *Josef Becker*, Liberaler Staat und Kirche in der Ära von Reichsgründung und Kulturkampf. Geschichte und Strukturen ihres Verhältnisses in Baden 1860–1876,

Ebenso schwer konnten sie sich mit der Tatsache abfinden, daß Juden in der Politik Mitspracherecht hatten und sich erdreisteten, „ihre Meinung in allgemeinen Angelegenheiten der Gesellschaft zu äußern". Daß Juden im Reichstag und in den Länderparlamenten an der Gesetzgebung mitwirkten, wurde kurzum als „Verjudung" der Gesellschaft bezeichnet[33]. Dagegen wurde unentwegt und vielfach auch ohne Skrupel hinsichtlich der Wahl der Mittel polemisiert. Unter den Redakteuren katholischer Blätter, den Funktionären katholischer Verbände und den Landgeistlichen gab es nicht wenige, die sich ausschließlich diesem „unablässigen Kampf" gegen den Einfluß der Juden im öffentlichen und besonders im geistigen Leben des Landes verschrieben hatten[34]. Diese Agitation hat erheblich zur Politisierung der katholischen Bevölkerung beigetragen und dem Zentrum Auftrieb gegeben. Es war mithin nicht verwunderlich, daß einflußreiche Kreise in der Partei diesen Trend bewußt nutzten. Der Zentrumsführer Windthorst hat sich zwar entschieden gegen einen antisemitischen Kurs seiner Partei gewehrt, aber nicht verhindern können, daß einzelne Abgeordnete aus wahltaktischen Gründen den Judenhaß schürten und in das politische Kalkül einbezogen[35]. Damit war seine Massenwirksamkeit erprobt und die Brauchbarkeit für parteipolitische Zwecke unter Beweis gestellt worden[36].

Mainz 1973; Ein Leser von Marrs Deutscher Wacht, Kaplan Friedrich Beetz aus Mosbach, Baden, unterbreitete Marr am 6. Februar 1880 in einem Brief „im Interesse der antisemitischen Bewegung, der ich von Herzen zugetan bin", u. a. folgenden Vorschlag: „Drum meint man hierzuland, eine Repeal-Bewegung gegen die Emanzipationsgesetze wäre das durchschlagendste Mittel, um uns der Juden zu erwehren. Sie brauchen nicht auszuwandern; aber sie sollen mit uns nicht gleiche Rechte genießen; sie sollen gesetzlich wieder in ihre Ghettos zurückgedrängt werden. Diese Maßregel allein wird das so scheußlich verlauste und verkrätzte öffentliche Leben wieder reinigen", StA Hbg, NL Marr A 8.

[33] *Frantz Hitze*, Die sociale Frage und die Bestrebungen zu ihrer Lösung. Mit besonderer Berücksichtigung der verschiedenen socialen Parteien in Deutschland, Paderborn 1877, 242 ff. Hitze hielt die in dem Bändchen veröffentlichten drei Vorträge als 24jähriger Student vor der Studentenverbindung „Unitas" in Würzburg. Sie spiegeln daher nicht so sehr Hitzes Überzeugung wider, sondern mehr die Auffassungen und Stimmungen, die damals in katholischen Schüler- und Studentenkreisen vorherrschten.

[34] Vikar Arnold Bongartz, Redakteur der Christlich-sozialen Blätter an Marr, 4. Februar 1880: „Steter Tropfen höhlt den Stein! Darum Kampf, und zwar unablässigen Kampf gegen die Verjudung. Dem christlichen Michel müssen denn doch zuletzt die Augen aufgehen, und kömmt dann die Socialrevolution, so wird sie mit vielen anderen Plagen auch die Judenplage hinwegwischen und unsere Nachkommen werden dann wenigstens wieder in ihrem Hause Herr", StA Hbg, NL Marr A 27.

[35] *Hans-Josef Klauck OFM*, Die Geschichte von Kirche und Synagoge, aaO, 64; *Paul W. Massing*, Vorgeschichte des politischen Antisemitismus, Frankfurt a. Main 1959, 13 ff.

[36] Zur Vertheidigung der Christen gegen Juden und Judengenossen, Germania, XIII, Nr. 178 (8.August 1883).

Dieser Erkenntnis hat sich auch die evangelische Orthodoxie nicht verschlossen, als sie zu Beginn des Kulturkampfes wahrnahm, daß die Reichstagsmehrheit nicht nur die Positionen der katholischen Kirche in Frage stellte, sondern den christlichen Einfluß in der Gesellschaft grundsätzlich eindämmen wollte [37]. Der Optimismus, mit dem die Protestanten das „wunderbare Erwachen des nationalen Gemüts" begrüßt und die Siege Preußens über die katholischen Staaten Österreich und Frankreich gefeiert hatten [38], verflog sehr schnell. Die evangelischen Kirchenleitungen wurden inne, daß ihre Gemeinden vom „nationalen Aufbruch" nicht profitierten, vielmehr „das religiöse Denken, Fühlen und Leben" in besorgniserregender „Gärung und Zersetzung" begriffen seien. Sie sahen den protestantischen Glauben zunehmend durch säkularisierende Tendenzen bedroht, so daß der Einfluß der Kirchen auf die Gestaltung des staatlichen und gesellschaftlichen Lebens rapide schwand. Gerecht denkende evangelische Christen wußten zwar, daß nicht die Juden „die Verderber und Zerstörer" des Christentums waren, sondern daß „die Christen selbst" [39] jede Überzeugungs- und Gestaltungskraft verloren hatten. Gleichwohl klagte die Mehrheit der aktiven Protestanten den Liberalismus und die Juden an. Kaum war das Kaiserreich geschaffen, da erweckten der preußische Oberkirchenrat und evangelische Abgeordnete des preußischen Herrenhauses den Eindruck, daß die Juden eine große Gefahr für die Kirche seien [40], weil deren Einfluß auf die staatliche Erziehung eingeschränkt werden sollte. Durch Luther und seit Luther immer und immer wieder im Mißtrauen gegen die Juden bestärkt, waren die Protestanten nur zu bereit, auch jetzt wieder alles Unbehagen auf diese Minderheit abzulenken. Darin wenigstens befand man sich in Übereinstimmung mit den Katholiken und folgte deren Beispiel bei der Politisierung der Gläubigen [41].

Die während des Kulturkampfes offen hervortretenden antireligiösen Ressentiments größerer bürgerlicher Kreise und namentlich die rasch um sich greifende religiöse Indifferenz wurden eilfertig als Folgen der Judenemanzipation betrachtet. Dieser Auffassung nach sollten die Juden ein Interesse daran haben, die sie in der vollen Entfaltung behindernden christlichen Bindungen der Be-

---

[37] *C. F. Heman*, Die historische Weltstellung der Juden und die moderne Judenfrage. Abdr. aus der Allgemeinen Conservativen Monatsschrift, Leipzig 1881, 54; *H. von Petersdorff*, Der Einfluß der politischen Entwicklung auf die sittlich-religiösen Zustände, in: *Ludwig Weber*, Geschichte der sittlich-religiösen und socialen Entwicklung Deutschlands in den letzten 35 Jahren, Gütersloh 1895, 21 ff.
[38] *Günter Brakelmann*, Reichsgründung und kirchlicher Protestantismus 1871, Manuskript eines Referats anläßlich einer Tagung der Evangelischen Akademie Berlin 8.–10. Januar 1971; gekürzte Fassung: *Günter Brakelmann*, Gottes Wille: Das deutsche Reich. Der Hofprediger Bernhard Rogge in Versailles, Berliner Sonntagsblatt, 3 (17. Januar 1971), 5.
[39] *Heman*, op. cit., 54 f.
[40] *Alfred Dove*, Humboldt als Judengenoß, Im neuen Reich, I, 1 (1871), 377 f.
[41] *Cohen*, op. cit., 3; *Köhler*, Die Wirkung des Judentums, op. cit., 124.

völkerung zu zerstören[42]. Dabei wurde in einer Mischung von Empörung und Bewunderung immer wieder darauf hingewiesen, daß die Juden selbst auch nach der Emanzipation die religiöse Geschlossenheit und Kraft bewahrt hätten, die sich die Protestanten so sehr wünschten[43] und seit langem entbehrten. So suchten militante protestantische Kreise nicht zuletzt auch deshalb die Auseinandersetzung mit einer so resistenten Gruppe wie den Juden, um selbst wieder Profil zu gewinnen. Durch Ausnutzung politischer Gegebenheiten sollten die evangelischen Christen aktiviert und zu neuem Engagement gebracht werden. Manche Vorkämpfer dieses militanten Protestantismus faßten sogar den – für die unrealistische Überschätzung der eigenen Kräfte bezeichnenden – Plan, mit Hilfe einer „Nationalkirche" dem neuen Reich die innere Verfassung zu geben und das Christentum zur bestimmenden „geistigen Lebensmacht" der deutschen Nation zu proklamieren[44]. Nur wenige haben dabei bedacht, daß das Christentum kaum werbende und integrierende Kraft entfalten kann, wenn zugleich in seinem Namen Haß gesät, Verachtung gepredigt und Intoleranz gegenüber Mehrheiten wie Minderheiten geübt wird. Die Verbindung von Protestantismus, Nationalismus und Antisemitismus, die sich hier anbahnte, war überaus problematisch und gefährlich[45].

Der Säkularisierungsprozeß ließ sich nicht durch Bündnisse mit politischen Parteien oder gar durch Anleihen bei den geistigen Strömungen der Zeit aufhalten. Damit gestand man nur die eigene Schwäche ein. Das war folgenschwer, weil sich im Kreis der Bundesgenossen, namentlich der Judenfeinde, schon diejenigen formierten, die im Rückgriff auf die vorchristliche Zeit eine neue, auf Blut und Herkommen basierende Tradition entwickeln und auf ihr die geistige Einheit der Nation – nicht zuletzt auch durch Überwindung der Glaubensspaltung – begründen wollten. Diese Gruppen stellten das Christentum entschiedener in Frage, als es der Liberalismus je getan hatte[46]. Damit wurde schon bald nach der Reichsgründung klar, daß die Hoffnung der Liberalen auf „politische Bekehrung der klerikal mißleiteten Menge" eine Illusion war, daß an die Stelle des kirchlichen Einflusses lediglich andere irrationale Lehren zu

---

[42] *von Petersdorff*, aaO, 21.

[43] *Heman*, op. cit., 39.

[44] *Birke*, op. cit., 268; *Heman*, op. cit., 59 und besonders 65; ähnlich auch: Das Judentum im Staate. Sep.-Abdruck aus den Reichsboten, Berlin 1884, 44.

[45] *Ludwig Bamberger*, Deutschtum und Judentum (1880), Gesammelte Schriften, Band V, 32.

[46] *Kolkmann*, op. cit., 12, warnte als überzeugter Liberaler die Christen nachdrücklich vor der Gefahr, durch ihre unsachlichen Auseinandersetzungen mit dem Talmud die Religionskritiker dazu anzustiften, auch „mit dem alten Testament ein solches frevelhaftes Spiel" zu treiben. Bruno Bauer z. B. hat mit seinen antisemitischen Artikeln in der Berliner Revue von Anfang an nicht nur das Judentum, sondern im gleichen Maß auch das Christentum treffen wollen. Sein Kampf galt der Religion ganz allgemein. *Ernst Barnikol*, Bruno Bauer, Studien und Materialien, Assen 1972, 351 f.

treten drohten. Es war von größter Tragweite, daß die Liberalen dennoch an
dieser Illusion festhielten.

Wie die christlichen, so haben die Liberalen auch die partikularistischen und
landschaftlichen Traditionen bestimmter Bevölkerungsgruppen falsch eingeschätzt. Sie hofften, daß die „Einheit des deutschen Reiches" zwangsläufig
auch die „Einheitlichkeit der politischen Grundsätze" und des Bewußtseins
herbeiführen werde[47], die für regionale und territoriale Sonderheiten keinen
Raum mehr lasse. Nun hatten die deutschen Länder in den Jahrhunderten ihres
Bestehens doch die Mentalität der Bürger geprägt, und es gab viele, die stolz
auf ihr Herkommen waren. Der Historismus des neunzehnten Jahrhunderts
hatte nicht nur die Erkenntnis der nationalen Zusammengehörigkeit, sondern
zugleich auch die der stammesmäßigen Verschiedenheit gestärkt und damit
Impulse zur Pflege des kulturellen und geistigen Brauchtums der Landschaften
gegeben[48]. Konsequent wehrten sich deshalb gerade Repräsentanten der Land-
stände und der Beamtenschaft gegen zu weitgehende Vereinheitlichungsbestre-
bungen. Ihr Ideal war ein Vaterland der Vaterländer, in dem möglichst vieles
bleiben sollte, wie es war. So beunruhigten sie die nivellierenden Tendenzen
der modernen Gesellschaft, in denen sie nicht eine Folge der raschen Veränderung im sozialen und wirtschaftlichen Bereich, sondern allein das Resultat
destruktiver Eingriffe und „gänzlich undeutscher" Maßnahmen der Legislative sowie der Administration sehen wollten[49].

Zu noch entschiedenerer Opposition kam es, wenn kleine, in den Ländern
ehemals privilegierte soziale Gruppen Stellung und Einfluß verloren. Sie hatten dann nicht die geringsten Bedenken, ihre Interessen als die der Allgemeinheit auszugeben und die Reichstagsmehrheit und die ihr zugehörigen Juden
als die Vorkämpfer der Demokratie anzuklagen[50]. Insbesondere Mitglieder
des Adels, deren Selbstbewußtsein in der Regel in einem krassen Mißverhältnis zu ihren politischen und ökonomischen Fähigkeiten stand, scheuten auch
vor der Kritik an den höchsten Repräsentanten des Staates nicht zurück. Sie

---

[47] *Arnold Lindwurm,* Im neuen Reich, II, 2 (1872), 569.

[48] Mit Recht hat *Bruno Bauer,* Zur Orientierung über die Bismarck'sche Ära,
Chemnitz 1880, Neudruck Aalen 1969, 142, in bezug auf das Geschichtsbild der
Reichsgründungszeit erklärt: „Wir fühlen uns ... unter dem Thun und Treiben
unserer Vorfahren vom Jahr 920 so heimisch wie in einem Bezirksverein unserer
Tage ... Arnulf [von Bayern] ist in seinem anfänglichen Widerstand der Mann der
bayrisch-patriotischen, Heinrich [I.] als Sieger derjenige der norddeutschen Zeitungen."

[49] Lagarde schrieb am 8. August 1871 an seine Frau: „In Cassel waren auf dem
Bahnhofe drei alte hessische Bäuerinnen, ... sie hatten sich nichts zu erzählen als
Elend und Kummer, und sahen mir aus wie auf der Auswanderung vor diesem
neuen Deutschland, das so liberal, mächtig, und so gänzlich undeutsch ist. Wir beten
fremde Götter an: das ist unser Unglück." (*Anna de Lagarde,* Paul de Lagarde. Erinnerungen aus seinem Leben, Göttingen 1894, 95.)

[50] Vgl. u. a. den Bericht über die hessischen Wahlen, Im neuen Reich, III, 2 (1873),
817 ff.

verübelten es dem Monarchen und insbesondere Bismarck, daß sie sich zunehmend von ihren Standesgenossen distanzierten und – sogar in persönlichen Angelegenheiten – unabhängige Fachleute um Rat fragten oder ins Vertrauen zogen[51].

Es waren vornehmlich Anhänger einer föderalistischen Staatsordnung, die als erste den Versuch unternahmen, das „deutsche Wesen" zu bestimmen. Danach waren deutsch: der Respekt vor der Tradition, das Bemühen um die Erhaltung des in Jahrhunderten Gewachsenen, die Ehrfurcht vor der von Gott gewollten Obrigkeit. Der wahre Deutsche – so wollten es diese Kreise wissen – verfolge nicht zuerst seine individuellen Wünsche, sondern fühle sich der Gemeinschaft verpflichtet, der er an dem ihm zugewiesenen Platz freudig diene.

Diesem „deutschen Wesen" wurde dann ein vermeintlich „undeutsches" vornehmlich „jüdisches" gegenübergestellt, charakterisiert durch den Glauben an die Existenz allgemeiner Ideen, insbesondere der von der Gleichheit aller Menschen. Als undeutsch wurde jedes Bestreben bezeichnet, dem Individuum auf Kosten der Allgemeinheit größere Chancen einzuräumen und die staatliche Ordnung den jeweiligen Erfordernissen der Gesellschaft anzupassen[52].

Nichts verrät die starke Verunsicherung maßgeblicher Kreise der gesellschaftlichen Oberschicht angesichts der einschneidenden politischen Veränderungen und Machtverschiebungen mehr als diese „deutsch-nationale" Ideologie, die jetzt im Gegensatz zu einer angeblich fremdnationalen, nationalliberalen in den ersten Ansätzen entwickelt wurde[53]. Ihr verschrieben sich alle, denen die „Milch der frommen Väter-Denkungsart" sauer geworden war[54], das heißt deren gesellschaftliche Zukunftserwartungen sich verschlechtert hatten. Dazu gehörte auch die alte Bildungsschicht.

Wer Deutschland ausschließlich für ein Land der Dichter und Denker gehalten hatte und seinen geistigen Interessen und kulturellen Neigungen im exklusiven Kreis Gleichgesinnter gefolgt war, der sah mit Verachtung auf die Wirtschaftsgesellschaft. Gerade Künstler, Professoren, Erzieher, Schriftsteller und Publizisten hatten große Mühe, die Erscheinungen der neuen Zeit, die als Folge des raschen Übergangs zum Hochkapitalismus in verwirrender Vielfalt

---

[51] Brief von Diest-Daber an Marr, 16. August 1879, StA Hbg, NL Marr A 44.

[52] Vgl. dazu die Fragmente eines Vortrags von Rabbiner Dr. Joseph Eschelbacher aus dem Jahr 1907. Veröffentlicht und kommentiert bei *Uriel Tal*, Das Wesen des Deutschtums nach jüdischer Auffassung, Michael, Vol. II, Tel Aviv 1973, 180f.

[53] Der Begriff „deutsch-national" ist dem Verfasser erstmalig in einem Brief von Constantin Frantz an Richard Wagner vom 18. Februar 1866 begegnet, *Frantz*, Briefe, 44. Ende der siebziger Jahre findet sich der Begriff dann in Briefen an Marr wiederholt. Was nun ein „entschieden deutscher Geist" war, wie „Sinn und Verständnis für das eigentlich Deutsche" erhalten und entwickelt werden sollten, darüber gab es allerdings kaum Einvernehmen. Einigkeit bestand nur – dort aber sehr entschieden – in der Ablehnung des neuen, von Bismarck geschaffenen Reiches.

[54] *Franz Böhm*, Antisemitismus im 19. Jahrhundert, in: Bulletin des Leo Baeck Instituts, IV, Nr. 16 (1961), 269.

auf sie einstürmten, zu verarbeiten und innerlich anzunehmen[55]. Sie klagten
in immer neuen Variationen über die Bedrohung der „menschlichen Werte"
durch den „materialistischen Ungeist" der Zeit[56], über die „Wut des schnellen
Reichwerdens", die kulturfeindliche Selbstsucht der Volksmehrheit, den „Tanz
ums goldene Kalb", der keine Zeit mehr zur Besinnung lasse[57]. Die Bildungsschicht erkannte sehr richtig, daß sie ihre elitäre Stellung in der Gesellschaft
verlieren, ihren Einfluß mit anderen teilen mußte. Sie sah auch zutreffend,
daß die Werke der Kunst und der Wissenschaft in einer vorwiegend auf materiellen Gewinn abgestellten Gesellschaft nicht mehr hinreichend beachtet,
Künstler und Wissenschaftler weniger anerkannt wurden. Noch mehr Unbehagen verursachte die Forderung nach Verbreiterung der Bildungschancen.
Das „Verlangen nach Bildung" werde zwar mehr und mehr Menschen erfassen, ihnen letztlich aber doch nur als Sprungbrett für das berufliche Fortkom-
men dienen und damit abermals das „Begehren nach Wohlleben" fördern[58].

Alle, die am Althergebrachten festhalten, ihren kirchlichen, politischen oder
sozialen Besitzstand behaupten sowie den „Geist" vor der Vermassung bewahren wollten, sahen sich nun nicht etwa durch ein neues System, sondern
durch Menschen herausgefordert. Der in diesen Kreisen herrschenden Auffassung zufolge führten die Liberalen den Wandel herbei, indem sie die Begehr-
lichkeit weckten, und der Mehrheit galt es auch hier als ausgemacht, daß die
Juden die Avantgarde der Liberalen stellten. Diese machten es ihren Gegnern
oft sehr leicht, sie zu Feinden des „deutschen Wesens" zu stempeln[59]. Sie engagierten sich nicht selten als Streiter für die Modernisierung des politischen
Lebens, wobei sie manche überlieferten Einrichtungen ungestüm in Frage stellten und manchen, der sich nur mühsam neuen Erfordernissen anpassen konnte,
mit Spott überschütteten. Dabei verübelte man es den Juden besonders, daß

---

[55] Vgl. unter anderem auch die Zeitanalysen Jacob Burckhardts. Dazu neuerdings *Hardtwig*, op. cit., 275 f.

[56] So etwa in *Wilhelm Raabes* 1865 erschienenem Roman Der Hungerpastor.

[57] *Alfred Dove*, Zum Jahreswechsel im neuen Reich, Im neuen Reich II, 1 (1872),
6. *Ders.*, Ein Neujahrswort an die deutsche Geistesarbeit, aaO, III, 1 (1873), 1 ff.; *von
Petersdorff*, op. cit., 22.

[58] *Jacob Burckhardt* wies in einem Brief vom April 1872 auf die Nöte hin, „in
welche das Geistige überhaupt binnen weniger Jahre geraten wird durch das in
heftiger Progression zunehmende materielle Treiben, durch die allgemeine irdische
Veränderung, welche mit der bevorstehenden Vertheuerung des Lebens auf das 1¹/₂-
fache eintreten muß ... Es ist schon jetzt an dem, daß die Intelligenzen von Rang,
welche noch vor 10 Jahren dem gelehrten, dem geistlichen, dem Beamtenstande etc.
zugefallen wären, sichtbarlich zur Partei der Geschäfte übergegangen sind." Zitiert
nach *Hardtwig*, op. cit., 276; ähnlich auch *Dove*, Neujahrswort an die deutsche Geistesarbeit, aaO, 3 ff.; gröber und undifferenzierter Wilhelm Marr in einem Bericht
über die ersten Bayreuther Bühnenfestspiele 1876. Nachklänge aus Bayreuth, StA
Hbg, NL Marr B II c.

[59] *Wolfgang Schumann*, Deutsche und jüdische „Schuld" und Aufgabe, Der Jude
VIII, Nr. 7 (Juli 1924), 384.

sie von den deutschen Mitbürgern die Lösung aus Traditionen verlangten, obgleich sie selbst als Gruppe dazu nicht oder nur sehr bedingt bereit waren.

Die kirchlichen, ständischen und intellektuellen Oppositionsgruppen fanden aber zunächst nur begrenzten Rückhalt in der Bevölkerung. Die Volksmehrheit in den Provinzen lebte in sozialer Rückständigkeit, so daß sie zunächst unansprechbar blieb. Die Gegner der Liberalen konnten sich daher lediglich an Handwerker, Bauern und untere Beamte in den Teilen des Reichs wenden, in denen der Bildungsstand besser, der ökonomische Wandel in vollem Gang war. Auch sie ließen sich mehrheitlich erst aktivieren, als das kapitalistische Wirtschaftssystem in eine akute Krise geriet, als die Zweifel an der Richtigkeit der amtlichen Politik allenthalben durchbrachen.

Die Einführung der Gewerbefreiheit, die Bildung moderner Großbetriebe auf Aktienbasis, der Zufluß großer Kapitalmengen nach Preußen und Deutschland, nachdem Paris infolge der französischen Niederlage als Zentrum des kontinentaleuropäischen Wirtschaftslebens erheblich geschwächt worden war, haben nur kleinen Schichten des Volkes Vorteile gebracht, die Mehrheit hatte Mühe, zu begreifen, was sich vor ihren Augen abspielte[60]. In dem Maß, in dem das Vertrauen in die industrielle Zukunft Deutschlands zunächst wuchs, beteiligten sich auch ökonomisch unerfahrene Künstler, Gelehrte, Advokaten und Beamte an wirtschaftlichen Unternehmungen und Aktiengesellschaften. Sie ließen sich „von dem Zuge der realen Interessen, der durch das moderne Leben" ging, mitreißen und profitierten gelegentlich[61]. Einige beteiligten sich aus Unkenntnis aber an unseriösen Geschäften und verloren. Andere gerieten ins Hintertreffen, weil sie in Zeiten des Booms Besitz erwarben und die Folgekosten nicht tragen konnten. Sie registrierten verbittert, daß eine kleine Schicht innerhalb kurzer Zeit wohlhabend wurde, sie selbst aber weit abgeschlagen zurückblieben. Damit verschob sich das soziale Gleichgewicht in den wenigen Zentren des ökonomischen Wachstums sehr entscheidend. Dessen unerwünschte Begleiterscheinungen haben gerade einen Teil des politisch bewußten Wählerpotentials der Nationalliberalen und der Fortschrittspartei getroffen und dort eine „allgemeine Verstimmung" hervorgerufen. Man fühlte sich wehrlos einer anonymen Macht ausgeliefert und sah keine Versuche, sie einzudämmen. Noch vor Beginn der allgemeinen Depression bildeten die während der Hochkonjunktur benachteiligten städtischen Mittelschichten den „Herd der Opposition". Aufmerksame Beobachter erwarteten schon zu Beginn des Jahres 1873 eine von den „Gebildeten" ausgelöste „heftige Reaktion" gegen das neue „System"[62].

---

[60] Berichte aus dem Reich und dem Auslande. Berliner Briefe, Im neuen Reich, I, 1 (1871), 912 ff.

[61] AaO, 917.

[62] Berichte aus dem Reich und dem Auslande. Vom Reichstage. Aus Berlin, Im neuen Reich, III, 1 (1873), 631: „Die allgemeine Verstimmung gegen dieses mehr oder minder gekannte und durchschaute System ist eine große und berechtigte.

Am Anfang blieb es noch bei der Kritik an Symptomen. Die einen forderten eine Revision des Aktienrechts, andere staatliche Kontrollen der Unternehmerinitiativen oder eine weitgehende Beschränkung der Börsentätigkeit. Nur so könnte, so meinten selbst urteilsfähige Menschen, die Verbreitung „völlig unsittlicher Begriffe über Recht und Unrecht, Mein und Dein" in den wirtschaftlich einflußreichen Kreisen der Gesellschaft unterbunden und den „ererbten moralischen Anschauungen" wieder Geltung verschafft werden[63].

Es blieb aber nicht lange bei der Kritik an den sogenannten „Auswüchsen" der Entwicklung. Einsichtige Beobachter erkannten sofort, daß Deutschland einen so grundlegenden Wandlungsprozeß durchmachte, daß mit einem Herumkurieren an Symptomen nichts gewonnen war. Nachdem insbesondere die durch den Wirtschaftsaufschwung ausgelöste „Preisrevolution" alle „Gehalts- und Steuerreformen" zunichte gemacht hatte, mußte der Staat eingreifen, um eine einschneidende Umschichtung des Besitzes zu verhindern[64]. Teile der Beamtenschaft, zahlreiche Angehörige der freien Berufe, namentlich Ärzte, Rechtsanwälte und Publizisten, sowie Einzelhändler, kleine Unternehmer und selbständige Handwerksmeister, die die Konjunktur nicht zu nutzen verstanden hatten, begannen sich als Avantgarde „des sozialen Kampfes" zu formieren. Die Auseinandersetzungen, die zunächst zurückhaltend geführt wurden, nahmen nach Ausbruch der wirtschaftlichen Depression schärfere Formen an und wurden öffentlich ausgetragen[65]. Die Opposition gegen die Wirtschaftspolitik bestand zu einem Teil aus engagierten Demokraten der 48er Bewegung sowie enttäuschten Parteigängern der Nationalliberalen[66]. Ihre Kritik an der immer offener zutage tretenden Interessenpolitik der Mehrheitspartei des Reichstags fand angesichts der wachsenden wirtschaftlichen Schwierigkeiten und sozialen Spannungen allgemeine Beachtung. Das Argument der Liberalen, die Krisenerscheinungen seien nicht Folge einer fehlerhaften Politik, sondern mehr oder weniger erwartete Anpassungsschwierigkeiten in ökonomischen „Übergangszuständen", beruhigte die von der Entwicklung Betroffenen in keiner Weise[67].

Täuscht mich nicht alles, so erleben wir sehr bald eine sehr heftige Reaktion gegen dasselbe auch außerhalb des Reichstages an verschiedenen Zentren des sozialen Lebens und hoffentlich auch in der Presse. Dieses System hat bekanntlich die soziale Physiognomie Berlins bereits zum gerechten Unwillen aller Gebildeten – ich weiß kein Wort, das den Herd der Opposition allgemeiner und besser bezeichnete, – erheblich verändert."

[63] *Franz Perrot*, Das Aktienwesen und -unwesen, Im neuen Reich, III, 2 (1873), 494; Berichte aus dem Reich und dem Auslande. Vom Reichstage, aaO, III, 1 (1873), 632.

[64] *Alfred Dove*, Zum Jahreswechsel im neuen Reich, Im neuen Reich, II, 1 (1872), 7.

[65] *Alfred Dove*, Ein Neujahrswort an die deutsche Geistesarbeit, Im neuen Reich, III, 1 (1873), 1.

[66] Das trifft für Marr, Glagau und eine Reihe anderer Publizisten zu. Auch die Gartenlaube, in der 1874 Glagaus Artikelserie erschien, wurde bis 1874 ganz und gar im nationalliberalen Geist redigiert.

[67] Wirtschaftliche Sorgen, Im neuen Reich, V, 1 (1875), 786.

Im Gegensatz zu den Konservativen, die sich nicht scheuten, die Regierung direkt anzugreifen und massiv unter Druck zu setzen[68], wagten die bürgerlichen und namentlich die intellektuellen Gegner der liberalen Ära nur sehr zurückhaltend Kritik am Kanzler zu üben. Ihnen fiel es leichter, die Ratgeber Bismarcks anzuklagen. Bar aller Hemmungen waren sie dagegen bei Attacken auf die Fürsprecher des Wirtschaftsliberalismus im Reichstag. Resonanz weit über den Kreis der sozial Gefährdeten hinaus fanden sie aber nur, wenn sie – wie vorher schon die Christen – von den eigentlichen Schwierigkeiten ablenkten und den Juden die Verantwortung für alle Übel aufbürdeten. Wer keinen Einblick in die komplizierten wirtschaftlichen Entwicklungsprozesse hatte, nahm die Behauptung, die Börse sei ein „jüdischer Schwindel", ebenso hin wie die unsinnige Unterstellung, in der Gründung von Aktiengesellschaften lasse sich die „jüdische Absicht" erkennen, das deutsche Volk auszuplündern. Mit diesen und anderen demagogischen Formeln waren leicht Emotionen zu wecken. Insbesondere aber konnte nur so im Obrigkeitsstaat gefahrlos Opposition getrieben werden[69]. Mit der Behauptung, „das Judentum" repräsentiere das „angewandte, bis zum Extrem durchgeführte Manchestertum" und dieses beherrsche das gesamte öffentliche Leben Deutschlands, ließen sich alle Gegner des Liberalismus einfangen und zu einer Interessengemeinschaft zusammenschließen. Gegen den vermeintlich jüdischen „Manchesterliberalismus" opponierten ungeachtet aller noch so tiefen Gegensätze vereint Katholiken und Protestanten, Christen und Atheisten, Konservative und antiständische Demokraten, Partikularisten und Unitaristen. Der Mehrheit der Opponenten kam es darauf an, so die „Verantwortung für die eigenen Verluste, die eigene Torheit und den eigenen Leichtsinn auf andere Schultern abzuwälzen"[70].

Welche Anstrengungen die intellektuellen Manipulatoren des Antisemitismus auch unternahmen, es gelang ihnen zwar, die politisch Enttäuschten oder

---

[68] Zu den konservativen Opponenten Bismarcks und der Regierung gehörten u. a. *Otto von Diest-Daber* mit seiner Schrift: Geldmacht und Sozialismus, Berlin 1875, und Dr. Franz Perrot, der 1875 in den Ära-Artikeln der Kreuzzeitung Bismarck heftig angriff und beträchtliches Aufsehen erregte. Bismarck hat darauf in der Reichstagsrede vom 9. Februar 1876 scharf reagiert. Vgl. *Otto von Bismarck*, Die gesammelten Werke 11. Bd.: Reden 1869 bis 1878. Bearb. von *Wilhelm Schüßler*, Berlin o. J. 435 f. Perrot hat offen eingestanden, er habe mit seinen Angriffen in der Kreuzzeitung Bismarck „zu einer anderen, unseren gemeinsamen deutschen Interessen entsprechenden Wirtschaftspolitik zwingen" wollen. „Der große Bismarck", so meinte er, „kann nur mit glühenden Eisen, nicht mit Rosenwasser gezwungen werden." *Franz Perrot*, Bismarck und die Juden. „Papierpest" und „Ära-Artikel von 1875". Ergänzt durch Karl Perrot. Neu herausgegeben mit Einleitung und Nachwort von *L. Feldmüller-Perrot*, Berlin 1931, 270.
[69] Die Gartenlaube, Jg. 1874, Nr. 49, 788 ff.; *Reinhard Rürup*, Kontinuität und Diskontinuität der ‚Judenfrage' im 19. Jahrhundert, in: Sozialgeschichte Heute. Festschrift für Hans Rosenberg zum 70. Geburtstag, hrsg. von *Hans-Ulrich Wehler*, Göttingen 1974, 406.
[70] O. M., Die jüngste Schwindelperiode in Deutschland, Im neuen Reich VI, 2 (1876), 404 f.

wirtschaftlich Geschädigten anzusprechen, einen Ausgleich für deren verlorenes Sozialprestige oder ein praktikables Programm zur Meisterung der anstehenden Schwierigkeiten vermochten sie nicht zu bieten. Mit Klagen über die Nöte der Zeit und Anklagen gegen die Juden war den Interessen der Unzufriedenen in keiner Weise gedient [71].

Die unter den besonderen Bedingungen der Reichsgründungszeit aktualisierten gruppenspezifischen Strömungen der Judenfeindschaft vereinigten sich erst zur großen politischen Bewegung des Antisemitismus im Zusammenhang mit dem entscheidenden Kurswechsel in der Innenpolitik des Kaiserreichs. Friedrich Meinecke hat auf die Tatsache hingewiesen, daß der Liberalismus in Deutschland politisch erst zur Entfaltung gelangte, als die „soziale Umschichtung begann, die alle Harmonien des nationalen wie des klassischen wie des wirtschaftlichen Liberalismus zerstörte" [72]. Da der Liberalismus nicht in der Lage war, den veränderten Bedingungen in Politik und Gesellschaft Rechnung zu tragen, die Herausforderung anzunehmen und neue Harmonien herzustellen, verlor er rasch den Rückhalt im Volk. Als Bismarck sein Bündnis mit den Nationalliberalen aufkündigte, weil er mit ihnen die Schwenkung in der Innen- und Wirtschaftspolitik nicht durchführen zu können glaubte, bemühte er sich bei Parteien um Unterstützung, die in ihrer Opposition gegen den Liberalismus den Antisemitismus tolerierten oder sogar als brauchbar zur Gewinnung einer Massenbasis gefördert hatten.

Sobald der Bevölkerung bewußt wurde, daß die amtliche Politik auf antiliberalen Kurs ging, paßte sie sich rasch den neuen Gegebenheiten an [73], wobei sich das gebildete Bürgertum teilweise durch besonderen opportunistischen Eifer hervortat.

Diese Intellektuellen überboten sich in Beteuerungen, wie sehr sie den Umschwung herbeigesehnt, ihn sogar vorbereitet hätten. Die Zahl derer, die ihre

---

[71] *Leuß*, aaO, 327; *Max Haushofer*, Das deutsche Kleingewerbe in seinem Existenzkampfe gegen die Großindustrie, Berlin 1885, 44.

[72] *Friedrich Meinecke*, Alfred Dove und der Klassische Liberalismus im neuen Reich, aaO, 411.

[73] In diesem Zusammenhang sei nur darauf verwiesen, daß Wilhelm Marr, dessen antisemitische Tätigkeit schon lange bekannt war, seit dem Jahr 1878 eine Fülle zustimmender Briefe erhielt. Nun, da die Opposition gegen den Liberalismus toleriert wurde, boten Gymnasiallehrer, Publizisten, Pastoren und Künstler Mithilfe und Unterstützung jeder Art an. Dr. Eisenlohr, Heidelberg, schrieb Marr am 21. Februar 1880: „Das große und das gebildete Publikum hier ist ganz auf unserer Seite", StA Hbg, NL Marr A 50; Karl Böttcher, der Direktor der Dt. Evang. Gemeindeschule in Neapel, berichtet Marr am 2. September 1879: „Infolge Ihrer Streitschriften hat sich nämlich unter den hiesigen angesehendsten und zahlungsfähigsten Deutschen eine nette Gemeinde gebildet, die mit wahrem Heißhunger Ihre Schriften studiert, sie in vielen Exemplaren verkauft und verteilt und mit wahrer Begeisterung zu Ihrer Fahne schwört", A 24; aus der Fülle der Beispiele sei nur noch auf die zeitweilige Verbindung Hans von Bülows mit Marr hingewiesen. Auch er hat – wenigstens am Anfang – Marr zugestimmt und seine Schriften empfohlen und verteilt, A 35.

konservative Grundhaltung entdeckten und sich plötzlich den ökonomisch Bedrängten verpflichtet fühlten, war sehr groß [74]. Freilich vollzogen auch manche den Wandel aus Überzeugung, weil sie erfahren hatten, daß der Liberalismus keine Antwort auf die Frage wußte, wie sich das Individuum im modernen zentralisierten Staat den anonymen Mächten in Wirtschaft und Verwaltung gegenüber behaupten sollte.

Als Bismarck zu erkennen gab, daß er im Kampf gegen die Nationalliberalen und die Fortschrittspartei auch den Antisemitismus als massenwirksames Agitationsinstrument einzusetzen bereit war, gaben manche die bisher geübte Zurückhaltung und moralische wie intellektuelle Scheu auf. Wissenschaftler, Beamte, Theologen und angesehene Publizisten veröffentlichten Polemiken und tendenziöse Abhandlungen, in denen sie oft ihre Unkenntnis noch mehr unter Beweis stellten als ihre Voreingenommenheit [75]. Zeitungen, Zeitschriften und Verlage witterten die Konjunktur und öffneten ihre Spalten oder Organe den neuen Demagogen und trugen dem Ungeist der Zeit in der einen oder anderen Form Rechnung.

Nicht minder entscheidend war, daß Ratgeber Bismarcks, regierende Fürsten, einflußreiche oder politisch aktive Kreise des Adels die Antisemiten materiell und durch Protektion förderten [76]. Dabei ist überall das Bemühen erkennbar, der antisemitischen Agitation „eine breitere Grundlage" zu geben und insbesondere die „Parteien mit ins Interesse" zu ziehen [77]. Auf diese Weise sollte die Machtbasis der Nationalliberalen Partei zerschlagen und der Fort-

---

[74] Reichsfreiherr v. Fechenbach-Laudenbach nahm am Opportunismus bei Intellektuellen besonders Anstoß. Er sprach in einem Brief an Marr vom 18. Oktober 1884 von den „Halunken, die infolge des Wandels von 1878 über Nacht conservativ wurden", StA Hbg, NL Marr A 56; ferner auch A 101 und A 109. Sehr groß war die Zahl derer, die die politische Veränderung geschäftlich nutzen wollten und sich als Lohnschreiber anboten.
[75] Berichte aus dem Reich und dem Auslande. Antijüdische Agitation, Im neuen Reich, X, 1 (1880), 797 ff.
[76] Eugen Friese, Dresden, bat Marr in einem Brief vom 21. Juli 1879, seine Schriften doch dem König von Sachsen und dem Prinzen Georg zu senden, da er „mit ziemlicher Sicherheit" sagen könne, „daß ihnen die Judenfrage bekannt ist", StA Hbg, NL Marr A 66; in anderen Briefen werden u. a. der Herzog von Braunschweig („Ich weiß, daß der Herzog persönlich ein großer Feind des Judentums ist"), A 308, die Fürsten von Pleß und Hohenlohe, der Herzog von Ratibor u. a. genannt, A 65; Frh. von Frankenberg stellte Marr 10 000 Mark für den Start der Deutschen Wacht namens konservativer Freunde, wohl vornehmlich aus Kreisen der Deutschen Reichs-Partei, zur Verfügung. Es waren im wesentlichen die Kreise, die auch die Post herausgaben und finanzierten. Brief vom 13. August 1879, A 65; Frankenberg bat Marr auch, die Dt. Reichs-Partei im Wahlkampf publizistisch zu unterstützen. „Daß die Partei in der Semitenfrage keine prononcierte Stellung einnimmt, aber nichts weniger als philosemitisch ist, wissen Sie gewiß." Aus dem Kreis um Bismarck wird Marr besonders von Lothar Bucher unterstützt.
[77] Berichte aus dem Reich und dem Auslande. Antijüdische Agitation, Im neuen Reich, X, 1 (1880), 797.

schrittspartei jeder Rückhalt in der Wählerschaft genommen werden. In einem
stark autoritätsgläubigen Volk bedeutete es viel, wenn man sich auf hoch-
gestellte Persönlichkeiten berufen konnte und von diesen sogar Gunstbeweise
erhielt. Sie waren fast immer mit einem Lob der nationalen Zuverlässigkeit
all derer verbunden, die von der Einsicht der Obrigkeit mehr erwarteten als
vom Verantwortungsbewußtsein parlamentarischer Parteien und demokratischer Gremien. In dem Maß, in dem Bismarck, die Ministerialbürokratie und
der Adel den liberalen Parteien Versagen angesichts der sozialen Frage vorwerfen konnten, war nicht nur der Machtanspruch der Regierung auf Kosten
des Reichstags zu stärken, sondern den Liberalen auch eine indirekte Schuld
für den Aufstieg der staatsfeindlichen Sozialdemokratie anzulasten. Die Polarisierung der Gesellschaft wurde bewußt in Kauf genommen, um den Einfluß
des Liberalismus einzudämmen und die Abwanderung der sozial deklassierten
oder bedrohten Angehörigen des alten Mittelstandes zur Sozialdemokratie zu
verhindern. Der Antisemitismus sollte also nicht zuletzt dazu dienen, größere
Bevölkerungsgruppen gegen den Sozialismus zu immunisieren. Er wurde in
seinen mannigfachen Schattierungen zum entscheidenden Vehikel zur Nationalisierung der Massen. Dadurch, daß ständig das Bild einer starken und
homogenen jüdischen Minderheit beschworen wurde, ließ sich die Notwendigkeit, die eigene Gemeinschaft zu festigen, leichter begründen. Nach einer
Periode vermeintlicher nationaler Erschlaffung entfesselten die Antisemiten
„eine Bewegung" im Volk, „die in kräftiger Reaktion den nationalen Gedanken vielleicht zu scharf zuspitzte", die aber von vielen trotz starker Vorbehalte
als „Mittel zur Verjüngung und Belebung der Volkskraft" akzeptiert wurde[78].

An den Bestrebungen, eine Bewegung gegen Liberalismus und Sozialismus
zu organisieren, sie zu prägen und damit das Wohlwollen Bismarcks zu erringen[79], haben sich vornehmlich in der Politik unerfahrene, ehrgeizige und vielfach sehr junge Männer beteiligt. Da die Hoffnung auf eine Neuorientierung
in der Innen- und Wirtschaftspolitik aus unterschiedlichsten Motiven sehr stark
war, erzielten sie rasch Erfolge, ja sie wurden gelegentlich im Überschwang
sogar als „Führer der neuen Reformation in Deutschland" gefeiert[80], weil sie

---

[78] *Leuß*, aaO, 330. Reichskanzler v. Caprivi erklärte am 12. Mai 1890 im Reichstag: „Nach dem Kriege von 1870 trat eine Periode ein, in der der nationale Geist,
ich will nicht sagen, rückläufig wurde, aber zu erlahmen schien." Stenographische Berichte über die Verhandlungen des Reichstags, VIII. Legislaturperiode, Bd. 114, 41.
[79] Lothar Bucher riet Marr in einem Brief vom 21. November 1880: „Dieser Streit
und diese Agitation gegen ‚die Juden' im Allgemeinen trifft nicht das Richtige. Es
müßte heißen Preßjuden oder Reformjuden; gegen diese Kategorie den Unwillen des
ausgebeuteten deutschen Volkes wachzurufen, wird an leitender Stelle ... für zweckmäßig gehalten", StA Hbg, NL Marr A 33; *Massing*, op. cit., 45 weist auf Bismarcks
Erklärung in der Kabinettssitzung am 14. November 1881 hin, wonach er „nur gegen
die fortschrittlichen, nicht gegen die konservativen Juden und ihre Presse" sei.
[80] Dr. Müller, Direktor einer Lehranstalt bei Darmstadt, am 5. Dezember 1879 an
Marr, StA Hbg, NL Marr A 164; Generalmajor z. D. Petzel, Landsberg/Warthe,

aussprachen, „was bereits lange in den Herzen von Millionen geschlummert" habe [81]. Es besteht kein Zweifel, Stoecker, Treitschke und die vielen großen und kleinen Demagogen haben die Konjunktur weidlich genutzt und artikuliert, was die Bevölkerung an Zweifeln, Ängsten und Nöten quälte. Aber Befähigungen zur Reform oder auch nur zu einer konstruktiven Politik in Teilbereichen besaßen sie nicht. Das hat dazu geführt, daß die Antisemiten von vielen Parlamentariern und Politikern niemals ernst genommen wurden. Angesichts der intellektuellen Dürftigkeit der meisten Reden und Schriften und des Fehlens klarer Programme und politischer Forderungen glaubte zunächst auch niemand an den Erfolg der Agitation. So ist der Volksverhetzung von keiner Seite entschlossen begegnet worden. Damit entstanden Schäden, die nicht mehr zu reparieren waren. Vor allem hat der Antisemitismus auf diese Weise zur starken Deformation des deutschen Nationalismus beigetragen.

Ungehindert rollte seit 1878 eine antisemitische Agitationswelle nach der anderen über das Land hinweg. Zahllose Schriften, Broschüren, Traktate und Flugblätter wurden gedruckt und teilweise in hohen Auflagen verteilt. Zeitschriften und Zeitungen unterschiedlichsten Niveaus erschienen, wenn auch zumeist nur für kurze Zeit. Unbedeutende Provinzblätter, die nur mühsam ihren Leserstamm halten konnten und oft große Existenzsorgen hatten, erwiesen dem Ungeist der Zeit ihre Reverenz [82].

Erstes Ziel der antisemitischen Demagogie war es, eine politische Trendwende bei den Wahlen herbeizuführen. Insbesondere sollte das Wählerpotential der Fortschrittspartei dezimiert werden. Diese Intention sowie die Tatsache, daß die antisemitischen Journalisten und Redner wie Wilhelm Marr, Otto Glagau, Franz Perrot, Bernhard Förster und andere letztlich doch Kinder der liberalen Ära waren, führten dazu, daß sie sich vornehmlich an das städtische Bürgertum wandten und die Aktionen auch vielfach auf die Städte beschränkt blieben. Erst nach und nach stellte sich heraus, daß das Echo in der Provinz lebhafter war [83]. Sehr schnell fanden sich daher Lehrer, Beamte, Pastoren, Handlungsreisende und ehemalige Offiziere dienstbeflissen bereit, im

---

schrieb Marr: „Sie werden treue und eifrige Jünger erlangen, eine neue Schule der Reformation bilden, und neben, vielleicht noch über Luther für alle Folgezeiten genannt werden", A 176.

[81] Pellens, Leipzig, an Marr, 19. Oktober 1879, StA Hbg, NL Marr A 173.

[82] Aus der Fülle der Beispiele seien hier einige nur genannt: Die Herausgeberin des Bayerischen Landboten bedankte sich bei Marr für Artikel, „welche den allgemeinen Beifall bei unseren Lesern finden". Sie setzte hinsichtlich des Fortbestandes ihrer Zeitung ihr „ganzes Vertrauen" nur auf Marr, StA Hbg, NL Marr A 34; ähnlich äußerten sich auch die Redaktionen der Norddeutschen Presse in Neustettin, A 58, der Schlesischen Warte in Breslau, A 72, der Patriotischen Zeitung in Liegnitz, A 11.

[83] Briefe der Redaktion der Schlesischen Warte, Breslau, an Marr, StA Hbg, NL Marr A 72; ferner Friese, Dresden, an Marr, A 66; eine Gruppe junger Männer aus Heilbronn an Marr, A 78; Dr. Müller, Pfungstadt bei Darmstadt, an Marr, A 164, u.a.m.

Kreis Gleichgesinnter und Untergebener oder auch unter ihren Anhängern Flugblätter zu verteilen, Schriften zu verschenken oder anzupreisen und damit sogar Menschen zu beeinflussen, die noch niemals Berührung mit Juden gehabt hatten, die unter keinerlei Beschwernissen litten, sondern nur, weil es in ihrer Umgebung so üblich war, die Juden ablehnten oder verketzerten [84].

Von vielen Seiten gingen Vorschläge zur Verbesserung und wirksamen Ausgestaltung der Agitation ein. Namhafte Gönner halfen bei der Erschließung von Geldquellen und bei der Anknüpfung wichtiger Verbindungen, der Absicherung bestimmter Aktionen und der Werbung mächtiger Sympathisanten. Sofern die antisemitischen Demagogen bei ihrem Vorgehen noch Bedenken hatten, wurden sie durch die Woge der Zustimmung und Sympathie aus allen Teilen des Landes vollkommen beseitigt. Prinz Carl zu Hohenlohe-Ingelfingen – um nur eine aus der großen Zahl ähnlicher Stimmen zu nennen – bat Marr in „aufrichtiger Bewunderung", in seinen Anstrengungen auf keinen Fall nachzulassen. „Also frisch in den Kampf", so ermunterte er ihn nach der Versicherung, sich beim Fürsten Pleß für materielle und ideelle Förderung eines von Marr geplanten Zeitschriftenprojekts verwenden zu wollen, „wenn auch nicht die preußische Armee, so ist doch ein recht ansehnliches Kontingent von Sympathie mit und hinter den Streitern" [85].

Sehr bald begannen Überlegungen, wie die einmal erworbenen Sympathien in politischen Willen umgesetzt und die Menschen, die indoktriniert waren, in den Dienst antiliberaler Politik gestellt werden könnten. Da es keine Organisation gab, in der sie Aufnahme finden konnten, mußte eine solche geschaffen und damit verhindert werden, daß entweder die Sozialdemokraten oder die Katholiken „die Agitation sehr geschickt benutzen und die Früchte in politischer Beziehung ernten" könnten [86].

Der erste Impuls zur Parteibildung kam von einer Seite, von der er am wenigsten erwartet worden war. In Berlin rief Anfang 1878 Hofprediger Adolf Stoecker eine Christlich-soziale Arbeiterpartei mit dem erklärten Ziel ins Leben, Arbeiter und Handwerker mit der bestehenden Staatsordnung zu versöhnen und der Sozialdemokratie abspenstig zu machen. Trotz großen Propagandaaufwands gelang es ihm jedoch nicht, das Mißtrauen der Arbeiter gegen Staat und Kirche zu überwinden. Er gewann kaum Arbeiter, dafür aber die von den Antisemiten aktivierten Angehörigen des ökonomisch bedrohten, kirchlich noch gebundenen Mittelstandes in Berlin sowie im mitteldeutschen

---

[84] Generalmajor Petzel an Marr: „Ich habe persönlich von Juden nichts Unliebsames erfahren, habe niemals etwas mit einem von ihnen zu tun gehabt, aber jene Stimmung gegen die Juden äußerte mein urgermanisches Blut schon in meinen Kindesjahren, ebenso bei allen meinen mitheranwachsenden Altersgenossen", StA Hbg, NL Marr A 176.

[85] Prinz Carl zu Hohenlohe-Ingelfingen an Marr 28. Juli 1879, StA Hbg, NL Marr A 108.

[86] Prinz Carl zu Hohenlohe-Ingelfingen an Marr 14. September 1879, A 108.

Raum. Diese Menschen waren bewußtseinsmäßig schon so stark fixiert, daß sie Stoecker sehr nachhaltig drängten, in dem von ihnen gewünschten Sinn zur „Judenfrage" Stellung zu nehmen[87]. Er zögerte zunächst, weil er wußte, daß ein Christ das Evangelium der Liebe und nicht Haßparolen zu verkünden habe, gab dann aber dem Druck seiner Anhängerschaft nach. Am 19. September 1879 hielt er seine erste antisemitische Rede und verstieß damit gegen die von seinem Amt geforderte Neutralität. Vom Fanatismus der Hörer und seiner eigenen Beredsamkeit mitgerissen, begann Stoecker seine Wirksamkeit. Sie kann in den Folgen für die politische und geistig-kulturelle Entwicklung Deutschlands kaum überbewertet werden.

Stoecker hatte die Mentalität seiner Versammlungsbesucher richtig eingeschätzt. Er artikulierte die Befürchtungen und Hoffnungen dieser Menschen so präzis, daß er immer größeren Zulauf hatte. Binnen kurzem war er ein vielumworbener, gefeierter Volkstribun. Dank seiner Stellung und seines Geschicks erreichte er alle Kreise des Bürgertums, namentlich aber die Jugend. Niemand hat so nachhaltig wie er zur „Mobilisierung des Mittelstandes und des akademischen Nachwuchses" beigetragen. Er hat die Formel geliefert, nach der in den folgenden Jahrzehnten jene „Legierung von Antisemitismus und Nationalismus" entstand[88], die sich als so fest erwies, daß sie bis in die Mitte des zwanzigsten Jahrhunderts hinein erhalten blieb.

Dauernde organisatorische Erfolge waren Stoecker allerdings versagt. Da er einen Parteiapparat nur in der Reichshauptstadt aufbaute, stieß er überall auf den Widerstand der Sozialdemokraten und der Fortschrittspartei und kam damit über ein Anfangsstadium nicht hinaus. Die von ihm betriebene Agitation in den Ländern und Provinzen des Reiches versuchte er nie organisatorisch zu nutzen, obwohl ihn Freunde und Ratgeber diesbezüglich bedrängten. Dafür fehlten ihm Fähigkeiten und geeignete Mitarbeiter. Es besteht aber kein Zweifel, daß Stoecker bei seinen politischen Aktivitäten außerhalb Berlins größere Erfolge zu verzeichnen hatte als in der Hauptstadt selbst[89]. Der zum Stoeckerkreis gehörende Reichstagsabgeordnete Hans Leuß hat durchaus nicht nur parteipolitische Zweckpropaganda betrieben, als er fünfzehn Jahre nach Stoeckers erster antisemitischer Rede erklärte, der Hofprediger würde längst „an der

---

[87] *Kurt Wawrzinek*, Die Entstehung der deutschen Antisemitenparteien (1873–1890), Berlin 1927, 23 ff.; *Friedrich Lorenzen*, Die Antisemiten, Berlin-Schöneberg 1912, 9.

[88] *Friedrich Meinecke* in der Besprechung des Buches von *Walter Frank*, Hofprediger Adolf Stoecker und die christlich-soziale Bewegung. Historische Zeitschrift Bd. 140 (1929); 151 ff.; Wiederabdruck: *Friedrich Meinecke*, Werke, Bd. VIII, 445 f.

[89] Ein Schleusenmeister aus Ostfriesland an Marr: „Die Stöckersche Methode, das Judentum zu bekämpfen, scheint mir am Ende noch den meisten Erfolg zu sichern." StA Hbg, NL Marr A 80; ähnlich auch in anderen Briefen. Eine große Wirkung erzielte Stoecker auch in Österreich, A 185. Vgl. auch *Karl Buchheim*, Geschichte der christlichen Parteien in Deutschland, München 1953, 262; *Helmut Busch*, Die Stoecker-Bewegung im Siegerland. Ein Beitrag zur Geschichte der christlich-sozialen Partei, Phil. Diss., Marburg/Lahn 1964.

Spitze einer antisemitischen Fraktion von 50–80 Mann im Reichstag" stehen,
wenn er nur „die Hälfte der Arbeit, die er an Berlin verschwendet hat, der
Provinz gewidmet und hier nach der rednerischen Arbeit auch organisiert"
hätte [90].

So leicht und problemlos, wie Leuß es sich dachte, war nun allerdings die
Organisation der Antisemiten nicht. Sie waren sich einig in der Feindschaft
gegen die Juden, nicht aber über den Kreis der Bundesgenossen und Förderer.
Auf ein gemeinsames politisches Programm vermochten sie sich infolge der
gegensätzlichen Auffassungen in ökonomischen, sozialen, religiösen und ideologischen Fragen nicht festzulegen. Das wurde schon in der Anfangszeit der
sogenannten Berliner Bewegung sichtbar. Kaum hatte Stoecker den ersten
größeren Mitgliederzulauf in seiner Partei zu verzeichnen, da drängten sich
diejenigen heran, die dem evangelischen Theologen auf keinen Fall das Feld
überlassen wollten. Im Herbst 1879 gründete der Atheist Wilhelm Marr mit
Unterstützung seiner kirchlich nicht gebundenen Anhänger die Antisemitenliga, in der antichristliche Tendenzen die Oberhand hatten, die Juden als
fremde Rasse bekämpft und diffamiert wurden [91]. Das Experiment mißlang
vollständig. Es hat aber anderen, geschickteren Organisatoren als Modell gedient, obwohl auch die folgenden Versuche zur Parteien- und Verbandsbildung in Berlin wie in der Provinz fehlschlugen.

Auf ganz andere Weise versuchten Bernhard Förster und Max Liebermann
von Sonnenberg die Antisemiten zusammenzuführen. Ihrer Auffassung nach
war eine gemeinsame Aktion das geeignete Mittel. So setzten sie im Sommer
1880 eine Petition an den Reichskanzler in Umlauf, in der unter anderem der
Ausschluß der Juden aus staatlichen Stellungen und speziell aus dem Lehr-
beruf gefordert wurde. Diese Petition sollte in ganz Deutschland verbreitet
werden und den „Charakter eines Plebiszits" erhalten [92]. Um dem einfachen
Bürger Mut zur Unterschrift zu machen, wurde die Aufforderung zur Beteiligung an der Petition von prominenten Männern des öffentlichen Lebens
unterstützt. Besonders bedeutsam war es in diesem Zusammenhang, daß Förster, dank der akademischen Wirksamkeit der Herren Treitschke, Wagner,

---

[90] *Leuß*, aaO, 328.

[91] *Wawrzinek*, op. cit. 33; Marr wird immer wieder davor gewarnt, die große
Zahl seiner christlichen Anhänger nicht zu verprellen, StA Hbg, NL Marr A 11,
A 27, A 80. Viele sind in ihrem Judenhaß allerdings so blind, daß sie die tiefen
Gegensätze zwischen atheistischen und christlichen Antisemiten übersehen. Frh. v.
Geyso, Dresden, lobt die von Marr entfachte „Bewegung", der sich seiner Meinung
nach jeder „selbstbewußte deutsche Christ gewiß mit hoher Befriedigung anschließen
wird", A 73. Auch namhafte Protestanten, wie Prof. Messner, der Herausgeber der
Neuen Evangelischen Kirchenzeitung, erklären sich zur Zusammenarbeit mit Marr
bereit, ja sie machen sogar ihre Leser auf dessen Schriften aufmerksam. Brief vom
2. Mai 1879, A 156.

[92] Text und Begleitbriefe von Bernh. Förster an Marr vom 11. und 17. Juli 1880,
StA Hbg, NL Marr A 63.

Dühring und einiger anderer Hochschuldozenten, die Studenten aktivieren und für die Agitation zugunsten der Petition gewinnen konnte. Im Oktober 1880 richtete der Jurastudent Dulon ein Schreiben an die Studenten aller Hochschulen, in dem er sie zur Unterzeichnung der Petition aufforderte und sie darüber hinaus bat, sich aktiv an der Unterschriftensammlung zu beteiligen. Unverzüglich bildeten sich an vielen Universitäten Ausschüsse zur Vorbereitung dieses sogenannten Plebiszits. Aus ihnen formierten sich schon zu Beginn des Jahres 1881 in Berlin, Halle und Breslau die ersten Vereine deutscher Studenten. Der Tatendrang der akademischen Jugend war so groß, der Liberalismus schon so weit diskreditiert, daß binnen Jahresfrist ein Teil der deutschen Studenten an fast allen Hochschulen in den Sog des Antisemitismus geraten war [93].

Die Bemühungen dagegen, die Handwerker in einem großen antijüdischen Interessenverband zusammenzuführen und so verstärkt politischen Einfluß auszuüben, blieben zunächst in den Ansätzen stecken. Der Initiator, Reichsfreiherr von Fechenbach-Laudenbach, konnte zwar ein „Aktions-Comitee" zur Vertretung der Interessen des deutschen Handwerks bilden, aber es gelang doch nur in einigen Ländern und Provinzen, Fuß zu fassen und ein politisches Bewußtsein, vornehmlich beim Nachwuchs, zu entwickeln [94]. Der bayerische Aristokrat ließ dabei sehr bewußt an „die Leidenschaften der Menschen appellieren", um zum Erfolg zu kommen. Ihm war sowenig wie Stoecker und den einflußreichen Förderern im Hintergrund bewußt, wie schwer Emotionen, einmal entfesselt, wieder unter Kontrolle gebracht werden können.

Bereits 1880 entdeckten kirchliche und konservative Kreise, daß ihre antisemitischen Zöglinge eigenwillig waren. Die Geister, die sie gerufen hatten und die so bereitwillig gekommen waren, gehorchten ihren Winken nicht mehr. In Berlin ließ sich der kaum 27jährige Dr. Henrici in einer Rede in den Reichshallen im Dezember 1880, vom Beifall seiner Hörer mitgerissen, zu Haßausbrüchen gegen die Kirchen verleiten. Er wurde von dem Fanatismus, den er entfesselte, selbst fortgetragen. Seine Forderungen wurden immer maßloser; unter dem Einfluß seiner Hetzreden kam es nicht selten zu Tumulten, Widersetzlichkeiten gegen behördliche Anordnungen und Ausschreitungen [95]. Beden-

---

[93] Praktisches Handbuch des Kyffhäuser-Verbandes der Vereine Deutscher Studenten, hrsg. von *Paul Blunk*, Hamburg 1926, 11 ff. und 18 ff.

[94] Von Fechenbach-Laudenbach an Marr, 19. Januar und 2. Juli 1882, StA Hbg, NL Marr A 56. Fechenbach kam es sehr bewußt auf die organisatorische Erfassung der Menschen an. „Wir befinden uns selbst im härtesten Kampfe und haben so lange nichts erreicht, als unsere Leute nicht die Majorität im Reichstage haben ... Die Handwerker bilden die erste Armee, die ich zu sammeln und zu organisieren habe. Haben wir die Interessen des Volkes erkannt, dann können wir auch auf dasselbe zählen, denn jeder wird seinen Vorteil wollen, wenn er ihn erst kennt. Man kann keine regelrechten Schlachten mit Freischaaren schlagen, darum muß den Aktionen die Sammlung und Organisation der Kräfte vorangehen."

[95] *Cohen,* op. cit., 8.

kenlos und überheblich ignorierte er die Mahnungen seiner etablierten Gönner und Verbündeten, nachdem er unter dem Eindruck seiner sogenannten Erfolge jedes Augenmaß verloren hatte. Ohne jeden Skrupel bezeichnete er sich selbst als „Brandstifter" [96]. Dies war kein Einzelfall. Die Eskalation des Hasses und der Gewalt griff zudem von Berlin auf die Provinzen über, in denen Förster und andere große und kleine Demagogen nach eigenem Eingeständnis nichts unterließen, um zu „wühlen und [zu] hetzen" und die Bevölkerung ganz bewußt in Pogromstimmung zu versetzen [97].

Unter Berufung auf die durch sie entfachte Erregung des Volkes wollten die Antisemiten die Regierungen in Reich und Ländern, insbesondere aber die Parlamente und in ihnen namentlich das Zentrum und die Konservativen zu einem entschiedeneren Vorgehen gegen Nationalliberale, Fortschrittspartei und die ohnedies schon verfolgten Sozialdemokraten veranlassen. Gewaltanwendung, so wußten die Judenhasser, ließ sich jedoch nur fordern, wenn man den Gegnern unterstellte, sie seien zu Gewalttaten entschlossen. So wurden die Juden nicht mehr nur als die heimlichen Herren und Herrscher der Welt denunziert, sondern mehr und mehr als die Wegbereiter und Strategen des Umsturzes, die Aktivisten und Führer der Nihilisten [98]. Indem man die Juden bezichtigte, den Staat zerstören zu wollen, und sie mit den Anschlägen und Attentaten der „Nihilisten" in Rußland in Verbindung brachte, ließ sich nicht nur der eigene Fanatismus rechtfertigen, sondern planmäßig die Angst als Mittel zur Militarisierung und Nationalisierung der deutschen Bevölkerung einsetzen [99]. Die Sicherheit des Einzelnen, der Schutz der Gemeinschaft seien nur gewährleistet, wenn das gesamte Volk von einem Willen beherrscht werde, einheitlich reagiere und Auseinandersetzungen über die Richtigkeit einer bestimmten Politik als gemeinschaftsgefährdend unterbunden würden. Die Antisemiten gaben also vor, ihre Triebkraft sei „reiner Patriotismus", ins-

---

[96] Brief Henricis an Marr vom 14. März 1881, StA Hbg, NL Marr A 99. H. Haug warnt Marr am 15. November 1881 nachdrücklich vor dieser permanenten Aufreizung der „blinden Volkswut", A 92.

[97] Bernh. Förster schrieb am 16. Dezember 1879 an Marr: „Weihnachten bin ich in Naumburg a. S. und werde dort wühlen und hetzen", StA Hbg, NL Marr A 63; Theodor Fritsch schrieb in einem Brief an Marr 8. Mai 1884 zynisch und offen: „Im übrigen gehöre ich in Judensachen zu den ‚Radikalissimi': Ich betrachte es als kein Unglück, wenn man mit roher ‚Volksgewalt' den ‚Blutegeln Salz auf den Schwanz' streut. Ich habe dagegen nichts dagegen, wenn man in der Presse über solche Vorkommnisse einiges Bedauern-heuchelt", A 67.

[98] Prinz Carl zu Hohenlohe-Ingelfingen an Marr, 14. September 1879; von Fechenbach-Laudenbach an Marr, 19. Januar 1882, StA Hbg, NL Marr A 108, A 56.

[99] Eugen Friese, Dresden, schrieb am 7. Oktober 1879 an Marr: „Vielleicht könnte gesagt werden, ‚der Antinihilisten-Partei', wobei mir einfällt, daß es gut ist, den Juden den Namen jener russischen Umsturz-Partei zu geben, sie mit einem Wort ‚Nihilisten' zu nennen und das Volk an diese Benennung zu gewöhnen, mit der ja stets das wirksame Schreckmittel, das gefürchtete rote Gespenst identifiziert wird", StA Hbg, NL Marr A 66.

besondere „das einfache und schlichte Pflichtgefühl, für die geistigen Güter des eigenen Volkes sorgen zu müssen"[100]. Im Klartext hieß dies, im nationalen Staat dürfe ein Meinungspluralismus nicht geduldet werden. Opposition wurde zum „Verbrechen" erklärt. Unmerklich und von den Zeitgenossen kaum beachtet, wurde so nach und nach die Politik sakralisiert, an die Stelle des religiösen trat ein weit effektiverer politischer Dogmatismus. Alles, was die Kritiker ehedem der Kirche angelastet hatten, das praktizierten nun die Apostel des bürgerlichen Nationalismus sehr viel entschiedener und hemmungsloser[101].

Damit hatten nun freilich die antisemitischen Führer und Propagandisten zunächst den Bogen überspannt. Wohl mußten viele, die den Antisemitismus in den Dienst ihrer Interessen gestellt hatten, mit Rücksicht auf die Anhängerschaft Zugeständnisse machen. Auf die Dauer ließen sich die allenthalben hervortretenden Gegensätze jedoch nicht überbrücken, sondern mußten ausgetragen werden. Katholiken und Protestanten engagierten sich vehement, als die Antisemiten nicht allein das Judentum, sondern mehr und mehr auch das Christentum angriffen. Entsetzt registrierten sie, daß der Gedanke des christlichen Staates verblaßte und die nachrückende Generation sehr reale, diesseitige Interessen verfolgte. Die Anhänger der ständischen Ordnung empörten sich über die egalisierenden Tendenzen des neuen Nationalismus. Sie fühlten sich übervorteilt, weil die Schichten, die durch die Antisemiten politisiert worden waren, Mitspracherecht beanspruchten und von einer Rückkehr zur alten Sozialordnung absolut nichts wissen wollten. Einmal im Begriff, sich politisch und gesellschaftlich zu emanzipieren, dachten diese Gruppen nicht daran, die alten „Abhängigkeitsverhältnisse" als verbindlich anzuerkennen[102].

Besonders für die Konservativen, die das Reichstagswahlrecht als das größte Übel betrachteten, war es eine herbe Enttäuschung, als sie gewahr wurden, daß die von den Antisemiten aktivierten und an die Urne geführten Wähler sich ihrer zahlenmäßigen Macht erfreuten und nicht bereit waren, auf diesen Vorteil wieder zu verzichten. Sie ließen sich von den Konservativen nicht mehr zu Aktionen wider das „Übel der Wahlen" anstiften und schon erst recht nicht davon überzeugen, daß politischer Verstand „stets bei Wenigen nur gewesen" sei und diese Wenigen allein in den Reihen der Konservativen zu finden seien[103].

---

[100] *Erich Lehnhardt,* Judenthum und Antisemitismus, Preußische Jahrbücher, 55. Bd., 1885, 680.

[101] *Köhler,* op. cit., 121.

[102] Vgl. die späten Briefe Constantin Frantz', in denen die tiefe Resignation dieser Kreise zu erkennen ist. In einem Brief an H. v. Wolzogen vom 24. Juni 1888 beklagt er den neudeutschen Chauvinismus. „An Wurzeln in der Vergangenheit kein Gedanke, es soll alles nur von gestern sein... Nicht eine Vertiefung, sondern eine Verflachung des deutschen Geistes hat dabei stattgefunden", *Frantz,* Briefe, op. cit., 153, ähnlich auch 158 ff.

[103] Frh. von Frankenberg an Marr, 28. September 1887, StA Hbg, NL Marr A 65.

Früher oder später resignierten fast alle Antisemiten der ersten Stunde,
und deren Förderer, soweit sie sich an historischen Leitbildern orientiert hatten, fühlten sich brüskiert und verhöhnt. Die Entwicklung war über die einen
wie die anderen hinweggegangen. „Sie haben Sturm gesät", schrieb der reichs-
parteiliche Abgeordnete Freiherr von Frankenberg an Marr, dem er selbst die
Mittel für die *Deutsche Wacht* beschafft hatte, „und sind unangenehm überrascht, daß die Saat stürmisch in die Halme schießt und den Sämann über-
wuchert!" Aber er hielt keinen Trost bereit. Er hatte zwar stets an den Methoden Marrs Anstoß genommen, den Zweck des Treibens jedoch unterstützt.
Deshalb verlor er ebenso wie Marr das Gleichgewicht, als einige Gruppen der
Antisemiten für eine Arbeitszeitbegrenzung eintraten und sozialpolitische Forderungen stellten, die er als revolutionär empfand [104].

Die antisemitische „Bewegung" war also von Anfang an uneinig. Die tiefen
sozialen und ideologischen Gegensätze waren nicht zu überwinden, und so
kam es nie zu der erstrebten Aktionsgemeinschaft aller „Gesinnungsgenossen".

Die ältere Generation des Besitz- und Bildungsbürgertums, die den Antisemitismus in Dienst genommen hatte, weil das Reich Bismarcks so ganz und
gar nicht ihren Erwartungen entsprach, jene Generation, deren Kulturpessimismus Ausdruck der Hilflosigkeit angesichts des tiefen wirtschaftlichen und industriellen Strukturwandels in Deutschland war, begriff nicht den Fortschrittsoptimismus der Jüngeren und den pragmatischen Realismus der in die Politik
eingetretenen Mittelstandsschichten. Theodor Fritsch, der seinen Lehrmeister
Marr, kaum daß er politisch aktiv geworden war, einen „alten unpraktischen
48er" nannte, polemisierte sofort gegen dessen Pessimismus. Dieser sei, so
schrieb er ihm 1886, wohl geeignet gewesen, „die Gemüter aufzuschrecken und
zu einer mächtigen Gegenwehr anzuspornen", aber damit habe er sich schon
erschöpft. Fritsch charakterisierte die Triebkraft der antisemitischen „Bewegung" im ersten Jahrzehnt nach der Reichsgründung mit dieser Bemerkung
durchaus zutreffend. Außer Stoecker, der im ungebrochenen Glauben an die
Zukunft seiner Kirche lebte und seine Judenfeindschaft mit politischen Zielvorstellungen verband, haben die Antisemiten nur in Frage gestellt und den
Boden vorbereitet für andere, die ihn bebauen konnten und mit „der positiven Arbeit" [105] beginnen wollten.

Die „positive Arbeit" bestand insbesondere in der Agitation in kleinen Kreisen, vornehmlich unter den Heranwachsenden. So ließen sich zwar die tiefen
Gegensätze zwischen den Antisemiten nicht überbrücken, der Zerfall in zahlreiche sich befehdende Gruppen war nicht zu verhindern. Aber es war bedeutsam, daß der Antisemitismus in die Kreise der akademischen Jugend ebenso
eindrang wie in die sozialen Aufstiegsschichten. Er war nicht, wie fortschritts-

---

[104] Frh. von Frankenberg an Marr, 1. November 1888, StA Hbg, NL Marr A 65.
[105] Theodor Fritsch an Marr, 28. April 1886 und 26. März 1886, StA Hbg, NL
Marr A 67.

gläubige, rational argumentierende Zeitgenossen meinten, ein „krasser Aberglaube" oder eine „versuchte Wiederbelebung mittelalterlicher Zustände" [106], sondern die erste bürgerliche Gegenbewegung gegen die Prinzipien der modernen Gesellschaft. Zur eigenständigen politischen Kraft konnte sich diese Bewegung jedoch nicht entwickeln, weil sie alle Widersprüche und Gegensätze jener bürgerlichen Gesellschaft in sich reproduzierte. So blieb als einziges bindendes Element der Haß gegen die Juden. Alle echten Chancen, sie in die deutsche Gesellschaft zu integrieren, wurden dadurch zerstört. „Das Judentum steht darum", so schrieb 1885 nach der ersten Hochflut des Antisemitismus ein Propagandist des neuen Nationalismus, „vor einer Katastrophe, die mit seinem Untergange oder der Zurückdrängung in sein mittelalterliches Schicksal enden muß." [107]

III

Ein so hochgradiger Erregungszustand, wie er im Jahrzehnt nach der Reichsgründung die deutsche Gesellschaft erfaßte, wirkte sich auch auf die Nachbarvölker aus. In dem Maß, in dem politische und geistige Bewegungen von Deutschland nach Südost- und Osteuropa ausstrahlten, drang der Judenhaß in die Völker dieser Gebiete, besonders Österreich-Ungarns und Rußlands, ein. Es gab kaum einen deutschen antisemitischen Publizisten, der im Machtbereich der Donaumonarchie nicht gelesen wurde und einen Kreis von Anhängern fand. Gelegentlich klagten die deutschen Antisemiten sogar ingrimmig darüber, daß ihr Einfluß in „Halb-Asien" stärker als in Deutschland selbst sei [108]. Damit überschätzten sie allerdings ihre Bedeutung. Ein krankhaft übersteigertes Selbstbewußtsein ließ sie glauben, alle großen Entwicklungen in der Welt seien von Deutschland ausgegangen und daher müsse das auch für den Antisemitismus gelten [109].

Wie in Deutschland kam auch in Österreich „die mächtigste Reaktion" gegen die Juden von der katholischen Kirche. Es war die Protestbewegung gegen die Emanzipation und die gesellschaftliche Gleichberechtigung der Juden mit den Christen. Wie wenig die durch keinen Kulturkampf aufgeschreckten Katholiken in Österreich-Ungarn aber auf diese Kampagne vorbereitet waren, zeigt sich darin, daß sie allenthalben in Deutschland Beistand suchten. Die Berufung des dort durch sein Pamphlet *Der Talmudjude* zu trauriger Berühmtheit gelangten Domherren August Rohling an die Universität Prag war gewiß

---

[106] *Pohlmann*, op. cit., 5; *August Oppenheim,* An meine deutschen Glaubensgenossen, Basel o. J., 3.
[107] *Erich Lehnhardt,* Judenthum und Antisemitismus, Preußische Jahrbücher, 55. Bd., 1885, 671.
[108] Theodor Fritsch an Marr, 20. Juli 1885, StA Hbg, NL Marr A 67.
[109] Eugen Friese, Dresden, an Marr, 19. Juli 1879, A 66.

ein Ausnahmefall, obwohl er erkennen läßt, daß auch in der Doppelmonarchie die Antisemiten einflußreiche Gönner hatten [110].

Wichtiger waren die Kontakte der Publizisten und Agitatoren untereinander. Journalisten und Zeitungsverleger wie von Zerbour, Psenner, Beruth, Masaidek und andere unterhielten enge Verbindungen zu deutschen Antisemiten und haben längere Zeit von „geistigen Anleihen" aus Deutschland gelebt [111]. Es besteht kein Zweifel, die österreichischen Antisemiten haben sich bis in die Mitte der achtziger Jahre des neunzehnten Jahrhunderts hinein von ihren deutschen „Prinzipien- und Kampfgenossen" Argumente und Informationen für die Agitation liefern lassen. Lange Zeit klagten sie über die „Indolenz" der Konservativen in Österreich, vor allen Dingen über den mangelnden Rückhalt bei amtlichen Stellen, namentlich bei den einflußreichen Militärbehörden [112]. Vornehmlich, um die Antisemiten in der Donaumonarchie zu stärken, wurde am 11. und 12. September 1882 in Dresden ein „Internationaler antijüdischer Kongreß" veranstaltet, zu dem ausländische Teilnehmer nur aus Österreich und Ungarn kamen. Das zum Abschluß verkündete *Manifest an die Regierungen und Völker der durch das Judenthum gefährdeten christlichen Staaten* trug den Empfindlichkeiten der einzelnen Nationalitäten und den religiösen Bindungen der Menschen im Habsburgerreich Rechnung. Die „christlichen Völker" müßten die Judenfrage wie in der Vergangenheit die „arabische, die tatarische und die türkische Frage" lösen. Zuerst gelte es, zu agitieren und „die energische Organisierung" einer „Selbstverteidigungsbewegung" in Angriff zu nehmen; dann müßten Aktionen „in den Parlamenten, in den Bezirks- und Kommunalvertretungen" folgen, endlich in allen Städten und Regionen Aktivisten in „Schutzvereinen" und diese in „Landes-Central-Komitees" zu größeren Einheiten zusammengefaßt werden [113].

Dieselben Kreise wie in Deutschland trugen den Antisemitismus auch in Österreich und in Ungarn: katholische und protestantische Laien und Geistliche, konservative Aristokraten, höhere Beamte sowie politisch und geistig unsicher gewordene Akademiker. In Ungarn, wo die soziale Differenzierung

---

[110] *Peter G. J. Pulzer*, Die Entstehung des politischen Antisemitismus in Deutschland und Österreich, 1867–1914, Gütersloh 1966, 135.

[111] Carl Maria von Zerbour an Marr, StA Hbg, NL Marr A 302; Hanns Beruth, Herausgeber der Politischen Fragmente, am 11. November 1879 an Marr A 14. Beruth war wohl der erste, der die Spalten seines Blattes den deutschen Antisemiten öffnete. Dr. Psenner an Marr, 21. April 1885, A 185. Der Priester Ludwig Psenner, Redakteur des Österreichischen Volksfreund, hatte keinerlei Bedenken, mit dem Atheisten Marr zusammenzuarbeiten. Er bedankte sich vielmehr für die „ausgezeichneten Artikel, die hier allerseits außerordentlichen Beifall finden und meinem Blatte vorwärtshelfen". Brief vom 18. Juli 1885; Franz Friedrich Masaidek am 6. Oktober 1879 an Marr, A 150. Über Psenner und sein Wirken auch *Pulzer*, op. cit., 139 ff.

[112] Hanns Beruth, Wien, an Marr 7. Juli 1880 und 4. Oktober 1882, StA Hbg, NL Marr A 14.

[113] Manifest an die Regierungen und Völker der durch das Judenthum gefährdeten christlichen Staaten, Chemnitz 1882, 8 f. BA Koblenz, ZSg 113, Nr. 15.

der Bevölkerung noch nicht weit fortgeschritten war, läßt sich besonders überzeugend aufzeigen, wie bewußt der Antisemitismus im Volk verbreitet wurde.
Victor von Istóczy, der ungarische Reichstagsabgeordnete und rastlose Organisator der magyarischen Antisemiten[114], fand anfänglich nicht in seinem
Volk, sondern bei den deutschen Gesinnungsgenossen den erwünschten Rückhalt. Erst nachdem sie – so gestand er Marr in einem Brief – „die Judenfrage
im deutschen Reich in Fluß" gebracht hätten, seien die Voraussetzungen dafür
geschaffen, daß sie „auch außerhalb Deutschlands eine akute politische Tages-
frage werden" könne[115]. Die Deutschen sollten mit ihren Aktionen den Ungarn
den Weg bahnen, den ideologischen Fundus bereitstellen, aus dem sich auch
Istóczy und seine Freunde versorgen konnten. Sie hatten selbst kaum etwas
Konkretes gegen die Juden in ihrem Land vorzubringen, aber sie spürten die
„Wellenschläge der deutschen Bewegung", und dadurch allein wurden sie auf-
geschreckt.

Anfang November 1879 drängte Istóczy seine deutschen Freunde, „die
Judenfrage" doch endlich „vor die Parlamente zu bringen". Nachdem erprobt
sei, daß besonders die politischen Ereignisse in Berlin „den größten Einfluß"
auf die ungarischen „Culturbestrebungen" ausübten, sollte dort das Parlament zum Tribunal gemacht werden. Istóczy bat seine deutschen Vertrauten,
„im preußischen Abgeordnetenhause die Judenfrage pure et simple – d. h. womöglich nicht mit irgendeinem anderen Gegenstande wie Wucher etc. ver-
mengt" – zu diskutieren[116]. Ob die ungefähr ein Jahr später, am 20. und
22. November 1880, im preußischen Abgeordnetenhaus in Szene gesetzte
große Judendebatte auf diese Anregung zurückgeht, läßt sich nicht entscheiden.
Den Intentionen der Ungarn entsprach sie auf jeden Fall. Die in Berlin gehaltenen antisemitischen Reden wurden in entsprechend programmierten Kreisen
Österreichs und Ungarns verbreitet, eingehend erörtert und propagandistisch
ausgenutzt[117].

Zweifelsohne hat es auch in der Donaumonarchie in den Zentren der Industrialisierung und den rasch wachsenden Handels- und Wirtschaftsmetropolen
große soziale Spannungen gegeben, aber die durch diesen Prozeß verängstigten und geschädigten bürgerlichen Schichten waren zahlenmäßig zu schwach,
als daß sich die Antisemiten auf sie allein hätten stützen können. Größeren
Zulauf fanden sie bei den unter den Nationalitätenkämpfen Leidenden, die
– ob deutscher oder anderer Nationalität – oft eine ausgesprochene Profil-
neurose entwickelten. Der „Nationalitätenhader Österreichs" war nicht, wie
Dr. Psenner, der Redakteur des *Österreichischen Volksfreundes*, seine Zeitgenossen glauben machen wollte, „ein Spiel der Juden", sondern weit mehr

---

[114] *Pulzer*, op. cit., 119.
[115] Victor von Istóczy an Marr, 9. August 1879, StA Hbg, NL Marr A 115.
[116] Victor von Istóczy an Marr, 8. November 1879, aaO, A 115.
[117] Čeněk L. Zásmucky an Marr, 3. Januar 1881, StA Hbg, NL Marr A 300; anonymer Brief an Marr aus Wien, 26. November 1880, A 308 (41).

eines der Antisemiten[118]. Sie haben sehr erheblich die nationalen durch antisemitische Ressentiments aufgeladen.

Die Manipulatoren des politischen Antisemitismus in den siebziger Jahren
des neunzehnten Jahrhunderts waren überall vornehmlich Angehörige der
alten Führungsschichten und Akademiker. Sie fühlten sich entweder einer
christlich-abendländischen oder einer ständisch-konservativen Tradition verpflichtet und unterhielten – obwohl engstirnige Nationalisten – Kontakte zu
Standes- oder Gesinnungsgenossen im Ausland. Sie bemühten sich teilweise
bewußt um Allianzen mit ihnen. Die konfessionellen und ideologischen Bindungen wogen die nationalen noch auf. Die Anhänger dagegen fühlten sich
weder einer europäischen Tradition noch einem allgemeinen kirchlichen oder
ständischen Interesse verpflichtet. Je mehr Handwerker, Techniker, Angestellte, untere Beamte und Volksschullehrer, Bauern und Landwirte den
Antisemitismus zu ihrer Sache machten, desto nationalistisch beschränkter
wurde er. Er erhielt in jedem Land ganz spezifische Ausformungen, weil er
jeweils mit den Sonder- oder Gruppeninteressen derer verbunden wurde, die
ihn trugen.

Die Zusammenarbeit aller Gegner des Liberalismus läßt sich bei der Vorbereitung der Pogrome in Rußland besonders eindringlich nachweisen. Soweit
zu erkennen ist, haben die zahlenmäßig starken Gruppen deutscher und öster-
reichischer Staatsbürger, die im Zarenreich lebten oder dort zeitweilig arbeiteten, den antisemitischen Bazillus eingeschleppt. Er verbreitete sich nicht zuletzt aufgrund der Unterstützung durch deutschstämmige Russen sehr schnell.
Da sich deutsche Fachleute während der Regierungszeit Alexanders II. relativ
frei entfalten konnten, im öffentlichen Leben und speziell in der Wirtschaft
auch einigen Einfluß besaßen[119], konnten sie ungehindert antisemitische Schriften verbreiten und Kontakte zwischen deutschen und russischen Publizisten
und Intellektuellen herstellen. Das Ergebnis war neben dem Informationsaus-
tausch gelegentlich ein Ansatz zur Zusammenarbeit[120]. Deutschsprachige Zeitungen, wie der *St. Petersburger Herold,* die regelmäßig Berichtenswertes aus
deutschen oder österreichischen Blättern zusammenstellten, brachten einem
großen Leserkreis zum Bewußtsein, daß es in Deutschland und Österreich eine
„Judenfrage" gebe[121]. Um die eigenen Behörden zu einem antijüdischen Kurs
zu bewegen, lancierte der *Petersburger Herold* die Nachricht, die Juden stell-

---

[118] Psenner an Marr, 21. April 1885, StA Hbg, NL Marr A 185.

[119] *Stanislas M. v. Propper,* Was nicht in die Zeitung kam, Frankfurt a. M. 1929,
58.

[120] Bruno Schwarz an Marr, 28. Juli 1879, StA Hbg, NL Marr A 236. Wilhelm
Schernikau, Direktor des Russischen Lloyd in St. Petersburg, an Marr, 5./17. Februar
1883, A 212; anonymer Brief an Marr aus Petersburg, 7. Oktober 1879, A 308 (19).
Die deutsche Kolonie in Petersburg hatte Schernikau gebeten, anläßlich des Kaiser-
Geburtstages die Festrede zu halten. Er bat Marr, ihm einen Redeentwurf zu schrei-
ben.

[121] *Propper,* op. cit., 58.

ten laut amtlicher Statistik mit 20 % die stärkste und aktivste Gruppe in der
„nihilistischen Bewegung in Rußland" [122].

Die Behauptung, Juden seien die eigentlichen Organisatoren des Nihilismus
oder – wie sogar extreme deutsche Antisemiten zur Erzeugung starker Angstgefühle erklärten – die Partei der Nihilisten schlechthin, kam den innenpolitischen Gegnern Alexanders II. sehr gelegen. In Rußland waren 1876 unter
dem Eindruck der kriegerischen Ereignisse auf dem Balkan die nationalen
Leidenschaften unerwartet heftig durchgebrochen [123]. Das Selbstbewußtsein,
das die Repräsentanten dieser panslawischen Bewegung entwickelten, mußte
über kurz oder lang zu Konflikten mit der eigenen Regierung und den oft
recht unbeweglichen Staatsorganen führen. Immer akuter wurde daher der
Ruf nach Meinungsfreiheit und Einführung einer Verfassung. Das zaristische
Regime reagierte auf diese Forderungen zunächst nur mit drakonischen Poli-
zeiaktionen, die die Opposition aber eher stärkten als schwächten. Die russische Jugend und namentlich die Intelligenz verschrieb sich mehr und mehr
revolutionären Ideen.

Um die Spannungen zu vermindern, versuchten die Kreise um den Grafen
Loris-Melikow, den Zaren von der Notwendigkeit maßvoller Reformen und
einer vorsichtigen Liberalisierung des öffentlichen Lebens zu überzeugen [124].
Dagegen lehnten sich einflußreiche Gruppen am Hof, die Bürokratie und das
Gros der höheren Offiziere auf. Mühelos ließen sich die Polemiken der deutschen Gegner des Liberalismus verwenden, und, da in ihnen der Antisemitismus einen so breiten Raum einnahm, entfachten die russischen Konservativen
auch in ihrem Land einen vehementen Judenhaß.

Bei der Erzeugung der Angst- und Haßpsychose in Rußland haben deutsche
Antisemiten zum Teil unmittelbar mitgewirkt. Professor Schirmer, ein deutscher Pädagoge, der als Chef der russischen Generalkonsulatskanzlei in Leipzig nicht ohne Einfluß war, machte General Trepow auf Wilhelm Marr aufmerksam und vermittelte einen direkten Kontakt zwischen ihnen [125]. Schirmer,
mit Marr bekannt und unter dessen Einfluß zu einem fanatischen Antisemiten
geworden, übersetzte die Schrift *Der Sieg des Judenthums über das Germanenthum* ins Russische. Die Übersetzung erschien in der zu den Reaktionären ab-
geschwenkten Zeitung *Nowoje Wremja*, wo sie noch für den internen Gebrauch
in Rußland zurechtfrisiert wurde. 1878 kam General Trepow, der als lang-
jähriger Stadthauptmann von St. Petersburg die besondere Gunst des Zaren

---

[122] Schwarz an Marr, 28. Juli 1879, StA Hbg, NL Marr A 236.
[123] *Propper,* op. cit., 25 f.
[124] AaO, 68 ff.
[125] Die folgenden Darlegungen stützen sich auf die Korrespondenz Ernst Schirmers
mit Marr, StA Hbg, NL Marr A 216, sowie auf eine Aufzeichnung von Marr über
sein Verhältnis zu General Trepow, die er als Anlage zu seinen Erinnerungen an-
fertigte, NL Marr B II d. Die sechs Briefe Trepows an Marr, A 263, geben dagegen
nicht übermäßig viel Aufschluß über die Kontakte.

genoß, nach Leipzig, um sich dort ärztlich behandeln zu lassen. Er war bei einem auf ihn verübten Attentat schwer verwundet worden [126] und neigte seither zu einem besonders scharfen Vorgehen gegen die „Nihilisten". Da es zu den Obliegenheiten Schirmers gehörte, den General während seines Leipziger Aufenthalts zu betreuen, hatte er hinreichend Gelegenheit, ihm eine Lektion über den deutschen Antisemitismus zu geben. Er machte ihn mit Marrs Schriften bekannt, deren Lektüre noch durch eine lebhafte Korrespondenz vertieft wurde. Ein von Marr entworfener Plan, nach dem die Regierungen den Handlungsspielraum der Juden Schritt für Schritt beschränken sollten, wurde von Trepow bereitwillig entgegengenommen. Schirmer weiß zu berichten, daß der General von den Vorschlägen „gewaltig gepackt" worden sei. „Wenn es in seiner Macht stünde", so resümiert er dessen Auffassung, würden die „Ideen" Marrs sofort Gestalt gewinnen. Trepow wolle auf jeden Fall „seinen ganzen Einfluß aufbieten und direkt ohne alle Zwischenpersonen" mit dem Zaren verhandeln, um ihm ein Vorgehen gegen die Juden nahezulegen [127]. Trepow empfing Marr auch selbst und besprach mit ihm eingehend die Möglichkeiten eines „antisemitischen Feldzugsplans", insbesondere Maßnahmen zur „Mobilisierung und Beeinflussung der russischen Presse". Er ließ sich davon überzeugen, daß die Juden die Zerstörung der Herrschaftsform in Rußland vorbereiteten und sich dazu der Nihilisten bedienten, die im Begriff seien, weitere Attentate zu verüben.

Trepow hat den Zaren nicht beeinflussen und zu Gewalttaten gegen die Juden anstiften können, aber in seinen Kreisen hat er zur Verschärfung des Judenhasses zweifellos beigetragen. Wenige Tage nach dem Attentat, dem Alexander II. im März 1881 zum Opfer fiel, erinnerte er Marr in einem Brief an das Leipziger Gespräch, um ihm zu versichern, wie „furchtbar recht" er doch gehabt habe. Trepow zeigte zugleich Befriedigung darüber, daß sich das Gerücht von der jüdischen Urheberschaft am Zarenmord wie ein Lauffeuer in Rußland verbreitete. Da die russischen Behörden von den innenpolitischen Nöten und ihrer Mißwirtschaft ablenken wollten, förderten sie die Pogromstimmung [128] und gaben dem Gerücht immer neue Nahrung.

---

[126] Trepow hatte den Studenten Bogoljubow, der bei einem Spaziergang im Gefängnishof nicht die Mütze vor ihm gezogen hatte, auspeitschen lassen. Der Student ertrug die ihm angetane Schmach nicht und beging Selbstmord. Darauf verübte die mit B. befreundete Vera Sassulitsch ein Attentat auf Trepow. Er wurde durch den Schuß schwer verwundet, die Attentäterin von einem Geschworenengericht freigesprochen. Vgl. *Propper*, op. cit., 135, der auch von der Erregung der Öffentlichkeit über Trepows Vorgehen berichtet.
[127] Brief Schirmers an Marr vom 1. Oktober 1878, StA Hbg, NL Marr A 216.
[128] *Johann Maier*, Das Judentum von der biblischen Zeit bis zur Moderne, München 1973, 714. Selbstverständlich wußten auch die deutschen und österreichischen Antisemitenorgane zu berichten, daß die Alliance Israélite Universelle den Tod des Zaren auf dem Gewissen habe. Einen Bericht über die Reaktion der europäischen rechten Presse gibt Der Sozialdemokrat vom 20. März 1881 (Nr. 12).

Außer Marr haben auch andere deutsche Antisemiten die russischen Pogromstrategen unterstützt. Der Chefredakteur einer russischen Zeitung berichtete über eine Begegnung mit Stoecker während einer Eisenbahnfahrt von Königsberg nach Berlin im Frühjahr 1881. Im Verlauf des Gesprächs habe dieser sich seiner Kontakte zu russischen Gesinnungsgenossen gerühmt. Der Hofprediger habe sich befriedigt über seinen weitreichenden Einfluß und die enge Zusammenarbeit zwischen deutschen und russischen Antisemiten gezeigt und prophezeit, daß in Rußland bald „die ersten Bettfedern" fliegen würden, die russischen Verbündeten warteten nur auf das Signal aus Deutschland[129]. Wie weit ein unmittelbarer Zusammenhang zwischen den antisemitischen Ausschreitungen in Neuruppin und anderen preußischen Kleinstädten und den kurze Zeit später ausbrechenden Judenpogromen in Rußland besteht, muß dahingestellt bleiben. Die Tatsache, daß ein guter Kenner der russischen Szene schon 1881 derartige Rückwirkungen für möglich gehalten hat, sollte wohl doch bedacht werden.

Unzweifelhaft ist, daß die Anstifter der Pogrome in Rußland von den deutschen Antisemiten gelernt haben, wie wirksam sich die Volksleidenschaften in Krisenzeiten aufpeitschen lassen, so daß die eigentlichen Nöte und Fehler im System übersehen werden. Auch Stoecker hat keine Bedenken gehabt, an diesen Manipulationen mitzuwirken und Allianzen mit recht unchristlichen Kräften im In- und Ausland zu schließen[130]. Zeitgenossen trauten ihm mehr als verbalen Radikalismus beim Vorgehen gegen die Juden zu. Ob Stoecker freilich Pogrome in Rechnung stellte oder sie gar billigte, ist nicht zu entscheiden. Er hat auf jeden Fall bei der Entfesselung des Hasses mitgewirkt und davon auch nicht Abstand genommen, als er sah, wohin politischer Fanatismus führte. Die russischen Pogrome hat der Hofprediger niemals entschieden verurteilt[131].

---

[129] *Propper*, op. cit., 106 ff.

[130] Obwohl Stoecker die Lüge vom Ritualmord entschieden verurteilt hat, war er doch bereit, die durch einen wilden Fanatismus 1882 in Tisza-Eszlar in Ungarn erzeugte Erregung agitatorisch auszunutzen. Brief an Marr 28. Juni 1882, StA Hbg, NL Marr A 256; ebenso bereitwillig arbeitete er auch immer wieder mit den Rassenantisemiten zusammen. Er bedauerte sogar, wenn von anderer Seite der Bruch herbeigeführt wurde. Am 12. November 1886 reagierte er auf einen heftigen Angriff Marrs: „Sie können mir nach mancher Richtung hin gar keinen größeren Dienst leisten, als wenn Sie mich von Ihrem Racestandpunkt aus auf das Allerschärfste bekämpfen. Persönlich ist mir ein Schnitt zwischen christlicher und nichtchristlicher Anschauung der Judenfrage nur erwünscht. Aber für die Sache? Haben Sie auch recht bedacht, was die Fortsetzung dieser Fehde, die nicht von mir begonnen ist, für Folgen hat? Nichts als eine Schwächung der Bewegung!" Stoecker wirkte auch auf dem ersten internationalen antijüdischen Kongreß an hervorragender Stelle mit und hat dort einen Geist toleriert, den er als christlicher Theologe keinesfalls akzeptieren durfte.

[131] Prinz Carl zu Hohenlohe-Ingelfingen an Marr, 3. April 1882: „Einstweilen verfährt die russische Regierung in der Semitenfrage, als ob Stoecker daselbst Kanzler wäre", StA Hbg, NL Marr A 108.

IV

Wegen der Zerrissenheit der antisemitischen Bewegung nahmen die etablierten Parteien und politisch Verantwortlichen sie nicht ernst; sie verurteilten sie mit jener Mischung von intellektueller Überheblichkeit und politischer Verständnislosigkeit, mit der sie letztlich doch nur ihre eigene In-
aktivität verdeckten[132]. So geschah nichts wirklich Entscheidendes, um wenigstens ein weiteres Vordringen des Antisemitismus zu verhindern. Zunächst
schien die Kraft der ungebärdigen Protestbewegung versiegt. Nach den spek-
takulären Vorgängen in den Jahren 1878 bis 1882 wurde es wieder still, die
Öffentlichkeit gewahrte die Präsenz der Antisemiten nur noch selten. Aber
sie waren in kleinen Zirkeln überall im Land nach wie vor aktiv. Ihre Or-
ganisationsstrategen brauchten nach den ersten Mißerfolgen bei der Par-
teien- und Verbandsbildung ein „Stadium ruhiger Fortentwicklung", in dem
sie Voraussetzungen für Neuansätze schaffen konnten[133]. Theodor Fritsch
gründete 1885 seine *Antisemitische Correspondenz* in der Absicht, alle „Gesinnungsgenossen" zusammenzuführen, zu indoktrinieren und für die Agitation zu „dressieren"[134].

Hatten sich die Antisemiten zunächst sehr stark um den Beistand einflußreicher Personen und Kreise bemüht und häufig das Wohlwollen der
„Obrigkeit" zu gewinnen versucht, so leiteten sie nun die systematische
Kleinarbeit zur Gewinnung jedes einzelnen Menschen in Stadt und Land
ein. Zwei Gründe hatten den Ausschlag dafür gegeben. Die Förderung durch
die Mächtigen war nicht nachdrücklich genug gewesen und oft an unerwünschte Bedingungen geknüpft worden. Vor allem aber hatte sich nach
und nach die Erkenntnis Bahn gebrochen, daß es im modernen Staat auf die
Macht der organisierten Interessenten ankam, auf die Dauer also nur die
Zahl der Anhänger Einfluß und Erfolg garantierte. Sehr bewußt wurde
der Schwerpunkt der Agitation deshalb in die Regionen verlegt, in denen
andere Parteien noch kaum präsent waren. Nicht mehr die Großstädte mit
dem gebildeten, wohlhabenden Bürgertum und einer selbstbewußten Arbei-
terbevölkerung waren die bevorzugten Arbeitsbereiche der Antisemiten, sondern „die Städtchen und Dörfer". Dort gingen sie „mit viel mehr Plan, Umsicht und Menschenkenntnis zu Werke" als alle anderen Parteien vorher[135].

---

[132] Politisches Handbuch der Nationalliberalen Partei, Berlin o. J. (Dez. 1907), 42.
[133] *Lehnhardt*, op. cit., 667.
[134] Flugblatt Nr. 1 Wie lösen wir die Judenfrage?, hrsg. im Auftrag des Antisemitischen Comités von Theod. Fritsch, Januar 1886; Fritsch an Marr, 1. Dezember
1885, StA Hbg, NL Marr A 67.
[135] Die Absicht, unter Berufung auf einen großen Anhängerkreis und viele Sympathisanten Regierung, Verwaltung und Parlamente unter Druck zu setzen und
widerstrebende Kräfte des Bürgertums einzuschüchtern, ist offen eingestanden worden. Fritsch schrieb am 27. November 1885 an Marr: „Aber die ‚Kleinen' muß man

Mit Bedacht wurde die „Klein-Arbeit" auf den überschaubaren Raum und kleinen Kreis konzentriert. Ihre organisatorischen und agitatorischen Aktivitäten vermochten die Antisemiten nur zu entfalten, weil sie sehr viele junge Menschen in ihren Dienst gestellt hatten. Diese waren voller Tatendrang und verfügten über mehr Zeit als ältere Politiker, die beruflich stark in Anspruch genommen waren. Diesen Nachwuchskräften war es erwünscht, zunächst im begrenzten Bereich Erfahrungen zu sammeln und das politische Tätigkeitsfeld in dem sozialen und geistigen Milieu zu suchen, aus dem sie kamen oder in dem sie sich sicher fühlten. Die jungen Ingenieure, Handwerker, Kaufmannsgehilfen, evangelischen Jugendgruppenleiter und Volksschullehrer wirkten lieber unter ihresgleichen oder unter Menschen, die sie kannten. Kontakte zu anderen Berufsgruppen, deren Mentalität ihnen fremd war oder denen sie sich bildungsmäßig oder hinsichtlich der Berufserfahrung nicht gewachsen fühlten, mieden sie nach Möglichkeit [136].

Die Parteiantisemiten der ersten Stunde haben angesichts ihrer Mißerfolge bei der Organisation der Anhängerschaft stets mit Wohlgefallen auf die Rührigkeit der Jugendgruppen geschaut und darauf vertraut, daß deren Mitglieder einst ein stärkeres Zusammengehörigkeitsgefühl, besseres Organisationstalent und mehr politisches Machtbewußtsein entwickeln würden als sie

---

auch mit fischen; sie machen das Netz voll und geben, wenn sie hinter Einem stehen, den nötigen Nachdruck", StA Hbg, NL Marr A 67; kurze Zeit später verstieg sich Fritsch in einem Flugblatt (Nr. 2, etwa Frühjahr 1886) Die Juden und der deutsche Staat zu der massiven Drohung: „Sollten freilich die besseren Kreise der Gesellschaft es verschmähen, durch ehrliche, gründliche Untersuchung den bestehenden Mißständen abzuhelfen, so werden notgedrungen die unteren Schichten des Volkes über kurz oder lang die Frage auf *ihre* Weise zu lösen suchen." – Über die Methoden der Arbeit geben zahlreiche Rundschreiben Aufschluß. BA Koblenz, ZSg 113, Nr. 14; Besonders charakteristisch ist der Brief Fritschs an Marr vom 12. November 1890: „Daß wir die Bewegung auf die Städtchen und Dörfer hinaustragen, ist von ungeheurer Bedeutung! Die Groß-Städte sind die Pfuhle der Corruption; die Gesundheit liegt auf dem Lande! Von dort aus muß reformiert werden! ... Wir gehen bei unserer Arbeit mit viel mehr Plan, Umsicht und Menschenkenntnis zu Werke, als Sie ahnen. In der Kleinarbeit liegt der Schwerpunkt! Große Häuser baut man nur, indem man viele einzelne kleine Steine aufeinander schichtet und richtet. Mit großen ,Zügen' – die aber nur pathetische Phrase bleiben, ist's nicht gemacht. Lassen Sie unsere Arbeit erst fertig werden und urteilen Sie dann! – Gut Ding will Weile haben!", StA Hbg, NL Marr A 67.

[136] Friedrich Raab, später einer der bekanntesten Partei- und Verbandsantisemiten, scheute sich zunächst, mit Marr, den er enthusiastisch verehrte, in Verbindung zu treten, weil er sich als unreifer und unwissender junger Mann nicht blamieren wollte. Er schrieb am 18. Juni 1884 an Marr: „Ich bin nämlich noch durchaus kein ausgewachsener Antisemit, sondern erst im Stadium des dumpfen Vorgefühls der jüdischen Gefährlichkeit, der eigentlich noch nichts weiter für die gute Sache einsetzen kann als die normalen körperlichen Kräfte eines 25jährigen Germanen, weiter bin ich durchaus kein gebildeter Mensch", StA Hbg, NL Marr A 188; ähnlich der Brief eines Bankangestellten an Marr, A 306. Selbst Fritsch gesteht seinem „Lehrmeister" Marr gegenüber gelegentlich seine Unterlegenheit ein. Brief vom 19. Mai 1885, A 67.

selbst[137]. Darin hatten sie sich nicht getäuscht. Nun, da diese Jugend die Ausbildung beendet hatte und ins Berufsleben eintrat, trug sie den Antisemitismus vor allem in die Berufs- und Standesverbände und machte ihn zum konstitutiven Element in zahlreichen politischen und kulturellen Vereinen.

Von besonderer Tragweite war es, daß die in den Vereinen Deutscher Studenten antisemitisch geprägten Jungakademiker nun in ihren verantwortlichen Stellungen erst recht aktiv wurden und ihre Gesinnungsgenossen überall begünstigten. Fortan wurde dem Antisemitismus des öfteren von Beamten, Richtern und Lehrern Vorschub geleistet. In vielen Fällen beteiligten sich Diener des Staates offen an der Agitation der Antisemiten oder waren in deren Organisationen führend tätig[138]. Die Skala behördlicher Willkürakte jüdischen Staatsbürgern gegenüber reichte von der Nichtachtung über die bewußte Beleidigung bis zur versteckten oder offenen Benachteiligung. Damit begann die von Rudolf von Gneist immer wieder vergeblich gerügte „Umkehrung der Verfassung durch die Verwaltung", die in einigen Fällen bereits einem Widerruf der Emanzipation gleichkam[139]. Die jüdischen Opfer bürokratischer Willkür hatten manchmal nicht die Chance, ihr Recht zu bekommen, da Richter antisemitischen Unterstellungen zum Opfer fielen oder sie sogar als erwiesen akzeptierten. Die wiederholt geäußerte Vermutung, daß die preußischen Justizminister den antisemitischen Strömungen in der Bevölkerung von Fall zu Fall Rechnung trugen, ist angesichts der Zurückdrängung der Juden aus dem Justizdienst seit Beginn der neunziger Jahre, der Fehlurteile einzelner Gerichte und vieler Praktiken der Staatsanwaltschaften gegenüber Juden kaum von der Hand zu weisen[140].

Auf die Dauer am verheerendsten wirkte sich aus, daß der Antisemitismus an den Hochschulen des Landes eine feste Heimstatt fand. Gerade dort, wo

---

[137] Henrici versuchte Marr angesichts des Fiaskos der Antisemitenliga in einem Brief vom 14. März 1881 zu trösten: „Nur Mut, die Jugend wächst heran." StA Hbg, NL Marr A 99. Äußerungen dieser Art gab es in großer Zahl. Noch eindringlicher waren die Mahnungen besonnener Kreise, die die unabsehbaren Folgen einer planmäßigen Verhetzung der Jugend erkannten. *J. Pestalozzi,* Der Antisemitismus ein Krebsschaden, der am Marke unseres Volkslebens frißt, Leipzig 1891, 90; Juden, Studenten, Professor. Frage- und Antwortspiel. Von *J. H. M.,* Leipzig 1881. Diese Broschüre erschien unter dem Motto: „Diese jugendlichen Redner sollen in nur wen'gen Jahren unsere lieben Kleinen lehren; soll'n uns richten, uns regieren, von der Kanzel Liebe predigen. O, der ros'gen deutschen Zukunft!"

[138] *Cohen,* op. cit., 12; *Lorenzen,* op. cit., 20; In Hessen erreichte die Parteinahme der Beamten zugunsten der Antisemiten Ende der achtziger Jahre ein solches Ausmaß, daß die Regierung einschreiten und eine Beteiligung der Beamten an antisemitischen Aktionen verbieten mußte. Berliner Tageblatt, XVIII, Nr. 642 (18. Dezember 1889); dazu generell auch die Aufzeichnungen Gotheins über seinen Kampf gegen den Antisemitismus, BA Koblenz, Nachlaß Gothein 13.

[139] BA Koblenz, Nachlaß Gothein 13.

[140] Geheimes Staatsarchiv Preußischer Kulturbesitz Berlin-Dahlem, Rep. 84 a, 119 48.

dem eigenen Anspruch gemäß die Verantwortung für die geistigen und kulturellen Güter der Menschheit besonders ernst genommen werden sollte, wurden dem Ungeist der Zeit die größten Zugeständnisse gemacht. Jahr für Jahr verließen zahlreiche Menschen die Universitäten, die dort mit dem Antisemitismus in Berührung gekommen waren und nun in einflußreichen Positionen ihrer „Überzeugung gemäß" wirken konnten. Bei dem hohen Ansehen, das die Akademiker in jener Zeit in Deutschland besaßen, orientierten sich große Teile des nichtakademischen Bürgertums, namentlich in den Kleinstädten, politisch am Verhalten der Honoratioren, und das waren vornehmlich Amtsrichter, Gymnasiallehrer, Rechtsanwälte, Ärzte, Apotheker und Pastoren.

In einer Zeit, in der die deutsche Wissenschaft aufgrund ihrer Leistungen das höchste Ansehen in der Welt genoß, wurden von den Universitätskathedern herab politische Bekenntnisse und Thesen über die Geschichte, Religion und „Rasse" der Juden verkündet, die keiner sachlichen Prüfung standhielten [141]. Die deutsche Forschung, die mit Akribie die Spuren der ältesten Kulturen freilegen, Kenntnisse über die Lebensbedingungen geschichtsloser Völkerschaften und Urwaldstämme verbreiten half, überging die Tradition und das reiche Erbe der Juden, obwohl sie so viel zur Förderung ebendieser Forschung beitrugen. Die Meinung über die Juden wurde durch Vorurteile und Antipathien bestimmt. Da geistig unabhängigen, den gängigen Lehrmeinungen widersprechenden Persönlichkeiten und Juden selbst der Eintritt in den Lehrkörper der Universitäten und insbesondere eine wissenschaftliche Karriere massiv erschwert wurden, änderte sich bis weit ins zwanzigste Jahrhundert hinein kaum etwas an diesen Verhältnissen [142].

Die Gleichgültigkeit den antisemitischen Grobheiten und Provokationen der Studenten gegenüber kam einer Tolerierung des Ungeistes gleich. Zweifel über die Radikalisierung der Studentenschaft und die Gefahren der antisemitischen Indoktrination konnte es dabei in der Dozentenschaft keinesfalls geben. Ende 1883 hatte Wilhelm von Polenz bestürzt vermerkt, daß sich die Gegner in einer studentischen Wahlversammlung hemmungslos „mit Gift und Feindseligkeiten" überschütteten. Kurze Zeit später notierte er, selbst engagiertes Mitglied des VDSt, Bewunderer Treitschkes und Parteigänger der Antisemiten, in klarer Selbsterkenntnis in sein Tagebuch: „Ich habe nicht geglaubt, daß der Gegensatz zwischen den Parteien ein so schroffer sei. Der Haß und die Feindschaft, die bei der heutigen Wahl zutage traten, haben

---

[141] *Bernhard Guttmann*, Schattenriß einer Generation 1888–1919, Stuttgart 1950, 192; *Max Weber*, Jugendbriefe, Tübingen o. J., 74; Korrespondenz Prof. Adolf Stern mit Adolf Bartels 1890–1896, Privatbesitz.
[142] *Franz Oppenheimer*, Erlebtes, Erstrebtes, Erreichtes. Erinnerungen, Berlin 1931, 252.

etwas infernalisches, erschreckendes"[143]. Und dies war nur der Beginn einer Entwicklung, in deren Verlauf Studenten aller Universitäten, von diesem Geist der Inhumanität geprägt, immer bedenkenloser in der Wahl der Mittel bei politischen Auseinandersetzungen wurden[144]. Ab und an äußerten sich sogar mit dem Antisemitismus sympathisierende Hochschullehrer besorgt über diese Verwilderung. Sie nahmen entsetzt wahr, daß die Studenten überhaupt nicht mehr argumentierten, sondern gläubig jedem Demagogen folgten, der „ihren Jargon" redete[145]. Die Parteiantisemiten zeigten sich dagegen über diese Entwicklung befriedigt; sie zogen aus der erfolgreichen Indoktrination der akademischen Jugend den Schluß, daß das deutsche Volk damit „den praktischen Weg zur Lösung der Judenfrage" betreten habe[146]. Allen politisch Gemäßigten aber bereiteten der Fanatismus und der Radikalismus der Studenten Sorgen. Sie sahen schwere Gefahren für die Gesellschaft heraufziehen und fürchteten sich vor der Zeit, in der diese akademische Generation „dereinst die Geschicke unseres Landes in den Händen haben" würde[147].

Solche Sorge um die Zukunft war berechtigt. Nichts hat so wie die Tatsache, daß Deutschlands Hochschulen in den Jahrzehnten vor dem Ersten Weltkrieg „Tummelplätze antisemitischer Leidenschaften" waren, die Ausbreitung dieses Ungeistes gefördert. Die Absolventen der Hochschulen trugen ihn als Multiplikatoren in die Gymnasien und, auf dem Umweg über die Lehrerbildungsanstalten, auch in die Volksschulen hinein. Zwar blieb die Mehrheit der älteren Gymnasiallehrer noch lange Zeit humanistischem oder liberalem Geist verpflichtet und hemmte das Vordringen des Antisemitismus in die höheren Schulen sehr energisch[148]; aber ein größerer Teil der Volks-

---

[143] *Benno von Polenz,* Wilhelm von Polenz als Student in Berlin, Akademische Blätter, 43, Nr. 15/16 (November 1928), 145.

[144] *Heinemann Stern,* Warum hassen sie uns eigentlich?, Düsseldorf 1970, 25; Max Weber an Hermann Baumgarten, 14. Juli 1885, *Weber,* op. cit., 173 f.; Friedrich Thimme an seinen Bruder Karl aus Göttingen, 1891; Privatbesitz; generell dazu: *Felix Goldmann,* Hochschulantisemitismus. Im deutschen Reich, XXVIII, Nr 3/4 (März/April 1922), 54 ff.

[145] Professor Adolf Stern an Adolf Bartels, 5. Mai 1896. Stern klagt darüber, daß es bisher schon in verantwortlichen Stellungen skrupellose Streber und „Macher der einen oder anderen Art" gegeben habe, nun aber „eine revolutionäre Jugend" in das Berufsleben eintrete, „die scheinbar zwischen sich und den gesellschaftlichen Machthabern das Tafeltuch zerschneidet, die tiefere und edlere Persönlichkeiten stürmisch fordert, aber jeden, der ihren Jargon redet, für eine solche Persönlichkeit nimmt ... Von dieser Jugend werden wir (ich rede hier nicht pro domo, ich spreche für ganz andere und zum Teil bessere Leute, als mich selber!) an die Wand gedrängt, aus allen Registern geschmäht, jeden Tag und jede Stunde bedroht". Privatbesitz.

[146] *Lehnhardt,* op. cit., 668.

[147] *Pohlmann,* op. cit., 14 f.

[148] *Hugo Marx,* Werdegang eines jüdischen Staatsanwalts und Richters in Baden (1892–1933), Villingen 1965, 33; *Rudolf Amelunxen,* Ehrenmänner und Hexenmeister. Erlebnisse und Betrachtungen, München 1960, 15; *Werner T. Angress,* Prus-

schullehrer fiel in den achtziger und neunziger Jahren den antisemitischen
Parolen zum Opfer, bis nach der Jahrhundertwende Linksliberale und Sozialdemokraten zur entscheidenden Gegenkraft wurden. Lehrer waren führend in den antisemitischen Parteien und Verbänden, vornehmlich auf regionaler und lokaler Ebene, tätig. Sie engagierten sich zudem publizistisch in der
Regionalpresse, gaben den Ton in geselligen und heimatkundlichen Vereinen
an, beeinflußten das Treiben von Jugendgruppen und Sportklubs. Es sind
zahlreiche Fälle bedenkenloser Verhetzung unwissender, der antisemitischen
Beeinflussung wehrlos ausgelieferter Kinder bekannt geworden [149].

Mit dem Eintritt der durch den VDSt geprägten jungen Akademiker in
das Berufsleben begann Ende der achtziger Jahre des neunzehnten Jahrhunderts auch die schrittweise Politisierung und Indoktrinierung der Fachver-
bände der höheren Beamten, Juristen, Ärzte, Ingenieure und Theologen. Besonders schnell breitete sich der antisemitische Bazillus in den protestantischen Pfarrervereinen aus. Schon zu Beginn der neunziger Jahre mußten
einzelne Kirchenbehörden ihre Pastoren eindringlich mahnen, sich nicht aktiv
an der antisemitischen Agitation zu beteiligen, da diese weder „mit den
Christenpflichten" noch mit den „Amtspflichten eines Geistlichen" vereinbar sei [150]. Doch die kirchlichen Amtsträger wichen vielfach selbst einer klaren Entscheidung aus. Auf der einen Seite verurteilten sie, daß „unter An-
rufung des Christentums eine Art Kreuzzug gegen die Juden gepredigt"
werde, auf der anderen Seite fanden sie es aber nur zu „erklärlich", daß
angesichts der großen „Notstände des Volkslebens" und nicht näher bestimmter sogenannter „Versündigungen" der Juden eine antisemitische „Bewegung"
entstanden sei. Auch sie maßen den Juden eine größere „Schuld" zu als den
Christen, fanden mehr Worte der Entschuldigung als des Tadels für die
Pastoren. Daß derartige Ermahnungen, auf deren Beachtung nicht sonderlich
gedrungen wurde, wenig fruchteten, kann mithin kaum überraschen, zumal

---

sia's Army and the Jewish Reserve Officer Controversy before World War I, in:
Year Book XVII of the Leo Baeck Institute, London 1972, 42.

[149] Auf diese Gefahren hatte 1880 schon *Ludwig Bamberger,* op. cit., 36, hin-
gewiesen. Publizistisch traten die antisemitischen Lehrer Albert Grimpen und Wil-
helm Schwaner hervor. Besonders aktiv betätigten sich Lehrer in den völkischen Bün-
den. Der norddeutsche Jugendbund Schönerer wurde von dem Hamburger Lehrer
Hermann Muthorst geleitet, in anderen regionalen Verbänden gaben Kollegen den
Ausschlag. *Eduard Pichl,* Georg Schönerer, 4. Bd., Oldenburg/Berlin o. J., 481; für
Süddeutschland ist aufschlußreich der Bericht von Alfred Autenrieth, Stuttgart, BA
Koblenz, NS 26/1207; über die Verhetzung der Schuljugend: *Pestalozzi,* op. cit., 69;
Plädoyer des Staatsanwalts von Rheinbaben im Prozeß gegen Ahlwardt. Der Prozeß
Ahlwardt, Ein Zeichen der Zeit und eine lehrreiche Studie. Von einem Deutsch-Natio-
nalen, Berlin o. J., 44; aufschlußreich auch der Artikel: Eine bemerkenswerte Kund-
gebung jüdischer Lehrer, Neue Preußische Zeitung, Nr. 236 (25. Mai 1891).

[150] Ausschreiben des Oberkonsistoriums des Großherzogtums Hessen vom 3. November 1890 betr. die antisemitische Agitation. Allgemeines Kirchenblatt für das
evangelische Deutschland, 40, 1891, 110 ff.

einem einfachen Landpfarrer schlecht verboten werden konnte, was einem
Hofprediger gestattet war.

Stoecker war zudem der hervorragende politische Lehrmeister der jungen
Theologen. Niemand hat so nachhaltig wie er den theologischen Nachwuchs
beeinflußt und auf Jahrzehnte hinaus geprägt [151]. Sein Geist drang nicht
zuletzt aufgrund seines sozialen Engagements, seiner Impulse für die Ge-
meindearbeit und seiner Aktivitäten im evangelischen Verbandswesen weit
über den Bereich der altpreußischen Union hinaus. Er war im ausgehenden
neunzehnten Jahrhundert „der mächtigste kirchliche Führer für die Pastoren"
aller Landeskirchen [152]. Wie immer Stoeckers Wirken heute beurteilt wird,
er war im Kaiserreich unumstritten der „Hofprediger der Deutschen"; aber
er predigte den evangelischen Christen nicht nur Liebe, sondern auch glühenden Haß. Er durchzog, nach dem treffenden Urteil eines Zeitgenossen, ein
Vierteljahrhundert lang „mit der Unwissenheit und dem Fanatismus eines
Bettelmönches die deutschen Lande" [153] und klagte die Juden schlechterdings
für alles an, was seinen Vorstellungen von einer heilen Welt und einer intakten Gemeinschaft widersprach. Daß ihm darin Millionen Deutsche zu-
stimmten, weil sie sich in einer rasch wandelnden Umgebung nur mühsam
oder überhaupt nicht zurechtfanden, war zwar verständlich, verschärfte jedoch die ideologischen Spannungen in der Gesellschaft sehr erheblich. Innerhalb der protestantischen Bevölkerung wurden die Widersprüche allerdings
lange verhüllt. Im Antisemitismus fanden sich über alle politischen und ökonomischen Gegensätze hinweg konservative Aristokraten und hohe Ministe-
rialbeamte mit Angehörigen des alten und neuen Mittelstandes sowie Mitgliedern der Evangelischen Arbeitervereine noch zusammen [154]. Die Judenfeind-

---

[151] So der Theologe Professor Johannes Hausleiter und andere, in: Adolf Stoecker.
Erinnerungsblätter, hrsg. von *Ernst Bunke*, Berlin 1909, 65; vgl. auch die Beiträge in
dem Sammelwerk: VDSter. Fünfzig Jahre Arbeit für Volkstum und Staat. Den Vereinen deutscher Studenten zum 6. August 1931 gewidmet von *Karl Maßmann* und
R. P. Oßwald, Berlin 1931, 115 ff.; wie intensiv der Einfluß Stoeckers auf die jüngeren Theologen war und wie lange er fortwirkte, bezeugte nach dem Zweiten Weltkrieg Dibelius. *Otto Dibelius*, Ein Christ ist immer im Dienst. Erlebnisse und Erfahrungen in einer Zeitenwende, Stuttgart 1961, 34 ff. und 58.

[152] Reinhold Seeberg, in einem Brief an seinen Bruder Alfred vom 19. Oktober
1901, in dem er anregte, Stoecker in Dorpat zu promovieren. Seeberg wies auf die
allgemeine Anerkennung hin, die St. bei den Geistlichen genieße. Er stellte ganz
besonders die Aktivierung des Gemeindelebens als ein Verdienst Stoeckers heraus.
BA Koblenz, Nachlaß R. Seeberg Nr. 182. In vielen Fällen engagierten sich evangelische Geistliche in Wahlkämpfen zugunsten Stoeckers gegen nationalliberale Reichs-
tagskandidaten, wenn diese den hemmungslosen Agitator in die Schranken wiesen.
Aufklärungsschriften der deutschsozialen Partei, 5. Jg., Nr. 10 (10. Oktober 1905),
ähnlich auch *Pestalozzi*, op. cit., 47, 72 ff.

[153] Holsten auf dem Berliner Protestantentag. Vgl. *G. C. Nöltingk*, Die christlich-
soziale Partei in Deutschland, Bernburg und Leipzig 1882, 4.

[154] Die ersten Evangelischen Arbeitervereine wurden 1882 gegründet. Im August
1890 erfolgte der Zusammenschluß aller bis dahin entstandenen Einzelverbände zum

schaft – das läßt sich vielfach nachweisen – besaß nicht selten eine stärkere Integrationskraft als das gemeinsame Glaubensbekenntnis.

Während der Protestantismus den Antisemitismus immer mehr einsetzte, um im Zeitalter der Volkssouveränität den erforderlichen Rückhalt in der Gesellschaft zu finden, versuchte der Katholizismus, sich seiner wieder zu entledigen und sich auf die eigene Kraft zu besinnen*. Es war allerdings keineswegs leicht, aus den politischen Verstrickungen herauszukommen, zumal die geistigen ja keineswegs gelöst waren. In den Provinzen, in denen der Bildungsstand der Gläubigen gering, das politische Bewußtsein unterentwickelt war und die Antisemiten konkrete Notstände oder Vorkommnisse zur Aufpeitschung der Leidenschaften benutzten, ließen sich auch Katholiken manipulieren und mitreißen[155]. Besonders unversöhnlich blieben sie den Juden gegenüber in Bayern und einigen rheinischen Gebieten, in denen sich katholische Tradition mit landschaftlicher Sonderart und ausgeprägtem Selbstvertrauen verband, oder in Regionen, in denen, wie etwa in Posen oder Oberschlesien, die sozialen Spannungen durch nationale Gegensätze verschärft wurden[156]. In der Regel schwelten auch in der katholischen Bevölkerung starke antijüdische Ressentiments weiter. Und ganz ohne Zweifel trugen auch immer

---

Gesamtverband der Evangelischen Arbeitervereine, dessen Vorsitz Pfarrer Lic. Weber übernahm. Dem Gesamtverband gehörten 1906 insgesamt 633 Vereine mit 122 197 Mitgliedern an. Bis zum Beginn des Ersten Weltkrieges wuchs die Mitgliederzahl auf etwa 172 000 an. Über den Einfluß Stoeckers auf die Arbeitervereine, StA Hannover, Ha 122 a XX, 36 und BA Koblenz, KL. Erw. 277; dort auch der zusammenfassende Bericht Hüpedens von 1926. Grundsätzlich dazu von *Petersdorff*, op. cit., 20 f.

* Siehe hierzu ebenfalls den bereits angeführten Beitrag von *Hermann Greive* in diesem Bande (Hrsg.).

[155] Bei den „Ritualmordaffären" in Xanten 1891 und Konitz 1900 haben Katholiken und vielfach auch Geistliche zur Aufpeitschung der Leidenschaften beigetragen. Sie wurden dabei von katholischen Blättern, u. a. auch von der Germania unterstützt (vornehmlich die Nummern vom 13.–26. Juli 1892). Vgl. auch *Oscar Lehmann*, Hildesheimers Abwehrtätigkeit, in: Hirsch Hildesheimer. Ein Gedenkbuch, Berlin 1911, 8 ff. Aber auch sonst haben katholische Blätter selten eine Gelegenheit vorübergehen lassen, die Erregung gegen die Juden zu schüren. Germania XXII, Nr. 282 (8. Dezember 1892); Rheinische Volksstimme, II, Nr. 127 (5. Juni 1895). In diesem Artikel wird die Judenfrage ausdrücklich als „Racenfrage" behandelt.

[156] Neue Bayerische Landeszeitung (Würzburg) Nr. 186 (17. August 1895); Nr. 187 (19. August 1895), besonders der Artikel Die Juden bei Bismarck. Noch entschiedener und radikaler bezog die von Dr. Sigl herausgegebene Zeitung Das Bayerische Vaterland Position. So etwa in dem Artikel Zur Judenfrage, XXVIII, Nr. 14 und 15 (18. und 19. Januar 1896), der mit der Drohung schloß: „Rußland griff zur zwangsweisen Ausweisung, und wenn wir bei unserer Verfassung zu einem solchen Radikalmittel noch nicht greifen können, so kommt vielleicht einmal die Zeit, in der eine andere Auffassung herrscht." Einige Zeit später wurde die Diskussion in dem Blatt noch einmal aufgenommen, Nr. 71 (27. März 1896). Dabei wurde abermals konstatiert: „Es handelt sich nicht darum, gegen das Judentum zu hetzen, sondern darum, es möglichst unschädlich zu machen".

wieder Geistliche und einzelne Verbandsfunktionäre dieser Tatsache Rechnung, wenn es ihnen zweckmäßig erschien[157].

Inzwischen war aber den politischen Repräsentanten des katholischen Volksteils doch klargeworden, welche Gefahren ein Bündnis mit Kräften heraufbeschwor, die kaum zu beeinflussen und noch weniger zu kontrollieren waren. Weit mehr als den Protestanten war ihnen bewußt, daß die Antisemiten nicht nur gegen das Judentum, sondern gegen die Religion überhaupt Sturm liefen und viele von ihnen Wegbereiter biologisch-materialistischer Ideologien waren. Zudem vermochten sich die Katholiken auch nicht so vorbehaltlos mit dem nationalen Staat zu identifizieren wie die protestantische Mehrheit der Bürger. Sie wahrten dem evangelischen Hohenzollernreich gegenüber stets eine gewisse Distanz. Zwar befanden sie sich nach der Beendigung des Kulturkampfes nicht mehr in einer Verteidigungsposition, aber Wachsamkeit und Skepsis waren angesichts der antikatholischen Ressentiments in einflußreichen Hof- und Regierungskreisen und insbesondere in der preußischen Beamtenschaft durchaus geboten. Die politisch führenden Kreise des deutschen Katholizismus fragten sich mit Recht, wohin sie als die „zu ewiger Minderheit Verurteilten in Deutschland und Preußen kommen" würden, wenn sie ihre Hand dazu böten, „einer noch kleineren Minderheit ihre politische Gleichberechtigung zu nehmen". Ihnen war vollauf bewußt, daß die in der Verfassung verankerten Rechte der Juden nicht angetastet werden dürften, wenn Präzedenzfälle, die etwa ein Vorgehen gegen polnischsprachige Katholiken in den preußischen Ostprovinzen ermöglichten, verhindert werden sollten. Nachdrücklich mahnten sie die Gläubigen, allen Versuchungen des Antisemitismus zu widerstehen eingedenk des Spruches: „Was Du nicht willst, das man Dir tu', das füg' auch keinem andern zu"![158]

Der Antisemitismus wurde in der Wilhelminischen Ära vornehmlich eine Angelegenheit der protestantischen Mehrheit des deutschen Volkes. Der Zerfall der alten sozialen Ordnungen, der forcierte und oft recht gewaltsame Übergang von der altständischen Agrar- zur modernen Industriegesellschaft hatten schwere Störungen zur Folge. Nur reagierten die Menschen je nach dem Grad ihrer religiösen Verankerung sehr unterschiedlich darauf. Es zeigte sich, daß das soziale Verhalten der Menschen nicht allein von ökonomischen Faktoren bestimmt wird, sondern auch von religiösen Grundhaltungen und

---

[157] So etwa auch in katholischen Arbeitervereinen. Aus dem Tagebuch eines Arbeiterpräses. Präsides-Korrespondenz, hrsg. von *August Pieper*, Jg. 15, 1902, 311; Historisch-politische Blätter für das katholische Deutschland, 108. Bd., 1891, 141 ff.

[158] Die deutschen Katholiken und die Judenfrage. Der Volksverein. Stimmen aus dem Volksverein für das katholische Deutschland. 1893, Heft 2–3, 36 ff., bes. 46; ähnlich hatte vorher bereits die Kölnische Volkszeitung argumentiert: 33. Jg., Nr. 186 (3. April 1892) und in einer Nummer, die auszugsweise auch in anderen Blättern abgedruckt wurde. Zitiert nach Leipziger Zeitung, Nr. 38 (16. Februar 1892), BA Koblenz, ZSg 113, Nr. 15.

kirchlichen Bindungen. Mit Recht ist darauf hingewiesen worden, daß die Kraft jahrhundertealter christlicher Traditionen das Sozialverhalten der Menschen noch in der Periode der Säkularisierung bestimmte und der Einfluß alter Überlieferungen selbst noch bei Menschen in Erscheinung trat, die sich dessen überhaupt nicht mehr bewußt waren[159].

Der deutsche Katholizismus, der im Verlauf des Kulturkampfes an Entschlossenheit und Glaubensstärke gewonnen hatte, entfaltete eine außerordentliche religiöse und soziale Integrationskraft. Kirchliche Institutionen, Vereine und Verbände bestimmten und sicherten die Existenz der Gläubigen maßgeblich. Sie konnten Krisen besser bestehen, weil sie sich, gestützt auf die Gemeinschaft, leichter und effektiver veränderten Lebens- und Umweltsbedingungen anzupassen vermochten, und erwiesen sich nicht zuletzt deshalb säkularen Heilslehren und Ideologien gegenüber als sehr viel resistenter. Sofern sie doch in deren Sog gerieten, wahrten sie wenigstens den religiösen Vorbehalt; sie verschrieben sich dem „Zeitgeist" nicht so total wie andere Staatsbürger.

Die Evangelische Kirche dagegen bot als „Predigtanstalt des Staates" den Menschen weder Glaubensgewißheit noch sozialen Halt im Existenzkampf. Die protestantischen Theologen hatten im neunzehnten Jahrhundert mehr und mehr an den großen geistigen Bewegungen partizipiert. Was sie dadurch auf der einen Seite an Aktualität gewannen, verloren sie auf der anderen durch Realitätsferne. Sie begriffen immer weniger die soziale Wirklichkeit, in der die überwiegende Mehrheit der Gemeindemitglieder lebte. Durch die Allianz „von Thron und Altar" und die Adaptation der zeitgenössischen politischen Theorien gelang es der protestantischen Kirche zwar, den Exodus des politisch bewußten Bürgertums zu verhindern, aber die Mehrheit der Gläubigen entbehrte doch echten geistlichen Beistand und insbesondere jede soziale Verpflichtung der kirchlichen Leitungsgremien. Was an bindender innerer Kraft fehlte, wurde durch Eifer in der Auseinandersetzung mit dem vermeintlichen äußeren Gegner ersetzt. Um die „Nationalität" unlösbar mit der Religion zu verknüpfen, brauchte man die Fiktion des kompromißlosen jüdischen Feindes[160].

---

[159] *Hermann Greive*, Verspätete Aufklärung und sakraler Nationalismus. Zu den christlichen Voraussetzungen der deutschen Ideologie, 2. Teil, in: Werkhefte. Zeitschrift für Probleme der Gesellschaft und des Katholizismus, 24. Jg. (März 1970), 68.

[160] *Paul de Lagarde*, Über die gegenwärtigen Aufgaben der deutschen Politik. Deutsche Schriften, München 1924, 30. Lagarde sah in der Tatsache, daß die „Juden aus Palästina stammen", keinen Grund, sie nicht „in den großen Schmelztiegel" der Nation hineinzuwerfen. Was die Einschmelzung der Juden unmöglich mache, sei allein der Umstand, daß bei ihnen „die Nationalität unlösbar mit der Religion verknüpft" sei. Die Juden bildeten eine eigene Nation, und Lagarde hielt es für „unmöglich, eine Nation in der Nation zu dulden".

V

Die neue – zweite – Welle des Antisemitismus im letzten Jahrzehnt vor der Jahrhundertwende wurde durch die Wandlungen in der Wirtschafts- und Innenpolitik nach dem Sturz Bismarcks, namentlich durch die Aufhebung des Sozialistengesetzes, ausgelöst. Solange die Arbeiterbewegung verboten und verfolgt war, fühlten sich die Führungsschichten und das Bürgertum leidlich sicher. In dem Augenblick aber, in dem die Entscheidung über die Aufhebung des Ausnahmegesetzes gefallen war, verbreitete sich Unruhe, ja sogar Angst, in größeren Kreisen des Bürgertums, und zwar primär in den protestantischen Landesteilen.

Überall begann eine rege organisatorische und agitatorische Betriebsamkeit mit dem Ziel, Schutzwälle zu errichten. In einigen bürgerlichen Kreisen war das Selbstbewußtsein so unterentwickelt, daß die Propagandakampagne hauptsächlich dem Zweck diente, sich selbst Mut zu machen. In der Regel sollte mit allen Aktivitäten Vorsorge getroffen werden, daß nicht weitere Arbeiter, vor allem aber keine Bauern, Handwerker, Angestellten und unteren Beamten in das Lager der Sozialisten übergingen. Eine Abwanderung der interessenmäßig so unterschiedlich festgelegten und bewußtseinsmäßig ganz uneinheitlich geprägten Mittelstandsschichten und in deren Folge die Katastrophe der etablierten bürgerlichen Parteien und der Verfall der bestehenden politischen Ordnung sollten um jeden Preis verhindert werden.

Kleine nationalistische Gruppen wollten von den inneren Spannungen und „Sorgen" durch eine aktive, ja aggressive Außenpolitik ablenken[161], durch eine dynamische Kolonialpolitik der Nation permanente Aufgaben stellen und damit zugleich auch deren Wohlstand vermehren. Gerade die Antisemiten gehörten zu den frühesten und entschiedensten Verfechtern deutscher Kolonial- und Machtpolitik. Ihrer Auffassung nach war das deutsche Volk aufgrund seiner rassischen und biologischen Kraft, seiner militärischen und politischen Leistungsfähigkeit zum Herrschen besonders qualifiziert[162].

---

[161] Sorgen, Die Grenzboten, 50. Jg., I (1891), 385 ff. Der Verfasser des Aufsatzes vertrat die Auffassung, daß „Deutschland im Auslande längst nur noch als der Esel in der Löwenhaut gewürdigt werde". Es könne diese Geringschätzung nur durch eine aktivere Kolonialpolitik und kein so großes „Entgegenkommen gegen England" beenden. „Wonach man sich sehnt, ist eine Tat, an der sich das politische Ehrgefühl der Nation wieder aufzurichten und zu erfrischen vermöge" (aaO, 388).

[162] Der christlich motivierte Gedanke, daß Gott die Deutschen zur Begründung seiner Herrschaft auserwählt habe, wie er vor der Reichsgründung etwa von Constantin Frantz vertreten worden war (Brief an R. Wagner vom 26. Januar 1866, siehe Anm. 19), wurde mit fortschreitender Säkularisierung immer mehr materialisiert und vergröbert. Die besten Köpfe glaubten noch an die geistig-kulturelle Mission der Deutschen, die Mehrheit dagegen allein an die biologische Volkskraft, die zu besonderen militärischen und politischen Leistungen befähige. Dieser Vorstellung lag mehr oder weniger bewußt bereits der von einer Minderheit vertretene Gedanke der ras-

Das „Klein-Deutschland" bismarckscher Prägung, wie es 1871 entstanden war, durfte daher allenfalls eine „vielleicht unumgängliche, vielleicht notwendige Etappe auf dem Marsche nach Groß-Deutschland" sein [163]. Nur durch eine kompromißlose nationale Machtpolitik glaubten die antisemitischen „Reformer" den „Mißmut und die Kleingläubigkeit" des Bürgertums überwinden, den „Zustand der Ebbe im geistigen und nationalen Leben" beenden, eine Hochstimmung erzeugen und diese für die Ausbildung eines Ausnahmerechts gegen die jüdische Minderheit im Innern nutzen zu können [164].

Als wichtigste Voraussetzung jeder ehrgeizigen, ausgreifenden Politik wurde die innere Geschlossenheit der Nation bezeichnet. Konsequent erscholl deshalb der Ruf nach einem Zusammenschluß aller „Ordnungsparteien". Doch da meldeten sich sogleich die ersten Zweifler zu Wort. Garantierte ein Block der sogenannten Ordnungsparteien wirklich einheitliches Handeln und insbesondere hinreichenden Schutz gegen ein weiteres Vordringen der Sozialisten? Den bestehenden Parteien wurde doch gerade der Vorwurf gemacht, „alles beim Alten" gelassen, die staatliche Exekutive nicht gestärkt zu haben. Sie galten darüber hinaus als Verantwortliche für den Verfall der gesellschaftlichen Ordnung, weil sie dem „freien Spiel der Kräfte" nicht Einhalt geboten und nichts zur Sicherung und Unterstützung des Mittelstandes getan hätten [165]. Die Antisemiten und die mit ihnen sympathisierenden Kreise konstatierten mithin, daß sich die Parteien überlebt hätten [166] und es deshalb gelte, sie absterben zu lassen und statt ihrer eine neue, in die letzten Lebensbereiche vordringende „Bewegung" zur nationalen und sozialen Erneuerung des deutschen Volkes auszulösen. Der „tatenlose Pessimis-

---

sischen Überlegenheit des deutschen Volkes zugrunde. Bernhard Förster war in seinen 1883 veröffentlichten „Gedanken" über das „Deutschland der Zukunft" schon davon überzeugt, „daß mit dem Bayreuther Werke alle gesunden Reformgedanken – keineswegs bloß auf dem Felde der Kunst – zusammenhängen: die soziale Frage mit ihrem ganzen Gefolge von ,Fragen', und somit auch die Angelegenheit der deutschen Kolonien ... Nun gibt es keine sichereren Symptome der Lebenskraft und Lebensfähigkeit eines Organismus als den Trieb nach Ausdehnung, Vergrößerung, Erweiterung seines Wesens. Wenn die Fortpflanzungsfähigkeit der natürlichste und untrüglichste Maßstab für die Gesundheit, Kraft und Lebensfähigkeit eines Menschen ist, so gilt für ein Volk die Tatsache, daß es als gesund und normalen Zustandes zu betrachten ist, solange es sich zu vergrößern und zu erweitern ... trachtet und vermag." (*Bernhard Förster*, Ein Deutschland der Zukunft, Bayreuther Blätter, 6. Jg. [1883], 45.)

[163] Lagarde in einem Brief an den Prinzen, späteren Kaiser Wilhelm vom 6. April 1886. L. überreichte dem Prinzen als dem geborenen „Führer der jetzigen Jugend" die im gleichen Jahr erschienene Gesamtausgabe seiner Deutschen Schriften. (*Anna de Lagarde*, op. cit., 105.)

[164] Die herrschende Unzufriedenheit und ihre Gründe, Die Grenzboten, 52. Jg., II (1893), 529.

[165] Der Zusammenschluß aller Ordnungsparteien, Die Grenzboten, 50. Jg., I (1891), 98.

[166] *Anna de Lagarde*, op. cit., 106.

mus" der Parteien, „der sich auf eine flaue Verteidigung beschränkt", sollte
beseitigt, und die Jugend sowie die politisch bislang nicht aktiven Bevölkerungsgruppen mit einem „hoffnungsvollen Kampfesmut" erfüllt werden, der
entschlossen „zum Angriff führt gegen alles, was verderblich und verkehrt
ist" und der Integration in die deutsche Schicksalsgemeinschaft wider-
strebe[167]. In „einem frischen, fröhlichen Angriffskrieg gegen die zur Zeit noch
sozial äußerste Linke" sollte die neue „Volksbewegung" nach dem Willen
ihrer geistigen Führer erstarken und sich konsolidieren. Durch die Verbindung nationaler und sozialer Ziele hoffte man die Zauberformel gefunden
zu haben, die den „Zusammenschluß aller staatserhaltenden Elemente"
garantierte. Die Entlassung Bismarcks, die in „weiten Kreisen des deutschen
Volkes" mit einem „Gefühl der Befreiung aufgenommen" worden war[168],
bewirkte eine Freisetzung lange gebändigter und aufgestauter Energien. Sie
wurden vornehmlich von denen aufgefangen, die im Kampf gegen die Juden
und Sozialisten ihr „hohes nationales Ziel gefunden zu haben" glaubten[169].

Die Dynamik, die nun die deutsche Gesellschaft erfaßte, zeitigte jedoch
andere Resultate, als sich die ewigen Rufer nach der Einheit der Nation gewünscht hatten. Nicht die mächtige, neue Reformpartei entstand, sondern
zahlreiche Splitterparteien, Vereine und Verbände mit unterschiedlichsten
politischen, wirtschaftlichen und kulturellen Programmen traten in Aktion.
Viele von ihnen erlangten überhaupt nur regionale Bedeutung, politisches
Gewicht hatten nur wenige. Die meisten dieser neuen antisemitischen Organisationen stritten widereinander, manche vereinigten sich, zerfielen, konsti-
tuierten sich wieder[170]. Die Wirksamkeit dieser Zusammenschlüsse und sektiererischen Gruppen sollte auf keinen Fall überschätzt werden. Im Zusammenhang mit der judenfeindlichen Indoktrination des Volkes haben sie aber
vorübergehend und partiell Bedeutung erlangt. An einer Fülle von Beispielen läßt sich zeigen, wie der Antisemitismus auf diesem Weg in den neunziger Jahren bis in die letzten Bürgervereine vordrang, in Heimatvereinen
und Kulturbünden Einzug hielt[171].

---

[167] Der Zusammenschluß aller Ordnungsparteien, Die Grenzboten, 50. Jg., I
(1891), 99 ff., bes. 102; *Leuß*, aaO, 332.

[168] *Walter Bußmann*, Wandel und Kontinuität der Bismarck-Wertung, in: Revision
des Bismarckbildes. Die Diskussion der deutschen Fachhistoriker 1945–1955, hrsg. von
Hans Hallmann, Wege der Forschung, Bd. CCLXXXV, Darmstadt 1972, 489.

[169] *Pohlmann*, op. cit., 10: „Bei dem Judenhaß der gebildeten Klassen wirkt noch
etwas anderes mit, was man füglich als irregeleitete Vaterlandsliebe oder Chauvinismus bezeichnen könnte." Da das Volk nach der Reichsgründung kein hohes nationales Ziel mehr besaß, habe es „in seinem dunklen Drange nach einer Betätigung der
ihm innewohnenden Lebenskraft" gesucht. „So ist es denn gekommen, daß Tausende
hochgebildeter Deutscher in der Bekämpfung des Judentums ein hohes nationales Ziel
gefunden zu haben glauben."

[170] Der Kampf mit geistigen Waffen gegen die Sozialdemokratie, Die Grenzboten,
49. Jg., IV (1890), 500.

[171] *Arthur Obst*, Geschichte der Hamburgischen Bürgervereine. Festschrift zur

Mit seinem neuerlichen Aufschwung nahm der Antisemitismus eine noch verwirrendere Vielgestaltigkeit, ja nicht selten chaotische Widersprüchlichkeit an. In vielen Fällen war ein Antisemit des anderen ärgster Feind. Die einzelnen Gruppen und deren oft recht dubiose Repräsentanten befehdeten sich mit dem Eigensinn von Weltverbesserern. Bei alledem darf jedoch nicht übersehen werden, daß der Antisemitismus trotz aller Widersprüche und Unzulänglichkeiten die einzige, wenn auch noch so bescheidene „Theorie" war, die dem Liberalismus als der Ideologie des kapitalistischen Systems und insbesondere dem Sozialismus entgegengestellt werden konnte und das Bürgertum auf eine „gemeinsame Formel zu bringen geeignet" war [172]. Daß diese Formel eine so große Verbindlichkeit besaß, hat kaum jemand geglaubt, solange sich die unterschiedlichsten politischen, ökonomischen und gesellschaftlichen Interessen die Waage hielten, sich zeitweilig sogar paralysierten. Erst als dieses Gleichgewicht während des Ersten Weltkrieges zerstört wurde, trat das erschreckend in Erscheinung.

Von großer Tragweite war in den neunziger Jahren des vorigen Jahrhunderts, daß der Antisemitismus primär in die Verbände eindrang, der Begründung ihrer Interessen dienstbar gemacht und in manchen zur beherrschenden Ideologie wurde. Daß Freiherr von Fechenbach-Laudenbach, Theodor Fritsch und dessen ergebene Gefolgschaft vornehmlich die Handwerker anzusprechen versuchten, hatte gute Gründe. Diese zahlenmäßig starke Schicht suchte einen politischen Rückhalt. Sie sah ihre Interessen bei den etablierten Parteien nicht oder nur unvollkommen gewahrt. Zu den Sozialdemokraten aber fühlten sich die Handwerker schon recht nicht hingezogen, da ihnen diese den sozialen Abstieg und die Proletarisierung in Aussicht stellten. So ließen sie sich nur zu bereitwillig von denen organisieren, die ihrem Selbstvertrauen schmeichelten und ihnen versicherten, sie seien einer der wichtigsten schaffenden Stände und bildeten das Fundament, auf dem der Staat ruhe. Ihr Stand sei zwar durch die Einführung der Gewerbefreiheit von vielen Hemmnissen befreit, zugleich aber auch jedes Schutzes beraubt worden. Der Staat müsse ihn im Interesse der Selbsterhaltung wieder gewähren. Diese Argumentation drang nach und nach in die letzten pro-

---

Feier des 25jährigen Bestehens des Zentralausschusses Hamburgischer Bürgervereine am 10. Juni 1911, Hamburg 1911, 115; vor der Reichsgründung war Marr wegen eines antisemitischen Zeitungsartikels zum Ausscheiden aus seinem Bürgerverein gezwungen worden (aaO). In den neunziger Jahren waren die Bürgervereine mehrheitlich bereits so antisemitisch und nationalistisch, daß die Sozialdemokraten ihren Mitgliedern rieten, sich von ihnen völlig fernzuhalten. Andere Beispiele: Deutsches Blatt, Nr. 86 (27. Oktober 1897); *Adolf Bartels,* Aufgaben der Heimatkunst, Der Kunstwart, 14. Jg. (November 1900), 131; über die Arbeit des Deutschen Jugendbundes in Kassel gibt der Bericht Hüpedens guten Aufschluß. BA Koblenz, Kl. Erw. 227; Deutsch-nationale Warte, 1. Jg., Nr. 1 (16. Oktober 1894); autobiograph. Bericht Alfred Autenrieths, Stuttgart, über seine Lehrzeit. BA Koblenz, NS 26/1207.

[172] *Theodor W. Adorno,* Zur Bekämpfung des Antisemitismus heute, in: Das Argument, Nr. 29 (1964), 89.

testantischen und allgemeinen Handwerkervereine und Innungen vor. In die katholischen Standesvertretungen fand sie dagegen kaum Eingang, da diese den Selbstschutz organisierten.

Da sich die Handwerker organisierten, bevor die bürgerlichen Parteien einen nennenswerten Mitgliederstamm und damit einen festen Rückhalt im Lande besaßen, wurden sie beim Werben um die Gunst der Wähler von den antisemitisch orientierten Handwerkerverbänden oft unter Druck gesetzt und zu weitgehenden Zugeständnissen gezwungen. Lehnten die Parteien ab, erlitten sie bei den Wahlen häufig spürbare Einbußen[173]. Davon betroffen waren an erster Stelle die Konservativen, in einigen Gebieten auch die Nationalliberalen, die gleichwohl im allgemeinen ihren Grundsätzen treu blieben und nur in Sachsen den Antisemiten entgegenkamen[174].

Nachdem sich einmal erwiesen hatte, wie mühelos sich mittelständisches Interesse unter Zuhilfenahme des Antisemitismus ideologisch überhöhen und vertreten ließ, wurde dieser zur beherrschenden Ideologie der meisten Mittelstandsorganisationen. Es waren junge Handwerker und Kaufmannsgehilfen, deren politisches Bewußtsein vornehmlich in evangelischen Jugendgruppen gebildet worden war, die Einfluß in Teilen der rasch anwachsenden Angestelltenschaft erlangten und 1893 den Deutschnationalen Handlungsgehilfenverband (DHV) gründeten[175]. Diese Organisation wurde, wie es verbandsoffiziell hieß, „aus dem Antisemitismus heraus geboren", und stellte sich ganz in seinen Dienst. „Von dieser Flutwelle kommen wir nicht los", erklärte der Vorstand anläßlich des ersten Verbandstages, „und tun gut, uns von ihr forttragen zu lassen". Die Verbandsfunktionäre waren fest davon überzeugt, daß sie ohne politische und ideologische Festlegung zum Mißerfolg verurteilt seien[176]. So haben sie sich, jung und besessen von dem Glauben, der einzig richtigen „Weltanschauung" zu dienen, weit über das normale Maß hinaus engagiert. Gestützt auf die Vorarbeit der evangelischen Jugend-

---

[173] Die deutschsoziale Bewegung, Die Grenzboten, 52. Jg., III (1893), 386 ff.; Der Antisemitismus wie er ist. 1. Die soziale Seite. Die Grenzboten, 53. Jg., II (1894), 12 ff. und 3. Ausblicke, 249 ff.; *Alexander Burger*, Geschichte der Parteien des deutschen Reichstags, IV, Die Parteien der wirtschaftlichen Vereinigung, Gautzsch b. Leipzig 1910, 11; Der wildgewordene Kleinbürger und Bauer und die Wahlen, Die Neue Zeit, XI. Jg., Nr. 40 (1892/93), 389 ff.

[174] Die Fehler der nationalliberalen Partei, Die Grenzboten, 51. Jg., IV (1892), 345 f.

[175] Der Stadtmissionar Irwahn und der um ihn versammelte Kreis junger Menschen waren von Stoecker stark beeinflußt. Sie standen zudem in ständigem Gedankenaustausch mit Marr, von dem vor allem Raab programmiert worden war. Der Kern der Gründungsmannschaft des DHV kam aus diesen Kreisen. StA Hbg, NL Marr A 114, 188; vgl. auch *Iris Hamel*, Völkischer Verband und nationale Gewerkschaft. Der Deutschnationale Handlungsgehilfen-Verband 1893–1933, Veröffentlichungen der Forschungsstelle für die Geschichte des Nationalsozialismus in Hamburg, Bd. VI, Frankfurt a. Main 1967, 52 ff.

[176] Johannes Irwahn anläßlich des ersten außerordentlichen Verbandstages in Hamburg am 1. Dezember 1895, Deutsche Handels-Wacht, 3. Jg., Nr. 3 (1. Februar 1896).

und Jungmännervereine, konnte sich der DHV rasch ausbreiten und bald eine aktive Rolle in der antisemitischen Bewegung in Deutschland spielen[177]. Ob der DHV in den beiden Jahrzehnten vor dem Ersten Weltkrieg tatsächlich „die stärkste Säule aller judengegnerischen Bewegungen" wurde, wie Mitglieder und Freunde meinten, mag dahingestellt bleiben. Unbestreitbar ist auf jeden Fall, daß die aktivsten Mitglieder der antisemitischen Parteien aus dem DHV kamen, sie von ihm materiell unterstützt wurden und er nach und nach zur großen „Rekrutenschule für den politischen Antisemitismus" wurde[178].

Nicht ganz so aktiv und betont einseitig hat sich der zweite von der antisemitischen Woge emporgetragene Interessenverband betätigt. Die Großgrundbesitzer hatten den Bund der Landwirte (BdL) – ebenfalls 1893 – ins Leben gerufen, nicht weil sie ein Vordringen der Sozialdemokraten in die agrarischen Regionen des Reiches fürchteten, sondern weil es ihnen in einer konkreten Situation nötig erschien, ihre Interessen massiv zur Geltung zu bringen. Es ging ihnen primär darum, den Einfluß der Landwirtschaft im System des Hochkapitalismus wieder zu stärken und unter Ausnutzung gesellschaftlicher Machtpositionen nachdrücklicher in die politischen Entscheidungsprozesse einzugreifen[179].

Der Bund der Landwirte trat – das konnte bei dem ausgeprägten Standesbewußtsein seiner Repräsentanten nicht verwundern – mit dem Anspruch

---

[177] 1893 gegründet, zählte der DHV 1900 bereits 40 205, zehn Jahre später 108 795 und 1914 insgesamt 144 217 Mitglieder. Der DHV im Jahre 1931. Rechenschaftsbericht erstattet von seiner Verwaltung, Hamburg 1932, 39; Auf die Vorarbeit der evangelischen Vereine ist auch später immer wieder hingewiesen worden, so etwa von *Paul Bröcker,* Adolf Stoecker, Deutsche Handels-Wacht, 35. Jg., Nr. 3 (10. Februar 1928), 41; eine Überprüfung einiger Dutzend Lebensläufe früherer DHV-Mitglieder bestätigt dieses Bild eindeutig. Alfred Roth, Notizen für eine Biographie, Archiv Forschungsstelle Hamburg (Fst Hbg), 11 R 14; Lebenslauf Eugen Clauß von 1936, Fst Hbg 12 Cl; *Hans Irwahn,* Bilder aus der Urgeschichte des DHV, Hamburg o. J., 13 ff.; StA Hbg, Polizeibehörde, Abtlg. IV, 4013, Vol. II.

[178] *Max Maurenbrecher,* Zwischen zwei Feuern. Deutsche Zeitung, 27. Jg., Nr. 537 (30. November 1922); Mitteilungen aus dem Verein zur Abwehr des Antisemitismus (Mitteilungen), XXIII, Nr. 4 (12. Februar 1913). Der DHV bot vor allen Dingen die „Ausbildungsgelegenheit" für den antisemitischen „Führernachwuchs". Der nationalsozialistische Gauleiter Murr, der selbst aus dem DHV kam, war stolz auf seine ideologische Herkunft und erklärte 1933 aus besonderem Anlaß, daß die „DHVer die Nationalsozialisten der Vorkriegszeit" gewesen seien. Max Warming in dem Geburtstagsartikel für Eugen Clauß, Fst Hbg, 12 Cl.

[179] *P. K. Rosegger,* Der Bauernstand unsre Rettung, Die Grenzboten, 51. Jg., I (1892), 514 f.; der schlesische Pächter Ruprecht hatte in dem Aufruf, der das Signal zur Gründung des BdL gab, dazu aufgefordert, „rücksichtslose und ungeschminkte Interessenpolitik" zu treiben. Zitiert nach: Antisemiten-Spiegel, 2. Aufl., Danzig 1900, 57; generell dazu: *Hans-Jürgen Puhle,* Agrarische Interessenpolitik und preußischer Konservatismus im wilhelminischen Reich (1893–1914). Ein Beitrag zur Analyse des Nationalismus in Deutschland am Beispiel des Bundes der Landwirte und der Deutsch-Konservativen Partei, Hannover 1966, 33.

auf, „das erste und bedeutendste Gewerbe" Deutschlands zu vertreten, von
dessen Wohl und Wehe der Bestand des Reiches und der Einzelstaaten entscheidend abhänge. Da die maßgeblichen Kreise des Bundes sehr wohl wußten, daß die ostelbischen Großgrundbesitzer andere Interessen verfolgten als
etwa die schleswig-holsteinischen und hessischen Bauern, unterblieb eine präzise Festlegung der Forderungen und Ziele. Die Führungsgremien und mächtigen Gönner des Bundes waren sich völlig im klaren, daß sie Anhänger unter
den kleinen Bauern und den von der Landwirtschaft abhängigen Handwerkern brauchten, um ihre Ansprüche wirksam zu vertreten. Als nahezu einziges Mittel, sie zu gewinnen und bei der Stange zu halten, bot sich der
Antisemitismus an. Im Ressentiment gegen Andersgläubige und Fremde fanden sich die Großgrundbesitzer mit dem Dienstpersonal und Gesinde, die
großen Pächter, mittleren Bauern und ländlichen Handwerker, die ihr kärg-
liches Dasein durch die Bewirtschaftung eines Stückchens Land ein wenig verbesserten, trotz vieler Gegensätze und Feindschaften immer zusammen.
    Da der BdL finanzstarke Mitglieder und Förderer hatte, konnte er sich
rascher ausdehnen als andere Organisationen, zumal er in den agrarischen
Provinzen Preußens keinerlei ernsthafte Konkurrenz hatte. Daß die antisemitische Agitation des Bundes von Anfang an so effektiv war, beruhte
ganz wesentlich darauf, daß Aktivisten und Gründungsmitglieder der Vereine deutscher Studenten wie Diederich Hahn, die Publizisten Bley und
Schmidt-Gibichenfels sowie zahlreiche große und kleine regionale Funktionäre in seinen Dienst traten. Die Landbündler verpflichteten zeitweilig auch
antisemitische Parlamentarier und Parteiführer, sofern diese nicht gegen die
Grundsätze der preußisch-konservativen Verbandspolitik verstießen[180]. Bei
der Vorarbeit, die Böckel bei den Bauern in Hessen, Dr. König bei denen in
Westfalen, Fritsch und seine Anhänger in Sachsen, Liebermann von Sonnenberg und andere in den nord- und ostdeutschen Agrargebieten Preußens
geleistet hatten, fiel es dem BdL nicht schwer, binnen weniger Jahre dort
Fuß zu fassen und ein immer engeres und festeres Organisationsnetz über
das Land zu spannen. Mit Hilfe des Genossenschaftswesens konnte der Bund
auch massive wirtschaftliche und politische Pressionen ausüben.
    In den Dörfern wurden die Landbündler nachhaltig von evangelischen
Geistlichen unterstützt, die entweder aus Überzeugung oder aber auf Geheiß
ihrer konservativen, meist dem BdL angehörenden Patronatsherren „im Namen der Religion der Liebe die blutigste Verhetzung" trieben und damit eine
besonders schwere Verantwortung auf sich luden[181]. Sie wußten oft nur zu

[180] BA Koblenz, Kl.-Erw. 230–1; *Puhle,* op. cit., 111 ff.

[181] Unsere Bewegung. Antisemiten-Kalender 1898, 45; Politisches Handbuch der
Nationalliberalen Partei, Berlin o. J. [Dezember 1907], 42; *Friedrich Lorenzen,* Die
Antisemiten, Berlin-Schöneberg 1912, 20 f.; Neue Erkenntnisse bringt auch das Ein-
leitungskapitel der kurz vor dem Abschluß stehenden Dissertation von Rolf Rietzler
über die Frühzeit der NSDAP in Schleswig-Holstein; das Zitat aus der Broschüre
von *[Raphael Löwenfeld],* Schutzjuden oder Staatsbürger? Von einem jüdischen

genau, daß die Nöte der Landbevölkerung ganz andere Ursachen hatten als die von ihnen behauptete Ausbeutung durch die Juden, daß die Landarbeiter etwa unter der harten Hand der Gutsherren litten und unter sozialen Bedingungen zu leben gezwungen waren, die es unmöglich machten, aus eigener Kraft ein menschenwürdiges Dasein zu erringen. Funktionäre, Agitatoren und Helfer des Bundes der Landwirte bemühten sich nicht einmal ansatzweise darum, die wirtschaftlich von den Großgrundbesitzern abhängigen Menschen, insbesondere die Landarbeiterschaft, aus ihren unwürdigen sozialen Verhältnissen herauszuführen. Statt dessen predigten sie ihnen Haß und drückten so die in oft erniedrigender persönlicher Abhängigkeit Lebenden durch die Weckung gemeiner Triebe noch weiter herab, nur um sie in den Dienst ihrer Interessen zu stellen [182].

Die permanente Aufreizung dumpfer Instinkte und deren Ausnutzung für Gruppeninteressen ist von kritischen und weiterschauenden Standesgenossen als gefährlich erkannt und getadelt worden. Zudem kollidierten die Ziele des Bundes der Landwirte mit denen antisemitischer Mittelstandsgruppen. Insbesondere ein guter Teil des Bildungsbürgertums fühlte sich von diesen Methoden abgestoßen. Aber nur wenige Intellektuelle und Publizisten, die den Antisemitismus in der Auseinandersetzung mit dem Liberalismus als nützlich verwendet hatten, besannen sich nun und trennten sich von ihm [183]. Vornehmlich die dem neudeutschen nationalen Idealismus verpflichteten Akademiker waren durch das hemmungslose Machtstreben der antisemitischen Verbandsfunktionäre schockiert, nicht zuletzt weil es gepaart war mit einer bis dahin beispiellosen Unbedenklichkeit in der Wahl der Mittel [184].

Staatsbürger, 3. Aufl., Berlin 1893, 4, ist dort nur auf Stoecker bezogen, gilt aber viel allgemeiner.

[182] Der hessische Antisemit Böckel, der die Junker nicht minder als die Juden haßte, hat dem BdL in der ihm eigenen brutalen Form vorgeworfen, er „führe Polacken und sonstiges Stimmvieh schnapsbenebelt zur Wahlurne". Er meinte damit die polnischen und deutschen Arbeitskräfte in den großen landwirtschaftlichen Betrieben in den preußischen Ostprovinzen. Die Antisemiten im Reichstag, Berlin 1903, 19; *Hellmut von Gerlach*, Von rechts nach links, Zürich 1937, 22 ff.; Deutsche Sozialgeschichte. Dokumente und Skizzen, Band II, 1870–1914, hrsg. von *Gerhard A. Ritter* und *Jürgen Kocka*, München 1974, 188 ff. und 417 f.

[183] Die bedeutendste Persönlichkeit, die sich abwandte, war zweifellos A. Wagner. Er hat sich wiederholt in Veranstaltungen der Christlich-Sozialen vom Antisemitismus und auch von seinem Freund Stoecker distanziert. Kölnische Volkszeitung, Nr. 241 (2. Mai 1892); selbst Treitschke hat sich in den neunziger Jahren stärker zurückgehalten. Für Antisemiten wie den Frh. von Fechenbach waren Fritsch und Ahlwardt reine Revolutionäre, mit denen er keinen Kontakt haben wollte. Auch Marr trennte sich 1893 von den Antisemiten, nachdem er sich 1891 über das „Gesindel" beklagt hatte, das sich im antisemitischen Lager gesammelt hatte, StA Hbg, NL Marr A 56 (18. Oktober 1884); A 65 (9. April 1891 und 6. Juni 1893).

[184] Hellmut von Gerlach berichtet, daß ihm Liebermann v. Sonnenberg auf die Frage nach grundsätzlichen Positionen der Partei geantwortet habe: „Erst wollen wir eine politische Macht werden. Dann wollen wir uns die wissenschaftliche Grundlage

Die von vielen gehegte Hoffnung, daß die Mehrheit des Bildungsbürgertums, vom Treiben der „Radauantisemiten" in den Verbänden angewidert, auf den Weg der politischen Mäßigung zurückkehren würde, erwies sich jedoch als irrig. Wer dem Antisemitismus einmal erlegen war, der löste sich selten ganz von ihm. Er nahm Anstoß an der politischen Praxis und den groben Agitationsmethoden, aber nur, um es auf „höherer Ebene" besser zu machen als die anderen. So breitete sich der Antisemitismus seit dem letzten Jahrzehnt des neunzehnten Jahrhunderts zunehmend im anspruchsvollen Schrifttum aus, wurde in literarischen und kulturellen Vereinigungen und Zirkeln heimisch, drang in die Spalten seriöser Zeitungen und Zeitschriften vor [185]. Da die sozialen Gruppen, ihrem ausgeprägten Standesbewußtsein gemäß, unter sich bleiben wollten, schufen sie sich jeweils eigene Vereine und Verbände mit kulturpolitischen, innen- oder außenpolitischen Programmen und Zielen. Der Antisemitismus wurde in allen der ideologisch ausschlaggebende Faktor.

Aus der großen Zahl dieser im letzten Jahrzehnt des vorigen Jahrhunderts entstandenen Organisationen sollen nur einige exemplarisch vorgestellt werden. Vor allen anderen muß auf den Alldeutschen Verband hingewiesen werden, der einer bewußt expansionistischen Machtpolitik durch die Erzeugung eines nationalistischen Radikalismus im deutschen Volk zum Durchbruch verhelfen wollte. Der Verband war zunächst nicht ausgeprägt antisemitisch, wurde es aber mit notwendiger Konsequenz, da er die totale Integration des Einzelnen in die Gemeinschaft und die Unterordnung unter einen vermeintlichen nationalen Gesamtwillen postulierte, die kein Angehöriger einer Minderheit ohne Preisgabe seiner Identität akzeptieren konnte.

Mit dem unklaren Ziel der „Pflege deutscher Art" und vornehmlich der Förderung der nordisch-germanischen Rasse formierten sich 1894, ein Jahr nach der Gründung des Alldeutschen Verbandes, zwei Vereinigungen, in denen sich „die Kernschar aller wirklichen Deutschen" zusammenschließen

---

für den Antisemitismus suchen." *von Gerlach*, op. cit., 112; Adolf Stern, der selbst mit dem Antisemitismus sympathisierte, schrieb am 12. Mai 1896 resigniert an Adolf Bartels: „Ich sehe … eine Jugend an der Arbeit, die in der Tat das Programm der sozialen Reform hat, die aber ihrem Wesen, ihrer Majorität nach eine kapitalistische Clique ist und sich der Vorteile ihrer günstigen äußeren Position mit vieler Brutalität bedient, die noch über die Brutalität der Börsenspekulanten hinauswächst." Privatbesitz.

[185] Vgl. dazu *Peter Zimmermann*, Der Bauernroman. Antifeudalismus-Konservativismus-Faschismus, Stuttgart 1975; *Adolf Bartels*, Heimatkunst. Ein Wort zur Verständigung, München/Leipzig 1904; das umfangreiche Schrifttum, meist recht unbedeutend, aber doch nicht ohne Einfluß, ist registriert in *Bartels* Deutsches Schrifttum, 1909 ff.; ich verweise hier nur auf die Romane von Bartels, Löns, Sohnrey, Polenz, Burte und vielen anderen. Ernst von Wildenbruch sprach 1894 angesichts des Streits um ein Heinedenkmal bereits von einem „geistigen Pauperismus", der sein „Caliban-Gesicht über Deutschland zu erheben beginnt". Frankfurter Journal, Nr. 163 (9. April 1894).

sollte: der Deutschbund und die Gobineau-Gesellschaft. Beide Organisationen wollten herausfinden, wie volksbewußte Deutsche zu handeln hätten, rassische Erkenntnisse in politische Aktivitäten umgesetzt werden könnten. Die Gesellschaften waren mitgliederschwach, in dieser Hinsicht nahezu unbedeutend. Aber die Intellektuellen und Publizisten, die sich in diesen Vereinen selbst bestätigten, haben eine so rege schriftstellerische Tätigkeit entfaltet, daß sie die antisemitischen Verbände und Parteien zu einem guten Teil mit dem dort benötigten „geistigen Rüstzeug" versorgten. Der Vorsitzende des Deutschbundes, Friedrich Lange, wirkte zunächst als Redakteur der *Täglichen Rundschau* stark auf die Meinungsbildung des nationalen deutschen Bürgertums ein. Ludwig Schemann, der Mentor der Gobineau-Gesellschaft hat als Übersetzer und Interpret das Werk des Franzosen für den politischen Gebrauch in Deutschland hergerichtet. Er sorgte dafür, daß Auszüge aus Gobineaus Rassenwerk in den Jahrbüchern der deutschnationalen Handlungsgehilfen und anderer „deutschbewußter" Verbände erschienen und Teildrucke für die politische Schulung zur Verfügung standen. Es gelang ihm sogar dank der Unterstützung durch mehrere Kultusministerien, die Lehrer- und Schülerbibliotheken der Gymnasien einiger Länder damit zu versorgen [186].

Die deutsche Wissenschaft und die Schichten des Volkes, die sich selbst bis in die Gegenwart hinein die Verantwortung für die Wahrung des abendländischen Kulturerbes zuschreiben, haben stets nur betont, was sie leisteten, nicht was sie unterließen. Indem sie die „Schuld" an dem Aufkommen und der Ausbreitung des Antisemitismus vornehmlich den „ungebildeten Kleinbürgern" zuschrieben, verdrängten sie die Erkenntnis, daß dieser nicht erst von Hitler „in die deutsche Kultur injiziert worden" ist, sondern schon lange vorher in die Bildungsschicht vorgedrungen war, „bis dorthinein, wo sie am allerkultiviertesten sich vorkam" [187], und daß sie diesen Prozeß selbst erleichtert oder ermöglicht hatte. Die rasche Industrialisierung weckte Zweifel an der Verbindlichkeit der kulturellen Überlieferung, die noch vermehrt wurden angesichts der Tatsache, daß das wirtschaftlich führende Bürgertum zu Wohlstand gelangte und dabei die Kulturgüter gering achtete. Es überrascht nicht, daß unter diesen Umständen auch in Wissenschaft und Kultur der Erfolg höher geschätzt wurde als überkommene Grundsätze. Über den

---

[186] *Friedrich Lange*, Reines Deutschtum, 4. Aufl., Berlin 1904; *Rudolf Küster*, Wesen und Ziele des Deutschbundes, Magdeburg 1895; *Ludwig Schemann*, Gobineau und die Gobineau-Vereinigung, Beilage zum IV.–VI. Stück der Bayreuther Blätter, 1902; *ders.*, Fünfundzwanzig Jahre Gobineau-Vereinigung 1894–1919, Straßburg–Berlin 1919; Alldeutsche Blätter, 29. Jg., Nr. 7 (15. Februar 1919). Die Gobineau-Vereinigung wurde zunächst getragen vom Bayreuther Patronatsverein, dann aber von einer Gruppe von Vereinigungen gefördert, u. a. vom Deutschbund, der Gesellschaft für Rassenhygiene, dem Bund für Heimatschutz, der Gesellschaft für deutsche Vorgeschichte, dem DHV, dem VdSt sowie dem Alldeutschen Verband.
[187] *Theodor W. Adorno*, Zur Bekämpfung des Antisemitismus heute, aaO, 104.

Erfolg aber entschied ein Publikum, das bejubelte, was es verstand, empfand und wünschte. Nicht mehr das umfassend gebildete Individuum, sondern der tüchtige und zweckmäßig angepaßte Staatsbürger, nicht mehr die kulturelle Veredelung der Menschheit, sondern Reichtum und Macht der Nation galten als erstrebenswert. Die Vorstellung von einer den Völkern innewohnenden Triebkraft und einer in der Geschichte wirksamen Gesetzmäßigkeit beherrschte mehr und mehr das Denken der Gebildeten, ja wurde nahezu zum Dogma[188]. Wer sich dieser „Weltanschauung" verschrieb oder sie auch nur partiell akzeptierte, der mußte konsequenterweise an eine Höherentwicklung der Völker, an die politische und kulturelle Sendung der Nationen glauben. Für ihn ließ sich Geschichte nahezu unbegrenzt „machen", der Erfolg vorausberechnen und garantieren[189]. Das Bildungsbürgertum und namentlich die akademische Jugend, die dieser Auffassung huldigten, haben damit erst die eigentliche Kulturkrise herbeigeführt und so der Ausbreitung der Inhumanität, des nationalen und rassischen Hochmutes, des Sozialdarwinismus und – mit allen verbunden – des Antisemitismus Vorschub geleistet[190].

Besonders folgenschwer waren die Veränderungen, die in diesem Zusammenhang im Bereich des Bildungswesens ausgelöst wurden. Während der ersten Hälfte des neunzehnten Jahrhunderts hatte es im deutschen Schulwesen nach der treffenden Analyse Willy Hellpachs noch immer die „doppelte Buchführung" nach dem Grundsatz gegeben: „praktisches Christentum für die Massen, klassizistische Humanität für die Bildungsschicht". Dadurch war die deutsche Gesellschaft aufgespalten worden in das „Volk"

---

[188] Constantin Frantz beklagte sich in einem Brief an Hans v. Wolzogen am 24. Juni 1888 über den Glauben an geschichtliche Gesetzmäßigkeiten und die vorherrschende Meinung, „als ob dies Reich lediglich auf einer Reihe gewonnener Schlachten beruhe. Daher die zahllosen Siegesdenkmale, Kriegerfeste nebst Sedanfeiern". *Frantz*, op. cit., 153; noch mehr beklagte er die Widersprüchlichkeit und Ungereimtheit der gesamten Kulturpolitik (22. November 1888): „Weiter in Berlin treffen wir am Schlosse auf den Triumphbogen des Septimius Severus. Er sieht wie der versteinerte Hochmut aus. Und das soll nun die Wohnung eines christlichen Herrschers sein? ... Von wem ist denn aber aller dieser heidnische Unfug protegiert oder geradezu ausgegangen? Fühlt man denn gar nicht den inneren Widerspruch, wenn man einerseits das Christentum dem Volke erhalten wissen will, während andererseits die bildende Kunst dem Volke nur Heidentum vor Augen stellt?" (aaO, 159); grundsätzlich dazu *Fritz Stern*, The Politics of Cultural Despair (Deutsche Ausgabe: Kulturpessimismus als politische Gefahr, Bern–Stuttgart–Wien 1969).
[189] Die Klage, daß nur noch der Erfolg, nicht mehr die Mittel, die eingesetzt werden, beachtet werden, findet sich allenthalben. Brief Sterns an Bartels vom 4. September 1896, Privatbesitz. Grundsätzlich dazu auch ein Brief Fontanes an Moritz Lazarus vom 2. November 1894, veröffentlicht von *Ingrid Belke*, Der Mensch ist eine Bestie ... Ein unveröffentlichter Brief Theodor Fontanes an den Begründer der Völkerpsychologie, Moritz Lazarus, in: Bulletin des Leo Baeck Instituts, XIII, Nr. 50 (1974), 36 f.
[190] *Dibelius*, op. cit., 29.

und die kleine Schar der „Gebildeten"[191]. Diese soziale Kluft mußte im
Zuge der Nationwerdung beseitigt und eine Nationalerziehung geschaffen werden, die allen Schichten des Volkes über das Trennende hinweg
ein Zusammengehörigkeitsgefühl vermittelte. Doch über ein neues Bildungsideal ließ sich gut diskutieren, aber kein Einverständnis erzielen. Kaiser
Wilhelms II. Forderung, die er 1890 auf einer Konferenz zur Einleitung der
Schulreform verkündete, das Gymnasium habe „nicht junge Griechen und
Römer", sondern „nationale junge Deutsche" zu erziehen, verschleierte lediglich das Fehlen einer brauchbaren Konzeption. Einigkeit bestand allenthalben hinsichtlich der Abwehr sozialdemokratischer Einflüsse im Erziehungswesen. Was dem diente, galt als erwünscht, gleichviel welche Verheerungen dieses sogenannte Bildungsgut sonst in den Köpfen der Schüler anrichtete[192]. So schworen die Pädagogen auf unterschiedlichste Lehrinhalte
und ideologisch bestimmte Erziehungsziele. Fast alle liefen aber darauf
hinaus, dem „demokratisierenden, nivellierenden, atomisierenden Geist" des
Jahrhunderts entgegenzuwirken und die Jugend von der Notwendigkeit zu
überzeugen, daß das deutsche Volk „zu einer Art Gesinnungseinheit" zusammenwachsen müsse[193].

Die Unsicherheit, die gleichwohl amtlicherseits in der gesamten Bildungspolitik und namentlich hinsichtlich des Erziehungszieles herrschte, zeigt der
Erfolg von Julius Langbehns Schrift *Rembrandt als Erzieher*. Dieses 1890
erschienene Buch, das sogar von wohlwollenden Zeitgenossen als weitschweifig
und unsystematisch bezeichnet wurde, erlebte innerhalb von zwei Jahren
33 Auflagen und beschäftigte zeitweise die gesamte an Bildungsfragen interessierte Öffentlichkeit. Der Verfasser mußte mithin trotz aller offensichtlichen Schwächen seines Buches das Bildungsbürgertum intellektuell oder
emotional berührt haben[194]. Langbehn artikulierte mit seinen Ausfällen
gegen die moderne Entwicklung in Politik, Wirtschaft und Wissenschaft treffsicher das Unbehagen von Millionen, die in einer Zeit des Wandels geistigen
Halt suchten. Er empfahl die Rückbesinnung auf Rembrandt und verwarf
damit die Entwicklung, die sich seitdem und besonders nach der Französischen
Revolution vollzogen hatte. Er polemisierte gegen das Ideengut der Nachaufklärungszeit, gegen den Geist der Moderne und des Judentums, die seiner
Auffassung nach identisch waren. Langbehn war überzeugt, daß sich die Zu-

---

[191] *Hildegard Milberg*, Schulpolitik in der pluralistischen Gesellschaft. Die politischen und sozialen Aspekte der Schulreform in Hamburg 1890–1935, Hamburg 1970,
51.

[192] *Milberg*, op. cit., 52 f.; Der Kampf mit geistigen Waffen gegen die Sozialdemokratie, Die Grenzboten, 49. Jg., I (1890), 502.

[193] *Milberg*, op. cit., 53; *Clara Menck*, Die falsch gestellte Weltenuhr. Der „Rembrandtdeutsche" Julius Langbehn, in: Propheten des Nationalismus, hrsg. von *Karl
Schwedhelm*, München 1969, 89.

[194] Rembrandt, Breughel, Dürer als Erzieher, Die Grenzboten, 49. Jg., IV (1890),
601 ff.; *Menck*, op. cit., 88.

kunft nur durch einen Bruch mit den geistigen Bewegungen des neunzehnten Jahrhunderts gewinnen lasse. Demgemäß riet er, den Blick vom Universum abzuwenden und nicht mehr die „Menschenrechte vom Himmel zu holen", sondern darauf bedacht zu sein, die „Volksrechte aus der Erde zu graben"[195].

Wenn Langbehn gehofft hatte, das deutsche Volk werde sich am Vorbild Rembrandts aufrichten, durch eine Wiederentdeckung alter, verschütteter Traditionen den Wertepluralismus im geistigen und kulturellen Bereich überwinden, so hatte er sich bitter getäuscht. Binnen kurzer Zeit wurden den Deutschen neben Rembrandt auch Dürer, Schopenhauer, Nietzsche, Wagner, Hebbel und andere Künstler, Dichter oder Philosophen als „National-erzieher" angepriesen. Bei dem Versuch, Überlieferungen zu beleben, die Vergangenheit für tagespolitische Zwecke verfügbar zu machen, gingen die Meinungen noch weiter auseinander als bei der Diskussion um politische und ökonomische Ordnungsvorstellungen. Es gab keinen Konsens darüber, welche Tradition belebt, an welchem Strang der Vergangenheit angeknüpft werden sollte.

Ein Teil des Volkes empfahl nachdrücklicher denn je, das christlich-abend-ländische Erbe zu bewahren, ja das deutsche Volk verbindlich darauf festzu-legen. Inzwischen war aber die Minderheit stärker und einflußreicher ge-worden, die die christliche Tradition verwarf, weil ihrer Auffassung nach das Christentum germanischer Art Gewalt angetan, den angeblich echten heldischen Sinn der Deutschen gebrochen habe. Diese atheistischen Gruppen wünschten eine neue „deutsche Weltanschauung" auf vorchristlichen, ger-manisch-heidnischen Überlieferungen zu fundieren. Dabei herrschte wieder-um keinerlei Einigkeit über das, was die Germanen den modernen Deutschen als Erbe hinterlassen hätten. Während einige an eine „deutsche Wieder-geburt" aus dem Geist des Irrationalismus dachten, verschrieben sich andere krassestem rationalistisch-biologischem Materialismus[196].

Es ist nicht erforderlich, das Ausmaß geistiger Verwirrungen eingehend zu beschreiben oder in das Labyrinth der Widersprüche einzudringen. Fol-genschwer war allein, daß sich antichristliche Rassenideologen wie antisemi-tische Sozialdarwinisten auf der einen Seite und die verschiedenen Gruppen der konservativen und christlichen Judenfeinde auf der anderen trotz aller erbitterten Fehden und persönlichen Gehässigkeiten letztlich doch immer wieder kompromißbereit zeigten, wenn politische Aktionen gegen die Juden

---

[195] *Julius Langbehn*, Rembrandt als Erzieher. Von einem Deutschen, 47. Aufl., Leipzig 1906, 170; *Walter Mohrmann*, Antisemitismus. Ideologie und Geschichte im Kaiserreich und in der Weimarer Republik, Berlin (DDR), 1972, 57.

[196] *Ludwig Woltmann*, Die Germanen und die Renaissance in Italien, Leipzig 1905. Reichhaltiges Material gibt die von Woltmann gegründete, seit 1902 erschienene Politisch-Anthropologische Revue. Aus der Fülle der Beispiele seien hier nur noch ge-nannt die seit 1895 erschienene Zeitschrift Heimdall, *Wilhelm Schwaners* Germanen-bibel (1904) und seine Zeitschrift Der Volkserzieher sowie *Ernst Wachlers* Flugschrift Über die Zukunft des deutschen Glaubens (1900).

durchgeführt wurden. Hinsichtlich des Antisemitismus blieben sie „Gesinnungsgenossen", die Negation war stärker als jede Erkenntnis und Vorausschau [197].

Diese Kompromißbereitschaft hatte ihre tiefe Ursache in der Angst vor der Sozialdemokratie und den linksliberalen Kräften, deren Ziel eine einschneidende Veränderung der politischen und gesellschaftlichen Ordnung war. Was die Antisemiten aller Couleur so empörte, daß sie für Gegensätze im eigenen Lager nahezu blind wurden, war die Zurückhaltung der Regierungen und Behörden gegenüber der von den „Umsturzkräften" angeblich permanent „drohenden Gefahr". Das unaufhaltsame Anwachsen des sozialdemokratischen Mitglieder- und Wählerpotentials bei weitgehender Stagnation der bürgerlichen Organisationen trug zu den Angstgefühlen ebenso bei wie die Wirkung der eigenen Propaganda, in der ständig die „rote Gefahr" beschworen wurde. Um ein härteres Vorgehen gegen Sozialdemokraten, Juden und liberale Regimekritiker zu erreichen, sollten die Regierungen durch eine starke und von allen sozialen Schichten getragene „Bewegung" dauernd bedrängt werden [198], und dazu brauchte man auch die kleinste Gruppe.

Die Regierungen in Reich und Ländern ließen sich durch solche Bestrebungen nicht zu Aktionen drängen. Allerdings hielten es regierende Fürsten und Länderminister im Hinblick auf diese permanente Agitation immer wieder für angezeigt, den Auffassungen der sogenannten nationalen und „staatstragenden" Schichten in der einen oder anderen Form Rechnung zu tragen und die Juden zurückzusetzen. An eine Eindämmung der unaufhörlichen Volksverhetzung war unter diesen Umständen überhaupt nicht zu denken. Noch stärker wirkte sich der Druck der antisemitischen Kräfte auf die Provinz-, Kreis- und Ortsbehörden aus. Regierungspräsidenten und Landräte konnten auch dann, wenn sie es gewollt hätten, nicht umhin, mit kirchlichen

---

[197] Fritsch teilte am 23. März 1886 Marr mit, daß an den ersten Nummern der Antisemitischen Korrespondenz Kritik geübt worden sei. „Manchem ist sie allerdings zu frei und scharf. Einige Pastoren und adlige Herren haben sich bereits auf die Hinterbeine gesetzt ... Die nächste Nummer kann ja wieder etwas frömmer sein. Man muß die Leute erst allmählig an die Akkorde der Zukunftsmusik gewöhnen." StA Hbg, NL Marr A 67; die Kompromißbereitschaft der christlich-sozialen und konservativen Protestanten ging oft sehr weit; sie haben damit gerade die radikalen atheistischen Kräfte gefördert, die sich seit 1933 gegen sie wandten. Die deutschsoziale Bewegung und die konservative Partei, Die Grenzboten, 50. Jg., III (1891), 337 ff.

[198] Der Wegfall des Sozialistengesetzes, Die Grenzboten, 49. Jg., III (1890), 339; selbst gläubige Protestanten hatten oft wenig Bedenken bei der Wahl ihrer Mittel und scheuten nicht davor zurück, die Obrigkeit unter Druck zu setzen. Ich weise in diesem Zusammenhang nur auf Stoeckers berüchtigten „Scheiterhaufenbrief" vom 14. August 1888 hin. *Walter Frank,* Hofprediger Adolf Stoecker und die christlichsoziale Bewegung, 2. Aufl., Hamburg 1935, 318 f.; hier speziell der Artikel Die Judenfrage, in: Deutsche Evangelische Kirchenzeitung, 5. Jg., Nr. 22 (30. Mai 1891).

Vereinen, bündlerischen und konservativen Antisemiten gemeinsame Sache zu machen, wenn sie aktive und passive Resistenz vermeiden wollten [199].

Die Zugeständnisse an den antisemitischen Ungeist seitens der Regierungen, Behörden und öffentlichen Institutionen zeigen deutlicher als manches andere, wie weit die Autorität des Staates bereits in Frage gestellt, vom Wohlverhalten der antisemitisch orientierten „nationalen Kreise" abhängig war. Sie haben dadurch, daß sie die Politik auf ihren Kurs zwingen wollten, die Gegenkräfte gestärkt und so erheblich zur Polarisierung der Gesellschaft beigetragen. Die Gefahren der von den Antisemiten sehr bewußt betriebenen „Mobilisierung der Nation" [200] sind erkannt und richtig eingeschätzt worden, aber man war ihnen gegenüber hilflos. Wer vorgab, die Interessen der Nation und die bestehende Ordnung zu verteidigen, der erhielt hinsichtlich der Wahl der Mittel weitgehende Freiheiten, der durfte sogar noch auf Nachsicht hoffen, wenn er gegen bestehende Gesetze verstieß. Einigen Antisemiten der ersten Stunde war noch bewußt gewesen, daß sie durch ihre Angriffe auf Regierung und Parlament das soziale Gefüge der Gesellschaft erschütterten und damit einer Umwälzung Vorschub leisteten [201]. Die Verbands- und Parteiantisemiten der neunziger Jahre kannten solche Bedenken nicht mehr oder schoben sie leichtfertig beiseite. Ohne alle Hemmungen verleumdeten sie Parlamente und Politiker, versuchten sie Behörden und Gerichte zu erpressen. Die Warnungen vor einem Bündnis der Antisemiten mit den Anarchisten waren – wenn auch oft wenig überzeugend belegt – durchaus berechtigt [202], sie blieben aber weithin unbeachtet.

Einig waren sich die Antisemiten aller Richtungen auch in dem Bestreben, Veränderungen im Parteiengefüge herbeizuführen und dadurch die parlamentarischen Machtverhältnisse zu wandeln. Das sollte durch die Bildung neuer

---

[199] Bericht Hüpedens über die Tätigkeit der evangelischen Arbeitervereine und der Antisemiten im Raum Kassel in den Jahren 1890–1895, BA Koblenz, Kl.-Erw. 227.

[200] E. von Werth, Mainz, der engen Kontakt zu Dr. Perrot hatte, schrieb am 21. November 1889 an Marr, daß Perrot die „Mobilisierung der ganzen Nation noch vielleicht für das einzige Mittel" halte, um mit den Juden fertig zu werden. „Unsere Potentaten, Nationalliberale, Gründer, Großbesitzer und ... die Juden fürchten diese Mobilisierung und haben sie seit 20 Jahren zu unterdrücken gewußt", StA Hbg, NL Marr A 282.

[201] Haug an Marr, 19. Januar 1881, StA Hbg, NL Marr A 92; Andeutungen dieser Art auch in den Briefen des Frh. v. Frankenberg an Marr, A 65; mit Abscheu kommentierte Frh. v. Fechenbach-Laudenbach das Treiben Ahlwardts, BA Koblenz, ZSg 113, Nr. 13.

[202] Auf die Folgen der „kompletten Desorientierung der öffentlichen Meinung" und der Unterminierung der Staatsautorität wies Justizrat Dr. Horwitz im Auftrag des Berliner Magistrats unter anderem im Prozeß gegen Ahlwardt hin. Der Prozeß Ahlwardt. Ein Zeichen der Zeit und eine lehrreiche Studie. Von einem Deutsch-Nationalen, Berlin o. J., 46 f., BA Koblenz, ZSg 113, Nr. 13; bezüglich der „Verbrüderung des Antisemitismus mit dem Anarchismus" der sachlich nicht überzeugende Artikel der Frankfurter Zeitung, 34. Jg., Nr. 126 (6. Mai 1890).

Parteien ebenso geschehen wie durch Versuche, auf Führungsgremien und Parlamentsfraktionen der etablierten Parteien Druck auszuüben, die Wähler durch ständige Aktionen in Erregung zu versetzen und gegen die Leitungen zu engagieren.

Die exponierten und doktrinären Antisemiten schlossen sich in eigenen Parteien zusammen. Diese beteiligten sich an den Wahlen und ihre Abgeordneten zogen in die Parlamente ein mit der erklärten Absicht, den Parlamentarismus selbst in Frage zu stellen. Dieses Vorgehen beeindruckte zu Beginn der Wilhelminischen Ära vornehmlich bestimmte Kreise der Jugend, die von Erörterungen wenig, von Aktionen nahezu alles erwarteten. Diese Menschen waren der allgemein herrschenden Stimmung gemäß davon überzeugt, daß mit ihnen eine neue Epoche beginne und alles anders werden müsse.

Ohne hinreichende Kenntnisse oder praktische Erfahrungen überhäuften die Parteiantisemiten die Politiker der bestehenden Parteien mit Vorwürfen, schalten sie tatenlos und unfähig. Darüber hinaus ließ sich mühelos ein Versagen vor den politischen Zukunftsaufgaben der Nation aufgrund allgemeiner „Mattherzigkeit" konstatieren[203]. Dem „Fanatismus der Sozialdemokratie" insbesondere könne nur mit einem gleichen Fanatismus begegnet werden. Bedenken hinsichtlich der Wahl der Mittel seien Zeichen der Schwäche und Dekadenz, die angesichts der „Übelstände" in Wirtschaft und Gesellschaft nicht länger hingenommen werden dürften[204].

Mit derartigen Forderungen und einem so forschen, herausfordernden Ton waren zweifellos mit Schwierigkeiten ringende Wähler anzusprechen und zu gewinnen. Angehörige von Berufsgruppen, die ihre Interessen in den etablierten Parteien nicht hinreichend vertreten sahen, blieben aber im Lager der Antisemiten zumeist nur begrenzte Zeit, weil sie bald gewahrten, daß deren Führer und Abgeordnete zwar oft einen sehr entwickelten Machtwillen, sonst aber weder charakterliche noch fachliche Qualitäten besaßen und in der praktischen Politik völlig versagten[205]. Je nach der augenblicklichen Interessenlage der Anhänger und Wähler verfolgte ein Teil der antisemitischen Parteiprominenz in Anlehnung an den Bund der Landwirte und die konservative Partei vornehmlich deren Ziele, machte ein anderer Flügel dagegen Front gegen die Konservativen und warf ihnen vor, durch ihren rigorosen Egoismus die schwierige Lage des Mittelstandes mitverschuldet zu haben und letztlich an dessen Belangen desinteressiert zu sein. So stritten die einen mit den Argumenten der Rechten gegen Juden, Fortschritt und Sozial-

---

[203] *Leuß*, aaO, 332.

[204] Die deutschsoziale Bewegung, Die Grenzboten, 52. Jg., III (1893), 285.

[205] *von Gerlach*, op. cit., 111 ff. Frh. von Fechenbach hatte schon im März 1889 notiert: „Dr. Böckel nun auch mit dem Dr. med. König überworfen. So nimmt die Rauferei unter den Antisemiten-Häuptlingen nie ein Ende. Kein anständiger Mensch gibt sich mehr dazu her, zu irgend einem von ihnen geführten Haufen zu gehören. Die antisemitische Bewegung ist nur durch ihre eigenen Führer ruiniert worden", BA Koblenz, ZSg 113, Nr. 18; *Hermann Bahr*, Der Antisemitismus, Berlin 1894, 3.

demokratie, die anderen mit radikalen linken Forderungen vornehmlich
gegen die „cohnservative" Reaktion und somit gleicherweise gegen „Juden
und Junker" [206]. Hermann Ahlwardt, zweifellos einer der hemmungslosesten
antisemitischen Demagogen, brüskierte mit seinem im Dezember 1894 verkündeten Programm bedenkenlos das gesamte Besitzbürgertum. Die von ihm
vertretenen Gruppen wollten „Eigentumsrecht an Grund und Boden" grundsätzlich nur noch „bis zur Größe eines landesüblichen Bauernhofes" aner-
kennen, Besitztitel in der Industrie „nur innerhalb der Grenzen des üblichen
Handwerksbetriebes" gelten lassen. Was über diese mittlere Betriebsgröße
hinausging, wurde in Artikel 6 seines Programms zu „Gewalteigentum" erklärt und sollte in „Gemeinbesitz" überführt werden [207].

Der Antisemitismus, der nach dem Urteil eines zeitgenössischen Beobach-
ters „aus den Bedürfnissen und Empfindungen des ländlichen und städtischen
Mittelstandes herausgewachsen" war, zeigte dieselbe politische Richtungs-
losigkeit, geistige und soziale Zerrissenheit und „bunte Mannigfaltigkeit wie
dieser selbst" [208]. Allerdings fanden sich in den antisemitischen Parteien nur
die chaotischen Rotten zusammen, denen der Protest über alles ging, die
praktisch unfähig waren, sich in größere Gemeinschaften einzufügen, weil sie
nicht bereit waren, ihren sektiererischen Eigensinn aufzugeben, und einen Ausgleich mit den Interessen anderer zu suchen.

Angesichts des Unvermögens der Parteiantisemiten, ihre Anhänger zu
organisieren und mit deren Hilfe Einfluß zu erlangen, ja überhaupt politisch
zu wirken, kann es nicht überraschen, daß sich die etablierten Parteien durch
geschicktes Eingehen auf die Mentalität der politisierten antisemitischen
Wählerschichten, teilweise auch durch Übernahme einiger ihrer Forderungen,
bemühten, sie für sich zu gewinnen. Sehr weit kam die konservative Partei
den Antisemiten entgegen, zumal die Führungsgremien über den Einbruch der
Antisemiten in die eigenen Parteiverbände schockiert waren. Sie hofften,
nach und nach die „verführten" und angesichts der politischen und parlamentarischen Mißerfolge der Antisemiten enttäuschten Wähler wieder zu-
rückzugewinnen [209]. So fehlte es nicht an guten Ratschlägen und Plänen, die
alle darauf hinausliefen, halben Herzens die antisemitische „Bewegung" als
„jugendliche Abart des Konservativismus" anzuerkennen und sich mit den

[206] *von Gerlach*, op. cit., 112; Offene Frage Otto Böckels an Liebermann von
Sonnenberg, veröffentlicht im Reichsherold, 2. Jg., Nr. 124 (7. August 1888); *Massing*,
op. cit., 85.
[207] *Hermann Ahlwardt*, Mein Programm, verkündet in einer Rede am 20. Dezember 1894 in den Germania-Sälen in Berlin, Der Bundschuh, ein Wochenblatt für das
deutsche Volk, 2. Jg., Nr. 2 (9. Januar 1895), BA Koblenz, ZSg 113, Nr. 13.
[208] Der Antisemitismus wie er ist. 3. Ausblicke, Die Grenzboten, 53. Jg., II (1894),
248.
[209] Die deutschsoziale Bewegung, Die Grenzboten, 52. Jg., III (1893), 386 f.; Die
deutsch-soziale Bewegung und die konservative Partei, Die Grenzboten, 50. Jg., III
(1891), 339 ff.

sogenannten gemäßigten Gruppen zu arrangieren, um der alternden, orientierungslos gewordenen Partei „neues Blut und neue Kraft zuzuführen"[210]. Einen Augenblick schien es, als ob die konservative Partei bei diesen Anbiederungsversuchen von den Umworbenen das Gesetz des Handelns aufgedrängt bekäme. Hammerstein und Stoecker erlangten einen so bestimmenden Einfluß in der Partei, daß sie im Dezember 1892 in der Tivoliversammlung die Aufnahme antisemitischer Forderungen in das Parteiprogramm durchsetzen konnten[211].

Die Tatsache jedoch, daß der konservative Parteitag im Tivoli teilweise den Charakter einer lärmenden antisemitischen Volksversammlung angenommen hatte und dort sogar einem Radikalen wie Ahlwardt Beifall gezollt worden war, rief die Gegenkräfte auf den Plan. Die Mehrheit der konservativen Abgeordneten, und namentlich die einflußreichen Gönner der Partei, widerstrebten dem „Radikalismus", weil er letztlich nicht im Interesse der „staatserhaltenden" Bestrebungen der Partei liege[212], die Geltung Deutschlands in der Welt beeinträchtige und den Handlungsspielraum der Regierung und Verwaltung einschränke[213].

Stoecker wurde heftig kritisiert, sein Einfluß mehr und mehr beschnitten. Mit Recht wurde ihm vorgeworfen, daß er mehr Agitator als Parteiführer sei, in seinem parlamentarischen und politischen Wirken „nicht Maß zu halten" verstehe und damit der Revolution Vorschub leiste. Die Tolerierung antisemitischer Praktiken durch einen konservativen Parteitag müsse zwangsläufig dazu führen, daß das Volk in der Vorstellung bestärkt werde, daß bestimmte innenpolitische Zustände „nur durch die allerradikalsten, ja durch revolutionäre Mittel beseitigt werden" könnten[214]. Dieser Eindruck dürfe aber auf keinen Fall entstehen. Folgerichtig wurde eine Revision des TivoliProgramms und ein Abrücken von den radikalen Parolen und Praktiken gefordert. „Nicht im Bunde mit antisemitischen Übertreibungen", so glaubten die altkonservativen preußischen Aristokraten, „sondern im Gegensatze zu ihnen" könne die konservative Partei allein gedeihen.

Es spricht für die Konservativen, daß einzelne unter ihnen erkannten, daß die Mehrheit der Antisemiten ihr Ziel auf verfassungsmäßigem Weg nicht erreichen konnte, die Verfolgung dieser Ambitionen vielmehr „einen Umsturz bedingen" würde, „womöglich noch tiefgreifender als derjenige,

---

[210] Die deutsch-soziale Bewegung und die konservative Partei, 339.

[211] *Karl Buchheim*, Geschichte der christlichen Parteien in Deutschland, München 1953, 281; *Friedrich Lorenzen*, Die Antisemiten, Berlin-Schöneberg 1912, 16 f.

[212] *Conrad Valentin*, Die conservative Partei unter Kaiser Wilhelm II., Berlin 1890, 88 f.; Die Stellung der konservativen Partei zum Antisemitismus, Die Grenzboten, 52. Jg., I (1893), 51.

[213] So der Oberpräsident von Schlesien, Graf von Zedlitz-Trützschler in einem Gespräch. *Eugen Schiffer*, Ein Leben für den Liberalismus, Berlin 1951, 102.

[214] Konservatives und Antisemitisches. Zuschrift eines altpreußischen Konservativen, Norddeutsche Allgemeine Zeitung, 32. Jg., Nr. 347 (27. Juli 1893).

welchen der Sozialismus plant"[215]. Es zeugt jedoch gegen sie, daß sie aus dieser Einsicht kaum nennenswerte Konsequenzen zogen. Sie trennten sich zwar 1895 und 1896 von einem großen Teil ihres christlich-sozialen Anhangs und endlich auch von Stoecker selbst, aber erst als diese sich gewisse sozialpolitische Forderungen zu eigen machten und für Sozialreformen auf dem Land plädierten[216]. Damit wurde das unmittelbare Interesse der Großgrundbesitzer in der Partei berührt, und dem wurden letztlich doch immer wieder politische Erwägungen untergeordnet. Die Konservativen konnten sich von ihren christlich-sozialen Anhängern nun auch ohne Risiko trennen, weil der Bund der Landwirte durch sein weitverzweigtes Organisationsnetz der Partei eine breitere und festere Basis im Land geschaffen hatte und der Verlust der christlich-sozialen Mittelstandsschichten ohne Schwierigkeit verwunden werden konnte[217]. Eine entschiedene Abgrenzung gegen den Antisemitismus war dagegen bei der engen Verflechtung von „Großgrundbesitzerinteresse und Konservativismus" nicht möglich. Ohne die Unterstützung des Bundes der Landwirte wäre die Partei praktisch ohne Anhang und Wähler geblieben, da alle Versuche, die politische Arbeit auf eine breitere Basis zu stellen, an der programmatischen Beschränkung gescheitert waren. So blieben auch in Zukunft mehr oder weniger große Zugeständnisse an den teilweise sehr brutalen Rassen-Antisemitismus im Bund der Landwirte an der Tagesordnung. Nach und nach gewöhnten sich die Konservativen an die hemmungslose Agitation der Landbündler und ließen sie sich gefallen[218]. Sie haben damit auf lange Sicht erheblich zur Aushöhlung ihrer eigenen Position beigetragen. Je mehr in den Wahlkämpfen die „Rücksicht auf die oberen Zehntausend" aufgegeben wurde, desto mehr schwand die Autorität der alten Führungsschichten in Staat und Gesellschaft, desto fragwürdiger wurde ihr Herrschaftsanspruch[219]. Ohne ein Programm, das den Veränderungen in Wirtschaft und Gesellschaft und den Interessen aller Volksschichten Rechnung trug, blieb die konservative Partei immer auf die Hilfe der Verbände und speziell des BdL angewiesen, die dann den politischen und ideologischen Kurs bestimmten[220].

---

[215] Norddeutsche Allgemeine Zeitung, 31. Jg., Nr. 180 (16. April 1892).

[216] Austritt Hüpedens aus der konservativen Reichstagsfraktion 1895, BA Koblenz, Kl. Erw. 227, hier besonders der Brief von Pastor Arndt aus Volmarstein vom 13. Dezember 1895, vgl. auch *Dieter Düding*, Der Nationalsoziale Verein 1896 bis 1903, München–Wien 1972, 29 f.

[217] *Puhle*, op. cit., 121.

[218] Die Stellung der konservativen Partei zum Antisemitismus, Die Grenzboten, 52. Jg., I (1893), 52; *Graf Westarp*, Konservative Politik im letzten Jahrzehnt des Kaiserreiches, 1. Band: Von 1908 bis 1914, Berlin 1935, 21 und 403.

[219] Die Antisemiten im Reichstag, Berlin 1903, 20 f.; Antisemiten-Kalender 1896, 47.

[220] Die deutsch-soziale Bewegung und die konservative Partei, Die Grenzboten, 50. Jg., III (1891), 340 f.; *Puhle*, op. cit., 121.

Relativ unangefochten allen Versuchungen des Antisemitismus gegenüber ist die Nationalliberale Partei geblieben. Sie verschrieb sich zwar nach der Reichsgründung mehr und mehr dem Nationalismus und akzeptierte angesichts des raschen Vordringens der Sozialdemokratie den preußisch-deutschen Obrigkeitsstaat vorbehaltloser, als dies im Hinblick auf das Ziel einer freiheitlich-demokratischen Ausgestaltung des Reiches vertretbar war. So groß aber das Sicherheitsbedürfnis der Nationalliberalen war, Eingriffen in die Verfassungsrechte haben sie niemals zugestimmt. Sie blieben ihren politischen Grundsätzen insoweit treu. Die Tatsache, daß sie mit den Juden gemeinsam um die Emanzipation des Bürgertums gestritten hatten, verpflichtete sie doch so weit, daß viele prominente Parlamentarier immer wieder zugunsten der Juden in die Bresche sprangen oder sich an die Spitze von Organisationen stellten, die die Rechte der Juden verteidigten oder die Abwehr des Antisemitismus zum Ziele hatten. In regionale Parteivereine drangen zwar vorübergehend Antisemiten ein[221], aber sie erlangten dort keinen Einfluß und blieben deshalb nicht lange.

Die Partei hat diese Grundsatztreue und konsequente Politik mit permanenten Anhänger- und Wählerverlusten bezahlen müssen. In manchen Regionen gingen sogar Mehrheiten der mittelständischen Wähler ins antisemitische Lager über. Besonders verheerend wirkte sich aus, daß aufgrund des Anhängerschwunds große, renommierte nationalliberale Zeitungen in die Hände exponierter Feinde des Liberalismus gelangten[222]. Einige Landesorganisationen, die infolge der rapiden Wählerverluste um ihren Bestand fürchteten, haben sich partiell dem antisemitischen Trend angepaßt. Besonders weit gingen in dieser Hinsicht die sächsischen Nationalliberalen, die zu Beginn der neunziger Jahre, durch ihre Niederlage in zahlreichen Wahlkreisen schockiert, eine Zeitlang Orientierung und Selbstvertrauen verloren[223]. In der Regel wußten die führenden Parteikreise aber sehr wohl, daß die Antisemiten den Liberalismus mit unversöhnlichem Haß verfolgten und keine Gelegenheit zu seiner Diskriminierung vorübergehen ließen. Dementsprechend kam jedes Entgegenkommen einer Selbstaufgabe gleich. Zu einer Politik, die den Interessen des Mittelstandes stärker Rechnung getragen

---

[221] Max Weber klagte in einem Brief vom 14. Juli 1885 an Hermann Baumgarten über den Eintritt antisemitischer Kreise in die Nationalliberale Partei („hier in Berlin sind Wähler Stoeckers in Masse im Nationalliberalen Verein und dem Vorstand desselben") und den Gesinnungswandel in der Partei. (*Weber*, Jugendbriefe, op. cit., 170 f.).

[222] Der „Rassenforscher" Otto Ammon erwarb zum Beispiel Mitte der neunziger Jahre die Badische Landeszeitung. *Berta Berblinger-Ammon*, Das Lebensbild eines Rasseforschers, Halle/Saale o. J., 12 f.

[223] Die Fehler der nationalliberalen Partei, Die Grenzboten, 51. Jg., IV (1892), 345 f. Besonders kritisch war die Lage der Nationalliberalen auch in Kurhessen und in Hessen-Darmstadt, nur machten dort die zuständigen Parteigremien keine Zugeständnisse. Vgl. auch *Bamberger*, op. cit., 13.

und so den Zulauf zu den Antisemiten unterbunden hätte, konnte sich die Partei jedoch aufgrund der starken Verflechtung mit den Unternehmern und dem akademischen Bildungsbürgertum auch nicht entschließen. So verteidigte sie ihr Programm, verlor aber zunehmend an politischem Einfluß und stellte damit kein wirksames Gegengewicht gegen den Ungeist des Antisemitismus mehr dar.

Obwohl einzelne Zentrumspolitiker in der Entstehungsphase der Partei den Antisemitismus „für sich auszubeuten" versucht hatten*, distanzierte sie sich offiziell stets von ihm[224]. Das war zweifellos das Verdienst seines klugen und vorausschauenden Vorsitzenden. Windhorst widersetzte sich von Anfang an dem Drängen prominenter Zentrumspolitiker, die Triebkraft antisemitischer Argumente für die Partei planmäßig zu nutzen. Er lehnte es ab, die Partei durch Indienststellung von Haßgefühlen voranzubringen. Außerdem erkannte er die gefährlichen antichristlichen Tendenzen im Antisemitismus klarer als die meisten seiner Parteifreunde. Unter seinem Einfluß bemühte sich das Zentrum nach dem Ende des Kulturkampfes, auch stärker aus dem Dunstkreis des latenten Gesinnungsantisemitismus herauszukommen. Gerade von Zentrumsparlamentariern ist wiederholt und mit Nachdruck erklärt worden, daß die Mängel und unsozialen Begleiterscheinungen der Wirtschaftsordnung nichts mit der Existenz der Juden zu tun hätten und deren Verdrängung aus der Politik oder dem Wirtschaftsleben kein einziges Problem löse[225]. Auch die Pauschalurteile über die Religion der Juden wurden „aus philosophisch-religiösen Erkenntnisgründen" sehr oft verworfen. Zentrumspolitiker wußten aus eigener bitterer Erfahrung, daß Angriffe gegen eine Religion nur zu leicht auch gegen eine andere vorgetragen werden können und die Religion insgesamt in Frage gestellt wird[226]. Endlich ist das Zentrum auch der Agitation der antisemitischen Parteien, und namentlich der Tätigkeit der Verbände, entgegengetreten und hat deren Entfaltung, wo es in seiner Macht lag, eingedämmt oder behindert[227].

In den katholischen Ländern und Provinzen dagegen, in denen der Kulturkampf den Katholizismus nicht entscheidend geprägt hatte, wucherten die antisemitischen Ressentiments sehr viel ungebrochener weiter. Sie verbanden sich dort nicht selten mit antipreußischen und antizentralistischen Strömungen. So wurde die Reichsleitung als verpreußt und verjudet zu gleicher Zeit

---

* Siehe auch die Darstellung von *Hermann Greive*, S. 383 ff. (Hrsg.).

[224] Der Antisemitismus wie er ist, 3. Ausblicke, Die Grenzboten, 53. Jg., II (1894), 249.

[225] Centrum und Antisemiten, Leipziger Zeitung, Nr. 38 (16. Februar 1892).

[226] Kölnische Volkszeitung, 33. Jg. (3. April 1892); 34. Jg. (24. März 1893).

[227] Ich möchte in diesem Zusammenhang nur auf die distanzierte Haltung des Zentrums gegenüber dem DHV und namentlich dem Bund der Landwirte hinweisen. *Puhle*, op. cit, 191 f.; Der Antisemitismus wie er ist, 1. Die soziale Seite, Die Grenzboten, 53. Jg., II (1894), 15; 2. Die einzelnen Richtungen, 151 ff.

denunziert[228]. Unter diesen Bedingungen ließen sich regionale Zentrums-verbände zu Wahlabkommen mit dem Bund der Landwirte bewegen[229]. Religiöse Aversionen und alte Vorurteile brachen bei derartigen Gelegen-heiten wieder durch. Das Gefühl der Fremdheit und Distanz zu den Juden bestand weiter, in Grenzen gehalten vornehmlich durch das politische Kal-kül. Das erklärt, warum das Zentrum niemals positiv zugunsten der Juden intervenierte und nur selten gegen die Diskriminierung der jüdischen Minder-heit auftrat. Einige dem Zentrum nahestehende Zeitungen haben sich sogar weiterhin an den antisemitischen Verleumdungen beteiligt und damit die Politik der Partei kompromittiert.

Entschiedene Position gegen den Antisemitismus haben die Linksliberalen bezogen* und sich in dieser Haltung auch nicht beirren lassen. Sie engagier-ten sich zugunsten der Juden gegen Verwaltungswillkür und namentlich gegen die jeder parlamentarischen Kontrolle entzogenen Militärbehörden. Große Erfolge in der Abwehr des Antisemitismus blieben ihnen aber ver-sagt. Sie schätzten als Intellektuelle die Triebkräfte der antisemitischen Pro-testbewegung nicht richtig ein. Sie wollten Emotionen mit Hilfe des Ver-standes, Doktrinen mit Argumenten, Fanatismus mit Überzeugungskraft überwinden. Dadurch, daß die Freisinnigen den Antisemitismus als Symptom geistiger Rückständigkeit apostrophierten, konnten sie ihm auf keinen Fall beikommen[230]. Sie erreichten mit ihrer Aufklärungsarbeit die sich zwischen Kapitalismus und Sozialismus hoffnungslos eingeklemmt fühlenden, ratlosen und verängstigten antisemitischen Wähler überhaupt nicht, noch weniger konnten sie sich ihnen verständlich machen.

Die Sozialdemokraten, die sich im Besitz der alleingültigen Erkenntnis wußten, schauten mit Verachtung auf die theoretischen Stümpereien der Antisemiten herab**. Ihnen bot der Antisemitismus nichts, was überhaupt diskutierenswert gewesen wäre[231]. In der Gewißheit, die überlegene Theorie

[228] Ein Judenprogramm, Das Bayerische Vaterland, XXVIII. Jg., Nr. 9 (12. Ja-nuar 1896).

[229] *Puhle*, op. cit., 192.

* Zu Linksliberalismus und Judenfrage siehe ebenfalls den nachfolgenden Bei-trag von *Arnold Paucker*, Zur Problematik einer jüdischen Abwehrstrategie in der deutschen Gesellschaft, S. 500 f., und die Darstellung von *Peter Pulzer*, Die jüdische Beteiligung an der Politik, im vorliegenden Bande, S. 178 ff. (Hrsg.).

[230] So Theodor Mommsen in seinem Interview mit Hermann Bahr. *Bahr*, op. cit., 28 f.; aufschlußreich dazu der Vorbehalt Ernst Haeckels, aaO, 66, und die Hinweise Heinrich Rickerts, aaO, 89.

** Zu Sozialdemokratie und Judenfrage siehe auch die Beiträge von *Arnold Paucker*, S. 501–504, und *Peter Pulzer*, S. 199 f. (Hrsg.).

[231] Theodor Barth in einem Interview mit Hermann Bahr, *Bahr*, op. cit., 18; *Wilhelm Liebknecht*, Sozialismus und Antisemitismus, Beilage zu Nr. 87 der Münch-ner Post (16. April 1893); *August Bebel*, Antisemitismus und Sozialdemokratie. Rede anläßlich des Parteitages in Köln. Protokoll über die Verhandlungen des Parteitages der Sozialdemokratischen Partei Deutschlands, abgehalten in Köln vom 22. bis 28. Oktober 1893, 223 ff.

zu besitzen, und vertrauend auf die Stärke und Aktivität der eigenen Organisation, haben auch sie den Antisemitismus als politische Kraft total verkannt und unterschätzt. Da die Sozialdemokraten nach der Aufhebung des Sozialistengesetzes bei der Werbung um Handwerker, Angestellte und die ländliche Bevölkerung ständig auf die Konkurrenz der Antisemiten gestoßen waren und dabei auch Mißerfolge hatten hinnehmen müssen, befleißigten sie sich aus taktischen Gründen einer gewissen Zurückhaltung. Sie erkannten an, daß die Antisemiten „solche Bevölkerungsschichten in selbständige Bewegung" gesetzt hatten, „die sich bisher teilnahmslos bescheiden" damit zufriedengegeben hätten, „für andere Interessen und Parteien Spalier zu bilden, wenn diese sich zum Einzug in das Parlament anschickten"[232]. Sie waren darauf bedacht, diese Menschen nicht vor den Kopf zu stoßen, rechneten sie doch fest mit ihrem Zuzug. Wenn die von den Antisemiten Verführten, so argumentierten die Sozialisten, erst die Hohlheit der Aussagen und Versprechungen ihrer bisherigen Führer entdeckten, würden sie sich alle der SPD zuwenden. Die Sozialdemokraten glaubten, daß die Antisemiten mit ihrer Agitation letztlich doch die Geschäfte der SPD besorgten, indem sie die „politisch rückständigsten" Schichten für den Marxismus reif machten und sich zudem noch „als treffliche Minierer für die Zersprengung der alten Parteien" erwiesen[233]. So haben sie die Antisemiten mehr geschont, als dies angesichts der ständigen Herausforderungen angebracht war.

Unterschwellig gab es auch in den sozialdemokratischen Organisationen gelegentlich antisemitische Strömungen. Es waren Rückstände der Handwerkerideologie, die von zünftlerisch geprägten Gewerkschaftsmitgliedern in die SPD eingeschleppt worden waren[234], oder Vorbehalte gegen die in der theoretischen Diskussion sehr stark hervortretenden Intellektuellen in der Partei, unter denen es viele Juden gab[235]. Generell ist aber die klassenbewußte Arbeiterschaft vom Antisemitismus unberührt geblieben. Die von den Sozialdemokraten organisierte Arbeiterschaft war die einzige Kraft, die die antisemitischen Demagogen fürchteten. Wo die Arbeiterbewegung stark war, vermochten sich die Antisemiten nicht zu entwickeln. Wie an den Däm-

---

[232] Der wildgewordene Kleinbürger und Bauer und die Wahlen, Die Neue Zeit, XI. Jg., II. Bd. (1893), 390.
[233] AaO, 390 f.; Die deutschsoziale Bewegung, Die Grenzboten, 52. Jg., III (1893), 387 f.; *Philipp Scheidemann*, Wandlungen des Antisemitismus, Die Neue Zeit, XXIV. Jg., II. Bd. (1906), 632. „Nun mag man den Antisemitismus noch so hart verurteilen, ein Verdienst hat er sich dennoch erworben: er hat es verstanden, Schichten unserer Bevölkerung politisch zu interessieren, die in Bewegung zu setzen zuvor keiner anderen Partei gelungen war."
[234] Zunftgeist in den „modernen" Gewerkschaften. Antisemitische Korrespondenz, 18. Jg., Nr. 798 (3. Dezember 1903); Mitteilungen, XXII, Nr. 14 (3. Juli 1912), 112.
[235] *Peter Nettl*, Rosa Luxemburg, Köln–Berlin 1968, 48; Anläßlich des Dresdener Parteitages kamen die Vorbehalte gegen die Intellektuellen, die „roten Primadonnen", offen zum Durchbruch. Vgl. dazu auch *Oppenheimer*, op. cit., 186.

men des Zentrums, so brach sich die antisemitische Flut auch an denen der Sozialdemokratie.

Den Besitzstand, den die antisemitischen Parteien und Verbände bis zum Ausgang des neunzehnten Jahrhunderts erreicht hatten, bewahrten sie, von geringfügigen Veränderungen abgesehen, bis in den Ersten Weltkrieg hinein. Das galt sowohl hinsichtlich der territorialen Verbreitung als auch hinsichtlich der sozialen Struktur der Mitglieder und Wähler. Die Antisemiten hatten ihren Rückhalt in protestantischen Gebieten, hauptsächlich in Hessen, Sachsen, Franken, in Teilen Westfalens und bestimmten Zonen Norddeutschlands sowie in den ostelbischen Provinzen Preußens; ihr Anhang rekrutierte sich vornehmlich aus den Reihen der Bauern und der ländlichen Bevölkerung, aus dem gewerblichen Mittelstand, den Gruppen der kleinen Angestellten und der unteren Beamten sowie einem guten Teil der Akademikerschaft und der technischen Intelligenz. Die Erwartung, daß die antisemitischen Parteivereine Kernzellen einer großen Mittelstandspartei würden, in der sich endlich alle zusammenschlössen, „die sich weder vom Großkapital verschlingen noch von der Sozialdemokratie aus ihrem bescheidenen Besitz verdrängen lassen" wollten, trog allerdings [236].

Dafür gingen die Interessen der Anhänger doch viel zu weit auseinander. Was die Antisemiten einte, war auch jetzt allein die Negation: jeder Art des Großbetriebes; der anonymen Apparate in Wirtschaft und Verwaltung; der rationalen und sachlichen Politik der etablierten Parteien und Standesverbände, denen gegenüber sie sich machtlos fühlten, der angeblich zu sehr ausgleichenden Politik der Regierungen und der einem Ethos der Gerechtigkeit verpflichteten Amtsführung der hohen Beamtenschaft, der nachgesagt wurde, „teils aus Schwäche, teils aus Rücksicht auf verwandtschaftliche und andere Beziehungen eine verhängnisvolle Nachgiebigkeit gegen die Wünsche der Plutokratie" und mangelnde Entschlossenheit im Vorgehen gegen die Sozialdemokratie an den Tag zu legen.

Nach und nach hatte sich bei führenden Antisemiten daneben die Auffassung durchgesetzt, daß sie und ihre Anhänger sich nicht in eigenen Parteien separieren und damit der Gefahr einer Isolierung aussetzen sollten. Sie müßten vielmehr darauf bedacht sein, alle Parteien und Organisationen „mit dem antisemitischen Gedanken" zu durchdringen und ihn so zu stärkerer Wirkung zu bringen. In dieser Hinsicht waren die Antisemiten zweifellos erfolgreicher als bei der Parteibildung [237].

Der Antisemitismus war die Protestbewegung aller derer, die durch die Modernisierung des staatlichen und gesellschaftlichen Lebens beunruhigt waren, die in der modernen Gesellschaft im beruflichen, sozialen und geistigen Bereich so viel Individualität und Tradition wie möglich bewahren wollten.

---

[236] Der Antisemitismus wie er ist. 1. Die soziale Seite, Die Grenzboten, 53. Jg., II (1894), 11.

[237] AaO, 13; *Pulzer,* op. cit., 92, 162.

Mit ihr sympathisierten alle, die sich, wie schon ein zeitgenössischer Beobachter, Sidney Whitman, urteilte, gegen einen Prozeß auflehnten, der „gar
nicht in den Juden, sondern in der modernen Entwicklung" seine Ursache
hatte[238]. Sie hießen jeden, der ihnen nicht paßte, einen Juden und denun-
zierten alles, was ihren Vorstellungen widersprach, als jüdisch[239]. Auf dieser
Basis ließ sich keine konkrete Politik treiben, und deshalb haben in diesem
Bereich die Antisemiten vollkommen versagt. Auch das Scheitern des Par-
teiantisemitismus ist zu einem Teil daraus zu erklären. Doch darf trotz dieses Mißerfolgs auf keinen Fall übersehen werden, daß der Antisemitismus
als Gesinnung oder als „ein Stück Weltanschauung" sehr weit über den
Kreis der Partei- und Verbandsantisemiten hinausging und das Bewußtsein
großer Volksschichten mehr oder weniger stark prägte. Ob hochgebildet oder
ganz ungebildet, die so indoktrinierten Menschen verschlossen sich, wenn es
um die Juden ging, allen Argumenten. Was auch immer geschah, „die Juden"
waren verantwortlich. Mit deren konkretem Verhalten hatte das überhaupt
nichts oder wenig zu tun[240].

VI

Mit den Fortschritten in Wirtschaft, Technik und Wissenschaft verloren
die pessimistischen Thesen der Antisemiten zu Beginn unseres Jahrhunderts
vorübergehend ihre Zugkraft. Wer am technisch-industriellen Aufschwung
Anteil hatte oder in der einen oder anderen Weise von ihm profitierte, den
überzeugte die Behauptung von der ständig wachsenden Versklavung Deutschlands durch die Juden nicht mehr. Der von den antisemitischen Haßaposteln
und Kulturpessimisten so viel geschmähte Wohlstand übte auf die Volksmehrheit trotz aller gegenteiligen Beteuerungen eine ungeahnte Anziehungskraft aus. Die These, Preußen-Deutschland sei durch Entbehrungen und
Opfer groß geworden, das Streben nach materiellen Gütern und den Segnungen der Zivilisation sei eine jüdische Errungenschaft, die gepriesen werde,
um deutsche Art und Sitte zu zerstören, wirkte lächerlich angesichts der Tatsache, daß sich sogar die höchsten Repräsentanten des Staates, darunter auch
solche, die von den Antisemiten gefeiert wurden, am „Tanz ums Goldene
Kalb" beteiligten[241]. Im Zeichen einer nationalistischen Hochstimmung überzeugte es zwar bis zu einem gewissen Grad, wenn der Bevölkerung „nicht

[238] *Bahr,* op. cit., 199.
[239] Jules Simon im Gespräch mit Bahr, *Bahr,* op. cit., 111: „Wer ihnen nicht paßt,
heißt jetzt Jude."
[240] Sehr zutreffend wurde schon zu Beginn der neunziger Jahre festgestellt: „Es
ist wirklich etwas Sonderbares um den Haß! Schachert der Jude, so schimpft man ihn,
schachert er nicht, so schimpft man erst recht." (*Pohlmann,* op. cit., 42.)
[241] Völkische Hochziele (2. Folge), Deutsche Handels-Wacht, 16. Jg., Nr. 12
(15. Juni 1909) und (4. Folge), 18. Jg., Nr. 15 (5. August 1911).

Genuß, sondern Heldentum" gepredigt wurde[242], aber es ließ sich doch nicht übersehen, daß es das Deutsche Reich unter der Ägide Kaiser Wilhelms II. im Kampf um den Platz an der Sonne nach allgemeiner Auffassung auch ohne Konsumverzicht relativ weit gebracht hatte. Die Deutschen mußten sich nicht besonders anstrengen, sie waren vielmehr – so sah es nach und nach die Mehrheit des Bürgertums – aufgrund ihres überlegenen politischen Systems, ihrer organisatorischen, technischen und militärischen Fähigkeiten zum Herrschen prädestiniert.

Je mehr sich unter dem Eindruck der Wilhelminischen Politik die Vorstellung verbreitete, daß das von Bismarck geschaffene Deutsche Reich „nicht Vollendung, sondern nur Anfang" sei für eine neue deutsche Weltmachtpolitik[243], desto mehr verband sich der Glaube an die Mission des eigenen Volkes mit rassischen und antisemitischen Vorstellungen. Aus dem achtunggebietenden preußischen Territorialstaat habe sich der Nationalstaat entwickelt, der im Begriff sei, Weltmacht zu werden. Zu einem solchen Aufstieg seien die Deutschen nur aufgrund ihrer nationalen und besonders ihrer rassischen Qualitäten gelangt. Die Deutschen, so erklärte Diederich Hahn in einer Versammlung des Bundes der Landwirte, gehörten „alle zum Adel der Welt. Der höchsten Rasse in der Welt" aber, so folgerte er sodann, „gebührt die Herrschaft über sie"[244]. „Durch Reden und Konferenzen" allerdings – das war ein weiterer Glaubenssatz des nationalen Bürgertums – werde das deutsche Volk „nie und nimmer den Platz an der Sonne" gewinnen, sondern allein durch entschlossenes Handeln, das die Nation solidarisch zu ermöglichen und zu decken habe. Es gebe sogar eine rassenbiologische Pflicht zur Ausdehnung des deutschen Machtbereichs, nach der „die jedes Jahr fast eine Million Menschen betragende Überproduktion unseres Volkes mit gebieterischer Stimme ruft"[245].

Während die Parteiantisemiten darüber lamentierten, daß sie trotz aller Anstrengungen immer einflußloser würden, ihre Eingaben an Regierungen und Parlamente kaum Beachtung fänden, war der Antisemitismus tief in den Nationalismus und Imperialismus eingedrungen und unlösbar mit ihm verschmolzen. Erst beim Blick auf die Ideologien und geistigen Strömungen der Zeit läßt sich erfassen, wie tiefgreifend sich das Bewußtsein des Bürgertums seit der Reichsgründung verändert und welche entscheidende Rolle in diesem Prozeß der sogenannte „wissenschaftliche Antisemitismus", gestützt auf die politischen Interpretationen der „Rassenforschung und der germani-

---

[242] *Friedrich Solger*, Der nationale Geist als Naturerscheinung. Vortrag im Werdandibunde am 25. Februar 1909, o. O. o. J., 15.

[243] Völkische Hochziele (1. Folge), Deutsche Handels-Wacht, 16. Jg., Nr. 11 (1. Juni 1909).

[244] Zitiert nach Deutschtum und Judentum, Mitteilungen, XXII, Nr. 22 (23. Oktober 1912).

[245] Völkische Hochziele (3. Folge), Deutsche Handels-Wacht, 16. Jg., Nr. 15 (1. August 1909).

schen Vorgeschichte" sowie anderer wissenschaftlicher Disziplinen, gespielt hatte[246]. Der Antisemitismus war damit „gesellschaftsfähig", zugleich aber auch schillernder und gefährlicher geworden[247]. Auf jeden Fall blieb sein weiteres Schicksal an das des Nationalismus gebunden.

Durch die unauflösliche Verbindung des Nationalismus mit dem Antisemitismus und Sozialdarwinismus[248] wurde die Innenpolitik verstärkt den Interessen der Außenpolitik dienstbar gemacht. Nur wenn innerhalb der Nation alle „ideologischen Humanitätsduseleien" unterbunden, die Volkskräfte zusammengefaßt und auf die großen Ziele ausgerichtet würden, sei eine „kraftvolle" und expansive Außenpolitik zu betreiben. Dabei setzte sich mehr und mehr die Überzeugung durch, daß nur gemeinsames Blut einen gemeinsamen Willen und gemeinsame Ideale garantiere[249]. Der erwartete allgemeine Konsens über die Ziele der deutschen Politik blieb freilich eine Fiktion; es hat zu keiner Zeit darüber im nationalen Lager Einverständnis geherrscht. Solange der deutsche Einfluß in der Welt wuchs, ließ sich mit dieser Vorstellung trotz ihrer Irrealität relativ konfliktfrei leben. In dem Moment jedoch, in dem das Reich außenpolitische Mißerfolge hinnehmen mußte, das wirtschaftliche Expansionsstreben an seine Grenzen stieß, brachen die innenpolitischen Gegensätze vehement auf, und mit ihnen wurde auch der Antisemitismus wieder in die Höhe getrieben.

Die neue nationalistische und antisemitische Hochflut begann während der Daily Telegraph Affäre aufzulaufen. Die Deutschen der „entschiedeneren Tonart" beschuldigten den Kaiser und die Reichsleitung, sie hätten „den Blick für das Wohlergehen und die Ehre des Volkes" vollkommen verloren. Das Reich habe nicht nur an Ansehen verloren, sondern sei auch infolge seiner unentschlossenen Politik in der Welt isoliert. Die machtpolitischen Einbußen hätten „eine tiefe Niedergeschlagenheit im Volke" und bei allen „Deutschbewußten" verursacht und Befürchtungen bestärkt, „daß in den verantwortlichen Kreisen undeutscher, rückgratloser Geist Platz greift", der aber auf keinen Fall hingenommen werden dürfe[250]. Die Antisemiten und ihre Gesinnungsgenossen wollten „wie ein Mann" aufstehen gegen eine Politik der Kompromisse. Sie drohten der Reichsleitung Gehorsamsverweigerung

---

[246] Völkische Erneuerung, Deutsch-Soziale Blätter, 27. Jg., Nr. 86 (26. Oktober 1912).

[247] Deutschtum und Judentum, Mitteilungen, XXII, Nr. 20 (25. September 1912).

[248] *Hans-Ulrich Wehler*, Sozialdarwinismus im expandierenden Industriestaat, in: *Imanuel Geiss* und *Bernd Jürgen Wendt* (Hrsg.), Deutschland in der Weltpolitik des 19. und 20. Jahrhunderts. Fritz Fischer zum 65. Geburtstag, Düsseldorf 1973, 133 ff.

[249] Völkische Hochziele (1. Folge), Deutsche Handels-Wacht, 16. Jg., Nr. 11 (1. Juni 1909); Deutschvölkische Erneuerung, Deutsch-Soziale Blätter, 27. Jg., Nr. 86 (26. Oktober 1912).

[250] Wohin steuern wir? Monatsbericht des Reichsverbandes der deutschsozialen Partei, 9. Jg., Nr. 11 (November 1908).

und Widerstand an. Doch das waren leere Worte. Zu einer ernsthaften Opposition hatten sie weder den Mut noch die Macht. Was blieb, war eine neue Woge der Agitation seitens der antisemitischen Parteien und Verbände[251] und – das erwies sich als folgenschwer – die Gewöhnung an den Gedanken des Widerstandes gegen die Staatsgewalt seitens der extremen Rechten. Bei dieser neuen Propagandakampagne zeigte sich, daß der Antisemitismus inzwischen vornehmlich seine ländliche Basis verstärkt hatte, daß er dort in Jugendgruppen, Turnvereinen und Heimatbünden sehr viel stärker als früher in Erscheinung trat. Auch in der Heimatkunst hatte er wichtige Pflegestätten gefunden[252].

Die Ernennung eines so zurückhaltenden und vorsichtig wägenden Mannes wie Bethmann Hollweg zum Reichskanzler verstärkte das Unbehagen der nationalistisch-alldeutsch-antisemitischen Fronde. Sie erkannte sehr schnell, daß die Reichsleitung angesichts der schwierigen außenpolitischen Lage Deutschlands Kompromisse schließen werde und auch innenpolitisch einem Ausgleich zuneigte. In den Regierungen des Reiches und der Länder setzte sich immer mehr die Einsicht durch, daß die Arbeiterbewegung trotz aller nur erdenklichen Repressivmaßnahmen einen immer größeren Zulauf gehabt hatte. Sozialdemokratie und Gewerkschaften waren Machtfaktoren geworden, mit denen man rechnen mußte. Da in der Beamtenschaft und in Teilen des Besitzbürgertums die Überzeugung gewachsen war, weitere Unterdrückungsmaßnahmen würden die Position der Sozialdemokratie nur noch mehr stärken, wurden Maßnahmen zum Abbau der Konfrontation erwogen. Zwar fehlte es überall an Stärke und Entschlossenheit, einen Schritt in diese Richtung zu tun, aber es bedeutete schon viel, daß neue Maßnahmen „gegen die Roten" verhindert und Befürworter neuer Ausnahmegesetze zurückgewiesen wurden[253].

Die Zurückhaltung des Kanzlers genügte den antisemitischen Heißspornen bereits, um ihn der Entschlußlosigkeit zu zeihen, seine politische Qualifikation in Zweifel zu ziehen und ihm endlich sogar die Verantwortung für den

---

[251] Sitzung des Preußischen Herrenhauses am 31. März 1908. Stenographische Berichte über die Verhandlungen des Preußischen Herrenhauses in der Session 1907/1908, 225; op. cit., 403.

[252] Ich verweise auf die deutschkirchlichen Bestrebungen des Flensburger Hauptpastors Andersen, besonders seine Schriften. Beträchtlich war der Einfluß der Schriften und namentlich der literarhistorischen Interpretationen von Bartels im Deutschunterricht der Schulen. Sein Plan einer „Weimarer Nationalbühne" fand starke Beachtung. Unzureichend untersucht wurden bisher die unterschwelligen antisemitischen Ressentiments im Dürerbund, im Bund für Heimatschutz und in den Heimatvereinen; ich nenne hier nur – ein zufällig vorliegendes Exempel – den Oberlausitzer Heimatbund. Oberlausitzer Heimatkalender für das Jahr 1913, 32 ff. Der Heimatdichter Diedrich Speckmann schrieb an Bartels am 9. Oktober 1908 [!]: „Wir jüngeren ... Leute sehen nun einmal mit Stolz zu Ihnen als zu unserem Führer auf." Privatbesitz.

[253] *Dirk Stegmann*, Die Erben Bismarcks. Parteien und Verbände in der Spätphase des wilhelminischen Deutschlands, Köln–Berlin 1970, 218.

Ausgang der Reichstagswahl im Januar 1912 anzulasten[254]. Diese Wahl,
die den Sozialdemokraten einen neuerlichen Stimmengewinn gebracht – die
SPD stellte fortan die stärkste Fraktion des Reichstags – und das nationale
Bürgertum und speziell die Antisemiten schockiert hatte, zeitigte besondere
Folgen. Sofort traten die Katastrophenpropheten auf den Plan, um den
Untergang des Reiches, den Verfall der abendländischen Kultur, den Zusammenbruch der Wirtschaft vorauszusagen und den Juden die alleinige Verantwortung für alle kommenden Übel aufzubürden, sie insbesondere für die
Verschärfung der sozialen Spannungen verantwortlich zu machen[255]. Wiederum rollte eine Lawine des Hasses und der Verleumdung über das Land
hinweg. Sie erschütterte abermals politische und moralische Widerstands-
positionen gegen den Radikalismus.

Der Vorsitzende des Alldeutschen Verbandes, Heinrich Claß, der unter
dem Eindruck des Wahlausgangs sein Kaiserbuch schrieb, verfolgte den ehrgeizigen Plan, eine große, überparteiliche „Bewegung" zur Durchführung
einer „Reichsreform" auszulösen. Er versuchte alle „deutschbewußten" Bürger davon zu überzeugen, daß die deutsche Politik nach Bismarcks Sturz
verfehlt gewesen und in eine Sackgasse geraten sei. Um aus ihr herauszukommen, sollten zuerst einmal einschneidende innenpolitische Maßnahmen durchgeführt werden; an erster Stelle schien ihm eine Änderung des Reichstags-
wahlrechts geboten. Für Claß waren die Juden für jede sogenannte Fehlent-
wicklung der deutschen Politik verantwortlich, jede Kurskorrektur mußte
seiner Ansicht nach deshalb mit Restriktionen gegen sie beginnen. Um der
von ihm behaupteten „Zersetzung" der deutschen Nation „durch jüdisches
Blut und jüdischen Geist" Einhalt zu gebieten, propagierte er nichts weniger
als die Sperrung der Grenzen und die Unterbindung jeder weiteren jüdischen
Einwanderung, die rücksichtslose Ausweisung aller Juden, die „noch kein
Bürgerrecht erworben haben", und ein „Fremdenrecht für alle Juden, die
selbst oder deren Vorfahren vor dem 18. Januar 1871 in Deutschland" an-
sässig waren[256].

Die Tatsache, daß so radikale Forderungen ernst genommen und lebhaft
diskutiert wurden – das Buch hatte bis 1914 fünf Auflagen –, die politisch
verantwortlichen Instanzen sich aber zu keiner entschiedenen Zurückweisung
entschlossen, zeigte das Ausmaß der Adaptation zentraler Vorstellungen des
Rassenantisemitismus durch große Teile der deutschen Bevölkerung und na-

---

[254] *Heinrich Claß* (Ps. *Daniel Frymann*), Wenn ich der Kaiser wär' – Politische
Wahrheiten und Notwendigkeiten, Leipzig 1912, 18 f.

[255] „Allerdings tragen die letzten Reichstagswahlen, die Judenwahlen, wie sie im
Volke genannt werden, einen großen Anteil an der Wiederbelebung und Schärfung
des deutschen Gewissens." Deutschvölkische Erneuerung, Deutsch-Soziale Blätter,
27. Jg., Nr. 86 (26. Oktober 1912).

[256] *Claß*, op. cit., 35, 74 f.; vgl. auch *Uwe Lohalm*, Völkischer Radikalismus. Die
Geschichte des deutschvölkischen Schutz- und Trutz-Bundes 1919–1923, Hamburger
Beiträge zur Zeitgeschichte, Bd. VI, Hamburg 1970, 38 ff.

mentlich durch die akademische Jugend[257]. Bei den Mutmaßungen darüber, wer sich hinter dem sorgfältig gehüteten Pseudonym Daniel Frymann verberge, wurden viele Namen genannt, darunter auch die des Grafen Posadowsky und des Großadmirals Tirpitz. Nichts ist bezeichnender für die Mentalität der politisch aktiven Kreise des nationalen Bürgertums als die Tatsache, daß man so prominenten Politikern und kaiserlichen Staatssekretären Pläne und Überlegungen dieser Art zutraute[258]. Unter dem Eindruck der außen- und innenpolitischen Schwierigkeiten war die Bereitschaft gewachsen, anstehende Probleme gewaltsam zu lösen. Teile des Bürgertums hatten sich mittlerweile in einen solchen Haß gegen die sogenannten „Reichsfeinde"[259] hineingesteigert, daß sie der Gedanke eines Ausnahmezustandes im Innern, und das hieß praktisch Entrechtung, Ausweisung und Enteignung Andersdenkender und vornehmlich der Juden, ebensowenig schreckte wie der, außenpolitische Schwierigkeiten durch Gewaltanwendung und Krieg zu lösen[260].

Der alldeutsche Verbandsvorsitzende sprach mit seinen Forderungen zunächst einmal Angehörige der Führungsschicht an, die einen „harten Kurs" in der Innenpolitik verlangten. Wer ähnliche Vorstellungen vertrat, die parteipolitische Konfrontation befürwortete und den Meinungspluralismus unterbinden wollte, der nahm Kontakt mit Claß auf. Der Alldeutsche Verband wurde nun zur Zentrale und Koordinierungsstelle der nationalradikalen Opposition. Von dort aus wurden auch die ersten Versuche zu einer Vereinigung aller antisemitischen Gruppen gesteuert und Bemühungen um einen Zusammenschluß verwandter Interessenverbände unterstützt, wenngleich sie an der Intoleranz und dem Führungsanspruch der Alldeutschen oft scheiterten.

---

[257] Die Breslauer Burschenschaften lehnten die Teilnahme an einer Goethe-Gedenkfeier mit der Begründung ab, „daß der Mann der nationalen Bewegung kein Verständnis entgegengebracht und zur Förderung der deutschnationalen Sache nichts getan habe". Mitteilungen, XXII, Nr. 24 (20. November 1912), 199; über die Ausbreitung des Rassenantisemitismus in der Studentenschaft, aaO, Nr. 22 (23. Oktober 1912) 177; vgl. auch *Cohen*, op. cit., 16.

[258] *Stegmann*, op. cit., 296.

[259] Chamberlain schrieb am 9. Dezember 1912 an Adolf von Harnack, der ihn von seinem extremen Standpunkt in der „Judenfrage" abzubringen suchte und auf die Christenpflicht zur Versöhnung und Liebe hingewiesen hatte: „... ich begreife aber nicht die Aufforderung das Schlechte, das Schändliche, das Gemeine, dasjenige, was alle Tage auf allen Gebieten alles, was mir hoch und heilig ist beschmutzt, vergiftet, niederreißt, damit alles Edle an unserem lieben armen großen Europa rettungslos dem Untergang weihend – ich begreife nicht die Aufforderung, es zu lieben; mit allen Kräften meiner Seele hasse ich es und hasse es und hasse es!" (*Houston Stewart Chamberlain*, Briefe 1882–1924 und Briefwechsel mit Kaiser Wilhelm II., 1. Band, München 1928, 217.)

[260] Vom „Krieg als Retter" ist in dieser Zeit mehr oder weniger offen gesprochen worden. *Friedrich von Bernhardi*, Deutschland und der nächste Krieg, Stuttgart–Berlin 1912; *Stegmann*, op. cit., 281; General von Gebsattel hatte 1913 an Claß geschrieben: „Ich ersehne den erlösenden Krieg." (*Lohalm*, op. cit., 29.)

Einer von denen, die ähnliche Gedanken gehegt und formuliert hatten und sich Claß nun anschlossen, war der im Ruhestand lebende bayerische General Konstantin Freiherr von Gebsattel. Er stellte nicht nur seine weitreichenden Verbindungen in den Dienst der alldeutschen Extremisten, sondern trat auch in die Hauptleitung des Verbandes ein und entfaltete eine große Aktivität. Nach eingehender Beratung mit Claß und unter dessen Mitwirkung faßte er seine Vorstellungen in einer Denkschrift zusammen, die er 1913 unter dem Titel „Gedanken über einen notwendigen Fortschritt in der inneren Entwicklung Deutschlands" drucken ließ und an zweihundert führende Persönlichkeiten des öffentlichen Lebens, an erster Stelle an den deutschen Kronprinzen, sandte [261].

Gebsattel forderte zum Widerstand gegen politische Reformen und soziale Zugeständnisse, zum entschlossenen Kampf gegen „Judenmache und Verhetzung durch sozialdemokratische Führer" auf. In Übereinstimmung mit Claß befürwortete er legislative und exekutive Maßnahmen des Staates gegen Andersdenkende. Er unterbreitete Vorschläge zur Wahlrechtsänderung, zur „Lösung der Judenfrage" und für eine neue Pressegesetzgebung. Die „Lösung der Judenfrage" sollte so kompromißlos wie möglich durchgeführt werden. Er verlangte, alle Juden unter Fremdenrecht zu stellen, sie doppelt so hoch wie die anderen Staatsbürger zu besteuern, jede Vermischung „jüdischer und germanischer Rasse" unter Strafe zu stellen, Juden den Erwerb von Grundbesitz zu verbieten, sie aus allen Staatsstellungen zu entfernen, ihnen den direkten und indirekten Einfluß auf die Presse zu nehmen. Der General wollte durch diese Maßnahmen das Existenzrecht der Juden soweit einschränken, daß sie sich zur Auswanderung aus Deutschland veranlaßt sähen. Für diesen Fall sollte Vorsorge getroffen werden, damit „der größte Teil jüdischen Eigentums dem Staat hinterlassen" werde. Die Grenzen dürften für die Auswanderung erst geöffnet werden, wenn das jüdische Eigentum vollständig registriert und der größte Teil davon eingezogen sei [262].

Da der Kronprinz die Denkschrift an den Kaiser und an den Reichskanzler weiterleitete, der Monarch wie auch Bethmann Hollweg eingehend dazu Stellung nahmen, ist die Auffassung der obersten Reichsleitung zu den Vorschlägen der alldeutschen und antisemitischen Extremisten zuverlässig überliefert. Kaiser und Kanzler wiesen die judenfeindlichen Forderungen entschieden zurück*, deren Tragweite sie völlig erkannten. Wilhelm II. setzte dem Kronprinzen eindringlich auseinander, daß derartige Aktionen gegen die Ju-

---

[261] *Hartmut Pogge-v. Strandmann*, Staatsstreichpläne, Alldeutsche und Bethmann Hollweg, in: *Hartmut Pogge-v. Strandmann* und *Imanuel Geiss*, Die Erforderlichkeit des Unmöglichen. Deutschland am Vorabend des ersten Weltkrieges, Frankfurt 1965, 16 ff.

[262] Archiv Fst Hbg. 412 AV; *Pogge-v. Strandmann*, op. cit., 17.

* Ebenfalls zur Claß-Denkschrift und zu Wilhelm II. und Antisemitismus überhaupt siehe den Beitrag von *Lamar Cecil*, Wilhelm II. und die Juden, im vorliegenden Bande, S. 313–347; zu Claß S. 343.

den nicht nur den Nationalwohlstand schwer schädigen, sondern auch Deutschland unverzüglich „aus der Reihe der Kulturnationen" ausscheiden würden. Allerdings verrieten die Voten des Kaisers und des Kanzlers, daß auch sie in antisemitischen Vorurteilen befangen und kaum geneigt waren, sich für die Rechte der Juden zu engagieren[263].

Da die Antisemiten mit ihren Forderungen bei den politisch verantwortlichen Instanzen kein Entgegenkommen fanden, versuchten sie, sich durch organisatorische Betriebsamkeit, durch Blockbildung, einen stärkeren machtpolitischen Rückhalt zu schaffen, um die Regierung und die Parteien nachhaltiger als bisher zu bedrängen. Wie immer bei den Antisemiten wurden neue Aktivitäten durch die Gründung neuer Verbände und Organisationen eingeleitet. In ihnen erhielten wiederum ehrgeizige junge Männer ein politisches Betätigungsfeld. Diese jungen Fanatiker sollten mit ihren Gruppen die inzwischen träge gewordenen Parteiantisemiten wieder aufschrecken sowie in die politische Neutralität zurückgefallene oder noch immer in ihr verharrende Interessenverbände politisieren.

Unter dem unmittelbaren Eindruck der Reichstagswahl vom Januar 1912 wurde zunächst der Verband gegen die Überhebung des Judentums gegründet. Seinem Vorstand und Fördererausschuß gehörten, wie in allen diesen Fällen, bekannte antisemitische Publizisten und führende Mitglieder oder Vorsitzende anderer Verbände an, so etwa des deutschen Turnvereins und des deutschen Turnerbundes[264]. Kurze Zeit später, im Mai 1912, konstituierte sich auf einen Wink Theodor Fritschs hin der Reichshammerbund, in dessen Reihen sich vornehmlich die antisemitisch orientierten Führungskräfte aus den großen Interessenverbänden und insbesondere aus den regionalen Vereinigungen der verschiedensten Richtungen zusammenfinden sollten. Dem Reichshammerbund war die Aufgabe der Koordination aller antisemitischen Aktionen und der Infiltration unpolitischer Gruppen zugedacht[265].

Die besondere Aufmerksamkeit galt wieder den inzwischen herangewachsenen Jugendlichen, die sich in zahlreichen freien oder nationalen Vereinigungen zusammengefunden hatten[266]. Von neuem gelang es, vielfach unterstützt durch Lehrer, Pfarrer, Jugendleiter und Mentoren, Einfluß im Jungdeutschlandbund, in kirchlichen Jugendkreisen, in Wander- und Turnvereinen

---

[263] *Pogge-v. Strandmann*, op. cit., 21, 24 f.; *Lohalm*, op. cit., 43.

[264] Deutsch-Soziale Blätter, 27. Jg., Nr. 58 (20. Juli 1912); zum zehnjährigen Bestehen des Verbandes gegen die Überhebung des Judentums e.V.; vgl. die Monatsschrift des Verbandes Auf Vorposten, 10. Jg., (Januar–April 1922),2 ff.; Mitteilungen, XXII, Nr. 12 (5. Juni 1912), 98 f.

[265] Archiv Fst. Hbg, 412 Reichshammerbund; Bericht Rüttingers vom 19. April 1937, BA Koblenz, NS 26/886; Mitteilungen, XXII, Nr. 12 (5. Juni 1912), 91.

[266] In vielen Teilen des Reiches bildeten die Jungdeutschen Bünde die Kernzellen des Reichshammerbundes. Aufzeichnungen von Eugen Haug zur Vorgeschichte der NSDAP, BA Koblenz, NS 26/166; Deutsch-Soziale Blätter, 27. Jg., Nr. 95 (27. November 1912).

und in einigen Gruppen der Jugendbewegung zu gewinnen. Da in den Jahren vor dem Ausbruch des Ersten Weltkrieges der großangelegte Versuch einer staatlichen Jugendpflege unternommen wurde, um das Anwachsen der Sozialdemokratie auch auf dem Weg über die Beeinflussung und Indoktrination der Jugend zu verhindern, fiel es den Antisemiten nicht schwer, sich an diesen Bemühungen auf ihre Weise zu beteiligen. Sie nutzten das ideale Streben der jungen Menschen nach neuen Lebensformen und lohnenden gesellschaftlichen und politischen Aufgaben aus, um sie zu verwirren und fehlzuleiten. So sind abermals Haß und Zwietracht in die deutsche Jugend hineingetragen worden. Der Polarisierungsprozeß, der in der Gesellschaft schon sehr weit gediehen war, griff in den Jahren unmittelbar vor Beginn des Krieges im vollen Maß auch auf die Jugend über[267].

Außer dem Reichshammerbund entstanden in den letzten Jahren vor dem Ersten Weltkrieg noch einige kleinere antisemitische Organisationen, die hinsichtlich der Mitgliederzahlen unbedeutend, in Anbetracht ihrer Betriebsamkeit und Wirksamkeit nicht so belanglos waren. Dazu gehörten unter anderem der von Adolf Bartels programmierte Deutschvölkische Schriftstellerverband und die deutsch-religiösen Gemeinden. Schließlich wurde sogar der Versuch gemacht, diejenigen zu organisieren, die mit Rücksicht auf ihre Stellung im öffentlichen Leben ein offenes Engagement in einem antisemitischen Verband scheuten. Sie sollten sich nach dem Willen Fritschs im „Germanenorden" sammeln. Wer also den Antisemitismus unerkannt fördern wollte, der konnte Mitglied dieser Geheimorganisation werden. Um dem Unternehmen einen möglichst harmlosen Anstrich zu geben, legten sich die einzelnen „Gaulogen" des Germanenordens Decknamen zu, unter denen sich niemand etwas vorstellen konnte. Die Loge in Franken firmierte als „Fränkische Tischgesellschaft", die Münchener gelangte unter ihrer Tarnbezeichnung „Thulegesellschaft" nach 1918 vorübergehend zu trauriger Berühmtheit, die Hamburger Loge blieb als „Verein für nordische Kunst und Wissenschaft" sogar in „nationalen" Kreisen weithin unbekannt[268]. Die Menschen, die sich in diesen esoterischen Zirkeln trafen, gehörten zumeist noch vielen anderen

---

[267] Antisemitische Strömungen in der Jugendbewegung, Mitteilungen, XXIII, Nr. 25 (3. Dezember 1913); Der Antisemitismus in der Jugendbewegung, aaO, Nr. 27 (31. Dezember 1913); Der Kampf um die Jugend, aaO, XXIV, Nr. 7 (8. April 1914); Die Wandervogel-Interpellation im preußischen Abgeordnetenhause, aaO, Nr. 16 (20. Mai 1914); Der Streit um das deutsche Wesen im Wandervogel. Beilage aus: Der Hammer, 13. Jg., Nr. 284 (15. April 1914); Wandervogel und Judentum, Der Kunstwart 27. Jg. (17. Juni 1914), 297 ff.; grundsätzlich dazu: *Klaus Saul,* Der Kampf um die Jugend zwischen Volksschule und Kaserne. Ein Beitrag zur „Jugendpflege" im wilhelminischen Reich, Militärgeschichtliche Mitteilungen, 1/1971, 97 ff.

[268] Bericht Rüttingers vom 19. April 1937 zur Vorgeschichte der NSDAP in Franken, BA Koblenz, NS 26/886; vertrauliche Berichte des Germanenordens, Archiv Fst. Hbg. 412; Dem Hamburger Germanenorden gehörten ein Pastor, einige Rechtsanwälte, ein Unternehmer und mehrere Beamte, sogar einer aus den Reihen der politischen Polizei, an.

Vereinen an und hatten in ihren Berufen mancherlei Einfluß. Sie waren mithin im Hinblick auf die Wirkung der judenfeindlichen Propaganda als „Multiplikatoren" zu betrachten, in den seltensten Fällen handelte es sich um Sektierer. So sind antisemitische Tendenzen in unpolitischen Zusammenschlüssen erneut zur Geltung gekommen, nachdem sie sich vorübergehend abgeschwächt hatten. Auch in Organisationen mit ursprünglich anderen politischen Zielsetzungen, so im „Reichsverband gegen die Sozialdemokratie" und im „Deutschen Wehrverein", traten sie gelegentlich stärker hervor[269].

Ebenso wurde die Einflußnahme der Antisemiten auf Zeitungen und Zeitschriften, besonders auf Verbandsorgane, wieder intensiviert. Dabei waren Regional- und Provinzorgane abermals bevorzugte Objekte. In den kleinen Städten gab es viele Zeitungsverleger und Journalisten, die sich geehrt fühlten, wenn ihnen prominente Männer wie Bartels, Fritsch oder andere Artikel anboten, die gut lancierte Polemiken annahmen, auf Wunsch nachdruckten und kommentierten. Wer sich ein zutreffendes Bild von der Virulenz des Antisemitismus in den Jahren vor dem Ausbruch des Ersten Weltkrieges machen will, der sollte nicht allein die aufschlußreiche Diskussion über die Stellung der Juden im geistigen und kulturellen Leben verfolgen, die 1912 im *Kunstwart* geführt wurde* und in der sich der Herausgeber, Ferdinand Avenarius, recht eindeutig im Sinn der Antisemiten engagierte[270]; denn auf die Meinungsbildung der Volksmehrheit haben nicht so sehr die Artikel und Darlegungen in den großen Blättern eingewirkt, sondern die allwöchentlich im Original oder im Nachdruck erschienenen Beiträge antisemitischer „Dichter" und „Schriftsteller" in evangelischen Sonntagsblättern, Bauernjournalen, Landboten, Kalendern und anderen Publikationen. Die Vorstellungen weiter Bevölkerungskreise wurden durch das geprägt, was an geistigen Produkten eines Adolf Bartels, Hermann Löns, Wilhelm von Polenz, Heinrich Sohnrey und anderer sowie ihrer Interpreten und Nachbeter in die Hände der Bauern, Handwerker und Angestellten gelangte. Die Auflagenhöhe antisemitischer Zeitungen und Zeitschriften war in der Regel sehr gering; dagegen wurden Wochenblätter, Kreiszeitungen und das umfangreiche Schrifttum der Landschaften und Berufsgruppen in Millionenauflage vertrieben und in den

---

[269] Ein besonderes Beispiel ist die Agitation des Mitarbeiters der Staatsbürger-Zeitung, Rudolf Lebius, im Reichsverband gegen die Sozialdemokratie. BA Koblenz, Nachlaß Bülow 108; Geheimes Staatsarchiv Berlin-Dahlem StM 2415; *Stegmann*, op. cit., 277 ff.; *Lohalm*, op. cit., 43 ff.; Mitteilungen, XXII, Nr. 12 (5. Juni 1912), 93 über die antisemitischen Tendenzen im Wehrverein.

* Zur Kunstwart-Debatte siehe den Beitrag von *Yehuda Eloni*, Die umkämpfte nationaljüdische Idee, im vorliegenden Bande, S. 674–676 (Hrsg.).

[270] *Moritz Goldstein*, Deutsch-jüdischer Parnaß, Kunstwart 25. Jg. (11. März 1912), 281 ff. Dieser Artikel löste in der Zeitschrift eine lebhafte Diskussion aus. Sie wurde in der Öffentlichkeit stark beachtet. Die Judenfrage im Kunstwart, Deutschsoziale Blätter, 27. Jg., Nr. 73 (11. September 1912); Der Kunstwart und die Judenfrage, Mitteilungen, XXII, Nr. 19 (11. September 1912).

Dörfern und Kleinstädten an den langen Winterabenden mangels anderer Unterhaltung und echter Bildungschancen intensiv gelesen[271].

Die Auswirkungen der neuen antisemitischen Aktionen wurden sehr bald wieder spürbar. Die Parteien mußten sich erneut der Herausforderung stellen oder Zugeständnisse machen. Auch jetzt gab es wieder Parlamentarier und prominente Parteiführer, die sich den Wind des Antisemitismus in die Segel blasen ließen oder da und dort der Volksstimmung durch Angriffe auf die Juden Rechnung trugen[272].

Die führenden Antisemiten, und das waren inzwischen ausschließlich die Vorstandsmitglieder und Repräsentanten der großen Verbände, waren jetzt vornehmlich darauf bedacht, alle vorhandenen Gruppen zusammenzuschließen und das gesamte „nationale Lager" ideologisch weiter zu durchdringen. Sie wollten dem ständig mächtiger gewordenen Block der Sozialisten einen nicht minder starken Block aller „Deutschbewußten" gegenüberstellen.

Zunächst galt es, die antisemitisch orientierten wirtschaftlichen Interessenverbände zusammenzufassen. Die Voraussetzung war, daß erst einmal klare Positionen bezogen wurden. Das versuchte Theodor Fritsch zu erreichen, als er, unterstützt von einflußreichen Gönnern, die von ihm geführte Mittelstandsvereinigung im Königreich Sachsen aus der Deutschen Mittelstandsvereinigung herauslöste, weil diese sich durch den Beitritt zum Hansabund einer vermeintlichen jüdischen Führung unterstellt und angeblichen jüdischen Interessen dienstbar gemacht hatte*. Als die Trennung von der alten Vereini-

---

[271] *Zimmermann*, op. cit.; aufschlußreich ist die keineswegs vollständige, insgesamt aber doch recht charakteristische Zusammenstellung „guter deutscher Bücher" in den nach dem Krieg erschienenen Deutschvölkischen Jahrbüchern. Ich stütze mich hier zu einem Teil auf die Staatsexamensarbeit von *Klaus Schedukat*, Adolf Bartels und die völkische Bewegung. Eine Analyse seines politischen Denkens und Wirkens, Hamburg 1969, und auf die Sammlungen im Archiv Fst. Hbg. 11 B 9, 16, 17; *Ulf Thorstein*, Hermann Löns und seine völkische Sendung, Minden 1937; interessant ist der 1912 in Leipzig erschienene Roman von *Hermann Burte*, Wiltfeber, der ewige Deutsche. Die Geschichte eines Heimatsuchers; *Klaus Bergmann*, Agrarromantik und Großstadtfeindschaft, Meisenheim am Glan 1970; als charakteristisches Beispiel dieser Literatur sei hier auf den Oberlausitzer Heimatkalender für das Jahr 1913 verwiesen.
[272] *Klaus Epstein*, Matthias Erzberger and the Dilemma of German Democracy. Princeton 1959, 402; Mitteilungen, XXII, Nr. 11 (22. Mai 1912), 83. Unter dem Eindruck der Januarwahl 1912 sprach Erzberger vom „dominierenden Einfluß des Judentums im Reichstage". Er versicherte nach der Manier so vieler Intellektueller, daß er „keine antisemitische Ader" habe, polemisierte dann aber gegen die Mitarbeit der Juden in den Kommissionen des Reichstages, die er stark übertrieb, um mit der demagogischen Phrase der Antisemiten zu folgern, „wenn bei der Entscheidung der Lebensfragen der Nation sich das jüdische Element in den Vordergrund drängt, dann mögen jene recht haben, die da meinen, das Ende dieses Reichstages werde eine antisemitische Hochflut sein, die selbst den Hansabund hinwegfegen könne".
* Zum Hansabund siehe die Darstellung von *Werner E. Mosse*, Die Juden in Wirtschaft und Gesellschaft, S. 93 ff., und ebenfalls den Beitrag von *Peter Pulzer*, S. 229 ff., im vorliegenden Bande (Hrsg.).

gung vollzogen war, forderte er alle mit ihm sympathisierenden Gruppen auf, seinem Beispiel zu folgen. Inzwischen hatte er mit den Vorbereitungen für die Gründung einer neuen zentralen Organisation begonnen, die im Juli 1911 aus der Taufe gehoben wurde. Der mit Unterstützung des Bundes der Landwirte und des Centralverbandes Deutscher Industrieller gegründete Reichsdeutsche Mittelstandsverband engagierte sich sofort im Sinn seiner Auftraggeber mit dem Ziel, eine Kooperation aller gesinnungsverwandten Interessengruppen zustande zu bringen[273]. Die intensiven Bemühungen um die „Herbeiführung einer Interessengemeinschaft aller selbständigen produktiven Stände" führten 1913 anläßlich des dritten Reichsdeutschen Mittelstandstages in Leipzig zur Bildung eines „Kartells der Schaffenden Stände"[274]. Da die Interessen der Mitgliederverbände aber weit auseinandergingen, hat dieses Kartell niemals politische Bedeutung erlangt. Ein Teil der Industriellen war zur Zusammenarbeit mit den Agrariern unter keinen Umständen zu bewegen. Die wirtschaftspolitischen Gegensätze waren sehr viel stärker als die ideologischen Gemeinsamkeiten. Ein antisemitischer und antisozialistischer Block der Rechten, der Einfluß auf den Kurs der Innenpolitik nehmen, nötigenfalls sogar auf Regierungen und Parlamente Druck ausüben konnte, kam nicht zustande. Letztlich waren auch zahlreiche Mitglieder der Verbände nicht mehr bereit, ihren Leitungsgremien ohne weiteres zu folgen, wenn diese, ohne sie mit entscheiden zu lassen, Allianzen schlossen und über sie verfügten[275]. Die sozial Abhängigen begannen sich politisch zunehmend zu emanzipieren.

Auch der Versuch, die antisemitischen Verbände im engeren Sinn zusammenzuschließen, gelang nur ansatzweise. Im Oktober 1913 versammelten sich die Repräsentanten zahlreicher Gruppen zu einem „Deutschen Tag" in Eisenach. Dort beschlossen die Vertreter von elf Bünden die Bildung einer Deutsch-Völkischen Vereinigung zum Zweck der Koordinierung größerer Aktionen. Paritätisch gebildete Ausschüsse sollten Informationen aus den Bereichen der Politik, Wirtschaft, Kultur, Wissenschaft und Publizistik sammeln und Grundsätze für ein zentral geleitetes Vorgehen der Vereinigung festlegen. Vor allen Dingen aber sollten die Ausschüsse die Wünsche und Beschwerden der Antisemiten in Denkschriften und Eingaben an Regierungen, Amtsstellen, regionale und kommunale Körperschaften weiterleiten, um so die Verwaltungsentscheidungen zu beeinflussen[276].

---

[273] *Heinrich August Winkler,* Mittelstand, Demokratie und Nationalsozialismus, Köln 1972, 52.

[274] *Winkler,* op. cit., 53; *Dirk Stegmann,* op. cit., 360 ff.

[275] *Thomas Nipperdey* in der Rezension von *Stegmann,* Die Erben Bismarcks, Historische Zeitschrift, 215, 165 ff.; *Konrad Schilling,* Beiträge zu einer Geschichte des radikalen Nationalismus in der Wilhelminischen Ära 1890–1909, Phil. Diss., Köln 1968.

[276] Rundschreiben und Gründungsaufruf der Deutsch-Völkischen Vereinigung vom 27. Oktober 1913. BA Koblenz, NS 26/883.

Größere Aktivität konnte die Geschäftsstelle der Vereinigung unter Leitung des Schriftstellers Wilhelm Schäfer nicht entwickeln. Die Pläne wurden infolge der Kriegsereignisse undurchführbar, jedoch nicht aufgegeben. Das Verfahren, Behörden und Institutionen permanent mit Denkschriften, Klagen, Beanstandungen und schließlich auch mit Drohungen zu überhäufen und zum Eingreifen zu drängen, wurde während des Ersten Weltkrieges voll entwickelt und systematisch praktiziert. Die übrigen Pläne der Deutsch-Völkischen Vereinigung wurden vertagt und nach Beendigung des Krieges realisiert. Zahlenmäßig stellten die Bünde, die 1913 in Eisenach eine Zusammenarbeit vereinbarten, keine große Potenz dar. Weder der Deutschvölkische Schriftsteller-Verband, der Deutsche Kulturbund, der Reichshammerbund oder der Deutsche Turnerbund und erst recht nicht die Deutsch-religiösen Gemeinden – um nur die wichtigsten Organisationen zu nennen – verfügten über eine starke Basis. Aber sie erfreuten sich mannigfacher Unterstützung durch einflußreiche Stellen. Sie konnten sich zudem des Wohlwollens vieler konservativer Beamter und Offiziere, Wissenschaftler und Publizisten und des Rückhalts im Alldeutschen Verband, im Bund der Landwirte, im Deutschnationalen Handlungsgehilfenverband, im Reichsdeutschen Mittelstandsverband und in allen nationalen Berufs- und Standesvertretungen sicher sein. Der Antisemitismus war ein konstitutives Element des Nationalismus geworden. Wer ihn vorbehaltlos verwarf, setzte sich dem Vorwurf der nationalen Unzuverlässigkeit aus. So wurden ihm sogar dort Zugeständnisse gemacht, wo dem integralen Nationalismus gegenüber skeptische Distanz gewahrt wurde. Das zeigte sich besonders in den Krisen der Kriegs- und Nachkriegszeit [277].

VII

Der Antisemitismus, wie er sich seit der zweiten Hälfte der siebziger Jahre des neunzehnten Jahrhunderts in Deutschland entwickelte, hatte mit einer spezifischen Art jüdischer Existenz nur noch wenig zu tun. Er war, wie Reinhard Rürup hervorhebt, „mehr als eine judenfeindliche Bewegung", die darauf abzielte, die Emanzipation rückgängig zu machen und die jüdische Minderheit erneut unter Fremdenrecht zu stellen, er war eine „Weltanschauung" [278]. Deren Anhänger und Propagandisten glaubten in der „Judenfrage" den Schlüssel gefunden zu haben, der ihnen den Zugang zum Verständnis aller politischen, wirtschaftlichen und kulturellen Probleme der Zeit öffnete. Adolph Wagner, der in dem Jahrzehnt nach der Reichsgründung in

---

[277] Ludwig Schemann zur Begrüßung der Tagung des Landesverbandes Baden des Alldeutschen Verbandes am 13. und 14. Juni 1931. Archiv Fst. Hbg. 412 AV.
[278] *Reinhard Rürup*, Kontinuität und Diskontinuität der Judenfrage im 19. Jahrhundert, in: *Wehler*, Sozialgeschichte Heute, 405.

Gemeinschaft mit Stoecker maßgeblich zur Fundamentierung des Antisemitismus beigetragen hatte, erkannte seinen Irrtum sehr bald und korrigierte ihn. Er hat im Gegensatz zu seinem Freund Stoecker auf die Dürftigkeit dieser „Weltanschauung" hingewiesen. Mit der „Judenfrage", so betonte er mit immer größerem Nachdruck, seien die sozialen Probleme in keiner Weise zu erklären, im Gegenteil, sie beständen auch dann, „wenn wir überhaupt keine Juden hätten". Die Antisemiten klagten ständig den Juden an, erkannte Wagner, meinten im Grunde aber stets den Kapitalisten[279]. Der Versuch, die tiefgreifenden Strukturwandlungen in Wirtschaft und Gesellschaft und deren unübersehbare krisenhafte Folgen auf eine so simple Weise zu erklären, verstelle den Blick auf die realen Schwierigkeiten und mache unfähig für eine konstruktive Politik. Gleichwohl akzeptierten Angehörige aller sozialen Schichten in Deutschland dieses „Zerrbild einer Gesellschaftstheorie"[280]. Es verdeckte den eklatanten Mangel, den man angesichts der Herausforderung durch den Marxismus und der eigenen Unkenntnis der wirtschaftlichen und gesellschaftlichen Triebkräfte sowie des Fehlens haltbarer sozialer Bindungen empfand.

So gab es zwei große Lager in Deutschland: Dem Antisemitismus waren diejenigen verfallen, die bewußtseinsmäßig in einer besonnten Vergangenheit lebten, weil sie sich den Anforderungen der Gegenwart nicht gewachsen fühlten. Es waren Menschen, die kaum verwinden konnten, daß ihre überlieferten Wertvorstellungen verblaßten, die der Meinungspluralismus verwirrte, ja ängstigte. Zu ihnen gesellten sich diejenigen, die ihre wirtschaftliche Position bedroht sahen, um den Bestand liebgewordener gesellschaftlicher Institutionen bangten, einen Prestigeverlust ihres Berufsstandes nicht akzeptieren wollten oder von ihrem gewohnten Lebensstil Abschied nehmen mußten. Wem die Orientierung angesichts des raschen Wandels in Staat und Gesellschaft Mühe machte, der neigte nur zu leicht dazu, jede Veränderung als Niedergangserscheinung zu diagnostizieren, für Verfall zu halten, was unerläßliche Anpassung war.

Mit Recht hat bereits 1893 August Bebel darauf hingewiesen, daß die „Ideale" so vieler Großagrarier, Bauern, Gewerbetreibenden und Beamten „in den Zuständen der Vergangenheit" lagen[281], daß es also nicht nur die ökonomische Not war, die sie zum Protest trieb, sondern mehr noch das Empfinden, die Verhaltensnormen, die überkommenen Grundsätze für die Gestaltung der mitmenschlichen Beziehungen, überhaupt „Treu und Glauben"

---

[279] *Bahr,* op. cit., 76; ähnlich auch *Anatole Leroy-Beaulieu,* aaO, 117: „Aber sie täuschen sich über die Ursache des Übels. Es sitzt viel tiefer, als sie denken, und wären alle Juden von Frankreich, ja aus Europa vertrieben, die Laster, unter denen wir leiden, blieben die gleichen."

[280] *Rürup,* aaO, 405.

[281] *Bebel,* op. cit., 231 f.

seien außer Kurs gesetzt. Den Verlust an sozialer Geltung in der modernen
Industriegesellschaft haben viele schwerer verwinden können als ökonomische
Einbußen. Viele dieser insgesamt braven und gehorsamen Staatsbürger
schlossen sich nicht zuletzt auch deshalb den Antisemiten an, weil dies die
einzige „staatlich erlaubte Opposition" war[282]. Und das Oppositionsbedürf-
nis wuchs, je verwirrender die Vielfalt der Ereignisse und Meinungen wurde,
je stärker die nivellierenden Tendenzen der Industriegesellschaft im täglichen
Leben zu spüren waren und somit der beklemmende Eindruck eines „Verfalls" aller Ordnungssysteme entstehen konnte[283].

Schon beim Rückblick auf die erste Welle des Antisemitismus konstatierte
ein Zeitgenosse sehr zutreffend, daß „die Begriffe conservativ, antisemitisch,
antifortschrittlich fast synonym" geworden seien[284]. Am Vorabend des
Ersten Weltkrieges war der Antisemitismus unlöslich mit dem Konservativismus, Nationalismus und Kulturpessimismus verschmolzen. Wer sich der
deutsch-nationalen Weltanschauung verschrieben hatte, der sah die Zukunft
dunkel verhüllt vor sich: Deutschland wähnte er von den Großmächten bedroht[285], durch mangelnde Wehrbereitschaft und im Innern durch eine „weib-
liche, sentimentale, krankhaft humane Lebensauffassung" sowie das Über-
handnehmen des „Mammonsdienstes" in den oberen Schichten geschwächt,
ja infolge der Toleranz gegenüber „Staatsfeinden" und der Aushöhlung der
Volkssubstanz durch „Schund- und Schmutzliteratur" der „Zersetzung"
preisgegeben[286].

Recht eindeutig bestimmten die 1913 anläßlich des „Deutschen Tages" in
Eisenach versammelten Antisemiten ihre Position. Sie antworteten auf die
Proklamation des Kaisers aus Anlaß seines 25jährigen Regierungsjubiläums
im Juni 1913 mit einem „Mahnruf an das deutsche Volk"[287]. Während
der Kaiser „auf die großen Errungenschaften" verwiesen hatte, deren sich
das Land während seiner Regierungszeit „auf allen Gebieten des geistigen,
sozialen und wirtschaftlichen Lebens" habe erfreuen können und selbstbewußt „die beispiellose Zunahme an Volkskraft und Nationalvermögen"
pries, diagnostizierten die Antisemiten nur Symptome der Krankheit und

[282] AaO, 232.
[283] *Hans-Günter Zmarzlik*, Der Sozialdarwinismus in Deutschland als geschichtliches Problem, Vierteljahrshefte für Zeitgeschichte, 11. Jg. (1963), 255; *Stern*, op. cit.;
besonders aufschlußreich auch *Ludwig Schemann*, Lebensfahrten eines Deutschen,
Leipzig und Hartenstein 1925.
[284] *Lehnhardt*, op. cit., 667.
[285] Deutsche Helden und deutsches Epigonentum. Ein Epilog zur Jahrhundertfeier.
Schlesische Freikonservative Partei-Korrespondenz, 1. Jg., Nr. 3 (29. Oktober 1913).
[286] AaO; Chamberlain am 26. Dezember 1911 an die Deutsche Dichter-Gedächtnis-
Stiftung, *Chamberlain*, op. cit., 199 ff.
[287] BA Koblenz, NS 26/883. Der „Mahnruf" war am 5. Oktober 1913 in Eisenach
beschlossen und am 27. Oktober 1913 versandt worden. Er wurde zahlreichen Tageszeitungen zugeleitet und in „Massenauflage" verbreitet.

des „Verfalls" [288]. Sie stellten die wirtschaftlichen Fortschritte und das Wachstum des Volksvermögens zwar nicht in Abrede, bezweifelten aber, daß dies der Bevölkerung „zum Segen" gereicht hätte. Die Volkskraft, so behaupteten die Antisemiten im Widerspruch zum Kaiser, habe auf keinen Fall zugenommen, sei vielmehr in Wirklichkeit verfallen. Ebensowenig teilten sie die Auffassung ihres Monarchen „von einer wirklichen Mehrung der echten geistigen, wissenschaftlichen, künstlerischen, sozialen und sittlichen Errungenschaften" während seiner Regierungszeit. Die selbsternannten Gralshüter „echten und reinen Deutschtums" hielten das Bewußtsein des Kaisers für getrübt, wenn er „von einer Blüte" der Nation sprach, da sie doch nur Hinfälligkeit zu sehen vermochten. Sie, die stets vorgaben die treuesten Stützen des Thrones und der bestehenden Staatsordnung zu sein, hatten sich vom Kaiser und seiner Umgebung innerlich so weit entfernt, daß ein Konsens kaum noch möglich war. Mit Recht beklagte sich Wilhelm II. seinem Sohn gegenüber in dem Votum zur Denkschrift des Generals Gebsattel über die ungerechte und destruktive Kritik an „der neuesten Entwicklung unseres Staats- und Wirtschaftslebens" [289]. Es empörte ihn, daß selbst aus nichtigen Anlässen „eine Flut von Kassandrarufen" über das Land hinwegrolle und die Bevölkerung verunsichere. Deutschland, so meinte der Monarch, befände sich trotz mancher Schwierigkeiten und Nöte doch noch immer in einer vergleichsweise günstigen Lage und erfreue sich trotz allen Katastrophengeschrei eines „ruhigen, gesicherten Fortschrittes" [290].

In dieser Auffassung standen dem Kaiser diejenigen Volkskräfte sehr viel näher, die sonst grundsätzlich gegen ihn und sein Herrschaftssystem opponierten. Wie der Kaiser verwarfen den Antisemitismus alle diejenigen Volksschichten, die an den Fortschritt glaubten, Vertrauen in eine gerechtere, humanere und spannungsfreiere Zukunft hatten. Dazu gehörte an erster Stelle die sozialdemokratische Arbeiterschaft. Sie hatte keinerlei Veranlassung, der Vergangenheit nachzutrauern, die ihr bis zum Überdruß verleidet war. Der Marxismus als eminent zukunftsorientierte Theorie gab seinen Anhängern Kraft, die Aufgaben der Zeit zu meistern [291]. Die Sozialdemokraten versprachen sich von der Entwicklung des Kapitalismus einen verstärkten Zustrom zu ihren Organisationen und vom Fortgang der Industrialisierung – trotz des Kampfes gegen das kapitalistische System – eine Verbesserung ihrer materiellen Lage. Von der Furcht, wirtschaftlichen Einfluß oder politische

---

[288] Das Katastrophengeschrei war in diesen Kreisen in den Jahren vor Ausbruch des Weltkrieges an der Tagesordnung. Chamberlain schloß seinen Brief an die Deutsche Dichter-Gedächtnis-Stiftung vom 26. Dezember 1911 mit dem Satz: „Heil denen, die dieser Katastrophe entgegenwirken." (*Chamberlain*, op. cit., 201.)

[289] *Pogge-v. Strandmann*, op. cit., 24.

[290] AaO, 24; Archiv Fst Hbg 412 AV.

[291] *Reichmann*, op. cit., 69, 113 ff.; *Helmut Genschel*, Die Verdrängung der Juden aus der Wirtschaft im Dritten Reich, Göttingen–Berlin–Frankfurt–Zürich 1966, 33.

Macht zu verlieren, waren sie völlig frei, da sie weder das eine noch das andere besaßen[292]. Der Glaube an die Gesetzmäßigkeit der historischen Entwicklung und der dem Liberalismus entlehnte Fortschrittsoptimismus gaben nicht nur Selbstvertrauen, sondern weckten nach und nach auch Verständnis für die offizielle Politik. So zeigte sich die Sozialdemokratie gelegentlich kompromißbereit und tolerierte partiell die Kolonialpolitik und das wirtschaftliche Expansionsstreben des Reiches[293]. Während sich die Kluft zwischen den sogenannten nationalen Kreisen und der Regierung stetig verbreiterte, wurde der Graben, der die Arbeiterschaft bewußtseinsmäßig vom Establishment trennte, auf diese Weise langsam und unmerklich schmaler.

Im Glauben an den Fortschritt und in der Ablehnung des Antisemitismus stand den regierenden Kreisen trotz aller politischen Gegensätze auch das linksliberale Bürgertum nahe. Die dem Liberalismus verpflichteten Angehörigen der freien Berufe, Akademiker und Beamte, Unternehmer und Kaufleute hatten nach einem vorübergehenden Schock angesichts des eigenen Anhängerschwunds und des raschen Aufstiegs der Sozialdemokratie wieder „Vertrauen und Zuversicht" gewonnen. Dazu hatte unter anderem die gute und erfolgreiche Zusammenarbeit der Liberalen mit den Sozialdemokraten auf vielen Gebieten, nicht zuletzt im Kampf gegen die Antisemiten, beigetragen[294]. Dabei hatten sie partiell seitens des Zentrums Unterstützung erhalten. Bei allem, was gläubige Katholiken von sozialistischen Dissidenten und wissenschaftsergebenen liberalen Rationalisten trennte, im Kampf gegen den biologischen Materialismus der Rassenfanatiker und den kulturkritischen Pessimismus der national-radikalen Gruppen und Verbände standen sie Seite an Seite. Partiell sympathisierten mit dieser „Koalition" auch noch hohe Beamte, Offiziere, Unternehmer und Wissenschaftler, weil sie in der einen oder anderen Form vom wirtschaftlichen Fortschritt profitierten, Repräsentanten des nationalen Machtstaates waren oder am wachsenden Ansehen der deutschen Wissenschaft und Kultur teilhatten. Durchdrungen von der Überzeugung, daß es Deutschland dank ihrer Mitwirkung und Leistung auf allen Gebieten herrlich weit gebracht und den viel berufenen „Platz an der Sonne" erkämpft habe, verachteten sie die Propheten der Krise. Behauptungen wie die, daß deutsche Interessen preisgegeben, die nationale Geschlossenheit und Stärke durch das Vordringen „undeutschen Geistes" gefährdet worden seien, waren ihrer Auffassung nach schlechthin absurd. Ihr Optimismus wurde allerdings im Verlauf des Ersten Weltkrieges stark erschüttert oder total zerstört[295].

---

[292] *Hans Joachim Bieber,* Die deutschen Gewerkschaften 1914–1920. Arbeiterbewegung, Industrie, Staat und Militär im ersten Weltkrieg und in der Novemberrevolution, Phil. Diss., Hamburg 1975 (Manuskript), 73 f.

[293] AaO.

[294] Theodor Barth in seinem Interview mit Hermann Bahr, *Bahr,* op. cit., 18.

[295] *Hans Tramer,* Die Hamburger Kaiserjuden, in: Bulletin des Leo Baeck Instituts, III, Nr. 11 (1960), 179.

Der Antisemitismus trug mithin, je länger desto mehr, zur Polarisierung der deutschen Gesellschaft bei. Dabei ergaben sich ganz neue Gruppierungen. Auf der einen Seite näherten sich einander behutsam die politischen Kräfte, die dann während des Ersten Weltkrieges eine Zusammenarbeit einleiteten und die Basis für die Weimarer Koalition bildeten. Auf der anderen Seite entfremdete sich das Gros des nationalen Bürgertums mehr und mehr dem Staat und steigerte sich zunehmend in eine Oppositionshaltung gegen die Regierungen in Reich und Ländern und einen Teil der führenden Schichten hinein, weil diese ihr unrealistisches Staatsideal und ihre überzogene Volksidee nicht akzeptierten. Damit rückten die Kreise und Gruppen zusammen, die sich in der Weimarer Republik als „nationale Opposition" formierten. Gerade die Antisemiten, die ständig das Gespenst eines „drohenden Umsturzes" beschworen und vorgaben, alle Kräfte der Abwehr zu mobilisieren [296], haben durch ihre fanatische Besessenheit und ihren Radikalismus mehr als alle anderen zur Unterminierung der politischen Ordnung des Kaiserreiches beigetragen.

---

[296] *Walter Pohlmann,* Judenhaß und Umsturz, Im deutschen Reich, I, Nr. 1 (Juli 1895), 13.

ZUR PROBLEMATIK
EINER JÜDISCHEN ABWEHRSTRATEGIE
IN DER DEUTSCHEN GESELLSCHAFT

von

Arnold Paucker

„Auch die deutschen Juden befinden sich in einem Kriege, der abermals ein dreißig-
jähriger zu werden droht. Auch sie fangen endlich an, nach einem Amulet, einem
Talisman auszuschauen, der ihnen hilft, die Noth der Zeit zu überstehen. Aber es
waren bisher immer fremde Fahnen, denen sie folgten, nie das eigene Panier. Und
doch ist noch niemals eine Sache siegreich anders verfochten worden, als von denen
selber, die sie anging." [1]

So heißt es 1895 im programmatischen Leitartikel der ersten Nummer der
Monatszeitung des zwei Jahre vorher gegründeten Centralvereins deutscher
Staatsbürger jüdischen Glaubens, für die man aus guten Gründen den Namen
Im deutschen Reich gewählt hatte. Und in der gleichen Nummer finden wir
weiter unten die Worte:

„Erst als ... Vertreter der gerechten Forderung, daß alle Bürger vor dem Gesetze
gleich seien, mit dem Namen der Judengenossen belegt wurden, als die politischen
Parteien im Reiche sich förmlich in die zwei Gruppen der Philo- und Antisemiten
spalteten, da rafften sich die Angegriffenen zur Selbstvertheidigung auf." [2]

So nahe es liegen mag, Zitate aus der ersten Nummer dieses „Abwehr-
organs" zu wählen, so absichtlich seien sie diesen Ausführungen [3] vorangestellt.
Ein gut Teil der Problematik der jüdischen Selbstverteidigung und des Di-
lemmas der deutsch-jüdischen Gemeinschaft, aber auch eines bedeutsamen Ge-
staltwandels, deutet sich in ihnen an, und schon hier stoßen wir auf die nicht
ganz unwichtige Frage eines Sprachgebrauchs, die uns noch beschäftigen wird.

---

[1] Im deutschen Reich, I, Nr. 1 (Juli 1895), 2.
[2] AaO, 5.
[3] Teile dieses Aufsatzes beruhen auf mit Frau Dr. Eva G. Reichmann gemeinsam
angestellten Überlegungen für eine Geschichte des Centralvereins deutscher Staatsbürger jüdischen Glaubens. Der Verfasser schuldet ihr ferner Dank für die Erlaubnis
zur Auswertung ihrer eigenen unveröffentlichten Notizen zur Frühzeit des C. V., sowie für ihre verständnisvolle Kritik und Korrektur seiner Ausführungen.

Aus dem „dreißigjährigen" Kriege ist jedenfalls ein vierzigjähriger geworden, und die deutschen Juden haben ihn verloren.

Sie haben ihn verloren, und das Scheitern der Judenemanzipation in Deutschland hat vielfach zu einer negativen Beurteilung der Organisation, die damals das eigene Panier aufrichtete, geführt; mehr noch zu ihrer schroffen Ablehnung, und zu einem Unwillen, sich überhaupt mit ihr zu befassen. Bereits seit dem Ersten Weltkrieg und immer entschiedener nach dem Jahre 1933 war die Einschätzung des Centralvereins durch die Bewußtseinslage einer jüngeren jüdischen Generation beeinflußt, die von einem jüdisch-nationalen Standpunkt aus den „assimilatorischen" Bestrebungen der „deutschgesinnten" Vätergeneration oft mit ausgesprochenem Hohn begegnete. Ein weiterer Ausgangspunkt für die Kritik war die „bürgerliche" Begrenzung der Abwehrbewegung, die bei der zunehmend sozialistischen Ausrichtung geradezu verächtlich erschien. Aus dieser Gruppe sind viele Historiker, die nach dem Zweiten Weltkrieg das jüdische Geschichtsbild formten, hervorgegangen. Keine Analyse der Historiographie der Nachkriegsjahre kann diese Bewußtseinsformung ignorieren: in der Wertung einer Problematik, die ihre Aktualität nicht verloren hat, kommt ihr eine entscheidende Bedeutung zu[4]. Die größte Organisation, die das deutsche Judentum sich geschaffen hatte, wurde als „abgewirtschaftet" abgetan und verschwand zunächst einmal als Gegenstand der Forschung[5].

Es ist also kein Zufall, daß, abgesehen von wenigen Vorläufern, eine gründliche historische Auseinandersetzung mit diesem Kapitel deutsch-jüdischer Vergangenheit erst in den sechziger Jahren begann, zunächst fast ausschließlich auf die Zeit der Weimarer Republik beschränkt[6]. Abgesehen von der Behandlung gewisser Teilaspekte, die als Vorarbeiten einer Gesamtgeschichte des C. V. gelten müssen[7], ist für sie etwa 1970 das Stichjahr, von dem ab die

---

[4] Eine starke Hinwendung zu Zionismus und Sozialismus setzte unter der jüdischen Jugend bereits in der letzten Phase der Weimarer Republik ein und die hier umrissene Haltung gegenüber dem Centralverein (oder gar dem Reichsbund jüdischer Frontsoldaten) war z. B. typisch für einen großen Sektor der jüdischen Jugendbewegung in den ersten Hitlerjahren. Auch der Verfasser teilte sie damals völlig.

[5] Vgl. dazu auch *Arnold Paucker,* Documents on the Fight of Jewish Organizations against Right-Wing Extremism, Michael, II, Tel Aviv 1973, 216.

[6] So u. a. verschiedene Beiträge zu Entscheidungsjahr 1932. Zur Judenfrage in der Endphase der Weimarer Republik. Ein Sammelband hrsg. von *Werner E. Mosse* unter Mitwirkung von *Arnold Paucker,* Schriftenreihe wissenschaftlicher Abhandlungen des Leo Baeck Instituts, Bd. 13, 2. Auflage, Tübingen 1966 und *Arnold Paucker,* Der jüdische Abwehrkampf gegen Antisemitismus und Nationalsozialismus in den letzten Jahren der Weimarer Republik, Hamburger Beiträge zur Zeitgeschichte, Bd. IV, 2. Auflage, Hamburg 1969. Die weitere Literatur wird nachstehend angeführt, nur soweit sie auch die Abwehrarbeit im Wilhelminischen Deutschland streift.

[7] Eine Gesamtdarstellung der Geschichte des Centralvereins steht bisher aus. Sie wird z. Z. vom Londoner Arbeitszentrum des Leo Baeck Instituts vorbereitet. Für die Wilhelminische Zeit gibt es außer der noch fast zeitgenössischen, gedrängten Übersicht von *Paul Rieger,* Ein Vierteljahrhundert im Kampf um das Recht und die Zukunft der deutschen Juden, Berlin 1918, die wohl eher als eine (gute!) Abwehrbroschüre zu werten ist, zunächst eine Reihe von Aufsätzen, die einzelne Aspekte der

Gründerjahre des Centralvereins und die Tätigkeit der mit ihm verwandten Gruppen im Wilhelminischen Deutschland eine intensive Behandlung erfahren haben. Diese neueren, umfassenden Arbeiten stammen fast ausschließlich von jüngeren amerikanischen Gelehrten, einer Gruppe, die, wenn überhaupt, dem ehemaligen deutschen Judentum nur noch der Abstammung nach verbunden ist. Ihre Arbeiten kennzeichnet im allgemeinen eine distanzierte Objektivität, und ist auch in ihnen die Problematik der jüdischen Abwehrbestrebungen keineswegs erschöpft, so sind doch entscheidende Lücken in unserem Wissen nunmehr ausgefüllt [8].

Distanz und Objektivität mögen die Merkmale der neuen Untersuchungen sein; eine Geschichtsschreibung ohne leidenschaftliche Fragestellungen wird angesichts der deutschen Judentragödie auch für das späte neunzehnte Jahrhundert noch lange nicht möglich sein. Der Centralverein, dieses auch in der

---

Tätigkeit des C. V. berühren und weiter unten zitiert sind. *Jacob Toury,* Die politischen Orientierungen der Juden in Deutschland. Von Jena bis Weimar, Schriftenreihe wissenschaftlicher Abhandlungen des Leo Baeck Instituts, Bd. 15, Tübingen 1966, und *Ernest Hamburger,* Juden im öffentlichen Leben Deutschlands. Regierungsmitglieder, Beamte und Parlamentarier in der monarchischen Zeit 1848–1918, Schriftenreihe wissenschaftlicher Abhandlungen des Leo Baeck Instituts, Bd. 19, Tübingen 1968, sind unentbehrliche Hilfsmittel für jede Untersuchung der politischen Betätigung der jüdischen Organisationen. Gemäß der Themastellung schildert Toury die Eingriffe des Centralvereins in die deutsche Politik auf breiterer Basis als Hamburger, als Teil der politischen Ausrichtung der deutschen Juden. Für die Betätigung der Juden im öffentlichen Leben ist Hamburger das Standardwerk schlechthin. Beide sind hier wiederholt herangezogen worden. Ebenso unentbehrlich für das vorliegende Thema ist *Eva Reichmanns* vor zwanzig Jahren erschienenes Buch, Flucht in den Haß. Die Ursachen der deutschen Judenkatastrophe, Frankfurt a. M. [1956]. Sie befaßt sich nicht mit der Aktivität der damaligen jüdischen Organisationen, aber für das Verständnis der jüdischen Abwehrstellung bleiben ihre Forschungsergebnisse über die Lage der bürgerlichen jüdischen Gemeinschaft im Wilhelminischen Deutschland nach wie vor richtunggebend.

[8] Drei amerikanische Dissertationen beschäftigen sich mit dem Centralverein bis zum Ausbruch des Ersten Weltkrieges. *Ismar Schorsch,* Jewish Reactions to German Anti-Semitism, 1870–1914, New York–London–Philadelphia 1972, insb. 117–148, 203–209; *Sanford Ragins,* Jewish Responses to Antisemitism in Germany, 1870 to 1914, Ph. D. Diss., Brandeis University, 1972, insb. 74–177; *Jehuda Reinharz,* Deutschtum and Judentum: Jewish Liberalism and Zionism in Germany, 1893–1914, Ph. D. Diss., Brandeis University, 1972, insb. 69–166. Von diesen Arbeiten lag bisher nur die Studie von Schorsch in Buchform vor. Die von Reinharz angekündigte Veröffentlichung, Fatherland or Promised Land. The Dilemma of the German Jew, 1893–1914, Michigan 1975 war dem Verfasser vor der Drucklegung dieses Bandes noch nicht zugänglich, und eine etwaige Umarbeitung seiner Dissertation konnte daher nicht mehr berücksichtigt werden. (Von Schorsch und Reinharz werden später auch Aufsätze angeführt und in der Zitierweise bezieht sich op. cit. stets auf Buch oder Dissertation.) Die drei Arbeiten überschneiden sich nur teilweise und jede bereichert auf ihre Weise unsere Kenntnisse über die Abwehrbestrebungen des C. V. im ¦Wilhelminischen Deutschland. In ihrer Beurteilung ziehen Schorsch und Ragins ein positiveres, Reinharz ein kritischeres Fazit. Auf alle drei Studien wird im Rahmen dieser Ausführungen noch eingegangen werden. Diese stützen sich zuweilen auf sie, auch wo ein ausdrücklicher Verweis nicht erfolgt.

jüdischen Welt in vielem einmalige und eigenartige, eben sehr „deutsche"
Phänomen, bleibt eine kontroverse Erscheinung, und die Debatte um die
Selbstverteidigung der deutschen Juden setzt sich fort. Es ist unvermeidlich,
und unübersehbar, daß die Analysen einer jüngeren Historikergeneration von
Fragestellungen geprägt sind, die einer bestimmten (zumeist jüdischen) Bewußtseinslage der Gegenwart entsprechen. Es ist ebenso unvermeidlich, daß
eine derartige Betrachtungsweise auch gewisse Gefahren in sich birgt, da sie
leicht spätere Erkenntnismöglichkeiten für eine frühere Generation zur Voraussetzung macht. Das sei noch kein Vorwurf. Es ist für jeden leicht, in „Bes-
serwisserei" zu verfallen; wie sehr es sich geziemt, hier mit einer gewissen
Vorsicht zu verfahren, wird noch zu erweisen sein.

Die allen Arbeiten mehr oder weniger ausgesprochen zugrundeliegenden
Fragestellungen lassen sich vornehmlich unter drei Stichworten zusammenfassen: Widerstand, Judesein, Antisemitismusanalyse. Das erschöpft zwar für
diese Historiker die Problematik der jüdischen Abwehrstellung im Kaiserreich
keineswegs, aber es sind zentrale Aspekte, die sie immer wieder berühren und
die auch im Zusammenhang mit anderen Fragen bei ihnen auftauchen. Widerstand ist hierbei selbstverständlich nicht in seiner modernen Auslegung aufgefaßt, sondern als Selbstwehr, Widerstandswille oder Bereitschaft zur effektiven Verteidigung der staatsbürgerlichen Rechte. Judesein ist die Frage nach
der jüdischen Substanz der Abwehr, nach jüdischer Selbstbesinnung und nach
einem durch die Verteidigungsstellung hervorgerufenen Wandel des jüdischen
Selbstverständnisses. Mit Antisemitismusanalyse schließlich verbindet sich die
Frage nach ausreichenden sozialpsychologischen und soziologischen Erkennt-
nissen überhaupt bzw. nach der Befähigung „assimilatorisch" ausgerichteter,
bürgerlicher jüdischer Organisationen auf der Basis ihrer „Ideologie", Gefahren für die jüdische Bevölkerung erfolgreich zu begegnen. In diesem letzten
Punkt enthält die Fragestellung vieler jüdischer Historiker insofern ein neues
Element, als sie nicht selten auch von einer später zu erörternden „linken" oder
„marxistischen" Analyse ausgeht.

Auch ein Wort zur Quellenanlage muß vorausgeschickt werden. Diese ist,
wenn auch nicht völlig zufriedenstellend, so doch aufschlußreich für unsere
Problematik. Das 1938 beschlagnahmte Archiv des Centralvereins muß als
endgültig verloren betrachtet werden[9], und auch über ein Archiv des K. C. ist
nichts mehr bekannt. Das C. V.-Archiv dürfte bis zum Verbot der Organisation nach dem Novemberpogrom 1938 auch noch Bestände über die Vereinstätigkeit im Kaiserreich enthalten haben, da nach der nationalsozialistischen
Machtübernahme – im Gegensatz zu Material über den Kampf gegen den
Nationalsozialismus – keine Veranlassung bestand, diese Akten zu vernichten.
Ein großer Teil der sogenannten Altakten (bis 1914) war allerdings schon kurz
nach dem Regierungsantritt Adolf Hitlers an das Gesamtarchiv der deutschen
Juden abgegeben worden und ist ebenfalls nicht wieder aufgetaucht. Vereinzelte Dokumente haben sich an anderen Stellen gefunden, und die Proto-
kolle der Organisation für die Jahre 1894–1905 sind ebenfalls erhalten ge-

---

[9] Über das Archiv des Centralvereins und seine Beschlagnahme durch die Gestapo
siehe *Paucker*, Der jüdische Abwehrkampf, 45–46.

blieben[10]. Was die interne Dokumentation anbetrifft, stützen sich mithin alle Bearbeiter des Themas auf äußerst lückenhaftes Material.

Auch ihre Ausbeute der deutschen Archive hat sich bisher als dürftig erwiesen. Dies erklärt sich allerdings auch mit aus dem Umstand, daß der Centralverein in der Wilhelminischen Ära, vor allem im regionalen Bereich, mit den Behörden oft nur ein Minimum von Schriftwechsel führte und zudem als wohl renommierter Verband nur geringer staatlicher Überwachung unterlag. Ihren dokumentarischen Niederschlag fanden die Bemühungen des C. V. bei den Staatsorganen vornehmlich in Rechtsschutzfragen. Manchen Materialien, Berichten und Korrespondenzen wurde wohl auch seitens der amtlichen Stellen keine große Wichtigkeit beigemessen, und es läßt sich nur konstatieren, daß sie sich (im Kontrast zu Beständen aus der Weimarer Republik und dem Dritten Reich) eben als Archivgut nicht erhalten haben.

Nichts aber belegt grundlegender den Unterschied der jüdischen Situation in Kaiserreich und Republik, als die Tatsache, daß im Gegensatz zu den Publikationen der Weimarer Zeit für die Zeitspanne 1893–1914 das offizielle und damals der Allgemeinheit zugängliche Material des Centralvereins als hauptsächliche Basis für Untersuchungen genügen kann. Andererseits ist trotz der obigen Einschränkungen zu bemerken, daß deutsche Archive wahrscheinlich noch einiges unerschlossenes Material bewahren, welches uns später ermöglichen mag, über die Wirkung der jüdischen Abwehr, feinere regionale Unterschiede in Interessenlage und Tätigkeit der Organisation sowie über die Stellungnahme von staatlichen Stellen zu jüdischen Eingaben noch manche wichtigen Schlüsse zu ziehen[11]. Nichtsdestoweniger aber bleibt die Zeitschrift *Im deutschen Reich* dennoch die wertvollste Quelle für die eigentliche Geschichte der jüdischen Selbstverteidigung. Sie ermöglicht die Herausarbeitung von Entscheidendem, interne Dokumente und selbst unveröffentlichte Memoiren verändern das Bild nur wenig[12]. (Dagegen muß für eine Bewertung der Tätigkeit des Centralvereins in der zweiten Hälfte der Weimarer Republik, von der

---

[10] Central Archives for the History of the Jewish People (CAHJP), Jerusalem, INV/124/1 a/1 b, Protokolle der Vorstandssitzungen des Centralvereins, 1894–1905.

[11] Die in Anm. 8 angeführten Dissertationen beruhen fast ausschließlich auf jüdischen Quellen. Das Leo Baeck Institut bemüht sich jetzt für seine Geschichte des Centralvereins um eine systematische Erschließung auch der deutschen Quellen. Die verstreuten Dokumentenbestände sind oft unter den mannigfaltigsten Gesichtspunkten erfaßt. Zu den in der DDR lagernden Akten war der Zugang bisher nicht möglich.

[12] Die aus der Wilhelminischen Zeit vorliegenden C. V.-Protokolle (sie fehlen uns allerdings für das zweite Jahrzehnt, in dem der Ausbau der Organisation so stark fortschritt) enthalten zwar zuweilen auch Aussagen über vertrauliche Verhandlungen, heben sich aber im allgemeinen wenig vom veröffentlichten Material ab. Hingegen sind die aus der Weimarer Republik erhaltenen Protokolle bedeutend inhaltsreicher, spiegeln die schärfsten Kontroversen über Abwehrmaßnahmen wider mit Hinweisen auf manche Unternehmungen, über die nach außen nichts verlauten durfte. – Die Wilhelminischen Protokolle vermitteln gewiß ein anschauliches Bild einer stets rührigen Vereinstätigkeit, aber dies neben vielen Belanglosigkeiten, wie den einer anfänglich noch recht „patriarchalischen" Körperschaft angemessenen Beratungen über Urlaubsbewilligungen sowie Chanukka- und *Weihnachts*gratifikationen der Angestellten.

Zeit des Nationalsozialismus ganz zu schweigen, die *C. V.-Zeitung* etwa als
unzureichend bezeichnet werden, wie es überhaupt unergiebig ist, sich bei der
Bearbeitung der späteren Zeit nur auf Dokumente zu verlassen.) Für das Wilhelminische Deutschland jedenfalls bietet sich ein unverhülltes Bild. Diese Tatsache gilt es festzuhalten. Man verteidigte sich damals unter anderen Bedingungen und mit anderen Methoden als späterhin. Man tat *nicht,* wie es manche
Kritiker nachträglich behauptet haben, den Antisemitismus leichtfertig ab,
aber man war auch nicht gezwungen, Dinge zu vertuschen und zu verbergen [13].
Der Glaube an eine bessere Zukunft, an den allgemeinen Fortschritt, blieb
trotz mancher Rückschläge wach und stark.

Die nachfolgenden Ausführungen, die sich weitgehend auf den Centralverein konzentrieren, erstreben weder eine chronologische Darstellung seiner
Aktivität in den Jahren 1893–1914 noch erheben sie Anspruch auf Vollständigkeit in der Behandlung der Abwehrproblematik. Schon angesichts der bereits kurz umrissenen Forschungslage [14] sind sie vorwiegend als eine Ergänzung zu den bestehenden größeren Arbeiten und Spezialuntersuchungen gedacht, sowie als ein weiterer Beitrag zur Diskussion um die jüdische Selbstverteidigung.

* * *

I

Der 26. März 1893, an dem der Centralverein deutscher Staatsbürger jüdischen Glaubens in Berlin gegründet wurde, bleibt ein historisches Datum in
der Geschichte des deutschen Judentums. Wie unterschiedlich auch immer ihre
Bewertung seiner Tätigkeit, so sind sich alle seine Historiker doch darüber
einig, daß dieser Tag einen Umbruchspunkt jüdischen Selbstverständnisses
signalisiert, dem, weit hinaus über die Errichtung eines schließlich zunächst
nur einen Bruchteil der jüdischen Bevölkerung vertretenden Verbandes, entscheidende Bedeutung zukommt. Verschiedene Faktoren wirkten dahin zusammen, daß der C. V. gerade Anfang der neunziger Jahre entstand; andere
hatten sein Entstehen lange hinausgeschoben [15].

---

[13] Ein damaliger Leitsatz des Centralvereins lautete: „Selbstverteidigung [oder
Selbsthilfe] im vollen Licht der Öffentlichkeit."

[14] Für Entscheidungsjahr 1932, den ersten Sammelband der nunmehr vorliegenden
„Trilogie", konnte u. a. auch für den Centralverein noch weitgehend Brachland auf
der Basis von unveröffentlichtem Dokumentenmaterial und Interviews erschlossen
werden. Inzwischen hat sich gerade für dieses Thema die von den Herausgebern erhoffte Anregung weiterer wissenschaftlicher Beschäftigung erfüllt, und die veränderte
Forschungslage bietet für die Zeitspanne 1893–1914 nunmehr gute Voraussetzungen
für eine definitive Geschichte des C. V.

[15] Zur Vorgeschichte des Centralvereins und zu den „organisatorischen" Formen
jüdischer Selbstverteidigung seit 1869 siehe (außer *Rieger,* op. cit., 7–13) *Schorsch,*
op. cit., 23–107, für die erste und weiterhin ausführlichste Darstellung; ferner jetzt
Ragins, op. cit., 38–73; *Reinharz,* op. cit., 19–68.

Als äußerer Anstoß zur Gründung des Centralvereins müssen eine Reihe von zusammenhängenden Ereignissen gelten, die seinem Gründungsprozeß entweder unmittelbar vorangingen oder mit ihm parallel verliefen. Im Jahre 1891 hatte die berüchtigte Ritualmordbeschuldigung von Xanten der antisemitischen Verhetzung erneut starken Auftrieb gegeben. Das Tivoliprogramm der Konservativen Partei vom 2. Dezember 1892 hatte zum ersten Male die Forderung nach Eindämmung des jüdischen Einflusses in die Statuten einer großen politischen Partei aufgenommen. Wahlbündnisse zwischen Antisemiten, Konservativen und Nationalliberalen waren in Preußen geschlossen worden. Die Deutsche Freisinnige Partei, seit 1884 die politische Heimat der deutschen Juden[16], jetzt gespalten in die Freisinnige Volkspartei und die Freisinnige Vereinigung, hatte in den Reichstagswahlen von 1893 fast die Hälfte ihrer früheren Mandate verloren. Hingegen hatten die Antisemiten eindrucksvolle Wahlerfolge zu verzeichnen. Eine ganz erhebliche Verschlechterung der jüdischen Situation in Deutschland schien sich allenthalben anzudeuten.

Zwei Faktoren im jüdischen und im sogenannten „philosemitischen" Lager hatten gleichzeitig der Errichtung einer jüdischen Abwehrorganisation den Weg geebnet. Der erste war die Vereinigung jüdischer Studenten zur Selbstverteidigung gegen die antisemitische Bewegung an den deutschen Universitäten. 1886 war in Breslau die Viadrina entstanden, der bald andere jüdische Verbindungen folgten, die sich alle zehn Jahre später, 1896, im Kartell-Convent jüdischer Studenten (K. C.)[17] zusammenschlossen. Die führende Rolle der K. C.er im Centralverein ist verbürgt. Die militante Gärung unter den jüdischen Akademikern war mithin die geschichtliche Voraussetzung für den Gründungsprozeß. Durch sie wurden Führungs-„Kader" für die breite Organisation jüdischer Selbstverteidigung gewonnen[18].

---

[16] Der Vorwurf des „politischen Radikalismus" durch Bekenntnis zum Freisinn wurde gegen die Juden ausdrücklich in einer Broschüre aus „nationalen" Kreisen erhoben, die gegen Löwenfelds „Gründungsschrift" (siehe Anm. 21) gerichtet war. *Fr. v. d. Gozel*, Die Juden und die politischen Parteien. Eine Antwort an den Verfasser der Schrift: „Schutzjuden oder Staatsbürger?", Berlin 1893, 7.

[17] Eine kritische Geschichte der jüdischen Studentenbewegung steht bisher völlig aus. Neben dem Aufsatz von *Adolph Asch* und *Johanna Philippson*, Self-Defence in the Second Half of the 19th Century: The Emergence of the K. C., in: Year Book III of the Leo Baeck Institute, London 1958, 122–139, sind zwei breitere Darstellungen von „Alten Herren" nur als Vorarbeiten zu werten. *Adolph Asch*, Geschichte des K. C. (Kartellverband jüdischer Studenten) im Lichte der deutschen kulturellen und politischen Entwicklung, London 1964 (im Selbstverlag), zu unserer Zeitspanne, 35 bis 80; und (recht anekdotisch) *Paul Poséner*, The Young Maccabees. A Historical Report on the First Armed Fight against Jew-Baiting in Germany (1886–1898), London 1952 (unveröffentlichtes Manuskript im Archiv des Leo Baeck Instituts, New York). Siehe auch *Schorsch*, op. cit., 72; *Ragins*, op. cit., 68–71; *Reinharz*, op. cit., 56 bis 66.

[18] Eine sehr kritische Bewertung der Abwehrposition dieses „aufwärtsstrebenden jüdischen Couleur-Studententums" und seines Kampfes um „akademische Vorrechte"

Der zweite Faktor war die Schaffung im Januar 1891 des nichtjüdischen Vereins zur Abwehr des Antisemitismus[19] unter der Leitung von liberalen Politikern wie Rudolf von Gneist, Eugen Richter und Heinrich Rickert. Dieser Versuch einer Hilfe von außen war ein löbliches, aber zweischneidiges Unterfangen. Manche Juden begrüßten die Möglichkeit, hier als „Deutsche" zu wirken, die Mehrheit war eher bereit, dem „Abwehrverein" ihr Wohlwollen zu bescheinigen, ihn finanziell zu unterstützen (was auch der C. V. dann jederzeit tat)[20], sich aber sonst zur Ruhe zu setzen. Der Abwehrverein seinerseits verlangte immer dringlicher, die Juden sollten für ihre eigene Sache eintreten. Überdies war er nicht gerade „pluralistisch" ausgerichtet und nicht selten überschritten seine Mahnungen zu einer Integrierung das Maß dessen, was von Juden, die ihre Identität nicht aufgeben wollten, zugestanden werden konnte. So schien fast zwangsläufig die Bildung einer größeren nichtjüdischen Abwehrorganisation zur Errichtung einer jüdischen zu führen.

Nun hatte es gewiß in mehr als zwei Jahrzehnten antisemitischer Anfeindungen an Stimmen der Entrüstung nicht gefehlt und leidenschaftliche Debatten waren entbrannt. Eine nachhaltige organisatorische Wirkung aber war ausgeblieben. Der sich ab 1869 herausbildende Deutsch-Israelitische Gemeindebund war seiner Struktur und seinem Aufgabenbereich entsprechend für eine Abwehr ungeeignet und agierte, wenn überhaupt, äußerst unbeholfen. Das 1880 von jüdischen Notabeln geschaffene Dezember-Komitee hatte kurze Zeit hinter der Szene herummanövriert, um dann sang- und klanglos wieder von der Bildfläche zu verschwinden. Das unmittelbar vor dem Entstehen des C. V. 1892 errichtete Komitee zur Abwehr antisemitischer Angriffe war der Entfaltung stiller Tätigkeit einflußreicher Spitzenfiguren gewidmet. Die Tatsache, daß 1893 von der Berliner Jüdischen Gemeinde erwogen wurde, eine Abordnung an den Kaiser zu entsenden, um „den Monarchen um Schutz und Schirm gegen den Antisemitismus anzuflehen"[21], war bezeichnend für die damalige jüdische Mentalität.

---

findet sich in einem bemerkenswerten nach 1945 in Shanghai gehaltenen Vortrage von *Erich Lewin*, Vergangenheit und Zukunft des K. C. Eine sozialkritische Studie. Positiver, aus derselben Zeitspanne, *Hans Reichmann*, Gedanken zur K. C. Geschichte. (Unveröffentlichte Manuskripte im Archiv des Leo Baeck Instituts, London.)

[19] Auch die Geschichte des Vereins zur Abwehr des Antisemitismus ist noch ungeschrieben. *Schorsch*, op. cit., 80–101, ist ein vorerst gültiger Abriß für unsere Zeitspanne gelungen; kurz auch *Ragins*, op. cit., 65–66; *Reinharz*, op. cit., 66–67, 83–84.

[20] Allerdings auf sehr bescheidene Weise. Im Jahre 1900 beschloß der C. V., „den dem Verein zur Abwehr des Antisemitismus bewilligten Jahresbeitrag von 100 Mark durch eine weitere Zahlung von 200 Mark auf 300 Mark zu erhöhen". Auf dieser Höhe bewegte er sich viele Jahre, verbunden mit gelegentlichen Beschwerden, daß man dabei „keine Einladung zur Generalversammlung erhalten habe". (CAHJP, INV/124/1 a/106; 1 b/106 – 108. und 152. Vorstandssitzung, 9. Mai 1900; 11. April 1904.)

[21] *[Raphael Löwenfeld]*, Schutzjuden oder Staatsbürger? Von einem jüdischen Staatsbürger, Berlin 1893, 6.

Es war eben so, daß die jüdische Haltung gekennzeichnet war durch die Scheu vor militanter Verteidigung. Unabhängige Aktionen, die sich möglicherweise gegen den Staat zu richten schienen, waren bei den jüdischen Eliten verpönt. Ein Hervorkehren des Judentums durch eine Sonderpolitik wurde ängstlich vermieden. Elemente von Wahrheit in der antisemitischen Agitation wurden auch von Juden anerkannt, die selbst gewisse äußere Merkmale und Überbleibsel einer Ghettovergangenheit als störend empfanden und danach strebten, sie abzustreifen. Man sollte – so argumentierte gewiß eine Mehrheit – auch nicht zu leicht beleidigt sein und nicht zuviel Aufhebens machen. Die Judenfeindschaft würde sich schon wieder mildern. Die Gründung einer überregionalen Abwehrstelle gar, getragen von breiten jüdischen Schichten, käme der öffentlichen Anerkennung gleich, daß die gesellschaftliche Eingliederung zum Teil mißlungen, die Emanzipation nicht geglückt oder nur ungenügend durchgeführt sei, daß – und keiner hätte es damals so definiert – die Juden weiterhin eine sich deutlich von der Umwelt abhebende Gruppe geblieben seien. Zwei Antisemitismuswellen und anderthalb Jahrzehnte innerer Wandlungen waren nötig, bevor sich über unzulängliche Gemeindestrukturen und tastende organisatorische Ansätze hinweg eine umfassende Abwehrbewegung durchsetzen konnte. Der Gründungsprozeß selbst stieß fortgesetzt auf erheblichen Widerspruch [22]. Kein Wunder, daß die jüdische Presse, wie jüdische Körperschaften, den C. V. zunächst totschwiegen. Man ist fast versucht zu sagen, dieser habe anfänglich bei den eigenen Glaubensgenossen einen schwereren Stand gehabt als bei den Judenfeinden.

Allerdings waren die „Gründungsschriften" [23] von Löwenfeld und Simon [24] in der Tat keineswegs unproblematisch. Aber die Zeit war eben gekommen, und ein starker Widerhall konnte nicht mehr ausbleiben. Charakteristisch war der vorwiegend säkulare Ton dieser Broschüren, und es ist bezeichnend für die historisch wichtigere von Raphael Löwenfeld, daß ihr Verfasser einerseits zum Sozialismus tendierte, andererseits den *Deutschwerdungsprozeß* und die Selbsterziehung forderte. Auch erging sie sich in scharfen Angriffen gegen die „obskurante Orthodoxie" und den Talmud, stellte gewisse jüdische Gebete in Frage, kurzum legte dar, womit „der bessere Teil der deutschen Juden" [25] nichts zu schaffen haben wollte. Bei dem noch empörteren und militanteren Simon war zwar die „jüdische" Note etwas stärker („man wappne sich durch Kenntnis vom Judentum" [26]), aber gemeinsam war beiden „Gründungsschrif-

---

[22] Zur Gründungsgeschichte des Centralvereins (außer *Rieger*, op. cit., 13–26) *Schorsch*, op. cit., 107–116; *Ragins*, op. cit., 74–90; *Reinharz*, op. cit., 69–91.

[23] Zu den „Gründungsschriften" (außer *Rieger*, op. cit., 13–18) *Schorsch*, op. cit., 107–111; *Ragins*, op. cit., 77–84; *Reinharz*, op. cit., 73–81.

[24] *F. Simon*, Wehrt Euch! Ein Machtwort an die Juden. Mit einem offenen Briefe der Frau Baronin Bertha von Suttner an den Verfasser, Berlin 1893.

[25] *[Löwenfeld]*, op. cit., 10–11.

[26] *Simon*, op. cit., 13.

ten" eben, daß man entgegen der bisherigen lauwarmen Haltung der Mehrheit nun endlich „genug" hatte. Die Ehre verlange es, daß man seine Rechte verteidige und sich nicht mehr auf die anderen verließe.

Die verschiedenen Phasen des Gründungsprozesses sowie die endgültige Konstituierung des Centralvereins sind in ihren technischen Einzelheiten mehrmals geschildert worden [27] und brauchen hier nicht rekapituliert zu werden. Eng angelehnt an Löwenfelds Thesen, jedoch jeder religiösen Polemik entkleidet, waren die vom Centralverein angenommenen Leitsätze:

> „1. Wir deutschen Staatsbürger jüdischen Glaubens stehen fest auf dem Boden der deutschen Nationalität. Unsere Gemeinschaft mit den Juden anderer Länder ist keine andere als die Gemeinschaft der Katholiken und Protestanten Deutschlands mit den Katholiken und Protestanten anderer Länder. Wir erfüllen als Staatsbürger freudig unsere Pflicht und halten fest an unseren verfassungsmäßigen Rechten.
> 2. Wir gehören als Juden zu keiner politischen Partei. Die politische Meinung ist wie die religiöse Sache des einzelnen.
> 3. Wir haben keine andere Moral als unsere andersgläubigen Mitbürger. Wir verdammen die unsittliche Handlung des einzelnen, wes Glaubens er sei.
> 4. Wir verwahren uns gegen die leichtfertige oder böswillige Verallgemeinerung, mit der Vergehen einzelner Juden der jüdischen Gesamtheit zur Last gelegt werden." [28]

Die Zeit hat diese Thesen angenagt und die Wirklichkeit sie modifiziert, noch ehe der Centralverein sein Dasein vollendete. Aber lange Jahre hindurch waren sie bestimmt, die unverrückbaren Grundsätze der Organisation zu bilden.

Die „Gründungsschriften" Löwenfelds und Simons waren die Selbstzeugnisse zornentbrannter und ehrenhafter Männer. Allerdings waren sie nicht gerade Geistesriesen, wie die Lektüre ihrer „Aufrufe" leicht belehrt. Dieses galt im allgemeinen sowohl für die Gründer- und erste Führergeneration, als auch für ihre Nachfolger. Sie waren guter intellektueller jüdisch-bürgerlicher Durchschnitt. Männer vom Format der großen liberalen jüdischen Politiker der Paulskirche oder Männer wie Eduard Lasker und Ludwig Bamberger fehlten völlig; diese suchten verständlicherweise ihr Betätigungsfeld in der allgemeinen deutschen Politik wie auch diejenigen Juden, die schließlich in der erstarkenden Sozialdemokratie eine wichtige Rolle spielen sollten. Der Centralverein verschaffte einer mittleren Kategorie von „Berufspolitikern", denen

---

[27] *Rieger,* op. cit., 13 ff.; *Schorsch,* op. cit., 107 ff.; *Ragins,* op. cit., 74 ff.; *Reinharz,* op. cit., 69 ff. Eine wichtige Quelle für den Verlauf des Gründungsjahres und aufschlußreich für die sich in der Vereinstätigkeit ankündende Problematik ist: M[artin] *Mendelsohn,* Die Pflicht der Selbstverteidigung. Eine Rede. Jahresbericht des Vorsitzenden in der ersten ordentlichen Generalversammlung des Centralvereins deutscher Staatsbürger jüdischen Glaubens, Berlin 1894.
[28] *Rieger,* op. cit., 21–22.

sich zudem im deutschen Parteileben oder im Staatsdienst keine angemessene oder ausreichende Beschäftigung bot[29], ein halb politisches Betätigungfeld, in dem sie sich zumeist recht gut bewährten.

Maßgeblich am Gründungsprozeß beteiligt war eine Schicht jüdischer Intelligenz, deren Assimilation an die deutsche Umwelt am weitesten fortgeschritten war und die sich daher von den Anfeindungen am tiefsten getroffen fühlte. Gerade sie sollte zum Vorboten einer jüdischen Selbstbesinnung werden. Der Antisemitismus hatte bewirkt, daß viele dem Judentum schon stark entfremdete Menschen in der Selbstwehr einen Weg zur Rückkehr fanden. Eine Vertiefung jüdischer Werte war allerdings von ihnen zunächst nicht zu erwarten. Ein erstes Stadium in der geschichtlichen Funktion des Centralvereins war jedoch, daß aus Randjudentum Trutzjudentum wurde.

II

Eine wirkliche Strukturanalyse des Centralvereins für die gesamte Zeit seines Bestehens ist bisher nicht unternommen worden[30]. Es wäre allerdings auch ein beinah unmögliches Unterfangen, hier zu gänzlich zuverlässigen Feststellungen zu gelangen[31], da die erhalten gebliebenen Mitgliederlisten[32] im allgemeinen nur Ungenügendes über Berufe[33] und soziale Herkunft (oder gar politische Orientierungen) aussagen. Der Centralverein hat für sich in Anspruch genommen, daß seine sich ständig erweiternde Organisation (sie wuchs von 2 000 Mitgliedern im Jahre 1894 zu annähernd 40 000 bei Aus-

---

[29] In ähnlichem Sinne Ismar Freund, langjähriges Hauptvorstandsmitglied des Centralvereins in seinen Erinnerungen: „Bei Manchem kam noch ein Ehrgeiz hinzu, der sich gern auf allgemein politischem Gebiet ausgelebt hätte. Da er dazu nicht die Gelegenheit fand, schuf er sich einen Ersatz in dem Kampf gegen den Antisemitismus." (Central Archives for the History of the Jewish People, Jerusalem, P2/Me 19, 6.)

[30] Eine Struktur- und Organisationsgeschichte des C. V. soll in einem zweiten Band der vom Leo Baeck Institut geplanten Gesamtdarstellung angestrebt werden. In dem nachfolgenden Abschnitt sind bereits einige Ergebnisse der von Dr. E. G. Lowenthal, Berlin, für diesen Band unternommenen Nachforschungen eingegliedert.

[31] Ansätze zu einer Strukturanalyse oder einer Art von Soziologie des Centralvereins finden sich bei *Reiner Bernstein*, Zwischen Emanzipation und Antisemitismus. Die Publizistik der deutschen Juden am Beispiel der „C. V.-Zeitung", Organ des Centralvereins deutscher Staatsbürger jüdischen Glaubens, 1924–1933, Diss., Freie Universität Berlin 1969, 66–74, und *Reinharz*, op. cit., 96 ff.

[32] So sind Mitgliederverzeichnisse für die vorliegende Zeitspanne außer für das Gründungsjahr (Centralverein deutscher Staatsbürger jüdischen Glaubens, Berlin W 1893, Kronenstraße 22, II) für die Jahre 1899, 1902, 1905 und 1908 erhalten geblieben.

[33] Im Archiv der Wiener Library, London, befindet sich ein Mitgliederverzeichnis für Großberlin aus dem Jahre 1931, *ohne Berufsangabe*.

bruch des Ersten Weltkrieges an [34]) sich schließlich zu einer echten repräsentativen politischen Vertretung der Angehörigen der jüdischen Religionsgemeinschaft im Wilhelminischen Deutschland entwickelte. Eine genaue Untersuchung der sozialen und politischen Struktur des C. V. dürfte wohl zu dem Resultat gelangen, daß dieser Anspruch wenn auch weitgehend, so doch nicht völlig gerechtfertigt war. Die notwendigen Einschränkungen ergeben sich auch ohne Strukturanalyse aus der vorhandenen Dokumentation.

Gewisse Sektoren der jüdischen Bevölkerung waren zweifellos nicht ihrem Umfang entsprechend vertreten, sowohl in regionaler als auch in soziologischer und politischer Hinsicht. Der Gründungsprozeß ging anfänglich von den Städten aus, vor allem von Berlin [35], was eine gewisse Vernachlässigung des Dorfjudentums [36], aber auch anderer Länder und Bezirke [37] nach sich zog. Die Entstehung und Ausweitung der Organisation ging überhaupt sehr allmählich vor sich. In den ersten sechs oder sieben Jahren konnte eher vom C. V.-Zentrum Berlin und von Einzelmitgliedern im Reich gesprochen werden; außerhalb der Großgemeinden setzte die Errichtung der lokalen Ortsgruppen erst ab 1906 ein. Die Reichshauptstadt blieb überrepräsentiert (gerade auch in den Gremien), woran sich auch nach dem Weltkrieg nichts änderte, was gelegentlich zu inneren Spannungen führte [38]. Andererseits ist hervorzuheben, daß Posen mit seiner zahlreichen jüdischen Bevölkerung stets eine gewichtige Rolle im C. V. gespielt hat. (Posen, Stadt sowohl wie Provinz, diente als eine Art Nachschubreservoir, aus dem ständig jüdische Familien und Individuen abwanderten und zwar vor allem nach Berlin, aber auch etwa nach Breslau und dem deutschen Westen.) Ein kleinerer „proletarischer" Sektor und andere „niedere" jüdische Gesellschaftsschichten waren ebenfalls unzureichend vertreten. Jüdische Arbeiter und kleine Angestellte, die nach 1900 die Sozial-

---

[34] Korporative Mitgliedschaft ist dabei nicht berücksichtigt. Verbände, gelegentlich auch Gemeinden, gehörten dem C. V. ebenfalls an.

[35] Von den unter 1700 Mitgliedern des Gründungsjahres waren etwa 70 % in Berlin wohnhaft, Breslau stellte 22, Hamburg 40 und München 38 Mitglieder. (Vgl. Centralverein . . ., Anm. 32.) Die Verteilung hat sich dann beträchtlich verschoben, ist aber symptomatisch für den Gründungsprozeß.

[36] Vor 1914 war das „Land" in Ostpreußen, Brandenburg, Niederschlesien, Sachsen, Hannover und selbst in Baden, Württemberg und Bayern vom C. V. noch schwach erfaßt. – Zu den Schwierigkeiten der Ausdehnung des C. V. in Süddeutschland und in Baden vgl. z. B. CAHJP, INV/124/1 b/147, 161 – 147. und 161. Vorstandssitzung, 6. März und 18. September 1905.

[37] Von den 24 Landesverbänden, die bis 1938 bestanden, wurde die Hälfte vor 1914 ins Leben gerufen (Anhalt, Hessen-Nassau und Hessen, Niederschlesien, Oberschlesien, Ostpreußen, Ostwestfalen-Lippe, Pfalz, Pommern, Posen, Rheinland-Westfalen/Essen, Württemberg).

[38] Vorwürfe, daß die Hauptgeschäftsstelle in Berlin die Situation in einer bestimmten Region verkenne, oder Einwände gegen „zentrale" Einmischung lassen sich schon für die frühere Zeit belegen. Die regionalen Unterschiede in der Arbeit des Centralvereins (so z. B. in Bayern) sind von der Historiographie bisher ungenügend herausgestellt worden.

demokratie stärker unterstützten, sahen in ihr zuweilen auch bereits eine Vertretung ihrer jüdischen Interessen. Ebenfalls wird bereits im ausgehenden Kaiserreich auch jene Hinwendung einer „enttäuschten" jüngeren Generation zu Sozialismus und Zionismus deutlich, die sich später in der Weimarer Republik entscheidend verstärken sollte. Die Annahme erscheint zulässig, daß auch sie wiederum schon vor 1914 im C. V. nicht entsprechend vertreten war. Besonders extreme Gruppen der jüdischen Orthodoxie, die die Bekämpfung des Antisemitismus überhaupt ablehnten, den sie als Geißelung Gottes oder eine gerechte Strafe empfanden, standen dem Centralverein ausgesprochen feindselig gegenüber. Die unterschiedliche Haltung der Orthodoxie muß noch gesondert behandelt werden, ebenso wie die besonders wesentlichen Beziehungen zu den Zionisten. Von diesen mag vorerst nur gesagt werden, daß zwar zuweilen einige Zionisten dem C. V. angehörten, daß sie aber zu den Ausnahmen zählten und selbst in Anbetracht ihrer damals geringen zahlenmäßigen Stärke nur als völlig ungenügend durch ihn vertreten gelten konnten. Schließlich waren nur sehr wenige der oft erst kürzlich eingewanderten Ostjuden unter den Mitgliedern des C. V. anzutreffen. Einer der Hauptgründe hierfür war zweifellos die Tatsache, daß sie zumeist die deutsche Staatsbürgerschaft noch nicht erworben hatten; es muß jedoch festgehalten werden, daß hier jüdische Bevölkerungsgruppen, die ständigen Zuzug aus dem Osten erfuhren, von der Organisation nicht erfaßt werden konnten. Dieser Tatbestand gewann größere Bedeutung allerdings erst nach dem Ersten Weltkrieg, als die in Deutschland lebende ostjüdische Bevölkerung eine so erhebliche Verstärkung erfuhr. Die Ostjuden fühlten sich in der Regel weit stärker durch sozialistische und zionistische Organisationen angezogen, obwohl auch der Centralverein Anstrengungen machte, sich ihrer anzunehmen [39].

Obwohl dies den Katalog der im Centralverein ungenügend vertretenen oder nicht repräsentierten Gruppen noch keineswegs erschöpft, kann es keinem Zweifel unterliegen, daß es sich hierbei um Minderheiten handelte und daß die überwältigende Mehrheit einer religiös-liberalen, assimilierten, deutschgesinnten, mittelständischen jüdischen Bevölkerung den Centralverein als ihre geeignete Vertretung betrachten konnte. Eine andere Frage ist es natürlich, ob und in welchem Maße die die eigentliche Abwehr tragende Elite auch die Interessen der erwähnten Minderheiten mit vertrat, oder ob sich zwischen ihnen und der Führungsschicht sogar gewisse Gegensätze ergaben. Daß der C. V. wie andere jüdische Organisationen gerade im allerersten Stadium stark von Notabeln getragen wurde, und daß die eigentliche Arbeit in hohem Grade von Anwälten [40], Lehrern, Rabbinern und Gemeindefunktionären durch-

---

[39] So sind z. B. führende Centralvereinler schon sehr früh für das Wahlrecht der Ostjuden in den jüdischen Gemeinden eingetreten. Dieses wurde ihnen zunächst nicht eingeräumt, obwohl bereits vor 1914 eine sächsische Gemeinde wie Leipzig etwa zur Hälfte aus Ostjuden bestand.

[40] Über ein Drittel der Mitglieder des Gesamtvorstandes waren 1918 Juristen,

geführt wurde, teils freiwillig, teils verbunden mit anderen Funktionen, ist geradezu ein Gemeinplatz. Es ist das Ergebnis jeder Aufschlüsselung der Listen des C. V. Gesamt-(nach 1920 Haupt-)vorstands, der Verzeichnisse der Vorstände[41] und Funktionäre seiner Landesverbände und Ortsgruppen[42] oder seines Beamtenapparates. Seine leitenden „Kader" als jüdisches Bildungsbürgertum zu definieren, hieße wahrscheinlich der Wahrheit am nächsten kommen; wollte man hingegen behaupten, daß der Centralverein die engen Klasseninteressen eines jüdischen Besitzbürgertums verwaltete, die Sonderinteressen etwa verproletarisierter jüdischer Schichten jedoch völlig unberücksichtigt ließ, so wäre eine solche Auslegung (noch dazu vor 1914) schon angesichts der *spezifischen und begrenzten Aufgaben* der Organisation völlig von der Hand zu weisen. Noch absurder wäre die Feststellung, die Geschicke der jüdischen Selbstverteidigung seien von jüdischen Finanzgewaltigen oder Großindustriellen gesteuert worden. Im Gegenteil haben sich die Spitzenfiguren der finanziellen und gesellschaftlichen Elite nicht nur nachweisbar nicht mit der Organisation dieser Selbstverteidigung abgegeben, sie waren sogar eher geneigt, in ihren Verfechtern Parvenüs aus den Mittelschichten oder Spießer zu sehen, denen man diese Beschäftigung mit dem Antisemitismus recht gerne überließ. Menschen aus dieser Elite für ihre Tätigkeit zu gewinnen, ist später übrigens gerade den Zionisten mehrfach gelungen. Zwar fanden, besonders vor Wahlen, mitunter besondere weitgestreute Sammlungs-

---

dergleichen etwa die Hälfte der Vorsitzenden der Landesverbände (vgl. *Rieger*, op. cit., 73–76). Ende 1919 waren es 33 von 80 (Berlin 38; Reich 42) Mitgliedern des Gesamtvorstandes. Das erklärt sich nicht nur aus der jüdischen Berufsschichtung, sondern auch aus der zentralen Rolle des Rechtsschutzes in der Arbeit des Centralvereins.

[41] Von 144 mit Bestimmtheit vor 1914 entstandenen Ortsgruppen ergibt eine vorläufige Analyse der Zusammensetzung ihrer Vorstände u. a. folgende Resultate: Ihre Mitglieder waren Mittelstand aller Schattierungen, mittlerer und gehobener, wozu sich langsam auch Angestellte gesellten. In den 14 Berliner Ortsgruppen hatte zumeist ein Jurist den Vorsitz. Mit ihm im Vorstand saßen andere Akademiker (Ärzte, Rabbiner, höhere Lehrer), sodann Kaufleute (selten bekannte Bankiers), auch einige Gemeindefunktionäre. Von 14 Ortsgruppen jüdischer Großgemeinden überwog in den Vorständen von Posen, Breslau, Köln, Danzig, Straßburg und Hannover bei Gründung jedenfalls das akademische Element, in den anderen 8 hielten sich Akademiker und wirtschaftlich Tätige etwa die Waage. In allen übrigen Ortsgruppen hatten nur in 20 % der Fälle Akademiker das Übergewicht.

[42] Die Annahme von *Reinharz*, op. cit., 101, daß sich die Mitgliederschaft des K. C. in ihrer sozialen Zusammensetzung mit der des C. V. deckte, ist irrig. Der K. C. als ausschließlich akademische Gruppe speiste die Führungsschicht und den Beamtenapparat (diesen allerdings nur in begrenztem Maße), mit der allgemeinen Mitgliederschaft ist er nur sehr teilweise identisch. So weist die Mitgliederliste für das Gründungsjahr einen besonders starken Anteil von Kaufleuten auf, während der Doktortitel noch relativ selten ist (vgl. Centralverein . . ., Anm. 32). Später sind hier beträchtliche Verschiebungen erfolgt, aber während sich der Anteil der Akademiker verstärkte, wurden allmählich, auch schon vor 1914 und dann besonders nach 1918, immer mehr jüdische Angestellte und Werktätige erfaßt.

aktionen statt, doch ist ein übermäßiger Einfluß von einzelnen Geldgebern oder prominenten Finanziers für den Centralverein nicht zu belegen.

Desgleichen läßt sich eine im C. V. bewußt zum Ausdruck kommende Klassendifferenzierung oder die Vertuschung vorhandener Gegensätze nicht erweisen. Von einer sogenannten „Notabelnwirtschaft", jedenfalls aber von einer Art Bevormundung durch angesehene Persönlichkeiten, könnte man eher sprechen, wobei jedoch berücksichtigt werden sollte, daß zu dieser Zeit auch die politische Demokratie der deutschen Umwelt durchaus „begrenzt" war, daß ganz allgemein die weniger sprach- und schriftgewandten Schichten nicht nur gewöhnt waren, sich durch ihre „Oberen" vertreten zu lassen, sondern daß ihnen dieser Zustand auch völlig angemessen erschien. So war denn auch diese Art „begrenzter Demokratie" in der jüdischen Gemeinschaft überhaupt gang und gäbe und wenig beanstandet. Dieser damals fast selbstverständliche Zustand hat zu Recht seine Kritiker gefunden. Auch sollte sich eines Tages eine Abwehrproblematik entwickeln, zu der eine „Notabelnwirtschaft" sicher beitrug, wenn sie auch kaum Klassendifferenzen entsprang, sondern eher erheblichen Meinungsverschiedenheiten über die von einem ständig sich vergrößernden Apparat von Funktionären entwickelten Methoden in der Bekämpfung des Antisemitismus.

Im Wilhelminischen Deutschland spielte das alles noch eine ganz untergeordnete Rolle (heftige Debatten, wie z. B. die Auseinandersetzung über die Unterstützung der Kandidaturen von Taufjuden entsprangen keineswegs Differenzen dieser Art). Höchstens lassen sich milde Ansätze davon verspüren, daß es einer fortschrittlicher ausgerichteteren und „modernen" Beamtenbürokratie bestimmt sein sollte, ein gewisses organisatorisches Eigenleben zu entfalten und daß schließlich bei der Verschärfung der Judenfrage nach dem Kriege erhebliche Gegensätze zwischen einer jüngeren und einer älteren Führergeneration entstehen mußten. Von einem eigentlichen Generationenproblem (oder grundlegenden Unstimmigkeiten zwischen einer Führungsschicht und differenzierten Schichten von Geführten) *innerhalb des Centralvereins selbst* konnte vor 1914 nicht die Rede sein. Bis zum Kriegsausbruch jedenfalls sind die Anzeichen für das Bestehen eines Antagonismus zwischen „konservativeren" Notabeln oder Vorständen und jüngeren anti-antisemitischen Aktivisten oder Berufspolitikern verschwindend gering. Der Einfluß der Notabeln war anfänglich sicher noch überproportional. Schlußfolgerungen über einen undemokratischen und unrepräsentativen Charakter des Centralvereins lassen sich jedoch hieraus ebensowenig ziehen, wie aus seinen anderen, hier umrissenen Merkmalen. Er war mit seinen Organisationsformen der damaligen jüdischen Gemeinschaft durchaus gemäß.

III

Als der Centralverein die politische Arena betrat, hatte sich eine entscheidende Wendung in der politischen Orientierung der deutschen Juden bereits vollzogen. Sie ging in den zwanzig Jahren vor seiner Gründung vor sich, die selbst als ein Resultat dieser Entwicklung zu verstehen ist. 1893 war die eigentliche bürgerliche Neu-Orientierung bereits abgeschlossen, die darauffolgende Periode zeichnet sich eher aus durch eine fortschreitende Tendenz politischer Unterstützung der nichtbürgerlichen Linken, auf die noch wiederholt eingegangen werden wird. Schon in Verbindung mit dieser muß aufgezeigt werden, daß eine völlige Gleichsetzung von den deutschen Juden als Gruppe, oder als Religionsgemeinschaft mit dem Centralverein nur bedingt gültig ist.

Die Problematik der jüdischen Selbstverteidigung ist eng verknüpft mit der der politischen Bindungen der Juden, und der Eingriff des Centralvereins in die deutsche Politik kann nur gegen den Hintergrund der dauerhaften politischen Wandlung im deutschen Judentum verstanden werden. Keiner hat die politische Sonderstellung der deutschen Juden im Kaiserreich treffender gekennzeichnet als Eva Reichmann:

> „Die entscheidende Schwächung des deutschen Liberalismus unter Bismarck leitete weit mehr als eine vorübergehende politische Phase ein. Sie führte zur endgültigen Liquidierung des liberalen deutschen Bürgertums als eines politischen Machtfaktors, zum Abgleiten des liberalen deutschen Bürgertums ins Lager der gemäßigten ‚nationalen‘ Reaktion. Eine solche Wendung wäre ohne den schon frühzeitig zutage getretenen bürgerlich-proletarischen Klassengegensatz kaum denkbar gewesen.
>
> Und genau in dieser Entwicklung ist die entscheidende Ursache für die jüdische ‚Klassen-Anomalie‘ in Deutschland zu sehen. Die jüdischen Bürger machten die reaktionäre Wendung des deutschen Liberalismus nicht mit. Wohl sah auch ihre überwiegende Mehrheit in der heraufkommenden Sozialdemokratie ihren Feind, und nur vereinzelte, für die Mehrheit untypische Juden gingen zu dieser über; aber die zweite Voraussetzung, die es den nichtjüdischen Bürgerlichen ermöglichte, ihren Frieden mit der Staatsgewalt zu machen, war für die Juden noch nicht eingetreten: ihre Emanzipation war noch nicht vollendet. Die nichtjüdische Bürgerschicht hatte mit dem allgemeinen, geheimen und direkten Wahlrecht das Hauptziel ihrer politischen Emanzipation erreicht und erstrebte fortan weniger eine Beseitigung der verbliebenen feudalistischen Vorrechte als vielmehr ihre uneingeschränkte Übertragung auf die aufsteigende Bourgeoisie ... Die Emanzipation der Juden hingegen war trotz formaler Garantien noch weit von diesem Zustand der Vollkommenheit entfernt. Ihr natürlicher politischer Platz blieb daher unverändert das Lager der Opposition. Sie gehörten weiter zum linken Flügel des bürgerlichen Liberalismus, zum politischen ‚Fortschritt‘; ihre bürgerlichen Klassengenossen aber waren ‚national-liberal‘, teilweise sogar ‚konservativ‘ geworden."[43]

---

[43] *Reichmann*, Flucht in den Haß, 172.

Eva Reichmann hat den Begriff der jüdischen „Klassenanomalie" geprägt, mit seinem implizierten Hinweis auf die politische Vereinsamung der jüdischen Gruppe. Die Rolle der deutschen Juden als Außenseiter in der deutschen Gesellschaft ist es, die auch dem politischen Lavieren des Centralvereins seinen Stempel aufdrückt und gewisse Schwächen seiner Stellung bedingt. – Hinsichtlich der Aussage über die jüdische Haltung gegenüber der Sozialdemokratie muß allerdings gesagt werden, daß sie höchstens für die ganz frühe Wilhelminische Periode Geltung besitzt. Vor allem für die Juden als Gesamtgruppe verliert sie sehr bald ihre Gültigkeit, und deren politische Bindungen müssen zunächst gesondert betrachtet werden*. Daß die Historiographie heute alle, die von der Umwelt als Juden gesehen wurden, ungeachtet der Einstellung des Einzelnen zu seinem – oder seines etwaigen Austritts aus dem – Judentum, in ihre Untersuchungen einzubeziehen hat, und dies gerade in der Frage politischer Verhaltensweisen, bedarf kaum der weiteren Erklärung.

Für die dergestalt definierte jüdische Gesamtgruppe gilt zunächst, daß ihre politische Position seit der Reichsgründung dahin verallgemeinert werden kann, daß sie überwiegend links von der Mitte stand [44]. Das ist unstrittig, und die bahnbrechenden Untersuchungen von Hamburger und Toury haben dies auch überzeugend statistisch belegt. Charakteristisch für die gesamte Wilhelminische Epoche blieb die fortschrittlich-freisinnige Bindung [45]. Die Juden wurden sozusagen eine loyale Opposition, eine linkere Orientierung war für die Mehrheit in Anbetracht ihrer wirtschaftlichen Position oder ihrer sozialen Struktur nicht denkbar. Nur eine stark privatwirtschaftlich bestimmte Minderheit hatte die Abkehr vom Nationalliberalismus [46] – einst die (erste) „Ju-

---

* Siehe hierzu ausführlicher den Aufsatz von *Peter Pulzer*, Die jüdische Beteiligung an der Politik, im vorliegenden Bande, S. 143–239 (Hrsg.).

[44] Noch positiver formuliert von *Eva Reichmann*, in: Die Reichskristallnacht. Der Antisemitismus in der deutschen Geschichte, Bonn 1959, 25. „Es war nämlich so, daß die deutschen Juden fast geschlossen auf der politischen Linken standen. Sie blieben fortschrittsgläubig und fortschrittsbedürftig, auch nachdem das deutsche Bürgertum ... in das Lager der gemäßigten Reaktion abschwenkte."

[45] Die Stabilität der jüdischen Stimmenabgabe für linksbürgerliche Parteien ist bemerkenswert. Etwa zwei Drittel der jüdischen Wähler bekannten sich über ein halbes Jahrhundert lang zu Fortschritt/Freisinn und später zur DDP. Vgl. *Toury*, Die politischen Orientierungen, 275 (1879–1914 durchschnittlich 65 %) und *Arnold Paucker*, Jewish Defence against Nazism in the Weimar Republic, in: The Wiener Library Bulletin, XXVI (1972), Nr. 1 & 2, 27 (vor 1930 64 %; Ergebnisse von Interviews). Die Abwanderung ging ständig von rechts zu liberal, von liberal zur SPD oder den anderen Arbeiterparteien.

[46] Nach 1878 saß kein einziger Glaubensjude mehr als Nationalliberaler im Reichstag. (*Hamburger*, op. cit., 252–253). Die Abkehr vom Nationalliberalismus wird hinsichtlich des Zeitpunkts von Toury und Hamburger unterschiedlich beurteilt. Nach Toury haben die Juden eine entscheidende Wendung erst ab 1878 vollzogen, nach Hamburger haben sie schon in den siebziger Jahren stark fortschrittlich gewählt. Die Vergleiche komplizieren sich allerdings durch regionale Unterschiede. Die Fortschrittler waren vornehmlich eine preußische Partei, usw. Daß nach 1900 kaum mehr als

denschutztruppe" – abgelehnt. Sie schrumpfte ständig zusammen (ihre Rest-
bestände bekannten sich dann in der Weimarer Republik zur Deutschen
Volkspartei). Die Anzahl konservativer jüdischer Wähler war so unbedeutend, daß selbst von einem kleinen konservativen Wählerstamm dann nicht
mehr gesprochen werden konnte. Immer beachtlicher wurde andererseits die
Tendenz zur SPD, die sich nach 1900 und vor allem in den Jahren vor 1914
in der deutschen Judenheit noch weiter verstärkte.

Als nicht leicht zu dokumentierende, jedoch aus vielen Anzeichen sich er-
gebende Tatsache sei erwähnt, daß das jüdische „Kollektiv" politisch weiter
links rangierte als die Religionsgemeinschaft, ungeachtet der Tatsache, daß
Männer (oft entfernt) jüdischer Abstammung oder Getaufte nicht nur zuweilen bei den Konservativen, sondern sogar weiter rechts bei den extremen
Antisemiten anzutreffen waren. Derartige Einzelgänger oder Grüppchen
fielen kaum ins Gewicht gegenüber erheblichen Gruppen jüdischer Intellektueller und auch ärmerer jüdischer Schichten, die sich der Sozialdemokratie
zuwandten[47], und von denen ebenfalls viele ihre Bindung zum Judentum,
wenn auch meist nicht durch die Taufe, gelöst hatten.

Bei den Glaubensjuden andererseits war die Tendenz zur SPD unzweifelhaft immer weniger markant, was sich auch in der Zeit nach dem Ersten
Weltkrieg nicht änderte. Auch muß eine starrere konservative Haltung der
Orthodoxie in Rechnung gestellt werden, die schon den Linksliberalismus
ungern unterstützte. Hier sowohl wie im religiöser gebundenen Dorfjudentum
altkatholischer Gegenden machte sich eine gewisse Tendenz zum Zentrum geltend[48]. Mit diesen geringen Einschränkungen jedoch galt die Ausrichtung

---

10 % der jüdischen Wähler für die Nationalliberalen stimmten, wird nicht anzuzwei-
feln sein.

[47] *Hamburger*, op. cit., 147, schätzt, daß schon im Kaiserreich bis zu 25 % der
jüdischen Wähler sozialdemokratisch gewählt haben mögen. *Toury*, Die politischen
Orientierungen, 275, nennt 19 % als Höchstziffer. Ein wirklicher Widerspruch scheidet aus, wenn wir für Juden als Gesamtgruppe Hamburgers, für Juden als Religionsgemeinschaft Tourys Ziffer akzeptieren. So oder so sind es beträchtliche Prozentsätze
in Anbetracht des „bürgerlichen" Charakters der deutsch-jüdischen Gruppe. Für 1918
bis 1930 (*Paucker*, Jewish Defence, aaO, 27) ließen sich 32 % für die Arbeiterparteien erarbeiten; nach 1930 sogar 70 % (allerdings in einer Krisensituation, in
der eine linksbürgerliche Partei praktisch nicht mehr existierte und als auch bereits
ein Verproletarisierungsprozeß mittelständischer jüdischer Schichten eingetreten war,
zu dem es im Wilhelminischen Deutschland keine Parallele gab).

[48] *Toury*, Die politischen Orientierungen, 275, hat die jüdische Stimmenabgabe für
das Zentrum 1893–1914 mit 6 % angesetzt, was sich in der Weimarer Republik kaum
verringert haben dürfte. Meine Ergebnisse (*Paucker*, Jewish Defence, aaO, 27), 5 %
für 1932 sind eher zu niedrig und dürften die Verhältnisse in Großstädten widerspiegeln. *Hans-Helmuth Knütter*, Die Juden und die deutsche Linke in der Weimarer
Republik 1918–1933, 119, spricht für nach 1930 von einer erheblichen Wendung
zum Zentrum, während es unzweifelhaft erscheint, daß die massive Abwanderung
der jüdischen Wähler damals zur SPD ging. Aber die unterschiedliche Situation in
gewissen ländlichen Bezirken für die ganze Zeitspanne 1893–1932 muß berücksichtigt

links von der Mitte auch für die jüdische Religionsgemeinschaft. In diesem Zusammenhang ist bemerkenswert, daß die jüdische Gemeinschaft ihrer Natur nach zu konservativeren Lebens- und Denkformen neigte, als sie sie in ihrer politischen Haltung auszudrücken vermochte[49]. Die deutsche Entwicklung ließ hier eine freie Entscheidung gar nicht zu. Die Juden wurden aus zwingenden Gründen zum Linksliberalismus und zur Sozialdemokratie getrieben.

Der Centralverein stand in seiner politischen Ausrichtung natürlich der Religionsgemeinschaft, die den Kern seiner Organisation bildete, näher als dem jüdischen „Kollektiv". Trotzdem schwankte seine Haltung zwischen den beiden Gruppen und ließe sich eher als eine Mittelstellung definieren. Eine „fortschrittlichere" oder „linkere" Disposition ergab sich nicht nur aus einer etwas anderen Zusammensetzung der Mitgliederschaft (Bindungen an das Zentrum z. B. scheiden praktisch aus), sondern vielfach auch aus den Notwendigkeiten der praktischen Politik und aus den Erfahrungen, die unabänderlich aus dem Kampf gegen den Antisemitismus gezogen werden mußten. Eine anti-antisemitische kämpferische Vorhut war der Gemeinschaft notwendigerweise oft „voraus". Das läßt sich für die ganze Zeit ab 1893 belegen, obwohl es erst in der Weimarer Republik drastisch genug wurde, um erregte Auseinandersetzungen mit einem eigenen kleinen konservativen Flügel hervorzurufen.

Die hier aufgezeigten Unterschiede sind keineswegs dramatisch, sondern eher graduell, sie müssen jedoch bei jeder Einschätzung des politischen Verhaltens *der* deutschen Juden mitberücksichtigt werden.

Für den Centralverein galt offiziell als oberstes Gesetz die parteipolitische Neutralität:

---

werden und ist noch regional zu erarbeiten. Das gilt vor allem für Bayern, wo dann in der Endphase der Republik sogar ein Sonderverhältnis des C. V. zur Bayrischen Volkspartei entstand. Vgl. *Werner J. Cahnman,* The Nazi Threat and the Centralverein – A Recollection, Conference on Anti-Semitism, American Federation of Jews from Central Europe, New York 1969, 33–34. – Zu jüdischer Zentrum-Orientierung in der hier behandelten Zeitspanne siehe nunmehr auch *Hermann Greive,* On Jewish Self-Identification. Religion and Political Orientation, in: Year Book XX of the Leo Baeck Institute, London 1975 (und ebenfalls dessen Beitrag, Die gesellschaftliche Bedeutung der christlich-jüdischen Differenz. Zur Situation im deutschen Katholizismus, im vorliegenden Bande, S. 384–385 [Hrsg.]).

[49] Nichts ist irreführender als die heute oft aufgestellte Behauptung, die deutschen Juden wären konservativ gewesen. Ihre große Mehrheit war „konservativ" oder „staatserhaltend" in dem Sinne, daß sie eine *revolutionäre* Transformation der bestehenden Verhältnisse ablehnten. Das gilt für das Kaiserreich, wie für die Weimarer Republik, für die Juden als Gruppe oder als Glaubensgemeinschaft, und für den C. V. Sie waren *nicht* konservativ im Parteisinne der deutschen politischen Kräfteverteilung, sondern in völligem Gegensatz zu ihren Klassengenossen, schon im Kaiserreich zu etwa 85 % links orientiert.

„Wir stehen ganz fest und unverrückbar auf dem Prinzip, daß jeder Jude zu uns gehört, ob er nun nationalliberale oder volksparteiliche [Freisinnige Volkspartei], konservative oder sozialdemokratische politische Anschauungen haben mag ..."[50]

Diese Neutralität des C. V. ist immer wieder postuliert worden, obwohl ihrer Realisierung ziemlich enge Grenzen gezogen waren. Das Verhältnis des Centralvereins zu den politischen Parteien und seine problematische Aktivität im Spannungsfeld der deutschen Innenpolitik in den Jahren 1893–1914 seien im folgenden kurz skizziert.

Der Eingriff in die Politik von der jüdischen Interessenlage her galt auf parlamentarischer Ebene vor allem der Verhinderung antisemitischer Kandidaturen und Wahlerfolge. Der Centralverein war bestrebt, antisemitischen Kandidaten durch Wahlhilfe für ihre Gegner Niederlagen zu bereiten; man erwartete ferner von unterstützten „philosemitischen" Kandidaten in Reichstag und Länderparlamenten ein tatkräftiges Eintreten für jüdische Rechte. Ab 1898 hat man sich dies auch etwas kosten lassen, jedoch ist es – über individuelle Zuwendungen läßt sich hier nichts aussagen – geradezu erstaunlich, um welche kümmerlichen Beiträge aus der C. V.-Kasse es sich anfangs gehandelt hat[51]. Diese entsprachen weniger als einem Hundertstel des Aufwands, der schließlich in der Weimarer Republik notwendig werden sollte; sie waren eben dem bescheidenen Etat des Vereins in der Kaiserzeit gemäß. Man war weiter, und ziemlich erfolglos, bemüht, jüdische Kandidaturen in verschiedenen Parteien durchzusetzen, sowie das kleine jüdische Wählerpotential zu mobilisieren und es auf die zeitlose, aber eben erforderliche und nicht immer beachtete Parole „Wählt keine Antisemiten!" zu verpflichten[52]. In manchen Wahlbezirken waren jüdische Stimmen das Zünglein an der Waage. Eine weitere Bestrebung ging dahin, den jüdischen Einfluß in „befreundeten" Parteien auszubauen.

Kam es nun zur praktischen Nutzanwendung des vorsichtig formulierten Neutralitätsgrundsatzes, so zeigte sich natürlich, daß es mit der gepriesenen Unparteilichkeit nicht viel auf sich hatte. Das waren Gemeinplätze eines geradezu zwangsläufigen Lippendienstes, unerläßlich für eine jüdische Organisation, deren Anhänger sich irgendwie noch zu vier oder fünf politischen Parteien bekannten, und denen man zumindest theoretisch weiter die freie Wahl lassen mußte. Nur so konnte man es in der Öffentlichkeit verkünden,

---

[50] Im deutschen Reich, I, Nr. 1 (Juli 1895), 27.

[51] Bei Reichstags- und Landtagswahlen 1896 war von Beträgen wie 3000, 2250 und 3500 Mark („je nach Bedarf") für die Bekämpfung antisemitischer Kandidaten die Rede; 1903 setzte man „für die nächste Campagne eine Maximal-Summe von 3000 Mark zur Unterstützung anti-antisemitischer Candidaturen" aus. (CAHJP, INV/124/ 1 a/69, 70; 1 b/72 – 87., 88. und 139. Vorstandssitzung, 11. Mai und 8. Juni 1898; 9. Februar 1903.)

[52] So mußte der C. V.-Vorstand 1903 beschließen, „das Verhalten derjenigen Juden zu geisseln, welche bei der Stichwahl antisemitische Candidaten unterstützt haben". (CAHJP, INV/124/1 b/87 – 144. Vorstandssitzung, 7. Juli 1903.)

um sich nicht von vornherein Vorwürfen auszusetzen, die ohnehin nicht zu vermeiden waren. Man war schließlich zur institutionellen Notwendigkeit geworden, weil sich alles im politischen Leben förmlich in Antisemiten und Philosemiten geschieden hatte[53]. Offene oder verhüllte Antisemiten aber gab es immer mehr, und im Grunde schieden schon prinzipiell alle rechts von den Nationalliberalen stehenden Parteien oder Gruppen aus dem Neutralitätssystem aus; selbst diese waren nur sehr bedingt in es einzubeziehen. Wenn dann die Anwürfe kamen, der Centralverein ließe den „staatstragenden" Parteien nur wenig Unterstützung angedeihen, so konnte man nicht umhin, in seiner Antwort einzuräumen, daß die meisten deutschen Juden trotz biederer vaterländischer Gesinnung in der Tat zu den Oppositionsparteien halten müßten, da sie unmöglich ein System fördern könnten, bei welchem die Emanzipation vom Jahre 1869 auf dem Papier stehenblieb[54]. Soviel zur parteipolitischen Neutralität.

Rügen seitens des Centralvereins mußten allerdings alle Parteien ohne Ausnahme einstecken, und in dieser Hinsicht hat tatsächlich eine gewisse Neutralität gewaltet. Schon früh mußte man darauf hinweisen, und dann immer wieder hervorheben, daß keine einzige Partei jüdische Interessen genügend würdigte oder gebührlich verfocht[55]. Grundsätzlich aber muß jede Analyse der C. V.-Publizistik des Kaiserreichs zu dem Schluß gelangen, daß man mit Gruppierungen rechts vom Linksliberalismus nur selten und sporadisch paktiert hat. Bei den Linksliberalen war man politisch beheimatet, während man die Kandidaten, die zwischen Fortschritt und Konservativen standen, offerierten sie sich nun zur politischen Unterstützung oder wollte man ihnen aus eigenem Antrieb sekundieren, sorgfältig unter die Lupe nehmen mußte.

Wenige knappe Feststellungen müssen hier genügen. So kann nur angedeutet werden, daß z. B. rechtsbürgerliche jüdische Elemente, die etwa mit den Freikonservativen liebäugelten, vom Centralverein scharf abgekanzelt wurden, und daß er überhaupt den bescheidenen Anschlußversuchen organisierter Grüppchen oder von jüdischen Einzelgängern an die Nationale Rechte immer mit Entschiedenheit entgegentrat. Wurden zuweilen nationalliberale Kandidaten als genehm anerkannt, so handelte es sich in der Regel um Sonderfälle; im allgemeinen war die Haltung ausgesprochen kühl. Das kann bei der vom C. V. ständig registrierten Unterwanderung der Nationalliberalen durch die Antisemiten nicht verwundern. Auch bei gelegentlichem Eintreten für Zentrumskandidaten handelte es sich um Ausnahmefälle. Nur die orthodoxe jüdische Presse setzte sich oft stark für das Zentrum ein. Bei jüdischen Liberalen hingegen war die Zentrumspartei als antiliberal verpönt und kam auch als Konfessionspartei als Verbündeter kaum in Frage. Als „philosemitisch"

---

[53] Siehe oben, S. 479.
[54] Im deutschen Reich, III, Nr. 10 (Oktober 1897), 499.
[55] AaO, I, Nr. 4 (Oktober 1895), 151.

konnten überhaupt nur die Arbeiterbewegung und der Linksliberalismus gewertet werden und angesichts der jüdischen Sozialstruktur führte das automatisch zu der Liierung des Centralvereins mit Freisinn/Fortschritt[56].

Hier war das gegenseitige Verhältnis natürlich von der Schwäche des deutschen Linksliberalismus beeinflußt. Dieser krankte an Spaltpilzen, und nach 1893 sind viele jüdische Wähler oft ganz offenbar nur nach recht persönlichen Sympathien, entweder da sie dieser oder jener Kandidat eben ein wenig „philosemitischer" anmutete oder ihre Interessen in anderer Beziehung gebührlicher zu vertreten schien, zwischen den beiden liberalen Gruppierungen hin und hergependelt. Näher stand man zunächst der Freisinnigen Vereinigung, später war die Bindung an Eugen Richters Freisinnige Volkspartei ausschlaggebend. Ihr gehörten führende C. V.-Persönlichkeiten wie Maximilian Horwitz[57] und Eugen Fuchs[58] an. Man kann hier durchaus von einem Berlin-gebundenen Sonderverhältnis des Centralvereins sprechen. Regional mögen die Verhältnisse unterschiedlich gelegen haben, wie überhaupt von einer wirklich effektiven Reglementierung der Mitglieder niemals die Rede sein konnte. Aber Berlin prädominierte schließlich nicht nur zahlenmäßig in der Vereinspolitik.

Trotz vieler intimer persönlicher Beziehungen, geschäftlicher Kontakte und einer verwandten Mentalität, war das Verhältnis zwischen C. V. und Fortschritt selten ein ungetrübtes. Von jüdischer Seite wurde den Liberalen immer wieder vorgehalten, sie vernachlässigten die jüdischen Belange, während sie andererseits von rechts fortgesetzt als eine quasi offiziell eingesetzte „Judenschutztruppe" diffamiert wurden. Dies war ein Zustand, der strategische Vorsichtsmaßregeln geradezu herausgefordert haben muß, und es kann kein Zufall sein, daß von 1893 bis 1912 nicht ein einziger ungetaufter Jude als linksliberaler Abgeordneter im Reichstag saß[59]. (Die Juden haben es den getauften Abgeordneten jüdischen Ursprungs auch sehr krumm genommen, aber die Fortschrittliche Volkspartei z. B. hat sich eine Einmischung des C. V. in dieser Hinsicht recht energisch verbeten[60].) Anscheinend war man nur

---

[56] Zum Nachfolgenden vor allem *Toury,* Der C. V. und die freisinnige „Judenschutztruppe", in: Die politischen Orientierungen, 202–212 und *Hamburger,* op. cit., 154 ff.

[57] Maximilian Horwitz (1856–1917). Erster Vorsitzender des Centralvereins und Präsident des Verbandes der Deutschen Juden.

[58] Eugen Fuchs (1856–1923), Vorsitzender des Centralvereins 1917–1919 nach dem Tode von Horwitz.

[59] Zum Ausschluß jüdischer Kandidaten vgl. Im deutschen Reich, IV, Nr. 9 (September 1898), 424. „Es giebt aber keinen Wahlkreis, von dem sich nachweisen liesse, daß der jüdische Kandidat, weil er Jude ist, weniger Stimmen bekommen hätte, als vorher und nachher christliche Kandidaten. Damit dürfte erwiesen sein, daß jene wenig ehrenvollen Konzessionen auch praktisch nutzlos waren. In dieser Beziehung können die Liberalen von den Sozialdemokraten lernen."

[60] Siehe unten, S. 516.

bereit Männer aus der Leitung des Centralvereins als Kandidaten auf verlorenem Posten aufzustellen, was sich nun diese wiederum nicht gefallen lassen wollten. Es gab auch unliebsame Zwischenfälle, in denen jüdische Mitglieder der einen liberalen Splitterpartei die andere des Antisemitismus bezichtigten. In den Wahlen der Jahre 1903 und 1907 hat der Freisinn in der Tat regionale Wahlabkommen nicht nur mit Nationalliberalen, sondern auch mit Antisemiten geschlossen, was beim Centralverein erhebliche Erregung hervorrief. Der Anschluß der Linksliberalen an den Bülow-Block mißfiel vielen Juden und hat sicherlich auch sein Teil zu einer gewissen Wendung zur SPD innerhalb des Centralvereins beigesteuert.

Unbeschadet dieser Abstriche bleibt es unleugbar, daß sich die Linksliberalen in zahlreichen Fällen ihren Grundsätzen getreu als gewissenhafte Wortführer der jüdischen Gleichberechtigung erwiesen. Trotz mancher Unzufriedenheit und Ernüchterung ist eine ausgesprochene Abkehr von ihnen weder für die Juden als Gruppe noch für den Centralverein zu belegen. Der 1912 wiedervereinigte Fortschritt hat die Parteitreue dann erleichtert. Als effektiver Interessenvertreter des Judentums mag der Linksliberalismus so manche Unzulänglichkeit aufgewiesen haben. Trotzdem hat der C. V. immer, obwohl man selbstkritisch und etwas widersprüchlich feststellte, daß die Verquickung von Judentum und Fortschritt beiden nicht genutzt habe, das Interesse der Juden mit dem Interesse einer liberalen Politik verbunden [61]. Er hat gegen alle jüdischen Einwände, es müsse nunmehr nach besseren Anwälten Umschau gehalten werden, vorsichtig abwägend und realistisch einschätzend festgestellt, daß sich bei der politischen Konstellation in Deutschland eine Alternative einfach nicht bot.

Denn es verblieb in der Tat nur die Sozialdemokratie [62], die den meisten Juden klassenmäßig nicht entsprach und ihnen zunächst einmal als antipatriotisch und umstürzlerisch verdächtig war. Dem mußte der Centralverein, vor allem in seiner ersten Dekade, zwangsläufig Rechnung tragen; daß die ihm teilweise vorstehenden bürgerlichen Würdenträger in kein intimeres Verhältnis zu Sozialisten zu treten wünschten, bedarf keiner weiteren Ausführungen. Das besagt keineswegs, daß man sich bei aller Vorsicht nicht unbedingt fair zu verhalten suchte. Sozialistischer Jude und Centralvereinler zu sein, wurde stets als miteinander vereinbar propagiert, und, zunächst vereinzelte, später eine größere Anzahl von Sozialdemokraten gehörten dem

---

[61] So schon 1895, Im deutschen Reich, I, Nr. 4 (Oktober 1895), 151.
[62] Zu Centralverein und Sozialdemokratie hauptsächlich *Toury*, Die sozialdemokratische Alternative, in: Die politischen Orientierungen, 212–229; *Hamburger*, op. cit., 148–156. Allgemein zur Frage bürgerliches Judentum und deutsche Arbeiterbewegung auch einiges zur Wilhelminischen Ära in *Knütter*, op. cit., 127 ff. und *Donald L. Niewyk*, Socialist, Anti-Semite, and Jew. German Social Democracy Confronts the Problem of Anti-Semitism, 1918–1933, Baton Rouge 1971, 21 ff.

C. V. während der ganzen Kaiserzeit an. Alle Anzeichen sprechen allerdings dafür, daß diese „sozialistische Komponente" höchstens in den Jahren vor Kriegsausbruch irgendwie ins Gewicht fiel, als es auch schon einen jüdischen sozialdemokratischen Reichstagsabgeordneten, den 1912 im Wahlkreis Grünberg-Freystadt gewählten Georg Davidsohn, gab, der bereit war sich mit dem Centralverein zu identifizieren. (Erst in der Weimarer Republik erfolgte dann eine wirkliche Verstärkung des „linken" Flügels.) Regional wird dieser langsame Zuzug jüdischer Sozialisten recht unterschiedlich gewesen sein, und er ist wohl weitgehend auf großstädtische Ortsgruppen beschränkt geblieben. (Auch diese graduelle Veränderung in der Struktur des C. V. ist bisher nicht genauer untersucht worden.) Anfänglich steht eine negativere Einstellung des Centralvereins zur Sozialdemokratie jedenfalls durchaus im Einklang mit der Zusammensetzung seiner Mitgliedschaft.

Versuche, auch der Sozialdemokratie antisemitische Entgleisungen anzulasten – und Judenfeinde ließen sich schließlich sogar in ihren Reihen aufspüren – sind in der frühen Vereinspublizistik somit auch zahlreicher [63], stehen aber in keinem Verhältnis zu der Häufigkeit antisozialistischer Äußerungen anderer jüdischer Organe. Dazu gesellten sich berechtigtere Schlüsse, daß aus dem religiösen Indifferentismus der Sozialisten der jüdischen Gemeinschaft wenig Gutes erwachsen könne. Andererseits ließen sich schon aus der Zeit vor 1900 viele Komplimente katalogisieren, wie wenn man etwa anderen Parteien vorhalten mußte, jüdische Beschwerden zu vernachlässigen und

„aus Scheu vor dem Vorwurfe ‚Judenschützer' zu sein, dies den Sozialdemokraten zu überlassen, die von Zeit zu Zeit für diejenigen das Wort ergreifen, welche sie in gewissem Sinne als ‚Leidensgefährten' betrachten." [64]

Es ist auch durchaus symptomatisch, daß sich diese Beweise von Hochachtung um 1903 so verstärkten, daß vom ideologischen Brückenbau zur SPD gesprochen worden ist [65]. Schon damals konnte ein verantwortlicher Sprecher in einer öffentlichen Versammlung des Centralvereins *unter Zustimmung und Beifall* erklären, es wäre nicht zu rütteln

„... an der unerschütterlichen Tatsache, daß jeder sozialdemokratische Kandidat gegenüber einem irgendwie antisemitisch angehauchten Kandidaten immer eine sichere Bürgschaft dafür ist, daß unsere staatsbürgerlichen Rechte durch ihn im

---

[63] So verwendete man z. B. gerne eine ärgerliche antijüdische Fehlleistung des „Vorwärts" (1. Januar 1897) zur Widerlegung der antisemitischen „Legende" von der Verbrüderung zwischen Judentum und Sozialdemokratie, ließ sich dabei darüber aus, daß diese Tonart „jedes agrarisch-antisemitischen Blattes würdig gewesen wäre", und stellte fest, daß sie keineswegs „nur von einem einzelnen sozialdemokratischen Organ angestimmt worden ist ..." (Im deutschen Reich, III, Nr. 1 [Januar 1897], 38).

[64] Im deutschen Reich, V, Nr. 4 (April 1899), 212.

[65] *Toury*, Die politischen Orientierungen, 224.

Reichstage nicht erschüttert werden, daß im Gegenteil er ein Bollwerk gegen alle Angriffe auf unsere Gleichberechtigung ist." [66]

Allerdings war auch dieser etwas zögernd erteilte Lobspruch noch umrandet von Verweisen, daß einem selbst von sozialdemokratischer Seite ein verwerfliches Paktieren mit Antisemiten aus taktischen Überlegungen nicht erspart bliebe und Liebe und Wärme der jüdischen Abwehr auch von dort nicht gerade entgegenschlügen [67] – was gewiß der Wahrheit entsprach.

Mit Vorsicht läßt sich ein langsamer Wandel in der Einstellung des Centralvereins ungefähr seit kurz vor den Reichstagswahlen von 1903 datieren. Die Sozialdemokratie wurde respektabel und revisionistisch (und auch der jüdischen Abwehr gegenüber ein wenig toleranter). Der C. V. blieb nicht unbeeinflußt von einem graduellen Umschwung unter den jüdischen Wählern, und in ihm selbst wurden Stimmen lauter, die sich für eine stärkere Unterstützung der SPD einsetzten. Kriteleien wurden zurückgeschraubt, obwohl sie nie gänzlich verschwanden, und Würdigungen der freiheitlichen Zuverlässigkeit der Sozialdemokratie begannen sich zu mehren. Die sozialdemokratische Wahlalternative wurde zusehends stärker angepriesen, und verirrte Glaubensgenossen, die etwa aus Klassengründen einen antisemitischen Kandidaten dem Sozialisten vorzogen, wurden ganz gehörig zurechtgewiesen. Wo der Centralverein regional stark verankert war, hat das seine Wirkung bestimmt nicht verfehlt.

Ein wirklicher Umbruchspunkt war 1911 erreicht, als man bereits davon sprach, daß gewisse Vorwürfe in Fragen jüdischer Gleichberechtigung „nicht nur die Staatsleitungen, sondern auch die meisten politischen Parteien, mit Ausnahme der sozialdemokratischen Partei" [68] träfen. Die Feststellung, daß schon vor den Reichstagswahlen 1912 in den Augen der C. V.-Leitung Fortschritt und Sozialdemokratie gleichberechtigte „Judenschutztruppen" geworden seien [69], ist vielleicht ein wenig verfrüht. Der Centralverein, der Religionsgemeinschaft zumeist einen Schritt voraus, mag hier den nicht zuletzt von der Friedenspolitik der SPD beeindruckten jüdischen Wählern in der Frontstellung gegen rechts ein bißchen nachgehinkt sein.

Die Möglichkeit einer näheren Bindung an die SPD hat den C. V. zumindest theoretisch beschäftigen müssen, denn die Sozialdemokratie im Wilhelminischen Deutschland war unzweifelhaft *das* entscheidende Hindernis einer noch stärkeren Ausbreitung der Judenfeindschaft geworden. Nicht nur im historischen Rückblick hat eine führende Sprecherin des Centralvereins bekundet, daß die Grundsatztreue und das Erziehungswerk der Sozialisten das deutsche Proletariat „vor der antisemitischen Entartung bewahrt" hätten [70];

---

[66] Im deutschen Reich, IX, Nr. 11 (November 1903), 632.
[67] AaO.
[68] AaO, XVII, Nr. 2 (März 1911), 130.
[69] *Toury*, Die politischen Orientierungen, 227–228.
[70] *Reichmann*, Flucht in den Haß, 118.

schon der erste Chronist des Verbandes konnte nicht umhin, 1918 zu konze-
dieren, wieviel die Juden „der entschiedenen Ablehnung des Antisemitismus
durch die Arbeiterkreise" im Kaiserreich schon in den achtziger Jahren zu
verdanken hatten [71].

Aus diesen Fakten – und es ist hier sicherlich auch zu berücksichtigen, daß
das Proletariat, obgleich ihm der Kapitalist sehr häufig in der Person eines
Juden begegnete, als eine wirtschaftlich aufsteigende, in dieser Phase weniger
frustrierte Klasse, sich dem Antisemitismus gegenüber weniger anfällig erweisen mußte als andere soziale Gruppen – haben sich jedoch keine organisatorischen Konsequenzen oder eine Art Sonderverhältnis analog dem zum
Fortschritt ergeben können, und das war nicht allein auf unüberwindliche
Klassenschranken zurückzuführen. Wenn sich keine engeren Beziehungen zur
Sozialdemokratie (vor der Endphase der Weimarer Republik!) entwickelt
haben, so lag das auch daran, daß beiderseitig eine Abneigung dagegen bestand. Die SPD hat den Centralverein zumeist geflissentlich ignoriert, gelegentlich auch angegriffen [72], sonst regelmäßig über seine bürgerlichen Irr-
wege die Nase gerümpft [73]. Für die bürgerliche Abwehr auf der anderen
Seite muß ein Dilemma bestanden haben, aber man hatte auch ein untrüg-
liches Gefühl dafür, wie schädlich ein offizielles Aneinanderrücken, eine
massive jüdische Beteiligung an der Parteiarbeit oder gar einseitige Wahlbündnisse werden konnten. Sie waren dazu angetan, sagte man schon früh

> „sowohl den Juden als der sozialdemokratischen Partei nur Nachteile zu bereiten.
> Unsere Gegner würden nicht aufhören, diese als Judenpartei in Verruf zu bringen,
> und wir würden für alle wirklichen oder vermeintlichen Fehler dieser Partei haften
> müssen." [74]

Eine feste Bindung an die SPD war für eine bürgerliche jüdische Organisation immer ausgeschlossen und kein nachträglicher Wunschtraum für eine
positivere Haltung darf darüber hinwegtäuschen, wie völlig und wie fatal
man sich dabei gegenseitig kompromittiert hätte.

Unzweifelhaft aber war es die Erfahrung der jüdischen Abwehr in zwei
Jahrzehnten, daß selbst „philosemitische" Parteien nicht bereit waren, sich
jüdischer Belange in dem Maße anzunehmen, wie die Juden es verlangten
oder sich wünschten. Im Grunde war das Judenproblem für sie alle Neben-
sache, aber aus religiösen sowie aus soziologischen Gründen war man am
besten beim Linksliberalismus aufgehoben. Das Bürgertum hatte *zumeist*
nationale, die Arbeiterschaft soziale Sorgen, und in der spezifisch deutschen

---

[71] *Rieger,* op. cit., 8.

[72] So konstatierte man intern auch einmal mit Befriedigung, daß es gelungen sei,
Lästerungen des Centralvereins im „Vorwärts" vorzubeugen (CAHJP, INV/124/1 a/
69 – 87. Vorstandssitzung, 11. Mai 1898).

[73] Zu SPD und C. V. vor 1914 siehe auch weiter unten S. 538 und *Paucker,* Der
jüdische Abwehrkampf, 95–96.

[74] Im deutschen Reich, II, Nr. 4 (April 1896), 196.

Situation war man zum ausweglosen Anschluß an politische *Neben*faktoren verurteilt. In England konnte es konservative, liberale *und Labour*-Juden geben. In Deutschland geriet der bürgerliche Centralverein in eine politische Sackgasse.

So ist im jüdischen Bereich auch immer wieder die Forderung nach einer eigenen politischen Vertretung laut geworden, in notwendigerweise enger Verbindung mit dem realisierbareren Verlangen nach der Bildung einer jüdischen Gesamtorganisation. Vorschläge für ein jüdisches „Zentrum", das sich auf der Grundlage jüdischer Gruppeninteressen orientieren und das Ziel, eigene Abgeordnete in die deutschen Parlamente und den Reichstag zu entsenden, verfolgen sollte, waren schon im Gründungsjahre des C. V. von außen an diesen herangebracht worden. Hierbei war an einen ähnlichen Zusammenschluß wie den im katholischen Zentrum gedacht, und seine Verfechter versprachen sich von einer derartigen „pressure group" auch eine stärkere Position in Verhandlungen mit politischen Parteien. Der C. V. hatte dies lange Jahre abgelehnt mit der Begründung, daß man „Träumen von einem jüdischen Centrum" [75] nicht nachhängen könne, es auch nicht nötig sei, „eine jüdische Centrums-Partei zu schaffen" [76]. Auch die Zionisten, die später zu ihren stärksten Befürwortern zählten, hatten eine solche zunächst abgelehnt.

Daß die Frage schließlich in innerjüdischen (auch geheimen) Erörterungen ab 1903 wieder akut wurde, und sich auch der Centralverein mit ihr theoretisch zu befassen begann, hing zusammen mit der immer fühlbarer werdenden Enttäuschung vom Linksliberalismus. Auch die Wahlniederlagen der beiden liberalen Splitterparteien in diesem Jahre gaben derartigen Erwägungen einen beträchtlichen Auftrieb. Eine jüdische Dachorganisation ist dann auch 1904 im Verband der Deutschen Juden entstanden, Versuche, ihn zu „politisieren" oder eine umfassende jüdische politische Partei zu gründen, wurden hingegen 1907 endgültig eingestellt.

In der jüdischen Historiographie ist diese ganze Episode nicht zuletzt vom Blickpunkt einer viel späteren organisatorischen Entwicklung recht ausgiebig behandelt [77] und auch ein wenig über ihre Bedeutung hinaus aufgebauscht

---

[75] AaO, IV, Nr. 9 (September 1898), 425.

[76] AaO, VI, Nr. 4 (April 1900), 181.

[77] Zur Frage eines „Jüdischen Zentrums" und zum Verband der Deutschen Juden hauptsächlich *Toury*, Ein jüdisches Zentrum, in: Die politischen Orientierungen, 276 bis 294; ders. Organizational Problems of German Jewry. Steps towards the Establishment of a Central Organization (1893–1920), in: Year Book XIII of the Leo Baeck Institute, London 1968, 57–90; *Marjorie Lamberti*, The Attempt to Form a Jewish Bloc: Jewish Notables and Politics in Wilhelmian Germany, in: Central European History, III, Nr. 1/2 (März 1970), 73–93; *Schorsch*, op. cit., 134–135, 149–177; *Walter Breslauer*, Der Verband der Deutschen Juden (1904–1922), in: Bulletin des Leo Baeck Instituts, VII, Nr. 28 (1964), 345–379; *Hamburger*, op. cit., 167–169.

worden. Ein jüdisches Zentrum war aus den mannigfachsten Gründen zum
Scheitern verurteilt, und die Gesichtspunkte der damaligen Opponenten wie
die Deutungsversuche der nachträglichen Betrachter ergänzen sich auf zweck-
dienliche Weise. Allgemein herrschte in der jüdischen Gemeinschaft Angst vor
jedem „Konfessionalismus" in der Politik. Bei jedem Gedanken an eine demokratische jüdische Massenbewegung fühlten sich jüdische Notabeln unbehaglich. Der C. V. und andere Gruppen mißtrauten den Zionisten; die Orthodoxie war allen Vereinigungsbestrebungen abgeneigt. Es war somit unmöglich, jüdische Interessen in der deutschen Politik auf einen Nenner zu
bringen. Auf zwei „hypothetische" Abgeordnete hätte sich die Judenheit niemals geeinigt. Mehr hätten gar nicht aufgestellt werden können, einen Wahlkreis hätte eine jüdische Liste nie erobert, ein effektiver parlamentarischer
Einfluß wäre ausgeblieben. Wahrscheinlich hätte eine eigene jüdische Partei
die jüdische Isolierung nur noch verstärkt und den Antisemiten geholfen.

In Deutschland konnten weniger als 1 %/o der Bevölkerung kein wirksames
„Jüdisches Zentrum" bilden. In ihrer überwältigenden Mehrheit wären die
deutschen Juden überhaupt nicht bereit gewesen, sich als nationale Minderheit
zu konstituieren. Schon aus diesem Grunde allein hätten sie einer jüdischen
Partei, die diesen Anschein erwecken mußte, ihre Unterstützung versagt. Sehn-
süchte nach einer „Jüdischen Volkspartei" entsprangen vorwiegend osteuropäischen Vorstellungen und basierten auf der dortigen Nationalitätenfrage,
die in deutsche Verhältnisse künstlich hineininterpretiert worden wäre.

Es ist gewiß richtig, daß der Centralverein seine Sonderbindung an den
Fortschritt nicht aufzugeben bereit war, obwohl ihm nur wenige Illusionen
über deren Vorzüge verblieben. (Die Zionisten nannten es eine einseitige Bindung; sie hatte ihnen stets mißfallen, und von ihnen stammte auch die fragwürdige Parole „Los vom Liberalismus.") Zudem war Integrierung in die
deutschen Parteien symbolisch für die Zugehörigkeit zu Reich und Volk.
Selbst der „Fiktion" von der freien Ausrichtung im deutschen Parteiensystem
konnte man nicht entrinnen. Man kann kaum der Frage ausweichen, wie
realistisch die Befürworter einer „Jüdischen Partei" die Chancen ihres Ent-
stehens überhaupt beurteilt haben und wie ernst es ihnen wirklich damit war.
Und man ist fast versucht, hier von jüdischen Denkübungen zu sprechen.

Realistisch war hingegen das von Eugen Fuchs propagierte Minimalprogramm für einen nicht „politisierten" Verband der Deutschen Juden. Als konfessionelle Gesamtrepräsentation gegenüber dem Staat zur Wahrnehmung
jüdischer Interessen, für eine Beeinflussung der Gesetzgebung, für eine religiöse
Apologetik des Judentums, war der umfassendere „Verband" geeigneter als
der ohnehin überforderte Centralverein, mit dem er eng zusammenarbeitete.
Das Wirken des Verbandes, dem auch kein Dauerdasein beschieden war und
die seiner Aktivität und zudem seinem repräsentativen Charakter gesteckten
Grenzen sind bereits hinlänglich beschrieben worden. Es ist bezeichnend, daß

es den deutschen Juden erst 1933, als sie außerhalb des Gesetzes und des deutschen Volkes gestellt wurden, gelang, eine wirklich repräsentative Gesamtvertretung zu schaffen.

IV

Die Zurücksetzung der Juden in Staatsdienst und Verwaltungswesen des kaiserlichen Deutschland, ein Zustand, der sich innerhalb der Wilhelminischen Ära eher verschlimmerte als verbesserte, ist hinreichend bekannt und von berufener Seite dargestellt worden [78]. Hier bestand ein eklatanter Widerspruch zwischen den verbrieften Rechten der Verfassung und einer Verwaltungspraxis, die die Juden eindeutig zu Bürgern zweiter Klasse herabwürdigte. Auch hier hat der Centralverein, später oft gemeinsam mit dem Verband der Deutschen Juden, das „gute Recht" der Juden gesucht und selten gefunden. Dabei ist nicht abzustreiten, daß in emsiger Kleinarbeit bescheidene Erfolge zu verzeichnen waren; aber ein wirklicher Durchbruch gegen eingenistete Privilegien und Vorurteile war nicht zu erzielen, und einer Beseitigung der meisten Benachteiligungen wurde erst durch den Zusammenbruch des Kaiserreichs der Weg geebnet. Bis dahin blieb dem ungetauften Juden die Laufbahn in der höheren Staatsverwaltung oder im Hochschulwesen und im höheren Schuldienst weitgehend verschlossen – um nur Beispiele aus den gehobeneren Schichten anzuführen. Aber die gleichen Zurücksetzungen gab es etwa im Schöffendienst oder unter den Volksschullehrern. Und den jüdischen Organisationen verblieb zumeist kein anderer Weg, als gegen die Mißstände einer groben Verfassungsuntreue energisch zu protestieren. Auch in Schul- und Kommunalfragen und bezüglich der allerdings auch im jüdischen Bereich äußerst kontroversen staatlichen Anerkennung der jüdischen Konfession als Staatsreligion ist man bei den kaiserlichen Behörden auf ausgesprochene Antipathie gestoßen [79].

Der Centralverein hat stets über eine fortschreitende Entrechtung auf dem Verwaltungswege und eine geradezu planmäßige Sabotage der Landesgesetze und einen behördlichen Antisemitismus geklagt [80] (die Treitschke-Jünger waren in verantwortliche Positionen aufgerückt), und alle durch die Erschließung der einschlägigen deutschen Akten nach dem Zweiten Weltkrieg ermöglichten Einzelstudien haben diese Tendenz überzeugend unterbaut. Auf diese Arbei-

---

[78] Auch in diesem Zusammenhang muß die maßgebende Darstellung von *Ernest Hamburger,* op. cit., 31–100, genannt werden.

[79] Die Opposition der Orthodoxie ist in der neueren Forschung gut dokumentiert (insb. von *Marjorie Lamberti,* siehe Anm. 81, unten). Dem Centralverein und den Liberalen überhaupt war die ersehnte staatliche Anerkennung das sichtbare Symbol der völligen religiösen Gleichstellung. Der Staat hingegen war indifferent gegenüber Bemühungen, die den Zerfall der jüdischen Gemeinschaft aufzuhalten drohten.

[80] *Rieger,* op. cit., 34–36.

ten sei hier für weitere Details verwiesen [81], während wir uns auf einen symptomatischen Vorgang im militärischen Bereich beschränken wollen.

Ein Wort daher zur weit diskutierten Frage der Zurücksetzung der Juden im Heere, die ihren Niederschlag vor allem in der formellen Behinderung ungetaufter Juden fand, den Status eines Reserveoffiziers in der preußischen Armee zu erlangen. Seit 1885 war das in Preußen und den anderen Einzelstaaten, ausgenommen Bayern, keinem einzigen mehr gelungen. Weniges mutet den Menschen von 1975 so lächerlich an als dieser zehnjährige Waffengang um militärische Titel und Rechte, den der Centralverein neben dem Verband der Deutschen Juden ausfocht, und nichts ist vielleicht besser geeignet, die damalige Mentalität der deutschen Juden zu charakterisieren. Das ganze Spektakel war natürlich eine der vielen Konsequenzen des deutschen Militarismus. Für das gehobene deutsche Bürgertum bedeutete der Besitz eines Reserveoffizierspatents seit der Reichsgründung die äußere Anerkennung, sich einer gesellschaftlichen Elite zurechnen zu dürfen, und es war ein besonders unentbehrliches Standessymbol für jeden, der eine Karriere im Staatsdienst anstrebte. Daher nagte kaum etwas mehr an der „Ehre" als eine Diskriminierung gerade in diesem Bereich. Es war also durchaus legitim, gegen eine derartig krasse Form der Diskriminierung anzurennen. Denn nicht nur, daß die verfassungsgemäßen Anrechte der Juden auf gleichwertige Behandlung mit allen anderen deutschen Staatsbürgern auf dem Verwaltungswege umgangen wurden, wirkte sich eine solche Zurücksetzung auch oft negativ auf die bürgerliche Karriere des einzelnen aus. So hat sich denn auch der Centralverein hier mit vielen vergeblichen Protesten und Eingaben abgemüht und zudem hinter den Kulissen dafür Sorge getragen, daß – von 1908 bis 1914 alljährlich – dieser strittige Punkt vor dem Reichstag abgehandelt wurde, was die verschiedenen Kriegsminister zu – oft recht ungeschickten – Erklärungen zwang. Die Studie von Werner Angress [82] weist überzeugend nach, daß es sich in der Frage des jüdischen Reserveoffiziers weitgehend um antisemitisch bedingte Vorurteile seitens der staatlichen Behörden, des Militärs und des nichtjüdischen Bürgertums handelte. Heute ist man leicht geneigt, dabei auch von nicht untypischen Gruppenspannungen in der Wilhelminischen Ge-

---

[81] Außer den bereits angeführten Arbeiten *Marjorie Lamberti*, The Prussian Government and the Jews. Official Behaviour and Policy-Making in the Wilhelminian Era, in: Year Book XVII of the Leo Baeck Institute, London 1972, 5–17. Sie hat von den deutschen Quellen her das antisemitische Verhalten in der preußischen Administration herausgearbeitet. – Dazu auch *Paul R. Duggan*, aaO, 51 ff., der wie heute nicht unüblich eine Untersuchung kollidierender Gruppeninteressen empfiehlt.

[82] *Werner T. Angress*, Prussia's Army and the Jewish Reserve Officer Controversy before World War I, in: Year Book XVII of the Leo Baeck Institute, London 1972, 19–42. Eine instruktive Analyse von antisemitischer Verfassungssabotage! Dazu auch *Hans Liebeschütz*, German Politics and Jewish Existence, in: Year Book XX of the Leo Baeck Institute, London 1975.

sellschaft zu reden[83], aber in diesem Falle bekämpfte man lediglich die rechtlichen Ansprüche einer religiösen Minderheit, wobei die staatlichen Elite-
gruppen den in ihren Augen gesellschaftlich nicht ebenbürtigen (und nicht
satisfaktionsfähigen) Juden, die sie als ehrgeizige Emporkömmlinge betrachteten, in der Frage des Reserveoffizierkorps keine Gleichstellung gewähren
wollten. Es blieb also entscheidend, daß sich der Offiziersstand hier *einer*
Schicht, der *jüdisch*-bürgerlichen, widersetzte (nachdem man den deutschen
Bürger schon lange mit dem „Reserveoffizier" und ähnlichem abgespeist
hatte). Die jüdischen Beschwerden sind auch aus Prinzip von Fortschritt und
Sozialdemokratie tatkräftig unterstützt worden. Praktisch änderte sich nichts
an der militärisch-gesellschaftlichen Benachteiligung bis zum Jahre 1914, als
die Anforderungen der Kriegsmaschine eine vorübergehende Entspannung,
wenn auch gewiß keine Lösung brachten.

V

Auch die Rechtsschutzarbeit, eine ganz zentrale Tätigkeit des Central-
vereins, kann in dieser Ausführung nur gestreift werden. Der Aufwand der
Organisation gerade auf diesem Gebiet war sehr beträchtlich. Die Ursachen
für die schnelle Entwicklung einer wahren „Rechtsfreudigkeit" sind offenbar.
Sie war zunächst einmal der Ausdruck einer neuen Mentalität. Man war nicht
Schutzjude, sondern Staatsbürger! Man wollte nicht mehr um die Gunst der
Mächtigen buhlen, durch Spitzenfiguren beim Staat intervenieren lassen, man
suchte sein gutes Recht und rief im Rechtsstaate bei Diffamierung und gesetz-
widrigen Beschränkungen die Gerichte an. Fernerhin lag eine derartige Beschäftigung einer „Juristen-Organisation", d. h. einer Organisation, in der Juristen eine so erhebliche Rolle spielten, ganz besonders. Über ein talentiertes
Reservoir an jüdischen Anwälten konnte man sofort verfügen. Sie haben sich
der Sache jederzeit mit Eifer und Geschick angenommen. Eine Rechtsschutzkommission wurde schon im Gründungsjahr ins Leben gerufen, eine Rechts-
schutzstelle entstand 1896. In fast vierzig Jahren entwickelte sie sich zu einem
umfassenden Apparat.

Die Anstrengung von Prozessen gegen Antisemiten hat dem C. V. schnell
den Ruf eines „Denunziantenvereins" eingetragen und zwar keineswegs nur
von judenfeindlicher Seite. Und früh (1894) ist diesem Vorwurf durch Eugen
Fuchs, dem Vorsitzenden der Rechtsschutzkommission eine gebührende Antwort zuteil geworden, die bleibende Gültigkeit besitzt, und deren Argumentation schließlich auch nach manchem Zaudern von der jüdischen Gemeinschaft
allgemein akzeptiert wurde.

„Wenn die Antisemiten als ihr Recht prätendieren, unsere Ehre, unsere Religion,

---

[83] So etwas abweichend von Angress in der Beurteilung *Lamar Cecil*, in: Year
Book XVII of the Leo Baeck Institute, London 1972, 55–59.

unser Empfinden zu bekämpfen, sollen wir dann, nur um nicht als Denunzianten zu gelten, die Pflicht haben, uns das gefallen zu lassen? Nicht denjenigen hat man in Rom Kalumniator genannt, der sich seiner Haut gewehrt und der für die ihm zugefügten Kränkungen im Wege Rechtens Sühne verlangt hat, sondern denjenigen, der unberufen und grundlos Fremder Meinungen, Reden und Handeln vor die Gerichte gezogen hat. Wann haben wir uns um der Antisemiten Tun und Treiben gekümmert, soweit es die Juden ungestört läßt? Nur wenn sie uns als Juden verleumden, verletzen, beschimpfen, werden wir die Straftat mit dem Strafantrag und der Strafanzeige zur Sühne bringen, wie dies unser gutes staatsbürgerliches Recht und im Interesse der Selbsterhaltung unsere Pflicht ist." [84]

In der Erklärung ist ein Element von juristischer Tüftelei oder forcierter Ironisierung unverkennbar. Schließlich gab es kaum eine Betätigung der Antisemiten, die die Juden ungeschoren ließ und die nicht rechtlich auf irgendeine Weise belangbar war. Man mußte sich eher eines vorsichtigen Auswahlprinzips bedienen. Staatsanwälte und Strafrichter konnten nicht ständig bemüht werden.

Erfolge und Mißerfolge dieser Bemühungen sind verschiedentlich behandelt worden, und für die Einzelheiten kann hier auf die betreffenden Abschnitte der einschlägigen Untersuchungen oder Spezialartikel verwiesen werden [85]. Es ist augenfällig, wie ähnlich sich dem Beobachter die Lage in der Wilhelminischen und in der Weimarer Zeit darstellen muß. Fürsorglich blieb das Kaiserlich Deutsche Strafgesetzbuch in der Weimarer Republik während der gesamten Dauer ihres Bestehens in Kraft, und ein reaktionärer, nicht selten antisemitischer Richterstand wirtschaftete fröhlich weiter. Vierzig Jahre hindurch blieben die einschlägigen Gesetzesparagraphen entweder ein toter Buchstabe – ein Vergleich von Verfahren wegen Religionsbeleidigung ergibt für die Wilhelminische Periode, daß bei der Beschimpfung einer der beiden christlichen Konfessionen die Strafverfolgung weit rigoroser war [86] – oder sie boten eine unzureichende Handhabe. Den Tatbestand der Kollektivbeleidigung hat der Centralverein vergeblich zu schaffen sich bemüht. Er stieß dabei weder vor 1914 noch nach 1918 auf viel Verständnis. Selbst in Einzelfällen waren oft mühevolle Anstrengungen nötig, um den Staatsanwalt zum Eingreifen zu bewegen. Dergleichen war in Fällen der ärgsten Diffamierung und zügellosester Aufhetzung zur Gewalttätigkeit das Strafmaß gänzlich ungenügend. Gab es auch Ausnahmen, so kann doch ein Katalog von geradezu lächerlich

---

[84] *Rieger*, op. cit., 28.

[85] Am ausführlichsten ist die Rechtsschutzproblematik für Kaiserreich und Republik behandelt worden in *Schorsch*, op. cit., 123–132 (für 1893–1914) und *Paucker*, Der jüdische Abwehrkampf, 74–84 (für 1918–1933). Die Resultate für die beiden Zeitabschnitte sind sich ähnlich. Siehe ferner *Rieger*, op. cit., 26–34; *Ragins*, op. cit., 101–105 und zumeist für die spätere Periode, aber im Zusammenhang bedeutungsvoll *Ambrose Doskow* und *Sidney B. Jacoby*, Anti-Semitism and the Law in Pre-Nazi Germany, Contemporary Jewish Record, 1940, 498–509.

[86] *Schorsch*, op. cit., 124.

geringen Freiheits- und Geldstrafen für die zwei Wilhelminischen Jahrzehnte hergestellt werden – auch das ist nach 1918 dasselbe geblieben.

Andererseits ist es dem Centralverein unzweifelhaft gelungen, die antisemitische Agitation in einer Reihe von Fällen zu zügeln, so im Gefolge der Ritualmordbeschuldigung von Konitz (1900), als das Gericht 1901 anläßlich einer maßlosen Lästerung eine angemessene Strafe über einen Verleger verhängte [87]. „Blutlügen", wie man sie schlagwortartig bezeichnete, „Meineidsaberglaube" und Schächtfragen waren Angriffe, die man in Gemeinschaft mit orthodoxen Rabbinern verfolgte [88]; dazu kam die Verteidigung des Talmud, ein Betätigungsbereich, auf den mancher liberale jüdische C. V.-Anwalt lieber verzichtet hätte, in dem aber aus prinzipiellen Erwägungen ein Kompromiß unmöglich war.

Die jüdische Gemeinschaft hat die Tätigkeit der Juristen des Centralvereins anfangs ängstlich verfolgt. Das Erreichte wurde gepriesen, bei Rückschlägen wurde noch lange gemurrt. Die Rechtsschutzarbeit bedarf jedenfalls keiner nachträglichen Rechtfertigung. Und einer ihrer wichtigsten Aspekte war, daß sie die Angegriffenen in ihrem Glauben an den *Rechtsstaat* bestärkte. Hier waltete der noch unbeirrte Optimismus vor, daß dieser, trotz mancher beunruhigender Anzeichen und obwohl sich die Grenzen, die der Mobilisierung von Rechtsmitteln gesetzt waren, deutlich abzuzeichnen begannen, ein Fels blieb [89], auf dem man zuversichtlich bauen konnte.

VI

Die Abwehrarbeit des Centralvereins ruhte sozusagen auf den Zwillingspfeilern des Deutschtums und des Judentums, und es ist verständlich, daß übermäßiges Deutschtum und ungenügendes Judentum eine nachgeborene jüdische Historikergeneration bedrückt [90]. Dies hat gelegentlich zu etwas weither geholten Schlüssen über eine angebliche Deutschland-Mythologisierung und Deutschtum-Neurose der deutschen Juden geführt [91]. Derartige Spekulationen können hier nicht berücksichtigt werden und auch für eine nüchterne Analyse des sich wandelnden Spannungsverhältnisses zwischen Deutschtum und Judentum ist in diesen gedrungenen Reflexionen über den C. V. kein Platz.

---

[87] Im deutschen Reich, VIII, Nr. 4 (März 1902), (Rechtsschutzbericht), 203–204.

[88] Siehe dazu auch weiter unten, S. 519.

[89] Vgl. *Ragins*, op. cit., 105.

[90] Dazu *Jehuda Reinharz*, Deutschtum and Judentum in the Ideology of the Centralverein deutscher Staatsbürger jüdischen Glaubens 1893–1914, in: Jewish Social Studies, XXXVI, Nr. 1 (Januar 1974), 19–39.

[91] *Sidney M. Bolkosky*, The Distorted Image: German Jewish Perceptions of Germans and Germany, 1918–1935, Ph. D. Diss., University of Michigan, 1973. Die Dissertation beschäftigt sich hauptsächlich mit dem Centralverein (auch für die Zeitspanne 1893–1914). Nunmehr veröffentlicht: New York–Oxford–Amsterdam 1975.

Eine tragische Konfrontation zwischen diesen beiden Polen wurde von seiner
Gründergeneration jedenfalls nicht empfunden (selbst für die ältere Generation der deutschen Zionisten läßt sich belegen, daß sie deutsche und jüdische
Gesinnung miteinander in Einklang zu bringen suchte). Daß die Kultivierung
eines „Deutschtums" zentral postuliert wurde, beruhte nicht zuletzt auf der
Herausforderung der Antisemiten, die den deutschen Juden jede Zugehörigkeit zum deutschen Volke bestritten. Daraus entstanden einfach propagandisti-
sche Notwendigkeiten. Darüber hinaus jedoch ist ein Übergewicht der Deutsch-
tumspflege bei einer gewissen Vernachlässigung des jüdischen Faktors anfänglich beim Centralverein deutlich spürbar. Dafür gab es schwerwiegende
Gründe. Bei der Masse der deutschen Juden war 1893 die jüdische Substanz
oft noch recht stark, der „Eindeutschungsprozeß" dagegen bei so manchen noch
nicht völlig abgeschlossen. Hierin bestand ein beträchtlicher Unterschied
zwischen der Gründerelite und etwa dem Nachschub, den die Organisation
in den Städten aus ländlichen Gegenden und dem deutschen Osten erfuhr.
So lag lange Jahre ein Hauptakzent auf der Fortsetzung und Vollendung
eines Prozesses, für den die amerikanische Soziologie den Begriff der *acculturation* geprägt hat. Es galt noch jahrhundertelange Defekte zu überwinden,
um, wie man es sich auferlegte, zu perfekten, kultivierten Deutschen zu werden; und man braucht nur das „Feuilleton" der Zeitschrift *Im deutschen Reich*
zu studieren, um sich davon zu überzeugen, wie rührig man hinsichtlich des
kulturellen Bildungsprogramms war. Das Ziel war eine völlige Normalisie-
rung, das Mittel vor allem: Selbstzucht [92]. Heimattreue oder Kulturverbun-
denheit waren eigentlich unanfechtbare Postulate, völlige Angleichung an alle
Manieren und Verhaltensweisen der Umwelt und die Aufgabe jedes nicht-
religiösen Anderssein hingegen waren bereits fragwürdigere Forderungen. Die
Art, in der sie erhoben wurden, mutet heute oft übertrieben, ja geradezu liebe-
dienerisch an. Sie muß jedoch verstanden werden als Reaktion auf ebenso
übertriebene Forderungen eines „Deutschtums", das aus eigener Problematik
heraus ganz andere Ansprüche der Anpassung und Integration stellte als die
übrigen westlichen Nationen. (Mit der „Jagd" allein, wie in England, war
es nicht getan.) Es wäre sicherlich vermessen, über dieses recht verfängliche
Kapitel ein vorschnelles Urteil zu wagen, jedoch scheint die Feststellung nicht
unberechtigt, daß gegen Ende der Wilhelminischen Ära bei der Mehrheit der

---

[92] Die Fragen von „Manieren", Zurückhaltung und aesthetischen Notwendigkeiten
werden schon 1894 von *Martin Mendelsohn*, op. cit., behutsam angeschnitten, der
allerdings auch bemerkt: „Wenn erst das Ziel voller gesellschaftlicher und staatsbürgerlicher Gleichheit erreicht sein wird, dann wird auch die sogenannte Aesthetik
der Juden von selber kommen. Gewiß ist der schnarrende und näselnde Tonfall
des jüdischen Trödlers ein anderer als der des Gardelieutenants; aber auch der germanische Hausierer hat nicht immer die feinsten Manieren. Das ist ja gerade das Leidige,
daß man von uns verlangt, wir sollten vollkommen sein bis in das letzte Glied . . ."
(aaO, 21).

deutschen Juden subjektiv nur noch Überreste einer eigenen Problematik ihres Deutschseins zu verspüren waren, während gerade bei den *emanzipierten* und *assimilierten* Juden des Centralvereins sich die Frage nach den jüdischen Werten immer akuter stellte. Immer wieder wurde versichert, man sei ausgezogen, um für seine „Ehre" zu kämpfen. So konnte man auf die Dauer der Frage, um was für eine „Ehre" es sich denn handele, kaum ausweichen.

Es war dies die Fragestellung emanzipierter und assimilierter Juden. Die Begriffe Emanzipation und Assimilation harren noch so mancher Klärung und Differenzierung. Da sie in Verbindung mit dem Centralverein ständig auftauchen, sind einige Bemerkungen am Platze.

Der Centralverein, wie er entstand, fungierte und operierte, war ein typisches Spätprodukt der deutschen Geisteswelt des achtzehnten Jahrhunderts. Deren edelste Impulse: Aufklärung, Humanismus, Rationalismus waren seine entscheidenden Voraussetzungen. Die Basis seines Kampfes war die volle Bejahung der bürgerlichen Emanzipation sowie die Verteidigung ihrer Errungenschaften. Unter Emanzipation verstand man die völlige bürgerliche Gleichberechtigung innerhalb einer liberalen Gesellschaftsordnung. Diese war rechtlich (nach dem später eingeschränkten preußischen Emanzipationsedikt von 1812) im Jahre 1869 im Norddeutschen Bund endgültig Gesetz geworden, und wurde 1871 auf das neugegründete Deutsche Reich ausgedehnt. Die Emanzipation bildete die unentbehrliche Grundlage der modernen jüdischen Existenz im Staate. Daß sie nicht alle Probleme löste, sondern daß Zurücksetzungen und Benachteiligungen der „gleichberechtigten" jüdischen Staatsbürger auch weiterhin bestehenblieben, bezeichnet das Spannungsfeld zwischen geltendem Recht und politischer Wirklichkeit, innerhalb dessen sich die Bestrebungen des C. V. bewegten. Kann überhaupt von einer „Emanzipations-Ideologie" des Centralvereins gesprochen werden[93] (und der Ausdruck ist eine fragwürdige Relativierung), so war es diese. Im Wilhelminischen und später in Weimar-Deutschland hat es keine anderen Voraussetzungen für einen jüdischen Abwehrkampf gegeben.

---

[93] Vgl. *Ragins*, op. cit., 94 und passim, der von erkenntnistheoretischen Beschränkungen und der Verengung des Kampffeldes der jüdischen Abwehr durch eine „Emanzipations-Ideologie" spricht. – Eine „Emanzipationsfrage" kann in diesem Zusammenhang nicht behandelt werden. Der Centralverein trat zu einem Zeitpunkt auf, als eine eigentliche „Emanzipationsdebatte" der großen Mehrheit der deutschen Juden als abgeschlossen erscheinen mußte. Zwar gab es (wie bereits oben ausgeführt) auch noch „rückständige" Glaubensgenossen, die es von den „Schlacken der Vergangenheit zu reinigen" galt, aber hier handelte es sich eher um die Beseitigung von Schönheitsfehlern. Für die den C. V. tragende Schicht waren „berechtigte" Erwartungen, die nichtjüdische sowie jüdische Vorkämpfer der Emanzipation an einen mit ihr verbundenen „Erziehungsprozeß" geknüpft hatten, von den meisten deutschen Juden seit langem erfüllt worden. Schon vor Jahrzehnten war man vollends „emanzipationswürdig" geworden; in den neunziger Jahren war die Vollendung der Emanzipation und die Verteidigung ihrer Errungenschaften gegen die Judenfeinde nur noch ein längst erworbenes gutes Recht.

Assimilation war eine natürliche Folge der Emanzipation, mußte allerdings nicht notwendigerweise zu einer „assimilation" im Sinne des englischen Wortes führen, mit welchem man sie im Deutschen zwar häufig in polemischem Sinne identifizierte, was aber korrekter mit „Aufgehen" oder „Absorption" zu übersetzen ist. Dieser semantische Unterschied (die stigmatisierende englische Bedeutung findet Anwendung in fast allen Betrachtungen über den Centralverein) kann nicht deutlich genug herausgestellt werden. Kulturelle Assimilation wurde freudig gutgeheißen – sie war ohnehin ein unaufhaltsamer Naturprozeß – aber „assimilatorisch" („assimilationist") im heute landläufigen diffamierenden (englischen) Sinne war der Centralverein ebensowenig wie die Zionisten. Hätte er die totale Assimilation im Sinne eines völligen Aufgehens im „Wirtsvolk" erstreben wollen, so hätte er sich damit selbst die Daseinsberechtigung entzogen; er war aber tatsächlich der Verfechter der Rechte einer Gruppe, die nicht beabsichtigte, von der Bildfläche zu verschwinden. Man darf auch in diesem Zusammenhang nicht ignorieren, wie der C. V. sich selbst definierte, wie er Anwürfe zurückwies und wie mit den Jahren der jüdische Akzent sich merklich verstärkte. „Der Ausdruck ‚Assimilant'", so konstatierte man betroffen im Centralverein, sei „ein Schmähwort geworden" und es sei eben „leicht, durch solche unklaren Begriffe auf urteilslose Volksmassen zu wirken". Rabbiner Felix Goldmann vertrat dabei ferner die folgende vielleicht nicht für alle Mitglieder seiner Organisation gültige Auffassung:

> „Nur wer die Religion verleugnet oder wer religiös indifferent ist, ist ein wirklicher Assimilant, der zum Untergang der Gemeinschaft beiträgt. Wer aber bewußt der Religion ihre zentrale Stellung im Judentum wiedergeben will, dem kann der Vorwurf gleichgültig sein; denn ihm gegenüber ist er in jedem Falle durchaus unberechtigt." [94]

Eugen Fuchs andererseits konnte als Sprecher für alle gelten:

> „Das Wort Assimilantentum ist ein Schlagwort geworden, das wir klären müssen. Wenn Assimilantentum heißt, die Eierschalen des Ghettos abwerfen, brechen mit dem, was abgestorben und abgelebt ist, brechen mit Kaftan und Stirnlocke, so wird niemand gegen ein solches Assimilantentum etwas einzuwenden haben. Wenn Assimilantentum aber heißt, mit geheiligtem Brauch des Vaterhauses brechen, die Erscheinungen jüdischen Geistes und jüdischen Herzens, jüdischen Gemüts und jüdischen Familiensinns aufgeben, wenn es heißt, das eine preisgeben und das andere annehmen, nicht weil es das Bessere, sondern weil es das Andere ist, so wird jeder dies Assimilantentum bis in den Grund seiner Seele verabscheuen." [95]

Es war gewiß unvermeidlich, daß vom Rande der Judenheit immer Menschen in die Mehrheit übergingen; hier handelt es sich um einen allgemeingültigen, geradezu zwangsläufigen Prozeß zwischen Minderheit und Mehr-

---

[94] Im deutschen Reich, XX, Nr. 7/8 (Juli/August 1914), 318, 319.
[95] AaO, XIX, Nr. 5/6 (Mai 1913), 218.

heit. Die deutschen Juden haben ihm nicht gar zu schlecht standgehalten, wozu eine Reihe von Faktoren beitrugen. Unter ihnen war der Centralverein *einer,* und nicht der unbedeutendste [96].

Ein Weg, den Ansprüchen der Umwelt zu genügen und sich zugleich die Aufnahme in die Umweltgesellschaft zu sichern, war die Taufe. Symptomatisch für die Haltung des Centralvereins ist die Militanz seines Auftretens für die Stärkung eines jüdischen Selbstbewußtseins und gegen die Taufbewegung. Im gleichen Maße, in welchem sich ab 1900 die Übertritte wieder zu vermehren begannen, empfand es der C. V. als eine zentrale jüdische Pflicht, der Apostasie mit allen Mitteln zu steuern. Wie sehr gerade diese Frage die Gemüter bewegte, läßt sich an einem instruktiven Einzelfall demonstrieren, der die Organisation fast zwei Jahre lang ausgiebig beschäftigte.

Die politische Unterstützung von Täuflingen war von jeher im Centralverein höchst suspekt. Als 1908 ein C. V.-Vorstandsmitglied die Kandidatur des getauften Juden Dr. Otto Mugdan bei einer recht bedeutungslosen Stadtverordnetenwahl unterstützte, entspann sich eine prinzipielle Debatte [97]. Bis zur Kontroverse um den Zionismus gibt es in der ganzen Frühgeschichte des C. V. keine derartig langwierige und aufwühlende Diskussion. (Mugdan war übrigens lange Jahre freisinniger und fortschrittlicher Reichstagsabgeordneter, und die Anprangerungen des Centralvereins ab 1908 haben ihm nicht weiter geschadet. Die plötzliche religiöse „Erleuchtung" dieses Sanitätsrats scheint nicht tieferen Bedürfnissen entsprungen zu sein, sondern war bequem mit dem Beginn seiner politischen Laufbahn zusammengefallen [98]. Ein be-

---

[96] Was die Erhaltung der jüdischen Substanz angeht, so war die Prognose für eine (fernere) Zukunft bei einem nicht vom Antisemitismus gestauten Assimilationsprozeß wohl nicht so günstig. Vgl. zum ganzen Fragenkomplex *Reichmann,* Flucht in den Hass, 201–202 und passim. Unter dem Assimilationsaspekt wird der Centralverein gewertet von *Hans Martin Klinkenberg,* Zwischen Liberalismus und Nationalismus. Im Zweiten Kaiserreich (1870–1918), in: Monumenta Judaica. 2000 Jahre Geschichte und Kultur der Juden am Rhein, hrsg. von *Konrad Schilling,* Köln 1963. Die dem C. V. gewidmeten sechs Seiten tragen dementsprechend die Überschrift ‚Organisierte Assimilation als Sammlungsbewegung des deutschen Judentums'. Vgl. u. a.: „Wenn er [der Centralverein] auch theoretisch die großen geistigen Möglichkeiten, die in der Vertiefung des Assimilationsgedankens lagen, nicht ergriffen hat, so hat er doch praktisch Bedeutendes geleistet, dem Schaden einseitiger Assimilation, reiner Nachahmung der Nichtjuden durch die Juden, Einhalt zu tun." (AaO, 326–327.) Klinkenberg sieht auch in der Entstehung des jüdischen Vereins- und Verbandswesens überhaupt ein Zeugnis des Assimilationsprozesses (aaO, 321). Die jüdischen Studentenverbindungen waren (ein Resultat der Ächtung) zweifellos ebenfalls Ersatzvereine. Für den Centralverein dürfte das viel weniger zutreffen, obwohl sich, wie schon anfangs hervorgehoben, von einer Ersatz-Betätigung verhinderter „Politiker" durchaus reden läßt.

[97] Zur Mugdan-Affäre, *Hamburger,* op. cit., 366–367; *Toury,* Die politischen Orientierungen, 233; *Schorsch,* op. cit., 142–143.

[98] Kein so seltener Fall! Zu diesen Übertritten siehe Im deutschen Reich, XVII,

sonders „progressiver" Fortschrittler war er nicht, wie seine spätere Karriere
bezeugt, aber jüdischer Belange, wie etwa in der Reserveoffizier-Debatte, hat
er sich im Reichstag auf vorbildliche Weise angenommen. Diese Details verdienen Erwähnung, und es muß ebenso darauf hingewiesen werden, daß die
Fortschrittliche Volkspartei sich zu Recht dagegen wehrte, als der C. V. später
versuchte, die Aufstellung Mugdans in wichtigeren Preußenwahlen zu verhindern.) Die Opposition gegen Wahlvorschläge getaufter Juden wurde
schließlich vom C. V. zum Prinzip bei Eingriffen in die deutsche Politik erhoben und muß wohl als ein strittiges Verfahren bezeichnet werden; in der
Praxis setzte sich später die vernünftigere Taktik durch, daß man die einmal
bestätigten getauften Kandidaten sonst genehmer Parteien nicht im Wahlkampf selbst befehdete. Aber das Problem an sich ist äußerst charakteristisch.
Bezeichnend für den im Centralverein herrschenden Geist der Selbstbehauptung sind eben die Intensität und Hitze der folgenden inneren Auseinandersetzungen der Jahre 1908 und 1909, die vor und in einer seiner Delegierten-
versammlungen ihren Niederschlag fanden: „Das ist das erste Mittel der
Selbstwehr, das uns gegeben ist!", erklärte Felix Goldmann vor der großen
Debatte in einem „programmatischen" Aufsatz:

> „Der Jude löse jede gesellschaftliche Beziehung zu einem Überläufer; er gestatte
> vor allem seinem Kinde nicht, sich dem frivolen, religions- und prinzipienlosen
> Einfluß des Abgefallenen und seiner Kinder auszusetzen!" [99]

Eine andere völlig extreme Ansicht wurde in der Debatte selber laut:

> „Es kann gar keine Frage sein, wenn ich die Wahl habe zwischen einem Getauften,
> also einem Mann, der, was uns das höchste ist, unsere Persönlichkeit – denn unser
> Judentum gehört zu unserer Persönlichkeit – für schnöden Vorteil hingibt – wenn
> ich die Wahl habe zwischen einem solchen Manne und einem anderen, der Anti-
> semit ist aus guter Überzeugung, und ich muß wählen, dann wähle ich den Anti-
> semiten." [100]

Solchem Extremismus stand das einsichtsvollere Verhalten von Eugen Fuchs
entgegen, der meinte:

> „Es kann Fälle geben, wo ein Jude, der ein guter Centralvereinler ist, nicht auf dem
> Standpunkt steht, daß er einen Getauften unter allen Umständen perhorresziert,

---

Nr. 5 (Mai 1911), 255. „Man weiß ... daß die Herren, die sich zu Reichstagsmanda-
ten drängen, und früher dem Judentum angehört haben, aus Streberei ihren Glauben
gewechselt haben." Mit der Schlußfolgerung: wenn „die Politik der Liberalen auf
ideellen und ethischen Grundsätzen basieren soll, so muß gerade aus diesen Gesichtspunkten heraus jeder ehrliche Mann den getauften Kandidaten erklären, daß sie nicht
zur Vertretung des Volkes geeignet sind."
[99] Im deutschen Reich, XIV, Nr. 7/8 (Juli/August 1908), 400. (*Felix Goldmann* in
einem Aufsatz ‚Der getaufte Jude'.)
[100] AaO, XV, Nr. 3/4 (März/April 1909), 209, Delegiertenversammlung. („Große
Unruhe, Zuruf: Unfaßbar!")

z. B. wenn Mugdan kontra [den Antisemiten] Liebermann von Sonnenberg steht. Es wird schwer sein, eine generelle Regel zu geben. Wir sind aber nach meiner Überzeugung darin einig, daß der Central-Verein die Taufe zu bekämpfen hat um seiner selbst willen, um des Gedankens der Emanzipation willen." [101]

Wiederholt wurde betont, daß der „Central-Verein von jeher seine ganze Stellungnahme dahin gerichtet" habe, „die Taufe als eine schimpfliche Handlung zu bekämpfen und Fahnenflüchtige als das hinzustellen, was sie sind" [102]. Auch der spätere Vorsitzende des Vereins, Julius Brodnitz, äußerte sich recht bestimmt:

> „Ich stehe auf dem allerextremsten Standpunkt in dem Kampf gegen die jüdischen Täuflinge, ich sehe in ihnen die schlimmsten, die gefährlichsten Feinde, die uns in den Rücken fallen." [103]

Man könnte viele weitere Beispiele anführen, unter ihnen durchaus hartnäckige und schroffe Meinungsäußerungen, denen man die Zustimmung nur schwer erteilen kann [104], selbst wenn man sich der Tatsache nicht verschließt, daß die Taufe als eine Unterhöhlung des jüdischen Fortbestandes die Protagonisten einer ehrenvollen Verteidigung an einer ganz empfindlichen Stelle getroffen hat. In jedem Falle handelt es sich um Selbstzeugnisse von Menschen, denen ihr Judentum immer kostbarer geworden war.

Die Verwerfung von „Assimilanten" und die Verschmähung der „Täuflinge" sind Manifestationen einer sich ständig vertiefenden jüdischen Bindung innerhalb des Centralvereins. Eines der Symptome dieser Entwicklung war, wie man sich selbst einstufte, wobei es weniger wichtig ist, ob man sich bereits ein paar Jahre früher oder später als Stamm oder Abstammungsgemeinschaft (Fuchs) oder noch ausschließlich als Konfession bezeichnete. Immerhin stellten solche Selbstdefinitionen in der Frühzeit des C. V. Etappen in der Entfaltung einer ideologischen Überstruktur dar, nach der man unter äußerem Drucke sowie als Folge der Abwehrstellung zu tasten begann. Der „deutsche" Hang zum Theoretisieren erheischte ohnehin eine derartige Beschäftigung, und es ist kein Wunder, daß man sich, von außen auf die Verteidigung seines Judentums hingedrängt, mit der Definition ethischer jüdischer Werte, mit jüdischen Inhalten, mit der Frage nach Bedeutung des Judeseins und des Grundes für ein Verharren im Judentum, in der C. V.-Publizistik von Anfang an stark beschäftigte. Es war also keineswegs der Fall, daß man, selbst wenn

---

[101] AaO, 140.

[102] AaO, XV, Nr. 1 (Januar 1909), 1.

[103] AaO, XV, Nr. 3/4 (März/April 1909), 201, Delegiertenversammlung.

[104] Die von einem offenbar überspannten „Vereinsmitglied angeregte Veröffentlichung einer Liste der getauften Juden" wurde bereits 1900 „einstimmig abgelehnt". (CAHJP, INV/124/1 a/112 – 111. Vorstandssitzung, 17. September 1900). Ebenso später „ein Ausschluß solcher Mitglieder, welche ihre Kinder taufen lassen ... weil er ein inquisitorisches Verfahren ... erforderlich machen würde." (CAHJP, INV/124/1 b/ 161 – 169. Vorstandssitzung, 18. September 1905.)

der Nachdruck auf der Abwehr lag, bewußt das Jüdische vernachlässigte oder
aus taktischen Gründen sogar in einer Versenkung verschwinden ließ. Eine
Art „innere Mission" (nicht nur eine Tendenz zur „deutschen Veredlung")
hat es stets gegeben. Die unerläßliche Neutralität des C. V. im jüdisch-religiö-
sen Bereich wirkt sich hier gewiß als eine Hemmung aus. Das Ringen um die
jüdische Identität jedoch entsprang immer dringlicher den ständig sich ver-
schärfenden Formen der Selbstverteidigung, auch wenn man selbstverständlich
fortfuhr, sich als dem deutschen Volke angehörig zu fühlen.

So sollte der ursprünglich als Apparat der Selbstwehr gedachte Centralverein, wie der in Deutschland konzipierte jüdische religiöse Liberalismus
(mit dem er, was die Anhängerschaft anging, weitgehend identisch war) sich
zu einem der positiven Dämme gegen die völlige Auflösung entwickeln. Man
kann auch durchaus davon sprechen, daß der C. V. für manche eine Art
Ersatz-Religion wurde. Es gab solche, die aus ihrer Gemeinde austraten, jedoch
fernerhin im Centralverein ihren „jüdischen" Kampf gegen den Antisemitismus führten. Dieser Kampf resultierte dann – auf was für Umwegen auch
immer – in einem gestärkten jüdischen Bewußtsein, einem neuen Judenstolz.
Denn auch das sogenannte Trotzjudentum blieb immerhin noch ein Judentum und zwar eines, das folgerichtig nach weiteren Inhalten suchte. Der spätere Führer des Verbandes Nationaldeutscher Juden, Max Naumann, sprach
verächtlich vom Centralverein als von einem Vertreter einer „Mittelschicht".
Wo diese aber, wie etwa in Osteuropa, fehlte, stand neben der Orthodoxie
unmittelbar der Abfall. Der Centralverein bildete in der Tat eine „Mittelschicht". Es war dies eine seiner historischen Funktionen im deutschen Judentum.

Ein neues jüdisches Selbstverständnis allerdings ist nur langsam entstanden,
und es wäre verfrüht, in diesen Jahren von einer jüdischen Vor-Renaissance
zu sprechen. Erst der Schock der Judenzählung von 1916, die Begegnung mit
den Ostjuden im Kriege, sowie ein gewaltiges Aufflackern des Antisemitismus waren die Faktoren, die später jenen tiefen jüdischen Bewußtseinswandel
erzeugen sollten, der zu einem der hervorstechendsten Charakteristika der
jüdischen Gemeinschaft in der Weimarer Republik wurde[105]. Hierzu hat der
Centralverein in zwanzigjähriger Tätigkeit vor 1914 den Boden bereiten
helfen. Es war einer der Triebkräfte für die Hinwendung breiter jüdischer
Schichten zu einem positiven Judentum.

---

[105] Dazu *Eva G. Reichmann*, Der Bewußtseinswandel der deutschen Juden in:
Deutsches Judentum in Krieg und Revolution 1916–1923. Ein Sammelband hrsg.
von *Werner E. Mosse* unter Mitwirkung von *Arnold Paucker*, Schriftenreihe wissenschaftlicher Abhandlungen des Leo Baeck Instituts, Bd. 25, Tübingen 1971.

VII

Trotz seines rapiden Wachstums sollte es dem Centralverein nicht gelingen, die Anhänger zweier Richtungen im jüdischen Lager hinreichend zu erfassen, die Orthodoxie und den Zionismus. Die Beziehungen zur Orthodoxie blieben unterschiedlich [106]. Die Gründerelite des C. V. stand dem traditionellen Judentum zumeist völlig fern und wurde von diesem wohl auch als Halbabtrünnige empfunden. Zudem hatten Löwenfelds Tiraden [107] zunächst einmal die gesamte Orthodoxie (die früher eine jüdische Abwehr der Judenfeindschaft durchaus befürwortet hatte) herausgefordert; Simons Gründungsschrift [108] andererseits mußte sie allerdings versöhnlicher stimmen. Auch war der C. V. sofort recht vorsichtig verfahren und hatte den größten Wert auf strikte innerjüdische religiöse Neutralität einschließlich der Orthodoxie gelegt. Dinge, die traditionsgebundenen Juden am Herzen lagen, wie etwa die Rechtfertigung des Schächtens gegen Anschuldigungen unter der Maske des Tierschutzes, wurden bald in seinen Arbeitsbereich aufgenommen (und bis zum Ende der Weimarer Republik hartnäckig betrieben). Ein Umschwung trat ein, Hirsch Hildesheimer und sein Gefolge scharten sich ab 1895 um den Centralverein, und eine freundschaftliche Kooperation mit einer gemäßigten Orthodoxie entwickelte sich.

Demgegenüber verharrte die von Samson Raphael Hirsch begründete Austrittsorthodoxie weiterhin in ihrer Ablehnung. Aus dem *Israelit* lassen sich jahrelange Attacken gegen die „perverse" Beschäftigung des C. V. mit seiner Abwehr belegen, die man viel besser christlichen Abwehrvereinen (den Gojim) überließ, da man sich doch durch ihr eigenes Betreiben eher von den Mitbürgern isolierte. Man verstieg sich selbst dazu, im liberalen Judentum und in Reformgemeinden und nicht in den Antisemiten den eigentlichen Widersacher zu erblicken, oder den Antisemitismus als ein göttliches Erziehungsmittel zu betrachten, ein Werkzeug, mittels dessen der Herr die Sündigen züchtigte. Angesichts solcher „theologischen" Überschwenglichkeiten sollte geradezu unterstrichen werden, daß der Centralverein, als überwiegend säkular-liberale Organisation sich der (zuweilen kontroversen) orthodoxen Belange – gewiß manchmal mit innerem Widerstreben – jederzeit auf recht treffliche Weise angenommen hat.

Die Entfaltung der nationaljüdischen Bewegung in Deutschland wird an anderer Stelle dieses Bandes dargestellt und es gilt hier nur, die Beziehungen zwischen dem Centralverein und den Zionisten zu umreißen [109]. Man möchte

---

[106] Zu Centralverein und Orthodoxie ausführlich *Ragins,* op. cit., 152–175.
[107] Siehe oben, S. 487.
[108] AaO.
[109] Zu Centralverein und Zionismus gemäß seiner Fragestellung in allen Einzel-

annehmen, daß bei der so grundsätzlichen Verschiedenheit in der Auffassung der jüdischen Situation scharfe Konflikte von Anfang an unvermeidlich waren; tatsächlich aber war die Konfliktzone fast die ganze Wilhelminische Zeit hindurch durchaus begrenzt. Die hitzigen Kontroversen gehören in deren Endphase, und selbst hier empfiehlt es sich, sie in den richtigen Proportionen zu sehen. Ihre Bedeutung wird nachträglich leicht aufgeblasen, und bei allem Wortgetön soll man nicht verkennen, daß sie gemessen an der deutschen und innerjüdischen Realität wenig mehr als ein recht bescheidenes Geplänkel darstellten.

Die Mehrheit der deutschen Juden stand dem Zionismus fern oder war sogar antizionistisch eingestellt. Jede Verneinung ihres Deutschtums versetzte sie in Erregung. Zudem empfanden viele selbst eine nur theoretische Infragestellung von jüdischer Seite eines Gelingens von Emanzipation und Assimilation als eine höchst anstößige Gesinnungsgenossenschaft mit den Antisemiten. Dementsprechend hat der Centralverein ab 1895 in gemäßigtem Ton zuweilen gegen den Zionismus Stellung genommen:

> „Wir sind nicht zionistisch! So anerkennenswerth Stolz und Selbstbewußtsein sein mögen, welche der zionistischen Bewegung ihren Hintergrund geben, so fehlerhaft erscheint die Grundanschauung dieser Partei; sie hat mit dem Antisemitismus das gemeinsam, daß sie die Juden entnationalisiert [sic!] und das ist die größte Gefahr des Judenthums." [110]

Was hingegen weit mehr ins Auge fällt, ist die zumeist geübte Zurückhaltung [111]. Dieser lag nicht so sehr ein planmäßiges Ignorieren des Zionismus zugrunde, als vielmehr die Überzeugung, eine antizionistische Polemik sei für eine Organisation, die bezweckte, die deutschen Juden in der Abwehr des Antisemitismus zu vereinigen, eine unangemessene Politik [112]. Noch sei den

---

heiten, wenn auch dem C. V. gegenüber nicht ohne eine gewisse Voreingenommenheit, *Reinharz,* op. cit., 167–309 passim, 310–400; fair und präzise, *Schorsch,* op. cit., 180 bis 202; einiges auch bei *Ragins,* op. cit., 247–250 und passim. Siehe nun ebenfalls *Jehuda Reinharz,* Consensus and Conflict between Zionists and Liberals in Germany before World War I, in: Texts and Responses. Studies presented to Nahum N. Glatzer on the Occasion of his Seventieth Birthday by his Students (Hrsg. *Michael A. Fishbane* und *Paul R. Flohr*), Leiden 1975, 226–238.

[110] Im deutschen Reich, I, Nr. 4 (Oktober 1895), 152 (Eugen Fuchs). – Es ist aufschlußreich für die Selbstverständlichkeit des Gefühls der nationalen Zugehörigkeit zu Deutschland im C. V., daß ein Mann wie Fuchs in dem doch gerade die Juden jüdisch „nationalisierenden" Zionismus eine „Entnationalisierung" zu sehen vermochte.

[111] Es gab sehr weitgehende Beweise des Verständnisses. So rügte die Exekutive einmal bei einem von Eugen Fuchs in Posen beabsichtigten C. V.-Vortrag seine „verhältnismäßig weitgehenden Zugeständnisse an den berechtigten Kern des Zionismus". Das ginge wirklich zu weit und er solle es lieber als persönliche Erklärung dabei abgeben. (CAHJP, INV/124/1 b/99 – 147. Vorstandssitzung, 2. November 1903.)

[112] Ein antizionistischer Artikel wurde 1902 „aus Opportunitäts-Gründen abgelehnt". Man billigte ihn zwar, erachtete aber, solange keine zionistischen Angriffe erfolgten, eine grundsätzliche Stellungnahme als nicht ratsam. (CAHJP, INV/124/1 b/

in vielem doch recht abstrakten weltanschaulichen Differenzen zwischen dem Centralverein und der jungen Zionistischen Vereinigung eine große Aktualität beizumessen. Der Zionismus hatte schließlich anfänglich nur eine sehr begrenzte Anhängerschaft, und selbst sein Wachstum in den dem Ersten Weltkrieg vorangehenden Jahren vor allem in intellektuellen und studentischen Kreisen war zum Teil auf den Einfluß und die Erfassung kürzlich eingewanderter Ostjuden zurückzuführen. Die Beschäftigung mit der osteuropäischen Judennot, auf welche sich die deutschen Zionisten zunächst zu konzentrieren schienen, und die auch die meisten Nichtzionisten rührte, wurde vom C. V. anerkannt; desgleichen wurden die Bemühungen der Palästina-Ansiedlung verarmter und verfolgter ausländischer Glaubensgenossen geradezu mit Wohlwollen verfolgt (obwohl man allerdings vorgezogen hätte, etwaige nationaljüdische Aspirationen völlig den Ostjuden zu überlassen, anstatt sie auch noch auf westliche Juden auszudehnen). Die antizionistische Resolution der Protestrabbiner von 1897 wurde vom C. V. zur Kenntnis genommen, jedoch nicht aktiv unterstützt. Gegen die Mitarbeit von Zionisten an der Abwehrtätigkeit hatte der Centralverein nichts einzuwenden [113], zumal ja auch sie versicherten, treue Deutsche zu sein [114]. Die Hauptsache war eben ihre Bereitwilligkeit zur Verteidigung staatsbürgerlicher Rechte, ungeachtet ihrer zionistischen Einstellung. Die Stärkung des jüdischen Selbstbewußtseins durch die Zionisten wurde als lobenswert empfunden, wenn man sich auch hierin als den Senior Partner sah:

> „Der Central-Verein ist nichts weniger als eine Vorschule des Zionismus; er ist vielmehr der Hafen, in den die besten Elemente unter den deutschen Zionisten dermaleinst einlaufen werden. Wir haben den Zionismus nie angegriffen, selbst wo ernste Männer dies als nothwendig bezeichneten, weil er wie wir den traurigen Indifferentismus unter unseren Glaubensgenossen bekämpft hat, und weil er ebenso wie wir erfolgreich bestrebt war, den Juden wieder mehr Selbstgefühl einzuflößen." [115]

Die ZVfD war der Mitgliedschaft in einem „neutralen" C. V., in dem sie ohnehin nicht ihren ideologischen Hauptfeind sah, keineswegs abhold. Glaubten die Zionisten sich auch im Besitz der alleingültigen Analyse der Wurzeln der Judenfeindschaft, so war doch der frühe Zionismus eher bemüht, die deut-

---

60 – 135. Vorstandssitzung, 20. Oktober 1902.) Später warnte Maximilian Horwitz davor, einen Streit mit dem Zionismus „vom Zaun zu brechen ... solange ... nicht unvermeidlich". (CAHJP, INV/124/1 b/153–154 – 166. Vorstandssitzung, 1. Mai 1905.)

[113] So wurde 1901 „beschlossen, gegen die Anmeldung von Zionisten als Vereinsmitglieder grundsätzlich keine Einwendungen zu machen." (CAHJP, INV/124/1 b/31 – 125. Vorstandssitzung, 2. Dezember 1901.)

[114] So etwa Maximilian Horwitz 1899, der fortfuhr, er „wolle nicht untersuchen, ob die Zionisten wirklich auf die nationalstaatlichen Ideen verzichteten, mit welchen sie anfangs hervortraten, und ob wirklich alle Zionisten dies thäten; ihm genüge ihre Versicherung, daß sie jetzt selbst bekennen, daß ihre Ziele sich in der Hauptsache mit denen des Central-Vereins decken." (Im deutschen Reich, V, Nr. 4 [April 1899], 230.)

[115] AaO, VIII, Nr. 8 (August 1902), 464.

schen Juden nicht zu sehr mit der Wiedergeburt von „Staat" und „Nation"
zu erschrecken. Was die Einstellung zu Abwehrbestrebungen anging, so
schwankte diese allerdings von gönnerhafter Anerkennung, daß man im C. V.
eine ganz brave Arbeit verrichte, bis zu gelegentlich ironischen Bemerkungen,
daß man dort eigentlich seine Zeit vergeude. Jedenfalls aber wurde dem Centralverein durchaus bescheinigt, daß auch er sich um die Wiedererweckung des
Judentums verdient mache.

Reibereien auf lokaler Ebene allerdings hat es zwischen den beiden Organisationen gegeben, so als man zum Beispiel um 1900 in energischen Auseinandersetzungen in der Werbung um den studentischen Nachwuchs wetteiferte.
Jedoch neben mancherlei Disputen und Sticheleien lassen sich auch seit der
Formierung der ZVfD viele Kontakte und nicht selten herzliche Beziehungen belegen. Es ist zweifellos, daß die Harmonie überwog. Hierbei war ein
entscheidender Faktor, daß sich die Gründer von C. V. und ZVfD in ihrem
Lebensstil kaum voneinander unterschieden [116]. Fast alle waren emanzipierte
und assimilierte, von deutscher Kultur durchtränkte Juden. Auch waren die
Zionisten tatsächlich weniger auf Selbstverwirklichung ausgerichtet, als Anhänger einer Theorie. Erst tiefgreifende Wandlungen innerhalb der nationaljüdischen Bewegung sollten später zu einem wirklichen Zusammenstoß führen.

Diese Transformation des deutschen Zionismus kann hier nur skizziert werden*. Dieser wurde bekanntlich durch eine zweite zionistische Generation
radikalisiert. Wie in vielen Bereichen des deutschen Lebens hatte auch unter
den deutschen Juden eine junge Generation gegen die Väter rebelliert, und
auch in der ZVfD war eine Auflehnung gegen die zionistischen Väter erfolgt.
Dieser Teil der jüdischen Jugend hatte ein eigenes Antisemitismuserlebnis
und glaubte nicht weiter an die Möglichkeit einer Integration in Deutschland.
Für die meisten war die Religion bedeutungslos geworden; sie suchten innerhalb des Judentums einen säkularen Lebensweg. In einer fortschreitenden
Assimilation erblickten sie die Gefahr eines Verschwindens der „nationalen"
jüdischen Substanz. In diesem innerzionistischen Generationenkampf wurde
1912 die „Posen-Resolution" geboren mit dem Programm einer persönlichen
Niederlassung jedes einzelnen Zionisten in Palästina.

Die „Posen-Resolution" hat die Nichtzionisten allerdings weit mehr auf-
geregt als ihre zionistischen Befürworter. Auch ist treffend bemerkt worden,
daß gerade 1912 ein höchst unpassendes Jahr für die Akzentuierung nationaljüdischer Bestrebungen war [117]. Deutschland befand sich in einem Machtkampf
und war international zunehmend isoliert. In den großen Debatten dieses

---

[116] Reinharz hat diese Gemeinsamkeiten in der Mentalität in seiner Studie vor-
trefflich herausgearbeitet.

* Siehe hierzu ausführlich den Beitrag von *Yehuda Eloni*, Die umkämpfte nationaljüdische Idee, im vorliegenden Bande, S. 668 ff. (Hrsg.).

[117] *Schorsch*, op. cit., 197.

Jahres*, so der um Sombart[118], schienen zionistische Argumente dazu angetan, eine Judenfrage durch Herausstellung der Juden als ein Sonderelement im deutschen Volkskörper zu verschärfen. Mögen dies auch übertriebene Befürchtungen gewesen sein, so wurden sie doch im jüdischen Lager weitgehend geteilt, und führten Ende des Jahres zur Gründung eines breit angelegten Antizionistischen Komitees. Der Centralverein sah sich schließlich ebenfalls zu einer Stellungnahme gegen die „nun nicht mehr tragbare" zionistische Linie gezwungen. Die Resolution der Delegiertenversammlung des C. V. vom 30. März 1913** kam der fundamentalen Revision seiner früheren Neutralität gleich:

> „Wir verlangen von unseren Mitgliedern nicht bloß die Erfüllung der staatsbürgerlichen Pflichten, sondern deutsche Gesinnung und die Betätigung dieser Gesinnung im bürgerlichen Leben.
>
> Wir wollen die deutsche Judenfrage nicht international lösen. Auf dem Boden des deutschen Vaterlandes wollen wir als Deutsche an deutscher Kultur mitarbeiten und unserer durch unsere Religion und unsere Geschichte geheiligten Gemeinschaft treu bleiben.
>
> Soweit der deutsche Zionist danach strebt, den entrechteten Juden des Ostens eine gesicherte Heimstätte zu schaffen oder den Stolz des Juden auf seine Geschichte und seine Religion zu heben, ist er uns als Mitglied willkommen. Von dem Zionisten aber, der ein deutsches Nationalgefühl leugnet, sich als Gast im fremden Wirtsvolk und national nur als Jude fühlt, müssen wir uns trennen."[119]

Diese Resolution wiederum führte am 1. Mai 1913 zu einer Gegenresolution der ZVfD, welche diese „angesichts des unglaublichen Verhaltens des Centralvereins" als unumgänglich erachtete:

> „Den Vorwurf mangelnder Vaterlandsliebe haben Antisemiten von jeher gegen das Judentum in seiner Gesamtheit erhoben. Nunmehr hat der Zentralverein die Waffe dieser Denunziation gegen seine eigenen Stammes- und Glaubensgenossen gerichtet ...
>
> Die nationaljüdische Gesinnung ... steht mit den Interessen keines Staates und keines Volkes in Widerspruch und kann die deutschen Zionisten niemals hindern, gemäß ihrer historisch gegebenen Stellung am politischen und kulturellen Leben Deutschlands tätigen Anteil zu nehmen.
>
> Die deutschen Zionisten haben bisher im Zentralverein deutscher Staatsbürger jüdischen Glaubens die Vertretung der staatsbürgerlichen Interessen der deutschen

---

** Siehe hierzu die Darstellung von *Yehuda Eloni*, S. 672–676 (Hrsg.).

[118] Die Zionisten ergriffen damals in der Debatte um *Sombarts* Buch Die Juden und das Wirtschaftsleben unverdrossen für diesen Partei, während die C. V. die Problematik der Sombartschen Theorien für die jüdische Gleichberechtigung klarer erkannte. Die „Kunstwart-Debatte" rührte die Gemüter in ähnlicher Weise. Siehe *Moritz Goldstein*, German Jewry's Dilemma. The Story of a Provocative Essay, in: Year Book II of the Leo Baeck Institute, London 1957, 236–254. Dazu und zur C. V.-ZVfD-Debatte überhaupt siehe auch *Walter Laqueur*, Zionism and its Liberal Critics, 1896–1948, in: Journal of Contemporary History, VI, Nr. 4 (1971), insb. 167–173.

*** Zu den Resolutionen siehe ebenfalls *Yehuda Eloni*, S. 677–678 (Hrsg.).

[119] Im deutschen Reich, XIX, Nr. 5/6 (Mai 1913), 200. Diese Resolution und die nachfolgende der ZVfD sind hier nur auszugsweise wiedergegeben.

Juden erblickt und ihm deshalb ihre Mitarbeit nicht entzogen, obwohl der Zentralverein oft genug seiner Aufgabe nicht gerecht wurde. Nach der unerhörten Stellungnahme des Zentralvereins gegen den zionistischen Teil der deutschen Juden erklären die deutschen Zionisten den Zentralverein als unfähig und nicht mehr legi-
timiert, in Zukunft die Gesamtheit der deutschen Judenheit zu vertreten.

Die Vertrauensmänner der Zionistischen Vereinigung für Deutschland fordern
daher die deutschen Zionisten zum Austritt aus dem Zentralverein auf.

Sie halten es für dringend erforderlich, daß ein Verein gegründet wird, der
unter strikter Wahrung der Neutralität in allen innerjüdischen Fragen für die
Rechte aller deutschen Juden eintritt." [120]

Jetzt war das Tischtuch zerschnitten. Mit Hinblick auf die schon mehrfach
erwähnten spezifisch deutschen Homogenitätsansprüche hatte sich der Centralverein zu einem erneuten Bekenntnis zu „deutscher Gesinnung" und ihrer
„Betätigung im bürgerlichen Leben" herausfordern lassen. Die Zionisten dagegen beharrten bei ihrer Auffassung, daß zur Wahrung staatsbürgerlicher
Rechte die tätige Anteilnahme „am politischen und kulturellen Leben Deutschlands" genüge. Diese Haltung des Centralvereins als „Denunziation" und
„unerhörte Stellungnahme" zu bezeichnen, war allerdings eine starke Übertreibung; sie war wohl charakteristischer für die von jeher in Deutschland
herrschende Heftigkeit der Parteipolemik als für die Bedeutung der hier
auszutragenden innerjüdischen Meinungsverschiedenheiten. Sicher ist jedenfalls, daß schon hier jene Forderung nach einer „neutralen" Abwehr laut wurde, die dann in der Weimarer Republik immer wieder erhoben werden sollte.

Es kann wohl kaum davon die Rede sein, daß sich der Centralverein damals
von den Zionisten ernsthaft bedroht fühlte. Jedoch empfand man zweifellos
eine gewisse Furcht vor der Schädigung von Abwehrinteressen, die wirklich
echt war, denn tatsächlich war es das seiner selbst nicht sichere neurotische
deutsche Nationalbewußtsein, das übertriebene Anforderungen an Mitbürger
stellte, die irgendeine Sonderstellung einnahmen. Es ist aber auch untrüglich,
daß man das antizionistische Argument in ständiger Unterstreichung der
eigenen deutschen Loyalität nur zu gerne als Waffe ins Feld geführt hat.

Die Erklärung des Centralvereins war eigentlich noch relativ milde gehalten, wie denn überhaupt in den Auseinandersetzungen beiderseits ein ver-
mittelnder und ein extremer Flügel hervortraten [121]. (Die Gemäßigten beider

---

[120] Jüdische Rundschau, XVIII, Nr. 18 (2. Mai 1913), 178.

[121] Als Vertreter der „Gemäßigten" im Centralverein, die einer von „Extremisten"
erhobenen Forderung des Ausschlusses aller Anhänger des „Baseler Programms" entschieden entgegentraten, muß vornehmlich Eugen Fuchs gelten. Er war nicht gewillt
die Brücken zu den „Gemäßigten" in der ZVfD abzubrechen und riet zur Zurückhaltung: „Es wird nicht allein dort gesündigt: peccatur intra muros et extra. Vergessen
wir nicht, daß wir Brüder eines Vaterhauses sind, die zusammenleben sollen und
müssen, und daß in dem Vaterhause der Wohnungen viele sind." (*Eugen Fuchs,* Referat über die Stellung des Centralvereins zum Zionismus in der Delegiertenversammlung vom 30. März 1913, in: Um Deutschtum und Judentum, Berlin 1919, 244.)

Richtungen dürfen als Vorboten von gemeinsamen Palästina- und Abwehrbestrebungen in der Weimarer Republik gelten.) In der Hitze der Diskussion
allerdings erschienen die Gegensätze viel unbedingter:

> „Der Centralverein kämpft für die staatsbürgerliche und gesellschaftliche Gleich-
> stellung. Der Zionismus erschwert diesen Kampf, indem er dem Antisemitismus
> Vorschub leistet.
> Der Centralverein will seine Mitglieder in der unbeirrten Pflege deutscher Ge-
> sinnung bestärken. Der Zionismus mindert zum wenigsten durch die radikale
> Art seiner Agitation die deutsche Gesinnung und befindet sich durch die Auffas-
> sung, daß die deutschen Juden nur Gäste im fremden Wirtsvolk seien, durch seine
> Bestrebungen, sie zu türkischen Staatsbürgern zu machen, mit den Anschauungen
> und Bestrebungen des Centralvereins im Widerspruch." [122]

Natürlich lag in der Einschätzung, daß die nationaljüdische Diagnose des
Judenproblems zur Hilfeleistung für die Judenfeinde mißbraucht werden
könnte, ein Kern von Wahrheit (man sprach im C. V. von einer Kapitulation
vor den Antisemiten); aber in derartigen Zornesausbrüchen offenbart sich eben
vor allem die Resonanz deutscher Engstirnigkeit und Unsicherheit im jüdischen Bereich. Die ganze Debatte, bitter und langwierig, war markiert durch
Überspitzungen und „teutonische" Verstiegenheiten seitens beider jüdischer
Kontrahenten.

Ein Jahr später eilten sie alle gemeinsam zu den deutschen Fahnen.

VIII

Ein Exkurs über den Sprachgebrauch der jüdischen Abwehr sei hier ein-
geschaltet. In den Jahrzehnten ihrer Tätigkeit hatte sich eine Art Hausstil
oder Vereinssprache herausgebildet. Gewisse Begriffe und Redewendungen
tauchten immer wieder auf, und man könnte die Frage aufwerfen, inwieweit
sie zuweilen einerseits Ausdruck eines gewissen Berufspessimismus, andererseits reine Routine in einer löblichen Ermunterung der Gläubigen waren.
Auch einem taktischen Element ist in der angewandten Semantik eine zumindest bescheidene Rolle zuzuweisen.

Unausgesetzt wird seit den neunziger Jahren in der C. V.-Publizistik vom
drohenden Einbruch der Anarchie gesprochen. Die Behauptung, „daß der
Antisemitismus eine Vorfrucht des Anarchismus" sei, läßt sich so reichlich
belegen [123], daß die allzu häufige Wiederholung sie oft als reine Polemik erscheinen läßt, die überdies den Begriff entwerten mußte. Auf der anderen
Seite ist ständig die Rede vom endlichen Siege der Vernunft. Gewiß hat man
an ihn geglaubt und glauben müssen, aber man hat sich hier zweifellos auch in
ritueller Pflichtübung gut zugeredet. Bei allen „Prophezeiungen", seien sie

---

[122] Im deutschen Reich, XIX, Nr. 5/6 (Mai 1913), 213.
[123] AaO, IV, Nr. 1 (1898), 10; aaO, VI, Nr. 9 (September 1900), 481.

schwarzseherisch oder von Zuversicht für die Zukunft getragen, empfiehlt es sich mithin aus verschiedenen Gründen, ein paar Prozentsätze abzustreichen.

Ferner bezeugt die Semantik der Abwehr, wie hoch im Kurs die preußisch-militärische Ausdrucksweise stand. Sie klingt nicht selten wie die schneidige Sprache verhinderter Reserveoffiziere. Immer wieder wird gegen die „fahnen-flüchtigen" Täuflinge gewettert, mit denen man nicht paktieren dürfe, was unwillkürlich an eine in Deutschland entstandene frühe jiddische Unterhal-tungsliteratur erinnert, in der (wie z. B. im *Schemuelbuch* des fünfzehnten Jahrhunderts) die biblischen jüdischen Nationalhelden zu „edlen recken" und „künen degen" ernannt wurden. Solch' forscher Ton sollte in der Zukunft noch manche Stilblüten zeigen.

Ein Wort schließlich zum Vokabularium der „Deutschtümelei", welche uns an dieser Stelle nur in ihren zuweilen unglückseligen Formulierungen beschäf-tigt. Diese ist gewiß aus der Zeit heraus zu erklären, war einerseits dem eige-nen Denken gemäß, spiegelte jedoch andererseits unbewußt auch den Einfluß der deutschen Umwelt wieder. Man wollte sein und sprechen wie die anderen, und vermeinte auch wohl, man dränge am besten durch, indem man den Formen „geistiger Wahlverwandtschaft mit dem Germanenthum" [124] kerniges Gepräge verlieh. Wahrscheinlich wäre es selbst von taktischen Gesichtspunkten her ratsamer gewesen, sich in der Ausdrucksweise schon früher etwas mehr zu bezähmen. Ein Wort wie „rassebildend" erscheint noch 1918 in einer Schrift des Centralvereins [125]. Zudem nannte man sich noch lange Jahre hindurch „deutsch-national", was ursprünglich, in sachlicher Gegenüberstellung zu „jü-disch-national", durchaus legitim war. Damals war das eben noch kein Partei-begriff und beweist nur die Realität eines Bedeutungswandels in der politischen Terminologie. Allerdings fuhr man fort, sich dergestalt zu bezeichnen [126], auch noch als es den Deutschnationalen Handlungsgehilfenverband schon bald eine kleine Ewigkeit gab [127] und fast schon eine Deutschnationale Volkspartei. Wenn eine spätere Historiographie den Centralverein zuweilen fälschlich unter die konservativen und gemäßigt reaktionären Organisationen einreihte (also dort, wo eben das deutsche Bürgertum stand und gerade nicht die Juden), so ist sein eigener Sprachgebrauch für diese Verwirrung nicht völlig ohne Verantwortung.

IX

Der Centralverein und das bürgerliche Judentum überhaupt teilten sicher-lich so manche Prämissen eines überheblichen deutschen Nationalismus. Es

---

[124] AaO, II, Nr. 3 (März 1896), 131.

[125] *Rieger*, op. cit., 60.

[126] AaO, 71.

[127] Von ihm sagte man schließlich, „„deutsch-national' ist hier aber einfach mit anti-semitisch zu übersetzen". (Im deutschen Reich, XI, Nr. 3 [März 1905], 128.)

wäre auch kaum zu erwarten gewesen, daß die Juden von den Auswüchsen dieses für Deutschland nun einmal charakteristischen Nationalismus unberührt geblieben wären, suchten sie doch vor allem einen Weg in die deutsche Gesellschaft, wobei sie auch vor einem erheblichen Konformismus und zuweilen recht bedenklichen Seitenwegen nicht zurückscheuten. Es war nur natürlich, daß die allgemeinen Entwicklungstendenzen sich ständig auf die Haltung jüdischer Organisationen auswirkten, die zudem auf jeden Fall von einer nicht pluralistisch ausgerichteten Gesellschaft oft in eine falsche Position gedrängt wurden. Standen doch die Juden ohnehin im Verdacht mangelnden Nationalgefühls, „weil nahezu jede Hervorkehrung fortschrittlicher [für sie lebensnotwendiger] politischer Bestrebungen in Deutschland nachhaltig mit dem Odium belastet wurde, der ‚nationalen Gesinnung' zu widersprechen"[128]. So sind sie unter dem Druck der Umwelt zum Teil auch der ansteckenden deutschen National-Pathologie[129] erlegen. Ihre Symptome lassen sich im Schrifttum des Centralvereins leicht aufspüren.

Andererseits kann aufgezeigt werden, daß der C. V. sich keineswegs als Verfechter eines schrankenlosen Chauvinismus verstand, und daß sein Widerstand gegen derartige Auswüchse nicht selten den Antisemiten Waffen geliefert hat. Man erklärte sich als „deutsch, nicht im Sinne der Teutonen nach dem Schlage Ahlwardts und Pücklers, sondern im Sinne unserer geistigen Heroen"[130]. „Die deutsch-nationale Gesinnung der Juden, die" sie etwa „in den preußischen Ostmarken und in Böhmen und Mähren unter Opferung ihrer vitalsten Interessen" bewiesen hatten, stände, so wurde ausgeführt, „turmhoch über dem alldeutschen Chauvinismus"[131]. Man war deutsch, aber nicht auf Kosten anderer Völker oder nationaler Minderheiten.

> „Die Juden in der Provinz Posen sind Deutsche, verleugnen ihr Judenthum nicht und lassen es sich weder von den Polen noch von den deutschen Antisemiten abstreiten oder verkümmern – aber sie sind keine deutschen Chauvinisten, welche mit strammer Schneidigkeit helfen möchten, die Polen durch Dekrete und Zwangsmaßnahmen zu germanisieren und ihrer Sprache und ihren alten nationalen Eigenthümlichkeiten zu entfremden."[132]

Eine eingehende Auseinandersetzung mit der Nationalitätenpolitik des Kaiserreiches oder gar ein laufender kritischer Kommentar zu seiner Außenpolitik gehörten gewiß nicht in den Aufgabenbereich einer jüdischen Abwehrorganisation. Jedoch läßt sich die Feststellung, „daß die Juden ... ganz besonders in Deutschland nicht die atavistische Vorliebe für Waffengeklirr und Kriegsspiel teilten, durch die Deutschland einen traurigen Ruhm in der Welt

---

[128] *Reichmann,* Flucht in den Haß, 147.
[129] Zum Mangel an nationaler Reife der Deutschen siehe *Reichmann,* aaO, 196 ff.
[130] Im deutschen Reich, XII, Nr. 5 (Mai 1906), 309 (Eugen Fuchs).
[131] AaO, XV, Nr. 3 (März 1909), 149.
[132] AaO, VII, Nr. 4 (April 1901), 191.

begründet hat", daß „machtpolitische, imperialistische Ziele nur von wenigen
von ihnen gutgeheißen wurden"[133] – mit Abstrichen für den Ersten Weltkrieg –, eben auch durch eine zwanzigjährige Publizistik des Centralvereins
erhärten[134]. Zudem hatten die Politiker des Centralvereins ein noch feineres
Gespür dafür, daß sich die ungehemmte Aktivität von Erzchauvinisten und
Kriegstreibern auf die Dauer nur zum Schaden der jüdischen Bevölkerung
auswirken konnte.

Unzweifelhaft entsteht für den Betrachter hier ein verwirrendes und äußerst
zwiespältiges Bild. Man muß zwischen abgewogeneren politischen Stellungnahmen und ‚nationalen' Ergüssen zu differenzieren suchen[135]. In der „un-
beirrten Pflege deutscher Gesinnung" hat man oft gewaltig übertrieben, und
eine stärkere Zurückhaltung wäre nicht selten angebrachter gewesen[136]. Man

---

[133] *Reichmann*, Flucht in den Haß, 171, 149.

[134] Vgl. Marokko und „kaiserliche Schildträger", Im deutschen Reich, XVII, Nr. 10
(Oktober 1911), 553–558. „Was wollen unsere tapferen Arier? Krieg um jeden Preis."
(aaO, 557); „Antisemiten und Alldeutsche, Agrarier und Extrem-Konservative sind
durch ihren Chauvinismus nahe miteinander verwandt. Daß sie nicht nur in der
inneren Politik, sondern ebenso in der äußeren eine Gefahr für Deutschland bedeuten,
hat die Marokko-Angelegenheit gezeigt." (aaO, Nr. 12 [Dezember 1911], 676);
„... jeden Störer des Weltfriedens zur Vernunft zu bringen ... Tätigkeit des Auswärtigen Amts ... durch die im Ausland Mißtrauen und Haß erregenden chauvinisti-
schen Quertreibereien alldeutscher Rassenfanatiker vielfach gehemmt ... Forderung
der Zeit ... jetzt mehr als je nicht nur der Wille zur Eindämmung der Kriegsgefahr
durch eine kluge und energische auswärtige Politik, sondern auch die Sicherung des
Erfolgs durch Eindämmung des die Nachbarvölker gegen Deutschland aufreizenden
Treibens der antisemitischen und alldeutschen Kriegshetzer." (aaO, XVIII, Nr. 11
[November 1912], 395–396); es mangelt nicht an weiteren Beispielen von Verurteilung chauvinistischer Kriegsverherrlichung und alldeutscher kriegerischer Stimmungsmache (so aaO, Nr. 12 [Dezember 1912], 552). Hier läßt sich schon ein gewisser Gegensatz zwischen der entschiedeneren Ausdrucksweise des C. V.-Organs und dem vorsichtigeren Verhalten der übrigen Publikationen der jüdischen Gemeinschaft feststellen.
Die jüdische Presse vermied es zumeist ängstlich, sich mit einer versöhnlicheren pazi-
fistischen Einstellung zu exponieren, und hielt sich überhaupt lieber von der „Politik"
fern. Der Kontrast ergibt sich eben aus der „politischeren" Tätigkeit des Centralvereins und rückt Im deutschen Reich etwas näher an die liberalen Tagesblätter (dazu
auch Anm. 178). *Toury*, Die politischen Orientierungen, 310, zitiert allerdings auch
eine Äußerung der Allgemeinen Zeitung des Judentums (1911, 543) zur Marokkokrise, in der man eine vorsichtige Beanstandung der deutschen Außenpolitik zwischen
den Zeilen lesen kann. Belege über eine derartige verhüllte Regierungskritik lassen
sich natürlich aus dem Blatte des Centralvereins noch viel eher herausarbeiten.

[135] Ausgesprochen peinliche patriotische Ergüsse gab es noch 1918 in den letzten
Kriegsmonaten. Vgl. *Eva G. Reichmann*, Der Bewußtseinswandel der deutschen Juden, in: Deutsches Judentum in Krieg und Revolution, aaO, 553 f.

[136] Ein für diese Zwiespältigkeit bezeichnender Ausdruck lautete: „Der weitaus
größte Teil der jüdischen Deutschen ist aber im besten Sinne so national gesinnt, daß
in unseren Kreisen nur selten ein heftiger Protest gegen den Mißbrauch des nationalen
Gedankens laut wird, so sehr wir unter der betreffenden Abgötterei leiden." (Im
deutschen Reich, XIV, Nr. 4 [April 1908], 212.)

suchte wieder und wieder zu beweisen, wie echt das deutsche nationale Empfinden der Juden war, daß sie eben, abgesehen von der religiösen Sonderart, wie alle anderen Deutschen waren *(just like ordinary Germans, only more so)*. Da nun einmal auch die germanischen Mitbürger niemals aufhörten, sich in schauderhaften Tiraden ihres „Deutschtums" zu vergewissern, hat man sich bei den eigenen patriotischen Beteuerungen zuweilen auch in nationalistische Deklamationen verirrt. Zugeständnisse an den deutschen Nationalismus waren in diesem Klima unvermeidlich, und der von Maximilian Horwitz und Ludwig Holländer immer wieder erhobene Ratschlag, die Juden als Stiefkinder der Gesellschaft müßten doppelt artig sein [137], wurde aus taktischen Gründen nicht zuletzt in der Überbetonung des Nationalismus befolgt. So sind gewisse eigentümliche Formen einer jüdischen Selbstverteidigung und eine forcierte Abwehrmentalität'zu erklären.

Dies hat zu Zeiten einer gesunden Abwehrstrategie geschadet. Nicht nur hat die spätere Kritik am Centralverein hier viel Nahrung empfangen, sondern schon im Wilhelminischen Deutschland hat sich der C. V. dadurch zuweilen von „links" (von Sozialisten und gelegentlich auch von linksbürgerlichen Deutschen) mehr als notwendig isoliert. Das hat seine Dauerwirkung gehabt. Es hat zahlreiche jüdische Intellektuelle nach links getrieben und mag auch zu dem beigetragen haben, was man so eifrig zu verhindern suchte – zu Austritten aus der Gemeinschaft. Die nationalen Beteuerungen haben auch schon vor 1914 Teile einer idealistischen mehr universalistisch denkenden jüngeren Generation abgeschreckt. Vom Konflikt der Generationen wurde bereits im Zusammenhang mit der Entwicklung der zionistischen Bewegung gesprochen. Wie in der deutschen Umwelt war eben auch im jüdischen Bereich eine Jugend aufgebrochen, die nicht nur gegen Spießertum und Verstädterung protestierte, sondern die Wilhelminische Gesellschaft (einschließlich ihres jüdischen „establishment") ablehnte und gegen die Allmacht des Staates und seine Vergötterung, wenn nicht gar gegen das Staatsgefüge überhaupt opponierte.

So stellt sich auch unabweislich die Frage nach der Stellung einer jüdischen Organisation wie des Centralvereins innerhalb der Machtverhältnisse und Klassenstruktur des kaiserlichen Deutschland. In einem prinzipiellen Gegensatz zur bestehenden Gesellschaftsordnung stand er gewiß nicht, und das war auch nicht zu erwarten. Anderseits jedoch befand er sich in einer kritischen, wenn auch loyalen Opposition, schon durch die Tatsache seines Kampfes für

---

[137] Ludwig Holländer (1877–1936), seit 1908 Syndikus, später Direktor des Centralvereins. Über ihn siehe *Alfred Hirschberg*, Ludwig Hollaender, Director of the C. V., in: Year Book VII of the Leo Baeck Institute, London 1962, 39–74. – Mit dem Stiefkinder-Gleichnis wurde von Anfang an operiert. Vgl. *Martin Mendelsohn* (in 1894), op. cit.: „Es ist von dieser Stelle [wohl von Horwitz] schon einmal ausgesprochen worden, daß wir Juden im deutschen Staate wie Stiefkinder behandelt werden und daß die Stiefkinder, um ein erträgliches Dasein zu führen, doppelt artig und bescheiden sein müssen." (aaO, 22). – Im übrigen ein höchst fatales Gleichnis. Die böse Stiefmutter bringt schließlich ihre Stiefkinder um.

die Erweiterung der Freiheiten einer benachteiligten Minderheit. Für „die jüdische Bevölkerungsminderheit" blieb es lebenswichtig, „ob die innere deutsche Politik mehr und mehr auf der für unsere Gleichberechtigung so gefährlichen Bahn der Reaktion weiter hinabgleiten, oder in ein freisinnigeres, den neuzeitlichen Forderungen entsprechendes Geleise einlenken" würde[138]. Der Centralverein verstand nur zu gut, „daß man nicht ein Hundertstel einer Bevölkerung der Freiheit berauben kann, ohne daß auch die übrigen Volksschichten der Willkür bevorrechtigter Kreise anheimfallen"[139]. Er trat für die demokratischen „Rechte des Volkes" ein und postulierte die Sicherung und den Ausbau des Rechtsstaates[140],

> „. . . weil wir gesehen haben in einer lang andauernden, teilweise schmerzlichen Geschichte, daß das Vaterland, wenn es unfrei und wenn es bedrückt ist, auch uns schlecht behandelt."[141]

Als eine Organisation, die sich dem freiheitlichen Bürgertum zugehörig fühlte[142], und als Repräsentant einer Bevölkerungsgruppe, der die Praxis der herrschenden Staatsordnung die vollen Bürgerrechte verweigerte, wirkte der C. V. für eine progressive Entwicklung und agierte (auch wenn es sich im Bewußtsein seiner meisten Mitglieder wohl unzureichend niederschlug) objektiv gesehen, für *eine Abschleifung der bestehenden Machtverhältnisse.* Das verdient als ein entscheidender Gesichtspunkt herausgestellt zu werden. Zwar muß man feststellen, daß die Erfolge mäßig blieben; aber man darf den Centralverein nicht für deutsche Nationalübel verantwortlich machen. Der Kardinalfehler lag vor allem bei den Deutschen, die in ihrer bürgerlichen Mehrheit mit einem gewissen Verzicht auf staatsbürgerliche Mündigkeit und ohne genügende Freiheit sehr gut zu Rande kamen.

Auch in bezug auf die soziale Frage ist zu konstatieren, daß der Centralverein gewiß keine sehr großzügige Position bezog. Hier muß man sich immer wieder vor Augen halten, daß die statutenmäßigen Aufgaben des C. V. in der Abwehr des Antisemitismus und der Durchführung der staatsbürgerlichen Rechte der deutschen Juden bestanden. Diesen Aufgabenbereich konnte sich fast die ganze Judenheit zu eigen machen, während seiner Ausdehnung soziologische und politische Grenzen gezogen waren, deren Überschreitung zu Uneinigkeit und Spaltung in der jüdischen Gemeinschaft geführt hätte. Und

---

[138] Im deutschen Reich, XIII, Nr. 2 (Februar 1907), 108.

[139] AaO, XI, Nr. 10 (Oktober 1905), 525.

[140] „Wir Juden verwerfen alle Ausnahmegesetze, gleichviel ob sie uns oder andere Bestandteile der deutschen Bevölkerung betreffen; denn Ausnahmegesetze sind mit dem Begriff des ‚Rechtsstaats' unvereinbar." (aaO, XIV; Nr. 1 [Januar 1908], 23).

[141] AaO, XX, Nr. 4 (April 1914), 166 (Ludwig Holländer).

[142] Sicherlich im Selbstverständnis seiner führenden Kreise. Man sprach vom „Zusammenschluß aller freiheitlich Gesinnten . . . der allein dazu führen kann, die Macht der rückschrittlichen Koterie zu brechen, der Regierung eine bessere Stütze als die Träger der Reaktion zu bieten . . ." (aaO, XV, Nr. 9 [September 1909], 497).

doch wäre eine etwas kräftigere Betonung des sozialen Fortschritts gerade einer jüdischen Organisation gemäßer gewesen. Auch muß festgestellt werden, daß die sie damals tragenden Schichten von Aktivisten, wie etwa Lehrer und Rabbiner, in sozialen Fragen nicht ausgesprochen fortschrittlich gesinnt waren [143]. Hier schneidet der Centralverein im Vergleich zur Nachkriegsepoche, in der auch sein soziales Gewissen stärker pochte, für die Zeit vor 1914 wesentlich schlechter ab [144].

X

Die vom Centralverein unternommene anti-antisemitische Gegenpropaganda wird seit jeher unter dem dienlichen Sammelbegriff „Apologetik" zusammengefaßt. Apologetik war im jüdischen Bereich ein (von den Judenfeinden aufgezwungenes) altehrwürdiges Unterfangen, aber der C. V. brachte in ihre Ausübung etwas Methode und verschaffte ihren Erzeugnissen eine gewisse „Massenzirkulation" [145]. Gemessen an der späteren Zeit war allerdings auch letztere im Wilhelminischen Deutschland noch ᵣrelativ bescheiden, denn verglichen mit der 1918 anhebenden Publikationsflut lassen sich bis 1914 nur vierzehn Broschüren feststellen, während von den fünf verzeichneten Flugblättern zwei sich ausschließlich an die jüdische Bevölkerung wenden [146]. Hinzu gesellt sich noch das auch an Nichtjuden gerichtete monatliche Organ *Im deutschen Reich* [147], wo ebenfalls die Widerlegung des Antisemitismus emsig betrieben wurde. Hier muß ernstlich gefragt werden, ob die in dieser Zeitschrift geübte (auf der damaligen Beurteilung der Position der Juden in der deutschen Gesellschaft fußende) Verquickung von Vereinsnachrichten, äußerst detaillierter Antisemitismus-Reportage [148] und Versuchen zur Be-

---

[143] Vgl. *Alfred Jospe,* A Profession in Transition. The German Rabbinate 1910 to 1939, in: Year Book XIX of the Leo Baeck Institute, London 1974, 57–58.

[144] Jedoch hat es auch schon vor 1914 Nichtsozialisten im Centralverein gegeben, die für die Verbesserung der Lebensbedingungen des deutschen Proletariats viel Verständnis bewiesen und Einzelpersönlichkeiten, wie die Frankfurterin Henriette Fürth (1861–1938), später Mitglied des C. V.-Hauptvorstandes, deren Tätigkeit für Arbeiter und Angestellte eine Dauerwirkung hatte. – Die Beziehungen zwischen dem Centralverein und nach ihm gegründeten oder überregional errichteten jüdischen Organisationen so unter anderen dem Zentralverband jüdischer Handwerker Deutschlands (1905), dem Jüdischen Frauenbund (1904) oder dem Verband der Jüdischen Jugendvereine (1908) können hier nicht näher untersucht werden. Die Betätigung vieler dieser Gruppierungen, die dem C. V. zumeist korporativ angehörten, hat in die soziale Frage hineingespielt und verdient eine Behandlung im Rahmen seiner Gesamtgeschichte.

[145] Vgl. *Ragins,* op. cit., 97.

[146] *Rieger,* op. cit., 82–83.

[147] Seine Auflagenhöhe stand in engem Verhältnis zur Zahl der Mitglieder, wuchs also bis 1914 zu fast 40 000 an.

[148] An Selbstkritik der von „jüdischen" Zeitungen unternommenen Bekehrungs-

kehrung der Umwelt[149] einem Erfolg besonders zuträglich war. Das Echo des sowohl im Format wie in der Ausgestaltung wenig ansprechenden Blattes blieb wohl gering[150]; die Neuerungen der Nachkriegszeit führten dann auch zu erheblichen technischen und methodischen Verbesserungen[151].

Apologetik ist bekanntlich im jüdischen Lager selbst Gegenstand einer sich ständig fortsetzenden Kontroverse und in manchen Kreisen fast zum Schimpfwort geworden. Der Centralverein ging davon aus, daß man die öffentliche Meinung durch „Aufklärung", d. h. durch wissenschaftliche Beweise erziehen könne. Der Zionismus hat diese „pädagogische" Tätigkeit als jüdische Aufgabe (mit gewissen Ausnahmen) von Anfang an verworfen, während moderne Erkenntnisse sie überhaupt infrage gestellt haben. Die allgemeine Problematik einer stets von gegnerischer Herausforderung her diktierten Apologetik kann hier angedeutet werden[152].

Der Centralverein hatte sich 1893 unzweifelhaft einen bescheideneren Rahmen der Pflichterfüllung zugewiesen. Von der Widerlegung antisemitischer Verleumdungen schritt man dann langsam zu einer Apologetik des Judentums auf breitester Front vor. Von Wucher zu Ritualmordbeschuldigungen, vom Vorwurf der Arbeitsscheu 'und militärischer Untauglichkeit bis zur Rechtfertigung des Schächtens oder der Verteidigung des Talmud – mit allem hatte man sich schließlich zu befassen. Dabei hat es gelegentlich auch an Übersteigerungen ins Groteske nicht gefehlt[153].

Das Bestehen einer objektiven Judenfrage jedenfalls hat die Apologetik im

---

versuche hat es schon im Kaiserreich nicht gefehlt. Vgl. *Justizrat Salinger,* Agitationsfragen, Im deutschen Reich, XV, Nr. 10 (Oktober 1909), 548, „... ich glaube auch gerne, daß nicht alles ungelesen in den Papierkorb wandert, aber für die ... so sehr wichtige Beeinflussung der *Masse* der Andersgläubigen ist die jüdische Presse ohne Bedeutung".

[149] Scharf urteilte in seinen Erinnerungen *Heinemann Stern,* Warum hassen sie uns eigentlich?, Düsseldorf 1970, 143. Der C. V. wäre in seiner Tätigkeit gehemmt gewesen „durch den Mangel einer geeigneten Presse, denn die alte Monatsschrift ‚Im deutschen Reich‘ war nicht gehaltvoller als der nichtssagende Titel vermuten ließ." Ihm ging es allerdings vornehmlich um den innerjüdischen Aufgabenbereich.

[150] *Bernstein,* op. cit., 30.

[151] Allerdings erzielte eine separate Monatsausgabe der C. V.-Zeitung auch nur bescheidene Wirkung. Vgl. *Paucker,* Der jüdische Abwehrkampf, 50ff.

[152] Siehe hierzu eine erste ausführliche Behandlung des Themas in hebräischer Sprache von *Zeev Levi,* Mekoma schel ha' Apologetika ba' Aguda ha' Merkasit schel Jehudei Germania be schanim ha' rischonot l' Kijuma (Die Rolle der Apologetik im Centralverein deutscher Staatsbürger jüdischen Glaubens in den ersten Jahren seines Bestehens); in: Yalkut Moreshet, Nr. 12 (Juli), Jerusalem 1970, 63–86. Der Verfasser bemüht sich nicht nur um eine Analyse der Abwehrliteratur, sondern auch um eine Wertung der Apologetik als Komponente der C. V.-Ideologie.

[153] „Mit der Annahme, daß der Plattfuß ein spezifisches Rassenmerkmal sei, muß aber endlich einmal gründlich aufgeräumt werden", heißt es 1909 in einem Fachartikel. Der C. V. hatte dazu einen Herrn Dr. Muskat, Spezialarzt für orthopädische Chirurgie, herangezogen. (Im deutschen Reich, XV, Nr. 6 [Juni 1909], 354).

Wilhelminischen Deutschland bestritten[154], 'und den Kern des Judenhasses wie spätere Forschungen ihn darlegten, hat man lange Zeit verkannt. Zuweilen ist man Angriffen auch ungeschickt ausgewichen. Dem Vorwurf sozialer Anomalien z. B. ist man lieber mit dem Verweis auf vereinzelte jüdische Bauern auf deutscher Scholle und (oft aus dem Osten stammende) jüdische Handwerker begegnet, 'obgleich es wohl vernünftiger gewesen wäre, auf gewichtige historische Gründe für anormale Berufsverhältnisse hinzuweisen und deren Bereinigung erhoffen zu lassen. War es andererseits eine Aufgabe jüdischer Selbstverteidigung, komplizierte Verhältnisse zu schildern, und damit Aussagen zu machen, die zudem noch vom Gegner als Zugeständnisse empfunden worden wären? Es bleibt eine strittige Frage. Mit dem Leugnen von zu antisemitischen Zwecken vorgebrachten, den Tatsachen entsprechenden Behauptungen, hat man sich gewiß zuweilen lächerlich gemacht. Ließ sich die jüdische Abwehr bei falscher Apologetik ertappen, so wurde dadurch auch die überwiegend wahrheitsgetreue Apologetik kompromittiert.

Falsch gemacht aber hätte man es auf jeden Fall. Der Kern der Problematik lag weitgehend in den Ressentiments benachteiligter und frustrierter Schichten und den hierdurch hervorgerufenen Haßbedürfnissen. Gegen diese jedoch fruchtete rationale Argumentation im Grunde genommen wenig. Jede wissenschaftliche Abwehr krankte an der Unmöglichkeit, den Judenfeinden überhaupt etwas zu beweisen. Geschickte *wie* ungeschickte Gegenargumentation konnte dazu mißbraucht werden, Anfeindungen zu erleichtern, jede jüdische Verhaltensweise konnte zum Schlechten ausgelegt werden[155].

Die in diesen zwanzig Jahren vom C. V. so großzügig ausgebaute Apologetik war die problematischste seiner Aktivitäten, da im Grunde, außer die Bekehrten zu bekehren, sich nur mit einer gutwilligen Schicht zwischen Bekehrten und Unbekehrten diskutieren ließ[156]. Nur diese war bis zu einem gewissen Grade der Widerlegung antisemitischer Unwahrheiten zugänglich. Diese Schicht war im Kaiserreich wohl größer als nach dem Ersten Weltkrieg, und man hatte somit mehr Spielraum. Wäre es möglich gewesen, die Argumentation auf diese Sphäre zu beschränken, so hätten sich unbedenklicher auch heikle Fragen einbeziehen lassen, zumindest mit einem gewissen psychologi-

---

[154] Siehe dazu *Reichmann*, Flucht in den Hass, insb. 17–19, 23, 110. Für die Protagonisten der Abwehr im Kaiserreich gilt in noch weit stärkerem Maße als für die der Weimarer Zeit, daß sie unterschätzten, wie deutlich sich die Juden von ihrer Umwelt weiterhin als Gruppe abhoben. Sie waren nicht gewohnt, „sich selbst als gesellschaftliches Phänomen zu sehen".

[155] Von einem Führer des C. V. (es war wahrscheinlich Ludwig Holländer) ist der treffende Ausspruch überliefert, „daß wenn alle Jüdinnen in härenen Gewändern mit Lilienstengeln über den Kurfürstendamm gehen würden, man den Juden doch Protzerei vorwerfen würde".

[156] Zudem gab es auch auf einer „gehobenen" wissenschaftlichen Ebene eine Konfrontation, wie etwa mit Sombart. Dazu *Ragins*, op. cit., 99–100. – Zur religiösen Apologetik des Verbandes der Deutschen Juden siehe *Schorsch*, op. cit., 169 ff.

schen Geschick. Als man nach Jahrzehnten die Beweisführung schließlich verfeinert und vervollkommnet hatte, war die Schicht dieser Gutwilligen unter den Gesprächspartnern allerdings völlig zusammengeschmolzen.

Eine hochentwickelte, differenzierte Abwehrpropaganda ist ohnehin späteren Datums. Jede Untersuchung der erhaltenen Materialien kann nur zu dem Schluß gelangen, daß die Technik dieser geistigen Selbstwehr, verglichen mit den zuweilen recht „raffinierten" Propagandafeldzügen der Nachkriegszeit, einfach noch in den Kinderschuhen steckte. Irgendwelche Versuche, die Apologetik vorsichtig bestimmten Bevölkerungsschichten oder Interessengruppen anzupassen, zählten zu den seltenen Ausnahmen. Nach 1918 läßt sich Erfolg oder Mißerfolg der Kommunikation zuweilen quantitativ erfassen. Für die Wilhelminische Zeit sind derartige Analysen nicht möglich. Man ist gezwungen, sich auf die allgemeine Feststellung einer äußerst bescheidenen Durchschlagskraft zu beschränken.

Da der Antisemitismus später oft weitgehend als ein irrationales Phänomen analysiert wurde, dem mit rationalen Argumenten nicht entscheidend beizukommen war, ist so mancher rückschauender Betrachter der Meinung, daß die Verfechter seiner Abwehr dem Irrationalen selbst in „irrationaler Form" hätten begegnen sollen, daß dem Abwehrkampf mit einem Appell an die Emotionen und mit der Verhöhnung und Verspottung antisemitischer Absurditäten besser gedient worden wäre[157]. Derartige Analysen oder Lösungen des Abwehr-Dilemmas lassen sich aber nicht rückgängig auf das Wilhelminische Deutschland übertragen. Sie gehören in den Bereich der indirekten und kamouflierten Bekämpfung antisemitischer und nationalistischer Massenbewegungen, in eine historisch spätere Phase, und auch ihnen ist, was die erhofften Resultate angeht, manche Fragwürdigkeit zu eigen. Im übrigen verhielt es sich keinesfalls so, daß man es vor 1914 völlig unterlassen hätte, antisemitische Hirngespinste etwa ins Lächerliche zu ziehen. Mit Ironie wurde stets operiert, was sich durch viele Proben aus der „Umschau" von *Im deutschen Reich* bezeugen ließe. Allerdings hat diese heute etwas staubig anmutende, oft schwerfällige Satire die Zeit schlecht überstanden.

Daß eine Breitenwirkung der Apologetik ausgeblieben ist, berechtigt jedenfalls keineswegs zu der Schlußfolgerung, daß sie besser unterblieben wäre. Repräsentative Führer der jüdischen Gemeinschaft haben es damals mit gutem Grund als ihre „Pflicht und Schuldigkeit" angesehen, den antisemitischen Lügen entgegenzutreten.

Während von den heutigen Erforschern des Centralvereins seiner ausgedehnten Aktivität zumeist erhebliches Wohlwollen bezeigt wird, wird von fast allen Kritikern gleichzeitig die Begrenztheit seiner Antisemitismus-Analyse

---

[157] Vgl. z. B. *Peter Loewenberg*, in: Year Book XIX of the Leo Baeck Institute, London 1974, 30.

betont. Ungenügendes Verständnis der gesellschaftlichen Funktionen des Antisemitismus, seiner tieferen religiösen und psychologischen Wurzeln usw., und der sich daraus ergebenden fast gesetzmäßigen Beschränkung der Wirksamkeit des C. V. wird von den Gründerjahren[158] bis zu seiner Spätzeit[159] zutreffend festgestellt.

Solche Schlüsse sind im wesentlichen berechtigt. Allerdings kann es dem C. V. kaum zum Vorwurf gemacht werden, daß er wissenschaftliche Forschungsergebnisse, die einer viel späteren Zeit angehören, nicht zur Anwendung brachte, und daß die bürgerliche jüdische Mehrheit im Wilhelminischen Deutschland zionistischen und sozialistischen Analysen[160] wenig zugänglich war. Es war trotzdem nicht der Fall, daß der Centralverein etwa all dies verkannt hätte. Waren seine Einblicke auch unzureichend, so findet man doch selbst für die Zeit vor 1910 Einsichten, die als Vorläufer moderner Analysen gelten könnten[161]. Auch die Heraufbeschwörung des drohenden „Abgrunds" oder der den *Rechtsstaat* unterhöhlenden „Anarchie" waren trotz allem Vorhergesagten keineswegs nur rhetorische Phraseologie. Die grundlegenden Erkenntnisse der Tiefenpsychologie, über das Vorurteil, Gruppenspannungen, in-groups und out-groups, usw. und deren Popularisierung sind hingegen weit späteren Datums. Ein so wegweisendes Buch wie das von Bernstein[162] erschien z. B. erst 1926. Man kann eben von den jüdischen Geheim- und Kommerzienräten oder Funktionären im Kaiserreich nicht sozial-psychologische Erkenntnisse erwarten, zu denen die Wissenschaft oft erst in der Mitte des zwanzigsten Jahrhunderts gelangte.

Es kommt hinzu, daß die modernen Erkenntnisse zwar viel zum Verständnis des Wesens des Antisemitismus beigetragen, jedoch wenig Waffen zu seiner Bekämpfung geschmiedet haben. Es hätte kaum Sinn gehabt, etwa Menschen zu erklären, daß sie, die Subjekte, die eigentliche Ursache des Antisemitismus seien. Bestenfalls hätte man beschränkte Wirkungen bei intellektuellen Kreisen durch Lehrkurse an neutralen Instituten erzielt, Massen hätte man auf diese Weise nie erreichen können. Eine derartige pessimistische Folgerung mag darüber hinweghelfen, daß der Wissensstand über den Antisemitismus und die Methoden seiner Begegnung vor 1914 zwar unzureichend, der Zeit und dem Wesen der jüdischen Gruppe entsprechend jedoch nicht unangemessen waren.

---

[158] *Ragins,* op. cit., 95–96.

[159] *Herbert A. Strauss,* Jewish Reactions to the Rise of Anti-Semitism in Germany, Conference on Anti-Semitism, aaO, 20.

[160] Zur „Linkskritik" siehe weiter unten, S. 538–541.

[161] Vgl. u. a. *Ludwig Holländer,* Die sozialen Voraussetzungen der antisemitischen Bewegung in Deutschland, Berlin 1909. Was dort über „Gruppenreibungen" und „Mittelstandsbewegung" ausgesagt wurde, ist schon recht beachtlich.

[162] *F[ritz] Bernstein,* Der Antisemitismus als Gruppenerscheinung. Versuch einer Soziologie des Judenhasses, Berlin 1926.

Hinsichtlich der politischen Tiefenwirkung des Antisemitismus läßt sich jedenfalls überzeugend belegen, daß sie vom Centralverein keineswegs übersehen wurde. Als die unverhüllte und extremere antisemitische Bewegung auf der politischen Oberfläche abzuflauen schien, wurde ihre gleichzeitige Ausdehnung auf alle Bereiche des öffentlichen Lebens im C. V. immer wieder konstatiert. 1898 verdammte Maximilian Horwitz die Kurzsichtigen.

> „... die nicht sehen, daß der Antisemitismus lediglich andere Gestalt angenommen hat und in das gefährlichste Stadium eingetreten ist! Jetzt ist aus dem Antisemitismus der Gasse und der Gosse der Antisemitismus in Glacéhandschuhen geworden, jetzt sind diejenigen zu Rang und Stellung gelangt, welche bei dem Anbeginn der antisemitischen Bewegung die studentische Jugend bildeten, als Treitschke zuerst gegen die ,hosenverkaufenden Jünglinge‘ auftrat. Sie haben den Nachwuchs gebildet, sind prächtig herangewachsen und bilden für uns die größte Gefahr, denn sie sind durchseucht von dem in den Jahren geistiger Entwicklung aufgenommenen Gifte! Keineswegs also ist die Gefahr beseitigt, sie besteht in schlimmerer Form als je ...“ [163]

Im Jahre 1903 sprach man von der „Drachensaat, welche Ende der siebziger Jahre ausgestreut wurde“ und fortwirkte [164], und weniger als drei Jahre vor Kriegsausbruch warnte man vor allem „verfrühten Jubel“, darüber, daß der Antisemitismus „keinen rechten Führer mehr“ habe.

> „Verschwände auch der letzte Antisemit aus dem Reichstage, so dürfte doch das Jahre hindurch breiten Volksmassen eingeimpfte antisemitische Gift noch fortwirken. Der von den Volksverführern angerichtete Schaden ist viel zu groß, als daß die Heilung in kurzer Frist möglich wäre ...“ [165]

---

[163] Im deutschen Reich, IV, Nr. 4 (April 1898), 179.

[164] AaO, IX, Nr. 1 (Januar 1903), 3.

[165] AaO, XVII, Nr. 11 (November 1911), 626. – Diese Einsichten lassen sich aus der C. V.-Publizistik hundertfach belegen. Es wurde bereits betont, daß eine gewisse Schwarzseherei zu den Pflichten der besoldeten Widersacher der Judenfeindschaft gehörte. Zweifellos aber herrschte bei den Funktionären des Centralvereins die feste Überzeugung, daß durch die offensichtliche Schwächung des parteipolitischen Antisemitismus das Grundübel keineswegs beseitigt war. Das gilt es festzuhalten, gerade weil die Aktivität des C. V. vor 1914 weitgehend in eine industrielle Konjunkturphase fällt, in Korrelation zu der die heutige Historiographie das Zurückgehen der antisemitischen Bewegung sieht. Am einschneidendsten formuliert dies wohl *Hans Rosenberg*, Große Depression und Bismarckzeit, Berlin 1967, 88–117. Er spricht von einer Entwicklung des Antisemitismus in langen Wellen, dessen Entfaltung „durch das Alternieren von langfristigen Aufschwung- und Abschwungperioden gekennzeichnet“ ist. Einer Hochschwungperiode während der Depression folgt ein Niedergang des Antisemitismus in der Hochindustrialisierungsepoche 1896–1914. (Rosenbergs Terminologie umreißt allerdings Tatbestände mit denen wir seit langem nicht unvertraut sind.) Dem C. V. fehlte natürlich damals der Blick für die großen Entwicklungslinien; er spürte eher einzelnen Erscheinungen nach, allerdings auch in ihren Verflechtungen und in ihrer Verlagerung in andere Bereiche. Diese Verdichtung antisemitischer Ressentiments in der deutschen Gesellschaft, und die Unterwanderung konservativer Orga-

Unzählige Beispiele lassen sich für eine intensive Beobachtung des Verlaufs der antisemitischen Bewegung anführen, für das Aufspüren ihrer internen Verbindungen, die Aufdeckung ihrer unterirdischen Verzweigungen[166]. Kein Wunder, daß für die Historiker des deutschen Antisemitismus trotz vieler neu erschlossener Dokumentenbestände, die Berichterstattung der Zeitschrift *Im deutschen Reich* weiterhin eine der hauptsächlichsten Quellen bildet.

Von einer Illusion konnte sich der Centralverein allerdings nicht befreien und ein „Vorwurf" ist ihm daher nicht zu ersparen: er ließ nicht davon ab, an die Möglichkeit von „Heilung"[167] zu glauben; daran, daß der Antisemitismus, als ein mit der „finsteren Vergangenheit verbundenes Phänomen", bekämpfbar sei, daß man seine Wirkungen reduzieren, ihn herunterschrauben, vielleicht einmal ganz zu beseitigen imstande sein werde. Dieser naive Fortschrittsglaube des neunzehnten Jahrhunderts, der so weit ging, auch vorübergehende schwere Rückschläge für unmöglich oder doch zumindest für unwahrscheinlich zu halten, ist den späteren Zeitgenossen nicht nur als Zeugen der

nisationen durch Antisemiten in einer „Abschwungperiode" des „politischen" Antisemitismus hat die neuere Historiographie nunmehr auch aus deutschen Quellen nachgewiesen (dazu neuerdings kurz zusammenfassend *Ismar Schorsch*, German Antisemitism in the Light of Post-War Historiography, in: Year Book XIX of the Leo Baeck Institute, London 1974, 257–271) und somit viele Beobachtungen und Diagnosen der jüdischen Abwehr im Wilhelminischen Deutschland nachträglich untermauert. (Siehe dazu auch ausführlich den Beitrag von *Werner Jochmann*, Struktur und Funktion des deutschen Antisemitismus, im vorliegenden Bande, insb. S. 436 ff. [Hrsg.].)

[166] Um so bedauernswerter ist der Verlust des Berliner C. V.-Zentralarchivs. Trotz freimütiger Reportage konnte schon aus Raummangel die regionale Berichterstattung in einer Monatsschrift nur ungenügend plaziert werden.

[167] Vgl. die unveröffentlichte Autobiographie des letzten Vorsitzenden des Centralvereins, *Ernst Herzfeld* (im Archiv des Leo Baeck Instituts New York), der auf die Wilhelminische Zeit rückblickend immer wieder davon spricht, wie man erwartete, „daß eine gerechte Idee sich, wenn sie hinreichend vorgetragen würde, ,von selbst' durchsetzen würde", „daß der stete Tropfen schließlich den Stein höhlen würde", daß „unser politisches Ziel, die volle Emanzipation der Juden, in absehbarer Zeit erreicht werden würde". (AaO, 58, 63, 86.) Dieser von Herzfeld geschilderte Optimismus *auf lange Sicht* durchzog sicherlich das Wirken der meisten, die vor 1914 führend im C. V. standen, aber schon damals waren nicht alle so zuversichtlich. Julius Goldstein schrieb am 25. Februar 1911 in seinem Tagebuch: „Ich blicke in eine düstere Zukunft. Das Schicksal der Juden bedrückt mich tief. Überall Haß, Feindschaft, Zurücksetzung ... Man atmet in einer vergifteten Atmosphäre. Man kann nicht Wurzeln schlagen ... Mir wird angst, wenn ich ... an meinen Sohn denke ... es wird der Zeitpunkt kommen, wo ... ihn der bittere Judengram anfallen wird, heimatlos und vaterlandslos dazustehen, ob sich ihn gleich das Herz verzehrt nach dem deutschen Heimat, dem deutschen Vaterland ..." Der Philosoph Julius Goldstein (1873–1929) war eine führende Persönlichkeit im C. V. und Herausgeber des „Morgen" (über seinen Einfluß auf das Denken des Centralvereins siehe *Paucker*, Der jüdische Abwehrkampf, 31–32). Goldsteins Nachlaß (mit den Tagebüchern aus drei Jahrzehnten) wurde erst im Sommer 1975 dem Leo Baeck Institut übergeben und konnte für diese Studie nicht mehr voll ausgewertet werden. Für die Geschichte des C. V. dürfte der Nachlaß von Wichtigkeit sein.

Vernichtung des europäischen Judentums, sondern auch hinsichtlich der Benachteiligung und Verfolgung *aller* Minderheiten endgültig genommen worden. Der Generation, die noch mit ihm leben durfte, aber hat er schließlich auch eine innere Stärke verliehen. Heute ist es notwendig, ohne ihn auszukommen, obwohl die Sicherung jüdischer Existenz in der Diaspora weiterhin mit der Festigung freiheitlicher Gesellschaften verbunden bleibt.

XI

Schon anfangs wurde festgestellt, daß die neuere Analyse des Centralvereins seitens jüdischer Historiker auch Elemente einer „Linkskritik" übernommen hat, die etwa Mitte der sechziger Jahre wieder in den Vordergrund zeitgeschichtlicher Erörterungen trat. In ihrer „reinen" oder extremen Form läßt sich von dieser zunächst sagen, daß sie auch die jüdische Nachkriegshistoriographie in ihre pauschale Verurteilung bürgerlicher Geschichtsschreibung einbezieht. Allerdings ist es im Gegensatz zu dieser den „nichtbürgerlichen" Historikern nicht gelungen, gerade hinsichtlich des Centralvereins neue Quellen zu erschließen. Sie benutzen fast ausschließlich die jüdisch-bürgerlichen Forschungsergebnisse und begnügen sich dann damit, sie „gesellschaftswissenschaftlich" umzudeuten.

Auch sind ihre Erkenntnisse keineswegs neu. Sie setzen im Grunde in ihrer Auffassung von Antisemitismus und Judenfrage die Linie der KPD in der Weimarer Republik fort, nur daß die damaligen Theoretiker von eindrucksvollerem Kaliber waren [168]. Die traditionelle Basis bilden weiter die marxistischen Klassiker mit ihrer Identifizierung von Judentum und Kapitalismus und ihrer frühen Verurteilung von Judaismus und Philosemitismus [169]. Im Wilhelminischen Deutschland war auch die SPD noch theoriegetreu der Ansicht, daß eine Organisation wie der Centralverein eine sich mit anderen bürgerlichen Gruppen befehdende Interessengruppe bildete. Diese Streitigkeiten innerhalb der „herrschenden Klasse" waren für eine sozialistische Partei belanglos, ebenso wie die Form der bürgerlichen Bekämpfung des Antisemitismus, die hier zur Anwendung kam. Das blieb freilich pure Theorie, die, wie Ernest Hamburger treffend bemerkt, „der Wirklichkeit kaum je standhielt und daher das Verhalten der Partei in praktischen Fragen selten beeinflußt hat" [170].

[168] So *Otto Heller*, Der Untergang des Judentums. Die Judenfrage/Ihre Kritik/ Ihre Lösung durch den Sozialismus, Wien–Berlin 1931.
[169] Über die theoretischen Wandlungen in der Beschäftigung der Linken mit der Judenfrage siehe (voll feiner Ironie) *George L. Mosse,* German Socialists and the Jewish Question in the Weimar Republic, in: Year Book XVI of the Leo Baeck Institute, London 1971, 123–151. *Knütter,* op. cit., 127 ff. und *Niewyk,* op. cit., 21 ff. gehen in ihren Büchern über die Weimarer Republik anfangs auch auf theoretische Probleme in der früheren Zeit ein.
[170] *Hamburger,* op. cit., 151.

Nach dem Untergang des deutschen Judentums hat Arkady R. L. Gurland 1945 die Politik des Centralvereins einer scharfen, nie veröffentlichten, Kritik unterworfen, die sich weitgehend auf die Weimarer Republik bezog. In deren einleitenden Abschnitten führt er für die Wilhelminische Zeitspanne aus[171], daß der Centralverein die Funktion des modernen Antisemitismus nicht verstanden habe (so wenig wie im übrigen die damalige SPD); der Antisemitismus sei eben nicht der Geist der Vergangenheit, sondern das Produkt der anti-parlamentarischen Entwicklung der postliberalen Ära gewesen und sei zum Instrument der herrschenden Bürokratie und des Monopolkapitals geworden[172]. Gurlands ökonomisch-soziologische Analyse des deutschen Bürgertums ist zwar weitgehend zutreffend, um eine kompetente Untersuchung der jüdischen Abwehrpolitik handelt es sich hier jedoch nicht[173]. Auch die spätere „Linkskritik"[174] ist, was die eigentliche Aktivität des Centralvereins angeht, über oberflächliche Ansätze nicht hinausgekommen, und wirkt zudem dem immerhin brillanten Vorläufer Gurland gegenüber eintönig. Getreu der marxistisch-leninistischen These wird die Funktion des Antisemitismus als streng klassengebunden dargestellt. Im Wilhelminischen Deutschland sei er eine Waffe der bürgerlich-kapitalistischen Ausbeutergesellschaft und des Imperialismus gewesen, die *bewußt* vom Monopolkapital als Ablenkungsmanöver eingesetzt worden sei. Nur ein revolutionäres Proletariat habe den Antisemitismus bekämpfen, nur die klassenlose Gesellschaft ihn abschaffen können. Dem Wirken des Centralvereins, außerstande die gesellschaftlichen Wurzeln des Antisemitismus zu begreifen, seien klassenmäßig bedingte Grenzen gesetzt gewesen. Den damaligen Machtstrukturen keine prinzipielle Gegnerschaft ansagend, sondern eher mit ihnen verfilzt, sei er nicht in der Lage gewesen, dem Antisemitismus effektiv zu begegnen[175].

Trotz mangelnder Beweisführung und der Verzerrung historischer Tatbestände soll man sich den in dieser Polemik liegenden Teilwahrheiten nicht verschließen. Es steht außer Frage, daß, wenn der Centralverein die Klassenfunktion des Antisemitismus wie überhaupt die ihn bedingenden sozialen

---

[171] Institute of Social Research. Analysis of Central-Verein Policy in Germany, New York 1945 (im Archiv der Wiener Library, London).

[172] AaO, 1–6.

[173] Die Studie kompromittiert sich durch eine vorgefaßte Animosität gegen den C. V. Es existieren (Wiener Library, London) Erwiderungen (allerdings fast nur zur Kontroverse um den C. V. in der Weimarer Zeit) von *Alfred Wiener, John F. Oppenheimer* und *Eva G. Reichmann*. Siehe auch *Paucker*, Der jüdische Abwehrkampf, 287.

[174] Siehe vor allem *Walter Mohrmann*, Antisemitismus. Ideologie und Geschichte im Kaiserreich und in der Weimarer Republik, Berlin (DDR) 1972. Schon weniger schroff (allerdings nur ganz gedrungen für die Wilhelminische Zeit) *Klaus Drobisch, Rudi Goguel, Werner Müller, Horst Dohle,* Juden unterm Hakenkreuz, Berlin (DDR) 1973.

[175] *Mohrmann,* op. cit., 179 ff.

Faktoren auch nicht völlig verkannte, er sie jedenfalls unterschätzte. Dafür begann er schon damals andere nicht weniger bedeutungsvolle Ursachen der Judenfeindschaft (neben dem Religiösen auch kulturelle und psychologische Momente) klarer zu sehen, was auch nicht dadurch geschmälert wird, daß derartige Interpretationen von der späteren „marxistischen" Analyse als bürgerliche Verirrungen schlankweg geleugnet werden. Der jüdischen Gemeinschaft als solcher nur wäre (und ist weiterhin) mit all diesen Analysen und Ratschlägen, die einer bürgerlichen jüdischen Abwehr zudem ein ganz abstruses Arbeitsgebiet im Bereich des Klassenkampfes zuweisen, ohnehin wenig gedient. Schon im Jahre 1896 setzte sich ein bedeutender jüdischer Zeitgenosse der ersten C. V.-Führergeneration (der den Formen ihrer Abwehrtätigkeit übrigens wenig geneigte) Nathan Birnbaum, in einem in Wien gehaltenen Vortrag mit der sozialistischen Analyse der Judenfrage auseinander. Birnbaum akzeptierte um des Arguments willen die Hypothesen von den alleinig ökonomischen Ursprüngen der Judenfeindschaft und des Aussterbens ihrer sekundären und tertiären Ausläufer, und sprach in diesem Zusammenhang vor achtzig Jahren über die Position der Juden in einem Zeitablauf, den man heute das Jahrtausend vor dem Absterben des Staates bezeichnen möchte, die wahrhaft prophetischen Worte:

> „Die alte Welt wird nach der ersten Niederlage nicht für immer abdanken. Gewaltige Rückschläge werden folgen, Rückschläge, welche vielleicht ganzen Generationen als endgültige Siege des Alten über das Neugewesene erscheinen werden. Und wenn schon nach langen und heftigen Kämpfen die neue Gesellschaftsordnung im Großen und Ganzen alle Widerstände besiegt haben wird, dann werden noch immer Jahrhunderte lang manche Wellen der alten Welt in die neue hinübergleiten. Eine solche Welle wird der Judenhaß sein, diese jedenfalls secundäre Geschichtsursache kräftigster Wirkung. Es kann ein Jahrtausend dauern, bis die Menschheit bei der letzten, unwiderruflich letzten Judenhetze angelangt ist." [176]

Inzwischen haben wir in der Tat gelernt, daß der Antisemitismus sich keineswegs auf eine Klassenfunktion innerhalb der kapitalistischen Gesellschaft beschränkt, sondern daß er auch in den bisher entstandenen „sozialistischen" Gesellschaftsformen eine Auferstehung erfahren hat. Auch „sozialistische" Eliten haben sich des Antisemitismus bedient und dies in Ländern, in denen der Sozialismus die Judenfrage angeblich gelöst hatte. Die Notwendigkeit für „Centralvereine" oder Anti-Defamation-Leagues (sollte man ihnen dort je eine Tätigkeit gestatten) besteht also auch in diesen „Zukunftsgesellschaften" weiter fort.

Es wurde bereits hervorgehoben, daß an den politischen Verhaltensweisen des Centralvereins und des jüdischen Bürgertums im Kaiserreich manche Kritik geübt werden kann. Es ist aber andererseits unzulässig, nachträglich eine

---

[176] Die Jüdische Moderne. Vortrag gehalten im Akademischen Vereine „Kadimah" in Wien von *Matthias Acher* [Nathan Birnbaum], Leipzig 1896.

„linkere" Strategie zu entwerfen, die angeblich alle Übel geheilt hätte, während für eine solche nicht nur jegliche sozialen Voraussetzungen fehlten, sondern viele der vorgeschlagenen Mittel im Licht späterer Entwicklung auch nicht weniger fraglich erscheinen als der einst gewählte Weg. Eine geschlossene jüdische Gruppe mit einheitlicher wirtschaftlicher Basis existierte damals ohnehin nicht. Jede politische Ausrichtung, und besonders eine noch „linkere", hätte Gegenstand echter Kontroversen bleiben müssen. Entscheidend ist, daß sich der Centralverein gemäß der Klassenlage der Juden fast so links orientierte, als damals sinnvoll und möglich war, und das mußte heißen, daß er sich weitgehend mit der bürgerlichen Linken liierte. Sogar ein marxistischer Historiker sieht sich genötigt, einzugestehen, daß der Kampf des Centralvereins demokratische und anti-imperialistische Züge aufwies[177]. Er war nun einmal zweifellos eine Organisation jenes fortschrittlichen Bürgertums, mit dem später selbst revolutionäre Sozialisten und Kommunisten die Volksfront gegen den Faschismus anstrebten, wie überhaupt die jüdische Gruppe im Wilhelminischen Deutschland eine weit über ihre numerische Stärke bedeutsame Komponente des fortschrittlichen Lagers bildete[178]. Im übrigen ist eine differenziertere „jüdisch-bürgerliche" Geschichtsschreibung, bemüht alle Funktionen des Antisemitismus zu berücksichtigen, heute auch in ihrer Einschätzung des Centralvereins wesentlich realistischer geworden und weit über einseitige „marxistische" Interpretationen hinweggegangen.

XII

Wenig mehr als ein Jahr nach Gründung des Centralvereins hatte der antisemitische Reichstagsabgeordnete Hans Leuß in einem bemerkenswerten Aufsatz über die antisemitische Bewegung, veröffentlicht in Maximilian Hardens *Zukunft*[179], folgendes über die jüdische (oder philosemitische) Reaktion auf die Beschäftigung seiner Gesinnungsgenossen zu sagen:

> „Eine sehr wesentliche Förderung ist den Antisemiten zu Theil geworden durch die Gründung des ‚Vereins zur Abwehr des Antisemitismus'. Die Begründer dieses Vereins übersahen, daß sehr zahlreiche Kreise des deutschen Volkes, die sich gegenüber der antisemitischen Bewegung passiv verhielten, durchaus nicht ‚judenfreundlich' waren und sich ärgerten, als man ihnen zumuthete, zu Gunsten der Juden einzutreten. Ausserdem gab das Auftreten des Abwehr-Vereins Gelegenheit zu Aus-

---

[177] *Mohrmann,* op. cit., 180.
[178] Man denke nur an die von (jüdisch) bürgerlichen Linksverlagen geschaffenen Weltblätter (deren Redakteure dem C. V. geistig nahestanden oder ihm angehörten). Wäre Deutschlands offizielle Politik ihnen gefolgt, wäre es kaum zum Ersten Weltkrieg gekommen.
[179] Die antisemitische Bewegung. Von Reichstagsabg. *Hans Leuß,* Die Zukunft, 7. Bd., Nr. 33, (19. Mai 1894).

einandersetzungen, die fast ausschließlich dem Antisemitismus zu Gute kamen. Die
Schriftenverbreitung des ‚Abwehr-Vereins' hat die Nachfrage nach antisemitischen
Schriften, auf die man erst durch jene aufmerksam wurde, in ganz ausserordent-
lichem Masse gesteigert. Man hat bei allen Auseinandersetzungen zwischen Juden
und anderen Nationalitäten die selbe Erfahrung gemacht: so klug die jüdische
Nationalität sonst ist, so sehr sie ihre Interessen wahrzunehmen, sich Einfluß und
Macht zu erwerben weiss: in der Vertheidigung gegen Angriffe wird sie immer un-
klug, masslos. Hätten die deutschen Juden auf die ersten Regungen des Antisemitismus zu Ende der siebziger und Anfang der achtziger Jahre Etwas von dem
Willen, den Mißständen entgegenzutreten, gezeigt, hätten sie in der Presse und im
Wirtschaftsleben sich Zurückhaltung auferlegt, so wäre die antisemitische Bewegung
im Keime erstickt, während sie jetzt nicht nur direkte Wahlerfolge hat, sondern
vor Allem ihre Gesinnung auch in die Reihen der anderen Parteien (der konservativen, der nationalliberalen, des Centrums) hineingetragen hat." [180]

Die Existenz des Centralvereins wurde vom Schreiber noch nicht zur Kenntnis genommen, denn offenbar war der Widerhall des zwei oder drei Jahre
vor ihm entstandenen und natürlich als „Judenmache" geltenden Abwehrvereins damals noch stärker. Es ist frappant, daß die jüdische Antwort auf die
ersten Antisemitenwellen als maßlos empfunden wurde, während die jüdische Historiographie heute in gegenteiliger Meinung den langen Reifeprozeß
feststellt, der in den zwei Jahrzehnten vor 1893 überhaupt erst zur Formierung einer effektiven Gegenwehr führte [181]. Aber selbst wenn man ein ge-
rütteltes Maß von Judenfeindschaft abzieht, kommt den Worten dieses klugen Antisemiten einiges Gewicht zu. Sie rühren an prinzipielle Fragen über
die organisierte Selbstwehr, die unter den Juden selbst von Anfang an ausgetragen wurden und über die Wilhelminische Zeit hinaus akut geblieben
sind [182]. Es ist ganz unleugbar, und das Problem wurde bereits berührt, daß
ungeschickte Gegenmaßnahmen den Antisemitismus gelegentlich schüren halfen. Die Gegenwehr hat notwendigerweise auch die Argumente des Angrei-
fers verbreitet, ihre Symbole und ihr Judenbild [183]. Die Anti-Anti-Propaganda
und das Austragen der Diskussion vor einer breiteren Öffentlichkeit hat zuweilen neutrale Schichten in anderer Weise mobilisiert als es beabsichtigt war.
Eine überreizte Reaktion konnte zudem Judenfeindschaft auch dort vermuten,
wo sie nicht eigentlich vorhanden war. So mögen Antisemiten in der Tat die
organisierte Abwehr nicht selten als eine Bereicherung ihrer eigenen Anstrengungen empfunden haben. Man sollte Leuß nicht nachträglich einen geschickten Versuch der Entwaffnung der jüdischen Abwehr unterstellen. Andererseits
besitzen Behauptungen wie die, daß die antisemitische Bewegung ohne die

---

[180] AaO, 329.
[181] *Ismar Schorsch*, op. cit., hat herausgearbeitet, wie stark vor 1893 der Wider-
wille der jüdischen Gemeinschaft gegen aktive Selbstverteidigung war. Vgl. vor allem,
aaO, 65 ff.
[182] Vgl. dazu auch *Paucker*, Der jüdische Abwehrkampf, 37 ff.
[183] Dazu auch aaO, 127.

jüdische Gegenreaktion im Sande verlaufen wäre, keinerlei Überzeugungskraft.

Die wahre Problematik soll indes nicht verkannt werden. Immer wieder zeigen sich die der Selbstwehr gezogenen Grenzen und die nachteiligen Gegenwirkungen, die jüdische Maßnahmen erzeugen konnten. In den achtziger und neunziger Jahren zwar haben die deutschen Juden dies vielleicht noch nicht als ein entscheidendes Dilemma verspürt, aber im Widerstreit der Meinungen erschien das Totschweigen des Antisemitismus auch weiterhin als eine echte Alternative. Viele zogen sie einer aktiven Selbstverteidigung vor[184]. Heute allerdings muß diese Fragestellung als endgültig beantwortet gelten. Ignorieren kann man eine Bewegung nur so lange als sie von mäßiger Bedeutung ist, und schon damals handelte es sich nicht nur um bloße Schmähungen, sondern um eine ernsthafte Bedrohung der staatsbürgerlichen Gleichstellung überhaupt, die selbst mit ihren zahlreichen Unvollkommenheiten gegenüber dem vor-emanzipatorischen Stadium immerhin einen gewaltigen Fortschritt bedeutete. In dieser Situation hat die jüdische Mehrheit schließlich den *aufrechten* Stand gewählt.

Wird nun für die zwei Jahrzehnte vor Ausbruch des Ersten Weltkrieges eine zusammenfassende Einschätzung des Centralvereins überhaupt versucht, so darf man – was eine kritische Einstellung keinesfalls ausschließt – zu insgesamt positiven Ergebnissen gelangen. Der Centralverein hat der jüdischen Gemeinschaft in einer schicksalhaften Epoche dazu verholfen, sich ehrenhaft zu verhalten. Er hat eine militante Selbstverteidigung organisiert, die dem Judentum das Rückgrat stärkte und der Schutzjudenmentalität entgegenwirkte. Den Zerfall der jüdischen Gemeinschaft hat er gebremst (er kann dabei ähnliche Verdienste für sich verbuchen wie der Zionismus). All das ist ausschlaggebender als gewisse Fehlentscheidungen und Unterlassungssünden, die unvermeidlich waren und die ohnehin durch manche frühe Einsicht in die gesellschaftlichen Zusammenhänge aufgewogen werden. Die Leistungen des C. V. waren erheblich. Wenn heute ein jüdischer Historiker eine Parallele zwischen der Passivität des französischen Judentums angesichts antisemitischer Anprangerungen und der Dreyfus-Affäre und der sich ständig steigernden Streitbarkeit der deutschen Juden zieht und dabei zu dem Schlusse kommt, daß für ihn das alles andere als „unterwürfige" Verhalten des C. V. bereits für das Kaiserreich die Thesen von Hannah Arendt widerlegt, also unter Beweis stellt, daß zu allen Zeiten ein kräftiger Widerstandswille bestand[185], so ist das

---

[184] Vgl. *Eugen Fuchs* in seinem Rückblick auf die zehnjährige Tätigkeit des Centralvereins: „... wenn ich noch die Mahnrufe derer höre, die da immer nur warnten, man solle nicht Staub aufwirbeln, die Gegner nicht reizen, man solle in Geduld die Weiterentwicklung der Dinge abwarten, man könne so leicht größeren Schaden anrichten..." (Im deutschen Reich, IX, Nr. 3 [März 1903], 205.)

[185] Dem abgewogenen Fazit von *Schorsch*, op. cit., 203–209 muß uneingeschränkt

äußerst bezeichnend für die Wertmaßstäbe, die man heute anzuwenden gezwungen ist[186]. Denn in diesem Fall handelt es sich um ein gültiges Ergebnis objektiver und intensiver Forschung, während Feststellungen wie die, daß der C. V. sozusagen mit verschränkten Armen gebannt auf den Antisemitismus gestarrt habe, in der trügerischen Hoffnung, daß er einfach wieder verschwinden werde, zwar amüsant klingen, sich aber völlig an der Oberfläche des Tatbestandes bewegen[187].

Der Centralverein hat das unbestreitbare Verdienst, schon im Wilhelminischen Deutschland ein Mahner in der deutschen Gesellschaft gewesen zu sein und als ein demokratisierender Faktor im öffentlichen Leben fungiert zu haben. Er setzte in seinem Wirken und Denken eine pluralistische Gesellschaft voraus, die teilweise im Westen gesiegt hat und als deren früher Fürsprecher in Deutschland er gelten kann, ohne daß es den Begriff des Pluralismus damals schon gegeben hätte[188]. Nur in einer solchen Gesellschaft können Juden außerhalb Israels gedeihen, und nur in ihr können sie ohne Einschränkung ihrer bürgerlichen Rechte ihre Gruppeneigenart bewahren. In diesem Sinne zumindest entsprechen im Westen jedenfalls die Lebensformen der jüdischen

---

zugestimmt werden. So aaO, 206, „To characterize the record of the Centralverein as mild, naive, or submissive, *is simply to ignore the evidence*" (meine Hervorhebung). Ähnlich *Ragins,* op. cit., 176, der allerdings ständig die hemmende Wirkung der sogenannten „Emanzipationsideologie" unterstreicht. „... the beleaguered Jewish leadership did virtually all that could have been expected of them: with passion and vigor they defended the liberal values upon which their fate ... depended." Negativer schon *Reinharz,* op. cit., der auch in seinen Schlußfolgerungen Exzerpte aus der Analysis of Central-Verein Policy (siehe S. 539) unkommentiert wiedergibt. In der Überarbeitung seiner Dissertation (die soeben erschienene Buchausgabe, siehe Anm. 8, konnte, wie schon anfangs bemerkt, hier nicht mehr einbezogen werden) gelangt Reinharz allerdings schon zu einer etwas weniger kritischen Note.

[186] Schorschs Polemik gegen Hannah Arendt ist berechtigt. Hingegen kann die Fragestellung „Widerstand", in seiner jetzigen Bedeutung, für den C. V. im Wilhelminischen Deutschland nicht angewandt werden. Sie entspringt völligem Unverständnis der damaligen historischen Situation und ihr liegen subjektive Gründe in den so fragenden Individuen zugrunde, der nachhaltige Eindruck des Massenmordens der europäischen Juden, aber auch der emotionale Wunsch, sich über angeblich versagt habende Vätergenerationen zu erheben usw. – Eindrucksvoll für ein Selbstzeugnis der „Väter" ist etwa, „daß für uns Juden noch mehr als für andere Menschen leben – kämpfen bedeutet und daß es in unsrem Vertheidigungskampfe gegen den Antisemitismus nichts Gefährlicheres und Entwürdigenderes giebt, als ein Verschliessen der Augen gegen offenbare Thatsachen, als ein stilles Dulden und ruhiges Gehenlassen, ein Verzicht auf Selbstvertheidigung und Selbsthilfe." (Im deutschen Reich, VIII, Nr. 9 [September 1902], 488.)

[187] So Analysis of Central-Verein Policy, 7. Für die ganze Zeit des Bestehens des C. V. kommt Gurland nur zu dem Schluß: „Actually, they did nothing. This, in a nutshell, is the story of the C. V."

[188] *Eva G. Reichmann,* Nachwort zu Größe und Verhängnis deutsch-jüdischer Existenz. Zeugnisse einer tragischen Begegnung, Heidelberg 1974, 279.

Gemeinschaft eigentlich den Grundsätzen des „Centralvereins" einschließlich auch der vielfach angefochtenen „Emanzipations-Ideologie" [189].

Schließlich darf der Centralverein für sich in Anspruch nehmen, schon vor 1914 eine große und energische, den deutschen Verhältnissen entsprechende Organisation errichtet und damit erreicht zu haben, daß das deutsche Judentum den schwerwiegenderen Krisen der Nachkriegszeit nicht völlig unvorbereitet gegenübertrat. Als eine tatkräftige „pressure group" [190] hätte sie bei gleichzeitiger konsequenter Fortentwicklung der eigenen Ideologie, für die es zahlreiche Anzeichen gab, genügen können, sowohl in einer konstitutionellen Monarchie, die sich schrittweise demokratisierte, wie auch in einer evolutionären Transformation der deutschen Gesellschaftsform zu einer demokratischen oder sozialdemokratischen Republik. Einer Phase tiefgehender gesellschaftlicher Erschütterung und revolutionärer Gärung hingegen war der Centralverein sicherlich nicht gewachsen. Hier wäre eine völlige Umstellung unerläßlich gewesen (die zu später Stunde seinen jüngeren Kräften nur sehr teilweise gelingen sollte), zu der seine in den liberalen Vorstellungen des neunzehnten Jahrhunderts verhaftete, legalistisch denkende und konservativ lebende Führergeneration außerstande war [191].

XIII

Der Ausbruch des Ersten Weltkrieges mit seinen schnell schwindenden Illusionen war der Wendepunkt, von dem wir heute wissen, daß er das letzte Kapitel der Geschichte des deutschen Judentums einleitete. Ein Ausblick auf das Verhalten des Centralvereins im Jahre 1914 bildet daher den gegebenen Abschluß dieser Reflexionen.

Es gehört zu den Begleiterscheinungen eines post-nationalsozialistischen Philosemitismus, daß eine gewisse deutsche Nachkriegshistoriographie in ihrer Bewunderung für das patriotische Verhalten der deutschen Juden im Jahre 1914 förmlich schwelgt. Denkt man an die vielen krampfhaften und verkrampften Versuche jüdischer Organisationen in der Weimarer Republik, ihren vaterländischen Einsatz im Ersten Weltkrieg immer wieder unter Beweis

---

[189] AaO, 282.

[190] Zu dem Ergebnis, daß auch der Centralverein (und der Verband der Deutschen Juden) zur Niederlage des *parteipolitischen* Antisemitismus im Kaiserreich beigetragen hat, gelangt auch *Richard S. Levy* in einem den „resistance organizations" gewidmeten Abschnitt seines soeben erschienenen Buches, The Downfall of the Anti-Semitic Political Parties in Imperial Germany, New Haven–London 1975. Er unterstreicht ebenfalls die fortschrittliche Rolle der jüdischen Abwehr in der deutschen Politik. Hingegen ist seiner Feststellung, ein Mangel an Selbstvertrauen hätte auch die Position des C. V. erschüttert (aaO, 165), nicht beizupflichten. Für die Wilhelminische Ära hat die Forschung eher das Gegenteil erwiesen.

[191] Ebenso außerstande waren dazu *alle* politischen Parteien, einschließlich der SPD (und später der KPD).

zu stellen, so kann man sich schwer der Tragikomik dieser posthumen Anerkennung verschließen. Natürlich konnten sich die deutschen Juden damals
nur so und nicht anders verhalten. Natürlich mußten sie in ihrer Position ihre
Vaterlandsliebe noch kräftiger betonen als ihre nichtjüdischen Mitbürger.

> „In schicksalsernster Stunde ruft das Vaterland seine Söhne unter die Fahnen. Daß
> jeder deutsche Jude zu den Opfern an Gut und Blut bereit ist, die die Pflicht er-
> heischt, ist selbstverständlich. Glaubensgenossen! Wir rufen Euch auf, über das Maß
> der Pflicht hinaus Eure Kräfte dem Vaterland zu widmen!" [192]

Es kam hinzu, daß die Ostjudenfrage ihnen die Kriegsbegeisterung noch
erleichterte. Tatsächlich unterschied sich ihre Einstellung zum Zarismus kaum
von der weiter Kreise in der deutschen sozialistischen Bewegung, die ihre
Anhängerschaft mit ähnlichen antizaristischen Parolen mobilisierte.

> „Besondere Begeisterung führte die Juden ins Feld: die unmenschliche Behandlung
> der Juden in Rußland gibt dem Kampf gegen das russische Moskowitertum für die
> Juden eine besondere Bedeutung. Indem Frankreich und England sich mit einem
> solchen Staate verbündeten, ihn zu fördern suchten, haben sie sich derselben Un-
> kultur schuldig gemacht. Und wenn wir als Deutsche schon an sich mit Begeisterung
> zu den Waffen gegriffen haben, so haben wir es als deutsche Juden noch umso lieber
> getan, als ein Kampf gegen Barbarei und Unkultur mit diesem Kriege verbunden
> ist." [193]

In allen Anforderungen seitens des C. V. zur vaterländischen Pflichterfüllung schwingt ein Maß von taktischer Vorsicht und ein verhaltener Pessimismus mit. Doch ist dies nur ein Unterton in der allgemeinen Euphorie.

> „Der Centralverein hat gekämpft für die Erfüllung der vom Gleichberechtigungs-
> gesetz den jüdischen Staatsbürgern gegenüber eingegangenen Verpflichtungen. Wir
> haben um sie kämpfen müssen, denn noch bis in die jüngsten Tage hinein war das
> Wort des Gesetzes nicht Tat geworden. Nun kündet sich auch sittlich eine neue
> Morgenröte Deutschlands an. Ein in der Weltgeschichte beispielloser Krieg einigt
> unser bedrängtes Vaterland, schafft mit einem erlösenden Schlage für alle seine
> Bürger gleiches Recht, zwischen allen Schichten den Gottesfrieden. Da ist selbst-
> verständlich auch unser Kampf um das bisher verkümmerte Recht eingestellt. Hof-
> fentlich für alle Zeit. Hoffentlich für immer werden nun die feindseligen Finster-
> linge verstummt sein, die den freudig Gut und Blut fürs Vaterland opfernden
> Juden in Friedenszeiten die bürgerliche Gleichheit bestreiten, die sie als Fremdlinge
> ausschreien, als Minderwertige entrechten wollten. Hoffentlich! – Die Geschichte
> des Judentums ist nicht dazu angetan, Optimisten zu schaffen. In allen Kämpfen
> um den Fortschritt der Menschheit haben wir mitgefochten; wann aber sind die
> höchsten bürgerlichen Güter gerecht verteilt worden unter die Streiter? ,Dieses
> Mal!' antwortet unsere Sehnsucht. Wir warten auf ihre Erfüllung. –" [194]

---

[192] Im deutschen Reich, XX, Nr. 9 (September 1914), 339.
[193] AaO, 342.
[194] AaO, 343.

Diese Euphorie auf dem Hintergrund schlechter Erfahrungen, diese rückhaltslose Hingabe an ihr deutsches Vaterland hat 1914 die jüdische Gemeinschaft in ihrer Gesamtheit erfaßt, einschließlich der Zionisten, und wohl nur mit der Ausnahme einiger weniger „erleuchteter" jüdischer Intellektueller auf dem linkesten Flügel der Sozialdemokratie und vereinzelter sonstiger Außenseiter. Was in jenen Tagen von den Funktionären des Centralvereins verlangt und gepredigt wurde[195], war für deutsche Juden repräsentativ.

Die eigentliche Aktivität des Centralvereins in den Kriegsjahren kann im Rahmen dieses Beitrages nicht mehr behandelt werden[196]. Natürlich waren ihre Formen zunächst einmal von den Erfahrungen einer zwanzigjährigen Abwehrarbeit sowie von der exponierten Lage der deutschen Juden weitgehend vorgeschrieben. Aufschlußreicher für die Geisteshaltung der Juden, als der von allen jüdischen Organisationen, ja selbst von der Sozialdemokratischen Partei geteilte bedenkenlose Einsatz für Deutschland in den Augusttagen von 1914, ist später das einhellige Einschwenken in die Richtung der Befürwortung eines Verständigungsfriedens ohne Annexionen durch die überwältigende Mehrheit. Wenn dies aus der Vereinspublizistik, so dem C. V.-Organ *Im deutschen Reich,* weniger klar hervorgeht als aus anderer Dokumentation (eine gewisse Zurückhaltung ist ganz unverkennbar), so ist die Annahme berechtigt, daß dabei taktische Überlegungen schon eine Rolle spielten. Bereits hier künden sich organisatorische und politische Wandlungen in der Vereinstätigkeit an, durch die sich die nächste Phase der Abwehrarbeit des C. V. so deutlich von der Aktivität im Zeitalter Wilhelminischer „Stabilität" abhebt. Eine gewisse Diskrepanz zwischen dem, was gemeint war und dem, was sich verkünden ließ, hat es auch beim Centralverein wohl immer gegeben. Die sich nun ständig vergrößernde Kluft zwischen offenem und verhülltem Auftreten, dieses behutsamere Lavieren und die von zunehmender Isolierung der

---

[195] Es entbehrt nicht einer gewissen Ironie, daß die jüngste Geschichtsschreibung in der DDR den jüdischen Organisationen im kaiserlichen Deutschland jetzt geradezu einen Vorwurf daraus macht, den „Dolchstoß" *nicht* geführt zu haben. So *Mohrmann,* op. cit., 180, der dem Centralverein ankreidet, für den imperialistischen Krieg mobilisiert zu haben. Es ließe sich hier eine groteske Hypothese entwickeln – aber daß andere Verhaltensweisen den deutschen Juden 1914 nicht möglich waren (die sie zudem in Gegensatz zu den übrigen 99 % der „imperialistischen" deutschen Bevölkerung gebracht haben würden), ist wohl jedem vernünftigen Beschauer klar.

[196] Auch die erwähnten größeren Arbeiten schließen mit dem Jahre 1914 ab. Die Arbeit des C. V. in den Kriegsjahren (und in der Frühzeit der Weimarer Republik) ist bisher nicht ausführlich behandelt worden und soll in der geplanten Geschichte des Centralvereins eingehend dargestellt werden. Wichtiges für diese Zeitspanne findet sich vorerst vor allem bei *Eva G. Reichmann,* Der Bewußtseinswandel der deutschen Juden, und *Werner Jochmann,* Die Ausbreitung des Antisemitismus, in: Deutsches Judentum in Krieg und Revolution, aaO, 513 f. und 409 f., und in anderen Beiträgen zu diesem Symposium. Siehe auch *Egmont Zechlin,* Die deutsche Politik und die Juden im Ersten Weltkrieg, Göttingen 1969.

Juden diktierten Vorsichtsmaßnahmen[197], die sich jetzt abzuzeichnen beginnen, können hier nur angedeutet werden. Ihre Problematik in den folgenden zwanzig Jahren ist an anderer Stelle ausführlich dargestellt worden[198]. So ist auch das von vielen Beobachtern scharf kritisierte anachronistische Verharren bei Kaiser und Reich in der Stunde des Zusammenbruchs (ungeachtet der bitteren Enttäuschungen des Krieges), symbolisiert durch jene bedenkliche Centralvereinskundgebung am 2. November 1918 mit ihrem Treuegelöbnis an das Vaterland[199], und ihren ganz unverkennbaren psychologischen Motiven, sicher ein komplexeres Phänomen, als es den Anschein hat. Tatsache ist, daß das Jahr 1914 eine klare Zäsur bedeutete. Die scheinbar noch unkomplizierte Haltung des Centralvereins bei Kriegsausbruch bezeichnete den Abschluß seiner Frühepoche.

*   *   *

Die deutschen Juden hatten im August 1914 gewähnt, in einen gerechten vaterländischen Verteidigungskrieg zu ziehen, und sie erwarteten, wenigstens zu Anfang[200], daß mit der sich ankündigenden sittlichen „Morgenröte" die Schranken zwischen jüdischen und nichtjüdischen Mitbürgern in einem „veredelten" Deutschland völlig fallen würden. Sie irrten in beidem, und es ist kein Trost, daß sie sich dabei in glänzender Gesellschaft befanden. Tatsächlich sollte der Krieg jene Zeit der „Anarchie" heraufführen, vor welcher zwei Jahrzehnte im Centralverein gewarnt worden war, und deren Ausmaße jenseits aller Vorstellungskraft derjenigen lagen, die diesen Ausdruck so bereitwillig benutzt hatten. Mit ihr brach in der Tätigkeit von Deutschlands größter jüdischer Organisation eine neue Phase an, in der andere Methoden in der Bekämpfung des Antisemitismus, eine andere Strategie und andere Bundesgenossen notwendig werden sollten.

---

[197] Zum Verständnis der inneren Ursachen der sich ändernden Verhaltensweisen im öffentlichen Auftreten der jüdischen Organisationen siehe *Eva G. Reichmann*, Der Bewußtseinswandel der deutschen Juden, in: Deutsches Judentum in Krieg und Revolution, aaO, 516 ff.

[198] *Paucker*, Der jüdische Abwehrkampf, insb. 112 ff. und Jewish Defence, aaO, 26, 28–29.

[199] Siehe dazu *Werner T. Angress*, Juden im politischen Leben der Revolutionszeit, in: Deutsches Judentum in Krieg und Revolution, aaO, 145.

[200] Schon Ende 1914 mußte sich der Centralverein eingestehen, daß die antisemitischen Organe bezüglich der Judenfrage den allgemeinen Burgfrieden nicht achteten. Im deutschen Reich, XX, Nr. 10/12 (Oktober/Dezember 1914), 377.

DIE GEISTIGEN UND RELIGIÖSEN STRÖMUNGEN IN DER DEUTSCHEN JUDENHEIT

von

Pinchas E. Rosenblüth

I

Der hier zu behandelnde Zeitraum (1870–1914) dürfte in bezug auf die Beziehungen der Juden zu der sie umgebenden Kulturwelt in der tausendjährigen Geschichte der jüdischen Diaspora beispiellos dastehen*, auch nicht vergleichbar mit der einseitigen Wirkung des Hellenismus auf das Judentum oder mit der jüdisch-arabischen Zusammenarbeit im Mittelalter, wie ja auch dem abrupten und katastrophalen Abbruch dieser Beziehungen nichts gleichzusetzen ist. Wir wollen verstehen, wie das deutsche Judentum versucht hat, seine in einer reichen Tradition verwurzelte Vergangenheit mit den geistig und gesellschaftlich drängenden Ansprüchen der Gegenwart in Einklang zu bringen. Wir beginnen mit einer Skizze der Voraussetzungen, die den Charakter des damaligen jüdischen Schrifttums bedingt haben: Welche Bereitschaft bestand auf seiten der Menschen in den jüdischen Gemeinden, diese für sie geschriebene Literatur als Element ihres Lebens aufzunehmen? Inwieweit halfen die geistigen Bewegungen der Kaiserzeit bei diesem Werk des jüdischen Selbstverständnisses? Die Politik der Umwelt in Denken und Handeln ist immer für das Schicksal der jüdischen Minderheit wichtig gewesen. Das gilt zweifellos auch für die deutsch-jüdische Gedankenwelt, die ihr Recht auf volle Zugehörigkeit im modernen Kulturbereich begründen wollte.

Für die historische Würdigung dieser theologisch-philosophischen Literatur ist in Betracht zu ziehen, daß dieses Schrifttum, einschließlich der Abhandlungen über das Thema „Wesen des Judentums", um die Jahrhundertwende zunächst keinen größeren Leserkreis fand. Die Mehrheit der Juden stand derartigen Erörterungen gleichgültig gegenüber. Auch denen, die auf ihre

---

* Der vorliegende Aufsatz von *Pinchas Rosenblüth* enthält Auszüge einer umfassenderen Studie über die geistige Entwicklung im deutschen Judentum, die in ihrer Vollständigkeit hier nicht gedruckt werden konnte. Eine Publikation der ungekürzten Fassung, in hebräischer Sprache, ist in Aussicht genommen (Hrsg.).

Zugehörigkeit zum Judentum Wert legten, schien die Darstellung theologischer Unterschiede abstrakt und ohne Beziehung zu den wirklichen Problemen ihrer Gegenwart. Schopenhauer und Nietzsche zusammen mit den deutschen Klassikern befriedigten ihre theoretischen Bedürfnisse, vielleicht auch Langbehns Rembrandtdeutscher und für gar nicht wenige Haeckels Welträtsel.

Zahlreiche Selbstzeugnisse von in verschiedenen Schichten und Orten Aufgewachsenen der Emanzipationszeit schildern ihre Fremdheit und Indifferenz gegenüber dem Judentum. Der Religionsunterricht, so erinnert sich Max Brod (1884–1968), wie viele andere, war „nichts als Routine, Langeweile, das Gefühl von etwas völlig Überlebtem" [1]. Reste der Zeremonien des Laubhüttenfestes erhielten sich zunächst noch schattenhaft in seiner „aufgeklärten" Familie, bis sie dann ganz verschwanden. Und doch: „dieses Nichts an Überlieferung, diese Entwürdigung, die ... weniger als nichts war, genügte, um etwas wie ein jüdisches Selbstbewußtsein und sogar eine Art Stolz in mir und meinen Geschwistern wachzuhalten. Die miserablen Bilder in den schlecht gedruckten Büchern, die am Pessachabend schlecht vorgelesen wurden, waren in all ihrer Erniedrigung und Armut ein Verbindungsfaden zu der großen Vergangenheit des Volkes. Es war fast das einzige, was uns noch an die Geschichte des Hauses Israel band." Ähnliche Schilderungen der Vernachlässigung aller positiven jüdischen Werte finden sich in zahlreichen Selbstbiographien von jüdischen Menschen, besonders von solchen, die später zu aktiver Verbundenheit mit dem – von ihnen oft nicht-religiös aufgefaßten – Judentum zurückkehrten. Beipielsweise wäre zu verweisen auf Richard Lichtheim [2], Jakob Wassermann [3], Fritz Mauthner [4], Gustav Mayer [5] und Theodor Lessing [6]. Etwas anders lag die Jugendsituation bei Ernst Simon [7], Franz Oppenheimer [8], William Stern [9], bei denen trotz völliger

[1] *Max Brod*, Streitbares Leben, München 1969, 222 ff.

[2] *Richard Lichtheim*, Rückkehr. Lebenserinnerungen aus der Frühzeit des deutschen Zionismus, Veröffentlichung des Leo Baeck Instituts, Stuttgart 1970.

[3] *Jakob Wassermann*, Mein Weg als Deutscher und Jude, Berlin 1921.

[4] *Fritz Mauthner*, Erinnerungen, München 1918. Zu Mauthner siehe auch *Gershon Weiler*, Fritz Mauthner: A Study in Jewish Self-Rejection, in: Year Book VIII of the Leo Baeck Institute, London 1963, 136–148.

[5] *Gustav Mayer*, Erinnerungen. Vom Journalisten zum Historiker der deutschen Arbeiterbewegung, Zürich–Wien 1949.

[6] *Theodor Lessing*, Einmal und nie wieder. Lebenserinnerungen, Prag 1935 (Neudruck: Gütersloh 1969).

[7] Siehe *Ernst Simon*, Wie ich Zionist wurde, in: Meilensteine. Vom Wege des Kartells Jüdischer Verbindungen (K. J. V.) in der Zionistischen Bewegung. Eine Sammelschrift. Im Auftrage des Präsidiums des K. J. V. hrsg. von *Eli Rothschild,* Tel Aviv 1972, 42–46.

[8] *Franz Oppenheimer*, Lebenserinnerungen, Düsseldorf 1964. Oppenheimer schrieb diese Erinnerungen im Jahre 1931.

[9] Siehe *Eva Michaelis-Stern*, William Stern 1871–1938. The Man and his Achievements, in: Year Book XVII of the Leo Baeck Institute, London 1972, 143–155. Die

Identifizierung mit dem Deutschtum ein mehr oder minder vages Gefühl der Problematik ihrer jüdischen Abstammung und Religionszugehörigkeit vorhanden war. Auf manche junge Menschen wirkte der Einfluß von Familie und Umgebung in der Richtung einer offenen Verachtung des „ghettohaften" Judentums, von dem sie sich befreien wollten; oft war dies die Quelle von „jüdischem Selbsthaß", dem Theodor Lessing ein Buch gewidmet hat[10], nicht zu reden von so extremen Beispielen von Entfremdung wie etwa Walther Rathenau[11] oder gar Otto Weininger[12].

Schärfer und tiefer als andere sieht Franz Rosenzweig (1886–1929) die geistige Lage seiner Umgebung[13]. Im Gegensatz zum Elternhause, teilte er nicht den Glauben an die Harmonie von Judentum und europäisch-jüdischer Kultur. Der Einfluß der Schule sei notwendigerweise ein christlicher. Eine Wiederherstellung des jüdischen Glaubens als eine lebendige Macht schien ihm fast hoffnungslos geworden, weil bloße Lehre ohne die Grundlage eines von ihr geformten Daseins nicht wirklich existieren könne. Daher schien ihm kein anderer Weg gangbar als entweder die Bekehrung zum Christentum, die bei ihm, in Gegensatz zu anderen, aus geistigen Gründen erfolgen würde, oder eine Hinwendung zum Nationaljudentum.

Die geistige Situation der Mehrheit der deutschen Juden wird noch deutlicher bei einem Blick auf einen ihrer führenden Gemeindevertreter. Diese wurden meistens entsprechend der allgemeinen säkularen Zeitströmung nicht ihrer Treue zu jüdischen Gebräuchen wegen erwählt, sondern vielmehr auf Grund ihrer prominenten Stellung im beruflichen Leben und in der Gesellschaft. Ihr Judentum, eine Mischung von ethischer Humanität und allgemeinem Monotheismus, entsprach wohl mehr den Philosophen des deutschen Idealismus als jüdischer Tradition. Einer dieser Führer, ein einflußreicher Anwalt Max Hachenburg (1860–1952), eine Zeitlang Präsident der Synode und Mitglied des Oberrats der Israeliten Badens (1898–1905), betrat kaum jemals eine Synagoge und war in seinem Privatleben völlig assimiliert. Doch blieb er Jude, weil das Christentum dem Judentum nichts voraus habe, und es Pflicht sei, dort auszuharren, wohin die Geburt einen stelle[14]. Zudem versicherten die Rabbiner, sie würden eine religiöse Mission unter den Völkern

---

Autorin legte ihren Ausführungen das Tagebuch Sterns, Anfänge der Reifezeit, Leipzig 1925, zugrunde.

[10] *Theodor Lessing,* Der jüdische Selbsthaß, Berlin 1930.

[11] Vgl. *Walther Rathenau,* „Höre, Israel", Die Zukunft, V, Nr. 23 (6. März 1897).

[12] Vgl. *Otto Weininger,* Geschlecht und Charakter, Wien–Leipzig 1903.

[13] *Hans Liebeschütz,* Von Georg Simmel zu Franz Rosenzweig. Studien zum Jüdischen Denken im deutschen Kulturbereich. Mit einem Nachwort von *Robert Weltsch,* Schriftenreihe wissenschaftlicher Abhandlungen des Leo Baeck Instituts, Bd. 23, Tübingen 1970, 144 ff.

[14] *Ernst J. Cohn,* Three Jewish Lawyers of Germany, in: Year Book XVII of the Leo Baeck Institute, London 1972, 155 ff.

ausüben, so schwierig es auch sein mochte, sich die Justiz- und Kommerzien-
räte in den Gemeindevorständen als Missionare vorzustellen.

Eine völlig andere geistige Atmosphäre herrschte in den gesetzestreuen
Familien (die zwar zum großen Teil aus den früher polnischen Provinzen
Posens und Westpreußens oder aus Ungarn kamen, während andere dagegen –
besonders in Süddeutschland – bereits seit Generationen in Deutschland lebten). Hier erlebten die Kinder alltäglich die jüdische Lebensform. Die Synagoge stand meist im Mittelpunkt ihres Lebens, manche besuchten die jüdische
Schule. Die Feste in ihrer Mannigfaltigkeit übten einen nachhaltigen Einfluß aus, der Sederabend und der Neunte Ab (der der Zerstörung des Tempels gewidmete Trauertag), erinnerten das Kind an die Möglichkeit von Verfolgungen auch in der Gegenwart[15]. Die Gefahr der Assimilation war in den
früher polnischen Bezirken gering, da dort kaum Kontakt mit Nichtjuden
bestand. Das Judesein war den in diesen Gegenden aufwachsenden Kindern
selbstverständlich, hielt sie aber andererseits nicht davon ab, sich als
echte Deutsche zu fühlen, wie z. B. Rahel Straus, später aktiv in der allgemeinen und der *jüdischen* Frauenbewegung, berichtet. Neben eingehender
Kenntnis jüdischer Wissensgebiete vermittelte auch die allgemeine klassische
Bildung echte Werte. Man lebte bewußt ein geistiges Doppelleben. Auch und
gerade in diesen Kreisen riefen die verstärkte antisemitische Bewegung sowie
die verschiedenen späteren Ritualmordprozesse eine tiefe seelische Erschütterung hervor. Andererseits allerdings glaubte man, diese Vorgänge seien vorübergehend. Die friedliche Weiterentwicklung und der unerhörte Aufschwung
Deutschlands galten auch ihnen als selbstverständlich und unaufhaltbar[16].

Im Jahre 1880 erschien dann in Würzburg eine Broschüre aus der Feder des
Rabbiners Pinchas Mosche Wechsler in Hoechberg in Bayern. Diese Schrift
enthielt einen leidenschaftlichen Aufruf an die deutschen Juden zur Umkehr.
Gerade die Katastrophe der letzten rumänischen Ereignisse kündige die kommende Erlösung an. Wechsler wies auf Traumerlebnisse hin, die ein kommen-
des Märtyrertum anzeigten. Jener rumänische Geist der Judenfeindlichkeit
mache die Runde auch in anderen Staaten und niste sich zuerst in Deutschland ein[17]. Die Schwere der Zeit beklagte etwas später – 1890 – auch Esriel

---

[15] Vgl. die folgenden Veröffentlichungen des Leo Baeck Instituts: *Elias Auerbach,*
Pionier der Verwirklichung, Stuttgart 1969; *Rahel Straus,* Wir lebten in Deutschland.
Erinnerungen einer deutschen Jüdin 1880–1933, Stuttgart 1961; *Hermann Zondek,*
Auf festem Fuße. Erinnerungen eines jüdischen Klinikers, Stuttgart 1973.

[16] Zuzüglich der in Anm. 15 angegebenen Literatur vgl. auch *Heinemann Stern,*
Warum hassen sie uns eigentlich? Düsseldorf 1970; *Max Lazarus,* Erinnerungen,
Dortmund 1967; *Doris Davidsohn,* Erinnerungen einer deutschen Jüdin, in: Bulletin
des Leo Baeck Instituts, II, Nr. 8 (1959), 202.

[17] *Gershom Scholem,* Zur Literatur der letzten Kabbalisten in Deutschland, in:
In zwei Welten. Siegfried Moses zum fünfundsiebzigsten Geburtstag, hrsg. von *Hans
Tramer,* Tel Aviv 1962, 365 ff. Vgl. auch *James Kirsch,* The Reluctant Prophet, Los
Angeles 1973. Ich verdanke den Hinweis auf dieses Buch dem kürzlich verstorbenen
Professor Hugo Bergman.

Hildesheimer, Gründer und Rektor des Berliner Rabbinerseminars und einer der angesehensten Führer des orthodoxen Judentums, in seinen Briefen. Der neue Antisemitismus, erstmalig auch gegen solche gerichtet, die, selber Christen, dem Judentum entstammten, erschien ihm als naturnotwendige Folge des Bestrebens nach Assimilation und der Geringschätzung des Judentums.

II

Mit welchen Ideen der Umwelt hatte es der jüdische Denker dieser Periode zu tun bei seiner Synthese der eigenen Vergangenheit mit der modernen Gegenwart?

Die außerordentlichen Errungenschaften von Technik und Wissenschaft – vor allem der Naturwissenschaften – schienen den Glauben an Vernunft und Fortschritt zu kräftigen. Noch gegen Ende des Jahrhunderts waren die Völker von dem Gefühl der Ordnung und Sicherheit beherrscht wie kaum je zuvor. Man lebte in Zeiten eines beispiellosen wirtschaftlichen und technischen Aufschwungs. Die gleichzeitige Vorherrschaft Kants auf den Kathedern der Universitäten schien mit dieser Entwicklung Hand in Hand zu gehen. Diese philosophische Schulbildung entstammte der zweiten Hälfte des neunzehnten Jahrhunderts; sie füllte die Lücke aus, die das Ende der Vorherrschaft Hegels hinterlassen hatte. Die Neukantianer verbanden ein echtes Interesse an den empirischen Wissenschaften mit Anerkennung der Macht der Vernunft im menschlichen Denken und Handeln. So konnte ihre Schule in ihrer Frühzeit als die Philosophie des liberalen Bürgertums gelten. Friedrich Albert Lange (1828–1875), der Hermann Cohen in die akademische Laufbahn einführte, war ein entschiedener Vertreter solcher Einheit von Gedanken und Leben. Um die Jahrhundertwende allerdings war die Mehrzahl der Kantianer in ihrer Berufsarbeit den politischen Problemen der Nation ferngerückt. Als Erkenntnistheoretiker unternahmen sie, Kultur- und Naturwissenschaften voneinander abzugrenzen oder sie trieben Kantphilologie.

Nun fehlte es schon seit längerem nicht an ernsten Symptomen einer tiefen geistigen und seelischen *Krise*, wie sie Völker auf dem Gipfelpunkt ihrer Entwicklung befällt. Diese spiegelte sich besonders markant und naturgemäß, wie schon früher, im Denken und Wollen des *deutschen* Volkes wider. Wie in der antiken Tragödie verloren gerade auf dem Höhepunkt seiner Entwicklung viele, vor allem ein bedeutender Teil der Denker, Dichter und Erzieher der Nation, das Vertrauen in die Vernunft. Ein Gefühl von Unbefriedigtheit und von der Sinnlosigkeit alles Erreichten bemächtigte sich insbesondere weiter intellektueller Kreise; man zweifelte am Wert aller Errungenschaften. In diesem Zusammenhang wird verständlich, daß gegen Ende des Jahrhun-

derts – einige Jahrzehnte nach seinem Tode – Schopenhauers Lehre vom
leeren unstillbaren Drängen des Willens großen Anklang fand. In völligem
Gegensatz zu Kant und zum deutschen Idealismus wurde damit der *Wille*
das Primäre, der Intellekt sekundär. Die Wirkung Schopenhauers erstreckt
sich nun in die ganze Breite des geistigen und kulturellen Lebens. Aus seinen
Klängen steigen die Töne der Wagnerschen „Götterdämmerung" auf, wie
Wagner ja selbst in der Philosophie Schopenhauers die Grundlage aller geistigen und sittlichen Kultur gesehen hatte. Jacob Burckhardt hatte sich in der
Nähe Schopenhauers gefühlt, wenn er die Geschichte als Ganzes betrachtete,
während sich bei Nietzsche der Wille zum Leben zum Willen zur Macht gewandelt hatte. Die Seinsdeutung vom Geist und von der Vernunft verlagert
sich nun zu den Mächten des Unbewußten und Irrationalen über Nietzsche
hinweg in der Lebensphilosophie Diltheys, Bergsons und der Tiefenpsychologie
Freuds. Wie in der idealistischen Philosophie Gott, die Welt oder die Idee,
bildet bei Schopenhauer und seinen Jüngern der leidende, verlangende und
handelnde *Mensch* den Ansatz ihres Denkens.

Der starke Einfluß Nietzsches auf die jüngere Generation gegen Ende des
neunzehnten Jahrhunderts war die Folge seiner Revolte gegen die Herrschaft
des Intellekts und seines Aufstands gegen die durch Christentum und moderne Zivilisation erfolgte Knebelung der Triebe. Die Forderung nach Umwertung der Werte und dem sich über die Masse erhebenden Übermenschen
entsprach dem Gefühl der geistigen und seelischen Unbefriedigtheit bei vielen
Intellektuellen. Eine akademische Begründung fand dieser Irrationalismus in
der Lebensphilosophie Diltheys, der in einer allem nicht Praktischen skeptisch
gegenüberstehenden Welt die Autonomie der Geisteswissenschaften und vor
allem der Geschichte neu zu begründen suchte. Was der Mensch ist, könne er
nur durch die Geschichte lernen. Unter Verzicht auf eine endgültige metaphysische Wahrheit fand Dilthey in der *geschichtlichen Welt* den Ausdruck
des Lebens in seiner Mannigfaltigkeit und Tiefe. Es galt, dieses Leben aus
sich selbst zu verstehen. Da aber die Geschichte sich auch mit Einzelwesen
und Einzelerscheinungen beschäftige, könne man sie nicht durch das Wissen
von vielen Einzelheiten erkennen, sondern nur durch das *verstehende* Eindringen in das Wesen anderer Menschen, also durch „sympathische *Intuition*". Das geschichtliche Bewußtsein lebe im Begreifen aller Zeitalter und
erkenne in allem Schöpferischen die es begleitende Relativität. Das Wesen
des Menschseins könne niemals mit Hilfe ihm fernliegender Kategorien
begriffen werden, sondern nur durch das Leben selbst. Das Leben selbst,
die Lebendigkeit, hinter die der Mensch nicht zurückgehen könne, enthielte
Zusammenhänge, die allein das Erkennen ermöglichten. Das Ding an sich sei
also nicht eine Schöpfung des Verstandes, sondern Totalität der menschlichen
Lebenskräfte – „Leben kann nicht vor den Richterstuhl der Vernunft gebracht
werden". Damit wird die bei Dilthey zunächst noch sachlich nüchterne Pro-
klamierung des Irrationalismus der Lebenszusammenhänge die Grundlage

seiner großen Wirkung schon in der Vorkriegszeit[18]. Parallel zur Lebensphilosophie Diltheys und seiner Schüler stellte Henri Bergson seine Philosophie des Lebenselans vor allem der mechanistischen Lebenstheorie des Darwinismus entgegen. Der Verlag Eugen Diederichs in Jena, der seit der Jahrhundertwende in seiner Produktion die sehr verschiedenartigen Strömungen
des Irrationalismus zusammenfaßte, hat das Werk dieses großen französischen Schriftstellers, der auch als Katholik seine jüdische Abkunft nicht verleugnete, dem deutschen Publikum zugeführt. Während Darwins Lebenstheorie die lebendige Natur auf die Elemente der anorganischen zurückge-
führt hatte, wird bei Bergson die *Seele* des Menschen zur letzten Grundkraft,
die intuitiv sich selbst und darüber hinaus auch die materielle Umwelt von
innen heraus deutet und begreift. Denn auch die Materie ist in ihrem Kern
erfüllt von einer schöpferischen, sich immer neu wandelnden Energie, die
tiefer als vom zerlegenden Verstand von dem umfassenderen seelischen
Bewußtsein erfaßt wird. Damit zugleich sichert sich die Seele als Grundquell
des Lebens ihre Freiheit und ihre ständige schöpferische Energie. „Der für die
Schöpfung notwendige Lebensimpuls bemächtigte sich der Materie, und strebt
danach, in die materielle Welt die größtmögliche Menge an Unbestimmtheit
zu bringen. So triumphiert der Optimismus über den Determinismus.“ Bergson sieht den alles durchdringenden Fluß der Zeit als Ausstrahlung der Gottheit, die den ursprünglichen Anstoß, den *élan vital,* gegeben hat. Deren Werk
setze sich als Leben in der Evolution der Arten und der Entwicklung menschlicher Persönlichkeiten beständig fort[19]. Den bedeutendsten Einfluß auf die
geistige Gestaltung der Zeit gegen Ende des neunzehnten Jahrhunderts
dürfte jedoch wohl die Psychoanalyse Sigmund Freuds (1856–1939) gehabt
haben. Im Gegensatz zum Aufkommen der verschiedenen Einzelwissenschaf-
ten und dem Positivismus kennzeichnete jetzt das Verlangen nach einer das
Leben des Menschen als solches erklärenden Wissenschaft das europäische
Geistesleben dieser Jahre. Allerdings im Unterschied zu den eben besproche-
nen Lebensphilosophien entstammte Freuds Anschauung dem *Empirismus,*
und übernahm im Gegensatz zu ihnen das Grundprinzip des evolutionistischen Mechanismus, laut welchem das Höhere sich aus dem Niederen erklärt.
Schopenhauer und Nietzsche folgend hat Freud eine Wissenschaft von der
Macht der Triebe begründet und damit wesentlich zur Erschütterung des
Glaubens an die Macht der Vernunft beigetragen. Auch vorher wußte man
von der Macht des Unbewußten und von Neurosen, aber man wollte sie
gewissermaßen nicht zur Kenntnis nehmen, während Freud das Verständnis
vor allem des sexuellen Triebes und seiner Bedeutung für den Geist und die
Bildung der Kultur eröffnete. Was bisher als geistige Leistung galt, wird
als Widerstreit der Lust und der Triebe mit der Wirklichkeit des Lebens
erklärt. Die unbewußte psychische Wirklichkeit bildet das Primäre, das

---

[18] *Georg Lukács,* Die Zerstörung der Vernunft (1962), Neuwied 1973, Bd. II, 101.
[19] *Gerhard Masur,* Propheten von Gestern, Frankfurt a. Main 1965, 280 ff.

Denken und die Kultur entwickeln sich sekundär aus ihr. Damit bestimmen blinde, unkontrollierbare Kräfte unser Denken und Handeln. Wesentlich aber für Freuds Anschauung und deren Wirken ist die Gegensätzlichkeit, die den fundamentalen sexuellen Trieb kennzeichnet. Neben dem Instinkt, die organische Substanz fortzusetzen, besteht der ihm entgegengesetzte Todestrieb, der zur Geltung kommt in dem Wunsche zur Selbstvernichtung, zur Rückkehr in das Unorganische oder in der Neigung zu Aggressivität und zu Grausamkeit anderen gegenüber, die beide auch zusammen wirken können. Später erhob Freud diese Polarität zu einem Kampfe zweier kosmischer oder mythologischer Potenzen. Freuds Sicht des Menschen und der menschlichen Entwicklung wird damit im Grunde tief pessimistisch. Der optimistische Glaube an den Fortschritt kann seiner Erkenntnis nach nicht standhalten, wenn Freud auch – in gewissem Gegensatz dazu – die Zuversicht an die heilenden Kräfte der Aufklärung und Erhellung bewahrt.

Hans Kohn und andere[20] weisen mit Recht darauf hin, daß die die neue Zeitströmung kennzeichnenden Haltungen ihren geistigen Niederschlag besonders in dem Wiener Kreis von Schriftstellern und Dichtern fanden. In Wien herrschte um die Jahrhundertwende eine vielgestaltige Kultur, ein Ergebnis der Mischung von Gegensätzen infolge der ethnischen Zusammensetzung der im Donauraum lebenden Völker und der verschiedenen Geistesströmungen, die sich hier begegneten. Man war lebensfroh und vom Fortschrittsglauben erfüllt und gab sich dem Ideal der Schönheit um seiner selbst willen hin, vielleicht auch um der unheimlich bewußt werdenden Problematik des Lebens zu entgehen. Die geistigen und kulturellen Schöpfungen waren oft Ausdruck einer sentimentalen, an Weltschmerz grenzenden Stimmung. Spiel und Wirklichkeit gingen ineinander über. Man hatte dunkle Ahnungen von kommenden Gefahren und hegte Zweifel an der Dauer des Bestehenden, denn die Verfallserscheinungen waren sichtbar. Das Leben erschien als ein endloses Spiel des Unvorhergesehenen, bedroht von steter Unsicherheit. So hatte gerade die Kulturblüte Wiens um die Jahrhundertwende etwas von einer Untergangsstimmung. Es war die ahnungsvolle Traurigkeit eines leuchtenden Sonnenunterganges.

Kurz vor seinem Freitode Anfang 1889 schrieb der Kronprinz Erzherzog Rudolf: „Unheimlich ist die Stille, wie die Stille vor einem Gewitter."[21] Karl Kraus spricht von Österreich als einer „Versuchsstation für Weltuntergang". Im Frühwerk von Hofmannsthal und bei Arthur Schnitzler, der vieles von den Gedankengängen und der Analyse Freuds in seinen Werken vorwegnahm, spiegelt sich diese Geistesstimmung. „Die Aufklärung war ur-

---

[20] *Hans Kohn*, Karl Kraus. Arthur Schnitzler. Otto Weininger. Aus dem jüdischen Wien der Jahrhundertwende, Schriftenreihe wissenschaftlicher Abhandlungen des Leo Baeck Instituts, Bd. 6, Tübingen 1962.

[21] *Friedrich Heer*, Explosionen: Wien und sein Untergrund, Emuna, VIII, Nr. 2 (März/April 1973), 85.

sprünglich von dem zuversichtlichen Glauben an das Gute im Menschen und
an die Harmonie aller menschlichen Verhältnisse erfüllt. Die Dichter und
Denker der österreichischen Moderne sahen aber ohne Illusion den Abgrund,
über den die Aufklärung ein Heim für Menschen und Völker bauen
wollte."[22] Hier in Wien wird die Pathologie der Massengesellschaft erstmalig erkundet[23]. Viele *Juden* hatten damals aktiven Anteil am kulturellen
Leben Wiens. Sie waren besonders empfänglich für die lebendige Geistigkeit,
deren Sprecher sie zum großen Teil wurden. Denn der Jude von damals
hatte mehr als jeder andere das Bewußtsein seiner nationalen Individualität verloren. Mehr wohl ein Symptom der Krise der Zeit denn direkte Ursache dieser Stimmung, dürfte der moderne Massen-Antisemitismus des Kleinbürgertums, aber auch vieler Politiker und sogenannter Intellektueller gewesen sein, der seinen stärksten Ausdruck damals in Wien fand. Die sozialen
und geistigen Erschütterungen der Zeit, die durch die wirtschaftlichen Um-
wälzungen, aber auch durch das neue wissenschaftliche Weltbild hervorgerufen wurden, das Gefühl der Unsicherheit und Angst vor allem seitens des
Kleinbürgertums, in das Proletariat herabzusinken, bildeten den Hintergrund der neuen Bewegung. So wurde die so fruchtbare Periode kultureller
Entfaltung gegen die Jahrhundertwende, schon damals „durch die der
Aufklärung feindlichen Kräfte eines rückwärts gewandten"[24], Blut und
Boden betonenden aggressiven Nationalismus in der Wurzel bedroht. Der
zwanzigjährige Hofmannsthal schrieb in sein Tagebuch im Jahre 1894: „Wie
merkwürdig auch das wieder ist, daß wir vielleicht in Wien die letzten ganzen, beseelten Menschen überhaupt sind, daß dann vielleicht eine große Bar-
barei kommt."[25]

III

Was der junge Hofmannsthal in der Atmosphäre seiner Umwelt gespürt
hat, ist für uns im Rückblick als Wandel der historischen Situation deutlich
geworden. Die Epoche, in der die Weltwirtschaft den technisch fortgeschrittenen Völkern des Westens Freiheit der Betätigung in der ganzen Welt gegeben hatte, war zu Ende gegangen. Das Zeitalter des Imperialismus mit seiner
Verschärfung des Wettbewerbs und Betonung der Macht hatte begonnen
und die Beziehungen zwischen Wirtschaft und Politik intensiver und be-
wußter gemacht. Die Beziehungen der Staaten, wie ihre innere Gestaltung,
waren von dieser Veränderung in der Tiefe betroffen. Die Rückwirkung
auf die Lage der Juden war in Deutschland in besonderer Art spürbar. Der
Realismus, mit dem Bismarck die Reichsgründung vollzogen hatte, brachte

---

[22] *Kohn*, op. cit., 67.
[23] *Heer*, aaO, 26.
[24] *Kohn*, op. cit., 66.
[25] AaO, 11.

die Idee der Staatsraison in die Bildungswelt des Mittelstandes. Daraus konnte die Vorstellung erwachsen, daß der Sinn der nationalen Einigung in Frage gestellt sei, wenn es dem Reich nicht gelänge, in der Weltpolitik eine Rolle zu spielen. Auch der jüdische Bürger war an sich dieser Stimmung nicht fremd. Aber seit 1878 wurde der altpreußische Grundsatz, daß der Jude keinen Anteil an der die Macht des Staates tragenden Schicht haben dürfe, wieder nachdrücklicher durchgeführt. Andererseits behaupteten sich liberale Tendenzen in der Gestaltung der Gesellschaft. Die Wirtschaft und die freien Berufe mit akademischer Vorbildung, Kunst, Literatur und Presse boten weiten Raum für Intelligenz und Arbeitsamkeit der Außenseiter. In der Wirtschaft drohte durch die Bürokratisierung, wie sie die Entstehung der großen Gesellschaften mit sich brachte, ein gewisser Rückgang des Einflusses, der aber damals noch als durch die vorherrschende Prosperität ausgeglichen betrachtet werden konnte. All das ergab eine Situation, in welcher der jüdische Zeitgenosse die Fragen der Macht, im großen und ganzen gesehen, aus weiterer Entfernung betrachtete als sein Nachbar. Freiheit und Recht blieben für ihn die wichtigeren Parolen. Die diese Tendenz vertretende Presse hat, wie der Gang der Ereignisse bewies, nicht immer unrecht gehabt. Aber damals sah die Staatsleitung in der so entstehenden Spannung einen guten Grund, die vorliberale Judenpolitik weiterzuführen. Der mittelalterliche Mythos vom Juden als dem Feinde der Menschheit nahm ein zeitgemäßes Gesicht an. Die hierauf gegründete Agitation beschäftigte die Öffentlichkeit und wurde das Ziel jüdischer Abwehr. Trotzdem war der Glaube vorherrschend, daß diese demagogische Ideologie keine Aussicht auf Verwirklichung habe, solange das Gefüge des Kaiserreichs bestand, dessen Stabilität vor dem Ersten Weltkrieg von den wenigsten bezweifelt wurde.

Unter diesen Vorbedingungen blieb auch der Glaube an die Endgültigkeit der Emanzipation ein wesentliches Element jüdischen Daseins. Hieraus ergab sich, daß zeitgenössische Versuche des Selbstverständnisses am Grundsatz einer letztlich von der Vernunft bestimmten Welt festhielten. Auf dieser Voraussetzung beruht die Bedeutung, welche die Wiederbelebung der Lehre Kants in der zweiten Hälfte des neunzehnten Jahrhunderts für das deutsche Judentum in seinen verschiedenen Richtungen dargestellt hat. Es war ein Interesse, an dem nicht unerhebliche Teile des gebildeten Bürgerstandes teilnahmen, und das den Einbruch der Begriffswelt des Irrationalen als Mittel jüdischen Selbstverständnisses trotz der Bedeutung von Freud und Bergson beschränkte und verzögerte. Es war kein Zufall, daß während der ersten zwei Jahrzehnte des zwanzigsten Jahrhunderts Hermann Cohen (1842 bis 1918), der Führer der Marburger Kantschule, zum einflußreichsten Interpreten des deutschen Judentums wurde*.

---

* Zu Cohen siehe ebenfalls den Beitrag von *Peter Gay*, Begegnung mit der Moderne. Deutsche Juden in der deutschen Kultur, im vorliegenden Bande, S. 260 ff. (Hrsg.).

IV

Daher ist Cohens Gestalt besonders geeignet, die Religion der Nach-emanzipationszeit zu repräsentieren. Cohens wichtigste Leistung in der Ge-schichte der philosophischen Schulen war seine Deutung und Weiterführung Kants. Aber nicht von Beginn an war dies sein Weg. Seine Anfänge waren beherrscht vom Eindringen des westeuropäischen Empirismus in die intel-lektuelle Sphäre Berlins während der sechziger Jahre. Damals hatten Moritz Lazarus und Heymann Steinthal das Programm einer positivistischen Völ-kerpsychologie formuliert und versucht, sie in ihrer Zeitschrift zu entwickeln. Cohen stand mit Steinthal in persönlicher Beziehung; auch für ihn bedeutete Psychologie den Schlüssel zum Verständnis der Geistesgeschichte.

Mit dem Judentum verbanden Cohen von Haus aus Pietät und ein Gefühl der Solidarität, das er als eine berechtigte Sentimentalität in seiner Jugend pflegte und mit einem gewissen Abstand betrachtete. Ein Vortrag über die kulturgeschichtliche Bedeutung des Sabbats, den er im Januar 1869 zugunsten der Zunz-Stiftung hielt, betont stark die Leistung der alten Juden für die Lösung eines Menschheitsproblems. Aber die Erklärung des Phänomens be-schränkt sich im wesentlichen auf eine naturalistische Analyse; jede Annähe-rung an die Idee der Offenbarung wird zurückgewiesen. Bei der Veröffent-lichung dieses Vortrags hat Cohen noch elf Jahre später in einem Nachwort die Übertragung der sozialen Botschaft des Sabbats auf den Sonntag befür-wortet. Das geschah im Zusammenhang mit seiner Antwort an Treitschke, die er später trotz alledem als die erste Station auf dem Wege seiner Rück-kehr zum Judentum bezeichnen konnte. Die entscheidende Wandlung seiner philosophischen Haltung war schon in den siebziger Jahren eingetreten. In der Wiederentdeckung der reinen Vernunft Kants hatte er seine Lebensauf-gabe gefunden. Er sah zunächst in dieser Berufsarbeit keine Verbindung mit dem jüdischen Leben. In einem Brief an Friedrich Albert Lange betont er, daß weder Kants Philosophie noch, was er selber dazutun könnte, sich für Palästina eigne. Andererseits war er sich bewußt, daß ein idealistischer Glaube an eine sozialistische Gemeinschaft der Menschen auf das prophetische Schrifttum zurückging und daß der Mann, der als erster seine philosophische Bedeutung erkannt hatte, diese Auswertung der Bibel mit ihm teilte.

Treitschke hatte sich 1879 mit seinen Artikeln in den *Preußischen Jahr-büchern* der antisemitischen Agitation Stoeckers angeschlossen. Er hatte die christliche Einheit des Staates – gegenüber den Tendenzen der Säkularisie-rung – betont und von den Juden gefordert, jede Art von Absonderung aufzugeben. Im Gegensatz zu Moritz Lazarus und Heinrich Graetz, stimmte Cohen Treitschkes These von der Einheit von Staat und Glauben zu, wollte aber zum Unterschied von ihm im Judentum nicht weniger als im Christen-tum einen gleichberechtigten Partner und Träger dieser Einheit sehen. Denn

der Religionsinhalt des israelitischen Monotheismus, der durch die Geistigkeit
Gottes und die messianische Verheißung zum Ausdruck komme, sei vom pro-
testantischen Christentum kaum wesensmäßig unterschieden. Er bejahte die
„Verschmelzung" mit dem deutschen Volk, dessen geistiger Inhalt seiner
Meinung nach durch nichts anderes besser als durch Kants Lehre von der
Autonomie der Sittlichkeit verdeutlicht wurde [26]. Deswegen aber forderte
Cohen auch von den Juden Treue zu ihrem Glauben als *politische* Pflicht. Für
ihn war der Staat eine ethische Aufgabe seiner Bürger. Er hat nach 1871
seine innere Zustimmung zu Bismarcks Reichsgründung unter der Voraussetzung gegeben, daß die Einigung Deutschlands der Auftakt zu einer den
sicheren Frieden bringenden Zusammenarbeit der Nationen sein werde. Gerade weil er diese Voraussetzung seiner politischen Stellungnahme weder aufgeben wollte noch konnte, hat er sich der Erkenntnis verschlossen, daß die
Entwicklung der Dinge in Deutschland und in der Welt die Verwirklichung
seiner Hoffnungen ausschloß.

Die Ethik war bei Cohen der zentrale Bereich seiner Philosophie. Der
Mensch als rationales Wesen ist der Träger des moralischen Gesetzes. Es ist
seine Aufgabe, sein Leben, vor allem seine Beziehung zum Mitmenschen, im
Hinblick auf seine Bestimmung, die Idee Menschheit und das moralische Gesetz, in dem sie zum Ausdruck kommt, zu gestalten. Die Ethik hatte dabei
den Vorrang vor der Religion, der Cohen keine Selbständigkeit im System
der reinen Vernunft einräumte. Daher glaubte Cohen ursprünglich, diese in
seiner Begründung der „Ethik des reinen Willens" (1904) einordnen zu können. Die Sittlichkeit dränge nach Verwirklichung durch den Menschen, doch
könne dieser die bestehende Kluft nur verkleinern, nicht aber überbrücken.
Über Kant hinaus, verbürge die Idee *Gottes* die schließliche Verwirklichung
der Sittlichkeit und die Versittlichung der Natur. „Ohne ihn könnte Sittlichkeit ein bloßer schöner Gedanke, eine bloße Utopie sein. Und ohne ihn hätte
die Natur zwar Wirklichkeit, aber keine Wahrheit." [27] Aber andererseits
bleibt es dabei, daß nur das Denken erzeugt, was als Sein gelten darf. Der
menschliche Wille sei seinem Wesen nach darauf gerichtet, die sittliche Forderung auf Achtung eines jeden Menschen als Selbstzweck, auf Errichtung der
einen Menschheit, in der *ein* Recht, Gerechtigkeit, Sozialismus und Frieden
herrschen solle, in der Zukunft zu realisieren, daher der messianische Charakter dieser Zukunft. Es sei eine sittliche Leidenschaft, gleich derjenigen der
Propheten, die diesen Willen zeugt, der die Verbindung zwischen dem Sein
und dem Sollen herzustellen habe [28]. Hier wird auch Cohens stete Betonung

---

[26] *Hermann Cohen,* Jüdische Schriften, Berlin 1924, Bd. II, 75 ff.; *Liebeschütz,*
Simmel zu Rosenzweig, 31 ff.

[27] *Franz Rosenzweig,* Einleitung zu Hermann Cohens Jüdische Schriften, Berlin
1924, Bd. I, XXXII.

[28] *Emil L. Fackenheim,* Hermann Cohen — After Fifty Years, The Leo Baeck
Memorial Lecture, 12, New York 1969, 17.

menschlichen Tuns verständlich, wie sie besonders in seinem Alterswerk *Religion der Vernunft* – dem jüdischen Denken entsprechend – zum Ausdruck kommt. Cohen wandte sich gegen die Auffassung, daß die Erde von der Politik beherrscht wird, während die Religion für den Himmel bestimmt sei. In Wirklichkeit sei es die Aufgabe der Ethik, die Religion vom Himmel zur Erde heruntersteigen zu lassen und damit die Politik selbst umzuformen [29]. Damit aber hatte er „den Kern jüdischen Glaubens in das in ihm erwachsene System der Philosophie aufgenommen" [30].

Daher wandte er sich nun – im Gegensatz zu seiner Frühzeit – aus der Tiefe seines jüdischen Empfindens mit leidenschaftlicher Schärfe gegen den Pantheismus Spinozas. Vor allem griff er jetzt (1915) die These Spinozas an, daß die biblischen Gesetze nur zur Aufrichtung und Erhaltung des jüdischen Staates in Palästina bestimmt und nur so lange gültig gewesen seien, als dieser bestand. Spinozas Gleichsetzung von Recht und Macht ließe keinen Raum für den Idealismus, für den messianischen Glauben und die Idee des Prophetismus. Die biblische Religion erscheine bei Spinoza nicht mit dem Anspruch auf Wahrheit, sondern fordere nur den Gehorsam der Obrigkeit gegenüber, daher der Prophet als Unruhestifter angesehen werde. Dies bedeutet für Cohen die „Vernichtung des jüdischen Religionsbegriffs", die Herabwürdigung der jüdischen Geschichte und die Leugnung, daß die Idee Gottes über dieser Geschichte schwebe [31]. Spinoza wurde nun zum Verräter an seinem Volk, da er jede Geltung des Judentums außerhalb der Zeit und der Grenzen des früheren Staates leugnete, während dessen eigentlicher Sinn in seinem ideellen und überzeitlichen Charakter läge. Besonders erregte es Cohen, daß Spinoza mit seiner These der partikularistischen Nur-Staatlichkeit der jüdischen Gesetze Kants Auffassung vom Judentum geformt habe, der für ihn den Inbegriff der idealen deutschen Kultur bildete [32]. Der jüdische Kantianer wurde damit in seiner Spinozakritik, wie in seinem ganzen Werke, der Sprecher für die Bedeutung des Judentums in der religiösen Grundlegung der modernen Kultur [33].

Im Gegensatz zu früher wurde die Religion in Cohens Spätzeit (in seinem Werke *Der Begriff der Religion im System der Philosophie,* 1915) zu einem eigenen Bereich. Aber auch jetzt trug sie keine selbständige, zuzügliche Erkenntnis bei, wohl aber deckte sie neue Erfahrungsgebiete auf, die die Ethik nicht vermitteln konnte, da in ihrer Sicht der Einzelne nur als Träger der Menschheit erschien. Die Religion entdeckte in dem anderen den *Mit-*

---

[29] AaO, 16.

[30] *Liebeschütz,* Simmel zu Rosenzweig, 22.

[31] *Cohen,* Jüdische Schriften, Bd. III, 293 ff.; *Hans Liebeschütz,* Hermann Cohen und Spinoza, in: Bulletin des Leo Baeck Instituts, III, Nr. 12 (1960), 229 ff.

[32] Vgl. auch *Ernst Simon,* Zu Hermann Cohens Spinoza Auffassung, in: Brücken. Gesammelte Aufsätze, Heidelberg 1965, 213.

[33] *Liebeschütz,* Simmel zu Rosenzweig, 238.

menschen, das „Du", und brachte den Menschen dadurch zum Bewußtsein seiner selbst, der mit dem anderen mitfühlt und mitleidet. Damit wurde er auch empfänglich für die Dringlichkeit der messianischen Aufgabe, die soziale Not abzuschaffen, und Gott wird hier zum Gott der Liebe und des Armen. In dem Bereich der Religion entdeckt der Einzelne sich als sündhaft und wendet sich zu Gott mit der Bitte um Vergebung und Versöhnung[34].

In den Alterswerken über die Religion trat ein neuer, die Eigenart der Religion herausstellender Begriff, der der *Korrelation* in den Vordergrund, der einzigartig das Verhältnis zwischen Gott und dem Menschen bezeichnen sollte. Gott sei Geist und der Mensch habe Anteil am Geiste, damit sei die Korrelation zwischen beiden möglich, durch die Erkenntnis Gottes seitens des Menschen. Die Korrelation erweise sich dabei als eine den sittlichen Handlungen des Menschen sinngebende Funktion. Im Gegensatz zum Pantheismus, der die Persönlichkeit Gottes wie des Menschen vernichtet[35], und zur Mystik, ist für Cohen der letzte Sinn der Korrelation die Auseinanderhaltung und damit die Erhaltung von Gott und Mensch. „Die Religion bleibt Religion der Vernunft. Sie wird konstruiert, nicht empfangen."[36] Gott selber ist die logische Bedingung der Existenz, um die sittliche Vollendung der Natur und des Menschen entsprechend den Forderungen der menschlichen Vernunft sicherzustellen. Damit blieb Hermann Cohen wohl im Rahmen der idealistisch-kritischen Philosophie, unternahm nicht den „gewaltigen Vorstoß" in die Richtung des neuen, existentiellen Denkens, wie dies Rosenzweig deutete[37]. Und doch hat die Idee Gottes bei ihm eine andere, nicht im Logischen sich erschöpfende Bedeutung, sondern weist eindeutig in den transzendenten Bereich. Gott ist ja nicht nur der Eine, sondern, wie die Rabbanim der Klarheit halber lasen, der *Einzige* (Jichud), der einzig Seiende. Aber wir können auf ihn nicht die Begriffe Existenz und Wirklichkeit anwenden, weil er seinem Wesen nach sich jeder begrifflichen Erfassung entzieht und wir daher auch nichts über seine Eigenschaften aussagen können[38]. Mit Recht ist bemerkt worden, daß Cohen sich hier mit Maimonides berührt, wenn auch dessen Ausgangsstellung eine ganz andere ist[39]. Es ist wohl eine richtige Deutung in der umfassenden Kontroverse über Cohens Gottesbegriff, wenn man feststellt, daß er hier seine Gefühle aus Keuschheit und aus kritischer Selbst-

---

[34] *Hermann Cohen*, Religion der Vernunft, Leipzig 1919, 17 ff.; *Alexander Altmann*, Hermann Cohens Begriff der Korrelation, in: In Zwei Welten, aaO, 387; ferner *Alexander Altmann*, Theology in Twentieth-Century German Jewry, in: Year Book I of the Leo Baeck Institute, London 1956, 194 ff.

[35] *Simon*, in: Brücken, 211; *Altmann*, Cohens Begriff der Korrelation, aaO, 396 ff.

[36] AaO, 399.

[37] Siehe die angeführte Literatur. – *Rosenzweig*, Einleitung, aaO, XLV, XLVIII ff.

[38] *Nathan Rotenstreich*, Das Jüdische Denken in der Neuzeit (hebr.), Bd. II, Tel Aviv 1950, 59.

[39] *S. Ucko*, Einleitung zur hebräischen Übersetzung von Hermann Cohens Religion der Vernunft, 17 ff.; *Rosenzweig*, Einleitung, aaO, XXXII.

zügelung dem Intellekt zum Opfer bringt. Er dürfe Gott nicht anders denn als Idee bezeichnen, da jede Konkretisierung seinem Anderssein und seiner Einzigartigkeit ferne läge. „Gott müßte eine Idee bleiben, die nicht – wie im Pantheismus – mit der Wirklichkeit des Menschen in eins gesetzt werden könnte"[40]. Diese Anerkennung des einzigartigen Wertes der Beziehungen von Gott und Mensch soll die Möglichkeit bieten, dem ganzen Reichtum der Gefühle, den die religiöse Tradition in die Verehrung Gottes hineingetragen hat, in seiner Philosophie eine begrifflich unangreifbare Stellung zu geben[41]. Als man aber Cohen fragte, wie man eine Idee lieben könne, gab er die bekannte und für ihn bezeichnende Antwort: „Wie kann man etwas anderes lieben als eine Idee? Liebt man doch sogar in der sinnlichen Liebe nur die Idee der Person." Cohens Deutung hatte Kant in die Nachbarschaft von Plato gerückt. Darum bedeutete die Idee für ihn die Vorbedingung der Wirklichkeit und damit den Wegweiser zur Wahrheit[42]. So kam es, daß dieser Rationalismus, zu dem er sich in allen Epochen seines Lebens bekannt hat, bei ihm zum Träger eines leidenschaftlich religiösen Pathos werden konnte[43]. Eine Reihe von Persönlichkeiten bezeugten die Intensität und die Ausdruckskraft seiner religiösen Andacht und seines Gebets. „Als man zum ‚Alenu' Gebet gelangte, beugte er sich zitternd, und seine heilige Ehrfurcht verwandelte sich in erhabene Begeisterung"[44], – eine Art *zweiter*, neuer *Einfalt*, über das Stadium der Reflexion hinausgehend[45]. Das Denken wurde Andacht[46]. Nach Klärung dieser Grundbegriffe, aber auch aufgrund seiner immer stärker werdenden Gebundenheit zum Judentum in Denken, Leben und Erleben, ging er nun an die Fassung seines Alterswerkes, *Religion der Vernunft aus den Quellen des Judentums*[47]. Er begründete den Titel seiner Anschauung entsprechend damit, daß der Inhalt der reinen Religion nicht induktiv den geschichtlichen Erscheinungsformen zu entnehmen sei, sondern daß der Begriff der Vernunft des Menschen, wie vorher gezeigt, schon von *vornherein* die Grundbegriffe der Religion enthielt. Es ergäbe sich daraus, daß grundsätzlich kein Widerspruch zwischen Religion und Vernunft und gewiß nicht zwischen Religion und Ethik entstehen könne. Seinen Voraussetzungen nach könne es nur *eine* Religion der Vernunft geben, die Allgemeingültigkeit haben müsse; für seine Untersuchung ihres Charakters legt er

---

[40] *Ucko*, aaO, 19.

[41] *Liebeschütz*, Simmel zu Rosenzweig, 48; *Liebeschütz*, Cohen und Spinoza, aaO, 234.

[42] *Cohen*, Jüdische Schriften, Bd. II, 187; *Fackenheim*, op. cit., 19.

[43] *Liebeschütz*, Cohen und Spinoza, aaO, 235.

[44] *Ucko*, aaO.

[45] *Simon*, in: Brücken, 246 ff.

[46] *Ucko*, aaO, 20.

[47] In der ersten Auflage wurde das Werk, das 1919 posthum erschien, „die Religion der Vernunft" genannt, später aber der Absicht des Verfassers entsprechend umgeändert: „Religion der Vernunft".

die Quellen des Judentums zugrunde. Grundsätzlich erkennt er auch die
Traditionen anderer religiöser Gemeinschaften an, doch maß er von den vorhandenen denen des Judentums eine besondere Bedeutung als Quellen der
Religion der Vernunft bei. Die Vernunft bedeutete ihm positiv die Gesetzlichkeit, sie sei damit auch das Organ der Gesetze[48]. Das Ewige sei aller sinnlichen
Erfahrung entrückt, daher Gott nur aus seinen Werken und Wirkungen erkennbar[49]. Die dreizehn Attribute der Handlungen bei Gott (siehe II. B. Moses, Kap. 34, 6) seien somit die Musterbilder für das Handeln des Menschen[50].

Der Jude wollte im Gegensatz zum Griechen die Gegenwart nicht durch
Kritik, sondern durch die Herstellung ihres Zusammenhanges mit dem Ewigen, dem geschriebenen *Gesetz*, vertiefen. Die Offenbarung sei das Zeugnis
der Vernunft, die von Gott kommt und mit Gott verbindet[51]. Daher sei sie
nicht der Ausdruck einer Autorität, die von außen kommt und stehe nicht
im Widerspruch zur Autonomie des sittlichen Willens. Das Gesetz aber
solle das ganze Leben mit allen seinen Handlungen umfassen und den Unterschied zwischen heilig und profan aufheben. Bezeichnenderweise enthält gerade das Kapitel über das Gesetz einige der Grundthesen Cohens zur Theologie des Judentums. Weil das Judentum eine Religion der Vernunft ist, sei
sein Fortbestand eine geschichtliche Notwendigkeit[52]. Das Gesetz nun ermöglicht diejenige Isolierung, die unerläßlich scheint für die Pflege und Fortbildung des Eigenen als des Ewigen. Das aber bedeutet eine bestimmte Isolierung in der Kulturwelt, was – aus der Sicht des damaligen Liberalismus
beider Religionen heraus – schon das Verdammungsurteil über das Judentum bedeutete. Aber die Isolierung, so erklärt Cohen, erfolge nicht so sehr
des Gesetzes wegen, sondern wegen des reinen Monotheismus und damit
der Existenz der Kulturwelt selbst wegen! Das Judentum erfülle somit gerade in der Moderne eine individuelle Aufgabe. Nur der einzige Gott des
jüdischen Monotheismus könne den festen Mittelpunkt bilden, der der modernen Kultur fehle und der ihr die Stabilität angesichts der Vielheit ihrer
Interessen zu bieten vermöge. Das Gesetz sei somit eine Schutzmauer gegen
die Nivellierung des reinen Gottesgedankens. Doch im Gegensatz zur geläufigen Auffassung betont Cohen neben diesem negativen Moment der
Isolierung die *positive* Kraft der Erweckung und Vertiefung religiöser Gedanken und Gefühle gerade durch die Formen des Gesetzes. Sie bedeuteten
nur äußerlich gesehen eine Last, seien aber in Wirklichkeit „das Joch des
Himmelreiches". Wer das Leben unter diesem Joch der Gesetze nicht selber
erlebt habe, der könne es nimmermehr begreifen, daß dieses Joch als eine Him-
melsleiter getragen wird[53]. Der weitere Zweck des Gesetzes sei also die

---

[48] *Cohen*, Religion der Vernunft, 12.
[49] AaO, 93 ff. Vgl. auch *Maimonides*, Der Führer der Verirrten, Bd. I, Kap. 54.
[50] *Cohen*, Religion der Vernunft, 110.
[51] AaO, 97.
[52] *Cohen*, Religion der Vernunft, 429 ff.
[53] Zu diesem und weiteren, aaO, 434 ff.

Idealisierung alles irdischen Tuns mit dem Göttlichen und die Durchdringung des ganzen Lebens mit ihm. Nicht eine Entfremdung von der Kultur durch die Beobachtung des Gesetzes brauche man zu befürchten, dessen Umfang und Gültigkeit jeweils neu zu bestimmen ist, vielmehr würde der Kultur durch die Selbständigkeit und das Eigengewicht des Gesetzes ein fester Mittelpunkt gegeben. Die Bedeutung des Gesetzes liege vor allem in seiner Kraft, den echten Wert auch der Lehre zu erwecken. Die persönliche Nähe Cohens zu den Geboten und zum Gebet bezeugt auch der häufige Gebrauch des Begriffs des religiösen „Erlebens" in bezug auf deren Übung[54]. Er, der große Rationalist, wieder gleich dem Maimonides[55], wußte um die Grenzen des Rationalismus und hatte ein tiefes Gefühl für das Irrationale. Die Vernunft selber wurde ihm ein Wunder, immer wieder kehrt auch der Ausdruck des Staunens vor dem Wunder des jüdischen Volkes oder des Sabbats wieder, und oft, wie in bezug auf den Ursprung des Prophetismus, betont er, daß man dies nie werde verstehen können. Nicht umsonst wendet er sich oft und aus voller Liebe den Psalmen und deren Gedankenwelt zu. Dabei erschien ihm das Judentum als innerliche Einheit. Die Thora hätte nur zeitlichen Wert, fände sie nicht ihre Fortsetzung in der nie abgeschlossenen, unaufhörlich sich fortzeugenden mündlichen Lehre, die dieselbe vollgültige Quelle des Judentums wurde wie die Bibel[56].

Mit Recht wird darauf hingewiesen, daß es dem „Idealisten" Cohen auch in seinem philosophischen Denken eigentlich immer um Probleme ging, deren Lösung oder Linderung von Entscheidung und Aktion der Menschen selber abhing. Armut als gesellschaftliches Phänomen war für ihn die Erfahrung, die vor allem das Tun des Menschen herausforderte und darum ein wesentliches Thema der Ethik. Im Gegensatz dazu gehöre der Tod als ein metaphysisches Übel nicht in diesen Zusammenhang, eine Feststellung, die Cohen deutlich von der existentiellen Philosophie der nächsten Generation scheidet. Andererseits läßt sich diese Tendenz nicht von dem tiefen sozialen Interesse trennen, das ihm immer eigen war, und bei seiner Wendung zu Kant, dem Denker der praktischen Vernunft, eine Rolle gespielt hat, die mit dem Fortschritt seiner Studien zunahm. Auf diesem Wege traf er sich mit Friedrich Albert Lange. Auch ist es kein Zufall, daß in dieser Hinsicht eine vielleicht unbeabsichtigte Parallele Cohens mit Max Brod und Ernst Bloch besteht, wie Robert Weltsch bemerkt hat[57]. Alle drei übertragen die Kritik der Propheten auf die zeitgenössische Gesellschaft.

Bekannt ist die zentrale Bedeutung, die der *Staat* in Cohens Denken be-

---

[54] *Ucko*, aaO, 28.

[55] *Maimonides*, Der Führer der Verirrten, u. a. Bd. II, Kap. 25, Bd. III, Kap. 13.

[56] *Cohen*, Religion der Vernunft, 31 ff. Siehe auch *Rosenzweig*, Einleitung, aaO, LI; I, 195 (1894).

[57] *Robert Weltsch*, Max Brod and his Age, The Leo Baeck Memorial Lecture, 13, New York 1970, 25.

saß. Im Staate sah er den Ort der Erprobung und der Verwirklichung der Sittlichkeit, er erschien ihm gleichsam als die Brücke vom Individuum zur Menschheit. Wiederum unter dem Einfluß Kants, aber auch der beginnenden Neuordnung der politischen Dinge, wie sie ihm im Laufe des Ersten Weltkrieges erschien, glaubte er, daß die Staaten nicht mehr isoliert bleiben, vielmehr sich zum Staatenbunde ausweiten würden. Eine besondere Wertschätzung hatte er bekanntlich für den deutschen Staat und die deutsche Nation, die ihm trotz aller gegenteiligen Erfahrungen und Enttäuschungen stets als Nation Kants und des deutschen Idealismus erschien. Daher betont er auch die innere Verwandtschaft zwischen beiden Völkern und Kulturen und deren Bedeutung für die Menschheit. Im Gegensatz zu seiner früheren Auffassung bejaht er in seiner Spätzeit die Existenz einer jüdischen *Nationalität* als notwendig für die Kristallisierung der Idee des Judentums in der Gemeinschaft, die aber nun innerhalb der deutschen Nation – infolge der Ausweitung des Begriffes „Nation" – ihren Platz finden könne [58]. Doch der Errichtung eines jüdischen Staates widersetzte er sich auch jetzt heftig, da dieser Sonderstaat der messianischen Aufgabe des Judentums widerspreche, auch konnte sein über Kant hinausgehender ethischer Rigorismus nicht einer Bewegung zustimmen, deren Streben darauf hinausging, „die Kerls ... glücklich" zu machen [59].

Tief verwurzelt in der deutsch-christlichen Kultur seiner Zeit wirkte doch das alte Judentum, wie Hermann Cohen von sich bezeugt [60], bedeutend auf die Bildung seiner Weltanschauung ein. Es ist ein charakteristischer Zug der Geistesgeschichte des deutschen Judentums, wie die Religion, die ihm mit der jüdischen Religion identisch wird, einen immer mehr bestimmenden Einfluß auf sein Leben und auf seine Gedankenwelt ausübt. So entstand der bedeutsame Versuch einer Synthese zwischen Judentum und abendländischer Kultur. Ein philosophisches System, ohne jüdische Überschrift, dient als Grundlage für den Nachweis der aktuellen und universalen Bedeutung des Judentums [61]. Nicht als Apologet – wie andere jüdische Denker seiner Zeit – stellte er sich vor die Gegner des Judentums hin, sondern bei all seiner Verbundenheit mit seiner Umgebung scheut er sich nicht, vor aller Welt, im Judentum und seiner Gesetzeswelt den erhabensten religiösen Ausdruck zu sehen. Aber die Begriffe der Schöpfung und Offenbarung erhalten bei ihm eine von der Tradition des Judentums abweichende Bedeutung. Auch der für sein System grundlegende Begriff der Vernunft bekommt einen vieldeutigen Sinn. Jeder aber, dem es um die Wissenschaft und um das philosophische Denken auch in unseren Tagen ernst ist, kann nicht die Religion seiner Kindheit hinnehmen, ohne sich mit ihr gedanklich auseinanderzusetzen. Hermann Cohen

---

[58] *Cohen*, Religion der Vernunft, 425 ff.
[59] *Rosenzweig*, Einleitung, aaO, LX.
[60] *Cohen*, Jüdische Schriften, Bd. II, 31.
[61] *Ucko*, aaO, 28.

selber, wohl der größte Denker des deutschen Judentums seiner Zeit, tat dies und schuf ein Werk, das auch den nach ihm Kommenden eine intellektuelle Auseinandersetzung mit den Quellen des Judentums ermöglicht[62].

V

Wir sahen, daß Cohen, bevor er Kantianer wurde, unter dem Einfluß von Heymann Steinthal und Moritz Lazarus (1824–1903) gestanden hat. Jedoch im Jahre 1899, auf der Höhe der eigenen Laufbahn, hat er das Programm einer jüdischen Religionsphilosophie zuerst als Hintergrund einer leidenschaftlichen Kritik an Lazarus' *Ethik des Judentums* entworfen. Er verwarf dessen Trennung von Ethik und Glaubenslehre und den damit zusammenhängenden unsystematischen Gebrauch philosophischer Begriffe; die eklektische Anwendung von Kants Ideen mag ihn besonders in dem Glauben bestärkt haben, das ganze Werk sei im Dienst einer unedlen Popularisierung geschrieben. Heute wissen wir, daß dieses Urteil eine nicht völlig gerechte Verallgemeinerung gewesen ist. Das Buch beruhte auf einer ausgedehnten Kenntnis der einschlägigen Tradition, und Lazarus' Fragestellung liegt nicht fern der Richtung, aus der die Religionssoziologie des zwanzigsten Jahrhunderts hervorgehen sollte. Den Gegensatz im Persönlichen allerdings hat der Kritiker richtig empfunden. Lazarus war geistvoll, und bedeutende Männer der Zeit haben ihn als anregend empfunden. Die große Welt jedoch wurde ihm wichtiger als die Studierstube. Auf der Höhe des Lebens konnten seine theoretischen Anlagen und Interessen für Jahre in den Hintergrund gedrängt werden durch seine Freude am öffentlichen Auftreten und am Verkehr mit einflußreichen Menschen. Ingrid Belkes Ausgabe seiner Briefe[63] hat dieses Bild seiner Persönlichkeit fest unterbaut. Bei Cohen andererseits haben derartige Antriebe niemals die intensive Beschäftigung mit der Ideenwelt, als deren Diener er sich fühlte, unterbrochen. Die Erfahrungen mit der Welt waren auch ihm nicht unwichtig; aber er verwandelte sie in die Sprache seines Philosophierens.

Lazarus hatte ursprünglich die Absicht, Rabbiner zu werden. Im Jahre 1846 jedoch brachte das Lutherjubiläum ihn zu der Überzeugung, daß die geistige Entwicklung Europas sein eigentliches Thema werden müsse. Er glaubte nun, daß „die deutschnationale Bildung der Juden und ihre Teilnahme an den allgemein menschlichen und bürgerlichen Interessen" ihm eine unvergleichlich wesentlichere Aufgabe biete, als die Beschäftigung mit der Ha-

---

[62] *Elieser Schweid*, Die Vernunft und die Quellen der Religion, Petachim (hebr.), September 1972, 151.

[63] *Moritz Lazarus* und *Heymann Steinthal*, Die Begründer der Völkerpsychologie in ihren Briefen. Mit einer Einleitung hrsg. von *Ingrid Belke*, Schriftenreihe wissenschaftlicher Abhandlungen des Leo Baeck Instituts, Bd. 21, Tübingen 1971, XIV bis LXXX.

lacha [64]. Er meinte, daß man bei der Grundlegung der Ethik mehr die psychologischen Ursprünge zu berücksichtigen habe, als dies allgemein geschah. Doch sein Festhalten an der Ethik Kants bewahrte ihn davor, den Unterschied zwischen der Ethik, die die ewigen Werte herausstellen will, und der Psychologie der Sitten, die die Wirklichkeit in den verschiedenen Epochen und Nationen betrachtet, zu verwischen [65]. Lazarus wurde zum Gründer der modernen *Völkerpsychologie*; seine erste Schrift auf diesem Gebiet veröffentlichte er schon 1851: *Über den Begriff und die Möglichkeit einer Völkerpsychologie.* Er fand, daß die Individualpsychologie nicht genüge, um die Kulturleistung eines Volkes zu verstehen. Darum sei die Erforschung des Volksgeistes nötig. Viel später erschien es Lazarus, daß das Judentum die eigentliche Wurzel seiner Überzeugung wie auch der Grund seiner Hingabe an das Studium der Völkerpsychologie gewesen sei [66]. Das Wesen der Nation begriff er als etwas Subjektives, von Willen und Gefühl Abhängiges, nicht aber als eine Sache des Bodens, der Religion oder der Abstammung. „Der Volksgeist schafft das Volk." [67] Damit aber wollte er beweisen, daß die Juden Deutsche seien. Er wandte sich dann auch 1880 in einem offenen Brief gegen Treitschkes Einheitskultur, und strebte im Gegensatz zu Hermann Cohen nach einem religiösen und kulturellen Pluralismus. Denn wahre Kultur sei nicht Produkt einer Uniformität, sondern einer Mannigfaltigkeit. Da die Juden nun ein einzigartiges geistiges Erbe als Religion ihres Stammes besäßen, liege es ihnen ob, ihr Land mit ihr zu bereichern [68]. Angesichts der damals in Deutschland vorherrschenden Denkart war diese Einstellung eines führenden liberalen Juden durchaus neuartig und kühn. Auch Lazarus strebte im Rahmen der Grundlegung seiner Ethik nach einer Synthese zwischen der Philosophie Kants und der Lehre des Judentums, doch entsprechend seinem System berücksichtigte er in weit stärkerem Maße als Cohen die Tatsache, daß der Mensch von geschichtlichen, anthropologischen und psychologischen Faktoren gestaltet wird. Andererseits aber sei es die Persönlichkeit des Menschen, die dem Geschehen den Sinn gibt. Lazarus ging es also weniger als Cohen um die rationalen Vorbedingungen, die das religiöse Verhältnis zu Gott und zum Mitmenschen bestimmen, als um die Erforschung der anthropologischen Charakterzüge und sittlichen Eigenschaften, wie sie in der Wirklichkeit – im Volksgemüt und in der Volkstradition – zum Ausdruck kommen. Trotzdem standen sich Cohen und Lazarus in ihrer Geisteshaltung einander näher, als sie und besonders Cohen, es wahrhaben wollten, auch wenn

---

[64] AaO, XIX; *Moritz Lazarus,* Aus meiner Jugend, Frankfurt a. Main 1913, 114.

[65] *David Baumgardt,* The Ethics of Lazarus and Steinthal, in: Year Book II of the Leo Baeck Institute, London 1957, 210.

[66] AaO, 212.

[67] *Michael A. Meyer,* Great Debate on Antisemitism. Jewish Reaction to New Hostility in Germany 1879–1881, in: Year Book XI of the Leo Baeck Institute, London 1966, 147.

[68] AaO.

sie von verschiedenen Voraussetzungen ausgingen und sich auch in den Methoden ihrer Untersuchungen unterschieden.

Seiner grundsätzlichen Auffassung entsprechend galt das Hauptinteresse von Lazarus der Untersuchung über *Die Ethik des Judentums*[69], die zu Anfang des zwanzigsten Jahrhunderts als das maßgebliche Werk auf diesem Gebiete angesehen wurde. Er bemühte sich hier, über Einzelheiten und Einzelpersönlichkeiten hinweg den Gesamtgeist des Judentums und dessen Entwicklung aufgrund biblischer Quellen und des rabbinischen Schrifttums zu erfassen. Es ging hier nicht um ein geschlossenes philosophisches System der Ethik, wohl aber ergab sich seiner Darstellung nach eine erstaunliche Einheit und Kontinuität des nationalen Geistes, der sich, obwohl der Verschiedenheit der Zeiten entsprechend, frei entwickeln konnte. Das jüdische Schrifttum, stets auf die Fülle des Lebens bezogen, wurde auf diese hin jeweils ausgedeutet. Dadurch sicherte sich das biblische Wort, „im Großen und Ganzen als Wort Gottes gedacht", die das Leben gestaltende und schöpferische Kraft[70]. Die Religion wurde bei Lazarus, noch ausschließlicher als bei Cohen, als Sittlichkeit aufgefaßt, dazu bestimmt, die Triebe zu zügeln, die einander widersprechenden Ansprüche auszugleichen und vor allem auf dem Untergrund der natürlichen Welt eine geistige und sittliche Welt zu errichten. Die Bibel legte den Grund dazu, rabbinisches Schrifttum führte dies weiter. Führende Denker des Liberalismus wie Cohen und Lazarus betonten also die Kontinuität, die das spätere Schrifttum von der Bibel her beherrschte, wohl auch im Hinblick auf die von außen kommenden Angriffe. Doch bemühte sich Lazarus, im allgemeinen nicht als Apologet aufzutreten, sondern den gegebenen, nicht von ihm selbst geschaffenen Zusammenhang der Dinge zu erkennen. Dabei ergab es sich ihm, daß die Bedeutung der Einzelpersönlichkeit vor der treibenden Macht der Idee des Gesamtgeistes und den Gesetzen ihrer eigenen Entwicklung verschwindet. Daher wandte Lazarus sich gegen Versuche, ein geschlossenes System vermittels einer fremden Philosophie zu errichten (wobei er wohl neben Maimonides vor allem auch auf Cohen anspielte), denn ein solcher Weg könne unmöglich zu einer wahren Erkenntnis des „ureigenen inneren Zusammenhanges" der sittlichen Weltanschauung des Judentums führen. Wenn jüdische Denker auch vom Geiste anderer Nationen befruchtet wurden, so behielt die jüdische Seele doch ihre Eigenart und ihre Selbständigkeit, wie auch die jüdische Ethik wahrhaft nur aus jüdischem Geiste schöpfen konnte und ihre „besonderen Denkformen" besaß. Wie stark die anthropologischen und partikularen Faktoren von Lazarus und Steinthal bewertet wurden, bezeugen ihre Aussprüche über das Individuum und die Nation. Denn wie verschieden jene auch seien, die Luft und das Blut seien die glei-

---

[69] *Moritz Lazarus,* Die Ethik des Judentums, Zwei Bände, Bd. I, 1898, Bd. II, 1911.

[70] AaO, Bd. I, 4 ff.

chen[71]. Und auch Steinthal meinte 1892, daß die Juden eine zunächst auf dem Blute beruhende Genossenschaft bildeten[72]. Schon hier also wird das starke Bewußtsein eines eigenen jüdisch-nationalen Geistes, im Gegensatz zum „fremden Geiste", erkenntlich, ein Ansatz gleichsam zu einer Art von geistigem Chauvinismus, wie er auch später bei einer Reihe hervorragender Denker des religiösen Liberalismus in Erscheinung tritt. Es ist dies wohl der Versuch, ein Gegengewicht zu schaffen gegenüber der Anziehungskraft der christlich-deutschen Kultur, auch angesichts des dauernden Strebens besonders seitens des Protestantismus, den geistigen Beitrag des Judentums zur Weltkultur herabzusetzen[*]. Es war dies aber auch eine Art Ersatz für den geschwundenen Glauben an den transzendenten Ursprung des Judentums. Und doch sind echte geistige Werte ihrem Wesen nach universell und nicht an Grenzen gebunden, wie dies gerade der jüdische Liberalismus betonte. Hierdurch wird die scharfe Ablehnung dieser Grundthese von Lazarus seitens Hermann Cohens verständlich: „daß er [Lazarus] keinen Gedanken vorbringen wolle, der nicht ‚dem Gesamtgeist des Judentums entstammt'... Hat es jemals einen Gesamtgeist des Judentums gegeben, der von den Geistern der Weltkultur abgetrennt und abgeschieden gewesen wäre? Ein solches Ghetto hat es gottlob niemals gegeben"[73]. Daher auch die so verschiedene Bewertung des Maimonides seitens beider Denker[74]. Es ist dabei erkenntlich, daß Lazarus in seiner Betonung des geistigen *Partikularismus* und Cohen in seinem Herausstellen des *Universalismus* zwei extreme Haltungen im Judentum zum Ausdruck bringen, ähnlich dem Gegensatz zwischen Jehuda Halevi und Maimonides, bei aller Verschiedenheit der theoretischen Voraussetzungen. Und doch spricht auch Cohen später von der „Urkraft des Nationalgeistes und von dem einheitlichen Erzeugnis des jüdischen Volksgeistes"[75], allerdings, wie er selbst wohl betont haben würde, in einem anderen Geiste.

Wir sahen, daß Lazarus selbst bei der Grundlegung seiner Ethik nach einer Synthese zwischen Kant und dem Judentum strebte. Er wollte zeigen, daß die Gesamtreligion des Judentums und die Lehre der sittlichen Autonomie Kants einander nicht nur nicht widersprächen, daß vielmehr diese Lehre der Schlüssel zum Verständnis jüdischer Ethik sei. Denn Kant galt in diesem Kreise noch als fast unbestrittene Autorität. Lazarus bekennt, daß die jüdische Ethik nicht ohne Gott bestehen könne, vielmehr der Ausdruck göttlicher Gesetzlichkeit sei, damit aber anscheinend einen heteronomen Charakter habe. Er

---

[71] *Lazarus,* Ethik, Bd. I, 7.

[72] *Baumgardt,* aaO, 214, Anm. 66. Dieser Satz wurde aber nicht veröffentlicht.

[*] Siehe hierzu den Beitrag von *Uriel Tal,* Theologische Debatte um das „Wesen" des Judentums, im vorliegenden Bande, S. 599–632 (Hrsg.).

[73] *Cohen,* Jüdische Schriften, Bd. III, 8 – dies im Gegensatz zur scharfen Abwertung der Kritik Cohens bei *Baumgardt,* aaO.

[74] Dieses Moment sei der Begründung Liebeschütz' für die negative Stellung Lazarus' zu Maimonides hinzugefügt. Siehe *Liebeschütz,* Simmel zu Rosenzweig, 45.

[75] *Cohen,* Religion der Vernunft, 31, 35.

bemühte sich nun zu zeigen – auch unter Verwendung von Sätzen aus dem Talmud, denen er allerdings eine viel weitergehende Deutung gab, als ihr einfacher Inhalt zuläßt –, daß auch Gott gleichsam an die Gebote der Ethik gebunden sei. Daher habe er sie befohlen, weil sie sittlich seien, weil sie also seinem Wesen und damit auch dem Wesen und der sittlichen Natur des Menschen entsprächen[76]. Gottes Aufgabe bestehe also darin, nicht die Sittlichkeit zu gründen, sondern deren „Urgestalt" zu sein und dem Menschen als das seine Triebe einende Vorbild zu dienen. Gott habe dem Menschen die Vernunft gegeben und seine Natur so gelenkt, daß er nur aus der Vernunft her handeln könne. Entsprechend seiner Grundeinstellung und Methode versteht aber Lazarus diesen Willen des Menschen, Gott gleichzuwerden, im empirischen und psychologischen Sinn. Die Idealität der sittlichen Herzensgesinnung und das verpflichtende Gefühl hätten ihren Ursprung in Gott und bildeten den Hauptgrund zur Erfüllung des Gesetzes. Diese Sittlichkeit des Menschen sei eine psychologische Tatsache. Zugleich sei diese jüdische Idee der Sittlichkeit auf die zwischenmenschliche Beziehung der Menschen und auf die Gestaltung der Gesellschaft bezogen, sie ist damit von vornherein eine Sozialethik[77]. Ursprünglich war sie auf das eigene Volk beschränkt, nachher wurde ihr wesentlicher Gehalt eine universale Sittenlehre, die für alle Welt gelten sollte[78]. Das „Ich" bei Lazarus wird nach Steinthals Deutung nur innerhalb des „Wir" verstanden[79]. Entsprechend seiner optimistischen Grundhaltung meinte er, daß in der Gemeinschaft notwendig Gutes entstehen müsse[80]. Er bringt das viel reichhaltiger, als es Cohen in seinem Werke *Religion der Vernunft* tat, wohl auch aus viel breiterer Kenntnis heraus. Allerdings verfährt er bei der Auswahl des Stoffes, vor allem was das Verhältnis zum Nichtjuden betrifft, einseitig, und gibt auch den zitierten Stellen oft eine ziemlich künstliche Deutung. Dabei sieht er, wie er oft betont, im Gesamtgeist des Volksstammes, wie dieser in den verschiedenen Zeitperioden zum Ausdruck kommt, die letzte Quelle der jüdischen Ethik. In noch stärkerem Maße als bei Cohen, wird bei Lazarus die Sittlichkeit der Religion und der Heiligkeit gleichgesetzt. In seiner Deutung der Forderung, heilig zu werden, ist nichts vom Irrationalen und Geheimnisvollen oder von der Spur einer transzendenten Wirklichkeit[81]. Das ethische Heilige habe seinen Wert und seine Würde in sich selbst, auch ohne die Beziehung auf Gott als den Gesetzgeber der Sittlichkeit. Die sittliche Idee lebe und webe in sich selbst, auch ohne die Einsicht, daß sie in Gott realisiert ist. Diese These gab Cohen

---

[76] *Lazarus*, Ethik, Bd. I, 88 ff. Vgl. auch *Rotenstreich*, op. cit., Bd. II, 46 ff. Als Beispiel für seine Deutung der Talmudstellen vgl. seine Erklärung Bd. I, 124.
[77] *Lazarus*, Ethik, 115.
[78] AaO, 144.
[79] AaO, 328.
[80] *Rotenstreich*, op. cit., 48.
[81] *Lazarus*, Ethik, 193 ff.

den Anlaß, in scharfer Gegenüberstellung sich selber den Eigenwert der Religion innerhalb seines kritischen Idealismus klarzumachen [82].

Lazarus, Steinthal und Cohen bemühten sich, der nichtjüdischen Welt zu zeigen, daß die jüdische Ethik zu allen Zeiten völlig verschieden war von dem, was sie darunter verstand. Diese geistigen Führer des postemanzipatorischen Judentums glaubten, daß sie zuerst das Judentum von den groben Entstellungen während der langen Jahrhunderte des Ghettolebens zu reinigen hätten. Sie wollten zeigen, daß die jüdische Tradition in ihrer Kontinuität die eigentliche Vorläuferin des modernen Humanismus gewesen sei [83]. Keiner von ihnen glaubte an die Möglichkeit einer Umwertung der Werte, daran, daß der stetige sittliche Fortschritt zum Messianismus hin unterbrochen werden könnte. So sei z. B. der Sieg der Gerechtigkeit in der Dreyfus-Affäre ein „messianisches" Erlebnis. Dem Messianismus wird hier der Sinn geschichtlicher Einmaligkeit genommen. Er wird zum Symbol des Glaubens an den sittlichen Fortschritt des Menschengeschlechts, indem die ursprünglichen Anlagen des menschlichen Geistes das ideale Ziel verwirklichen.

Lazarus' Überzeugung von der Größe der kulturellen und ethischen Tradition des jüdischen Volkes oder Stammes und seiner zukünftigen Aufgabe hinderte ihn nicht, die Juden meist als Bekenner des jüdischen Glaubens zu bezeichnen, vor allem in seinem letzten Werk, *Die Erneuerung des Judentums,* das seiner Anordnung gemäß erst einige Jahre nach seinem Tode veröffentlicht wurde [84]. In diesem Werk griff er die Führer der Orthodoxie scharf an, bezweifelte aber gleichzeitig, ob trotz des großen Strebens nach Aufklärung der Wille zur Erneuerung der Religion überhaupt in der deutschen Judenheit vorhanden sei. Er setzte seine Hoffnungen in dieser Hinsicht auf die kommende Generation oder auf die Juden des Ostens oder in Amerika. Er wandte sich scharf gegen eine Rückkehr zur traditionellen Gesetzestreue, die wertlos wäre und die auch eine erneute Isolierung von der Weltkultur mit sich bringen würde. Im Gegensatz wiederum zu Cohen meinte er, daß das äußere Tun die Gedanken ersticke. Pietät gegenüber dem Hergebrachten und Freiheit einer neuen Entwicklung müßten zusammengehen. Das Judentum würde auch heute seine Mission erfüllen durch die Sorge für die Selbsterhaltung seiner Bekenner und in ihrem Einfluß auf die Ausbreitung höchster religiöser Wahrheiten unter den Menschen. Immer wieder spricht er hier vom allgemeinen Fortschritt menschlichen Geistes und der fortschreitenden Idealisierung des Menschentums, obwohl er früher einmal gemeint hatte, daß das Zeitalter der Humanität noch gar nicht begonnen habe. Er wendet sich scharf gegen den Widersinn vieler noch gängiger jüdisch-orthodoxer Gebräuche. Seiner Meinung nach wäre es die Pflicht der Rabbinerversammlung von 1886 gewesen, offen und deutlich die Gültigkeit,

---

[82] *Cohen,* Jüdische Schriften, Bd. III, 20 ff.

[83] *Baumgardt,* aaO, 217.

[84] *Moritz Lazarus,* Die Erneuerung des Judentums, Berlin 1909.

besonders der das Verhältnis zu den Nichtjuden betreffenden Lehrsätze des *Schulchan Aruch* aufzuheben, denn sonst müsse man der unheilbaren Widersprüche wegen im Kampf um den allgemeinen Kulturberuf der Menschen unterliegen[85]. Die Vernunft solle fortan der höchste Richter sein bei der freien Auslegung des Gesetzes durch jeden Einzelnen, entsprechend den Umständen und im Einklang mit seinem Gewissen. Nur ein solches Tun hätte religiösen Wert. Er selbst war der Vorsitzende der ersten Israelitischen Gemeindesynode in Leipzig (1869) gewesen, als man verkündet hatte, daß das Judentum, wie es im Mosaismus zum Ausdruck kam und in den Lehren der Propheten entwickelt wurde, in Übereinstimmung mit den Prinzipien der neuen Gesellschaft, des Rechtsstaates und der Einheit und Gleichheit des Menschengeschlechtes stehe. Im Jahre 1885 veröffentlichte der Deutsch-Israelitische Gemeindebund von Lazarus redigierte Grundsätze der jüdischen Sittenlehre. Auch hier wurde vor allem die Pflicht der Vaterlandsliebe und der unbedingten Hingabe an das Vaterland betont. Das Judentum „lehre Demut, Wahrheit und Milde" und gebiete, so hieß es auch hier, die Achtung vor den religiösen Überzeugungen anderer[86]. Der Rabbinerverband im Jahre 1897 wiederholte die Verpflichtung der jüdischen Bekenner, mit aller Hingebung und mit ganzem Herzen dem Vaterland zu dienen.

Ein tiefer Zwiespalt durchzieht die Gedankenwelt von Lazarus. Einerseits überwertet er wohl die jüdische Geistesart und den eigenen geistigen Bereich gegenüber anderen Völkern. Andererseits war diese Kultur laut Lazarus vor allem auf das Universale und auf den Anschluß an die allgemeinen Geistesströmungen gerichtet, unter Preisgabe alles wertlos gewordenen Ballastes, wie er die traditionelle Lebensform bezeichnete. 1870, lange bevor er seine Werke über das Judentum schrieb, hatte er abgelehnt, sich an einem Hilfsverein für jüdische Soldaten zu beteiligen, mit der Begründung, die Verteilung von Geldern an Soldaten einer besonderen Konfession sei ein unzulässiger Separatismus[87]. Er hat auch immer wieder auf die innige Verschmelzung jüdischen und deutschen Geistes hingewiesen[88]. Lazarus bringt wohl als erster eine umfassende, auch den Laien ansprechende Darstellung der jüdischen Gedankenwelt in modernem Gewande, doch erreicht sie bei weitem nicht die Tiefe der Gedanken und die Erhabenheit der Darstellung Cohens. Gerade Cohen, unbeschadet seiner universalistischen Einstellung, bemüht sich, in jedem Thema den jüdischen Gesichtspunkt herauszustellen – im Gegensatz zur entgegengesetzten griechischen oder heidnischen Auffas-

---

[85] AaO, 98 ff.

[86] Er selbst berichtet darüber in seiner Ethik des Judentums, Bd. I, 176, daß diese von ihm redigierten Grundsätze in einer Versammlung des Deutsch-Israelitischen Gemeindebundes im Jahre 1885 von 350 Rabbinern, Gelehrten und Laien aller Richtungen und von 270 jüdischen Juristen besprochen und angenommen wurden.

[87] *Lazarus* und *Steinthal*, op. cit., 117.

[88] AaO, *Ingrid Belke*, Einleitung, LXXV.

sung, die ja auch universal in ihrer Art ist [89]. In seinem Denken und in seinem Lebensweg war er dem Jüdischen doch wohl inniger verbunden als Lazarus, dessen Wertungen oder Abwertungen des jüdischen Geistesgutes im Grunde viel entschiedener und unhistorischer sind als die Cohens. Er kristallisierte in oft sehr abstrakter Form die Gedanken des Judentums, ohne ihnen einen konkreten Ausdruck im Leben zu geben. Beide aber waren in ihrem Denken weit entfernt von einer realen Einschätzung der geistigen und soziologischen Faktoren ihrer Zeit und der in die Zukunft weisenden geistigen Strömungen.

VI

Man kann das Lebenswerk von Leo Baeck (1873–1956) mit dem Titel seines wichtigsten Werkes umschreiben: als gelehrter Schriftsteller wollte er das *Wesen des Judentums* zur Darstellung bringen, um es gleichzeitig in seinem eigenen Dasein zu verwirklichen. Eine Fragestellung der Umwelt hat dazu beigetragen, ihn auf diesen Weg zu führen. Die protestantische Theologie des späten neunzehnten Jahrhunderts glaubte, aufgrund ihrer historischen Arbeit am Neuen Testament in der Lage zu sein, der Lehre des Christentums eine zeitlos gültige Form zu geben. Der Jesus der Evangelien sollte als der ideale Lehrer der Menschheit an die Stelle des Gottessohnes treten. Seine Gestalt wurde als der bleibende Wert erklärt, zu dem sich die Kirche im Wandel der Zeiten immer wieder zurückwenden konnte. Im Wintersemester 1899–1900 hatte Adolf von Harnack in der Berliner Universität vor 600 Studenten eine öffentliche Vorlesung gehalten [*], die in Buchform weit in der Welt verbreitet das Wesen des Christentums zum Gegenstand lebhafter religiöser Auseinandersetzung machte [90]. Harnack hatte seinem Bilde Jesu als Schöpfers eines neuen Geistes dadurch Nachdruck verliehen, daß er dessen Zeitgenossen, die Pharisäer, als dunklen Hintergrund zeichnete. Auch abgesehen von dieser Polemik mußte der bedeutende schriftstellerische Erfolg des Buches den Rabbiner als Sachwalter jüdischer Tradition wesentlich angehen. Ein erheblicher Teil seiner Gemeinde fühlte sich dem gebildeten Bürgertum zugehörig und in kultureller Nachbarschaft mit dem protestantischen Fortschritt. Das Ziehen der Grenzlinie war somit eine dringende Aufgabe des Tages.

---

[89] Vgl. z. B. *Hermann Cohens* Aufsätze über Heine und das Judentum (1867!), Jüdische Schriften, Bd. II und über Das soziale Ideal bei Plato und den Propheten, aaO, Bd. I, 1924, 306 ff.

[*] Siehe auch den Aufsatz von *Uriel Tal* im vorliegenden Bande S. 599 ff. (Hrsg.).

[90] *Leo Baeck*, Harnacks Vorlesungen über das Wesen des Christentums, Monatsschrift für Geschichte und Wissenschaft des Judentums (M. G. W. J.), September 1901, 97–120. Sonderdruck, zweite vermehrte Auflage, Breslau 1902; *Leo Baeck*, Das Wesen des Judentums, Berlin 1905, 2.–4. Aufl., Frankfurt a. Main 1922–1926.

In Baecks Werk steht nicht Gottes metaphysisches Wesen im Zentrum, sondern sein Wesen, wie es vom Volke in seiner noch unbeendeten unendlichen Geschichte erlebt wurde. Baecks Thema ist das Suchen des Menschen nach Gott und der Glaube, der aus der Sorge um den Sinn des Lebens entsteht. Israels Lehrer, vor allem die Propheten und die Pharisäer, begriffen das Göttliche immer als den tiefsten und wesentlichsten Teil ihres eigenen Lebens. Aber es durfte nicht isoliert von den anderen Bereichen des Lebens bleiben, vielmehr führte der Weg zum Geheimnis durch die Tat im Leben. Die Idee Gottes als des Gesetzgebers seines Volkes beherrschte ihr Denken[91]. „Die Gedanken Gottes sind unergründlich. Aber ... für den Frommen gibt es kein Rätsel und kein Dunkel, da er weiß, was er *tun* soll." Das Judentum fand seine letzte und höchste Vollendung in der sicheren Klarheit des Lebens[92]. Daher gebe es im Judentum kein Dogma, wie Baeck oft betonte, vielmehr seien es Ideengehalte und Weisungen zum sittlichen Handeln, die immer aufs neue überliefert würden. Er folgte Kant in der kritischen Zurückhaltung gegenüber metaphysischen Spekulationen, aber es ging ihm darum, das Ganze des jüdischen Lebens zu formen. Auch enthielt er sich des Bemühens, dem Wirken der göttlichen Vorsehung im jüdischen Schicksal nachzuspüren. Er habe keine Kenntnis jenseits der Grenze der menschlichen Erfahrung und habe keine Lehre über den göttlichen Charakter der Offenbarung am Sinai[93]. Daher kann man bei ihm von einer lehrenden Theologie und einem wollenden Glauben sprechen[94].

Die Bibel war ihm nicht deshalb Offenbarung, weil jedes Wort von Gott käme, sondern weil sie die Geschichte des Volkes Israel berichtete, die Geschichte von Gottes Offenbarung in der Welt[95]. Die ganz neue Idee des einen Gottes konnte nicht als allmähliche Entwicklung aus einer niederen Stufe gedeutet werden, sondern erschien gleichsam als aus einer anderen Welt hereingebrochen[96]. Daher galt sie als Offenbarung. Der ethische Monotheismus entstand, als die geistige Entwicklung in Israel einige große Individuen befähigte, Gott so zu erfahren, daß die ursprüngliche Religion überwunden wurde. Mit diesem Wissen formten die Propheten ihr Volk zu Trägern ihrer Botschaft[97]. Doch im Gegensatz zum Christentum, wie auch zur traditionellen jüdischen Auffassung, wurde damit nicht ein einmaliges überhistorisches Geschehen beschrieben, vielmehr findet jede Generation Gott,

---

[91] *Liebeschütz*, Simmel zu Rosenzweig, 75.

[92] *Baeck*, Wesen des Judentums (1905), 22, 28. Der letzte Satz befindet sich nur in dieser ersten Auflage.

[93] *Liebeschütz*, Simmel zu Rosenzweig, 75.

[94] Dieser letzte Ausdruck befindet sich erst in der zweiten Auflage des Wesens des Judentums.

[95] *Albert H. Friedlander*, Leo Baeck. Leben und Lehre, Veröffentlichung des Leo Baeck Instituts, Stuttgart 1973, 190.

[96] *Alexander Altmann*, Theology, aaO, 200.

[97] *Liebeschütz*, Simmel zu Rosenzweig, 97.

indem sie sich in die Kette der Tradition einfügt. „Das Wesen des Judentums und Israels besteht in dem Geöffnetsein gegenüber der Offenbarung, in der ständigen Empfangsbereitschaft für den Willen Gottes, der dann der Welt vermittelt werden soll."[98] So wurde Israel selber zur Offenbarung, die in seinem inneren Bewußtsein stattfand, und als solches wurde es mit Notwendigkeit anders als die anderen Völker. Daher steht seine Auserwähltheit im Mittelpunkt von Baecks Denken. Es ist die Selbstverwirklichung, aber auch das Bewußtsein, die wahre Lehre zu besitzen und damit der Träger einer Weltmission zu sein. Somit stellte Israel „einen besonderen Typus religiöser Persönlichkeit unter den Völkern dar, die mit religiöser Schaffenskraft begabt sind; das ist der Kern von Baecks Denken"[99]. Es ist der religiöse Genius der Propheten und des Volkes, der die Offenbarung und so die Auserwähltheit Israels herbeiführte. Da aber die Botschaft der Propheten ihrem Wesen nach für die gesamte Menschheit bestimmt ist, bejahte Baeck die Mission des Judentums für die Völker. Der Jude, der um den seiner Religion allein eigenen Wahrheitsgehalt weiß, fühlt das Bedürfnis, diese Wahrheit auch den anderen Völkern zu verkünden. Damit löste sich ihm auch die Spannung, die zwischen Partikularismus und Universalismus, zwischen Israel und den Nationen der Welt, durch die Auserwählung bestehe. Nach der Zerstörung des Staates mußten die verbleibenden Kräfte zur Selbstbewahrung eingesetzt werden. Indem Israel sich als ein besonderes Volk bewahrte, konnte es seiner universalen Aufgabe treu bleiben. Auch die Existenz könne eine Mission, eine eindringliche Predigt, sein[100]. Die wesenhafte Beziehung zusammengehöriger Gegensätzlichkeiten, die später zum besonderen Kennzeichen seines „Wesens des Judentums" wurde, wie Freiheit und Abhängigkeit, Geheimnis und Gebot, Einheit und Dynamik ist teilweise schon in der ersten Auflage seines Werkes 1905 angedeutet[101]. Es wird sich dann nicht um die Auflösung der Gegensätze handeln, sondern sein Glaubensinhalt wird gekennzeichnet durch „ihr paradoxales Miteinander *im* Gegeneinander"[102].

Die so gedeutete Auserwähltheit führt auch zur Bereitschaft, Zeugnis für die auf sich genommene Botschaft abzulegen, wenn nötig durch persönliches Leiden und Märtyrertum. „Wir sollen die Schmerzen und Heimsuchungen nicht leugnen, wir sollen auch das Leid bejahen ... indem wir es zur sittlichen Anforderung gestalten."[103] Auch dieser Gedanke, der später praktisch eine so zentrale Bedeutung für das jüdische Volk und für Baeck selber haben sollte, ist somit schon 1905 angedeutet. Er ist nicht dazu angetan, den unbe-

---

[98] *Friedlander*, op. cit., 101.

[99] AaO, 79 ff.; *Baeck*, Wesen des Judentums, 46 ff.

[100] *Friedlander*, op. cit., 101 ff.

[101] AaO, 78, Anm. 9: „Die Ausgabe von 1905 verwendet das Wort ‚Paradoxie' und nicht ‚Polarität'. Aber die Voraussetzungen für das Polaritätssystem sind bereits vorhanden." Siehe *Baeck*, Wesen des Judentums, 72, 80.

[102] *Simon*, in: Brücken, 389.

[103] *Baeck*, Wesen des Judentums, 75, 91, 105 ff.

dingten Optimismus, den er *damals* als zentral in der jüdischen Überlieferung
sah, zu mindern. Denn er sei der Glaube an das Gute, damit auch der
Glaube an Gott und der daraus folgende Glaube an den Menschen, und an
die Menschheit. Es ist die messianische Gewißheit des Gottesreiches[104]. Die
Paradoxie des endlichen Menschen und seiner unendlichen Aufgabe, die erste
der Paradoxien der Religion, von denen er spricht[105], löst sich in der Bejahung der Menschheit, in der das Gute zur Wirklichkeit werden kann[106].
„Ein solcher hoffnungsvoller Evolutionismus beweist wieder einmal den
unbegrenzten Optimismus der Welt, in der Baeck noch 1905 zu Hause
war."[107] Später – in der zweiten Ausgabe (1922) – hält er es für nötig,
die Religion des Optimismus des längeren zu erklären, das *Geheimnis* neben
das Gebot zu stellen und damit einen Bereich zu erforschen, den er früher
außer acht gelassen hatte[108]. Das Gebot hatte seine zentrale Stelle schon 1905,
aber es war identisch mit dem sittlichen Gesetz. Nun aber entsteht das klare
Gebot „im Geheimnis der Offenbarung" und wird in Forschung und Erfüllung von jenem Ursprung her durchatmet. Die paradoxe Beziehung beider
Sphären, der des göttlichen Geheimnisses und der der menschlichen Pflicht-
tat, ist für Baeck nun das innerste Wesen seines „Wesen des Judentums"
geworden[109]. Aber auch später hat sich seine Grundeinstellung nicht gewandelt. Die Frage der Theodizee sei für die Lehre Israels beantwortet oder
überhaupt nicht vorhanden. Aus dem tiefen Glauben an die Möglichkeit, die
Welt zu ändern, kann das Judentum der Welt, so wie sie ist, pessimistisch
gegenüberstehen. Diese Baeck und anderen liberalen und orthodoxen Führern des deutschen Judentums eigene Harmonisierung, die auch bei seiner
gelegentlichen Behandlung schwieriger Probleme des Menschenlebens, wie bei
dem Konflikt zwischen Politik und Ethik, zum Ausdruck kommt, ist wohl
ferne davon, der Haltung des Judentums gerecht zu werden. Das Böse ist
in der Welt und in der Seele des Menschen dieser Auffassung nach viel mächtiger, als Baeck dies als rationaler Mensch und Jude wahrhaben will. Wenn
Baeck öfters von dem Rechten des Menschen mit Gott angesichts der Übermacht des Unrechts spricht, erscheint ihm doch der biblische Glaube als seelische Ruhe und Festigkeit. Demgegenüber läßt der vielleicht tiefere Glaube
in Bibel und Piutim den Juden angesichts der frevelhaften Welt und des
Leides, das ihn im Übermaße trifft, nicht seelisch zur Ruhe kommen und
Gott – gerade aus dem Glauben heraus! – fast verleugnen.
Die hier naturgemäß nur angedeuteten Gedankengänge zeigen, daß Baeck
trotz seiner die üblichen Scheidewände überwindenden Persönlichkeit im

---

[104] AaO, 60.
[105] AaO, 72.
[106] AaO, 134.
[107] *Friedlander,* op. cit., 98.
[108] AaO, 87.
[109] *Simon,* in: Brücken, 389.

rationalen Liberalismus wurzelte. Daher hat für ihn nur das sittliche Tun eine echt religiöse Bedeutung, während alles andere religiöse Tun einen begrenzten und provisorischen Charakter trägt. Weil aber bei aller Betonung des Tuns der Gehalt der Wahrheit im Vordergrund seiner Betrachtung des Judentums steht, hob Baeck so oft und gelegentlich auch in übermäßig scharfer Weise den Ausschließlichkeitscharakter des Judentums gegenüber den anderen Religionen hervor. „Wo Cohen das Judentum als *eine* Religion sieht, die sittliches Leben fordert, sieht Baeck es als *die* Religion." [110] Der Jude verhielt sich in früheren Zeiten meist ablehnend und verachtungsvoll anderen Religionen gegenüber, aber nur wegen deren heidnischem Charakter. Denn es kam ihm *wesensmäßig* nicht darauf an, im alleinigen Besitz der Wahrheit zu sein und die Möglichkeit zu leugnen, daß unabhängig von ihm andere Menschen von dem Einen Gott wissen und auch einer prophetischen Erleuchtung teilhaftig sein könnten. Für Baeck, wie für andere liberale Führer vor ihm, sind die Propheten die eigentlichen Schöpfer des Judentums. Aber so, wie sie sich selbst verstanden, erscheinen sie in Wirklichkeit als Künder oder Zurechtweisende, denn sie künden über sich hinaus vom Gesetze Moses, sie wollen das Volk vom Götzendienst hinweg zu den Grundlagen jüdischen Lebenswandels und jüdischer Lebensauffassung hinführen. Daher ergehen sie sich in allgemein gehaltenen sittlichen und religiösen Wendungen, die, wenn sie nur für sich, ohne den Hinweis auf das konkrete Gesetz gefaßt werden, unverbindlich und oft phrasenhaft wirken müssen.

Baeck war sich aber auch schon im Jahre 1905 – im Gegensatz zu anderen seiner Zeit – tief der Verwurzelung im jüdischen Volk bewußt und fühlte sich in erster Linie als dessen Apologet. Damit hängt es nun zusammen, daß nach Abstreifen der metaphysischen Grundlagen des Judentums, das Volk und die Propheten bei ihm einen fast absoluten Eigenwert erhalten. Die dem Volke und bestimmten Einzelnen innewohnenden genialen Eigenschaften bewirkten die dauernde Offenbarung, die *in* ihrem Bewußtsein vor sich ging, und verursachten *damit* seine Auserwählung. Aber Baeck konnte sich mit dieser Darstellung doch nur auf den Text der Bibel stützen, und dieser berichtet dauernd von der tiefen Kluft, die zwischen dem Volke und der ihm obliegenden Aufgabe zumeist bestand [111].

Da Baeck seine Doktorarbeit unter Wilhelm Diltheys Leitung zum Abschluß gebracht hatte, konnte ihm die geschichtliche Kraft mystischer Bewegungen nicht unbekannt geblieben sein. Aber seine Bewertung der Kabbala blieb ursprünglich im Rahmen des aufklärungsstolzen Urteils, wie es Graetz maßgebend formuliert hatte. In der veränderten Atmosphäre des zwanzigsten Jahrhunderts hingegen wuchs der eifrige Forscher in der Midraschim-

---

[110] *Friedlander*, op. cit., 150.

[111] Auch Jeheskel Kaufmann, dem großen Bibeldeuter unserer Zeit, steht Baecks Auffassung nahe, im Gegensatz zu Martin Buber, der oft in seinen Werken zur Bibel – m. E. mit Recht – auf diese Kluft hinweist.

Literatur über diese Grenze hinaus[112]. Er entdeckte das Gewicht der Mystik im Judentum, die das Recht ihrer Geheimnisse gegenüber der Überschätzung des Intellektualismus in der Philosophie vertrat[113]. Doch betonte er von Anfang an die besondere Art der jüdischen Mystik, die nicht den Menschen „entwertet" oder „entpersönlicht", die vielmehr den Willen Gottes und die sittliche Ordnung in der Welt, damit aber auch den Aktivismus des Menschen herausstreicht. In Weiterführung dieser Gedanken sieht er in der kabbalistischen Lehre der „Sphirot" das Durchbrechen der irdischen Schranken des Menschen durch die sittliche Tat und deren kosmische Bedeutung. Er erweitert damit Hermann Cohens These von dem sittlichen Fortschritt, der der Welt ihren Sinn verleiht, indem er die irrationale Begegnung mit dem Geheimnis darin einfügt[114].

Baecks Anspruch, daß das Judentum die wahre Lehre besäße, und die Bedeutung, die er der Mission beilegt, bringt ihn trotz des Unterschiedes im Glaubens*inhalt* in die Nähe des Christentums[115]. – Aber gerade darum die Schärfe seines Angriffs. Vor allem wandte er sich, wie die anderen jüdischen Apologeten, gegen die Herabsetzung der Pharisäer, die auch bei ihm neben die Propheten treten und mit der Pflege der alltäglichen Einzelheiten deren Vision konkretisieren und dadurch das gesamte Volk heiligen. Doch bezog er später auch die Person Jesus und das Evangelium in den Bereich der mündlichen Überlieferung des Judentums ein[116]. Gerade weil Baeck soviel vom jüdischen Erbe im Christentum sieht, verurteilt er jene Aspekte, die sich von diesem entfernt haben. „Baeck wagte es, in einer christlichen Welt das Judentum als die Norm zu setzen und das Christentum an diesem Maßstab zu messen und für fehlerhaft zu erklären."[117] Aus dem Gefühl der Zurückhaltung gegenüber der staatlichen Gewalt seiner Umwelt betont Baeck – im Gegensatz zu Hermann Cohen – den Gegensatz zwischen Luther und dem Judentum. Denn da der seinem Wesen nach sündhafte Mensch, der nicht durch sein Tun, sondern nur durch die Gnade Gottes erlöst werden kann, für sein Leben in der Gemeinschaft einen Zuchtmeister braucht, erhielt der Staat bei Luther eine besondere Weihe, auch vom religiösen Gesichtspunkt. Unter dem Einfluß der These Max Webers (1904) von dem wichtigen Beitrag des Calvinismus zur geistigen und gesellschaftlichen Gestaltung der modernen Welt, sah Baeck in Calvins Lehre und dem Anteil, den diese der hebräischen Bibel zuweist, den Ausdruck einer Bereitschaft, die Welt nach

---

[112] *Friedlander,* op. cit., 156 ff.; *Alexander Altmann,* Leo Baeck and the Jewish Mystical Tradition, The Leo Baeck Memorial Lecture, 17, New York 1973, 10 ff.
[113] *Friedlander,* op, cit., 157.
[114] AaO, 158.
[115] AaO, 115.
[116] *Leo Baeck,* Das Evangelium als Urkunde der jüdischen Glaubensgeschichte, Berlin 1938.
[117] *Friedlander,* op. cit., 116.

dem Willen Gottes zu gestalten. Diese Haltung erschien ihm näher der jüdischen Grundeinstellung als das Luthertum [118].

Von Beginn an wendet Baeck sich an den rationalen Menschen, er bemüht sich, das Bleibende, das Wesen des Judentums zu finden, um damit den Historismus zu überwinden, doch weiß er auch um die Dynamik der Idee im Laufe der Geschichte, die allein die Fülle der jüdischen Lehre entfalten könne [119]. Er glaubte an den kategorischen Imperativ des sittlichen Gebots, aber sah immer mehr das Geheimnis hinter dem Gebot. „Mit Cohen sucht Baeck seine Religion an den Quellen des Judentums, aber es ist nicht mehr lediglich die Religion der Vernunft. Sie enthält die Paradoxie, und sie wird zur Religio der Polarität." [120] Dies gilt auch für die Stellung des Judentums, wie er sie am Ende seines *Wesen des Judentums* im Rankeschen Sinne formuliert, daß das Größte, was dem Menschen begegnen kann, sei, daß er in der eigenen Sache die allgemeine verteidigt.

Es ist zu bezweifeln, daß diese von Baeck aufgeworfenen Fragen wirklich die jüdische Jugend des beginnenden zwanzigsten Jahrhunderts angingen. In Erinnerungen jüdischer Persönlichkeiten verschiedener Lager, die gedruckt erschienen, bleibt kaum ein Widerhall dieser Auseinandersetzung *. Was die spätere Zeit betrifft, meint Liebeschütz mit Recht, daß die Erfahrung des alltäglichen Lebens, aber auch anthropologische und soziologische Erwägungen *heute* ausschlaggebender seien, als theoretische Erörterungen über Verschiedenheiten der historischen Bekenntnisse oder tiefgründige Untersuchungen über das Wesen des Judentums [121]. Und doch mehren sich die Zeichen, daß die Frage nach der Bedeutung des Judentums im Staate Israel und in der modernen Gesellschaft eine neue Dringlichkeit bei der jüdischen Jugend in Israel und in der Diaspora erlangen könne. Das Problem, das Baeck so eindringlich beschäftigte, kehrt tatsächlich zurück, wie Liebeschütz voraussah, wenn auch die Erlebnisse der Zeit und das heutige Denken – im Sinne Baecks – eine andere Darstellung und Deutung, wenn auch nicht in allem, erfordern würden.

VII

Baecks Würdigung der Kabbala zeugt für seine Offenheit gegenüber neuen Einsichten, die im frühen zwanzigsten Jahrhundert faßbar wurden. Aber seine Anerkennung des Irrationalen als eines schöpferischen Elements der Wirklichkeit hat das Ganze seiner bürgerlichen Geistigkeit nicht verwandelt. Er durfte sich mit der Vernunft Hermann Cohens verwandt fühlen, obwohl

---

[118] *Liebeschütz*, Simmel zu Rosenzweig, 78 ff.
[119] *Altmann*, Theology, aaO, 202.
[120] *Friedlander*, op. cit., 154.
* Siehe ebenfalls den Beitrag von *Uriel Tal* (Hrsg.).
[121] *Liebeschütz*, Simmel zu Rosenzweig, 101–102.

er im strengen Sinne kein Schüler des Kantianers war. Es war ganz anders mit Martin Buber (1878–1965). Dieser hat seine Jugend im Lemberger Haus seines Großvaters Salomon Buber verbracht, der zugleich ein bedeutender Midraschforscher und hoch angesehener Geschäftsmann war und am Jiddischen als Sprache des täglichen Umgangs festhielt. In dieser Umwelt blieb die Verbindung mit der ostjüdischen Geistesart des galizischen Hinterlandes offen. Dazu kam das Nebeneinander von Deutschen und Slawen und die geistige Nähe zu Wien als dem Torweg zum jüdischen Europa. Durch diese Umstände war die bestimmte Prägung, die dem Stil der Emanzipationszeit im Reiche eigen war, ausgeschlossen. All dies bildete die äußeren Voraussetzungen einer Entwicklung, die zu einer neuen und höchst individuellen Gestaltung des jüdischen Selbstverständnisses führte. In Bubers schriftstellerischer Laufbahn wurde zuerst der Einfluß Nietzsches wirksam[122]. Mit ihm wandte er sich gegen die Verflachung des kulturellen Lebens und die Veräußerlichung der Tradition. Als Abhilfe forderte er eine Rückkehr zu den Quellen des eigenen Volkes, um seine Entartung aufzuhalten und seine völlige Erneuerung aus seinen „Urkräften" her anzustreben. Buber feierte Nietzsche in jenen Jahren als den „Wegbereiter der neuen Kultur" und als „Erwecker und Schöpfer neuer Lebenswerte, eines neuen Weltgefühls". Entsprechend der Idee Nietzsches vom Übermenschen schrieb er vom „werdenden Gott, an dessen Entwicklung wir mitschaffen können"[123].

Im Zionismus fand Buber den Weg zu schöpferischer Tat. Es ging ihm darum, das in der Enge des Ghettolebens verkümmerte Volkstum zu Sinnenfreude und ungebrochenem Lebensgefühl zu erwecken und ihm die schöpferische Kulturkraft wiederzugewinnen[124]. Trotz der Nähe zu Achad Haam, den er als seinen Lehrer bezeichnete, lehnte er dessen Intellektualismus ab und wandte sich gegen den Glauben an die zwangsweise Entwicklung und den „kleinen" Fortschritt.

Dieses Suchen nach vollem Menschentum, nach echter Gemeinschaft und nach den Quellen ursprünglichen jüdischen Volkslebens ließen ihn den Chassidismus neu entdecken. Dieser erschien als Erneuerung der klassischen Zeit des Judentums, als das „Urjudentum", nach dem er sich sehnte. Daneben war es seine Neigung zur Mystik, die ihn zum Chassidismus führte. Noch bevor er den Chassidismus kennenlernte, beschäftigte er sich mit der deutschen Mystik. Aber es war auch im Sinne Nietzsches das Sehnen nach der schöpferischen Tat des großen Menschen. „Buber brachte Nietzsche mit, als er den Chassidismus kennenlernte."[125] Im Chassidismus fand er die Sinnen-

---

[122] *Martin Buber*, Ein Wort über Nietzsche und die Lebenswerte, Berlin 1900. Vgl. auch *Ernst Simon*, Martin Buber and German Jewry, in: Year Book III of the Leo Baeck Institute, London 1958, 16 ff.

[123] AaO.

[124] *Grete Schaeder*, Martin Buber, Hebräischer Humanismus, Göttingen 1966.

[125] AaO, 19.

freude, das ungebrochene Lebensgefühl und die Schöpferkraft, die er in den Jahrhunderten des engen Ghettolebens so sehr vermißte. Diese der Welt zugewandte freudige Mystik entsprach dem Weltgefühl des europäischen Menschen am Anfang des zwanzigsten Jahrhunderts. Bei seiner Darstellung des Chassidismus sah Buber bewußt von der Lehre, die aus der Kabbala schöpfte und das Wesen Gottes behandelte, ab und stellte statt dessen die den Menschen betreffenden Ideen in den Vordergrund. Die Tat des Menschen könne die Erlösung der Welt herbeiführen und damit das Schicksal Gottes in der Welt entscheidend bestimmen. Das Heilige war für ihn kein besonderer Bereich. Jede Handlung, jeder Ort könne heilig werden, andererseits gebe es keine an sich heilige Handlung und keine festgelegte Formel, die zu Gott führt, alles hänge von der Intention des tuenden Menschen ab.

Durch die Tat des Menschen in allen Bereichen des Lebens werde der Geist Gottes zur Wirklichkeit in der Welt [126]. Aus der Einzigartigkeit des Menschen ergab sich für den Chassidismus, wie Buber ihn sah, die Bedeutung der Persönlichkeit. Sie bewähre sich in ihrem Leben mit den anderen. In dieser Darstellung des Chassidismus sind bereits die Grundgedanken Bubers enthalten, denen er auch dann treu blieb, als seine religiöse Haltung sich später änderte. Vielleicht ist es nicht zufällig, daß er seine ersten chassidischen Bücher in Florenz schrieb, einem Ort, wo die schöpferische Leistung des Menschen wie nirgendwo zum Ausdruck kam; es war die Stadt, von der die Erneuerung der abendländischen Kultur in der Klassik ihren Anfang genommen hatte, ähnlich wie Buber vom Chassidismus und seiner Erfüllung im Zionismus die Erneuerung des jüdischen Volkes und seiner Aufgabe in der Menschheit erwartete [127].

Mit dieser seiner durchaus subjektiven Deutung des Chassidismus wurde die Judenfrage für ihn zur Frage jedes *Einzelnen* und nicht die einer äußeren Not. Er wollte das Wesen des Juden verstehen und kam zur Erkenntnis: „Was wir sind, das sind unsere Vorfahren in uns". Diese Frage, die jeden einzelnen Juden angeht, welchen Sinn es hat, daß er sich Jude nennt und was das Judesein für ihn bedeutet, bildet das Thema der ersten der berühmten *Drei Reden*, die er 1909 vor den Studenten des Vereins „Bar Kochba" in Prag hielt. Es war assimilierte, dem Judentum entfremdete jüdische Jugend, die sich um die Aufhellung jener Fragen an ihn wandte. Er bemühte sich, ihnen den Weg zu weisen, den er selbst zehn Jahre vorher gegangen war, und die ererbte Wesensbesonderheit aufzuzeigen, die jeder Jude in sich vorfindet und erlebt. Wieder wurde die ihm mit vielen Zeitgenossen gemeinsame Abwendung vom Intellektuellen, das untauglich sei zur Erfassung wirklicher lebendiger und geistiger Zusammenhänge und Geschehnisse, der Weg zur

---

[126] *Hans Kohn*, Martin Buber. Sein Werk und seine Zeit. Ein Beitrag zur Geistesgeschichte Mitteleuropas 1880–1930. Nachwort: 1930–1960 von *Robert Weltsch*, 2. Aufl., Veröffentlichung des Leo Baeck Instituts New York, Köln 1961, 81.
[127] *Pinchas Erich Rosenblüth*, Martin Buber, Hannover 1968, 20 ff.

Erkenntnis der eigentlich *schöpferischen* Lebenskräfte im Menschen. Von dieser geistigen Situation her ging Buber darauf aus, den Einzelnen in seinem Sicherheitsgefühl zu erschüttern und ihm die Bedeutung der sein Leben bestimmenden *Urkräfte* zum Bewußtsein zu bringen, die ihn wesensgemäß von seiner Umgebung unterschieden und ihn schicksalhaft in das jüdische Volk einreihten. Der Weg des Volkes lehre ihn, sich selber verstehen und sich selber wollen. Diese Gedanken bedeuteten für viele eine sie aufrüttelnde Entdeckung und den Beginn einer Rückkehr nach einer fast völligen Entfremdung vom Judentum. Gerade weil diese Rede sich zum Menschen im Elementaren, in seinen Urbeziehungen wandte, war die Erschütterung so groß und die Wirkung nachhaltig. Sie ging alle jene an, die meinten, der Wille des Menschen allein bestimme seine Nationalzugehörigkeit und die damit ihre Assimilation oder auch ihre Entscheidung zum Zionismus rechtfertigten. Unter dem Einfluß der Neuromantik stellte Buber die Bedeutung der im Blute und im Boden verankerten Kräfte des Menschen dar, die sein Wesen in Wirklichkeit bestimmen, gegenüber dem rein Intellektuellen oder dem Einfluß der Umwelt. Er kam damit dem weithin gefühlten Bewußtsein der Einsamkeit und der damit verbundenen Sehnsucht nach organischem Zusammenhang und dem Einreihen in die Gemeinschaft nach, der man aufgrund des gemeinsamen geschichtlichen Erlebnisses angehörte. In seinen weiteren Reden ging Buber auf die Aufgabe des Juden ein, aus der in ihm gespürten Dualität zur Einheit zu kommen. Die jüdische Geschichte sei ein ständiger Kampf des *offiziellen* Judentums gegen das *unterirdische*, schöpferische, in dem der Prophet und Mystiker sich gegen die durch die Tradition schaffenden und erklärenden Gesetzeslehrer bewirkte Erstarrung aufbäumte. Die Zwangsherrschaft eines lebensfeindlichen Gesetzes vernichte alles Freudige und alles Schönheitsdurstige. Gegen diese reine Geistigkeit sollte das einheitliche, ungebrochene Lebensgefühl des Juden, wie es im klassischen „Urjudentum" der Bibel, im Urchristentum und im Chassidismus zum Ausdruck kam, wieder erweckt werden. Dies war eine durchaus einseitige Bewertung der jüdischen Geschichte, von der Buber sich später selber in gewissem Maße abwandte zugunsten einer weit positiveren Betrachtung der Pharisäer und des Gesetzes. Gerade Buber, der eigentlich immer nur das Konkrete gelten ließ, erging sich oft in künstlichen und abstrakten Gegensätzen. Tatsächlich waren die Gestalten der Tradition schaffenden und vererbenden Patriarchen und Gesetzeslehrer für das Judentum viel charakteristischer als seine Propheten und Mystiker[128]. Die Idee der unbedingten Tat, wie die Propheten sie forderten, ist für Buber das entscheidende Kennzeichen jüdischer Religiosität, sie allein verbinde den Menschen mit dem unbedingten Gott. Es käme nicht darauf an, *was* getan wird, sondern ob es aus menschlicher Bedingtheit oder in göttlicher Unbedingtheit

---

[128] *Ernst A. Simon*, Martin Buber und der Glaube Israels (hebr.), Ijun, 1958, 14 ff. Vgl. auch *Martin Buber*, Briefwechsel aus sieben Jahrzehnten, hrsg. von *Grete Schaeder*, Bd. I, Heidelberg 1972, Brief Nr. 196.

getan werde. Dem Menschen liege es ob, dem Rufe des Absoluten in seiner
Seele zu folgen. Was aber bürgte dafür, daß nicht gänzlich andere Kräfte die
Seele des Menschen beherrschten und sich als absolut ausgaben, daß der Ruf
von innen her der Ruf Gottes und nicht auch derjenige Satans sei? Hier offenbarte sich der im Grunde anarchische Charakter im religiösen Denken Bubers,
dem er zeitlebens treu geblieben ist, und der ihn alle Religionssysteme und
ritualen Pflichten ablehnen ließ [129].

Die Philosophie Bubers war in ihren Anfängen in bestimmtem Sinne ein
Ausfluß der *idealistischen* Philosophie. Bei allen Verschiedenheiten der Systeme leitete sie die Welt und Gott aus dem *Ich* ab; Gott wird aus den
schöpferischen Kräften des Menschen erklärt und durch den Menschen und
in ihm verwirklicht. In den Augen Franz Rosenzweigs war dies eine
„atheistische Theologie" [130]. Doch die Jahre des Ersten Weltkrieges und die
Epoche danach veranschaulichten Buber, daß der Mensch die durch ihn selbst
entstandene Welt nicht mehr zu bewältigen vermochte.

Das Denken Martin Bubers nahm eine neue Wendung vor allem nach seiner Begegnung mit Franz Rosenzweig, dem Autor des *Stern der Erlösung*,
während des Ersten Weltkriegs. Diese Begegnung führte zu einer engen
Freundschaft und Zusammenarbeit, vor allem auch in dem Unternehmen einer
neuen deutschen Übersetzung der hebräischen Bibel, die Buber nach dem 1929
erfolgten Tode Rosenzweigs allein zu Ende führte. Franz Rosenzweig, Ver-
künder des „neuen (existentiellen) Denkens", wurde ein Bahnbrecher in der
von Deutschland ausgehenden jüdischen Theologie und ist heute als einer der
bedeutendsten Denker des modernen Judentums – besonders auch in Amerika
– anerkannt. Seine Werke und vor allem seine Wirkung in der jüdischen
Welt gehören jedoch nicht der in diesem Buche behandelten Zeitperiode an;
daher kann ihre Darstellung hier nicht ihren legitimen Platz finden. Dennoch bedarf es wenigstens dieses Hinweises auf eine der wichtigsten Früchte
der sich in Deutschland entfaltenden, weitgehend auch durch deutsche Gedankengänge und Strömungen beeinflußten, religiösen Produktivität.

VIII

Cohen, Lazarus, Baeck und Buber können jeder in seiner Weise als Denker
gelten, welche die liberale Interpretation des Judentums in Mitteleuropa
repräsentieren. Sie wollen zeigen, wie Judesein und jüdischer Glaube unter
den Vorbedingungen der modernen Kultur Wert und Geltung behaupten. Ein
solcher Versuch macht die Einführung von Begriffen notwendig, die der zeit-

---

[129] *Gershom Scholem,* Judaica, Frankfurt a. Main 1963, 197 ff., *Schaeder,* Martin
Buber, 68.
[130] *Franz Rosenzweig,* Kleinere Schriften, Berlin 1935, 278 ff.; *Simon,* Martin
Buber and German Jewry, aaO, 33 ff.

genössischen Umwelt entstammen. Dafür konnte, wie besonders Cohen betonte, Maimonides als klassisches Vorbild angeführt werden. Aber darüber hinaus vollzog sich bei dieser Anpassung an die moderne Welt eine Verschiebung der Erheblichkeit, die den einzelnen Schichten der Überlieferung zugewiesen wurde. Cohen und Baeck haben beide den Charakter des Judentums als Gesetzesreligion bejaht; aber für sie ist die prophetische Botschaft und die Frömmigkeit der Psalmen sehr viel wichtiger gewesen als die Erörterung der Halacha. Für Buber stehen Bibel und Chassidismus im Vordergrund seiner Lehre.

Cohen hat diesen geistigen Vorgang, der das Wesentliche hervorhob, um der eigenen Religion ihren Platz im Zeitbewußtsein zu sichern, als Idealisierung bezeichnet und vertreten. Es ist offensichtlich, daß die Lehrer des gesetzestreuen Judentums, denen wir uns jetzt zuwenden wollen, eine derartige Haltung ablehnen mußten. Sie fühlten sich als Vertreter einer alle Lebensgebiete gleichmäßig durchdringenden Ordnung religiös-gesetzlichen Charakters. Die Menschen, die ihre Führung anerkannten, wurden im Laufe der zweiten Hälfte des neunzehnten Jahrhunderts unter den Juden zu einer Minderheit. Als Juden lebten sie in einer Gesellschaft, die nach dem Verfassungsparagraphen neutral, in ihrer politischen und kulturellen Substanz jedoch von Kräften gestaltet war, an denen ihre Vorfahren für viele Generationen nur sehr mittelbar Anteil gehabt hatten.

Dazu kam, daß die moderne Nation und die moderne kapitalistische Gesellschaft, in der gerade die Juden aller Richtungen aktiven Anteil nahmen, in weit stärkerem Maße als früher den ganzen Menschen erforderten[131]. Die Führer des gesetzestreuen Judentums versuchten grundsätzlich, die frühere Einheit des vom Religionsgesetz geregelten Lebens zu erhalten. Darum lehnten anfangs die meisten von ihnen – auch angesichts des massenhaften Abfalls von der Tradition und selbst vom Judentum – nur um so entschiedener und einseitiger die neuen Möglichkeiten ab und kehrten, soweit technisch möglich, das Nur-Alte als alleinigen unveränderten Wert heraus. Ihr Blick war ganz nach innen gerichtet und ihr Weg blieb der gleiche, auch wenn die Massen sie verließen.

Nur einige wenige, unter ihnen vor allem Samson Raphael Hirsch (1808 bis 1888) und Esriel Hildesheimer (1820–1899) sahen ihre Aufgabe vordringlich darin, den Abfall der Massen zu hemmen und ein Bollwerk des alten Judentums unter den völlig veränderten Umständen neu zu errichten. Das Neue bei Hirsch war, daß er die Emanzipation und ihre Errungenschaften nicht nur nicht ablehnte, sondern freudig begrüßte und sich bemühte, sie sinnvoll in das traditionelle Judentum einzubauen. Er betonte immer

---

[131] *Max Wiener,* Jüdische Religion im Zeitalter der Emanzipation, Berlin 1933, 8. – Vgl. zu diesem Kapitel auch *I. Grunfeld,* Three Generations, London 1958; *Mordechai Breuer,* The Thora-Im-Derekh-Erez of Samson Raphael Hirsch, Jerusalem-New York 1970.

wieder, daß diese seine Anschauung nicht als Konzession an die neuen Zeit-
strömungen aufzufassen wäre, sondern daß auch in der Vergangenheit das
Judentum, solange äußere Gegebenheiten es ermöglichten, diesen Weg gegangen sei. Es war Hirschs These, daß „der Jude keineswegs so schroff durch
sein Judentum den Ländern und Zeiten gegenüber" stand [132]. Die Epoche, in
der Hirsch seine Anschauungen bildete, war noch von einem freudigen, fast
naiven Glauben an den ständigen Fortschritt der Menschheit erfüllt gewesen,
den er völlig teilte. Damals war die Aggressivität des modernen Nationalismus und des Antisemitismus noch nicht sichtbar. So blieb die Problematik
einer Synthese von Judentum und allgemeiner Kultur für ihn noch ver-
deckt [133].

Wie die göttliche Offenbarung am Sinai, so zeugen Hirschs Meinung nach
auch die Schönheiten der Natur und die Werke menschlichen Geistes von
Gottes Größe [134]. Sie zu genießen im geistigen Sinne, wenn wir nur unsere
Triebe zu zähmen wissen, hebe die Gesetzeserfüllung auf höhere Ebene als sie
in der Enge des Ghettos erreichbar war. Denn jede Möglichkeit, die die Emanzipation bot, solle benutzt werden als eine neue höhere Stufe der Berufserfüllung des „Mensch-Jisroel", wie er bezeichnenderweise den Juden meist
nannte [135]. Anders als die Mehrzahl seiner Zeitgenossen, die nur den Weg des
Entweder-Oder: Judentum oder zeitgenössische europäische Kultur kannten,
sah er keinen Gegensatz zwischen dem Judentum des göttlichen Gesetzes und
jeder wahren humanen und europäischen Bildung. Der Jude wird in jeder
neuen Wahrheit einen Beitrag zur helleren Offenbarung Gottes in Natur und
Geschichte und in jeder Kunst und Wissenschaft neue Wege zum Dienste
Gottes erblicken. Er wird daher keiner Wissenschaft, Kultur und Bildung
abhold sein, sobald sie nur „wahrhaft wahr" und sittlich sei [136], „aber nimmer
auf Kosten auch nur des kleinsten Teiles des jüdischen Gesetzes" [137]. Die

---

[132] *Samson Raphael Hirsch,* Gesammelte Schriften, Frankfurt a. Main 1902–1912,
Bd. I, 158.

[133] Siehe *Moshe Schwarcz,* Religious Currents and General Culture, in: Year Book
XVI of the Leo Baeck Institute, London 1971, 14; *Hirsch,* Gesammelte Schriften,
Bd. II, 435. – Allerdings im Jahre 1884 gab er seiner schweren Enttäuschung Ausdruck, daß das Jahrhundert der Humanität vor seinem Ende die „anscheinend eingebürgerten Wahrheiten" wieder in Frage stellte, und die sogenannte „Judenfrage"
infolge niedriger Leidenschaften, unheilvollen Hasses und feindseliger „Mißgunst"
wieder in den Vordergrund gestellt wurde.

[134] *Jacob Rosenheim,* Erinnerungen, 1870–1920, Frankfurt a. Main 1970, 52, erwähnt eine Äußerung Hirschs, wonach er, nachdem er gegen Ende seines Lebens zum
erstenmal die Schweiz besuchte, sagte, jetzt werde er bejahend antworten können,
wenn Gott ihn nach seinem Tode fragen würde, ob er „seine schöne Schweiz gesehen
hätte".

[135] Siehe *Samson Raphael Hirsch,* Neunzehn Briefe über das Judentum, 1836 (unter dem Pseudonym Ben Usiel veröffentlicht), 16. Brief, Gesammelte Schriften, Bd. II,
453.

[136] AaO, Bd. I, 158.   [137] Jeschurun, 1863.

Identität von Judentum und wahrem Menschentum hätte ihren erhabensten Ausdruck in Friedrich Schiller gefunden, dem Hirsch anläßlich seines hundertsten Geburtstages 1859 eine großangelegte Rede in der von ihm gegründeten Realschule gewidmet hatte[138]. Diese Deutung der Lebensbestimmung, die göttliche Gleichheit aller Menschen, sei wahres Judentum. Dieser deutscheste Nationaldichter hätte „jüdische Lebensweisheit", die in Wirklichkeit rein menschlich sei, gelehrt[139]. Noch weiter ausgreifend meinte Hirsch, bei der Erklärung eines Bibelverses, daß bis auf den heutigen Tag nur diese beiden Menschenstämme, der japhetische und semitische, Griechentum und Judentum, die eigentlichen Bildner und Lehrmeister der Menschheit geworden seien[140]. In immer neuen Wendungen pries er seine „glückliche" Zeit als die Morgenröte der wieder erwachenden Menschheit, als Vorstufe zur Anerkennung Gottes als des alleinigen Herrn. Die Geschichte der Menschheit sei nichts anderes als eine ununterbrochene Kette von Fortschritt und Aufstieg zu einem in der Vorsehung vorbestimmten Ziel.

Im Hinblick auf den religiösen und sittlichen Wert jeder echten geistigen Bildung betonte er programmatisch, daß an der von ihm 1853 gegründeten Schule die Pflege der allgemeinen Bildungszweige mit gleichem Ernst und mit gleicher Sorgfalt wie diejenigen der speziellen jüdischen Bildung betrieben werde, da beide Elemente in innigem Zusammenhange miteinander stünden. Die bis dahin und auch heute wieder übliche zeitliche Trennung beider Bildungszweige lehnte er ab.

Noch bedeutungsvoller für Hirsch als Führer der gesetzestreuen Judenheit war seine Bejahung der politischen Integration mit der Umwelt. Israel sei seit dem Untergang seines Staates ein nur geistiges Volk, daher sei es des innigen Anschlusses an den Staat fähig; nur, während die anderen die Güter des Staates als höchstes sähen, bedeuteten sie Israel nur ein Mittel zur Erfüllung des Menschenberufes*. Jeder Sohn Israels solle ein geachtetes, weit wirkendes Priestertum der Gerechtigkeit und der Liebe und damit reinen Menschentums unter den Völkern verbreiten[141]. Diese seine Einstellung verdeutlicht, daß in *diesen* wesentlichen Fragen der seelischen Zugehörigkeit zur Umgebung bei aller sonstigen Verschiedenheit eine weitgehende Übereinstimmung zwischen dem orthodoxen und dem liberalen Lager bestand, wie Max Wiener mit Recht bemerkte[142].

Hirsch drückte mehr als irgendein anderer in der Neuzeit der orthodoxen Judenheit Deutschlands und später auch anderer Länder den Stempel seiner

---

[138] Gesammelte Schriften, Bd. VI, 309 ff.
[139] AaO, Bd. I, 295.
[140] *Samson Raphael Hirsch*, Der Pentateuch, 1867, Genesis, Kap. 27.
* Siehe hierzu ebenfalls den Beitrag von *Yehuda Eloni*, Die umkämpfte national-jüdische Idee, im vorliegenden Bande, S. 681 (Hrsg.).
[141] *Hirsch*, Neunzehn Briefe, 16. Brief.
[142] *Wiener*, op. cit., 8 ff.

Persönlichkeit und seines Geistes auf. Er war der erste, der in einer völlig veränderten Situation, als die große Mehrheit an die Möglichkeit eines gesetzestreuen Lebens in der modernen Gesellschaft nicht mehr glauben wollte oder konnte, dem traditionellen Judentum ein den neuen Umständen entsprechendes geistiges Weltbild gab. Zweifellos spricht aus seinen Worten und Schriften eine echte Begeisterung für alle wahrhaften menschlichen Werte und ein Glaube an ihre allgemeine Gültigkeit, wie auch aus denen mancher seiner Zeitgenossen. Doch konnte er – wie es auch bei den anderen geschah – nicht der Gefahr entgehen, seiner Gemeinde den geistigen und religiösen Unterbau ihres gegenwärtigen sozialen Status zu liefern und damit den Genuß ihrer neuen gesellschaftlichen Stellung religiös zu legitimieren. Seine Forderung an den Einzelnen bestand in Wirklichkeit darin, daß er in der nichtjüdischen Umgebung seinen jüdischen Pflichten, wie Übung der Gebete, Beachten der Speisegesetze und des Sabbats, treu bleibe. Sechs Tage sollten dem Juden die äußeren Mittel für seinen Lebensunterhalt bringen, während der siebente den Geist und die Weihe spendet, „daß jenes Erringen und Anwenden auch in *göttlichem* Sinne geschehe"[143]. „Du bist erst Jude und dann Geschäftsmann geworden."[144] Gerade Hirsch, der immer wieder die Totalität des Judeseins betonte, trennte faktisch die beiden Bereiche im Leben des Einzelnen, weil er die Eigengesetzlichkeit und Problematik der modernen Gesellschaft und Kultur nicht erkannte. Tatsächlich gab es wohl in seiner Zeit keine Möglichkeit, einen anderen Weg zu gehen. Aber er ließ seinen Anhängern keinen Raum, über der gegenwärtigen Gesetzeserfüllung zu etwas Höherem, zur Möglichkeit zu streben, das geforderte totale Judentum in einer von Grund auf zu errichtenden Gesellschaft zu verwirklichen; die meisten sahen noch viele Jahre danach in dem von Hirsch gewiesenen Weg die ideale Form und weigerten sich lange Zeit, die jüdische Erziehung wenigstens durch die Errichtung einer Jeschiwah – wie es in Osteuropa und früher in Deutschland üblich war – zu intensivieren, entsprechend der Forderung Salomon Breuers, des Nachfolgers von Hirsch. Die von ihm gegründete Realschule sah man als absoluten Gipfel jüdischer Bildung an. „Hirschtum, nicht Judentum", nannten manche diesen Weg. Und in der Tat, die überwältigende Genialität und innere Geschlossenheit der Hirsch'schen Auffassung führte auch nach Ansicht Jacob Rosenheims, seines Schülers und des Gründers der *Aguda,* zur Abschnürung vom breiten Strom der jüdischen Quellen. Im Gegensatz zu früher, als die meisten Schulentlassenen, die die Gemeinde verließen, auch die orthodoxe Lebensform aufgaben, trat von 1890–1903 eine Reaktion ein, infolge der Abkehr vom Materialismus, wie Rosenheim meinte[145].

---

[143] *Hirsch*, Neunzehn Briefe, 15. Brief.
[144] *Hirsch*, Gesammelte Schriften, Bd. I, 215.
[145] *Rosenheim*, Erinnerungen, 23 ff., 46.

Hirsch war sich der Kühnheit seiner Gedanken und der Gefahren seines Weges bewußt. Gerade weil das Judentum ins Universal-Menschliche hinauswies, war es ihm klar, daß er den seinen Gedanken Treuen konkret verankern müsse, damit er nicht allein in der allgemeinen Umgebung schweife. Das Mittel dazu sah er in der Errichtung eigener *Gemeinden*, die ganz auf die peinlichste Beobachtung des Gesetzes und auf strenge Dogmatik gegründet und von den jüdischen Gemeinden der Mehrheit völlig gesondert wären. Dieser dem Judentum bis dahin fremde Gedanke wurde von ihm und den ihm Nachfolgenden in den Mittelpunkt ihres geistigen und seelischen Lebens gestellt. Hirschs Ideal war nicht ein friedliches Nebeneinander, sondern ein *Auseinandergehen*, eine vollständige Loslösung seiner Getreuen von der allgemeinen Gemeinde[146], selbst um den Preis der Verkümmerung der Solidarität mit dem jüdischen Volke. Hirsch begründete dies damit, daß „ein nichtorthodoxes Judentum eben überhaupt nicht mehr Judentum ist". Seit der politischen Gleichstellung der Juden gäbe es nur noch jüdische Religionsgemeinschaften. Aber aus der jüdischen Gemeinde, die die Souveränität des göttlichen Gesetzes nicht in *allem* anerkenne, auszutreten, sei heilige Pflicht. Allerdings weigerte sich der größere Teil der Mitglieder seiner eigenen Gemeinde – vor allem die in Frankfurt Geborenen – auszutreten, als im Jahre 1876 das Gesetz dies gestattete – eine Tatsache, die Hirsch stark erbitterte[147]. Die Austrittsgemeinden blieben inselhafte, nach außen abgeschlossene Gebilde und entwickelten ein intensives religionsgesetzliches Leben. „Damit wurde eine gewaltige Energie gesetzestreuer Selbstbehauptung ausgelöst"[148]. Eine neue, kurz vor dem Weltkrieg von den Führern dieser Gemeinde errichtete Weltorganisation, *Agudas Jisroel*, die die Reform und den Zionismus, später auch die in der allgemeinen Gemeinde verbliebenen Gesetzestreuen scharf bekämpfte, war die Krönung dieser Isolierung.

Hirschs Anhänger führten ein Doppelleben; sie nahmen intensiven Anteil am wirtschaftlichen und geistigen Leben der Umgebung und lebten gleichzeitig das Judentum in der Separat-Gemeinde und im eigenen Heim. Die deutschen Juden – und nicht nur die orthodoxen – wurden – wie später in Amerika – Pioniere oder Mitläufer der Überflußgesellschaft[149] und nicht die Priester des Einen Gottes. Dieser Zwiespalt führte um die Jahrhundertwende zu einer Reaktion bei einer Reihe Jüngerer, die sich von dieser Harmonisierung abwandten und ihr Ideal in der Judenheit des Ostens fanden. Die Separationstendenz erschwerte auch vielen den rechtzeitigen ideellen

---

[146] *S. Goldschmidt,* Die Gründung und Bedeutung des Rabbinerseminars, in: Jeschurun, 1920, 239.
[147] *S. Japhet,* The Secession from the Frankfurt Jewish Community, Historia Judaica, 1948, 109 ff.; *Rosenheim,* Erinnerungen, 33.
[148] *Wiener,* op. cit., 81.
[149] *Irving Greenberg,* Acculturation and Identity. The Jews, American Jewish Historical Quarterly, September 1965.

Anschluß an die größeren Bewegungen der Judenheit, doch wirkte die intensive religiöse Aktivität dieser Bewegung auch über ihre Mitgliederschaft hinaus anregend.

IX

Eine Reihe Gemeinsamkeiten verbindet Hirsch und Hildesheimer. Beide hatten einen ähnlichen Bildungsgang, teilweise bei denselben Lehrern. Beide wirkten eine Reihe von Jahren in den Ungarn angrenzenden Bezirken, beide hatten von Anfang an gegen die Reform, aber auch gegen die extreme, jede allgemeine Bildung ablehnende Orthodoxie zu kämpfen. Beide wurden als Retter des gesetzestreuen Judentums in Deutschland angesehen, dessen Untergang fast schon unabänderlich schien. Beide schufen ihr Werk fast aus dem Nichts und gründeten in Frankfurt a. M., bzw. in Berlin ihre sogenannten Austrittsgemeinden. Trotz dieser Gemeinsamkeiten gab es auch Trennendes. Hirsch sah sein Ideal in der innigen Verbindung des Judentums mit der deutschen Kultur, er wollte daher seinen Gemeindemitgliedern eine höhere allgemeine Bildung aus jüdischem Geiste her vermitteln und strebte nach einer Ästhetisierung des Gottesdienstes und der persönlichen Lebensform eines jeden. Hildesheimer ging es von Beginn an darum, noch in seiner Wirksamkeit in Eisenstadt, im damaligen Ungarn, und vor allem später – von 1869 an in Berlin – eine intellektuelle Elite zu erziehen, die einen neuen Typus des Rabbiners und Gemeindeleiters stellen sollte. Diese sollte gründlichste Kenntnis des Talmud und der anderen jüdischen Wissensgebiete mit allgemeiner Bildung verbinden und so in der Lage sein, sich mit den wissenschaftlichen Problemen der Zeit auseinanderzusetzen. Die Herausbildung dieser Führerschicht war für Hildesheimer der erste Schritt zur Festigung der Gemeinden alten Stils. Im Gegensatz zu Hirsch erschien er vielen als ein Raw herkömmlicher Prägung, der sich eingehend mit der Erörterung halachischer Gesetzesentscheidungen beschäftigte; daneben aber gehörte seine Neigung dem akademischen Lehrbetrieb. Im Mittelpunkt standen Thora und Talmud, die nichtjüdischen Fächer lagen an der Peripherie[150].

Hildesheimer meinte, ein richtiges Verständnis der Bibel sei erreichbar nur durch eine Exegese, die sich auf der Höhe der zeitgenössischen Wissenschaft hielte. Auch die bibelkritischen Theorien solle man nicht hochmütig übersehen, sondern prüfen und dann widerlegen. Sein Ziel war es, eine Gesamterfassung des überlieferten Judentums zu erzielen, die nicht auf dem Gefühl, sondern auf wissenschaftlichen Ergebnissen beruhen sollte[151]. Seine programmatische Haltung in dieser Hinsicht erklärte er in seiner Eröffnungsrede

---

[150] *J. W.*, Rabbi Esriel Hildesheimer, in: Jeschurun, 1920, 3 ff. – J. W. nennt Hildesheimer „urdeutsch", wohl weil er einer länger in Deutschland ansässigen Familie entstammte.

[151] *Goldschmidt*, aaO, 249 ff.

des Rabbinerseminars in Berlin (1873): „Durch unsere Leistungen auf wissenschaftlichem Gebiet unsererseits teilzunehmen, halten wir für unerläßlich, wir umfassen die Gebiete der Wissenschaft mit gleicher Liebe wie die übrigen, da sie alle zur Verherrlichung des göttlichen Namens beitragen. Wir werden die jüdischen Disziplinen mit dem vollen wissenschaftlichen Ernste behandeln und auch hier nur der Wahrheit dienen." Werden wir auch mehr apologetisch sein, sagte er, so werden wir doch nie die Phrase an die Stelle des Gedankens oder des Beweises setzen[152]. Lernen und immer wieder lernen war sein Grundsatz, denn: „Unser Glauben ist Wissen". Erst wenn man in die Tiefe der Welt der Gesetzeslehre hinabgestiegen sei, sei man fähig, sich des Glaubens bewußt zu werden und ihn gegen jeglichen Angriff zu verteidigen. Trotzdem war ihm klar, daß, um die Welt des gesetzestreuen Judentums zu erhalten, man genötigt sei, das Thorastudium zu mäßigen[153].

Schon in Eisenstadt hatte er eine Jeschiwah gegründet, die erstmalig zugleich eine gründliche allgemein-humanistische Bildung vermittelte, damals etwas völlig Neues. Hildesheimer erkannte früh, daß es nicht genüge, zu allen modernen Bestrebungen immer nur „nein" zu sagen, und daß die neue Zeit und ihre Bedürfnisse auch neue, von den früheren abweichende Antworten erforderte[154]. Zeit seines Lebens war er ein oft kompromißloser Kämpfer für seinen besonderen Standpunkt. Nicht weniger scharf als gegen die Reformbewegung wandte er sich auch gegen die Richtung des Breslauer Seminars, wie sie durch Zacharias Frankel und Heinrich Graetz vertreten wurde; hier untersuchte man die Entwicklung des Gesetzes, wie es in der schriftlichen und mündlichen Lehre übermittelt wurde. Aber im Gegensatz zu Hirsch und seinem Kreise lehnte er die Beziehungen zu den gesetzestreuen Kreisen, die innerhalb der allgemeinen Gemeinde verblieben, nicht ab. Zum Unterschied von der Frankfurter Richtung beteiligte er sich an der Arbeit jüdischer Organisationen oder an Rabbinertagungen, die allgemeine Angelegenheiten der Judenheit behandelten, auch wenn Rabbiner der Reformbewegungen an ihnen teilnahmen. Hildesheimer mußte andererseits wahrnehmen, daß Hirsch und sein Kreis sich dem Berliner Seminar gegenüber äußerst mißtrauisch verhielten und sogar gelegentlich seine wissenschaftliche Betätigung als Ketzerei betrachteten. Besonders verurteilten sie die Bibelexegese seines Mitarbeiters Jakob Barth, des bekannten Orientalisten, hebräischen Sprachforschers und Bibelexegeten, der die Möglichkeit eines zweiten Jesajah bejahte[155]. Diese Gegensätze führten dazu, daß Hildesheimer den

---

[152] Professor Dr. *D. Hoffmann*, in: Jeschurun, 1920, 498.

[153] *J. W.*, Hildesheimer, aaO; *J. W.*, Zum fünfzigjährigen Bestehen des Rabbinerseminars, in: Jeschurun, 1923, 324 ff.

[154] *Rabbiner Esriel Hildesheimer*, Briefe, hrsg. von *Mordechai Eliav*, Veröffentlichung des Leo Baeck Instituts, Jerusalem 1965, 43 (hebr. Teil).

[155] AaO, 209 ff. Vgl. auch die Anmerkungen 268 ff. Rosenheim sagt in seinen Erinnerungen, daß diese Meinung Barths den Glauben an die Authentizität der Bibel bei der Jugend ganz ins Wanken brachte.

Beitritt zu der 1885 von Hirsch geplanten „Freien Vereinigung für die Interessen des orthodoxen Judentums" ablehnte.

Hildesheimer war zum Unterschied von den meisten anderen Führern der deutschen Judenheit aller Schattierungen erfüllt von tiefem und warmem *Solidaritätsgefühl* mit der Gesamtjudenheit und deren Nöten. Daher wandte man sich, wo auch immer Juden verfolgt wurden oder Not litten, in erster Linie an ihn. Vor allem aber widmeten er und sein Sohn Hirsch ihre Kräfte der Hilfsarbeit für Juden in Erez Israel. So wandte er sich gegen den Mißbrauch, der dort mit den Unterstützungsgeldern betrieben wurde, und forderte die Errichtung von Erziehungsstätten, in denen auch elementare Bildung und Fachkunde erlernt werden sollten. Die Kreise des alten Jischuw entfachten eine heftige Hetze gegen ihn. In diesen „allergräßlichsten Ereignissen" sah er eine Entweihung des göttlichen Namens. Er wollte, im Gegensatz zu Hirsch und anderen, keinesfalls zu solchen Zuständen schweigen, denn „die Öffentlichkeit sei der große Bundesgenosse" [156]. Doch waren es mehr philanthropische Motive als der nationale Gedanke, der beide zu ihrer Arbeit für Palästina veranlaßte.

Aber trotz der Erkenntnis der veränderten Situation des Judentums kam Hildesheimer nicht zu einer neuen Gesamtschau des gesetzestreuen Judentums, wie es Hirsch in populärer Form versuchte. Diese Tatsache wirkte sich, bei allen Erfolgen des Rabbinerseminars, ungünstig auf dessen geistige Entwicklung in der nachfolgenden Generation aus. Auch seine Helfer widmeten sich vorwiegend der Einzelforschung, vor allem auf philologischem und exegetischem Gebiet, und der Apologetik gegen den anstürmenden Judenhaß; aber sie brachten es nicht zu einer philosophischen Auseinandersetzung mit den Problemen der neuen Zeit, mit Ausnahme von Josef Wohlgemuth, dem Herausgeber des *Jeschurun* (1914–1930). Das „Lernen" allein war nicht imstande, wie Hildesheimer hoffte, dem Jüngling, auch wenn er Rabbinatskandidat war, die ihn von der Bibelkritik und den modernen Wissenschaften her bedrängenden Probleme zu lösen [157].

Man kann von Hirsch und Hildesheimer sagen, daß sie einen neuen Typus, den des allgemein-gebildeten, bzw. wissenschaftlich tätigen gesetzestreuen Juden schufen. Beide hinterließen durch ihr Vorbild und ihr Werk einen ganz besonderen Eindruck auf ihre Anhänger und Schüler, oft einen Personenkult.

---

[156] AaO, 103.

[157] Vgl. u. a. *Moses Calvary,* Das Neue Judentum, Berlin 1936, 52 ff.; *Sammy Gronemann,* Erinnerungen eines Jecken (hebr.), Tel Aviv 1950. Informativ auch über die Mitarbeiter und die Entwicklung des Seminars: *Isi Jacob Eisner,* Reminiscences of the Berlin Rabbinical Seminary, in: Year Book XII of the Leo Baeck Institute, London 1967, 32–52. Vgl. auch *Auerbach,* op. cit., 93, 99; Dr. *Leo Jung,* Über das Rabbinerseminar, in: Adass Jisroel, Berlin 1966. – *Rosenheim,* Erinnerungen, 55.

X

Ein besonderes Pathos beherrscht die Gedankenwelt Isaak Breuers (1883
bis 1946), der seit jeher als der Ideologe der extrem-orthodoxen Judenheit
gegolten hat. Selber seinem Wesen nach ein radikaler Individualist, zeigte
er auch künstlerische Neigungen; doch kämpfte er in seinen Schriften mit
nicht zu überbietender Schärfe gegen den modernen Individualismus, vielleicht um hierdurch die eigenen individuellen, zerstörerischen Zweifel zum
Schweigen zu bringen[158]. Die erste Schrift, in der er seine Grundthesen mit
der ihm stets eigenen Klarheit und Folgerichtigkeit entwickelte, erschien
anscheinend im Jahre 1910[159]. Der unmittelbare Anlaß war die Anfrage eines
Studenten, ob er die Gebote ohne Glauben halten könne oder dürfe. Breuer
bejahte die Frage; sie gab ihm Gelegenheit, seine grundsätzlichen Anschauungen darzulegen, die von denen der anderen gesetzestreuen Ideologen der Zeit
weit abwichen. Das Gesetz, so argumentierte Breuer, sei nicht vom Individuum
und seiner Überzeugung abhängig; es fordere unbedingten Gehorsam. Im Judentum gebe es kein Individuum, sondern nur Typen. In dieser Beziehung
hätte die Aufklärung revolutionierend gewirkt, da nun der Individualismus
zur Herrschaft gelangt sei und die Haltung des Gesetzes von der Überzeugung
des Einzelnen abhängig gemacht hätte, während er bis dahin willenlos, kraft
seiner Zugehörigkeit zur jüdischen Nation, dem Gesetz verpflichtet gewesen war. In immer neuen Antithesen führte Breuer aus, daß der Einzelne als
solcher nichts sei, er aber alles sei durch die Nation[160]. Schon hier wandte
er sich gegen die Fragestellungen seines Großvaters Samson Raphael Hirsch.
Es sei damals nicht um das Bildungsproblem gegangen, behauptete er, um
die Frage, ob sich die allgemeine Bildung mit dem Judentum vertrage, sondern darum, ob der Individualismus oder der jüdische „Typismus" bestimme.
Nicht Zugehörigkeit zur Religionsgemeinschaft, sondern zur Geschichtsnation
sei für den Einzelnen entscheidend. Es hätte keine inniger geschlossene Nation
gegeben als die jüdische. Daher seien die Unterschiede zwischen Reformern
und Orthodoxen nicht, wie Hirsch meinte, dem Gegensatz von Katholiken
und Protestanten vergleichbar, vielmehr gehe es um die Bejahung oder Verneinung der Existenz einer jüdischen Nation, die „den das Gottesgesetz wollenden Gesamtheitswillen der Nation als absolut verpflichtend anerkennt".
Breuer verneint nicht den Wert des Judentums als Lehre oder als persönliche Überzeugung, doch könne diese nur Endziel und nicht Beginn des Weges sein, denn nur durch die Tat könne man zur Erkenntnis des Wesens des

---

[158] *Baruch Kurzweil,* in: Haaretz (1. November 1946).
[159] *Referendar Isaak Breuer,* Lehre, Gesetz und Nation, Frankfurt a. Main (1910).
Vgl. *Jakob Levinger,* Der Denker des Thorastaates, in: Zwischen Routine und Erneuerung, Jerusalem 1973, 57 ff.
[160] AaO, 26.

Judentums gelangen. Daher sei der Zweifel an sich kein Übel, so lange die Autorität des für alle verbindlichen Staatsgesetzes anerkannt werde. So lange der Staat bestand, betonte Breuer ständig, schaffte das jüdische Gesetz wie jedes Staatsgesetz sich Gehorsam durch den staatlichen Zwang. Später war es der Gesamtwille der Nation, der jeden, der ihr angehörte, verpflichtete, sich dem Gesetze widerspruchslos zu fügen. Treulosigkeit diesem gegenüber sei Hochverrat. Dieser nationalkonstitutive Charakter des Gesetzes und nicht Überzeugung müsse dem Einzelnen hinlängliches Motiv zur Gesetzeserfüllung sein. Dieses Gesetz gelte bis jetzt, da es von keiner zuständigen Stelle abrogiert wurde.

Breuer baute sein Gedankensystem auf bestimmte formale Begriffe auf, meistens aus dem juristischen und konstruktiven Bereich, die den Grund zu weiteren Folgerungen liefern und meist wenig mit der Wirklichkeit zu tun haben. In Bibel und Midraschim kann man Hinweise auf sie finden, aber niemals isoliert, sondern oft verbunden mit der Erörterung ihres Gegensatzes, wie z. B. Anerkennung des Gebotes aus Zwang oder Freiheit. Breuers Schriften sind, fast möchte man sagen, auf ein dauerndes abstraktes Spielen mit Thesen und Antithesen aufgebaut. Der Einzelne ist nichts, die Nation ist alles, das Gesetz verbindet, die Lehre isoliert. Das mosaische Recht fordere Gehorsam, nicht Sympathie. Die Nation des Sollens stehe gegenüber der Nation des Seins, wie sie der Zionismus vertrete. Die Welt der Natur *ist*, die Welt als Schöpfung *soll* sein. Nicht die Thora ist im Volke, sondern das Volk in der Thora. Das Verständlichmachen der Gebote wird abgelehnt – oft in völligem Widerspruch zu den Quellen. Oft liebt Breuer das Paradox. Gerade weil der Inhalt der Gebote uns unsympathisch sei, hätten sie höchste Bedeutung für uns. Gott dulde keinen Souverän neben sich, auch keine Souveränität des Gedankens. Daher könne es mit dem Zionismus, der die Natur als letztes Gegebenes ansieht, keine Versöhnung geben. In bezug auf den Misrachi meinte er, man könne nicht zwei entgegengesetzten Herren dienen.

Häufig bedient Breuer sich der Begriffe Kants oder Hegels, wobei er ihnen oft einen entgegengesetzten Sinn beilegt; gelegentlich wird auch die preußische Staatsgewalt Vorbild für die Autorität des offenbarten Gesetzes. Die Würde der Menschheit sei dem Judentum nach nicht die letzte Idee, sondern diese bestehe in der Aufgabe, Träger göttlicher Ziele zu sein. Von der starren Kausalität des Geschehens gelöst, würde die menschliche Vernunft, die Natur überwältigend, nicht aus dem unbestimmten Selbstbestimmungsrecht her handeln, sondern aufgrund der Voraussetzung, als freies Wesen die göttlichen Pflichten zu erfüllen[161]. Die Individualität sei kausale Notwendigkeit und solle aus dem Reiche des Zwanges ins Reich der Freiheit kommen. Die Kantsche Unterscheidung zwischen Erscheinungswelt und dem Ding an sich

---

[161] *Isaak Breuer*, Lehre, Gesetz und Nation, in: Wegzeichen, Frankfurt a. Main 1923, 18.

ermögliche ihm, neben der Welt der Natur, die wesensgemäß dem Gesetz der Kausalität unterworfen sei, die Welt der Schöpfung zu setzen, mit der – mittels der Offenbarung und des Wunders – der Mensch – jenseits der Verstandeskategorien – durch intuitive Erkenntnis in Berührung komme[162].

Die ursprüngliche Lehre wurde am Sinai zum alle späteren Generationen verpflichtenden Gesetz, indem sie dort dem ganzen Volke „mit vollkommener Klarheit demonstriert" wurde. Breuer gibt allerdings zu, daß Hirsch und andere als Pädagogen des Volkes in der Zeit, da der Geist absoluten Gehorsams und das Nationalgefühl selbst erloschen waren, die „verirrten Zeitgenossen" dem Gesetz, der Nation und Gott erst wieder zuführen mußten und damit als Retter des Judentums wieder wie am Sinai von der Lehre ihren Ausgang nehmen mußten. Andererseits aber wandte er sich gegen das Selbstvertrauen der deutsch-jüdischen Orthodoxie in seiner Zeit, die glaubte, vereinigen zu müssen, wo er (wohl Gott) unterordnen wollte, und sich überzeugen ließ, wo er verpflichten wollte[163]. Ihren konkreten Ausdruck fand Breuers Haltung in seiner Gegnerschaft gegen die Idee, gesetzestreue Mitglieder der allgemeinen Gemeinden in leitende Stellen der neugegründeten *Agudas Jisroel* aufzunehmen[164]. Das Austrittsprinzip sei eine logische Folgerung des Grundgedankens der *Agudas Jisroel*, deren Prinzip die unbedingte Souveränität des Gottesgesetzes sei. *Gesamtisrael* wolle sich auf alleiniger Grundlage der Thora neu organisieren. „Das ist der Gedanke von zauberhafter Schönheit und Erhabenheit, der sich aller Gemüter bemächtigt hat", rief er, wie oft, pathetisch aus. Nur die ausschließlich durch die Thora organisierte Gemeinde sei eine jüdische Gemeinde, während in der Reformgemeinde nicht der Wille Gottes, sondern der zeitlich bedingte Wille der Mitglieder der beherrschende Faktor sei. Wer daher einer solchen Gemeinde angehöre, stelle sich in „wollendem Gegensatz zum verjüngten Abbild der Sinaigemeinde". „So will es die Logik." In seiner Erwiderung *Der Rechtsphilosoph als Gesetzgeber* entgegnete Jacob Rosenheim, daß Breuers über alles Irdische hinweggehende, rein begriffliche Behandlung den wahren Sachverhalt verdunkle. Es gebe sachliche Gründe, die gesetzestreue Juden verhinderten, sich einer Austrittsgemeinde anzuschließen. So würde man z. B. tausende russischer und polnischer Brüder ihrer religiösen Ehre berauben, da sie in ihrer großen Mehrzahl nicht-orthodoxen Gemeinden angehörten, welche auch ihrerseits wegen der Mittellosigkeit der Neuankömmlinge nicht besonders an deren Mitgliedschaft interessiert seien. Sie wären für die „urdeutsche" Religionsgemeinschaft „ein ökonomisch unerwünschter Ballast" gewesen. Die Forde-

---

[162] *Isaak Breuer*, Wegzeichen, Wunder, Prophetie und Schöpfung. – Vgl. auch sein späteres Werk: Die Welt als Schöpfung und Natur, Frankfurt a. Main 1926, und die Kritik *Wohlgemuths*, in: Jeschurun, 1927, 467 ff.

[163] *Isaak Breuer*, Messiasspuren, 1918, 128.

[164] *Isaak Breuer*, Der Israelit (14. November 1912).

rung Breuers würde Hohn auf alle legislative Gerechtigkeit bedeuten[165]. Auch hätte sich die Austrittsgemeinde leider nicht als soziale, gemeinschafts-bildende Macht erwiesen[166]. Sarkastisch bemerkte Kurzweil, daß Breuers scharfsinnige Definitionen so überzeugend wirkten, daß sie ihre Gültigkeit verloren, wenn man sie auf die Wirklichkeit übertrug. Breuer selbst wandte sich später der Welt der Mystik zu[167]. Die orthodoxen Massen, in deren Namen er sprach, hätten seine Gedankengänge nicht verstanden.

Andererseits übte Breuer im Gegensatz zu anderen orthodoxen Führern stets scharfe Kritik an dem trügerischen Sicherheitsgefühl der deutschen Or-thodoxie, an deren geistiger Leere und „Philisterdasein" und forderte die Abwendung von der bürgerlich-kapitalistischen Welt. Auch in ihrer Ab-straktheit hatte seine dialektisch-scharfe Klärung der Grundbegriffe des Ju-dentums einen gewissen Wert vor allem gegenüber der Nebelhaftigkeit und Unklarheit anderer geistiger Führer. Seine Auffassung des jüdischen Volkes als jenseits der Geschichte stand Franz Rosenzweig näher als vielen seiner eigenen chassidischen Anhänger[168].

XI

Eine sehr individuelle und man darf wohl sagen schöpferische Verbindung von jüdischer Tradition und deutscher Bildung vollzog sich im Dasein und Denken von Nehemia Anton Nobel (1871–1922). Seine Haltung war nicht charakterisiert durch das *Nebeneinander* beider Bereiche, sondern durch ihre lebendige Einheit. Nobel stammte aus Ungarn und gewann eine intime Ver-trautheit mit jüdischem Wissen in Halberstadt und an Hildesheimers Rab-binerseminar, wurde aber schon in seiner Jugend tief von der klassischen Li-teratur und ganz im besonderen von Goethe beeindruckt. Einen ausgepräg-ten Sinn hatte er für alles Künstlerische und Schöne. Er liebte die Dichtung großer Meister und versuchte sich selber in diesem Bereich. Nicht zufällig wählte er sich als Thema seiner Dissertation *Schopenhauers Theorie des Schö-nen.* Nach einer Reihe von Jahren unterbrach er seine rabbinische Wirksam-keit und tat einen für Rabbiner ungewöhnlichen Schritt. Er ging nach Mar-burg, um sich bei Hermann Cohen in die Philosophie zu vertiefen. Seither waren beide Männer trotz Unterschieds im Alter und Beruf eng verbunden; anscheinend stärkte Nobel die in diesen Jahren immer deutlicher werdende Verbundenheit Cohens mit dem Judentum. Nobel war es, der die Grabes-inschrift für Cohen in deutsch und hebräisch verfaßte, die zugleich von Nobels Geisteshaltung zeugt. Sie besagte, daß Platos Glanz und Kants Ge-

---

[165] *Jacob Rosenheim*, aaO. Vgl. auch *Rosenheim*, Erinnerungen.
[166] AaO.
[167] *Kurzweil*, aaO.
[168] AaO.

dankentiefe sich im Reiche des Schönen begegneten, die Fackel, die sich an ihnen entzündete, sei neu entbrannt an der „in prophetischer Glut aufleuchtenden Welt" [169]. Nobel hatte eine fast universale geistige Empfänglichkeit, gepaart mit der Bereitschaft zu entschiedener und entscheidender Stellungnahme. Seine Persönlichkeit machte tiefen Eindruck auf viele seiner Hörer, wie Franz Rosenzweig und Ernst Simon, und hatte einen bestimmenden Einfluß auf ihren Weg zum Judentum. Man könne seine Gestalt nicht beschreiben, denn dafür fehlten alle Vergleiche. Es sei etwas Allerletztes, Allergrößtes, rief Rosenzweig einmal fast ekstatisch aus, „daß alles, der Zionismus, die Mystik und selbst der Idealismus in einer einzigen großen Flamme zum Himmel lodern" [170]. In der Seele eines großen Juden wie Nobel habe vieles Platz [171].

So war er einer der ganz wenigen Rabbiner in Deutschland, die sich schon früh dem Zionismus anschlossen. Einen seiner jüdisch-nationalen Haltung eigenen Ausdruck fand er in einer Predigt anläßlich des siebzigsten Geburtstages seines Lehrers am Rabbinerseminar, Abraham Berliner, 1903: „Geschichte sollten wir nicht nur lernen, sondern auch machen! Das sollte unsere Losung sein." [172] Anderen und entgegengesetzten Strömungen gegenüber betonte er das ihn mit der jüdischen Gesamtheit verbindende Band. Den Orthodoxen rief er zu, daß das Judentum nicht ohne Volk bestehen könne.

Nobel bezeugte von sich: „Ich kann nicht ohne nationales Judentum leben, aber auch nicht ohne Goethe, den deutschen Dichter." In einer seiner Reden über Goethe [173] kam auch das tief Mystische in ihm zum Ausdruck, das ihm, wie er sagte, die Freiheit zur Beobachtung des Gesetzes gab. In der jüdischen Mystik, wie bei Goethe, fand er den „gewaltigen Sturm zwischen Gott und Welt, die ein Opfer des göttlichen Schöpferwillens in der dunklen Urzeit wurde". Rhetorisch fragt er, ob nicht in diesem letzten Urgrunde eine Verwandtschaft zwischen der großen, heiteren Goetheschen Weltanschauung und dem Judentum gegeben sei. Goethe wußte um die Rätselhaftigkeiten in der Welt, er wußte auch, daß sie nicht gedanklich allein gelöst werden können. Er meinte, daß die Religion selber eine große Kunst sei, in der die Zweiheiten – wie Gott und Welt, Welt und Ich – sich einen, und daß diese Einung in den religiösen Persönlichkeiten zum Leben des Klanges und der Schönheit zusammenschmölze. Es waren dies kühne, vielleicht auch schwer nachvollziehbare Gedankengänge eines Menschen und orthodoxen Rabbiners, der wohl mehr als ein anderer tief in zwei geistigen Welten lebte, und der in sich diese

---

[169] *Simon,* in: Brücken, 376.
[170] *Franz Rosenzweig,* Briefe, unter Mitwirkung von *Ernst Simon* ausgewählt und hrsg. von *Edith Rosenzweig,* Berlin 1935, 411.
[171] AaO, 421.
[172] *Nehemia Anton Nobel,* Jüdische Presse, 1903.
[173] *Nehemia Anton Nobel,* Goethe, sein Verhältnis zu Religion und Religionen, in: Bulletin des Leo Baeck Instituts, XII, Nr. 48 (1969), 315 ff. Diese Rede wurde sehr kritisch von *Franz Rosenzweig* beurteilt, Briefe, 464.

Widersprüche einen konnte. Dabei war er keineswegs, wie viele andere Rabbiner, ein Mann der ausgeglichenen Harmonie und der seelischen Ruhe. Er konnte sich nicht mit dem Bestehenden abfinden. Dies kam auch in seiner dynamischen Einstellung zum Gesetz und zum im Augenblick Erforderlichen zum Ausdruck [174]. Im Gegensatz zu seinem Lehrer David Hoffmann, erlaubte er auch das passive Frauenwahlrecht. Denn „wir können das Land nicht aufbauen, ohne unseren Mädchen und Frauen Gleichberechtigung zu geben. Ich habe es für das Land getan". Nobels Persönlichkeit und Wirken waren ein lebendiges Zeugnis der bestehenden, wenn auch einseitig wirkenden Durchdringung von Judentum und Deutschtum, von Bewahrung und Fruchtbarmachung der traditionellen Werte, mit Weltoffenheit und Aufgeschlossenheit gegenüber der Gegenwart. Es war zugleich der Versuch einer Befreiung der Thora aus der vorherrschenden kleinbürgerlichen Atmosphäre.

XII

Das deutsche Judentum war die erste jüdische Gemeinschaft, innerhalb derer die Auseinandersetzung zwischen jüdischem Erbe und der europäischen Kulturwelt vor sich ging. Es war daher nur natürlich, daß mit dem Ende der Abgeschlossenheit der Juden eine Mannigfaltigkeit geistiger Strömungen entstand die zumindest im jüdischen Bereich in diesem Umfang und in dieser Intensität einzigartig dastehen dürfte. Der Gang der Dinge fügte es aber, daß in dieser Epoche die Geschichte Europas und nicht zuletzt diejenige Deutschlands einen besonders bedrohlichen Charakter annahm. Manche der deutschen Juden bemerkten die unheilvollen Zeichen. Jedoch auch diese, gleich ihren übrigen Glaubensgenossen, wollten sich trotz allem nicht ihren manchmal ans Messianische grenzenden Glauben an die Menschheit und an Deutschland nehmen lassen. Es war dabei viel naives Wunschdenken, vereinzelt auch Selbstbetrug und Augenverschließen gegenüber dem, was in der Umwelt vorging. Viele Reden und viel Geschriebenes wurden so zu Phrasen und Plattheiten. Dennoch bewahrten manche der Älteren ihren echten aus ursprünglich jüdischen Quellen, zusätzlich dem neoklassischen Humanismus, geschöpften Glauben an die Menschheit und ihre ewigen Werte. Nicht wenige aber unter den geistig Aufgeschlossenen einer jüngeren Generation fanden von der Ferne her den Weg ins Judentum zurück.

Trotz ihrer Kurzlebigkeit wurde die Epoche beispielgebend für das religiöse Leben der Judenheit der meisten westeuropäischen und überseeischen Länder. Das deutsche Judentum, wie es Anfang des zwanzigsten Jahrhunderts bestand, ist nicht mehr. Doch seine geistige Schöpfung im jüdischen Bereich wirkt fort.

---

[174] *Ernst Simon,* in: Brücken, 378 ff. Daselbst auch Beispiele für Nobels dynamische Haltung.

THEOLOGISCHE DEBATTE
UM DAS „WESEN" DES JUDENTUMS

von

Uriel Tal

I

Im ersten Jahrzehnt des zwanzigsten Jahrhunderts entspann sich in Deutschland, wie auch in anderen Gebieten des deutschen Kulturkreises, eine intensive Diskussion über die Frage des Wesens des Judentums. Den unmittelbaren Anlaß dazu bildete eine Vorlesungsreihe des Theologen und Religionshistorikers Adolf von Harnack über das „Wesen des Christentums", gehalten im Jahre 1899/1900 vor Berliner Studenten[1]. Diese Vorlesungsreihe, die viele Reaktionen unter protestantischen Intellektuellen auslöste, führte auch zu

---

[1] *Adolf von Harnack*, Das Wesen des Christentums. Sechzehn Vorlesungen vor Studierenden aller Facultäten im Wintersemester 1899/1900 an der Universität Berlin, Leipzig 1900. Für typische Reaktionen siehe: Die Christliche Welt. Ein Evangelisch-Lutherisches Gemeindeblatt für die Gebildeten, 1901, Spalten 931, 959, 963. Siehe auch: *Wilhelm Bousset*, Theologische Rundschau, IV (1901), 89–103. Zu weiteren Quellen, insbesondere die Erwiderungen Harnacks, siehe das Vorwort von *Rudolf Bultmann* zur Neuauflage des Harnackschen Buches, Siebenstern Taschenbuch Verlag, München–Hamburg 1964, 7 ff. Siehe ferner: *Uriel Tal*, Liberal Protantism and the Jews in the Second Reich, Jewish Social Studies, XXVI, Nr. I (1964), 25; *ders.*, Judentum und Christentum im Zweiten Reich (1870–1914). Historische Entwicklungen auf dem Wege zum Totalitarismus (hebr.), des weiteren: Judentum und Christentum, 148 ff.; englische Ausgabe: Christians and Jews in Germany. Religion, Politics and Ideology in the Second Reich, 1870–1914, Ithaca–London 1975. Die in dieser Untersuchung zitierten und bisher nicht veröffentlichten Archivdokumente wurden dem Verfasser von der verstorbenen Historikerin Eleonore Sterling zur Verfügung gestellt. Die Bezeichnung der Dokumente wird des weiteren F. A. (für Family Archives) lauten. Ihre Bezifferung beruht auf einer sich in Vorbereitung befindenden Quellensammlung. Ein Dokument der Sammlung wurde vom Verfasser ediert in: Das Wesen des Deutschtums nach jüdischer Auffassung. Fragmente eines unbekannten Vortrages von Rabbiner Dr. Joseph Eschelbacher (1907), Michael. On the History of the Jews in the Diaspora, II, Tel-Aviv 1973, 178–190. Einige Auszüge des vorliegenden Artikels wurden bereits veröffentlicht in: *Uriel Tal*, Die Polemik zu Anfang des 20. Jahrhunderts über das Wesen des Judentums nach jüdischen und christlichen

einer lebhaften Reaktion jüdischerseits. An diesen Diskussionen beteiligten
sich zentrale Persönlichkeiten aus dem religiösen und kulturellen Leben der
jüdischen Öffentlichkeit, insbesondere aus dem Kreis der Wissenschaft des
Judentums, darunter Historiker, Philosophen, Theologen, Philologen, Rabbiner, Lehrer, Erzieher, Studenten und sogar Schüler.

In einem der bezeichnendsten Dokumente, in dem noch Protokollteile aus
der Beratung zwischen jüdischen Lehrern und Erziehern aus dem Jahre 1902
erhalten sind, faßten die Lehrer ihre Eindrücke von dieser Kontroverse wie
folgt zusammen [2]. Während manche äußerlich in dieser Kontroverse das „Wesen
des Judentums" im Gegensatz zum „Wesen des Christentums" historisch und
theologisch wissenschaftlich objektiv behandelten, war der eigentliche Belang
beider Seiten nicht nur die Frage des „Wesens ihrer Religion", sondern das
„Wesen und die Identität" ihrer selbst, sei es als Juden, sei es als Protestanten. Zwei Erzieher bezeugten, daß jüdische Studenten, die die Vorlesungen
Harnacks gehört, und später die Antwort Leo Baecks: 'Harnacks Vorlesungen
über das Wesen des Christentums'[3] gelesen hatten, klarstellten, daß, was sie
an dieser Kontroverse interessiere, die Frage ihrer eigenen Identität sei, nicht
nur als Juden, sondern als Menschen, als Einzelne, und als junge Intellektuelle, die teilhätten an der geistigen Unsicherheit ihrer Alters- und Zeitgenossen:

> „Was ist unser Wesen . . . was ist die unmittelbare Bedeutung unseres Wesens, des
> Wesens unserer Person . . . was bedeutet das Wesen des Judenthums, des Christen-
> thums, des Menschenthums . . . was bedeutet das ganze Wesen des Menschen der
> heutzutage nach Generationen der Erwartung nun auch an eine Erfüllung seiner
> Hoffnungen nicht mehr glauben kann."[4]

Quellen, Zur Geschichte der Juden in Deutschland im 19. und 20. Jahrhundert, Veröffentlichungen des Leo Baeck Instituts Jerusalem zur Geschichte der Juden in Mitteleuropa, Jerusalem 1971.

[2] F. A. 4/b. Dieses Dokument ergänzt ein anderes Zeugnis von dieser Zusammenkunft jüdischer Lehrer, über die Frage ‚Zur Kritik der Herbart-Zillerschen Schule‘,
die schon an anderer Stelle behandelt wurde. Siehe: Judentum und Christentum,
146–147. Über den öffentlich-organisatorischen Rahmen des jüdischen Lehrerbundes
vgl. die Akten des Verbandes der Deutschen Juden, Central Archives for the History
of the Jewish People (CAHJP), Jerusalem, M 7/1.

[3] *Leo Baeck*, Harnacks Vorlesungen über das Wesen des Christentums, Monatsschrift für Geschichte und Wissenschaft des Judentums (M. G. W. J.), September 1901,
97–120. Sonderabdruck, zweite vermehrte Auflage, Breslau 1902. Vgl. *Samuel Sand-
mel*, Leo Baeck on Christianity, The Leo Baeck Memorial Lecture, 19, New York
1975, 6–10.

[4] F. A. 4/b. Eleonore Sterling wies den Verfasser daraufhin, daß diese Aussage
vom starken Einfluß der Romantik auf Denken und Gefühlsleben der jungen Generation in der hier behandelten Zeitspanne zeugt. Der Sprachstil, dessen sich diese jüdischen Jugendlichen bedienten, scheint die Annahme zu bestätigen. So sind zwei Kern-
ausdrücke des Zitats „Erwartung" und „Erfüllung" die Namen der beiden Teile von
Friedrich von Hardenbergs (Novalis) 1802 erschienenem Roman „Heinrich von Ofter-
dingen". Wie andere romantische Schriften von Novalis, die eine mystische Nuance

In ähnlichem Zusammenhang bezeugte auch ein anderer Lehrer, Sigmund Gottwohl, daß intellektuell aufgeweckte und feinfühlige Jugendliche heutzutage eine geistige Leere verspürten und sogar offen sagten, die jüdische Religion, besonders in ihrem modernen rationalistischen Gewande, sei bar jeder wirklichen Bedeutung für sie. Diese Leere, so Gottwohl, sei das Ergebnis des in der Erziehung im deutschen Kulturbereich vorherrschenden kontemplativen und rationalistischen Aufbaus; dies sei ein einseitiges System, das alles zur Theorie mache, in der sich das deduktive Denken um sich selbst drehe, „dadurch wird der Mensch von der wahren Wirklichkeit losgelöst und in sich selbst gefangen"[5].

Solche und ähnliche im weiteren noch zu behandelnde Zeugnisse werfen die historiographische Frage auf, inwieweit die Kontroverse über das „Wesen des Judentums" und über das „Wesen des Christentums" in Verbindung stand mit einer allgemeinen geistigen Erscheinung, die typisch war für die Generation kurz vor Ausbruch des Ersten Weltkrieges. Worin bestand der historische und begriffliche Rahmen dieser Kontroverse; was waren die wissenschaftlichen Gründe und inneren, ideologischen Anlässe, die unter Forschern und Jugendlichen vorherrschten, die an dieser Kontroverse teilnahmen? Was waren die objektiven wissenschaftlichen Argumente einerseits, die subjektiven, ideologischen Anlässe andererseits? Dies sind Fragen, die hier behandelt werden sollen.

Eine der ersten Erwiderungen auf Harnacks Vorlesungen war die von Leo Baeck. Zusätzlich zu seinem bereits erwähnten Artikel aus dem Jahre 1901, wandte sich Baeck diesem Fragenkomplex zu in seinem *Das Wesen des Judentums* aus dem Jahre 1905 *. Dies jedoch waren Jugendschriften Baecks, und so fand sein Aufsatz in seiner ersten Auflage ein nur geringes Echo im Vergleich zu den späteren und erneuerten Auflagen, wie der zweiten von 1923 und der vierten von 1926[6]. Hingegen rief eine Reihe weiterer Schriften über

---

hatten, war dieser Roman unter den jungen Intellektuellen Ende des neunzehnten Jahrhunderts wieder sehr beliebt. Zu den irrationalen sogar antiintellektuellen Strukturen dieses romantischen Erwachens unter den jungen Intellektuellen siehe: *Uriel Tal*, Young German Intellectuals on Romanticism and Judaism. Spiritual Turbulence in the Early 19th Century, in: Salo W. Baron Jubilee Volume, on the Occasion of his Eightieth Birthday, American Academy for Jewish Research, Jerusalem–New York–London 1975.

[5] Judentum und Christentum, 146.

* Zu *Baecks* Wesen des Judentums siehe ausführlicher den Beitrag von *Pinchas E. Rosenblüth*, Die geistigen und religiösen Strömungen in der deutschen Judenheit, im vorliegenden Bande, S. 574–580 (Hrsg.).

[6] *Leo Baeck*, Das Wesen des Judentums, Schriften der Gesellschaft zur Förderung der Wissenschaft des Judentums, Berlin 1905. Eine zweite verbesserte Auflage erschien 1923 in Frankfurt a. Main. Wichtige weitere Ausgaben in anderen Sprachen sind: The Essence of Judaism, rev. Ausgabe von *J. Howe* (Übersetzung von Grubwieser und Pearl, London 1936), Schocken Books New York 1948; Das Wesen des Judentums. Grundlagen und Glauben, Jerusalem 1968. In dieser bearbeiteten hebräischen Ausgabe siehe die ausgezeichnete Einführung von *Ernst Simon*: Leo

das „Wesen des Judentums" ein erhebliches Echo in der jüdischen Öffentlichkeit hervor. Der größte Teil dieser Schriften bestand aus Veröffentlichungen
von Vorträgen anläßlich von Versammlungen von Studenten, Lehrern und
Rabbinern, als auch anläßlich von Diskussionen des jüdischen Lehrerverban-
des und von Studenten der Rabbinerseminare und Hochschulen der Wissenschaft des Judentums. Auch Vorträge und Predigten in Synagogen und im
Gemeinderahmen kamen zur Veröffentlichung. Somit trugen die Diskussionen
über das „Wesen des Judentums" öffentlichen Charakter und beschränkten
sich nicht nur auf ausgewählte Kreise von Wissenschaftlern und Berufs-
apologeten.

Zu den wichtigsten Beiträgen dieser Art gehören insbesondere zwei Aufsätze des Rabbiners Joseph Eschelbacher. *Das Judentum und das Wesen des
Christentums* stellt eine vergleichende Untersuchung aus dem Jahre 1904
dar und ist eine Bearbeitung von Vorlesungen, gehalten vor der Vereinigung
jüdischer Studierender als Antwort auf Harnacks Vorlesungen. Eschelbachers
zweiter Aufsatz *Das Judentum im Urteil der modernen protestantischen
Theologie,* ist die Erweiterung eines wissenschaftlichen Vortrages (vielleicht
sollte man apologetisch-wissenschaftlich sagen) aus dem Jahre 1907, gehalten
vor den Mitgliedern der allgemeinen Versammlung der Gesellschaft zur Förderung der Wissenschaft des Judentums.

Neben Eschelbachers Arbeiten wurde die Frage vom „Wesen des Judentums" während des ersten Jahrzehnts des zwanzigsten Jahrhunderts in weiteren Aufsätzen behandelt. Im gegenwärtigen Zusammenhang sind besonders die Vorträge von Rabbiner Aron Ackermann aus Brandenburg von
Bedeutung, daneben Beiträge von Israel Jelski, Rabbiner und Prediger in der
reformierten Gemeinde Berlins, von dem Orientalisten Martin Schreiner,
dem Rabbiner Sigmund Maybaum, einem der rührigsten im Rabbinerverband und in der jüdischen Erziehung, von J. Goldschmidt, der in seinem
Aufsatz ‚Das Wesen des Judentums‛ versuchte, der Lehre Hermann Cohens

---

Baeck. Der letzte Vertreter des deutschen Judentums, aaO, 7–54. Die Schrift *Leo
Baecks,* Das Judentum, in: Die Religion der Erde, ihr Wesen und ihre Geschichte,
hrsg. von *Carl Clemen,* München 1927, 283–318, ist eine Zusammenfassung der zwei-
ten Auflage des Wesens des Judentums. Zur neusten historischen und theologischen
Forschung über den geistigen Weg Leo Baecks siehe außer der Untersuchung Ernst
Simons: *Hans Liebeschütz,* Between Past and Future. Leo Baeck's Historical Position, in: Year Book XI of the Leo Baeck Institute, London 1966, 3–27. *Alexander
Altmann,* Theology in Twentieth-Century German Jewry, in: Year Book I of the
Leo Baeck Institute, London 1956, 193–216; *Hans Liebeschütz,* Jewish Thought and
its German Background, aaO, 217–236. *Reinhold Mayer,* Christentum und Judentum in der Schau Leo Baecks, Studia Delitzschiana, Stuttgart 1961, Bd. 6; *Kurt Wilhelm,* Leo Baeck and Jewish Mysticism, in: Judaism XI, Nr. 2 (1962), 121–131; *Albert H. Friedlander,* Leo Baeck. Teacher of Theresienstadt, New York–Chicago–San
Francisco 1968, 51–140 (Deutsche Ausgabe: Leo Baeck. Leben und Lehre, Veröffentlichung des Leo Baeck Instituts, Stuttgart 1973); *Michael A. Meyer,* Ideas of Jewish
History, New York 1974, 41–42, 343–350.

von der souveränen Stellung des Menschen als Vernunftwesen auch auf dem Gebiet der Religion, eine populäre Deutung zu geben. Zwei Bände des Rabbiners Moritz Güdemann, eines der Führer der Wissenschaft des Judentums, fanden ein starkes Echo unter jüdischen Studenten in Deutschland, Österreich (einschließlich Mähren, Böhmen und Galizien). Schließlich beteiligten sich auch eine Reihe von Autoren, die in der Wissenschaft des Judentums auch publizistisch tätig waren, wie z. B. Felix Perles und Gustav Karpeles [7].

[7] *Joseph Eschelbacher,* Das Judentum und das Wesen des Christentums, hrsg. von der Gesellschaft zur Förderung der Wissenschaft des Judentums, Berlin 1905 (1908); *Joseph Eschelbacher,* Das Judentum im Urteile der modernen protestantischen Theologie, Schriften hrsg. von der Gesellschaft zur Förderung der Wissenschaft des Judentums, Leipzig 1907; *A. Ackermann,* Judentum und Christentum, Leipzig 1903; *Israel Jelski,* Das Wesen des Judentums, Berlin 1902; *I. Goldschmidt,* Das Wesen des Judentums, Berlin 1907; *Moritz Güdemann,* Das Judentum in seinen Grundzügen und nach seinen geschichtlichen Grundlagen dargestellt, 2. Aufl., Wien 1902; *Moritz Güdemann,* Jüdische Apologetik, Schriften hrsg. von der Gesellschaft zur Förderung der Wissenschaft des Judentums, Glogau 1906; *Felix Perles,* Was lehrt uns Harnack, 1902, in: Jüdische Skizzen, Leipzig 1912, 208–231; *Martin Schreiner,* Die jüngsten Urteile über das Judentum, Berlin 1902; *David Leimdörfer,* Das Wesen des Judentums, Frankfurt a. Main 1905; *Jacob Fromer,* Das Wesen des Judentums, Berlin 1905; *Simon Mandel,* Das Wesen des Judentums, Frankfurt a. Main 1904; *Caesar Seligmann,* Judentum und moderne Weltanschauung, Frankfurt a. Main 1905; *Gustav Karpeles,* in: Jahrbuch des Verbandes der Vereine für Jüdische Geschichte und Literatur (J.J.G.L.), 1902, Bd. 5, 20 ff.; vgl. auch *Hermann L. Strack,* Das Wesen des Judentums. Vortrag gehalten auf der Internationalen Konferenz für Judenmission zu Amsterdam, Leipzig 1906, 3–4, Schriften des Institutum Judaicum in Berlin, Nr. 36. Im Archiv des Leo Baeck Institutes in New York befindet sich in den Akten von Dr. Leimdörfer (AR.-C. 13337, 3369) und vor allem in den Akten von Dr. Felix Perles (AR.-C.A. 460, 1351) weiteres Material zu unserer Kontroverse. Im Nachlaß von Felix Perles sind Zeugnisse über weitere Antworten des Kreises der Wissenschaft des Judentums und von anderen jüdischen und christlichen Intellektuellen enthalten. Siehe unter diesen als von besonderer Wichtigkeit: Buchbesprechungen von *Cremer-Rehme,* in: Theologischer Literaturbericht, hrsg. von Julius Jordan, XXVII (1904), 147 ff.; *Johannes Lepsius,* Adolf Harnacks Wesen des Christentums, 1. u. 2. Aufl., Berlin 1903; *J. P. Neuland,* Die Religion der Gebildeten. Harnacks Wesen des Christentums; *Erich Schäder,* Über das Wesen des Christentums und seine modernen Darstellungen. Zwei Vorträge gehalten auf der sechsten theologischen Lehrerkonferenz in Möllen, Gütersloh 1904; *W. Walther,* Adolf Harnacks Wesen des Christentums für die christliche Gemeinde geprüft, Leipzig 1904. Ferner befinden sich dort Quellen zur Kontroverse zwischen Kunert und Perles: *Karl Kunert,* Missionsprediger in Königsberg (i. Pr.); Was lernen Juden und Christen von Dr. Perles?, Königsberg 1902; *Felix Perles,* Was nach dem Herrn Missionsprediger Juden und Christen von mir lernen mögen, Königsberg 1902; *Karl Kunert,* Offener Brief an Herrn Rabbiner Dr. F. Perles, Königsberg 1902. Siehe auch die Kontroverse in: Protestantenblatt – Wochenschrift für den deutschen Protestantismus, Berlin, Nr. 25; *Fr. Steudel,* Neue Stimmen zu Harnacks Wesen des Christentums, über *Dr. Hermann Schell,* Das Christentum Christi. Eine kritische Studie zu Harnacks Wesen des Christentums, mit einer Einleitung von *Dr. Josef Müller* (Sonderabdruck aus Renaissance Broschüre, Nr. 5), München-Wien 1902. Vgl. auch *Fr. Steudels* Aufsatz im Protestantenblatt, Nr. 41,

Auch Persönlichkeiten aus dem orthodoxen Lager nahmen an diesen Diskussionen teil, so Michael Cahn, Landesrabbiner in Fulda und Josef Wohlgemuth, einer der Führer der Orthodoxie. Jedoch verglichen mit der Wichtigkeit, die man dieser Kontroverse im liberalen Judentum beimaß, besaß sie in den Augen der Orthodoxen geringere Relevanz. Dieses bemerkte bereits Joseph Eschelbacher, indem er darauf hinwies, daß die Meinung des Protestantismus über das Judentum für die Existenz des orthodoxen Judentums weniger wichtig sei als für das liberale, obwohl auch die Orthodoxie bestrebt war, sich im kulturellen und öffentlichen Leben der nichtjüdischen Gesellschaft zu integrieren [8].

Die Mehrzahl solcher Diskussionen über das „Wesen des Judentums" entsprang aus der Konfrontation mit Aussagen und Untersuchungen, Ideologien und Publikationen über die parallele Frage nach dem „Wesen des Christentums". Auch hier, bei dem Versuch der Klärung des Begriffes des „Wesen des Christentums", nahmen zentrale Persönlichkeiten aus protestantischer Theologie und Historiographie regen Anteil. Außer Harnack, dem Urheber der ganzen Polemik, beteiligten sich Persönlichkeiten wie Troeltsch, Wobbermin, Gunkel, Kaftan, Lepsius, Jülicher und Schröder [9].

Ein Laienurteil über A. Harnack, 321–325 und Nr. 45, *Th. Spitte*, Ein Laienartikel über die an Harnack geübten Kritiken, aaO, 354–355. Diese weiteren Quellen stärken und erhellen unsere eigenen Schlußfolgerungen, daß die Diskussion um das „Wesen des Christentums" und das „Wesen des Judentums" zwar im Rahmen der historisch-theologischen Forschung gehalten wurde, aber im Hauptsächlichen ideologischer Natur war. Die liberalen protestantischen und jüdischen Intellektuellen wollten Antwort auf die existentiellen Fragen ihrer Generation finden, vor allem angesichts des Aufstiegs von Materialismus und Sozialdarwinismus und zwar durch Übernahme normativer Werte aus der historischen Tradition ihrer Religionen.

[8] Die Aussagen Eschelbachers befinden sich in den Familiennachlässen, F.A. 4/a. Vgl. hierzu den oben erwähnten Artikel in Michael II, 188 ff. Auf die Bedeutung für den Fortbestand des Judentums, die diesen Diskussionen unter den liberalen Juden und besonders unter solchen, die sich von der jüdischen Tradition entfernt hatten, beigemessen wurde, wies *R. Urbach* in seiner Wertung Eschelbachers hin: Judentum und Christentum, eine Bücherbesprechung, M.G.W.J., 1906, 288: „Eschelbachers Buch ... kann ... eine mächtige Waffe in dem Kampfe gegen den Indifferentismus werden. Es rüttelt auf und gibt zu denken, es lehrt jeden, der noch sehen will, die Schale unterscheiden von dem köstlichen Kern, und indem es zeigt, wie das Christentum alles, was edel und sittlich, was unvergänglich in seinen Lehren ist, dem Mutterglauben verdankt, lehrt es das Judentum in seinem innersten Wesen verstehen." Ein Beispiel zur Bemerkung Eschelbachers über die Stellung jüdischer Orthodoxie, die ebenfalls versuchte, sich in die deutsche Gesellschaft einzufügen, findet sich in der apologetischen, für Juden wie Nichtjuden bestimmten Schrift von *Samson Raphael Hirsch*, Über die Beziehung des Talmuds zum Judenthum und zu der sozialen Stellung seiner Bekenner, Frankfurt a. Main 1884, 385. Siehe in Fortsetzung dazu: *Michael Cahn*, Die religiösen Strömungen in der zeitgenössischen Judenheit, Frankfurt a. Main 1912, 123 ff., 332 ff.

[9] Siehe oben, Anm. 1 und 7 und *Ernst Troeltsch*, Die Absolutheit des Christentums und die Religionsgeschichte, Vortrag auf der Versammlung der Freunde der

Im Laufe der Auseinandersetzungen entstand ein bezeichnender Dialogaufbau; beide Teile – Protestanten wie Juden – versuchten, die eigene Identität zu bestimmen, d. h. die Definition des eigenen Wesens, und zwar auf dem Wege der Konfrontation mit dem Nächsten, mit der anderen Seite. Der Aufbau des gegenseitigen Bedürfnisses war jedoch keineswegs symmetrisch. Die Diskussion über das „Wesen des Christentums", insofern sie überhaupt des Judentums bedurfte, (es scheint, daß die jüdische Apologetik den Stellenwert, den das Judentum in der Diskussion der Protestanten über das Wesen ihrer Religion einnahm, weit überschätzte) bezog sich hauptsächlich auf das historische Judentum, von den Propheten und den Psalmen bis zum Zeitabschnitt der Entstehung des frühen Christentums nach den ersten drei Synoptikern. Des zeitgenössischen Judentums bedurften sie nur indirekt. Hierauf verwies Ernst Simon in seinem grundlegenden Aufsatz über Leo Baeck, der als Einleitung zur hebräischen Ausgabe des Buches *Das Wesen des Judentums* erschien. Simon bemerkte, daß die Kritik der jüdischen Disputanten kaum eine Reaktion von christlicher Seite hervorrief.

Andererseits aber bedurften die jüdischen Disputanten bei dem Versuch einer Definition ihrer eigenen Identität in erheblichem Maße des Christentums und dessen Verständnisses ihres Wesens. Joseph Eschelbacher z. B. war sich dieses Zustandes durchaus bewußt, als er in einer Vorlesung vor Lehrern und Gemeindemitgliedern (1906) offen erklärte, das moderne Judentum sei nicht mehr fähig, aus den Quellen der Überlieferung zu schöpfen. Um zu einer Eigendefinition zu gelangen, müsse es sich mit dem historischen und theologischen Gegner auseinandersetzen. Diese Gegner, fügte Eschelbacher hin-

---

„Christlichen Welt" zu Mühlacker, 3. Oktober 1901, Tübingen-Leipzig 1902. Siehe im Vorwort, S. III, die Zustimmung Troeltschs zur Auffassung Harnacks über die ideologisch-erzieherische Aufgabe der Theologie, aufgrund der Rektoratsrede *Harnacks*, Die Aufgaben der theologischen Fakultäten und die allgemeine Religionsgeschichte (1901): „... es handelt sich um die Gewinnung normativer religionswissenschaftlicher Erkenntnisse ..." (aaO, IV). Siehe auch das Vorwort von *Trutz Rendtorff* zur letzten Auflage dieser Schrift Troeltschs, Siebenstern-Taschenbuch, Nr. 1, 138, München-Hamburg 1969, 8: „Die hier vorgelegte Schrift über die Absolutheit des Christentums stellt einen Angelpunkt des wissenschaftlichen Werkes von Ernst Troeltsch dar ... An dieser Schrift hat sich eine weitverzweigte Diskussion der Möglichkeit christlicher Theologie überhaupt entzündet." Vgl. auch *Ernst Troeltsch*, Die Bedeutung des Protestantismus für die Entstehung der modernen Welt, Vortrag gehalten auf der IX. Versammlung deutscher Historiker, Stuttgart, 21. April 1906, München-Berlin 1906; *Ernst Troeltsch*, Politische Ethik und Christentum, Vortrag am 15. Evangelisch-Sozialen Kongreß zu Breslau, Göttingen 1904; *A. Deissmann* (Hrsg.), Beiträge zur Weiterentwicklung der christlichen Religion, München 1905, 25 ff., 40 ff., 305 ff., insb. auch *Georg Wobbermin*, Das Wesen des Christentums, aaO, 339 ff. Siehe auch die Kritik *Max Scheibes*, A. Harnack, Die Aufgabe der theologischen Fakultäten und die allgemeine Religionsgeschichte, Gießen 1901, 3. Aufl., in: Archiv für Religionswissenschaft, VI (1903), 278–280. Siehe auch andere Antworten von protestantischen Intellektuellen, Christliche Welt, 1901, Spalten 931, 959, 963.

zu, seien allerdings nicht so verschieden von der eigenen Gestalt, die sich das deutsche Judentum geschaffen habe[10].

II

Was bedeutet nun der Begriff „Wesen", der den Diskussionen in beiden Lagern zugrunde liegt? Eigentlich könnte der Begriff „Wesen" den Eindruck erwecken, als handele es sich hier um einen Fragenkomplex von rein kontemplativem oder gar metaphysischem Charakter. In Wirklichkeit aber, fragten die Zeitgenossen und besonders die Jüngeren, an die sich Lehrer wie Harnack und Troeltsch einerseits, Baeck, Eschelbacher und Güdemann andererseits vorwiegend wendeten, nicht nur nach dem Wesen ihrer Religion, sondern auch nach dem ihrer eigenen geistigen Identität, der Identität ihrer Schüler und überhaupt der zeitgenössischen Jugend. Der Begriff „Wesen" wurde also hier nicht als ein abstrakter, auf eine hegelianisch metaphysische Idee hinweisender interpretiert, so wie er noch Mitte des neunzehnten Jahrhunderts verstanden wurde; noch wurde er als eine anthropologische Erscheinung gedeutet, als eine Projektion von menschlichen Instinkten und Bedürfnissen, etwa im Sinne der Formulierung Feuerbachs in seinen Vorlesungen über das Wesen des Christentums und der Religion aus der ersten Hälfte des neunzehnten Jahrhunderts. Die persönlichen Archive des Islamisten und Religionshistorikers Martin Schreiner enthalten einige interessante Bemerkungen über den Unterschied zwischen Hegels und Feuerbachs Suche nach dem „Wesen" und dem seiner eigenen Tage. In seinen Aufzeichnungen bei der Vorbereitung seiner polemischen Analyse *Die jüngsten Urteile über das Judentum* (1902) befindet sich der Hinweis, daß die hegelianische Schule den Begriff „Wesen" als eine metaphysische Substanz interpretiere, identisch mit dem absoluten Geist, der sich in der Geschichte enthüllt und der zu seiner letzten Vollendung im Universum und somit in seine empirische Reflektion, nämlich den Staat, fortschreitet. Andererseits, sagt Schreiner, wurde in der mit Feuerbach beginnenden antihegelianischen Schule der Begriff „Wesen" als

---

[10] Dies ist eine Antwort Eschelbachers auf die Kritik des Lehrers und Predigers der Reformsynagoge in Hamburg, Dr. David Leimdörfer, F.A. 4/b: „In der Vorlesung des Rabbiners Eschelbacher geht es um ... den Entwurf des Gesetzes betreffend die öffentlichen Volksschulen und der Erhaltung der rechtlichen Gleichstellung ... im deutschen Staatsleben." Über den öffentlichen, juristischen und politischen Hintergrund dieser Angelegenheit siehe die Akten des Verbandes der Deutschen Juden, CAHJP, M 21/4. Eschelbachers Rede bezog sich insbesondere auf § 18, Abs. 2 des Entwurfes, welcher bestimmt: „Niemandem darf lediglich wegen des Religionsbekenntnisses der Zutritt zu einer öffentlichen Volksschule versagt werden". Eschelbacher hob hervor, daß nach der amtlichen Statistik vom 27. Juni 1901 von den 24 022 jüdischen Volksschulkindern 11 923, also fast die Hälfte, Schulen besuchten, die von der Unterrichtsverwaltung als christlich-konfessionelle behandelt wurden.

eine funktionale Projektion interpretiert, die die menschlich anthropologischen Bedürfnisse rechtfertige. In unseren Tagen, faßt Schreiner zusammen, werde „Wesen" hauptsächlich als ein Begriff verstanden, dessen Ursprung in der historischen Forschung liege, dessen Zweck aber nicht wissenschaftlich historisch, sondern ideologischer oder apologetischer Herkunft sei. So schrieb er unter anderem in seinen Aufzeichnungen:

> „Die Aufgabe der jüdischen Religionsphilosophie ist zu bewirken, daß aus einer Gemeinschaft von Krankenhäusern und Altersversorgungsanstalten eine Gemeinschaft mit einem großen und reinen Bekenntnis werde, von dem alle menschlichen Herzen, die an der Vernunft der Religion an den Werth menschlichen Daseins verzweifeln ... Widerhall finden soll[en]." [11]

---

[11] Nachlaß Martin Schreiner, National Library Manuscript Collection, Jerusalem, MS. VAR. 347 (3, a–h). Siehe auch *Hans Liebeschütz*, Das Judentum im deutschen Geschichtsbild von Hegel bis Max Weber, Schriftenreihe wissenschaftlicher Abhandlungen des Leo Baeck Instituts, Bd. 17, Tübingen 1967, 295, Anm. 55. Eine der ersten Quellen, in denen der Begriff „Wesen" im Sinne der Bedeutung von „Wesen des Judentums" zum Ausdruck kommt, befindet sich in der deutsch-jüdischen Zeitschrift Sulamith. Eine Zeitschrift zur Beförderung der Kultur und Humanität unter der jüdischen Nation, Hrsg. D. Fränkel und J. Wolf, I., II. Band, Heft 10. In einer Erklärung der Redaktion auf dem Umschlag der Zeitschrift heißt es, da dieses Journal die sittliche und geistige Bildung der jüdischen Nation bezwecke, würde der Akzent hauptsächlich auf das „Wesen der Religion" gelegt werden und dies im Rahmen von Abhandlungen über moralische und religiöse Gegenstände, z. B. über Erziehung, über Bestimmung des Menschen, bisweilen auch in Erzählungen, die eine sittliche Tendenz hätten. Außerdem sähen die Redakteure ihre Aufgabe darin, das Judentum in seinem „Wesen" durch die Pflege aesthetischer und künstlerischer Werte zu erhöhen, das moralische Niveau des jüdischen Händlers zu heben, und in Verbesserung der Sitten und Gebräuche und Hebung des Bildungsniveaus des Juden. Der Weg, das Niveau der Judenheit „in ihrem Wesentlichen" zu erhöhen, bestehe in der „Herzens- und Geistesbildung der Juden". Ausführlicher behandelt *Creizenach* die Frage des „Wesens des Judentums" in seiner Schrift: Grundlehren des israelitischen Glaubens, in: Wissenschaftliche Zeitschrift für jüdische Theologie, hrsg. von einem Vereine jüdischer Gelehrter durch Dr. Abraham Geiger, I. (1835), 39–51, 327–339. Indem er die „wesentlichen Glaubenssätze" (aaO, 335) des Judentums festlegt, bestimmt Creizenach: „Das Ziel der israelitischen Religion ist Heiligkeit der Gesinnungen, der Gefühle und des Willens (Exod. 19. 6; Levit. 19. 2), aaO, 327. Diese drei geheiligten Werte, fügte Creizenach hinzu, wären „angedeutet durch das dreimal heilig, welches der Gottheit beigelegt wird (Jes. 6. 3)", aaO, 329. Vom selben Geiste zeugt auch eine der ersten maßgebenden Schriften, die das „Wesen des Judentums" behandeln: *Joseph Dernburg*, Das Wesen des Judenthums nach seinen allgemeinsten Grundzügen, aaO, IV (1839). Mit Ausdrücken, die der pietistischen Sprache und Schleiermachers Glaubenslehre aus dem Jahre 1821/22 entnommen sind, stellt Dernburg fest: „Religion wurzelt ihrem Wesen nach im Gemüthe, welches mehr schauend und ahnend als unterscheidend und auflösend, nur die unmittelbarsten Bedürfnisse des Menschen zu befriedigen sucht ... der bedingte, nach Deutlichkeit strebende und trennende Verstand schafft dafür die Form. Das Gemüth hat darum den Vorzug der Priorität und unverdorben fühlt es auch die Wahrheit adäquater" (aaO, 13). Zu den ersten historischen Quellen des Begriffes „Wesen des Christentums" siehe: Der Stand der

Als Harnack und Troeltsch den Begriff „Wesen" definierten, ordneten sie ihm ausdrücklich einen ideologischen Zweck zu, oder sahen in ihm sogar einen Ausdruck zeitgenössischer geistiger Erlebnisse, wollten aber gleichzeitig diesen Begriff die Autorität der objektiven Wahrheit beibehalten wissen. So behaupteten sie, der Begriff „Wesen" sei hauptsächlich aus der Historie abgeleitet, danach aber aus dem historischen Gebiet herausgetreten und in das ideologische oder erzieherische eingedrungen und habe somit auch eine normative Autorität erlangt.

Laut diesem System ist das „Wesen" die Summe von Inhalten, Werten und Erscheinungen, die in und trotz der Unbilden der Zeit existent, beständig und dauerhaft blieben. In ihrer Eigenschaft als beständige Kräfte, wurden sie auch zu teleologischen Kräften, Kräften, die die Richtung des Wachstums und den Sinn der historischen Entwicklung bestimmten. Und auch der Begriff „Sinn" wurde interpretiert nicht als ein metaphysischer oder als metahistorische Substanz, sondern als eine empirische Bahn, auf der die historische Entwicklung aufgrund der beständigen Erscheinungen fortschreite. Die funktionale Dauerhaftigkeit also und nicht irgendein aprioer Wertemaßstab, verleihe den historischen Kräften die Eigenschaft des „Wesens". Nach der Lehre Harnacks und Troeltschs, wie sie im Jahre 1901 entstand und sich im Laufe ihrer Tätigkeit fortentwickelte[12] verleiht diese historische Dauer-

---

Forschung nach dem Ursprung der Formel Wesen des Christentums, in: *Hans Wagenhammer*, Das Wesen des Christentums. Eine begriffsgeschichtliche Untersuchung, Tübinger Theologische Studien, Band 2, Mainz 1973, 16–19. Nach Wagenhammer wurde der Ausdruck „Wesen des Christentums" in der Aufklärungstheologie der siebziger Jahre des achtzehnten Jahrhunderts geprägt und dann von Schleiermacher in seiner hallischen Neujahrspredigt von 1807 verwendet. Hingegen scheint uns, daß dieser Begriff noch vor der Aufklärungstheologie festgelegt wurde, in den Traditionen der Pietisten noch zu Ende des siebzehnten, vor allem im frühen achtzehnten Jahrhundert. Vgl. *August Langen*, Der Wortschatz des deutschen Pietismus, zweite ergänzte Auflage, Tübingen 1968, 345 („beeinflußt vom mittelalterlichen mystischen Termin, ‚essentia'"), aaO, 413, sowie auch: „das Wesen des Wesens", aaO, 412.

[12] *Troeltsch* vertritt in seinem oben erwähnten Vortrag, Die Absolutheit des Christentums... die Auffassung Harnacks, und bestimmt, daß der Begriff „Wesen" zwar durch das Enthüllen des Bestehenden und Immerwährenden zustande kommt, jedoch daß man diesen Begriff gleichzeitig auch aus der objektiven Historie gewinnen könne, so daß er zu einem normativen Wert werde, der verpflichtende Autorität besitzt: „... es handelt sich ... um die Gewinnung normativer religionswissenschaftlicher Erkenntnisse... Es handelt sich ... darum in erster Linie, diese Normativität von der Religionsgeschichte aus statt von der Apologetik gegen die philosophischen Systeme und von scholastischen Offenbarungstheorien aus zu gewinnen... also die theologischen Fakultäten sind naturgemäß an eine vor Eröffnung der Lehrtätigkeit gewonnene entschiedene Stellungnahme gebunden" (aaO, IV/V). Siehe zum Ende dieser Entwicklung bei *Harnack*, Über die Sicherheit und die Grenzen geschichtlicher Erkenntnis, Vortrag gehalten in der Ausschußsitzung des Deutschen Museums, am 6. November 1917 in München, München 1917, 3 ff. Besonders bezeichnend ist hierzu der Briefwechsel zwischen Harnack und Johannes Müller, einem der Führer der Mission unter den Juden und dem Begründer der Schule des „persönlichen Christentums".

haftigkeit historischen Erscheinungen die Eigenschaft des „Wesens", und gleichzeitig eine normative, verpflichtende Autorität. Die Erforschung des „Wesens" ist also nicht nur die Erforschung des Dauerhaften und Beständigen wie die Forschung des Gegebenen in der Geschichte. Außer, daß sie in der Geschichte „gegeben" ist, werden nun das Dauerhafte und Beständige zu einer Antwort auf das „Gewollte" und somit auf das „Verpflichtende". Auf diese ausdrücklich ideologische Aufgabe der historischen Forschung in der Frage des „Wesens" wies Troeltsch bereits 1903 in seinem Aufsatz ‚Was heißt Wesen des Christentums?' nachdrücklich hin. Hier stellt sich Troeltsch, wenn auch kritisch und mit Vorbehalten, hinter Harnack. Troeltsch klärte die Auffassung Harnacks, laut derer jeder, der in der Geschichte eine Antwort auf die Frage des „Wesens" sucht, sich gleichzeitig mit objektiver historischer Forschung und mit subjektiver historischer Wertung beschäftigt. Eine derartige historische Forschung, erklärt Troeltsch zusammenfassend, ermögliche die

> „Ausscheidung alles Unchristlichen und Unterchristlichen. So ist eine reine historische Darlegung des Wesentlichen zugleich ganz von selbst die beste Darlegung des ewigen Gehaltes und die beste Apologetik gegen religiöse und antireligiöse *Mißdeutung.*" [13]

Zu dieser Definition bemerkte Eschelbacher in einer Versammlung des Verbandes der Deutschen Juden, die Auffassung Harnacks und Troeltschs in der Erforschung des Wesens des Christentums bewege sich nicht mehr im Rahmen einer objektiven ideologie- und apologetikfreien Wissenschaft. Diese Einstellung mache die Geschichte zur Ideologie und laut Eschelbacher: „... eine subjektive und relativierte Theologie und deswegen eine Angelegenheit des Gemüths, nicht der Wissenschaft" [14]. Die Ideologie der liberalen Protestanten, fügte Eschelbacher hinzu, sei eigentlich nichts anderes als eine Herausforderung an zwei Religionen, einerseits die katholische (in gewisser Weise auch die lutherische) und andererseits die jüdische.

Unter Berücksichtigung dieses historisch-begrifflichen Rahmens ermöglicht sich die nähere Untersuchung der hauptsächlich in dieser Kontroverse auftauchenden Thesen.

Harnack schreibt in seinem Brief vom 29. September 1918 an Müller, daß die Erforschung der Vergangenheit nur zur Befriedigung der Gegenwartsbedürfnisse, und somit auch zur Stärkung der aktuellen Autorität des Christentums sinnvoll wäre: „... nur das Vergangene ist wirklich vergangen, was nicht vergegenwärtigt werden kann, so wie das Alte Testament im Neuen Testament vergegenwärtigt wurde ..." in: Adolf von Harnack zum Gedächtnis, von *Johannes Müller,* Verlag der Grünen Blätter, Elmau 1930, XXXII, Nr. 3, 168. Vgl. auch Anm. 17.

[13] *Ernst Troeltsch,* Was heißt Wesen des Christentums (1903) in: Gesammelte Schriften, Band II, Tübingen 1913, 386.

[14] Siehe Anm. 10.

III

Die Beschäftigung mit dem historischen Judentum führt bei Harnack und seinem Kreis, sei es absichtlich oder nicht, zu einer Modernisierung der traditionellen christlichen Auffassung. Laut dieser Auffassung hatten sich der Segen Abrahams und die Auserwähltheit von den Juden auf die Gläubigen in Jesu übertragen, wie im Brief des Paulus an die Galater nachzulesen ist (3. 8. ff.):

> „Die Schrift aber hat es zuvor gesehen, daß Gott die Heiden durch den Glauben gerecht macht, darum verkündigte sie dem Abraham: In dir sollen alle Heiden gesegnet werden. Also werden nun, die des Glaubens sind gesegnet mit dem gläubigen Abraham ... daß aber durchs Gesetz niemand gerecht wird vor Gott, ist offenbar; denn der Gerechte wird seines Glaubens leben."

Das geistige Israel, d. h. das Christentum, sei der wahre Erbe des auserwählten Volkes. Hieraus folgt, so folgerten Harnack und seine Schüler, daß das körperliche Israel, welches hartnäckig ablehne, Jesus als Erlöser, Messias und Gottessohn anzuerkennen, nichts anderes sei als eine pharisäische Versteinerung. Somit entbehre, laut den Kirchenvätern, die gesamte historische Existenz des nachchristlichen Judentums jeglichen Selbstzwecks. Seine Existenz sei dazu bestimmt, einen anderen Zweck zu erfüllen, und zwar den, Zeugnis von der Richtigkeit des christlichen Glaubens abzulegen. Zur Erfüllung dieses Zweckes müßten sie in Erniedrigung, Unterdrückung, Druck, Verfolgung und Not leben [15]. Jedoch nun, nach der menschlichen und bürgerlichen Emanzipation, sei auch diese Aufgabe überflüssig geworden, und das moderne Judentum, insbesondere in seinem liberalen oder weltlichen Gewande, ohne jeglichen Sinn, Zweck oder Existenzberechtigung verblieben. In einigen Dokumenten von Schülern Harnacks, kommt dieser Gedankengang klar zum Ausdruck. So fragten diese Studenten, was denn eigentlich das jüdische Wesen, das derjenigen modernen Juden sei, die in ihrem Judentum keine „Staatsnation" sähen, und sich auch nicht als Nachfolger der Pharisäer und des gesetzestreuen Judentums sowie der Orthodoxie in Osteuropa betrachteten [16].

Im Verlauf der Kontroverse entwickelten sich im Protestantismus derartige Auffassungen, basierend auf den Schlußfolgerungen neuer wissenschaftlicher Schulen, besonders der Bibelkritik, der Historiographie und der Philologie. Das klassische theologisch christliche Motiv vom Verlust der Auserwähltheit für das jüdische Volk, welches sich an der Erlösung versündigt hätte, die in erster Linie den Juden selber galt, erhielt nun ein neues Gewand und zwar in Form einer historischen, archäologischen und philologischen Er-

---

[15] Judentum und Christentum, 148 ff.
[16] F. A. 4/d.

klärung. Diese Erklärung stützte sich auf Forschungen der besten neueren Wissenschaftler, Weber, Smend, Schürer, Holtzmann, Wellhausen, Bousset, Meyer und Gunkel. Nicht selten benutzten beide Seiten, Protestanten wie Juden, diese wissenschaftlichen Befunde, wenn auch in äußerst freizügiger Weise, und nicht selten wurden dabei historische Fakten aus ideologischen und apologetischen Bedürfnissen umgedeutet. Troeltsch hatte am Schluß seines Aufsatzes ‚Was heißt Wesen des Christentums' vor derartigen Umdeutungen gewarnt. Jedoch in der geistigen Wirklichkeit dieser Tage war die ideologische Nutzanwendung in den Augen der Intellektuellen wichtiger als die objektive Genauigkeit. Im Rahmen dieser ideologischen Kommentare wurden die Forschungsergebnisse von protestantischer Seite wie folgt zusammengefaßt: Das Christentum erbte und entwickelte die ursprüngliche Prophetenreligion Israels, denn seit der babylonischen Gefangenschaft und der Rückkehr nach Zion sei das ursprüngliche Israel zum Ende seiner Wesentlichkeit gelangt. Der Untergang Israels und die Umwandlung der Lehre Israels zum Judentum habe bereits mit der Ausbreitung Babylons in der ersten Hälfte des sechsten Jahrhunderts vor Christus begonnen und sei von der Verschleppung aus Juda und dem Kriegszug Nebukadnezars nach Juda Anfang des sechsten Jahrhunderts beeinflußt worden. Außerdem sei das politische und moralische Leben durch die inneren Wirren in Juda, von denen die Geschichte des Propheten Jeremias zeuge und durch die Mordaffäre Ahikam in den achtziger Jahren des sechsten Jahrhunderts, geschwächt worden. Später sei der Niedergangsprozeß durch die gesellschaftliche und wirtschaftliche Stärkung des Adels und des Priestertums, seit Beginn der Rückkehr nach Zion in den dreißiger Jahren des sechsten Jahrhunderts und in den Tagen Esras und Nehemias bis zur Mitte des fünften Jahrhunderts, beeinflußt worden. Auf diesem Hintergrund habe der Prozeß der Versteinerung und Degenerierung seinen Gipfel erreicht mit dem, was man die Herrschaft des Gesetzes und der Pharisäer nannte. Von nun an sei die Religion Israels in einem sterilen formalen Legalismus befangen gewesen. Unter dem Druck der Wirren, die in den Tagen des Machtwechsels in Palästina zwischen den Seleuziden und den Ptolemäern, beginnend mit dem Eroberungszug Alexanders des Großen in den dreißiger Jahren des vierten Jahrhunderts und der Eroberung Palästinas durch Antiochus III. bis in die sechziger Jahre des zweiten Jahrhunderts, das Land erfaßt hätten, sei die jüdische Gesellschaft in Palästina immer weiter ihrem Untergang zugeschritten. Diese Entwicklung habe ihre Fortsetzung in den Wirren der Makkabäerkriege gefunden, seit Mitte des zweiten Jahrhunderts, und in den Tagen der Hasmonäerherrschaft bis hin zur römischen Versklavung im Jahre 63. Schließlich hätte der Druck der inneren Kämpfe während der Herodesherrschaft, am Abend des Erscheinens Jesu als Messias, Palästina und die Religion Israels in eine so tiefe Krise gestürzt, daß nur noch eine übernatürliche Kraft Heil bringen konnte. So sei auch der Boden zur Offenbarung des Messias kraft der Inkarnation, zum Erscheinen des Heilands und zum Aufstieg des Christentums als Nachfolger des Judentums, vorbereitet worden.

Dieses historische Bild fügte sich in Harnacks *Das Wesen des Christentums* zusammen, wobei er sich dabei in folgendem auf Wellhausen stützt:

> „Seit zwei Jahrhunderten war ein Schlag nach dem andern erfolgt, von den schrecklichen Tagen des Antiochus Epiphanes an war das Volk nicht mehr zur Ruhe gekommen ... Es war nach menschlichem Ermessen nicht abzusehen, wie je wieder eine Besserung der Lage eintreten könne; die alten herrlichen Verheißungen schienen Lügen gestraft – es schien alles aus zu sein." [17]

Ähnlichen Anschauungen, die gleichfalls eine Polemik von jüdischer Seite hervorriefen, gaben auch eine Reihe von Popularisatoren in christlichen Schulen und protestantischen Zeitschriften, Priester von ihren Kanzeln, in der Judenmission Tätige und Vertreter der die „heilsgeschichtlich orientierte Theologie" genannten Richtung, wie z. B. Franz Delitzsch Ausdruck [18].

Die protestantische Ideologie behauptete des weiteren, daß mit der Rückkehr aus Babylon nach Zion ein ethnischer und nationaler Abschließungsprozeß der Juden begonnen habe, der zur Degenerierung des reinen Glaubens führte, in dessen Macht es stand, dem Einzelnen eine metaphysische Erlösung zu bringen. Während des zweiten Tempels und stärker noch nach dessen Zerstörung habe sich das Judentum immer weiter von seinem Ursprung, der Religion Israels, entfernt; es sei verkümmert unter dem schweren Druck des Legalismus, des Talmudismus und der Verdrängung des jüdischen Lebens oder des Volkes Israel in ein starres System von Gesetzen.

In Diskussionen unter den „Freunden der christlichen Welt", eines Intellektuellenzirkels, der mit der maßgebenden protestantischen Zeitschrift *Christliche Welt* in Verbindung stand, wurde darauf hingewiesen, daß die Entwicklung der historischen, philologischen und theologischen Wissenschaften die traditionelle Auffassung bestätigte, dergemäß das Alte Testament und mit ihm das körperliche Israel nur eine Vorbereitungsstufe für das Christentum darstellten. Nach dem Abschluß des Bundes mit Abraham (I. Buch Moses 15.18) und des Bundes Mose mit dem ganzen Volk Israel (2. Buch

---

[17] *Adolf von Harnack*, Das Wesen des Christentums, mit einem Geleitwort von Rudolf Bultmann, München–Hamburg 1964, 37 ff. Zur Vervollständigung siehe: Judentum und Christentum, 150 ff. Zur Auffassung Eduard Meyers siehe die grundlegende Analyse von *Hans Liebeschütz*, op. cit., 269 ff. und über den Unterschied der Schulen von Wellhausen und Meyer, aaO, 277 ff. Siehe ferner Liebeschütz' Untersuchung über die Verbindung zwischen der ideologischen Auffassung von Eduard Meyer in bezug auf die Zeitfragen und seinen historischen Forschungen: „Die Eigenart seiner Geschichtsbetrachtung, in der ihm ... die Entwicklung der Antike durchaus parallel zu den Epochen der Geschichte des Abendlandes sich darstellte, gab ihm die Möglichkeit, die Fragen der Gegenwart durch die Typen und Ereignisse der alten Welt zu veranschaulichen" (aaO, 295).
[18] Judentum und Christentum, 148 ff.

Moses 24.8) sei der Bund auf diejenigen übergegangen, die wirklich an die Offenbarung glaubten und zwar nicht Dank der Väter, im Fleische, sondern kraft ihres Glaubens an Jesu den Erlöser, also im Geiste. Der Bund sei nunmehr nicht zwischen dem Gott Israels und dem Volke Israel geschlossen worden, sondern durch den Körper und das Blut Jesu besiegelt (Lukas 22.20, I. Korintherbrief 11.25). Hierdurch wurde allerdings keineswegs der Wert des alten Bundes aufgehoben, im Gegenteil, er blieb weiterhin heilig und verpflichtend, jedoch nur in seiner Erfüllung im neuen Bund (Matthäus 5.17., Lukas 24.27., Römerbrief 16.25–26). Daraus folgte, daß es keine Berechtigung für die weitere Existenz des Judentums gebe, und nun in den Tagen der Emanzipation sei diese sogar unfair gegenüber den Gastvölkern [19]. Die Starrsinnigkeit der Juden, die sich darin ausdrücke, daß sie es ablehnten, den Glauben in Jesu als den Heiland anzunehmen, stelle eine Ausnutzung der Gastvölker dar. Ein wachsender Teil ihrer Freunde und der Streiter für ihre gleichberechtigte Existenz und gegen jegliche Erscheinungsform des Antisemitismus fühle sich nun von den Juden betrogen. Diese hielten nicht die zwar undefinierten, aber für alle Christen verbindlichen Emanzipationsbedingungen ein, die eine absolute Eingliederung oder ein totales Aufgehen in die christliche Umgebung forderten [20].

In dem geschichtlichen Prozeß des Niederganges, behauptete Gunkel in einer populären Artikelsammlung über das „Wesen des Christentums" [21], brauche man keineswegs eine Wertminderung des Alten Testament oder des Judentums zu sehen, im Gegenteil:

> „Wer gerecht und unparteiisch richtet, kann nicht zweifeln, daß die Religion Israels sich hoch über die seiner Umgebung erhebe ... So begreifen wir die Vernunft der Geschichte, daß auf Israels Boden die Religion des Neuen Testaments entstanden ist. Ob es die Modernen gern hören oder nicht, es bleibt doch dabei, daß das Heil von den Juden gekommen ist. Keine Rede also davon, daß die moderne Forschung die Eigenart des Alten Testaments verdunkelt hätte." [22]

Der Niedergang der Religion Israels und ihre Versteinerung zum Judentum sei also eine historische Entwicklung, die nicht den Schatten des Zweifels auf die ursprüngliche Glaubwürdigkeit des Alten Testaments werfe. Diese Entwicklung sei verschiedenen Völkern und Kulturen gemein:

---

[19] Christliche Welt, Nr. 17 (1893), Spalte 397/8 „Emanzipation ... man erwartet, daß ihr Erfolg eine ruhige allmähliche Verschmelzung herbeiführen würde ... Niemand kann ganz im Volksleben stehen ... der nicht irgendwie von dem religiös-sittlichen Lebensgeiste des Christentums berührt ist." Siehe auch: aaO, Nr. 40 (1900), Spalte 945.

[20] Judentum und Christentum, 134 ff.

[21] *Hermann Gunkel*, Das Alte Testament im Licht der modernen Forschung, in: Beiträge zur Weiterentwicklung der Christlichen Religion, hrsg. von *A. Deissmann* etc., München 1905, 43.

[22] AaO, 62.

„Heutzutage, können wir die Beobachtung hinzufügen, daß Völker nach dem Untergang ihres Staates und dem Zerfall ihres Volkstums sich in der Form der religiösen Gemeinde zu verkapseln pflegen, so hat die römische Kirche das römische Weltreich beerbt, so ist der Patriarch von Konstantinopel der Erbe der byzantinischen Kaiser, und der Hohepriester von Jerusalem der Nachfolger der Könige aus Davids Stamm geworden." [23]

Unter den geschichtskritischen Wissenschaften, die die Ideologie von dem Untergang der ursprünglichen Religion Israels, die zum legalistischen Judentum versteinerte, stärkten, nahm die Bibelkritik und, mit Gunkel zu sprechen, die „moderne Kritik der Abfassungsverhältnisse, der alttestamentarischen Schriften ..." [24] einen wichtigen Platz ein. Laut der Schule Wellhausens und, ihm folgend, auch nach denjenigen Harnacks und Gunkels, wurde die letzte Stufe abgeschlossen in der Entwicklung dieser Quellenschichten, in denen noch der authentische, israelitische Prophetengeist atmet und der seine Fortsetzung und Erfüllung im Evangelium fand, in den Tagen Josias, d. h. im letzten Viertel des siebenten Jahrhunderts mit der kanonischen Festlegung des 5. Buches Moses und der Zentralisierung des Kultus in Jerusalem (II Könige 23).

Daher auch die Betonung der religiösen und politischen Tätigkeit des Propheten Jeremias bei Wellhausen. Mit Recht sagt Hans Liebeschütz:

„Für Wellhausen bedeutet Jeremia einen wichtigen Wendepunkt in der Geschichte der religiösen Erfahrung auf dem Wege zu individueller Frömmigkeit ... Man sieht bei dieser Interpretation des Jeremia, wie Wellhausen die altkirchliche Lehre von der Erfüllung der Offenbarung des Alten Testaments im Geschehen und in der Lehre des Neuen Testaments in eine Geschichte des Menschengeistes und seiner Erfahrungen umgeformt hat. Das Evangelium bleibt aber das Ziel der von ihm verfolgten Entwicklung." [25]

Später, in der babylonischen Gefangenschaft und hauptsächlich mit der Rückkehr nach Zion, gewinnt der Priesterkodex immer mehr an Einfluß. Von nun an, d. h. vom sechsten Jahrhundert an, beginnt das Judentum die Religion Israels zu verdrängen. Das Priestertum setzt dem Prophetentum ein Ende, das Gesetz läßt die Ethik erstarren und die Gebote führen zur Degenerierung der religiösen Gefühle. Die frühen Quellenschichten werden nun neu bearbeitet, und zwar im Sinne des Priesterkodex, mit dem Ziel der Stärkung des Einflusses der Priester und Schriftgelehrten. So wurde der Boden einerseits zur Machtübernahme der Pharisäer, aber auch zum Wachstum des Christentums als das geistige Israel andererseits, vorbereitet. Daher auch die Hervorhebung der Schule Wellhausens in der theologisch-ideologischen Diskussion Gunkels mit der Betonung, daß der jüdische Gesetzeskodex in der Thora erst nach der babylonischen Gefangenschaft verfaßt worden sei.

---

[23] AaO, 60.   [24] AaO, 41.

[25] *Liebeschütz*, op. cit., 255.

Diese chronologische Verschiebung ermögliche es dem Christentum, weiterhin an die alttestamentlichen Quellen zu glauben und dennoch den Glauben unter Bevorzugung des Neuen Testaments vor der historischen und offenbarenden Ursprünglichkeit des Alten Testaments auszuüben:

> „Das große Resultat Wellhausens aber ist, daß diese Schrift, in Wahrheit der spätesten Zeit, die hier überhaupt in Betracht kommen kann, nämlich der Epoche des babylonischen Exils angehört. Dies Resultat, dem gegenwärtig fast alle alttestamentlichen Forscher zustimmen, ist von außerordentlicher Bedeutung für den Aufriß der ganzen Geschichte. Denn eben zugleich mit dieser neuen Ansetzung dieses Gesetzeskodex' ist die Wahrheit ans Licht getreten, daß das alte Israel gar nicht, wie man bisher stets angenommen hatte, von Anfang an das Volk des Gesetzes gewesen, sondern daß es erst in der nachexilischen Zeit, als sein Staat zerstört und sein Volkstum in stärkster Gefahr war, unter die Herrschaft des Gesetzes geraten ist." [26]

Diese Betonung historischer Entwicklungen, selbst chronologischer Fragen, Hand in Hand mit einer ideologischen Deutung, rührte nicht nur von der geistigen Auseinandersetzung mit dem Judentum her, sondern auch von einer gleichzeitigen ideologischen Auseinandersetzung zwischen konservativen Lutheranern und Katholiken. Protestanten, unter ihnen Forscher wie Harnack, Troeltsch und Loofs versuchten darzulegen, daß die wesentlichen Wurzeln des Christentums bereits vor dem Etablierungsprozeß der Kirche und, wie sie es nannten, vor der formalistischen Versteinerung des Christentums vorhanden gewesen seien. Die liberalen Protestanten wollten zeigen, daß das Wesen des Christentums in der Prophetie, den Psalmen und im Leben Jesu, wie es in den ersten drei Evangelien bezeugt ist, zum Ausdruck komme. Andererseits kommt laut Wobbermin das Wesen des Christentums auch in einer der späteren Quellen, deren wissenschaftlicher Wert zwar gering, aber als Zeugniswert für die Erkenntnis des Wesens der christlichen Religion [27] äußerst maßgebend sei, zum Ausdruck. Gemeint ist das vierte Evangelium, also das Evangelium nach Johannes. Diese Quelle des Christentums entstand schon vor den zwei „Versteinerungsprozessen" im pharisäischen Judentum und im Christentum selbst, laut diesen Forschern, voll von heidnischen, mythologischen und sakramentalen Motiven, übernommen aus der heidnischen Umgebung der griechisch-römischen und germanischen Kulturkreise. In seiner Adolf von Harnack gewidmeten monumentalen Untersuchung fügte Friedrich Loofs noch hinzu:

> „Das Evangelium der Reformation ist auch nur ein heiliges Erbe der Vergangenheit ... Aber das Evangelium von Christo war im 16. Jahrhundert eingebettet in eine Menge alter, mit ihm innerlicher nicht notwendig zusammenhängender Tra-

---

[26] *Gunkel*, aaO, 43.
[27] *Georg Wobbermin*, Das Wesen des Christentums, in: Beiträge, aaO, 353, Anm. 21.

ditionen, die damals seiner Wirksamkeit nicht schadeten . . . heute aber ein Hemmnis für seine wirksame Verkündigung sind. Dieser katholische Sauerteig verdient nun ausgefegt zu werden." [28]

Noch Richard Rothe, einer der Väter des liberalen Protestantismus aus der Mitte des neunzehnten Jahrhunderts, stellte fest, daß es die Aufgabe des sich erneuernden Protestantismus sei, das Christentum von den Hürden und Überbleibseln der Dogmen, Sakramente, Magie und Wunderglauben zu reinigen. Nach Meinung seiner Gelehrtengeneration sowie der in die Kontroverse verwickelten, hier behandelten, standen die dogmatischen Lehren der Kirchenväter aus dem vierten Jahrhundert, wie die Christologie und Logos-Sohn Lehre des Athanasius, oder die chalkidonische Tradition aus der Mitte des fünften Jahrhunderts in bezug auf die wundersame Persönlichkeit und den sakramentalen Körper Jesu (Offenbarung 21.19), nunmehr auf schwachen Füßen, da sie nicht, wie man glaubte, vor der Kritik der authentischen Vernunft des Menschen, der historischen Wissenschaft und der Philologie bestehen konnten. Von nun ab wurde die ursprüngliche Kritik Luthers und Melanchthons an den der katholischen Dogmen durch eine wissenschaftlich-empirische Vernunftskritik ersetzt. Um zu beweisen, daß die als irrational, formalistisch bezeichneten kirchenorganisatorischen Traditionen überhaupt keinen wesentlichen Teil des Christentums darstellten, kehrte diese Ideologie zu den vorchristlichen, ihrer Meinung nach auch vorpharisäischen Motiven, d. h. zu der sogenannten reinen prophetischen und messianischen Religion Israels zurück. Um aber nun eine Wertung dieser Rückkehr zu den prophetischen und messianischen Ursprüngen als eine Hinwendung zum Judentum zu verhindern, sondern sie im Gegenteil als die Aufdeckung des Wesens des Christentums zu legitimieren, sah sich die protestantische Ideologie gezwungen, das Judentum, vom zweiten Tempel bis zur Gegenwart, als überflüssig zu erklären. Seine Zeit sei abgelaufen und es bestehe keine Berechtigung mehr für seine Existenz. Dieser Argumentationsaufbau wurde von Wobbermin, Deißmann und Gunkel in der bereits erwähnten Artikelsammlung aus dem Jahre 1905 zur Stärkung des christlichen Glaubens in populärer Form zusammengefaßt. Indem sie Harnacks Auffassung vom Wesen des Christentums unterstützten, betonten die Wissenschaftler ausdrücklich, daß das Christentum aus dem Judentum entsprang und daß es keinen Grund gäbe, die Fakten der objektiven historischen Forschung zu verneinen. Jedoch habe sich durch das Herauswachsen aus dem Judentum das Christentum von seinem Ursprung gelöst, da dieser Ursprung versteinerte und somit sich selbst widersprach. Dies bedeute, sagt Wobbermin, daß das Christentum das Wesen der Religion Iraels fortsetze und vollende, so wie geschrieben steht: „Das Reich Gottes

---

[28] *Friedrich Loofs*, Leitfaden zum Studium der Dogmengeschichte, vierte völlig umgearbeitete Auflage, Halle 1906, 947–948. Siehe auch: Judentum und Christentum, 138, 151, 156.

ist schon über Euch gekommen" (Matth. 12.28), „Das Reich Gottes ist mitten unter Euch (nach anderer Auslegung: inwendig in Euch, in Eueren Herzen) (Luk. 7.21) . . ." Schon diese Stellen bewiesen also, daß der neutestamentarische Reich-Gottes-Begriff, so gewiß auf dem Boden der apokalyptischen Hoffnungen des Judentums erwachsen, doch in keiner Weise innerlich an diese gebunden sei[29]. An diesem Punkte, in dem die Bestimmung des Wesens des Christentums auch von der Existenzverneinung des Judentums abhing, setzt die Antwort der meisten Sprecher des liberalen Judentums und der Wissenschaft des Judentums ein.

IV

Die jüdischen Intellektuellen ihrerseits betonten, daß der liberale Protestantismus, indem er das Christentum auf moralische Grundsätze basierte und das Wesen des Christentums durch die Ablehnung heidnischer und kirchlich hierarchischer Traditionen festlegte, somit eigentlich eine Rückkehr zum Judentum darstelle. Das Judentum verneine seinem Wesen nach, und besonders seit dem Beginn der Spaltung hauptsächlich mit Paulus, das Christentum aus eben denselben Gründen heraus, aus denen der liberale Protestantismus den Katholizismus oder auch den konservativen Protestantismus kritisierte. Die jüdisch-rabbinischen Quellenschichten der Verkündung Jesu bewiesen, daß das Judentum seine Existenzberechtigung nicht verloren habe, sondern daß es im Gegenteil das paulinische Christentum sei, welches nicht der Verstandeskritik des modernen, religiösen Menschen standhalte. Die meisten jüdischen Apologetiker hofften, die christlichen Anschuldigungen von der Versteinerung, Degenerierung oder dem engstirnigen Partikularismus des Judentums würden sich als falsch erweisen, wenn man wirklich die jüdische Authentizität Jesu, seines Lebens und seiner Verkündigung, sowie den jüdischen, biblischen, prophetischen und pharisäischen Ursprung der Synoptiker bewiese. Für das liberale Judentum jedenfalls war die Erfüllung dieser Hoffnung ein teures Ideal, vielleicht sogar ein Existenzbedürfnis, denn nach innen, wie in der Auseinandersetzung mit der Orthodoxie und vielleicht auch mit sich selbst, argumentierten die Führer des liberalen Judentums ebenso wie ihre protestantischen Gesinnungsfreunde. So bei der Verneinung der normativen Authorität der Halacha und des sogenannten rabbinischen Judentums; bei der Erklärung, daß das Judentum nach der zweiten Tempelzerstörung und im Mittelalter versteinert sei; bei Kritik am engen partikularistischen Charakter des jüdischen Nationalismus im Gegensatz zur universalistischen Moral des Christentums, welche auf dem Zersprengen nationaler Barrieren basiere, so wie es bei ihnen, im Evangelium des Lukas 2.23 und Johannes

---

[29] *Wobbermin,* aaO, 350.

8.12., nicht aber bei uns geschrieben stände[30]. In allen derartigen Argumenten trat eine enge Verwandtschaft unter den Liberalen beider Religionen zutage.

So sah sich das liberale Judentum gezwungen, seine Argumentation auf die wesentlichste, vielleicht auch auf eine der letzten Fragen, in der es sich vom Christentum unterschied, d. h. auf die Frage nach dem Messianismus Jesu zu konzentrieren. Das Problem Jesu, dessen Bindung an seine jüdischen Quellen, sowie die theologische Weigerung des Judentums Jesus als Gottessohn, als Offenbarung des Logos, als Messias anzuerkennen, waren Fragen, die im geistigen Kampf um das eigene Wesen, das moderne Judentum seit seiner Entstehung beschäftigten[31]. Von Anbeginn der Kontroverse bestand die Hauptargumentation darin, daß weder in ihrem ethischen noch in ihrem geistigen und geschichtlichen Wesen die Verkündigung Jesu etwas grundsätzlich Neues darstelle. Diese Verkündigung sei nichts anderes als die Fortsetzung der biblischen, prophetischen und pharisäischen Ethik, die in Sprache, Ausdrucksform sowie in ihrem religiösen, gesellschaftlichen System in der Lehre der Weisen, so z. B. in der Lehre Hillels verankert sei. Hingegen seien die Erneuerungen, vielleicht durch Jesus, hauptsächlich durch Paulus in das Christentum eingepflanzt, jedoch Frucht eines Kompromisses mit dem Heidentum, wenn nicht sogar ein Beweis für die Kapitulation vor dem Einfluß des Heidentums. Schon in den Augen des Kreises der Wissenschaft des Judentums stellte die Kritik am Christentum einen der Hauptpunkte bei der Bestimmung des Wesens des Judentums dar. Hierauf verweist Schmuel Ettinger in seiner Untersuchung über die Geschichtsschreibung von Graetz:

[30] F. A. 4/d. Zur geistigen Verwandtschaft des liberalen jüdischen und protestantischen Lagers siehe: Judentum und Christentum, 134 ff.

[31] Zum aggressiven und spöttischen Ton der Juden über die Gestalt des Wundermachers, wie die christliche Tradition Jesu (insbesondere im 4. Evangelium) bezeichnet, siehe *Heinrich von Treitschke,* Preußische Jahrbücher, Band 44 (1879), 573. Vgl. aaO, Band 56 (1885), 429 ff. Sehr wichtig hierzu ist ferner: *Franz Delitzsch,* Christentum und jüdische Presse. Selbsterlebtes, Erlangen 1882. In dieser Kritik ist ein Echo auf die apologetische Stellung der Kreise der Wissenschaft des Judentums zu vernehmen, wie z. B. *Abraham Geiger,* Das Judentum und seine Geschichte, Berlin 1865, Bd. I, 139: „Nicht eine Kritik des Christentums zu liefern, ist meine Absicht, noch weniger einem Glauben zu nahe treten zu wollen, der soviele Millionen beseligte und beseligt oder gar fromme Gemüter zu verletzen." Eine Zusammenfassung der Einstellung der Wissenschaftler des Judentums aus der Mitte des neunzehnten Jahrhunderts, unter ihnen Männer wie Ludwig Philippson und Immanuel Löw, bietet der Vortrag von *Martin Philippson,* Vater Unser – Matth. 6, 9 ff.; Luk. 11, 2 ff., 1906 (ohne Ort). Von der christlichen Seite siehe: *P. Fiebig,* Jüdische Gebete und das Vater Unser, in: Christliche Welt, Nr. 40 (1906). Zur neueren Forschung siehe: *G. Lindeskrog,* Die Jesusfrage im neuzeitlichen Judenthum. Ein Beitrag zur Geschichte der Leben-Jesu Forschung, Uppsala 1938; *ders.,* Jesus als religionsgeschichtliches und religiöses Problem in der modernen jüdischen Theologie, in: Judaica, Bd. 6, Nr. 314 (1950); *Schalom Ben Horin,* Das Jesubild im modernen Judentum, Zeitschrift für Religions- und Geistesgeschichte, V, Nr. 3 (1953).

„Wenn man darin übereinstimmt, daß das Christentum eine monotheistische Religion ist, und es die Grundsätze der Ethik enthält, ist die Aufgabe des Judentums beendet. Daher die Einstellung von Graetz und der meisten jüdischen Wissenschaftler, nämlich eine vernichtende Kritik des Christentums." [32]

Dieser Hintergrund nun bestimmte den Charakter der hier behandelten Kontroverse. Die Auseinandersetzung um das Wesen des Judentums kreist um Glauben und Meinungen über Jesus als Messias und somit auch um den Begriff Inkarnation, Umwandlung des Logos in Fleisch, und um die metaphysische Stellung Jesu als Gottessohn. Hier, in diesen Glaubenssätzen und Meinungen, so behaupteten unter anderen Heymann Steinthal, Moritz Lazarus, Moritz Güdemann, Leo Baeck, Joseph Eschelbacher, Sigmund Maybaum, sei die hauptsächliche Scheidung zwischen Judentum und Christentum, zwischen reinem Monotheismus und einem, der Elemente aus der heidnischen Welt aufgenommen habe, zu sehen. Hierin sah man auch den Bruch zwischen der Religion, die vor der Verstandeskritik des modernen Menschen bestehen könne und einem Glauben, der dem aufgeklärten Menschen unannehmbar erscheinen müsse. In den Traditionen, die erst spät fixiert wurden, wie die mit Jesus in Verbindung stehenden übernatürlichen und wundersamen Ereignisse und Taten, die Wunder, die von ihm vor den Augen der Galiläer und seiner Schüler vollbracht wurden – sein Auftreten in Jerusalem als König der Juden und als Erlöser der Menschheit, sein Tod als ein Opfer, das die Sünden der Gläubigen auf sich nimmt (Matth. 26 ff.), und schließlich die Auferstehung von den Toten, die Himmelfahrt und die Erhebung Jesu zum Gottessohn und somit die „Vergottung des geschichtlichen Christus" – sahen jüdische Intellektuelle einerseits den Bruch zwischen den beiden Religionen und andererseits den Kernpunkt ihrer Verschiedenheit.

Im Gegensatz zu derartigen das Wesen des Christentums bestimmenden Traditionen, so behaupteten Leo Baeck, Moritz Güdemann, Joseph Eschelbacher, Martin Schreiner, seien die von Harnack als für das Christentum wesentlich betrachteten Traditionen ihrem historischen Ursprung und ihrem vorheidnischen, rein monotheistischen Charakter nach jüdisch. Als Beispiel führten die Wissenschaftler des Judentums die Antwort Jesu (Markus 12.28 ff.) auf die Anfrage der Schriftgelehrten nach dem vornehmsten Gebot an:

„Das vornehmste Gebot vor allen Geboten ... Höre Israel der Herr unser Gott ist ein einziger Gott ... und das andere ist ihm gleich: Du sollst deinen Nächsten lieben wie dich selbst. Es ist kein anderes Gebot größer denn dieses."

---

[32] *Schmuel Ettinger*, Das historiographische Werk Graetz, in: Historiker und historische Schulen, Ausgaben der israelischen historischen Gesellschaft (hebr.), Jerusalem 1963, 89; siehe auch die Untersuchung *Schmuel Ettingers*, Judentum und die Geschichte der Juden in der Auffassung Graetz, in: *Ettinger* (Hrsg.), Zwi Graetz. Wandlungen jüdischer Geschichtsschreibung (hebr.), Jerusalem 1969, 37–38. Vgl. *Ismar Schorsch*, Theology and History in the Age of Emancipation, in: Heinrich Graetz. The Structure of Jewish History and Other Essays, New York 1975, 51–58.

Ferner wurden die Idee des Gottesreiches und der Glauben an das Herzens-
gebot, von Harnack als „Herzensakt" und als christliche Erneuerung angesehen, als Beweise angeführt. Die Pharisäer, so argumentierte man, lebten
bereits nach diesem Grundsatz und diskutierten mit Jesus darüber, wie in
Lukas 17.21. überliefert wird: „Denn sehet das Reich Gottes ist inwendig in
euch." Die Weisen übernahmen diese Quelle aus dem 5. Buch Mose 4.29:
„Wenn du aber daselbst den Herrn, deinen Gott, suchen wirst, so wirst du
ihn finden, wenn du ihn wirst von ganzem Herzen und ganzer Seele suchen";
und bei Jeremias 29.13.: „Ihr werdet mich suchen und finden. Denn so ihr
mich von ganzem Herzen suchen werdet."

In diesem Geiste verwiesen Wissenschaft des Judentums und jüdische Apologetik auf den jüdischen Ursprung der Hauptmotive des christlichen „Vater
unser", nach Matth. 6.9. ff. und Lukas 11.2. ff. und dessen Ursprung 5. Buch
Mose 14.1.: „Ihr seid Kinder des Herrn, eueres Gottes" und Psalm 103.13:
„Wie sich ein Vater über Kinder erbarmt, so erbarmt sich der Herr über die,
so ihn fürchten." In gleicher Weise ging die Wissenschaft des Judentums
auch dem jüdischen Ursprung der Bergpredigt nach, in der, laut den jüdischen
Teilnehmern an der Kontroverse, nichts Neues zu entdecken war, es sei denn
so radikale moralische Forderungen, daß sie von keinem Menschen erfüllt
werden könnten.

Obwohl das liberale Judentum im Gesetz nicht das Wesen des Judentums
sah und gleich der christlichen Theologie daran festhielt, daß dieses die geistige und gesellschaftliche Versteinerung darstelle, so behauptete es andererseits nach außen hin, daß die Entfernung der Gebote aus dem Neuen Testament, hauptsächlich im paulinischen Christentum, den moralischen Charakter
des Christentums im Vergleich zum Judentum gestört habe, denn Jesus selbst
habe keineswegs das Gesetz beseitigen wollen (Matth. 6.17.). Erst die Entfernung der Gebote nach dem Römerbrief 7.14. ff. und dem Galaterbrief
5.17. ff. stellte die Ursünde in den Mittelpunkt des christlichen Dogmas in
polarem Gegensatz zum Wesen des Judentums. Die paulinische Auffassung
nämlich nähme dem Menschen die religiöse und rationale Auserwähltheit und
damit den Grundsatz der Selbstverantwortung. Hieraus folge, daß die Stellung des Auserwähltseins, oder aber auch der ethischen Autonomie des Menschen, sich in die Stellung des Sünders verwandle und der Mensch somit
abhängig würde von Jesus, als einzige Quelle, die ihn aus dieser Stellung
befreien könne. Somit stehe das Christentum im Gegensatz zum Judentum,
denn laut dem jüdischen Glauben sei die Stellung des Menschen autonom,
und, indem er die Entscheidung fälle, stelle er die ontologische Quelle seiner
Ethik dar.

V

Aufgrund vieler Reaktionen seitens der Mitglieder der jüdischen Gemeinden, von Liberalen aus intellektuellen Kreisen, sowie von Studenten, vor denen Joseph Eschelbacher, Sigmund Maybaum und Martin Schreiner ihre Vorlesungen hielten, erwies es sich, daß die Richtung der Kontroverse, welche Kritik am Christentum besonders hervorhob, viele mit einem Gefühl des Unbehagens und in der Annahme zurückließ, daß sie gegen die skeptischen Einflüsse ihrer Zeit ohne positive Antwort auf die Frage nach dem „Wesen des Judentums" geblieben seien. Dieser Zustand wurde auch, wie Felix Perles und Gustav Karpeles betonten, von der Tatsache beeinflußt, daß der größte Teil der deutschen Juden ihr Wissen über das Judentum nicht mehr aus diesem selbst, sondern aus der protestantischen Geschichtsschreibung, aus philologischen Schulen sowie aus der Bibelkritik schöpfte. Daher auch die Zweifel, ob die kritische Kontroverse mit diesen Strömungen und Schulen die jüdische Identität der Nicht-orthodoxen stärken könnte[33]. Es herrschte in jüdisch-liberalen Kreisen ein Gefühl der Frustration, welches seinen Ausdruck in den Reaktionen auf einige Artikel fand, die von Anfang an versucht hatten, gerade die Kritik am Christentum einzudämmen und der ratlosen Generation eine jüdisch-positive Führung darzubieten. Typisch hierfür sind die Reaktionen auf die radikal reformistische Einstellung, wie sie im Aufsatz Jelskis, des Predigers in der reformierten Gemeinde Berlins, zum Ausdruck kommt. Bei dem Versuch, die positive Seite des „Wesens des Judentums" zu definieren, konzentrierte dieser Sprecher des radikalen Flügels der Reformierten den größten Teil seiner Aufmerksamkeit auf das, was das moderne Judentum in der Tradition ablehnt. Gestützt auf Samuel Holdheim und

---

[33] Vgl. F. A. 4/b, c, d. In diesen Akten befinden sich u. a. persönliche Briefe, Tagebücher und Erinnerungen von fast vierzig Familien, zumeist aus Großstädten wie Berlin, Frankfurt a. Main, Leipzig und Dresden. Besonders bezeichnend sind Zeugnisse von Jugendlichen, Studenten und Intellektuellen im Alter bis zu dreißig Jahren. Charakteristisch für das ganze Material ist die Niederschrift eines Jugendlichen aus Leipzig: „Einen Augenblick, da verheiße ich über Volk und Reich es zu zerstören, zu zertrümmern und zu vertilgen … Gestützt auf diesen Vers … behaupten die Christen und sprechen: Ihr Juden vertraut auf die glückverkündenden Verheißungen aus dem Munde des Propheten; euer Vertrauen ist jedoch ein vergebliches, denn diese Verheißungen werden sich an euch nicht erfüllen … nicht langweilige Apologetik unserer Rabbiner, sondern Zarathustras Seele, welche sich mit Lust in den Zufall stürzt, nur sie dürfe uns Jeremias Verkündigung deuten … können …" Der erste Satz ist aus der Prophetie Jeremias, die hier aus 18. 7. zitiert wurde. Der ganze Abschnitt ist der modernen Auflage einer mittelalterlichen antichristlichen polemischen Schrift entnommen: Befestigung im Glauben von *Rabbi Jizchak* (aus Troki), neu hrsg., mit einer Übersetzung ins Deutsche, von *Rabbiner David Deutsch*, zweite vielfach vermehrte Ausgabe, Sohrau-Breslau 1873, 174. Das Zitat Nietzsches ist aus dem Zarathustra.

Abraham Geiger betonte auch Jelski die Ablehnung des Gesetzes, sei es als
metaphysische Quelle seiner normativen Autorität, sei es als Lebensauffassung von Lehre und Geboten. Unter den Argumenten für Aufhebung der
sogenannten zeremoniellen Gebote hob Jelski besonders das Argument hervor,
daß die historische und gesellschaftliche Aufgabe, die die Gebote erfüllten,
und die, seiner Meinung nach diesen Geboten ihre Berechtigung gab, die
Erhaltung der nationalen Einheit des Judentums gewesen sei. Diese Aufgabe
sei in unseren Tagen überflüssig. Jelski kehrte somit zur Grundanschauung
der ersten Reformer zurück, laut derer das Judentum mit der babylonischen
Gefangenschaft aufhörte, ein Volk zu sein, um zu einer ausschließlich religiösen Gemeinschaft zu werden [34].

Diese Änderung im Wesen der Existenz des Judentums, so argumentierten
Jelski und sein Kreis, sei nicht nur historisch, sondern entspräche auch dem
geistigen Charakter des Judentums. Auch hier, in dieser Definition, war Jelski
von Abraham Geiger beeinflußt. So führte er aus, daß schon allein der monotheistische Gedanke und der Glaube an den einen und einzigen Gott, „der
nicht Körper und Gestalt, nicht faßt in Bild und Zeichen" (Morgengebet)
und der ein universaler Gott sei, auch das Volk Gottes aus seinen engen
partikularistischen Grenzen der Nation heraushebe. Abschaffung des Lebenswandels nach Thora und Geboten geht also Hand in Hand mit der Abschaffung der jüdischen Nationalität [35]. Dieser noch auf das Ende des achtzehnten
und den Beginn des neunzehnten Jahrhunderts zurückgehenden Einstellung
wurde jetzt angesichts des Aufstiegs des politischen Zionismus ein verstärkter
Ausdruck gegeben. In diesem Sinne definierte Jelski auch die politisch zionistischen Strömungen als Tendenzen, die versuchten, das Volk Israel in eine
Art enges und abgeschlossenes Ghetto, und zu einem politischen Regime
zurückzuführen, welches sich nicht von der Versklavung durch das Rabbinertum würde befreien können. Diese als positiv gemeinte Antwort auf die
Frage nach dem „Wesen des Judentums" erregte Unbehagen selbst bei Mitgliedern von Reform-Gemeinden Berlins und Hamburgs. Unter Studenten
und Jugendlichen wurde wiederum die Beschwerde laut, daß wir, die liberalen Juden in Deutschland, ohne Antwort auf die Frage nach unserem Wesen
geblieben seien. Nach Loslösung des Judentums aus seinem nationalen Rahmen sowie von seinem Lebenswandel nach Thora und Geboten bestände,
was übrigblieb, aus Allgemeinplätzen ohne wesentliche Substanz. Vorstellungen von einer ethischen Mission des Judentums in der Welt seien nichts als

---

[34] *Jelski*, op. cit., 34.

[35] AaO, Anm. 32 und 9 ff. Ähnlich drückte sich auch Rabbiner Moritz Güdemann
in seiner Hauptschrift zur Kontroverse über das „Wesen des Judentums" aus. Güdemann gehört zwar zum nichtorthodoxen Judentum, jedoch nicht zu den radikalen
Reformrabbinern wie z. B. Jelski. Siehe: *Moritz Güdemann*, Das Judenthum in seinen Grundzügen und nach seinen geschichtlichen Grundlagen dargestellt, Wien 1902,
16 ff., 35 ff., 93 ff.

allgemeine ethische Kategorien, die jeder Rationalist oder Liberale akzeptieren könne. So heißt es unter anderem in einem Brief eines jungen Studenten aus Berlin:

> „Bei ihm [Jelski] sowie bei vielen sind Judentum, Christentum, ja sogar der optimistische Rationalismus völlig ausgesöhnt ... es sieht alles wie ein verzehrtes Feuer aus ... verödet ... verfallen ... ausgeloschen." [36]

VI

Was nun war es, das zu dieser Fragestellung nach dem Wesen der Religion überhaupt und besonders nach dem „Wesen des Christentums" und nach dem „Wesen des Judentums" geführt hatte? War es ein religiöses Phänomen, wie dies das Thema der Kontroverse vielleicht nahelegen könnte, d. h. ist der Erkenntnisrahmen metaphysisch und findet seinen Ausdruck in der Bereitschaft, die Last der Thora und der Gebote oder die Last rationaler ethischer Verpflichtungen auf sich zu nehmen? Oder war sein Ursprung kulturell-gesellschaftlicher Natur, d. h. bedingt in der geschichtlichen, gesellschaftlichen Realität? Die Quellen, die hier analysiert werden, scheinen darauf hinzudeuten, daß die Kontroverse der zweiten Alternative zuzuzählen ist.

Zu Ende des neunzehnten und zu Beginn des zwanzigsten Jahrhunderts fanden sich die beiden liberalen Lager gleichmäßig von der befreienden und erlösenden Kraft der Vernunft, der Aufklärung und vielleicht sogar des Intellekts enttäuscht. Beiden war das Gefühl gemein, daß die Systeme des Rationalismus und Liberalismus keine ausreichende Antwort auf die Fragen der Zeit böten. Können Judentum oder Christentum das Herz und den Verstand des modernen Menschen ansprechen im Zeitalter der Technologie und der Herrschaft des Empirismus, Pragmatismus und der positiven Wissenschaft? Können Judentum oder Christentum einen Relativismus überwinden, der sich mit Hilfe von Strömungen, die die Enttäuschung von der Kultur predigten, der moralischen und humanistischen Werte bemächtigt hatte? In der Sprache der Zeitgenossen: Strömungen, die verkündeten, daß sie der Kultur überdrüssig seien und daß sie in ihnen nur Depression und Verzweiflung hervorrufe (Kulturüberdruß, Kulturpessimismus) [37]. Besaßen liberales Judentum oder Christentum eine Antwort auf den Nihilismus, auf die Enttäuschung des modernen Menschen von sich selbst und von seiner historischen Kultur? Diese Enttäuschung war bereits in Eduard von Hartmanns *Philoso-*

---

[36] F. A. 4/d.

[37] Zum historisch-ideologischen Hintergrund dieser Erscheinung siehe *Fritz Stern*, The Politics of Cultural Despair. A Study of the Rise of German Ideology, Berkeley – Los Angeles 1961, 196; und *ders.*, The Political Consequences of the Unpolitical German, The Failure of Illiberalism. Essays on the Political Culture of Modern Germany, New York 1972, 3–25.

phie des Unbewußten aus dem Jahre 1868/69[38] zum Ausdruck gekommen und sein Einfluß auf Intellektuelle, einschließlich Lehrer und Erzieher hatte in diesem Jahrzehnt seinen Höhepunkt erreicht. Dies führte zur Hervorhebung des Unbewußten und des Irrationalen als die dominanten und teleologischen Kräfte im Menschen und in der Geschichte; es blieb kein Platz mehr für den klassischen Optimismus der Aufklärung und des Rationalismus. Darauf hatten schon hauptsächlich unter dem Einfluß Schopenhauers stehende Studenten hingewiesen in einem Symposium, welches Ende der achtziger Jahre in Leipzig über das Problem ‚Materie und Geist in unserer Zeit' stattgefunden hatte:

> „An Stelle dieser harmonischen Idylle à la Leibniz und Lessing, ist die Wahrheit, daß die Existenz feindlich, die Kultur nichts als eine Spottvision einer rationalistischen Einbildung ist; das Sein wird durch das Nichtsein erlöst werden; der bewußte Wille ist nichts als der Schatten eines eigensinnigen Urwillens; alles ist nur Schmerz, Trauer, sinnlose Anleihe; die Welt wird durch die Rückkehr zum ursprünglichen Nichtsein, zum Willen, der nichts will und zur Sache, die zu nichts nützt."[39]

Hat die liberale Religion eine Antwort auf die Prophezeiung Jacob Burckhardts von der bevorstehenden Zerstörung und Degeneration der Menschheit durch die Masse und das Massenhafte und von der Befreiung des modernen Zeitalters von jeglichem Zügel der Tradition? Können die Glaubenssätze der liberalen Juden oder Christen dem kleinen, namenlosen Mann, der zwischen den Rädern der Bürokratie oder der Technologie zermahlen wird, dem einsamen Mann, der Kräften wie dem Großkapital, der politischen Partei, dem zentralisierten Staat ausgeliefert ist, Kräften, über die der Einzelne kein Wissen oder keine Macht hat und die für ihn folglich dämonische Kräfte darstellen, können sie ihm eine Antwort geben? Vielleicht war die Hauptfrage überhaupt nach Innen gerichtet. Können die sich als Erneuerer des Christentums und des Judentums Gebärdenden eine wirkliche Antwort geben auf die wachsende Pseudoromantik, auf den Rassismus und Antiintellektualismus? Können sie eine Antwort geben auf die wachsende Neigung, einerseits der realen Wirklichkeit und andererseits dem ethischen Grundsatz der Verantwortung des Menschen für sein Denken und Tun, zu entfliehen?

An der Wurzel dieser Befürchtungen nach Innen, daß nämlich die Liberalen keine Antwort auf die Schicksalsfragen der Generation besaßen, nagte der grundsätzliche Zweifel an der Relevanz der rationalistischen Tradition selbst, von der die Existenz und die Zukunft der Liberalen beider Religionen abhing. Konnte Moses Mendelssohn einst, in einem grundlegenden Brief vom 23. Juli 1771 an Elkan Herz, mit Stolz schreiben:

---

[38] Vgl. *Hugo Bergman*, Eduard von Hartmann und die Judenfrage in Deutschland, in: Year Book V of the Leo Baeck Institute, London 1960, 177 ff.

[39] F. A. 8/d. Siehe auch: *Uriel Tal*, Religious and Anti-Religious Roots of Modern Anti-Semitism, The Leo Baeck Memorial Lecture, 14, New York 1971, 19–20.

„Wir haben keine Glaubenssätze, die gegen die Vernunft oder über dieselbe seien, wir tun nichts mehr zu der natürlichen Religion hinzu, als Gebote, Satzungen und gerade Vorschriften, aber die Grund- und Glaubenssätze unserer Religion beruhen auf dem Fundament des Verstandes, sie stimmen mit der Forschung nach jeder Seite hin, ohne jeden Widerspruch und Widersinn überein. Und das ist der Vorzug unserer Religion, der wahren und göttlichen, vor allen übrigen Glaubensbekenntnissen",

so faßt Joseph Eschelbacher, einer der geistigen Führer und ernsthaftesten Denker und Apologeten der hier behandelten Zeitspanne, in seiner Kontroverse mit Harnack, die andere Seite dieser Entwicklung zusammen, nämlich den Verlust des Glaubens an die reine Vernunft, an die Aufklärung und an die Wissenschaft, indem er sagt: „Die hochentwickelte Bildung der neuen Zeit brachte nicht den erhofften Segen mit sich." [40]

VII

An diesem Punkt trennen sich liberales Judentum und liberaler Protestantismus. In den Augen eines nicht geringen Teils der jungen Generation zu Beginn des zwanzigsten Jahrhunderts, inmitten der Kontroverse um das „Wesen des Judentums" und um das „Wesen des Christentums", blieb das liberale Judentum Deutschlands die Antwort auf die aktuellen existentiellen Fragen schuldig. Typische Zeugnisse dafür sind in den weiter oben behandelten Familiennachlässen erhalten geblieben. So schreibt ein junger Jude in einem wahrscheinlich an seine Eltern oder einen seiner jüdischen Lehrer gerichteten Brief, er beschäftige sich schon seit Jahren mit dem Problem des „Wesens des Judentums" oder des Wesens der Religion überhaupt, weil er fühle, daß er als Mensch der modernen Gesellschaft und als „dem wahren Leben entfremdet, dem inhaltsvollen Gemütsleben entrissen und zur Vereinigung von Vernunft und Glauben, Geschichte und Offenbarung, Judenthum und Deutschthum, unfähig ... sei" [41]. So las er, seinen Worten zufolge,

---

[40] Judentum und Christentum, 137.

[41] F. A. 6/a, d. Der Name des Verfassers erscheint nicht in den Akten, jedoch ist aus Briefen zu entnehmen, daß er einer alten jüdischen Familie aus Berlin entstammte, ein junger Intellektueller und wahrscheinlich Arzt oder Apotheker war. Er sagt, daß er Predigten der Reformrabbiner zu hören und Versammlungen zu besuchen pflegt, die vom „Verband der Vereine für jüdische Geschichte und Literatur in Deutschland" organisiert wurden. Im Band 5 des von diesem Verband herausgegebenen Jahrbuches schreibt *Gustav Karpeles* über den großen Einfluß, den die Auseinandersetzung um das „Wesen des Judentums" infolge des Vortrages von Harnack, und ebenso die materialistische Weltanschauung Ernst Haeckels auf junge Juden hatte. Es sind nicht wenige, sagte Karpeles, die unter dem Einfluß der Judentumskritik Harnacks zu einem Gefühl der „Minderwertigkeit des Judentums" kommen. Und ferner: „Unsere Gebildeten schwanken zwischen Haeckel und Harnack hin

die Schriften von Moritz Güdemann, war jedoch entsetzt, von der Doppel-
sinnigkeit, die nach seiner Meinung die jüdische apologetische Einstellung
durchzog. Nach innen, so fährt er fort, sagten geistige Führer und liberale
Wissenschaftler ausdrücklich, das gesetzestreue, orthodoxe Judentum sei versteinert. In Wirklichkeit verträten sie die Weltanschauung des liberalen Protestantismus und der Bibelkritik, denen zufolge das Alte Testament als ein
historisches Dokument und nicht als Zeugnis einer metaphysischen Offenbarung zu werten sei. In diesen Nachlässen findet sich auch ein Kollegheft
mit folgender Eintragung eines jüdischen Studenten: „... wie bei Strauß, das
Alte Testament ist nun eben ein Kapitel jüdischer Literaturgeschichte..."[42]
Außerdem enthält dieses Kollegheft noch die Abschrift von Teilen aus Eduard
Meyers Werken und die Antwort des Rabbiners Güdemann. Der Autor behauptete, er sei sicher, daß auch fortschrittliche Männer wie Güdemann, wenn
auch nicht öffentlich, so doch im Herzen, zugäben,

> „... daß das Judenthum von der Einführung des Gesetzes durch Esra und Nehe-
> mia bis auf den heutigen Tag völlig unverändert existiert, mit all den Gebrechen
> und Ungeheuerlichkeiten, aber auch mit der zielbewußten, rücksichtslosen Energie,
> welche ihm von Anfang an innewohnen, und welche mit dem Judenthum sogleich
> auch seine nothwendige Ergänzung, den Judenhaß, erzeugt haben. Sollte es auch
> stimmen, daß Historiker wie Eduard Meyer diese Theorie der Verkümmerung dem
> nachexilischen Gesetzesjudenthum [zuschreiben], nur um das Judenthum von der
> direkten Erbfolge nach der Religion Israels auszuschalten, so heißt das noch lange
> nicht, daß man, wie unsere Apologeten es halt tun, den Tempelbau, die Neueinrich-
> tung des Opferrituels, die Sakralisierung vieler mythologischer Aberglauben und
> die priesterliche Herrschaft einer aristokratischen Gesellschaftsgruppe, einfach ver-
> schweigen oder vertuschen kann."[43]

Im weiteren Verlauf kehrte der Verfasser auf das schon öfters von seinen
Zeitgenossen gebrauchte Argument zurück, laut dessen die von den jüdischen

---

und her, zwischen der alles negierenden Naturwissenschaft und der das Judentum
herabsetzenden protestantischen Theologie, zwischen einer Weltanschauung, die jede
Religion zersetzt, und einer anderen, die das Judentum zu einem Nationalkultus
herabdrückt." (J.J.G.L., Bd. V [1902], 21.) Vgl. auch: Judentum und Christentum,
126, Anm. 6; 146.

[42] F. A. 4/d. Wahrscheinlich ist hier gemeint: *David Friedrich Strauß,* Der alte und
der neue Glaube. Ein Bekenntnis, Stuttgart (o. J.), § 16, 11. Das Buch wurde 1872 von
Strauß beendet und war zu Beginn des zwanzigsten Jahrhunderts in vielen volkstümlichen Ausgaben verbreitet.

[43] F. A. 4/d. Der Verfasser meint hier ausdrücklich das Buch von *Moritz Güdemann,* das als Antwort auf Harnack und den Kreis der Bibelkritik diente: Das Judenthum in seinen Grundzügen und nach seinen geschichtlichen Grundlagen dargestellt,
Wien 1902. In diesem Zitat befinden sich ganze Abschnitte des Güdemannschen
Buches, hauptsächlich aus den Seiten 72, 75, 76. Das Zitat Eduard Meyers ist *Eduard
Meyer,* Über die Entstehung des Judenthums, Leipzig 1896, 222, entnommen, selbst
dies nach dem oben erwähnten Buch Güdemanns, 72.

Apologeten, zugunsten des ethischen Wertes des Judentums gesungenen Lobes-
hymnen, so universal, allgemein und sogar überladen seien, daß sie nicht
imstande seien, die Besonderheit des Judentums zu erklären:

> „Jüdische Liebestätigkeit auch wenn sie nicht nur national beschränkt ist; jüdische
> Wohltätigkeit auch wenn sie sich nicht nur auf Juden erstreckt; soziale Ethik des
> Judenthums wie Armenfürsorge, Gewissenhaftigkeit, Opferfreudigkeit, all diese
> talmudisch-rabbinischen Lehren sind, wenn einfach menschlich human oder uni-
> versell gesehen so selbstverständlich, daß es doch keinen Sinn hat sie als typisch
> jüdisch hervorzuheben... außerdem stehen wir fortgeschrittene deutsche Juden
> einer talmudisch-rabbinischen Autorität diametral entgegengesetzt... unsere so-
> ziale Ethik ist autonom, nicht theonom; unsere Staatsform soll parlamentarisch
> nicht theokratisch sein."[44]

Erheblichen Einfluß auf die von den Kreisen der Wissenschaft des Judentums durchgeführte sogenannte Relativisierung der geistigen Werte des Judent-
tums hatte die Kontroverse um die Vorlesungen von Franz Delitzsch aus den
Jahren 1902 und 1903: *Bibel und Babel*. Laut Delitzsch gab es bis September 1903 bereits 28 Hefte und 1650 Artikel in Zeitschriften und Zeitungen
über seine Vorlesungen, die auf der neueren alttestamentlichen Bibelkritik
basierten. Aus wissenschaftlicher Sicht gesehen brachte Delitzsch nicht viel
Neues. Errungenschaften wie die Entzifferung der Keilschriften und die
assyrologische Forschung, die das Alte Testament als untrennbaren Teil der
frühen vorderasiatischen Kultur interpretierten, waren hinlänglich bekannt.
Jedoch ihre Popularisierung durch Delitzsch machte diese Abschnitte der Bibel-
kritik zu einem viel beachteten, ideologisch antisemitisch wirkenden Faktor.
Unter jungen Juden bewirkten diese Thesen Delitzschs und die an sie an-
knüpfende öffentliche Kontroverse die Schwächung ihrer jüdischen Identität.
In den oben erwähnten Familiennachlässen findet sich ein aufschlußreiches
Zeugnis eines jüdischen Studenten, der sich mit dem volkstümlichen Buch von
August Heinrich Braasch *Die religiösen Strömungen der Gegenwart* aus dem
Jahre 1905 beschäftigt hatte. Unter ausdrücklicher Bezugnahme auf die
Frage Braaschs „... wie das religiöse Leben in der Gegenwart durch die Bibel-
kritik beeinflußt wird" sagt er:

> „... daß wenn nun wirklich nur wenige Stücke des mosaischen Gesetzes, wie etwa
> das Bundesbuch (2 Mos. 21–23) relativ alt und jüdisch originell sind, und wenn die
> ältesten hebräischen Schriftstücke der Literatur Israels nicht die fünf Bücher Moses,
> sondern einfache primitive Kriegslieder und Königsmärchen, sowie das Deborah-
> lied (Richt. 5), und die Fabel Jothams (Richt. 9.7 ff.) sind, so ist eben alles einfach
> als historisch, und nicht mehr als autoritativ bindend, anzusehen."[45]

---

[44] F. A. 4/b.
[45] F. A. 4/b, d. Der Verfasser hat Teile aus folgendem Buch entnommen: *A. H.
Braasch*, Die religiösen Strömungen der Gegenwart, Leipzig 1905, 86–89. Zu den
Antworten zur Kritik des Systems von Delitzsch, die in erzieherischem oder apo-

Wurde in diesem Punkt das liberale Judentum von jüdischen Jugendlichen
als ein Judentum empfunden, das in einer gedanklichen Unsicherheit blieb,
so versuchten manche liberale protestantische Führer, protestantische Historiker und Theologen, vor allem Harnack und Troeltsch, klare Antwort zu
geben auf die Fragen nach dem Wesen der christlichen Religion und des
modernen Menschen überhaupt. In der Rektoratsrede von Harnack aus dem
Jahre 1901 ‚Die Aufgaben der theologischen Fakultäten und die allgemeine
Religionsgeschichte‘ und in dem Vortrag von Troeltsch auf der Versammlung der „Freunde der Christlichen Welt“ zu Mühlacker, vom 3. November
1901 ‚Die Absolutheit des Christentums und die Religionsgeschichte‘ wurde
klar gesagt, daß die Religionsgeschichte außer zur wissenschaftlichen Forschung auch zum Finden von Antworten auf die Fragen beitragen müsse, die
die junge Generation beschäftigten, hauptsächlich, wie Troeltsch sich ausdrückte, weil dies die Zeit „einer ziellosen Relativisierung“ sei [46], eine Zeit, in
der Materialismus, Zynismus und Skeptizismus überhand nähmen. Dazu
kam die Warnung Wobbermins gegen den Einfluß irrationaler Strömungen
aus Quellen wie Schopenhauer und Lagarde:

> „Wir leben in einer Zeit der geistigen Selbstverneinung, der Unvernunft, der
> Flucht in eine künstliche romantische Welt, in einer Welt der bitteren Enttäuschung,
> des Zweifels und der ethischen Verantwortungslosigkeit.“ [47]

Im Vorwort zur ersten Auflage seiner Vorlesung *Die Absolutheit des Christentums* sagte Troeltsch klar, in dieser Untersuchung über das Wesen des
Christentums und das Wesen der Religion und in bezug auf die wissenschaftliche und erzieherische Aufgabe der theologischen Fakultäten und Universitäten handele es

> „… sich ja nicht um Religionsgeschichte überhaupt, sondern um Gewinnung nor-
> mativer religionswissenschaftlicher Erkenntnisse … Es handelt sich daher nur dar-
> um, in erster Linie diese Normativität von der Religionsgeschichte aus … zu ge-
> winnen; in zweiter Linie darum, diejenige Gestaltung der christlichen Ideenwelt
> zu schaffen, die der heutigen geistigen Lage entspricht.“ [48]

In Anlehnung an die Rektoratsrede von Harnack definiert Troeltsch was
eigentlich Gewinnung normativer Werte aus der Religionsgeschichte sei:

> „Mit dem Hinweis auf den Umfang und die Fülle des Christentums, dessen Stu-
> dium das Studium der übrigen Religionen nahezu ersetzt, ist noch nicht das Ent-
> scheidende … gesagt. Wir wünschen, daß die theologischen Fakultäten für die Er-

---

logetischem Ton verfaßt wurden, siehe: Monumenta Hebraica – Monumenta Talmudica, hrsg. von *S. Funk, W. A. Neumann, A. Wünsche*, 1 Bd. bearbeitet von *S.
Funk*, I. Heft, Wien-Leipzig 1913.
[46] *Troeltsch*, Die Absolutheit … (siehe Anm. 9), hier zitiert nach der Auflage von
1969, 12.
[47] Vgl. Die Religionsphilosophie von Georg Wobbermin, in *Johannes Hessen*,
Religionsphilosophie, Bd. 1, 2. Aufl. München-Basel 1955, 207 ff.
[48] AaO.

forschung der christlichen Religion bleiben, weil das Christentum in seiner reinen Gestalt nicht eine Religion neben anderen ist, sondern *die* Religion. Es ist aber *die* Religion, weil Jesus Christus nicht ein Meister neben anderen ist, sondern *der* Meister, und weil sein Evangelium der eingeborenen, in der Geschichte enthüllten Anlage der Menschheit entspricht." [49]

Hier kommt das Bestreben Troeltschs zum Ausdruck, das Christentum zur Absolutheit zu erheben, um es instand zu setzen, eine Antwort auf die geistigen und sozialen Fragen seiner Zeit, und besonders auf den Prozeß der Relativisierung der Werte zu geben, jedoch, ohne diese ideologisch-pädagogische Richtung in Gegensatz zu den methodologischen Grundsätzen der objektiven Geisteswissenschaften zu setzen.

Wir sehen also, wie Troeltsch, Harnack und mit ihnen ein großer Teil der mit der Zeitschrift *Die Christliche Welt* in Verbindung stehenden Intellektuellen [50], die Historie und besonders die Religionsgeschichte nach Art einer Konstruktion gestalten, welche „eine einheitliche, gleichartige, gesetzmäßig sich bewegende und die Einzelfälle hervorbringende Kraft bedeutet" [51].

Andererseits betont Troeltsch, daß ein Historiker „... der in der Religion nicht bloß ein Objekt der Historie, sondern eine Frage des Lebens sieht ..." [52] diese theologischen Seiten der religionsgeschichtlichen Allgemeinbegriffe nicht übersehen dürfe „... da er doch nicht bloß um der Kenntnis von gewesenen Dingen willen, sondern um der in der Geschichte sich offenbarenden Werte willen seine Arbeit betreibt" [53]. Von diesem Punkte ausgehend muß man zu der Folgerung kommen, daß gerade die historische, objektive wissenschaftliche Forschung „das Christentum als Höhepunkt aller bisherigen Religionen ... zugleich ohne jede Loslösung von seinen historischen Grundlagen beschreibt" [54]. Zugleich waren sich Troeltsch, die oben erwähnten Wissenschaftler um *Die Christliche Welt*, Theologen wie Wobbermin und Reischle und sogar ein Theologe hegelianischer Auffassung wie Julius Kaftan, der methologischen Schwierigkeit einer derartigen Auffassung bewußt. Eine Methode, die nicht auf die Objektivität verzichten, aber auch aus ihr normative Werte entnehmen will

---

[49] *Troeltsch*, Die Absolutheit..., 41. Vgl. auch 45, 102.

[50] M. Rade, F. Kattenbusch, W. Herrmann, W. Bornemann, M. Reischle, H. Weichelt usw. Zu weiteren Autoren, die sich mit Troeltsch auseinandergesetzt haben, vgl. besonders die obengenannte letzte Ausgabe von Die Absolutheit für ausführliche Hinweise.

[51] *Troeltsch*, Die Absolutheit ..., 48.

[52] AaO, 50.

[53] AaO. Vgl. *Leo Baecks* Essay, Theologie und Geschichte, und *Michael A. Meyers* Vorwort zu dem von ihm herausgegebenen Buch: Ideas of Jewish History, New York 1974, 343 ff., „But the historian of Judaism, in Baeck's sense, may not – despite the secular influences of his time – allow himself to become an historicist ... relating to it only as an unengaged scholar."

[54] *Troeltsch*, Die Absolutheit ..., 102.

41 *

„... mußte so gefaßt werden, daß das Relative und Individuelle der Historie dabei zu seinem vollen, die Historie unbedingt beherrschenden Rechte kam, daß doch auch in diesen relativ-individuellen Erscheinungen das Werden geltender und dadurch auf ein gemeinsames Ziel gerichteter Werte nicht ausgeschlossen war." [55]

Troeltsch gibt auch zu, daß auf den ersten Blick ein derartiger Kompromiß unmöglich ist: „Die Konstruktion des Christentums als der absoluten Religion ist von historischer Denkweise aus und mit historischen Mitteln unmöglich..." [56], denn die

„Historie kennt keinen Allgemeinbegriff, aus dem sie Inhalt und Reihenfolge des Geschehenen ableiten könnte, sondern nur konkrete, individuelle, jedesmal im Gesamtzusammenhang bedingte im Kerne aber unableitbare und rein tatsächliche Erscheinungen ... Die Historie kennt keine Normen." [57]

Was ist also die Lösung für dieses Dilemma? Wie ist es möglich, „auf rein historische Weise die Geltung und Bedeutung des Christentums in einem Sinne darzutun, der hinter der Selbstgewißheit der altkirchlichen Lehre nicht zurückbleibt...?" [58]

Die von Troeltsch vorgeschlagene Lösung ist der Ausdruck intellektuellen Ringens, eine Verbindung zu schaffen zwischen einer Anerkennung der Wissenschaft als eine Quelle der Wahrheit und einem Glauben an den absoluten Wert des Christentums. Dies wurde wie folgt definiert: „Es ist eine Verbindung gegenwärtig absoluter Entscheidung und historisch-relativer Entwicklungskonstruktion." [59] Diese Verbindung wird, wie Troeltsch es nannte, im Rahmen „der evolutionistischen Theorie" möglich und ihr Kern, nach dem System Troeltschs und Harnacks, liegt in einer historischen Entwicklung die stufenweise zur Befreiung des Christentums von frühhistorischen, primitiveren Erscheinungen der Absolutheit führt. Diesem historiographischen Aufbau zufolge wird jede Stufe in der geistigen und religiösen Entwicklung der Menschheit von den Zeitgenossen, die während dieser Stufen leben, als Absolutheit gedeutet.

„Jedes einfachste Wahrnehmungsurteil, jede natürlichste Willensregung, jede überkommene Regel und Sitte, gilt dem naiven Menschen als absolut. Alle die verschiedenen Formationen des höheren Geistesleben in Staat, Recht und Gesellschaft, in Kunst, Moral und Wissenschaft empfinden sich in ihrem naiven Wachstum, in ihren Ursprüngen und ihrer Gewohnheitsherrschaft als absolut." [60]

Also ist der Gang der menschlichen Geschichte ein progressiver Gang, in dem sich das naive Weltbild zum wissenschaftlichen wandelt [61]. Dies geschieht

---

[55] AaO, 16.
[56] AaO, 45.
[57] AaO, 48–52; vgl. auch 17.
[58] AaO, 93; vgl. auch 35.
[59] AaO, 92.
[60] AaO, 104.
[61] AaO, 105.

unter stufenweiser und evolutionistischer Überwindung der früheren, vor-christlichen Stufen der Geschichte der Absolutheiten, d. h. die naive, die supranaturale und schließlich die rationale Absolutheit. In diesem Prozeß der Reinigung und Vergeistigung der Religionen und Kulturen zur höchsten Stufe, zum Christentum, nimmt die Befreiung des Christentums vom Juden-tum und von den Auswüchsen des Judentums im Christentum einen wich-tigen Platz ein, d. h. Befreiung von Erscheinungen wie Dogmatik, Wahr-heitskodifikation, Sakramenten, Moralgesetzen. Hier treffen und ergänzen sich die Systeme Troeltschs und Harnacks. Troeltsch begründet seine These, laut der die Befreiung des Christentums vom Judentum dem Christentum er-möglichen werde, zum vollen Ausdruck seiner Absolutheit zu gelangen, auf eine bereits untersuchte methodologische Weise, während Harnack die These auf Schlußfolgerungen der Religionsgeschichte und Bibelkritik basierte, wobei er sich zunächst kaum auf die Überlieferung Marcions stützt. Laut Troeltsch be-steht der große historische Beitrag der israelitischen Religion in dem Wirken der Propheten, das „den beliebig erwählenden und zerstörenden Jahve ... als sittlichen Willen über das ganze Getriebe der Welt und der Heidengötter" erhob [62].

Das Judentum verblieb jedoch noch in einer niederen Entwicklungsstufe im Vergleich zur absoluten Entwicklung des Christentums, und zwar weil im Judentum das Göttliche auf ein bestimmtes Volk beschränkt und an es gebun-den blieb, so daß eine derartige Gottheit

> „die Seelen von den Banden des Blutes und des Kultes nicht durchgreifend be-freite ... So hat sich das großartige ethische Evangelium der Propheten in das rituelle und partikularistische Gesetz verwandelt, das das schwerste Hemmnis jeder innerlichen Allgemeingültigkeit ist." [63]

Den konkreten historischen Rahmen für die Versteinerung bildete laut Harnack, der sich auch hier auf Wellhausen bezog, die Zeitspanne vom Be-ginn des zweiten Tempels bis zum Erscheinen Jesu. In dieser Zeit hielten die

> „Priester und Pharisäer das Volk in Banden und mordeten ihm die Seele ... Jahr-hunderte hindurch hatten Bedrückte und Arme im Volke Israel nach ihrem Recht geschrien ... es gab keine Rechtsordnung, die nicht unter der Gewalt tyrannischer Machthaber stand." [64]

---

[62] AaO, 114.

[63] AaO.

[64] *Adolf von Harnack*, Das Wesen des Christentums, 71–74. Harnack zitiert hier Jesus Strafpredigt, Matth. XXIII; „Wehe euch Schriftgelehrte und Pharisäer, Ihr Heuchler, die ihr gleich seid wie die übertünchten Gräber, welche auswendig hübsch scheinen, aber inwendig sind sie voller Totenbeine." Vgl. dazu die Antwort von *Jo-seph Eschelbacher*, Das Judentum und das Wesen des Christentums, Berlin 1905, 85 ff.

Das Auftreten Jesu stellt bei Harnack einen historischen Wendepunkt dar: „Auf diesem Wege konnte allmählich eine Befreiung von dem historischen Judentum und seinen überlebten Religionsgesetzen erreicht werden." [65]

VIII

Die vorliegende Untersuchung einer spezifischen historischen Erscheinung, scheinbar beschränkt auf die Kontroverse über das „Wesen des Judentums" und das „Wesen des Christentums" im ersten Jahrzehnt des zwanzigsten Jahrhunderts, wirft Licht auf zentrale geistesgeschichtliche Entwicklungen in der Geschichte der Juden in Deutschland überhaupt und in der Geschichte der Beziehungen von Juden und Protestanten insbesondere. Geistesgeschichtlich gesehen, liegt hier ein Abschnitt, vielleicht der letzte vor dem Aufstieg des Dritten Reiches, in der Geschichte des Kampfes der liberalen Intellektuellen für die Erhaltung der moralischen Autorität der Geisteswissenschaft und besonders der Historie. Die Untersuchung enthält zunächst quellenbelegte Information und kritische Analyse über eins der letzten Kapitel der deutsch-jüdischen Beziehungen im zwanzigsten Jahrhundert. Liberale protestantische Intellektuelle stießen auf Schwierigkeiten bei der Einordnung des Judentums in ein christliches Weltbild, das, obwohl wissenschaftlich fundiert, ideologisch als absolut und somit als abgeschlossen galt. Das Quellenmaterial läßt jedoch die Schlußfolgerung eines ausgesprochenen modernen politischen oder rassischen Antisemitismus nicht zu. Es scheint eher darauf hinzuweisen, daß die Spannung paradoxer Weise gerade auf Gemeinsamkeit und nicht auf Gegensätzlichkeit beruhte. Diese Struktur besteht darin, daß eine gesellschaftliche Seite ihre eigene Identität durch den Dialog mit einer Gegenseite sucht und zwar im Rahmen gemeingültiger Kultur, Erkenntnistheorien und wissenschaftlicher Grundsätze.

---

[65] AaO, 108, Harnack sieht in Paulus und nicht in Jesus den Ursprung für die endgültige Befreiung vom Judentum, siehe auch aaO, 115. Das Problem Marcion und die Stellung seiner Theologie im System Harnacks bedarf weiterer Forschung.

DIE UMKÄMPFTE NATIONALJÜDISCHE IDEE

von

Yehuda Eloni

I

Die Heftigkeit des Widerstands, mit der die offiziellen Repräsentanten des deutschen Judentums auf die zu Ende des Jahrhunderts sich entfaltende öffentliche Tätigkeit des Zionismus reagierten, kann man erklären, wenn man bedenkt, daß das Leben der Juden seit Mendelssohn völlig im Zeichen des Bestrebens der vollen Eingliederung in das geistige, wirtschaftliche, politische und soziale Gefüge der deutschen Umwelt gestanden hatte. Dennoch waren in Deutschland schon in der zweiten Hälfte des neunzehnten Jahrhunderts, fast unbemerkt im allgemeinen Emanzipationstaumel, auch andere Stimmen ertönt. Sie fügten sich nicht in das Gedankensystem der Emanzipations- und Assimilationsfreudigen, sondern betonten den nationalen Charakter des Judentums und die Notwendigkeit und Möglichkeit des Wiederaufbaus der historischen und kulturellen Heimat des jüdischen Volkes. In ihren Augen war etwas Unwürdiges in dem überstürzten Anpassungsprozeß; sie griffen die Grundauffassungen des Assimilationsjudentums an und deuteten auf die bereits sichtbaren Vorzeichen heraufziehender Gefahren.

Von zwei der bedeutendsten Vorläufer der jüdischen Nationalidee und des Zionismus in Deutschland soll hier kurz die Rede sein: Zwi Hirsch Kalischer und Moses Hess. Sie gingen von völlig verschiedenen Gesichtspunkten aus und deuten verschiedene Richtungen in der späteren zionistischen Bewegung an – und doch hatten sie vieles gemeinsam.

Für Hirsch Kalischer, den orthodoxen Rabbiner der entlegenen östlichen Stadt Thorn (jetzt in Polen), war die heilige Bindung von Gott, dem Volk Israel und dem Land Israel nie in Frage gestellt. In Schriften und Briefen und vor allem in seinem hebräischen, im traditionell-rabbinischen Stil geschriebenen Buche *Drischath Zion*[1] geht Kalischer von der heiligen Pflicht

---

[1] *Zwi Hirsch Kalischer,* Drischath Zion W'chewrath Erez noscheweth (hebr.), Lyck 1861. *Hirsch Kalischer,* Drischath Zion, übersetzt ins Deutsche, Thorn 1865.

jedes Juden aus, in Erez Israel zu leben, zumindest aber die dort Lebenden
zu unterstützen. Obwohl Kalischer die landwirtschaftliche Produktivierung
der palästinensischen Judenheit zur Ergänzung des Systems der Almosenver-
teilung vorschlug, war das Hauptziel seiner Bestrebungen nicht auf die Abschaffung der wirtschaftlichen Mißstände gerichtet.

> „Wessen Blicke aber gewöhnt sind, über das Gegenwärtige und Individuelle in das
> Allgemeine und Zukünftige zu schauen, der dürfte wohl auch in der bezeichneten
> Verwirklichung der Tendenz des Vereins[2] den Beginn des Strebens nach einem zu
> erreichenden israelitischen Nationalzwecke, nämlich nach der allmäligen Eman-
> cipation des palästinensischen Territoriums, um so dem von allen Propheten Isra-
> els mit den Farben der himmlischen Wahrheit glänzend und erhebend gezeichne-
> ten Ergebnisse der jüdischen Nationalgeschichte Bahn zu brechen, erblicken."[3]

„Der jüdischen Nationalgeschichte Bahn zu brechen", meinte Kalischer, sei
die heiligste Pflicht der Juden und liege im Bereich ihrer Möglichkeiten.

Für einen orthodoxen Rabbiner war die Propagierung eines, mit Hilfe
der reichen Juden durchzuführenden Planes zur Rückkehr des jüdischen Volkes in das Land seiner Väter, ein Bruch mit den Anschauungen des überwiegenden Teiles der Orthodoxie, nach denen diese nur durch einen messianischen Akt vollzogen werden konnte. Er konnte es nicht krasser ausdrücken:

> „Darum mein Lieber, sage Dich los von dem törichten Volksglauben, daß unver-
> sehens, wie ein Wunder, ein Messias erscheinen und durch seiner Posaune mächtig
> erschallenden Ton alle Welt in Schrecken setzen werde. Glaube vielmehr, daß der
> Beginn der Erlösung in der Art sich gestalten werde, daß unsere hochgestellten
> Glaubensgenossen, von religiösem Interesse belebt, es bei den mächtigen Herrschern
> Europas kräftig befürwortend, dahin bringen werden, daß den in Palästina sich
> niederlassenden israelitischen Kolonisten wirksamer Schutz und Sicherheit gegen
> Angriffe des Unrechts und der Willkür gewährt werden. Dies wird wohl viele
> Israeliten leicht bestimmen, ihrem inneren Drange, nach Palästina auszuwandern,
> zu folgen."[4]

Erst wenn die materiellen Fundamente der Erlösung auf natürlichem Wege
gelegt werden würden, würde die „eigentliche Verwirklichung" durch Gottes Hilfe geschehen[5].

Es galt vor allem den Indifferentismus der assimilierten und den Fatalis-
mus der orthodoxen Juden zu überwinden und das jüdische Volk für den
„Nationalzweck" zu aktivieren. Im Gegensatz zu anderen seiner orthodoxen
Zeitgenossen schätzt Kalischer gerade das Zeitalter der bürgerlichen Gleichstellung für „höchst günstig", um sich „an ein so kühnes Unternehmen zu
wagen"[6].

---

[2] Gemeint ist der „Israelitische Verein zur Kolonisation von Palästina", den
Chaim Lorje 1860 in Frankfurt a. O. gründete und dem Kalischer angehörte.
[3] *Kalischer*, op. cit., 18.
[4] AaO, 30.   [5] AaO, 60.   [6] AaO, 83.

Trotz der auf biblischen, talmudischen und rabbinischen Zitaten begründeten Beweisführung seiner Thesen, sieht Kalischer die nationale Renaissance des jüdischen Volkes als eine der nationalen Freiheitsbewegungen seiner Zeit. Es ist bemerkenswert, daß der fromme Rabbiner im Schlußwort seiner Schrift das „Nationalitätsprinzip" vor andere Argumente stellt:

> „Wir sehen, wie die Völker alle für ihre nationale Sache eintreten, wie sie mit der größten Opferfreudigkeit ihr Gut und Blut einsetzen für die Erhaltung oder Wiedererlangung ihrer Nationalität, und wir Juden sollten die Hände in den Schoß legen und nichts tun, um unser nationales Besitztum, das heiligste Erbgut unserer Väter wiederzuerlangen? Wir sollten thatenlos bleiben, wenn man uns auf Palästina, als auf unser eigentliches Vaterland verweist? Das hieße unsere Nationalität, auf die wir stolz zu sein ein Recht haben, ganz und gar verleugnen." [7]

Aber weder die traditionelle Orthodoxie noch die Neo-Orthodoxie waren zu jener Zeit für eine nationaljüdische Auffassung empfänglich. Die praktischen Ergebnisse von Kalischers Tätigkeit waren gering, wenn auch nicht unbedeutend [8]. *Drischath Zion* war einer der ersten Schritte zu einer Revision der orthodoxen Anschauungen bezüglich Zusammenarbeit mit anderen jüdischen Richtungen auf nationaler Basis. Als sich jedoch religiöse Kreise später dem politischen Zionismus anschlossen, spielten sie, zumindest in seiner ersten Phase, eine zweitrangige Rolle.

Moses Hess, ein Zeitgenosse Kalischers, war wohl der bedeutendste unter denen, die in der vorzionistischen Epoche die ideologischen Schwächen des Religionsjudentums bloßlegten. Obwohl er von Kindheit an in jüdischem Wissen und jüdischer Tradition verwurzelt war, zog es den jungen Hess zur Philosophie; er betrachtete sich als „Jünger Spinozas". Jahrzehntelang hatte Hess sein Leben dem deutschen Radikalismus und dem Sozialismus gewidmet. Nur ein kurzes Aufflackern von „jüdisch-patriotischen Gefühlen" zur Zeit der Damaskusaffäre zeugte von Interesse am Schicksal der Juden. Nach 1848, zum Exil in Frankreich gezwungen, kehrte sich Hess nicht nur von jüdischen Problemen fast gänzlich ab, sondern hielt sogar die bloße Existenz des jüdischen Volkes für unwert [9].

Desto mehr Erstaunen erregte 1862 das Erscheinen seines Buches *Rom und Jerusalem* [10], von dem er annahm, „die Schrift werde eine radikale Revolution im Judentum hervorbringen" [11]. Der sentimentale Ton des „Baal Te-

---

[7] AaO, 97.

[8] Über die Tätigkeit Z. H. Kalischers siehe die ausführliche Darstellung im Vorwort zu ‏קאלישר‎ ‏צבי‎ ‏הרב‎ ‏של‎ ‏הציוניים‎ ‏הכתבים‎, 43–77; ferner *Adolf Böhm*, Die Zionistische Bewegung, Berlin 1935, 78–80.

[9] *Theodor Zlocisti*, Moses Hess. Der Vorkämpfer des Sozialismus und Zionismus, Berlin 1921, 257.

[10] *Moses Hess*, Rom und Jerusalem. Die letzte Nationalitätenfrage, Tel Aviv 1935, 34 ff.

[11] Hess an Becker, 15. Mai 1862, in: *Moses Hess*, Briefwechsel, hrsg. von *Edmund Silberner*, 's Gravenhage 1959, 386.

schuwah", des reuigen Rückkehrers, in dem der erste des aus zwölf Briefen
bestehenden Buches gehalten ist, gibt einen Einblick in die seelische Verfassung des Autors: die Einsamkeit des Juden unter nach Einigung strebenden
Deutschen, die Fremdheit unter kosmopolitischen Sozialisten, die das Nationalgefühl verleugneten oder als anachronistisch ablehnten. So bekennt er:
„Da steh' ich wieder nach einer zwanzigjährigen Entfremdung in der Mitte
meines Volkes und nehme Anteil an seinen Freuden- und Trauerfesten, an
seinen Erinnerungen und Hoffnungen." [12] Er kommt zu dem Schluß, daß
das jüdische Volk „mit den Kulturvölkern, in deren Mitte es lebt ... trotz
seines zweitausendjährigen Zusammenlebens und Strebens nicht organisch
verwachsen kann" [13]. Die Ursache dessen sei die nationale Eigenart der Juden,
die „wie jedes tüchtige Volk ... jedes Mitglied der geschichtlichen Völker schon
von der Natur ihren speziellen Beruf haben" [14]. Dennoch waren es nicht nur
logische Schlüsse, die ihm den Weg zum Nationaljudentum zeigten. Die
Worte „Du bist ein Jud'", mit denen, mit verstellter Handschrift, ein deutsch-
patriotischer Dichter einen „von Patriotismus glühenden" Brief von Hess beantwortete, waren der moralische Rückschlag, den er, wie „die deutschen
Juden im ganzen und großen nach ihrer patriotischen Begeisterung" erlebt
hatte [15]. Seiner Ansicht nach war die Ursache dieser Ablehnung eine „Rassen-
antipathie der Deutschen gegen Juden; es sei daher sinn- und wertlos, den
Judenhaß mit rationalen Argumenten zu bekämpfen. Falsch sei auch die
Auffassung der assimilationslüsternen deutschen Juden, ihr Bekenntnis zur
jüdischen Nationalität sei ein Hindernis zur „innerlichen" Emanzipation. Im
Gegenteil:

> „Der Jude im Exil, der seine Nationalität verleugnet, wird nicht die Achtung der
> Nationen gewinnen, in deren Mitte er wohl als Staatsbürger naturalisiert, aber
> nicht der Solidarität mit seiner Nation enthoben werden kann." [16]

Es war nicht nur die Undurchführbarkeit des Ideals der Assimilation, die
Hess zu einem seiner schärfsten Kritiker machte; mehr noch war es das
menschlich Erniedrigende, das Unästhetische an ihm. Das „ehrlose Mas-
kieren der Namen, der Religion und der Sitten, das Inkognitoschleichen
durch die Welt", stießen ihn von der Assimilation ab.

> „Ich fasse das Judentum nur von seiner nationalen Seite auf, entwickle daraus sein
> ganzes Wesen und seine Berechtigung auf nationale Wiedergeburt." [17]

Hess stützte seinen Glauben an die Renaissance des jüdischen Volkes und
die Restauration seines Staates mit Hilfe von Frankreich auf die Millionen

---

[12] *Hess*, Rom und Jerusalem, 12.
[13] AaO.   [14] AaO, 23.   [15] AaO, 38.
[16] AaO, 40.
[17] Hess an Becker, 15. Mai 1862, in: *Hess,* Briefwechsel, 386.

Juden in Osteuropa und im türkischen Reich, die „den lebendigen Kern des Judentums ... treuer bewahrt haben als unsere okzidentalen Brüder". Scharfblickender als der Historiker Heinrich Graetz, mit dem er in Verbindung stand, erkannte Hess im Ostjudentum, insbesondere im Chassidismus, das gewaltige Reservoir nichterloschener Vitalität urwüchsigen Judentums. In den Keimen der neuen hebräischen Literatur sah er den ersten Ausdruck der nationalen Renaissance, die zeitlich mit dem universalen Verjüngungsprozeß und der nationalen Befreiung weltgeschichtlicher Kulturvölker zusammenfällt.

Von den „okzidentalen", besonders den deutschen Juden, erhoffte Hess nicht viel. Sie würden nicht die Pioniere der Verwirklichung seines auf „mosaischen d. h. sozialistischen Grundsätzen" aufzubauenden Judenstaates sein, denn es

> „würde kindisch sein zu glauben, daß die abendländischen Israeliten, welche sich in den Ländern, in denen sie seit Jahrhunderten wohnen, wohlfühlen, geneigt sein sollten, nach Palästina auszuwandern, selbst wenn Israel dort wieder eingesetzt wäre." [18]

Dennoch fügte er hinzu:

> „Warum sollte die Annahme, daß ich die deutschen Israeliten zur Auswanderung bewegen wollte, nicht in einem Lande auftauchen, das für alle Teile der Erde mehr Auswanderer liefert, als alle Länder des europäischen Festlandes zusammen?" [19]

Hier berührte Hess das Kernproblem der zionistischen Bewegung. Heißt Zionist-sein nur sich an eine organisatorisch-tatkräftige und zielbewußte Vereinigung anschließen? Ist die zionistische Organisation nichts anderes als eine bloße Fortsetzung der philanthropischen Kolonisationsvereine, in der mehr oder weniger emanzipierte und wohlhabende Juden ihren „armen Brüdern" zur nationalen Wiedergeburt verhelfen, ohne sich selbst miteinzubeziehen? Oder ist sie eine „Bewegung", die mit einer inneren Umwälzung des Individuums in der Einstellung zu Juden und Judentum verbunden ist, aus der persönliche Konsequenzen gezogen werden müssen? Hess wandte sich in seinen Schriften vor allem an westeuropäische Juden; er war sicher, die besseren unter ihnen für das Regenerationsideal zu gewinnen.

> „Es handelt sich zunächst um die Erweckung eines patriotischen Sinnes in den Herzen der gebildeten Juden und um die Befreiung der jüdischen Volksmasse von einem geistestötenden Formalismus durch eben diesen neubelebten Patriotismus. Gelingt uns dieser Auftrag, so werden wir die Schwierigkeiten, deren die prak-

---

[18] *Moses Hess,* Jüdische Schriften, herausgegeben und eingeleitet von *Theodor Zlocisti,* Berlin 1905, 33 f.
[19] AaO.

tische Ausführung noch in Menge erzeugen wird, durch die Praxis selbst überwinden."[20]

Wenige seiner Zeitgenossen konnten sich in diese Gedankenwelt einleben. Wenige verstanden ihn[21]. Der Herausgeber der Wiener *Neuzeit* sprach von einem „wunderlichen Schriftchen", das er wochenlang zögerte zu besprechen. Er empfand, es enthielte „eine neue Idee, die mit ihren Theorien viel zu spät kommt ... ein alter Gedanke, der mit seinen praktischen Forderungen viel zu früh kommt"[22]. Kein Wunder, daß das Buch kaum Absatz fand und man Hess und sein Werk jahrzehntelang vergaß. Noch fehlten in Deutschland (und in anderen westeuropäischen Staaten) die Voraussetzungen für eine nationaljüdische Bewegung. Ein großer Teil der deutschen Juden befand sich im Prozeß einer umfassenden Binnenwanderung, die sie bis Ende des Jahrhunderts in ihrer Mehrzahl zu Großstadteinwohnern machte. Das Deutschland der nationalen Einigung bot auch Juden erweiterte Möglichkeiten des Aufstiegs in das Besitz- und Bildungsbürgertum. Noch begegneten sie nicht der neuen Abart des Judenhasses, der sich seit Ende der siebziger Jahre nicht nur gegen die „hosenverkaufenden" Juden wandte, sondern in seinen professoralen und politisch-organisierten Formen insbesondere die „emanzipierten" Juden angriff. Erst das Auftreten von Studentengruppen und Intellektuellen, die, wie Hess, von der Emanzipation enttäuscht, vom Assimilationsjudentum abgestoßen, vom Antisemitismus zur Selbstbesinnung angehalten wurden, schuf die Voraussetzungen für die Entwicklung nationaljüdischer Ideen und die Wiederentdeckung von Hess. Für diese Generation war er der Prototyp des „postassimilierten" Juden, der in der Renaissance seines Volkes, die er sich zur Lebensaufgabe machte, auch die Lösung seiner persönlichen Judenfrage fand.

Als sich 1892, drei Jahrzehnte nach dem Erscheinen von *Rom und Jerusalem,* eine Handvoll junger Juden in Berlin zur Gründung des jüdischnationalen Vereins „Jung Israel" zusammenfand, war sich der Redner Heinrich Loewe bewußt, in ihnen die geistigen Erben jener Vorläufer des Nationaljudentums in Deutschland zu sehen[23]. Ihnen blieb es vorbehalten, am Aufbau einer modernen, zielbewußten Bewegung teilzunehmen und entscheidend zur Verwirklichung der Ideen von Hess und Kalischer beizutragen.

---

[20] *Hess,* Rom und Jerusalem, 126.
[21] Vgl. *Leo Baeck,* Excerpts from Baeck's Writings, III. Moses Hess, in: Year Book II of the Leo Baeck Institute, London 1957, 38–44.
[22] Zitiert nach: *Moses Hess,* Jüdische Schriften, CXIV.
[23] *Heinrich Loewe,* Der Nationaljude, Rede, gehalten in der ersten Sitzung des jüdisch-nationalen Vereins „Jung-Israel" in Berlin am 30. Mai 1892, Selbst-Emanzipation, Nr. 14 (18. Juli 1892), 142–44; aaO, Nr. 21 (15. November 1892), 202.

II

Die Pogromwelle, die über die russischen Juden seit den achtziger Jahren des neunzehnten Jahrhunderts hereinbrach, war ein Wendepunkt in der Geschichte des jüdischen Volkes. Die Meinung, daß die physische Existenz der Juden nicht gefährdet sei [24] und daß auch in Osteuropa die Emanzipation bevorstehe, hatte sich als irrig erwiesen. Unter dem Druck des Regierungsterrors und der Willkürgesetze schien die Emigration, vor allem nach Amerika, die einzige sofortige Lösung für die auswanderungsbedürftigen Massen zu sein. Als der Dichter J. L. Gordon בנערינו ובזקנינו נלך (Wir gehen, von jung bis alt) schrieb, dachte er an die „Neue Welt" und nicht an Erez Israel.

Gleichzeitig verbreitete sich in Rumänien und Rußland die Bewegung der „Chowewe Zion" (Zionsfreunde), deren erste Gruppen sich schon vor den Pogromen gebildet hatten. Ihre Mitglieder waren zum großen Teil „Maskilim" (Aufgeklärte) und Studenten, die in der Auswanderung nach Amerika eine Verewigung der Judenfrage sahen, welche nur auf nationaler Basis, „im Land unserer Väter, auf das wir historische Rechte haben", gelöst werden könne. Daß die Emanzipation der Juden in der Diaspora zum Scheitern verurteilt sei und eine wahre Befreiung sich nur in einem eigenen Lande vollziehen könne, legte Leon Pinsker in seiner Broschüre *Autoemanzipation* dar, ohne jedoch Erez Israel als dieses Land zu bezeichnen. Pinsker hoffte vergebens, für seine Ideen unter den deutschen Juden Verständnis zu finden [25].

Eine Ausnahme war der Memeler Rabbiner Isaak Rülf. Dieser hatte schon zwanzig Jahre früher dem „Israelitischen Verein zur Kolonisation von Palästina" angehört [26]. Es ist daher anzunehmen, daß ihm die Schriften von Kalischer und Hess bekannt waren [27]. Rülf wurde durch die *Autoemanzipation*, welche „einen unzerstörbaren Eindruck" auf ihn gemacht hatte, zum Schreiben seines Buches *Aruchas Bas Ammi* angeregt. Dennoch ist es keine bloße Reaktion auf dieses. Die Verschiedenheit ihrer Ansichten ist nicht allein aus der Tatsache zu erklären, daß, wie Rülf meinte, „der russische Arzt … den Gegenstand doch wohl ganz anders auf- und anfassen [mußte], als der deutsche Rabbiner" [28].

[24] *Achad Haam*, Ein halber Trost, Gesammelte Schriften (hebr.), Jerusalem 1947, 70.

[25] Über die Reaktion der jüdischen Presse in Deutschland auf die „Autoemanzipation" siehe: *Mordechai Eliav*, Zur Vorgeschichte der jüdischen Nationalbewegung in Deutschland, in: Bulletin des Leo Baeck Instituts, XII, Nr. 48 (1969), 287 ff.

[26] Siehe Anm. 2.

[27] Drischath Zion wurde als Propagandaschrift des Vereins an seine Mitglieder gesandt.

[28] *Isaak Rülf*, Aruchas Bas Ammi. Ein ernstes Wort an Glaubens- und Nicht-Glaubensgenossen, Frankfurt a. Main 1883, Vorwort.

Im Gegensatz zu Pinsker war Rülfs Kritik der Emanzipation die eines
„emanzipierten" Juden, der ihren wahren Wert erkannt hatte. Über die
Möglichkeit ihrer vollen Verwirklichung machte er sich, angesichts der Anti-
semitismuswelle in Deutschland, noch weniger Illusionen als Hess[29]. Die
Kenntnis der Wirklichkeit führte ihn zu dem Schluß, es handle sich lediglich
um eine „papierne Emanzipation". Ihre Durchführung, besonders auf gesellschaftlicher Ebene, habe man im voraus „gar nicht so ernstlich gemeint",
und sie sei „nach der Meinung und Äußerung mancher hochgelehrter, quasi
humaner Universitätsprofessoren und hochgestellter, dominierender Staats-
beamten ein Fehler gewesen, und man sucht und findet überall in allen staatlichen und gesellschaftlichen Stellungen Auswege und Ausreden, um den
Gleichgestellten bei seiner Rechtlosigkeit zu erhalten"[30].

Die Analyse des Judenhasses und der Diaspora (Rülf bedient sich der
hebräischen Begriffe „Rischus" und „Golus") und seine Auffassung des Kern-
problems der jüdischen Existenz, des „Volkes ohne Land", zeugen von einem
tiefen Geschichtsbewußtsein, das manchen der ersten Zionisten abging. Diesem entsprang auch die Lösung, die er „sehr wohl, sehr lange und sehr reif-
lich bedacht hatte":

> „Wir müssen, in welcher Form und durch welche Mittel und Wege ist gleich-
> gültig, *unsere ursprüngliche Heimat, das Land der Väter, wieder erwerben und
> den jüdischen Staat wieder herzustellen trachten.*"[31]

Das ist politischer Zionismus, weittragender in seinen Zielsetzungen als die
„Chibbath Zion"*. Rülf glaubte, daß durch Verhandlungen mit der türkischen Regierung der Judenstaat erzielt werden könnte, der die Vorbedingung
für eine Massensiedlung schaffen würde[32]. Er erwartete aber vom Judenstaat mehr als die Lösung materieller Probleme: die Wiederbelebung der
hebräischen Sprache und der jüdischen Kultur, die Gewinnung der Selbstachtung.

> „Die majestas populi allein ist es, welche dem Einzelnen Ehre und Würde ver-
> leiht. Wieder ein Volk, ein Reich geworden, werden wir uns selbst mit ganz ande-
> ren Augen ansehen und mit ganz anderen Augen angesehen werden. Des Einzel-
> nen Ehre wurzelt in seiner Volksehre."[33]

Rülf war der Meinung, daß die politische Konstellation der Verwirklichung seiner Pläne günstig sei. Er hoffte, daß die „internationale Politik
der Culturstaaten" den Juden beistehen werde, ihren Staat wiederherzu-
stellen, teils „um das maßlose Unrecht wieder gutzumachen, welches sie uns

---

[29] Vgl. *Isaak Rülf*, Entstehung und Bedeutung des Antisemitismus in Hessen,
Mainz 1890.
[30] *Rülf*, Aruchas Bas Ammi, 14.
[31] AaO, 72, Sperrdruck im Original.
* Zionsliebe.   [32] AaO, 86–87.   [33] AaO, 88–89, 73.

angethan", teils um die staatsbürgerliche Stellung derjenigen Juden zu festigen, die keine Veranlassung haben, „ihre Heimat, an der sie mit ganzem Herzen hängen", zu verlassen[34].

Rülfs Aufruf an „Glaubens- und Nicht-Glaubensgenossen", eine „Radikallösung" für die Not des jüdischen Volkes zu finden, verhallte in der Saturiertheit der deutschen Juden und ihrer Furcht, die Errungenschaften der Emanzipation zu gefährden[35]. Gesinnungsgenossen fand er in den „Chowewe Zion", mit denen er sich, anläßlich der Kattowitzer Konferenz (1884), öffentlich identifizierte.

Inzwischen hatten sich, unter dem Einfluß der osteuropäischen „Chowewe Zion", auch in Mittel- und Westeuropa Vereine gebildet, die den Strom der Auswanderer, oder zumindest einen Teil davon, aus philanthropischen oder nationaljüdischen Beweggründen nach Palästina lenken wollten[36]. Sie konnten sich auf die Erfahrungen der „Chowewe Zion" in Palästina stützen, die die Durchführbarkeit der Kolonisationspläne bewiesen. Trotz aller Unzulänglichkeiten und Rückschläge war das erste Jahrzehnt der Kolonisation ein Erfolg gewesen; es war freilich nur ein verhältnismäßig bescheidener Anfang, der keine sofortige Lösung der Massennot versprach, aber einen Weg zur nationalen Rekonstruktion wies. Die Existenz der ersten jüdischen Kolonien war eine Tatsache, die ihre eigene Dynamik in verschiedene Richtungen entfaltete. Aus verschiedenen Ländern und Lagern des jüdischen Volkes fanden sich Menschen zu gemeinsamer Tat zusammen. Die nationaljüdische Idee drang nun auch in die am Rand der jüdischen Gesellschaft stehenden Schichten und vor allem in die junge Intelligenz, die ihr gegen Ende des Jahrhunderts die Form einer politischen Bewegung gab.

Aus diesem Kreise kam der junge Rechtsanwalt Max Isidor Bodenheimer. Er hatte sich von Assimilationsanschauungen zu nationaljüdischem Bewußtsein durchgerungen. Er fühlte sich zur Rettung seines Volkes berufen und gab diesem Gefühl in einem enthusiastischen Gedicht ‚Vision' Ausdruck[37].

Im Jahre 1891 erschienen zwei Broschüren, die sich mit der Ansiedlung von russischen Juden in Palästina beschäftigten: *Wohin mit den russischen Juden* von Max I. Bodenheimer und *Wo hinaus* von Paul Dimidow[38]. Beide Schriften standen unter dem Eindruck der Judenverfolgungen in Rußland

---

[34] AaO, 69.

[35] Allgemeine Zeitung des Judentums, Nr. 41 (1883).

[36] Siehe *Mordechai Eliav*, aaO; eine ausführliche Biographie Rülfs und Würdigung von Aruchas Bas Ammi gibt *Reuwen Michael*, Israels Heilung. Isaak Rülf und die Anfänge des Zionismus in Deutschland, in: Bulletin des Leo Baeck Instituts, VI, Nr. 22 (1963), 126–147.

[37] *So* wurde Israel. Erinnerungen von Dr. *M. I. Bodenheimer*, hrsg. von *Henriette Hannah Bodenheimer*, Frankfurt a. Main 1958, 10–17.

[38] *M. I. Bodenheimer*, Wohin mit den russischen Juden. (Syrien ein Zufluchtsort der russischen Juden), Hamburg o. J. [1891]; *Paul Dimidow* (Pseudonym von *Isaak Turoff*) Wo hinaus? Mahnwort an die westeuropäischen Juden, o. O. 1891.

und der durch Deutschland strömenden Emigranten. Dimidow warnte vor
der Emigration nach Amerika. Auch dort seien die Juden unerwünscht.

> „Der Antisemitismus, von dem noch vor einem Decennium im freien Amerika
> sich keine Spur fand, ist mit den russischen Juden zugleich in die Vereinigten
> Staaten von Nordamerika eingewandert ... Das Gesetz gegen die Einwanderung
> des Paupers ist speziell auf die Juden gemünzt. Man will dort eben keine Juden
> mehr haben und wir täten gut, wenn wir diese zarten Winke rechtzeitig beherzigen
> wollten."

Dimidow hält es für möglich, „daß der Yankee mit ungebetenen Gästen noch
weniger rücksichtsvoll, ja vielleicht noch viel barbarischer umspringt, als selbst
die Moskowiter"[39]. Juden in Ländern anzusiedeln, wo sie im voraus als
Fremde gelten, „wäre leichtsinniger Optimismus". Das einzige Land, in dem
sie nicht als Fremde betrachtet werden, ist ihre historische Heimat. „Durch
eine methodisch geleitete Einwanderung", durch die im Laufe eines Vierteljahrhunderts „leicht" eine Million Juden angesiedelt werden könnten, würden sie zu einer überwiegenden Majorität der Bevölkerung werden. Die Erfahrung der neuen Kolonisation deute auf Erfolgsmöglichkeiten eines groß-
angelegten Planes hin. Dimidow war es klar, daß die jüdische Majorität auch
einen politischen Status erhalten würde. Welcher Art, ließ er dahingestellt, er
spricht jedoch von dem „,Reich Israel', das sich dort etablieren würde"[40].
Der Verfasser gibt keine genauere Definition dieses Begriffes. Er wollte sich
nicht mit in weiter Ferne liegenden Endzielen befassen, die ihn in unnötige
Diskussionen mit „philiströsen Köpfen" verwickeln könnten. Er erstrebte,
„daß jeder Jude, gleichviel welcher religiösen Richtung er huldigt, zum ,Zions-
freund' wird"[41].

Die *Allgemeine Zeitung des Judentums* brachte eine positive Rezension der
Broschüre[42]. Kritischer und skeptischer war das *Jüdische Literaturblatt*. Der
Rezensent ließ es dahingestellt, ob die Kolonisation in Palästina die russische
Judennot lösen könne, schloß aber dennoch nicht die Kolonisation auf ge-
nossenschaftlicher und kapitalistischer Basis aus. Er distanzierte sich allerdings
von Dimidows Auffassung der Judenfrage; diese sei weder eine religiöse noch
eine nationale, sondern eine soziale Frage[43].

In der Diskussion um die Ansiedlung der russischen Juden in Palästina
deuten sich schon zu dieser Zeit einige der Einstellungen des „liberalen"
Judentums an. Liberale Juden waren bereit, aus jüdischer Solidarität die
Kolonisation in Palästina als humanitäres Werk zu fördern, wünschten je-

---

[39] *Dimidow*, op. cit., 8.
[40] AaO, 12.
[41] AaO, 77.
[42] W. *Bambus*, Wo hinaus?, Allgemeine Zeitung des Judentums, Nr. 31 (31. Juli
1891).
[43] H. L., Recension von P. Dimidow, Wo hinaus?, Jüdisches Literaturblatt, Nr. 39
(24. September 1891), 153–154.

doch aber, daß ihre Hilfe nicht zu sehr auffiele[44]. Auf keinen Fall wollten
sie den Anschein erwecken, als entspränge sie jüdisch-nationalen Beweggründen. Da Bodenheimer diese Kreise für seine Pläne zu gewinnen suchte, mied
er in seiner Broschüre nationale Argumente. Er wandte sich an ihr Solidaritätsgefühl und versuchte, vordringlich die Möglichkeiten der Realisierung zu
beweisen[45]. Bodenheimer bemühte sich, nicht immer mit Erfolg, einen trockenen, sachlichen Ton zu bewahren; der letzte Teil der Broschüre *Wohin mit
den russischen Juden* ist ein warmherziger Appell an die „mit Glücksgütern
gesegneten Glaubensgenossen", ihren Brüdern im Osten in der Stunde eines
„elementaren Unglücks" beizustehen.

Bodenheimer sah in der historischen Bindung des jüdischen Volkes zu Erez
Israel einen der wichtigsten psychologischen Faktoren, der den Erfolg der
Wiederansiedlung verbürge. Er behauptete, daß die geographischen und demographischen Gegebenheiten von Palästina und Syrien die Einwanderung
von Millionen ermöglichten[46]. Er arbeitete die politischen und organisatorischen Grundlagen seines Planes bis in die Einzelheiten aus, um selbst Skeptiker von seiner Realität zu überzeugen. Es handelt sich bei ihm nicht, wie bei
der „Chowewe Zion", um die Gründung von einigen Kolonien, sondern um
ein großangelegtes Projekt, vom Ausmaß eines englischen Kolonisationsunternehmens in Afrika oder Asien. Die Basis für die Durchführung sollte ein
Vertrag mit der türkischen Regierung sein, die der jüdischen Colonialgesellschaft die nötigen Konzessionen erteilt und den Colonialgemeinden das Recht
eigener Besteuerung und autonomer Jurisdiktion zuspricht.

So sehr die nationalen und politischen Elemente getarnt waren, konnten
sie doch nicht ganz verborgen bleiben[47]. L. M. (Leo Motzkin), der Bodenheimers Plan in der *Selbst-Emanzipation* besprach, fühlte, daß der Verfasser,
„ohne daß er es direkt ausspricht, national ist, sein Nationaljudentum schwebt
zwischen den Zeilen, ist an der Liebe zum jüdischen Volke erkennbar". In
der *Allgemeinen Zeitung des Judentums* begrüßte Dr. H. L. die „gründliche,
auf Nationaloekonomischer Grundlage aufgebaute Arbeit", die sich von
anderen phantastischen Vorschlägen zum Guten unterscheide. Er stimmte

---

[44] Die Zeitungsnotiz, daß in Deutschland über eine halbe Million Mark gesammelt
wurde, dient „den deutschen Judenfeinden nicht als Zeugnis unseres Opfermutes, sondern eines niederweckenden Reichtums". *B. R.*, Eine Gefahr, Israelitisches Wochenblatt, Nr. 32 (6. August 1891), 245 ff.

[45] *Max Bodenheimer*, in: Warum gingen wir zum ersten Zionistenkongreß?, hrsg.
von der Berliner Zionistischen Organisation, Berlin 1922, 24.

[46] *Max I. Bodenheimer*, Wohin mit den russischen Juden, 6–15.

[47] „Ich hatte wohl die Gefahr erkannt, welche in der Proklamation des nationaljüdischen Gedankens liegen könnte und kleidete daher meine Vorschläge in das Gewand eines großen wirtschaftlich-philanthropischen Unternehmens. Das Nationale
schimmerte nur so gewissermaßen zwischen den Zeilen durch." Bodenheimer an Prof.
H. Schapira, 23. Juni 1897. Toldoth Tochnith Basel (hebr.), ed. *Henriette Hannah Bodenheimer*, Jerusalem 1947, XVIII–XX.

mit Bodenheimer bezüglich der günstigen Vorbedingungen überein, zweifelte
aber an der Sympathie, die die einheimische Bevölkerung jüdischer Kolonisation entgegenbringen würde[48]. Bernhard Traubenberg bewies demgegenüber die Unmöglichkeit einer jüdischen Massenansiedlung wegen zu großer
Bevölkerung und Bodenmangel. Venezuela oder Anatolien würden sich möglicherweise eher zu diesem Zweck eignen[49]. Die Redaktion hatte zuerst nicht
in die Diskussion eingegriffen. Erst nachdem Bodenheimer seinen Rezensenten antwortete[50], erklärte sie:

> „Dem Grundsatz der Unparteilichkeit treu, öffnen wir auch einem Gegner unserer
> Anschauungen gern die Spalten der Allgemeinen Zeitung des Judentums, obwohl
> wir gestehen, daß uns auch diese Ausführungen unseres geschätzten Mitarbeiters
> *nicht* in der Überzeugung zu beirren vermochten, daß Palästina und überhaupt
> der Orient nicht für die Kolonisation der russischen Juden geeignet sind."[51]

Die Broschüre Bodenheimers erschien in 55 000 Exemplaren, die auch außerhalb Deutschlands Verbreitung fanden und einen verzweigten Briefwechsel
zwischen dem Verfasser und seinen Lesern anregten[52]. So kam er in Verbindung mit den wenigen Menschen in Deutschland und im Ausland, die gleiche
Ideen hegten und mit ihm die zionistische Bewegung in Deutschland gründeten[53].

III

Es sollte sich herausstellen, daß die Hoffnung, die Palästinakolonisation
durch eine gesamtjüdische Organisation zu fördern, aussichtslos war. Bodenheimer übernahm 1895 den Vorsitz eines Kolonisationsausschusses der „Freien
Israelitischen Vereinigung" in Hamburg, an deren Spitze der Philanthrop
Gustav Tuch stand. Dort hoffte er, vergeblich, „eine Plattform für [die]
Idee der nationalen Erneuerung zu finden". Die Tätigkeit des Kolonisationsausschusses, „in dem die einflußreichsten deutschen Juden vertreten waren",
erwies sich als enttäuschend und kam über einen einleitenden Briefwechsel
nicht hinaus[54].

---

[48] Allgemeine Zeitung des Judentums, Nr. 30 (24. Juli 1891), 350.

[49] AaO, Nr. 36 (4. September 1891), 421–422.

[50] *Max I. Bodenheimer*, Bangemachen gilt nicht, aaO, Nr. 41 (9. Oktober 1891).

[51] AaO.

[52] *Henriette Hannah Bodenheimer*, Wohin mit den russischen Juden. Die Antwort
M. I. Bodenheimers (hebr.), Ha'uma 1972, 93.

[53] Wie ernst sein Siedlungsplan in Osteuropa genommen wurde, illustriert ein
Brief von sechs Juden aus dem galizischen Städtchen Rudnik, die bereit waren, nach
Erez Israel auszuwandern und Bodenheimer um Auskunft über die Bedingungen der
Auswanderung und der Ansiedlung baten. Central Zionist Archives [CZA] Jerusa-
lem, A 15/II/4.

[54] CZA Jerusalem, A 15/II/6.

Um zu einer Bewegung der jüdischen Nation zu werden, fehlte den Zionisten bis Mitte der neunziger Jahre das Element, ohne das sie über die kleinbürgerlichen Anfänge nicht hinwegkommen konnten: die Jugend. Nur die Jugend konnte der eigentliche Träger einer Idee sein, die nichts weniger als eine nationale und soziale Revolution im jüdischen Volke anstrebte, die unvermeidlich mit Tradition, Denken und Streben der jüdischen Gesellschaft zusammenstoßen mußten. Ansätze waren auch im Westen da. Die Studentenverbindung „Kadimah" in Wien, machte unter dem Einfluß von Perez Smolenskin und Nathan Birnbaum die „Bekämpfung der Assimilation, Hebung des jüdischen Selbstbewußtseins, Besiedlung Palästinas" zu ihren Zielen[55]. Sie wurde für Kreise jüdischer Akademiker in deutschsprechenden Ländern vorbildlich. Unter Gruppen dieser Art ist der „Russisch-jüdische wissenschaftliche Verein", der 1889 in Berlin von Studenten aus Rußland gegründet wurde, hervorzuheben. Chaim Weizmann, der ihm während seiner Berliner Studienzeit angehörte, bezeichnet ihn als die „Wiege der zionistischen Bewegung"[56]. Die Mitglieder des Vereins standen unter dem Einfluß der Ideen der revolutionären Bewegung in Rußland, lehnten aber die kosmopolitisch-assimilatorischen Tendenzen ihrer jüdischen Kameraden aus dem „„Russischen' Verein" ab. Sie lebten fast abgeschnitten von der nichtjüdischen und deutsch-jüdischen Umwelt, in einem freiwilligen Ghetto. Trotz dieser Isolierung fühlten sie sich zu der Mission berufen, die deutschen Juden, und in erster Linie die Studenten, zum Nationaljudentum zu bekehren. Sie taten es nicht ohne Erfolg. Sie hatten mit zwölf Mitgliedern in einem kleinen Lokal begonnen und konnten nach zwei Jahren mit Befriedigung feststellen, daß bei ihren Versammlungen rund 150 Personen anwesend waren, und daß beim Makkabäerfest sogar „ein zum größeren Teil aus deutschen Juden bestehendes Publikum" von etwa 300 Personen teilnahm[57]. Trotzdem trat dem Verein nur ein einziger deutscher Jude bei, der temperamentvolle Student Heinrich Loewe aus der sächsischen Kleinstadt Groß-Wanzleben, der als Einzelgänger sich zum Zionismus bekehrt hatte. In seinen neuen exotischen Freunden glaubte er die Träger des authentischen, um die Zukunft ringenden jüdischen Nationalismus gefunden zu haben[58]. Der Verein, dessen Gründer und aktivstes Mitglied der in Berlin wohnhafte Leo Motzkin war, zählte zu seinen Mitgliedern Studenten, die später führend in der zionistischen Bewegung wirkten[59]. Er konzentrierte seine Tätigkeit auf Stärkung des jüdischen Bewußtseins[60], denn

---

[55] Siehe *Böhm*, op. cit., 136 ff.

[56] *Chaim Weizmann*, Massa-u'ma'ass (Trial and Error) (hebr.), Jerusalem 1950, 40–44.

[57] Selbst-Emanzipation, Nr. 3 (1. Februar 1892), 34–35.

[58] Siehe *Jehuda L. Weinberg*, Aus der Frühzeit des Zionismus, Jerusalem 1946, 65–89.

[59] Siehe Sefer Motzkin (hebr.), hrsg. von *A. Bein*, Jerusalem 1939, 39.

[60] Selbst-Emanzipation, Nr. 22 (16. November 1891), 5–6.

„es wäre ein schwerer tactischer Fehler, wollte man den Nachdruck auf Palästina und nicht auf die national-jüdische Idee legen ... Man glaube ja nicht, daß man jemanden zum ernsten und unwandelbaren festen Palästinenser machen kann, ehe man ihn für das Nationaljudenthum gewonnen hat ... Wir haben im Herzen Europas zu kämpfen und in Asien zu siegen. Der Jordan wird an der Donau, Spree und Themse erobert." [61]

Allein die Studenten an der Spree konnten nicht durch Versammlungen erobert werden, die in russischer Sprache abgehalten wurden. Der Berliner Korrespondent der *Selbst-Emanzipation* beklagte sich, daß im Wintersemester 1892 kein einziger deutscher Abend stattgefunden habe. Er schlug daher vor, daß die „russischen" Studenten die Initiative ergreifen sollten, einen jüdisch-nationalen Verein für „deutsch-jüdische" Studenten nach dem Vorbild des Wiener „Kadimah" zu gründen. Man dürfe nicht vergessen, daß die deutsche Judenheit zwar nur ein Fünfzehntel des jüdischen Volkes sei, ihr Reichtum und Einfluß aber ihren zahlenmäßigen Anteil bei weitem übersteige. Und „der Eintritt der deutschen Juden wird Organisation und System in unsere Sache bringen" [62].

Im Mai 1892 gründete Heinrich Loewe zusammen mit Willy Bambus, dem Leiter des „Esra", den „Jung Israel, Jüdisch-nationaler Verein", der sich zum Ziel setzte, „das Bewußtsein der nationalen Zugehörigkeit des jüdischen Volkes zu wecken, sowie jüdisches Leben und jüdische Wissenschaft zu pflegen" [63].

Loewe hat in seiner Eröffnungsrede die Beziehung des Zionisten zum deutschen Staat neu formuliert: „Wir vergessen ... nicht des Staates, dem wir angehören, und der Pflichten, die er uns auferlegt. *Wir sind treue Staatsbürger jüdischer Nationalität.*" [64] Diese Formulierung stand im Gegensatz zum Begriff des „deutschen Staatsbürgers jüdischen Glaubens". Der Nationaljude schulde dem Staat die Erfüllung seiner Bürgerpflichten, der „wahre" Patriotismus aber gelte „der Liebe zum eigenen Volke" [65].

Was „Jung Israel" von seinen deutsch-jüdischen Gesinnungsgenossen forderte und was ihn und den „Russisch-jüdischen wissenschaftlichen Verein" über einen „Verein" hinaus zum Kern einer „Bewegung" machte, war die Umwertung der jüdischen Begriffswelt. Daß „Jung Israel" sein Ziel, in die deutsche Judenheit einzudringen, nicht erreichte, verringert seinen Anteil an der Schaffung der ideologischen Grundlagen der Bewegung nicht. Um aus dem engen Rahmen herauszukommen, schloß es sich der zionistischen Vereinigung in Wien an und schlug zusammen mit dem „Russisch-jüdischen wissenschaftlichen Verein" vor, einen zionistischen Kongreß einzuberufen, der die

---

[61] AaO, Nr. 3 (1. Februar 1892), 34.
[62] AaO.
[63] Paragraph 2 der Statuten, aaO, Nr. 12 (18. Juli 1892), 149.
[64] AaO, Nr. 21 (15. November 1892), 202.
[65] AaO.

einzelnen Vereinigungen in Rußland, Rumänien und Österreich zu einer einheitlichen Organisation zusammenfassen sollte. Der Kongreß sollte die Endziele des politischen panjudaistischen Zionismus klar formulieren und zu einer Reorganisation der Palästinakolonisation führen[66].

Obwohl „Jung Israel" eine „Peripherie" von über hundert Versammlungsbesuchern hatte, war die Zahl seiner eingeschriebenen Mitglieder nicht mehr als zwanzig. Scheinbar war er noch zu „ostjüdisch" in seinem Charakter, zu radikal in seinen Zielen und ungeeignet, die Söhne des jüdischen Mittelstandes oder des reichen Bürgertums anzuziehen. In diese Kreise sollte die nationaljüdische Idee durch die „Jüdische Humanitätsgesellschaft" getragen werden, die auf Anregung von Loewe von Max Bodenheimer (der sich zeitweilig in Berlin aufhielt) und Max Oppenheimer in Berlin gegründet wurde. Die „Humanitätsgesellschaft" wollte ihre Mitglieder „zu jüdischem Wissen und jüdischem Fühlen" zurückführen, um sie hierdurch zu jüdischem Selbstbewußtsein zu erziehen. Obwohl dieser Weg den radikaleren Zionisten farblos und langwierig erschien, erwies er sich als berechtigt[67]. Für die Idee des jüdischen Nationalismus gab es wenig Anhaltspunkte unter den westlichen Juden. In mehr als einem Jahrhundert hatten Aufklärung und Emanzipation weitgehende Veränderungen in der jüdischen Mentalität erzeugt. Die Anpassung an die nichtjüdische Umwelt in Sprache, Erziehung, Lebensformen und der Auffassung des Judentums als Religion, hatte eine weitreichende Eliminierung der nationalen Elemente im Leben der westeuropäischen Juden mit sich gebracht. In bezug auf die westjüdische Jugend fragte Max Nordau:

> „Was kann der Zionismus solchen Juden bieten, die ihr Judentum mindestens als eine Last, häufig als eine Schmach empfinden und an ihre Eltern und Ahnen nur denken, um sich über sie zu ärgern, weil sie nicht so vernünftig waren, sich vor dreißig oder dreihundert Jahren taufen zu lassen, um ihnen durch diese liebevolle Fürsorge die antisemitischen Dornen vom Lebenspfad zu entfernen." [68]

Dies traf auf einen großen Teil der akademischen Jugendlichen zu, die in ihrem Judesein weder Sinn noch Zukunft sahen, sogar zugaben, daß „dem Antisemitismus ein gewisser Kern von Wahrheit nicht abzusprechen ist" und doch, aus dem Gefühl inneren Stolzes, nicht den Schritt zur Taufe nahmen. An

---

[66] *Böhm*, op. cit., 140. Vgl. *Max Bodenheimer*, Zionisten aller Länder vereinigt euch! Der Verfasser schlägt die „Vereinigung aller bestehenden Zionsvereine zu einem die Länder des ganzen Erdballes umspannenden Verbande" vor. Sein Hauptziel ist, durch Zusammenwirken aller verfügbaren Kräfte, die russischen Juden zu retten und die palästinensische Kolonisation zu rationalisieren. Die Menorah, Nr. 28 (4. September 1891).

[67] Selbst-Emanzipation, Nr. 2 (9. Januar 1894), 5; vgl. *Alex Bein*, Von der Zionssehnsucht zum politischen Zionismus, in: Robert Weltsch zum 70. Geburtstag, Tel Aviv 1961, 55, Anm. 49.

[68] *Max Nordau*, Der Zionismus der westlichen Juden, Israelitische Rundschau, Nr. 33 (23. August 1901).

diesen Rest jüdischen Gefühls wollte der Erziehungsprozeß anknüpfen. Für
den Zionismus als Vernunftssache lagen die Voraussetzungen in der Gefühlswelt, im Stolz auf die jüdische Geschichte und dem Willen, sich für ihre Weiterentwicklung einzusetzen.

Der äußere Anstoß zu jüdischer Selbstbesinnung fehlte nicht. Der Antisemitismus, der sich auf den Gymnasien fühlbar machte und auf den Universitäten zum Ausschluß jüdischer Studenten aus deutschen Verbindungen
geführt hatte, brachte Gymnasiasten der Oberklassen und Studenten dazu,
sich der „Jüdischen Humanitätsgesellschaft" anzuschließen [69]. Ein halbes Jahr
nach ihrer Gründung zählte sie schon etwa 60 Mitglieder und konnte sich
ihre Sporen bei den Wahlen für das Direktorium der akademischen Lesehalle an der Berliner Universität erwerben [70], indem sie der getarnt-jüdischen
„Freien Wissenschaftlichen Vereinigung" gegen den antisemitischen „Verein
der deutschen Studenten" zum Siege verhalf [71].

Der Erfolg brachte Mitglieder des „Jung Israel" und der „Humanitätsgesellschaft" zum Entschluß, einen Studentenverein zu gründen, der nicht,
wie die „Freie Wissenschaftliche Vereinigung" von assimilatorischen Tendenzen durchdrungen war. So entstand 1895 in Berlin die „Vereinigung Jüdischer Studierender" (V. J. St.), die, ohne offiziell die nationaljüdische Tendenz anzunehmen, diejenigen Studenten in sich sammeln wollte, die sich zum
jüdischen Volke bekannten. In dieser Hinsicht nahm die V. J. St. die Taktik
der „Humanitätsgesellschaft" an [72]. Die akademische Jugend war zum Träger
des nationaljüdischen Gedankens geworden.

Die nationaljüdische Idee war nicht a priori zionistisch. Unter dem Begriff
„nationales Judentum" verstand man das Zugehörigkeitsgefühl zum jüdischen
„Stamm" und den Willen, sich für seine Existenz einzusetzen. Nationaljudentum widersetzte sich der Annahme, daß die Juden der Diaspora, insbesondere
nach der Emanzipation, nur eine Religionsgemeinschaft seien. Nationaljudentum stand im Gegensatz zu der Anschauung, daß Juden als Teil der Nation
ihrer Wohnländer zu betrachten seien und daß sie mit Juden anderer Länder
nichts als das Band gemeinsamer Religion verbände. Die nationaljüdische Auffassung behauptete, daß die Juden nie aufgehört hätten, eine Nation zu sein.
Wenn ihnen auch das Hauptattribut eines „normalen" Volkes, die eigene
Scholle, abgehe, so hätten doch andere Komponenten des nationalen Lebens
wie die Religion, die hebräische Sprache, das gemeinsame Geschichtsbewußt-

---

[69] Jüdische Volkszeitung, Nr. 2 (9. Januar 1894), 5.

[70] Max Oppenheimer an Max Bodenheimer, 27. Juni 1894, CZA Jerusalem, A 15/
II/5.

[71] Jüdische Volkszeitung, Nr. 24 (12. Juni 1894), 6; das Direktorium der Lese-
halle war die einzige offizielle Vertretung der Berliner Studentenschaft. Im nächsten
Semester gründeten Bambus, Oppenheimer und Loewe eine „Jüdische Lesehalle".
Jüdische Volkszeitung, Nr. 45 (13. November 1894), 3.

[72] *Richard Lichtheim*, Die Geschichte des deutschen Zionismus, Jerusalem 1954,
119–121; *Weinberg*, op. cit., 129–132.

sein und die Lebensgemeinschaft der „Kehillah", das Fehlen des eigenen
Landes ersetzt. Das Judentum als Religionsgemeinschaft zu definieren, sei ein
Verkennen seines Wesens. Die Möglichkeit nationaljüdischen Lebens bestehe
auch in der Diaspora, ohne dadurch die staatsbürgerlichen Rechte, die die
Juden durch die Emanzipation erworben hatten, oder die sie zu erlangen
hofften, zu beeinträchtigen. Es bestehe kein Gegensatz zwischen der nationalen Zugehörigkeit zum jüdischen Volke und den vaterländischen Empfindungen und Verpflichtungen.

Die Zionisten hingegen sahen im Zionismus die letzte, unumgehbare Konsequenz des Nationaljudentums. Sie waren überzeugt, daß bewußtes Nationaljudentum notwendig zum Zionismus führen mußte, „da die Erreichung des
zionistischen Zieles die erste und bedeutendste Voraussetzung für die Fort-
existenz des jüdischen Volkes bildet" [73].

IV

Theodor Herzl veröffentlichte im Januar 1896 im *Jewish Chronicle* einen
Artikel, der die Überschrift ‚Eine Lösung der Judenfrage' trug. Er kündete
in ihm eine größere Abhandlung über dieses Thema an. Nur wenige ahnten,
daß eine neue Epoche im Anbruch war. Die Berliner Zeitschrift *Zion* druckte
den Artikel zwei Wochen später ab und bemerkte, daß der Plan eines Judenstaates für Zionisten nichts Neues bedeute und daß Herzl „scheinbar auf zio-
nistischem Boden steht" [74]. Es befremdete die Redaktion von *Zion*, daß Herzl
die Frage „Argentinien oder Palästina" gestellt hatte, und daß er die Spra-
chenfrage durch eine „Sprachenföderation" wie in der Schweiz lösen wollte.
Als dann im Februar 1896 *Der Judenstaat* erschien, erregte er Widerstand
unter den Anhängern der Kleinkolonisation, da er das System der Infiltration
angriff. Auch unter den „politischen" Zionisten rief er kein besonderes Aufsehen hervor. Heinrich Loewe, einer der aktivsten Zionisten jener Jahre, fuhr
im selben Jahr nach Palästina, ohne mit Herzl persönlich Fühlung zu nehmen.
In Berlin war man mißtrauisch gegen den Wiener Literaten, den Außenseiter.

Dennoch fühlten zwei Männer den Umschwung heraus, den der *Judenstaat* andeutete: der greise Rabbiner Rülf und, wahrscheinlich nicht zufällig,
sein Schüler David Wolffsohn in Köln. Niemand konnte besser als der Verfasser des *Aruchas Bas Ammi* den Unterschied in Auffassung und Lösung des
Problems, aber auch des Temperamentes bewerten, der in beiden Schriften
zum Ausdruck kam: „Gewiß", schrieb er an Herzl,

---

[73] *M. Bodenheimer,* Eine Rede für Zionisten und solche die es werden wollen, o. J.,
CZA Jerusalem, A 15/I/4.
[74] Zion, Nr. 1 (30. Januar 1896).

„unsere Worte laufen auf Eins hinaus und trotzdem, welch ungeheurer Unterschied. Wir sprachen als warmfühlende, begeisterte, von der Leidensgeschichte
unseres Volkes durchdrungene und erschütterte Männer, allein es fehlte uns etwas,
was Sie in reichstem Maß besitzen. Welterfahrung, wirtschaftliches Geschick, politischen Scharfblick, staatswissenschaftliche und staatsrechtliche Kenntnis und Erkenntnis und journalistische Gewandheit."[75]

Der Unterschied jedoch lag nicht nur in der Überlegenheit des Weltmannes
über den Provinzrabbiner. Zwei Generationen sprachen aus ihren Schriften.
Rülf gehörte zu der Generation derer, die „damals noch allzusehr unter dem
Banner der Assimilation niedergedrückt und niedergehalten lebte" und daher
ihre Gedanken „nur schüchtern auszudenken wagte"[76]. Herzl war ein Heim-
kehrer, der durch die Assimilation gegangen war und ihren Bann gebrochen
hatte. Er wollte nicht in dem „neuen Ghetto" leben, das sie geschaffen hatte.
Nicht durch die verzweifelte Lage der russischen Juden wurde Herzl auf die
Dringlichkeit der Judenfrage aufmerksam. Er ging von dem Überhandneh-
men des Antisemitismus in Westeuropa aus. Seine Fragestellung war nicht
„wohin mit den russischen Juden" (deren Not er damals wenig kannte), sondern: wohin mit den Juden, die in Westeuropa überflüssig werden? Das Ent-
brennen des Judenhasses in Frankreich, dem Mutterland von Fortschritt und
Emanzipation, dessen Zeuge er während des Dreyfusprozesses war, hatte ihn
erschüttert, hatte seinen Blick auch für den Antisemitismus in anderen Ländern geschärft. Er folgerte, daß die seelischen Tiefen des Judenhasses sich nicht
durch Paragraphen der Konstitution übertünchen ließen.

Herzl verneinte die Möglichkeit jüdischer Existenz in den Galuthländern
und war der Ansicht, daß nach der Errichtung des Judenstaates nur vereinzelte jüdische Gemeinschaften in anderen Ländern verbleiben würden. Der
Zionismus der ersten Herzlschen Epoche betrachtete Nationaljudentum und
Zionismus als identisch, da nur durch ihn eine restlose Lösung der Judenfrage
herbeigeführt werden könne. Somit bekam der Begriff „Galuth" erneut, vor
allem für nichtreligiöse Juden, die ursprüngliche Bedeutung des Exils, d. h.
des zeitbedingten Aufenthalts als Fremde in Gastländern. Diese Definition
wurde eines der umstrittenen Themen der zionistischen Ideologie und wurde
von den Delegiertentagen der deutschen Zionisten 1912 und 1914 akzeptiert.

Es war die direkte, unumwundene Sprache des *Judenstaates*, die die junge
Generation aufhorchen ließ, die Wolffsohn zu Herzl nach Wien brachte,
um sich ihm bedingungslos zur Verfügung zu stellen[77]. Es war aber vor allem
die Persönlichkeit Herzls, die für die Jugend zur Verkörperung jüdischen
Stolzes und jüdischen Selbstbewußtseins wurde, der langersehnte Volksführer,

---

[75] Rülf an Herzl, 3. Juni 1896, CZA Jerusalem, NA/(1–3).
[76] AaO.
[77] *Emil Bernhard Cohn*, David Wolffsohn, Amsterdam 1939, 55–56.

der zuletzt auch Motzkin, Loewe und Bodenheimer mitriß und die Entwicklung des deutschen Zionismus entscheidend prägte[78].

Die Zionisten maßten sich an, im Namen des jüdischen Volkes zu sprechen und seine Interessen zu vertreten. Allein, sie waren nur eine verschwindende Minderheit, insbesondere unter den deutschen Juden. Wollten sie die Öffentlichkeit beeinflussen, mußten sie zumindest einen festen organisatorischen Rahmen schaffen. Die Zionisten der Reichshauptstadt, die zahlenmäßig die größte Gruppe darstellten, waren am wenigsten für diese Aufgabe geeignet. Die Aufgabe, die einheitliche Organisation zu errichten, fiel der „Nationaljüdischen Vereinigung" in Köln zu[79]. Diese war ein „Zehnmännerklub" junger Kaufleute, der sich 1894 um Bodenheimer und Wolffsohn gebildet hatte[80]. Ihre Thesen waren ersichtlich von Herzls *Judenstaat* beeinflußt und wurden einstimmig angenommen, obwohl sie sich der Gefahren bewußt waren, „die ein Kampf mit geöffnetem Visier" bietet[81].

Der erste Teil drückt die Erkenntnis aus, daß die Juden aller Länder, durch Abstammung und Geschichte verbunden, eine „nationale Gemeinschaft" bilden. Um aber im voraus Verdächtigungen vorzubeugen, wurde hervorgehoben, daß diese Überzeugung in keiner Weise die „Betätigung patriotischer Gesinnung und die Erfüllung der staatsbürgerlichen Pflichten seitens der Juden, insbesondere der deutschen Juden, für ihr deutsches Vaterland" beeinträchtige. Der zweite Teil betont die ernsten Gefahren für die Zukunft des jüdischen Volkes welche auch die staatsbürgerliche Emanzipation keineswegs beseitigt hätte. Die endgültige Lösung der Judenfrage könne nur durch die Errichtung eines jüdischen Staates auf dem „historisch geweihten Boden Palästinas" erzielt werden, der all die Juden aufnimmt, „die in ihrem Heimatland nicht bleiben können oder wollen". Mittel zum Erreichen des Endzieles sind: die Hebung des jüdischen Selbstbewußtseins durch Pflege jüdischen Wissens und jüdischer Sitte (Literatur, Geschichte und hebräische Sprache), Verbesserung der sozialen und kulturellen Lage, sowie Förderung der Kolonisation in Syrien und Palästina[82]. Die „Thesen"

---

[78] Siehe *Leo Motzkin*, Rede auf dem XVII. Kongress, Stenographisches Protokoll der Verhandlungen des XVII. Zionistenkongresses, Basel 30. Juni – 17. Juli 1931, London 1931, 252–261.

[79] Herzl an Bodenheimer, 24. April 1897: „... Ziehen sich die Berliner zurück, so ist einfach Köln die Hauptstadt des deutschen Zionismus. Zum Wanken bringt man mich nicht, und wie auf mich selbst, baue ich auf die treuen Juden in Köln." Im Anfang der zionistischen Bewegung, bearbeitet von *Henriette Hannah Bodenheimer*, Frankfurt a. Main 1965, 34. Herzl an Bodenheimer, 11. Mai 1897: „... Sie aber, verehrter Freund, bitte ich, nunmehr die Organisation des deutschen Zionismus von Köln aus energisch in die Hand zu nehmen. Für alle meine Freunde in den verschiedenen Ländern wird es von nun ab nur eine maßgebende Stelle geben, von der aus der Zionismus geleitet wird, und das sind Sie in Köln." (AaO, 33–36.)

[80] CZA Jerusalem, A 15/II/6; So wurde Israel, aaO, 65.

[81] Bodenheimer an H. Schapira, 26. April 1897, CZA Jerusalem, A 15/II/6.

[82] CZA Jerusalem, A 15/VII/34.

versuchten politischen und praktischen Zionismus, Kolonisationswerk und
nationaljüdische Erziehungsarbeit zu einer organischen Einheit zu verschmelzen. Dieses Ziel wurde aber erst nach inneren Kämpfen, in einer späteren
Phase des Zionismus erreicht.

Anfangs waren die Thesen der „Nationaljüdischen Vereinigung" als gemeinsame Grundlage gedacht, auf der sich alle deutschen Zionisten vereinigen
konnten. Es stellte sich jedoch heraus, daß vor allem ihr politischer Teil, sowohl aus prinzipiellen als auch aus praktischen Gründen bei verschiedenen
Gesinnungsgenossen auf scharfen Widerspruch stieß.

In einem intensiven Briefwechsel mit Bodenheimer argumentierte der Hei-
delberger Mathematikprofessor Hermann Schapira, der seit 1883 in der dortigen „Chowewe Zion" Gruppe aktiv war, gegen die Errichtung eines jüdischen Staates als Endziel des Zionismus. Er sprach von einem „Centrum"
oder einer „Centralstätte" [83]. Er warnte auch vor den „vertraulichen Emp-
fängern" der Thesen, „die nichts in der Welt so sehr fürchten, als einen
Schatten auf ihre reine und ausschließliche deutsche Nationalität" [84]. Die Forderung des Judenstaates sei nichts als ein „Phrasenbombardement", das den
Antizionisten unnötig Waffen liefern und zudem die Kolonisation in Palästina untergraben würde [85]. Da ein Staat auch die Bildung eines Heeres und
einer Flotte voraussetze, ein Gedanke, der wahrscheinlich auch Herzl vorerst fernliege, würde es zweckmäßiger sein, wenn man von einer „Colonisation im großen Stile" oder von einer „legalisierten Colonisation"
spräche [86]. Schapira fürchtete eine Spaltung im Lager der Zionisten und im
ganzen jüdischen Volke, wenn die Zukunftsphantasien des politischen Zionismus „das Gespenst des modernen Parteikampfes in aller Häßlichkeit" hervorrufen würden [87].

Bodenheimer war zu Kompromissen in der Formulierung der Ziele bereit.
Er stellte sich „eine möglichst lose Organisation" vor, in der „nur die Grund-
ideen des Zionismus das Einigungsband für alle Zionisten Deutschlands bilden" sollten. In ihr könnten auch die Anhänger der Kleinkolonisation vertreten sein. Es sollte, wenn möglich, vermieden werden, Männer wie Schapira
und Bambus außerhalb der Organisation zu lassen. In dieser Richtung wirkte
der erste Delegiertentag der deutschen Zionisten in Bingen (Juli 1897). Die
zehn Delegierten, die sich im Büro des Rechtsanwalts Schauer trafen, neun
aus Westdeutschland und nur einer aus Berlin, beschlossen, die „Nationaljüdische Vereinigung für Deutschland", mit Zentrale in Köln, zu gründen.

Um der Kritik der ursprünglichen Kölner Thesen entgegenzukommen, war
der Bingener Tagung eine „vermittelnde" Version zur Diskussion vorgelegt

---

[83] Schapira an Bodenheimer, 20. April 1897, Toldoth Tochnith Basel, IV.
[84] Schapira an Bodenheimer, 25. April 1897, aaO, V.
[85] Schapira an Bodenheimer, 25. April 1897, aaO.
[86] Schapira an Bodenheimer, 13. Mai 1897, aaO, IX.
[87] Schapira an Bodenheimer, 21. Juni 1897, aaO, XVII.

worden, in der die radikalen Tendenzen abgeschwächt waren. Hier war nicht die Rede davon, daß die „Überzeugung" der Juden, eine nationale Gemeinschaft zu bilden, sie nicht in der Ausübung ihrer Staatsbürgerpflichten hindere, sondern daß die Juden aller Länder ihren bedrängten Stammesgenossen nur Hilfe zu leisten verpflichtet seien, „soweit dieses ohne Beeinträchtigung ihrer staatsbürgerlichen Pflichten geschehen kann"[88]. In der zweiten These trat an Stelle von „Bildung eines jüdischen Staates" der neutrale Ausdruck „Bildung eines jüdischen Gemeinwesens". So war der strittigste Begriff beseitigt worden. Dennoch war die Aufgabe des „Gemeinwesens", das „unter der Mitwirkung der interessierten Großmächte" zu schaffen sei, „die Juden als solche völkerrechtlich zu vertreten"[89].

Der Bingener Delegiertentag stand im Zeichen der Einberufung des ersten Zionistenkongresses in München und der darauf folgenden Erklärungen des Münchener Gemeindevorstandes und des Vorstandes des deutschen Rabbinerverbandes gegen den Zionismus. Das Gefühl, daß sie vor einem historischen Wendepunkt standen, brachte die Delegierten zum Beschluß, dem Ruf Herzls zum Kongreß zu folgen. Dies und die Anerkennung seiner Führerschaft drückten sie in einem Telegramm an ihn aus: „Die soeben hier konstituierte Vereinigung deutscher Zionisten begrüßt ihren tapferen Mitkämpfer herzlichst."[90] Die Kampferklärung der deutschen Rabbiner gegen die Zionisten hatte in ihnen das Bewußtsein verstärkt, daß sie jetzt „mit offenem Visier" kämpfen mußten, selbst wenn es zum Bruch mit den „Liberalen" in den gemeinsamen Kolonisations- und Kulturvereinigungen kommen würde. Es war der Kampf einer neuen Generation gegen Stagnation und Notabelnwirtschaft im deutschen Judentum. Sie hatten das Empfinden, an einem radikalen Umschwung im Leben des jüdischen Volkes teilzunehmen:

> „Nicht *wir* sind die Schiebenden, die Ereignisse sind stärker als wir, *sie* haben uns vorangeschoben. Es liegt nicht in unsrer Macht, dem Kampfe auszuweichen ... Alea est jacta, wir können nicht mehr zurück."[91]

V

Die vagen Pläne des Zionistenkongresses nahmen Gestalt an. Was zunächst als „allgemeiner Zionistentag" gedacht war, an dem sich auch palästinophile, apolitische Vereine beteiligen sollten, bekam bis zum Frühjahr 1897 den Charakter einer jüdischen Nationalversammlung. Die Ziele des Kongresses zwangen die dem Zionismus nahestehenden und entgegengesetzten Richtungen klare Stellung zu beziehen. Die Gruppe Berliner Zionisten, an deren Spitze

---

[88] Correspondenz Nr. 2 der Nationaljüdischen Vereinigung in Köln, CZA Jerusalem, A 15/VII/34.

[89] AaO.

[90] Delegiertentag zu Bingen, den 11. Juli 1897, CZA Jerusalem, A 15/VII/34.

[91] Bodenheimer an Schapira, 23. Juni 1897, Toldoth Tochnith Basel, XX.

Willy Bambus stand, die ihre Aufgabe in der Förderung der Ansiedlung auch unter den bestehenden Bedingungen sah, beschloß, wenn auch zögernd und mit Vorbehalt, sich am Kongreß zu beteiligen [92].

Andererseits gelang es Herzl nicht, Hirsch Hildesheimer, einer der führenden Männer der Orthodoxie in Deutschland, zur Teilnahme am Kongreß zu bewegen und somit eine Brücke zu diesen Kreisen zu schlagen. Hildesheimer, der den der Palästinakolonisation positiv gegenüberstehenden Flügel der deutschen Orthodoxie repräsentierte, war anfangs einverstanden, auf dem Kongreß das Referat über die Kolonisationsarbeit zu halten. Später jedoch zog er seine Zustimmung zurück, aus Furcht, wie Herzl meinte, durch Teilnahme an einem politisch-zionistisch orientierten Kongreß seine „Spender-Klientel" zu verlieren. Hildesheimer veröffentlichte in der von ihm herausgegebenen *Jüdischen Presse* eine ausweichende Erklärung, „daß er selbstverständlich nie die Absicht gehabt hatte, an einem Zionistenkongreß teilzunehmen", sondern lediglich an „einer Besprechung der mannigfaltigen Aufgaben des palästinensischen Hilfswerkes, insbesondere der Kolonisation". Abgesehen von dem prinzipiell entgegengesetzten Standpunkte des orthodoxen Judentums gegenüber zionistischen Theorien und Zukunftsplänen, der ihn zurückhielt, dem Rufe Herzls Folge zu leisten, warnte Hildesheimer vor dem „schweren Schaden", den ein Zionistenkongreß der Kolonisation in Palästina zufügen würde [93].

Der schärfste Angriff gegen den politischen Zionismus kam von seiten der „Liberalen". In Wien war Oberrabbiner Güdemann, der anfänglich zu Herzls Anschauung neigte, öffentlich gegen den Zionismus hervorgetreten [94]. In München protestierte der jüdische Gemeindevorstand gegen die Abhaltung des Kongresse in dieser Stadt, und fast gleichzeitig erschien in dem führenden Organ des liberalen Judentums eine Erklärung ‚Gegen den Zionismus'.

Die Verfasser, die Rabbiner Maybaum (Berlin) und Vogelstein (Stettin), warnten die Juden Deutschlands vor den Zionisten und ihrer neuen Zeitung, *Die Welt.*

> „Die Zeitung ist ein Unglück, das abgewehrt werden muß. Solange die Zionisten hebräisch schrieben, waren sie nicht gefährlich, jetzt, da sie deutsch schreiben, muß man ihnen entgegentreten. Nicht um sie zu widerlegen. Denn was soll man mit Leuten reden, die auf der einen Seite für ein Nationaljudentum schwärmen und auf der anderen Seite sich über die österreichische Regierung beklagen, daß sie von dem Bewerber um eine Sekretärstelle in der Bukowina einen Taufschein fordert?"

---

[92] Die Gruppe spaltete sich nach dem 2. Kongreß und ihr Führer Willy Bambus verließ die zionistische Organisation.

[93] Jüdische Presse, Nr. 18 (5. Mai 1897), 185. Der Standpunkt der Orthodoxie hatte seinen ersten ablehnenden Ausdruck in der Besprechung des Judenstaates gefunden. Siehe: ‚Ein merkwürdiger Umschwung der jüdischen öffentlichen Meinung', Der Israelit, Nr. 90 (9. November 1896), 1711–1713; aaO, Nr. 92 (16. November 1896), 1752–1756.

[94] Siehe *M. Güdemann*, Nationaljudenthum, Leipzig und Wien 1897.

Die Verfasser beteuerten ihren deutschen Mitbürgern, daß die Juden

> „lediglich in religiöser Beziehung eine besondere Gemeinschaft bilden ... aber in
> nationaler Hinsicht sich vollkommen eins mit ihnen fühlen und die geistigen und
> sittlichen Ziele des teuren Vaterlandes mit gleicher Begeisterung erstreben ...“

Sie beschuldigten die Zionisten, daß sie die ganze geschichtliche Entwicklung des Judentums auf den Kopf stellen wollten, und kein Mandat hätten, im Namen der Judenheit aufzutreten und „einen Kongreß, der nicht einmal in Przemysl, Grodno oder Jassy am Platze wäre, nach München einzuberufen“.[95]
Rülf, einer der wenigen deutschen Rabbiner, die sich zum Zionismus bekannten, antwortete den Rabbinern Maybaum und Vogelstein in der *Welt* mit einer ‚Erklärung gegen Erklärung‘, in der der Riß, der mit dem Auftreten des Zionismus im deutschen Judentum entstanden war, sich deutlich abzeichnete.

> „Nicht die Zeitung, aber die Rabbiner sind unser Unglück, jene leitenden Irre-
> leiter, die Antizionismus treiben, schlimmer als die schlimmsten Antisemiten, dem
> Judentum das Volkstum absprechen und es aus der Liste der Nationen ausstreichen
> wollen.“[96]

Durch das Erscheinen einer deutschsprachigen zionistischen Zeitung und die Einberufung des Kongresses waren die religiösen Führer des liberalen Judentums zum Schluß gekommen, daß die Politik des „Totschweigens“ gegen den Zionismus nicht mehr effektiv war. Die Artikel gegen den Zionismus mehrten sich. In dringlichen Worten ruft ein Hamburger Rabbiner zu allgemeiner Mobilisierung der Gemeinden, Rabbiner und Lehrerverbände gegen die Gefahr des politischen Zionismus und seines Münchener Kongresses, denn „das deutsche Gesamtisrael muß sich verwahren gegen den unberechtigten Vorwurf, sie seien keine Deutschen, sondern gravitieren nach Kanaan“[97]. Den Höhepunkt erreichte die Kampagne gegen den Kongreß in der Erklärung des „Geschäftsführenden Vorstandes des Rabbinerverbandes in Deutschland“, die in nichtjüdischen und jüdischen Zeitungen Deutschlands veröffentlicht wurde. Es war das erste Mal, daß eine offizielle Körperschaft in dieser Form gegen den Zionismus auftrat. Ihrem Inhalt nach wandte sich die Erklärung nach innen und außen. Sie sollte „irrige Vorstellungen über den Lehrinhalt des Judentums“ berichtigen, die durch die Einberufung des Zionistenkongresses und die Veröffentlichung seiner Tagesordnung verbreitet worden waren. Die fünf unterzeichnenden Rabbiner[98] behaupteten, daß die Gründung eines

---

[95] Allgemeine Zeitung des Judentums, Nr. 24 (11. Juni 1897), 277.
[96] Die Welt, Nr. 4 (25. Juni 1897), 1.
[97] *Dr. D. Leimdörfer,* Gegen den Zionismus, Allgemeine Zeitung des Judentums, Nr. 27 (2. Juli 1897), 316–317.
[98] Dr. Maybaum (Berlin), Dr. Horovitz (Frankfurt), Dr. Guttmann (Breslau), Dr. Auerbach (Halberstadt), Dr. Werner (München).

Judenstaates in Palästina den messianischen Verheißungen der Heiligen
Schrift und der späteren Religionsquellen widerspräche: daß die jüdische Religion ihre Bekenner verpflichtete, ihrem Vaterland mit aller Hingebung zu
dienen. Die Erklärung schließt mit einer Warnung im Namen von „Religion
und Vaterlandsliebe", sich den zionistischen Bestrebungen und dem Kongreß
fernzuhalten und beschuldigte somit die Zionisten indirekt der Untreue gegen
ihr Vaterland [99].

Dies war eine klare Kampfansage. Herzl nahm sie an und beantwortete sie
mit einem scharfen polemischen Artikel. Er griff sowohl die Verfasser wie
ihre Erklärung an. Ohne des weiteren in theologische Diskussionen einzu-
steigen, führte er die Meinungen anderer religiöser Autoritäten an, welche den
Zionismus gerade aus den religiösen Quellen des Judentums bewiesen. Er zog
jedoch darüber hinaus eine klare Trennungslinie zwischen den Assimilations-
juden und den Zionisten: „Der Zionismus ist das jüdische Volk unterwegs."
Wer sich jedoch, wie die „Protestrabbiner", von dem jüdischen Volk lossage,
um zu einem anderen überzugehen, werde von den Zionisten als Fremder
angesehen, der nicht in die Angelegenheiten eines Volkes dreinreden solle,
dem er nicht mehr angehöre [100].

Die Gegensätze hatten sich vertieft, hatten zu einer Spaltung zwischen
Zionisten und Nichtzionisten geführt. Nach Herzls Auffassung war es nicht
eine Spaltung innerhalb desselben jüdischen Lagers; Zionisten und Assimila-
tionsjuden gehörten nicht mehr einem gemeinsamen Lager an. Sie zählten zu
verschiedenen Völkern, die eine politische Grenze voneinander trennte und
deren Beziehungen in Zukunft sich auf politischer Ebene, wie zwischen Bürgern souveräner Staaten, gestalten würden. So logisch diese Auffassung auf den
ersten Blick schien, war sie doch eine Übersimplifizierung des Problems und
wurde auch innerhalb der zionistischen Bewegung bestritten. Allein Herzl
sah in dieser Krise den Anfang eines Gesundungsprozesses, der „zur Klärung
verrotteter Verhältnisse" und zur Läuterung des Volkscharakters führen
müsse.

VI

Am ersten Zionistenkongreß in Basel (29. – 31. August 1897) nahmen
sechzehn Zionisten aus Deutschland teil [101]. Diese Gruppe traf sich anläßlich
des Kongresses, laut Beschluß des Delegiertentages in Bingen, zu einer Konferenz, der die Thesen der „Nationaljüdischen Vereinigung in Köln" und ein
Statutenvorschlag für die Organisation der deutschen Zionisten unterbreitet

---

[99] Erklärung des Geschäftsführenden Vorstandes des Rabbinerverbandes in
Deutschland, Allgemeine Zeitung des Judentums, Nr. 29 (16. Juli 1897), 338.

[100] *Th. Herzl*, Protestrabbiner, Die Welt, Nr. 7 (16. Juli 1897). Siehe auch: Brief
an die israelitische Kultusgemeinde, München, aaO, Nr. 5 (2. Juli 1897), 1.

[101] *Richard Lichtheim*, Die Geschichte des deutschen Zionismus, 136.

wurden [102]. Die Konferenz beauftragte eine Kommission, diese Vorschläge auszuarbeiten und sie dem dritten Delegiertentag, der in Frankfurt a. Main im Oktober 1897 abgehalten werden sollte, vorzulegen [103]. Der Frankfurter Delegiertentag kann daher mit Recht als formgebend für die Organisation der deutschen Zionisten angesehen werden.

Der Baseler Kongreß hatte die winzige Gruppe deutscher Zionisten aus ihrer Isoliertheit herausgerissen und ihnen das Bewußtsein gegeben, einer weltumfassenden, lebendigen Bewegung anzugehören, die große Ideen in Taten umsetzen wollte. Dieser Umschwung fand auf der Tagung seinen deutlichen Niederschlag:

> „Noch vor einem Jahr war es nötig, wenn man von der zionistischen Bewegung sprach, nicht allein ihre Existenzberechtigung, sondern auch ihre Existenz selbst zu beweisen. Heute haben wir es nicht mehr nötig, denn zwischen dem vorigen Jahre und dem heutigen liegt ein Markstein der jüdischen Geschichte: Der erste Zionistenkongreß ... In Basel haben wir erfahren, was wir *wollen,* in Frankfurt sollen wir erkennen, was wir *sollen.*" [104]

Der Delegiertentag schuf den organisatorischen Rahmen für die „Zionistische Vereinigung für Deutschland" [105]. Das Aktionsprogramm war gerichtet auf Maßnahmen zu jüdischem Bewußtseins- und Lebenswillen in allem, was zu einer nationalen Regeneration beiträgt; als ein Mittel hierzu bezeichnete Fabius Schach, Sekretär der NJV Köln, die Gründung von jüdischen Turnvereinen und Geselligkeitsvereinen. „Wir Nationaljuden dürfen keine Büchermenschen sein", erklärte er. Turnvereine sollten zur Ausbildung „aller männlichen Tugenden, der Stählung der Kräfte und der Stärkung des Mutes" beitragen. Dort sollten sich „der männliche, militärische Charakter ... Pünktlichkeit, Geradheit, Strammheit, Frei- und Frohmütigkeit" entwickeln. „Die Förderung des Turnwesens ist von eminenter Tragweite für die nationale Zukunft eines Volkes" [106]. Der sichtbar preußisch geprägte, neue Typus des Nationaljuden, der den deutschen Zionisten als Erziehungsideal vorschwebte,

---

[102] Correspondenz Nr. 4 der Nationaljüdischen Vereinigung für Deutschland, Köln, August 1897, CZA Jerusalem, A 15/VII/34.

[103] Correspondenz Nr. 6, CZA Jerusalem, A 15/VII/34.

[104] Betonung im Original. Von Theorie zur Praxis, Referat gehalten auf dem Delegiertentag der deutschen Zionisten in Frankfurt a. Main am 31. Oktober 1897 von *Fabius Schach,* CZA Jerusalem, A 15/VII/34.

[105] Der Name wurde auf Vorschlag von Prof. Hermann Schapira aus Heidelberg angenommen, um die Identifizierung der deutschen Zionisten mit der Weltbewegung auszudrücken und den deutschen Juden die Furcht vor der Bezeichnung „Nationaljüdische" zu nehmen, welche für sie „das bekannte rote Tuch" sei. Siehe Protokoll des 3. Delegiertentages der deutschen Zionisten am 31. Oktober 1897 zu Frankfurt a. Main, CZA Jerusalem, A 15/VII/34; ferner: Schapira an Bodenheimer, 10. Oktober 1897, Toldoth Tochnith Basel, XL.

[106] *Fabius Schach,* Von Theorie zur Praxis, aaO.

sollte der Gegensatz von „Mauschel" sein[107]. Das „Muskeljudentum" sollte
die Juden von der „Ghettoluft" befreien. Gesellschaftsvereine verschiedener
Art sollten durch Gesang und ungezwungenen Gedankenaustausch eine „spezifisch jüdische Gemütlichkeit" pflegen und besonders die jüdischen Töchter,
„die Mütter und Erzieherinnen der künftigen Generation" in nationaljüdischem Geiste erziehen.

Wollte die zionistische Bewegung in Deutschland über ihre bescheidenen
Anfänge hinauskommen, mußte sie sich vor allem Gehör für ihre Ideen
schaffen. Es galt, die Politik des „Totschweigens" seitens der von Juden geleiteten und von Juden gelesenen Tagespresse zu durchbrechen. Dennoch
aber sollte aus taktischen Gründen die Agitation sich „einer allzu schroffen
Betonung des Nationaljudentums" enthalten. Der Referent über Agitation
ermahnte die Delegierten:

> „Sie müssen nicht vergessen, daß wir Deutsche sind und daß unsere Vorfahren
> schon am Rhein saßen, als die germanischen Deutschen erst dorthin kamen, daß
> wir mit deutschem Geiste und deutscher Bildung getränkt sind, und da ist eine
> Hervorhebung des jüdisch-nationalen Gedankens, die auch nur den Anschein er-
> wecken könnte, als stünde sie im Widerspruch mit dem Bewußtsein unserer Zu-
> gehörigkeit zum deutschen Vaterland, verletzend, ja geradezu unserer Sache ge-
> fährlich. Wir müssen ferner den Gedanken der Gründung eines Judenstaates bei-
> seite lassen."[108]

Dieser Appell ist dadurch zu verstehen, daß die meisten Delegierten in
Deutschland ansässige sogenannte Ostjuden waren. Mehr als die taktische
Schwierigkeit, einen deutschen Juden für den Zionismus zu gewinnen, trat
hier das innere Problem der aus dem assimilierten Judentum kommenden
Zionisten hervor, Gebundenheit an deutsche Kultur und deutschen Patriotismus mit der Zugehörigkeit zum jüdischen Volke, seiner Geschichte und seinen nationalen Bestrebungen zu vereinen. Der Wille zur Rückkehr zu jüdischen Kulturwerten geht aus den Worten des Redners über die Anerkennung
des Hebräischen als zukünftige Nationalsprache hervor, die gefördert und
verbreitet werden muß. Dies freilich war Zukunftsmusik. Inzwischen war
derjenige als Zionist zu betrachten, der sich zur geschichtlichen Einheit des
jüdischen Volkes bekannte und beitragen wollte „dem jüdischen Proletariat
eine gesicherte nationale Heimstätte zu schaffen"[109].

Die Zionistische Vereinigung für Deutschland (ZVfD) konstituierte sich
auf dem Frankfurter Delegiertentag als säkulare Organisation[110] auf der

---

[107] Siehe *Theodor Herzls* Zionistische Schriften, Berlin 1920, 172–176.

[108] ,Agitationsplan', Referat des Rechtsanwalts *Dr. Schauer* auf dem Delegiertentag in Frankfurt a. M., 31. Oktober 1897, CZA Jerusalem, A 15/VII/34.

[109] AaO.

[110] Die Mehrheit der Delegierten lehnte den Vorschlag der Berliner Ortsgruppe
ab, obligatorischen Religionsunterricht in die Schulen einzuführen, mit der Begründung, der Zionismus vereinige Freidenker wie Religiöse und könne daher keinen

Grundlage des Baseler Programms. Das oberste Organ der Vereinigung bildete der alljährlich stattfindende Delegiertentag, der auch das geschäftsführende Zentralkomité zu wählen hatte[111]. Die Statuten der ZVfD, die auf späteren Delegiertentagen ergänzt wurden, und die einheitlichen Statuten der Ortsgruppen[112] schufen einen festen organisatorischen Rahmen, der ihr verhältnismäßig schnelles Anwachsen ermöglichte. Trotzdem hat die ZVfD bis zum Ersten Weltkrieg, aber auch zur Zeit der Weimarer Republik, nur einen sehr kleinen Prozentsatz der deutschen Judenheit erfaßt. Ein kurzer Abriß ihrer zahlenmäßigen Entwicklung soll dies veranschaulichen.

Ein Jahr nach der Gründung der ZVfD berichtete ihre *Correspondenz* über wesentliche Fortschritte „trotz des eingebürgerten Indifferentismus". Es gäbe jetzt in jeder größeren Gemeinde Gesinnungsgenossen und Vertrauensmänner. „Wir dürfen hoffen, da wir Offiziere besitzen, bald auch ein Heer von Soldaten zu erhalten"[113]. Einige Monate später, anläßlich der Wahlen zum zweiten Zionistenkongreß gibt die *Correspondenz* die Zahl von zwanzig Ortsgruppen mit insgesamt 1400 Schekelzahlern an[114]. Allerdings sank die Wählerzahl zum dritten Kongreß auf 405[115], was wohl eher der Zahl der stabilen Mitglieder der ZVfD entsprach.

Freiwillige Wanderredner und Vertrauensmänner warben Anhänger für die zionistische Idee selbst in den kleinsten und entlegensten Gemeinden, nicht immer mit großem Erfolg.

Ein Freiburger Student beschrieb die Schwierigkeiten:

„Es fehlt den badischen Landjuden – um solche handelt es sich hier – vor allem überhaupt jene geistige Regsamkeit, auf welcher das Verständnis für tiefere historische Veränderungen notwendig beruhen muß ... Wenn man daher hier den Juden vom Zionismus spricht, so begegnet man bei ihnen einer empörenden wohlwollenden Neugier, mit der man interessanten Berichten über Dinge zuzuhören pflegt, die einen im Grunde gar nichts angehen ..."[116]

Religionszwang ausüben. Protokoll des 3. Delegiertentages der deutschen Zionisten (aaO).

[111] Statuten der ZVfD, beschlossen auf dem Frankfurter Delegiertentag, den 31. Oktober 1897, CZA Jerusalem, A 15/VII/34.

[112] Siehe Entwurf eines Musterstatuts, Statuten des zionistischen Vereins zu X., CZA Jerusalem, A 15/VII/34.

[113] Correspondenz Nr. 8 der ZVfD, Frühling 1898, CZA Jerusalem, A 15/VII/34.

[114] Die Zahl der Schekelzahler deckt sich nicht mit der Zahl der Mitglieder der ZVfD, die erheblich niedriger war. Sie kann jedoch als Indikator für das Wachsen der Vereinigung gelten. Vgl.: Correspondenz, Nr. 10, Ende 1898: „Allerdings muß dahin gestrebt werden, daß die Schekelzahler auch organisierte Zionisten werden." CZA Jerusalem, A 15/VII/34.

[115] Liste der Ortsgruppen und Schekelzahler im Jahre 1899, CZA Jerusalem, A 15/VII/36.

[116] Ch. Braude an das Zentralkomité der ZVfD, Freiburg, 10. März 1898, CZA Jerusalem, A 15/VII/4.

Trotz solcher Schwierigkeiten war es den zionistischen Propagandisten, meist Studenten und junge Akademiker, gelungen, einen kleinen aber aktiven Teil der jüdischen Jugend in Deutschland an sich zu ziehen. Damit gestaltete sich der deutsche Zionismus in seiner ersten Epoche vorwiegend als Bewegung der Jugend.

,Macht der Zionismus Fortschritte?' fragte 1903 ein Leitartikel der *Jüdischen Rundschau*. Vom rein propagandistischen Standpunkt aus gesehen war eine bejahende Antwort berechtigt, denn

> „aus allen Orten des deutschen Reiches, wo man noch vor wenigen Jahren nicht
> einmal dem Namen nach den Zionismus kannte, wo, wenn man seinen Namen
> ausnahmsweise wußte, man nur ein mildes Lächeln oder einen frommen Fluch für
> ihn fand, kommen dauernd Berichte über erfolgreiche Versammlungen, über
> Gründungen von Ortsgruppen." [117]

So konnte der Vorsitzende der ZVfD, nicht ohne Genugtuung, auf dem siebten Delegiertentag 1904 feststellen, daß, wenngleich die zionistische Bewegung in Deutschland nicht die Bedeutung erreicht hatte, die der Größe des gestellten Zieles entspräche, dennoch die Zahl der Anhänger stetig gewachsen sei. Sie zähle „über 65 Ortsgruppen und ca. 57 Vertrauensmänner und kleinere Gruppen in den verschiedensten Gegenden und insgesamt etwa 6000 Schekelzahler" [118].

In den folgenden Jahren zeichnete sich ein Stillstand im Wachstum der ZVfD ab, der sowohl auf die inneren Schwierigkeiten der zionistischen Weltorganisation nach dem Tode Herzls und auf das Ausbleiben politischer Erfolge, wie auch auf eine gewisse Erschlaffung der zionistischen Tätigkeit in Deutschland zurückzuführen ist. Hierzu trug wohl bei, daß seit 1904 die Leitung der Weltorganisation ihren Sitz in Köln hatte und die zentralen Funktionäre der ZVfD nun auch für die Gesamtorganisation verantwortlich waren. Der Versuch, die Abschwächung der zionistischen Aktivität durch ein Zentralbüro in Berlin, das einen Teil der praktischen Arbeit auf sich nehmen sollte, zu beheben, war zum Teil erfolgreich. Spannungen und Rivalitäten zwischen dem Vorsitz der ZVfD in Köln und dem Berliner Büro, sowie das Gefühl einer Stagnation in der Weltbewegung mußten sich auch negativ auf den Umfang und die Intensität der zionistischen Arbeit in Deutschland auswirken. 1908 herrschte das Gefühl, daß „der Zionismus in Deutschland seinen Höhepunkt überschritten hat" [119]. Daß anfänglich schnelle Wachstum und die Verlangsamung in der Ausbreitung des Zionismus wurden auch anders erklärt:

---

[117] Jüdische Rundschau, VIII, Nr. 9 (27. Februar 1903).

[118] AaO, IX, Nr. 21 (27. Mai 1904) 222. Die Mindestzahl der Mitglieder einer Ortsgruppe war zehn.

[119] *H. G. Heymann*, Die Zukunft des deutschen Zionismus, Jüdische Rundschau, XIII, Nr. 26 (26. Juni 1908), 246.

„Damals gewannen wir im Handumdrehen diejenigen Juden, die keine feste Anschauung hatten, deren Gefühle uns nahestanden und die nirgends festgelegt waren.
Jetzt kommen wir nur allmählich an die großen Massen der deutschen Juden,
die bereits irgendwie jüdisch organisiert sind." [120]

Andererseits wurde die Frage aufgeworfen, inwieweit eine starke Vergrößerung der Organisation wünschenswert sei. Schon 1903 sprach die *Jüdische
Rundschau* von der Notwendigkeit der „Vertiefung und des Ausbaues der
Idee", welche ebenso wichtig sei wie die zahlenmäßigen Fortschritte [121]. Obwohl von keiner zionistischen Massenbewegung in Deutschland die Rede sein
konnte, wurden jetzt Stimmen gegen die Absicht laut, durch „numerische
Stärke" imponieren zu wollen. Statt dessen sollte das Hauptgewicht auf die
jüdische Durchbildung der Mitglieder zu bewußten Zionisten und ihre Erziehung zu einer „Seelen-Elite' der deutschen Juden" gelegt werden, die
ihren Mann stehen könnten und die nicht „abspringen" würden, falls sie auf
Widerstand stießen [122].

Das Jahr 1909 brachte eine Wendung in der zionistischen Weltorganisation
mit sich. Das Gefühl des Leerlaufs, sowohl auf der politischen Ebene wie in
der praktischen Arbeit in Erez Israel, schien überwunden. Die Revolution
der Jungtürken erweckte neue Hoffnungen auf ein Abkommen zwischen der
Türkei und der zionistischen Organisation; die Arbeit der Palästina-Kom-
mission unter der Leitung des Teams Warburg-Ruppin begann Früchte zu
tragen. Die „Konferenz für hebräische Sprache und Kultur", die Ende 1909
in Berlin anläßlich des Zionistenkongresses stattfand und als „ein neuer Zeitabschnitt in der Entwicklung des Hebräischen zur lebendigen Volkssprache"
bezeichnet wurde, trug das ihrige zum Stimmungswechsel bei, der auf dem
neunten Weltkongreß in Hamburg seinen Ausdruck fand. Es war der erste –
und einzige – Zionistenkongreß, der in Deutschland abgehalten wurde, und
es war charakteristisch für die Stellung, die sich der Zionismus in der jüdischen Welt seit dem Aufruf der „Protestrabbiner" errungen hatte, daß von
nichtzionistischer Seite keine Versuche gemacht wurden, seine Abhaltung zu
vereiteln. Diese Tatsache allein – trotz der auf dem Kongreß zutage tretenden
organisatorischen Verwirrung – wirkte auf die deutschen Zionisten ermuti-
gend und anspornend. Der Bericht des geschäftsführenden Ausschusses der
ZVfD für das Winterhalbjahr 1909–1910 konnte einen Aufschwung im
Leben der Vereinigung feststellen. Im Laufe desselben Jahres beschloß der
zwölfte Delegiertentag, die Zentrale der ZVfD von Köln nach Berlin zu
überführen. Das war die Verlegung des Schwerpunktes nach dem größten jüdi-

---

[120] *Elias Auerbach*, Wir und die jüdischen Organisationen, aaO.
[121] AaO, VIII, Nr. 9 (27. Februar 1903).
[122] *Hans Goslar*, Zur Frage der jüdischen Jugendorganisationen, aaO, XIII, Nr. 25
(19. Juni 1908), 236–237; *Hans Goslar*, Die deutschen Juden und der Zionismus,
aaO, XV, Nr. 2 (14. Januar 1910), 14–15.

schen Zentrum Deutschlands und war ein Vorläufer der Überführung der Zentrale der Weltorganisation in die Reichshauptstadt.

Wenn auch das ambitiöse Ziel, „die Zahl der Zionisten in Deutschland zu verdoppeln, zu verdreifachen"[123] in den folgenden Jahren nicht erreicht wurde, entwickelte die ZVfD doch eine intensive Kultur- und Erziehungsarbeit[124]. Arthur Hantke, der 1910 an Stelle von Bodenheimer nun zum Vorsitzenden der ZVfD gewählt wurde, konnte dem dreizehnten Delegiertentag mitteilen, daß die Zahl der organisierten Zionisten Deutschlands in den Jahren 1910 und 1911 auf 8400 (um 25 %) gestiegen war. Damit stünde die ZVfD zahlenmäßig an der Spitze der jüdisch-politischen Organisationen Deutschlands[125]. Als der vierzehnte Delegiertentag einige Wochen vor Ausbruch des Ersten Weltkrieges in Leipzig zusammentrat, berichtete Hantke, daß die ZVfD in 450 Orten vertreten sei und daß die Zahl ihrer Mitglieder nahezu 10 000 erreicht hätte[126].

Der Krieg lenkte die Entwicklung der zionistischen Bewegung in Deutschland, wie in anderen Teilen der Welt, in eine andere Richtung und stellte sie vor einen neuen Aufgabenbereich, den der organisatorischen Selbsterhaltung, sowie des Kontaktes mit der jüdischen Bevölkerung des vom deutschen Militär eroberten Ostgebiets. Vor allem aber oblag ihr die Hilfeleistung für das durch die Türkei gefährdete Aufbauwerk in Palästina[127].

VII

Die ideologischen Meinungsverschiedenheiten zwischen Zionisten und Anhängern des religiös-liberalen Judentums waren in ihren Grundzügen schon in der Rabbinererklärung zum ersten Zionistenkongreß und in den ihr folgenden Entgegnungen zum Ausdruck gekommen. Sie kreisten hauptsächlich um zwei Fragenkomplexe: den religiös-historischen und den politischen.

Die Vorsteher des Rabbinerverbandes glaubten sich kompetent ex cathedra zu erklären, daß die zionistische Idee der jüdischen Religion widerspräche[128].

---

[123] Gesinnungsgenossen!, aaO, Nr. 17 (29. April 1910), 205.

[124] Jahresbericht über die Tätigkeit der ZVfD, erstattet im März 1913, Herausgeber ZVfD, Berlin.

[125] Rede des Vorsitzenden der ZVfD auf dem Delegiertentag in Posen am 27. Mai 1912, in *Lichtheim*, Geschichte des deutschen Zionismus, 178.

[126] Jüdische Rundschau, XIX, Nr. 25 (19. Juni 1914), 264.

[127] Siehe hierzu *Egmont Zechlin*, Die deutsche Politik und die Juden im Ersten Weltkrieg. Unter Mitarbeit von *Hans Joachim Bieber*, Göttingen 1969. Vgl. ebenfalls *Robert Weltsch*, 1918 – Die Krise der herkömmlichen Einstellung zu jüdischen Problemen, in: Zur Geschichte der Juden in Deutschland im 19. und 20. Jahrhundert, Veröffentlichungen des Leo Baeck Instituts Jerusalem zur Geschichte der Juden in Mitteleuropa, Jerusalem 1971.

[128] Siehe oben, S. 655–656.

Ein Jahr später bestätigte die Generalversammlung des Rabbinerverbandes diese Ansicht. Zu ihrer Begründung führte Rabbiner Horovitz aus, daß der Zionismus nicht, wie man irrtümlich annehmen könne, mit dem Judentum identisch sei, nichts mit der jüdischen Religion zu schaffen habe und daher gegen das Judentum sündige. Es sei die historische Mission der Juden, die jüdische Gotteslehre an alle Enden der Erde hinauszutragen. Zu diesem Zweck hätte die göttliche Vorsehung die Zerstörung des jüdischen Staates verhängt. Erst wenn Israel diese welthistorische Sendung erfüllt habe und das „Idealvolk des Glaubens" geworden sei, würden sich seine messianischen Hoffnungen erfüllen und es würde heimkehren in das Land der Ahnen [129].

Der Wiener Oberrabbiner Güdemann, den Herzl vergeblich für den Zionismus zu gewinnen suchte, hatte 1897 argumentiert, die Juden seien zwar einst ein Volk gewesen, aber in der Gegenwart und in alle Zukunft sprach er ihnen jegliche nationalen Attribute ab. Die zweitausendjährige Diaspora sei gottgewollt und „es hieße den Geist unserer Religion wegleugnen, wenn wir unsere nationale Wiederherstellung betrieben und durchsetzten" [130]. Das Judentum als solches sei anational, daher leide der Begriff „Nationaljudentum" an einem inneren Widerspruch. Aus dem anationalen Wesen des Judentums ergäbe sich auch seine geschichtliche Mission „nicht die centrifugale Nationalitätssucht oder Nationalitätsschwärmerei der Völker zu unterstützen..., sondern den Individualismus der Völker aufzuheben und auf die Vereinigung aller Menschen zu Einer Menschenfamilie hinzuarbeiten" [131]. Dem messianischen Zukunftsbild Horovitz', wonach in der Endzeit die Nationen „fortdauern" und miteinander in Frieden leben würden [132], stand so das kosmopolitische Ideal Güdemanns gegenüber.

Die religiösen Argumente, die Ende des Jahrhunderts gegen den Zionismus vorgebracht wurden, veränderten sich in den folgenden zwei Jahrzehnten nicht wesentlich [133]. Der Schwerpunkt der Diskussion verschob sich allerdings auf die politischen Differenzen zwischen beiden Lagern und die Möglichkeit praktischer Zusammenarbeit. Die Gegner des Zionismus im liberalen, aber auch im konservativen Lager waren sich dessen bewußt, daß ihre Auffassung vom Judentum, wenngleich sie ihr universale Geltung beimaßen, hauptsächlich für die Westjuden galt. Rabbiner Horovitz z. B. lehnte es ab, die Erklä-

---

[129] Verhandlung und Beschlüsse der Generalversammlung des Rabbinerverbandes in Deutschland zu Berlin, am 1. und 2. Juni 1898, 21.

[130] *Güdemann*, op. cit., 38.

[131] AaO, 35.

[132] Horovitz beruft sich auf Jesaia II, 3.

[133] Vgl. *Dr. Vogelstein*, Der Zionismus, eine Gefahr für die gedeihliche Entwicklung des Judentums, Stettin 1906, 4–6, 13; *Eugen Fuchs,* Referat über die Stellung des Centralvereins zum Zionismus in der Delegiertenversammlung vom 30. März 1913, in: Um Deutschtum und Judentum, Frankfurt a. Main 1919, 239–240; Schriften zur Aufklärung über den Zionismus, Nr. 2, Der Zionismus, seine Theorien, Aussichten und Wirkungen, Hrsg. Antizionistisches Komitee, Berlin o. J. [1913], 14–19.

rung gegen die Zionisten für die russischen Rabbiner ins Hebräische zu übersetzen, da er nicht wußte, ob dieselbe auch für die russischen Verhältnisse
passe [134].

Es war für den Zionismus als politische Bewegung nicht leicht, Diskussionen über theologische Fragen zu führen. Sein Programm war säkularer Natur aufgrund dessen religiöse und nichtreligiöse Juden für ein gemeinsames
Ziel zusammenarbeiten konnten. Dieser Grundsatz gebot, religiöse Kontroversen weitmöglichst zu vermeiden. Nur gezwungenermaßen sah sich die
Führung der deutschen Zionisten veranlaßt, zu religiösen Ansichten ihrer
Gegner, soweit daraus politische Folgerungen gezogen wurden, Stellung zu
nehmen. Aus allen Büchern der Bibel, so wurde den Liberalen entgegengehalten, gehe eindeutig die untrennbare Einheit des Volkes Israel, seiner Religion
und seines Landes hervor. Entnationalisiertes Religionsjudentum sei ein fik-
tiver Begriff. Der Widerspruch, den der Rabbinerverband zwischen Zionismus und jüdischer Religion zu finden vorgab, habe weder in den Heiligen
Schriften, noch in denen der religiösen Autoritäten seinen Ursprung. Mehr
als an dem theologischen Thema waren die Zionisten an den gesellschaftlichen
und politischen Auswirkungen der Interpretation des Judentums als Konfession und religiöser Sittenlehre interessiert. Von diesen Gesichtspunkten
betrachtet, hielten sie das liberale Konzept nicht nur für verfehlt, sondern
auch für gefährlich. Sie betonten den gemeinschaftsbildenden und gemein-
schaftserhaltenden Charakter der jüdischen Religion, durch den die Juden
sich gegen äußeren Druck behaupten und wechselnden historischen Umständen hatten anpassen können, der das Judentum letzten Endes vor dem Untergang bewahrt hatte. In der extremen Version des Liberalismus, der Reformgemeinde, hätten reiche Juden ihrem Assimilationsbedürfnis freien Lauf
gelassen und sich vom jüdischen Mittelstand und den „kleinen Leuten" abgeschnitten. Durch „die Taufe des Gebetbuches" und Einführung des Sonn-
tagsgottesdienstes hätten sie „den Weg aus dem Judentum hinaus" geebnet [135].
Erst mit dem Bekennen zum jüdischen Volkstum gewännen assimilierte Juden
den überindividuellen Inhalt wieder, den sie durch die Mißinterpretation
der jüdischen Religion und im Assimilationsprozeß verloren hatten [136]. Richard Lichtheim, eine der führenden Persönlichkeiten im deutschen Zionismus,
der aus gänzlich assimiliertem Milieu kam, schilderte seine „Bekehrung" zum
Zionismus:

> „Die große Erleuchtung kam über mich, als ich in den einleitenden Kapiteln der
> Schrift [137] meine eigene innere Erfahrung über das Wesen des Antisemitismus und

---

[134] Die Welt, Nr. 23 (10. Juni 1898), 8.

[135] *Heinrich Loewe*, Liberalismus macht selig, Berlin 1901, 4–6.

[136] *Moses Calvary*, Die Aufgabe des Zionismus [1911], 5–28; Religion und Nation
als Gemeinschaftswerte, 1914, 47–58, in: Das Neue Judentum, Berlin 1936; *Max
Joseph*, Das Judentum am Scheidewege, Berlin 1908, 68–69.

[137] *Herzls* Judenstaat.

den nationalen Charakter der Judenfrage mit zwingender Klarheit ausgesprochen fand. Hier waren die Antworten auf alle Fragen, die ich mir und meiner Umgebung seit Jahren gestellt hatte; nicht durch Assimilation und Taufe, sondern durch eigene Tat im eigenen Lande sollten die Beziehungen der Juden zu den anderen Völkern normalisiert und so der Antisemitismus überwunden werden. . ." [138]

Die zionistische Kritik des Liberalismus behauptete, der religiöse Genius Israels sei nur auf eigenem Boden schöpferisch gewesen, und könne es nur auf eigenem Boden sein, während er in der Diaspora stets „in das Schlepptau eines fremden Geistes" geraten sei. Nur die nationale Wiedergeburt des jüdischen Volkes im Lande der Väter verbürge auch die religiöse Zukunft des Judentums [139].

Die Rabbiner, die den Zionismus als unvereinbar mit der jüdischen Religion erklärten, konstatierten: Das Judentum verpflichtet seine Bekenner, dem Vaterlande, dem sie angehören, mit aller Hingebung zu dienen und dessen nationale Interessen mit ganzem Herzen und mit allen Kräften zu fördern [140]. Indem sie die deutschen Juden vor dem Zionismus warnten, verdächtigten sie diesen indirekt eines mangelnden Patriotismus. Später versuchten sie zwar diese Beschuldigung abzuschwächen [141], doch blieb sie als solche bestehen und verschärfte sich zusehends, als die Führung des Kampfes gegen die Zionisten von den Rabbinern in die Hände der Gemeindevorstände und der Leitung des Centralvereins deutscher Staatsbürger jüdischen Glaubens (C. V.) überging. Was anfangs gegen den politischen Zionismus nur vage ausgesprochen worden war, wurde mit seinem Erstarken ideologisch fundiert.

Man war sich im liberalen Lager, nach einem Jahrzehnt des politischen Zionismus darüber klar, daß dieser nicht mehr durch „Totschweigen" zu umgehen oder durch „Aufklärung" allein zu bekämpfen war. So zeichnete sich schon 1905 in einem Aufsatz Ludwig Geigers eine Verschärfung in Ton und Methoden der Bekämpfung ab. Wenn überhaupt, so argumentiert Geiger, sei der Zionismus höchstens in den Ländern berechtigt, in denen Juden unter Ausnahmestellung lebten oder der Willkür preisgegeben seien. Er persönlich empfinde kein größeres Mitleid für russische oder rumänische Juden als für hungerleidende deutsche Tagelöhner. Deshalb sei er gegen Hilfeleistung deutscher Privatvereine zur Errettung „fremder Juden" und gegen Ausgabe des von deutschen Zionisten gesammelten Geldes für „fremde Bestrebungen".

---

[138] *Richard Lichtheim*, Rückkehr. Lebenserinnerungen aus der Frühzeit des deutschen Zionismus, Veröffentlichung des Leo Baeck Instituts, Stuttgart 1970, 67.

[139] *Joseph*, op. cit., 88–89; *Rabbiner Dr. Emil Cohn*, Die religiöse Judenfrage, Sonderabdruck aus Preußische Jahrbücher, Band 143, 3. Heft, Berlin 1911, 438–440.

[140] Allgemeine Zeitung des Judentums, Nr. 29 (16. Juli 1897), 338.

[141] Rede des Rabbiners Vogelstein, Verhandlung und Beschlüsse der Generalversammlung des Rabbinerverbandes in Deutschland, aaO, 25–26.

Er schlug vor, deutschen Zionisten, da sie ihre Zugehörigkeit zum jüdischen Volk erklärt hätten, zwar nicht den Aufenthalt in Preußen zu verbieten, „wie man es oft mit lästigen Ausländern tut", jedoch ihnen die staatsbürgerlichen Rechte zu entziehen. Dies sei „eine notwendige Konsequenz der deutschen Gesetzgebung gegen den Zionismus, die einzige Antwort, die das deutsche Volksbewußtsein dem Zionismus geben kann und muß"[142].

Die Zionisten verwahrten sich entschieden gegen die Verdächtigung eines Mangels an Patriotismus. Schon im zweiten Flugblatt der „nationaljüdischen Vereinigung" hatten sie heftig auf Vorwürfe reagiert, die von den liberalen Rabbinern Maybaum und Vogelstein[143] gegen sie erhoben wurden. Die Zionisten zogen eine Trennlinie zwischen Nationalität und Staatsbürgerschaft. Erstere erwerbe man durch Geburt und könne sie nicht wechseln. Ein Staat aber könne verschiedene Nationalitäten und religiöse Bekenntnisse in sich vereinigen, ohne deren Patriotismus zu beeinträchtigen. Es bestehe somit kein Gegensatz zwischen Zugehörigkeit zur jüdischen Nation und treuer Staatsbürgerschaft. Das Flugblatt zitiert Rabbiner Rülf: „Ich bin als Jude, als echtfarbiger und waschechter Nationaljude, allerdings kein Germane; allein nur Böswilligkeit, nur freche Anmaßung darf es wagen, mir mein deutsches Staatsbürgertum aberkennen zu wollen."[144] Auf die pathetische Frage – à la Arndt – „Was ist des Juden Vaterland", erfolgt die Antwort: „... das Land, wo selbst sein Vater und Gott weiß, wieviel seiner Ahnen schon vordem gewohnt haben, dessen Schutz und Recht er genießt und dessen Sprache er spricht."[145] Die Liebe zum deutschen Vaterland wird durch die Liebe zur ehemaligen Heimat nur gefördert, denn „was wir dort verloren, das haben wir hier wiedergefunden". Der Betonung des jüdischen Nationalbewußtseins folgen Beteuerungen wie: „Gott weiß, ich habe mein deutsches Vaterland so lieb wie der beste Patriot" oder „die Liebe zu unserem deutschen Vaterland soll nicht erkalten und unsere Rechte sind uns um so teuerer, je hartnäckiger sie uns bestritten werden"[146]. Solche Erklärungen seitens der Zionisten unterschieden sich in nichts von dem Pathos ihrer liberalen Gegner. Das Streben nach Wiederaufrichtung des israelitischen Staates, so argumentierte man, entspränge nicht den „Kränkungen, Beschimpfungen, Rechtsverweigerungen, Verfolgungen und Bedrohungen", denen die Juden in Deutschland ausgesetzt seien; es habe seinen Ursprung in den Pogromen

---

[142] *Ludwig Geiger*, Zionismus und Deutschtum, in: Stimme der Wahrheit, Hrsg. *Lazar Schön*, Würzburg 1905, 165–169; vgl. *Ludwig Geiger*, Die deutsche Literatur und die Juden, Berlin 1910, 11; Die Antwort der Zionisten an Geiger wurde in einem Leitartikel der Jüdischen Rundschau, X, Nr. 9 (3. März 1905), 89–91, Zionismus und Deutschtum, Deutsche Geigerphantasien, gegeben.

[143] Allgemeine Zeitung des Judentums, Nr. 24 (11. Juni 1894), 277.

[144] Flugblatt Nr. 2, herausgegeben von der nationaljüdischen Vereinigung für Deutschland in Köln, o. J. [1897].

[145] AaO.

[146] AaO.

in Rußland, wo Hunderttausende durch willkürliche Gesetzgebung und Verwaltung heimatlos geworden wären. Für die jüdische Nation sei es eine Ehrenpflicht für diese unglücklichen, „unterdrückten" Brüder, eine „feste, ewig unbestrittene und unbestreitbare Heimat, in der Urheimat, dem Vaterland der Väter" zu schaffen [147].

Die offizielle Argumentation in dieser Frage ändert sich nicht wesentlich im folgenden Jahrzehnt. Dennoch entstanden innerhalb der zionistischen Bewegung Deutschlands Meinungsverschiedenheiten über das Problem, wieweit — angesichts der Ablehnung durch die immer stärker werdende deutschvölkische Bewegung — Zionisten ihren Patriotismus „ausleben", d. h. ob sie am politischen Leben teilnehmen oder sich dessen enthalten sollten. Der „konservative" Flügel war für aktive Teilnahme der Juden an der deutschen Politik. Max Kollenscher, Jurist und einer der zionistischen Experten für Gemeindepolitik, begründete diesen Standpunkt:

> „Die Juden haben insgesamt — auch die Zionisten — ein dringendes eigenes Interesse an der besseren Gestaltung des Erwerbs- und Wirtschaftslebens. Sie gehören in ihrer Mehrheit den Berufskreisen an, die durch die Wirtschaftspolitik der Staaten am meisten betroffen werden. Der praktische Sinn der Juden zwingt sie, den Einfluß durch Mitarbeit an der politischen Gestaltung auszuüben, der ihnen gewährleistet ist und den sie sich verschaffen können." [148]

Das besondere Interesse der Zionisten sei, meinte Kollenscher, durch den Kampf um die Rechte der Juden ihr Selbstbewußtsein zu heben, „das jüdische Volk zu schützen und es zu erziehen für die großen Aufgaben der Zukunft" [149]. Zionisten sollten an der Arbeit der Parteien, hauptsächlich der Linken, teilnehmen und sich für jüdische Interessen, z. B. Wahrung der Bürgerrechte oder Naturalisation der Ostjuden, einsetzen. Die ZVfD als solche aber sollte keine parteipolitische Stellung in innerdeutschen Angelegenheiten beziehen [150]. Andererseits sollte die ZVfD, als Teil der Gesamtorganisation, versuchen, die Außenpolitik der deutschen Regierung zu beeinflussen und sie von der historischen Notwendigkeit des Zionismus und den politischen und wirtschaftlichen Vorteilen, die Deutschland von seiner Realisierung erwarten könnte, zu überzeugen. Gleichzeitig hoffte sie, daß es durch die positive Einstellung der deutschen Regierung gelingen würde, auch jüdisches Kapital zur Mitarbeit an der wirtschaftlichen Erschließung Palästinas zu bewegen [151].

Die Linie der innerpolitischen Neutralität konnte jedoch gegenüber den

---

[147] AaO.

[148] *Max Kollenscher,* Zionismus und Staatsbürgertum, Berlin-Charlottenburg 1910, Verlag: Zionistisches Zentral-Bureau, 14.

[149] AaO, 15.

[150] Zionistisches A-B-C-Buch, herausgegeben von der ZVfD, Berlin-Charlottenburg 1908, 276; vgl. Erklärung des zionistischen Zentralbüros Köln, 26. September 1906, CZA Jerusalem, Z 2/401.

[151] *Kollenscher,* op. cit., 15.

nichtantisemitischen Parteien nicht immer gewahrt werden. So gab die *Jüdische Rundschau*, das offizielle Organ der ZVfD, 1908 offen ihrer Enttäuschung über den „Freisinn" Ausdruck, bei dem sich zumindest verkappte Judenfeindschaft bemerkbar gemacht hatte. Sie warnte vor der Möglichkeit, daß jüdische Wähler, in Ermangelung nichtantisemitischer bürgerlicher Kandidaten „noch weiter nach links abgedrängt" werden könnten. Dies stehe im Gegensatz zu ihren Interessen, da sie einerseits bei den Arbeiterparteien nicht auf Verteidigung des jüdischen Mittelstandes rechnen könnten, andererseits aber die Feindschaft der regierenden Kreise gegen sich wachrufen würden [152]. Wenn sich die *Jüdische Rundschau* auch nicht für eine bestimmte Partei erklärte, so riet sie ihren Lesern doch, eine Partei zu wählen, die das Interesse des Staates wahrte, ohne das der Juden zu schädigen [153]. Eine radikalere Stellung nahm die Zeitung zu den Reichstagswahlen von 1912 ein. Diesmal trat sie scharf gegen die antisemitischen Regierungsparteien auf. „Ein solches Regime stützen helfen, d. h. für die Juden in der Tat nichts anderes als sich selbst ohrfeigen." Die „primitivste jüdische Realpolitik" gebiete den deutschen Juden, sich nach links zu wenden, „soweit links, als es dem einzelnen seine persönliche Überzeugung irgend gestattet" [154].

Der „konservativen" Auffassung von den Beziehungen zwischen deutschem Patriotismus, Staatsbürgertum und Zionismus, vertreten hauptsächlich durch die Gründer der ZVfD, Max Bodenheimer, Adolf Friedmann und Aron Sandler, stellte die „zweite Generation" deutscher Zionisten eine radikalere Auffassung entgegen. Wortführer dieser Gruppe, deren Mitglieder zum großen Teil den nationaljüdischen Studentenverbindungen angehörten, war Kurt Blumenfeld, einer der fähigsten Agitatoren der ZVfD und seit 1909 ihr Generalsekretär.

Blumenfeld konstatierte das Bestehen eines deutsch-jüdischen „Kulturkonfliktes", den die große Mehrzahl der deutschen Juden, einschließlich eines Großteils der Zionisten, leugnete. Der Verfall des politischen Liberalismus in Deutschland hätte diesen Konflikt in den letzten Jahrzehnten verschärft. Hätten die deutschen Juden nicht so sehr unter sich gelebt, wären sie nicht der Illusion zum Opfer gefallen, in der deutschen Gesellschaft verwurzelt zu sein. Sie hätten gewußt, daß alle ihre Erklärungen über ihr Deutschtum einer Illusion entsprangen. In Wirklichkeit seien die Juden in Deutschland „wur-

---

[152] Jüdische Rundschau, XIII, Nr. 15 (10. April 1908), 127–128; *Jacob Toury*, Plans for a Jewish Political Organisation in Germany, 1888–1918, Zion, Nr. XXVIII (1963), 165–205.

[153] Jüdische Rundschau, XIII, Nr. 15 (10. April 1908), 127–128.

[154] AaO, XVII, Nr. 1 (5. Januar 1912), 1–2; in Bayern allerdings agitierte ein orthodoxer Zionist bei den Reichstags- und Landtagswahlen 1912–1913 für das Zentrum, mit (stiller) Beistimmung des Misrachi-Organes Jüdische Presse. *Jacob Toury*, Die politischen Orientierungen der Juden in Deutschland. Von Jena bis Weimar, Schriftenreihe wissenschaftlicher Abhandlungen des Leo Baeck Instituts, Bd. 15, Tübingen 1966, 259.

zellos". Es sei eine Aufgabe der zionistischen Bewegung, diese objektive Tatsache, so schmerzlich sie auch angesichts der Bindung zur deutschen Kultur sei, ihren Anhängern zum Bewußtsein zu bringen. Die Gleichberechtigung hätte zu keiner gesellschaftlichen Verschmelzung zwischen Juden und Nichtjuden geführt[155]. Eine kritische Betrachtung der Beziehung zwischen Juden und Nichtjuden müßte klar ergeben, wie schwankend der Boden in Deutschland für die Juden sei. Blumenfeld war sich bewußt, daß es sich hier um eine „Auseinandersetzung zwischen Ahnung des Unheils und beruhigter Gegenwart" handelte. Doch war er, wahrscheinlich aus jugendlichem Optimismus, überzeugt, daß schon die Erkenntnis dieser Wahrheit eine rettende Tat bedeute.

Blumenfeld war nicht der erste, der zu dieser Überzeugung kam. Bernhard Cohn[156] hatte bereits 1896 die Lage der Juden in Deutschland in viel düstereren Farben geschildert. Er hatte festgestellt, „daß sich in Deutschland zwischen Juden und Nichtjuden ein tatsächliches Kriegsverhältnis herausgebildet hat, wo die *Rechtsfrage gar nicht mehr in Betracht kommt*"[157]. Das Ziel dieses „Krieges" sei „nicht unsere Niederlage und Unterwerfung, die ja schon besteht ... sondern unser Untergang und Vernichtung"[158]. Unter solchen Umständen sah Cohn nur einen einzigen Ausweg: so schnell wie möglich „das Feld zu räumen". Er schlug eine planmäßig organisierte Auswanderung der deutschen Juden vor, ehe es zu spät sei, ehe eine zweite Bartholomäusnacht gegen sie organisiert werden würde[159]. Da es sich „um Sein oder Nichtsein" handle, sollten sie in der Zwischenzeit Realpolitik treiben und die Sozialdemokratie unterstützen ... auch ohne ihre politischen Ziele zu teilen[160].

Blumenfeld war sowohl in seiner Diagnose, wie in seinen Folgerungen gemäßigter als Cohn. Doch hatte er den Vorteil voraus, im Rahmen einer Organisation mit definierten Zielen für seine Idee kämpfen zu können. Es gelang ihm auf zwei Delegiertentagen, 1912 und 1914, vor allem die jüngere Generation der Zionisten von der Richtigkeit seiner Thesen zu überzeugen. Es wurde eine Resolution angenommen, nach der es die Pflicht jedes Zionisten – in erster Reihe des wirtschaftlich Unabhängigen – sei, „die Übersiedlung nach Palästina in sein Lebensprogramm aufzunehmen". Auf jeden Fall sollte jeder Zionist für sich persönliche Interessen in Palästina schaffen[161].

---

[155] „Meine Eltern hatten weniger nichtjüdische Bekannte als meine Großeltern und ich habe weniger als meine Eltern." *Kurt Blumenfeld*, Erlebte Judenfrage. Ein Vierteljahrhundert deutscher Zionismus, Veröffentlichung des Leo Baeck Instituts, Stuttgart 1962, 68; *Richard Lichtheim*, Rückkehr, 43–44.

[156] Über Bernhard Cohn, siehe Anm. 162.

[157] Sperrdruck im Original.

[158] *Bernhard Cohn*, Vor dem Sturm. Ernste Mahnworte an die deutschen Juden, Berlin 1896, 12.

[159] AaO, 32–34, 48.   [160] AaO, 51.

[161] Jüdische Rundschau, XVII, Nr. 24 (14. Juni 1912), 222; vgl. *Kurt Blumenfeld*, Erlebte Judenfrage, 90.

Für Blumenfeld und seine radikalen Gesinnungsgenossen war die Frage der Übersiedlung nach Palästina nicht dringend. Sie betrachteten sich als wurzellos in Deutschland, aber nicht im „Kriegsverhältnis" mit ihren Mitbürgern. Sie waren weit entfernt davon, auf ihre Staatsbürgerrechte zu verzichten oder die Erfüllung ihrer Bürgerpflichten einzuschränken. Dennoch waren sie der Ansicht, daß die Juden nicht auf der Ausübung aller Rechte bestehen und sich jedenfalls der aktiven Beteiligung an der deutschen Politik enthalten sollten. Der Takt gebiete ihnen, „den Fuß in Deutschland nur leicht aufzusetzen".

Der wachsende Einfluß, den die zionistische Idee im ersten Jahrzehnt dieses Jahrhunderts auf die jüdische und nichtjüdische Öffentlichkeit, insbesondere aber auf die studentische Jugend, ausübte, mußte Unruhe unter den Führern der liberalen Juden hervorrufen. Sie bildete den Hintergrund für die Suspension des jungen Rabbiners Emil Cohn im Jahre 1907 durch den Vorstand der Gemeinde Berlin. Der Beschluß wurde zum Teil dahin begründet, daß Cohn, gegen sein Versprechen, seine zionistischen Anschauungen öffentlich erklärt und unter Gymnasiasten für sie Propaganda getrieben hätte, obwohl er verpflichtet gewesen wäre, die Auffassungen seiner „Brotgeber" zu vertreten [162]. Die „Affäre Cohn" beschäftigte monatelang die jüdische Presse in Deutschland und im Ausland [163], wobei sowohl der Tatbestand als auch die prinzipiellen Seiten der „Affäre" erörtert wurden. Jedoch konnten weder die zionistische Pressekampagne, noch Protestversammlungen die Amtsenthebung rückgängig machen.

Das harte Verfahren des Berliner Gemeindevorstandes und der Vorschlag des Rabbiners Vogelstein, zionistische Rabbiner und Lehrer zu boykottieren [164], beweisen, daß es sich bei der „Affäre Cohn" keineswegs um einen zufälligen oder örtlich bedingten Konflikt zwischen einem Gemeindevorstand und einem Rabbiner handelte. Es traten hier vielmehr Spannungen zutage, die sich im Laufe der Jahre durch das Vordringen der Zionisten in Gemeinden und „neutralen" Organisationen angesammelt hatten. Bisher hatten Zionisten auf dem Gebiet der Gemeindepolitik keine wesentlichen Erfolge zu verzeichnen gehabt. Nur in wenigen Gemeinden [165] waren sie in die Gemeindevertretungen und Vorstände gewählt worden. Aber sie bildeten

---

[162] Jüdische Gemeinde Berlin, Bericht der Sitzung über Emil Cohn, Berlin 1907; *Emil Cohn*, Mein Kampf ums Recht, Berlin 1907; *Hans Tramer*, Bernhard und Emil Cohn. Zwei Streiter für den zionistischen Gedanken, in: Bulletin des Leo Baeck Instituts, VIII, Nr. 32 (1965), 341–342; vgl. hierzu Der Fall Joachim Prinz. Rabbiner Joachim Prinz wurde vom liberalen Gemeindevorstand in Berlin 1935 wegen „Mißbrauch der Kanzelfreiheit" bei der Predigt gekündigt. Jüdische Rundschau, XL, Nr. 43 (28. Mai 1935), 3–8.
[163] AaO, XII, Nr. 21 (24. Mai 1907), 209–211; *Hans Tramer*, Bernhard und Emil Cohn, aaO, 342.
[164] Jüdische Rundschau, XII, Nr. 27 (5. Juli 1907), 275–276.
[165] Frankfurt a. Main, Freiburg, Lübeck, Dessau, Mannheim, Hamburg.

eine „schlagfertige Opposition". Die zionistische Bewegung sah nach wie vor eines ihrer Ziele in der „Eroberung" der Verwaltungen aus den Händen der „Gemeindearistokraten", in der Umgestaltung der „Synagogengemeinden" zu „Volksgemeinden". Wie in der Vergangenheit sollte die Gemeinde wieder im Mittelpunkt des gesamtjüdischen Lebens stehen. Außer den religiösen Angelegenheiten sollte sie sich mit der Einrichtung von Arbeitsnachweisen, der Bildung von Genossenschaften und Darlehenskassen, der Errichtung von Krankenhäusern, Lehrlings- und Mädchenheimen befassen, um die wirtschaftliche Lage der ökonomisch schwachen Schichten zu bessern. Die Forderung der Zionisten war, jedem Juden, ohne Unterschied seiner Herkunft und seines sozialen Standes, das Mitbestimmungsrecht in der Gemeinde durch Einführung des allgemeinen Wahlrechts zu den Vertretungskörperschaften und durch Abschaffen von Zensus und Klassenwahlrecht zu gewähren. So gestaltet, glaubten die Zionisten, würde die Gemeinde „die Führerin der Judenheit sein auf dem Wege zur ‚Rückkehr zum Judentum' " [166].

Dadurch sahen sich die Liberalen in der Führungsposition der deutschen Judenheit bedroht. Sie wiesen die Forderungen nach grundlegenden Reformen resolut zurück. Durch die Suspension Cohns sollte klargestellt werden, daß sie entschlossen waren, sich den „Eroberungsmethoden" der Zionisten entgegenzustellen.

Wenn auch nach außen hin in den folgenden Jahren eine Lockerung der Spannung eintrat, so zeichnet sich doch unter der Oberfläche eine Erhärtung auf beiden Seiten ab. Der elfte Delegiertentag der ZVfD sprach sich 1908 für die Mitarbeit von Zionisten in den großen jüdischen Organisationen aus, „soweit es der Gliederung und der Zusammenfassung der gesamten Judenschaft, sowie der Stärkung des jüdischen Selbstgefühls und Volksbewußtseins dient". Dem lag die Hoffnung zugrunde, daß es zu einer Zusammenfassung der Organisationen, insbesondere in bezug auf Palästina, kommen werde [167]. Diese Resolution und mit ihr die Führerschaft der ZVfD, wurden aufs schärfste von den „Radikalen" angegriffen, die im Zusammengehen mit philantropischen Organisationen, auch wenn diese durch ihre Gelder die Palästinakolonisation förderten, ein Abrücken vom zionistischen Ziel sahen. Sie warnten vor der Gefahr, daß die Zionistenführer, im Bestreben ihre Talente im Interesse des Judentums zur Geltung zu bringen, Kompromisse schließen würden oder „sich in sattlicher Behaglichkeit" auf dem Erreichten ausruhend, im Begriffe ständen, den kämpferischen Elan zu verlieren.

„Wir haben nichts als unsere Idee. Diese Idee ist gefürchtet – aber auch geachtet. Geben wir sie auf, schließen wir Kompromisse, werden wir gemäßigter – so ist der

---

[166] *Max Kollenscher*, Aufgaben jüdischer Gemeindepolitik, Posen 1905; Der Zionismus und die jüdische Gemeinde, Jüdische Rundschau, XII, Nr. 27 (5. Juli 1907), 275–276.

[167] Bericht über den 11. Delegiertentag, Jüdische Rundschau, XIII, Nr. 24–27 (12. Juni – 3. Juli 1908).

Zionismus tot. Die Jugend kann sich für eine Idee begeistern. Komiteesitzungen und offizielle Aussprachen sind ihr vollkommen gleichgültig... Wir fordern deshalb von unseren Führern unbeugsame Festigung der Gesinnung... daß sie eher zu rücksichtslos als zu konziliant, eher Fanatiker als Kompromißler sind." [168]

Von diesem Gesichtspunkt aus verschärfte sich auch die Kritik der „Radikalen" am Centralverein. Sie wandte sich gegen seine „Politik der Assimilation" und sein Betonen des deutsch-nationalen Standpunktes. Es sei ein Irrtum anzunehmen, die Mitarbeit der Zionisten im Centralverein bringe den Zionismus den deutschen Juden näher. Im Gegenteil – sie versperre den Weg zu ihnen und zum Verständnis für „wahre jüdische Politik" [169]. Der Centralverein hätte den Grundsatz der Neutralität verlassen und im Fall Emil Cohn hätte sein offizielles Organ eine ausgesprochen antizionistische Stellung bezogen [170].

VIII

Drei Ereignisse beleuchten die Beziehungen von Zionisten und Liberalen bis 1914: Die Diskussion um Sombarts Thesen über das Judentum und die Zukunft des jüdischen Volkes, die „Kunstwartdebatte" und der „Sprachenkampf".

Werner Sombart, Professor für Volkswirtschaft an der Berliner Handelshochschule, lud Ende 1909 das Berliner Publikum zu einem Vortragszyklus über ,Die Bedeutung der Juden für das moderne Wirtschaftsleben' ein, in welchem er im wesentlichen die Anschauungen darlegte, wie sie 1911 in seinem Buch *Die Juden und das Wirtschaftsleben* veröffentlicht wurden. Der Berichterstatter der *Jüdischen Rundschau* meinte, Sombart hätte bei der Behandlung dieses Themas „mit der ihm eigenen Unbekümmertheit das Unerhörte gewagt" [171]. Es sei ein harter Schlag für die „Mitbürger mosaischer Konfession", die die Säle bis auf den letzten Platz füllten, „den ernstzunehmenden Professor" immerfort vom jüdischen „Volke" reden zu hören, als ob das eine Selbstverständlichkeit sei.

Als dann Sombart zwei Jahre später wieder vor überfüllten Sälen, in einem zweiten Vortragszyklus über ,Die Zukunft der Juden' sprach, drückte der Redakteur der *Jüdischen Rundschau*, Julius Becker, seine Befriedigung darüber aus, daß Sombart zu einer *„unzweideutigen Rechtfertigung der na-*

[168] *Richard Lichtheim,* Forderung des Tages, Jüdische Rundschau, XIII, Nr. 25 (19. Juni 1908), 234–235.
[169] *Elias Auerbach,* Diskussion auf dem 11. Delegiertentag, aaO, Nr. 24 (12. Juni 1908), 130.
[170] B. Gr., Wehrt Euch!, aaO, Nr. 30 (24. Juli 1908), 288–289.
[171] Jüdische Rundschau, XIV, Nr. 47 (19. November 1909), 522–523.

tional-jüdischen, der zionistischen Bewegung" gekommen sei[172]. Die offizielle
Zeitung der ZVfD konnte nicht genug Superlative für die wissenschaftliche
Objektivität und Voraussetzungslosigkeit „des geistvollsten Soziologen der
Gegenwart" finden und Becker bemerkte, daß in Sombarts Vortrag „ein jeder
Satz ein Schlag ins Gesicht unserer Gegner war"[173]. Es ist erstaunlich, wieweit
die Begierde nach Anerkennung durch eine nichtjüdische Kapazität die Zio-
nisten gerade in bezug auf die wissenschaftliche Objektivität Sombarts blind
machte. Schon in einem früheren Werke Sombarts hätte sich eine bedenkliche
Mischung von Nationalökonomie, Rassentheorie und antisemitischer Verallgemeinerung feststellen lassen können[174].

Während die Liberalen Sombart als „Antisemiten" angriffen, verteidigte
ihn die zionistische Presse mit Nachdruck gegen diese Beschuldigung[175]. Von
Sombarts Zustimmung zu zionistischen Ideen berauscht, wurden sie auch in
ihrer Haltung zu seinem „Programm" für die Zukunft der *deutschen* Juden
kritiklos. Sombart schlug vor, an dem bestehenden Zustand der unvollkommenen Durchführung der jüdischen Gleichberechtigung „einstweilen" nichts
zu ändern und riet den Juden, sie sollten „die Klugheit und den Takt" besitzen, diese Gleichberechtigung nicht überall und nicht in vollem Umfang
auszunutzen[176]. Die kritiklose Einstellung der Zionisten, vor allem ihres radikalen Flügels, entsprang einer vermeintlichen Übereinstimmung zwischen
Sombarts und ihren eigenen Anschauungen. Sie unterschätzten den Unterschied zwischen einer freiwilligen Selbstbeschränkung in der Ausübung der
Bürgerrechte und der ideologischen Fundierung eines *numerus clausus*[177].

Dieser Gefahr war sich andererseits Eugen Fuchs, Mitbegründer und eine
der führenden Persönlichkeiten des C. V., klar bewußt. Fuchs verwahrte sich
gegen die Konsequenzen von Sombarts Rassentheorie. Er beschuldigte den
Professor indirekt, seine Vorschläge seien Früchte der Antisemitenbewegung.
Demgegenüber seien der Kampf um das Recht und um die volle Durchführung der Gleichberechtigung Pflicht der moralischen Selbsterhaltung der Juden.

---

[172] Sombart und Wir, aaO, XVII, Nr. 50 (15. Dezember 1912), 589. Gesperrt gedruckt im Original.

[173] AaO.

[174] *Werner Sombart*, Das Wirtschaftsleben im Zeitalter des Hochkapitalismus,
Berlin 1955 (1. Auflage 1902), 21, 26, 973.

[175] Sein oder Nichtsein, Jüdische Rundschau, XVI, Nr. 46 (17. November 1911),
541; *Rudolf Wassermann*, Sombart, der „Antisemit", aaO, XVII, Nr. 7 (16. Februar
1912), 51–52; *Ben-Snew*, Sombarthetze und kein Ende, aaO, Nr. 23 (7. Juni 1912),
209–210. Vgl. die kritische Analyse der Sombartschen Theorien von *Isaak Breuer*,
Sombart und die Juden, Der Israelit, Nr. 36, 37, 38, 40 (1911).

[176] *Hans Goslar*, Werner Sombart über die Zukunft der Juden, Jüdische Rundschau, XVI, Nr. 46 (17. November 1911), 543–544; *Werner Sombart*, Die Zukunft
der Juden, Leipzig 1912, 86–87.

[177] *Kurt Blumenfeld*, Erlebte Judenfrage, 51, 58.

Noch war die Sombart-Diskussion nicht verklungen, da erschien in der angesehenen, von Ferdinand Avenarius herausgegebenen Zeitschrift *Der Kunstwart* ein Artikel, der die Rolle der Juden im deutschen Kulturleben vom national-jüdischen Standpunkt aus beleuchtete. Der Verfasser, Moritz Goldstein, ein jüdischer Journalist und Schriftsteller, untersuchte unter dem Titel ‚Deutsch-jüdischer Parnass‘ den bestehenden Zustand, den er als „Vorherrschaft der Juden" in Presse, Literatur, Theater und Musik bezeichnete. Die Juden seien zu ungebetenen „Verwaltern" des geistigen Besitzes des deutschen Volkes geworden, welches ihnen sowohl die Berechtigung, als auch die Fähigkeit dazu abspreche [178]. Die schlimmsten Feinde seien

> „*die* Juden, die nichts merkten, die unentwegt deutsche Kultur machen, die so tun als ob, und sich einreden, man erkenne sie nicht. Das sind unsere wahren Feinde; sie gilt es, von den allzu sichtbaren Posten zu verdrängen, wo sie die Judenschaft repräsentieren als ein falscher Typ Jude, sie gilt es, mundtot zu machen und allmählich auszurotten, damit wir anderen Juden wieder unseres Lebens froh werden können in dem einzigen, worin ein Mann sich stolz und frei fühlen kann: Im offenen Kampf gegen einen ebenbürtigen Gegner." [179]

Um Goldsteins Artikel entspann sich eine über alles Erwarten umfangreiche Debatte [180]. Antisemiten sahen in seinen Thesen eine teilweise Bestätigung ihrer Argumente. Viele Zionisten identifizierten sich mit ihnen [181] oder begrüßten zumindest die offene Aussprache, zu der sein Aufsatz geführt hatte. Die öffentliche Diskussion über die Judenfrage sei eine Grundforderung des Zionismus, der seit langem auf die Gefahr einer Verschleierung hingewiesen hatte, wie sie von liberalen Juden und Nichtjuden betrieben wurde [182]. Wie die Thesen Sombarts bot ihnen die „Kunstwartdebatte" eine willkommene Gelegenheit, das ihnen vermeintlich durch die liberale Presse aufgezwungene Totschweigen zu durchbrechen.

Die jüdisch-liberale Presse andererseits wies die radikal-zionistischen Anschauungen des ‚Deutsch-jüdischen Parnass‘ mit Entschiedenheit zurück.

> „Auf welche irgendwie gültigen Äußerungen deutscher liberaler Juden stützt sich eigentlich Moritz Goldstein, wenn er behauptet, der liberale Jude brüste sich seines Europäertums? Von Zunz, Jost, Geiger, Philippson, Joel, Steinthal, Lazarus usw. bis zu Hermann Cohen, Martin Philippson, Ludwig Geiger und den Begründern des B. B. [B'nai B'rith] -Ordens, des Centralvereins und der liberalen Vereinigung für die religiösen Interessen des Judentums wollen alle führenden Geister

---

[178] *Moritz Goldstein*, Deutsch-jüdischer Parnass, Der Kunstwart, Halbmonatsschau für Ausdruckskultur auf allen Lebensgebieten, München, 1. März-Heft (1912), 283 ff.

[179] AaO, 294.

[180] *Moritz Goldstein*, German Jewry's Dilemma before 1914. The Story of a Provocative Essay, in: Year Book II of the Leo Baeck Institute, London 1957, 236–254.

[181] Jüdische Rundschau, XVII, Nr. 11 (15. März 1912), 97.

[182] AaO, Nr. 33 (16. August 1912), 309.

des liberalen Judentums Deutsche sein. Und sie wollen es nicht nur sein, sie sind es, ebenso wie es – wenn auch gegen seinen Willen – Moritz Goldstein selbst ist ... Ich frage: Wie sollen wir das anfangen, nichts weiter sein zu wollen als Juden." [183]

Der Grundirrtum des Kunstwartaufsatzes bestehe darin, daß er die Situation der Ost- und Westjuden gleichsetze. Jene seien im vollsten Sinne Kultur- und Nationaljuden. Die Westjuden jedoch seien mit dem inneren und äußeren Schicksal der westeuropäischen Kulturnationen unlöslich verknüpft. Gebe doch selbst Goldstein zu, daß „das Judentum im Laufe einer mehr als tausendjährigen Gemeinschaft mit dem Deutschtum so eng verwachsen [ist], daß beide nicht mehr voneinander gelöst werden können" [184]. Wie unhaltbar seine These selbst vom zionistischen Standpunkt aus war, bewies Franz Oppenheimer mit der Erklärung, weder „Gast" noch „loyaler Staatsbürger", sondern Patriot seines Vaterlandes zu sein und sein deutsches Volksbewußtsein mit seinem jüdischen Stammesbewußtsein zu vereinigen [185]. Moritz Goldstein, um seinen „privaten Nöten und unheilbaren Leiden" Erleichterung zu schaffen, habe sich, anstatt sich im verständnisvollen Freundeskreis auszusprechen, mittels des *Kunstwarts* an eine judenfeindliche Öffentlichkeit gewandt, dessen literarischer Berater zudem noch ein notorischer Antisemit sei. Durch seine „maßlosen Übertreibungen" habe er eine literarische Judenhetze entfesselt, wie sie Deutschland seit Jahrzehnten nicht gesehen hätte [186].

In Wahrheit war die „Kunstwartdebatte" eines der Symptome einer tiefen geistigen Gärung, die nicht nur die Juden, sondern überhaupt einen großen Teil der Jugend und der Intellektuellen im ersten Jahrzehnt des zwanzigsten Jahrhunderts ergriffen hatte. Viele der bisher als unanfechtbar geltenden Vorstellungen waren wankend geworden, innere Unruhe und Zweifel an alten Wahrheiten ließen nach neuen Formeln suchen, neue weltanschauliche Konzeptionen wie die Nietzsches und Bergsons, Evolutions-Idee und Lebensphilosophie, ja auch die Neigung zu Mystik und Neo-Romantik übten direkt oder indirekt ihre Wirkung aus. Man war nicht mehr zufrieden mit „flachen", konventionellen Erklärungen, sondern suchte nach tieferen Zusammenhängen. Das war auch die Zeit des ersten Auftretens der Tiefenpsychologie; und das „Erwachen der geschichtslosen Nationen" (dessen Anfänge im geistigen Sinne bis zu Herder zurückgehen) schien zu zeigen, daß es weit in die Vergangenheit reichende geheimnisvolle Kräfte gibt, die in Wahrheit den Charakter und

---

[183] *Julius Goldstein,* Kritische Betrachtungen zu Moritz Goldsteins Deutsch-jüdischer Parnass, Im deutschen Reich, XVIII, Nr. 10 (Oktober 1912), 447.

[184] *Moritz Goldstein,* Deutsch-jüdischer Parnass, aaO, 291.

[185] *Franz Oppenheimer,* Stammesbewußtsein und Volksbewußtsein, Jüdische Rundschau, XV, Nr. 8 (25. Februar 1910), 86–89.

[186] Antwort Julius Goldsteins auf Moritz Goldsteins Artikel: Professor Dr. Julius Goldsteins Kritik usw. Im deutschen Reich, XIX, Nr. 3 (März 1913), 104–105; vgl. Rede Eugen Fuchs' in der Versammlung des C. V. in Kattowitz, aaO, Nr. 1 (Januar 1913), 22–24.

auch das geistige Schicksal von Volksgruppen stärker bewegen als die Vorgänge des täglichen Lebens. Solche Strömungen übten – oft beinahe unbemerkt – auch im Lager der hochentwickelten intellektuellen jüdischen Jugend einen starken Einfluß aus. Im zionistischen Lager, aber weit über den organisierten Zionismus hinaus, ist dieses Phänomen nach der Jahrhundertwende unverkennbar, in einem Prozeß, den man im heutigen (besonders amerikanischen) Sprachgebrauch als das „Suchen der jüdischen Identität" bezeichnen würde. Für den sogenannten „radikalen" Zionismus jener Zeit war dies ein Motiv, das nichts mehr mit der materiellen Judennot zu tun hatte. Es war ein typisch westeuropäisches, eigentlich „deutsches" Phänomen im Zionismus. Es fand seinen Widerhall in Literatur und Lyrik, auch in der „Entdeckung" des Jiddischen mit seiner volkhaften Poesie. Das war nicht Partei-Zionismus, sondern ging weit über solchen Rahmen hinaus. Richard Beer-Hofmann ist vielleicht die repräsentativste Gestalt dieser geistigen Apotheose eines neuen jüdischen Bewußtseins. Seinen klassischen Ausdruck fand dieses in den Reden Martin Bubers (ab 1909), die die starke Bindung jüdischer Menschen deuteten aus dem Zusammenhang der Generationskette (Das „Blut") und den in der jüdischen Geschichte wirkenden Ideen, Mächte, die stärker sind als die von den liberalen Juden – gewiß mit Recht, aber auf einer anderen Ebene – betonten Elemente von Sprache und Heimat. Hier finden wir die entscheidenden Elemente des deutschen Zionismus vor dem Ersten Weltkrieg, und hieraus erklärt sich, trotz der relativ geringen organisierten Mitgliederzahl, seine geistige Stoßkraft.

Die Radikalisierung der deutschen Zionisten fand ihre Parallele im liberalen Lager. Sie führte 1912 zur Gründung eines Antizionistischen Komitees, hinter welchem die „Vereinigung für das liberale Judentum in Deutschland" stand. In *Schriften zur Aufklärung über den Zionismus* wurde den Zionisten vorgeworfen, den nationalen Rassenwahn zum „Nährboden" ihrer Ideologie gemacht zu haben und dadurch zu Brüdern der Rassenantisemiten in „jüdischem Gewande" geworden zu sein[187]. Hierin sei die vernichtendste Kritik dieser pseudomessianischen Bewegung enthalten, die nichts anderes sei als ein unjüdisches Assimilationsprodukt[188]. Selbst die wirkliche humanitäre Arbeit in Palästina werde von Nichtzionisten, Orthodoxen wie Liberalen geleistet. Außerdem sei es ein „va banque-Spiel", die ganze Arbeit auf Palästina zu konzentrieren. Ein jüdisches autonomes Gemeinwesen sei eine logische und staatsrechtliche Unmöglichkeit, welche weder die Türkei noch die

---

[187] Schriften zur Aufklärung über den Zionismus, Nr. 2, Der Zionismus, seine Theorien, Aussichten und Wirkungen, Hrsg. Antizionistisches Komitee, Berlin o. J. [1913], 12.
[188] Jüdische Rundschau, XVII, Nr. 42 (18. Oktober 1912), 359; aaO, Nr. 50 (13. Dezember 1912), 483.

Großmächte je gestatten würden. Da der Zionismus einerseits die jüdische Religion und die jüdische Vergangenheit zerstöre, andererseits aber keine Zukunft geben könne, sei sein praktisches Endergebnis „die Zerstörung des Judentums". In bezug auf das Innenleben der deutschen Juden hätten die Zionisten die „deutschfühlenden" Organisationen erschüttert und „zur Verflachung und Verrohung" des jüdischen Lebens beigetragen. Sie hätten die Jugend durch demagogische Phrasen zu Haß gegen die jüdische Religion und deren Vertreter erzogen und sie gegen die Autoritäten aufsässig gemacht[189]. Die größte Gefahr jedoch bestehe darin, daß der Zionismus in seinen Anhängern „die Freude am Vaterlande und die Lust zu freudiger Pflichterfüllung" vernichte. Er untergrabe den Abwehrkampf des Centralvereins, indem er den Antisemiten „glatt in die Hände arbeite"[190].

Eine Delegiertenversammlung des C. V. im März 1913, deren Thema die Stellung zum Zionismus war*, lehnte den Vorschlag von Extremisten ab, Anhänger des „Baseler Programms" (als unvereinbar mit den Prinzipien des Vereins) von der Mitgliedschaft auszuschließen[191]. Hingegen stimmte sie dem gemäßigten Vorschlag Eugen Fuchs' zu, sich nicht mehr mit der Erfüllung der staatsbürgerlichen Pflichten zu begnügen, welche die Delegierten auch den Zionisten zubilligten, sondern von ihren Mitgliedern „deutsche Gesinnung und die Betätigung dieser Gesinnung im bürgerlichen Leben" zu fordern. Diejenigen Zionisten, die ein deutsches Nationalgefühl ableugneten, sich national *nur* als Juden fühlten und daher deutscher Gesinnung nicht fähig seien, könnten nicht Mitglieder des C. V. sein[192].

Trotz dieser gemäßigten Resolution reagierte das Centralkomitee der deutschen Zionisten mit ungewöhnlicher Schärfe. Es beschuldigte den C. V., daß er sich aus agitatorischen Erwägungen im Kampf gegen die wachsende zionistische Organisation zur Denunziation habe fortreißen lassen. Die staatsbürgerliche Haltung der deutschen Zionisten stehe in keinem Widerspruch zu nationaljüdischer Gesinnung[193].

---

[189] Schriften zur Aufklärung über den Zionismus, Nr. 2, aaO, 45–47. Obwohl die Broschüre anonym war, wußte die Jüdische Rundschau, daß ihr Verfasser „Der rabbinische Zionistentöter aus dem Osten" war und meinte wahrscheinlich Rabbiner H. Vogelstein aus Stettin, Jüdische Rundschau, XVIII, Nr. 23 (6. Juni 1913), 229 bis 230.

[190] Schriften zur Aufklärung über den Zionismus, Nr. 2, aaO, 38–43; vgl. Vertrauliches Schreiben des antizionistischen Komitees vom 22. November 1912, zitiert in Jüdische Rundschau, XVII, Nr. 50 (13. Dezember 1912), 483.

* Siehe hierzu ebenfalls den Beitrag von *Arnold Paucker*, Zur Problematik einer jüdischen Abwehrstrategie in der deutschen Gesellschaft, im vorliegenden Bande, S. 523 f. (Hrsg.).

[191] Im deutschen Reich, XVII, Nr. 5–6 (Mai 1913) 236–238.

[192] *Eugen Fuchs*, Referat über die Stellung des Centralvereins zum Zionismus in der Delegiertenversammlung vom 30. März 1913, in: Um Deutschtum und Judentum, Berlin 1919, 245 ff.

[193] Erklärung, Jüdische Rundschau, XVIII, Nr. 14 (4. April 1913), 135. Zur inner-

Denn ungeachtet der verhältnismäßig liberalen Atmosphäre, die im Wilhelminischen Reiche vorherrschte, konnten die deutschen Zionisten einen Vorwurf, der sich als Staatsuntreue auslegen ließ, nicht auf sich sitzen lassen. So erklärt sich auch die scharfe Gegenresolution der außerordentlichen Tagung der ZVfD vom 1. Mai 1913 [194], die die Anwürfe des Centralvereins energisch zurückwies, ihn als eine zukünftige politische Gesamtvertretung der deutschen Juden ablehnte und an die Zionisten appellierte, ihren Austritt aus dem C. V. zu vollziehen[*].

Gleichzeitig befaßte sich die Tagung der ZVfD auch noch mit dem Problem des Boykotts von Zionisten in allgemein-jüdischen Organisationen. So schlug z. B. Alfred Klee, der sich noch bis vor kurzem bemüht hatte, den Konflikt mit dem C. V. auf dem Verständigungswege beizulegen, vor, diesen zu verlassen und „eine neue, wirklich neutrale Organisation zu schaffen" [195].

Zur Trennung der Zionisten von den von Liberalen gesteuerten Organisationen trug weithin auch der „Sprachenkampf" am Haifaer Technikum bei. Der Hilfsverein der deutschen Juden, der dieses Institut im Rahmen seines Schulwerks betreute, hatte beschlossen, Deutsch als Lehrsprache für die technischen Fächer einzuführen, u. a. um hierdurch die deutsche Kulturpolitik im Nahen Osten zu fördern. Dementgegen forderte die Lehrerschaft des Instituts auch für diese Fächer Hebräisch als Lehrsprache. In dem folgenden

---

jüdischen Debatte der Jahre 1912 und 1913 siehe jetzt vor allem zwei neuere amerikanische Studien: *Ismar Schorsch*, Jewish Reactions to German Anti-Semitism, 1870 to 1914, New York–London–Philadelphia 1972, und *Jehuda Reinharz*, Fatherland or Promised Land. The Dilemma of the German Jew, 1893–1914, Ann Arbor Mich. 1975. – Im Rahmen einer umfassenden Arbeit über die Konfrontation der zionistischen Ideologie mit der des liberalen Judentums in Deutschland bringt Reinharz eine ausführliche Darstellung der Auseinandersetzungen zwischen den Zionisten und dem C.V. Der Verfasser beschreibt auch eingehend den Konflikt in den Gremien der Jugendvereine und der Turnerschaft, der in der vorliegenden Arbeit nicht berücksichtigt werden konnte. – Schorsch ist der Ansicht, die Radikalisierung des deutschen Zionismus sei außer den innerideologischen Motiven, die hier hauptsächlich hervorgehoben wurden, auch der Revision in der Politik der zionistischen Weltorganisation zuzuschreiben. Nach den politischen Fehlschlägen der Herzl-Wolffsohn-Epoche hätte sich das Schwergewicht der zionistischen Bewegung nunmehr auf die praktische Arbeit in Palästina und die Vertiefung der zionistischen Ideologie in der Diaspora verlagert und so einen verschärften Palästinozentrismus hervorgerufen. Dieser hätte zum Konflikt zwischen den Extremisten bei den Zionisten und den Liberalen geführt, der von den „Gemäßigten" beider Lager nicht mehr überbrückt werden konnte. Somit wäre die Verteidigung der Gesamtinteressen der deutschen Judenheit geschwächt worden (*Schorsch*, op. cit., 182–202.)

[194] Abgedruckt Jüdische Rundschau, Nr. 18 (2. Mai 1913), 178.

[*] Die Texte der Resolutionen des Centralvereins und der Zionistischen Vereinigung sind in dem oben angeführten Beitrag von *Arnold Paucker*, S. 523–524, auszugsweise wiedergegeben (Hrsg.).

[195] Jüdische Rundschau, XVIII, Nr. 19 (9. Mai 1913), 188.

Konflikt stellten sich die zionistische Weltorganisation und mit ihr die deutschen Zionisten vorbehaltlos auf die Seite der palästinensischen Lehrerschaft[196].

Die Führung der deutschen Zionisten hatte die Wichtigkeit des Hebräischen als Nationalsprache des jüdischen Volkes und seine Rolle in seiner Regeneration früh erkannt. Sie hatte des öfteren auf die Bedeutung der gemeinsamen Nationalsprache bei der Einigung Deutschlands hingewiesen[197]. Das Erlernen der hebräischen Sprache galt als Teil zionistischer Betätigung (wobei allerdings die Errungenschaften nicht immer bedeutend waren)[198]. So war der Haifaer Sprachenkampf den deutschen Zionisten mehr als eine bloße Solidaritätserklärung mit dem neuen *Jischuw* in Palästina im Streit mit dem Vorstand des Hilfsvereins.

Trotz der Gefahr, sich innerhalb der deutschen Judenheit zu isolieren, traten die Zionisten hier für ein ihnen als lebenswichtig erscheinendes Interesse des jüdischen Aufbauwerks ein. Sie taten es auch, wenn dies scheinbar deutsche außenpolitische Interessen verletzte und dem Antizionistischen Komitee Gelegenheit bot, ihren Patriotismus in der deutschen Tagespresse in Frage zu stellen. Nichtsdestoweniger zogen innerhalb eines Jahres Zionisten ebenso wie die Nichtzionisten enthusiastisch „für Kaiser und Vaterland" ins Feld.

IX

Neben dem C. V. als Repräsentanten der religiös-liberalen Majorität des deutschen Judentums zeigte auch die jüdische Orthodoxie eine kritische Einstellung – wenn auch aus völlig anderer Sicht – zur Ideologie der zionistischen Bewegung. In dieser Richtung reagierten die Zionisten zunächst schwach.

In einer längeren Rede ‚Der Zionismus und seine Gegner', die der Zionist Max Nordau 1898 in Berlin hielt, waren nur wenige Bemerkungen den orthodoxen Gegnern gewidmet[199]. Ihr Argument, der Zionismus sei „unnötig" und das Judentum würde „ohne ihn weiterbestehen, wie es 18 Jahrhunderte lang bestanden hat", beantwortet er mit der schlagwortartigen Prophezeiung: „Das Judentum wird zionistisch sein oder es wird nicht sein." Ein weiteres Argument, der Zionismus greife in die göttliche Vorsehung ein, ignorierte er mit der Begründung, hier würde in einer Sprache gesprochen, die er weder verstände noch spräche.

---

[196] Eine ausführliche Darstellung des Konfliktes bringt *Moshe Rinott,* Chewrath Haesrah Lijhude Germaniah Bejzirah Uwemaawak (hebr.), Jerusalem 1971, 184–226.

[197] Siehe: Grundsätze des „nationaljüdischen Clubs ‚Zion' in Köln" (1894), in: *M. Bodenheimer,* So wurde Israel, 51; im „Liederbuch für jüdische Vereine", Hrsg. *Heinrich Loewe,* Berlin 1898, befinden sich bereits sieben hebräische Lieder.

[198] *Fritz Löwenstein,* Warum lernen wir hebräisch, Jüdische Rundschau, XVII, Nr. 6 (9. Februar 1912), 43.

[199] Etwa eine halbe Druckseite in der späteren fast dreißig Seiten umfassenden Veröffentlichung. *Max Nordau,* Zionistische Schriften, Berlin 1923, 228–254.

In Wirklichkeit befanden sich unter den Vorläufern des politischen Zionismus auch orthodoxe Rabbiner. Nicht wenige der Gründer der politisch-zionistischen Bewegung, auch Nordau selbst[200], entstammten orthodoxen Familien. Zwar war es Herzl nicht gelungen, den einflußreichen Rabbiner Hirsch Hildesheimer und die ihm nahestehenden Kreise für den Zionismus zu gewinnen, doch gab Bodenheimer die Hoffnung nicht auf.

> „Ich hoffe, daß Sie sich ... in dem edlen Bestreben, die Orthodoxie unserer Sache
> näher zu kriegen, nicht beirren lassen. Gott sei Dank, daß es auch in Deutschland
> noch strenggläubige Juden gibt, welche dem Zuge ihres warmfühlenden Herzen
> folgend, sich unserer Bewegung anschließen." [201]

In gewissem Maße sollte sich diese Hoffnung erfüllen. Überall in Deutschland, vor allem aber in den kleinen Gemeinden Süddeutschlands und den Gemeinden Posens hatten sich jüdische Tradition und jüdisches Wissen stärker erhalten als in den Großgemeinden Norddeutschlands. Auf diese Kreise, und auf die orthodoxe Jugend, die von dort in die Großstädte abwanderte[202], konnte die zionistische Idee nicht ohne Wirkung bleiben. Der Zionismus hatte in fast 400 jüdischen Kleingemeinden mit weniger als 1000 Mitgliedern Fuß gefaßt, besonders in den Ostprovinzen Deutschlands, die noch stark unter dem Einfluß der ostjüdischen Tradition standen[203]. Nicht immer waren es geplante Propagandaaktionen, die die Botschaft des Zionismus an entlegene Orte trugen. Pinchas Rosen (Felix Rosenblüth), dessen Familie in einer winzigen, streng orthodoxen, isolierten Gemeinde in Messingwerk lebte[204], berichtet über seine Begegnung mit dem Zionismus und seine „Bekehrung" zu ihm.

> „Der erste Mensch, von dem ich das Wort ‚Zionismus' hörte, war ein Mann namens
> Goldheim, ein Weinhändler. Er kam zu uns nach Messingwerk, um uns Palästina-
> wein aus Sichron Yaakov zu verkaufen. Dieser Reisende war ein begeisterter Zio-
> nist, der, glaube ich, am ersten Zionistenkongreß teilnahm ... Hier muß ich sagen,
> daß, was mir und später meinen Brüdern und Schwestern geschah, war eine Art der
> Sublimation. D. h. der Zionismus war für uns ein Ersatz für die Religion. Unser
> religiöser Fanatismus bekam im Zionismus eine neue Form. Es war keine Flucht
> vor der Religion. Der Übergang von Religion zu Zionismus war ziemlich natür-
> lich ... Es war einfach ein Idealismus, der neue Gestalt annahm." [205]

---

[200] Siehe Meine Autobiographie, *Max Nordau*, Zionistische Schriften, 484–486.

[201] M. Bodenheimer an Ernst Kalmus, 20. September 1897, nach Erscheinen seines pro-zionistischen Artikels in der Jüdischen Presse, CZA Jerusalem, A 15/18, Nr. 68.

[202] *Jakob Lestschinski*, Das wirtschaftliche Schicksal des deutschen Judentums, Berlin 1932, 56; Felix *Teilhaber*, Der Untergang der deutschen Juden, München 1911, 34–46.

[203] Jüdische Rundschau, XVIII, Nr. 25 (26. Juni 1913), 257.

[204] Über Messingwerk siehe *Richard Lichtheim*, Rückkehr, 144–146.

[205] Interview von Naomi Fränkel mit Pinchas Rosen, Hebrew University Jerusalem, Institute of Contemporary Jewish History, 25. November 1968, Tonband Nr. 1385.

Während konservative und orthodoxe Kreise in den allgemeinen Ortsgemeinden dem Zionismus zugänglicher waren, lehnte die unter der Führung von Rabbiner Salomon Breuer in den „Austrittsgemeinden" organisierte Neo-Orthodoxie die zionistische Ideologie ab. Es könne „den Prinzipien der deutschen Orthodoxie nicht entsprechen, einer Leitung Folge zu leisten, die anderen Prinzipien huldigt"[206].

Die neo-orthodoxe Publizistik, die sich mit dem Zionismus auseinandersetzte, bezog sich auf Grundsätze, die Rabbiner Samson Raphael Hirsch einige Jahrzehnte zuvor in seinen *Neunzehn Briefen über das Judentum* geprägt hatte[*]. Dieser faßte die Juden als „nationale Einheit" auf, die durch das hebräische Wort „Am" charakterisiert wird, im Gegensatz zu „Volk", welches auch den gemeinsamen Boden einschließt. Im Staatsleben liege weder das Wesen, noch der Zweck der Volkstümlichkeit Israels, sie seien nur Mittel zur Lösung seines geistigen Berufes. „Nie war Land und Boden sein Einigungsband, sondern die gemeinsame Aufgabe der Thauroh, darum ja auch eine Einheit noch, wenn auch fern vom Lande."[207] Übereinstimmend mit Hirsch definierte auch sein Enkel Isaak Breuer, einer der bedeutendsten Führer und Publizisten der deutschen Orthodoxie, die Juden als „Religionsnation", deren Nationalgeschichte entscheidend in allen Phasen durch ihre „Nationalreligion" geprägt werde[208]. Gäbe es ein Gebiet, auf welchem das jüdische Volk sich nicht bewährt hätte, so sei es das Staatsleben[209].

Die zionistische Weltorganisation bemühte sich, einem Konflikt mit der Orthodoxie auszuweichen. Die Zionisten sahen in ihr den Hüter eines Teils eben der Werte, zu welchen sie selbst zurückzukehren wünschten. Andererseits mußte sie, als „revolutionäre" Bewegung, die gleichzeitig eine „Umwertung der Werte" erstrebte, erstarrte Lebensauffassungen und Lebensformen bekämpfen. Der Zusammenstoß war unvermeidlich.

Als die Zionisten sich gezwungen sahen, die Debatte mit der Neo-Orthodoxie aufzunehmen, kritisierten sie diese als „Klosterjudentum", wo die Überlieferung teils ein Wort ohne Inhalt, teils nachträgliche Konstruktion sei. Sie sahen in der Neo-Orthodoxie, wie im liberalen Judentum, beide auf dem Glaubensprinzip fußend, ein Assimilationsprodukt. Als „Antireform" sei die Orthodoxie das Komplement, welches die Assimilationsreform zu

---

[206] Beschlüsse der wirklichen orthodoxen Rabbiner auf dem Rabbinertage in Frankfurt/M., Die Welt, Nr. 23 (10. Juni 1898), 8–9.
[*] Zum Nachfolgenden siehe ebenfalls den Beitrag von *Pinchas E. Rosenblüth*, Die geistigen und religiösen Strömungen in der deutschen Judenheit, im vorliegenden Bande, S. 587 (Hrsg.).
[207] *Ben Usiel* [Rabbiner *Samson Raphael Hirsch*], Igroth Zafon. Neunzehn Briefe über das Judenthum, Frankfurt a. Main 1901, 87.
[208] *Isaak Breuer*, Judenproblem, 4. Auflage, Berlin 1922, 104–105.
[209] Der Israelit, Nr. 68 (28. August 1899), 1446–1447.

einem jüdischen Klerikalismus ergänze. Dieser müsse natürlicherweise den Zionismus ablehnen[210].

Trotz gegenseitiger Kritik jedoch war ein Annäherungsprozeß zwischen Religiösen und Zionismus im Gange. Die Gründung des Misrachi 1902 gab orthodoxen Juden einen Rahmen, in welchem sie innerhalb der zionistischen Organisation für national-religiöse Anschauungen eintreten konnten. Die Misrachisten hoben hervor, daß die Aufgabe der orthodoxen Juden nicht in der Bekämpfung der Entwicklungslehre und wissenschaftlich anerkannter Prinzipien läge, sondern in der Erhaltung jüdischer Nationalgesetze, und im Wiederaufbau der jüdischen Heimat. Die nationale Wiedergeburt des jüdischen Volkes bilde die unerläßliche Vorbedingung für die religiöse Zukunft des Judentums[211]. Die Absonderungstendenzen der deutschen Orthodoxie führten zu „Verkirchlichung", zur Veräußerlichung der Glaubenslehre[212].

Die Mitarbeit des Misrachi in der deutschen zionistischen Bewegung brachte diesem keine überwältigenden Erfolge in der „Bekehrung" seiner zionistischen Gesinnungsgenossen zum religiösen Judentum. Zeitweise kam es in religiösen Fragen in Ortsgruppen der ZVfD zu Konflikten[213], doch die allgemeine Tendenz war die der Befriedung. Die Mitarbeit des Misrachi in der zionistischen Bewegung Deutschlands vertiefte das Verständnis für den Zusammenhang von Judenfrage und Judentum, die Erkenntnis der historischen Rolle Erez Israels, den Sinn für die Gesamtheit des jüdischen Kulturbesitzes und der hebräischen Sprache. Durch die Integration eines Teils der orthodoxen Judenheit in die zionistische Bewegung entstand im Laufe der Zeit eine Arbeitsgemeinschaft, die sich in der Nachkriegszeit und in der Krisis der dreißiger Jahre bewähren sollte[214].

X

Die Auffassung des Zionismus in Deutschland wich in den ersten Jahren seines Auftretens nicht wesentlich von der in anderen Ländern Westeuropas ab. Wie dort stand sie auf dem Boden des Baseler Programms und wurde

---

[210] *Heinrich Loewe*, Treibende Kräfte, aaO, 12–14; vgl. *Nathan Birnbaum*, Ausgewählte Schriften zur jüdischen Frage, Czernowitz 1910, 17, Anm.

[211] *Joseph*, op. cit., 88–89.

[212] *Rabbiner Emil Levy*, Orthodoxie und Nationalismus, Jüdische Rundschau, XIV, Nr. 9 (26. Februar 1909), 99.

[213] „Misrachi" und „Disziplin", innerzionistische Streitfragen, Jüdische Rundschau, XVI, Nr. 28 (14. Juli 1911), 320–321; „Misrachi" und „Disziplin", aaO, Nr. 29 (21. Juli 1911), 332.

[214] Siehe *Oskar Wolfsberg*, Zur Geschichte des religiösen Zionismus in Deutschland, aaO, XL, Nr. 31/32 (17. April 1935), 6; *Pinchas E. Rosenblüth*, Der deutsche Misrachi und sein Weg in Erez Israel (hebr.), unveröffentlichtes Manuskript.

von dem hartnäckigen Kampf gegen seine liberalen und orthodoxen Gegner beeinflußt. In Deutschland, wie anderswo in Westeuropa, sahen nur wenige Zionisten in Palästina ihre persönliche zukünftige Heimat.

Dennoch zeichnete sich schon in der „ersten Generation" deutscher Zionisten, vor allem derer, die aus assimilierten Familien den Weg zum Zionismus gefunden hatten, die entscheidende Bedeutung ab, die diese Idee in ihrem persönlichen Leben zu spielen berufen war, auch wenn nicht mit Auswanderung verbunden. Diese Menschen waren zum Zionismus nicht *trotz* ihrer fortgeschrittenen Assimilation gekommen, sondern gerade *durch* sie. Sie suchten im Zionismus den Weg zu ihrer eigenen Identität, zur vollen Integration ihrer Persönlichkeit.

Adolf Friedemann, Sohn einer wohlhabenden assimilierten Berliner Familie, zeugte von diesem Weg:

> „Bekennen wir es ohne falsche Scham: Nur die Assimilation hat uns befähigt, Zionisten zu sein. Und darum wenden sich der Idee die aufgeklärtesten Männer des Westens zu... Als wir das Ghetto verließen ... lernten wir historisch denken, da erwarben wir politisches Verständnis, und mit dem wachsenden politischen Sinn erwachte das nationale Streben. Er ließ uns eine eigene Kultur ahnen, eine Kultur die unseren angeborenen Fähigkeiten entspricht und uns nicht zwingt Denkformen nachzustreben, die uns jede wahrhaft große, selbständige Schöpfung unendlich erschweren, weil sie unserem innersten Wesen fremd sind." [215]

Die zionistische Idee gab denen, die sich zu ihr bekannten, neue Lebensinhalte. Sie stellte sie vor persönliche Probleme, die für sie weit konkreter waren, als Kolonisation in Palästina, die keinen unmittelbaren Einfluß auf ihr Leben hatte.

In den zehn Jahren zwischen der „ersten" und der „zweiten" Generation der deutschen Zionisten verstärkte sich diese Situation zusehends, hauptsächlich unter der akademischen Jugend, die jetzt zum größten Teil assimilierten Kreisen entstammte [216]. In der politisch-zionistischen Bewegung Deutschlands, in welcher sich Menschen aus verschiedenen sozialen Schichten und religiösen Richtungen trafen, hatten Akademiker von Anfang an eine führende Rolle gespielt [217]. Die geistige Regsamkeit, die Aufnahmefähigkeit für neue Ideen, politisch geschultes Denken und gekränkter Stolz, hatten sie die Haltlosigkeit ihrer eigenen Situation und nicht nur der der Ostjuden erkennen lassen. Für sie bedeutete der Zionismus nicht nur die Errichtung einer

---

[215] *Adolf Friedemann*, Westeuropäischer Zionismus, Israelitische Rundschau, Nr. 25 (28. Juni 1901); vgl. *Ernst Simon*, Nationalismus und Volkstum, in: Robert Weltsch zum 60. Geburtstag, Tel Aviv–Jerusalem 1951, 4.

[216] Siehe *Robert Weltsch*, Deutscher Zionismus in der Rückschau, in: In Zwei Welten, Siegfried Moses zum 75. Geburtstag, Hrsg. *Hans Tramer*, Tel Aviv 1962, 32.

[217] Von den elf Delegierten des Delegiertentages der Nationaljüdischen Vereinigung in Bingen 1897 waren sechs Akademiker. CZA Jerusalem, A 15/VII/34.

jüdischen Heimstätte für die „armen und rechtlosen Brüder im Osten",
sondern die Antithese zu Assimilation, ein Zurückfinden zu sich selbst.

In den zionistischen Studentenverbindungen wurde zum erstenmal der Versuch einer systematischen Rückerziehung zum Judentum unternommen. Nationaljüdische Studenten betrachteten sich als ihren nichtjüdischen Kommilitonen
gleichwertig. Daher sollte das Studium jüdischer Geschichte und Kultur nicht
dazu dienen, Argumente zur Abwehr des Antisemitismus zu untermauern oder
Gegner von der Erhabenheit jüdischer Kulturwerte zu überzeugen. Sein Ziel
war, das noch unsichere jüdische Selbstbewußtsein zu stärken. Demselben
Ziel dienten auch das Turnen und Fechten und die vielumstrittene „Satisfaktion". Wenn die nationaljüdischen Studenten ihre Umgangsformen dem
deutsch-studentischen Korporationsleben entlehnten, taten sie es, so seltsam es
klingen mag, aus zionistischen Gründen. Sie waren der Ansicht,

> „daß nur so, mit diesen Formen als Grundlage, die große straff disziplinierte stu-
> dentische Organisation geschaffen werden könnte, wie sie der deutsche Zionismus
> braucht; daß diese Formen, durch das Auge des rein objektiven Beobachters ge-
> sehen, unjüdisch erscheinen könnten, in Wahrheit aber jüdisch sind, jüdisch insofern,
> als sie zur Erreichung unserer jüdischen Ideale eine conditio sine qua non bedeu-
> ten."

Auch den mittelalterlich-germanischen Brauch der Satisfaktion hatten sie nur
notgedrungen angenommen, „einfach deshalb, weil die anderen uns nicht begreifen und uns für Feiglinge halten würden" [218].

Die zionistischen Studentenverbindungen zählten nicht mehr als ein Zehn-
tel der Mitgliederschaft der ZVfD [219]. Ihre Bedeutung überstieg jedoch bei
weitem ihre Zahl. Sie lag nicht nur darin, daß die führenden Persönlichkeiten der zionistischen Bewegung in Deutschland ihren Reihen entsprangen,
sondern daß sie „der eigentlich bewegte Teil" der Bewegung waren. Durch
die Intensität des studentischen Lebens, durch die menschlichen Bindungen,
die sich zu „Bundesbrüderschaft" entwickelten, die jahrzehntelang alle Krisen
überlebte, fand in den Studentenverbindungen was „deutsch" am deutschen
Zionismus war, seinen kristallisiertesten Ausdruck: der Bewußtseinswandel
des postassimilierten Juden. Der deutsche Zionismus wurde dadurch authen-
tisch, daß deutsche Juden in ihm die Lösung ihrer *eigenen* Judenfrage sahen.
Da das traditionelle, liberale oder orthodoxe Judentum wenig Anziehungskraft auf die assimilierte Jugend ausübte, war der Zionismus für sie die Verkörperung des sich erneuernden Judentums. Deutsche und allgemein-mensch-

---

[218] *Gerhard Holdheim*, Gegen unbedingte Satisfaktion. Der jüdische Student, IX,
Nr. 10 (20. Januar 1913), 346; *Gerhard Holdheim*, Geschichte des K. J. V., unveröffentlichtes Manuskript.

[219] Zur Statistik des B. J. C., Der jüdische Student, IX, Nr. 6 (20. September 1912),
219. Zur Zeit der Fusion 1914 hatte das K. J. V. ca. 1000 Mitglieder. Siehe *Gerhard
Holdheim*, Geschichte des K. J. V. Diese Proportion änderte sich nicht wesentlich
in den Nachkriegsjahren. Siehe *Richard Lichtheim*, Geschichte des deutschen Zionismus, 149.

liche Kulturwerte wollten sie in ihm verschmelzen. Sie erwarteten vom Zionismus, daß er „die vis activa des handelnden Menschen erwecken" und sie zu Selbstachtung und menschlicher Integration im Sinne Achad Haams führen werde[220].

Zionismus bedeutete für die „zweite" Generation deutscher Zionisten nicht nur „Rettungszionismus" für Ostjuden, sondern ein Erziehungsprogramm für sich selbst, das sie zum Judentum zurückführen sollte. In welcher Form sich die Rückkehr ausdrücken sollte, war unklar[221]. Richard Lichtheim, der die dominierende rationalistische Einstellung vertrat und ins Mystische tendierende Gedankengänge ablehnte, meinte, daß die Rückkehr zum Judentum zunächst noch keine Rückkehr zur jüdischen Kultur bedeutete. „Sie äußert sich vorläufig nur in dem Willen, durch planmäßige Ansiedlung ein jüdisches Volk zu schaffen und heißt in dieser Form *politischer Zionismus.*"[222] Der politische Zionismus war die Grundlage, auf der sich die Rückkehr zur jüdischen Kultur vollziehen sollte und die Kolonisation das Mittel zu einem höheren Zweck.

> „Wir sind kein Kolonisationsverein, sondern eine Bewegung, die die Geister aufrütteln, die Kräfte des Judentums neu beleben soll. Wir treten für die Kolonisation Palästinas ein, nicht um eine Anzahl Juden aus dem Ghetto zu befreien, sondern die Gesundung des Volksorganismus anzubahnen, zu dem wir selbst gehören. Dies ist der Sinn des Zionismus . . ."[223]

Zum Gefühl der Zugehörigkeit zum jüdischen Volk und dem Willen, an seiner Regeneration mitzuwirken, war ein Teil der deutschen Zionisten durch Überwindung des assimilatorischen Einflusses der deutschen Kultur gelangt, ohne sie deshalb aufgeben zu wollen[224]. Die deutsche Kultur, die ihr Denken geformt hatte, hatte ihnen zugleich die Mittel zur Erkenntnis ihrer Sonderheit gegeben und sie verstehen lassen, daß der „Rhythmus ihres Denkens" von dem der deutschen Umwelt abwich. Deutsche Dichter und Philosophen hatten sie gelehrt, daß nur der Mensch, der nach eigenem Recht und Gesetz in eigenem Lande lebt, frei ist. So wurde das, was diese Generation über die deutsche Kultur zum Zionismus brachte, ein Ringen um die innere Freiheit, um die schöpferische Eigenart, um die Ganzheit des menschlichen Lebens.

---

[220] Siehe Hugo Bergman an Martin Buber, *Martin Buber,* Briefwechsel aus sieben Jahrzehnten, Bd. 1, Heidelberg 1972, 66.

[221] Siehe *Robert Weltsch,* Deutscher Zionismus in der Rückschau, aaO, 34–35; vgl. *Adolf Böhm,* Wandlungen im Zionismus, in: Vom Judentum. Ein Sammelbuch, Leipzig 1914, 139–154; *Robert Weltsch,* Theodor Herzl und wir, in: Vom Judentum, aaO, 155–165.

[222] Gesperrt gedruckt im Original.

[223] *Richard Lichtheim,* Entwirrung, Jüdische Rundschau, XIV, Nr. 42 (15. Oktober 1909), 461; vgl. *Richard Lichtheim,* Verein oder Bewegung? (Eine Erwiderung an Dr. Heymann), aaO, XIII, Nr. 27 (3. Juli 1908), 256–257.

[224] *Elias Auerbach,* Deutsche Kultur im Zionismus, aaO, VIII, Nr. 7 (13. Februar 1903), 50–51.

Die Notwendigkeit, die ideologischen Grundlagen dieses neuen Bewußtseins klarzulegen, verstärkte den in der deutschen und jüdischen Mentalität
bestehenden Hang zum Theoretisieren. Über das Wesen des Judentums und
des Zionismus, über die Wechselbeziehungen zwischen Deutschtum und Zionismus wurden endlose Debatten geführt. Die ununterbrochene Diskussion
mit Gegnern aller Richtungen aber zwang die deutschen Zionisten, ihre Anschauungen wieder und wieder zu überprüfen. Rückblickend meinte Richard
Lichtheim, „die deutschen Zionisten können das Verdienst für sich in Anspruch nehmen, ihren Zionismus mindestens theoretisch zu Ende gedacht zu
haben"[225].

Der zu Ende „gedachte" Zionismus hatte auch seine Kehrseite. Zweifel,
Unentschlossenheit und Tatenlosigkeit waren Begleiterscheinungen, wie sie in
politisch-intellektuellen Bewegungen auftreten. Fichte schien dem „Jüdischen
Studenten" aus der Seele zu sprechen:

> „Eine Entschließung sollt ihr fassen, die jeder nur durch sich selbst und in seiner
> eigenen Person ausführen kann. Es reicht hierbei nicht hin, jenes müßige Vorsatz-
> nehmen, jenes Wollen, irgend einmal zu wollen, jenes träge Sichbescheiden ...;
> sondern es wird von Euch gefordert ein solcher Entschluß, der zugleich unmittelbar
> Leben sei und inwendige Tat und der da ohne Wanken oder Erkaltung fortdauere
> und fortwalte, bis er am Ziele sei."[226]

Während die praktische Arbeit in Palästina zum überwiegenden Teil mit
wichtigen individuellen Ausnahmen von Ostjuden geleistet wurde, lebte
die Mehrheit der deutschen Juden den Zionismus auf Delegiertentagen, Kon-
gressen, in Studentenverbindungen und Versammlungen aus. Sie liefen Gefahr, daß für sie die Organisation, die Politik und Agitation, der „Judenstaat unterwegs", zum Selbstzweck werde. Martin Buber warnte die zionistische Jugend vor dem Schicksal der deutschen Jugendbewegung, die nicht
verstanden hatte, „das Werkzeug einer Erfüllung" zu werden. Er warnte
vor Halbheiten, vor der Illusion, daß die Erneuerung des Judentums, die
in der *Galuth* anheben muß, in der *Galuth* vollendet werden kann. Es genüge
nicht, an die Kultur der jüdischen Urzeit, an ihre Werke, Werte, Denk- und
Lebensformen anzuknüpfen. Die Schaffung einer schöpferischen jüdischen
Gemeinschaft sei nur auf dem Boden möglich, der dem jüdischen Volke in
seiner Urzeit seine schöpferische Größe gegeben habe[227].

Für Buber war die zionistische Politik eine unentbehrliche Konsequenz der
zionistischen Bewegung, aber nicht ihr Wesen. Die analogielose Repatriation

---

[225] *Lichtheim*, Geschichte des deutschen Zionismus, 8.
[226] Der jüdische Student, VII, Nr. 12 (März 1911), 336.
[227] *Martin Buber*, Zion als Ziel und Aufgabe. Gedanken aus drei Jahrzehnten
(1910), Berlin 1936, 14–16; vgl. *Walter Laqueur*, The German Youth Movement, in:
Year Book VI of the Leo Baeck Institute, London 1961, 204; *Gerhard Holdheim,* Geschichte des K. J. V.

des jüdischen Volkes werde nicht durch Worttechniker, sondern durch Menschen bewältigt werden, die stark genug sind, die schwersten Arbeiten zu verrichten und trostlosen Enttäuschungen standzuhalten.

> „Um diese erlösende Arbeit am Volke frei beginnen zu können, bedürfen wir einer freien Stätte, wo wir ganz aus eigener Kraft, vom Fremden äußerlich und innerlich unabhängig geworden, ungehemmt und unbeirrt schaffen können; bedürfen wir der einen Stätte, wo allein dieses Volk frei und eigen war, wo allein es frei und eigen sein kann; bedürfen wir Zions."

Dennoch soll sich der Zionist nicht darauf verlassen, daß Zion allein ihn menschlich umformen wird. Zionismus, nach Bubers Auffassung, ist „unendliche Arbeit des Zionisten an sich selbst ... eine persönliche Lebensaufgabe". Nur von der Erfüllung dieser Aufgabe wird es abhängig sein, „ob aus Palästina die Mitte der Menschheit oder ein jüdisches Albanien wird"[228].

Über den „zu Ende gedachten Zionismus" hinaus muß den deutschen Zionisten zumindest auch das Verdienst des Versuches zugesprochen werden, ihre Ideen in die Tat umzusetzen. Einzelne „Pioniere der Verwirklichung" aus Deutschland hatten sich in Palästina niedergelassen, verhältnismäßig mehr als aus anderen westeuropäischen Ländern[229]. Der erste Plan einer organisierten deutschen Niederlassung wurde dem vierzehnten Delegiertentag in Leipzig kurz vor Ausbruch des Ersten Weltkrieges vorgelegt. Die Delegierten nahmen den Vorschlag Theodor Zlocistis an, die Gründung von „deutschen Achusoth" (Genossenschaftssiedlungen) zu befürworten. Sein Vorschlag enthielt, neben ideologischen Argumenten, einen detaillierten Plan der organisatorischen und wirtschaftlichen Grundlagen der Siedlungen. „Dürfen die deutschen Zionisten in gönnerhafter Abwartestellung der vollen Klärung der neuen palästinensischen Arbeitsmethoden zuschauen? Oder sind sie verpflichtet, Pioniere zu stellen der Eroberung für die Kultur", fragte Zlocisti. Er betonte, daß die „deutschen Achusoth", die ihren Ursprung nicht in der wirtschaftlichen Not, sondern im „nationalethischen Imperativ" hätten, zur Verwirklichung der zionistischen *Idee* beitragen würden. Das geistige Besitztum, das deutsche Juden mit sich brächten, müsse in das große jüdische Einheitswerk eingebaut werden.

> „Aus deutschem Idealismus haben wir Kräfte empfangen, Fichte, Jahn, Humboldt waren unsere Lehrer. Und Schillers ‚Nichtswürdig ist die Nation, die nicht ihr Alles freudig setzt an ihre Ehre', hat uns aus dumpfem Dämmern emporgerissen. Hegels Idealismus durchflutet in breitem Strom das erste zionistische Werk, Moses Hess' ‚Rom und Jerusalem' als brausender Protest gegen jene kalten Sezierer, die das nationale Judentum vom religiösen loszutrennen versuchten ..."

---

[228] *Martin Buber*, Zion und die Jugend, Jüdische Jugend, Flugschrift Nr. 1, Berlin o. J., 5–8.
[229] *Richard Lichtheim*, Geschichte des deutschen Zionismus, 143–144.

Zu der amerikanischen Zielstrebigkeit, dem englischen Persönlichkeitsbewußt-
sein und der „breiten Natur" der russischen Juden, der die Hingabe an das
Ideal, die Begeisterung und Opferfreudigkeit entsprangen, werden die deutschen Juden den Sinn für Ordnung und Pflicht, Disziplin und Exaktheit, dies
alles Grundbedingungen für ein Gemeinschaftsleben, beisteuern. Denn nur in
der bodenständigen Gemeinschaft könne sich der jüdische Universalismus, der
Humanismus der Propheten schöpferisch erneuern[230].

Auch wenn der Ruf zur Tat im Sturme des Weltkrieges verhallte und erst
ein Jahrzehnt später unter anderen Umständen wieder aufgenommen wurde,
zeichnete sich hier der Übergang vom „Katastrophenzionismus" zu „Zionismus als Persönlichkeitsproblem" ab, der dann ein authentischer Ausdruck
des „deutschen" Zionismus wurde.

Es ist im Rahmen des vorliegenden Bandes nicht am Platze, sechzig Jahre
später und nach der völligen Umwälzung der Basis jüdischer Existenz, kritisch zu prüfen, ob und wie sich dieser deutsche Zionismus im Wandel der
Zeit bewährt hat. Zweck dieser Arbeit ist es nur, die Entstehung und Ausbreitung der nationaljüdischen Bewegung in Deutschland in der hier behandelten Epoche darzustellen und damit auch anzudeuten, welche Gärung sie
im deutschen Judentum hervorgerufen und welchen direkten und indirekten
Einfluß der Zionismus trotz seiner bis 1914 numerischen Schwäche auf Denken und Handeln eines großen Teils der deutschen Juden ausgeübt hat.

---

[230] *Theodor Zlocisti*, Eine deutsche Achusa, Referat gehalten auf dem 14. Delegiertentag der Zionistischen Vereinigung für Deutschland, Jüdische Rundschau, XIX,
Nr. 26 (26. Juni 1914), 278–281; vgl. *Johann Gottlieb Fichte*, Bemerkungen mit Lese-
früchten aus seinen Werken, zusammengestellt von *Fritz Abraham*, aaO, XVI, Nr. 28
(14. Juli 1911), 318–319.

DIE SCHLEICHENDE KRISE DER JÜDISCHEN IDENTITÄT

EIN NACHWORT

von

Robert Weltsch

Jüdisch gesehen, ist die Geschichtsperiode, die in diesem Sammelband unter verschiedenen Gesichtspunkten behandelt wird, das Vorspiel zu der großen jüdischen Identitätskrise unseres Jahrhunderts. Die Verflochtenheit der jüdischen Existenz mit der deutschen Umwelt erreicht in dieser Zeit einen Gipfelpunkt; wir sprechen in diesem Zusammenhang von der Verwirklichung der „Emanzipation" der Juden, die mit ihren Schwankungen des Auf und Ab, Erfolgen und Rückschlägen, Debatten und Gesetzgebungen und deren Einwirkung auf das politische und moralische Klima der Beziehungen zwischen den Juden und ihren nichtjüdischen Mitbürgern (wenn es erlaubt ist, dieses Wort auch für die Zeit des noch umkämpften jüdischen Bürgerstatus zu gebrauchen) ungefähr ein Jahrhundert in Anspruch nahm. Den daraus erwachsenen Problemen und dem Ablauf der damit verbundenen politischen Kämpfe und den sozialen Phänomenen der wirtschaftlichen Eingliederung und geistigen Betätigung der Juden sind die Beiträge dieses Buches gewidmet, die natürlicherweise durch die Bearbeitung verschiedener selbständiger Autoren eine begrüßenswerte individuelle Note erhalten und, wie die Herausgeber hoffen, ein authentisches Bild der Periode ergeben. Was auf Wunsch der Herausgeber noch in aller Kürze hinzugefügt werden soll, ist ein Versuch moralischer Bewertung, d. h. der Abschätzung des im jüdischen Bewußtsein selbst sich abspielenden Prozesses: das, was man heute, wenn auch nicht damals, als das Problem der jüdischen Identität bezeichnen würde.

Wir begeben uns hier auf ein heikles Gebiet, das nicht mit „wissenschaftlicher" Exaktheit erörtert werden kann, wie sie methodisch gerade in der behandelten Periode zum Ideal erhoben wurde. Die moderne Betrachtung versucht auch das Verborgene zu erfassen, das hinter den manifesten Erscheinungen steht, und auch hinter dem von einer ungestümen Propaganda vernebelten und überdeckten Selbstbewußtsein der agierenden Personen oder

Gruppen erahnt werden kann, und oft erst durch nachfolgende Stadien der Entwicklung offenbar wird. In diesem Sinne darf man wohl sagen, daß in dieser Zeit das Verhältnis der Juden zum Judentum die Merkmale einer gewissen inneren Unsicherheit aufweist, die ihren Exponenten und Opfern nicht immer bewußt ist. Auf diese Vorgänge in einer tieferen seelischen Schicht haben viele eine Antwort gesucht, nicht zuletzt religiöse Denker, die über den Niedergang jüdischer Bildung, den zunehmenden Verlust des Geistesgutes, ja über das allmähliche Verschwinden des Interesses für solche Dinge bei dem größten Teil der assimilierten jüdischen Schichten bestürzt waren, aber auch Männer in gesellschaftlichen Funktionen, die Verantwortung gegenüber einer wenn auch verschwommenen und inhaltlich unklaren, aber trotzdem stammesmäßig erfühlten Tradition empfanden. So kam es in dieser Periode zu den verschiedenen jüdischen Versuchen, der Existenz der jüdischen Gemeinschaft eine angemessene, den neuen Bedingungen gemäße Form zu geben; trotz allem – schon von Heinrich Heine geäußerten – Wunsch, den er selbst (in einer früheren Periode lebend) nicht zu erfüllen vermochte, nämlich sich zu befreien von, was er nannte

> „das tausendjährige Familienübel,
> die aus dem Niltal mitgeschleppte Plage,
> der altägyptisch ungesunde Glauben" –

d. h. von der „Krankheit", die Judentum heißt, und trotz massenhaftem formellen Abfall gerade im neunzehnten Jahrhundert blieb ein Judentum in noch so verwässerter Form ein Teil der gesellschaftlichen Wirklichkeit.

Schon in der französischen revolutionären Nationalversammlung, und im Anschluß daran (und auch im Einklang mit mittelalterlichen Doktrinen) wurde von den Juden als Preis der individuellen (keinesfalls der korporativen) Aufnahme in den Volkskörper des Staatsvolkes das Aufgeben ihrer Sonderart, ihrer traditionellen Lebensweise und schließlich – in einigen radikalen Fällen – auch ihres Glaubens schlechthin verlangt. Jedenfalls sollten sie auf die überkommenen Gruppen-Institutionen verzichten. Die Staatstheorie des neunzehnten Jahrhunderts identifizierte Staat mit Nation, und die Juden wurden als „Nation" betrachtet, daher schon begriffsmäßig aus der Staatsgemeinschaft ausgeklammert, denn sonst wären sie eine Nation in der Nation, ein „Staat im Staate", das schlimmste Übel für monolithisches Staatsdenken. Das ist durch viele prominente Äußerungen der Zeit zu belegen und hatte seine erklärliche Rückwirkung auf die jüdische Mentalität. Als ein charakteristisches Beispiel sei nur ein Zitat von Schopenhauer (etwas gekürzt) angeführt:

> „... Das Vaterland des Juden sind die übrigen Juden ... und keine Gemeinschaft
> auf Erden hält so fest zusammen wie diese. Daraus geht hervor, wie absurd es ist,
> ihnen einen Anteil an der Regierung oder Verhaltung irgendeines Staates einräummen zu wollen ... Demnach ist es eine höchst oberflächliche und falsche Ansicht,

wenn man die Juden bloß als Religionssekte betrachtet: wenn aber gar, um diesen Irrtum zu begünstigen, das Judentum, mit einem der Christlichen Kirche entlehnten Ausdruck, bezeichnet wird als ‚Jüdische Konfession‘; so ist Dies ein grundfalscher, auf das Irreleiten absichtlich berechneter Ausdruck, der gar nicht gestattet sein sollte. Vielmehr ist ‚jüdische Nation‘ das Richtige …“ [1]

Angesichts solcher von prominenter Seite laut gewordener Einwände gegen die formelle Emanzipation der Juden, d. h. ihre Aufnahme als gleichberechtigte Staatsbürger zu einer Zeit, als die Integration in das deutsche Wirtschafts- und Kulturleben bereits de facto weit vorgeschritten war, ist es nicht zu verwundern, daß die Vorkämpfer der Emanzipation alle ihre Energie darauf verwandten, die Argumentation der Gegner zu widerlegen. Das konnte keineswegs bloß in polemischer Form geschehen; wo die Tatsachen den Gegnern recht zu geben schienen, mußten eben die Tatsachen geändert werden. Ungeachtet dessen, daß die von den Gegnern der Emanzipation angegriffene „jüdische Solidarität“, soweit sie wirklich bestand (sie war um die Jahrhundertmitte schon weitgehend vermindert), echte historische Gründe hatte und in vielen Fällen von der Außenwelt misinterpretiert wurde, wurde nun von den Vorkämpfern der Emanzipation alle Energie darauf verwendet zu beweisen, daß die Juden keine „Nation“ (die von ihren Angehörigen Loyalität auch in weltlichen Angelegenheiten verlangt) sind, sondern eine „Religionsgemeinschaft“, ein im liberalen Zeitalter politisch relativ belangloser Begriff. In einer Zeit, wo die Idee des Nation-Staates in Europa zur alleinigen Geltung kam, „mußte jüdische Propaganda, individuell und organisiert, sich nicht nur konzentrieren auf eine Widerlegung der Klassifikation der Juden als ‚Nation‘; sie hatte auch zu sorgen für die Beseitigung aller, oder der meisten Gebräuche, welche geeignet waren, die Behauptungen der Gegner zu bestätigen“ [2]. Es kam also nicht nur an auf geschickte Dialektik, sondern erforderte sichtbar überzeugende Maßnahmen. Der Widerlegung der Bezeichnung der Juden als Nation galt auch der weithin hörbare Fanfarenstoß Gabriel Riessers in seiner leidenschaftlichen Polemik gegen das Buch von H. E. G. Paulus *Die jüdische Nationalabsonderung nach Ursprung, Folgen und Besserungsmitteln* [3]. Riesser gab einer weithin im jüdischen Bereich akzeptierten Überzeugung Ausdruck, wenn er sagte, die jüdische Nation existiere nicht mehr, es gäbe nur noch das Märchen von einer jüdischen Nationalität [4]. Diese defensive Strategie, die sich im wesentlichen auf einen Punkt

---

[1] Zur Rechtslehre und Politik, § 132 (Parerga und Paralipomena, 1851). – Vgl. darüber meine Einleitung (englisch) zu Year Book IV of the Leo Baeck Institute, London 1959, XII ff., wo im Zusammenhang mit *Bruno Bauers* Broschüre Die Judenfrage (1843) darüber diskutiert wird, welches Ausmaß von Judentum von den beteiligten Parteien für tragbar gehalten wurde im Falle der Verwirklichung der von den Juden erstrebten und von liberalen Nichtjuden unterstützten Emanzipation.

[2] Year Book IV of the Leo Baeck Institute, aaO, XV.

[3] Heidelberg 1831.

[4] Vgl. darüber *Moshe Rinott*, Gabriel Riesser. Fighter for Jewish Emancipation,

konzentrierte, bestimmte den Weg des jüdischen Denkens in dem hundert-
jährigen Kampf um Emanzipation, der die Geschichte des deutschen Judentums charakterisiert. Das wirkte vor allem auf die Reformbestrebungen im
religiösen Bezirk, die zwar auch religiöse Gründe hatten, als das Judentum
aus mittelalterlicher Begriffswelt in die moderne Welt eintrat, aber zweifellos
gefördert wurden durch opportunistische Motive im Sinne der hier behandelten Kontroverse. Eine unübertroffene Darstellung dieses Tatbestandes gibt
das Buch von Max Wiener *Jüdische Religion im Zeitalter der Emanzipation*[5].

Es ist nicht zu viel gesagt, wenn wir feststellen, daß die innere jüdische
Situation in dem Zeitraum, der in dem vorliegenden Sammelband behandelt
wird, völlig unter der Einwirkung dieser den Juden in ihrem politischen Kampf
um Gleichberechtigung aufgezwungenen Apologetik stand. Sie bestimmte
die Äußerungen und Handlungen der offiziellen Judenheit auch nachdem die
Emanzipation im neuen Deutschen Reich zumindest formell, d. h. gesetzmäßig
und verfassungsmäßig, durchgeführt war. Sie war auch die Basis aller jüdischen Organisationsbestrebungen, prägte die Politik der Gemeinden, war die
Ideologie, aus der eine Vereinigung wie der Centralverein deutscher Staatsbürger jüdischen Glaubens (C. V.) entstand[6], der schon durch die Formulierung seines Namens zum Ausdruck brachte, daß die Juden wie alle anderen
Staatsbürger betrachtet werden wollen, jedenfalls keine „nationale" Gruppe
seien, daß sie aber an ihrem Glauben, d. h. an der „Religion ihrer Väter"
festhalten wollen. Diese Betonung des jüdischen Erbes, freilich nicht als eines
„nationalen" Elements, kann als ein Damm gegen das völlige Aufgeben jeder
jüdischen Bindung betrachtet werden. *Glaube und Heimat*, Titel eines damals
populären Schauspiels, wurde 1912 als Parole jüdischen Verhaltens von Maximilian Horwitz, dem Vorsitzenden des Centralvereins, postuliert. Darin
liegt ein Hinweis auf die Separation der Sphären, wie der C. V. sie sah.
Es ist aber heute unbestreitbar, daß die Mehrheit der Umwelt diese Formel
nicht rückhaltlos bejahte, sondern in der Loyalität, die durch das Wort
Glaube ausgedrückt werden sollte, mehr sah als eine bloß abstrakt-religiöse
Kategorie; der Begriff war beschwert mit historischen und psychologischen
Faktoren, vor allem auch mit Elementen sozialer und familiärer Zusammenhänge, die dem respektablen Juden selber nur halb bewußt oder betont
irrelevant, aber für den Außenstehenden augenfällig waren.

---

in: Year Book VII of the Leo Baeck Institute, London 1962, 11–38, bes. 16–20. Über
die Fragen der jüdischen Religion bzw. Reform, so heißt es dort, vermied jedoch
Riesser eine Stellungnahme mit der Begründung, daß er kein Theologe sei (aaO, 21).

[5] Philo Verlag, Berlin 1933.

[6] Über diesen siehe den Beitrag von *Arnold Paucker*, Zur Problematik einer jüdischen Abwehrstrategie in der deutschen Gesellschaft, an anderer Stelle des vorliegenden Bandes, S. 479–548.

Aus diesen Quellen des Mißtrauens wurde die Gegnerschaft gegen die Juden gespeist, und die Differenzen wurden immer fühlbarer, je mehr die Juden die (durch die erfolgte Gesetzgebung formell bestätigte) Auffassung hatten, daß nun alle Scheidewände gefallen seien. Zur Überraschung der Assimilationsgläubigen ergab sich aber das Paradox, daß gerade der rückhaltlose Assimilationswille der Juden, der sozusagen die positive Antwort auf die oft erhobene Assimilationsforderung der Umwelt war, in wachsendem Maß zu einem Hemmnis der Integration wurde. So hatten die Befürworter der Emanzipation sich das Ergebnis nicht vorgestellt. So gleichberechtigt sollten die Juden sich nicht gebärden! Plötzlich waren sie überall. Aber man wollte doch gar nicht, daß Juden deutsche Belange vertraten oder als Deutsche repräsentativ auftraten. Dagegen wehrte sich der völkische Instinkt der Deutschen, die darin eine Verfälschung sahen, auch wenn die vornehmen unter ihnen zunächst davon kein Aufhebens machen wollten, und auch wenn sie die Differenz nicht genau definieren konnten, sondern nur in feinen Nuancen empfanden. Der Wunsch einer Definition dieses wieder erwachten Fremdheitsgefühls führte notwendigerweise zu plumpen Formulierungen und in seinen vulgären Reaktionen mehr und mehr zu direkten Angriffen auf die – nun assimilierten und emanzipierten – Juden. Verbunden mit anderen Faktoren, worunter sicherlich der wirtschaftliche Aufstieg der Juden nicht der unwichtigste war, ergab sich bald ein lawinenartiges Anwachsen des Antisemitismus, der in der Zeit des Ersten Weltkrieges seinen Höhepunkt erreichte. Nach der Einschätzung von Golo Mann war der Antisemitismus in Deutschland am Ende der Wilhelminischen Periode (1918) stärker und fanatischer als zur Zeit des Sieges der Nationalsozialisten.

All diese Wandlungen und Enttäuschungen konnten nicht ohne Einwirkung bleiben auf das Selbstbewußtsein der Juden. In der Wilhelminischen Ära kam kein Bedenken auf an der Richtigkeit des Weges der Assimilation und seinem unaufhaltsamen Erfolg, der den Juden ein Gefühl der Identität geben konnte, nämlich die Erfüllung des Ideals des „deutschen Juden", an dessen deutschem Nationalgefühl kein Zweifel erlaubt war. Wenn diese Position ins Wanken geriet, wankte der Boden, in dem dieser Glaube wurzelte. Das war es, was ich die Periode der verkappten, offiziell nicht eingestandenen, vielleicht auch damals nicht mit annähernder Klarheit empfundenen, inneren Unsicherheit genannt habe. Es lag darin etwas Unheimliches, das man zu übertönen versuchte mit noch lauteren, ressentimentgeladenen Versicherungen der Loyalität (um die es sich in Wirklichkeit gar nicht handelte), mit starrem Festhalten an der von fast allen Juden akzeptierten Konzeption des nur durch die separate religiöse Matrikel von der Gesamtheit der Nation unterschiedenen Juden, auch wenn die Antwort der deutschen Welt und ihrer beamteten und intellektuellen Repräsentanten immer stärker das Außenseitertum der „eingedeutschten" Juden betonte. Wenn schließlich eine numerisch kleine Minderheitsgruppe – im wesentlichen die seit 1897 organisiert auftretenden Zionisten[7] – aus den Erfahrungen der Assimilation und auch aus dem eigenen Geschichtsbewußtsein und dem daraus resultierenden Persönlichkeitskonflikt die Konsequenz zog, die quasi-nationale Eigenart des jüdischen Gruppenzusammenhanges zu bejahen, das zutage getretene Problem neu zu durchdenken und einen Ausweg anderer Art, als ihn die hergebrachte Dialektik bot, zu suchen, entstand ein begreiflicher Disput, da die offiziellen Organisationen des jüdischen Bürgertums dies als einen Dolchstoß in den Rücken, d. h. eine Durchkreuzung ihrer apologetischen Position empfanden. Sie sind besonders in den letzten Jahren vor dem Ausbruch des Weltkrieges durch öffentliche Erklärungen und Inserate in den von Juden geleiteten Tageszeitungen von der zionistischen Häresie abgerückt. Es ist hier weder der Ort noch die Absicht, auf diese – anderswo im einzelnen behandelten – internen Streitfragen, ihren Hintergrund und die Formen ihrer Austragung einzugehen. Es ist aber nicht zu übersehen, daß dieser Zwiespalt in Wirklichkeit die innere Unsicherheit und die Identitätskrise dieser Generation von Juden widerspiegelt und sie noch gesteigert hat. Es darf in diesem Zusammenhang auch nicht unerwähnt bleiben, daß, wie gleichfalls an anderen Stellen dieses Buches dargestellt, eine wachsende Zahl besonders von jüdischen Intellektuellen sich stark angezogen fühlten von sozialistischen und marxistischen Theorien; sie waren der Überzeugung, daß die großen allmenschlichen, übernationalen Ideen alle partikularistischen Interessen gegenstandslos machen und damit auch den Juden wirkliche innere und äußere Freiheit bringen werden. Aber alle auch solche Vorstellungen harrten noch der Konfrontation mit der empirischen Wirklichkeit.

In diesem Lichte muß man vom jüdischen Gesichtspunkt in der Rückschau die scheinbar so ruhig und im Gefühl der bürgerlichen Sekurität und im Glauben an ständigen Fortschritt verlaufende Periode des Wilhelminischen Zeitalters betrachten. Es war in Wirklichkeit eine Zeit der inneren Gärung; irgendwo im Verborgenen nagte der Wurm des Zweifels an dem Gefühl der Sicherheit. Trotz der fast ausschließlichen Hinwendung der betroffenen Menschen zu weltlichen Idealen, Streben nach Wohlstand und gesellschaftlichem Prestige, erwies sich das Judentum als nicht so irrelevant, wie man das in dem stürmischen Werben um die Emanzipation und ihre Sicherung oft hatte hinstellen wollen. Im Negativ zeigte dies die Haltung der deutschen Umwelt. Aber auch im jüdischen Bereich erwuchs ein neues Bedürfnis nach Klärung; das führte zu polaren Ergebnissen: entweder zu völligem Lossagen von allen Resten jüdischer Bindungen oder aber zu verstärkter Zuwendung und Anteilnahme an jüdischen Dingen, zu mehr Verständnis für die Tragweite von Stammes- und Schicksalsgemeinschaft auch ohne völkische Übertreibungen. Ein Faktor von enormer Bedeutung besonders für Preußen war die beständige Zuwanderung von Juden aus den ehemals polnischen Ostprovinzen, die

---

[7] Siehe den Beitrag von *Yehuda Eloni,* Die umkämpfte nationaljüdische Idee, in diesem Bande, S. 633–688.

eine stärkere jüdische Tradition und Bindung und infolge der in diesen Provinzen bestehenden politischen und sozialen Struktur auch einen ausgeprägten jüdischen Charakter hatten. Dieser Zustrom, zum Teil auch aus dem damaligen Rußland und aus dem österreichischen Galizien, war eine permanente Mehrung von sogenannter Jüdischkeit in den jüdischen Gemeinden besonders in Preußen und Sachsen. Die Analyse des Einflusses dieser Wanderungen würde eine besondere Betrachtung erfordern. Wenn alteingesessene deutsche Juden konfrontiert wurden mit dem Vorhandensein eines jüdischen Volkes in Osteuropa, mit allen Attributen eines solchen, so geschah das zwar meistens in der Form der negativen Abgrenzung, d. h. man wollte mit diesem „Ostjudentum" nichts zu tun haben; es erschien nur als ein zusätzlicher Beweis, daß die deutschen Juden zum deutschen Volk gehörten und nicht zu diesem ihnen fremden und oft sogar widerwärtigen. Aber es bildeten sich auch Gruppen, die in der Tatsache der Existenz dieser jüdischen Massen mit ihrer Eigenart und Volkstümlichkeit eine wertvolle Bereicherung des gesamtjüdischen Aspektes sahen. Ja, sogar die Ablehnung und Verachtung des als „Jargon" bezeichneten Jiddisch verwandelte sich bei vielen in positives Interesse, als im Westen die jiddische Volkskunst wie etwa die Volkslieder und auch die Produkte der überraschend aufblühenden jiddischen Literatur bekannt wurden. Als ein Wendepunkt kann vielleicht das Erscheinen von Berthold Feiwels deutscher Übersetzung der Gedichte des jiddischen Arbeiterdichters Morris Rosenfeld betrachtet werden[8]. Aber dieser war schon der von Feiwel und Martin Buber herausgegebene *Jüdische Almanach*[9] vorausgegangen, der viele Bruchstücke ostjüdischer (aus dem Jiddischen übersetzter) Lyrik und erzählender Literatur enthielt. Die über bloße Hilfsaktionen und Philanthropie hinausgehende Begegnung mit dem Ostjudentum hatte durch die zionistischen Kongresse und andere Veranstaltungen einen Auftrieb erhalten, aber auch die durch die Schreckensnachrichten der russischen Pogrome (Kischinew 1903) hervorgerufenen Gefühle der Solidarität soll man nicht

---

[8] Lieder des Ghetto. Von *Morris Rosenfeld*. Autor. Übertragung aus dem Jüdischen von *Berthold Feiwel*. Mit Zeichnungen von E. M. Lilien. Berlin o. J. [1903?]. In seiner zwölf Seiten langen Vorrede, datiert August 1902, gibt Berthold Feiwel dem deutschsprachigen Leser Erklärungen über die jiddische Sprache nebst einer Aufzählung der wichtigsten Gestalten der neuen jiddischen Literatur, die beweist, daß es sich hier tatsächlich für ein wesentliches (einschließlich jüdisches) Publikum um Neuland handelte. Die Vorrede schließt mit den Worten: „In prächtigem Gewande [d. h. in der Buchausstattung des damaligen Jugendstiles – R. W.] gehen die Lieder, die im Dunkel und in der Not entstanden sind, in die Welt. Der Künstler, der dieses Buch illustriert hat, und der Übersetzer sind dem Verlag dafür um so dankbarer, als er damit dem Bestreben einer Gemeinschaft von jungen Juden entgegenkommt, die dem westeuropäischen Judentum und auch der nichtjüdischen Öffentlichkeit, die dafür Interesse hat, die Erzeugnisse der modernen national-jüdischen Cultur, vor allem der Literatur und Kunst, in schönen Formen erschließen möchte. Als einen kleinen Beitrag zu diesem großen Unternehmen mag man dieses Buch aufnehmen."
[9] Berlin 1902/03.

unterschätzen. Die unter dem Einfluß von Nathan Birnbaum stehende kleine „alljüdische" (d. h. nicht parteimäßig einzuordnende) Gruppe, deren Hauptrepräsentant der aus Eschweiler im Rheinland stammende Fritz Mordechai Kaufmann war, gab 1913 eine Zeitschrift *Die Freistatt* heraus, die dem westlichen Publikum die Kenntnis des Ostjudentums und seiner jiddischen Literatur vermitteln sollte. Weit bekannt und vielfach vermerkt ist dank der so intensiven und weitverzweigten Kafka-Forschung die leidenschaftliche Bewunderung, die der Prager Dichter Franz Kafka im Jahre 1911/12 für eine jiddische Schauspielertruppe an den Tag legte; er sah in dieser eine Manifestation echter, urwüchsiger Volkskunst, die in ihrer Menschlichkeit sich vorteilhaft abhob von dem, was er als Steifheit und Unechtheit der assimilierten westlichen Juden und ihres Literaturbetriebes empfand. Das alte Österreich (vor 1918) mit seinen diversen Provinzen war ein klassischer Treffpunkt der verschiedensten Typen, und die dort – vornehmlich in Wien und Prag – entstandene Literatur kann man als ein Spiegelbild sehen des Ringens der assimilierten Juden um den jüdischen Aspekt ihrer Identität. Diese deutschsprachige Literatur war nicht auf politische Grenzen beschränkt, sie drang auch in das Wilhelminische Reich. Hier können nur in aller Kürze Beispiele genannt werden für die Manifestation eines neuen jüdischen Selbstbewußtseins, etwa Richard Beer-Hofmanns *Schlaflied für Mirjam* (1897) mit seinen berühmten Versen

> „Ufer nur sind wir, und tief in uns rinnt
> Blut von Gewesenen – zu Kommenden rollts,
> Blut unsrer Väter, voll Unruh und Stolz..."

Das gleiche Motiv wird in stärkster Intensität fühlbar in dem zwanzig Jahre später aufgeführten Schauspiel desselben Dichters *Jaákobs Traum*. Nirgends aber haben wir ein solches Spiegelbild der Vielheit der Typen und Anschauungen in dieser Zeit der Gärung und des Suchens nach festem Boden wie in Arthur Schnitzlers großem Roman *Der Weg ins Freie* (1908), in dem der Meister künstlerischer Tiefenpsychologie ein wahres Kaleidoskop der Wiener jüdischen Gesellschaft gibt. Das besagt mehr über den Seelenzustand der Juden und über die Vorgänge in dem Schmelztigel jener Zeit als pathetische Deklamationen von offiziellen Vereinsgrößen, die natürlich auch mit zu dem Bild gehören. Da die Juden ein Theater und Literatur liebendes Publikum sind, gehen diese Dinge ihnen mehr an die Nieren als die Bemühungen von Theologen und Philosophen um ein neues, dem Ansturm der Zeit standhaltendes Weltbild. Immerhin stand die theologische Literatur, sowohl in ihrer konstruktiven, eine Synthese suchenden Seite als auch in ihrer mehr apologetischen Variante in dieser Periode auf einem beträchtlichen Niveau, wie in diesem Buch der Beitrag von Pinchas Rosenblüth [10] über die geistige Entwicklung in den verschiedenen jüdischen Lagern zeigt.

---

[10] Die geistigen und religiösen Strömungen in der deutschen Judenheit, S. 549–598.

Trotz dieser Versuche einer Wiederbelebung jüdischer Werte muß aber zugegeben werden, daß der Stil und das intellektuelle Klima des jüdischen Milieus geprägt war von der Entfremdung vom Judentum, das dort, wo es noch bestand, auch in der älteren Generation nur den Charakter einer „Pietät" hatte, bei den meisten aber, die im Geiste der – vielfach mißverstandenen – Aufklärung, im Stolz auf ihre Religionslosigkeit und ihre Freiheit von Illusionen (wie z. B. Freud die Religion bezeichnete) aufwuchsen, offen abgelehnt wurde. Besonders häufig waren jüdische Dinge Gegenstand von Spott und Satire, eine Art Alibi, das zeigen sollte, wie weit man selber über die nur noch komisch wirkenden jüdischen Sitten – oder Unsitten – erhaben war. Das war ein unerschöpfliches Gebiet von (zum Teil sogar guten) Witzen, aber in den Augen der Umwelt auch ein Schauspiel der Selbst-Erniedrigung. Manche von uns hatten im Weltkrieg Gelegenheit, diese peinliche Erfahrung zu machen, wenn in Offiziersmessen hinter der Front zum Amüsement der „Gojim" derartige „jüdische" (oft obszöne) Kabarettnummern vorgetragen wurden.

Wie immer man diese besondere Situation beurteilen mag, es ist kein Zweifel, daß für gebildete Juden, die sich die ästhetischen und/oder ethischen Maßstäbe der von ihrem kulturellen Hochstand überzeugten Umwelt zu eigen gemacht hatten, ein schweres Dilemma bestand, da sie trotz der beständigen judenfeindlichen Angriffe von außen nicht umhinkonnten, von gewissen Seiten des jüdischen Lebens abzurücken, was als direkte oder indirekte Zustimmung zu den antisemitischen Behauptungen aufgefaßt oder mißdeutet werden konnte. An sich war es eine natürliche und gesunde Tatsache, wenn eine sittlich motivierte Kritik an Verfallserscheinungen der eigenen Gemeinschaft oder an – wie es damals in gewissen jüdischen Äußerungen hieß – „nur auf Geschäft und Vergnügen bedachten" um die Würde der eigenen Gemeinschaft unbekümmerten Juden geübt wurde. Sowohl Vertreter der radikalen Assimilation als auch Vorkämpfer des Zionismus, beide in ihrer Weise auf eine Aufrüttelung des jüdischen Ehrbewußtseins bedacht, brandmarkten öffentlich, freilich von verschiedenen Ausgangspunkten, das Verhalten gewisser jüdischer Schichten. Als Beispiele solcher Warnungen von vielen seien nur zwei besonders prominente herausgegriffen: Walther Rathenau in „*Höre, Israel*", Theodor Herzl in *Mauschel* (beides 1897). Gerade die „postassimilatorischen" (der Ausdruck stammt von Kurt Blumenfeld) Juden empfanden dieses Paradox besonders schmerzlich, wenn sie sich, teilweise unter dem Druck des Antisemitismus, mehr noch aus einem Gefühl der Ritterlichkeit, mit der geschmähten Gemeinschaft identifizierten.

Am besten hat Martin Buber diesen Konflikt gekennzeichnet in der ersten seiner *Drei Reden über das Judentum* (1909), wo er von dem Rückgreifen auf die im „Blut" symbolisierte „Substanz", die geschichtliche Daseinskette des Juden in Vergangenheit und Gegenwart, spricht und dann fortfährt:

„Wenn wir uns bejahen, dann fühlen wir die ganze Entartung mit, aus der wir unsere kommenden Geschlechter befreien müssen... Denn wie die Juden der Ur-väterzeit, um sich aus der Entzweiung ihrer Seele, aus der ‚Sünde‘ zu befreien, sich ganz an den nichtentzweiten, den einen einheitlichen Gott hingaben, so sollen wir, die wir in einer andern, besonderen Zweiheit stehen, uns daraus befreien, nicht durch Hingabe an einen Gott, den wir nicht mehr wirklich zu machen vermögen, sondern durch Hingabe an den Grund unseres Wesens, an die Einheit der Substanz in uns, die so einig und einzig ist, wie der einige und einzige Gott, den die Juden damals aus ihrer Sehnsucht nach Einheit hinaufgehoben haben an den Himmel ihres Daseins und ihrer Zukunft.“ [11]

Diese Stelle wird hier so zitiert, wie sie von Buber in der 1920 gedruckten Ausgabe der *Drei Reden* veröffentlicht wurde. Daß Buber in späteren Ausgaben diesen ganzen Absatz weggelassen hat und in seiner neuen Vorrede zu der Ausgabe von 1923 die von ihm vorgenommenen Veränderungen des ursprünglichen Textes ausführlich begründete, und zwar durch die inzwischen erfolgte Wandlung, oder, wie er es nennt, „Klärung“ seines religiösen Be-wußtseins, ist wichtig für die Buber-Forschung, aber in unserem Zusammen-hang belanglos, da es ja hier darauf ankommt, die Situation von 1909 zu illustrieren, in der die Worte wirkten, so wie sie 1909 gesprochen worden waren; sie waren auch in dem 1920 gedruckten Text bereits verändert [12]. Es ist wesentlich, daß in jener Zeit (1909) sowohl der Redner als auch das Publi-kum, an das er sich wandte, dem Geiste der („aufgeklärten“) Zeit entspre-chend, a priori als religionslos betrachtet wurde und eine Verwendung des Wortes Gott nur gleichnishaft ertrug.

Das Entscheidende an jener „ersten Rede“ war es, daß hier nicht in apo-logetischer Weise das Negative oder Unschöne im empirischen Judentum weg-geleugnet oder aber grundsätzlich verworfen wurde; auch all dies Negative wurde in das eigene Selbstverständnis aufgenommen, nicht als Motiv für „Selbsthaß“ und Los-sagung, sondern als Begründung für noch innigere Soli-darisierung. Es wurde zur Zukunftsaufgabe, die kommenden Geschlechter „aus dieser Entartung zu befreien“; das heißt nicht nur ihre äußeren Lebens-umstände der Unterdrückung und Erniedrigung radikal zu ändern (wie es, jeder in seiner Art, der Zionismus und der Sozialismus postulierten), sondern auch ihre seelische Verkrüppelung zu heilen, durch, wie Buber es ausdrückte, „Hingabe an den Grund unseres Wesens, an die Einheit der Substanz in uns“.

Der Wunsch nach radikaler Änderung, im Gegensatz zu dem nur passiven „Selbsthaß“ war zu realisieren durch eine Aktivierung von auf ideale Ziele gerichteten Kräften im Gegensatz zu der Haltung der „Geschehenlassenden“ (auch dies eine Buberische, in jenen „Reden“ enthaltene Formulierung). Hier ist auch der Einfluß von Nietzsche auf diese Generation unverkennbar. Adolf

---

[11] Drei Reden über das Judentum, Frankfurt a. Main 1920, 29–30.

[12] In Wirklichkeit hat Buber in seiner Rede gesagt: „...nicht durch Hingabe an einen Gott, denn heute haben wir keinen Gott...“

Böhm, ein Führer des liberalen Zionismus, Verfasser des zweibändigen, unvollendet gebliebenen Werkes *Die Zionistische Bewegung*[13], das in seinem ersten Teil auch einen konzentrierten Einblick in die jüdische Geistesgeschichte der in diesem Sammelband behandelten Zeit gibt, schloß eine berühmte Ansprache an eine Massenversammlung der Wiener jüdischen Studentenschaft (1911) mit dem Nietzsche-Zitat (aus *Götzendämmerung*): „Seligkeit muß es euch dünken, eure Hand auf Jahrtausende zu drücken wie auf Wachs"! – d. h. als Juden in die Reihe der aktiven Faktoren der Geschichte einzutreten, statt sich mit der Rolle von „Geschehenlassenden" zu begnügen.

Diese Stimmung führte, wie schon gesagt, vor allem zu zwei miteinander konkurrierenden Tendenzen, die sich der jüdischen Jugend anzubieten schienen: Zionismus und Sozialismus. Diese Spaltung zwischen einem „allmenschlichen", universalen und einem vorwiegend „nationalen", also partikularistischen Ideal war nichts spezifisch Jüdisches, sondern ein Nebenprodukt der im ersten Jahrzehnt des Jahrhunderts zu einer eigenständigen Existenz aufgeschossenen deutschen Jugendbewegung, die ja gleichfalls aus einer Opposition gegen das selbstzufriedene Wohlbehagen des „satten Bürgertums" der Elterngeneration und ihrer Einrichtungen und aus einem romantischen Willen zur Lebensreform erwachsen war.

Als ein Dokument der Auseinandersetzung solcher Tendenzen im jüdischen Lager besitzen wir jetzt die Veröffentlichung des Briefwechsels zwischen Gerhard Scholem und Walter Benjamin. Das Buch *Geschichte einer Freundschaft*[14], gehört einer späteren Zeit an, bezieht sich aber auf einen Tatbestand, der embryonal schon vorhanden war in dem hier behandelten Zeitraum. Denn damals begann die jüdische Identitätskrise fühlbar zu werden. Gerhard Scholem ist ein Kind des Milieus, das vor dem Ersten Weltkrieg charakteristisch und fast allgemein vorherrschend war. Er ist freilich kein „typischer", sondern ein einzigartiger Fall, denn niemand sonst, oder nur sehr wenige, gingen vor 1914 seinen Weg einer radikalen persönlichen Wiedereinstellung in den jüdischen Geisteszusammenhang. Er trat ja auch entschieden auf gegen die empirische Jugendbewegung. In den sechzig Jahren, die seit dieser Auseinandersetzung vergangen sind, ist Scholem eine weltweit, als einer der bedeutendsten jüdischen Gelehrten anerkannte Gestalt geworden; in dem 1975 erschienenen Buch berichtet er über den Konflikt mit seinem ursprünglich – wenigstens anscheinend – von der gleichen metaphysischen Fragestellung ausgegangenen, aber dann zum Marxismus bekehrten Freund Walter Benjamin. In gewisser Hinsicht sind die darin geschilderten äußeren und inneren (geistigen) Entwicklungen eine Fortsetzung der vor 1914 entstandenen Antinomie und daher ein impliziter Kommentar zu ihr. Nicht zufällig kann Scholem

---

[13] Berlin 1920, 1935[2] und 1937. – Böhm wurde 1940 von den Nazis ermordet.
[14] *Gershom Scholem*, Walter Benjamin. Die Geschichte einer Freundschaft, Suhrkamp Verlag, Frankfurt a. Main, 1975. – Benjamin hat 1940 auf der Flucht aus Paris in den Pyrenäen Selbstmord begangen.

in diesem Buch einen langen Brief aufgenommen haben, in dem er am
1. August 1931 u. a. folgendes schrieb:

> „... Das radikale Auseinanderfallen meiner Intention des Zionismus, welche als auf
> eine Erneuerung des Judentums gerichtete ich als eine religiös-mystische schließlich
> mit Zustimmung charakterisieren höre, und der empirische Zionismus, der von
> einem unmöglichen und provokatorischen Zerrbild einer politischen angeblichen
> ‚Lösung der Judenfrage‘ ausgeht, ist mit der Entwicklung der letzten zwei Jahre...
> evident geworden... Welche Kräfte es eigentlich sind, die das Scheitern des Zionis-
> mus herbeizuführen im Begriffe sind, ist zwar sehr wohl zu sagen, aber wer weiß,
> ob du mich verstehst: der Zionismus hat sich tot gesiegt... Es zeigt sich, daß die
> historische Aufgabe des Zionismus eben eine ganz andere war als die, die er sich
> selbst gestellt hat. Die Verzweiflung des Siegenden ist seit Jahren die eigentliche
> Dämonie des Zionismus, der vielleicht das bedeutendste welthistorische Exempel
> für die geheimnisvolle Gesetzlichkeit ist, mit der Propaganda (die Substanz unserer
> Niederlage) sich auswirkt...“ [15]

Das war 1931 geschrieben, nicht 1967. Das hier Gesagte, auch in seiner
Kürzung, ist so etwas wie eine Rückleuchtung auf die Situation der inneren
Gärung und Unzufriedenheit, aus der die Ideologie der Vor-1914-Ära geboren wurde. Nehmen wir den melancholischen Satz „Wir haben uns tot
gesiegt“, herausgerissen aus seinem Zusammenhang, so erscheint er als Andeutung, daß vieles aus der damaligen optimistischen Zukunftserwartung
problematisch wurde. Der Zionismus (Scholem nennt es „Propaganda-Zio-
nismus“) hatte „gesiegt“ mit der englischen Balfour-Deklaration von 1917,
die man nicht nur für die Erfüllung des zionistischen Programms hielt, sondern auch in buchstäblichem Sinn für die Brücke zur Einordnung des Zionismus in die Reihe der Sieger im Weltkrieg. Die Assimilation, die für die
große Mehrheit der Generation von 1914 das Ideal war, hat „gesiegt“ in
der Errichtung der Weimarer Republik, die scheinbar alle Hemmnisse der
vollen Integration der Juden wegräumte; sie hat, wie wir heute wissen, sich,
im wahrsten Sinne, zu Tode gesiegt. Die sozialistische Option schließlich, noch
vor der damals im dunkeln Schoß der Zukunft liegenden Russischen Revolution, war idealistisch ausgerichtet auf die Rhetorik von Freiheit, Gleichheit
und Brüderlichkeit, erstrebte jedenfalls einen „Sozialismus mit menschlichem
Antlitz“ (obwohl damals diese Formulierung unbekannt war und überflüssig geschienen hätte); sie wußte noch nichts über Gulag und über die von
dem unter dem Namen „Kommunismus“ siegenden Sozialismus zu begehenden
Massenmorde.

Die beinahe unbewußte, jedenfalls nicht offen diagnostizierte innere Unsicherheit, die sich oft unter dem Deckmantel bramarbasierender Selbstsicherheit verbarg, ist in letzter Zeit vorzüglich beschrieben worden in der Studie
von Christoph Stölzl *Kafkas böses Böhmen* [16]. Kafka (1883–1924) lebte in

---

[15] AaO, 211–217.
[16] Zur Sozialgeschichte eines Prager Juden. Edition Text + Kritik, München 1975.

der Zeitspanne, der dieser Sammelband gewidmet ist. Der Autor erklärt die „Neurose" der böhmischen Juden aus der Sozialgeschichte des Landes, ihrer Position zwischen Deutschen und Tschechen, aber die psychologische Analyse, die die innere Reaktion der Juden betrifft, ist ohne weiteres auch anderswo anwendbar. Im Mittelpunkt steht Kafkas bekannter, oft besprochener ‚Brief an den Vater', der diesen nie erreichte, aber als ein Dokument dafür gewertet werden kann, wie die Haltung der Väter in dieser Übergangszeit, als die Juden hauptsächlich um wirtschaftliche Sicherheit besorgt waren, auf das Verhältnis der Söhne zum Judentum einwirkte. Der Aufstand der Söhne wurde zur Kritik am (empirischen) Judentum schlechthin. Es erschien als nur äußerlich bewahrte und gedankenlos weitergeschleppte inhaltslose Tradition, die für die Väter selbst oft nur ein Gegenstand verlegenen Spottes war, eine Mischung von Vulgarität und Hypokrisie. Dies, verbunden mit Beobachtungen, die manchen Feststellungen der Antisemiten recht zu geben schienen, war einer der Gründe für die Erscheinung, die man später in einer simplifizierenden Formel als „jüdischen Selbsthaß" oder gar, noch paradoxer, als „jüdischen Antisemitismus" bezeichnete[17]. Stölzl spricht in diesem Zusammenhang von einem „Schwinden der Selbstachtung des Kollektivs" und zitiert einen Artikel der Prager *Israelitischen Gemeindezeitung* aus dem Jahre 1889, wo von einem „leider traurigen aber wahren Antisemitismus im Innern des Judentums" die Rede ist. Das geht, sozialgeschichtlich gesprochen, noch hinaus über die – ja auch schon im Mittelalter vorkommenden – vereinzelten judenfeindlichen Äußerungen von häretischen oder abgefallenen Juden. Krasse Fälle solcher Art, wie sie in den Werken von Otto Weininger (Selbstmord 1902) und anderen Zeitgenossen vorliegen, hat der Schriftsteller Theodor Lessing in einem Buch *Der Jüdische Selbsthaß*[18] an Hand von sechs Biographien präsentiert. Es ist in dieser Zeit keineswegs ein Monopol philosophischer oder hyper-intellektueller Eigenbrötler, sondern ein in verschiedenen Abstufungen weit verbreitetes seelisches Phänomen. Man könnte fast sagen, daß bei den meisten jungen sich der Moderne zuzählenden Juden eine offen bekannte Ablehnung des Judentums und seiner Institutionen gang und gäbe war, die sich kundgab z. B. in der Weigerung einer unbedingten Solidarität und in dem Abrücken von dem, was faul schien im jüdischen Gemeinschaftsleben. Dabei konnten so manche der Verlockung nicht widerstehen, das Kind mit dem Bade auszuschütten. Gerade weil dies alles so stark verbunden war mit Emotionen und sich zwischen den Polen sittlicher Entschei-

---

[17] Zugleich aber mit der schärfsten Selbstanklage wird gerade an diesem Beispiel, wie auch Stölzl weiß, die Sehnsucht nach einem echten Judentum klar, bei Kafka in seiner letzten Flucht zu der Ostjüdin Dora Diamant; nie zu vergessen, daß Kafka als dichterisches Genie ein Einzelfall ist; trotzdem oder gerade darum ist er auch typisch, denn bei ihm zeigen sich alle die in dieser Generation aufgestauten Komplexe wie unter einem riesigen Vergrößerungsglas.
[18] Erschienen 1930 als Publikation des Zionistischen Bücherbundes im Jüdischen Verlag Berlin.

dungen bewegte, wurde es eine der eklatanten Ursachen der jüdischen Identitäts-Neurose.

In den letzten Jahren vor Ausbruch des Krieges schien das Wilhelminische Deutschland auf der Höhe seiner Macht. Trotz der steigenden Ausbreitung des Antisemitismus und der Vielheit seiner Organisationen und Zellen, von denen Werner Jochmann hier ein anschauliches Bild gibt[19], zweifelten die deutschen Juden nicht an ihrer bürgerlichen Sicherheit im Rahmen des Rechtsstaates. Manche Forscher, wie kürzlich F. L. Carsten[20], stellen einen auffallenden Rückgang des Antisemitismus während der Jahre wirtschaftlicher Stabilität vor 1914 fest. Niemand hat damals eine physische Judenverfolgung für möglich gehalten. Aber die Juden selber fühlten instinktiv, wenn auch undeutlich und peinliche Gedanken wegscheuchend, daß sie noch nicht ihren definitiven Platz gefunden hatten. Auch in ihrem Innern waren sie nicht fertig geworden mit Heines „tausendjährigem Familienübel", das sie für überwunden gehalten hatten. Dann brach der große Krieg herein, ein Novum für das Bewußtsein der europäischen Völker, und für die patriotischen Juden eine zusätzliche unheimliche Komplikation: weil sie wußten, sie würden unter den Feinden auch Juden anderer Länder mit der Waffe gegenüberstehen. Doch Hoffnungen auf ein großes Gemeinschaftserlebnis und auf das Kommen eines neuen Geistes, Befreiung von „lebensfeindlichem" Rationalismus und der „Mechanisierung" des Daseins, lösten die schleichenden Zweifel ab – wenigstens für einige Zeit, ehe die große Ernüchterung fühlbar wurde. Aber damit sind wir schon an der Schwelle der Zeit, der der diesem Sammelwerk vorhergehende Band gewidmet war[21]. Auch die Judenfrage sollte nun eine neue Wendung nehmen. Eine kurze Spanne Zeit dachte man mit Ulrich von Hutten: Die Geister sind wach, und es ist eine Lust zu leben! Es währte nicht lange, und man mußte fragen: Ist es eine Lust zu sterben?

War es ein „Todestrieb", der beitrug zu der Begeisterung, mit der ein Teil der besten Jugend (darunter viele Juden) in den Krieg zog? Zur gleichen Zeit hat ja Sigmund Freud seine Spekulation über den geheimnisvollen psychologischen Vorgang, den er den Todestrieb nannte, niedergeschrieben[22]. Der Tod hielt Ernte, aber die Begeisterung schwand. Der Krieg enthüllte sich als hassenswert, wie er wirklich war. Ein Abgrund des Grauens war aufgerissen worden.

Aber nur wenige – auch wenige Juden – ahnten, daß ein apokalyptisches Zeitalter angebrochen war.

---

[19] Struktur und Funktion des deutschen Antisemitismus, S. 389–477.
[20] In einer Rezension des Buches von *Richard S. Levy*, The Downfall of the Anti-Semitic Political Parties in Imperial Germany, New Haven–London 1975, Times Literary Supplement, 21. November 1975, 1392.
[21] Deutsches Judentum in Krieg und Revolution 1916–1923. Ein Sammelband hrsg. von *Werner E. Mosse* unter Mitwirkung von *Arnold Paucker*, Schriftenreihe wissenschaftlicher Abhandlungen des Leo Baeck Instituts, Bd. 25, Tübingen 1971.
[22] Jenseits des Lustprinzips, Wien 1920.

BIBLIOGRAPHIE

BIBLIOGRAPHIE

Diese Bibliographie enthält die hauptsächlichen der von den Verfassern ausgewerteten gedruckten und ungedruckten Quellen. Wichtige Zeitungsartikel, vor allem aus der jüdischen Presse, sind eingeschlossen.

A. Gedruckte Quellen und Literatur

Achad Haam, Ein halber Trost, Gesammelte Schriften (hebr.), Jerusalem 1947.
Acher, Matthias. pseud. *(Birnbaum, Nathan)*, Die Jüdische Moderne, Vortrag geh. im Akademischen Vereine ‚Kadimah' in Wien, Leipzig 1896.
Achterberg, Erich, Berliner Hochfinanz. Kaiser, Fürsten, Millionäre um 1900, Frankfurt a. M. 1965.
Ackermann, A., Judentum und Christentum, Leipzig 1903.
Adler, Viktor, Briefwechsel mit Friedrich Engels und Karl Kautsky. Gesammelt und eingeleitet von Friedrich Adler, Wien 1954.
Adorno, Theodor W., ‚Zur Bekämpfung des Antisemitismus heute', in: Das Argument, Nr. 29 (1964).
Allport, Gordon W(illiard), Die Natur des Vorurteils. Hrsg. und kommentiert von Carl Friedrich Graumann. Aus dem Amerik. von Hanna Graumann, Köln 1971 (Orig.-Titel: The Nature of Prejudice).
Altmann, Alexander, ‚Hermann Cohens Begriff der Korrelation', in: Tramer, Hans (Hrsg.), In Zwei Welten (siehe dort).
–, –, Leo Baeck and the Jewish Mystical Tradition, The Leo Baeck Memorial Lecture, 17, New York 1973.
–, –, ‚Theology in Twentieth-Century German Jewry', in: Year Book I of the Leo Baeck Institute, London 1956.
Amelunxen, Rudolf, Ehrenmänner und Hexenmeister. Erlebnisse und Betrachtungen, München 1960.
Angel, Pierre, Le Personnage Juif dans le Roman Allemand (1855–1915). La Racine Littéraire de l'Antisémitisme Outre-Rhin, Paris 1973.
Angel-Volkov, Shulamit, ‚The Social and Political Function of Late 19th Century Anti-Semitism. The Case of the Small Handicraft Masters', in: Wehler, Hans-Ulrich (Hrsg.), Sozialgeschichte heute (siehe dort).
Angress, Werner T., ‚Juden im politischen Leben der Revolutionszeit', in: Deutsches Judentum in Krieg und Revolution 1916–1923 (siehe dort).
–, –, ‚Prussia's Army and the Jewish Reserve Officer Controversy before World War I', in: Year Book XVII of the Leo Baeck Institute, London 1972.
Anon. *[Franz Mehring]*, ‚Anti- und Philosemitisches', in: Die Neue Zeit, IX, 2. Bd. (27. August 1891).
Anon. *[Madame Morel(?)]*, From an Eastern Embassy. Memories of London, Berlin and the East . . . Philadelphia 1920.

Anon. [d. h. *Nordmann, H.*], Die Juden und der Deutsche Staat, Berlin 1860.

Antisemiten-Spiegel. Die Antisemiten im Lichte des Christenthums, des Rechtes und der Moral, 1. Aufl., Danzig 1892.

–, –, Die Antisemiten im Lichte des Christenthums, des Rechtes und der Wissenschaft, 2. vollständig umgearb. und erweit. Aufl., Danzig 1900.

–, –, Die Antisemiten im Lichte des Christenthums, des Rechtes und der Wissenschaft. Hrsg. im Auftrage des Vereins zur Abwehr des Antisemitismus von seinem Geschäftsführer Curt Bürger, 3., vollständig umgearb. und erweit. Aufl., Berlin und Frankfurt a. M. 1911.

‚Der Antisemitismus wie er ist. 1. Die soziale Seite; 2. Die einzelnen Richtungen; 3. Ausblicke‘, in: Die Grenzboten, LIII, II (1894).

Antizionistisches Komitee (Hrsg.), Der Zionismus, seine Theorien, Aussichten und Wirkungen, Schriften zur Aufklärung über den Zionismus, Nr. 2, Berlin o. J. [1913].

Arendt, Hannah, Walter Benjamin – Bertolt Brecht. Zwei Essays, München 1971.

Arnhold, J. (Hrsg.), Eduard Arnhold. Ein Gedenkbuch, Berlin 1928.

Asch, Adolph, Geschichte des K.C. (Kartellverband jüdischer Studenten) im Lichte der deutschen kulturellen und politischen Entwicklung, London 1964 (im Selbstverlag).

Asch, Adolph, und *Johanna Philippson,* ‚Self-Defence in the Second Half of the 19th Century: The Emergence of the K.C.‘, in: Year Book III of the Leo Baeck Institute, London 1958.

Aschkewitz, Max, Zur Geschichte der Juden in Westpreußen. Wissenschaftliche Beiträge zur Geschichte und Landeskunde Ostmitteleuropas, Nr. 81, Marburg/Lahn 1967.

Auerbach, Elias, ‚Deutsche Kultur im Zionismus‘, in: Jüdische Rundschau, VIII, Nr. 7 (13. Februar 1903).

–, –, Pionier der Verwirklichung. Ein Arzt aus Deutschland erzählt vom Beginn der zionistischen Bewegung und seiner Niederlassung in Palästina kurz nach der Jahrhundertwende. Veröffentlichung des Leo Baeck Instituts, Stuttgart 1969.

–, –, ‚Wir und die jüdischen Organisationen‘, in: Jüdische Rundschau, XIII, Nr. 26 (26. Juni 1908).

‚Aus dem Tagebuch eines Arbeiterpräses‘, in: Pieper, August (Hrsg.), Präsides-Korrespondenz, XV, 1902.

B. R., ‚Eine Gefahr‘, in: Israelitisches Wochenblatt‘, Nr. 32 (6. August 1891).

Baar, Lothar, Die Berliner Industrie in der industriellen Revolution, Berlin-Ost 1966.

Baeck, Leo, Das Evangelium als Urkunde der jüdischen Glaubensgeschichte, Berlin 1938.

[–, –,] ‚Excerpts from Baeck's Writings, III. Moses Hess‘, in: Year Book II of the Leo Baeck Institute, London 1957.

–, –, ‚Harnacks Vorlesungen über das Wesen des Christentums‘, in: Monatsschrift für Geschichte und Wissenschaft des Judentums, Breslau, Nr. 45 (September 1901). Sonderabdruck aus der MGWJ, zweite vermehrte Aufl., Breslau 1902.

–, –, ‚Das Judentum‘, in: Die Religionen der Erde, ihr Wesen und ihre Geschichte, in Verbindung mit F. Babinger (et al.) dargestellt von Carl [Christian] Clemen, München 1927.

–, –, Dieses Volk. Jüdische Existenz, Frankfurt a. M. 1954.

–, –, ‚Theologie und Geschichte‘, in: Zum sechzigjährigen Bestehen der Hochschule für die Wissenschaft des Judentums in Berlin, zugleich 49. Bericht, Berlin 1932.

–, –, Das Wesen des Judentums (Schriften der Gesellschaft zur Förderung der Wissenschaft des Judentums), Berlin 1905. 2. neu bearb. Aufl., Frankfurt a. M. 1922. 3. Aufl. Frankfurt a. M. 1923. (Englische Ausgabe): The Essence of Judaism.

Rev. Ausg. von J. Howe, übers. (nach der 2. Aufl.) von Victor Grubwieser und Leonard Pearl, London 1936. Verb. Ausg. New York 1948. (Hebräische Ausgabe): Das Wesen des Judentums. Grundlagen und Glauben, Jerusalem 1968. (Darin): Einführung von Ernst Simon: Leo Baeck, der letzte Vertreter des deutschen Judentums.

Bahr, Hermann, Der Antisemitismus. Ein internationales Interview, Berlin 1894.

Ballhausen, Baron Robert Lucius von, Bismarck-Erinnerungen, Stuttgart und Berlin 1921.

Bamberger, Ludwig, Deutschtum und Judentum (1880), Gesammelte Schriften, 5 Bde., Berlin 1894/98.

Bambus, W[illy], ‚Wo hinaus?‘, in: Allgemeine Zeitung des Judentums, Nr. 31 (31. Juli 1891).

Barnikol, Ernst, Bruno Bauer. Studien und Materialien, Assen 1972.

Baron, Salo W., ‚Étapes de l'émancipation juive‘, in: Diogène, Bd. 29, 1960.

–, –, ‚Ghetto and Emancipation. Shall we Revise the Traditional View?‘, in: Menorah Journal 14, Camden, N.J., 1928.

–, –, ‚The Impact of the Revolution of 1848 on Jewish Emancipation‘, in: Jewish Social Studies, Bd. 11, Nr. 3, New York 1949.

–, –, ‚Jewish Emancipation‘, in: Encyclopaedia of the Social Sciences, Bd. 7, 1932.

–, –, Die Judenfrage auf dem Wiener Kongreß. Auf Grund von zum Teil ungedruckten Quellen dargestellt, Wien-Berlin 1920.

Bartels, Adolf, ‚Aufgaben der Heimatkunst‘, in: Der Kunstwart, XIV (November 1900).

–, –, Deutsches Schrifttum, Weimar 1909 ff.

–, –, Heimatkunst. Ein Wort zur Verständigung, München-Leipzig 1904.

Bassermann, Karola, Ernst Bassermann, Mannheim 1919.

Bauer, Bruno, Die Judenfrage, Braunschweig 1843.

–, –, Zur Orientierung über die Bismarck'sche Ära, Chemnitz 1880, Neudruck Aalen 1969.

Baumgardt, David, ‚The Ethics of Lazarus and Steinthal‘, in: Year Book II of the Leo Baeck Institute, London 1957.

Bebel, August, Antisemitismus und Sozialdemokratie. Rede anläßlich des Parteitages in Köln. Protokoll über die Verhandlungen des Parteitages der Sozialdemokratischen Partei Deutschlands, abgehalten in Köln vom 22. bis 28. Oktober 1893.

–, –, Sozialdemokratie und Antisemitismus. Rede auf dem sozialdemokratischen Parteitage in Berlin. Mit 2 Nachtr., 2. durchges. Aufl., Berlin 1906.

–, –, und *Eduard Bernstein* (Hrsg.), Der Briefwechsel zwischen Friedrich Engels und Karl Marx 1844 bis 1883, 4. Bd., Stuttgart 1913.

Becker, Josef, Liberaler Staat und Kirche in der Ära von Reichsgründung und Kulturkampf. Geschichte und Strukturen ihres Verhältnisses in Baden 1860–1876, Mainz 1973.

Becker, Julius, ‚Sombart und Wir‘, in: Jüdische Rundschau, XVII, Nr. 50 (15. Dezember 1912).

Becker, Werner, ‚Die Rolle der liberalen Presse‘, in: Deutsches Judentum in Krieg und Revolution 1916–1923 (siehe dort).

Beer-Hofmann, Richard, Jaa'kobs Traum, Berlin 1919.

–, –, Schlaflied für Miriam, Berlin 1897.

Bein A[lex] (Hrsg.), Sefer Motzkin (hebr.), Jerusalem 1939.

–, –, ‚Von der Zionssehnsucht zum politischen Zionismus. Zur Geschichte des Wortes und Begriffes „Zionismus"‘, in: Robert Weltsch zum 70. Geburtstag, Tel Aviv 1961.

Belke, Ingrid, „Der Mensch ist eine Bestie . . .“. Ein veröffentlichter Brief Theodor
    Fontanes an den Begründer der Völkerpsychologie, Moritz Lazarus, in: Bulletin
    des Leo Baeck Instituts, XIII, Nr. 50, Tel Aviv 1974.
–, –, (Hrsg.), Lazarus, Moritz und Heymann Steinthal (siehe dort).
Ben Horin, Schalom, ‚Das Jesubild im modernen Judentum‘, in: Zeitschrift für Reli-
    gions- und Geistesgeschichte, V, Nr. 3, Erlangen/Köln 1953.
Ben-Snew, ‚Sombarthetze und kein Ende‘, in: Jüdische Rundschau, XVII, Nr. 23
    (7. Juni 1912).
Ben Usiel, pseud. (Rabbiner *Samson Raphael Hirsch*), Igroth Safon. Neunzehn Briefe
    über das Judenthum, Frankfurt a. M. 1901.
Bentinck, Lady Norah, Der Kaiser im Exil, Berlin 1921.
Berblinger-Ammon, Berta, Das Lebensbild eines Rasseforschers [Otto Ammon],
    Halle/Saale o. J.
Berghahn, Volker, Der Tirpitz-Plan. Genesis und Verfall einer innenpolitischen
    Krisenstrategie unter Wilhelm II., Düsseldorf 1971.
Berglar, Peter, Walter Rathenau: Seine Zeit. Sein Werk. Seine Persönlichkeit, Bre-
    men 1970.
Bergmann, Hugo, ‚Eduard von Hartmann und die Judenfrage in Deutschland‘, in:
    Year Book V of the Leo Baeck Institute, London 1960.
Bergmann, Klaus, Agrarromantik und Großstadtfeindschaft, Meisenheim a. Glan
    1970.
‚Bericht über den 11. Delegiertentag‘, in: Jüdische Rundschau, XIII, Nr. 24–27
    (12. Juni – 3. Juli 1908).
Berlepsch, Baron Hans Hermann von, Sozialpolitische Erfahrungen und Erinnerun-
    gen, München-Gladbach 1925.
‚Berlin oder Juste Milieu‘, in: Emrich, Wilhelm (Hrsg.), Carl Sternheim, Gesamtwerk
    (9 Bände), Bd. VI (siehe dort).
Bermann, Dagmar T[amar], Produktivierungsmythen und Antisemitismus. Assimila-
    torische und zionistische Berufsumschichtungsbestrebungen unter den Juden
    Deutschlands und Österreichs bis 1938. Eine historisch-soziologische Studie, Phil.
    Diss., München 1971.
Bernhard, Ludwig, Der Hugenberg-Konzern. Psychologie und Technik einer Groß-
    organisation der Presse, Berlin 1928.
Bernhardi, Friedrich von, Deutschland und der nächste Krieg, Stuttgart–Berlin 1912.
Bernstein, Daniel, ‚Wirtschaft‘, in: Siegmund Kaznelson (Hrsg.), Juden im deutschen
    Kulturbereich, Berlin 1959.
Bernstein, Eduard, Die englische Gefahr und das deutsche Volk, Berlin 1911.
–, –, ‚Der Krieg, sein Urheber und sein erstes Opfer‘, in: Sozialistische Monatshefte,
    20, II. Teil (13. August 1914).
–, –, Von 1850 bis 1872. Kindheit und Jugendjahre, Berlin 1926.
–, –, Von den Aufgaben der Juden im Weltkriege, Berlin 1917.
–, –, Die Voraussetzungen des Sozialismus und die Aufgaben der Sozialdemokratie,
    Berlin 1902.
–, –, ‚Wie ich als Jude in der Diaspora aufwuchs‘, in: Der Jude, II, Nr. 3 (Juni 1917).
Bernstein, F[ritz], Der Antisemitismus als Gruppenerscheinung. Versuch einer Sozio-
    logie des Judenhasses, Berlin 1926.
Bernstein, Reiner, Zwischen Emanzipation und Antisemitismus. Die Publizistik der
    deutschen Juden am Beispiel der ‚C.V.-Zeitung‘, Organ des Centralvereins deut-
    scher Staatsbürger jüdischen Glaubens, 1924–1933. Diss., Freie Universität Ber-
    lin 1969.
Bernstorff, Count Johann-Heinrich von: Memoirs, übers. von Eric Sutton, New
    York 1936.

Bertram, Jürgen, Die Wahlen zum Deutschen Reichstag vom Jahre 1912, Düsseldorf 1912.

Beschlüsse der wirklichen orthodoxen Rabbiner auf dem Rabbinertage in Frankfurt a. M., in: Die Welt, Nr. 23 (10. Juni 1898).

Beta, Ottomar, Darwin, Deutschland und die Juden oder der Juda-Jesuitismus, Berlin 1875, 2. u. 3. Aufl. 1876.

Beyens, Baron Napoleon, Germany before the War, übers. v. Paul V. Cohn, London 1916.

Bieber, Hans Joachim, Die deutschen Gewerkschaften 1914–1920. Arbeiterbewegung, Industrie, Staat und Militär im ersten Weltkrieg und in der Novemberrevolution, Phil. Diss., Hamburg 1975 (Manuskript).

Bing, Siegmund, Jakob Wassermann. Weg und Werk des Dichters, 2. Aufl., Nürnberg 1933.

Birke, Adolf M., ‚Zur Entwicklung und politischen Funktion des bürgerlichen Kulturkampfverständnisses in Preußen-Deutschland‘, in: Aus Theorie und Praxis der Geschichtswissenschaft. Festschrift für Hans Herzfeld zum 80. Geburtstag. Im Auftrag des Friedrich-Meinecke-Instituts hrsg. von Dietrich Kurze, Berlin 1972.

Birnbaum, Nathan, Ausgewählte Schriften zur jüdischen Frage, Czernowitz 1910.

Bismarck, Otto von, Gedanken und Erinnerungen (3 Bde.), Stuttgart und Berlin 1919–1921.

–, –, Die gesammelten Werke, 11. Bd., Reden 1869 bis 1878, bearb. von Wilhelm Schüßler, Berlin o. J.

Bittner, Ludwig u. a. (Hrsg.), Österreich-Ungarns Außenpolitik (8 Bde.), Wien und Leipzig 1930.

Blaustein, Arthur, und *Hermann Hillger* (Hrsg.), Hillgers Wegweiser für die Reichstagswahl 1912, Berlin-Leipzig 1912.

‚Blicke in’s Talmud’sche Judenthum‘, in: Katholische Vierteljahresschrift für Wissenschaft und Kunst, Neue Folge, II (1848), Heft 1, 2, 3, 4.

Blumenberg, W., August Bebels Briefwechsel mit Friedrich Engels, Den Haag 1965.

Blumenfeld, Kurt, Erlebte Judenfrage. Ein Vierteljahrhundert deutscher Zionismus. Veröffentlichung des Leo Baeck Instituts, Stuttgart 1962.

Blunk, Paul (Hrsg.), Praktisches Handbuch des Kyffhäuser-Verbandes der Vereine Deutscher Studenten, Hamburg 1926.

Bluntschli, Johann Caspar, und *K. L. T. Brater* (Hrsg.), Deutsches Staatswörterbuch, 5. Bd., Stuttgart 1860.

Die Blutbeschuldigung gegen die Juden. Dokumente zur Aufklärung, Nr. 1, Wien (um 1900).

Bodenheimer, Henriette Hannah (Hrsg.), Im Anfang der zionistischen Bewegung. Eine Dokumentation auf der Grundlage des Briefwechsels zwischen Theodor Herzl und Max Bodenheimer von 1896 bis 1905, Frankfurt a. M. 1965.

–, –, (Hrsg.), So wurde Israel. Aus der Geschichte der zionistischen Bewegung. Erinnerungen von Dr. M. I. Bodenheimer, Frankfurt a. M. 1958.

–, –, (Hrsg.), Toldoth Tochnith Basel (hebr.), Jerusalem 1947.

–, –, ‚Wohin mit den russischen Juden? Die Antwort M. I. Bodenheimers‘ (hebr.), in: Ha’uma, 1972.

Bodenheimer, Max I., ‚Bangemachen gilt nicht‘, in: Allgemeine Zeitung des Judentums, Nr. 41 (9. Oktober 1891).

–, –, Warum gingen wir zum ersten Zionistenkongreß? Berliner Zionistische Organisation (Hrsg.), Berlin 1922.

–, –, Wohin mit den russischen Juden? (Syrien ein Zufluchtsort der russischen Juden), Hamburg o. J. [1891].

Bodenheimer, Max I., ‚Zionisten aller Länder vereinigt euch!‘, in: Die Menorah, Nr. 28 (4. September 1891).

Böckel, Otto, Die Antisemiten im Reichstag, Berlin 1903.

–, –, Die Juden, die Könige unserer Zeit. Rede des Herrn Dr. Otto Böckel aus Marburg geh. in der öffentlichen Versammlung des D.A.B. (Deutscher Antisemiten-Bund) auf der Bockbrauerei zu Berlin am 4. Oktober 1886, 6. Aufl., Berlin o. J. (24. Aufl., Marburg 1887).

Boehlich, Walter (Hrsg.), Der Berliner Antisemitismusstreit, Sammlung Insel 6, Frankfurt a. M. 1965.

Böhm, Adolf, Wandlungen im Zionismus, in: Vom Judentum (siehe dort).

–, –, Die Zionistische Bewegung (2 Bde.), Berlin 1935.

Böhm, Ekkehard, Überseehandel und Flottenbau. Hanseatische Kaufmannschaft und deutsche Seerüstung, Düsseldorf 1972.

Böhm, Franz, ‚Antisemitismus im 19. Jahrhundert‘, in: Bulletin des Leo Baeck Instituts, IV, Nr. 16, Tel Aviv 1961.

Böhme, Helmut, ‚Bankkonzentration und Schwerindustrie 1873–1896‘, in: Wehler, Hans-Ulrich (Hrsg.), Sozialgeschichte Heute (siehe dort).

Boelcke, Willi (Hrsg.), Krupp und die Hohenzollern. Aus der Korrespondenz der Familie Krupp, 1850–1916, Berlin 1956.

Bolkosky, Sidney M[arvin], The Distorted Image. German Jewish Perceptions of German and Germany, 1918–1935, New York–Oxford–Amsterdam 1975.

Bonhard, Otto, Geschichte des Alldeutschen Verbandes, Leipzig-Berlin 1920.

Borries, Hans Joachim von, Deutschtum und Judentum. Studien zum Selbstverständnis des deutschen Judentums 1879/80. Phil. Diss., Zürich 1971.

Braasch, A[ugust] H[einrich], Die religiösen Strömungen der Gegenwart, Leipzig 1905.

Brabant, Arthur (Hrsg.), Generaloberst Max Freiherr von Hausen. Ein deutscher Soldat, Dresden 1926.

Brakelmann, Günter, Reichsgründung und kirchlicher Protestantismus 1871. Manuskript eines Referates anläßlich einer Tagung der Evangelischen Akademie Berlin 8.–10. Januar 1971. (Gekürzte Fassung): ‚Gottes Wille; Das deutsche Reich. Der Hofprediger Bernhard Roggeni Versailles‘, in: Berliner Sonntagsblatt, 3 (17. Januar 1971).

Bramsted, Ernest K., ‚Middle-Class Superiority, 1850–1870. 1. Towards the Nobility. 2. Towards the Jews‘, in: Aristocracy and the Middle-Classes in Germany. Social Types in German Literature 1830-1900. Rev. Ed. With a Forward by G. P. Gooch, Chicago 1964.

Brauer, Arthur von, Im Dienste Bismarcks. Persönliche Erinnerungen, Berlin 1936.

Braun, Max, Adolf Stöcker, redigierte Aufl., Berlin 1929.

Braunschweig-Lüneburg, Herzogin Viktoria Luise von, Ein Leben als Tochter des Kaisers, Göttingen und Hannover 1965.

Breslauer, Walter, ‚Der Verband der Deutschen Juden (1904–1922)‘, in: Bulletin des Leo Baeck Instituts, VII, Nr. 28, Tel Aviv 1964.

Breßlau, Harry, Zur Judenfrage. Sendschreiben an ... Heinrich von Treitschke. 2., mit einem Nachw. versehene Aufl., Berlin 1880.

Breton, André (Hrsg.), Anthologie des Schwarzen Humors, München 1971 (französische Originalausgabe): Anthologie de l’Humour Noir, Paris 1969.

Brett, Maurice V. (Hrsg.), Journals and Letters of Reginald Viscount Esher (4 Bde.), London 1934–1948.

Breuer, Isaak, ‚Lehre, Gesetz und Nation (1910)', in: Wegzeichen (siehe dort).
–, –, Judenproblem. 4. Aufl., Berlin 1922.
–, –, Messiasspuren, Frankfurt a. M. 1918.
–, –, Wegzeichen, Frankfurt a. M. 1923.
–, –, Die Welt als Schöpfung und Natur, Frankfurt a. M. 1926.
–, –, ‚Wunder, Prophetie und Schöpfung (1916)', in: Wegzeichen (siehe dort).
Breuer, Mordechai, The ‚Thora-Im Derekh-Eretz' of Samson Raphael Hirsch, Jerusalem-New York 1970.
Briman, Aron (pseud. Dr. Justus), Judenspiegel, 1. Aufl., Paderborn 1883.
Brinckmeyer, Hermann, Die Rathenaus (Gestalten und Dokumente, Bd. 4), München 1922.
Brod, Max, Streitbares Leben, München 1969.
Bröcker, Paul, ‚Adolf Stoecker', in: Deutsche Handels-Wacht, 35. Jg., Nr. 3 (10. Februar 1928).
Brown, Russell E., ‚Alfred Wolfenstein', in: Rothe, Wolfgang (Hrsg.), Expressionismus als Literatur (siehe dort).
Brunner, Frederick H., ‚Juden als Bankiers – ihre völkerverbindende Tätigkeit', in: Tramer, Hans (Hrsg.), In Zwei Welten (siehe dort).
Buber, Martin, Briefwechsel aus sieben Jahrzehnten, Bd. I: 1897–1918, Bd. II: 1918 bis 1938, Bd. III: 1938–1965. Hrsg. und eingeleitet von *Grete Schaeder* in Beratung mit Ernst Simon und unter Mitwirkung von Rafael Buber, Margot Cohn und Gabriel Stern, Heidelberg 1972/1975.
–, –, Drei Reden über das Judentum, Frankfurt a. M. 1920.
–, –, Ein Wort über Nietzsche und die Lebenswerte, Berlin 1900.
–, –, Zion als Ziel und Aufgabe. Gedanken aus drei Jahrzehnten (1910). Mit einer Rede über Nationalismus als Anhang, Berlin 1936.
–, –, Zion und die Jugend, Jüdische Jugend, Flugschrift Nr. 1, Berlin o. J.
Buch des Dankes an Georg Simmel. Briefe, Erinnerungen, Bibliographie. Zu seinem 100. Geburtstag am 1. März 1958 hrsg. von Kurt Gassen und Michael Landmann, Berlin 1958.
Buchheim, Karl, Geschichte der christlichen Parteien in Deutschland, München 1953.
Buchow, Wilhelm, 50 Jahre antisemitische Bewegung, Berlin 1937.
Bülow, Bernhard Fürst von, Denkwürdigkeiten (4 Bde.), Berlin 1930–1931. Bd. I (1930), Bd. III (1931).
Bultmann, Rudolf, ‚Vorwort', in: Harnack, Adolf von: Das Wesen des Christentums, Neuauflage, München und Hamburg 1964.
Bunke, Ernst (Hrsg.), Adolf Stoecker, Erinnerungsblätter, Berlin 1909.
Bunsen, Marie von, Die Welt, in der ich lebte. Erinnerungen aus glücklichen Jahren, 1860–1912, Leipzig 1929.
–, –, Zeitgenossen, die ich erlebte, 1900–1930, Leipzig 1932.
Burchardt, Lothar, ‚Walther Rathenau und die Anfänge der deutschen Rohstoffbewirtschaftung im Ersten Weltkrieg', in: Tradition, Zeitschrift für Firmen-Geschichte und Unternehmer-Biographie, XV, Heft 4, München 1970.
Burckhardt, Jacob, Briefe an seinen Freund Preen 1864–1893, Stuttgart 1922.
Burger, Alexander, Geschichte der Parteien des deutschen Reichstags, IV, Die Parteien der wirtschaftlichen Vereinigung, Gautzsch b. Leipzig 1910.
Burte, Hermann, Wiltfeber, der ewige Deutsche. Die Geschichte eines Heimatsuchers, Leipzig 1912.
Busch, Helmut, Die Stoecker-Bewegung im Siegerland. Ein Beitrag zur Geschichte der christlich-sozialen Partei, Phil. Diss., Marburg/Lahn 1964.
Busch, Moritz, ‚Beiträge zur Beurtheilung der Judenfrage', in: Die Grenzboten. Zeitschrift für Politik, Literatur und Kunst, XXXIX, II (1880).

Busch, Moritz, Bismarck. Some Secret Pages of his History, 3 Bde., London 1898.

–, –, Tagebuchblätter, III, Leipzig 1888–1889.

Bußmann, Walter, ‚Wandel und Kontinuität der Bismarck-Wertung‘, in: Revision des Bismarckbildes. Die Diskussion der deutschen Fachhistoriker 1945–1955, hrsg. von Hans Hallmann, Wege der Forschung, Bd. CLXXXV, Darmstadt 1972.

Butler, Nicholas Murry, Across the Busy Years: Recollections and Reflections (2 Bd.), New York und London 1939–1940.

Cahn, Michael, Die religiösen Strömungen in der zeitgenössischen Judenheit, Frankfurt a. M. 1912.

Cahnmann, Werner J., ‚Village and Small-Town Jews in Germany. A Typological Study‘, in: Year Book XIX of the Leo Baeck Institute, London 1974.

–, –, The Nazi Threat and the Centralverein – A Recollection, Conference on Anti-Semitism (siehe dort).

Calvary, Moses, Die Aufgabe des deutschen Zionismus. Sonderabdruck aus: ‚Der Jüdische Student‘, Monatsschrift des Bundes Jüdischer Corporationen, IX, Heft 6, Berlin 1911.

–, –, ‚Die Aufgabe des Zionismus‘ (1911), in: Das Neue Judentum (siehe dort).

–, –, Das Neue Judentum, Fünf Aufsätze, Berlin 1936.

–, –, ‚Religion und Nation als Gemeinschaftswerte‘, (1914), in: Das Neue Judentum (siehe dort).

Cassirer, Toni, Aus meinem Leben mit Ernst Cassirer, New York 1949–1950.

Cecil, Lamar, Albert Ballin. Wirtschaft und Politik im deutschen Kaiserreich, 1888 bis 1918, Deutsch von Wolfgang Rittmeister, Einführung von Günther Jantzen, Hamburg 1969, (engl. Originalausg.): Albert Ballin, Business and Politics in Imperial Germany 1888–1918, Princeton 1967.

–, –, ‚Comments on the Papers of Marjorie Lamberti and Werner T. Angress‘, in: Year Book XVII of the Leo Baeck Institute, London 1972.

–, –, ‚The Creation of Nobles in Prussia, 1871–1918‘, in: American Historical Review, LXXV, No. 3, New York (Februar 1970).

–, –, The German Diplomatic Service, 1871–1914, Princeton 1976.

–, –, ‚Jew and Junker in Imperial Berlin‘, in: Year Book XX of the Leo Baeck Institute, London 1975.

‚Centrum und Antisemiten‘, in: Leipziger Zeitung, Nr. 38 (16. Februar 1892).

Chamberlain, Houston Stewart, Briefe, 1882–1924, und Briefwechsel mit Kaiser Wilhelm II., (2 Bde.), (1. Bd. 1882–1915), München 1928.

–, –, Die Grundlagen des neunzehnten Jahrhunderts, München 1899.

Christliche Zeugnisse gegen die Blutbeschuldigung der Juden, Berlin 1882.

Claß, Heinrich (pseud. Daniel Frymann), Wenn ich der Kaiser wär’ – Politische Wahrheiten und Notwendigkeiten, Leipzig 1912 (4. Aufl. 1913).

–, –, Wider den Strom. Vom Werden und Wachsen der nationalen Opposition im alten Reich, Leipzig 1932.

Cohen, Carl, ‚The Road to Conversion‘, in: Year Book VI of the Leo Baeck Institute, London 1961.

Cohen, Hermann, ‚Aufsätze über Heine und das Judentum (1867)‘, in: Jüdische Schriften, Bd. II (und) ‚Das soziale Ideal bei Plato und den Propheten‘, in: Jüdische Schriften, Bd. II (siehe dort).

–, –, Deutschtum und Judentum. Mit grundlegenden Betrachtungen über Staat und Internationalismus, Gießen 1915, 11. und 12. Tausend, Gießen 1923.

–, –, ‚Ein Bekenntnis in der Judenfrage‘, in: Jüdische Schriften II (siehe dort).

Cohen, Hermann, ‚Ein Bekenntniß in der Judenfrage‘, in: Boehlich, Walter (Hrsg.), Der Berliner Antisemitismusstreit (siehe dort).

–, –, Jüdische Schriften II. Zur jüdischen Zeitgeschichte. Mit einer Einleitung von Franz Rosenzweig, hrsg. von Bruno Strauss (Veröffentlichungen der Akademie für die Wissenschaft des Judentums), Berlin 1924.

–, –, Jüdische Schriften. Mit einer Einleitung von Franz Rosenzweig, hrsg. von Bruno Strauss, 3 Bde., Berlin 1924.

–, –, [Die] Religion der Vernunft aus den Quellen des Judentums, Leipzig 1919.

Cohen, Israel, Der Antisemitismus in Deutschland, London 1918.

Cohn, Bernhard, Vor dem Sturm. Ernste Mahnworte an die deutschen Juden, Berlin 1896.

Cohn, Emil, Mein Kampf ums Recht. Eine Streitschrift gegen Vorstand und Repräsentanz der Jüdischen Gemeinde zu Berlin. Nebst einer Broschüre „Die Geschichte meiner Suspension“ als Anhang, Berlin 1907.

–, –, Die religiöse Judenfrage. Sonderabdruck aus Preußische Jahrbücher, Bd. 143, 3. Heft, Berlin 1911.

Cohn, Emil Bernhard, David Wolffsohn. Herzls Nachfolger. Mit einem Vorwort von Jacobus Kamm, Amsterdam 1939.

Cohn, Ernst J., ‚Three Jewish Lawyers of Germany‘, in: Year Book XVII of the Leo Baeck Institute, London 1972.

Cohn, Norman, Warrant for Genocide. The Myth of the Jewish World-Conspiracy and the Protocols of the Elders of Zion, London 1967.

Conference on Anti-Semitism, 1969. Papers delivered at the 4th Lerntag of the American Federation of Jews from Central Europe, Herbert A. Strauss (Hrsg.), New York 1969.

Corti, Egon Caesar Conte, Wenn...: Sendung und Schicksal einer Kaiserin, Graz 1954.

Coser, Lewis A. (Hrsg.), Georg Simmel, engl. Übersetzung von Herbert Menzel, (Makers of Modern Social Science), New Jersey 1965.

Creizenach, Michael, ‚Grundlehren des israelitischen Glaubens‘, in: Wissenschaftliche Zeitschrift für jüdische Theologie. Hrsg. in Verbindung mit einem Vereine jüdischer Gelehrten durch Dr. Abraham Geiger, I, Grünberg-Leipzig 1835.

Croon, Helmuth, Die gesellschaftlichen Auswirkungen des Gemeindewahlrechts in den Gemeinden und Kreisen des Rheinlands und Westfalens im 19. Jahrhundert, Köln/Opladen 1960.

Curtius, Ernst Robert, Kritische Essays zur europäischen Literatur, Bern 1963.

–, –, Stefan George im Gespräch. Kritische Essays zur europäischen Literatur, Bern 1950.

Curtius, Friedrich (Hrsg.), Denkwürdigkeiten des Fürsten Chlodwig zu Hohenlohe-Schillingsfürst, 2 Bde., Stuttgart 1907.

Curtius, Ludwig, ‚Karl Wolfskehl‘, in: Torso. Verstreute und nachgelassene Schriften, Ausgew., hrsg. von Joachim Moras, Stuttgart 1957.

Czada, Peter, Die Berliner Elektroindustrie in der Weimarer Zeit, Berlin 1969.

Daab, H., Der Thalmud in Vorträgen, Berlin 1883.

Dahrendorf, Ralf, Gesellschaft und Demokratie in Deutschland, München 1965.

Dalman, Gustav, Kurzgefaßtes Handbuch der Mission unter Israel, Berlin 1893.

David, Claude, Von Richard Wagner zu Bertolt Brecht. Eine Geschichte der neueren deutschen Literatur, übers. von Hermann Stiehl, Frankfurt a. M. 1964.

David, Eduard, Das Kriegstagebuch des Reichstagsabgeordneten Eduard David 1914 bis 1918, in Verbindung mit Erich Matthias bearbeitet von Susanne Miller.

Quellen zur Geschichte des Parlamentarismus und der politischen Parteien, Bd. 4, Düsseldorf 1966.

Davidsohn, Doris, ‚Erinnerungen einer deutschen Jüdin‘, in: Bulletin des Leo Baeck Instituts, II, Nr. 8, Tel Aviv 1959.

Davis, Arthur W., The Kaiser as I know him, New York-London 1918.

Deak, Istvan, Weimar Germany's Left-Wing Intellectuals. A Political History of the ‚Weltbühne‘ and its Circle, Berkeley/Los Angeles 1968.

Deißmann, A. (Hrsg.), Beiträge zur Weiterentwicklung der christlichen Religion, München 1905.

Delbrück, Hans, ‚Proleten und Juden‘, in: Vor und nach dem Weltkrieg, Politische und Historische Aufsätze, 1902–1925, Berlin 1926.

Delitzsch, Franz, Christentum und jüdische Presse. Selbsterlebtes, Erlangen 1882.

Demeter, K., Das deutsche Offizierskorps in Gesellschaft und Staat, 4. Ausg., Frankfurt a. M. 1965.

Dernburg, Bernhard, ‚Emil Rathenau‘, in: Allgemeine Zeitung, München, 5. Dezember 1908.

Dernburg, Joseph, ‚Das Wesen des Judenthums nach seinen allgemeinsten Grundzügen‘, in: Wissenschaftliche Zeitschrift für jüdische Theologie. Hrsg. in Verbindung mit einem Vereine jüdischer Gelehrten durch Dr. Abraham Geiger, IV, Grünberg-Leipzig 1839.

Deutsche Antisemiten Chronik 1888 bis 1894. Eine Sammlung von Thatsachen zur Unterhaltung und Belehrung für Jedermann, Zürich 1894.

‚Deutsche Helden und deutsches Epigonentum. Ein Epilog zur Jahrhundertfeier‘, in: Schlesische Freikonservative Partei-Korrespondenz, I, Nr. 3 (29. Oktober 1913).

Deutsches Judentum in Krieg und Revolution 1916–1923. Ein Sammelband hrsg. von *Werner E. Mosse* unter Mitwirkung von *Arnold Paucker.* Schriftenreihe wissenschaftlicher Abhandlungen des Leo Baeck Instituts, Bd. 25, Tübingen 1971.

Der DHV im Jahre 1931. Rechenschaftsbericht erstattet von seiner Verwaltung, Hamburg 1932.

‚Die deutsch-soziale Bewegung und die konservative Partei‘, in: Die Grenzboten, L, III (1891).

Diamant, Adolf, Chronik der Juden in Dresden. Von den ersten Juden bis zur Blüte der Gemeinde und deren Ausrottung. Mit einem Geleitwort von Robert M. W. Kempner, Darmstadt 1973.

Dibelius, Otto, Ein Christ ist immer im Dienst. Erlebnisse und Erfahrungen in einer Zeitenwende, Stuttgart 1961.

Diest-Daber, Otto von, Geldmacht und Sozialismus, Berlin 1875.

Dimidow, Paul, pseud. [Isaak Turoff], Wo hinaus? Mahnwort an die westeuropäischen Juden. Nebst einem Vorw. von Georg Isaac und einer erklärenden Karte von Palästina (2. Aufl.), o. O. [Berlin Charlottenburg], 1891.

Döllinger, Johann von, Die Juden in Europa, Rede, geh. in der Festsitzung der Akademie der Wissenschaften in München am 25. Juli 1881 (Beiträge zur Bekämpfung des Antisemitismus), Linz 1891.

Dohm, Christian Wilhelm, Über die bürgerliche Verbesserung der Juden, 2. Teil, Berlin 1783 (3 Bde. Berlin 1781–1783).

Doogs, K., Die Berliner Maschinenindustrie, Berlin 1928.

Doskow, Ambrose, and *Sidney B. Jacoby,* ‚Anti-Semitism and the Law in Pre-Nazi Germany‘, in: Contemporary Jewish Record, III, No. 5, New York 1940.

Dove, Alfred, ‚Humboldt als Judengenoß‘, in: Im neuen Reich, I, Nr. 1 (1871).

–, –, Programmatischer Einleitungsartikel zur Zeitschrift ‚Im neuen Reich‘, I, 1 (1871).

–, –, ‚Ein Neujahrswort an die deutsche Geistesarbeit‘, in: Im neuen Reich, III, Nr. 1 (1873).

Dove, Alfred, ‚Zum Jahreswechsel im neuen Reich‘, in: Im neuen Reich, II, 1 (1872).

Drobisch, Klaus, Rudi Goguel, Werner Müller, Horst Dohle (Hrsg.), Juden unterm Hakenkreuz. Verfolgung und Ausrottung der deutschen Juden 1933–1945, Berlin (DDR) und Frankfurt a. M. 1973. (Einleitung): Zur Entwicklung des Antisemitismus von der Reichsgründung bis zur Machtübertragung an den Faschismus in Deutschland.

Dubnow, Simon, Die neueste Geschichte des jüdischen Volkes, II, Berlin 1920.

Düding, Dieter, Der Nationalsoziale Verein 1896 bis 1903, München-Wien 1972.

Dühring, Eugen, Die Judenfrage als Racen-, Sitten- und Culturfrage. Mit einer weltgeschichtlichen Antwort, Karlsruhe 1881.

Duggan, Paul R., ‚German-Jewish Relations in the Wilhelminian Period‘, in: Year Book XVII of the Leo Baeck Institute, London 1972.

Durieux, Tilla, Eine Tür steht offen. Erinnerungen, Berlin 1954.

Echt, Samuel, Die Geschichte der Juden in Danzig (Schriften des Nordostdeutschen Kulturwerkes), Leer (Ostfriesland) 1972.

Ecker, Jakob, Der „Judenspiegel“ im Lichte der Wahrheit. Eine wissenschaftliche Untersuchung, 1. Aufl., Paderborn 1884, 3. Aufl. 1921.

Eckert, Georg, Die Braunschweiger Arbeiterbewegung unter dem Sozialistengesetz, Braunschweig 1961.

Eckstein, Adolf, Der Kampf der Juden um ihre Emanzipation in Bayern. Auf Grund handschriftlichen Quellenmaterials, Fürth 1905.

Ehrentreich, Alfred, ‚Die Freundschaft zwischen Rathenau und [Wilhelm] Schwaner‘, in: Neue Deutsche Hefte, 138 (1973).

‚Ein Judenprogramm‘, in: Das Bayerische Vaterland, XXVIII, Nr. 9 (12. Januar 1896).

‚Ein merkwürdiger Umschwung der jüdischen öffentlichen Meinung‘, in: Der Israelit, Nr. 90 (9. November 1896), Nr. 92 (16. November 1896).

Einem, General Karl von, Erinnerungen eines Soldaten, 1853–1913, Leipzig 1933.

Eisner, Isi Jacob, ‚Reminiscences of the Berlin Rabbinical Seminary‘, in: Year Book XII of the Leo Baeck Institute, London 1967.

Eisner, Kurt, Der Sultan des Weltkriegs, Gesammelte Schriften, I, Berlin 1919.

Eißfeldt, G., Die Kartellierung der deutschen Elektroindustrie, Berlin 1928.

Eliav, Mordechai, ‚Zur Vorgeschichte der jüdischen Nationalbewegung in Deutschland‘, in: Bulletin des Leo Baeck Instituts, XII, Nr. 48, Tel Aviv 1969.

Ellern, Hermann und *Bessie,* Herzl, Hechler, the Grand Duke of Baden and the German Emperor, 1896–1904, Documents reproduced in Facsimile, Introduction by Alex Bein, Tel Aviv 1961.

Elm, Ludwig, Zwischen Fortschritt und Reaktion. Geschichte der Parteien der liberalen Bourgeoisie in Deutschland 1893–1918, Berlin 1968.

‚Else Lasker-Schüler, Dichtung und Glaube‘, in: Steffen, Hans (Hrsg.), Der deutsche Expressionismus (siehe dort).

‚Else Lasker-Schüler‘, in: Muschg, Walter (Hrsg.), Von Trakl zu Brecht. Dichter des Expressionismus, München 1961.

Emrich, Wilhelm (Hrsg.), Carl Sternheim. Gesamtwerk, 9 Bde., Neuwied 1966.

Enseling, Alf, Die Weltbühne. Organ der Intellektuellen Linken (Studien zur Publizistik, Bd. 2), Münster 1962.

Entscheidungsjahr 1932. Zur Judenfrage in der Endphase der Weimarer Republik. Ein Sammelband, hrsg. von *Werner E. Mosse* unter Mitwirkung von *Arnold Paucker,* Schriftenreihe wissenschaftlicher Abhandlungen des Leo Baeck Instituts, Bd. 13, Tübingen 1965, 2. rev. u. erw. Aufl., Tübingen 1966.

Epstein, Klaus, Matthias Erzberger and the Dilemma of German Democracy, Princeton, N.J., 1959. (Deutsche Ausgabe): Matthias Erzberger und das Dilemma der deutschen Demokratie, Berlin 1962.

‚Erklärung des Geschäftsführenden Vorstandes des Rabbinerverbandes in Deutschland‘, in: Allgemeine Zeitung des Judentums, 61, Nr. 29 (16. Juli 1897).

Eschelbacher, Joseph, Das Judentum im Urteile der modernen protestantischen Theologie. Schriften, hrsg. von der Gesellschaft zur Förderung der Wissenschaft des Judentums in Berlin, Leipzig 1907.

–, –, Das Judentum und das Wesen des Christentums. Vergleichende Studien. Schriften, hrsg. von der Gesellschaft zur Förderung der Wissenschaft des Judentums in Berlin, Berlin 1905.

Esher, Viscount Reginald s. *Brett, Maurice V.* (Hrsg.).

Ettinger, Schmuel, ‚Das historiographische Werk Graetz‘, in: Historiker und historische Schulen, Ausgabe der Israelischen Historischen Gesellschaft (hebr.), Jerusalem 1963.

–, –, ‚Judentum und die Geschichte der Juden in der Auffassung Graetz‘, in: Ettinger, Schmuel (Hrsg.), Zwi Graetz. Wandlungen jüdischer Geschichtsschreibung (hebr.), Jerusalem 1969.

Eulenburg-Hertefeld, Prinz Philipp zu, Aus 50 Jahren, Erinnerungen, Tagebücher und Briefe, Berlin 1923.

–, –, Erlebnisse an deutschen und fremden Höfen, Leipzig 1934.

–, –, Meine Erinnerungen an Graf Arthur Gobineau. Eine Denkschrift, Stuttgart 1906.

–, –, Mit dem Kaiser als Staatsmann und Freund auf Nordlandreisen, (2 Bde.), Dresden 1931.

Eynern, Margarete von, ‚Gesellschaft und Wirtschaft‘, in: Leber, Annedore (Hrsg.), Doch das Zeugnis lebt fort. Der jüdische Beitrag zu unserem Leben, Berlin/Frankfurt a. M. 1965.

–, –, (Hrsg.), Walther Rathenau. Ein preussischer Europäer. Briefe mit bibliographischen Hinweisen, Berlin 1955.

Faber, Karl-Georg, Strukturprobleme des deutschen Liberalismus im 19. Jahrhundert, Vortrag anl. des Historikertages in Braunschweig, Oktober 1974 (Manuskript).

Fackenheim, Emil L., Hermann Cohen – After Fifty Years. The Leo Baeck Memorial Lecture, 12, New York 1969.

Fasolt, F., Die Allgemeine Elektrizitäts-Gesellschaft 1883–1908, Berlin 1908.

–, –, Die sieben größten deutschen Elektrizitätsgesellschaften, Dresden 1904.

Feder, Ernst (Hrsg.), Bismarcks großes Spiel. Die geheimen Tagebücher Ludwig Bambergers, Frankfurt a. M. 1933.

Federn-Kohlhaas, Etta, Walther Rathenau, Dresden 1927.

Felden, Klemens, Die Übernahme des antisemitischen Stereotyps als soziale Norm durch die bürgerliche Gesellschaft Deutschlands (1875–1900), Inaugural-Dissertation, Univ. Heidelberg, Privatdruck Aachen (?) 1963.

Fetscher, Iring (Hrsg.), Marxisten gegen Antisemitismus, Hamburg 1974.

Fiebig, Paul, ‚Jüdische Gebete und das Vater Unser‘, in: Christliche Welt, Nr. 40, 1906.

Field Geoffrey G., ‚Antisemitism and Weltpolitik‘, in: Year Book XVIII of the Leo Baeck Institute, London 1973.

Fischer, Fritz, Griff nach der Weltmacht. Die Kriegszielpolitik des Kaiserlichen Deutschland 1914–1918, 3. Aufl., Düsseldorf 1964.

Förster, Bernhard, ‚Ein Deutschland der Zukunft‘, in: Bayreuther Blätter, VI [1883].

Foerster, Wolfgang (Hrsg.), Mackensen. Briefe und Aufzeichnungen des General-feldmarschalls aus Krieg und Frieden, Leipzig 1938.

Fontane, Theodor, Der Stechlin, 1899.

–, –, Frau Jenny Treibel, 1893.

Frank Friedrich, Die Kirche und die Juden. Eine Studie, Regensburg 1892 (3. Aufl. 1893).

Frank, Fr[iedrich], Der Ritualmord vor den Gerichtshöfen der Wahrheit und der Gerechtigkeit, Regensburg 1901.

Frank, Friedrich, Nachträge zu „Der Ritualmord vor den Gerichtshöfen der Wahr-heit und Gerechtigkeit", I. Die letzten Schlupfwinkel des Ritualmord-Aberglau-bens. II. Der Ritualmord-Aberglaube in den letzten Zügen. III. Das Leichen-begängnis des Ritualmord-Aberglaubens, Regensburg 1902.

Frank, Walter, Hofprediger Adolf Stoecker und die christlichsoziale Bewegung, 2., durchges. Aufl., Hamburg 1935.

Frantz, Constantin, Briefe, hrsg. von Udo Sautter und Hans Elmar Onnau, Wies-baden 1974.

–, –, Der Nationalliberalismus und die Judenherrschaft, München 1874.

Freimut, Bernardin, Altjüdische Religionsgeheimnisse und neujüdische Praktiken im Lichte christlicher Wahrheit. Eine Kritik des Talmud, 2. verm. und verb. Aufl. von „Jüdische Religionsgeheimnisse nach dem Talmud", Münster i./Westf. 1893.

–, –, Die jüdischen Blutmorde von ihrem ersten Erscheinen in der Geschichte bis auf unsere Zeit, Münster 1895.

Freistatt, (Die) Alljüdische Revue. Monatsschrift für jüdische Kultur und Politik, Kaufmann, Julius (Hrsg.), I/1913–1914, II/1914–1915, Berlin 1913–1915.

Freund, Ismar, Die Emanzipation der Juden in Preußen unter besonderer Berück-sichtigung des Gesetzes vom 11. März 1812. Ein Beitrag zur Rechtsgeschichte der Juden in Preußen, 2 Bde., Berlin 1912.

Freytag, Gustav, Soll und Haben, 3 Bde., 1855.

–, –, Über den Antisemitismus. Eine Pfingstbetrachtung. Berlin 1893.

Fricke, Dieter, ‚Der deutsche Imperialismus und die Reichstagswahlen von 1907', in: Zeitschrift für Geschichtswissenschaft, IX (1961).

–, –, ‚Der Reichsverband gegen die Sozialdemokratie von seiner Gründung bis zu den Reichstagswahlen von 1907', in: Zeitschrift für Geschichtswissenschaft, VII (1959).

Friedell, Egon, Kulturgeschichte der Neuzeit, 3 Bde., London-Oxford 1947. (Zuerst veröffentlicht 1927/1931, ungek. Sonderausg. in 1 Bde., München 1969).

Friedemann, Adolf, ‚Westeuropäischer Zionismus', in: Israelitische Rundschau, Offi-zielles Organ der Zionistischen Vereinigung für Deutschland. Zentralblatt für die jüdischen Vereine, hrsg. von Heinrich Loewe, Nr. 25 (28. Juni), Berlin 1901.

Friedländer, Max J., Max Liebermann, Leipzig 1924.

Friedländer, Saul, ‚Die politischen Veränderungen der Kriegszeit und ihre Auswir-kungen auf die Judenfrage', in: Deutsches Judentum in Krieg und Revolution 1916–1923 (siehe dort). [Englische Kurzversion]: ‚Political Changes from the Middle of World War I until the Beginning of the Weimar Republic and their Effect on the Jews (1917–1923)', in: Perspectives of German-Jewish History in the 19th and 20th Century (siehe dort).

Friedlander, Albert H., Leo Baeck, Teacher of Theresienstadt, New York 1968, Lon-don 1972. (Deutsche rev. Ausgabe): Leo Baeck. Leben und Lehre. Aus dem Engl. übers. von Eva Gärtner. Veröffentlichungen des Leo Baeck Instituts, Stuttgart 1973.

Friedmann, Filip, Die galizischen Juden im Kampfe um ihre Gleichberechtigung (1848–1868), Frankfurt 1929.

Friedmann, Fritz, L'Empereur Guillaume II et la Révolution par en haut. L'Affaire Kotze, Paris 1896.

Friedrich Leopold of Prussia, Princess, Behind the Scenes at the Prussian Court, London 1939.

Fritsch, Theodor, Die Juden und der deutsche Staat, Flugblatt Nr. 2 (etwa Frühjahr 1886).

–, –, Wie lösen wir die Judenfrage? Hrsg. im Auftrag des Antisemitischen Comités, Flugblatt Nr. 1, Januar 1886.

Fromer, Jacob, Das Wesen des Judentums (Kulturprobleme der Gegenwart, hrsg. von Leo Berg, 2. Serie, Bd. 1), Berlin-Leipzig 1905.

Frymann, Daniel, siehe *Claß, Heinrich.*

Fuchs, Eugen, ‚Konfessionelle Kandidaturen‘, in: Im deutschen Reich, IV, Nr. 12 (Dezember), Berlin 1898.

–, –, Rede in der Versammlung des C. V. in Kattowitz, in: Im deutschen Reich, XIX, Nr. 1 (Januar 1913).

–, –, ‚Referat über die Stellung des Centralvereins zum Zionismus in der Delegiertenversammlung vom 30. März 1913‘, in: Um Deutschtum und Judentum (siehe dort).

–, –, Um Deutschtum und Judentum. Gesammelte Reden und Aufsätze (1894–1919). Im Auftrage des Centralvereins deutscher Staatsbürger jüdischen Glaubens, hrsg. von Leo Hirschfeld, Frankfurt a. M. 1919.

Fürst Arthur, Emil Rathenau, der Mann und sein Werk, Berlin 1915.

Fürstenberg, Hans, Die Berliner Handelsgesellschaft in einem Jahrhundert deutscher Wirtschaft 1856–1956, Berlin o. J. [1956].

–, –, Carl Fürstenberg. Die Lebensgeschichte eines deutschen Bankiers 1870–1914, Berlin 1931. Neuaufl., unveränd. Nachdruck der Erstauflage, Wiesbaden 1961.

–, –, ‚Erinnerung an Walther Rathenau‘, in: Kessler, Graf Harry, Walther Rathenau (siehe dort).

–, –, Erinnerungen. Mein Weg als Bankier und Carl Fürstenbergs Altersjahre, Wiesbaden 1965.

Fuss-Maastricht, B. J., ‚Wie stellt sich die römische Curie seit jeher zur Judenfrage?‘ Vortrag, geh. in der Antisemitischen Vereinigung in Aachen, 4. April 1895, in: Katholische Flugschriften zur Judenfrage, I, Aachen 1895.

Galliner, Arthur, Max Liebermann. Der Künstler und Führer, Frankfurt a. M. 1927.

Gay, Peter, The Berlin-Jewish Spirit. A Dogma in Search of Some Doubts. The Leo Baeck Memorial Lecture, 15, New York 1972.

–, –, The Dilemma of Democratic Socialism. Eduard Bernstein's Challenge to Marx, New York 1962 (Erstausg. 1951).

–, –, ‚Ranke: The Respectful Critic‘, in: Style in History, London 1974.

Gedanken über einen notwendigen Fortschritt in der inneren Entwicklung Deutschlands. Dargestellt von Hartmut Pogge - v. Strandmann u. Imanuel Geiss, Die Erforderlichkeit des Unmöglichen. Deutschland am Vorabend des ersten Weltkriegs, Frankfurt a. M. 1965.

Gedenkblatt zum 20. Juni 1915, hrsg. von der AEG, Berlin 1915.

Geiger, Abraham, Das Judentum und seine Geschichte, Bd. 1, Berlin 1865.

–, –, ‚Das Judentum unserer Zeit und die Bestrebungen in ihm‘ (1835), in: Geiger, Ludwig (Hrsg.), Abraham Geigers Nachgelassene Schriften, Bd. 1 (siehe dort).

Geiger, Ludwig (Hrsg.), Abraham Geigers Nachgelassene Schriften, Berlin 1875 bis 1878.

–, –, Die deutsche Literatur und die Juden, Berlin 1910.

–, –, ‚Zionismus und Deutschtum‘, in: Schön, Lazar (Hrsg.), Stimme der Wahrheit, Würzburg 1905.

Geiss, Imanuel und *Bernd Jürgen Wendt* (Hrsg.), Deutschland in der Weltpolitik des 19. und 20. Jahrhunderts, Fritz Fischer zum 65. Geburtstag, Düsseldorf 1973.

Gelber N[athan] M[ichael], ‚Jüdische Probleme beim Berliner Kongress‘, in Weltsch, Robert (Hrsg.), Deutsches Judentum. Aufstieg und Krise. Gestalten, Ideen, Werke (siehe dort).

Gellately, Robert, The Politics of Economic Despair, London & Beverly Hills 1974.

Genschel, Helmut, Die Verdrängung der Juden aus der Wirtschaft im Dritten Reich (Göttinger Bausteine zur Geschichtswissenschaft, Bd. 38), Göttingen 1966.

Gerlach, Hellmut von, Erinnerungen eines Junkers, Berlin 192[?].

–, –, Von Rechts nach Links, Zürich 1937.

Geschichte der Frankfurter Zeitung 1856–1906, hrsg. vom Verlag der Frankfurter Zeitung, Frankfurt a. M. 1906.

Gilbert, Felix, ‚From Art History to the History of Civilization‘, Gombrich's Biography of Aby Warburg, in: Journal of Modern History, XCIV, 3 (September 1972).

Gitschner, Jolán, Die geistige Haltung der Monatsschrift ‚Hochland‘ in den politischen und sozialen Fragen ihrer Zeit 1903–1933, Diss., München 1952.

Glaeser, Ernst, Jahrgang 1902, Potsdam 1928.

Glagau, Otto, Der Bankerott des Nationalliberalismus und die ‚Reaction‘, 2. Aufl., Berlin 1878.

–, –, Der Börsen- und Gründungs-Schwindel in Berlin. Gesammelte und stark verm. Artikel der ‚Gartenlaube‘, 1. Bd.: 4. rev. Aufl., Leipzig 1876. 2. Bd.: Der Börsen- und Gründungs-Schwindel in Deutschland, Leipzig 1877.

Glatzer, Nahum N. (Hrsg.), Leopold and Adelheid Zunz. An Account in Letters, 1815–1885. Publications of the Leo Baeck Institute, London 1958.

Gobineau, Comte (Arthur) de, Essai sur l'inégalité des races humaines (2 Bde), Paris 1933. (In deutscher Übersetzung): Die Ungleichheit der Menschenrassen, Berlin 1935. (Erstveröffentlichung 1853–55).

Görlitz, Walter (Hrsg.), Der Kaiser ... Aufzeichnungen des Chefs des Marine-Kabinetts Admiral Georg Alexander v. Müller über die Ära Wilhelms II., Berlin 1965.

Goetz, Walter (Hrsg.), Briefe Wilhelms II. an den Zaren, 1894–1914, Berlin o. J.

Goldmann, Felix, ‚Der getaufte Jude‘, in: Im deutschen Reich, XIV, Nr. 7/8 (Juli/August 1908).

–, –, ‚Hochschulantisemitismus‘, in: Im deutschen Reich, XXVIII, Nr. 3/4 (März/April 1922).

Goldschmidt, Israel, Das Wesen des Judentums. Nach Bibel, Talmud, Tradition und religiöser Praxis kritisch dargestellt, Berlin 1907.

Goldschmidt, Levin, Zur Reichstagswahl vom 21. 2. und 2. 3. 1887, Berlin 1887.

Goldschmidt, S., ‚Die Gründung und Bedeutung des Rabbinerseminars in Berlin‘, in: Jeschurun. Monatsschrift für Lehre und Leben im Judentum, VII, Heft 5/6 (Mai-Juni 1920).

[Goldstein, Julius], Antwort Julius Goldsteins auf Moritz Goldsteins Artikel: Prof. Dr. Julius Goldsteins Kritik usw., in: Im deutschen Reich, XIX, Nr. 3 (März 1913).

–, –, ‚Kritische Betrachtungen zu Moritz Goldsteins Deutsch-jüdischer Parnass‘, in: Im deutschen Reich, XVIII, Nr. 10 (Oktober 1912).

Goldstein, Moritz, ,Deutsch-jüdischer Parnass', in: Kunstwart. Halbmonatsschau für Ausdruckskultur auf allen Lebensgebieten, hrsg. von F. Avenarius, Bd. 25, Nr. 11, März, München 1912.

–, –, ,German Jewry's Dilemma. The Story of a Provocative Essay', in: Year Book II of the Leo Baeck Institute, London 1957.

Gollwitzer, Heinz. Die Gelbe Gefahr. Geschichte eines Schlagworts. Studium zum imperialistischen Denken, Göttingen 1962.

Goltz, Colmar Freiherr von der, ,Brief an seinen Sohn, 5. März 1911', in: Denkwürdigkeiten, Berlin 1929.

Gombrich, E. H., Aby Warburg. An Intellectual Biography. With a Memoir on the History of the Library by Fritz Saxl, London 1970.

Goslar, Hans, ,Die deutschen Juden und der Zionsimus', in: Jüdische Rundschau, XV, Nr. 2 (14. Januar 1910).

–, –, ,Werner Sombart über die Zukunft der Juden', in: Jüdische Rundschau, XVI, Nr. 46 (17. November 1911).

–, –, ,Zur Frage der jüdischen Jugendorganisationen', in: Jüdische Rundschau, XIII, Nr. 25 (19. Juni 1908).

Gozel, Fr. v. d., Die Juden und die politischen Parteien. Eine Antwort an den Verfasser der Schrift ,Schutzjuden oder Staatsbürger?', Berlin 1893.

Greenberg, Irving, ,Acculturation and Identity. The Jews', in: American Jewish Historical Quarterly, September 1965.

Greive, Hermann, ,On Jewish Self-Identification. Religion und Political Orientation', in: Year Book XX of the Leo Baeck Institute, London 1975.

–, –, ,Theologie und Ideologie. Katholizismus und Judentum in Deutschland und Österreich 1918–1935 (Arbeiten aus dem Martin-Buber-Institut der Universität Köln, Bd. 1), Heidelberg 1969.

–, –, ,Der „umgekehrte Talmud" des völkischen Nationalismus', in: Judaica. Beiträge zum Verständnis des jüdischen Schicksals in Vergangenheit und Gegenwart, XXIII, Zürich 1967.

–, –, ,Verspätete Aufklärung und sakraler Nationalismus. Zu den christlichen Voraussetzungen der deutschen Ideologie', Teil 1 und 2, in: Werkhefte. Zeitschrift für Probleme der Gesellschaft und des Katholizismus, XXIV (Febr./März), München 1970.

–, –, ,Zu den Ursachen des Antisemitismus im deutschen Kaiserreich von 1870/71', in: Judaica. Beiträge zum Verständnis des jüdischen Schicksals in Vergangenheit und Gegenwart, XXVII, Heft 4, Zürich 1971.

Gronemann, Sammy, Erinnerungen eines Jecken (hebr.), Tel Aviv 1950.

Grunfeld, I[sidor], Three Generations. The Influence of Samson Raphael Hirsch on Jewish Life and Thought, London 1958.

Güdemann, Moritz, Das Judent[h]um in seinen Grundzügen und nach seinen geschichtlichen Grundlagen dargestellt. 2. Aufl., Wien 1902.

–, –, Jüdische Apologetik. (Grundriß der Gesamtwissenschaft des Judentums. Schriften, hrsg. von der Gesellschaft zur Förderung der Wissenschaft des Judentums), Glogau 1906.

–, –, Nationaljudenthum, Leipzig und Wien 1897.

Gunkel, Hermann, ,Das Alte Testament im Licht der modernen Forschung', in: A. Deißmann (Hrsg.), Beiträge zur Weiterentwicklung der Christlichen Religion (siehe dort).

Guttmann, Bernhard, Schattenriß einer Generation 1888–1919, Stuttgart 1950.

Haas, R., ,Emil Rathenau', in: Spannung, Die AEG-Umschau, 2, Berlin 1928.

Haas, Willy, ‚Der Fall Rudolf Borchardt. Zur Morphologie des dichterischen Selbst-hasses‘, in: Krojanker, Gustav (Hrsg.), Juden in der deutschen Literatur (siehe dort).

Habermas, Jürgen, ‚Der deutsche Idealismus der jüdischen Philosophen‘, in: Koch, Thilo (Hrsg.), Porträts deutsch-jüdischer Geistesgeschichte (siehe dort).

Haftmann, Werner, ‚Painting‘, in: Ritchie, Andrew Carnduff (Hrsg.), German Art of the Twentieth Century, 1957.

Haller, Johannes, Aus dem Leben des Fürsten Philipp zu Eulenburg-Hertefeld, Berlin 1924.

Hallgarten, George W. F., Imperialismus vor 1914. Die soziologischen Grundlagen der Außenpolitik europäischer Großmächte vor dem ersten Weltkrieg, München 1963.

Hamburger, Ernest, ‚Jews in Public Service under the German Monarchy‘, in: Year Book IX of the Leo Baeck Institute, London 1964.

–, –, Juden im öffentlichen Leben Deutschlands. Regierungsmitglieder, Beamte und Parlamentarier in der monarchischen Zeit 1848–1918. Schriftenreihe wissen-schaftlicher Abhandlungen des Leo Baeck Instituts, Bd. 19, Tübingen 1968.

–, –, ‚One Hundred Years of Emancipation‘, in: Year Book XIV of the Leo Baeck Institute, London 1969.

Hamel, Iris, Völkischer Verband und nationale Gewerkschaft. Der Deutschnationale Handlungsgehilfen-Verband 1893–1933, Frankfurt a. M. 1967.

Hamilton, Lord Frederic, The Vanished Pomps of Yesterday, Garden City 1921.

Hancke, Erich, Max Liebermann. Sein Leben und seine Werke, 2. Aufl., Berlin 1923. (1. Aufl. 1914).

Handbuch der Deutschen Geschichte, neu hrsg. von Leo Just, Bd. IV, Frankfurt a. M. 1973.

Handbuch der jüdischen Gemeindeverwaltung und Wohlfahrtspflege für 1907 (Sta-tistisches Jahrbuch), Jahrgang 18. (Hrsg.), Deutsch-Israelitischer Gemeindebund, Berlin 1907.

‚Das Handwerk und seine jüdischen Widersacher‘, in: Berliner Revue, 22 (1860).

Hardach, Karl W., Die Bedeutung wirtschaftlicher Faktoren bei der Wiedereinfüh-rung der Eisen- und Getreidezölle in Deutschland, Berlin 1967.

Harden, Maximilian, ‚Ein jüdisches Centrum‘, in: Die Zukunft, 28. Januar 1893.

–, –, ‚Emil Rathenau‘, in: Die Zukunft, 91 (1915).

Hardtwig, Wolfgang, Geschichtsschreibung zwischen Alteuropa und moderner Welt. Jacob Burckhardt in seiner Zeit, Göttingen 1974.

Harnack, Adolf von, Über die Sicherheit und die Grenzen geschichtlicher Erkenntnis. Vortrag geh. in der Ausschußsitzung des Deutschen Museums am 6. November 1917 in München, München 1917.

–, –, Das Wesen des Christentums. Sechzehn Vorlesungen vor Studierenden aller Facultäten im Wintersemester 1899/1900 an der Universität Berlin, Leipzig 1900.

–, –, Das Wesen des Christentums, mit einem Geleitwort von Rudolf Bultmann, München und Hamburg 1964.

Hartwig, Otto, Ludwig Bamberger. Eine biographische Skizze, Marburg 1900.

Hasse, Hermann, Die AEG und ihre wirtschaftliche Bedeutung, Heidelberg 1902.

Hattler, Franz, Katholischer Kindergarten oder Legende für Kinder, Freiburg i. Br. 1884 (4. Aufl. 1889).

Haushofer, Max, Das deutsche Kleingewerbe in seinem Existenzkampfe gegen die Großindustrie, Berlin 1855.

Heer, Friedrich, ‚Explosionen. Wien und sein Untergrund‘, in: Emuna, VIII, Nr. 2 (März/April), Frankfurt a. M. 1973.

Heidner, Georg, Der politische Charakter der Deutschen, Berlin 1919.

Heilbrunn, Ludwig, Die Gründung der Universität Frankfurt a. M., Frankfurt a. M. 1915.

Heinen, Ernst, ‚Antisemitische Strömungen im politischen Katholizismus während des Kulturkampfes‘, in: Geschichte in der Gegenwart, Festschrift für Kurt Kluxen zu seinem 60. Geburtstag, hrsg. von Ernst Heinen und Hans Julius Schoeps, Paderborn 1972.

Heinz, Walter R., und *Steven R. Geiser,* ‚Eine kognitive Theorie des Antisemitismus im Kontext der religiösen Ideologie‘, in: Kölner Zeitschrift für Soziologie und Sozialpsychologie, Bd. 23, Nr. 3, Opladen 1971.

Heller, Otto, Der Untergang des Judentums. Die Judenfrage / Ihre Kritik / Ihre Lösung durch den Sozialismus, Wien-Berlin 1931.

Hellige, Hans Dieter, Sozialistische Ideen Walther Rathenaus, ungedrucktes Manuskript.

–, –, ‚Wilhelm II. und Walther Rathenau. Ein Gespräch aus dem Jahre 1900‘, in: Geschichte in Wissenschaft und Unterricht, Zeitschrift des Verbandes der Geschichtslehrer Deutschlands, XIX, Heft 9, Stuttgart 1968.

Hellwing, Isak Arie, Der konfessionelle Antisemitismus im 19. Jahrhundert in Österreich. Veröffentlichungen des Instituts für kirchliche Zeitgeschichte am Internationalen Forschungszentrum für Grundlagen der Wissenschaften, Salzburg, Serie 2, Nr. 2, Wien-Freiburg i. Br. 1972.

Heman, C. F., Die historische Weltstellung der Juden und die moderne Judenfrage. (Abdr. aus der Allgemeinen Conservativen Monatsschrift), Leipzig 1881.

Heman, C[arl] F[riedrich], ‚Das Judentum im Staate.‘ Sep.-Abdruck aus dem Reichsboten, Berlin 1884.

Henrici, Ernst, Was ist der Kern der Juden-Frage? Vortrag geh. am 13. Januar 1880, Berlin 1881.

Heppner, Aron, und *Isaak Herzberg,* Aus Vergangenheit und Gegenwart der Juden und der jüdischen Gemeinden in den Posener Landen nach gedruckten und ungedruckten Quellen, H. 1–21, Koschmin/Bromberg 1904–1913, H. 22–26, Breslau 1921–1929.

Hermann, Georg, Jettchen Gebert. Schilderung des Berliner Judentums der Biedermeierzeit, 1906. (Fortsetzung): Henriette Jacoby, Berlin 1908.

–, –, Die Nacht des Dr. Herzfeld, Berlin 1912.

–, –, Rosenemil. Ein Roman aus dem alten Berlin (gekürzte Fassung), mit einem Essay über Georg Hermann von Hans Scholz, München 1962.

Hertzberg, Arthur, The French Enlightenment and the Jews. The Origins of Modern Anti-Semitism, New York 1968.

Hertzman, Lewis, DNVP, Right-Wing Opposition in the Weimar Republic, 1918 to 1924, Lincoln 1963.

Herwig, Holger H., The German Naval Officer Corps. A Social and Political History, 1890–1918, Oxford 1973.

Herz, Emil, Before the Fury. Jews and Germans before Hitler, New York 1966. (Deutsche Fassung: Denk ich an Deutschland in der Nacht. Die Geschichte des Hauses Steg, Berlin 1953).

Herzfeld, Hans, Ausgewählte Aufsätze. Dargebracht als Festgabe zum siebzigsten Geburtstage von seinen Freunden und Schülern, Berlin 1962.

Herzig, Arno, Judentum und Emanzipation in Westfalen. (Veröffentlichungen des Provinzialinstituts für westfälische Landes- und Volkskunde, Reihe 1, H. 17), Münster 1973.

Herzl, Theodor, ‚Brief an die israelitische Kultusgemeinde, München‘, in: Die Welt, Nr. 5 (2. Juli 1897).

Herzl, Theodor, Gesammelte zionistische Werke, Tel Aviv 1934.

–, –, Der Judenstaat, Wien 1896.

–, –, Mauschel (1897), in: Zionistische Schriften (siehe dort).

–, –, ,Protestrabbiner', in: Die Welt, Nr. 7 (16. Juli 1897).

–, –, Tagebücher 1895–1904, 3 Bände, Berlin 1922/1923.

–, –, Zionistische Schriften, Berlin 1920. (Ausg. in 5 Bden., Berlin 1934–1935).

Hess, Moses, Briefwechsel, hrsg. von Edmund Silberner unter Mitwirkung von Werner Blumenberg, 's-Gravenhage 1959.

–, –, Jüdische Schriften, hrsg. und eingel. von Theodor Zlocisti, Berlin 1905.

–, –, Rom und Jerusalem. Die letzte Nationalitätenfrage, Tel Aviv 1935.

Hessen, Johannes, Religionsphilosophie, Bd. 1, 2. Aufl., München/Basel 1955.

Heuss, Theodor, Friedrich Naumann. Der Mann, das Werk, die Zeit. 2. Ausg., Stuttgart 1949.

Heyderhoff, Julius, und *Paul Wentzke* (Hrsg.), Deutscher Liberalismus im Zeitalter Bismarcks. Eine politische Briefsammlung, II, Bonn 1925–1926.

Heyking, Elisabeth von, Tagebücher aus vier Weltteilen, 1886–1904, Leipzig 1926.

Heymann, H. G., ,Die Zukunft des deutschen Zionismus', in: Jüdische Rundschau, XIII, Nr. 26 (26. Juni 1908). [Eine Erwiderung s. Lichtheim, Richard, Verein oder Bewegung.]

Hildesheimer, Esriel, Rabbiner Esriel Hildesheimer, Briefe. Ausgewählt und hrsg. von Mordechai Eliav. Veröffentlichung des Leo Baeck Instituts, Jerusalem 1965.

Hillebrand, Karl, ,Deutsche Stimmungen und Verstimmungen' (1819), in: ders., Zeitgenossen und Zeitgenössisches, Berlin 1882.

–, –, ,Halbbildung und Gymnasialreform' (1879), in: Zeitgenossen und Zeitgenössisches, Berlin 1882.

Hiller, Kurt, Köpfe und Tröpfe. Profile aus einem Vierteljahrhundert, Hamburg 1950.

Hindenburg, Herbert von, Am Rande zweier Jahrhunderte. Momentbilder aus einem Diplomatenleben, Berlin 1938.

Hirsch, Julius, ,Der moderne Handel', in: Grundriß der Sozialökonomie, Abt. V 2, Tübingen 1925.

Hirsch, Samson Raphael, Gesammelte Schriften, Frankfurt a. M. 1902–1912.

–, –, Neunzehn Briefe über das Judentum, 4. Aufl., Frankfurt a. M. 1911 (und in): Gesammelte Schriften, Bd. 2 (siehe dort). (Erstausg. unter dem Pseudonym Ben Usiel 1836).

–, –, Über die Beziehung des Talmuds zum Judenthum und zu der sozialen Stellung seiner Bekenner, Frankfurt a. M. 1884.

Hirschberg, Alfred, ,Ludwig Hollaender, Director of the C. V.', in: Year Book VII of the Leo Baeck Institute, London 1962.

Hirschfeld, P., Berlins Großindustrie, 2 Bde. 1897/1901.

Hitze, Franz, Die sociale Frage und die Bestrebungen zu ihrer Lösung. Mit besonderer Berücksichtigung der verschiedenen socialen Parteien in Deutschland, Paderborn 1877.

Hoffmann, David, Der Schulchan-Aruch und die Rabbinen über das Verhältnis der Juden zu den Andersgläubigen, Berlin 1894.

Hoffmann, D[avid], ,Thora und Wissenschaft'. Aus einer Rede zur Eröffnung des Wintersemesters am Rabbiner-Seminar, in: Jeschurun, VII, Heft 11–12 (Nov.–Dez. 1920).

Hohenlohe, Prinz Alexander von, Aus meinem Leben, Frankfurt a. M. 1925.

Holborn, Hajo (Hrsg.), Aufzeichnungen und Erinnerungen aus dem Leben des Botschafters Joseph Maria von Radowitz (2 Bde.), Berlin und Leipzig 1925.

Holdheim, Gerhard, ‚Gegen unbedingte Satisfaktion‘, in: Der jüdische Student, IX, Nr. 10 (20. Januar 1913).

Holländer, Ludwig, Die sozialen Voraussetzungen der antisemitischen Bewegung in Deutschland, Berlin 1909.

Horkheimer, Max, und *Theodor W. Adorno*, Dialektik der Aufklärung. Philosophische Fragmente. Mit einem Vorwort zur Neuausgabe, Frankfurt a. M. 1969. (Erstausgabe 1947/48.)

Huber, Ernst Rudolf (Hrsg.), Dokumente zur deutschen Verfassungsgeschichte, Bd. 1, Stuttgart 1961, Bd. II, Stuttgart 1964.

Hugo von Hofmannsthal – Harry Graf Kessler, Briefwechsel 1898–1929, Frankfurt a. M. 1968.

Huldermann, Bernard, Albert Ballin, 2. Aufl., Oldenburg-Berlin 1922.

Huret, Jules, En Allemagne. Berlin, Paris 1909. (Deutsche Ausg.): In Deutschland, Leipzig 1908.

Hutten-Czapski, Bogdan von, Sechzig Jahre Politik und Gesellschaft (2 Bde.), Berlin 1936.

Ilsemann, Sigurd von, Der Kaiser in Holland. Aufzeichnungen (2 Bde.), München 1967–1968.

In Zwei Welten (siehe): Tramer, Hans (Hrsg.).

Irwahn, Hans, Bilder aus der Urgeschichte des DHV, Hamburg o. J.

Isler, Moses J., Rückkehr der Juden zur Landwirtschaft. Beitrag zur Geschichte der landwirtschaftlichen Kolonisation der Juden in verschiedenen Ländern, Phil. Diss., Basel 1929.

Jacobsohn, Bernhard, Der Deutsch-Israelitische Gemeindebund nach Ablauf des ersten Decenniums seit seiner Begründung von 1869 bis 1879. Eine Erinnerungsschrift, Leipzig 1879.

Jaeger, Hans, Unternehmer in der deutschen Politik (1890–1918). (Bonner Historische Forschungen, Bd. 30), Bonn 1967.

Japhet S[aemy], ‚The Secession from the Frankfurt Jewish Community under Samson Raphael Hirsch‘, in: Historia Judaica, X, No. 2 (October), New York 1948.

Jelski, Israel, Das Wesen des Judentums, Berlin 1902.

Jochmann, Werner, ‚Die Ausbreitung des Antisemitismus‘, in: Deutsches Judentum in Krieg und Revolution 1916–1923 (siehe dort).

Jörg, J. E., Die neue Ära in Preußen, Regensburg 1860.

Johnson, Niels M., George Sylvester Viereck. German American Propagandist, Urbana 1972.

Joseph, Max, Das Judentum am Scheidewege, Berlin 1908.

Jospe, Alfred, ‚A Profession in Transition. The German Rabbinate 1910 to 1939‘, in: Year Book XIX of the Leo Baeck Institute, London 1974.

‚Die Judenfrage‘, in: Deutsche Evangelische Kirchenzeitung, V, Nr. 22 (30. Mai 1891).

‚Die jüdische Frage‘, in: Historisch-politische Blätter für das katholische Deutschland, 2. Bd., 1838.

Jüdischer Almanach 5663. Hrsg. von E. M. Lilien und Berthold Feiwel, Berlin 1902/1903.

Jung, Leo, ‚Über das Rabbinerseminar‘, in: Sinasohn, Max (Hrsg.), Adass Jisroel Berlin. Entstehung, Entfaltung, Entwurzelung, 1869–1939. Eine Gemeinschaftsarbeit, Jerusalem 1966.

Kaehler, Siegfried, ‚Stoeckers Versuch, eine christlich-soziale Arbeiterpartei in Berlin zu gründen‘ (1878), in: Deutscher Staat und deutsche Parteien, München–Berlin 1922.

Kaelble, Hartmut, Berliner Unternehmer während der frühen Industrialisierung, Berlin 1972.

–, –, Industrielle Interessenpolitik in der Wilhelminischen Gesellschaft (CVDI 1895 bis 1914), Berlin 1967.

Kahn, Ernst, ‚The Frankfurter Zeitung‘, in: Year Book II of the Leo Baeck Institute, London 1957.

Kalischer, Zwi Hirsch, Drischath Zion W'chewrath Erez noscheweth (hebr.), Lyck 1861.

–, –, Drischath Zion, übersetzt ins Deutsche, Thorn 1865.

Karasek, Hellmuth, Carl Sternheim (Friedrichs Dramatiker des Welttheaters, Bd. 4), Velber 1965.

Kardorff, Siegfried von, Wilhelm von Kardorff, Berlin 1936.

Karpeles, Gustav, ‚Litterarische Jahresrevue‘, in: Jahrbuch für jüdische Geschichte und Literatur. Hrsg. vom Verband der Vereine für jüdische Geschichte und Literatur in Deutschland, Bd. 5, Berlin 1902.

Katinka, Rachel, ‚Erinnerung: Else Lasker-Schülers letzte Lebenszeit in Jerusalem‘, in: Lasker-Schüler, Else, Dichtungen und Dokumente (siehe dort).

Katz, Jacob, Emancipation and Assimilation. Studies in Modern Jewish History, Westmead, Farnborough (England) 1972.

–, –, Out of the Ghetto. The Social Background of Jewish Emancipation, 1770 bis 1870, Cambridge, Mass. 1973.

Kaufmann, Fritz, Erfolgreiche deutsche Wirtschaftsführer (Singers Standard-Bücher für den Fortschrittlichen, 5. Bd.), Berlin 1931.

Kautsky, Benedikt (Hrsg.), August Bebels Briefwechsel mit Karl Kautsky, Assen 1971.

Kautsky, Karl, Das Massaker von Kischineff und die Judenfrage‘, in: Die Neue Zeit, XXI, 2. Bd. Nr. 36 (3. Juni 1903).

–, –, Rasse und Judentum, 2. Aufl., Stuttgart 1921. (1. Aufl. Stuttgart 1914).

Kaznelson, Siegmund (Hrsg.), Juden im deutschen Kulturbereich. Ein Sammelband. 3. Aufl., Berlin 1962 (1. Aufl. 1959).

Kehr, Eckart, Schlachtflottenbau und Parteipolitik 1894–1901, Berlin 1930.

–, –, ‚Zur Genesis des Königlich Preussischen Reserveoffiziers‘ (und) ‚Das soziale System der Reaktion in Preussen‘, in: Hans-Ulrich Wehler (Hrsg.), Der Primat der Innenpolitik. Gesammelte Aufsätze zur preußisch-deutschen Sozialgeschichte im 19. und 20. Jahrhundert, Berlin 1965.

Keller, Gräfin Mathilde von, Vierzig Jahre im Dienst der Kaiserin. Ein Kulturbild aus den Jahren 1881–1921, Leipzig 1935.

Keppler, Paul Wilhelm von, Wanderfahrten und Wallfahrten im Orient, Freiburg i. Br. 1895.

Kerr, Alfred, Walther Rathenau. Erinnerungen eines Freundes, Amsterdam 1935.

Kessler, Harry Graf, Tagebücher 1918–1937, Pfeiffer-Belli, Wolfgang (Hrsg.), Frankfurt a. M. 1961.

–, –, Walther Rathenau. Sein Leben und sein Werk, Berlin 1928. (Auch) Wiesbaden, o. J. [1962].

Kessler, Johannes, Ich schwöre mir ewige Jugend, München 1935.

Kirche und Synagoge. Handbuch zur Geschichte von Christen und Juden. Darstellung mit Quellen, hrsg. von Karl Heinrich Rengstorf und Siegfried von Kortzfleisch. Bd. II, Stuttgart 1970.

Kirsch James, The Reluctant Prophet. An Exploration of Prophecy and Dreams, Los Angeles 1973.

Klauck, Hans-Josef, ‚Die Geschichte von Kirche und Synagoge‘, in: Wissenschaft und Weisheit, XXXIV, 1971.

–, –, Die Haltung des deutschen Katholizismus zum Judentum im 19. Jahrhundert, unveröffentl. Manuskript.

Klinkenberg, Hans Martin, ‚Zwischen Liberalismus und Nationalismus im Zweiten Kaiserreich (1870–1918)‘, in: Monumenta Judaica. 2000 Jahre Geschichte und Kultur der Juden am Rhein, hrsg. von Konrad Schilling, Köln 1963.

Kluke, Paul, Die Stiftungsuniversität Frankfurt am Main, 1914–1932, Frankfurt a. M. 1972.

Knütter, Hans-Helmuth, Die Juden und die deutsche Linke in der Weimarer Republik 1918–1933, Düsseldorf 1971 (Bonner Schriften zur Politik und Zeitgeschichte 4).

Koch, Thilo (Hrsg.), Porträts deutsch-jüdischer Geistesgeschichte. Einführung v. Thilo Koch, Nachwort v. Max Horkheimer, Köln 1961.

Koch, W., Die Konzentrationsbewegung in der deutschen Elektroindustrie, München und Berlin 1907.

Kocka, Jürgen, ‚Family and Bureaucracy in German Industrial Management 1880 to 1914‘, in: Business History Review, 45, 1971.

–, –, ‚Siemens und der aufhaltsame Aufstieg der AEG‘, in: Tradition, Zeitschrift für Firmen-Geschichte und Unternehmer-Biographie, XVII, München 1972.

–, –, Unternehmensverwaltung und Angestelltenschaft am Beispiel Siemens 1847 bis 1914, Stuttgart 1969.

–, –, Unternehmer in der deutschen Industrialisierung, Göttingen 1975.

Köhler, Hans, Die Wirkung des Judentums auf das abendländische Geistesleben, Berlin 1952.

Koeppen, Wolfgang, ‚Max Liebermann – Juden in der deutschen Kunst‘, in: Koch, Thilo (Hrsg.), Porträts deutsch-jüdischer Geistesgeschichte (siehe dort).

Kohn, Hans, Karl Kraus. Arthur Schnitzler. Otto Weininger. Aus dem jüdischen Wien der Jahrhundertwende. Schriftenreihe wissenschaftlicher Abhandlungen des Leo Baeck Instituts, Bd. 6, Tübingen 1962.

–, –, Martin Buber. Sein Werk und seine Zeit. Ein Beitrag zur Geistesgeschichte Mitteleuropas 1880–1930. Nachwort: 1930–1960 von Robert Weltsch, 2. Aufl. Veröffentlichung des Leo Baeck Instituts, Köln 1961.

–, –, ‚Der Roman des Entwurzelten. Georg Hermann: Die Nacht des Dr. Herzfeld‘, in: Krojanker, Gustav (Hrsg.), Juden in der deutschen Literatur (siehe dort).

Kolkmann, Joseph, Die gesellschaftliche Stellung der Juden, Löbau i. Westpr. 1876.

Kollenscher, Max, Aufgaben jüdischer Gemeindepolitik, Posen 1905.

–, –, Zionismus und Staatsbürgertum, 2. Aufl., hrsg. von der zionistischen Vereinigung für Deutschland, Berlin 1910.

‚Konservatives und Antisemitisches. Zuschrift eines altpreussischen Konservativen‘, in: Norddeutsche Allgemeine Zeitung, XXXII, Nr. 347 (27. Juli 1893).

‚Kontroverse zwischen (Karl) Kunert und (Felix) Perles‘, in: Protestantenblatt, Wochenschrift für den deutschen Protestantismus, Nr. 25, Berlin 1902.

Kosch, Wilhelm, Das katholische Deutschland, Augsburg 1933–1938.

Koszyk, Kurt, Anfänge und frühe Entwicklung der sozialdemokratischen Presse im Ruhrgebiet, 1875–1908, Dortmund 1953.

Kraft, Werner, Rudolf Borchardt. Welt aus Poesie und Geschichte, Hamburg 1961.

Kretzer, Max, Die Verkommenen, 1883.

Krohn, Helga, Die Juden in Hamburg. Die politische, soziale und kulturelle Entwicklung einer jüdischen Großstadtgemeinde nach der Emanzipation, 1848–1918.

(Hamburger Beiträge zur Geschichte der Deutschen Juden, Bd. IV), Hamburg 1974.

Krojanker, Gustav (Hrsg.), Juden in der deutschen Literatur. Essays über zeitgenössische Schriftsteller, Berlin 1922.

Kruck, Alfred, Geschichte des Alldeutschen Verbandes, 1890–1939. Veröffentlichungen des Instituts für europäische Geschichte, Mainz, Bd. 3, Wiesbaden 1954.

Kühn, Richard (Hrsg.), Kaiserin Augusta von Preußen. Bekenntnisse an eine Freundin. Aufzeichnungen aus ihrer Freundschaft mit Jenny von Gustedt, Dresden 1935.

Küster, Rudolf, Wesen und Ziele des Deutschbundes, Magdeburg 1895.

Kunert, Karl, Offener Brief an Herrn Rabbiner Dr. F. Perles, Königsberg 1902.

–, –, Was lernen Juden und Christen von Dr. Perles? Königsberg 1902.

‚Kunstwart-Debatte‘, in: Kunstwart, Halbmonatsschau für Ausdruckskultur auf allen Lebensgebieten, hrsg. von F. Avenarius, XXV, Nr. 11 (März), 13 (April), 22 (August), München 1912.

L[...], H[...], ‚Recension von P. Dimidow, Wo hinaus?‘, in: Jüdisches Literaturblatt, Nr. 39 (24. September 1891).

Ladon, –, ‚Emil Rathenau‘, in: Die Zukunft, 65 (1908).

Lagarde, Anna de, Paul de Lagarde. Erinnerungen aus seinem Leben, Göttingen 1894.

Lagarde, Paul de, Deutsche Schriften, Bd. 2, Göttingen 1881.

–, –, ‚Über die gegenwärtigen Aufgaben der deutschen Politik‘, in: Schriften für das deutsche Volk, B. 1: Deutsche Schriften, München 1924.

Lambach, Walter, Diktator Rathenau, Hamburg-Leipzig 1918.

Lamberti, Marjorie, ‚The Attempt to Form a Jewish Bloc: Jewish Notables and Politics in Wilhelmian Germany‘, in: Central European History, III, No. 1/2, Atlanta, Ga. 1970.

–, –, ‚The Prussian Government and the Jews. Official Behaviour and Policy-Making in the Wilhelminian Era‘, in: Year Book XVII of the Leo Baeck Institute, London 1972.

Lamm, Hans, Walther Rathenau, Denker und Staatsmann (Schriftenreihe der Niedersächsischen Landeszentrale für Politische Bildung. Deutsch-jüdisches Gespräch), Hannover 1968.

Landau, J., ‚An der Wiege der AEG‘, in: Spannung, Die AEG-Umschau, 3, Berlin 1929.

Landes, David S., ‚Das Bankhaus Bleichröder. Ein Zwischenbericht‘, in: Weltsch, Robert (Hrsg.), Deutsches Judentum. Aufstieg und Krise. Gestalten, Ideen, Werke (siehe dort).

–, –, ‚The Jewish Merchant. Typology and Stereotypology in Germany‘, in: Year Book XIX of the Leo Baeck Institute, London 1974.

Landmann, Michael, ‚Bausteine zur Biographie‘, in: Buch des Dankes an Georg Simmel (siehe dort).

Langbehn, Julius, Rembrandt als Erzieher, Leipzig 1891. Erste Aufl. 1890. 47. Auflage, Von einem Deutschen, Leipzig 1906.

Lange, Friedrich, Reines Deutschtum. Grundzüge einer nationalen Weltanschauung, 4. Aufl., Berlin 1904.

Lange, Victor, ‚Jakob van Hoddis‘, in: Rothe, Wolfgang (Hrsg.), Expressionismus als Literatur‘ (siehe dort).

Langen, August, Der Wortschatz des deutschen Pietismus, 2. ergänzte Aufl., Tübingen 1968.

Lansburgh, Alfred, ‚System Rathenau‘, in: Die Bank, Berlin 1908.

Laqueur, Walter, ‚The German Youth Movement‘, in: Year Book VI of the Leo Baeck Institute, London 1961.

–, –, ‚Zionism and its Liberal Critics, 1896–1948‘, in: Journal of Contemporary History, VI, No. 4, London 1971.

Lasker-Schüler, Else, Dichtungen und Dokumente. Gedichte, Prosa, Schauspiele, Briefe. Zeugnis und Erinnerungen. Ausgewählt und hrsg. von Ernst Ginsberg, München 1951.

Lazarus, Max, Erinnerungen. Bearb. von Hans Chanoch Meyer, Dortmund 1967.

Lazarus, Moritz, An die deutschen Juden, Berlin 1887.

–, –, Aus meiner Jugend. Autobiographie. Mit Vorwort und Anhang hrsg. von Nahida Lazarus, Frankfurt a. M. 1913.

–, –, Die Erneuerung des Judentums, Berlin 1909.

–, –, Die Ethik des Judentums. Band I, Frankfurt a. M. 1898, Band II: Aus dem handschriftlichen Nachlaß des Verfassers hrsg. von J. Winter und Aug. Wünsche, Frankfurt a. M. 1911.

–, –, Treu und Frei. Gesammelte Reden und Vorträge über Juden und Judenthum, Leipzig 1887.

–, –, Unser Standpunkt. Zwei Reden an seine Religionsgenossen am 1. und 16. Dezember 1880, Berlin 1881.

–, –, und *Heymann Steinthal,* Die Begründer der Völkerpsychologie in ihren Briefen. Mit einer Einleitung hrsg. von Ingrid Belke. Schriftenreihe wissenschaftlicher Abhandlungen des Leo Baeck Instituts, Bd. 21, Tübingen 1971.

Lee, Arthur Guy (Hrsg.), The Empress writes to Sophie, her daughter, Crown Princess and later Queen of the Hellenes. Letters, 1889–1901, London o. J. [1955].

Lehmann, Emil, Höre, Israel! Aufruf an die deutschen Glaubensgenossen, Dresden 1869. (Auch in): Gesammelte Schriften, Berlin 1899.

Lehmann, Oscar, ‚Hildesheimers Abwehrtätigkeit‘, in: Hirsch Hildesheimer. Ein Gedenkbuch, seinen Manen gewidmet. Lebensgang, Nachrufe, Trauerreden, hrsg. zu Gunsten einer Hirsch Hildesheimer-Stiftung, Berlin 1911.

Lehnhardt, Erich, ‚Judenthum und Antisemitismus‘, in: Preußische Jahrbücher, Bd. 55, 1885.

Lehr, Stefan, Antisemitismus – religiöse Motive im sozialen Vorurteil. Aus der Frühgeschichte des Antisemitismus in Deutschland 1870–1914. (Abhandlungen zum christlich-jüdischen Dialog, Bd. 5, hrsg. von Helmut Gollwitzer), München 1974.

Leimdörfer, D[avid], ‚Gegen den Zionismus‘, in: Allgemeine Zeitung des Judentums, 61, Nr. 27 (2. Juli 1897).

–, –, Das Wesen des Judentums, Frankfurt a. M. 1905.

Leip, Hans, Des Kaisers Reeder. Eine Albert Ballin-Biographie, München 1956.

Lenz, H. K. [pseud. für *Heinrich Klenz],* Alban Stolz und die Juden. Ein zeitgemäßer Beitrag zur Judenfrage für das deutsche Volk, Münster i. Westf. 1893.

–, –, [pseud. für *Heinrich Klenz],* Judenliteratur und Literaturjuden. Aus Sebastian Brunners Werken dargestellt, Münster i./Westf. 1893.

Leppla, Rupprecht (Hrsg.), Carl Justi/Otto Hartwig: Briefwechsel 1858–1903, Bonn 1968.

Lepsius, Johannes, Adolf Harnacks Wesen des Christentums, 1. u. 2. Aufl., Berlin 1903.

Leschnitzer, Adolf, Saul und David. Die Problematik der deutsch-jüdischen Lebensgemeinschaft, Heidelberg 1954.

Lessing, Theodor, Einmal und nie wieder. Lebenserinnerungen, Prag 1935 (Neudruck Gütersloh 1969).

–, –, Der jüdische Selbsthaß (Publikation des Zionistischen Bücherbund im Jüdischen Verlag), Berlin 1930.

Lestschinsky, Jakob, Artikel ‚Apostasie (Statistik)‘, in: Encyclopaedia Judaica, Jakob Klatzkin und Ismar Elbogen (Hrsg.), Bd. 2, Berlin 1928.

–, –, ‚Die Umsiedlung und Umschichtung des jüdischen Volkes im Laufe des letzten Jahrhunderts‘, in: Weltwirtschaftliches Archiv, Bd. 30, 1929.

–, –, Das wirtschaftliche Schicksal des deutschen Judentums. Aufstieg, Wandlung, Krise, Ausblick, Berlin 1932.

Leuß, Hans, ‚Die antisemitische Bewegung‘, in: Die Zukunft, 7. Bd., Nr. 33 (19. Mai 1894).

Levi, Zeev, Mekoma schel ha’ Apologetika ba’ Aguda ha’ Merkasit schel Jehudei Germania be schanim ha’ rischonot l’ Kijuma (hebr.: Die Rolle der Apologetik im Centralverein deutscher Staatsbürger jüdischen Glaubens in den ersten Jahren seines Bestehens), in: Yalkut Moreshet, Nr. 12 (Juli), Jerusalem 1970.

Levinger, Jakob, ‚Der Denker des Thorastaates‘, in: Zwischen Routine und Erneuerung, Jerusalem 1973.

Levy, Emil, ‚Rabbiner, Orthodoxie und Nationalismus‘, in: Jüdische Rundschau, XIV, Nr. 9 (26. Februar 1909).

Levy, M., AEG 1883–1923, Berlin 1924.

–, –, 50 Jahre AEG, Berlin 1956 (verfaßt 1933).

–, –, Die Organisation und Bedeutung der deutschen Elektrizitätsindustrie, Berlin 1914.

Levy, Richard S., The Downfall of the Anti-Semitic Political Parties in Imperial Germany, New Haven-London 1975.

Lewin, Adolf, Geschichte der badischen Juden seit der Regierung Karl Friedrichs (1738–1909), Karlsruhe 1909.

Lewinsohn, Richard (Morus, pseud.), Das Geld in der Politik, Berlin 1930.

Lichtheim, Richard, ‚Entwirrung‘, in: Jüdische Rundschau, XIV, Nr. 42 (15. Oktober 1909).

–, –, ‚Forderung des Tages‘, in: Jüdische Rundschau, XIII, Nr. 25 (19. Juni 1908).

–, –, Die Geschichte des deutschen Zionismus, Jerusalem 1954 (rev. und erw. Ausgabe von 1951).

–, –, Rückkehr. Lebenserinnerungen aus der Frühzeit des deutschen Zionismus. Mit einer Einleitung von Pinchas Rosen. Veröffentlichung des Leo Baeck Instituts Jerusalem, Stuttgart 1970.

–, –, Verein oder Bewegung? (Eine Erwiderung an Dr. Heymann), in: Jüdische Rundschau, XIII, Nr. 27 (3. Juli 1908).

Lidtke, Vernon L., The Outlawed Party. Social Democracy in Germany, 1878–1890, Princeton 1966.

Lieberman, William S., ‚Prints‘, in: Ritchie, Andrew Carnduff (Hrsg.), German Art of the Twentieth Century, 1957.

Liebermann, Max, ‚Degas‘, in: ‚Pan‘, III, Heft 4. (Hrsg.): Wilhelm Bode, Otto Julius Bierbaum, Max Liebermann, Berlin 1899.

Liebeschütz, Hans, ‚Aby Warburg (1866–1929) as Interpreter of Civilisation‘, in: Year Book XVI of the Leo Baeck Institute, London 1971.

–, –, ‚Between Past and Future, Leo Baeck’s Historical Position’, in: Year Book XI of the Leo Baeck Institute, London 1966.

–, –, ‚German Politics and Jewish Existence‘, in: Year Book XX of the Leo Baeck Institute, London 1975.

–, –, ‚Hermann Cohen and his Historical Background‘, in: Year Book XIII of the Leo Baeck Institute, London 1968.

–, –, ‚Hermann Cohen and Spinoza‘, in: Bulletin des Leo Baeck Instituts, III, Nr. 12 (Dezember), Tel Aviv 1960.

Liebeschütz, Hans, ‚Jewish Thought and its German Background', in: Year Book I of the Leo Baeck Institute, London 1956.

–, –, Das Judentum im deutschen Geschichtsbild von Hegel bis Max Weber. Schriftenreihe wissenschaftlicher Abhandlungen des Leo Baeck Instituts, Bd. 17, Tübingen 1967.

–, –, Von Georg Simmel zu Franz Rosenzweig. Studien zum Jüdischen Denken im deutschen Kulturbereich. Mit einem Nachwort von Robert Weltsch. Schriftenreihe wissenschaftlicher Abhandlungen des Leo Baeck Instituts, Bd. 23, Tübingen 1970.

Liebknecht, Wilhelm, Rede über den Kölner Parteitag mit besonderer Berücksichtigung der Gewerkschaftsbewegung, Bielefeld 1893.

–, –, ‚Sozialismus und Antisemitismus', Münchener Post, Beilage, Nr. 87 (16. April 1893).

Lill, Rudolf, ‚Katholizismus nach 1848: A. Der Heilige Stuhl und die Juden. B. Die deutschen Katholiken und die Juden in der Zeit von 1850 bis zur Machtübernahme Hitlers', in: Kirche und Synagoge, II (siehe dort).

Lindeskrog, G., ‚Jesus als religionsgeschichtliches und religiöses Problem in der modernen jüdischen Theologie', in: Judaica, Bd. 6, Nr. 314, Zürich 1950.

–, –, Die Jesusfrage im neuzeitlichen Judenthum. Ein Beitrag zur Geschichte der Leben-Jesu-Forschung, Uppsala 1938.

Loewe, Heinrich, Liberalismus macht selig, Berlin 1901.

–, –, (Hrsg.), Liederbuch für jüdische Vereine, Berlin 1898.

–, –, Der Nationaljude. Rede, geh. in der ersten Sitzung des jüdisch-nationalen Vereins ‚Jung-Israel' in Berlin am 30. Mai 1892, in: Selbst-Emanzipation, Nr. 14 18. Juli 1892); Nr. 21 (15. November 1892).

–, –, –, ‚Treibende Kräfte', in: Der Israelit, Nr. 68 (28. August 1899).

Loewe, J., ‚Elektrotechnische Industie', in: Die Störungen im deutschen Wirtschaftsleben während der Jahre 1900 ff., Schriften des Vereins für Sozialpolitik, 107, 1903.

Loewenberg, Peter J., Walther Rathenau und German Society, Ph. D. Diss., University of California Berkeley 1966.

[Loewenfeld, Raphael], Schutzjuden oder Staatsbürger? Von einem jüdischen Staatsbürger, 3. Aufl., Berlin 1893.

Löwenstein, Fritz, ‚Warum lernen wir hebräisch?', in: Jüdische Rundschau, XVII, Nr. 6 (9. Februar 1912).

Lohalm, Uwe, Völkischer Radikalismus. Die Geschichte des Deutschvölkischen Schutz- und Trutz-Bundes, 1919–1923 (Hamburger Beiträge zur Zeitgeschichte, Bd. VI), Hamburg 1970.

Loofs, Friedrich, Leitfaden zum Studium der Dogmengeschichte, 4. völlig umgearbeitete Aufl., Halle 1906.

Lorenzen, Friedrich, Die Antisemiten, Berlin-Schöneberg 1912.

Lougee, Robert W., Paul de Lagarde, 1827–1891. A Study of Radical Conservatism in Germany, Cambridge, Mass. 1962.

Lowenthal-Hensel, Cécile und *Arnold Paucker* (Hrsg.), Ernst Feder, Heute sprach ich mit..., Tagebücher eines Berliner Publizisten 1926–1932. Veröffentlichung des Leo Baeck Instituts, Stuttgar 1971.

Lukács, Georg, Die Zerstörung der Vernunft, Bd. 2, Neuwied 1973.

Lunn, Eugene, Prophet of Community. The Romantic Socialism of Gustav Landauer, Berkeley/Los Angeles 1973.

Mahlbeck, G., Der Einfluß des Judentums auf die Berliner Presse von 1800–1879, Phil. Diss., Leipzig 1935.

Mahler, Raphael, A History of Modern Jewry, 1780–1815, New York-London 1971.

–, –, Jewish Emancipation. A Selection of Documents, New York 1941.

Maier, Johann, Das Judentum von der biblischen Zeit bis zur Moderne, München 1973.

Mamroth, Paul, ‚Beiträge zur Geschichte Walther Rathenaus‘, in: Zum Gedächtnis an Walther Rathenau (siehe dort).

Mandel, Simon, Das Wesen des Judentums, Frankfurt a. M. 1904.

Mangoldt, Ursula von, Auf der Schwelle zwischen Gestern und Morgen. Begegnungen und Erlebnisse, Weilheim/Oberbayern 1963.

Mann, Heinrich, Im Schlaraffenland, Hamburg 1966 (1. Ausgabe 1900).

–, –, Der Untertan, 4. Aufl. Hamburg 1964 (1. Ausgabe 1914).

Mann, Thomas, Buddenbrooks, Frankfurt u. Hamburg 1960.

–, –, ‚Tischrede auf Wassermann‘ (1929), in: Reden und Aufsätze, I (2 Bde.), Frankfurt a. M. 1965.

Marcus, Jacob R. (Hrsg.), The Jew in the Medieval World. A Source Book, 315 bis 1791, Cincinnati 1965.

Martin, Rudolf, Deutsche Machthaber, Berlin-Leipzig 1910.

Marx, Hugo, Werdegang eines jüdischen Staatsanwalts und Richters in Baden (1892 bis 1933). Ein soziologisch-politisches Zeitbild. Mit einem Geleitwort von Dr. Wolfgang Haussmann, Villingen 1965.

Massing, Paul W., Vorgeschichte des politischen Antisemitismus. Aus dem Amerikanischen übers. und für die deutsche Ausgabe bearbeitet von Felix J. Weil. (Hrsg.): Max Horkheimer und Theodor W. Adorno, Frankfurt a. M. 1959. (Engl. Ausg.): Rehearsal for Destruction. A Study of Political Antisemitism in Imperial Germany, in: Studies in Prejudice, New York 1949.

Masur, Gerhard, Propheten von Gestern. Zur europäischen Kultur 1890–1914. Aus dem Amerikanischen von Alfred Dunkel, Frankfurt a. M. 1965.

Matschoss, Conrad, ‚Die geschichtliche Entwicklung der Allgemeinen Elektrizitäts-Gesellschaft in den ersten 25 Jahren ihres Bestehens‘, in: Jahrbuch des Vereins Deutscher Ingenieure, I, 1909.

Matthias, Erich und *Eberhard Pikart* (Bearb.), Die Reichstagsfraktion der deutschen Sozialdemokratie, Düsseldorf 1966.

Maurenbrecher, Max, ‚Zwischen zwei Feuern‘, in: Deutsche Zeitung, XXVII, Nr. 537 (30. November 1922).

Maurer, Charles B., Call to Revoluton. The Mystical Anarchism of Gustav Landauer, Detroit 1971.

Mauthner, Fritz, Erinnerungen, I. Prager Jugendjahre, München 1918.

Mayer, Gustav, Erinnerungen. Vom Journalisten zum Historiker der deutschen Arbeiterbewegung, Zürich-Wien 1949.

Mayer, Paul, Bruno Schoenlank (1859–1901). Reformer der sozial-demokratischen Tagespresse. Tagebuch und Biographie, Schriftenreihe des Forschungsinstituts der Friedrich-Ebert-Stiftung, Bd. 87, Hannover 1972.

Mayer, Reinhold, Christentum und Judentum in der Schau Leo Baecks. Studia Delitzschiana, Abhandlungen und Texte aus dem Institutum Delitzschianum, Münster (Westf.), Hrsg.: Karl Heinrich Rengstorf, Bd. 6, Stuttgart 1961.

Mayer, Sigmund, Die Wiener Juden. Kommerz, Kultur, Politik 1700–1900. 2. Aufl., Wien 1918.

Meilensteine. Vom Wege des Kartells Jüdischer Verbindungen (K.J.V.) in der Zionistischen Bewegung. Eine Sammelschrift. Im Auftrage des Präsidiums des K.J.V. hrsg. von Eli Rothschild, Tel Aviv 1972.

Meinecke, Friedrich, Alfred Dove und der klassische Liberalismus im neuen Reiche. Einleitung zu: Alfred Dove, Ausgewählte Aufsätze und Briefe, Bd. I, 1925.

(Auch in): Meinecke, Zur Geschichte der Geschichtsschreibung, Werke, Bd. VII, hrsg. von Eberhard Kessel, München 1968.

–, –, ‚Besprechung des Buches von Walter Frank, Hofprediger Stoecker und die christlich-soziale Bewegung‘, in: Historische Zeitschrift, Bd. 140 (1929) und in: Friedrich Meinecke, Werke, Bd. VIII.

–, –, Straßburg, Freiburg, Berlin 1901–1919. Erinnerungen, Stuttgart 1949.

Meissner, Heinrich O. (Hrsg.), Aus dem Briefwechsel des Generalfeldmarschalls Alfred Grafen von Waldersee, Berlin und Leipzig 1928.

–, –, Denkwürdigkeiten des General-Feldmarschalls Alfred Grafen von Waldersee (3 Bde.), Stuttgart und Berlin 1923–1925.

–, –, Kaiser Friedrich III: Tagebücher von 1848–1866, Leipzig 1929.

Menck, Clara, ‚Die falsch gestellte Weltenuhr. Der „Rembrandtdeutsche Julius Langbehn‘, in: Propheten des Nationalismus, hrsg. von Karl Schwedhelm, München 1969.

Mendelsohn, M[artin], Die Pflicht der Selbstverteidigung. Eine Rede. Jahresbericht des Vorsitzenden in der ersten ordentlichen Generalversammlung des Centralvereins deutscher Staatsbürger Jüdischen Glaubens, Berlin 1894.

Mendelssohn, Moses, ‚An den Baron Hirschen in Dessau, 18. Oktober 1785‘, in: G. B. Mendelssohn (Hrsg.), Moses Mendelssohn's Gesammelte Schriften. Nach den Originaldrucken und Handschriften, 7 Bde. in 8, Leipzig 1843–1845.

Meyer, Eduard, Über die Entstehung des Judenthums, Leipzig 1896.

Meyer, Gustav, ‚Liberales Judentum im Vormärz‘, in: Der Jude, I, Nr. 10 (Januar 1917).

Meyer, Michael A., ‚Great Debate on Antisemitism. Jewish Reaction to New Hostility in Germany 1879–1881‘, in: Year Book XI of the Leo Baeck Institute, London 1966.

–, –, (Hrsg.), Ideas of Jewish History. Ed. with Introductions and Notes, New York 1974.

Michael. On the History of the Jews in the Diaspora. Simonsohn, Shlomo und Jacob Toury (Hrsg.), Bd. II, The Diaspora Research Institute, Tel Aviv 1973.

Michael, Emil, Ignaz von Döllinger. Eine Charakteristik, Innsbruck, 1892.

Michael, Reuwen, ‚Israels Heilung. Isaak Rülf und die Anfänge des Zionismus in Deutschland‘, in: Bulletin des Leo Baeck Instituts, VI, Nr. 22, Tel Aviv 1963.

Michaelis-Stern, Eva, ‚William Stern 1871–1938. The Man and his Achievements‘, in: Year Book XVII of the Leo Baeck Institute, London 1972.

Michels, Robert, Zur Soziologie des Parteiwesens in der modernen Demokratie, Untersuchungen über die oligarischen Tendenzen des Gruppenlebens. 2. Aufl., Leipzig 1925. Neudr. d. 2. Aufl. Hrsg. und mit einem Nachwort versehen von Werner Conze, Stuttgart 1957.

Milberg, Hildegard, Schulpolitik in der pluralistischen Gesellschaft. Die politischen und sozialen Aspekte der Schulreform in Hamburg 1890–1935, Hamburg 1970.

Miller, Susanne, Burgfrieden und Klassenkampf. Die deutsche Sozialdemokratie im ersten Weltkrieg, Düsseldorf 1974.

‚Misrachi‘ und ‚Disziplin‘, innerzionistische Streitfragen, in: Jüdische Rundschau, XVI, Nr. 28 (14. Juli 1911), und Nr. 29 (21. Juli 1911).

Mohrmann, Walter, Antisemitismus. Ideologie und Geschichte im Kaiserreich und in der Weimarer Republik, Berlin (DDR) 1972.

Moldenhauer, R., ‚Jewish Petitions to the German National Assembly in Frankfurt 1848/49‘, in: Year Book XVI of the Leo Baeck Institute, London 1971.

Moltke, Helmuth von, Erinnerungen, Briefe, Dokumente, 1877–1916, Stuttgart 1922.

Mommert, Carl, (Ritter des Heiligen Grabes und Pfarrer zu Schweinitz), Der Ritualmord bei den Talmud-Juden, Leipzig 1905.

Mommert, Carl, Widerlegung der Widersprüche frommer Juden und Christen gegen die Blutbeschuldigung der Juden, Leipzig 1906.

Mommsen, Theodor, Auch ein Wort über unser Judenthum, 5. Abdruck, Berlin 1881. (Auch in): Boehlich, Walter (Hrsg.), Der Berliner Antisemitismusstreit (siehe dort).

Monumenta Hebraica – Monumenta Talmudica, S. Funk, W. A. Neumann, A. Wünsche (Hrsg.), I, Heft 1, bearb. von S. Funk, Wien-Leipzig 1913.

Mosse, George L., The Crisis of German Ideology. Intellectual Origins of the Third Reich, New York 1964.

–, –, ,German Socialists and the Jewish Question in the Weimar Republic', in: Year Book XVI of the Leo Baeck Institute, London 1971.

–, –, Germans and Jews. The Right, the Left, and The Search for a ,Third Force', in Pre-Nazi Germany, New York 1970, London 1971.

–, –, ,The Image of the Jew in German Popular Culture: Felix Dahn and Gustav Freytag', in: Year Book II of the Leo Baeck Institute, London 1957.

Mosse, Werner E., ,The Conflict of Liberalism and Nationalism and its Effect on German Jewry', in: Year Book XV of the Leo Baeck Institute, London 1970.

–, –, ,Rudolf Mosse and the House of Mosse 1867–1920', in: Year Book IV of the Leo Baeck Institute, London 1959.

Motzkin, Leo, Rede auf dem XVII. Kongreß. Stenographisches Protokoll der Verhandlungen des XVII. Zionistenkongresses, Basel 30. Juni bis 17. Juli 1931, London 1931.

Müller, Johannes, Adolf von Harnack zum Gedächtnis, Verlag der Grünen Blätter, XXXII, Nr. 3, Elmau 1930.

Müller, Karl A. von (Hrsg.), Fürst Chlodwig zu Hohenlohe-Schillingsfürst. Denkwürdigkeiten der Reichskanzlerzeit, Stuttgart und Berlin 1931.

Muncy, Lysbeth W., The Junker in the Prussian Administration under William II, 1888–1914, Providence 1944.

Muschg, Walter (Hrsg.), Von Trakl zu Brecht. Dichter des Expressionismus, München 1961.

Musil, Robert, Der Mann ohne Eigenschaften, Hamburg 1965.

–, –, Tagebücher, Aphorismen, Essays und Reden, Hamburg 1955.

Muth, Carl, ,Vom Ursprung des kapitalistischen Geistes', in: Hochland, IX, Bd. I, 1911/12.

Nationaljüdische Vereinigung für Deutschland in Köln (Hrsg.), Flugblatt Nr. 2, o. J. [1897].

Nettl, [John] Peter, Rosa Luxemburg. Aus dem Englischen von Karl Römer. Die Zitate aus den polnischen Briefen Rosa Luxemburgs ins Deutsche übertragen von Wanda Bronska-Pampuch. Vorwort des Autors, Köln 1967. Vom Autor gekürzte und bearbeitete Volksausgabe, Köln 1969. (Englische Originalausgabe): Rosa Luxemburg (2 Bde.), London 1966.

Neuland, J. P., Die Religion der Gebildeten. Harnacks Wesen des Christentums; (und) *Erich Schäder.* Über das Wesen des Christentums und seine modernen Darstellungen. Zwei Vorträge geh. auf der 6. theologischen Lehrerkonferenz in Möllen, Gütersloh 1904.

Nietzsche, Friedrich, ,Die fröhliche Wissenschaft' (1882), in: (ders.) Werke, Schlechta, Karl (Hrsg.), Bd. 2, München 1955.

–, –, ,Menschliches, Allzumenschliches' (1878), in: (ders.) Werke, Schlechta, Karl (Hrsg.), Bd. 1, München 1954.

Niewyk, Donald L., Socialist, Anti-Semite, and Jew. German Social Democracy Confronts the Problem of Anti-Semitism, 1918–1933, Baton Rouge 1971.

Nipperdey, Thomas, ‚Interessenverbände und Parteien in Deutschland vor dem Ersten Weltkrieg‘, in: Politische Vierteljahresschrift, II, 1961.

–, –, Die Organisation der deutschen Parteien vor 1918, Düsseldorf 1961.

Nobel, Nehemia Anton, ‚Goethe, sein Verhältnis zu Religion und Religionen‘, in: Bulletin des Leo Baeck Instituts, XII, Nr. 48, Tel Aviv 1969.

Nöltingk, G. C., Die christlich-sociale Partei in Deutschland, Bern und Leipzig 1882.

Noether, Emmy, Vertrustung und Monopolfrage in der deutschen Elektrizitäts-Industrie, Mannheim-Leipzig 1913.

Nordau, Max, ‚Meine Autobiographie‘, in Zionistische Schriften (siehe dort).

–, –, ‚Der Zionismus der westlichen Juden‘, in: Israelitische Rundschau, Nr. 33 (23. August 1901).

–, –, Zionistische Schriften, Berlin 1923. (Hrsg. vom Zionistischen Aktionskomitee, Köln-Leipzig 1909).

Noske, Gustav, Aufstieg und Niedergang der deutschen Sozialdemokratie. Erlebtes aus Aufstieg und Untergang einer Demokratie, Zürich-Offenbach 1947.

Nostiz, Helene von, Aus dem alten Europa. Menschen und Städte, Leipzig 1926.

Nowak, Karl W. und *Friedrich Thimme* (Hrsg.), Erinnerungen und Gedanken des Botschafters Anton Graf Monts, Berlin 1932.

Nussbaum, H[elga], Unternehmer gegen Monopole, Berlin (Ost) 1966.

–, –, ‚Versuche zur reichsgesetzlichen Regelung der deutschen Elektrizitätswirtschaft und zu ihrer Überführung in Reichseigentum, 1908–1914‘, in: Jahrbuch für Wirtschaftsgeschichte, Teil II, 1968.

Obst, Arthur, Geschichte der Hamburgischen Bürgervereine. Festschrift zur Feier des 25jährigen Bestehens des Zentralausschusses Hamburgischer Bürgervereine am 10. Juni 1911, Hamburg 1911.

Oppenheim, August, An meine deutschen Glaubensgenossen, Basel o. J.

Oppenheimer, Franz, Erlebtes, Erstrebtes, Erreichtes. Erinnerungen, Berlin 1931. (Neuaufl.) Geleitwort von Bundeskanzler Ludwig Erhard und mit einer Einleitung von Joachim Tiburtius. Ergänzt durch Berichte und Aufsätze von und über Franz Oppenheimer, hrsg. von Yehuda Oppenheimer, Düsseldorf 1964.

–, –, ‚Stammesbewußtsein und Volksbewußtsein‘, in: Jüdische Rundschau, XV, Nr. 8 (25. Februar 1910).

Osborn, Max, Der Bunte Spiegel. Erinnerungen aus dem Kunst-, Kultur- und Geistesleben der Jahre 1890 bis 1933. Mit einem Brief an den Verfasser von Thomas Mann, New York 1945.

Ostwald, Hans (Hrsg.), Das Liebermann-Buch. Mit 270 Bildern von Max Liebermann, Berlin 1930.

Ott, Hugo, ‚Kriegswirtschaft und Wirtschaftskrieg 1914–1918‘, in: Geschichte, Wirtschaft, Gesellschaft, Festschrift für Clemens Bauer, hrsg. von Erich Hassinger et al., Berlin-München 1974.

–, –, ‚Privatwirtschaftliche und kommunal(staats)wirtschaftliche Aspekte beim Aufbau der Elektrizitätswirtschaft, dargestellt am Beispiel des Straßburger Elektrizitätswerkes‘, in: Aus Stadt- und Wirtschaftsgeschichte Südwestdeutschlands. Festschrift für Erich Maschke zum 75. Geburtstag, Stuttgart 1975.

Panofsky, Walter, L'Apothéose du Festival in Richard Wagner. Collections, Génies et Réalités, Paris 1962.

Paucker, Arnold, ‚Documents on the Fight of Jewish Organizations against Right-Wing Extremism‘, in: Michael, II, Tel Aviv 1973.

–, –, ‚Jewish Defence against Nazism in the Weimar Republic‘, in: The Wiener Library Bulletin, Nr. 1/2 (1972).

Paucker, Arnold, Der jüdische Abwehrkampf gegen Antisemitismus und National-sozialismus in den letzten Jahren der Weimarer Republik (Hamburger Beiträge zur Zeitgeschichte, Bd. IV), 2., verb. Aufl., Hamburg 1969.

–, –, ‚Searchlight on the Decline of the Weimar Republik. The Diaries of Ernst Feder‘, in: Year Book XIII of the Leo Baeck Institute, London 1968.

Paulsen, Friedrich, Die deutschen Universitäten und das Universitätsstudium, Berlin 1902.

Paulus, H. E. G., Die jüdische Nationalabsonderung nach Ursprung, Folgen und Bes-serungsmitteln, Heidelberg 1831.

Penzkofer, P., ‚Wirtschaftliche und gesellschaftliche Einflüsse auf die Entstehung und Entwicklung der privaten Geschäftsbanken Ende des 19. und im 20. Jahrhun-dert‘, in: A. Grosser et al., Wirtschaft, Gesellschaft, Geschichte, Stuttgart 1974.

Perles, Felix, ‚Was lehrt uns Harnack?‘ (1902), in: Jüdische Skizzen, Leipzig 1912.

–, –, Was nach dem Herrn Missionsprediger [Karl Kunert] Juden und Christen von mir lernen mögen, Königsberg 1902.

Perrot, Franz, ‚Das Aktienwesen und -unwesen‘, in: Im neuen Reich, III, 2, 1873.

–, –, Bismarck und die Juden, ‚Papierpest‘ und ‚Ära-Artikel von 1875‘, ergänzt durch Karl Perrot, neu hrsg. mit Einleitung und Nachwort von L. Feldmüller-Perrot, Berlin 1931.

Perry, T. W., Public Opinion Propaganda and Politics in 18th Century England. A Study of the Jew Bill of 1753, Cambridge, Mass. 1962.

Perspectives of German-Jewish History in the 19th and 20th Century. Aus dem Hebräischen übersetzt von Hanna Schmorak, Veröffentlichungen des Leo Baeck Instituts Jerusalem zur Geschichte der Juden in Mitteleuropa, Jerusalem 1971. Hebrew Original by Meir Gilon, transl. into English by Hanna Schmorak Pu-blications of the Leo Baeck Institute Jerusalem on the History of Jews in Cen-tral Europe, Jerusalem 1971.

Pestalozzi J[ohann], Der Antisemitismus, ein Krebsschaden, der am Marke unseres Volkslebens frißt, Leipzig 1891.

Petersdorff, Herman von et al. (Hrsg.). Bismarck. Die gesammelten Werke (15 Bde.), Berlin 1923–1933.

–, –, ‚Der Einfluß der politischen Entwicklung auf die sittlich-religiösen Zustände‘, in: Ludwig Weber, Geschichte der sittlich-religiösen und socialen Entwicklung Deutschlands in den letzten 35 Jahren, Gütersloh 1895.

–, –, Kleist-Retzow. Ein Lebensbild, Stuttgart und Berlin 1907.

Philippson, Martin, Neueste Geschichte des jüdischen Volkes, 3 Bde. (Schriften, hrsg. von der Gesellschaft zur Förderung der Wissenschaft des Judentums), Leipzig 1910.

Philo-Lexikon, Handbuch des jüdischen Wissens. Hrsg. von Emanuel bin Gorion, Alfred Loewenberg, Otto Neuburger, Hans Oppenheimer. Berlin 1935. Verm. und verb. Aufl. 1936.

Pichl, Eduard, Georg Schönerer, 4. Bd., Oldenburg-Berlin o. J.

Pinner, Felix (pseud. *Frank Fassland),* Deutsche Wirtschaftsführer, Charlottenburg 1935.

–, –, ‚Emil Rathenau‘, in: Der Kaufmann und das Leben, Beiblatt zur Zeitschrift für Handelswissenschaft und Handelspraxis, Nr. 11 (Februar 1913).

–, –, Emil Rathenau und das elektrische Zeitalter (Große Männer, Studien zur Bio-logie des Genies, Bd. 6), Leipzig 1918.

Plate, A., Handbuch für das preussische Abgeordnetenhaus, Berlin 1908, 1913.

Plesch, Janos, Janos, Ein Arzt erzählt sein Leben, München-Leipzig-Freiburg 1949.

Pogge von Strandmann, Hartmut, ‚Rathenau, die Gebrüder Mannesmann und die Vorgeschichte der zweiten Marokkokrise', in: Imanuel Geiss und Bernd-Jürgen Wendt (Hrsg.), Deutschland in der Weltpolitik des 19. und 20. Jahrhunderts, Festschrift für Fritz Fischer, Düsseldorf 1973.

–, –, ‚Staatsstreichpläne, Alldeutsche und Bethmann Hollweg', in: Pogge-v. Strandmann, Hartmut, und Imanuel Geiss, Die Erforderlichkeit des Unmöglichen. Deutschland am Vorabend des ersten Weltkrieges, Frankfurt a. M. 1965.

Pohlmann, Walter, ‚Judenhaß und Umsturz', in: Im deutschen Reich, I, Nr. 1 (Juli 1895).

–, –, Das Judentum und sein Recht, Neuwied-Leipzig 1893.

Polenz, Benno von, ‚Wilhelm von Polenz als Student in Berlin', in: Akademische Blätter, 43, Nr. 15/16 (November 1928).

Polenz, Wilhelm von, Der Büttnerbauer, 1895.

Politisches Handbuch der Nationalliberalen Partei, Berlin o. J. (Dez. 1907).

Pollmann, Klaus Erich, Landesherrliches Kirchenregiment und soziale Frage. Der evangelische Oberkirchenrat der altpreußischen Landeskirche und die sozialpolitische Bewegung der Geistlichen nach 1890, Berlin 1973.

Ponsonby, Frederick, Sir (Hrsg.), Letters of the Empress Frederick, London 1928.

Poor, Harold L., Kurt Tucholsky and the Ordeal of Germany, 1914–1935, New York 1968.

Poppel, Stephen M., The Theory and Practice of German-Jewish Emancipation (Association of Jewish Studies, Annual Conference, 1975, maschinenschriftlich).

Princess Marie Louise, My Memories of Six Reigns, London 1956.

Pritzkoleit, Kurt, Wem gehört Deutschland. Eine Chronik von Besitz und Macht, Wien-München-Basel 1957.

Propper, Stanislas M. von, Was nicht in die Zeitung kam, Frankfurt a. M. 1929.

Protokoll über die Verhandlungen des Parteitages der Sozialdemokratischen Partei Deutschlands, abgehalten in Magdeburg (1910), Berlin 1910.

–, –, abgehalten zu Mannheim (1906), Berlin 1906.

Protokolle der in Köln a. Rh. vom 6. bis zum 9. Oktober 1900 abgehaltenen Allgemeinen Missionskonferenz für die Arbeit der evang. Kirche an Israel, Leipzig 1901.

Der Prozeß Ahlwardt. Ein Zeichen der Zeit und eine lehrreiche Studie. Von einem Deutsch-Nationalen, Berlin o. J.

Pückler, Graf Karl von, Aus meinem Diplomatenleben, Schweidnitz 1934.

Puhle, Hans-Jürgen, Agrarische Interessenpolitik und preußischer Konservatismus im wilhelminischen Reich (1893–1914). Ein Beitrag zur Analyse des Nationalismus in Deutschland am Beispiel des Bundes der Landwirte und der Deutsch-Konservativen Partei, Hannover 1966.

–, –, ‚Parlament, Parteien und Interessenverbände 1890–1914' in: Stürmer, Michael (Hrsg.), Das Kaiserliche Deutschland. Politik und Gesellschaft 1870–1918.

Pulzer, Peter G. J., Die Entstehung des politischen Antisemitismus in Deutschland und Österreich, 1867–1914. Aus dem Englischen von Jutta und Theodor Knust, Gütersloh 1966. (Englische Ausg.): The Rise of Political Antisemitism in Germany and Austria (New Dimensions in Comparative History), New York-London 1964.

Puttkamer, Albert von, Staatsminister von Puttkamer. Ein Stück preußischer Vergangenheit, 1828–1900, Leipzig o. J.

Raabe, Wilhelm, Der Hungerpastor, 1865.

Rabbi Jizchak (aus Troki), Befestigung im Glauben, neu hrsg. mit einer Übersetzung ins Deutsche, von Rabbiner David Deutsch, 2., vielfach vermehrte Ausgabe, Sohrau-Breslau 1873.

Rachel, Hugo, Das Berliner Wirtschaftsleben im Zeitalter des Frühkapitalismus, Berlin 1931.

–, – und *Paul Wallich*, Berliner Großkaufleute und Kapitalisten, III, Berlin 1967.

Radziwill, Princess Catherine, Memories of Forty Years, New York und London 1915.

Radziwill, Prinzessin Marie, Lettres de la Princesse Radziwill au Général de Robilant, 1889–1914. Une Grande Dame d'avant Guerre (4 Bde.), Bologna 1933 bis 1934.

Ragins, Sanford, Jewish Responses to Antisemitism in Germany, 1870 to 1914, Ph. D. Diss., Brandeis University 1972.

Raphaël, Gaston, Walther Rathenau. Seine Gedanken und Entwürfe zu einer Wirtschaftsorganisation auf philosophischer und nationalökonomischer Grundlage. Aus dem Französischen übersetzt, Berlin o. J. [1921?]

Raschdau, Ludwig, In Weimar als Preußischer Gesandter. Ein Buch der Erinnerungen an deutsche Fürstenhöfe, 1894 bis 1897, Berlin 1939.

–, –, Unter Bismarck und Caprivi. Erinnerungen eines deutschen Diplomaten aus den Jahren 1885–1894, Berlin 1939.

Rathenau, Walther, ‚Apologie‘ (1919), in: Gesammelte Schriften, VI, Berlin 1929.

–, –, Blanche Trocard (1887), hrsg. von Edwin Redslob, Berlin 1947.

–, –, Eine Streitschrift vom Glauben, Berlin 1917.

–, –, ‚Gedächtnisrede für Emil Rathenau‘, in: Gesammelte Schriften V (siehe dort).

–, –, Gesammelte Schriften, 5 Bände, Berlin 1918.

–, –, Historisch-kritische Gesamtausgabe der Werke und Briefe, hrsg. u. bearbeitet von Ernst Schulin und Hans Dieter Hellige mit Kommentar und Einleitung zum Rathenau-Harden-Briefwechsel von Hans Dieter Hellige, München-Heidelberg (in Vorbereitung).

–, –, ‚Höre Israel‘, in: Die Zukunft, Harden, Maximilian(Hrsg.), V, Nr. 23 (6. März 1897), und in: Impressionen, Leipzig 1902.

–, –, ‚Der Kaiser‘ (1919), in: Gesammelte Schriften, VI, Berlin 1929.

–, –, Nachgelassene Schriften, 2 Bände, Berlin 1928.

–, –, ‚Die neue Wirtschaft‘, in: Gesammelte Schriften, V (1925).

–, –, Politische Briefe, Dresden 1929.

–, –, ‚Staat und Judentum. Eine Polemik‘, in: Gesammelte Schriften, I, Berlin 1918 (siehe dort).

–, –, Tagebuch 1907–1922. Hrsg. und kommentiert von Hartmut Pogge-v. Strandmann. Mit einem Beitrag von James Joll und einem Geleitwort von Fritz Fischer, Düsseldorf 1967.

–, –, ‚Über ein Reichselektrizitätsmonopol‘, in: Nachgelassene Schriften, I (siehe dort).

–, –, ‚Unser Nachwuchs‘ (1909), in: Nachgelassene Schriften, II (siehe dort); und in: Zur Kritik der Zeit (siehe dort).

–, –, Zur Kritik der Zeit, Berlin 1912.

–, –, ‚Zur Psychologie der Dynasten‘ (nach 1908), in: Nachgelassene Schriften, I (siehe dort).

Ratzinger, Georg, Die Volkswirtschaft in ihren sittlichen Grundlagen, Freiburg i. Br. 1881 (2. Aufl. 1895).

Rebbert, Joseph, Blicke in's Talmudische Judenthum. Nach den Forschungen von Dr. Konrad Martin, Bischof von Paderborn, dem christlichen Volke enthüllt. Nebst einer Beleuchtung der neuesten Judenvertheidigung, Paderborn 1876.

Redlich, Fritz, ‚Unternehmer‘, in: Handbuch der Sozialwissenschaften, Bd. 10.

Rée, Anton, Die Sprachverhältnisse der heutigen Juden, im Interesse der Gegenwart und mit besonderer Rücksicht auf Volkserziehung, Hamburg 1844.

Reichmann, Eva G., ‚Der Bewußtseinswandel der deutschen Juden‘, in: Deutsches Judentum in Krieg und Revolution 1916–1923 (siehe dort).

–, –, Flucht in den Haß. Die Ursachen der deutschen Judenkatastrophe, Frankfurt a. M. [1956]. (Engl. Ausgabe): Hostages of Civilisation. The Social Sources of National Socialist Anti-Semitism, London 1950.

–, –, Größe und Verhängnis deutsch-jüdischer Existenz. Zeugnisse einer tragischen Begegnung, Heidelberg 1974.

–, –, Die Reichskristallnacht. Der Antisemitismus in der deutschen Geschichte, Bonn 1959.

Reicke, G., ‚In memoriam Walther Rathenau‘, in: Die Neue Rundschau, 33, 1922.

Reinharz, Jehuda, ‚Consensus and Conflict between Zionists and Liberals in Germany before World War I‘, in: Texts and Responses. Studies presented to Nahum N. Glatzer on the Occasion of his Seventieth Birthday by his Students. Ed. by Michael A. Fishbane and Paul R. Flohr, Leiden 1975.

–, –, Deutschtum and Judentum: Jewish Liberalism and Zionism in Germany, 1893 to 1914, Ph. D. Diss., Brandeis University 1972.

–, –, ‚Deutschtum and Judentum in the Ideology of the Centralverein deutscher Staatsbürger jüdischen Glaubens 1893–1914‘, in: Jewish Social Studies, XXXVI, Nr. 1 (Januar 1974), New York 1974.

–, –, Fatherland or Promised Land: The Dilemma of the German Jew, 1893–1914, Ann Arbor, Mich., 1975.

Reiss, Hans-Peter (Hrsg.), Von Bassermann zu Stresemann. Die Sitzungen des nationalliberalen Zentralvorstandes 1912–1917, Düsseldorf 1967.

Reuter, Gabriele, ‚Erinnerungen an Walther Rathenau‘, in: Neue Freie Presse, 11. Juli 1922.

Révész, Imre, Walther Rathenau und sein wirtschaftliches Werk, Dresden 1927.

Rich, Norman, und *M. H. Fisher* (Hrsg.), Die geheimen Papiere Friedrich von Holsteins, (4 Bde.), Göttingen 1956–1963.

Richarz, Monika, Der Eintritt der Juden in die akademischen Berufe. Jüdische Studenten und Akademiker in Deutschland 1678–1848, mit einem Geleitwort von Adolf Leschnitzer. Schriftenreihe wissenschaftlicher Abhandlungen des Leo Baeck Instituts, Bd. 28, Tübingen 1974.

–, –, ‚Jewish Social Mobility in Germany during the Time of Emancipation (1790 to 1871)‘, in: Year Book XX of the Leo Baeck Institute, London 1975.

Riedler, Alois, Emil Rathenau und das Werden der Großwirtschaft, Berlin 1916.

Rieger, Paul, Ein Vierteljahrhundert im Kampf um das Recht und die Zukunft der deutschen Juden. Ein Rückblick auf die Geschichte des Centralvereins ... in den Jahren 1893–1918, Berlin 1918.

Riesser, Gabriel, ‚Bemerkungen zu den Verhandlungen der Badischen Ständeversammlung über die Emanzipation der Juden im Jahr 1833 (1835)‘, in: Gabriel Riesser’s Gesammelte Schriften, Bd. II (siehe dort).

–, –, ‚Betrachtungen über die Verhandlungen der zweiten Kammer des Großherzogtums Baden über die Emanzipation der Juden‘, in: Gesammelte Schriften, II (siehe dort).

[Riesser, Gabriel], Gabriel Riesser’s Gesammelte Schriften, hrsg. im Auftrag des Comité der Riesser-Stiftung von M. Isler, 4 Bände, Frankfurt a. M. 1867–1868.

Riesser, Jakob, ‚Der deutsche Handel im letzten Vierteljahrhundert‘, in: Nord und Süd, XXXVII, Bd. 145, Heft 465 (Juni 1913).

–, –, Die deutschen Großbanken und ihre Konzentration, 4. Aufl., Jena 1912.

Riesser, Jakob, England und wir, Berlin 1915.

–, –, ‚Der Hansabund‘, in: Staatsbürgerliche Flugschriften 6, Jena 1912.

Ringer, Fritz K., The Decline of the German Mandarins. The German Academic Community, 1890–1933, Cambridge, Mass., 1969.

Rinott, Moshe, ‚Gabriel Riesser, Fighter for Jewish Emancipation‘, in: Year Book VII of the Leo Baeck Institute, London 1962.

–, –, Chewrath Haæsrah Lijhude Germaniah Bejzirah Uwemaawak (hebr.), Jerusalem 1971.

Ritter, Gerhard A., Die Arbeiterbewegung im Wilhelminischen Reich, 2. Aufl., Berlin 1963.

–, –, ‚Entwicklungsprobleme des deutschen Parlamentarismus‘, in: Gerhard A. Ritter (Hrsg.), Gesellschaft, Parlament und Regierung. Zur Geschichte des Parlamentarismus in Deutschland, Düsseldorf 1974.

–, –, Staatskunst und Kriegshandwerk. Das Problem des Militarismus in Deutschland, II, München 1960.

–, –, und *Jürgen Kocka* (Hrsg.), Deutsche Sozialgeschichte. Dokumente und Skizzen, Bd. II, 1870–1914, München 1974.

Rivkin, Ellis, The Shaping of Jewish History. A Radical New Interpretation, New York 1971.

Rodd, Sir James Rennell, Social and Diplomatic Memories 1884–1919 (3 Bde.), London 1922–1925.

Röhl, J. C. G., Germany without Bismarck. The Crisis of Government in the Second Reich, 1890–1900, Berkeley 1967. (Deutsche Ausgabe): Deutschland ohne Bismarck. Die Regierungskrise des zweiten Kaiserreichs, 1890–1900, Tübingen 1969.

Rogge, Helmuth (Hrsg.), Holstein und Harden. Politisch-Publizistisches Zusammenspiel zweier Außenseiter des Wilhelminischen Reichs, München 1959.

Rohling, August, Meine Antworten an die Rabbiner. Oder: Fünf Briefe über den Talmudismus und das Blut-Ritual der Juden, Prag 1883.

–, –, Die Polemik und das Menschenopfer des Rabbinismus. Eine wissenschaftliche Antwort ohne Polemik für die Rabbiner und ihre Genossen, Paderborn 1883.

–, –, Der Talmudjude. Zur Beherzigung für Juden und Christen aller Stände dargestellt. 1.–6. Aufl., Münster 1871–1877.

Rosegger, P. K., ‚Der Bauernstand, unsre Rettung‘, in: Die Grenzboten, LI, I (1892).

Rosenbaum, Eduard, ‚Albert Ballin. A Note on the Style of his Economic and Political Activities‘, in: Year Book III of the Leo Baeck Institute, London 1958.

–, –, ‚Miscellany III. A Postscript to the Essay on Albert Ballin‘, in: Year Book IV of the Leo Baeck Institute, London 1959.

Rosenberg, Hans, Große Depression und Bismarckzeit. Wirtschaftsablauf, Gesellschaft und Politik in Mitteleuropa. Veröffentlichungen der Historischen Kommission zu Berlin beim Friedrich-Meinecke-Institut der Freien Universität Berlin, Bd. 24, Berlin 1967.

Rosenblüth, Pinchas Erich, Martin Buber. Sein Denken und Wirken, Hannover 1968.

Rosenfeld, Morris, Lieder des Ghetto, Autor. Übertragung aus dem Jüdischen von Berthold Feiwel. Mit Zeichnungen von E. M. Lilien, Berlin o. J. (1903?).

Rosenheim, Jacob, Erinnerungen 1870–1920, hrsg. von Heinrich Eisemann und Herbert N. Kruskal, Frankfurt a. M. 1970.

Rosenthal, Berthold, Heimatgeschichte der badischen Juden seit ihrem geschichtlichen Auftreten bis zur Gegenwart, Bühl 1927.

Rosenzweig, Franz, Briefe. Unter Mitwirkung von Ernst Simon ausgew. und hrsg. von Edith Rosenzweig, Berlin 1935.

–, –, Einleitung zu Hermann Cohens Jüdische Schriften, Bd. 1 (siehe dort).

–, –, Kleinere Schriften, Berlin 1935.

Rost, Hans, Gedanken und Wahrheiten zur Judenfrage, Trier 1907.

Rotenstreich, Nathan, Das Jüdische Denken in der Neuzeit (hebr.), Bd. II, Tel Aviv 1950.

Rothe, Wolfgang (Hrsg.), Expressionismus als Literatur. Gesammelte Studien, Bern 1969.

Rülf, Isaak, Aruchas Bas Ammi. Ein ernstes Wort an Glaubens- und Nicht-Glaubensgenossen, Frankfurt a. M. 1883.

–, –, Entstehung und Bedeutung des Antisemitismus in Hessen, Mainz 1890.

Rürup, Reinhard, ,Emancipation and Crisis. The „Jewish Question" in Germany 1850–1890', in: Year Book XX of the Leo Baeck Institute, London 1975.

–, –, Emanzipation und Antisemitismus, Studien zur ,Judenfrage' der bürgerlichen Gesellschaft, Göttingen 1975.

–, –, ,German Liberalism and the Emancipation of the Jews', in: Year Book XX of the Leo Baeck Institute, London 1975.

–, –, ,Die Judenemanzipation in Baden', in: Zeitschrift für die Geschichte des Oberrheines, Bd. 114 (Der neuen Folge 75. Bd.), Karlsruhe 1966.

–, –, ,Judenemanzipation und bürgerliche Gesellschaft', in: Gedenkschrift Martin Göhring. Studien zur europäischen Geschichte. Mit einem Geleitwort von Jacques Droz, hrsg. von Ernst Schulin, Wiesbaden 1968.

–, –, ,Jewish Emancipation and Bourgeois Society', in: Year Book XIV of the Leo Baeck Institute, London 1969.

–, –, ,Kontinuität und Diskontinuität der „Judenfrage" im 19. Jahrhundert. Zur Entstehung des modernen Antisemitismus', in: Wehler, Hans-Ulrich (Hrsg.), Sozialgeschichte Heute, Festschrift für Hans Rosenberg (siehe dort).

Rumschöttel, H., Das bayerische Offizierskorps, 1866–1914, Berlin 1973.

–, –, Bildung und Herkunft der bayrischen Offiziere, 1866 bis 1914. Zur Geschichte und Mentalität des bayrischen Offizierskorps (eine Dokumentation), Militärgeschichtliche Mitteilungen, II, 1970.

Ruppin, Arthur, ,Abhandlung über die sozialen Verhältnisse der Juden in Preußen und Deutschland', in: Conrad'sche Jahrbücher für Nationalökonomie und Statistik, Bd. 23, 1902.

–, –, Die Juden der Gegenwart. Eine Sozialwissenschaftliche Studie, Köln-Leipzig 1911.

–, –, Soziologie der Juden. Bd. 1: Die soziale Struktur der Juden. Bd. 2: Der Kampf der Juden um ihre Zukunft, Berlin 1930.

Russel, A. V. F. V., Reminiscences of the German Court. The Fighting Forces, I, Nr. 1 (März 1924).

Saldenhofen, Fr. von, Ausgewähltes über das „Auserwählte Volk". Neuer Beitrag zur Klärung und Lösung der Judenfrage, Würzburg 1892.

Salin, Edgar, ,Der Gestaltwandel des europäischen Unternehmens', in: Piper, Klaus (Hrsg.), Offener Horizont, Festschrift für Karl Jaspers, München 1953.

Salinger, Paul (Justizrat), ,Agitationsfragen', in: Im deutschen Reich, XV, Nr. 10 (Okt. 1909).

Salomonsohn [später *Solmssen*], *Georg,* Der gesetzliche Schutz der Baugläubiger in den Vereinigten Staaten, Berlin 1900.

Saul, Klaus, ,Der Kampf um die Jugend zwischen Volksschule und Kaserne. Ein Beitrag zur „Jugendpflege" im Wilhelminischen Reich', in: Militärgeschichtliche Mitteilungen, 1/1971.

Saxl, Fritz, ,The History of Warburg's Library, 1886–1944. A Memoir', in: Gombrich, E. H., Aby Warburg. An Intellectual Biography (siehe dort).

Sazonow, Serge, Fateful Years, 1909–1916. Reminiscences, New York 1928.

Schade, Franz, Kurt Eisner und die bayerische Sozialdemokratie, Hannover 1961.

Schaeder, Grete, Martin Buber, Hebräischer Humanismus, Göttingen 1966. (Englische Ausgabe): The Hebrew Humanism of Martin Buber. Übers. von Noah J. Jacobs, Detroit 1973.

Schay, Rudolf, Juden in der deutschen Politik, Berlin 1929.

Schedukat, Klaus, Adolf Bartels und die völkische Bewegung. Eine Analyse seines politischen Denkens und Wirkens (Staatsexamensarbeit), Hamburg 1969.

Scheffler, Karl, Max Liebermann. Mit 65 Bildtafeln und einem Nachw. v. Carl Georg Heise, Wiesbaden 1953.

Scheibe, Max, ,A Harnack, Die Aufgabe der theologischen Fakultäten und die allgemeine Religionsgeschichte', 3. Aufl., Giessen 1901, in: Archiv für Religionswissenschaft, VI (1903).

Scheidemann, Philipp, ,Wandlungen des Antisemitismus', in: Die Neue Zeit, XXIV, II. Bd. (1906).

Scheler, Max: in: Zum Gedächtnis an Walther Rathenau (siehe dort).

Schemann, Ludwig, Fünfundzwanzig Jahre Gobineau-Vereinigung 1894–1919, Straßburg-Berlin 1919.

–, –, Gobineau und die Gobineau-Vereinigung, Beilage zum IV.–VI. Stück der Bayreuther Blätter, 1902.

–, –, Lebensfahrten eines Deutschen, Leipzig und Hartenstein 1925.

Schiffer, Eugen, Ein Leben für den Liberalismus, Berlin 1951.

Schilling, Konrad, Beiträge zu einer Geschichte des radikalen Nationalismus in der Wilhelminischen Ära 1890–1909, Phil. Diss., Köln 1968.

Schlawe, Fritz, Literarische Zeitschriften, Teil 1, 1885–1910, 2. Aufl., Stuttgart 1965.

Schmidt, E. W., Männer der Deutschen Bank und der Disconto Gesellschaft, Düsseldorf 1957.

Schmidt-Clausing, Fritz, Judengegnerische Strömungen im deutschen Katholizismus des 19. Jahrhunderts. Eine religionspolitische Untersuchung, Jena 1942 (Diss., maschinenschriftlich).

Schmidt-Ott, Friedrich, Erlebtes und Erstrebtes, 1860–1950, Wiesbaden 1952.

Schmieder, Eberhard, ,Wirtschaft und Bevölkerung', in: Herzfeld, Hans (Hrsg.), Berlin und die Provinz Brandenburg im 19. und 20. Jahrhundert, Berlin 1968.

–, –, ,Zum sozialen Wandel wirtschaftlich führender Kreise Berlins im 19. und beginnenden 20. Jahrhundert', in: Sociologia Internationalis, 8, 1970.

Schmoller, Gustav, ,Die heutige deutsche Judenfrage', in: (ders.), Zwanzig Jahre deutscher Politik (siehe dort).

–, –, Zwanzig Jahre deutscher Politik (1897–1917). Aufsätze und Vorträge, München-Leipzig 1920.

Schnitzler, Arthur, Der Weg ins Freie, 1908.

Schoenaich, General Baron Paul von, Mein Damaskus. Erlebnisse und Bekenntnisse, Berlin 1926.

Schoenaich-Carolath, Prinzessin Hermine von, An Empress in Exile. My Days in Doorn (ghostwriter George Sylvester Viereck), New York 1928.

Schönburg-Waldenburg, Prinz Heinrich von, Erinnerungen aus kaiserlicher Zeit, Leipzig 1929.

Scholem, Gershom, Judaica, Frankfurt a. M. 1963 (Bd. II, 1970; Bd. III, 1973).

–, –, Walter Benjamin. Die Geschichte einer Freundschaft, Frankfurt a. M. 1975.

–, –, ,Zur Literatur der letzten Kabbalisten in Deutschland', in: In Zwei Welten (hrsg.) von Tramer, Hans (siehe dort).

Scholz, Hans, ,Georg Hermann', Essay, in: Hermann, Georg, Rosenemil (siehe dort).

Schorsch, Ismar, ,German Antisemitism in the Light of Post-War Historiography', in: Year Book XIX of the Leo Baeck Institute, London 1974.

Schorsch, Ismar, Jewish Reactions to German Anti-Semitism, 1870–1914, Columbia University Studies in Jewish History, Culture and Institutions, Nr. 3, New York-London-Philadelphia 1972.

–, –, ,Theology and History in the Age of Emancipation', in: (ders.) Heinrich Graetz. The Structure of Jewish History and other Essays, New York 1975.

Schorschke, Carl E., German Social Democracy 1905–1917. The Development of the Great Schism, New York 1965.

Schrag-Haas, Judith, ,Ludwig Haas. Erinnerungen an meinen Vater', in: Bulletin des Leo Baeck Instituts, IV, Nr. 13, Tel Aviv 1961.

Schreiner, Martin, Die jüngsten Urteile über das Judentum kritisch untersucht, Berlin 1902.

Schüler, Gottlieb August, Die Wurzeln der Judenfrage, Berlin 1881.

Schüler, Winfried, Der Bayreuther Kreis von seiner Entstehung bis zum Ausgang der Wilhelminischen Ära. Wagnerkult und Kulturreform im Geiste völkischer Weltanschauung, Münster 1972.

Schüssler, Wilhelm, Die Daily Telegraph Affaire: Fürst Bülow, Kaiser Wilhelm und die Krise des zweiten Reiches, 1908, Göttingen 1952.

Schulin, Ernst, ,Rathenau et la France', in: Revue d'Allemagne, 4 (1972).

–, –, ,Walther Rathenau', in: Der Monat, 237 (1938).

Schumann, Wolfgang, ,Deutsche und jüdische „Schuld" und Aufgabe', in: Der Jude, VIII, Nr. 7 (Juli 1924).

Schwabach, Paul von, Aus meinen Akten, Berlin 1927.

Schwarcz, Moshe, ,Religious Currents and General Culture', in: Year Book XVI of the Leo Baeck Institute, London 1971.

Schwarz, S., Die Juden in Bayern im Wandel der Zeiten, München 1963.

Schweid, Elieser, Die Vernunft und die Quellen der Religion, Petachim (hebr.), September 1972.

Schweinitz, Wilhelm von (Hrsg.), Denkwürdigkeiten des Botschafters General von Schweinitz (2 Bde.), Berlin 1927.

Schwering, Count Axel von (Pseud.), The Berlin Court under William II, London 1915.

Segall, Jakob, ,Der Anteil der Juden in Deutschland an dem Beamtenstand', in: Zeitschrift für Demographie und Statistik der Juden, VIII, Berlin 1912.

–, –, Die beruflichen und sozialen Verhältnisse der Juden in Deutschland, Veröffentlichungen des Bureaus für Statistik der Juden, Heft 9, Berlin 1912.

,Sein oder Nichtsein', in: Jüdische Rundschau, XVI, Nr. 46 (17. November 1911).

Selig, Wolfram, Paul Nikolaus Cossmann und die Süddeutschen Monatshefte von 1914–1918. Ein Beitrag zur Geschichte der nationalen Publizistik im Ersten Weltkrieg, Osnabrück 1967.

Seligmann, Caesar, Judentum und moderne Weltanschauung. 5 Vorträge, Frankfurt a. M. 1905.

Severing, Carl, Mein Lebensweg. Band I: Vom Schlosser zum Minister, die Zeit bis 1923. Band II: Im Auf und Ab der Republik, 1924–1950, Köln 1950.

Silberner, Edmund, Sozialisten zur Judenfrage. Ein Beitrag zur Geschichte des Sozialismus vom Anfang des 19. Jahrhunderts bis 1914. Aus dem Englischen übersetzt, Berlin 1962.

Simon, Ernst, Brücken. Gesammelte Aufsätze, Heidelberg 1965.

–, –, Leo Baeck. Der letzte Vertreter des deutschen Judentums, Einführung zur bearb. hebräischen Ausgabe von Leo Baeck, Das Wesen des Judentums. Grundlagen und Glauben, Jerusalem 1968.

–, –, ,Martin Buber and German Jewry', in: Year Book III of the Leo Baeck Institute, London 1958.

Simon, Ernst, A[kiba], Martin Buber und der Glaube Israels (hebr.), 1958.

–, –, ,Nationalismus und Volkstum', in: Robert Weltsch zum 60. Geburtstag, Tel Aviv-Jerusalem 1951.

–, –, ,Wie ich Zionist wurde', in: Meilensteine (siehe dort).

–, –, ,Zu Hermann Cohens Spinoza-Auffassung', in: Brücken (siehe dort).

Simon, F., Wehrt Euch!, Ein Mahnwort an die Juden. Mit einem offenen Briefe der Frau Baronin Bertha von Suttner an den Verfasser, Berlin 1893.

[Simon James], ,James Simon. Industrialist, Art Collector, Philanthropist, compiled from various sources', in: Year Book X of the Leo Baeck Institute, London 1965.

Smith, Alson J., A View of the Spree, New York 1962.

Solger, Friedrich, Der nationale Geist als Naturerscheinung. Vortrag im Werdandi-bunde am 25. Februar 1909, o. O., o. J.

Solmssen, Georg, Beiträge zur Deutschen Politik und Wirtschaft, I, München 1934.

–, –, ,England und wir!' (13. November 1916), in: Beiträge zur deutschen Politik und Wirtschaft 1900–1933 (siehe dort).

–, –, ,Gedenkblatt zum 100. Geburtstag von A. Salomonsohn', in: (ders.) Beiträge zur Deutschen Politik und Wirtschaft, I (siehe dort).

Sombart, Werner, Die deutsche Volkswirtschaft im neunzehnten Jahrhundert, 4. Aufl., Berlin 1919.

–, –, Die Juden und das Wirtschaftsleben, Leipzig 1911, München-Leipzig 1918, München 1928.

–, –, Das Wirtschaftsleben im Zeitalter des Hochkapitalismus, Berlin 1955 (1. Auflage 1902).

–, –, Die Zukunft der Juden, Leipzig 1912.

Sonnenfeld, Hugo, ,Der Centralverein und die politischen Wahlen', in: Im deutschen Reich, X, Nr. 11 (November 1903).

Spitte, Th., ,Ein Laienartikel über die an Harnack geübten Kritiken', in: Protestan-tenblatt, Nr. 45, Berlin 1902 (vgl. auch Steudel, Fr.).

Springer, A., ,Die Politik der nationalliberalen Partei', in: Im neuen Reich, VIII, Nr. 2 (1878).

Stampfer, Friedrich, Erfahrungen und Erkenntnisse. Aufzeichnungen aus meinem Leben, Köln 1957.

Steffen, Hans (Hrsg.), Der deutsche Expressionismus. Formen und Gestalten, Göttingen 1965.

Stegmann, Dirk, Die Erben Bismarcks. Parteien und Verbände in der Spätphase des wilhelminischen Deutschlands, Köln-Berlin 1970.

Stein, General Hermann von, Erlebnisse und Betrachtungen aus der Zeit des Welt-krieges, Leipzig 1919.

,Die Stellung der konservativen Partei zum Antisemitismus', in: Die Grenzboten, LII, I (1893).

Stenographische Berichte über die Verhandlungen des Preußischen Abgeordneten-Hauses, 1901.

Stenographische Berichte über die Verhandlungen des Preußischen Herrenhauses, 1907/1908.

Stenographische Berichte über die Verhandlungen des Reichstags, 1884, 1890, 1898, 1899, 1900, 1903/1904, 1909, 1910, 1913.

Sterling, Eleonore, Judenhaß. Die Anfänge des politischen Antisemitismus in Deutsch-land (1815–1850). Vorwort von Carlo Schmid. Frankfurt a. M. 1969.

Stern, Fritz, The Failure of Illiberalism. Essays on the Political Culture of Modern Germany, New York 1972. (Deutsche Ausgabe): Das Scheitern illiberaler Poli-tik. Studien zur politischen Kultur Deutschlands im 19. und 20. Jahrhundert, übers. aus dem Engl. von Heidi Meissner et al., Frankfurt a. M. 1974.

Stern, Fritz, ‚Gold and Iron. The Collaboration and Friendship of Gerson Bleichröder and Otto von Bismarck‘, in: American Historical Review, LXXV, Nr. 1, New York (Oct. 1969).

–, –, ‚The Political Consequences of the Unpolitical German‘, in: The Failure of Illiberalism (siehe dort).

–, –, The Politics of Cultural Despair. A Study of the Rise of German Ideology, Berkeley-Los Angeles 1961. (Deutsche Ausgabe): Kulturpessimismus als politische Gefahr, Berlin 1963 und Bern-Stuttgart-Wien 1969.

Stern, Heinemann, Warum hassen sie uns eigentlich? Jüdisches Leben zwischen den Kriegen. Erinnerungen, hrsg. und kommentiert von Hans Ch[anoch] Meyer, Düsseldorf 1970.

Stern, Rudolf A., ‚Fritz Haber. Personal Recollections. With a Prefatory Note by Fritz Stern‘, in: Year Book VIII of the Leo Baeck Institute, London 1963.

Stern, S., ‚Juden‘, in: C. Rotteck u. C. Welcker (Hrsg.), Staats-Lexikon, 3. Aufl., 8. Bd., Leipzig 1863.

Stern, William, Anfänge der Reifezeit. Tagebuch, Leipzig 1925.

Sternheim, Carl, ‚Vorkriegseuropa im Gleichnis meines Lebens‘ (1936), in: Hofmann, Fritz (Hrsg.), Vermischte Schriften. Gesammelte Werke in 6 Bänden, Bd. 6, Berlin (Ost)-Weimar 1965.

Steudel, Fr., ‚Ein Laienurteil über A. Harnack‘, in: Protestantenblatt, Nr. 41, Berlin 1902 (vgl. auch): Spitte, Th.

Stoecker, Adolf, Christlich-Sozial. Reden und Aufsätze, 2. Aufl., Berlin 1890.

Stölzl, Christoph, Kafkas böses Böhmen. Zur Sozialgeschichte eines Prager Juden, München 1975.

Stolberg-Wernigerode, Otto Graf zu, Die unentschiedene Generation. Deutschlands konservative Führungsschichten am Abend des Ersten Weltkrieges, München 1968.

Strack, Hermann L., Das Wesen des Judentums. Vortrag geh. auf der Internationalen Konferenz für Judenmission zu Amsterdam (Schriften des Institutum Judaicum in Berlin, Nr. 36), Leipzig 1906.

Straus, Rahel, Wir lebten in Deutschland. Erinnerungen einer deutschen Jüdin, 1880 bis 1933, hrsg. und mit einem Nachwort versehen von Max Kreutzberger. Veröffentlichung des Leo Baeck Instituts, Stuttgart 1961.

Strauss, Herbert A., ‚Jewish Reactions to the Rise of Anti-Semitism in Germany‘, in: Conference on Anti-Semitism, 1969 (siehe dort).

–, –, ‚Liberalism and Conservatism in Prussian Legislation for Jewish Affairs, 1815 to 1847‘, in: ders. und Hanns G. Reissner (Hrsg.), Jubilee Volume dedicated to Curt C. Silberman (siehe dort).

–, –, ‚Pre-Emancipation Prussian Policies towards the Jews 1815–1847‘, in: Year Book XI of the Leo Baeck Institute, London 1966.

–, –, und *Hanns G. Reissner* (Hrsg.), Jubilee Volume dedicated to Curt C. Silberman, President of the American Federation of Jews from Central Europe, on the occasion of his 60th birthday, the 23rd May, 1968. Geleitwort des Präsidenten des Council of Jews from Germany, Siegfried Moses, New York 1969.

Strauß, David Friedrich. Der alte und der neue Glaube. Ein Bekenntnis, Stuttgart o. J.

Strobel, A., ‚Die Gründung des Zürcher Elektrotrusts‘, in: Geschichte, Wirtschaft, Gesellschaft. Festschrift für Clemens Bauer, hrsg. von Erich Hassinger et al., Berlin-München 1974.

Strousberg, B., Dr. Strousberg und sein Wirken, von ihm selbst geschildert, Berlin 1877.

Szajkowski, Zosa, Jews and the French Revolutions of 1789, 1830 and 1848, New York 1970.

Tänzer, Aron, Die Geschichte der Juden in Württemberg, Frankfurt a. M. 1937.

Tal, Uriel, Christians and Jews in Germany. Religion, Politics and Ideology in the Second Reich, 1870–1914. Übers. (aus dem Hebräischen) von Noah Jonathan Jacobs, Ithaca-London 1974. (Hebr. Ausgabe): Christians and Jews in the ‚Second Reich‘ (1870–1914). A Study in the Rise of German Totalitarianism, Jerusalem 1969. (Mit deutscher Bibliographie.)

–,–, ‚Liberal Protestantism and the Jews in the Second Reich 1870–1914‘, in: Jewish Social Studies, XXVI, Nr. 1 (Januar 1964), New York.

–, –, ‚Die Polemik zu Anfang des 20. Jahrhunderts über das Wesen des Judentums nach jüdischen und christlichen Quellen‘, in: Zur Geschichte der Juden in Deutschland im 19. und 20. Jahrhundert (siehe dort). (Ins Englische übers. von Hanna Schmorak): ‚The Controversy about „The Essence of Judaism“, according to Jewish and Christian Sources of the early 20th Century‘, in: Perspectives of German-Jewish History in the 19th and 20th Century (siehe dort).

–, –, Religious and Anti-Religious Roots of Modern Antisemitism, The Leo Baeck Memorial Lecture, 14, New York 1971.

–, –, ‚Das Wesen des Deutschtums nach jüdischer Auffassung. Fragmente eines unbekannten Vortrages von Rabbiner Dr. Joseph Eschelbacher aus dem Jahre 1907‘, in: Michael, II, Tel Aviv 1973.

–, –, Young German Intellectuals on Romanticism and Judaism. Spiritual Turbulence in the Early 19th Century‘, in: Salo Wittmayer Baron Jubilee Volume on the Occasion of his Eightieth Birthday, (Hrsg.), Saul Lieberman, American Academy for Jewish Research (3 Bde.), Jerusalem-New York-London 1974.

Teilhaber, Felix A., Der Untergang der deutschen Juden. Eine volkswirtschaftliche Studie, München 1911. (2., veränderte Aufl., Berlin 1921.)

Thimme, Anneliese, Hans Delbrück als Kritiker der wilhelminischen Epoche, Düsseldorf 1955.

Thon, Jacob, Die Juden in Österreich. Im Auftrage des ‚Verbandes der Israelitischen Humanitätsvereine für Oesterreich‘ hergestellt. Hrsg. vom Bureau für Statistik der Juden, Berlin 1908.

Thorstein, Ulf, Hermann Löns und seine völkische Sendung, Minden 1937.

Tietz, Georg, Hermann Tietz. Geschichte einer Familie und ihrer Warenhäuser. Bearb. von Edith Jarislowsky Hirsch und Edith Tietz unter Benutzung der Anmerkungen von Prof. Julius Hirsch. Veröffentlichung des Leo Baeck Instituts, Stuttgart 1965.

Tietze, Hans, Die Juden Wiens. Geschichte – Wirtschaft – Kultur, Leipzig 1933.

Tille, Alexander, Die Berufsstandspolitik des Gewerbe- und Handelsstandes, Berlin 1910.

Topham, Anne, Chronicles of the Prussian Court, London 1926.

–, –, Memories of the Fatherland, New York 1916.

Toury, Jacob, „Deutsche Juden“ im Vormärz‘, in: Bulletin des Leo Baeck Instituts, VIII, Nr. 29, Tel Aviv 1965.

–, –, Der Eintritt der Juden ins deutsche Bürgertum. Eine Dokumentation, Tel Aviv 1972.

–, –, ‚Organizational Problems of German Jewry. Steps towards the Establishment of a Central Organization (1893–1920)‘, in: Year Book XIII of the Leo Baeck Institute, London 1968.

–, –, ‚Plans for a Jewish Political Organisation in Germany, 1888–1918‘, in: Zion, Nr. XXVIII (1963).

–, –, Die politischen Orientierungen der Juden in Deutschland. Von Jena bis Weimar. Schriftenreihe wissenschaftlicher Abhandlungen des Leo Baeck Instituts, Bd. 15, Tübingen 1966.

Townley, Lady Susan, Indiscretions, New York 1922.
Tramer, Hans, ‚Der Beitrag der Juden zu Geist und Kultur‘, in: Deutsches Judentum in Krieg und Revolution 1916–1923 (siehe dort).
–, –, ‚Bernhard und Emil Cohn. Zwei Streiter für den zionistischen Gedanken‘, in: Bulletin des Leo Baeck Instituts, VIII, Nr. 32, Tel Aviv 1965.
–, –, ‚Die Hamburger Kaiserjuden‘, in: Bulletin des Leo Baeck Instituts, III, Nr. 11, Tel Aviv 1960.
–, –, (Hrsg.), In zwei Welten. Siegfried Moses zum Fünfundsiebzigsten Geburtstag, Tel Aviv 1962.
Treitschke, Heinrich von, Deutsche Geschichte im 19. Jahrhundert, IV. Bd., Leipzig 1889.
–, –, ‚Eine Erwiderung‘ (19. November 1880)‘, in: Deutsche Kämpfe, Leipzig 1896.
Treue, Wilhelm, ‚Zur Frage der wirtschaftlichen Motive im deutschen Antisemitismus‘, in: Deutsches Judentum in Krieg und Revolution 1916–1923 (siehe dort).
Treue, Wolfgang (Hrsg.), Deutsche Parteiprogramme seit 1864, 4. Aufl., Göttingen 1968.
Troeltsch, Ernst, Die Absolutheit des Christentums und die Religionsgeschichte. Vortrag auf der Versammlung der Freunde der ‚Christlichen Welt‘ zu Mühlacker, 3. Okt. 1901, Tübingen-Leipzig 1902. (Letzte Auflage mit einem Vorwort von Trutz Rendtorff, München-Hamburg 1969.)
–, –, Die Bedeutung des Protestantismus für die Entstehung der modernen Welt, Vortrag geh. auf der IX. Versammlung deutscher Historiker, Stuttgart, 21. April 1906, München-Berlin 1906.
–, –, Politische Ethik und Christentum. Vortrag am 15. Evangelisch-Sozialen Kongreß zu Breslau, Göttingen 1904.
–, –, ‚Was heißt Wesen des Christentums‘ (1903), in: Gesammelte Schriften, Bd. II, Tübingen 1913.
Tschirschky, Günther von, Erinnerungen eines Hochverräters, Stuttgart 1927.

‚Die Übermacht der Juden im Berliner Leben‘, in: Germania, Nr. 229, 4. Oktober 1879.
Ullstein, Hermann, The Rise and Fall of the House of Ullstein, New York-London o. J. [1949?].
Urbach, R., ‚Judentum und Christentum. Eine Bücherbesprechung‘, in: Monatsschrift für Geschichte und Wissenschaft des Judentums, Breslau 1906. (Betr. J. Eschelbacher, Das Judentum und das Wesen des Christentums.)

Valentin, Conrad, Die conservative Partei unter Kaiser Wilhelm II., Berlin 1890.
Vasili, Count Paul (Pseud.), La Société de Berlin, Paris 1884.
‚Verbrüderung des Antisemitismus mit dem Anarchismus‘, in: Frankfurter Zeitung, XXXIV, Nr. 126 (6. Mai 1890).
Viereck, George Sylvester, Confessions of a Barbarian, New York 1910.
–, –, Glimpses of the Great, New York 1930.
–, –, The Kaiser on Trial, o. O. 1937.
–, –, ‚Wilhelm II, Prince of Peace‘ (Gedicht), in: The Fatherland I, Nr. 1 (10. August 1914).
Vierhaus, Rudolf (Hrsg.), Das Tagebuch der Baronin Spitzemberg, Göttingen 1961. (3. Aufl. Göttingen 1963.)
Vogelstein, Hermann., Der Zionismus, eine Gefahr für die gedeihliche Entwicklung des Judentums, Stettin 1906.

Vollständige Verhandlungen des ersten Vereinigten Preußischen Landtages über die Emancipationsfrage der Juden, Berlin 1847.

Vom Judentum. Ein Sammelbuch. Hrsg. vom Verein jüdischer Hochschüler Bar Kochba in Prag, Leipzig 1913.

Wagenhammer, Hans, ‚Der Stand der Forschung nach dem Ursprung der Formel Wesen des Christentums‘, in: Das Wesen des Christentums. Eine begriffsgeschichtliche Untersuchung, Tübinger Theologische Studien, Bd. 2, Mainz 1973.

Wagner, Anna, Max Liebermann in Holland, Bonn 1972.

Waldegg, Egon, pseud. *[Pinkert, Alexander],* Die Judenfrage gegenüber dem deutschen Handel und Gewerbe. Ein Manifest an die deutsche Nation, Dresden 1879. 4., theilweise verän. Aufl., Dresden 1880.

Waldersee, Alfred Graf von, siehe *Meissner, Heinrich O.* (Hrsg.), Aus dem Briefwechsel ... (und) Denkwürdigkeiten ...

Waldersee, Elisabeth Gräfin von, Von Klarheit zu Klarheit: Gräfin Marie Esther von Waldersee, Stuttgart 1915.

Waldhausen, Robert (pseud. für *Georg Ratzinger*), Jüdisches Erwerbsleben. Skizzen aus dem sozialen Leben der Gegenwart, 4. Aufl., Passau 1892.

Walther, W., Adolf Harnacks Wesen des Christentums für die christliche Gemeinde geprüft, Leipzig 1904.

Warburg, Aby Moritz, Gesammelte Schriften. Hrsg. von der Bibliothek Warburg. Unter Mitarb. von Fritz Rougemont, hrsg. von Gertrud Bing, 2 Bände, Leipzig-Berlin (jetzt London) 1932.

–, –, ‚Heidnisch-antike Weissagung in Wort und Bild zu Luthers Zeiten‘ (1920), in: Gesammelte Schriften, 2 Bde., II, Leipzig-Berlin 1932.

Warburg, Max M., Aus meinen Aufzeichnungen, New York (Privatdruck) 1952.

Wassermann, Jakob, ‚Zwei Briefe an einen deutschen Philosophen‘ (Februar 1923), in: Jakob Wassermann, Lebensdienst (siehe dort).

–, –, ‚Der Jude als Orientale. Brief an Martin Buber‘, in: Jakob Wassermann, Lebensdienst (siehe dort).

–, –, Lebensdienst. Gesammelte Studien, Erfahrungen und Reden aus drei Jahrzehnten, Leipzig 1928.

–, –, ‚Der Literat, Oder Mythus und Persönlichkeit‘, in: Lebensdienst (siehe dort).

–, –, Mein Weg als Deutscher und Jude, Berlin 1921.

Wassermann, Rudolf, ‚Sombart der „Antisemit“‘, in: Jüdische Rundschau, XVII, Nr. 7 (16. Februar 1912).

Wawrzinek, Kurt, Die Entstehung der deutschen Antisemitenpartei (1873–1890), Berlin 1927.

Weber, Max, Jugendbriefe, Tübingen o. J.

–, –, ‚Der Nationalstaat und die Volkswirtschaft‘ (1895), in: Max Weber, Gesammelte Schriften, München 1921.

–, –, ‚Wirtschaft und Gesellschaft‘, in: Grundriß der Sozialökonomie, Abt. III, 2. Halbband, Tübingen 1925.

Wedel, Erhard Graf von (Hrsg.), Zwischen Kaiser und Kanzler. Aufzeichnungen des General-Adjutanten Grafen Carl von Wedel aus den Jahren 1890–1894 ..., Leipzig 1943.

Wehler, Hans-Ulrich, Bismarck und der Imperialismus, Köln 1969.

–, –, Das Deutsche Kaiserreich 1871–1918, Göttingen 1973, 2. Aufl., Göttingen 1975.

–, –, ‚Sozialdarwinismus im expandierenden Industriestaat‘, in: Geiss, Imanuel und Bernd Jürgen Wendt (Hrsg.), Deutschland in der Weltpolitik des 19. und 20. Jahrhunderts (siehe dort).

Wehler, Hans-Ulrich (Hrsg.), Sozialgeschichte Heute. Festschrift für Hans Rosenberg zum 70. Geburtstag, Göttingen 1974.

–, –, Thesen für die Arbeitsgruppe ‚Organisierter Kapitalismus‘, Deutscher Historikertag, Regensburg 1973.

Weil, Carl, Über die Zulässigkeit der Juden zum Bürgerrecht, Stuttgart 1827.

Weiler, Gershon, ‚Fritz Mauthner. A Study in Jewish Self-Rejection‘, in: Year Book VIII of the Leo Baeck Institute, London 1963.

Weinberg, Jehuda L[ouis], Aus der Frühzeit des Zionismus. Heinrich Loewe, Jerusalem 1946.

Weiniger, Otto, Geschlecht und Charakter, Wien-Leipzig 1903.

Weinryb, Sucher B., Der Kampf um die Berufsumschichtung. Ein Ausschnitt aus der Geschichte der Juden in Deutschland, Berlin 1936.

Weinzierl, Erika, ‚Katholizismus in Österreich‘, in: Kirche und Synagoge, II (siehe dort).

–, –, ‚Die Stellung der Juden in Österreich seit dem Staatsgrundgesetz von 1867‘, in: Zeitschrift für die Geschichte der Juden, Bd. V, Nr. 2–3, Tel Aviv 1968.

Weiß, Albert Maria, Apologie des Christentums, Freiburg i. Br. 1878–1881, 4. Aufl. 1904–1908.

Weizmann, Chaim, Massa-u’ma’ass, Jerusalem 1950. (Englische Ausgabe): Trial and Error, Autobiography, London 1949.

Weller, B[jörn] Uwe, Maximilian Harden und die ‚Zukunft‘ (Studien zur Publizistik, Bremer Reihe – Deutsche Presseforschung, Bd. 13), Bremen 1970.

Weltsch, Robert, ‚Deutscher Zionismus in der Rückschau‘, in: Tramer, Hans (Hrsg.), In Zwei Welten (siehe dort).

–, –, (Hrsg.), Deutsches Judentum. Aufstieg und Krise. Gestalten, Ideen, Werke. Vierzehn Monographien. Veröffentlichung des Leo Baeck Instituts, Stuttgart 1963.

–, –, ‚Entscheidungsjahr 1932. Schlußbetrachtung‘, in: Entscheidungsjahr 1932 (siehe dort).

–, –, ‚Introduction‘, in: Year Book IV of the Leo Baeck Institute, London 1959.

–, –, ‚Max Brod and his Age. The Leo Baeck Memorial Lecture, 13, New York 1970.

–, –, ‚1918 – Die Krise der herkömmlichen Einstellung zu jüdischen Problemen‘, in: Zur Geschichte der Juden in Deutschland im 19. und 20. Jahrhundert (siehe dort).

–, –, Theodor Herzl und wir, in: Vom Judentum (siehe dort).

Wenzel, Stefi, Jüdische Bürger und kommunale Selbstverwaltung in preußischen Städten 1808–1848. Mit einem Vorwort von Hans Herzfeld (Veröffentlichungen der Historischen Kommission zu Berlin beim Friedrich-Meinecke-Institut der Freien Universität Berlin, Bd. 21), Berlin 1967.

Wernecke, Klaus, Der Wille zur Weltgeltung. Außenpolitik und Öffentlichkeit im Kaiserreich am Vorabend des Ersten Weltkrieges, Düsseldorf 1970.

Westarp, Kuno Graf von, Konservative Politik im letzten Jahrzehnt des Kaiserreiches (2 Bde.), 1. Bd. Von 1908–1914, Berlin 1935.

Whitman, Sidney, Imperial Germany. A Critical Study of Fact and Character, Boston 1889.

Widenmann, Wilhelm, Marine-Attaché an der kaiserlich-deutschen Botschaft in London, 1907–1912, Göttingen 1952.

Wiener, Max, Jüdische Religion im Zeitalter der Emanzipation, Berlin 1933.

Wilamowitz-Moellendorf, Ulrich von, Erinnerungen, 1848–1914, 2. rev. Ausg., Leipzig 1928.

Wilczek, Johann Count, Gentleman of Vienna, Übers. von A. J. Ashton, New York 1934.

Wilhelm, Kurt, ‚Leo Baeck and Jewish Mysticism‘, in: Judaism, XI, Nr. 2, New York 1962.

Wilhelm II., Aus meinem Leben, 1859–1888, Berlin-Leipzig 1927.

Das Wilhelminische Deutschland. Stimmen der Zeitgenossen, hrsg. und kommentiert von Georg Kotowski, Werner Pöls, Gerhard A. Ritter, Frankfurt a. M. 1965.

Williamson, John G., Karl Helfferich. Economist, Financier, Politician, Princeton 1971.

Willstätter, Richard, Aus meinem Leben. Von Arbeit, Muße und Freunden, 2. Aufl., Weinheim/Bergstraße 1958, 1. Aufl. hrsg. und mit einem Nachwort versehen von Arthur Stoll, München 1949.

Wininger, Salomon, Große jüdische National-Biographie mit mehr als 8000 Lebensbeschreibungen namhafter jüdischer Männer und Frauen aller Zeiten und Länder. Ein Nachschlagewerk für das jüdische Volks und dessen Freunde (7 Bde.), Czernowitz 1925–1936.

Winkler, Heinrich August, Mittelstand, Demokratie und Nationalsozialismus. Die politische Entwicklung von Handwerk und Kleinhandel in der Weimarer Republik, Köln 1972.

Wistrich, Robert S., Socialism and the Jewish Question in Germany and Austria, 1880-1914, Diss., University College London 1974.

Witt, Peter-Christian, Die Finanzpolitik des Deutschen Reiches von 1903 bis 1911, Lübeck-Hamburg 1970.

Wobbermin, Georg, ‚Das Wesen des Christentums‘, in: Deißmann, A. (Hrsg.), Beiträge zur Weiterentwicklung der christlichen Religion (siehe dort).

Wohlgemuth, Josef [J. W.], ‚Rabbi Esriel Hildesheimer‘, in: Jeschurun, Monatsschrift für Leben und Lehre im Judentum, VII, Heft 5–6 (Mai–Juni 1920).

–, –, ‚Zum fünfzigjährigen Bestehen des Rabbinerseminars‘, in: Jeschurun, X, Heft 9–10 (Sept.–Okt. 1923).

Wolf, Gottfried (pseud. für *Georg Ratzinger*), Das Judentum in Bayern: Skizzen aus der Vergangenheit und Vorschläge für die Zukunft, München 1897.

Wolff, Theodor, Vollendete Tatsachen, Berlin 1918.

Wolfsberg, Oskar, ‚Zur Geschichte des religiösen Zionismus in Deutschland‘, in: Jüdische Rundschau, XL, Nr. 31/32 (17. April 1935).

Woltmann, Ludwig, Die Germanen und die Renaissance in Italien, Leipzig 1905.

Worringer, Wilhelm, Abstraktion und Einfühlung. Ein Beitrag zur Stilpsychologie, München 1908, 5. unveränd. Aufl. 1918.

Zechlin, Egmont, Die deutsche Politik und die Juden im Ersten Weltkrieg. Unter Mitarbeit von Hans Joachim Bieber, Göttingen 1969.

Zedlitz-Trützschler, Graf Robert, Zwölf Jahre am deutschen Kaiserhof. Aufzeichnungen, Berlin und Leipzig 1924.

Zielenziger, Kurt, Juden in der deutschen Wirtschaft, Berlin 1930.

Zimmermann, Peter, Der Bauernroman. Antifeudalismus – Konservativismus – Faschismus, Stuttgart 1975.

Zionismus und Deutschtum, Deutsche Geigerphantasien (Die Antwort der Zionisten an Geiger, Leitartikel in): Jüdische Rundschau, X, Nr. 9 (3. März 1905).

Zionistische Vereinigung für Deutschland (Hrsg.), Zionistisches A-B-C-Buch, hrsg. mit Unterstützung zahlreicher Mitarbeiter, Berlin 1908.

Zlocisti, Theodor, ‚Eine deutsche Achusa, Referat geh. auf dem 14. Delegiertentag der Zionistischen Vereinigung für Deutschland‘, in: Jüdische Rundschau, XIX, Nr. 26 (26. Juni 1914).

–, –, Moses Hess. Der Vorgänger des Sozialismus und Zionismus, 1812–1875, Berlin 1921.

Zmarzlik, Hans-Günter, ‚Der Sozialdarwinismus in Deutschland als geschichtliches Problem‘, in: Vierteljahrshefte für Zeitgeschichte, XI (1963).

Zobelitz, Fedor von, Chronik der Gesellschaft unter dem letzten Kaiserreich (2 Bde.), Hamburg 1922.

Zondek, Hermann, Auf festem Fuße. Erinnerungen eines jüdischen Klinikers. Veröffentlichung des Leo Baeck Instituts, Stuttgart 1973.

Zucker, Stanley, Ludwig Bamberger and the Rise of Anti-Semitism in Germany, 1848–1893', in: Central European History, III, Nr. 4 (Dezember), Atlanta, Ga., 1970.

Zum Gedächtnis an Walther Rathenau, Gedächtnisschrift, hrsg. von der AEG, Berlin 1922.

Zur Geschichte der Juden in Deutschland im 19. und 20. Jahrhundert. Hebräische Ausgabe von Meir Gillon, deutsche Übersetzung von Alisa Michaelis, Veröffentlichungen des Leo Baeck Instituts Jerusalem zur Geschichte der Juden in Mitteleuropa, Jerusalem 1971. (Engl. Ausgabe): Perspectives of German-Jewish History in the 19th and 20th Century (siehe dort).

‚Zur Judenfrage', in: „Das Bayerische Vaterland" (Hrsg.) Dr. Sigl, XXVIII, Nr. 14 und 15 (18. und 19. Januar 1896).

‚Zur Statistik des B. J. C.', in: Der jüdische Student, IX, Nr. 6 (20. September 1912).

‚Zur Vertheidigung der Christen gegen Juden und Judengenossen', in: Germania, XIII, Nr. 178 (8. August 1883).

Zweig, Arnold, ‚Versuch über Sternheim', in: Krojanker, Gustav (Hrsg.), Juden in der deutschen Literatur (siehe dort).

Zweig, Stefan, Die Welt von gestern. Erinnerungen eines Europäers, Berlin-Frankfurt 1962.

B. Ungedruckte Quellen

1. Aus dem Badischen Generallandesarchiv, Karlsruhe:
   Baden Generalia
   Staatsministerium
   Innenministerium
   Finanzministerium
   Landtag
   Familienarchiv

2. Aus dem Bayerischen Hauptstaatsarchiv, München:
   Abt. Allgemeines Staatsarchiv
      Staatsrat
      Ministerium des Innern
      Kultusministerium
      Handelsministerium
      Landtag (Reichsräte)
   Abt. Geheimes Staatsarchiv
      Ministerium des Äußeren
   Abt. Geheimes Hausarchiv
      Kabinettsakten

3. Aus dem Bayerischen Landtagsarchiv, München:
   Zweite Kammer
   Kammer der Reichsräte

4. Aus dem Bundesarchiv, Außenstelle Frankfurt:
   Bundestag

5. Aus dem Bundesarchiv zu Koblenz:
   Nachlaß Bismarck
   Nachlaß Brentano
   Nachlaß Bülow
   Nachlaß Eulenburg
   Nachlaß Gothein
   Nachlaß Harden
   Nachlaß Seeberg
   Nachlaß Rottenburg
   Kleine Erwerbungen 227
   Kleine Erwerbungen 230
   Kleine Erwerbungen 310

Kleine Erwerbungen 314
NS 2 G
ZSg 113

6. Aus den Central Archives for the History of the Jewish People, Jerusalem:
Akten des Verbandes der Deutschen Juden
Freund-Archiv
Protokolle der Vorstandssitzungen des Centralvereins deutscher Staatsbürger
jüdischen Glaubens 1894–1905

7. Aus den Central Zionist Archives, Jerusalem:
Akten der Zionistischen Weltorganisation Köln
Akten der Zionistischen Weltorganisation Wien
Nachlaß Bodenheimer
Nachlaß Rülf
Protokolle der Delegiertentage der Zionistischen Vereinigung für Deutschland

8. Aus dem Deutschen Zentralarchiv, Merseburg:
Generaldirektorium
Staatskanzleramt
Geheimes Zivilkabinett
Ministerium des Innern
Kultusministerium
Justizministerium
Auswärtiges Amt
Bundestagsgesandtschaft
Landtag

9. Aus dem Deutschen Zentralarchiv, Potsdam:
Nachlaß Wangenheim

10. Aus der Forschungsstelle für die Geschichte des Nationalsozialismus in Hamburg:
Bestand Adolf Bartels
Bestand Alfred Roth
Sammlung Eugen Clauß
Völkische und antisemitische Verbände

11. Aus dem Geheimen Staatsarchiv Preußischer Kulturbesitz Berlin-Dahlem:
Haus-Archiv
Justizministerium
Nachlaß Friedrich Solger

12. Aus der Houghton Library, Harvard University, Cambridge, Mass.:
Nachlaß Viereck
Nachlaß Marie Gräfin von Waldersee

13. Aus dem Institute of Contemporary Jewish History, Jerusalem:
Tonband des Interviews von Naomi Fränkel mit Pinchas Rosen (Felix Rosenblüth), 1968

14. Aus dem Leo Baeck Institut, Jerusalem:
Holdheim, Gerhard, Geschichte des K. J. V.

15. Aus dem Leo Baeck Institut, London:
Lewin, Erich, Vergangenheit und Zukunft des K. C. Eine Sozialkritische Studie
Nachlaß Julius Goldstein
Rathenau, Fritz, Als Jude im Dienste von Reich und Staat 1895–1935
Reichmann, Eva G., Notizen zur Frühgeschichte des Centralvereins
Reichmann, Hans, Gedanken zur K. C. Geschichte

16. Aus dem Leo Baeck Institut, New York:
Asch, Adolph, Posener und Berliner Erinnerungen 1881–1931
Herzfeld, Ernst, Eine Autobiographie
Nachlaß David Leimdörfer
Nachlaß Felix Perles
Oliven, Gerald, Privataufzeichnungen
Poséner, Paul, The Young Maccabees. A Historical Report on the First Armed Fight against Jew-Baiting in Germany (1886–1898)

17. Aus der National- und Universitätsbibliothek, Jerusalem:
Nachlaß Martin Schreiner

18. Aus dem Niedersächsischen Staatsarchiv, Hannover:
Hann. Des. 80, Hannover I
Ha 122 a XX Oberpräsidium

19. Aus dem Österreichischen Staatsarchiv, Wien:
Nachlaß Erzherzog Franz Ferdinand
Preußen III

20. Aus dem Politischen Archiv des Auswärtigen Amtes, Bonn:
Nachlaß Holstein

21. Aus dem Public Record Office, London:
Lansdowne Papers

22. Aus den Royal Archives, Windsor:
Victorian Archive

23. Aus dem Staatsarchiv Hamburg:
Nachlaß Wilhelm Marr
Polizeibehörde

24. Aus der Wiener Library, London:

Institute of Social Research *[Arkady S. Gurland]*, ‚Analysis of Central-Verein Policy in Germany'; [New York 1945]. Dazu zwei Entgegnungen: 1. *[Alfred Wiener]*, ‚The Centralverein deutscher Staatsbürger jüdischen Glaubens – Its Meaning and Activities' und *[John F. Oppenheimer]*, ‚Some Remarks to the Study „Analysis of Central-Verein Policy in Germany" . . .' [New York 1945]. 2. *Eva Reichmann*, ‚Zur Kritik von: Analysis of Central-Verein Policy in Germany', Cambridge 1945.
Mitgliederverzeichnis des C. V., Großberlin 1931

25. Aus dem Württembergischen Hauptstaatsarchiv, Stuttgart:
Geheimer Rat
Deutscher Bund
Neuere Gesetzgebung betr. Juden
Landtag

26. Aus dem Württembergischen Staatsarchiv, Ludwigsburg:
Oberregierung Stuttgart
Ministerium des Innern
Israelitische Oberkirchenbehörde

27. Im Besitz von der Tel Aviver Universität, Israel:
Familiennachlässe (Nachlaß Stern-Weiss)

28. Im Privatbesitz des Verfassers (in Israel):
Rosenblüth, Pinchas, Der deutsche Misrachi und sein Weg in Erez Israel

REGISTER

PERSONENREGISTER

SACHREGISTER

MITARBEITERVERZEICHNIS

CECIL, LAMAR, Ph. D. (John Hopkins), geb. 1932 in Beaumont, Texas. Professor für Geschichte an der University of North Carolina. Verfasser von (u. a.): „Albert Ballin. Business and Politics in Imperial Germany, 1888–1918" (Princeton 1967); Dt. Ausg.: „Albert Ballin. Wirtschaft und Politik im deutschen Kaiserreich 1888–1918" (Hamburg 1969); „The German Diplomatic Service, 1871–1914" (Princeton 1976); „The Creation of Nobles in Prussia, 1871–1918", in: American Historical Review (1970); Beiträge zum Year Book of the Leo Baeck Institute, XVII (1972) u. XX (1975).

ELONI, YEHUDA, B. A. (Jerusalem), geb. 1919 in Berlin. Früher Direktor des Pädagogischen Gymnasiums Tel Aviv, lehrt jetzt an der Landwirtschaftsschule Mikve Israel und der Pädagogischen Hochschule Levinsky, Tel Aviv. Doktorand des Instituts für Deutsche Geschichte, Universität Tel Aviv. Verfasser von Beiträgen zu pädagogischen Zeitschriften.

GAY, PETER, Ph. D. (Columbia), geb. 1923 in Berlin. Durfee Professor für Geschichte, Yale University. Verfasser von (u. a.): „The Dilemma of Democratic Socialism. Eduard Bernstein's Challenge to Marx" (New York 1952); „A Loss of Mastery. Puritan Historians in Colonial America" (Berkeley Cal. 1966); „The Enlightenment. An Interpretation", 2 Bde. (New York 1966 & 1969); „Weimar Culture. The Outsider as Insider" (New York 1968); „The Berlin-Jewish Spirit" (LBI Memorial Lecture 15 – New York 1972); „Style in History" (New York 1974). Fellow des New Yorker Leo Baeck Instituts.

GREIVE, HERMANN, Dr. phil. (Köln), geb. 1935 in Walstedde, Westfalen. Professor für Judaistik (jüdische Geschichte und Literatur) am Martin-Buber-Institut für Judaistik der Universität Köln. Verfasser von (u. a.): „Theologie und Ideologie. Katholizismus und Judentum in Deutschland und Österreich 1918–1935" (Heidelberg 1969); „Studien zum jüdischen Neuplatonismus" (Berlin 1973); „Verspätete Aufklärung und sakraler Nationalismus", in: Werkhefte (1970); „Zu den Ursachen des Antisemitismus im Deutschen Kaiserreich von 1870/71", in: Judaica (1971); „Thomas von Aquin in der philosophisch-theologischen Diskussion des Judentums", in: „Thomas von Aquino. Interpretation und Rezeption" (Mainz 1974); „On Jewish Self-Identification", in: Year Book of the Leo Baeck Institute, XX (1975). Stellvertretender Vorsitzender des Verbandes der Judaisten in der BRD.

JOCHMANN, WERNER, Dr. phil. (Hamburg), geb. 1921 in Biesig, Kr. Görlitz. Professor für Neuere Geschichte und Zeitgeschichte in Hamburg. Direktor der Forschungsstelle für die Geschichte des Nationalsozialismus in Hamburg und der Hamburger Bibliothek für Sozialgeschichte und Arbeiterbewegung. Verfasser von (u. a.): „Nationalsozialismus und Revolution. Ursprung und Geschichte der NSDAP in Hamburg 1922–1933. Dokumente" (Frankfurt 1963); „Leo Lippmann. Mein Leben und meine amtliche Tätigkeit" – Hrsg. (Hamburg 1964); „Ausgewählte Dokumente zur Geschichte des Nationalsozialismus 1933–1945" – Mithrsg. (Bielefeld 1961–1966); „Die Ausbreitung des Antisemitismus", in: „Deutsches Judentum in Krieg und Revolution"; „The Jews and German Society in the Imperial Era", in: Year Book of the Leo Baeck Institute, XX (1975). Herausgeber der Reihe „Hamburger Beiträge zur Sozial- und Zeitgeschichte".

MOSSE, WERNER E., Ph. D. (Cambridge), Fellow of the Royal Historical Society, geb. 1918 in Berlin. Professor für Europäische Geschichte an der Universität von East Anglia, Norwich. Verfasser von (u. a.): „The European Powers and the German Question 1848–1871" (Cambridge 1958); „Alexander II and the Modernization of Russia 1855–1881" (London 1959); „The Rise and Fall of the Crimean System 1855–1871" (London 1963); „Entscheidungsjahr 1932. Zur Judenfrage in der Endphase der Weimarer Republik" – Hrsg. (Tübingen 1965; 2. Aufl. 1966); „Deutsches Judentum in Krieg und Revolution 1916–1923" – Hrsg. (Tübingen 1971); „Liberal Europe – The Age of Bourgeois Realism 1848–1875" (London 1974); Beiträge zum Year Book of the Leo Baeck Institute, IV (1959) u. XV (1970). Mitglied des Londoner Board des Leo Baeck Instituts.

PAUCKER, ARNOLD, Dr. phil. (Heidelberg), geb. 1921 in Berlin. Direktor des Londoner Arbeitszentrums des Leo Baeck Instituts. Verfasser von: „Der jüdische Abwehrkampf gegen Antisemitismus und Nationalsozialismus in den letzten Jahren der Weimarer Republik" (Hamburg 1968; 2. Aufl. 1969); „Entscheidungsjahr 1932" – Mithrsg.; „Deutsches Judentum in Krieg und Revolution" – Mithrsg.; und „Ernst Feder. Heute sprach ich mit ... Tagebücher eines Berliner Publizisten 1926–1932" – Hrsg. m. Cécile Lowenthal-Hensel (Stuttgart 1971); Arbeiten auf dem Gebiet der jiddischen Volksliteratur und der modernen deutsch-jüdischen Geschichte (u. a. im Year Book of the Leo Baeck Institute).

PULZER, PETER, Ph. D. (Cambridge), geb. 1929 in Wien. Tutor in Politics, Christ Church, Oxford. Verfasser von: „The Rise of Political Anti-Semitism in Germany and Austria" (New York 1964); Dt. Ausg.: „Die Entstehung des politischen Antisemitismus in Deutschland und Österreich" (Bielefeld 1966); „Political Representation and Elections in Britain" (London 1967; 2. Aufl. 1972; 3. Aufl. 1974); Mitarbeiter, „Germany: A Companion to German Studies" (London 1972). Mitglied des Londoner Board des Leo Baeck Instituts.

ROSENBLÜTH, PINCHAS E., Dr. phil. (Berlin), geb. 1906 in Berlin. Dozent an der Bar Ilan Universität, Ramat Gan. Verfasser von: „Martin Buber, Sein Denken und Wirken" (Hannover 1968); „Die Erziehung der Jugendalija" – hebr. (Jerusalem 1968); und von Aufsätzen über u. a. Staatsbürgerliche Erziehung, Jüdische Geschichte.

RÜRUP, REINHARD, Dr. phil. (Göttingen), geb. 1934 in Rehma/Westfalen. Professor für Neuere Geschichte an der Technischen Universität Berlin. Verfasser von (u. a.): „Johann Jacob Moser. Pietismus und Reform" (Wiesbaden 1965); „Probleme der Revolution in Deutschland 1918/19" (Wiesbaden 1968); „Der Zentralrat der deutschen sozialistischen Republik" – Bearb. m. E. Kolb (Leiden 1968); „Arbeiter- und Soldatenräte im rheinisch-westfälischen Industriegebiet. Studien zur Geschichte der Revolution 1918/19" – Hrsg. (Wuppertal 1975); „Moderne Technikgeschichte" – Hrsg. m. K. Hausen (Köln 1975); „Emanzipation und Antisemitismus. Studien zur ‚Judenfrage' der bürgerlichen Gesellschaft" (Göttingen 1975); Beiträge zum Year Book of the Leo Baeck Institute, XIV (1969) u. XX (1975).

SCHULIN, ERNST, Dr. phil. (Göttingen), geb. 1929 in Kassel. Professor für Neuere Geschichte an der Universität Freiburg i. Br. Verfasser von (u. a.): „Die weltgeschichtliche Erfassung des Orients bei Hegel und Ranke" (Göttingen 1958); „Handelsstaat England. Das politische Interesse der Nation am Außenhandel vom 16. bis ins frühe 18. Jahrhundert" (Wiesbaden 1969); „Universalgeschichte" – Hrsg. (Köln 1974); Aufsätze zur Wissenschaftsgeschichte.

TAL, URIEL, Ph. D. (Jerusalem), geb. 1929 in Wien. Professor für Neuere Jüdische Geschichte an der Universität Tel Aviv. Verfasser von (u. a.): „Patterns in the Contemporary Jewish-Christian Dialogue" – hebr. (Jerusalem 1969); „Religious and Anti-Religious Roots of Modern Antisemitism" (LBI Memorial Lecture 14 – New York 1971); „Young German Intellectuals on Romanticism and Judaism", in: „Salo W. Baron Jubilee Volume" (New York 1975); „Christians and Jews in Germany. Religion, Politics and Ideology in the Second Reich 1870–1914 (Ithaca – London 1975); Beiträge zur „Encyclopaedia Hebraica". Mitglied des Jerusalemer Board des Leo Baeck Instituts.

WELTSCH, ROBERT, Dr. jur. (Prag), Dr. h. c., geb. 1891 in Prag. 1919–1938 Chefredakteur der „Jüdischen Rundschau", Berlin. Ab 1940 ständiger Mitarbeiter der Zeitung „Haaretz", Tel Aviv, und seit 1946 deren Korrespondent in London. Veröffentlichungen: Zahlreiche Aufsätze in Zeitschriften in deutscher, englischer und hebräischer Sprache. Beiträge zu Sammelbänden (u. a.): „Klärung" (1932); „Der Jud' ist schuld...?" (1932); ferner „Martin Buber 1930 bis 1960" in Hans Kohn: „Martin Buber" (Köln 1961); „An der Wende des modernen Judentums. Betrachtungen aus fünf Jahrzehnten" (Tübingen 1972). Vorsitzender des Londoner Board des Leo Baeck Instituts und Herausgeber des „LBI Year Book".